华中科技大学一流学科建设项目资助成果

中国新闻传播教育年鉴

（2019）

中国新闻史学会新闻传播教育史研究委员会　编

武汉大学出版社
WUHAN UNIVERSITY PRESS

图书在版编目(CIP)数据

中国新闻传播教育年鉴.2019/中国新闻史学会新闻传播教育史研究委员会编.—武汉:武汉大学出版社,2019.10
ISBN 978-7-307-21189-6

Ⅰ.中… Ⅱ.中… Ⅲ.新闻学—传播学—教育研究—中国—2019—年鉴 Ⅳ.G210-54

中国版本图书馆 CIP 数据核字(2019)第 209574 号

责任编辑:胡国民　　责任校对:李孟潇　　版式设计:马　佳

出版发行:**武汉大学出版社**　(430072　武昌　珞珈山)
(电子邮箱:cbs22@ whu.edu.cn 网址:www.wdp.com.cn)
印刷:武汉市金港彩印有限公司
开本:787×1092　1/16　印张:68.5　字数:1330 千字　插页:20
版次:2019 年 10 月第 1 版　2019 年 10 月第 1 次印刷
ISBN 978-7-307-21189-6　定价:288.00 元

《中国新闻传播教育年鉴（2019）》编委会

《中国新闻传播教育年鉴（2019）》编辑部

2018年11月17日，“中国高等教育学会新闻学与传播学专业委员会第八届理事会第一次全体会议”暨“智媒时代的新闻教育创新学术论坛”在暨南大学召开

2018年12月8日，2018—2022年教育部高等学校新闻传播学类专业教学指导委员会第一次全体会议在中国传媒大学召开

2018年12月18日，教育部专家来复旦大学新闻学院调研考察教育部国家教材基地筹建情况

2018年3月31日，纪念《毛泽东对晋绥日报编辑人员的谈话》
70周年暨中国特色新闻学学科建设研讨会在中国人民大学成功举行

2018年10月14日，北京大学新闻与传播学院主办“百年中国新闻教育：传承与发展”
暨北京大学新闻学研究会成立100周年学术研讨会

2018年11月3日，香港城市大学媒体与传播系举行成立10周年庆祝活动

2018年3月30日，天津市委宣传部与天津外国语大学、天津体育学院签署联合办学协议

2018年11月7日，洛阳师范学院新闻与传播学院与洛阳广播电视台合作办学签约仪式举行

2018年12月19日，江苏省委常委、宣传部相关负责人一行到南京师范大学新闻与传播学院调研部校共建工作

2018年5月5—7日，“马克思主义新闻观理论研究与教学实践研讨会”在广西大学新闻与传播学院举行

2018年7月1日，第二届中国特色新闻学高级研讨班在华东师范大学中北校区举行开班仪式

2018年12月7日，中国新闻史学会中国特色新闻学研究委员会、中山大学传播与设计学院、清华大学新闻与传播学院联合主办“马克思主义新闻观教育创新论坛（2018）”

2018年4月24日，华中科技大学新闻与信息传播学院行政班子换届，
院长张昆教授与副院长钟瑛教授、陈先红教授、何志武教授卸任；
张明新教授当选为新一届院长，唐海江教授、郭小平教授、李华君副教授当选为副院长

2018年10月12—13日，中外新闻传播学院院长会议暨2018中国传播学论坛在中国人民大学举办

2018年11月10—11日，“2018新闻传播学院院长论坛”在厦门大学举行

2018年6月29日，全国首家内参研究中心——“湖南师范大学内参研究中心”成立

2018年9月23日，150余名高校及研究机构的专家学者相聚广州大学城，
共同见证中国新闻史学会地方新闻史研究委员会的成立

2018年12月29日，湖南省新闻传播学会成立暨第一次会员大会在湖南大学隆重召开，
彭祝斌当选为首任会长，尹韵公被推选为学会名誉会长

2018年7月15日，2018两岸大学生创客营在北京大学举办

2018年8月20—22日，河北大学举办的“第十三届海峡两岸华文出版与文化创意学术论坛”在雄安举行

2018年12月1日，“海峡两岸广告交流三十年学术研讨会”在北京大学新闻与传播学院举行

2018年5月23—24日，第十一届国际公关与广告学术论坛（11th PRAD）、
第三届中国新闻史学会公共关系分会学术年会在捷克布拉格隆重召开

2018年6月20日，由中国记协主办、中国传媒大学承办的“2018‘一带一路’记者组织论坛”在京召开

2018年10月1—3日，首届比较传播研究国际研讨会在澳大利亚墨尔本迪肯大学举办

2018年10月20日，“世界传播论坛2018：‘一带一路’与新闻传播学教育的跨文化交流暨上海大学新闻传播学院揭牌仪式”在上海大学隆重举行

2018年10月25日，亚太新闻传播学会联盟（Asian-Pacific Communication Alliance，APCA）在清华大学成立，清华大学作为中国新闻史学会会长单位成为首届联盟主席单位，陈昌凤当选首任主席

2018年10月28日，上海交通大学媒体与传播学院与国际传播学会（ICA）共同举办2018新媒体国际论坛

2018年6月26日，山东大学举办媒介科学学科建设专家论证会，启动山东大学媒介科学一流学科激励计划建设项目，高晓红、郭庆光、石义彬、张昆、魏然、张国良等教授担任论证专家

2018年10月13日，安徽省普通本科高校新闻传播学类专业合作委员会第一次全体会议暨2018年工作会议在安徽大学召开

2018年11月27日，在同济大学艺术与传媒学院全院大会上，李麟学提出学科建设“13335”战略，确立新闻传播学核心发展地位与政治传播、城市传播、智能传播三大前沿方向

2018年4月14日，“新时代新闻传播学科建设与人才培养高端座谈”在重庆大学虎溪校区举行

2018年10月19日，复旦大学新闻学院举行“范式探索与创新：
时代变革中的新闻传播人才培养·2018全球新闻传播院长论坛”

2018年11月10日，湖北新闻与传播教育学会年会暨“新时代新闻与传播人才培养”论坛在武汉大学举办

2018年4月14日，青岛大学新闻与传播学院青岛全民阅读研究院发布
山东省首部全民阅读蓝皮书《青岛全民阅读发展报告(2017—2018)》

2018年11月24日，上海交通大学媒体与传播学院与百度百家号达成战略合作

2018年12月19日，西北政法大学新闻传播学院与索尼（中国）有限公司合作的索尼影像创作基地授牌仪式在西安举行

2018年3月17—18日，首届中国视觉修辞论坛在暨南大学举行

2018年3月24日，2018年中国新闻学传播学学科发展论坛暨教育部社会科学委员会语言文学、新闻传播学和艺术学学部新闻传播学咨询组第三次会议在广西大学新闻与传播学院举行

2018年4月13日，主题为“共建共治共享：城市治理中的网络机制”的“互联网城市未来”第六期圆桌思想会于广州中山大学举行

2018年5月20日，“光明影院”融合创新研讨会在中国传媒大学召开

2018年7月7日，中国新闻史学会新闻传播思想史研究委员会2018年会暨第五届中外新闻传播思想史高峰论坛在四川大学文学与新闻学院举行

2018年9月14—17日，由中国新闻史学会少数民族新闻传播史研究委员会、西北民族大学新闻传播学院、河西学院信息技术与传媒学院共同主办的学会2018年年会在甘肃举行

2018年9月22日，“第六届国家传播战略高峰论坛”在华中科技大学新闻与信息传播学院举行

2018年10月13—14日，第十四届中国传播学大会在重庆大学举行

2018年10月13日，第四届韬奋学术研讨会在兰州大学召开

2018年10月26—28日，中国广播电视学与新媒体研究会和浙江工业大学在杭州召开
“走向广播电视3.0时代”高峰论坛暨中国广播电视与新媒体研究会2018年会

2018年10月27—28日，由浙江大学传媒与国际文化学院承办的
“全球视野,中国特色—— 数字时代的新闻传播与美好生活”
中国新闻史学会2018年学术年会在杭州举办

2018年11月9—11日，苏州大学传媒学院承办“新问题 新挑战 新思路：
外部环境复杂化形势下的对外传播高峰论坛”

2018年11月10日， 由中国新闻史学会新闻传播教育史研究委员会主办、
山东大学新闻传播学院承办的“中国新闻史学会新闻传播教育史研究委员会2018年学术年会”顺利召开

2018年11月17—18日，第四届新媒体公共传播国际学术研讨会暨推进郑州大学新闻传播学一流学科建设发展论坛召开

2018年11月23日，“改革开放与传媒发展学术研讨会”在湖南师范大学新闻与传播学院举行

2018年11月25日，首届(2018)中国新闻学传播学论坛——中国新闻学百年暨新闻业改革四十周年研讨会
在中国人民大学举行

2018年12月1—2日，首届意识形态与舆论研究高峰论坛在海南师范大学举行

2018年12月9日，由中国新闻史学会党报党刊研究委员会主办、
南昌大学新闻与传播学院承办的“2018‘新闻与传播学’一流学科建设高层论坛”在南昌举行

2018年12月11日，由河北大学新闻传播学院主办的
纪念《晋察冀日报》创刊80周年座谈会在保定召开

2018年12月16日，以“改革开放四十年与党报”为主题的“人民共和国党报论坛”
第十五届（2018）年会在中国传媒大学举行

2018年12月22日，2018福建省传播学会学术年会在福州马尾阳光学院隆重召开

2018年5月27日，“首届大学生校园媒体大赛孙明经奖颁奖典礼”在南京大学举行

2018年6月30日，“第三届中国数据新闻大赛暨数据新闻教育高峰论坛”在西安交通大学举行

2018年12月18日，由北京师范大学新闻传播学院和人民网共同主办的
第三届中国VR/AR/MR创作大赛金铎奖颁奖典礼在北京师范大学学生活动中心圆满落幕

2018年5月18日，首届中国—东盟大学生短片节在广西艺术学院正式启动

2018年8月6日，广州大学新闻与传播学院
部校共建社会实践队前往中国共产党创始人之一邓恩铭故居，讲述红色旅游与扶贫带动的故事

2018年暑期，兰州大学新闻与传播学院举办首届“丝绸之路国际行”活动

2018年1月12日，"传播与中国"学术工作坊（第一期）在广东外语外贸大学白云山校区举办

2018年6月24日，首届中国形象与全球传播研究生论坛在上海外国语大学举行

2018年7月9日，西南政法大学新闻传播学院举办首次优秀大学生夏令营活动

2018年9月13日，陈力丹教授为中国社会科学院大学新闻学与传播学系研究生主讲新学期第一课

2018年12月，以“智能媒体与社会发展”为主题的汕头大学第14届新闻传播学研究生学术论坛成功举行

2018年12月26日，山西大学新闻学院举办融媒体特训班开班仪式，
特训班旨在提升学生实操能力，为学生搭建专业实践平台

2018年3月14日，国际新闻与传播学院姜飞教授主持的2017年度教育部哲学社会科学研究重大攻关项目
“‘一带一路’沿线国家新闻传播业历史与现状研究”开题论证会在北京外国语大学成功举行

2018年9月21日，由复旦大学新闻学院宁树藩教授立项、牵头、主编的
《中国地区比较新闻史》在复旦大学新闻学院举行首发式暨地方新闻史研究、编撰讨论会

2018年10月，由安徽大学新闻传播学院博士生导师芮必峰教授主持编撰的《中国近代新闻学文典》出版，
该丛书是第一套全面梳理中国近代新闻学专著的书系，对中国的新闻学研究具有重大意义

2018年10月8日，何梓华、赵玉明、成美、曹璐、吴高福和
雷跃捷教授在北京聚会座谈改革开放四十年我国新闻传播学教育

2018年11月20日，何梓华教授追悼会在北京举行

2018年11月20日，京内外各界人士向何梓华教授遗体告别

2018年3月16日，由四川大学文学与新闻学院、中国新闻史学会和《中国新闻传播教育年鉴》编委会共同主办的“改革开放40年与新闻教育发展论坛”在四川大学举行

2018年5月12日，项德生教授新闻教育与学术思想研讨会暨新书发布会在郑州大学新闻与传播学院举行

2018年6月24日，少数民族新闻传播史研究新范式、新方法研讨会既白润生先生学术思想座谈会在中央民族大学举行

传播夕阳之乐

——吴高福教授休闲绘画选

吴高福，湖北鄂州人。1938年8月8日生于湖北鄂城县（后改名鄂州市）。1959年考入武汉大学汉语言文学系，毕业后留校任教。1983年负责筹建武汉大学新闻学系，先后任副教授、教授，任总支书记兼副系主任、系主任、新闻学院首任院长。享受国务院政府津贴。2002年应湖南大学之邀，任该校新闻与传播学院院长、教授。2011年退休。

曾担任教育部高等学校新闻学科第一届、第二届教学指导委员会副主任委员，是国家首批马克思主义理论研究与建设工程《新闻学概论》课题组主要成员。执教以来，一直从事新闻理论、美学教学和科研工作。

担责图

小区小趣

朝露

走向新时代

八哥与山茶

相伴

一枝放　百花妍

暨南大学新闻与传播学院研究生教育巡礼

暨南大学新闻教育起步于 1946 年，薪火相传，弦歌不辍。学院下设新闻学系、广告学系、广播电视学系、网络与新媒体系、口语传播系和计算新闻传播研究中心。学院是中央宣传部、教育部确定的首批10所由地方党委宣传部门与高等学校共建的新闻学院之一。新闻传播学是广东省一级学科优势重点学科，2018 年入选广东省“ 冲一流、补短板、强特色 ” 提升计划重点建设学科。拥有国家级实验教学示范中心（媒体实验中心）、广东省协同育人平台（华南新闻传媒协同育人中心），以及 1 个国家级大学生校外实践基地、2 个广东省大学生校外实践基地、1 个广东省联合培养研究生示范基地和 3 个广东省博士后创新实践基地。

博士后科研流动站	新闻传播学(2007)
一级学科博士点	新闻传播学（2011）
一级学科硕士点	新闻传播学（2006）
硕士专业学位点	新闻与传播（2010）
	艺术—广播电视（2014）
全国第四轮学科评估	A-（2016）
通过教育部本科专业认证（第三级）和中俄联合国际认证	新闻学（2017）
	广告学（2017）

◆师资概况：专任教师 66 人，其中教授 24 人，副教授 23 人，讲师 19 人。博士生导师 20 人，硕士生导师 49 人。

◆研究生教育概况：设有新闻学、传播学、广播电视学、广告学等 4 个科学学位硕士专业，新闻与传播、艺术—广播电视领域 2 个专业学位硕士专业，新闻学、传播学、广播电视学、广告学、传媒经济学等 5 个博士专业方向。截至 2018 年年底，在校本硕博学生合计 2343 人，高级研修班学员 243 人。其中硕士研究生 539 人，含港澳台侨生及外国留学生 22 人；博士研究生 84 人，含港澳台侨生及外国留学生 11 人；在站博士后 8 人。

研究生教育讲求立德树人，以与传媒联合培养为主要特色，高度重视数字化、国际化、智库化发展。始于 2008 年的公益性“ 传媒领袖讲习班 ”（暑期学校）是研究生教育品牌。

◆研究生培养机制改革

1. 马克思主义新闻观教育

从 2015 年开始在延安、井冈山、红旗渠先后成立 3 个马克思主义新闻人才实践培养基地，“ 延安井冈山校外协作基地马克思主义新闻观主题教育活动 ” 获评 “ 全国新闻学与传播学教学创新项目 ”。

2. 传媒领袖讲习班

截至 2019 年 7 月共举办了 12 期。2016 年，“ 公益性传媒领袖讲习班：高层次传媒人才联合培养模式创新的探索 ” 获评 “ 全国新闻学与传播学教学创新项目 ”。

3. 中欧博士研修班

中欧博士研修班 2016 年首次举办，来自伦敦大学金史密斯学院、美国加州大学圣地亚哥分校、比利时天主教鲁汶大学、荷兰鹿特丹伊拉斯谟大学、新加坡南洋理工大学、北京大学、暨南大学等 11 个国家的 23 名博士生参与研修班的学习。

4. 大数据时代传播学量化研究方法高级研修班

大数据时代传播学量化研究方法高级研修班由暨南大学和 CCA（国际中华传播学会）联合举办，于 2015 年暑期开始，每年举办一期，至 2018 共办 4 期。

◆ 专业学位培养特色（专硕实训工作坊）

专硕实训工作坊注重培养专业学位研究生的专业技能和专业思维，接触业界最前沿的信息，系统地接受业界导师开设的专业课程。工作坊摆脱传统讲授模式，以项目为主体，以业界前沿研究和工作方法为路径，在实践中磨炼学生的技能和思维，最终形成各个工作坊的成果。先后开设 VR、CBDTIMES、政务新媒体、创新思维与原型设计、电视节目制作、舆情大数据、财经新闻、E 成长媒介素质教育、企业传播 9 个工作坊。

5. 舆情大数据工作坊

工作坊由舆情大数据研究中心承担，中心建于 2005 年，于 2012 年、2015 年、2018 年三度入选广州市人文社科重点研究基地，现为中宣部舆情直报点，2017 年获批广东省舆情大数据工程技术研究中心。多项成果获得中央和省市领导正面批示，其中 10 项成果获常委批示，获中宣部“ 好信息 ”“ 优秀稿件 ”“ 优秀单位 ” “ 优秀个人 ” 等多项荣誉。

華中科技大學
国家传播战略研究院
Institute of National Communication Strategy,HUST

华中科技大学国家传播战略研究院（INCS），原名为“国家传播战略协同创新中心”，是由华中科技大学牵头，由中国人民大学、复旦大学、中国外文局、湖北日报传媒集团、湖北广播电视台（集团）等机构联合组建的智库。研究院于2013年6月成立，2018年1月改为现名。

研究院基本使命是瞄准国内国际新形势下国家传播实践领域的重大需求，致力于从理念、制度和实践面向，对国家战略层面的传播问题进行全方位、系统化研究，以更好地创新中国话语、讲好中国故事和发出中国声音，引导国际公众舆论，提升中国文化软实力；同时，在学理层面，构建国家传播战略领域的概念体系，夯实其理论基础，规范其价值诉求。

- 自2013年起，研究院每年举办“国家传播战略高峰论坛”，本论坛是国家传播战略领域最重要的学术交流平台之一，至2018年已连续举办六届。
- 自2014年起，研究院启动“中美公众的世界观念调查”，这是我国首个针对中美两国公众同步实施的、具有高度权威性的大型民意调研，至2018年已连续实施四年。
- 自2016年起，研究院每年出版《中国国家形象传播报告》蓝皮书，深入分析和论述中国国家形象传播的全景式、立体化图景，由社会科学文献出版社出版发行，至2018年已出版两部。

2013年10月，国家传播战略协同创新中心成立揭牌仪式

2018年9月，第六届国家传播战略高峰论坛在武汉召开

2019年1月，《中国国家形象传播报告（2017-2018）》在武汉发布

2019年6月，“中美两国公众的世界观念调查（2017-2018）成果发布暨寰球民意与战略传播研讨会”在武汉召开

華中科技大學
国家传播战略研究院
Institute of National Communication Strategy,HUST

2019年6月，《中美两国公众的世界观念与国家印象调查报告（2017-2018）》在武汉发布，被人民网等数百家国内外媒体报道并转载

2017年11月，该系列调查成果被美国《经济学人》杂志引述

兰州大学新闻与传播学院简介

兰州大学新闻传播教育始于1959年兰州大学中文系新闻专业，迄今已有60年的历史文脉。

1983年，基于国家战略布局需要，新闻专业独立建系，并很快进入全国前列，素有“全国第五，西北老大”的美誉。1998年获得传播学二级学科硕士点授权；1999年传播学被确定为甘肃省重点学科；2000年获批传播学省级重点实验室；2001年获得新闻学二级学科硕士点；2004年成立新闻与传播学院；2006年新闻传播学获批一级学科硕士学位授权点；2010年获得全国首批新闻与传播专业硕士点；2011年在文学院设立媒介文化与文学传播研究博士招生方向；2014年甘肃省委宣传部与兰州大学签署部校共建协议启动“部校共建新闻学院”，同年，新闻传播学被评为甘肃省一级重点学科；2016年兰州大学社会舆论调查与舆情研判中心获批甘肃省舆论调查与舆情研判智库平台；2017年在马克思主义学院设立马克思主义理论中国化（新闻理论）博士招生方向。

60年来，几代兰大新闻人筚路蓝缕、孜孜以求，始终坚持以马克思主义新闻观为统领，立足西部经济社会发展的现实和地方新闻传播事业发展的急需，高度重视教学科研对地方经济、文化、社会建设的服务作用，坚持理论积淀与创新发展相结合，既扎根陇原大地，又面向战略前沿，始终是全国新闻传播教育与研究的重镇之一。

60年来，兰大新闻人薪火相传、立德树人，培养出一大批政治坚定、作风踏实、素质过硬的新闻传播人才。其中，在人民日报社、新华社、中央广播电视总台、光明日报社、中国青年报社等中央级新闻单位工作的有数百名，大批优秀毕业生已成为各级单位的领导和业务骨干。一大批毕业生荣获“中国新闻奖”“长江韬奋奖”“全国优秀新闻工作者”等全国性奖项。

新时代、新作为、新篇章。兰州大学新闻与传播学院积极借助“双一流建设”和“部校共建新闻学院”的东风，不忘初心，牢记使命，砥砺前行，和谐奋进，发扬“自强不息，独树一帜”的兰大精神，为加快建设新型一流新闻与传播学院努力奋斗！

人才培养总体目标

敢为人先的创新能力　百折不挠的竞争意识　学贯中西的文化品味　与时俱进的法制观念　宠辱不惊的伦理操守　学以致用的专业素养　历久弥新的理想信念

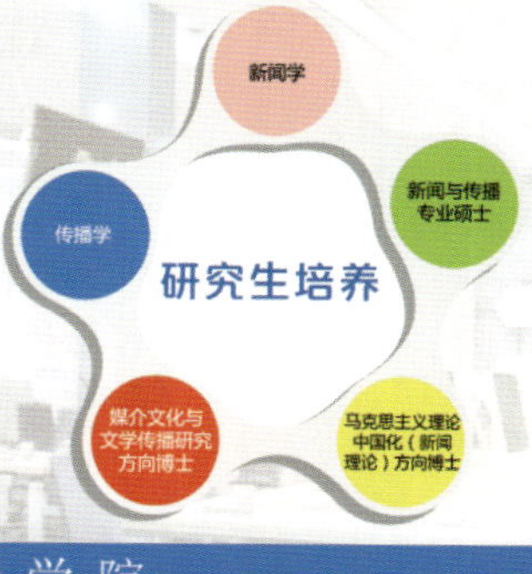

兰州大学新闻与传播学院
至公至正　唯实唯新

广东外语外贸大学新闻与传播学院简介

广东外语外贸大学新闻与传播学院始建于2005年，前身为1997年创办的国际新闻专业。学院以建设国际化特色鲜明的高水平新闻传播学科为目标，秉持专业+外语+全媒体技能的人才培养理念，着力构建“全媒体国际传播学科体系”，实施“粤港澳大湾区区域品牌与国际传播人才培养计划”，打造“国际传播华南重镇”。经过20多年的发展，已经形成学科体系较为完整，人才培养层次较为齐全，教学科研团队结构合理、实力较强，科学研究成果丰硕，社会服务能力较强，学生就业率高、声誉好的良好局面。

学院现有新闻学、网络与新媒体、播音与主持艺术三个本科专业，设有新闻学（国际新闻）、全媒体国际传播创新班、网络新媒体等方向，拥有新闻传播学一级学科硕士点和新闻与传播专业硕士学位授权点。设有广东省国际传播青年人才培养基地、广州市社科重点研究基地“广州国际城市创新传播研究中心”；校级重点研究基地“马克思主义新闻观与中国话语体系研究中心”“政府传播与国际舆情研究中心”，校级科研创新团队“城市形象国际传播研究”。学院下设“国际新闻”“公共传播与国际舆情”“跨文化传播与国际传播”“城市传播与国际品牌”四个科研创新团队，以及“多语种国际调查中心”“政府传播与危机管理咨询实训中心”“全媒体创新实验中心”“全媒体创新创业中心”等教学科研平台。

广东省国际传播青年人才基地授牌仪式

学院于2017年获批由广东省委宣传部与大学部校共建新闻学院，并设立广东省国际传播青年人才培养基地，与羊城晚报报业集团共建“广外——羊晚全媒体与国际传播研究院”，与人民网、新华网、南方网、腾讯网及中译语通科技（北京）公司等建立全面战略合作关系。致力于打造华南地区领先、国内一流、有一定国际影响力的“全媒体与国际传播”教学科研重镇，构建集人才培养、科学研究、决策咨询服务于一体的政—媒—产—学—研高端智库型平台。

学院现有教授14人、副教授12人、专职外教4人、博士及博士后29人、在读博士6人，其中具有境外访学经历者占75%，境外学历者占30%，全英文教学者占30%。学院教师承担国家社科基金项目16项、省部级项目30余项、政府及企事业单位重大委托项目数十项、出版专著40余部，译著20余部，编写各类教材10余部，发表高水平论文数百篇。目前与英国、美国、澳大利亚，以及中国台湾、香港等十余所国际知名大学建立了研究生、本科生合作培养和学术交流关系。学生就业连续多年达到百分之百的就业率。新闻学专业于2010年被广东省教育厅确立为省级特色专业；2012年被省教育厅确立为省级人才培养模式创新试验区，2013年被省教育厅确立为“卓越新闻传播人才教育”省级综合改革试点单位。

学院师生担任“广东省第十届大学生运动会开幕式”导演组及主持团队

21世纪海上丝绸之路国际研讨会现场直播

学生品牌活动“模拟新闻发布会”

教师在全媒体实验室全英讲授课程

承办“一带一路”与国际城市创新发展高峰论坛

学生参加澳洲交流项目

开拓新闻传播教育史研究的思维空间(代序)

张　昆

在信息化时代，新闻传播系统在社会大系统中处于核心枢纽地位。由于信息技术的迅猛变革，不仅新闻传播系统本身，整个社会系统也面临着全面转型的压力。作为当代高等教育重要的组成部分，新闻传播教育也面临着转型与改革带来的挑战与机遇。要抓住今天的机遇，进而拥有明天，必须追溯既往，了解新闻传播教育的前世今生。众所周知，中国新闻传播教育的历史很短，而且来自海外，迄今不过百年而已。但是，最近70年来，尤其是随着中国改革开放的深入、国家综合实力的增长和新闻传播业的发展，新闻传播教育也实现了突破性的扩张。未来新闻传播教育向何处去？需要我们在深入研究过往历史的基础上，才能理出头绪。所以，新闻传播学科建设的当务之急，是开拓新闻传播教育史这片荒原。

一、研究新闻传播教育史的必要性

历史是过去到今天的轨迹，是过去发生的事情，也是对过去事情的陈述或解读。对于“历”，古人这样解释：“圣人慎守日月之数，以察星辰之行，以序四时之顺逆，谓之历。”(《大戴礼记·曾子天圆》)可见，历是一个时间的概念。而“史”，则是远古时期的一种官职。东汉学者许慎在《说文解字》中说：“史，记事者也，从又持中。中者，正也。”即记录事件要有中正客观的态度。历与史连接起来构成一个单词，可以理解为历史是对过往事件公正客观的记录。大千世界，万事万物都有其历史。地球、生物、人类，乃至社会现象，政治、经济、文化、教育等，莫不如此。新闻传播教育虽然只是社会教育系统的一部分，但也自成体系，不仅有相当的体量，更有重大的社会影响。无论是就新闻传播教育本身，还是解读社会文化现象、揭示历史进化的规律，都可以从新闻传播教育的历史中找到具有说服力的依据。

首先，经过百多年的发展，新闻传播教育已经从初创时期进入成熟时期。无论西方发达国家还是中国，新闻传播教育作为高等教育系统的主要组成部分，都已达到了相当的规模。现有的资料表明，高校新闻传播专业教育最早起源于20世纪初的美国。如今虽然美国常青藤高校鲜有创办新闻传播本科教育者，但是由于美国新闻传播事业的发展、市场经济的推动，在一般高校却普遍开办了大众传播教育。中国的新闻传播教育起步略晚于美国，但深受美国的影响。中华人民共和国成立以来，尤其是20世纪70年代末的改革开放以来，中国新闻传播教育随着新闻传播事业发展、社会转型和市场经济的繁荣，迅速扩张。截至2015年年底，全国有681所大学开设了新闻与传播类专业，约占高校总数的1/3。在“985”“211”大学中开设新闻传播类专业的高校比例高达55.9%。这些学校拥有1244个新闻传播专业点，在校本科生规模约22.6万人，在岗新闻传播专业教师近7000人。① 进入2019年，新闻与传播类专业进一步裂变为9个，创办新闻传播类专业的本科高校达721所，本科专业达到了1352个。② 在研究生层次，截至2017年年底，全国有新闻传播学一级学科博士点26个，新闻传播学一级学术硕士点126个，新闻与传播专业硕士点119个。③ 这是我们大家都关注到的数据。其实还有很重要的一部分，被学界所忽略。那就是职业技术学院的新闻传播教育。依据2015年教育部新修订的《普通高等学校高等职业教育(专科)专业目录》(教职成〔2015〕10号，以下简称《目录》)。《目录》在“新闻传播大类”下设“新闻出版类”和“广播影视类”两大专业类别，共计23个专业。其中“新闻出版类”包括“图文信息处理”“网络新闻与传播”“版面编辑与校对”等8个专业；“广播影视类”包括“新闻采编与制作”“播音与主持”“广播影视节目制作”等15个专业。根据武汉职业技术学院彭爱萍教授的调查核实，截至2019年3月，全国251所高职院校共开办了538个新闻传播类专业点。如此规模的新闻传播教育，在高等教育系统是一个不可忽视的存在，要正确地认识其价值与功能，必须梳理其脉络。

其次，新闻传播教育经历近百年的发展，已有丰厚的历史积淀。从社会政治层面来看，自高校新闻专业教育诞生以来，人类历史经历了两次世界大战及长达数十年的“冷战”，全球的权力结构也发生了根本性的变化，从“冷战”初期的苏美两霸，过渡到“一超多强”。从新闻传播的视角来看，这百来年的历史可谓精彩纷呈，在报纸、杂志、出版社、电影、通讯社之外，短短的50年内，广播、电视、通信卫星、网络媒体、门户网站、社交媒体等破土而出，重构了新闻传播秩序，实现了传播流程的再造。就学科和教育而言，百年间，因应着从传统媒体到新媒体的转变，从新闻学过渡到传播学，从单一的新闻专业裂变为适应传播介质差异的不同专业，包括新闻学、广播电视学、广告、

① 张昆．记录历史，引领未来[M]．//中国新闻史学会新闻传播教育史研究委员会．中国新闻传播教育年鉴(2016)．武汉：武汉大学出版社，2016：3.

② 根据教育部新闻与传播学科教学指导委员会2019年9月最新统计资料。

③ 中国新闻史学会新闻传播教育史研究委员会．中国新闻传播教育年鉴(2018)[M]．武汉：武汉大学出版社，2018：835-848.

传播学、编辑出版、网络与新媒体、电子出版、国际新闻传播、时尚传播等专业，新闻传播教育的阵营空前壮大。我们身处其中的这个100年与人类以往历史的多个百年相比，其激烈、豪放、辉煌、精彩的程度丝毫不差。对于已成为历史的100年，“我们只有根据现在，才能理解过去；我们也只有借助于过去，才能理解现在。使人能够理解过去的社会，使人能够增加把握当今社会的力量，便是历史的双重功能”①。要发挥这种功能，新闻传播教育史研究还有待进一步拓展。

再次，当代历史研究尤其是文化史的研究需要补齐新闻传播教育史的短板。管理学有个“木桶原理”，俗称“水桶效应”“短板理论”。意思是：一个装水的木桶是由许多木块组成的，表面上看它能够装多少水是由所有这些木块决定的，但实际上木桶的盛水量最终取决于最短的那块木板。目前的社会历史研究，尤其是文化史的研究相当繁荣，但是这些研究就受到一些短板的制约。新闻传播教育史就是其中的一块。因为新闻传播教育是高等教育系统较为特殊的一个组成部分，其意识形态属性、政治属性使得其组织管理和实际运行，采取了不同于其他学科专业的形式。譬如，在高等教育领域，只有新闻院系采取部校共建的模式，传媒行业、党政机关深深地介入高校新闻院系的人才培养过程。这种做法不仅在国内教育系统独树一帜，在国际高等教育领域也没有相似或相近的情形。其中的历史文化意涵，牵涉到政治、传统和文化诸多层面，同时对于解读相关领域的中国特色具有重要的意义。

最后，当今媒介的转型，尤其是新闻传播教育的转型需要历史智慧的烛照。由于技术的进步、经济的全球化和交通、信息网络的发展，大大压缩了时间和空间，促成了“地球村”的实现。在全球村这个高度一体化的人类命运共同体中，传媒扮演的角色日益重要。作为社会的神经，新闻传播系统不仅决定了社会机体感知觉的灵敏度和理性思维水平，而且还是社会系统整体幸福或痛苦、进步或落后、文明或野蛮的象征。在社会整体转型的背景下，传播系统也处在转型过程中。在数字传播技术飞速发展的背景下，传媒系统由过去不断的裂变、细分，转而进入了在数字技术平台上的融合发展。与此相应，信息传播的流程、机制、管理及岗位设置都发生了重大的变化。这一切都在倒逼传媒人才的生产过程，倒逼高校新闻院系直面传媒行业人才需求的变化并做出相应的改变。过去百年来，一直是传媒在推动社会的进步，如今社会大系统本身也成为传媒转型发展的动力之源。在这个关键的历史时刻，传媒人、新闻教育工作者，特别需要从自身的历史发展中吸取智慧，激发自己的灵感。

---

① ［英］E. H. 卡尔：历史是什么？［M］. 陈恒，译. 北京：商务印书馆，2007：146.

二、新闻传播教育史的体系建构

相对于庞杂的社会系统或中观的教育系统，新闻传播教育充其量只能算是一个子系统或系统的要素。不过，置身新闻传播教育系统之中，又会感觉到这个子系统也是一个小宇宙，别有洞天。社会系统所具有的一切要素，新闻传播教育系统都有具备。在这里我们尝试着建构新闻传播史体系，可以就这一子系统的构成要素做初步解析。

1. 教育者

教育者是教育过程的主体和教育活动中的决定性因素，也是教育活动的重要依托。从古汉语词源而言，教者，“上所施，下所效也”；“育，养子使作善也”(许慎:《说文解字》)。在古人看来，无论是“教”还是“育”，都是教化、引领孩子或下级向善的行为。没有教育者，就没有教育。这里所说的教育者，有广义和狭义两种。广义的教育者，泛指教师，教学管理、辅助人员，校长、院长、系主任等。狭义的教育者，则主要是指教师、校长院长系主任等教学管理者。本文所言教育者采用的是狭义的概念。要研究新闻传播教育，探索新闻传播教育的历史，必须首先从教育者开始。教师队伍的来源、教师的知识背景、教师的政治立场、教师的专业精神、教师的道德操守、教师的教育理念、教师的教学运行、教师与学生的互动、教师与院长/主任的关系、院长/主任的办学理念、院长/主任的权利与义务、院长/主任的学经历背景、院长/主任的行为模式等，这些因素在相当程度上决定了新闻传播教育的面貌、行为模式和质量水平。

在不同的社会环境、不同的历史阶段，教育者本身存在着诸多差异。和平发展时期与战争或危机时期的教育者大不相同；经济困难时期与经济繁荣时期的教育者也有很大的差异。在不同的社会政治制度下，社会主义国家与资本主义国家的教育者，从政治意识到专业精神都绝然不同；即使是同样性质的国家，不同的国家因历史传统、文化差异，其教育者也会存在种种差别。在高等教育领域，新闻传播具有鲜明的意识形态和阶级政治属性，在教育者这一环节上，表现得尤为突出。

2. 受教育者

受教育者即学生，他们也是教育过程的主体。他们与教育者构成了互动的矛盾的对立统一关系。没有教育者就没有教育，同样，没有受教育者、没有学生，教师会失去安身立命的依据。教师职业因学生而存在，学生是教师的服务对象。教师的职业生涯是否成功，一所学院办学水平的高低，主要看其毕业学生的成就。一个新闻学院或新闻系，多年来的毕业生没有几个成功的业界精英，其教师和院系是很难谈得上成功的。

作为受教育者，学生是教师的工作对象。学生的天职是学习，没有比学习更重要的事情。认识学生、了解学生是教师要做的第一件事。在不同的时代、不同的社会环境下，学生的政治态度、学习目的、学习状态、学习积极性、学习效果是大不相同的。同时，学生的来源也是值得注意的另一重要因素。一般而言，在正常的社会秩序下，学校较少受到外界的扰动，校园秩序井然，学生的注意力比较容易集中在学习方面；反之，一旦危机来临、社会动荡或面临外敌入侵，校园安宁局面被打破，学生的政治积极性被调动起来，于是游行示威甚至罢课都成为常态。学生心态的变化，不仅取决于教育系统本身的因素，而且受到更广阔的社会环境的影响。

3. 教学组织

一切教学都是在一定的教学组织形式下进行的。以新闻传播教育而言，绝大多数大学是以二级学院作为新闻传播教育的主体，国外的如密苏里大学新闻学院、哥伦比亚大学新闻学院，国内的如中国人民大学新闻学院、复旦大学新闻学院等。有的大学，没有设立专门独立的新闻或传播学院，其新闻传播类专业归属到其他学院，如文学院、人文学院、法商学院等。在此之外，还有一些学校，就是以信息传播类专业为主体建立的专业性大学，如中国传媒大学、中国台湾世界新闻大学，还有地方一级的同类大学如浙江传媒大学、山西传媒学院、河北传媒学院、武汉传媒学院等。院系以下，拥有专业、研究生学位点、教研室等。每个教师都归属到不同的教研室、系、院，每个学生则分属不同的专业。

教学组织不仅仅具有形式的意义。不同的组织形式，意味着教育者尤其是教育管理者在教育过程中的角色扮演具有重大的差异。那些附设在人文学院、文学院、法商学院下面的新闻传播类专业，基本上没有以自己学科为单位进行顶层设计的权利，即便是新闻学的教授担任院长，因为组织体制的原因，新闻传播专业难以在学校的专业体系中获得主体性。而专业性的以新闻传播类专业为主体的大学，其信息传播类专业设置非常全面，而且在专业细分方面有更高的积极性。而作为二级学院的新闻或传播学院，既坚持了学院、专业的主体性，亦在一定的程度上避免了直接面对政府和市场的压力，可致力于教育和科研。新闻传播类专业的教学组织也有一个从无到有、从简单到复杂的发展演进过程。在不同的时期，同一组织形式可能具有不同的内涵或意义。

4. 教育手段

教育过程是教育者和受教育者间的互动过程。两者的互动既体现在物质层面，也体现精神层面，其最终的效果是影响到彼此的灵魂深处。教育者与受教育者的互动不是凭空进行的，早期的教育主要是借助于语言讲授、课堂讨论，其内容的分类也十分粗略。随着学科的发展和技术的进步，学科专业的细分越来越深入，教育过程对新技术的使用越来越普遍，教学手段越来越复杂多样。新闻传播学科的历史虽然不长，但是其作为学科诞生的时候，正逢教育技术突飞猛进、教学手段日趋多样的时刻。即便是后起的国家，其新闻传播教育也赶上了信息技术革命的浪潮。

在新闻传播教育领域，教育手段也是决定学科水平、影响人才质量的重要因素。除了通常意义教育手段，如教材、参考资料、多媒体教室、课程网站外，还有利用高新技术装备起来的实验教学中心、虚拟仿真实验教学中心、专业实践基地等，也成为新闻传播人才培养不可或缺的重要环节。这些手段的采用，一方面需要教师具备驾驭新技术的能力；另一方面，教育单位还需要具备足够的经济实力。新闻传播教育不同于传统的文科教育，就其技术装备而言，它是文科中的工科，不仅需要现代技术装备，而且这种装备以数字技术为前提，更新换代频率快，没有强大的经济实力，实在是难以承受的。在日常教学方面，还有各种各样的授课形式，如视频公开课程、精品课程、精品资源共享课程、翻转课堂、在线开放课程等，这些教学形式的使用，无不需要教师们付出大量的心血。一个学院，有没有这样的课程，有多少门这样的课程，是衡量其人才培养水平的重要指标。

5. 教育制度

所谓教育制度乃是“一个国家各种教育机构的总体系。它受教育目的制约，为达成教育目的服务”。教育制度有广狭二义：广义者泛指有组织的教育和教学的机构体系，狭义者则指各级各类学校教育的制度。笔者在这里谈教育制度主要是就高校新闻传播教育而言，采取的是狭义教育制度。① 现代高等教育是一个包罗万象的大系统，涉及无数的人、财、物，占用了大量的时间、空间，要让这些要素在系统中各居其位、各尽其责，充分地发挥自己的功能，必须制度设计科学，程序规范，监管到位；否则，一个拥有数万学生、数千教师、同时开设数千门课程的大学就会乱套。新闻传播教育虽然只是现代大学的一个子系统，但是其规模和影响也不可小觑。新闻传播院系在大学治理体系中的地位，院长主任的权利与义务的边界，专业系与教研室的职能，教师教学效果考核的标准与程序设计，教师职务的晋升标准，教学团队组建原则，教职工薪酬管理规定，本科生培养的目标定位，本科生全程培养方案，学士学位授予标准，学生奖学金助学金发放标准，研究生免试推荐的条件及考核程序，在校学生的思想政治工作，学生辅导员

① 中国大百科全书(第11卷)[M]. 北京：中国大百科全书出版社，2009：453.

的责权利，研究生硕士论文开题、双盲评审、答辩程序及标准等，没有这些具体的程序、规范和准则，教学就难以有序地进行。

由于国家制度的差异、学校校情和传统的不同，不同国家、不同学校的新闻院系可能会采取不同的治理模式。如在本科生阶段，在人才培养定位、课程体系、学分要求、毕业论文和设计等方面，会存在相当大的差异。有的学校本科生大多数以毕业设计作为最重要的毕业环节，有的学校则仍然沿用以毕业论文为考核标准的模式。在研究生阶段，有的学校免试推荐研究生且只接受"211""985"学校的学生，有的则向所有学校敞开大门。在财务和薪酬制度方面，有的学校实行学院二级财务管理，由学院负责教职工薪酬与津贴的发放，大多数学校还是执行学校统一薪酬管理与发放制度。这些制度方面的不同设计，对教学过程、教师积极性和人才培养质量会产生不同程度的影响，值得研究者关注。

6. 教育环境

无论是哪个阶段的教育，都不会是在真空中进行的。人生教育都有其得以展开的平台和环境。中国历史上的孟母三迁，就是为了寻觅一个好的教育环境。新闻传播教育也是如此。新闻教育的目的是为传媒行业输送高质量的专业人才，而新闻传媒本身又有鲜明的政治属性和意识形态属性，故社会对新闻传播教育的期待自然难以摆脱政治的影响；同时，随着新闻传播教育的技术装备要求越来越高，一个高水平的新闻教育平台需要强大的经济力量和技术系统的支撑。观察国内外的新闻传播教育，凡是政治文明程度较高、经济发达、科技领先的国家，其新闻传播教育的水准就比较高。美国、英国及欧洲大陆的自由主义国家，就是如此。近年来，随着中国经济长期高速增长，科技方面的不断突破，不仅推动了中国高等教育的大众化，也推动了新闻传播教育的发展。

新闻传播教育的环境支撑最主要、最直接的还是大学本身。① 每所学校都有自己的专业特色和优势学科，有自己的传统优势。在综合性大学与非综合性大学、工科大学与文科大学、财经政法大学与外语外贸大学等，不同的学科专业生态决定了不同的学科发展战略。新闻传播学科在学校整个学科体系中处于什么地位，是优先发展还是一般对待，其能够得到的资源支持是大不相同的。还有学校的历史传统、校园文化，与新闻传播的学科专业特性是否完全相容，也会影响到学科的发展。新闻传播院系作为新闻传播学科直接生存的小环境，其学院文化、办学理念和学术传统，直接影响到新闻传播人才的培养和学术研究的展开。在一般情况下，院系小环境与学院院长的人格特质息息相

---

① 刘道玉. 中国高等教育改革论[M]. 武汉：武汉大学出版社，2018：618.

关，一个好的学院背后必定有一个好的院长。他会为新闻传播人才的培养营造宽松、自由的氛围。这种氛围是新闻传播教育不可或缺的基本条件。

以上六大要素并不是平行的，而是相对独立的，在教育过程中，它们还会融会贯通，相互影响。教育手段服务于教育者和受教育者，教育环境决定教育制度并且影响教学组织，教学组织则是教育者和受教育者彼此互动、教学相长的平台。同时，教育制度还在规范教育者和受教育者的行为，而来自教育者、受教育者的反馈，会促成教育制度的变革。

三、推进新闻传播教育史研究的路径

推进新闻传播教育史研究是新闻传播教育界的当务之急，也是促进新闻传播教育、繁荣新闻传播学术、培育优秀传媒专业人才的必要条件。但是与其他学科领域不同，新闻传播教育史的研究涉及面广，非单人独骑所能完成，而且还需要一定的条件，需要新闻传播教育界同仁共同的努力。

1. 组建新闻传播教育史研究的学术共同体

新闻传播教育虽然是高等教育系统的一部分，但是它涉及面广，一个新闻院系就会牵涉到高校、媒体行业、党政机关、学生、家长、教师等；而遍及全国，乃至全球的新闻传播教育，其相关的影响因素则更多、覆盖更广。加上我们处于信息弥漫的网络时代，信息爆炸，单一的个体研究者再有才华、能力再强，也难以短时间理出头绪。新闻传播教育史的研究需要众多同行共同的努力。这些同行在空间上呈弥散性分布，极少互动。他们平时忙于日常教学，对于自己的研究兴趣，如果有经常性的交流互动，将会产生极大的推动作用。所以，要全面展开新闻传播教育史的研究，首要就是建立属于研究者自己的学术共同体，为同行建设属于他们的精神家园，为他们提供研究、探索的组织平台。以中国当前的情况而言，中国新闻史学会新闻传播教育史专业委员会、中国高等教育学会新闻与传播专业委员会就是新闻传播教育史研究者的共同的家园和精神皈依之所。在这个平台上，他们可以相互切磋，自由探讨，彼此协作，逐步拓展新闻传播教育史的研究空间，由点到面、从表到里，将各个成员的研究成果系统化、集成化。

2. 完善教育档案制度

由于各种原因，我国高等院校的档案管理制度不够健全，一些必须保留的档案资料没有保存下来，使得教育史研究留下了不少的空白。1949 年以前，国内一些历史比较悠久的高校保存了几乎所有毕业生的毕业论文、学籍档案和成绩表等。可是从 20 世纪

50年代到21世纪初，由于历经政治运动，很多重要的档案资料都遗失了。近年来，教育部推行本科教学合格评估，加强档案意识，教学方面的档案得以比较完整地留存。但是其他方面的管理文件、数据、名册、会议记录、工作笔记、教师讲义、备课本、音像资料等涉及教育过程方方面面的文献、资料和档案，并没有纳入到整理保存的范围。① 对此应该引起新闻院系负责人的注意。新闻教育档案可谓无所不包、无奇不有。“其重要价值在于它的数量庞大而不可复制，其可惜之处在于它的迅速散失而难以收集。”②新闻传播教育界同仁应该强化历史观念、档案意识，将自己参与、亲身经历、亲眼所见的文献资料整理保存下来。同时学校、学院也要在办公空间上予以安排，以学院为单位建立院史档案室，作为学院建设的标准配置。

3. 注重相关文物的收藏

唐代诗人李白说：“夫天地者，万物之逆旅也；光阴者，百代之过客也。”(《春夜宴桃李园序》)作为新闻传播教育者，我们不过是绵长的教育史上的一个匆匆过客。今天的历史是昨日的现实，而今天又将注定成为明天的历史。在新闻传播教育史上一些具有重要纪念意义的实物，注定了日后会将成为重要的历史文物。我们应该把它们收藏起来。诸如早年的教学计划，课程安排表，教师的讲义、备课笔记，院长主任的工作手册，教师们公开出版的教材、专著，原始家具，办公用品，实验室退役的广播电视设备，电话记录，师生往来书信，历史照片等，对于新闻院系、新闻传播教育而言是不可多得的瑰宝。收藏这些文物，就是收藏了历史。面对这些物件，经历者向后来者们娓娓道来，后来者作为“二传手”再传给后来人，一部完整的新闻传播教育史，在代际沟通之中就可以流传下去。院系的传统、专业理想和职业精神也会随着这些故事潜移默化，润物无声，发挥春风化雨的作用。

4. 抢救活历史

新闻传播教育史涵盖的时间不长，即使是美国这样先进的国家，也不过百来年。因为时间短，所以其近乎半数左右的历史演进，都还有活着的见证人或参与者。一般而言，年龄在80岁的老者，如果他一直在新闻传播教育界工作耕耘，那么他对于50年前教育界的掌故应该是比较熟悉的。事实上，如今科学的进步，人类寿命的延长，90乃

---

① 李进才. 高等教育教学评估词语释义[M]. 武汉：武汉大学出版社，2016：100.

② 行龙，马维强，常利兵. 关于本书[M]// 孙国良. 阅档读史——北方农村的集体化时代. 北京：北京大学出版社，2011，前言：1-2.

至100岁老者并不鲜见。尤其是新闻传播教育界，他们的记忆保存了他们亲身经历、见证或直接参与的那段历史，他们如果不说出来，这段历史将随着他们的故去而湮没。还有大量六七十岁的教育界老人，40年、30年、20年、10年前新闻教育界发生的事情，在他们的脑海中还保存着鲜活的印象。许多重要的事件、重大的过程、重要的人物，当时并没有文字记载，或者因为特殊的历史环境，即便文字记载了也不一定真实客观。他们的记忆是历史实录的唯一来源。所以口述历史成为打捞湮没的过去的重要途径。“口述历史是以录音访谈的方式搜集口传记忆以及具有历史意义的个人观点。口述历史访谈指的是一位准备完善的访谈者向受访者提出问题，并且以录音或录影记录下彼此的问与答。访谈的录音(影)带经过制作抄本、摘要、列出索引这些程序后，存储在图书馆或档案馆。”①这些材料可以供人们研究，也可整理后公开出版。《中国新闻传播教育年鉴》自创立以来，专门设有口述史专栏，秉持史家精神，遵循严格的程序，延请专家对新闻传播教育史上的前辈学者、院长、主任、名师，进行深度的访谈，保存了不少第一手的资料，受到了各界的好评。如中国人民大学新闻学院原院长何梓华教授、暨南大学新闻学院吴文虎教授，他们的口述史就刊发于《中国新闻传播教育年鉴》，成为我们了解上个世纪末期中国新闻传播教育的重要资料。

5. 编纂新闻传播教育年鉴

年鉴是以年为尺度的，记录、保存年内发生的重大事件、重要过程、重要人物、重要政策，综述年内发展概况及汇总、统计重要数据的综合性、资料性、权威性工具书。一册在手，“有文字、有图片，有表格，有文献目录，有统计数据，有名著解读，有人物研究，有事件解析，有个案解剖，有全局纵览，有政策分析，具有数据权威、及时反应、连续出版的特点，兼具工具性、学术型和政策性”②。有多种多样的年鉴，有综合年鉴也有专业性年鉴。新闻传播教育年鉴属于专业性年鉴的范畴，它面向新闻传播教育界，服务新闻传播教育。大凡上个年度在新闻传播教育界发生的重要事件、最新政策、人事变动、重要改革、典型经验、突出教训、最新进展、重要成就，还有综合数据，如年度招生、毕业生、师资队伍统计，科研项目、经费、论文排行榜，学科评估、专业等级等，尽在书中。其内容之丰富，记载之准确，一时无双。从当前看，一本两本年鉴没

---

① [美]唐纳德·里奇. 大家来做口述史[M]. 王芝芝，姚力，译. 北京：当代中国出版社，2006：2-3.

② 张昆. 记录历史，引领未来[M]//中国新闻史学会新闻传播教育史研究委员会. 中国新闻传播教育年鉴(2016). 武汉：武汉大学出版社，2016：4.

有什么了不起，因为其记载的不过是当下发生的事情而已，大家似乎都有印象。但是10年、20年、30年过去了，再回首往事，记忆可能不再是那么清晰，这时年鉴就开始发挥作用了，它逐年的、全面的、客观的记录，弥补了我们大脑记忆的缺损，保存了第一手原始文献、数据，可谓功莫大焉。现在，中国新闻史学会新闻传播教育史研究会主编的《中国新闻传播教育年鉴》已经先后出版了三部，第四部亦将于年内推出。年鉴是新闻传播教育史研究的基本资料来源，年鉴的编纂是一项惠及学林的公益事业，其学术价值、史料价值不能低估。

总之，新闻传播教育史的研究，是一个涉及面广泛的系统工程。要建构新闻传播教育史体系，不仅要全面把握系统的关键要素，包括教育者、受教育者、教育组织、教育手段、教育制度和教育环境，厘清这些要素之间的相互关系；而且还要建设新闻传播教育史研究者的学术共同体、完善教育档案制度、注重收集教育文物、加强针对教育界老人的口述史研究。最重要的，还是多管齐下，尽心努力，假以时日，新闻传播教育史的研究定能芬芳四溢，硕果满枝。

目　录

上篇　总　论

第 1 章　2018 年中国新闻传播教育综述：中国新闻传播教育的第 100 年 …………… 3

1.1　纪念中国新闻教育暨北京大学新闻学研究会成立 100 周年 …………… 3

1.2　回顾与总结改革开放 40 年来的新闻传播教育 …………… 4

1.3　新闻传播教育因应国家“一带一路”建设 …………… 5

1.3.1　树立中国国际形象，推动中国文化“走出去” …………… 6

1.3.2　新闻传播教育推动中华文化“走进去” …………… 7

1.4　“双一流”建设成效初显 …………… 8

1.5　“家族”扩大，新闻传播教育有了新发展 …………… 11

1.6　深化“部校共建” …………… 11

1.6.1　新一批“部校共建” …………… 12

1.6.2　“部校共建”持续推进 …………… 12

1.7　强化师资队伍建设，提升教师综合能力和执教水平 …………… 13

1.8　人才培养更加务实与理性 …………… 14

1.8.1　本科教育打破专业壁垒，注重数据应用，培养国际视野人才 …………… 15

1.8.2　研究生教育“实践”为其核心 …………… 16

1.8.3　校、企联合培养人才 …………… 17

1.9　硕士教育国际化中有新尝试 …………… 18

1.10　未雨绸缪，迎接万物互联与泛媒介时代的新闻传播教育 …………… 18

1.11　媒体融合的关注与教育挺进纵深 …………… 19

1.12　追思楷法前辈、接力面向未来 …………… 21

第 2 章　2018 年各省、自治区、直辖市新闻传播教育发展综述 …………… 23

2.1　北京市新闻传播教育发展综述 …………… 23

2.1.1 北京市新闻传播教育2018年总体概况 …… 23
2.1.2 北京市新闻传播院系2018年发展动态 …… 25
2.1.3 一些高校的自选动作 …… 27
2.2 天津市新闻传播教育发展综述 …… 28
2.2.1 天津市新闻传播教育发展概况 …… 28
2.2.2 主要院系及其专业设置 …… 30
2.2.3 部校共建 …… 31
2.2.4 本科生、研究生教育 …… 31
2.3 河北省新闻传播教育发展综述 …… 36
2.3.1 院系专业设置及基本情况 …… 36
2.3.2 本科生、研究生教育 …… 38
2.3.3 实习、实验中心建设 …… 39
2.3.4 教材出版及评价 …… 39
2.3.5 学术研究及特色 …… 40
2.3.6 专业技能大赛 …… 45
2.3.7 重要学术会议 …… 48
2.3.8 问题、特点与探讨 …… 48
2.4 山西省新闻传播教育发展综述 …… 50
2.4.1 山西省新闻传播教育发展现状 …… 50
2.4.2 人才培养层次、理念及特色 …… 52
2.4.3 部校共建情况 …… 55
2.4.4 教学和科研情况 …… 55
2.4.5 总结 …… 59
2.5 内蒙古新闻传播教育发展综述 …… 60
2.5.1 部校共建 …… 60
2.5.2 新闻教育与教学改革 …… 63
2.5.3 课程、教材及实验室建设 …… 64
2.5.4 科研与学术交流 …… 66
2.6 辽宁省新闻传播教育发展综述 …… 66
2.6.1 辽宁省2018年新闻传播教育发展事略 …… 66
2.6.2 辽宁省新闻传播教育发展现状 …… 67
2.6.3 以部校共建为牵引，提升教学实践环节的整体水平 …… 73

2.6.4 结语：薪火相传，共创未来 …… 75
2.7 吉林省新闻传播教育发展综述 …… 75
2.7.1 部校共建，打造吉林特色的共建品牌平台 …… 76
2.7.2 深化改革创新，构建新闻人才培养的多元特色 …… 79
2.7.3 开放合作，加强对外学术交流 …… 80
2.8 黑龙江省新闻传播教育发展综述 …… 82
2.8.1 加强马克思主义新闻观教育，全面推进部校共建新闻学院工作 …… 82
2.8.2 以培养全媒化复合型新媒体人才为目标，全面深化新闻教学改革实践 …… 84
2.8.3 增点提质，加强研究生培养 …… 88
2.8.4 增进学术交流，加强科研工作 …… 88
2.9 上海市新闻传播教育发展综述 …… 90
2.9.1 上海地区新闻传播专业 2018 年发展特点 …… 90
2.9.2 上海地区主要新闻传播院系重大事件 …… 91
2.9.3 上海地区新闻传播院系 2018 年重大国际会议 …… 92
2.10 江苏省新闻传播教育发展综述 …… 93
2.10.1 人才培养 …… 93
2.10.2 师资队伍 …… 95
2.10.3 学术交流 …… 96
2.10.4 科学研究 …… 97
2.11 浙江省新闻传播教育发展综述 …… 99
2.11.1 新闻传播学专业招生录取情况 …… 100
2.11.2 新闻传播教育的国际化趋势 …… 103
2.11.3 行业学院推动人才培养创新发展 …… 104
2.11.4 学科竞赛促进人才全面发展 …… 106
2.12 安徽省新闻传播教育发展综述 …… 107
2.12.1 主要院系及新增专业 …… 107
2.12.2 提升本科办学水平的新举措：安徽省普通本科高校新闻传播专业合作委员会正式成立 …… 109
2.12.3 重点实验室建设：安徽大学新闻传播实验教学中心 …… 110
2.12.4 科研与学术交流 …… 111
2.12.5 专业巡礼 …… 112

2.13　福建省新闻传播教育发展综述 …… 113
2.13.1　福建省新闻传播教育发展的基本情况 …… 113
2.13.2　福建省新闻传播教育办学模式的改革与发展 …… 114
2.13.3　福建省新闻传播教育课程体系的创新与发展 …… 115
2.14　江西省新闻传播教育发展综述 …… 116
2.14.1　博士点获得突破 …… 117
2.14.2　专业评估顺利完成 …… 117
2.14.3　学科建设步入快车道 …… 117
2.14.4　教学实践新举措 …… 119
2.15　山东省新闻传播教育发展综述 …… 121
2.15.1　院系与专业设置情况 …… 121
2.15.2　“部校共建”情况 …… 122
2.15.3　学科建设与科研情况 …… 125
2.15.4　本科生、研究生教学 …… 126
2.15.5　小结 …… 128
2.16　河南省新闻传播教育发展综述 …… 128
2.16.1　河南省新闻传播专业设置情况 …… 128
2.16.2　专业增减情况 …… 138
2.16.3　国家级精品课程 …… 138
2.16.4　合作共建情况 …… 139
2.16.5　学科优势及成果 …… 139
2.17　湖北省新闻传播教育发展综述 …… 140
2.17.1　2018年湖北省新闻传播教育的宏观态势 …… 140
2.17.2　湖北省新闻传播院系在2018年的动态简况 …… 142
2.18　湖南省新闻传播教育发展综述 …… 151
2.18.1　人才培养格局与特色 …… 152
2.18.2　教育与教学改革 …… 154
2.18.3　实践教学与创新创业 …… 156
2.18.4　科研与学术生态 …… 158
2.18.5　国际交流与合作 …… 159
2.19　广东省新闻传播教育发展综述 …… 160
2.19.1　部校共建 …… 160

2.19.2　学科建设 …… 161
2.19.3　实验室建设 …… 163
2.19.4　实践教学 …… 163
2.19.5　高层次科研项目 …… 164
2.19.6　学术交流 …… 164
2.20　广西壮族自治区新闻传播教育发展综述 …… 166
2.20.1　人才培养 …… 166
2.20.2　科研特色 …… 168
2.20.3　部校共建 …… 169
2.20.4　对外交流与合作 …… 171
2.21　海南省新闻传播教育发展综述 …… 172
2.21.1　院系及专业设置 …… 172
2.21.2　人才培养层次、理念及特色 …… 174
2.21.3　部校共建情况 …… 175
2.21.4　对外交流与合作情况 …… 175
2.21.5　学术研究 …… 176
2.21.6　学生活动 …… 176
2.22　重庆市新闻传播教育发展综述 …… 178
2.22.1　重庆市新闻传播教育的起源与发展 …… 178
2.22.2　重庆市新闻传播教育现状 …… 180
2.22.3　总结 …… 186
2.23　四川省新闻传播教育发展综述 …… 187
2.23.1　2018 年四川省新闻传播教育的宏观态势 …… 187
2.23.2　四川省新闻传播院系在 2018 年的动态简况 …… 188
2.24　贵州省新闻传播教育发展综述 …… 193
2.24.1　深化部校共建 …… 193
2.24.2　创新实践教学 …… 195
2.25　云南省新闻传播教育发展综述 …… 197
2.25.1　加强院系沟通，谋求协同发展 …… 197
2.25.2　推进部校共建，拓展办学空间 …… 198
2.25.3　优化专业布局，推进教学改革 …… 198
2.25.4　提升科研水平，强化学术特色 …… 199

2.25.5　开展学术交流，组织校园竞赛 …… 200
2.25.6　结语 …… 202
2.26　西藏自治区新闻传播教育发展综述 …… 202
2.26.1　西藏民族大学新闻与传播学院 …… 202
2.26.2　西藏大学文学院大众传媒系 …… 205
2.26.3　部校共建新闻与传播学院 …… 207
2.27　陕西省新闻传播教育发展综述 …… 209
2.27.1　陕西省新闻传播教育的起源与发展 …… 209
2.27.2　陕西省新闻传播教育现状 …… 210
2.27.3　总结 …… 222
2.28　甘肃省新闻传播教育发展综述 …… 223
2.28.1　部校共建情况 …… 223
2.28.2　加强师资队伍建设 …… 224
2.28.3　提升学科发展与科研水平 …… 225
2.28.4　切实提高人才培养质量 …… 226
2.28.5　强化社会服务效果 …… 226
2.28.6　“第二课堂”教学实践活动 …… 227
2.28.7　推进实验平台建设 …… 228
2.29　青海省新闻传播教育发展综述 …… 229
2.29.1　本科评估促进新闻传播教育改革深化 …… 229
2.29.2　准确定位落实新闻教育目标 …… 230
2.29.3　强化实验室新闻教学功能 …… 231
2.29.4　深挖实践教育内涵 …… 231
2.29.5　部校共建成果显在实处 …… 232
2.30　宁夏回族自治区新闻传播教育发展综述 …… 233
2.30.1　历史回眸 …… 233
2.30.2　主要院系 …… 234
2.30.3　本科生教育 …… 235
2.30.4　学术研究及其特色 …… 240
2.31　新疆维吾尔自治区新闻传播教育发展综述 …… 240
2.31.1　新闻学科建设顺利通过学位点评估 …… 240

2.31.2　新闻教育的区域特色和时代要求不断凸显 …… 241
2.31.3　新疆兵团新闻教育的“向南发展” …… 242
2.31.4　新疆新闻教育中少数民族新闻教育始终是主旋律 …… 242

第3章　华东地区新闻传播教育地图 …… 244
3.1　专业设置 …… 244
3.1.1　历史沿革及院系分布情况 …… 244
3.1.2　本科专业开设情况 …… 245
3.2　本科教育 …… 251
3.2.1　培养目标与特色教学 …… 251
3.2.2　实验室建设与实验教学 …… 252
3.3　研究生学位点及研究生培养 …… 253
3.3.1　研究生学位点 …… 253
3.3.2　研究生培养 …… 254
3.3.3　学科建设情况 …… 255
3.4　师资队伍 …… 257
3.4.1　师资队伍情况 …… 257
3.4.2　师资队伍存在的问题 …… 257
3.5　学术研究 …… 258
3.5.1　近三年四大期刊论文发表情况 …… 258
3.5.2　近三年国家社科基金项目立项情况 …… 260
3.6　社会服务 …… 261
3.6.1　社会服务情况 …… 261
3.6.2　社会服务存在的问题 …… 262
3.7　部校共建 …… 263
3.7.1　部校共建始于华东地区 …… 263
3.7.2　部校共建现状 …… 263
3.8　国际化 …… 265
3.8.1　国际化情况 …… 265
3.8.2　华东地区新闻传播类高校国际化存在的不足 …… 265

中篇　平台与人物

第4章　新闻传播院系巡礼 …… 269
4.1　中国境内新闻传播院系 …… 269
4.1.1　中国人民大学新闻学院 …… 269
4.1.2　中国传媒大学新闻学院 …… 275
4.1.3　复旦大学新闻学院 …… 280
4.1.4　华中科技大学新闻与信息传播学院 …… 287
4.1.5　清华大学新闻与传播学院 …… 292
4.1.6　上海交通大学媒体与传播学院 …… 298
4.1.7　武汉大学新闻与传播学院 …… 302
4.1.8　暨南大学新闻与传播学院 …… 307
4.1.9　兰州大学新闻与传播学院 …… 310
4.2　港澳台地区新闻传播院系 …… 315
4.2.1　香港中文大学新闻与传播学院 …… 315
4.2.2　台湾政治大学传播学院 …… 320

第5章　新闻传播教育行业组织动态 …… 326
5.1　新闻传播教育界主要管理组织2018年活动综述 …… 326
5.1.1　国务院学位委员会学科评议组 …… 326
5.1.2　教育部高等学校新闻传播学类专业教学指导委员会 …… 326
5.2　其他新闻传播教育类学会2018年活动综述 …… 330
5.2.1　中国新闻史学会 …… 330
5.2.2　中国新闻史学会新闻传播教育史研究委员会 …… 333
5.2.3　中国新闻史学会台湾与东南亚华文新闻传播史研究委员会 …… 337
5.2.4　中国新闻史学会应用新闻传播学研究委员会 …… 338
5.2.5　中国新闻史学会编辑出版研究委员会 …… 341
5.2.6　中国新闻史学会符号传播学研究委员会 …… 343
5.2.7　中国高等院校影视学会 …… 346
5.2.8　中国高等教育学会新闻学与传播学专业委员会 …… 349
5.2.9　中国高等教育学会广告教育专业委员会 …… 352
5.2.10　中国高等教育学会公共关系教育专业委员会 …… 355

5.2.11　中国体育科学学会体育新闻传播专业委员会 …… 358
5.3　各省新闻教育学会或教学指导委员会等组织介绍 …… 360
5.3.1　河南省高等学校新闻传播学类专业教学指导委员会 …… 360
5.3.2　海南省新闻传播类专业教学工作指导委员会 …… 361

第6章　教育家研究系列 …… 363
6.1　教育家研究 …… 363
6.1.1　丁树奇 …… 363
6.1.2　周新武 …… 370
6.1.3　洪一龙 …… 376
6.1.4　郑贞铭 …… 386
6.2　口述史 …… 395
6.2.1　邓长苏：红土地上新闻教育事业的先行者 …… 395
6.2.2　白润生：筚路蓝缕　以启山林——少数民族新闻传播教育家白润生教授访谈录 …… 405
6.2.3　郑保卫：矢志保卫中国新闻学的马克思主义学者 …… 415
6.2.4　李希光：把中国新闻教育推向世界大舞台——清华大学教授李希光访谈录 …… 425
6.2.5　张昆：一个好的新闻学院，总有一个优秀的院长——访华中科技大学张昆教授 …… 435

第7章　名师风采 …… 446
7.1　郑兴东：一位有“高度”的新闻传播家 …… 446
7.1.1　有“高度”的学者——新闻传播学会“终身成就奖”得主 …… 447
7.1.2　有“高度”的师者——为人师表，“事业和人生的典范” …… 452
7.2　程曼丽：桃李不言而成蹊的学界实干家 …… 454
7.2.1　守正：扛起新闻史研究的大旗 …… 455
7.2.2　开拓：以对策性研究服务社会 …… 458
7.2.3　传承：以躬身示范感染身边人 …… 460
7.3　李瞻：星斗其文　赤子其人 …… 462
7.3.1　博学：著书立说，树立新闻学的学术地位 …… 463
7.3.2　担当：建博士班，完善新闻学的教育体系 …… 464

7.3.3 情怀：心怀大陆，促进两岸新闻学术交流 …… 466
7.3.4 奉献：身体力行，助力大陆新闻传播学教育 …… 468
7.4 李金铨：国际传播视野与文化中国情怀 …… 470
7.4.1 兼容并蓄的研究和教学态度 …… 471
7.4.2 文化中国的研究和教学情怀 …… 474
7.4.3 言传身教的研究与教学品德 …… 476

第8章 教授名录(100名) …… 480

陈 瑛(480) 邓若伊(480) 邓绍根(481) 董天策(481)
段 勃(482) 方 琦(482) 宫京成(483) 郭 可(483)
郭 晴(484) 哈筱盈(484) 韩传喜(485) 韩 洪(485)
韩志强(486) 郝永华(486) 何 纯(487) 何志平(487)
胡易容(488) 胡正强(488) 江龙军(489) 姜智彬(489)
焦素娥(490) 焦中明(490) 鞠惠冰(491) 李海容(491)
李惠民(492) 李 克(492) 李雪峰(492) 林爱珺(493)
林 喦(493) 刘 畅(494) 刘寒娥(494) 刘 洪(495)
刘 洁(495) 刘鸣筝(496) 刘绍芹(496) 刘 涛(497)
刘西平(497) 刘 勇(498) 刘运峰(498) 罗 萍(499)
罗 昕(499) 马中红(500) 潘文年(500) 潘祥辉(501)
乔俊杰(501) 邱秉常(502) 邱红峰(502) 任志明(503)
荣 荣(503) 阮 卫(504) 沈正赋(504) 苏士梅(505)
孙卫华(505) 陶格图(505) 汪 磊(506) 王翠荣(506)
王桂清(507) 王红叶(507) 王金礼(507) 王俊荣(508)
王 溥(508) 王 勇(508) 王玉琦(509) 魏 然(509)
翁泽仁(510) 吴果中(510) 夏雨禾(511) 谢明辉(511)
熊国荣(512) 徐 红(512) 徐开彬(513) 阳美燕(513)
杨保军(514) 杨光宗(514) 杨金花(515) 杨晓峰(515)
姚德权(515) 余 红(516) 喻 健(516) 袁 艳(517)
张军军(517) 张丽萍(518) 张利洁(518) 张 敏(519)
张名章(519) 张淑华(519) 张淑燕(520) 张瑜烨(520)
张 羽(521) 张 芸(521) 张 允(522) 张 卓(522)

赵树旺(523)　赵双阁(523)　赵月枝(524)　赵云泽(524)
周树华(525)　朱春阳(525)　朱　天(526)　邹火明(526)

第9章　校(院)长论衡 …… 528
9.1　新任校(院)长施政方略 …… 528
9.1.1　廖祥忠：未来传媒——我们的思考与教育的责任 …… 528
9.1.2　李本乾：面向数字技术未来的具有中国特色新闻传播学科建设的探索与实践 …… 534
9.1.3　尹韵公：而今竭力再起步 …… 537
9.1.4　严三九：凝心聚力建设世界一流新闻传播学院 …… 540
9.1.5　张明新：推进多学科融合　建设面向未来的一流新闻传播学科 …… 544
9.1.6　侯迎忠：广东外语外贸大学新闻传播学科建设发展思路与设想 …… 549
9.2　卸任院长为政回眸 …… 551
9.2.1　张昆：幸运　感恩　期待——张昆院长卸任感言 …… 551
9.2.2　杨魁：谋事在人——打造国际传播华南重镇 …… 554
9.2.3　孙瑞祥：思路决定出路　格局决定结局 …… 558

第10章　新闻传播教育史钩沉 …… 562
10.1　在探索中逐步转型的新闻传播学专业——我担任新闻学科教指委主任的7年间(2006年3月—2013年3月) …… 562
10.1.1　对全国、世界主要国家的新闻传播学教学作了两次全面调查 …… 562
10.1.2　新闻传播学学科发展战略报告的提出 …… 563
10.1.3　专业规范的制定和专业目录的编制 …… 564
10.1.4　“公共传播”的提出和推广 …… 565
10.1.5　组织三届“大广赛” …… 566
10.2　百年学院千年树 …… 567
10.2.1　生命之椿 …… 568
10.2.2　独立之榆 …… 571
10.2.3　共创之槐 …… 574
10.2.4　结语：学院百年　广告千秋 …… 575
10.3　在中国广告教育的荒原上开拓 …… 576
10.3.1　广告是厦门大学开创性专业 …… 577

10.3.2　打造广告教育品牌 …… 578
10.3.3　打造坚实的学术殿堂 …… 579
10.3.4　用大爱浇灌莘莘学子 …… 581
10.3.5　四十年广告教育的思考 …… 582
10.4　两岸新闻传播教育界的早期交流——1996年大陆新闻学教授代表团访台花絮 …… 583
10.4.1　此行的由来 …… 583
10.4.2　途经香港 …… 584
10.4.3　初识台湾 …… 584
10.4.4　访问台湾媒体 …… 585
10.4.5　“陆委会”副主任宴请 …… 586
10.4.6　访问文化大学 …… 586
10.4.7　台南迷路 …… 587
10.5　新闻传播类国家社科基金项目早期的回忆 …… 588
10.6　北平新闻专科学校的开学典礼 …… 591

第11章　他山之石 …… 594
11.1　美国哥伦比亚大学新闻学院课程体系现状概览 …… 594
11.1.1　哥伦比亚大学新闻学院人才培养目标及其特色 …… 594
11.1.2　哥伦比亚大学新闻学院学位课程体系现状 …… 595
11.1.3　哥伦比亚大学新闻学院专业发展课程体系现状 …… 599
11.2　美国威斯康星新闻传播教育模式的历史、现状及其启示 …… 603
11.2.1　“老爸”布莱耶与威斯康星新闻(传播)教育模式的缔造及其传续 …… 603
11.2.2　“威斯康星模式”的人才培养目标、专业方向及课程设置 …… 604
11.2.3　“威斯康星模式”对中国新闻传播教育发展的启示 …… 612
11.3　美国麻省理工学院的媒介教育与研究 …… 614
11.3.1　MIT有关新闻传播学的学科概貌 …… 614
11.3.2　Media Lab及其对国内新闻传播学的启示 …… 615
11.3.3　CMS/W及其对国内新闻传播学的启示 …… 619
11.3.4　结论 …… 621
11.4　美国伊利诺伊大学的传媒教育 …… 623
11.4.1　悠久的历史和鲜明的办学目标 …… 623

11.4.2 丰富的办学项目和教学内容 …… 625
11.4.3 多彩的课外学习和活动 …… 630
11.4.4 完善的激励和保障系统 …… 631
11.4.5 结语 …… 633
11.5 美国南加州大学安嫩伯格传播与新闻学院的教学与研究 …… 634
11.5.1 历史和基本信息 …… 634
11.5.2 教学理念 …… 634
11.5.3 学位专业 …… 635
11.5.4 实训和技能培养 …… 637
11.5.5 学生实习和就业 …… 639
11.5.6 研究活动 …… 640
11.6 英国林肯大学的传媒人才培养理念与实践 …… 642
11.6.1 英国林肯大学总体情况 …… 642
11.6.2 英国林肯大学电影与媒体学院 …… 642
11.6.3 “学生即制作人”培养理念在教学科研中的实践 …… 643

下篇 成果与政策

第12章 学科与专业建设 …… 653
12.1 新闻传播学科领域的一流学科建设 …… 653
12.1.1 新闻传播学一流学科建设总体概况 …… 653
12.1.2 浙江大学传媒与国际文化学院“双一流”建设规划 …… 658
12.1.3 中国传媒大学“双一流”建设2018年度进展报告 …… 660
12.2 部校共建新闻学院新进展 …… 663
12.2.1 部校共建新闻学院进展情况 …… 663
12.2.2 部校共建新闻学院典型经验推介 …… 666
12.3 本科专业建设概览 …… 668
12.3.1 专业调整背景 …… 668
12.3.2 专业调整过程 …… 669
12.3.3 专业培养目标 …… 670
12.3.4 未来展望 …… 671

第 13 章　本科人才培养 …… 673
13.1　课程建设 …… 673
13.1.1　整体概述 …… 673
13.1.2　2018 年国家精品在线开放课程具体情况 …… 674
13.1.3　国家精品在线开放课程建设的方向 …… 682
13.2　实践基地与实验室建设 …… 683
13.2.1　2018 年新闻传播学实验中心与实验教学项目建设概览 …… 683
13.2.2　新闻传播类国家级实验教学示范中心建设情况 …… 690
13.3　新闻院系学生媒体 …… 695
13.3.1　校园媒体：从宣传工具到专业媒体 …… 695
13.3.2　高校校园媒体及奖项 …… 698
13.4　创新创业团队建设 …… 704
13.4.1　高校大学生创新创业建设综述 …… 704
13.4.2　高校大学生创新创业团队与特色列表 …… 706
13.4.3　高校新闻与传播学院大学生创新创业概况 …… 709
13.4.4　总结 …… 722
13.5　高等教育国家级教学成果奖获奖项目 …… 722
13.5.1　中国传媒大学——实践中的马克思主义新闻观 …… 723
13.5.2　中国人民大学——中国特色新闻传播人才的生态型培养体系构建 …… 728
13.5.3　华中科技大学——新闻评论人才培养创新体系的构建与实施 …… 736
13.5.4　暨南大学——马克思主义新闻观指导下新闻人才培养六结合模式的创建与实践 …… 741
13.6　中国新闻学与传播学教学改革创新项目 …… 748
13.6.1　整体概述 …… 748
13.6.2　具体介绍 …… 749
13.7　“电通·创新人才训练营”开展情况 …… 767
13.7.1　往届训练营开展情况 …… 767
13.7.2　2018 年训练营开展情况 …… 768

第 14 章　新闻传播教育改革前沿 …… 771
14.1　华中科技大学新闻与信息传播学院的改革探索 …… 771
14.1.1　学科建设的改革探索 …… 771

14.1.2 队伍建设的改革探索 …… 773
14.1.3 人才培养的改革探索 …… 773
14.1.4 文化建设的改革探索 …… 775
14.2 上海交通大学新闻传播教育的改革举措 …… 776
14.2.1 人才培养的改革举措 …… 776
14.2.2 教学管理的改革举措 …… 778
14.2.3 学科建设的改革举措 …… 779
14.3 中山大学传播与设计学院关于教育改革的思考和实践 …… 781
14.3.1 面对新技术的挑战，通过实验教学、文理交融来创新教育模式 …… 781
14.3.2 面对新的传媒格局，立足新闻传播业、服务公共传播业来培养人才 …… 782
14.3.3 面对改革正进入纵深期的时代语境，帮助学生建立历史感、理解复杂性、激发责任感 …… 784
14.4 武汉体育学院新闻传播学院办学特色 …… 785
14.4.1 人才培养特色鲜明 …… 785
14.4.2 教育改革渐入佳境 …… 787
14.4.3 学科建设引领未来 …… 789
14.5 广东外语外贸大学新闻传播学科的创新与发展 …… 789
14.5.1 学科建设 …… 790
14.5.2 队伍建设 …… 790
14.5.3 人才培养 …… 791
14.5.4 科学研究 …… 792
14.5.5 国际交流 …… 793

第15章　研究生教育 …… 794
15.1 新闻传播一级学科博士点、硕士点，新闻与传播、出版专业硕士点汇总表 …… 798
15.1.1 新闻传播学一级学科博士点(26) …… 798
15.1.2 新闻传播学一级学科硕士点(125) …… 798
15.1.3 新闻与传播学专业硕士点(165) …… 803
15.1.4 出版专业硕士点 …… 809

15.2　新增新闻传播学一级学科博士点建设规划 …… 810
15.2.1　安徽大学新闻传播学一级学科博士点建设规划 …… 810
15.2.2　湖南师范大学新闻传播学一级学科博士点发展规划 …… 812
15.3　2018年毕业博士及博士论文题目 …… 814
15.4　2018年各个博士点、硕士点招生与毕业学生统计表 …… 828

第16章　博士后流动站 …… 837

第17章　获奖情况 …… 846
17.1　中国新闻史学会“新闻传播学学会奖” …… 846
17.2　宝钢优秀教师奖 …… 849
17.3　第六届范敬宜新闻教育奖 …… 850

第18章　学生竞赛 …… 855
18.1　第四届中国“互联网+”大学生创新创业大赛 …… 855
18.2　全国大学生广告艺术大赛 …… 863
18.3　中国大学生计算机设计大赛 …… 872
18.4　中国大学生广告艺术节学院奖 …… 887
18.4.1　项目概述 …… 887
18.4.2　项目特色 …… 887
18.4.3　阶段性成果 …… 889

第19章　科学研究 …… 899
19.1　2018年新闻传播学类国家社科基金项目立项课题分析 …… 899
19.1.1　立项课题的描述性分析 …… 899
19.1.2　项目所属区域、机构和负责人 …… 902
19.1.3　重大项目立项分析 …… 909
19.1.4　项目的主题内容 …… 910
19.2　2018年我国新闻传播学四大名刊学术论文统计分析 …… 919
19.2.1　数据来源与处理 …… 920
19.2.2　核心研究机构分析 …… 920

19. 2. 3　核心研究队伍分析 …… 926
19. 2. 4　主要研究内容分析 …… 929
19. 2. 5　关键研究论文分析 …… 931
19. 2. 6　结语 …… 935

第 20 章　新闻传播教育研究与探讨 …… 936
20. 1　新闻传播教育论文及目录(2018) …… 936
20. 1. 1　重要论文全文转载(11 篇) …… 936
20. 1. 2　观点摘要(20 篇) …… 993
20. 1. 3　新闻传播教育论文目录(2018) …… 1000
20. 2　新闻传播教育专著介绍(2018) …… 1027
20. 3　新闻传播教育会议综述(2018) …… 1028
20. 3. 1　新闻传播教育组织召开的主要会议 …… 1029
20. 3. 2　新闻传播教育院校召开的主要会议 …… 1030

第 21 章　2018 年中国新闻传播教育大事记(2018) …… 1037

第 22 章　新闻传播教育重要文件 …… 1056
22. 1　教育部、中共中央宣传部关于提高高校新闻传播人才培养能力实施卓越新闻传播人才教育培养计划 2. 0 的意见 …… 1056
22. 2　教育部办公厅关于实施一流本科专业建设“双万计划”的通知 …… 1059

上篇　总　论

第1章　2018年中国新闻传播教育综述：中国新闻传播教育的第100年

历史可以昭示未来。2018年，当中国的新闻传播教育迎来它的第100个年头的时候，我们欣喜地发现，这个“百岁”寿者，像风华正茂的青壮年一样，以一种精彩呈现让世人感到无比欣慰和备受鼓舞。

2018年，是改革开放40周年，也是新闻传播学教育改革40年，更是中国新闻教育百年华诞。在这一年，教育部、中宣部发布了《教育部　中共中央宣传部关于提高高校新闻传播人才培养能力实施卓越新闻传播人才教育培养计划2.0的意见》，正式公布了新闻传播学博士、硕士新增授权点。各类新闻传播院校在贯彻教育部意见指示的基础上，结合当下媒体融合纵深发展的新趋势，针对已开展的部校共建成果，创新出更加适合当下社会需求、促进新闻传播学稳健发展的全新人才培养方案。

1.1　纪念中国新闻教育暨北京大学新闻学研究会成立100周年

1918年10月14日，“北京大学新闻学研究会”在北京大学成立，标志着现代中国新闻学和新闻教育事业的开端。2018年10月14日，“百年中国新闻教育：传承与发展”暨北京大学新闻学研究会成立100周年学术研讨会在京召开，100年的时光流转，100年初心不变。来自北京大学、中国人民大学、中国传媒大学、复旦大学、武汉大学、浙江大学、华中科技大学和中国社会科学院等高校和科研机构的近200位专家学者共聚一堂，围绕“中国新闻教育与新闻学研究的历史沿革”“新时代中国新闻教育的挑战与机遇”“中国新闻教育与新闻学研究的未来展望”“新闻教育的历史性与生命传播：媒介·权力·诚真”等议题进行交流与探讨。

北京大学新闻与传播学院党委书记陈刚主持主旨论坛环节，在此环节中，新闻传播学界知名人士纷纷就新闻学与新闻教育应当如何传承与发展发表己见。中国人民大学荣誉一级教授方汉奇先生发表题为“北大新闻学研究会的历史贡献及当代意义”的主题演讲；中国传媒大学赵玉明教授就“开展新闻教师断代群体研究”给出了自己的建议；原《人民日报》副总编辑梁衡的发言题目是“新闻是社会进步的火车头”；复旦大学资深教授童兵向与会学者分享了北京大学新闻学研究会“学”字的理解和感悟；中国人民大学教授郑保卫谈了“中国新闻学百年发展的历史经验”；武汉大学教授罗以澄在发言中表示，要继往开来，努力打造具有普遍意义的中国特色新闻学科；北京大学新闻学研究会执行会长、北京大学新闻与传播学院程曼丽教授就“传承与发展——北大新闻学研究会百年纪念”这一主题作了发言。“回顾百年中国新闻教育的历史，不光是梳理中国百年新闻教育的开端，更是重述新闻教育的‘初心’，是与新文化运动、与马克思主义在中国的传播有直接关系。我们当下的新闻工作者应该继续发挥马克思主义新闻观的指导意义，培养能够‘举旗帜、聚民心、育新人、兴文化、展形象’的新时代新闻人才。”①

回顾百年光阴，“西学东渐”风潮为我国送来了新闻学，伴随近代中华民族救亡图存的步伐，新闻学在几代新闻人的辛勤耕耘下，逐渐确立其学术地位。前有梁启超、谭嗣同、孙中山等办报开化世俗、救国求索，后有徐宝璜、邵飘萍、戈公振、黄天鹏等新闻教育前辈著书立说，使新闻学逐渐成为有学术体系的学科；而随着马克思主义新闻观的融入，在邹韬奋、范长江等实践先锋的推动下马克思主义新闻理论体系逐步确立。改革开放以来，跨学科新闻学建设、数字新闻、融媒体等新鲜词汇展现出我国新闻学研究不断开拓新疆域，不断产生新思路，不断摘获新成果，中国特色新闻学蓬勃发展。

1.2　回顾与总结改革开放40年来的新闻传播教育

2018年是新闻传播教育的百年纪念，同时也是改革开放40周年、新闻传播教育改革40周年纪念。巧借改革开放的东风，新闻传播学迅猛发展。在改革开放之初的1978年，我国只有在复旦大学、中国人民大学、北京广播学院、暨南大学等设立的五个新闻系，广西大学、河北大学、四川大学的3个中文系新闻专业，教师170人，在校生987人。② 如今，设有新闻传播学一级学科博士点的高校已增列至26所，广泛分布于全国16个省市，一级硕士点增加至115个，新闻与传播专业硕士授权点增至165所。

回顾改革开放以来我国新闻传播学教育的发展历程，曾依附于中国语言文学而生存的新闻传播学，在1997年初次独立为拥有新闻学、传播学两个二级学科的一级学科，

---

①　张慧瑜．中国新闻学和新闻教育的摇篮[N]．光明日报，2018-10-26.

②　徐培汀．新闻传播教育50年[J]．新闻窗，1999(5)：5.

1998 年其本科学位拓展至四个，至如今更是涵盖了新闻学、广播电视学、广告学、传播学、编辑出版、网络与新媒体、数字出版 7 个本科专业。2016 年 5 月 17 日，习近平同志在主持召开哲学社会科学工作座谈会上指出，我国“哲学社会科学学科体系已基本确立，但还存在一些亟待解决的问题……下一步，要突出优势、拓展领域、补齐短板、完善体系”。在讲话中，习近平同志把新闻学列为 11 个对哲学社会科学具有支撑作用、需要打造具有中国特色和普遍意义的学科体系中的学科之一。新闻学科对于文化兴国、大国形象树立、凝聚民心有着愈加深远的意义。遵循中央精神指示，新闻传播学学界召开了一系列相关学术会谈，重点讨论如何建设具有中国特色社会主义新闻学的学科体系、学术体系以及话语体系。在 2018“新闻与传播学”一流学科建设高层论坛中，中国教育电视台总编辑、国务院学位委员会新闻传播学评议组召集人、原中国传媒大学校长胡正荣作教授指出：“要遵循教育规律，推动一批高水平大学和学科进入世界一流行列或前列，提升我国高等教育综合实力和国际竞争力。新闻传播学一流学科建设主要问题是：师资队伍、课程体系、培养模式、基础研究与前沿领域、特色发展五个方面，并有针对性地提出五项建设任务：建设一流师资、培养拔尖创新人才、提升科学研究水平、传承创新优秀文化和着力推进成果转化。”

改革开放 40 年来新闻传播教育成果丰硕，“思危所以求安，虑退所以能进”，在新闻传播教育蓬勃发展的背后，也应当有着更长远的考量。新闻传播学位授权点的极速扩张，是否会使实际新闻人才的培养质量产生分化，从而影响新闻传播学科的整体发展水平？数字算法、人工智能、虚拟场景等现代科技的日趋成熟，对培养能够迅速适应新技术变化新闻传播人才提出更高的要求，其培养方式的转变能否追赶上科技发展的速度，使新闻传播学毕业生能够满足社会的需要？新闻传播学博士培养数量仍旧不能满足新闻传播学师资力量的匮乏，经济发达地区博士授权点数量的增加是否会影响区域间的新闻传播教育水平的差异，其人才的过于集中对于地区间新闻舆论的发展是否产生影响都是未来将要面临的挑战。国际舆论环境、自媒体带来公众广泛参与、学术与实践的脱离等也是新闻传播教育研究者当下不得不面对的时代课题。

1.3　新闻传播教育因应国家“一带一路”建设

2018 年 10 月 20 日至 21 日，由中国社会科学院—上海市人民政府上海研究院（以下简称“上海研究院”）和上海大学主办，上海研究院世界传媒研究中心、上海大学新闻传播学院、上海市社会科学创新研究基地承办，中国人民大学新闻学院、复旦大学新闻学院、上海外国语大学新闻传播学院协办的“世界传播论坛2018：‘一带一路’与新闻传播学教育的跨文化交流”暨上海大学新闻传播学院揭牌仪式在上海召开。该论坛围绕“一带一路”倡议下如何做好新闻传播，如何更有效地向世界传播中国声音等议题开展研讨。来自英国、日本、比利时、瑞士、俄罗斯、印度等多个国家的近百位学者，以及来自国内各高校、科研院所、政府机构和媒体单位的一百多位专家参加论坛。近年来，为了构建学界业界优势互补、理论实践适度融合的长效机制，新闻传播学各高校加快与国内外高校、科研院所、各大媒体等机构的合作步伐，从而为新闻传播人才的培养搭建更加广阔的专业实践平台。在此次论坛中，上海大学新闻传播学院联合美国密西根州立大学传播艺术与科学学院、美国密苏里大学新闻学院、美国纽约州立大学传播学系、美国印第安纳大学传媒学院、中国香港城市大学媒体与传播系达成国际新闻传播教育联盟意向，努力探索与境外高水平大学联合培养模式。

1.3.1　树立中国国际形象，推动中国文化“走出去”

伴随“一带一路”发展工作的推进，我国对外新闻传播事业也面临着新的机遇与挑战，中国逐渐走入世界舞台的中央，中国的国际传播能力、国际形象的树立，也应逐渐走入世界传播舞台的中央。上海大学校长金东寒在论坛上表示，媒体竞争关键是人才竞争，媒体优势的核心是人才优势，因此我们要加快培养造就一支政治坚定、业务精湛、作风优良，让党和人们放心的新闻舆论工作队伍。习近平总书记在全国宣传思想工作会议上强调，做好新形势下宣传思想工作，必须自觉承担起举旗帜、聚民心、育新人、兴文化、展形象的使命任务。落实到我们身上，就是要始终坚持正确的政治方向，把立德树人作为中心环节，努力培养一批又一批让党和人民放心的新闻舆论工作者。

飞速发展与巨变的中国需要当代媒体人的积极发声，需要通过深化“一带一路”合作，加强与国外主流媒体和新闻界的交流合作，展示中国形象，弥补实际与国外对中国认知之间的差距。中共上海市委副秘书长、宣传部副部长朱咏雷认为，当今世界政治经济格局正在发生深刻的变化，国家和地区之间关于开放和保护的博弈加剧，国际话语权的争夺日益激烈，如何在日益复杂的环境下提高国际话语权，加强国际传播能力，讲好中国故事，传播好中国的声音，促进不同国家和地区间的文化交流，是我们新闻传播工作者的使命担当、职责所系。我们应始终坚持通过加强马克思主义新闻观和新闻实务能力教育，深入贯彻落实习近平总书记在全国宣传思想工作会议上的重要讲话精神，为我们的新闻传播事业发展提供强有力的保障。当今世界国际秩序和发展格局正面临诸多挑战，如何在错综复杂的态势中把握主动权、话语权，既是对我们党和政府执政能力的考验，也为学界和业界提供了众多理论研究课题与实践探索的指引。中国社会科学院科研局局长马援表示，“一带一路”构想的提出与实践是我们国家在新时期应对国际政治经济形势变化的一大创举，我们要紧密结合党的新闻舆论工作的实际，着眼媒体深度融合发展的大势，加快全媒型后备人才的培养，重视中国特色哲学社会科学学术话语体系的创新，加强对新闻领域重大理论和现实问题的研究，立足服务国家对外传播战略目标，推动新闻事业可持续发展，不断提升采编和教学队伍的能力水平。

新时代的中国特色社会主义，必须把统一思想、凝聚力量作为宣传思想工作的中心环节。上海大学新闻传播学院院长严三九认为，时代在变，媒体生态在变，我们只有在坚持马克思主义新闻观、坚持理想与初心的基础上不断探索创新，才能开创新局面，共同为促进新闻传播事业的发展互相借力、永久蓄力、联动发力。我们的每一步成长，都离不开扎扎实实、认真细致的工作。未来我们需要推进新闻传播教育不断升级，切实提升新闻传播人才的研究能力、咨政能力和社会服务能力。北京师范大学新闻传播学院执行院长喻国明教授表示，从国际传播的角度来说，推动“一带一路”的中国话语“走出去”进程，应从三个环节的研究来入手，即触达、认知、认同。做好“一带一路”国际传播工作，关键是把受众作为传播的出发点和落脚点。在国际传播中，尤其不能忽视国外受众与国内受众在文化上的差异。跨文化的传播过程往往受到知识体系、认知习惯等诸多因素的影响而造成认识偏差，因此在传播的过程中我们要特别注意关键事件、关键变量的作用，在关键事件上面有所作为，才能更好地传播中国文化。

1.3.2　新闻传播教育推动中华文化“走进去”

新闻传播教育及人才培养，不仅承担着推动社会的和平发展、和谐发展的历史使命，也承担着用中华文化影响世界，推动中华文化“走进”世界的使命。清华大学新闻与传播学院常务副院长陈昌凤教授表示，探索发展新时代的中国特色的新闻与传播教育的理论体系，要服务于新时代的发展目标，促进人类文化的文明交流与融合。我们应有更宏大的国际视野，来促进新一代世界文明的交流。因此，我们的教学应做到国际化、跨学科、重实践，着重培养新闻工作者的社会责任感、专业精神和工作能力。在世界的发展过程中，新闻传播教育的发展非常不平衡。吴信训表示，在“一带一路”与新闻学科跨文化交流方面，相对来说，我们跟发达国家的交流比较多。我们需要加深与欠发达国家和地区的新闻学的教育交流，才能对“一带一路”的发展现状进行准确的描述和定位，并从新闻学的专业视角为进一步的实践明确方向，更好地为建设“一带一路”提供智力支持。美国密西根州立大学传播艺术与科学学院院长普拉布·戴维教授表示，不同的文化在这个世界上共存，就产生了不同的理解以及差异。当今世界，经济全球化洪流势不可挡，世界经济越来越形成一个整体，我们越来越需要跨国界的国际友好关系。因此，我们要加强信息以及传媒方向的教育，通过教育来更全面地认识社会变化，培养同理心，加强对其他国家、地区和民族的理解，减少彼此之间的歧视和冲突。李喜根表示，专业发展的动因和行业或者社会变化相联系，行业和社会的变化会推动相关专业发展。因此高校教师在教学过程中，也要着重培养学生的创新能力、创造能力、想象力，培养有前瞻性眼光的信息传播者。河北大学新闻传播学院韩立新教授认为，媒体的形态发生了根本性的变化，正从一种社会组织演进为一种互联共在的媒体平台。媒体平台实现了内容生产与生成并进，观察性内容与行动性内容并存的新格局。社会实践主体实现了媒体性内容的生产，并实现了与媒体内容的"共媒共在"。纽约州立大学传播系洪浚浩表示，国际传播是国际政治的一部分。国际政治大格局的变化和新媒体的介入使旧有的国际传播出现了一些新的趋势。中国要面对的国际传播中的挑战还很多，能发声不等于拥有话语权，有话语权不等于有影响力，有影响力不等于已形成品牌。我们中国要把自己的国际传播搞好，要知己知彼，才能真正做到有效地传播。日本上智大学新闻系音好宏教授以相对微观和中观的视角，比较具体地阐述了在教学中、课程设置中、新媒体的环境下如何通过一系列的努力使学生更好地展示国际视野。华南理工大学新闻与传统学院苏宏元教授表示，"一带一路"的背景下，跨文化交流会遇到诸多问题，人们存在误解和偏见，但是我们可以通过寻找公共的空间点，求同存异，共谋合作发展。密苏里大学新闻学院章于炎认为，新闻学的报道要强调包容性、创新性、视觉性、沉浸性、移动性和真实性。李明德表示，作为培养新闻传播人才的主要基地，高校和社会应当在注重整体毕业生就业率的同时，还能将专业就业率作为努力的目标，真正体现新闻学院不可替代的专业价值。

1.4 "双一流"建设成效初显

新时代高等教育的任务是实现内涵式发展，习近平总书记2016年在全国高校思想政治工作会议上指出：办好我国高校，办出世界一流大学，必须牢牢抓住全面提高人才培养能力这个核心点。归根结底，建设高等教育强国最具标志性的内容就是要培养一流人才。为此，教育部于2017年9月发布《关于公布世界一流大学和一流学科建设高校及建设学科名单的通知》，世界一流大学和一流学科建设高校及建设学科名单正式公布，同年年底，中国人民大学、中国传媒大学将新闻传播学正式列为"双一流"建设学科，复旦大学、武汉大学、上海交通大学等高校通过学科整合方式也将新闻传播学列为"双一流"建设范畴。2018年12月9日，由中国新闻史学会党报党刊研究委员会主办、南昌大学新闻与传播学院承办的“2018‘新闻与传播学’一流学科建设高层论坛”在南昌举行，与会人员围绕“一流学科建设”进行深入讨论。从学科和知识体系、理论和历史研究以及媒介问题探讨三个方面对新闻传播学一流学科建设提出了建设性意见，透彻分析了我国当前新闻传播行业现状，并对中国未来新闻传播教育的发展方向进行了积极的展望。清华大学新闻与传播学院常务副院长陈昌凤教授在致辞中着重探讨了“为什么要做一流学科、一流学科是什么、怎样建设一流学科”三个问题，把依据中国当下现行的社会实践、做好具有中国特色的新闻传播学学科建设作为新发展的重中之重。复旦大学新闻学院传播系主任廖圣清教授在会议上发表了题为“强化新闻与传播学科学研究，推进一流学科建设”的主题演讲，利用 9 份 CSSCI 期刊数据，阐释了中国新闻传播学近 20 年来的研究现状和如何提升中国新闻传播学研究的学术性问题，倡导立足于新闻与传播学科的科学研究，推进一流学科的自主性、科学性、开放性和创新性发展。同济大学艺术与传媒学院教授、新闻与传播学科副主任委员陈立生发表了题为“智媒时代与一流学科建设”的主题演讲，指出，“人类社会正在向气态社会演变，并且已经出现了高度数字化和高度融合化等特征”，在智媒时代中，新闻传播学一流学科建设应当聚焦城市、智能、网络、文化、战略五大板块，紧追时代变迁脚步，不落后于智能科技时代发展潮流，新闻传播学应融入时代特色，结合原有的理论与实践不断扩宽新的发展道路。

自“双一流”建设通知问世到如今，一年多的时间已经过去，新闻传播学“双一流”学科建设取得了有目共睹的成效。中国人民大学新闻传播学院以“开启双一流时代的新闻传播教育”为主题，持续推进马克思主义新闻思想理论体系研究，探索构建中国特色新闻传播学术话语体系；着力构造中国特色新闻传播人才生态型培养体系，积极实施卓越新闻传播人才教育培养计划；全面提升新闻传播学科国际化水平；大力加强教师队伍建设和教研支撑平台与服务管理体系建设。自 2018 年以来，按照“对内重构、对外拓展”的思路，“跨学科、跨界、跨文化”的人才培养模式，正式启动“一带一路”全球新闻传播英文硕士项目、大数据与新闻传播方向及战略传播方向专业硕士的培养。自 2018 年 4 月起，中国人民大学新闻学院官方公众号发起举办中国人民大学新闻传播学术话语体系创新深研会，每期文章聚焦“双一流建设计划”的一个重要环节，从“新媒体时代中国新闻史课程教学改革”到“新闻实践的发展与新闻实务教学的变革”，从“新媒体技术在媒体内容生产和新闻实验教学中的应用”到“跨学科视域下的创意传播教学实践”“如何打造新一代新闻传播课程体系?”其核心都离不开建设高水平的新闻传播学科，以及如何培养其相应的一流学科人才。中国人民大学新闻学院在努力促使师资队伍优化健全，发扬新闻传播史论优势、巩固新闻传播根基的同时，逐步实现大数据和人工智能驱动，强化公共传播、视觉传播、战略传播、创意传播、文化传播。其在国际领域开展的学术交流与合作不断拓展深化，国际期刊发表量也居于国内新闻传播院校第一位。

中国传媒大学党委书记陈文申做客新华网访谈时曾提到，为推进双一流学科建设，其着手点主要在三个方面："一是，从发展方向上，确立了一些重点建设领域和发展方向。在'双一流'建设计划中，中传确立了'优势学科创一流、基础学科入主流、交叉学科领潮流'的建设思路。'交叉'指传媒和科技、文化、自然科学、技术等的融合。二是，在支撑体系上，进一步细化'双一流'建设的具体任务，比如说在人才培养、科学研究、社会服务、教师队伍建设、文化传承创新、国际合作交流上做一些更细致性、指标性的建设和安排，同时在相关的服务和保障上做好制度性建设。三是，围绕'双一流'建设，在体制和机制的创新上，按照现代大学治理的方式，改善和完善学校的管理体系，优化体制机制，为'双一流'建设提供坚强的基础。"①

以语言特色见长的上海外国语大学，为促使新闻传播学发扬"融合创新"和"实践探索"的优良传统，深化"双一流"建设，培养"会语言、通国家、精领域"的高端人才，提出以下四点学科建设意见："双一流"学科特色和学科实力要同步推进、资政服务和"双一流"学科发展要有机统一、外语优势与人工智能是"双一流"学科建设双翼、可持续人才机制是"双一流"学科建设基石。上海外国语大学新闻传播学院通过四年综合改革，取得了学科共识：既要让现有团队拥有获得感，同时还需积极引进高端人才，招聘来自国际新闻传播学界和业界的一线专家和"90后"的海归博士，不断充实学科团队，为"双一流学科"建设奠定可持续发展的人才基础。郑州大学新闻传播学院紧紧围绕一流大学和一流学科建设的核心目标，把"新媒体公共传播"作为学术研究和学科发展的特色追求，借助新华社与郑州大学共建穆青研究中心、河南省委宣传部与郑州大学共建新闻与传播学院两大项目工程的推进，希望通过举办高规格的国际学术研讨会，征集观点，凝聚共识，打造学术共同体，促进学界和业界的深度思考和意见交流。复旦大学聚焦新媒介时代城市多元文化，以城市传播推进有中国特色的一流传播学科建设，其信息与传播研究中心近几年正不断开拓学术研究的广度和深度，确立自己的学术话语权，为打造一个在世界学术舞台上有自己位置、有中国特色、复旦特点，并且受同行认可和尊重的一流传播学科而努力。世界一流大学和一流学科建设是中国共产党中央委员会、中华人民共和国国务院作出的重大战略决策，亦是中国高等教育领域继"211工程""985工程"之后的又一国家战略，既有利于提升中国高等教育水平，增强与国际高校间的竞争能力，又能够为实现"两个一百年"奋斗目标和中华民族伟大复兴的中国梦提供有力支撑。短

---

① 中国传媒大学：优化机制为"双一流"建设提供坚强的基础[EB/OL]．[2018-02-02]．http：//education. news. cn/2018-02/02/C_129804378. htm.

短一年时间，新闻传播学科领域成果丰硕，中国特色新闻传播学不断发展，学科建设未来之路更值得期待。

1.5　“家族”扩大，新闻传播教育有了新发展

2018 年 1 月初，国务院学位委员会办公室公示了 2017 年新增学位授权审核结果，标志着新一批新闻传播学博士、硕士授权点正式登台。至此，全国具有新闻传播学一级学科博士点院校共计 26 所，其中新增加的具有新闻传播学一级学科博士学位授权点的院校有 8 所，分别是天津师范大学、上海交通大学、安徽大学、南昌大学、郑州大学、湖南师范大学、深圳大学和西南政法大学。另外，南京师范大学和中国社会科学院研究生院两所院校取消原有的新闻学及传播学二级学科，增至新闻传播学一级学科博士学位授权点。除此之外，包含北京语言大学、中央财经大学、天津外国语大学、吉林师范大学、东华大学、华东政法大学、赣南师范大学、武汉体育学院、湖南理工学院、四川外国语大学、贵州民族大学、西安外国语大学、上海政法学院以及广东外语外贸大学在内的新增新闻传播学一级学科硕士学位授权点 14 个，包含中国农业大学、上海体育学院、华中农业大学、中南民族大学、广西师范学院、贵州大学、云南师范大学、中国社会科学院研究生院、上海社会科学院和四川省社会科学院在内的已有二级学科新增新闻传播学一级学科硕士授权点 10 个，新增加的新闻与传播专业硕士学位授权点也有 56 个。

新闻传播学位点数的增加，反映了新闻传播学科的进一步发展，也反映出时下社会对于具备高水平新闻传播学知识人员的巨大需求。新闻传播学不再是众多学科中的边缘、分支，伴随着科技革命、产业结构调整以及文娱等文化软实力的提升，新闻传播学的知识成为引领社会思潮、传递社会主义核心价值体系、在实际中践行马克思主义新闻观不可或缺的重要组成部分。

1.6　深化“部校共建”

2018 年 10 月 8 日，教育部、中宣部发布了《教育部　中共中央宣传部关于提高高校新闻传播人才培养能力实施卓越新闻传播人才教育培养计划 2.0 的意见》，该意见指出：“进一步深化部校共建新闻学院工作，在教师队伍专业能力、理论体系构建能力、重点任务统筹能力和强化工作保障能力上下功夫，打造新闻传播协同育人‘先锋队’和

‘示范区’。将部校共建新闻学院工作作为加强高校思想政治工作、落实意识形态工作责任制的重要内容，加强督导检查和经费保障，确保取得实效。建立共建新闻学院工作联络员制度，各省(区、市)党委宣传部门和教育部门定期会商、及时总结，并向主管部门报送最新工作进展。统筹建立全国优秀新闻传播学专家库，强化共建新闻学院师资保障，促进提升全国高校特别是偏远地区教学水平。选择一批优秀教师纳入新闻阅评员队伍，加强新闻宣传一线实践。支持实力较强的共建新闻学院率先推出一批高质量新闻理论研究成果，充分发挥示范性、引领性和创新性作用。”①

1.6.1 新一批“部校共建”

2013年年底，中宣部、教育部联合发出《关于地方党委宣传部门与高等学校共建新闻学院的意见》，并在上海召开部校共建新闻学院现场会，包括北京市委宣传部与中国人民大学、江苏省委宣传部与南京大学、山东省委宣传部与山东大学等在内的10个省市党委宣传部门与高等学校在会上签署了共建协议。自此以后，各大高校的新闻学院纷纷掀起了和地方党委宣传部及一线媒体共建的浪潮，至今，全国已有近50所院校的新闻学院参与到了“部校共建”活动中。随着“部校共建”持续推进，新一批地方性高校也加快了与地方性区市党委宣传部的合作步伐。2018年3月30日，天津市委宣传部分别与天津外国语大学、天津体育学院共建新闻学院，签约授牌仪式在天津外国语大学举行，着力培养具有马克思主义新闻观、掌握习近平新时代中国特色社会主义新闻舆论思想、具备国际视野的国际化新闻人才；4月26日，沈阳市委宣传部沈阳师范大学、沈阳城市学院“部校共建”新闻与传播学院揭牌仪式举行，两所学院要按照“政治过硬、业务过硬、作风过硬”的办学要求，在“部校共建”的助力下，办出有特色、高水平、有影响力的学院，力争建成全国一流的新闻与传播学院；5月17日，漳州市委宣传部与闽南师范大学共建新闻传播学院签约暨揭牌仪式在漳州举行，其共同愿景是着力培养一批有正确政治立场、扎实专业基础、良好责任担当的优秀新闻传播人才。新一批的“部校共建”正如火如荼地进行中，而已经参与其中的高校也在2018年里有了新发展。

1.6.2 “部校共建”持续推进

2018年11月28日，复旦大学新闻学院第四届院务委员会第一次会议在复旦大学召

---

① 教育部 中共中央宣传部关于提高高校新闻传播人才培养能力实施卓越新闻传播人才教育计划2.0的意见[EB/OL].[2019-06-10].http://www.moe.gov.cn/srcite/A10/s7011/201810/t20181010_350998.html,后文中此文献不再注明。

开，上海市委常委、宣传部部长周慧琳在会议上表示，“深化部校共建，一要牢牢把握新形势下部校共建的使命任务，在新时代培养更多不辜负党和人民期待的新闻舆论工作者；二要持续深化马克思主义新闻观教育研究，把学习贯彻、研究阐释习近平总书记关于新闻舆论的重要论述作为首要任务，推动进教材、进课堂、进实践、进头脑；三要更好服务新闻舆论工作实践，在服务媒体深度融合、对外传播、加强决策咨询上取得新进展、新作为。”12 月 21 日，部校共建南京大学新闻传播学院紫金楼移交启用仪式在南京大学仙林校区举行。南京大学新闻传播学院将以紫金楼的启用为新起点，以“高标准建设全国一流新闻传播学院”为目标，以马克思主义新闻观为统领，贯彻落实习近平总书记在全国教育大会上的讲话精神，切实按照部校共建要求，深入实施部校共建“八项工程”，全面提升学院各项工作，为把学院建设成为国内领先、富有国际影响的新闻传播学院而努力。上海外国语大学在与中国日报社部校共建的框架下，推进“‘一带一路’国家媒体记者培训”项目，共同打造国际传播品牌；在与上海市委宣传部部校共建的框架下，发挥国际新闻传播特色学科优势，以上海市国际媒体为实战平台开启学生双创的新格局。

“部校共建”的推进使得高校的教育资源得到丰富，对学校发展、学科建设、培养人才有着积极影响。多数院校在共建的形式上采取了“双导师制”的合作模式，即聘请新闻行业从业人员与教师对学生进行双向的交流、培养，将一线实践经验与学术知识相结合。双轨道学习使学生能够紧随业内变化、尽快适应实际需要。这一模式让媒体精英走入课堂分享所得所感，也让新闻学界直接与行业前哨对话。

1.7　强化师资队伍建设，提升教师综合能力和执教水平

2018 年 1 月 20 日，教育部颁发《中共中央 国务院关于全面深化新时代教师队伍建设改革的意见》，该意见指出以下五个方面的内容：一、坚持兴国必先强师，深刻认识教师队伍建设的重要意义和总体要求；二、着力提升思想政治素质，全面加强师德师风建设；三、大力振兴教师教育，不断提升教师专业素质能力；四、深化教师管理综合改革，切实理顺体制机制；五、不断提高地位待遇，真正让教师成为令人羡慕的职业。为贯彻落实教育部的政策指示，提升教师专业素质能力，新闻传播教育界开办了多种样式的研修班。

2018 年 3 月 8 日，暨南大学新闻系教工支部专门召开专题会议，集中学习、研讨了《中共中央　国务院关于全面深化新时代教师队伍建设改革的意见》，主要探讨了以下三个方面的内容：首先，教师为人师长，尤其要坚持教书与育人相统一、言传与身教相

统一，以德立身、以德立学、以德施教、以德育德；其次，师资队伍建设应完善考核评价制度及标准，建立有利于引导教师潜心学术和教书育人的制度环境，推进内涵式发展；最后，为保障青年教师把时间精力投入教学科研工作中来，要把“帮助学校青年教师解决住房困难”问题作为重中之重来考虑。而在7月29日至8月1日举办的立足教学与科研的2018全国新闻传播学骨干教师研修班上，“新媒体 新方法 新视野”的“三新”成为讨论主题。“三新”是新闻传播学教育界对教学方式方法的探索，是提升专业素质能力的三条创新式路径。在此次研修班上，来自国内知名高校和新闻传播行业的专家、学者围绕“新闻理论”“传播理论”“新闻采访与写作”等新闻传播学专业主干课程的教学法，梳理传统的知识框架体系，探索新媒体语境下知识体系拓展的必要性和可能性，介绍了跨学科领域的新闻传播学研究思维和研究方法。

习近平总书记于2018年8月21日在全国宣传思想工作会议上讲道：“十八大以来，中国的马克思主义新闻观得到了发展，取得了重要成果，非常值得大家学习。并且，在中共党史上，对于新闻舆论工作的重视在我们现在的阶段达到了新的高度，所以值得大家去做一些研究。”为深入学习“8. 21”讲话精神，贯彻落实马克思主义新闻观，提升教师的思想素质与专业素养，2018年11月3日，第一届“人大马克思主义新闻观与中国特色社会主义新闻理论的发展与创新骨干师资高级研修班”在中国人民大学新闻学院举办，研修班为身在教育一线的骨干教师专门设置了两次研讨环节，旨在总结中国共产党领导下的新闻传播事业和新闻教育的经验，探讨马克思主义新闻观与中国新闻实践的发展与创新，提高国内高校在相关领域的课程教学水平。

1.8 人才培养更加务实与理性

2018年10月8日，《教育部 中共中央宣传部关于提高高校新闻传播人才培养能力实施卓越新闻传播人才教育培养计划2.0的意见》正式出台，新闻传播学人才培养进入了全新阶段。文件指出要以“建设一批马克思主义新闻观研究宣传教育基地，打造一批中国特色、世界水平的一流新闻传播专业点，形成遵循新闻传播规律和人才成长规律的全媒化复合型专家型新闻传播人才培养体系，培养造就一大批适应媒体深度融合和行业创新发展，能够讲好中国故事、传播中国声音的优秀新闻传播后备人才”为目标要求，通过建设240个左右国家级一流新闻传播专业点，打造500门国家级一流线上线下新闻传播专业课程，增设20个国家级新闻传播融媒体实验教学示范中心，建设50个新闻传播国家虚拟仿真实验教学项目等途径，主动适应信息社会深刻发展和媒体融合深度发展趋势，向一流新闻传播专业新目标迈进。

1.8.1　本科教育打破专业壁垒，注重数据应用，培养国际视野人才

首先，在卓越新闻传播教育人才培养计划的指引下，复旦大学新闻学院围绕提高新闻传播人才培养能力，在人才培养范式变革方面，进行了一系列改革创新。为培养"复合型应用型"新闻传播人才，复旦大学新闻学院打破专业藩篱，在全国率先尝试"2+2 本科教学培养改革"，即本科前两年依托国际政治、社会学、计算机信息技术等 8 个专业进行宽口径培养，后两年进入新闻传播专业培养。新闻学院全面升级现有课程体系，开设了"媒介技术导论""数据分析与信息可视化""视觉传播""媒介融合"等一系列新媒体前沿课程。目前，学院在本科生阶段开设新媒体相关课程共计 20 门，在中外联合新闻人才培养方面，2018 年复旦大学新闻学院与美国密苏里大学合作开展"新闻学本科 2+2 学位合作项目"，参加此项目的本科生可以在本校学习两年后，前往密苏里大学学习两年，并进入美国知名媒体完成实习课程，经考核后获得两校学士学位。该改革方案旨在通过国内国际两种不同教育方法，打造具有全球视野的新闻传播学人才。2018 年 12 月 18 日，南都教育联盟 2018 教育年会暨广东教育十大创新优秀案例致敬分享会在南方报业传媒集团会议厅举行，暨南大学新闻人才培养"六结合"模式获评广东教育创新十大优秀案例。暨南大学在延续传统优势的前提下，冲破专业桎梏，探索跨学科的文理融合，将传统的新闻学教育与算法、编程、软件开发等理工学科相结合，增加数据挖掘、数据可视化、机器人写作等新媒介技术内容，使学生同时兼备传统新闻报道素养和运用新传播技术的能力。华中科技大学新闻传播学院张昆教授在 2018 年湖北新闻与传播教育学会年会暨新时代新闻传播学科建设与人才培养论坛上指出："华中科技大学新闻传播学科自创立起一直秉承文工交叉融合的思路，在传统的人文教育和'人文+社会科学'新闻教育模式之外，开创了一种全新的范式，形成了以'全能型''高素质''复合型''创新型'为指向的人才培养目标，建构了跨越人文社科、科学技术和新闻传播学的课程体系和师资队伍。"

其次，数据应用能力成为新的教学热点。2017 年秋季学期，中国人民大学新闻学院启动实施"新闻传播学科核心与特色课程创新计划"，2018 年经过为期一年的建设，其成果展示核心围绕"数据应用"。"新闻传播程序设计基础"课程旨在培养计算思维，通过建立了新闻文本分类、文本情感分析、新闻舆情热点监测等主题的专题训练库，支撑了未来传播学堂的"程序设计实践"、本科生通选课"编程语言基础"，以及专硕课程"大数据与新闻传播实务"，经过课堂专题实践、文献库建设、案例库建设，帮助学生掌握如何使用计算工具解决本专业问题。"数据新闻可视化"课程通过讲授国内外数据

新闻可视化的发展历程、各类媒体的实践情况及其采制的原则和流程，帮助同学们掌握数据新闻可视化的基本理念和发展趋势；通过实操训练，培养新闻信息的视觉表达思维，掌握制作多种类型数据可视化产品的专业技能。“数字新闻学”课程定位于前沿性、综合性的研讨式学习，旨在通过研讨新闻生态系统发生的现实变化和学理成果，能让学生形成认知互联网新闻业的新概念和新分析框架，对数字化环境下的新闻传播现象产生整体的认知力、理解力和批判力。起源于业界的数据应用，在新闻人才培养方面也需要依托业界资源。2018 年，重庆大学与阿里云、慧科集团合作，举办首期大数据实训营。在重庆市政府的推动下，阿里巴巴与重庆市 9 所高校达成合作协议，开展大数据人才培养，经过企业与学校的深入磋商，阿里巴巴与学校就人才培养目标、课程体系等达成协议，部分核心专业课程由阿里云大学承担，运用企业的技术优势培养大数据人才。

最后，坚持讲好中国故事、传播好中国声音，是党的十八大以来宣传思想工作的重要理论创新，培养国际化视野也是当下众多新闻传播院校本科生教育的重点之一。2018 年 5 月 9 日，山东大学新闻传播学院启动首届“国际学术交流月”活动，在此次活动中山东大学新闻传播学院将陆续迎来来自瑞士、英国、美国等国家新闻传播学领域的世界顶尖高校的七位外籍学者，正如刘明洋教授所介绍的那样，“这次活动不仅仅是几场学术性报告，更有培训教学、合作开展学术研究项目以及合作办学的内容，是一次全方位的国际交流活动”。云南师范大学传媒学院也积极探索国际办学模式，以适应地方经济社会发展对新闻人才的需求为宗旨，于 2018 年 11 月 26 日开办传媒学院与美国特洛伊大学联合培养“1+2+1”新闻学实验班，整合学院与学校的优质教学资源，创新人才培养模式，提高国际化办学水平，促进学院不断深化改革、推动发展。

1.8.2　研究生教育“实践”为其核心

加强实践教学是新时期传媒人才培养的新要求，纵观 2018 年各大高校新闻传播学院研究生人才培养计划，加强“学”“业”结合的实践教育是为研究生教育的核心。北京语言大学新闻与传播学院在 2018 年 9 月 13 日颁布的新闻传播学硕士培养方案中提到，新闻传播学硕士培养方式“采取理论学习和科学研究、社会实践相结合的办法”并将实践活动学分制定为与学术活动学分平齐的标准；中国地质大学艺术与传媒学院在 2018 年 9 月 12 日颁布的新闻传播学硕士培养方案中也提到，其硕士应当“熟悉本学科领域的常用技术方法，具有较强的实践能力，能运用所学知识从事科学研究工作或独立担负专门技术工作”；武汉大学新闻与传播学院在 2018 年 12 月 26 日下午举办了新闻与传播学院专业硕士学位研究生校外兼职导师聘任仪式，意在打通学界、业界之间的沟通桥梁，加强硕士培养的实践操作，业界向学界汲取营养并反哺业界，互利共赢。

1.8.3　校、企联合培养人才

校、企联合培养人才模式是在部校共建的基础上的进一步深入，这不仅可以在教学过程中，让学生接触和亲历学术和业界的前沿所在，在做中学、在学中做，加强对理论知识的迁移应用；而且对高校和媒体机构双方而言，能实现学术理论研究和解决业界问题的双赢。2018 年 4 月 10 日，由北京师范大学新闻传播学院与益普索（中国）市场咨询有限公司联合创建的传播与认知效能评估研究中心成立仪式举行，该研究中心综合学院学科交叉特色，结合益普索（中国）市场咨询有限公司在品牌与媒介研究、定量研究、大数据挖掘与数据整合、数据采集、数据处理和分析、用户体验研究等方面的资源优势，将从人工智能和认知神经科学角度，对传播效果开展专业的效能评估。随着校企合作的推进，该中心将培养更多适应市场需要、擅长新闻传播与数据挖掘、专注认知神经科技交叉研究的专业人才。2018 年 11 月 9 日，西南政法大学—重庆日报报业集团战略合作协议签约仪式暨新闻传播人才培养模式研讨会召开，作为西南政法大学新闻教育改革的一部分，该模式意在为学校搭建学生实践平台，学习为企业提供更适宜的优质专业人才。上海交通大学媒体与传播学院于 2018 年 11 月 23 日与百度百家号举行战略合作启动仪式，百度百家号“未来媒体菁英计划”也同时开启，双方将在共建新媒体课程、落地实训基地、联合出品原创栏目，共同进行学术研究，协同举办新媒体大赛等多个方面深度合作，依托高校强大的科研能力，引入业界丰富的案例和实践教学资源，为传媒学子搭建内容创新实践平台，共同培养未来媒体环境的高素质复合型人才。

教育部高等教育司司长吴岩在 2018—2022 年教育部高等学校新闻传播学类专业教学指导委员会第一次全体会议上指出，创新是高等教育的生命线，新一届教指委要把握时代发展大势、高等教育发展大势、新闻传播教育大势，做好六件事。第一，推进“卓越新闻传播人才教育培养计划 2.0”的实施，全面提升人才培养能力；第二，强化马克思主义新闻观教育，培养具有正确的政治方向、新闻志向和工作取向的新闻传播后备人才；第三，积极推进一流专业建设，加快培养会使善用“十八般兵器”的全媒化复合型新闻传播人才；第四，率先开展三级专业认证，提高新闻传播人才培养整体质量；第五，打造新闻传播学“金课”，提升课程的高阶性、创新性、挑战度；第六，推动“国标”落地生根，做好宣传、解读、培训。人才培养是一门学科生生不息发展的基石，新闻传播人才的培养要在“卓越新闻传播人才教育培养计划 2.0”的意见的指导下，结合当下社会实际需求，超越学科限制、探索创新多种形式的培养模式；学、业结合搭建学界与业界互惠互助的实践平台，谋求新闻传播学稳健发展、新闻传播学人才适应社会所需。

1.9 硕士教育国际化中有新尝试

硕士研究生教育是新闻传播教育中非常重要的一个环节。伴随新闻传播学教育规模的不断扩大和办学层次的日益提升，新闻传播学科建设也面临着更高的新要求。如今，国际上的新闻传播学硕士学位主要分为 MS（理学硕士）和 MA(文学硕士)两种，除此之外，还包括媒体与传播、媒体与社会、媒体与艺术、电影与媒体文学、理学、工商管理等学位。MS 主要针对具有新闻实践经验极少的学生，通常这类对象人群希望通过项目来换工作，或是希望增强新闻技能，来谋求自身更高的发展；而 MA 在招生时，更倾向于招收具有 3~15 年工作经验并准备向某个领域深耕的学生群体。

MA 人才培养的课程设置丰富，主要包含 4 门基础性课程：法律、商业、道德、新闻史并进行大量的写作练习及新闻报道的实践，涉及领域普遍存在于艺术与文化、商业与经济学、政治和全球事务，以及科学、环境、医药等。其培养过程主要围绕三个模块展开：(1)文字，即如何在规定的时间内进行各种新闻稿的写作；(2)图像和声音，即视频、音频、照片和可视化数据；(3)观众和参与，即类似记者的社交媒体及数字媒体设计。MA 的考核方式主要为硕士论文、证据和推理以及课外课程组成。而 MS 的培养则侧重业务训练，其课程设置也是致力于培养满足业界需要的学生，使其与业界有紧密的联系。课程设置以业务为核心，强化实践、突出创意；MS 的课堂较小，授课方式多种多样，包含讲课、研讨会、团队合作、讲习班、小组辅导、个人辅导等，由于 MS 自身新闻实践经验极少、学生来源多元化，其学习任务也相对繁重，老师经验也更为丰富；师资队伍复合化实行“双轨制”教学；教学个性与共性并存、支撑产业发展，凸显创意引领，适应产业潮流。

1.10 未雨绸缪，迎接万物互联与泛媒介时代的新闻传播教育

2018 年，新闻传播教育界高度关注了万物互联、万物皆媒、全媒体、泛媒体等正在出现的客观存在以及相关的学术问题，一些学校和老师“紧跟时代发展的步伐”，把这些内容“搬”到了新闻教育的舞台上，昭示了万物互联与泛媒介时代的新闻传播教育的时代已经来临。

自新世纪之初，新闻传播教育界在观念、目标、内容、路径等方面已经做出必要的调适和创新，取得了丰富的经验和显著的成绩。但是，微观、细部、阶段性的修补与优化，难以适应和引领传播和传媒业界的整体性变革，新闻传播教育亟待战略性、系统化的重构。此外，坚守传统与面向未来、技术驱动与内容创新、学术研究与人才培养、学科主体性与多学科共创、在地发展与全球合作等诸多问题皆须获得更完整的解释和解决方案。

在大数据、智能化、全连接技术的驱动下，万物互联和泛媒介社会、泛媒介生存是实实在在的现实，置身这样的环境之下的新闻传播教育必然要变革、调整、转型。

万物互联与泛媒介时代的新闻传播教育是一个全新的课题，发展方向不可更改，如何发展需要关注和探讨。不少实践者和研究者都认为：应学习新理论、登上新时代；抓住新机遇、提出新课题；运用新技术、挖掘新话题；探索新思路、提炼新总结；倡导新评述，开创新水平，等等。

面对这一课题，新闻传播教育界在 2018 年进行了如下的研究和关注：新闻传播人才培养的专业标准与跨学科融合；技术驱动、知识更新与新闻传播教研体系的优化；新时代新闻传播伦理体系的构建；全球新闻传播教育的交流与合作；文科中的理科教育，等等。

1.11　媒体融合的关注与教育挺进纵深

“媒体融合”已不算是新鲜词汇，但是 2018 年“媒体融合”四字在学界多次被提及，推动媒体融合向纵深方向发展成为学界、业内共识的发展新趋势。由人民日报社联合中共深圳市委、深圳市人民政府、招商局集团共同主办的“2018 媒体融合发展论坛”于 2018 年 9 月 9—10 日在深圳举行，论坛以“构建全媒体传播格局”为主题，通过分享媒体融合发展的新政策、新精神、新技术、新成果，旨在引领全国主流媒体进一步贯彻落实习近平总书记重要指示和讲话精神，分享全媒体时代提升传播力、引导力、影响力、公信力的丰富实践和相关经验，为全国新时代媒体融合发展提供新的风向标，更好地履行新闻舆论工作的职责。与此同时，10 月 7—8 日“2018 中国新闻业研究圆桌论坛暨媒体融合再审视工作坊”在广州大学城召开。此次论坛以“媒体融合再审视：中国经验与学术阐释”为主题，吸引了来自内地及香港知名高校的专家、学者齐聚一堂，从“媒体融合之比较分析”“媒体融合之实践与反思”“媒体融合之场域与合法性”“媒体融合之边界重塑”“媒体融合之创新与公共生活”“媒体融合之范式与转向”六个维度展开了充分的交流与讨论。

2019 年 1 月 25 日，习近平总书记在中共中央政治局第十二次集体学习时认为“学习课堂”应安设在媒体融合发展的第一线——“融合发展关键在融为一体、合而为一”。习近平总书记高度重视传统媒体和新兴媒体的融合发展，鲜明指出了我国媒体融合发展的紧迫性和重要性，强调：“全媒体不断发展，出现了全程媒体、全息媒体、全员媒体、全效媒体，信息无处不在、无所不及、无人不用，导致舆论生态、媒体格局、传播方式发生深刻变化，新闻舆论工作面临新的挑战。我们要因势而谋、应势而动、顺势而为，加快推动媒体融合发展，使主流媒体具有强大传播力、引导力、影响力、公信力，形成网上网下同心圆，使全体人民在理想信念、价值理念、道德观念上紧紧团结在一起，让正能量更强劲、主旋律更高昂。”①

中国人民大学新闻学院副院长赵云泽教授在题为“媒介融合的逻辑起点、实质及‘智媒’的最终可能归宿”的主题演讲中指出，媒介融合的起点是技术、市场和政治的三重驱动，媒介融合的实质其实是“新旧媒体”交替融合的“过渡”，媒介融合最终的归宿应该是随着技术的逐步升级换代，最终实现智慧媒体的统合，即所有媒体形态发展到智慧媒体，也就是最后归宿是智媒生态圈构建。当前，媒体融合进入向纵深推进的关键时期，“融合发展需要创新，更需要革新，要顺势而为、乘势而上，这是对媒体人魄力的考量与考验”。与之相应，“媒体融合”时代对新闻传播学人才的培养与塑造也应当创新思路，与时俱进，结合时下传播手段及方式的更新，引进新的技术及技能知识，创新教学方式，不断开拓新的教学领域。武汉大学新闻与传播学院院长强月新教授在题为“媒介融合背景下新闻传播人才培养创新路径”的主题演讲中指出，时代技术的变化对传播方式、媒体格局、传媒生态造成影响，倒逼新传人才培养模式作出变化，人才培养的创新应该坚持“小步快跑”，即为了及时应对局部变化，我们需要“快跑”，而教育内容、社会环境、老师的知识结构等方面因为具有相对稳定性，则需要我们“小步”。当下的新闻传播学人才的培养，仅仅依靠新闻传播学知识及实践往往不能满足瞬息万变的业界需求，跨专业、跨技能、跨学科领域的人才培养方式，才能够更快地适应媒介环境的变化，才能在媒体融合发展向纵深方向延伸的趋势下，敢为人先、勇做时代“弄潮儿”。

---

① 习近平．推动媒体融合向纵深发展　巩固全党全国人民共同思想基础[EB/OL]．[2019-01-25]．http：//xinhuanet. com/2019-01-25/c_1124044208. htm.

1.12　追思楷法前辈、接力面向未来

2018 年是极为特殊的一年，众多领域杰出大师相继遗憾离世，在新闻传播教育界也有三位巨擘前辈，在这一年远离了辛勤耕作一辈子的学术岗位。追思前辈，牢记其对于新闻传播学科发展作出的贡献，也是激励后辈专家学者日益开拓进取，引领未来。

2018 年 3 月 18 日，台湾地区“新闻教父”郑贞铭教授追思会在上海举行。2 月 19 日病逝于台北的郑贞铭教授，享年 82 岁，作为两岸学术与文化交流的主要开拓者和重要推动者，早在 1994 年年初，他受邀访问大陆重要新闻机构和新闻学府，此后足迹更是遍及国内上百家新闻学府及新闻学系；曾先后出任过北京广播学院(中国传媒大学前身)、杭州大学(浙江大学前身之一)、南京大学、上海交大、西安大学、北师大、湖南大学、南京大学、中南大学、福建师大、中国地质大学等多所高校的客座教授或高级研究员，为两岸的新闻传播教育界相互沟通与交流作出了极大贡献。曾荣获“中兴文艺奖”“五四文艺奖”(中国台北)、“新闻教育终生成就奖”(纽约)、“美国新闻教育特殊贡献奖”(纽约)、“文化交流贡献奖”(中国香港)。著有《新闻原理》《新闻学与大众传播学》《新闻采访的理论与实际》《世界百年报人》等 30 余种学术著作；另有《岁月的笔》《热情老师天才学生》《无爱不成师》《桥》等随笔散文创作。近年来，已是耄耋之年的郑贞铭教授不辞辛劳，发起成立“铭轩工作室”，搭建“大师工程”，策划推出“百年系列”丛书，并举办“大师讲座”大小场次近百场，直接受众数万人。陈昌凤教授称其为“学界的前辈和楷模”“两岸新闻传播学界的一座丰碑”，孟建教授则称其为“两岸新闻传播学术交流的先行者”。

2018 年 6 月 5 日，著名新闻学者、中国人民大学原副校长周建明病逝于北京，享年 62 岁。周建明教授主要研究方向为新闻评论、新闻法制、新闻发布制度、民族宗教新闻传播。主要著作有《新疆新闻发展战略研究》(主编)、《新闻传媒与和谐社会建设》(合著)、《中国新闻评论发展研究》(合著)、《中国社会》(合著，日文版)、《新闻评论写作——理论与实例》《新闻法制学概论》(合著)、《传播学——以人为主体的图像世界之谜》(合著)，译著有《中国人口问题》《现代社会学》(合译)等。发表学术论文 50 余篇、文章 100 多万字。主持、参加国家社科基金和省部级科研项目 10 余项。在中国人民大学发布的讣告里，用“为人真诚厚朴，为事铁肩担道，为学谨勤求实”18 个字概括了周建明教授的一生，其同事马少华教授也称其为“一个真人”。

2018 年 11 月 6 日，中国人民大学新闻学院的原“当家人”、新闻教育界的“定盘星”

何梓华教授突发疾病去世，享年 87 岁。何梓华教授在从事新闻教育工作的 40 余年间，曾先后主持制定新闻学科“八五”和“九五”的研究规划，主编《新闻理论教程》《新闻学概论》《产业化——青年报刊业的前景与挑战》等著作；除在中国人民大学新闻学院任教，还兼任教育部高等学校新闻学学科教学指导委员会主任、中国高等教育学会新闻学与传播学专业委员会会长、教育部高等教育自学考试指导委员会新闻学专业委员会主任、马克思主义理论研究和建设工程课题组首席专家等职务。鉴于其在推动新闻学科向上发展所作出的突出贡献，2016 年，在中国新闻史学会学术年会暨第二届新闻传播学学会奖上，何梓华获颁第二届新闻传播学学会奖之“终身成就奖”。喻国明教授曾表示，正是何梓华教授在人才培养上所持有的兼容并包的教育态度，才让整个中国人民大学新闻系有着多样的、活跃的学术风气，这也是中国人民大学新闻学院成为我国新闻传播学研究第一重镇的重要原因之一。而胡百精教授也称其“为我国新闻教育界作出重要贡献的人，不仅推动了学科建设、新闻学教育发展、人才培养，更奠定了学科发展的方向”。

2018 年中国新闻传播学迎来了百年华诞，新闻传播教育改革也迎来了 40 周年纪念。2018 年是教育部实施卓越新闻人才培养计划的开局年，新增博士、硕士授权点展现出新闻传播学大发展大繁荣的生机景象，但是也不得不看到快速扩张背后所暗藏的诸多问题。“双一流”学科建设、部校共建深入发展、媒体融合新趋势都在促使当代新闻传播教育者脚踏实地，求“真”学，育“真”人，在汲取优秀新闻学院办学经验的基础上，不断丰富、发扬各院校的特色，整合学科资源，创新发展模式，为现代新闻传播业输送高质量人才，保障新闻传播学稳健发展、我国的新闻传播事业持续繁荣。

（李建新）

第 2 章　2018 年各省、自治区、直辖市新闻传播教育发展综述

2.1　北京市新闻传播教育发展综述

2.1.1　北京市新闻传播教育 2018 年总体概况

2018 年，对于北京市新闻传播教育来说是意义重大的一年。在宏观态势上，有五件大事值得注意。一是教育部发布了《普通高等学校本科专业类教学质量国家标准》，标准涵盖普通高校本科专业目录中全部 92 个本科专业类、587 个专业，涉及全国高校 5.6 万多个专业点，对建设中国特色、世界水平的高等教育质量标准体系具有重要的标志性意义。二是教育部出台《教育部关于加快一流大学和一流学科建设　引领高等教育内涵式发展的意见》，构建有效推进“双一流”建设的体制机制。加快实施“六卓越 一拔尖”人才培养计划 2.0 版，建设“一流本科、一流专业、一流人才”示范引领基地。三是《教育部　中共中央宣传部关于提高高校新闻传播人才培养能力实施卓越新闻传播人才教育培养计划 2.0 的意见》(以下简称 2.0 意见) 下发。2.0 意见指出，目标在 5 年中，要“加强和改进高等学校新闻传播专业建设，建设中国特色、世界水平的一流新闻传播专业。全面落实立德树人根本任务，坚持马克思主义新闻观，用中国特色社会主义新闻理论教书育人，培养造就一大批具有家国情怀、国际视野的高素质全媒化复合型专家型新闻传播后备人才”。四是习近平总书记五四青年节在北京大学考察并发表重要讲话，指出高校要牢牢抓住培养社会主义建设者和接班人这个根本任务，坚持办学正确政治方向，建设高素质教师队伍，形成高水平人才培养体系，努力建设中国特色世界一流大学，还要在中国特色上下功夫。五是习近平总书记出席全国教育大会并发表重要讲话，强调优化学科结构、专业设置，建立健全学科专业动态调整机制，加快一流大学和一流学科建设，推进产学研协同创新，积极投身实施创新驱动发展战略，着重培养创新型、

复合型、应用型人才。要扩大教育开放，同世界一流资源开展高水平合作办学。

北京市响应国家号召，各大高校也为政策的落实与发展做出努力。第一，各高校针对教育部发布的《普通高等学校本科专业类教学质量国家标准》进行深入解读，如清华大学开设“三个一流”建设研修班，分享了清华大学本科教学改革的经验。在“三位一体”人才培养理念指导下，清华大学还设置了柔性人才培养方案的整体思路，突出了以学生为中心、以产出为导向的培养方向。

第二，针对双一流建设，北京各大高校积极参与评估。中国人民大学和中国传媒大学在2018年全国新闻传播学科的评估中位列前二。与此同时，中国人民大学还开展了“双一流”新媒体时代中国新闻史课程教学改革研讨会，由中国人民大学新闻学院、中国人民大学新闻与社会发展研究中心、天津师范大学新闻传播学院联合主办，与来自中国新闻史教学一线的学者展开深入对话。

第三，各方针对2.0意见进行解读，献计献策。2018年在北京召开2018—2022年教育部高等学校教学指导委员会成立会议上，吴岩司长作了题为“把握大势精准发力锐意改革追求卓越”的主题报告，提到新一届教指委要把握时代发展大势、高等教育发展大势、新闻传播教育大势，做好六件事。首先就是推进卓越新闻传播人才教育培养计划的实施，全面提升人才培养能力。中国人民大学新闻学院执行院长、教授、博导、教育部青年长江学者胡百精认为，2.0意见标志着我国新闻传播教育特别是卓越人才培养开启了新时代的征程，以开阔、高远的历史眼光、战略眼光和国际眼光，明确了新闻传播教育改革发展的指导思想、根本方向和路径选择。新闻传播教育应进一步坚持和巩固马克思主义新闻观的指导地位，用中国特色新闻学理论教书育人，面向未来、面向党和国家的重大战略需求培养高级创新人才，构建世界一流新闻传播学科体系。

第四，针对习近平主席五四青年节在北京大学的讲话，各高校及时传达重要讲话内容，认真学习习近平总书记的讲话精神。北京大学在习总书记考察后的24小时内，在微信公众号上连续发文9篇，全面反映了习近平总书记来校考察与发表重要讲话的情况，总阅读量超过15万次。此外，各院校还积极组织学习讨论会。2018年5月4日，清华大学召开了座谈会，学习习近平总书记在北京大学师生座谈会上的重要讲话精神。与此同时，中国人民大学也召开了相关的师生座谈会。

第五，习近平总书记在全国教育大会上的重要讲话，引起了教育工作者的广泛热议。北京大学党委书记郝平表示，北京大学将进一步加强党的全面领导，深化教育体制改革，把是否有利于实现立德树人这个目标作为检验学校一切工作的标准，努力构建德智体美劳全面培养的教育体系，以形成更高水平的人才培养体系。学校还将认真总结教育改革经验，持续加快“双一流”建设，牢牢把握中国特色社会主义办学方向，为实现中华民族伟大复兴奠定坚实基础。清华大学党委书记陈旭说，“九个坚持”是我们党对我国教育事业规律性认识的深化，是习近平新时代中国特色社会主义思想的重要组成部分。我们要切实做到以更高远的历史站位、更宽广的国际视野、更深邃的战略眼光，把加快推进教育现代化、建设教育强国各项战略部署落实落细，把培养社会主义建设者和接班人作为根本任务，培养一代又一代拥护中国共产党领导和我国社会主义制度、立志为中国特色社会主义奋斗终身的有用人才。

2.1.2 北京市新闻传播院系2018年发展动态

本节主要介绍北京市新闻传播教育领先者北京大学、清华大学、中国传媒大学、中国人民大学、北京师范大学新闻传播教育的动态情况。

在新闻传播学教育改革方面，2018年，中国人民大学新闻学院举行“新闻传播学科核心与特色课程创新计划”结项汇报会，对课程创新和进展进行分享。“新闻传播学科核心与特色课程创新计划”（以下简称“课程创新计划”）主要包括提升改造现有课程（核心课程、学科基础课），以及建设新课程（特色课程、专业课程包或自创课程）。2017年，首期申报的7个教师团队率先进行了为期一年的探索。在该会议上，首期申报的课程团队分享了教学大纲、论文库、案例库、文献库等课程资源建设成果，并研讨了课程创新进程中遇到的困惑和问题。

在校企合作方面，2018年北京师范大学新闻传播学院与益普索联合成立传播与认知效能评估研究中心。该中心致力于运用认知神经科学技术对传播效果进行评估研究，结合益普索（中国）市场咨询有限公司在品牌与媒介研究、定量研究、大数据挖掘与数据整合、数据采集、数据处理和分析、用户体验研究等方面的资源优势，将从人工智能和认知神经科学角度，对传播效果开展专业的效能评估，从而培养擅长新闻传播与数据挖掘、专注认知神经科技交叉研究的专业人才。除此之外，北京师范大学新闻传播学院与百度百家号开启战略合作，双方将从课程培训、项目开发、数据科研三个方面入手，推动产学研融合。其中，在课程培训方面，双方将共建新媒体实践课程，将百家号丰富的新媒体实践经验引入大学课堂，构建创新课程模块，开发适合北京师范大学新闻传播学院的课程体系。2018年，北京师范大学“京师中国传媒智库”持续进行中，京师中国传媒智库由北京师范大学新闻传播学院、光明日报智库研究与发布中心联合设立。京师中国传媒智库为全国的智库发布搭建了平台，开拓了渠道，并针对媒体、学界如何联合发力，为国家治理和社会治理提供智慧支撑提出了自己的见解。

在课程与教材方面：在课程建设上，北京师范大学新闻传播学院开设面向本科生的学科基础课“马克思主义新闻传播理论与中国国情”。该课程由“长江学者”、新闻传播学院执行院长喻国明主持，以马克思列宁主义、毛泽东思想、邓小平理论、“三个代表”重要思想、科学发展观、习近平新时代中国特色社会主义思想为指引，以马克思主义新闻传播理论与中国国情为基础，以理论联系实际的方式，推动“请进来、走出去”的授课模式创新，引领学生深入领会马克思主义新闻观的精神实质和核心意涵，切实掌握马克思主义新闻观的立场、观点与方法，争做党和人民放心的新闻工作者。在教材方上，教育部马克思主义理论研究和建设工程重点教材《广告学概论》正式出版，该书由中国传媒大学丁俊杰教授任首席专家(主编)，编写组成员包括来自厦门大学、上海师范大学、深圳大学、华东师范大学、武汉大学、中国人民大学等单位的12位专家。

在实验室建设方面，清华大学建立新闻学院建立新融合媒体实验室。该实验室由中科大洋承建，是一个集新闻大数据平台、指挥调度、融合采编、新媒体发布、全媒体演播、视音频制播一体化的综合新闻传播实验机构。新融合媒体实验室秉承“国际化、开放式、多层次、融合型”的实验教学特色，一方面，实验室将会满足清华大学新闻传播学院的新闻实验教学要求；另一方面，在实验实践、内容创作等方面为同学们提供了开放性学习交流的平台，全面支撑融合媒体人才培养、科研创新。2018年，中国传媒大学建立了全媒体运行中心。中心由融合媒体指挥中心及多平台发布系统、全媒体交互式新闻演播室系统、融合媒体虚拟化生产平台三大部分组成。全媒体运行中心包含了融媒体新闻采编制作、数据可视化和虚拟图文包装制播、多屏矩阵展示、云桌面资源管理、手机采访制作等16个子系统。学生可以通过该实验室，进行新闻生产的实践和训练。在编辑区，同学们可以利用多样化的生产制作工具，完成视频后期剪辑、特效包装、图形渲染、三维创作等工作。在发布运营区，可以使用编辑发布工具，进行网站、微博、微信、APP等多种终端的发布，从而完成一整套新闻生产流程。

在学术交流方面，2018年北京市各大高校通过召开学术会议，回顾了新闻传播教育的发展历史，加强了新闻传播教育机构之间的对话与合作。2018年10月13—14日，北京大学举办“百年中国新闻教育：传承与发展暨北京大学新闻学研究会成立100周年”学术研讨会。会议期间，还举办了北京大学新闻学研究会复会10周年纪念暨新书发布会。会议主要讨论了中国新闻教育与新闻学研究的历史沿革、新时代中国新闻教育与新闻学研究和中国新闻教育与新闻学研究的未来展望。除此之外，2018年北京大学还与慕尼黑大学共同主办了中德“新技术与新闻论坛”，此次论坛由慕尼黑大学的Bernhard Goodwin和北京大学的刘新传作为共同召集人，吸引了来自北京大学、清华大学、复旦大学、中国传媒大学、武汉大学、北京师范大学、慕尼黑大学等数十位本领域的知名学者、研究生进行主题演讲和现场对话，并围绕“新技术与新闻”进行主题演讲和专题研讨。另外，中国传媒大学举办了国家级实验教学示范中心传媒学科组2017年度总结会暨“媒体融合时代与实践实验教学”主题研讨会。

在马克思主义新闻观的发展方面。清华大学新闻与传播学院开设“马克思主义新闻观”课程。2018 年 5 月 24 日，柳斌杰院长在新闻学院“马克思主义新闻观”本科生、研究生课上作了题为“马克思主义新闻观是新闻学的灵魂”的主题讲座，系统讲述了如何从马克思主义的基本原理认识新闻活动，强调了马克思主义新闻观在新闻工作中的“主心骨”作用，并针对推进马克思主义新闻理论的中国化进程进行了深入阐释。另外，中宣部、教育部和全国哲学社会科学工作办公室设立的国家社科基金特别委托项目课题“马克思主义新闻观研究”成果——《马克思主义新闻观十二讲》于 2019 年 3 月 1 日由高等教育出版社出版发行。该书由全国知名新闻院校和科研机构的 13 名专家学者共同撰写，初步建构了马克思主义新闻观和中国特色社会主义新闻学的理论框架和知识体系，为新闻院校学生和广大新闻工作者学习马克思主义新闻观提供了规范读本，对推动全国马克思主义新闻观教育工作将发挥积极作用。

2.1.3　一些高校的自选动作

2018 年，北京各大高校的新闻传播学院也迎合时代要求、市场要求和教育符合新时代下的人才要求，做出了符合自身实际和院校定位的自选动作。主要涵盖三大方向：一是迎合传媒业变化，对人才需求改革教育模式；二是加大国际交流和国际新闻人才培养，我们看到，其中不乏“走出去，引进来”多维的国际高校的合作交流，成果丰硕，收获喜人；三是健康传播领域内的人才培养和学术研究正稳步推进。

一是积极迎合传媒业变化的人才需求，注重新时代的人才培养。在北外外语教学与研究出版社和国际新闻与传播学院联合发起下，北京外国语大学成立了国际出版传媒研究中心。该中心旨在借助北京外国语大学开设的 98 种外国语言课程优势，开展区域与国别的出版行业现状研究，发布包含中国文学、艺术、汉语教育等各类中国主题图书的世界影响报告，并与世界高水平大学和相关国际组织联合，针对行业需求，培养复合型、外向型的国际编辑、国际出版、版权运营、国际营销等方面的人才。另外，中国政法大学光明新闻传播学院致力于法治新闻传播人才培养。该院聚焦核心和重点学科，将更多资源投放到特色优势学科上。同时，借助中国政法大学法学、政治学等优势学科资源，加大学科交叉融合力度，推动学科深度融合，并充分发挥好与《光明日报》共建的优势，拓展与各位兼职教授所在媒体的深度合作，培养既具有新闻传播本领又能够严守职业道德底线的卓越传媒人才。

二是积极探索健康传播教育新模式。北京大学新闻与传播学院开设的健康传播专业硕士点培养已经进入第二年，在教学培养和课程设计上取得初步成果。2018 年，北京大学新闻与传播学院召开“北京大学健康传播工作坊”，邀请乔治全球健康研究院以及多所高校、院系、媒体及其他机构的师生，共同探讨新媒体时代下的新传播，并结合案例与健康传播专业的学生进行分享。

三是注重国际交流和国际新闻人才培养。随着中国不断参与到世界活动中来，北京高校的新闻传播专业也与国际建立起友谊的学术桥梁。在国际人才培养方面，各个高校与国际高校开展合作：2018 年，清华大学新闻学院与美国南加利福尼亚大学维特比工程学院（Viterbi School of Engineering）及安纳堡传播学院（Annenberg School for Communication and Journalism）签订了三方合作备忘录，同时设立了以数据信息技术在新闻传播领域应用为主要方向的传媒创新创业双硕士联合培养项目。这是新闻传播教育国际化中的新探索，为跨学科融合的发展提供了新思路。另外，清华大学新传学院常务副院长陈昌凤与副院长杭敏访问了意大利两所著名大学米兰国立大学与帕维亚大学，与相关负责人深入探讨国际合作事项。两校相关负责人进行了深入交流，双方就学生交流、教师互访、合作科研等事项达成了积极共识和初步合作方案。2018 年，北京师范大学新闻传播学院执行院长喻国明教授带队出访了佛罗里达大学新闻传播学院、塔夫茨大学、加州大学戴维斯分校传播系与斯坦福大学传播系，在学生联合培养、教师交流、项目合作等多个层面与上述高校相关院系达成合作意向。

（胡慧民）

2.2 天津市新闻传播教育发展综述

2.2.1 天津市新闻传播教育发展概况

天津新闻传播教育已有 59 年历史。在新中国新闻教育事业发展进程中，天津师范学院（天津师范大学前身）是最早创办新闻学专业的高校之一。1959 年，受中共天津市委宣传部委托，天津师范学院创办了中国境内第一个由师范院校设立的新闻学专业，具有开创性意义，其首任主任为时任中共天津市委宣传部长兼天津日报社总编辑李麦同志。1960 年，天津师范学院招收首届专科学历层次的新闻班学生，在连续招收两届学生后，新闻班因特殊原因于 1962 年秋季停办。在有关同志的积极努力下，“文革”期间，停办 10 年的新闻专业在 1972 年招收了一届近 40 人的工农兵大学生，为部队培养新闻干事，而后再次处于停办状态。直至 1980 年，天津师范学院新闻学专业被列入教育部专业名录，并于 9 月招收恢复办学以来首届本科生。

进入新世纪后，天津的新闻传播教育与学科建设进入多校并进的大发展阶段，形成了以天津师范大学为主导，以南开大学、天津体育学院、天津外国语大学、天津工业大学、天津财经大学等多家院校为主体的办学新格局。

2003 年，天津师范大学将新闻传播学系从文学院剥离出来，成立新闻传播学院。2003 年，学院成功申报新闻传播二级学科——传播学硕士学位授予权，并获批校级大众传播与社会发展研究所。2006 年，获批新闻传播一级学科硕士授权点和新闻传播二级学科——新闻学硕士学位授权点。2007 年，获批教育部授予的国家级特色专业。2011 年，获批新闻传播一级学科专业型硕士学位授予权，同年，获批教育部国家级实验教学示范中心。2015 年，新闻学专业获批天津市教学团队称号。2016 年，新闻传播一级学科获批天津市重点学科。2018 年获批新闻传播一级学科博士学位授予权(招生专业方向：新闻史论、传播史论、政治传播、网络舆情与社会治理)。至此，天津师范大学成为天津市首家同时拥有新闻传播学本科、硕士、博士学位授予权的高校。

2000 年，南开大学获批二级学科传播学硕士学位授权点，2003 年和 2011 年先后获批新闻学硕士二级学科学位和新闻与传播专业硕士授权点，在新闻教育方面主要以培养硕士研究生为主。2000—2005 年，天津体育学院(2000)、天津外国语大学(2003)、天津体育学院运动与文化艺术学院(2004)、天津师范大学津沽学院(2005)、天津外国语学院滨海外事学院(2005)先后开办新闻学专业，从此天津地区的新闻专业教育进入了全新的历史发展阶段。

天津的传播学科始建于 21 世纪初期，最早是以培养硕士研究生为主体，包括南开大学、天津师范大学、天津工业大学三所院校。另外，天津外国语大学、天津工业大学珠江学院又分别设立了传播学本科专业，其中，天津外国语大学于 2009 年获批开设传播学本科专业，天津财经大学珠江学院于 2014 年开办传播学专业，天津中医药大学于 2017 年开办传播学专业，天津大学仁爱学院于 2018 年开办传播学专业。至此，天津的传播学科建设以开设院校的办学特色和学科基础呈现出方向多元的特点。

天津目前有四家高校开设广播电视学专业，分别是南开大学、天津师范大学、天津工业大学、天津财经大学，开设年份基本集中在 21 世纪初期。其中天津工业大学 2015 起开始招收广播电视领域的新媒体艺术硕士。

天津的广告学专业教育创始于 20 世纪 90 年代初，以天津师范大学和天津工业大学为主体，主要招收专科层次学生。天津师范大学和天津工业大学广告学专业于 2001 年正式开始招收本科生。随后，天津财经大学、天津师范大学津沽学院、天津外国语大学、天津财经大学珠江学院也先后创办广告学本科专业。

天津的编辑出版学科设在南开大学，南开大学是全国最早开办编辑学本科专业(后改称编辑出版学专业)并未间断招生的唯一一所高校。1982年，鉴于编辑出版人才的青黄不接和大量短缺的现状，胡乔木等中央领导同志和编辑出版界的老专家共同倡议，在部分大学设立编辑出版专业，培养从事编辑出版的专业人才队伍。经教育部批准，1984年，南开大学与北京大学、复旦大学三校率先设立了编辑学专业，并于当年开始招收本科生。2001年，南开大学获批出版硕士专业学位授权点。

2.2.2 主要院系及其专业设置

天津高校新闻传播学专业设置较为齐全，具体如表2-1所示：

表2-1 **天津主要院系新闻传播学科设置情况**

学校	院系	本科	硕士研究生
天津师范大学	新闻传播学院	新闻学、广告学、广播电视学、播音与主持艺术、广播电视编导、摄影	新闻学、传播学、广播电视艺术学硕士；新闻与传播专业硕士；新闻传播学博士
南开大学	文学院传播学系	编辑出版学、广播电视新闻学	新闻学、传播学硕士；新闻与传播专业硕士；出版专业硕士
天津体育学院	新闻与外语学院体育文化传媒系	新闻学	新闻与传播专业硕士
天津外国语大学	国际传媒学院新闻传播系	新闻学、传播学、广告学	新闻与传播专业硕士；新闻学、传播学硕士
天津工业大学	人文与法学院传媒艺术系	广告学、广播电视学	广播电视学硕士
天津财经大学	人文学院、商学院	广播电视新闻学(财经新闻方向)、广告学	/
天津师范大学津沽学院	新闻传播系	新闻学、广告学	/
天津体育学院运动与文化艺术学院	播音学院新闻系	新闻学(新闻采访与编辑、网络与新媒体两个专业方向)	/

续表

学校	院系	本科	硕士研究生
天津外国语大学滨海外事学院	新闻系	新闻学	/
天津财经大学珠江学院	艺术学院	传播学、广告学	/
天津中医药大学	文化与健康传播学院	传播学	/
天津大学仁爱学院	社会科学与外国语系	传播学	/

2.2.3　部校共建

天津市“部校共建”单位共有三家。2014 年 9 月，中共天津市委宣传部与天津师范大学共建新闻传播学院工作全面启动，成为天津市第一家“部校共建”单位。该院坚持以马克思主义新闻观为统领，不断创新复合型、全媒型新闻传播人才培养机制，“部校共建、院媒协同、实践育人”成为学院办学的一大特色。2018 年 3 月，天津外国语大学国际传媒学院和天津体育学院新闻与外语学院入选第二批“部校共建”单位。天津体育学院新闻专业是全国体育院校新闻专业中唯一获批“部校共建”的单位。

2.2.4　本科生、研究生教育

1. 本科生教育

(1)天津师范大学新闻传播学院。该院现有六个本科专业：新闻学专业、广告学专业、广播电视学专业、播音与主持艺术专业、广播电视编导专业、摄影专业。学院致力于新闻传播教育教学改革实践，注重对学生创新意识、探索精神、实践能力的培养，不断探索“专业培养+个性成才”的培养模式，重视交叉学科与前沿性课程的设置。

2018 年，该院在本科教学方面加大改革创新力度，进一步深化了课程体系建设，形成了以马克思主义新闻观为统领、通识课程与新闻传播史论法规课程为基础、新闻“采、写、编、评、摄、录、播”全媒体及报道策划能力培训为核心、专业采风与学科竞赛实践教学为特色、“部校共建”实践基地和大学生自主创新工作坊为载体、新媒体应用技术为引领的新闻传播教育课程体系。充分发挥国家级实验教学示范中心资源优势，开发了“舆情分析方法与实践”等多门新课程。借助专业采风等课程平台，在社会服务方面取得了新进展。

(2)南开大学文学院。该院传播学系有两个本科专业：广播电视学、编辑出版学。广播电视学专业旨在培养从事广播电视新闻学工作的高级应用型人才和从事广播电视新闻学研究的较高层次的专门人才，所培养的人才具备扎实的广播电视新闻学、大众传播学专业基础知识和技能，具备较广博的科学文化知识和较深厚的人文底蕴，能够从事并胜任广播、电视行业采、写、编、播、摄录、评论、主持、策划等各项工作以及其他新闻部门工作。

2018年，南开大学传播学系在本科招生上进行了改革，实现了首次大类招生。在大学一年级打通多专业的基础知识通识教育，进一步筑牢学生的基础知识、强化学生文化底蕴培养。在实验室建设方面，依托学院国家级实验教学示范中心这一专业共享综合性实验教学平台，加强了对“数码编辑”“摄影与创作”“影像创意”“数字图像技术”等实验课程的建设，实验教学方面取得了长足进步。

南开大学传播学系在2018年全面推进国际化人才培养，邀请了来自英国拉夫堡大学、韩国首尔国立大学、美国弗吉尼亚大学等众多名校教授来校交流。在引智的同时，还派出师生赴美国、欧洲、亚洲等国家和地区交流。南开大学与拉夫堡大学的“1+1合作人才培养计划”全面推进，并继续扩大两校在新闻传播与文化创意产业方面的深度合作。

(3)天津体育学院新闻与外语学院。该院新闻学专业设置于2000年，并于2001年开始招生。该院新闻学专业自创建以来培养了大批了解体育文化、熟悉体育知识、掌握新闻传播理论与技能的新闻传媒工作者。经过长期教学和实践摸索，该院新闻学专业在人才培养模式、课程体系的构建、教学内容的优化整合、教学方法手段的改革与创新、教学实践领域的探索等方面取得了长足的进步。

2018年，天津体育学院新闻学专业推进了一系列改革创新。在育人模式上，新闻学专业更加紧贴社会需求，不断调整人才培养方案，将“提高体育文化修养、强化媒体实务操作技能”作为立身之本，通过对体育学科课程的学习，从体育理论、体育竞赛规则、体育产业等方面拓展学生的体育文化知识。在专业实践方面采用媒体见习轮转制度、媒体实习主攻单一媒体的实践教学方式，从广度、深度两个方面强化学生的媒体实务操作技能。

自2018年起，该专业以强化媒体实务操作技能为突破口，突出体育与传媒学科交融特色，整合天津市体育传媒资源优势，聘请体育传媒一线资深工作者进课堂，加强了产学研一体化进程。为适应媒体形势的飞速发展，该专业与时俱进，进一步调整教学计划，压缩理论课程，加强见习与实习实践教学改革。

(4)天津外国语大学国际传媒学院。该院新闻传播系拥有新闻传播学硕士一级学科。目前，新闻学本科专业下设“国际新闻”和“融合新闻”方向。传播学本科专业下设“国际传播”方向，广告学本科专业下设“会展策划”和“中日 2+2”方向。多年来，致力于培养国际化、应用型和复合型的新闻传播人才，走出了一条特色化发展道路。该院的愿景是充分发挥外语特色和国际化办学优势，为提升天津传播能力、落实对外传播战略提供更好的服务。学院着力培养具有马克思主义新闻观、掌握习近平新时代中国特色社会主义新闻舆论思想、具备国际视野的国际化新闻传播人才；强化马克思主义新闻观教育，强化师资建设，推进教学模式改革，构建跨学科、跨专业的课程培养体系。

(5)天津工业大学。该校广告学专业始建于 1994 年，最早在艺术与服装学院进行广告学专业艺术类专科招生，后按照教育部学科目录调整，原艺术与服装学院下广告学专业，更名为视觉传达专业广告设计方向。2015 年 9 月，广告学专业开始在人文与法学院进行普通本科招生，设立于传媒艺术系。

2018 年，天津工业大学新闻传播教育，坚持“问题导向”和“战略考量”相结合，提出了“用新媒体培养人才，为新媒体培养人才”的教育教学理念，形成了“融合、协同、共享”的人才培养战略路径，重构了“理论—实践”交融的课程体系和“创新—创业”互动的实践训练体系，收到了良好效果。

(6)天津财经大学。该校广播电视新闻学(财经新闻方向)专业于 2004 年招生。新闻学学科 2013 年被确立为天津财经大学“十二五”重点学科。该学科秉承文科与经济交融，艺术与技术结合的理念；以基础理论为根，突出专业前沿研究；以新闻学、传播学为纲，进行经济、新闻结合跨专业财经新闻研究。该专业设有“水西庄文化与传播研究中心”“新媒体研究中心”和“传媒与文化产业研究中心”。

天津财经大学广播电视学(财经新闻方向)是该校“十一五”“十二五”重点建设学科。该专业以新闻传播理论为基础、以经济学和金融学理论为支撑、以新闻采编实务为重点，围绕财经新闻方向，优势显著，并配备虚拟演播厅、非线性编辑、新媒体、广播编辑、摄影、报纸编辑等实验室。与天津电视台、《天津日报》《今晚报》、大唐盛世广告(天津)等机构紧密合作，建立了近 20 个实习基地，理论紧密联系实践。

(7)天津师范大学津沽学院。该院新闻学专业是根据新型办学模式和运行机制创办的全日制本科专业。新闻学专业以津沽学院办学定位、办学特色和人才培养目标为指导，依托天津师范大学整体优势，合理使用母体校的优质办学资源，力争形成与母体校相关专业错位发展格局的思路。广告学专业以社会需求和学生发展需要为导向，以应用型人才培养模式改革为主线，以质量建设为核心，以特色建设为重点，积极推进专业内涵建设，不断提高专业建设质量。

2018 年，新闻学专业在专业建设中不断积累经验，制订了较为科学的课程建设计划，以“充实通识教育课、精选专业核心课、拓展自主发展课、强化实践环节”为原则，重新构建了实践教学体系。在培养计划中将课程实践、课程组实践、学年实践、就业岗位实践、专业实习、毕业实践等实践课程(环节)进行统筹安排，设计和实施了培养理论扎实、新闻意识强、动手能力突出，适应一线需求的应用型人才的培养目标。

(8)天津体育学院。该院运动与文化艺术学院新闻学专业是 2004 年建校时获批的全日制本科专业，下设新闻采访与编辑、网络与新媒体两个专业方向。新闻学专业每年招生 40~80 人。2018 年人才培养方案中增设了“即兴口语表达”等语言表达类课程，增加了“网络营销策划与创意”等网络与新媒体类课程的学时，以满足新时代对新闻人才表达能力和新媒体素养的要求。在创新创业课程体系建设方面，开设了创新创业课程，分为新闻采编、新媒体运营、视频剪辑等多个板块，注重应用与操作技能的培养。另外，还与校内外各实践平台合作，实现讲学练相结合，学生创新创业水平显著提高。学院丰富的艺术实践活动为新闻专业同学提供了大量的实践机会，不仅让学生提升了专业技能，也提高了他们的艺术修养和艺术鉴赏力，学生能从多个专业汲取丰富的营养，提升综合素质。

(9)天津外国语大学滨海外事学院。该院新闻系成立于 2005 年，致力于培养德、智、体全面发展，适应当代经济和文化发展需要的新闻专业人才，新闻系设立国际新闻、网络新闻两个方向。新闻学专业依托外语院校特色，着重发展“外语+新闻”的专业特色，将外语和新闻专业教学相结合，在专业课程中加入新闻英语专业课，实现外语水平和新闻专业应用能力的双向培养。同时，新闻系十分注重国际交流与合作工作，利用各种资源与平台积极拓展国际合作办学项目，学生可在高年级申请参加为期一至两年的交流项目，修满规定学分即可获得合作院校互相承认的学位。

2018 年，天津外国语大学滨海外事学院新闻专业继续深化教学改革，在教学中加强“十个一”工程，即：能够做到发表一篇通讯、一个视频、一个动漫作品、一组新闻照片、制作一个网页，设计一个网站、一个采访节目、一个报纸排版、一个广告节目、一个英语翻译作品。通过“十个一”工程，加强了新闻系学生的实践应用能力。

(10)天津财经大学珠江学院。该院传播学专业人才培养目标，是以传播学的内在规律为出发点，着眼于传统媒体整合、新媒体发展的现实需要和未来前景，培养具有良好的政治素养、广博的文化知识、开阔的国际视野、敏锐的社会观察力和娴熟的专业技能。

天津财经大学珠江学院广告学专业以社会化广告为重点探索与研究方向，以传统理论+实践案例为基础，搭建出“社会化广告”理论体系，形成了课程模块，并将国家级专业赛事嫁接到每个学期的课程中。传播学专业以社会化传播为重点探索与研究方向，特别是在社会化媒体的研究与使用上取得了一定的成绩。课程安排上以“A+B+C”模式为特点，A 即理论先行，讲授传播学经典理论；B 即媒介应用，组织学生开通自己的社会化媒体，并用于实践；C 即实际项目参与，投身于社交媒体传播大潮中。

(11)天津中医药大学文化与健康传播学院(原名语言文化学院，成立于 2014 年，2018 年 4 月更名为文化与健康传播学院)。2018 年 9 月，该院迎来首批传播学专业学生。这是国内第一个以文化与健康传播命名的传媒学院，也是首个招收传播学本科专业的全日制普通医药类高等院校。

该院传播学专业以中医药文化传播和健康传播为学科建设方向，以中医药文化和中国传统文化研究为特色，集中学校和学院中医和中药优势资源，以新闻类和传播类、传统文化类等课程为依托，适应当前和未来移动互联网传播新形势，重在提高学生新媒体实践操作能力，培养有一定中医药文化素养和基本医学常识、又掌握新媒体操作实务，有深厚中国传统文化底蕴的新闻传播类复合型人才。

2018 年，该院设立“天津市中医药文化研究与传播中心”。2018 年 9 月主办了“全国中医药文化传播高峰论坛”，成立了“全国中医药文化传播联盟”。2018 年 8 月，学院与天津海河传媒集团《今晚报》事业部合作，编辑出版了全国首个中医药文化系列专刊，每月一期；与天津《中老年时报》合作，开设了“中医名家谈节气养生专栏”。

2. 研究生教育

天津师范大学新闻传播学院拥有两个硕士一级学科点：新闻传播学(含两个二级学科新闻学、传播学)、戏剧与影视艺术。另设有一个新闻与传播专业硕士点。2018 年，获批新闻传播一级学科博士学位授予权(招生专业方向：新闻史论、传播史论、政治传播、网络舆情与社会治理)。该院在研究生培养上，坚持“国际视野、中国表达、追踪前沿、内涵发展”的办学理念和“立足环渤海、服务京津冀”的培养定位，2004 年至今，已培养十届以上硕士研究生，在服务天津发展战略中发挥了应有作用。

南开大学文学院传播学系下设编辑出版学专业。2001 年，南开大学获批出版硕士专业学位授权点。2000 年，南开大学获得新闻传播学硕士一级学科学位点授权。2003 年，南开大学获得新闻学硕士二级学科学位点授权。新闻传播学借助南开大学文学院深厚的文化底蕴和浓郁的人文氛围，体现出广阔的专业背景和扎实的专业基础，多年来形成了理论与实践并重、素养与技能并重、人文与新闻并重的人才培养特色。不仅如此，南开大学新闻传播教育具有一定的国际视野。南开大学与英国拉夫堡大学等高校联合培养新闻传播学科的硕士生，不少学生选择毕业后到国外攻读硕士学位或博士学位。

天津体育学院新闻与外语学院2014年获批“新闻与传播”硕士专业学位授权点和天津市体育数字技术实验教学示范中心称号。

天津外国语大学国际传媒学院新闻传播系开设新闻学(“新闻理论与历史”、“国际新闻实务”和“比较新闻学”)学术硕士研究生专业。学术硕士研究生专业下设传播学和广告学，传播学含“传播理论与历史”“国际舆论传播”和“国别与区域传播”方向，广告学含“广告理论”和“广告实务”方向。

天津工业大学广播电视学专业自2011年起开始招收文化传播硕士，2013年起开始招收新媒体艺术方向研究生，2015起开始招收广播电视领域的新媒体艺术硕士(MFA)，形成了较为合理的人才培养结构。经过专业建设，天津工业大学已经明确了“融合”与“协同”的人才培养理念和发展思路以及“新媒体信息传播”的专业定位，通过专业、学科之间的融合，培养社会所需的复合型传媒人才；通过行业、区域间的协同，培养社会所需的创新型传媒人才。

2018年，天津新闻传播教育与学科建设在高质量发展之路上稳步前进。各高校新闻传播研究生教育紧密结合新闻传播发展的新形势、新要求，形成了凝练学科方向、强化融媒体教育、注重文化底蕴、突出特色建设的发展理念；强化了全媒化复合型专家型新闻传播人才培养目标，研究生教育取得了新成绩。2018年，天津师范大学、南开大学、天津外国语大学等高校，先后开展了新闻传播学科学位授权点合格评估工作，顺利通过了教育部组织的专项评估。

(孙瑞祥)

2.3 河北省新闻传播教育发展综述①

2018年河北省共计有44所本科院校、63所高职院校、16所独立学院、20所民办高校，合计143所高等院校。

2.3.1 院系专业设置及基本情况

河北大学新闻传播学院2018年招生的本科专业为新闻传播学类(含新闻学、广播电

① 本文为2017年河北省社会科学基金项目“河北新闻与传播教育历史与现状研究”阶段性成果，项目编号：HB17XW001。

视学、编辑出版学三个专业）、广告学、播音与主持艺术。2018 年硕士研究生招生专业为新闻学、传播学、新闻与传播、出版。2018 年，学院领导机构为：院长韩立新，党委书记王景明，副书记兼副院长滑晓军，副院长杜浩、彭焕萍。

河北师范大学新闻传播学院 2018 年在招的本科专业有新闻学、广告学、播音与主持艺术、广播电视编导。现设有艺术学理论一级学科硕士点、新闻与传播专业学位硕士点。2018 年学院领导机构为：院长仝文瑶，党委书记刘森（2018 年末接替杨轶书记），副书记、副院长孟祥文，副院长李振国、冯太敏。2018 年 12 月 12 日，河北师范大学人事处网站发出了一条重磅新闻："河北师范大学公开招聘新闻传播学院院长公告"，这一举动在河北省新闻传播教育领域尚属首例，显示出河北师范大学新闻传播学院奋发图强的决心。

河北经贸大学文化与传播学院 2018 年招生的本科专业为新闻学、广播电视学、广告学、编辑出版学、汉语国际教育、汉语言文学。拥有新闻传播学一级学科硕士点，下设五个二级硕士点。学院 2018 年领导机构为：党委书记翟建北，院长张金桐，党委副书记仇静莉，副院长马瑞。

2018 年，燕山大学文法学院文学与新闻传播学系在招专业有广播电视学。河北科技大学文法学院新闻系在招专业包括新闻学和网络与新媒体两个专业，其中网络与新媒体专业 2017 年首次招生。河北地质大学艺术设计学院在招专业是广告学。河北民族师范学院文学与传媒学院、石家庄学院文学与传媒学院、衡水学院文学与传播学院、防灾科技学院人文社科系拥有两个在招新闻传播类专业。保定学院信息技术系的网络与新媒体专业 2017 年开始招收第一届本科生，2018 年信息技术系更名为信息工程学院。唐山学院传播与动画系、唐山师范学院中文系、沧州师范学院齐越传媒学院拥有一个新闻传播类在招本科专业，其中沧州师范学院齐越传媒学院也在 2018 年停招了最后一个新闻传播类高职高专专业——传播与策划。廊坊师范学院在 2018 年变动较大，确定组建传媒系，属于二级部门，目前包括新闻学、播音与主持艺术、数字媒体艺术三个专业，首任系主任为樊明达。

河北传媒学院新闻传播学院 2018 年的主要变化有广告学专业从美术与设计学院调整到了新闻传播学院，截至 2018 年，河北传媒学院成为河北省专业最齐全的新闻传播院系，囊括了除"数字出版"之外的所有本科专业，也就是新闻学、传播学、广告学、网络与新媒体、广播电视学、编辑出版学。河北传媒学院新闻传播学院也成为河北省唯一一所开设传播学本科专业的院系。河北传媒学院 2015 年起开始招收新闻与传播硕士研究生。2018 年学院领导机构为：院长徐晓宁，党总支书记王书敏，副院长穆洁、朱良志。

根据教育部网站 2018 年 3 月 15 日公布的信息，河北省 2017 年度普通高等学校本科专业备案和审批结果显示，河北传媒学院审批通过了新闻学专业，河北民族师范学院审批通过了网络与新媒体专业，河北东方学院审批通过了网络与新媒体专业。这样，河北省新闻传播教育版图在 2018 年又新增了河北东方学院这一高校。

2.3.2 本科生、研究生教育

2018 年 11 月 2 日，2018—2022 年教育部高等学校新闻传播学类专业教学指导委员会成立，设置主任委员 1 人，副主任委员 5 人，秘书长 1 人，委员 35 人。河北大学新闻传播学院院长、博士生导师韩立新教授入选教育部新一届新闻传播学教育指导委员会。① 韩立新院长也是此届“新闻传播学类教指委”委员中唯一的河北省新闻传播领域专家教授。

2018 年下半年，河北大学进行了硕、博士生导师的遴选工作，河北大学新闻传播学一级学科博士点和硕士点的导师队伍在不断壮大，除了从高校选聘兼职博导、硕导之外，来自业界的 5 位“校外兼职专业型硕士生导师”成为此次名单的亮点，对于加强新闻与传播专业硕士点的建设具有积极意义(见表 2-2)。

表 2-2 **河北大学新闻传播学一级学科 2018 年硕博导师选聘复审合格人员名单**

序号	一级学科名称	姓名	导师类别	备注
1	新闻传播学	曹　茹	校内博士生导师	
2	艺术学理论	杜　浩	校内博士生导师	杜浩时任新闻传播学院副院长
3	新闻传播学	隋　岩	校外兼职博士生导师	
4	新闻传播学	虎嵩林	校外兼职博士生导师	
5	新闻传播学	张　艳	校内学术型硕士生导师	
6	新闻传播学	和　曼	校内学术型硕士生导师	
7	新闻传播学	金　强	校内学术型硕士生导师	
8	新闻传播学	曹　磊	校内学术型硕士生导师	

① 我院韩立新教授入选教育部新一届新闻传播学教育指导委员会[EB/OL]. [2018-11-03]. http://jc.hbu.edu.cn/xyxw/2857.jhtml.

续表

序号	一级学科名称	姓名	导师类别	备注
2	新闻传播学	李建红	校外兼职学术型硕士生导师	
3	新闻传播学	刘海龙	校外兼职学术型硕士生导师	
1	新闻与传播硕士	樊拥军	校内专业型硕士生导师	
2	新闻与传播硕士	白树亮	校内专业型硕士生导师	
8	新闻与传播硕士	肖　钧	校外兼职专业型硕士生导师	
9	新闻与传播硕士	王广文	校外兼职专业型硕士生导师	
10	新闻与传播硕士	黄丽媛	校外兼职专业型硕士生导师	
11	新闻与传播硕士	李占军	校外兼职专业型硕士生导师	
12	新闻与传播硕士	王成树	校外兼职专业型硕士生导师	

2.3.3　实习、实验中心建设

河北大学新闻传播学院与企业合作开发了互联网广告前沿精品课程“互联网广告基础”，以探索校企合作、产教融合的新路径。① 河北师范大学新闻传播学院建成河北高校首个融合媒体共享平台，2018 年 7 月 15 日正式开通。该平台作为融媒体仿真教学实验室，一期工程投资 300 多万元，使用面积近 315 平方米。该平台提升了河北师范大学新闻传播国际级实验教学示范中心的整体建设水平。

2.3.4　教材出版及评价

2018 年 4 月，河北大学白贵和彭焕萍合著的《当代新闻写作》(第二版)由中国人民大学出版社出版。该教材第一版在 2013 年出版后广受好评，尤其是其“道器并举”的写作指导思想，很好地融入了写作理念和写作技巧，该教材也在 2014 年第十四届河北省哲学社会科学优秀成果奖评选活动中获得一等奖。

2018 年 4 月，河北人民出版社出版了河北大学新闻传播学院广告学系宋伟龙主任的著作——《进路——广告新锐养成攻略》，这是一本面向广告学专业本科在校生如何

① 探索校企合作新路径，构建产教融合新模式——新闻传播学院、综合实验中心与行业企业联合打造精品共享课程[EB/OL]. [2018-11-26]. http://jc.hbu.edu.cn/xyxw/2865.jhtml.

认识行业和专业，如何对待学习、考研、专业竞赛以及准备求职的指导资料。对于广告学专业新生具有指导意义，能够让学生更好地规划大学四年的学习和生活。

在 2018 年第二十二届全国教育教学信息化大奖赛河北赛区的评选活动中，河北大学新闻传播学院教师相喜伟、李世前、王秋菊等人设计制作的“微课”“幽默广告的表现技巧”荣获高等教育组一等奖。在随后 11 月 28 日举办的“第二十二届全国教育教学信息化交流活动”中该微课获得了高等教育组微课三等奖。

2.3.5　学术研究及特色

1. 国家社科基金、省社科基金立项

2018 年河北省高校在国家社科基金项目中主持立项 4 个项目，其中河北大学新闻传播学院的王秋菊教授、赵树旺副教授、刘赞副教授①各自主持立项一个项目；燕山大学的张亚明教授成功主持立项一个项目，这也是燕山大学第一次在国家社科基金新闻学与传播学这一学科中立项成功。燕山大学也成为继河北大学、防灾科技学院、河北经贸大学之后第四所在新闻学与传播学这一学科中立项成功的河北高校(见表 2-3)。

表 2-3　**2018 年国家社科基金年度项目立项名单(河北省)**

项目批准号	项目类别	学科分类	项目名称	立项时间	项目负责人	专业职务	工作单位
18BXW024	一般项目	新闻学与传播学	“一带一路”倡议②背景下中国出版走出去研究	2018/6/21	赵树旺	副高级	河北大学
18BXW118	一般项目	新闻学与传播学	非传统安全事件虚实耦合互动的网络群体集聚舆情传播研究	2018/6/21	张亚明	正高级	燕山大学
18BXW119	一般项目	新闻学与传播学	基于大数据的社会化媒体舆情传播机制及风险防控体系研究	2018/6/21	王秋菊	正高级	河北大学

① 刘赞副教授立项的国家社科基金项目的学科分类为“体育学”。

② 原项目中“战略”表述根据中央相关精神，应表述为“倡议”。

续表

项目批准号	项目类别	学科分类	项目名称	立项时间	项目负责人	专业职务	工作单位
18BTY023	一般项目	体育学	改革开放四十年体育新闻演进中的社会价值观研究	2018/6/21	刘　赞	副高级	河北大学

另外，从河北省部分高校网站公布的 2018 年河北省社科基金项目新闻学与传播学类立项名单中可以发现，这些项目有两个明显特征：一是服务于河北省乃至京津冀区域，二是紧密结合网络媒体、新媒体技术。从网络公开资料收集到的 16 项省社科基金课题的院校分布来看，河北大学有 9 项、河北师范大学有 3 项、唐山学院有 2 项，河北地质大学和邯郸学院各 1 项(见表 2-4)。

表 2-4　　**2018 年河北省社科基金项目部分新闻学与传播学类立项名单**

序号	项目类别	学科分类	课题名称	项目负责人	单位院系
1	一般项目	新闻学与传播学	环境传播视域下"美丽中国"的媒介建构和雄安实践研究	李　娜	河北大学化学与环境科学学院
2	一般项目	新闻学与传播学	河北太行山集中连片特困区乡村文化兴盛的路径研究	杜　浩	河北大学新闻传播学院
3	一般项目	新闻学与传播学	河北省户外公益广告生产传播机制研究	张　艳	河北大学新闻传播学院
4	一般项目	新闻学与传播学	实施乡村振兴战略背景下"三农"新闻舆论工作创新研究	陈　娟	河北大学新闻传播学院
5	一般项目	新闻学与传播学	河北"创城"公共传播中的城市认同研究	甄巍然	河北大学新闻传播学院
6	一般项目	新闻学与传播学	环境新闻话语与河北省形象建构研究	赵丽华	河北大学新闻传播学院
7	一般项目	新闻学与传播学	乡村振兴战略下传统村落文化的数字化保护与传播研究	谷　雨	河北大学新闻传播学院
8	一般项目	新闻学与传播学	京津冀传媒产业集成经济协同发展研究	樊拥军	河北大学新闻传播学院
9	一般项目	新闻学与传播学	基于 VR/AR 的雄安新区融媒体数字化传播平台构建	刘　冲	河北大学新闻传播学院

续表

序号	项目类别	学科分类	课题名称	项目负责人	单位院系
10	一般项目	新闻学与传播学	近代审美幻想研究：以《大公报》广告(1902—1936年)为例	孙 会	河北师范大学新闻传播学院
11	一般项目	新闻学与传播学	网络空间的群体传播研究	许海滨	河北师范大学新闻传播学院
12	一般项目	新闻学与传播学	网络社群的民意表达与集群行为研究	闫东利	河北师范大学文学院
13	一般项目	新闻学与传播学	改革镜像：透过广告看河北品牌成长路径及经验启示	秦福贵	河北地质大学艺术设计学院
14	一般项目	新闻学与传播学	新媒体背景下河北省公益广告的创新及传播策略研究	王志国	唐山学院传播与动画系
15	一般项目	新闻学与传播学	媒体融合背景下地方主流媒体舆论引导策略研究	郑 红	唐山学院传播与动画系
16	一般项目	新闻学与传播学	基于数字媒体的邯郸地方文化传播研究	韩燕红	邯郸学院夏青传媒学院

2. 成果获奖

2018年河北省开设新闻传播类专业的高等院校成果获得的奖项数量多、质量也较高。其中，代表性的成果获奖如下：保定职业技术学院和保定广播电视台联合完成田建国教授领衔的“高职广播影视节目制作专业人才培养模式探索与实践”获得2018第八届国家级教学成果二等奖。河北大学新闻传播学院田建平教授的著作《宋代出版史》(上下册)获得2018第四届方汉奇奖——“新闻传播学学会奖”新闻史专项一等奖。在2018年第十六届河北省哲学社会科学优秀成果奖的评选中，河北省新闻传播类院系获得大丰收，共获得一等奖1项，二等奖7项，三等奖6项(见表2-5~表2-7)。

表2-5 **2018年国家级教学成果奖获奖项目名单**

年份	届数	完成人	完成单位	类别	成果名称	等级
2018	第八届	田建国 等	保定职业技术学院、保定广播电视台	职业教育类	高职广播影视节目制作专业人才培养模式探索与实践	二等奖

表 2-6　　　　方汉奇奖——“新闻传播学学会奖”新闻史专项

年份	届数	获奖人	工作单位	类别	成果题目	等级	备注
2018	第四届	田建平	河北大学新闻传播学院	著作	《宋代出版史》(上下册)	一等奖	人民出版社 2017 年 5 月出版

表 2-7　　　　2018 年第十六届河北省哲学社会科学优秀成果奖(新闻传播学类)

年份	届数	获奖人	工作单位	类别	成果题目	等级	备注
2018	第十六届	田建平 等	河北大学	著作	宋代出版史	一等奖	人民出版社 2017 年 5 月出版
2018	第十六届	冯月季	燕山大学	著作	传播符号学教程	二等奖	重庆大学出版社 2016 年 12 月出版
2018	第十六届	任文京	河北大学	著作	唐宋诗序跋研究	二等奖	人民出版社 2016 年 5 月出版
2018	第十六届	刘艳房	河北师范大学	著作	全球化背景下的中国国家形象战略——基于国家利益的研究视角	二等奖	中央编译出版社 2016 年 9 月出版
2018	第十六届	张金桐 等	河北经贸大学	著作	媒介与传播研究发展报告(2016—2017)	二等奖	吉林大学出版社 2017 年 12 月出版
2018	第十六届	商建辉	河北大学	著作	媒介问题内容产制研究——一种批判的视角	二等奖	中国传媒大学出版社 2016 年 9 月出版
2018	第十六届	白　贵 等	河北大学	论文	对外传播的新使命：“一带一路”与“构建人类命运共同体”	二等奖	《新闻战线》2017 年第 9 期
2018	第十六届	韩立新 等	河北大学	论文	时空转移与智慧分流：媒体的分化与重构	二等奖	《新闻与传播研究》2016 年第 5 期
2018	第十六届	包来军	河北省社科院	著作	“一带一路”纪录片传播研究	三等奖	中国致公出版社 2018 年 1 月出版

续表

年份	届数	获奖人	工作单位	类别	成果题目	等级	备注
2018	第十六届	朱晓霞等	燕山大学经济管理学院	著作	公共危机中伪信息的扩散机理与干预研究	三等奖	哈尔滨工程大学出版社 2018 年 1 月出版
2018	第十六届	刘景枝	河北经贸大学	著作	新闻集团传媒产业价值链研究	三等奖	中国社会科学出版社 2017 年 2 月
2018	第十六届	金　强等	河北大学	著作	巴基斯坦大众传媒研究	三等奖	中国传媒大学出版社 2017 年 8 月出版
2018	第十六届	娄丽景等	河北地质大学外国语学院	著作	传统与现代：传统文化视域下的河北地域文化认同与话语建构	三等奖	经济科学出版社 2017 年 11 月出版
2018	第十六届	徐占品等	防灾科技学院	研究报告	邢台洪灾舆论引导路径与我省危机应对水平提升的对策建议	三等奖	

3. 学术论文发表

2018 年，河北省高校、科研院所等单位在新闻传播类 CSSCI 期刊上共发表或合作发表论文 44 篇，新华文摘转载 1 篇。其中《出版发行研究》最多，多达 11 篇，最少的是《国际新闻界》和《编辑学报》，这两本刊物 2018 年没有发表河北省高校和科研院所的论文。其中新闻与传播类 CSSCI 所属的 7 本期刊只发表了 15 篇文章，这其中还包括《新闻与传播研究》2018 年 SI 期上的 5 篇文章。在出版事业类 CSSCI 所属的 8 本期刊上，河北省高校和科研院所发表了 29 篇文章。其中《出版与发行研究》《科技与出版》《中国出版》三本刊物占据较大比例。作为科研实力的重要评判依据和申请国家社科基金的主要考察指标的"C 刊"是"硬通货"，河北省新闻传播学者还需要继续加强自身的科研水平，继续多产出高质量的"C 刊"论文(见图 2-1)。

河北省 2018 年发表"C 刊"的研究单位和主要作者都具有集中化趋势。在单位方面，河北大学新闻传播学院、河北经贸大学文化与传播学院、河北省社会科学院新闻与传播

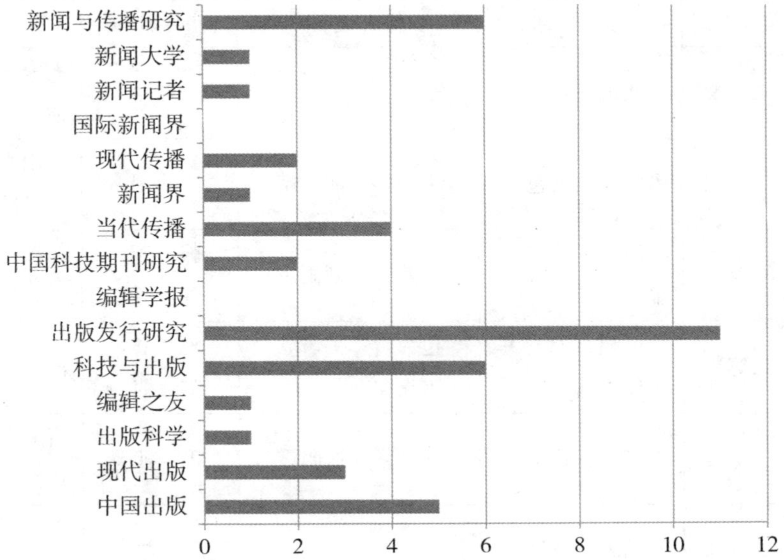

图 2-1　2018 年河北省高校、科研院所新闻传播类 CSSCI 期刊论文刊物分布图

学研究所三家单位表现较为突出。在作者方面，白贵教授、韩立新教授、任文京教授、杜恩龙教授、赵双阁教授等人的贡献度较高。

2.3.6　专业技能大赛

2018 年，河北省大学生参加的新闻传播大类赛事主要有全国大学生广告艺术大赛和中国大学生广告艺术节学院奖。这两项传统赛事的参赛项目主要涵盖广告学、广播电视学以及网络与新媒体几个专业的专业实践，对于课程改革和专业实践能力培养具有一定的意义。部分院校已经将专业比赛纳入课程内容之中，师生在共同参与专业比赛中磨练专业技能，提高学习效果(见表 2-8)。

表 2-8　**第十届(2018)全国大学生广告艺术大赛河北省高校等级奖获奖名单**

作品类别	奖项等级	作品名称	作者姓名	指导教师	所属院校
视频类影视广告	二等奖	元来只要 1 分钟	冯天赐　苏　聪 史可鑫　左晨玉 马召冬	宋伟龙	河北大学工商学院人文学部

续表

作品类别	奖项等级	作品名称	作者姓名	指导教师	所属院校
平面类	二等奖	舌头的渴望	李靖花	马玮丽	石家庄工商职业学院
平面类	二等奖	爱华仕表情包	朱雨婷　胡　靖	高承珊	燕山大学艺术与设计学院
广播类	二等奖	娃哈哈—完美搭配	刘梦雅　刘雨琪	郭　燕 陈丹丹	河北大学艺术学院
广播类	二等奖	北区楼四在这里等你	包芸昕　王雪欣 陈嘉文	陈　静 陶　朋	河北大学艺术学院
文案类	三等奖	有梦　有藤娇	刘　彦　迟明雪	姜　茜	石家庄学院文学与传媒学院
文案类	三等奖	元气满满做自己	付　帆	黄　鹏	石家庄邮电职业技术学院
视频类影视广告	三等奖	藤娇如此多娇	张笑萌　李海河 刘　宇　谢国威 王　迎	郄建业 陶　朋	河北大学艺术学院
视频类微电影广告	三等奖	给"他"一个微笑的加油	张志学　姜立萍 胡　帅　王超平 杨　燕	高　艳	华北电力大学科技学院机械工程系
平面类	三等奖	爱华仕"玩酷"系列	吕晶萌	王卫军	河北大学艺术学院
平面类	三等奖	爱华仕世界旅途包装设计	赵予溪	刘　静	华北电力大学(保定)能源动力与机械工程学院
平面类	三等奖	治愈	安庭瑞　于洋洋	王卫军	河北大学艺术学院
互动类	三等奖	"善"村	霍亚丽	韩翠霞	衡水学院美术学院
策划案类	三等奖	年轻就耀潮我看	李思维　张明枫	—	河北师范大学新闻传播学院

在第十届(2018)全国大学生广告艺术大赛中，河北省高校师生在平面类、视频类、营销策划类、互动类、广播类、文案类、策划案类等类别中共获得14项等级奖，其中5

项二等奖，9 项三等奖(见表 2-9、表 2-10)。

表 2-9　　第 16 届学院奖(春季赛)获奖名单(河北高校等级奖获奖部分)

常规奖项	企业奖项	作者学校	作者	指导老师	作品类别	作品名称	命题企业
金奖	未获奖	唐山学院	岑越雯　王宏铭 冯　晔　崔彤彤 李修鑫　高雪萌	郑　红	营销策划	小极白，我们“泡”在一起	极白
金奖	未获奖	河北工业大学	王　艺　谌彦卉	曹艳芳 厉　戟	平面广告	say no	碧生源
银奖	未获奖	河北工业大学	赵佳璐　郭悦靓	厉　戟 曹艳芳	平面广告	来托纳“穿越吧!”	托纳
银奖	金奖	衡水学院	王月影	韩翠霞	九宫格模板设计	世界那么大	艺豆
银奖	未获奖	河北大学	宋小美　陈　玥 李晓蓓　王超琼	宋伟龙 张　艳 相喜伟	营销策划	一时区的能量差	托纳
银奖	未获奖	衡水学院	孙晓蒙	韩翠霞	九宫格模板设计	芒果味的二维码	艺豆
铜奖	银奖	衡水学院	杨泽华	韩翠霞	九宫格模板设计	六宫格美味披萨	艺豆
铜奖	未获奖	河北大学	梁春雨　王　畅 刘　响　许海艳 周铂洋	张　艳 薄立伟 相喜伟	营销策划	棉小柒守护行动	恒安七度空间
铜奖	未获奖	河北科技学院	高　鑫	王熙尧	广告文案	京东 618 制备你的从前	京东

表 2-10　　第 16 届学院奖(秋季赛)获奖名单(河北高校等级奖获奖部分)

常规奖项	企业奖项	作者学校	作者	指导老师	作品类别	作品名称	命题企业
银奖	未获奖	河北工业大学	吕甜娜	侯力丹	平面广告	好肌肤，自在“晒”	伊贝诗

续表

常规奖项	企业奖项	作者学校	作者	指导老师	作品类别	作品名称	命题企业
—	恒有源奖	河北大学	梁春雨 周铂洋 王　畅	刘洪流 宋伟龙 张宇腾	影视广告	一只羊的使命	恒源祥

2018年，第16届中国大学生广告艺术节学院奖举办了春季赛和秋季赛两次赛事，在这两次赛事中河北省高校师生在常规奖项中共获得两金、五银、三铜10个奖项，另外还获得三个企业奖项，分别是一金、一银和一项“恒有源奖”，其中企业奖项的金奖和银奖与之前的常规奖项等级奖重复获奖。在获奖作品类别上也包含了平面广告、影视广告、营销策划、广告文案、九宫格模板设计等多个类别，类别比较丰富。

2.3.7　重要学术会议

2018年8月20—22日，主题为“华文出版与文化创意”的第十三届海峡两岸华文出版与文化创意学术论坛在河北雄安新区举行。该论坛由河北大学新闻传播学院、台湾南华大学管理学院华文出版趋势研究中心、北京大学现代出版研究所、海峡两岸华文出版论坛秘书处共同主办，来自中国大陆和台湾地区的专家学者、出版业界和文创业界的专家及研究生共100余人参会。

2018年7月15日，河北师范大学新闻传播学院举办了“河北高校新闻与传播教学创新研讨会”，中国教育电视台总编辑、教授、博士生导师胡正荣，河北大学新闻传播学院院长、教授、博士生导师韩立新，山西大学宣传部副部长、山西大学新闻学院副院长、教授、博士生导师邢云文等人参会并进行了专题讲座。

2.3.8　问题、特点与探讨

2018年河北省新闻传播教育呈现出一些特点，主要表现在以下方面：

1. 整体水平有待继续提高

纵观全年，河北省新闻传播教育取得了一系列的成果。但是在全国最有分量的成果奖项和课题立项方面还有很大的空间。例如，2017年12月28日公布的全国第四轮学科评估结果，参评81所，上榜56所，河北省只有河北大学一所上榜，被评为B档。再如2018年12月公布的2018年国家级教学成果奖项目，河北省新闻传播教育在职业教育类中获得一项二等奖，本科院校新闻传播类专业院系没有获奖。还有国家社科基金重大项目中，没有河北省高校新闻传播类专业院系的身影。

2. 全省新闻传播院系发展不平衡

从学科与专业建设以及所取得的成果来看，河北省新闻传播教育的本科院校和高职高专院校具有"一超多强"的基本特点，本科院系的"一超"是河北大学新闻传播学院，专科院系的"一超"是保定职业技术学院传媒艺术系。但是本科院系中的"多强"还不够强，距离"一超"的差距比较大。2018 年年初，国务院学位办公布了 2017 年审核增列的博士、硕士学位授权点名单。全国新增了一批新闻传播学一级学科硕博士点，新闻与传播、出版两个专业的多家硕士点。河北省新闻传播类专业院系一无所获。这其中尤其需要关注河北经贸大学文化与传播学院、河北师范大学新闻传播学院、燕山大学文法学院、河北科技大学文法学院、河北地质大学艺术学院等河北省新闻传播教育第二梯队的院系，没能取得新增硕士点。

3. 特色凝练和学科优势不够明确

随着社会经济的发展和传媒技术的革新，新闻传播类本科专业的设置，硕博士学位点的申报数量越来越多。这就需要各个专业院系尽快挖掘和凝练专业特色，突出学科优势，增强专业竞争力和不可替代性。在激烈竞争中需求差异化发展是切实可行的策略之一，如何寻找和确定自己学院的特色，应该是各个新闻传播院系下一步的重点工作之一。

河北省有几家"二本"院校的新闻传播院系近年来申请了网络与新媒体本科专业，这是形成特色与优势的机会之一。目前河北大学新闻传播学院、河北师范大学新闻传播学院、河北经贸大学文化与传播学院尚未开设网络与新媒体本科专业。

4. 河北省"二本"院校已失先机

河北省"二本"层次的新闻传播类院系近来发展势头较好。河北民族师范学院、石家庄学院、衡水学院、沧州师范学院等学校逐步开始开设第二、第三个新闻传播类本科专业，形成了一定的规模。但是各个专业都还很难招聘到具有博士学位的专任教师，偶有在职攻读博士学位的教师在取得博士学位之后，往往也会被"一本"高校作为师资引进。目前河北省"二本"新闻传播类院系在提高专任教师学历层次上还没有找到有效的应对方法。而在同一时间，江南一些省份的"二本"高校已经开始实施有效的人才吸引策略，并且取得了一定的成效，这种差距在之后几年的竞争之中，尤其是硕士学位授权点的竞争中会进一步体现出来。当然这一状况随着全国博士学位授权点的增加和博士生数量的逐步增加会逐步缓和。

5. 服务地方发展的能力有待提高

学科建设和行业发展之间的关系问题是高校面临的基本问题之一。新闻传播类专业和学科作为建立在传媒行业、影视行业、广告行业、出版行业等基础之上的专业和学科，在发展的过程中应该密切关注行业的发展。作为高校的三大职能——培养人才、科学研究、社会服务——都应该紧密结合行业发展而展开。而目前存在一定的“顶天不立地”现象，那就是高校新闻传播院系并没有紧密结合最新的行业发展趋势和最新的行业需求来开展工作，存在教学内容陈旧、科研与实际需求脱节、理论无法指导实践等问题。

（薄立伟　商建辉）

2.4　山西省新闻传播教育发展综述

为主动适应信息社会快速发展和媒体融合深度发展的趋势，山西省各高校在新闻传播教育的学科建设、人才培养和学术研究等方面不断探索和创新，坚持马克思主义新闻观，以习近平新时代中国特色社会主义思想为指导，致力于培养造就一批具有家国情怀、社会担当、国际视野的高素质全媒化复合型新闻传播后备人才。

2.4.1　山西省新闻传播教育发展现状

1. 院系及专业设置

2018 年，山西省共有 14 所高校设有新闻传播类专业，整体数量与上年持平，其中 5 所高校在学院或专业上有一定的调整。2018 年 12 月 20 日，山西大同大学新闻学院揭牌成立，新闻学专业和新闻学（新媒体方向）专业从文学院分离出来，成为新闻学院下设专业。2018 年，山西财经大学文化传播学院更名为新闻与艺术学院，下设广告学、新闻学、视觉传达、环境设计、舞蹈艺术文化专业。2018 年，山西传媒学院新闻传播学院也进行了专业调整，新增新闻学专业，并于同年招收第一届本科生。太原师范学院于 2018 年调整专业，取消汉语言文学专业（新闻传播方向），新增广播电视学专业。晋中学院文学院于 2018 年增设新媒体专业，并招收第一届本科生。总的来看，山西省新闻传播教育在本科人才培养方面的自主意识、专业意识、与时俱进的意识在逐渐增强，原来一些设立在文学院、中文系下新闻传播类专业开始独立出来，归属于新闻传播类的学院，进一步根据专业特点、社会需求调整与创新人才培养模式与机制(见表 2-11)。

表 2-11　**山西省各高校新闻传播本科专业设置情况**

序号	学校代码	高校名称	所在城市	学院名称	所辖系	相关专业
1	6001	山西大学	太原市	新闻学院	新闻系、广告系	新闻学、广告学 新闻理论与新闻史(硕士)、新闻编辑与写作(硕士)、传播理论与传播史、(硕士)、新媒体与数字研究(硕士)、广告学研究(硕士)
2	6075	山西传媒学院	晋中市	新闻传播学院		新闻学、网络与新媒体、广播电视学
				广告系		广告学、视觉传达
3	6015	山西财经大学	太原市	新闻与艺术学院		新闻学、广告学、视觉传达设计、环境设计、舞蹈艺术
4	6010	山西大同大学	大同市	新闻学院		新闻学、新闻学(新媒体方向)
5	6003	中北大学	太原市	人文社会科学学院		广播电视学
6	6008	山西师范大学	临汾市	传媒学院		广播电视编导、播音与主持艺术 影视理论与技术(硕士) 影视理论与批评(博士)
				文学院		编辑出版学、汉语言文学、对外汉语
7	6009	太原师范学院	晋中市	文学院		广播电视学、汉语言文学、戏曲影视文学、广播电视编导
8	6011	晋中学院	晋中市	文学院		汉语言文学专业、新闻学、新媒体

续表

序号	学校代码	高校名称	所在城市	学院名称	所辖系	相关专业
9	6012	长治学院	长治市		中文系	新闻学
10	6017	吕梁学院	吕梁市		中文系	新闻学
11	6007	长治医学院	长治市		人文艺术传播系	传播学(健康传播方向)
12	6041	山西大学商务学院	太原市		文化传播系	新闻学、广告学
13	6044	山西师范大学文理学院	临汾市		传媒系	广播电视编导、播音与主持艺术
14	6050	山西工商学院	太原市	商学院		广告学
				传媒学院		广播电视编导、播音与主持艺术

2.4.2　人才培养层次、理念及特色

1. 本科生教育

高教大计，本科为本。山西省高校新闻传播教育以学生为根本，紧随新时代步伐，与业界发展齐头并进，在人才培养上不断创新。各高校的人才培养具有坚实的基础和浓厚的办学特色。

随着新媒体发展环境的变化，山西大学新闻学院以培养高素质、全媒体、复合型专家型新闻传播人才为重任。为更好地适应新的媒体环境，培养能够满足社会需要的新闻传播人才，新闻学院从修订人才培养方案到优化课程设计，都注重学生综合素质的培养与实践能力的提高。2018 年，山西大学新闻学院修订本科人才培养方案，新闻学和广告学专业设置基础技能课程、通识教育课程、专业教育、素质教育、实践教育五大课程环节，新闻专业增加融合新闻学、数字媒体技术、网络舆情监测与研判、视觉传播等课程，广告专业增加了消费行为与营销管理、广告效果评估、数字媒体技术、广告创意思维与表现等课程。同时，新闻学院加大实践教学力度，围绕专业教学开设多项实践教学

课程。2018 年，山西大学新闻学院成立以学生为主体的融媒体中心，让学生参与和完成新闻学院网站、微信公众号新闻推送与更新，由专业教师负责指导，让学生通过参与校内外各类实践项目，在实践中学习与提升，更好地适应传媒行业的发展要求。

2018 年，中北大学广播电视学专业对人才培养方案予以修订，依托学校独特的工科背景和与之相关的丰富的教学资源，着力打造“文工结合”的人才培养新路径，在大一大二专业通识教育基础上，将大三大四细分为数字影像、新媒体与数据新闻两个方向，通过增强与艺术学院、大数据学院、软件学院等院系之间的联系与合作，完成相关课程的教学工作。同时，与中软国际、社源(北京)文化传媒有限公司、北京龙在天皮影文化博物馆等省内外多家单位建立协同创新中心。

山西省的其他高校也根据学校自身特点，立足学校及专业优势，推动学科建设进一步发展。经过近几年的建设，长治医学院逐步形成了准确的办学定位、清晰的建设思路和合理的建设规划，于 2014 年设立传播学(健康传播方向)本科专业，隶属于人文艺术传媒系，并于同年 9 月开始招生。2018 年，长治医学院传播学专业通过学士学位授权审核。依据“立足山西、面向全国、服务区域社会，培养实践能力强、具有岗位胜任力的高素质应用型医学人才”的培养总目标，长治医学院结合传播学(健康传播方向)专业的社会需求，旨在培养能够在各级新闻媒体，医疗、卫生等企事业单位，以及健康教育和健康传播等机构从事健康信息的设计、评估、传播等工作的具备良好医学知识背景的健康传播专业复合应用型人才。专业课程分为通识教育课程、学科教育课程、专业教育课程、集中性实践环节四大类，除按常规开设传播学专业的主干课程外，还开设了健康传播学、基础医学概论、临床医学概论、卫生学、流行病学等，充分体现了健康传播的特点，其新闻传播教育极具特色。

太原师范学院从“交叉融合，突出特色”的角度出发，结合现代传播的运行特征及规律，制订广播电视学专业培养方案，适应新的媒介环境，开设了融合新闻、数据新闻、视觉传播、媒介素养、媒介热点问题研究、社会学等课程。同时，学院利用学生社团“新闻社”和公众号“新传微课堂”等多元化形式，创建了一套可供推广的新型第二课堂教学模式。通过设立“新传微课堂”“新闻社”等第二课堂，新闻专业教师指导学生完成了“与支教有关的日子”“好记者讲好故事”“改革开放四十年主题策划”“新时代里的太师故事”等多个重要专题的系列报道。

山西财经大学人才培养特色明显，重视打造专业特色，注重学生实践创新能力的培养，采用课程+实践的模式，培养从事“财经新闻”的复合型人才。学校通过通识课程和专业课程的设置，培养学生深厚的经济学、管理学理论功底、扎实的传播理论基础，通过新闻采访、编辑、写作、评论、摄影、音视频制作等实践、实训环节，提升学生的新闻传播技能，使学生“一专多能，博中有专”。

山西师范大学传媒学院创建于1997年，其前身为山西师范大学电教中心。1998年开始招收教育技术学专业本科生，2001年成立现代教育技术系，2002年成立教育技术学院，2004年开始招收广播电视编导专业本科生，2006年更名为教育技术与传媒学院，2012年开始招收播音与主持艺术专业及空中乘务方向本科生。2016年，更名为传媒学院，2017年，根据学校学科发展总体布局的要求，将教育技术学专业划分到教育科学学院，其他专业保留在传媒学院。主要通过压缩理论课课时，增加实践类课程，强化学生的实践能力，以更好地适应传媒发展的需要。

山西省各高校在学科建设上不断探索和创新，但在全媒体时代瞬息万变的大环境下，新闻传播教育的发展还需快马加鞭。总的来看，在山西省高校在新闻传播的学科建设上，特色专业还需进一步发展。

2. 研究生教育

目前，山西大学新闻学院是山西省唯一的新闻传播学硕士培养单位。山西大学是新闻传播学一级学科硕士点和新闻与传播专业学位硕士授权点。山西大学新闻传播学学科下设新闻学、传播学2个二级学科，于2003年获批新闻学硕士授权、2005年获批传播学硕士授权，2010年获批新闻传播学一级学科授权。至此，山西大学新闻学院新闻传播学科具备了从本科到硕士、从专业实践到学术研究的较高层次人才培养体系。现有五个研究方向，分别是新闻理论与新闻史、新闻编辑与写作、传播理论与传播史、新媒体与数字传播研究、广告学研究。现有导师15人，其中校内7人，校外6人，外聘业界导师2人；另有新闻与传播专业硕士的业界兼职导师4人。

山西大学新闻学院在研究生培养遵循“夯实基础、创新学术、熟练技能、提高素质”的原则，一方面，以学术研究为主，扎实培养研究生独立从事科学研究和进行创新性研究的能力，并在科研过程中，培养学生认真严谨的研究作风、实事求是的学术态度、勇于奉献和敢于创新的科研精神；另一方面，根据新闻传播学科科研工作和撰写学位论文的要求，设置相关课程和学习任务，以达到牢固基础、精耕专业、掌握前沿的目的。

通过长期发展和建设，山西大学新闻传播教育已经形成了科研与实践相结合，以山西社会发展需求为主，兼顾全国各行业的人才培养模式和独特的办学特色。主要表现在以下几个方面：

①夯实基础。重视理论素养、人文素养和文字基本功的训练，学院学术委员会制定了各专业研究生基础课程和专业核心课程，以确保研究生的培养质量。

②注重实践。注重本学科学术前沿研究，组建学术团队，对学生进行基本的科研训练；组建实践创新团队，为企事业单位和社会团体设计、策划、制作广告和宣传片，将研究真正运用到社会实践中。

③关注前沿。每学期开设系列讲座，聘请省内外专家和本校老师主讲，开拓学生视野，培养学术兴趣和和专业素养。同时，研究生导师还带领学生开展学术沙龙和读书会，加强学生对学科前沿的了解，以便更好地发现问题和解决问题。

研究生教育是我国高等教育中的重要部分，对培养国家高精尖人才具有重要意义，山西大学新闻学院的研究生人才培养注重内涵式教育，兼顾多种能力，在山西省新闻传播教育中具有一定的影响力。

2.4.3　部校共建情况

为加强和改进高等学校新闻传播教育专业建设，全面落实立德树人根本任务，2018 年，教育部、中宣部出台《关于提高高校新闻传播人才培养能力实施卓越新闻人才教育培养计划 2.0 的意见》，山西省委宣传部、山西省教育厅推进山西省部校共建新闻学院工作，决定增加山西大同大学和山西财经大学为部校共建新闻学院高校。部校共建工作进一步发展，教师队伍专业能力、理论体系构建能力、重点统筹能力和强化工作保障能力不断提高，卓越新闻传播人才教育培养计划不断完善，高校新闻传播人才培养能力进一步提高。2018 年 12 月，中共山西省委宣传部、山西省教育厅、山西大同大学共建新闻学院揭牌仪式隆重举行。成立新闻学院对培养专业的新闻人才具有重要意义，为山西乃至全国各地培养优秀新闻人才打下了坚实基础。

现山西省共有四所部校共建高校，分别为山西大学新闻学院、山西传媒学院新闻传播学院、山西大同大学新闻学院、山西财经大学新闻与艺术学院。

2.4.4　教学和科研情况

1. 学生概况

学生与学校发展密切相关，学生是学校发展的根本动力。山西省高校在新闻传播类招生人数、师资力量与学生人数比方面较为合理。

山西大学新闻学院成立于 2017 年 3 月，现有新闻学广告学两个专业，全院共有 593 名学生，其中本科生 455 名，本科留学生 2 人，研究生 136 名。2018 年新闻学和广告学共招收 119 名学生。

山西财经大学新闻与艺术学院目前在校学生共 990 人，其中研究生 4 人(文化产业管理)、本科生986人。2018年招生252人，毕业246人，就业率达98%。

山西传媒学院新闻传播学院于2017年9月正式成立，现有3个专业，广播电视学专业于2013年开始招生，到目前已有2届毕业生，共321人(2013年167人、2014年154人)。现有4个年级在校生，包括普通本科和专升本两个层次；网络与新媒体专业于2016年招生，目前有三个年级的在校生；新闻学专业2018年开始招生，现在一个年级共102人。目前，新闻传播学院在校生共有1288人。

中北大学人文广播电视学专业作为中北大学人文社会科学学院招生人数最多的专业，2018年招收本科生147人，留学生1人，同年毕业96人。长治医学院传播学(健康传播方向)专业为文科招生，每年招生计划40人，生源地包括山西、河北、河南、山东、陕西、四川、天津、重庆、云南。

2. 教师队伍

教师队伍是培养学生的重要力量。优秀的师资力量是培养新闻人才的重要前提。山西省高校教师队伍近年来不断年轻化、专业化，具有硕士学历的教师高达90%。同时，师生比也渐趋合理。但是，山西省高校新闻传播教育教师队伍结构需要进一步优化，只有不断提升教师专业能力，创新人才培养，才能为培养卓越新闻人才打好基础。

山西大学新闻学院共有新闻学与广告学两个学科专业，新闻学院共有教职工29名，专职教师19名，其中副高以上6人，博士生导师1人，硕士生导师7人。现任教师中具有博士学位6人，在职攻读博士学位4人。拥有中宣部“四个一批”人才、国家“万人计划”领军人才，中央马克思主义理论研究与建设工程课题组成员1名，国家高等教育专业分委会咨询专家1名，山西省青年拔尖创新人才1名。

山西传媒学院新闻传播学院现有人员31人，其中专任教师26人，分属三个教研室：广播电视学教研室10人，网络与新媒体教研室7人，新闻学教研室9人。26名专任教师中，教授5人、副教授8人，有博士学位的3人，还有3人正在攻读博士学位。

山西财经大学新闻与艺术学院现有教职工74人。其中山西省高等学校优秀青年学术带头人1人，山西省学术技术带头人1人；教授3人、副教授14人、讲师47人；硕士生导师4人；具有博士学位的教师20人(含自主培养博士7人)；具有访学留学背景的教师7人。

长治医学院传播学(健康传播方向)专业作为交叉融合专业，医学类课程由承担相关课程的教研室教师担任，专业教师主要为新闻传播类课程教师。目前有专任教师16名，实验教师5名，外聘兼职教师3名。专任教师中教授1人，副教授(副主任医师)2人，讲师6人；有博士学位的教师2人，有硕士学位的教师9人。

山西师范大学传媒学院现有在编教职工 39 人，其中有教授 2 人，副教授及副高职称 8 人，讲师及实验师 14 人，有博士学位、硕士学位的教师 27 人。博士生导师 1 人，硕士生导师 6 人。中北大学人文社会科学学院广播电视学专业有教职工 13 人，副教授 4 人，有博士学位的教师 8 人，有硕士学位的教师 5 人。太原师范学院文学院广播电视学有专职教师 22 人，兼职教师 2 人。教授 1 人，副教授 2 人；具有博士学位教师的比例为 25%，在读博士 4 人，具有硕士学位教师的比例为 72. 2%。晋中学院文学院现有教师 17 人，教授 1 人，副教授 6 人，讲师 8 人，助教 1 人，有博士学位的教师 3 人，有硕士学位的教师 12 人。山西大学商务学院的文化传播学院现有教职工 51 人，专职教师 35 人，教授 2 人，副教授 11 人，有博士学位的教师 2 人，有硕士学位的 35 人，在读博士 1 人。

3. 学术研究

学术研究是学校学科建设的重要内容，体现着学校和学院的内在实力，也是“双一流”建设的核心内容。山西省高校的学术研究覆盖面较广，研究层次丰富。山西大学新闻学院围绕学科前沿及山西地方发展需要展开研究，形成了自己的特色。2018 年，主持省部级以上课题 10 项，获省级以上科研奖励 3 项，研究主要关注习近平关于新时代新闻的重要论述、如何提高对互联网规律的把握能力、新时代如何传承中华优秀传统文化、深入探讨广告景观等，围绕山西的发展，主要思考如何在媒介融合背景下提高山西媒介形象、新形势下如何增强山西文化自信，探究山西省多元群体的美好生活状况等，山西大学新闻学院的乡村研究也极具山西特色。

近年来，山西各高校对科研都给予了高度重视，也形成了各自的研究特色。山西传媒学院新闻传播学院主要围绕新闻传播人才培养展开研究，针对“卓越计划”新闻人才培养，探讨人才培养的创新模式，并思考如何以协同创新中心为载体，创新新闻传播人才培养机制。山西财经大学新闻与艺术学院主要从服务地方经济、社会发展出发，探讨山西省现代公共文化服务体系建设，思考新时代山西乡镇创新能力如何提高，并从地方切入，探究新媒体时代的文化生态保护现状及对策。太原师范学院文学院广播电视学方向更多地将关注点放在影像生产方面，深入思考新技术影像与社会再生产，同时也对山西主流媒体的传播力进行探讨。中北大学人文社会科学学院广播电视学专业则更多地关注乡愁叙事和网络人士统战工作；晋中学院聚焦山西大学生移动社交媒体使用现状；山西大学商务学院注重教学改革，以具体课程的课堂教学改革入手，探讨如何构建普通高校人文课堂文本教学范式，同时也思考城市形象塑造问题，并把户外广告与城市形象塑造相联系进行深入思考。

总的看来，山西省新闻传播教育界的学术研究博采众长，锐意创新，力求破解学科研究难题，不断提升学术研究实力，逐步形成了具有特色的研究话题和成果。

4. 传媒讲座

苟日新，日日新。传媒行业发展迅速，与专家学者进行学术交流对于学科建设发展具有十分重要的意义。山西省各高校注重将“引进来”和“走出去”相结合，积极交流，主动学习，邀请专家学者举办传媒讲座。

2018 年 10 月，山西大学新闻学院邀请著名主持人敬一丹举办“在变化的时代，做一个记录者”的专题讲座，并聘请敬一丹为新闻学院客座教授。2018 年 12 月，山西大学新闻学院邀请复旦大学新闻学院党委常务副书记周晔、副院长李双龙就人才培养进行了深入交流。2018 年 10 月，山西传媒学院邀请喻国明教授举办题为“未来传媒发展大势与行动路线图——互联网发展‘下半场’的技术逻辑与价值准则”的讲座，内容涉及微博舆论场、媒介融合、平台型媒体和粉丝经济等方面，用大量案例说明了互联网发展“下半场”的未来方向。2018 年，大同大学新闻学院邀请中国人民大学博士生导师匡文波教授举办题为“新媒体传播的热点与难点”的专题讲座，就新媒体、新闻价值、主流媒体、媒介融合、机器人新闻、微信与微博、新媒体基因以及网络舆情八个方面予以阐释。太原师范学院新闻学教研室对传统教研活动进行创新，开办“传媒讲坛”，定期邀请大量学界专家和业内资深媒体人走进学校进行学术交流，并鼓励专业教师积极参加国内多项学术交流活动，目前该校多位青年教师在中国人民大学、华中科技大学等高校攻读博士学位。

5. 学生活动

山西省高校在提高学生理论水平的同时，也注重学生实践能力的培养，鼓励学生积极参与校内外各种比赛，通过比赛提升自己的综合素质。山西省高校与山西日报报业集团、山西广播电视台等多家媒体合作，让学生深入媒体行业第一线，在实战中进一步开拓学生视野，提升学生的专业素养。

山西大学新闻学院广告系学生在韩志强老师、王昱老师的指导下完成的广告策划案作品“元气奶奶”荣获第十届全国大学生广告艺术大赛一等奖，作品创意的使用权很快被娃哈哈集团以 2 万元价格购买。2018 年，山西大学新闻学院由教师带队，指导学生参与了中央电视台大型纪录片《记住乡愁》第一季、第二季的故事改编任务。而此前由山西大学新闻学院组织改编完成的《记住乡愁》第三季、第四季由学习出版社出版后，深受社会各界好评。2018 年，太原市委宣传部以“讲时代故事，发时代先声，做时代新人，树时代新风”为主题，在全市范围内开展了“时代新人说”讲述活动，让 4000 多名一线劳动者走上舞台讲述自己奋斗的故事。目前，“时代新人说”已走进高校课堂，并陆续在太原电视台、山西卫视、中国教育台播出。2018 年 11 月，山西大学新闻学院与太原市委宣传部合作，将“时代新人说”引进新闻学院的专业课课堂，各组学生在教师指导下完成“时代新人”人物故事、人物小传、拍摄大纲、视频解说词、调查问卷统计数据及简要分析等各项工作，让学生通过亲身参与体会实践的重要性，学院还尝试在实践之外，引导学生对“时代新人”这一引人关注的传播现象进行深入研究。

在 2018 中国—东盟(南宁)戏剧周闭幕式上，中北大学广播电视学专业学生拍摄的纪录片《柳琴》获大赛最高奖项——朱槿花奖，并在中影国际影城面向东盟各国影迷展映。山西传媒学院新闻传播学院网络新媒体学生的新闻作品《马克思 2. 0》《就业 18 年》同时获得第三届中国数据新闻大赛三等奖。山西大学商务学院文化传播学院一直注重向应用型转型，贯彻“产教融合、产业结合”的理念，对大学生广告艺术大赛给予高度重视，2018 年，文化传播学院广告学专业学生在大学生广告艺术节上荣获学院奖银奖。山西大学商务学院新闻学专业探索“4+1”应用能力培养工程，将学生的课程实践作品以作品集的形式出版，记录学生实践成果的同时也记录了社会。

2016 年 10 月，长治医学院传播学专业以“中国长治 2016 中日消化道肿瘤高峰论坛”为契机，与附属和济医院合作举办“和济杯”大学生新闻作品大赛。太原师范学院重视学生实践，加强教学和实践并举，“行知新闻实践工作室”指导学生在中国大学生广告艺术节第十六届学院奖春季赛、第五届全国大学生评论大赛等多项比赛中获得 80 余项奖项。山西财经大学新闻与艺术学院重视打造专业特色，注重学生实践创新能力的培养，人才培养特色明显，成绩斐然。2017 年，在“第 14 届中国大学生广告艺术节学院奖(秋季赛)”上有 17 名学生荣获佳作奖、8 名学生获得优秀奖；在“第六届全国大学生设计大赛”中有 1 名学生获得优秀奖；3 名学生在“第 26 届时报金犊奖”中获得优秀奖。

2. 4. 5　总结

2018 年是改革开放 40 周年，在经济、社会稳定发展的同时，新闻传播教育也与时俱进。当前的中国媒体融合正在步入深耕阶段，山西省各高校依托三晋丰厚的文化底蕴，紧跟山西转型发展的步伐，牢牢把握新闻传播活动的规律和特点，不断为山西经济建设和社会发展培养符合时代要求的高素质复合型人才。

（袁文丽　钟　浩　刘昕玥　王童童　赵子恒）

2.5 内蒙古新闻传播教育发展综述

内蒙古自治区共有10所高校设有新闻传播类院系或专业，主要有内蒙古大学、内蒙古师范大学、内蒙古民族大学、内蒙古科技大学包头师范学院、呼和浩特民族学院、呼和浩特职业学院、呼伦贝尔学院、集宁师范学院、河套学院、内蒙古大学满洲里学院等。内蒙古大学创业学院、内蒙古师范大学鸿德学院等两所独立学院也设有新闻学、广播电视新闻学等专业。内蒙古很多院校的新闻传播类专业采用汉语和蒙古语两种语言授课，为内蒙古和蒙古语文协作八省区的新闻媒体以及中央级媒体培养了大批通晓蒙古语的传媒人才。因为经济文化不够发达，办学历史不够悠久，师资力量严重不足，内蒙古自治区的新闻传播教育水平与国内知名高校相比，存在较大差距。

2.5.1 部校共建

部校共建新闻学院是创新新闻传播教育的重要举措。2014年内蒙古师范大学启动了部校共建工作，与内蒙古自治区党委宣传部签署共建新闻传播学院协议。2016年内蒙古师范大学新闻传播学院挂牌，是内蒙古自治区第一家部校共建新闻学院。2016年年底，内蒙古大学被纳入内蒙古自治区部校共建计划。在盟市高校中，“巴彦淖尔市委宣传部、河套学院共建新闻专业”的部校共建计划于2014年启动，2016年实现“部校共建”目标。2018年，各部校共建高校开展了以下工作。

1. 加强马克思主义新闻观教育，培养学生过硬的政治素质

2018年，内蒙古大学、内蒙古师范大学两所高校继续开设“马克思主义新闻观大讲堂”，邀请知名专家学者开展讲座；将“马克思主义新闻观”课程列入必修课，在“新闻学概论”“中外新闻传播史”“中外新闻作品选”“新闻采访与写作”“舆论学”“新闻伦理与法规”等课程的教学大纲中增加了马克思主义新闻观教育的内容，以加强学生的政治素质教育；将习近平总书记关于新闻舆论工作的系列讲话内容贯穿到课堂教学中，使学生能够把握新闻工作的重点，知晓政策，了解国情区情；选派教师参加教育部组织的马克思主义新闻观培训，提升教师政治和业务素质。

2018年3月，内蒙古大学、内蒙古师范大学教师参加自治区党委宣传部组织的“重大主题报道调研活动”，配合自治区党委宣传部深入鄂尔多斯、包头、呼和浩特等地区的新媒体中心，通过发放调研问卷、深度访谈、座谈会等形式调研主流媒体重大主题报道传播效果、媒介融合现状，总结其成就与问题，提出对策思路。通过调研掌握了内蒙古地区媒体发展的困境，对内蒙古地区主流媒体舆论引导力的提升提出了较为可行的建议。

2018 年 4 月 16 日，部校共建新闻传播学院座谈会在内蒙古师范大学召开，自治区党委常委、宣传部长白玉刚同志出席。自治区党委宣传部相关部门干部，《内蒙古日报》、内蒙古广播电视台等区内主要媒体工作人员，内蒙古师范大学领导、相关部门负责人和新闻传播学院师生一同参加座谈会，进一步明晰了部校共建新闻学院的要求和思路。

为纪念马克思诞辰 200 周年及习近平总书记在哲学社会科学座谈会上的讲话发表两周年，5 月 17 日内蒙古大学文学与新闻传播学院与内蒙古广播电视台合作开展“马克思靠谱节目进校园”活动。活动邀请“马克思靠谱”节目主创人员走进内蒙古大学，与师生共同分享“马克思主义与当代大学生”这一话题，使马克思走出政治课本，鲜活生动地走进了青年学子的日常生活，促使大学生们坚定理想信念，不断加深了对马克思主义的理解。同时，对于如何讲好中国故事、传播好中国声音，学生们获得很多有益启示。

2018 年 6 月，内蒙古自治区第一家蒙古语新媒体联盟在内蒙古师范大学成立，旨在通过对蒙古语新媒体的现状、未来发展规划等方面的梳理，提高自治区各级各类蒙古语新媒体的发展水平，更好地服务区域经济社会发展。2018 年 12 月 5 日，内蒙古自治区新媒体研究中心在内蒙古师范大学揭牌，同时召开了“2019 · 转型中的内蒙古新媒体”学术研讨会。

2018 年 8 月，内蒙古大学文学与新闻传播学院、内蒙古师范大学新闻传播学院组织师生共同参与自治区党委宣传部领导的草原文化节新媒体宣传策划活动。学生推出了 H5、短视频、长图、动漫、VR 等多种新媒体作品，借助主流媒体及校园媒体的传播推广，起到了良好的传播效果。活动淬炼了学生的观察力、发现力、判断力与辨别力，使学生感知到新闻宣传工作的重要性，强化了学生对正确舆论导向的认知意识。2018 年 10 月，两校组织师生参与改革开放四十年重大主题报道的策划活动，进一步增强了对国情的了解，锻炼了学生的专业能力，提高了政治素质。

2018 年 12 月至 2019 年 3 月，内蒙古大学、内蒙古师范大学师生参与内蒙古自治区两会和全国两会的报道策划，分别提交两会报道的统计分析阅评报告，受到自治区党委宣传部的肯定。

2. 采取开门办学方式，创新人才培养方式

2018 年，内蒙古大学、内蒙古师范大学两所高校都积极推动媒体人进课堂工作，邀请资深媒体人走进课堂，以讲座形式分享媒体工作经验，教育青年学子提高自身素养，抓住时代旋律。讲座内容紧贴媒体发展前沿，如内蒙古日报社高级记者郝斌的《打牢2851个执政“枢纽”——分享几个县级融媒体中心建设的问题》、原新华社高级记者汤计的《在自媒体时代以正确的声音引导舆论》、内蒙古广播电视台交通之声高级记者牛亚茗的《融媒时代专业广播重大主题宣传的创意与策划》、内蒙古广播电视台新媒体中心负责人张瑞的《心手相连——打造媒体融合发展的“共生生态”》等。媒体人讲座带来了传媒前沿最新的变化，开阔了学生的专业视野，提高了学生的专业认知度，很好地强化了学生的“四力”。内蒙古大学新闻与传播专业硕士学位研究生实行双导师制，聘请30位资深媒体人担任兼职导师，加强学生的实践指导，参与学生实习答辩和毕业论文答辩。

9月28日上午，内蒙古大学文学与新闻传播学院与内蒙古公安厅政治部宣传处举行“处院合作”实习基地签约仪式。这一实习基地是本着“优势互补、资源共享、互惠双赢、共同发展”原则建立的，一方面强化了学院的社会服务功能，另一方面也为新闻学系学生教学实践搭建了更加广阔的平台。

11月8日，内蒙古大学文学与新闻传播学院成立了以新华社著名记者汤计的名字命名的“汤计典频工作室”和“新媒体创意创业实验室”，由学院提供办公场地和基本设备，为学生参与汤计新媒体的内容运营搭建平台。工作室模式使学生不出校门就可以直接从事新媒体的运营活动，既保障了实习安全，也节省了交通时间，还可以得到业界名师的面对面指导。

12月初，内蒙古大学文学与新闻传播学院与内蒙古日报融媒体中心共建学生新媒体作品平台，与呼和浩特广播电视台合作成立呼和浩特市新媒体中心实习基地。

3. 提高实践教学水平，强化学生实践能力

内蒙古大学、内蒙古师范大学两所高校与人民网、新华网内蒙古频道、内蒙古广播电视台、内蒙古日报传媒集团、索伦嘎网、呼和浩特广播电视台、包头广播电视台、二连浩特广播电视台、《北方周末报》等十余家媒体单位签订了人才培养实践基地共建协议，组织学生参与媒体实践。与媒体合作开展红色采访系列活动，参与媒体重大主题宣传活动，加强学生爱国主义教育和新闻实践能力。

2018年5月，内蒙古大学文学与新闻传播学院与新华社中国经济信息社内蒙古中心联合举办《2017年网络舆情报告》发布会暨“新时代自媒体舆论场正向引导”研讨会。内蒙古大学的学生参与网络舆情报告的撰写，并协助了发布会和研讨会的组织策划。

2018年9月，内蒙古师范大学新闻传播学院2016级5个班打通专业，分成6个组，由班主任老师带队赴包头集中采访、制作新媒体产品，结束后学院召开了实践总结大会。

2018 年 10 月，以“高水平双创 高质量发展”为主题的 2018 年全国大众创业万众创新活动周内蒙古分会场在乌兰察布市启动。内蒙古大学文学与新闻传播学院组建学生采访小组进行了全程报道，并对双创成果展、专题论坛、群众竞赛、项目路演、人才招聘会等多项主题活动进行了专题报道，发表图文作品 20 余篇，极大地锻炼了学生现场采访能力。

11 月 8 日，当第 19 个记者节来临之际，内蒙古大学文学与新闻传播学院邀请内蒙古电视台《新闻天天看》记者走进校园，分享其新闻工作的感悟，让学生深刻感受记者工作的责任与担当，激情和理想，深刻了解新闻人的感人故事，用鲜活的事例鼓励新闻学子们树立起远大的新闻理想，成为具有家国情怀的优秀新闻工作者。

2018 年 11 月，为开阔学生视野，增强本领能力，加强调查研究，不断增强脚力、眼力、脑力、笔力，内蒙古大学文学与新闻传播学院师生与赛罕区农业局、赛罕区新闻网记者站合作，以乡村振兴为主题，组织 2018 级新闻学专业学生本科生、研究生到金河镇现代农业园区进行专题采访。学生通过实践了解了呼和浩特地区农业发展的基本状况，提高了人际沟通交流的基本能力，锻炼了新闻采制的基本技能。

2.5.2　新闻教育与教学改革

为实现学校、政府、媒体、互联网企业之间的新闻传播类教育资源有效整合，内蒙古大学文学与新闻传播学院积极探索教学改革路径，形成了切合实际的人才培养模式，即在遵循新闻教育规律和新闻人才成长规律的基础上，以学校为主体，联合社会力量协同创新，通过与自治区党委宣传部共建、与区内外党媒合作、与知名互联网公司联通等举措，深度融合政府与媒体及企业资源，形成了富有张力的人才培养模式，以服务国家和内蒙古自治区的新闻传播人才需求。2018 年 4 月，张丽萍教授牵头完成的教学成果“新闻学专业政产学研协同联动人才培养模式研究”获内蒙古自治区教学成果政府奖一等奖。

2018 年 4 月，内蒙古师范大学新闻传播学院第二届萧乾班开班授课。内蒙古师范大学新闻传播学院自 2017 年 3 月起，实施“萧乾实验班”培养方案，旨在探索符合内蒙古自治区民族文化、地域文化，特色鲜明的应用型人才培养模式，以及在理论、实践、科研方面师生同步锻炼提高的新尝试。11 月 22 日，萧乾实验班开展了“弘扬革命精神，践行延安红色文化”延安行实践调研活动，带领学生了解革命年代的无产阶级新闻工作，提高学生的新闻业务水平。

为借鉴国内知名高校的办学思路，2018 年 8 月下旬，内蒙古大学文学与新闻传播学院教师一行 4 人到华中科技大学、浙江大学等高校考察调研，了解网络与新媒体专业建设经验及专业学位研究生的培养思路，了解新闻传播实验室建设和教育教学改革的路径。12 月底，组织新闻系全体教师到中国人民大学新闻学院进行集体培训，以提高教师的教学能力和科研水平。

根据河套学院与巴彦淖尔市委宣传部共建新闻专业的实施方案，巴彦淖尔市委宣传部每学期挑选 10 名左右新闻业务骨干、优秀记者编辑，定期到河套学院新闻专业进行全职或兼职讲学。学院每学期推荐 1～2 名专职教师到媒体单位进行挂职锻炼，提高教师的实践动手能力。

2.5.3 课程、教材及实验室建设

内蒙古大学文学与新闻传播学院拥有内蒙古自治区实验教学示范中心，下设 9 个实验室：新闻编辑实验室、数码摄影实验室、数字出版实验室、数码影像编辑实验室、移动采编实验室、新闻演播厅、全媒体实验室、虚拟演播实验室和录音棚。拥有实验教学器材设备 1768 台(套)，设备总值约 1250(万元)，实验用房面积达 1149 平方米。2018 年，学院积极组织教师申报“在线课程建设重点项目”“混合式教学课程建设项目”等学校教学研究项目，组织教师申报教育厅“十三五”规划的教研项目、自治区双创基地的创新创业项目、实验室创新项目等，共有 8 项教学研究项目获批。

内蒙古师范大学新闻传播学院 2018 年建成实验室 6 个，投资总额约 440 万元；另有演播中心正在交付中，投资总额约 390 万元，即将投入使用，可承担学院新闻传播类课程、广播电视艺术类课程、播音主持艺术类课程、网络媒体开发类课程的实验教学、科研项目和工作坊的实施运作。

2018 年 9 月，内蒙古民族大学传媒学院数字媒体技术与广播电视编导专业联合申报的高校数字媒体产教融合创新应用示范基地正式启动，成为首批 13 所试点院校之一，数字媒体技术和广播电视编导专业实现校企合作办学。2018 年年底，学院共有 55 门课程参与混合式课堂教学改革，29 门课程参加了非混合式课堂教学改革，利用网络平台、雨课堂等新兴技术，采用问题导向、情境教学等经典教学方法，激发学生学习热情，使之真正成为课堂学习的主人。大力推行试题库建设，实行教考分离，加强学风考风建设，继续推行“无手机课堂”和“诚信考试”。2018 年，学院新增 VR 实验室 1 间、产教融合实训室 2 间，各专业实验室老旧设备改造全部完成，极大地改善了传媒学院学生的实验条件。

2018 年 9 月，呼伦贝尔学院传媒学院的综合演播厅正式建成并投入使用。该演播

厅主要为传媒学院实践教学课程实施以及第二课堂、专业实践等活动提供场地与硬件保障。该演播厅总面积为 360 平方米，设备总价值约 300 万元。新闻学(蒙授)专业在保障基本专业课的基础之上，开设了“蒙汉翻译学基础”“蒙古族文学”“蒙古族新闻传播史”“蒙古国吉立尔文字”“蒙古文报刊导读”等富有民族与地方特色的课程。新闻系在“十三五”建设规划内，将争取建成“一主线、二结合、三层次、四平台”的实践教学体系。“一主线”是指以培养行业需求，具有实践能力与创新精神的应用型人才为主线。“二结合”是指传统媒体和新媒体教学内容相结合，传统媒体教学重专业基础，新媒体教学内容紧跟行业趋势。“三层次”是指围绕新闻学人才培养目标将实践教学分为课内实践、课外实践与综合实践三个层次。“四平台”是指全力打造“新媒体运营”“校内实践平台”“模拟报社”与“实习基地”四个实践平台。

2018 年，呼和浩特民族学院传媒系继续推进教育教学改革，“蒙古语标准音”等 4 门主干课程入选学校课堂教学模式改革与微课建设课程；该系针对课堂教学设计、方法手段、学生能力提升等方面进行研究改进，教学质量有显著提高。该系为继续推进实践教学改革，有效整合新闻媒体和其他社会资源，与内蒙古电视台译制中心和内蒙古蒙古语配音协会合作，组建了以大学生配音演员为中心的蒙古语配音团队，为下一步承接蒙古语影视配音工作奠定了基础；与央视蒙语网合作，在新闻演播室共建实践基地，拍摄制作了 6 期《晚上有事吗》大学生栏目，提高学生的实践创作能力；特别邀请到内蒙古广播电视台《草原音画》栏目摄像师特格希巴雅尔，举办传媒系首届演播室讯道摄像培训班，多渠道提升学生专业技能等。

2018 年，河套学院中文系新闻学专业积极探索校企合作、协同育人机制，多次邀请业界专家参与专业人才培养方案的制订。与中影华龙、北京麦堂传媒公司对接，实现专业链与产业链、课程内容与职业标准、教学过程与生产过程对接。2018 年，获批新闻学专业学士学位授予权，网络与新媒体专业首次招生。新闻理论与新闻编辑学课程获批院级在线课程建设项目。新建了新媒体实验室(46 台一体电脑实验室)和全媒体融合实验室。

集宁师范学院新闻学专业 2014 年设置了新闻学专业基础实验室及设备室，资产总值为 82.338 万元。2016—2017 学年度，新闻学专业申报并获批摄影棚一间、Mac 实验室一间，所申报资产总值为 60.9120 万元。自 2012 年以来，学校与乌兰察布日报社、乌兰察布广播电视台、《内蒙古晨报》驻乌兰察布记者站、乌兰察布电视报社四家媒体单位签署了实习基地协议，为新闻学专业学生的专业见习和实习提供了稳定的场所，且已有过多次多种合作活动。

2.5.4 科研与学术交流

2018 年，内蒙古大学文学与新闻传播学院教师获批国家社科基金年度项目 1 项、西部项目 1 项，分别是张丽萍的“抗战时期边疆民族地区报刊的舆论动员与国家认同建构研究”和闫伟华的“网络文学正能量传播激励机制研究”。内蒙古民族大学传媒学院额尔很白乙拉获批国家社科基金项目 1 项，题目为“蒙古民间流传的汉族古典小说人物传说搜集整理研究”。呼和浩特民族学院教师图亚获批教育部社科基金青年项目“蒙古语网络媒体现状与发展趋势研究”。内蒙古大学张丽萍获批内蒙古自治区社科规划重大项目“内蒙古新闻舆论传播方式创新研究”，姚飞获批内蒙古自治区社科规划重点项目“改革开放四十年：内蒙古新闻传播教育发展状况调查研究”。内蒙古师范大学新闻传播学院教师获批省部级课题 3 项；内蒙古大学文学与新闻传播学院教师在《新闻大学》等 CSSCI 核心期刊发表论文多篇。

（张丽萍）

2.6 辽宁省新闻传播教育发展综述

2.6.1 辽宁省 2018 年新闻传播教育发展事略

自 1984 年辽宁大学新闻学本科专业开始招生至今，辽宁省新闻传播教育经过 30 余年的努力，在本科、硕士和博士各层次的学科发展、传媒理论与实践相结合的学术研究、新闻传播教学和实训方式的探索及适应，新媒介环境成为地方媒体和宣传机构的智源和智库等方面，都取得了一定的成就。特别是 2018 年里，辽宁省新闻传播教育更是取得了较大的进展。

2018 年 1 月，辽宁师范大学、辽宁工业大学成功获批“新闻与传播”硕士学位授权点；

2018 年 5 月，辽宁大学成功获批出版专业硕士学位授权点；

2018 年 5 月，中共沈阳市委宣传部决定与沈阳师范大学、沈阳城市学院共建新闻与传播学院；

2018 年 5 月，沈阳师范大学成立新闻与传播学院；

2018 年 11 月，渤海大学成立新闻与传播学院。

2.6.2　辽宁省新闻传播教育发展现状

1. 学科发展布局均衡，学科层次渐成体系

2018 年辽宁省新闻传播教育发展呈现良好的发展态势。根据辽宁省教育厅最新数据显示，辽宁省 65 所普通高等学校中有 17 所公立高校设有新闻传播学类专业，另外 5 所民办类高校设有新闻传播学类专业。在专业布局上覆盖了新闻学、传播学、广告学、广播电视学、编辑出版学和网络与新媒体 6 个专业(见表 2-12、表 2-13)。

表 2-12　**2018 年辽宁省公立高校新闻传播学类本科学生人数情况**

专业代码	专业名称	在校人数/人
50301	新闻学	2319
50302	广播电视学	837
50303	广告学	1006
50304	传播学	227
50305	编辑出版学	82
050306T	网络与新媒体	453

表 2-13　**2018 年辽宁省民办高校新闻传播学类本科学生人数情况**

专业代码	专业名称	在校人数/人
50301	新闻学	833
50302	广播电视学	212
50303	广告学	720
50304	传播学	310
050306T	网络与新媒体	570
050307T	数字出版	34

在硕士研究生培养方面，辽宁省拥有“新闻传播学”一级学科硕士学位授予权的院校有：辽宁大学、大连理工大学、渤海大学、沈阳师范大学、东北财经大学、沈阳体育

学院。拥有“新闻与传播”硕士专业学位授予权的院校有：辽宁大学、大连理工大学、沈阳师范大学、东北财经大学、沈阳体育学院、辽宁工业大学、辽宁师范大学。

其中，2018 年辽宁大学获批编辑出版学专业学位硕士点，辽宁师范大学和辽宁工业大学获批“新闻与传播”硕士专业硕士点。

在博士研究生培养方面，辽宁大学新闻与传播学院拥有文学传播与媒介文化博士点，大连理工大学在科学学与科技管理等博士点内招收科技传播、媒体运营与管理方向的博士研究生。辽宁大学于 2018 年已经启动申请新闻传播学博士一级学科的相应准备，并正式列入辽宁大学的学科发展规划(见图 2-2)。

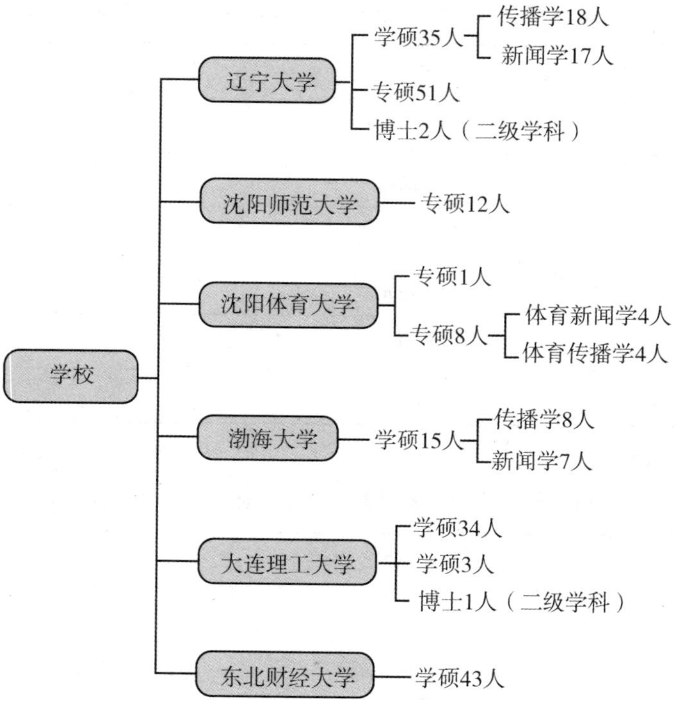

图 2-2 2018 年辽宁省各高校新闻与传播类硕博研究生招生情况

2. 利用现有学校传统资源，打造新闻传播类特色专业

辽宁省高校新闻传播类学科发展的基础各不相同，每个专业的发展长期以来受到了所在学院和学校传统强势学科的影响，进而形成自己的专业特色。近年来，由于受到媒体多元发展新形势的影响和垂直化传播、专业化服务等媒体现实要求，辽宁省新闻传播类专业把打造自己的专业特色视为一项重要的专业建设任务。

辽宁大学新闻与传播学院以培养“高级职业写手”为特色，以“文字写手”+“影视写手”为主要培养方向，设立经典文献导读、非虚构性写作、纪实影像制作等实践课程，邀请资深记者、优秀作家与业内知名学者联合授课，立足新闻传播一线实践需求与发展趋势，以增强学生的核心竞争力。

大连外国语大学文化传播学院以“国际新闻传播”为特色，采用“国情世情教育+全媒体新闻+外语+媒体实战”模式，立足培养适合新形势下新的国际传播的新闻传播高级人才。在培养方案中国际政治、外交和外语等课程占有较大的比例。

东北财经大学新闻与传播学院以“财经新闻”为特色，依托学校经济学、管理学的学科优势，旨在培养专业理论扎实，懂经济、重实践的高素质复合型财经类新闻人才。

东北大学文法学院新闻学以“网络传媒”为特色，依托东北大学计算机科学与技术的优质教育资源，充分发挥网络媒介传播人才的传统专业培养优势。

大连理工大学新闻与传播学系以“广播电视学”为特色，广播电视学专业获批 2018 年辽宁省示范性专业建设，并依托国家重点文科实验室，国家实验教学示范中心下设的电视演播室、电视编辑实验室、广播实验室、数码摄影实验室、数字艺术实验室，融合媒体虚拟实验教学平台的硬件优势，通过案例分析、专题讲座、模拟演练、媒体实习等多种方式培养复合型媒介人才。

沈阳体育学院的新闻教育以“体育新闻”为特色，新闻学专业于 2004 年开始招生，2010 年被评为辽宁省本科特色专业；现隶属于管理与新闻传播学院，拥有新闻学、网络与新媒体 2 个本科专业，还拥有体育新闻传播学二级学科硕士学位授予权以及新闻与传播硕士专业学位授予权。

值得一提的是，作为民办学院，沈阳城市学院以“应用型新闻与传播人才”为特色，率先在全国提出了“应用型新闻与传播人才 10 项能力”，并围绕 10 项能力自编讲义建设校本教材，通过参与市委宣传部“新闻阅评”“舆情报告”等项目来提高学生实践能力，以实现知识向能力的转化，同时服务地方经济建设。

3. 深化教学改革，重视本科教育质量的提升

辽宁新闻教育界坚持将本科教育作为最基础、最根本的工作，将课堂教学作为本科教学改革的核心工作，不断深化课堂理论与业务实践教学改革，巩固本科教育的基础地位。

(1) 以制度建设为核心，创新学研互动体系。大连理工大学充分借鉴、吸收国内外专业学位研究生教育的有益经验和先进做法，制订培养方案。教学以课程教学为主，兼有案例分析、专题讲座、模拟演练、现场实习等多种形式的教学方式，深入推进专业硕士“双导师制”培养制度。沈阳师范大学为加大对学生创新、科研成果的鼓励力度，专门出台了《关于鼓励和支持教学改革的指导意见》，制定针对教学研究、成果申报、学生创新工作室等项目的资助奖励政策，设立院级教改项目，建立项目时间进度表，提前孵化建设，以促进学院更好地发展。

（2）以马克思主义新闻观为核心，推动通专融合培养。辽宁大学新闻与传播学院构建马克思主义新闻观教育课程体系，设立马克思主义新闻传播思想等课程，2018 年度邀请中国人民大学陈力丹教授、复旦大学童兵教授、武汉大学单波教授等学界、业界和新闻宣传主管部门的专家为学生们开设共计 60 学时的系列讲座。辽宁工程技术大学将“马克思主义新闻观”“国情教育专题讲座”课程纳入广播电视学专业新版培养方案必修课程，同时以校内外相结合的方式组建授课团队，为开展马克思主义新闻观教育提供课程支撑与基础保障。

（3）以学科前沿趋势为导向，提升实验室建设水平。为满足新闻与传播学科建设与学生培养需要，辽宁省各高校秉持集中力量办大事的原则，加快推进新闻传播实验室的硬件建设。2018 年，辽宁大学建立了音视频实验室、融媒实验室。大连理工大学新闻传播学科依托国家重点文科实验室，国家级实验教学示范中心——文科综合实验教学中心新闻传播实验平台，新闻传播学专业完善建设了广播、电视、报纸及新媒体实务操作相对完善的实验设备，为新闻与传播学专业硕士教育打下坚实的基础。其中心下设新闻与传播分中心，设有电视演播室、电视编辑实验室、广播实验室、数码摄影实验室、数字艺术实验室，建设了融合媒体虚拟实验教学平台，目前拥有仪器设备 3133 台套、仪器设备总值 2333 万元。沈阳师范大学新建数字微格教学、录音、摄影、机器人教育 4 个实验室，完成两个机房的迁移与升级，累计投入 135. 3 万元。沈阳体育学院于 2006 年总投资 985 万元建立了新闻传播实验中心，包括新媒体数字演播室、新媒体产品制作室、非线性编辑室、平面媒体编辑室、新媒体数据分析室，数字摄影棚、新媒体教育中心。2018 年投入 650 万元，新建全景数字演播室和全媒体非线性编辑室，并配备移动导播台、斯坦尼康稳定器、摇臂、无人飞行机等设备，可实现全媒体直播。

辽宁省新闻传播类专业学子在中国大学生广告艺术大赛、中国大学生电视节、中国大学生微电影盛典、中国大学生新媒体创意大赛、中国大学生创新创业计划等专业赛事中都取得了十分优异的成绩，无论学生参与程度还是参赛作品质量都受到了比赛评委与业界的一致好评。

辽宁大学自 2006 年起承办全国大学生广告艺术大赛辽宁分赛区赛事，在 2018 年的第十六届中国大学生广告艺术节“学院奖”全国总评审活动中，辽宁大学新闻与传播学院获金奖 1 项，银奖 1 项，铜奖 2 项，并获“最佳支持院校奖”。在第十届全国大学生广告艺术大赛总决赛中，辽宁工业大学获得国家级一等奖 1 项，三等奖 2 项，1 名教师获得国家级优秀指导教师奖 。

在第五届中国大学生新媒体创意大赛中，大连外国语大学文化传播学院师生获二等奖、优秀组织奖。

4. 创新科研组织模式，提升学科整体水平

2018 年，辽宁省新闻传播学科取得了一些较高水平的科研成果。大连外国语大学中华文化海外传播研究中心组织编撰的集刊《中华文化海外传播研究(2018 年第一辑)》《中华文化海外传播研究(2018 年第二辑)》，由社会科学文献出版社出版。张恒军教授和唐润华研究员发表的文章《中国价值观全球传播的新契机和新逻辑》被《新华文摘》2018 年第 12 期全文转载和封面推荐，并获得第二届中国全球传播与公共外交学术年会最佳论文奖。目前，辽宁省新闻传播各院校共出版教材及学术专著 70 余部，并在《新华文摘》《新闻与传播研究》《国际新闻界》《新闻大学》《现代传播》《新闻记者》等国内重要核心学术期刊公开发表论文 630 余篇，研究视角涵盖新闻学、传播学、广播电视学、网络新媒体、广告学等主要方向，涉及媒介融合、智能媒体、网络舆情监测、数据新闻等新兴领域。

5. 民办新闻传播教育取得进展

辽宁省民办高校，一直以来重视新闻传播学专业的建设，2018 年中共沈阳市委宣传部与沈阳城市学院共建新闻学院，这是国内民办学院参与部校共建的首例。一年多来，新闻与传播学院“立足于沈阳城市发展，以建构沈阳舆论宣传的新高地”为目标，开创了“部校共建新闻与传播学院模式”，正在“沈阳市新闻事业发展的新型智库、新闻传播人才培养的重要基地、新闻传播科学研究的基地、全市党政干部新闻素养培训基地”积极探索。

在 2018 年中宣部中国思想政治工作研究会上，沈阳城市学院的“部校共建”新闻传播学院课题研究“沈阳城市学院推进新时代校园思想文化建设的创新实践与探索”，获评“2018 年度全国优秀思想政治工作研究成果”。

沈阳城市学院在教学实践环节上进行了很多有益的尝试，学院用案例式、现场式、任务型等多样化手段，综合文图声光电多种形式，一改传统教育的灌输方法，极大地激发了学生的学习兴趣。学校不仅投入了数百万元，建设了融媒体实验室、短视频生产实验室、新主播实验室、影像编辑实验室，还有虚拟演播室、千米演播厅等，引进了北京

TRS 大数据舆情系统。这些先进的硬件设施，保证了教学目标的达成。

在产教融合方面，沈阳城市学院新闻与传播学院承办了“中宣部好记者讲好故事走进沈阳”大型宣讲会，同时与沈阳市记者协会等联合举办了多项活动，按照教育部、中宣部要求，落实高校与新闻单位互聘计划。新闻与传播学院与沈阳日报集团签署了战略合作协议，开展学生实习基地建设和编辑记者培训等项目合作。

6. 突出优势互补，打造校企联盟联合培养的新模式

学校和企业之间合作，一方面有利于学校培养实践型人才，另一方面也有利于企业的创新发展。校企合作可以说是学校和企业之间的互动双赢举动，辽宁省新闻与传播学界于 2018 年在校企合作方面有了新的发展。

辽宁大学新闻与传播学院在 2018 年与华润置地（沈阳）有限公司、盘古网络技术（沈阳）有限公司签约共建学生实习实践基地。此外，辽宁大学新闻与传播学院已构建起腾讯企鹅号“互联网+高校”联合培养创新人才新模式。同时，学院还牵头成立了辽宁省新闻出版产业校企联盟，并与腾讯·大辽网共同设计开发了“新媒体理论与实践”新课程，在此基础上把腾讯·大辽网作为辽宁大学建校以来首个大学生实习基地，面向全校学生。该院与辽宁日报报业集团、辽宁广播电视台、东北新闻网、沈阳日报报业集团、辽宁少年儿童出版社、辽宁大学出版社等新闻单位常年共建实习基地。大连理工大学新闻传播学系依托国家级实验教学示范中心——文科综合实验教学中心，与国内新闻媒体、文化产业公司、网络公司等企事业单位建立了多个实习基地，开展多层次的合作。

鞍山师范学院与凤凰数字媒体教育签订校企合作协议，建立校企合作关系。双方采取以优势资源对接的合作模式为基础的战略合作方式，开展紧密的高等教育培训、科研、教研和文化传媒产业等方面的全面合作，以培养国际化、应用型高端人才为目标，大力开展数字媒体及相关新媒体产业的应用，拓展学科研究与开发的领域，力争将凤凰数字媒体产教融合创新应用示范基地建设成为产学研一体化的具有国际化和应用型优势的综合性基地。双方共同建设“凤凰数字媒体产教融合创新应用示范基地”，组建“凤凰数字媒体产业高端人才培训班”。

辽宁工业大学与辽宁宏业实业集团签署产学研战略合作协议，共建文化创意产业研究院和省级大学生校外实践教育基地，辽宁工业大学文化传媒学院与辽宁葫芦山庄文化旅游集团有限公司就“葫芦山庄景区博物馆 3DVR 全景信息展示系统”项目的开发签订了委托服务协议。大连外国语大学与中国报道网、华语网共建实践教学基地，积极探索创新型人才培养模式。

7. 增强学科影响力，积极开展高水平学术交流

为推动辽宁新闻传播学界交流活动，提高辽宁形象在全国范围内的知名度与影响力，辽宁各高校立足自身优势，整合行业和学校资源，打造品牌学术活动，形成了良好的学术交流氛围。例如，2018 年 9 月，中国新闻史学会全球传播与公共外交专业委员会、大连外国语大学共同主办第二届中华文化海外传播大连论坛。来自海内外从事中华文化海外传播研究的近 300 位专家、学者和汉语志愿者围绕如何促进中华文化海外传播、增进中外文明交流互鉴、推动构建人类命运共同体等时代课题进行了深入的交流和探讨。

在学术沙龙方面，大连外国语大学邀请来自上海美国问题研究所、北京社会科学院、华中师范大学等单位 17 名著名学者做客“百川讲坛”，就中美关系战略转型、中国文学、媒介融合、电子游戏的发展、阅读的变革等议题开展讲座，极大地拓宽了学生的视野。

2.6.3　以部校共建为牵引，提升教学实践环节的整体水平

地方党委宣传部门与高校共建新闻学院，是新形势下推动新闻教育工作的战略举措。早在 2014 年，为贯彻中宣部、教育部“部校共建新闻学院”精神，中共辽宁省委宣传部与辽宁大学共建新闻与传播学院，开创了辽宁“部校共建”的先河。经过五年的探索，辽宁大学新闻与传播学院在记者编辑授课，学生实习就业等方面探索出一条特色鲜明、实践导向的新闻教育改革之路。2017—2018 年，辽宁“部校共建”工作进入快车道，东北财经大学、辽宁工程技术大学、沈阳师范大学、沈阳城市学院先后与地方党委宣传部门共建新闻学院。

1. 突出实践导向，推动教学改革

新闻教育既要解决理论问题又要解决实践问题，新闻战线谈论什么，新闻课堂就要教什么，这就要求新闻传播专业的学生深入生活、扎根人民。

辽宁大学新闻与传播学院在中共辽宁省委宣传部的指导下，积极推动教学改革，构建马克思主义新闻观教育课程体系，推动“精英人才、精品课程”引入工程，采取“1+N”和“N+N”的教学模式，邀请辽宁电视台、辽宁日报报业集团等省内主流媒体的总编、名记者走进课堂，设立马克思主义新闻传播思想、经典文献导读、纪实影像制作、非虚构

性写作、新媒体研究、社会化营销与传播等实践课程，促进业界与学界双向互动，教学与实践紧密结合。

2. 依托部校资源，共建实习基地

如何让新闻传播理论学以致用，让学生掌握扎实的专业技能？各地方党委宣传部门为高校引入政策资源，推动院媒协同，打造特色鲜明，实力领先、层次多样的实习基地。

辽宁大学新闻与传播学院与辽宁日报报业集团、辽宁广播电视台、东北新闻网、沈阳日报报业集团、辽宁出版集团、辽宁大学出版社等新闻单位常年共建实习基地。

沈阳城市学院以建设“应用型学科高地”为目标，以中共沈阳市委宣传部项目为抓手，促进教学与实践的深度融合。新闻学专业的“大数据与舆情”课程，与市委宣传部的“新闻阅评”“舆情报告”项目结合，以学分的形式落实到实训中去。网络与新媒体专业承担了市委宣传部“沈阳新社区”新媒体建设项目，学生实训课程以教师指导、实训作业竞标方式完成，各级学生先后有百人次获得“沈阳新闻奖”，师生负责代运营的“辽宁团省委”公众号传播力、引导力、影响力、公信力稳步上升，获得了市委宣传部领导的好评。传播学专业以“品牌爆款课”新媒体矩阵的实训，实现知识向能力的转化，同时服务地方经济建设。

3. 发挥高校智力资源，促进产学研合作

实践中我们认识到部校共建不仅要引进来，更要走出去，积极发挥高校智库咨询策划功能，打造高校新闻教育资源社会化服务平台，促进产学研深度合作。辽宁大学新闻与传播学院的宋妍、王彤、宋铮、马弋飞老师被中共辽宁省委宣传部聘为媒体阅评员，报送省委主要领导审阅的稿件均受好评，学院教师团队先后为辽宁省网信办、东北建设研究院、辽宁高速东陵分公司、沈阳造币有限公司、辽宁出版集团、南航北方分公司等机构做新闻与宣传方面的业务咨询与指导。

沈阳师范大学参与“辽宁省政府智库建设工程”，为辽宁省人大提案提供教育信息化建议并有2项建议被采用，开展服务辽宁地方经济建设项目，与北镇市教育局合作开展信息化建设研究，承办中共沈阳市委宣传部新闻行业培训项目，全年完成两期培训工作共计200人，与辽宁记协、辽宁文联、辽宁广播电视台、《辽宁日报》、沈阳市委宣传部等机关、媒体进行合作研究，拓展研究领域(见图2-3)。

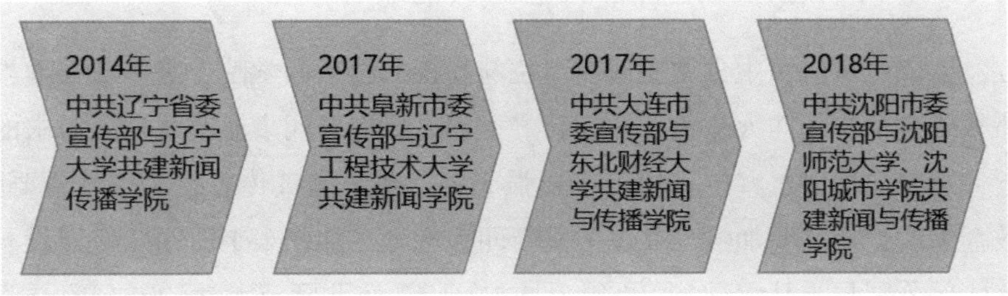

图 2-3　辽宁省新闻与传播教育“部校共建”时间线

2.6.4　结语：薪火相传，共创未来

面对不可逆转的全球化网络化浪潮，辽宁省新闻教育界新老一代人以培养有担当、有情怀、有使命意识的新时代传播人才为己任，着力培育一批具备良好的政治素养、广博的文化知识、敏锐的社会观察力、宽阔的国际视野和娴熟的专业技能的媒体人才。辽宁省新闻传播教育界将以世界一流学科建设为牵引，提升部校共建整体水平，完善马克思主义新闻观教育课程体系，推进高校新闻传播教学向特色发展，深化产教融合、校企合作，促进科研成果转化服务东北地方经济建设，建立多元学术交流平台，加快辽宁省世界一流大学和一流学科建设，实现辽宁省新闻传播教育向内涵式发展，共同谱写了辽宁省新闻传播教育事业的新篇章。

（文　然　韩亚南　谷文浩　田巧梅）

2.7　吉林省新闻传播教育发展综述

2018 年是中国改革开放 40 周年，在这 40 年里，中国高校的新闻传播教育得到了长足发展。2018 年吉林省 16 所高校的新闻传播院系适应新情况、新需求，开拓创新，结合自身特色协同发展，努力打造新闻传播人才的核心创造力，新闻传播教育整体呈现蓬勃发展的态势。部校共建扎实全面推进，成效显著；院系设置、办学层次等大框架持续稳定；培养目标、课程设置上略有调整。而在增进交流、强化实践方面的变化相对突出，为建设新时代中国特色社会主义培养新闻传播专业性人才，吉林省高校作出了积极的努力。

2.7.1 部校共建，打造吉林特色的共建品牌平台

地方党委宣传部门及中央主要新闻单位与高校共建新闻学院，是一项强力推进高校新闻传播教研改革与新闻人才培养的创新之举，是适应新闻事业改革发展需求的重大举措。习近平总书记指出，宣传思想工作要强起来，关键是宣传思想工作队伍要强起来。对新闻教育来说，就是要加强马克思主义新闻观教育，加强未来新闻队伍建设。中共吉林省委宣传部分别与吉林大学(2014 年 3 月 22 日)、东北师范大学(2017 年 12 月 18 日)和吉林师范大学(2017 年 12 月 18 日)合作建立了新闻传播学院。2018 年，各方充分发挥资源优势，在推动新闻教育改革、人才培养创新等方面探索出有效思路，取得了丰硕的成果。

1. 开展"习近平新闻思想大讲堂"系列活动

2018 年 6 月 14 日，由中宣部编写的《习近平新闻思想讲义》正式出版发行。6 月 19 日，由吉林省传媒学会、《吉林日报》、东北师范大学传媒科学学院、吉林财经大学新闻与传播学院、吉林师范大学新闻与传播学院主办，吉林师范大学新闻与传播学院承办的习近平关于新闻的重要论述学术研讨会召开。这次学术讨论会以马克思主义新闻观为指导，是对《习近平新闻思想讲义》出版的积极回应。这次研讨会开启了吉林省乃至全国习近平新闻思想学习的先声，体现了吉林省新闻人思想的敏锐力和扎实的行动力。为了深入贯彻落实马克思主义新闻观和习近平新闻思想，构建马克思主义新闻学科教育教学体系，根据《吉林省进一步深化部校共建工作方案》，吉林省委宣传部主办，吉林大学、东北师范大学、吉林师范大学联办，开展了"习近平新闻思想大讲堂"系列活动。该系列活动中的中央电视台特约评论员杨禹的《习近平新闻思想解读》报告受到了广大师生的热烈欢迎。

"习近平新闻思想大讲堂"是落实吉林省部校共建"三三战略"的重要举措，是推动马克思主义新闻观教育、创新新闻传播人才培养机制的重要阵地，对于培养造就政治强、业务精、纪律严、作风正的新闻队伍，对于促进新闻事业的健康繁荣发展，具有十分重要的意义。"习近平新闻思想大讲堂"也是一个学习互动平台，推进校际师生互动、校媒交流互动，在教师互讲互评、学生互比互学、名家互讲共听和校媒对话交流等方面实现突破，让各校师生共享部校共建成果。"习近平新闻思想大讲堂"着力推动平台建设、内容建设、制度建设，从战略全局的高度牢牢把握主流意识话语权，从立德树人的角度加强马克思主义新闻观教育，以积极创新的态度传播党的声

音，努力打造成一个有吉林特色的共建品牌平台，走出了一条有吉林特色的部校共建之路。

2. 打造“部校共建·新闻讲堂”精品项目

自吉林省委宣传部与吉林大学、东北师范大学、吉林师范大学共建新闻学院以来，各校充分发挥自身的优势和专长，紧紧围绕部校之间、校际之间、校媒之间开展联合互动，努力实现各有特色、优势互补、共建共享。“部校共建·新闻讲堂”系列讲座即是省委宣传部打造的部校共建新闻学院的精品项目之一，该系列讲座邀请学界的知名人士、学者和业界前沿领军人物来吉林巡讲，到吉林省委宣传部部校共建的三所高校作讲座，旨在贯彻马克思主义新闻观，让师生了解当今学界、业界的前沿动向，拓宽师生的学术视野，提高人才培养的质量和科学研究的层次。2018 年以来，先后邀请了杨禹、敬一丹、胡正荣、郎峰蔚到吉林大学、东北师大、吉林师大做讲座，三家高校的新闻学院共享讲座资源(见表 2-14)。

表 2-14　**吉林省部校共建系列活动表**

讲座(会议)题目	主讲人	时间	地点	备注
习近平关于新闻的重要论述学术研讨会	吉林省传媒学会、《吉林日报》等主办	6. 19	吉林师范大学	
习近平关于新闻的重要论述解读	中央电视台特约评论员杨禹	6. 30	吉林师范大学	
在变化的时代做一个记录者	中央电视台原主持人　敬一丹	9. 17	吉林大学	部校共建新闻讲堂
进入互联网下半场 打造全媒体生态系统	中国教育电视台总编辑　胡正荣	10. 20	东北师范大学	部校共建新闻讲堂
新时代 新思维与新作为——习近平新闻舆论观的视角	中国传播学会副会长　刘卫东	10. 29	东北师范大学	
信息聚合和分发的变革趋势探讨——以“今日头条”为例	“今日头条”副总编辑　郎峰蔚	12. 5	吉林大学	部校共建新闻讲堂

3. 多层次强化马克思主义新闻观教育

吉林大学新闻与传播学院、东北师范大学新闻学院和吉林师范大学新闻与传播学院把马克思主义新闻观教育的贯彻落实体现在整个教学和科学体系中，把培养学生良好的政治素质作为工作的首要任务。加强新闻与传播专业大学生马克思主义新闻观教育是一项系统工程。吉林大学新闻与传播学院把党建工作作为推动学生马克思主义新闻观培养的抓手，以马克思主义新闻观的树立与强化为根本任务，以组织发展为主阵地，以学生党员的带头和辐射作用为主渠道，对大学生进行长期教育，全面提升新闻传播学专业学生的素养；以专人、专项、专业的方式，把全面推进学院的党建工作作为马克思主义新闻观教育的基础；依托吉林大学红色传统教育基地，紧抓国情校情教育、入学教育、毕业教育、励志成才教育等载体，把中华民族优秀传统文化、爱国主义、我党的历史都融入马克思主义新闻观教育，“以党建带团建、带班风、带院风”的总体思路，深化学习型党组织建设，准确把握时代脉搏，准确理解学生需求，与时俱进，开展一系列思想引领活动。

吉林大学新闻与传播学院同时完善课程设计，增强马克思主义新闻理论的教学力度，在原有的人文素质教育课程平台、新闻传播学科教育课程平台、专业理论教育体系课程、专业技术教育体系课程等教学模块中增设马克思主义新闻观教育课程平台。在基础课程中设置“马克思主义新闻理论导论”“马克思主义新闻著作选读”等经典著作类课程。在新闻采访与写作、新闻编辑、新闻评论、深度报道、高级新闻写作等课程教学中，全面加强马克思主义新闻观的权重，把马克思主义新闻观的教育贯穿于整个教学体系。该院还落实省委宣传部与学院合作的部校共建研究项目，围绕马克思主义新闻观的根本宗旨，立足本省新闻传播的发展现实，从马克思主义新闻观的教学课程、理论研究、课堂实践以及实训教育，东北地区新闻数据库的资料建设等方面着重开展课题研究；积极推动学院师生参与马克思主义新闻观践行、本省媒体融合现状、东北振兴与新媒体发展、网络舆情监测等具体选题的申请和研究。

吉林省委宣传部与吉林大学新闻与传播学院于 2018 年 1 月组成媒体融合专题调研组，在长春市、吉林市、延吉市、珲春市展开专题调研工作。考察了《吉林日报》、吉林人民广播电台、吉林电视台、中国吉林网等省级主要新闻单位及市、地、州、县级新闻机构媒体融合的具体实践、遇到的问题，并形成调研报告，提出了有针对性的对策和建议。4 月，媒体融合专题调研组又对吉林省的县级媒体推进媒体融合情况进行了重点调研，总结出吉林省县级媒体存在的机构协作非融合、内容生产浅融合、人才稀缺缓融合、传播力弱忧融合等问题，在观念、机制、人才和技术等方面提出了建议。

4. 资源共享、合作办学

按照资源共享、合作办学、合作育人、合作发展的工作要求，一年多来，包括吉林日报社副总编辑侯增文在内的 20 余位优秀编辑记者和部门主任、记者站站长，陆续为上述三所大学新闻学专业的学生开设了新闻采访与写作、新闻编辑学、新闻伦理、媒体融合等 10 多门课程中的 20 多个专题讲座，在共建教学团队的参与和推动下，新闻学专业课程的科学性、时代性、实践性显著增强。

此外，吉林省主要媒体陆续聘请三所高校的骨干教师到重要采编部门担任为期一年的挂职，双方业务骨干的融合互补正在为共建学院创造新的办学优势，也努力打造了一支专兼结合、业务精湛、充满活力的专业化教师队伍。

2.7.2　深化改革创新，构建新闻人才培养的多元特色

1. 吉林省各高校的人才培养模式呈现出多元的、多层次的协同发展态势

综合发展类的高校人才培养理念是以提升学生的综合素质为目标，主要目的在于培养适应社会变化的综合型人才。吉林大学新闻与传播学院按照更加注重马克思主义新闻观统领、更加注重学科交叉融合、更加注重职业道德培养、更加注重现代技术运用的原则，努力建设具有影响力的新闻传播学术高地。2018 年，吉林大学新闻与传播学院按照大类招生，该专业大类立足融合媒体时代潮流，旨在培养“全能”型媒体人才，培养学生会采、会编、会播的能力，实行“大类招生、大类培养”，注重传媒通识教育；实现全媒体型培养模式。

吉林财经大学 2018 年成功申请财经新闻专业硕士点，并于 2019 年启动招生工作。吉林师范大学 2018 年增列新闻传播学一级学科、新闻与传播学位列别，增建东北亚国际传播研究中心、电视媒体融合发展重大需求协同创新中心，获批建设省高水平学科文化传播与数字技术新兴交叉学科。吉林华桥外国语学院 2018 年被国务院学位委员会批准为硕士学位授予单位，经教育部批准更名为吉林外国语大学，并顺应新媒体迅猛发展的新形势，设立“网络与新媒体”专业。

2. 各高校强化学研产一体化思路

吉林大学新闻与传播学院、东北师范大学传媒科学学院(新闻学院)、吉林师范大学新闻与传播学院、长春师范大学传媒学院、吉林艺术学院新媒体学院、吉林工程技术师范学院传媒学院、吉林华桥外国语学院文学院、吉林动画学院电视与新媒体学院等高校与吉林日报社合作共建“彩练新媒体学院”。“彩练新媒体学院”聘请传媒界权威专家、教授、学者等组成“彩练新媒体学院”导师团，为学员授课。借助“中央厨房”与“吉朵云”平台，建立综合信息数据共享平台；依托吉报强大的媒体资源，为“彩练新媒体学

院”学员提供实习和实践基地；依托彩练新闻客户端等媒体平台，将为优质新媒体产品提供内容发布与利益分成，形成理论与实践相结合的合作机制。“彩练新媒体学院”为吉林省新闻媒体培养更多专业的新媒体内容生产者，为吉林省媒体融合、创新发展作出了新的贡献。

吉林大学新闻与传播学院和“今日头条”签署了战略合作协议，双方旨在加强新闻传播学科学界与业界的合作，进一步实现优势互补。这是中共吉林省委宣传部与吉林大学共建新闻与传播学院以来的又一重要成果。根据协议，双方将共同建立“学习与实践基地”，建立“产、学、研”合作平台。双方将就数据报告、数据大屏等方面进行合作，以大数据资源支持教学和研究；同时进行智库合作，涵盖但不限于新闻学、传播学、社会学、新媒体等相关领域的课题研究，定期输出研究成果，定期开展学界与业界的交流活动。“今日头条”具备的先进理念与技术，可以让新闻传播理论和实践结合得更为紧密，全面提升学生驾驭现代传播科技、适应未来新闻传播研究和实践的能力；同时此次院企合作也可以发现学科建设的短板，及时根据传媒实践的发展变化调整学校课程设置、专业设置和研究方向，从而让新闻传播学科与时俱进，不断革新。

此外，吉林财经大学举办了“走进一线媒体人”专业实践系列活动；吉林工程技术师范学院传媒学院与吉林出版集团共同打造“图书审校工作室”；吉林师范大学新闻与传播学院与吉林教育杂志社签订战略合作协议并与金星集团启动人才直通车；吉林农业大学与吉林省嗨搜网络科技公司展开校企合作。

四平农村成人高等专科学校作为目前吉林省乃至全国唯一一所独立设置的面向农村、农业、农民的成人高等专科学校，始终坚持“面向地方、服务地方，为地方经济建设培养各级各类实用人才”的办学宗旨，其新闻采编与制作专业坚持与高等院校、职业学校、用人单位联合办学，形成了教学、科研、就业安置一体化的办学模式，其实用性受到了肯定。

2.7.3　开放合作，加强对外学术交流

吉林大学、东北师范大学等新闻传播学科发展比较成熟、教学资源比较丰富的综合型高校，以“国内一流”“国际知名”为办学目标，致力于培养具有现代新闻传播理念与国际化视野的高层次人才，因此经常邀请美国、日本等新闻传播较为发达的国家里相关领域的教授来开展学术讲座。如吉林大学在2018年共举办了4次由美国雪城大学、马里兰大学、肯塔基大学等高校的学者主讲关于当前国际新闻媒体所发挥的作用、面临的问题、开展的合作等专题讲座。新闻与传播学院的“青年精英海外中国学工作坊”“牛津展望计划——行摄牛津”计划项目，2支团队共计20余名师生成功出访了美国肯塔基大

学、英国牛津大学。在项目实施过程中，工作坊项目组在“今日头条”开设了“列城纪行”专栏，全方位对此次出访进行了报道，并撰写了跨文化传播的论文和调研报告。行摄牛津项目组用镜头和影像语言记录了牛津大学的学术氛围、牛津文化的多样性与包容性，完成了《吉大人在牛津》《遇见》两部纪录短片的拍摄与制作。

东北师范大学创办的“东师传媒海外名师大讲堂”举办了多场系列讲座，如由美国库茨敦大学、路易斯安纳大学、日本北海道大学等高校教授主讲的关于数字媒体的艺术创作、电视真人秀制作框架、web2.0 环境下的信息传播战略的报告会等。

吉林动画学院、长春工业大学、吉林工程技术师范学院等专业特色比较突出、应用性和实践性较强的高校，针对当前市场化需要，与相关领域国际化推广比较成功的国外高校建立联合办学关系。如吉林动画学院于 2018 年 11 月邀请丹麦 VIA 大学影视与跨媒体学院的教授前来讲学，长春工业大学信息传播工程学院于 2018 年 4 月邀请日本大阪电气通信大学教授来做 VR 技术主题报告，吉林工程技术师范学院邀请美国佐治亚格威内特学院师生到校交流、英国胡弗汉顿大学代表到校洽谈合作办学等。

由于地理位置、地域性经济发展水平、传媒技术基础等方面的不同，目前吉林省的新闻传播教育在培养目标、课程设置等方面较北京、上海等发达省份和地区仍相对陈旧，这在当下新闻传播飞速发展、信息科技日新月异、知识经济大量爆发的时代，是无法满足市场对高水平人才的需求的，也是无益于省内高校毕业生在就业压力下从竞争者中胜出的。“不日新者必日退”，习近平总书记在多次会议上有关新闻传播工作发表了系列讲话，用“极端重要”四个字表达了自己对新闻传播业的重视程度，提出“高举旗帜、引领导向，围绕中心、服务大局，团结人民、鼓舞士气，成风化人、凝心聚力，澄清谬误、明辨是非，联结中外、沟通世界”①48 字的“党的新闻舆论工作职责使命”，为新闻舆论工作指明了努力方向、提供了根本遵循。对吉林省高校来说，如何为新时代中国特色社会主义新闻传播事业、研究领域培养出政治坚定、胸怀大局，具有前瞻性思维、创新能力、实践能力的有效人才，仍任重道远。吉林省新闻传播教育的曙光之路在于：引导学生更加全面地认识当代中国，客观地看待外部世界，根植于中华文化沃土，适应中国和时代发展进步要求，遵循新闻传播规律和新兴媒体发展规律，强化互联网思维，紧跟国际前沿，获取最新教育理念，调整培养方案，以信息产业为导向，以数字化、网络化、智能化等战略性前沿技术代替新闻写作、报刊编辑等或被人工智能所取代的实践课程；同时提高教学水平，加强对教师队伍的培训，把握好时、度、效，让学生

---

① 习近平．坚持正确方向创新方法手段　提高新闻舆论传播力引导力[EB/OL]．[2016-02-19]．http：//www.xinhuanet.com/politics/2016-02-19/c_1118102868.htm.

更加容易接受和理解新概念、新技术，并能使学生循序渐进又与时俱进地掌握这些研究方法和应用技能，解决高校毕业生的“本领恐慌”问题，从培养传统媒体人才向输送全媒体、专家型人才转变。

（田茫茫　侯劭存）

2.8　黑龙江省新闻传播教育发展综述

对黑龙江省新闻传播教育界来说，2018 年是不平凡的一年。这一年，在移动互联颠覆式创新的冲击下，视频、直播、可视化、VR 等技术被越来越多地运用在新闻报道中。短视频暴发式的成长，更成为一种全民生产、参与、共享的文化现象。综观全局，移动新媒体迅速成长，传统媒体传播力进一步收窄，影响力日益被稀释。媒介日益分化，媒体边界正在消失。媒体生态的急遽变迁促使媒体融合从自发自为转变为国家战略。习近平总书记多次就推动媒体融合发展发表重要讲话，作出深刻阐述，提出明确要求，为在新时代推进媒体融合发展指明了前进方向、提供了根本遵循。这样的时代巨变不仅给传统媒体带来了巨大的压力，也给习惯于培养传统媒体人才的黑龙江省新闻传播教育界带来了新的挑战。

2018 年，黑龙江省高等学校各新闻院系及时回应时代挑战，全力应对媒体融合的时代浪潮，以培养业务精湛、政治合格的高水平新闻传播人才为目标，大力推行新闻教育改革，在实践中取得了一些经验与成绩，为迎接卓越新闻人才培养春天的到来奠定了坚实的基础。

2.8.1　加强马克思主义新闻观教育，全面推进部校共建新闻学院工作

截至 2018 年 12 月，黑龙江省部校共建新闻学院工作已扩展到黑龙江大学、哈尔滨商业大学和齐齐哈尔大学 3 所高校，共建院系分别是黑龙江大学新闻传播学院、哈尔滨商业大学基础科学学院新闻学专业和齐齐哈尔大学教育与传媒学院新闻传播类专业。

2018 年，在共建新闻学院的平台上，各高校全面推进马克思主义新闻观教育入课堂、入头脑。在“马克思主义新闻观”课程建设、师资培训及实践应用中，采取了诸多举措。

1. 加强马克思主义新闻观课程建设

2018 年 7 月，黑龙江大学新闻传播学院启动“马克思主义新闻观”精品资源共享课

程建设，开发在线微课程“与时俱进的马克思主义新闻观”“习近平关于新闻舆论工作的重要思想与中国特色社会主义新闻理论”。“马克思主义发展观视野下的卓越新闻传播人才培养研究”研究项目入选 2018 年度黑龙江省高等教育教学改革研究项目。

2018 年 10 月，哈尔滨商业大学决定，在修订新闻学专业人才培养方案时，将“马克思主义新闻观”由选修课程变更为必修课，并强化对马克思主义新闻观课程的建设。

2018 年，齐齐哈尔大学教育与传媒学院全面贯彻落实总书记在新闻舆论工作座谈会上重要讲话精神，全力推进马克思主义新闻观进课堂的落地工作。

2. 加强教师的马克思主义新闻观培训

2018 年，黑龙江大学新闻传播学院专业教师参加全国马克思主义新闻观培训 5 人次；参加全国马克思主义新闻观学术会议 5 人次；参加省委宣传部、省记协主办的全省马克思主义新闻观培训 3 次。其中，2018 年 9 月，学院师生参加省委宣传部举办的全省新闻界学习习近平新闻舆论工作重要论述报告会。11 月，郑亚楠教授等 2 人参加了教育部教学指导委员会“马克思主义新闻观与中国特色社会主义新闻理论的发展与创新”骨干师资高级研修班。

哈尔滨商业大学新闻学专业教师参加全国马克思主义新闻观培训共计 3 人次。有 3 位教师赴北京参加了学习贯彻习近平总书记在党的新闻舆论工作座谈会上重要讲话精神专题培训班第一期的培训。

3. 开展马克思主义新闻观实践活动

各高校在积极开展马克思主义新闻观理论教育的同时，积极倡导师生开展马克思主义新闻观实践活动，促进马克思主义新闻观在新闻实践活动中的活学活用。

2018 年 7 月，黑龙江大学新闻传播学院与香港《大公报》举行范长江新闻传媒学子龙江行(哈尔滨站)联合采访主题活动。香港青年学生与龙江学子交流学习，进一步增强了两地学生的国家观念和民族自豪感。

2018 年 9 月，黑龙江省第四届“好记者讲好故事”演讲比赛在黑龙江大学举行，演讲紧扣以“坚持‘四向四做’，做党和人民信赖的新闻工作者”为主题，数百名学生现场聆听演讲。

2018 年 9 月 17 日，《万众瞩目清凉山——延安时期的新闻出版事业》专题展览在黑龙江大学隆重开幕。此次展览是开展部校共建新闻学院，加强马克思主义新闻观教育的一项重要举措，旨在弘扬延安精神，传承红色基因，激励广大师生将展览所蕴含的精神内涵与思想精髓融入到学习和工作中去，为党和国家的事业奉献青春与才智。

黑龙江大学新闻传播学院坚持将马克思主义新闻观实践活动与党建工作及学习专业实践活动紧密结合。学院在以“三微一端”为载体，全院上网的基础上，开设了官方抖音APP账号和火拍视频APP账号，其制作的有关社会主义核心价值观的10~15秒的短视频，受到广大师生的一致好评。“黑大新闻传播学院”微信公众平台截至目前已连续推送1629期，关注人数近7000人次，学院内关注覆盖率达到100%，单篇推送文章阅读量峰值达到12000余人次。2018年学院制作的731纪念馆的视频《黑盒》，点击阅读量达到60万次。2018年11月2日，共青团中央转发了“我和国旗合个影五周年”活动微博，截至2018年11月5日中午12时，浏览量已达36.8万人次，再一次扩大了“我和国旗合个影”活动的影响力。

在马克思主义新闻观实践活动的助推下，黑龙江大学新闻传播学院发挥互联网宣传的及时性、多样性与互动性的特点，将党建工作与中心工作相融合，加强了对党组织权威性、深度性和思想性的宣传作用，使学院党建工作在规范性的基础上，形成特色，提升了党组织的凝聚力。2018年，黑龙江大学新闻传播学院获得全国新时代高校党建“双创”工作样板支部称号和黑龙江省高等学校“百优”党支部称号。

2.8.2 以培养全媒化复合型新媒体人才为目标，全面深化新闻教学改革实践

1. 开展本科教育思想大讨论，构建卓越新闻人才培养体系

面对网络时代，尤其是移动互联时代所带来的“媒体融合”，推动新闻传播学类本科专业的融合发展，培养复合型新媒体人才，是高等传媒教育必须面对的问题。

2018年下半年，黑龙江大学新闻传播学院开展了为期半年的本科教育思想大讨论。全院教师重点学习了《教育部关于加快建设高水平本科教育全面提高人才培养能力的意见》、习近平总书记关于新闻舆论工作的重要论述、《教育部 中共中央宣传部关于提高高校新闻传播人才培养能力实施卓越新闻传播人才教育培养计划2.0的意见》，以及新闻传播类专业教学质量国家质量标准等文件。全院上下以此为基础，统一认识，达成了重塑学生知识系统与操作技能相结合的能力体系，重构学生思想根基、理论根基与价值坚守相结合的知识体系等两重目标，推进培养全媒化复合型专家型卓越新闻人才的共识。下一步学院将全面启动人才培养方案修订工作，将理念落位在课程体系之中，力求让学生成为融合媒体所要求的合格的生产者。在培养方案修订之前，各专业各门课程要先行先改，全面落实大讨论达成的共识，注重以内容生产带动新媒体人才培养，力求从课程层面来破解传媒教育转型这一命题。

2018 年，哈尔滨商业大学积极响应《关于提高高校新闻传播人才培养能力实施卓越新闻传播人才教育培养计划 2.0 的意见》的要求，要求所有专业教师必须随时更新教学内容，改进教学方法，创新教学组织形式，及时融入技术变革新趋势、媒体融合新动向和行业发展新动态，综合运用文图声光电多种形式，采取案例式、现场式、任务型等多样化教学手段，积极拓展各种实习实践平台，全面加强全媒化复合型新闻传播人才的培养，使学生更好地与未来就业接轨。

2. 坚持成果导向，开展新媒体新闻教育实践教学转型

2018 年，黑龙江各高校在教学实践中，积极贯彻新文科“工程教育”理念，以“学用对接”为目标，坚持以学生为中心，坚持成果导向，全面深化新闻教育实践教学转型。

黑龙江大学大力推动“课赛一体化”策略。要求教师给学生布置实践性、创新性作业，以任务驱动教学，以参赛作品来考核学生的学习成果。鼓励学生参与学术创新项目研究、专业性创新创业竞赛等各类创新创业实践。关于哈尔滨领事馆记忆项目获挑战杯银奖；“融媒视域下东北地区特色农产品信息媒介传播渠道研究”申获 2018 年国家级创新训练项目；纪录片《满语一瞬》获得 2018 年中国大学生计算机设计大赛三等奖；广告学专业学生在大广赛等重大赛事上获多项大奖。

哈尔滨商业大学新闻学专业全面构建“课堂教学—校园文化—社会实践”三位一体育人模式。新闻学专业教师参与了学校官方微信公众号的指导工作，主要针对 6 个固定栏目——“商大印象”“视听界”“风骚”“聚焦”“品鉴”“世界还小”，指导学生进行选题策划、文章采访写作、后期编辑及推送工作。该项工作实施后，高质量的推文，丰富了校园文化生活。学院创办了“讲说论坛 FM 基础之声”和“维度”两个微信公众号，前者作为学院学生工作的主要阵地，在学院文化宣传、学生管理等方面发挥了重要作用。后者作为新闻学专业的校内实训平台，在新闻学专业教师的指导下，以新闻学专业的学生为主体，每日发表原创推文，从前期的策划到后期的制作，自采自写自编，借助于专业教师的指导完成最后的推送。以上举措，很好地延伸了课堂教学，打造了学生的第二课堂，构建了完整的育人体系。

哈尔滨师范大学传媒学院注重专业实践教学、提倡培养学生实践能力，积极推动学生参加各类高水平专业赛事，通过参赛，锤炼学生专业实战能力。2018 年 7 月 6 日，学院承办“全国大学生广告艺术大赛”黑龙江赛区选拔赛暨“黑龙江省大学生广告创新设计大赛”。此届活动共收到 3185 件参赛作品，经过初赛，625 件作品入围、晋级全国等级奖项的角逐。

2018 年 12 月 29 日，黑龙江省文化创意产品设计大赛颁奖典礼在哈尔滨市旅游信息服务中心圆满落幕。哈尔滨师范大学传媒学院数字媒体与影像艺术系、动画系师生设计的作品在众多参赛作品中脱颖而出，荣获佳绩。教师张松波设计的文创作品《冰灯造型冰格模具》、2017级研究生陈思瀚等设计的作品《风水罗盘》荣获一等奖；2018级研究生王莉然设计的文创作品《东北印花保温杯套》等四项作品获得二等奖；2017级研究生邓诗洋设计的文创产品《铜座龙倒流香》等三项作品获得三等奖；2018级研究生王湘君、张越赫设计的文创产品《手账设计》等八项作品获得优秀奖。

其他各高校也结合自身特点，开展了各具特色的专业实践活动。

2018年4月25日，东北林业大学广告学专业举办了第十一届广告文化艺术节开幕式活动。广告文化艺术节是东北林业大学的学生品牌活动。此届广告节的活动主题是"创意对撞机"，主题赛事是"绿漾东林，氤氲天地"全省森林文化创意，旨在响应"大力加强生态文明建设和环境保护"的国家政策导向，进一步锻炼学生创新思维、培养全省同学"爱林护林"的良好习惯，为黑龙江省林业环保公益宣传提供更多优秀素材。同期，2014级广告学专业姚倩同学创作、宫立明老师指导的作品《毛毛只有半边眉毛》入选国家广播电视总局《2017年"原动力"中国高校动漫出版孵化计划入选作品名单》。

哈尔滨工程学院人文与社会科学系注重培养学生专业实践能力，坚持"以赛促学"，鼓励学生参加大学生各类竞技类比赛，在参与赛事中培养动手能力、提升专业技能。在第15届中国大学生广告艺术节学院奖评比中，人文与社会科学系网络与新媒体专业的刘贺老师担任指导教师，刘钊、范晋草、韩梽源、陈毅然等学生作品《增高》，吴静、文慧、赵一博、张隆威等学生作品《瘦到想不到》获影视作品类佳作奖；吴静、文慧、赵一博、张隆威等学生作品《精彩"贷"给你》获影视作品类优秀奖。

3. 全面加强课程建设，大力夯实教学根基

课程是教学理念、教学内容、教学资源、教学方式的综合承载体，是高水平课堂教学和专业教育的基石，课程建设是推动专业建设的最重要工作。

2018年，黑龙江大学新闻传播学院启动精品资源共享课程建设工程，建设期为3年。马克思主义新闻观、传播学概论、广播电视策划、新媒体广告、新媒体互动创意与设计等12门必修课及新媒体类课程首批入选。学院旨在通过着重建设一批教学理念新、师资队伍强、教学内容与教学资源丰富、教学方式多样、教学质量高的高水平在线开放课程，带动学院本科课程质量的整体提高。

2018年，黑龙江大学新闻传播学院还全力推进"课程思政"建设。马克思主义新闻观、媒介伦理与法规及播音主持研究三门课程入选学校思政建设试点课程项目。学院在各专业普遍开设新闻伦理、新闻职业精神、职业道德等课程，从新闻学、新闻评论和播音主持课程中选取社会热点问题和经典名篇，宣传主旋律。

2018 年，各高校大力开展“互联网+教学”尝试，开辟课程建设新路径。黑龙江大学新闻传播学院开展“慕课”建设，新闻写作、网络与新媒体概论等课程入选专业课程“慕课”教学改革立项，“新媒体运营极速客”网络课程已上线。该院与“今日头条”合作开设的“新媒体理论与实务”课程继续开设，有近百名学生活跃在头条的视频创意播放平台上。

黑河学院探索新型教学模式以提升课程教学质量。“新媒体实务”课程重点分析 VR、数据新闻、网民的在线行为等新媒体领域的前沿理念和技术，以翻转课堂等新理念打造了专业特色课堂。

4. 进行跨专业人才培养

2018 年，黑龙江大学新闻传播学院开设了新闻学和广告学两个辅修专业，开办高等教育自学考试本科二学历教育班，三个班共招收 70 余名学生，进行跨学科新闻人才培养。辅修专业和自考二学历成为复合型新闻人才培养的重要途径。

5. 强化协同育人，推动“校·媒”合作

黑龙江省新闻教育界有一个基本理念，就是新闻教育要“开媒体同行，与问题同在”，新闻传播教育必须在与业界的互动中才能得以成长发展。

2018 年 7 月 16—21 日，黑龙江大学新闻传播学院与腾讯网、东北网联合举办黑龙江企鹅新媒体学院“讲好龙江故事”创意夏令营。夏令营期间安排营员聆听学术讲座、深入媒体现场考察、进行新媒体内容创作等，让优秀大学生体验和感受龙江文化魅力，培育研究兴趣和创新精神，激发创新潜力。此次夏令营，探索了“校·媒”合作、实践育人的新形式。

哈尔滨师范大学与业界良性互动。12 月 9 日，黑龙江广告协会第六届会员代表大会胜利召开。黑龙江省广告协会对哈师大传媒学院在贯彻和施行“实践教学”和“特色教学”过程中，对省内广告的发展、传媒业界的作用予以高度肯定。传媒学院获“十大影响龙江广告人物奖”“黑龙江省广告人才教育培训基地”“公益广告事业突出贡献奖”“十大公益广告经典案例奖”等奖项。

绥化学院文学与传媒学院与绥化广播电视台早新闻部推出产学研合作项目，该院数字出版专业开展了“产教融合促进年”特色活动。

6. 加强实验教学室建设

2018 年，哈尔滨体育学院建设了新闻专业高清演播室。高清演播室分为录播区和后期操作平台区。录播区的蓝箱顶部有背景灯和射灯进行补光，最大限度地满足了多种新闻播报的取景需求。后期操作平台区能够实现现场导演、摄像师的及时沟通，现场编辑和后期处理同步。具有科技元素和现代感的演播室将使新闻专业包括微信、视频、广播、报纸的工作平台全面提档升级，为学生更好地进行实践锻炼提供了硬件保障。

哈尔滨商业大学正在筹划建设虚拟仿真教学实验室。

2.8.3 增点提质，加强研究生培养

黑龙江省内有黑龙江大学和哈尔滨师范大学、哈尔滨体育学院共 3 所高校开办新闻传播类硕士研究生专业。黑龙江大学新闻传播学学科一级学科、二级学科和专业学位占位齐全。其一级学科是黑龙江省唯一一个新闻传播学一级学科，下设新闻学、传播学两个招生专业。黑龙江大学新闻与传播专业学位授权点也是黑龙江省首家专业学位硕士授权点。2017 年，哈尔滨师范大学传媒学院获批新闻与传播专业学位硕士授予权。2016 年，哈尔滨体育学院开始招收体育人文社会学专业体育新闻方向的硕士研究生。

2018 年，哈尔滨商业大学新闻学专业与兄弟学院合作培养硕士研究生。因该校新闻学专业尚未拥有硕士点，为强化对马克思主义新闻观的学习及研究，新闻学学科带头人王翠荣教授于 2018 年 9 月与马克思主义学院合作，招收了 1 名硕士研究生，拟在“马克思主义中国化”这一专业基础上，结合自身研究优势，开辟“马克思主义东北传播史”这一研究方向，目前已制订了培养计划。

在研究生培养上，2018 年，黑龙江大学重点完成了新闻传播学一级学科合格评估的组织和实施工作，以及学位点学硕和专硕的校内导师资格聘任推荐工作；开设了 8 期研究生论坛暨龙江传媒论坛，由研究生导师就媒介前沿理论问题进行主讲；与省报新媒体中心和《奋斗》杂志社共建研究生课外实习实践基地。

2018 年，哈尔滨师范大学和齐齐哈尔滨大学招收了首届新闻与传播硕士学位学生，将主要精力集中在研究生教学的顺利展开上。

2.8.4 增进学术交流，加强科研工作

1. 科研成果稳中有升，科研特色渐显

2018 年，黑龙江大学新闻传播学院科研工作再上新台阶。在教育部人文社会科学研究基金项目层面取得了进展。“人工智能驱动下的新闻生产研究”，获立教育部青年基金项目。学院获省级艺术规划项目 3 项；省属高等学校基本科研业务费基础研究项目 2 项；省属高等学校基本科研业务费创新团队建设项目 1 项；对俄问题研究专项 1 项；

省教育科学规划重点课题 1 项。获黑龙江省第十八届社会科学优秀成果奖一等奖、佳作奖各 1 项；获省第四届艺术学科优秀科研成果奖一等奖 1 项、二等奖 5 项、三等奖 2 项；获第四届文学学科优秀科研成果奖一等奖 2 项。

哈尔滨商业大学新闻学专业教师研究重点在媒介融合、网络舆情等课题方向。至今已完成及在研的相关课题就有："基于新媒体思维的我省报刊价值空间拓展研究""政府对环境舆情的风险规避管理研究""媒体竞合下我省交通广播发展研究""传统媒体与新兴媒体融合发展的'瓶颈'及对策研究""媒体融合背景下传统媒体的影响力和公信力研究""移动受众时代我省交通广播服务价值拓展研究""媒介融合背景下新闻学实验实训教学体系构建研究"。目前，该院教师拟加强黑龙江地域特色和资源优势的新闻研究，尤其侧重开展对东北新闻史、东北作家群、黑龙江少数民族民俗文化传播、黑龙江省传媒产业管理等的研究，努力为经济社会发展和省委省政府决策提供智力支持。

2. 开展国内外学术交流

2018 年，黑龙江省各高校学术交流活动日益增加，学术氛围正在形成。

2018 年 11 月 6—12 日，应美国全国传播协会(NCA)邀请，黑龙江大学新闻传播学院郑亚楠教授赴美国犹他州盐湖城参加美国全国传播协会 104 届年会，并发表了《建设性新闻：变革的思路和路径》的主题演讲，扩大了黑龙江省新闻传播学科的国际学术影响力。

2018 年 9 月 29 日，纽约电影学院洛杉矶校区校长丹 · 麦克勒先生(Dan Mackler)、纽约电影学院执行副校长、黑龙江大学客座教授朱宇华女士来访黑龙江大学新闻传播学院。麦克勒先生和朱宇华女士介绍了他们的办学理念及专业方向，研究生、高年级本科生提出了一系列关于新媒体实践问题，双方交流热烈。

2018 年 5 月 7 日，"数字媒体专业建设研讨会"暨"数字创意专业委员会黑龙江省工作委员会成立大会"在哈尔滨师范大学召开。黑龙江大学、东北农业大学、哈尔滨理工大学、哈尔滨商业大学、哈尔滨职业技术学院、大庆师范学院、佳木斯大学、牡丹江师范学院等来自省内 12 所高等院校的 20 多位院校负责人及专业负责人参加会议。会议探讨了"十三五"战略性新兴产业——数字创意在电子商务、社交网络、教育等领域的广泛应用，研讨了数字艺术相关专业发展情况以及人才培养的思考与实践。

此外，各高校广邀专家学者、业界名家来校讲学，增进了学界之间、学界与业界之间的学校交流。

10 月 9 日晚 6 时，著名主持人敬一丹受邀黑龙江大学第 147 期青年讲坛，为 1000

余名师生做了题为“在变化的时代做一个记录者”的讲座。

哈尔滨体育学院数次邀请黑龙江日报集团编辑张海鹰老师为体育人文系新闻专业的学生进行“新闻+游戏 丰富新闻表现形式 探索融合报道新尝试”的讲座。

2018 年 8 月 17 日，黑河学院邀请国家重大课题首席专家项仲平教授举办了“当前广播电视节目发展的思考”学术讲座，就当前广播电视节目发展的思考问题与老师们进行了深刻的讨论。

2018 年，在纪念改革开放 40 年的洪流中，在融合媒体教育转型的时代潮流中，黑龙江省各院校新闻传播类专业继续努力拼搏，朝着置身理想，服务黑龙江，树传媒教育典范的目标砥砺奋进，为我国新闻教育事业发展作出了应有贡献，也为中国新闻教育事业发展历史增添了一抹亮色。

（徐中民）

2.9 上海市新闻传播教育发展综述

2.9.1 上海地区新闻传播专业 2018 年发展特点

2018 年，上海地区新闻传播专业高举马克思主义新闻观的旗帜，围绕国家重大战略与学科发展前沿，结合学校自身特色，形成差异化竞争的格局，新老院系竞争激烈，学科发展百舸争流，教学、科研、社会服务进入新阶段，人才培养、队伍建设、国际化等也呈现出新特点。

第一，“一校一品”特色鲜明，上海地区的各个新闻传播院校在新发展环境下，均提出了差异化定位，并围绕发展战略快速推进，努力打造各自品牌。在教育部的排名中，上海地区的上海交通大学媒体与传播学院、复旦大学新闻学院、华东师范大学传播学院等都名列前茅，是中国新闻传播研究的重要地区。上海交通大学媒体与传播学院紧紧围绕新媒体中的前沿问题，如人工智能、智慧媒体、大数据、政务新媒体等提出了新发展战略，成立了智能媒体研究院和政务新媒体研究中心，学院的大数据研发中心为其他大学新闻传播专业提供了大数据接口等。复旦大学新闻学院围绕城市传播、数据新闻、新媒体业务等展开研究；华东师范大学传播学院围绕政治经济学的特色发展，并引入大批人才；上海外国语大学围绕国外舆情与国际传播，大力发展多语种媒体研究；上海社科院新闻所则围绕国际网络治理展开研究，推出系列专报。

第二，科研队伍成长迅速，新一代新闻传播科研人员来源越来越多元，发展潜力巨大。2018 年，上海地区各个学院在人才队伍建设上不遗余力，上海交通大学媒体与传播学院推出强力政策大力引进世界范围内的顶级教授，并开通绿色通道为特殊人才进入新闻传播学提供便利，目前已引进十多位国际知名教授；华东师范大学大力引进在传播政治经济学方面的人才，做大做强本单位在领域中的地位；上海大学新成立的新闻传播学院也在大力引进优秀人才，围绕着相关主要前沿问题展开研究；上海市社科院也拿出了人才计划以吸引人才。

第三，标志性科研成果又有新进展。2018 年，上海地区的科研队伍取得了显著的成绩，上海交通大学媒体与传播学院获得国家哲学社会科学重大项目 3 项；复旦大学获得国家哲学社会科学项目 1 项，教育部重大项目 1 项；上海交通大学的网络治理专报、复旦大学的社会心态专报、华东师范大学的舆情专报、上海外国语大学的多语种专报等均获得了国家领导人和上海市领导的各类批示，成为资政建言的重要地区。

特别值得一提的是，上海交通大学的本科同学在 SSCI 上发表了英文论文，这在上海地区乃至全国具有突破性意义。

第四，国际化进程加快。2018 年，上海地区新闻传播专业的国际化不断发展。上海交通大学媒体与传播学院在校攻读学位的留学生来自 58 个国家，共 287 人，其中本科留学生 211 人，硕士及博士留学生 76 人，稳居上海地区新闻传播学院第一位，在布拉格举行的国家传播协会的年度会议上，该院共有 20 多人参与论文发表。复旦大学的国际双学位项目继续推进，各类国际学术交流频繁，包括伦敦政治经济学院的合作项目等；华东师范大学举行了传播政治经济学的国际会议；上海外国语大学也举行了国际传播的会议。

2.9.2　上海地区主要新闻传播院系重大事件

(1)上海交通大学媒体与传播学院。上海交通大学媒体与设计学院更名为媒体与传播学院，李本乾任院长。上海交通大学媒体与传播学院在科研工作上取得了重要进展，在科研项目、专著和论文等多方面取得了优异的成绩。其中，独立作者出版著作 8 种，成功申请国家哲社重大项目 3 项、国家哲社重点项目 1 项、国家哲社一般项目 1 项、上海市哲社青年项目 1 项。该院的师生在 2018 年间参与国际顶级会议 12 次，举办国际会议 16 次，参与国内顶级会议 31 人次。

(2)复旦大学新闻学院。该院院长米博华获得教育部哲学社会研究重大课题攻关项目“习近平总书记关于新闻工作的重要论述研究”；孟建教授获得国家社科基金重大项目“网络与数字时代增强中华文化全球影响力的实现途径研究”；复旦大学新闻学院成功举办各类论坛，比如“范式探索与创新：时代变革中的新闻传播人才培养”2018 全球新闻传播院长论坛等。周葆华教授的数字工作坊继续举办；《新闻大学》由季刊改为月刊。

(3)华东师范大学传播学院。2018 年 10 月 20—21 日，第八届批判传播学年会社会主义公共传播体系的目标与方略在华东师范大学传播学院成功举办；卓越新闻驻校记者计划继续进行，多名知名记者进入学院；2018 年 10 月，华东师范大学传播学院继续举办数据新闻工作坊。截至 2017 年年底，学院获得国家社科基金重大项目 1 项、国家社科基金重大委托项目 1 项、国家社科基金项目 8 项、省部级人文社科基金项目 16 项。项目总经费共计 882 万元，其中纵向项目经费计 383 万元。在国内外学术期刊上发表论文共计 483 篇，其中 CSSCI 期刊论文 126 篇，出版学术专著 32 种，教材 21 种。共获得科研成果奖 7 项。

(4)上海大学新闻传播学院。2018 年 10 月 20 日，上海大学新闻传播学院揭牌仪式在上海大学举行，来自美国、英国、日本、比利时、瑞士、俄罗斯、印度、越南、泰国、阿富汗、南非、新加坡、中国香港等多个国家与地区的上百位著名学者，以及国内各高校、科研院所、政府机构和媒体单位的一百多位专家参加，共同见证上海大学新闻传播学院正式揭牌。在仪式上，中共上海市委宣传部副部长朱咏雷与上海大学党委书记、校长金东寒为上海大学新闻传播学院揭牌，随后又共同揭幕共建牌匾。中国社会科学院新闻与传播研究所所长唐绪军与金东寒为共建牌匾揭牌。上海大学全球人工智能媒体研究院、上海大学新闻宣传学研究中心、上海大学上海市舆情监测与分析中心也正式揭牌亮相，以结合当下新闻传播领域研究前沿，整合各方资源优势，持续深化和推动新闻传播领域相关研究。

(5)上海市社科院新闻研究所。11 月，美国佐治亚理工学院 Hans Klein 副教授来该所作学术讲座。8 月，徐清泉同志担任新闻研究所所长。6 月，云南大学孙信茹教授来该所作“媒介人类学的民族志研究实践与思考”学术讲座；智媒时代的传播新格局：第六届尚社新闻论坛成功举办；获立一项国家社科基金重大委托项目。4 月，网络舆情大数据案例库建设与研究学术研讨会召开。

2011 年 1 月至 2017 年 5 月，新闻研究所共承担国家社会科学基金项目 6 项，上海市哲学社会科学规划课题 5 项，上海市委宣传部课题 3 项，上海社科院院级课题 16 项，横向课题 7 项。出版专著 17 部，发表甲类论文 26 篇，乙类论文 56 篇。撰写专报近 70 篇，其中 17 篇获中央或上海市领导批示。研究成果多次获得上海市哲学社会科学优秀成果奖、上海市新闻论文奖。

2.9.3 上海地区新闻传播院系 2018 年重大国际会议

(1)由上海交通大学媒体与传播学院与国际传播学会(ICA)共同主办的“2018 新媒

体国际论坛”于 2018 年 10 月 28 日在上海召开。此届大会主题为“智能传播：机遇与挑战”。国际传播学会现任主席 Terry Flew 教授，前任主席 ANG Peng Hwa 教授、Patrice Buzzanell 教授，以及海内外专家、学者和学子齐聚上海，探讨智能媒体的发展空间、交流智能媒体的应用及其现实影响等前沿成果。

(2)2018 年 10 月 19 日，“范式探索与创新：时代变革中的新闻传播人才培养”2018 全球新闻传播院长论坛在复旦大学新闻学院举行。

(3)2018 年 10 月 20—21 日，第八届批判传播学年会丨社会主义公共传播体系的目标与方略在华东师范大学传播学院举办。

(4)2018 年 10 月 20 日，世界传播论坛 2018：“一带一路”与新闻传播学教育的跨文化交流暨上海大学新闻传播学院揭牌仪式在上海大学隆重举行。这是继“世界传播论坛 2015”后，在上海大学再次召开的新闻传播学国际盛会。

(5)2018 年 6 月 23 日，由上海社会科学院新闻研究所主办的第六届尚社新闻论坛在上海社科国际创新基地召开。此次论坛是上海社会科学院 60 周年院庆系列学术论坛之一，论坛以“智媒时代的传播新格局”为主题，围绕“智媒时代的技术与社会变迁、智媒时代的传播与文化实践、智媒时代的新闻与媒体变革”三个分议题进行研讨，汇聚了学界和业界的最前沿思考与探索。

(6)“第二届中国形象与全球传播高端论坛”由上海外国语大学主办，于 2018 年 6 月 23 日在上海外国语大学虹口校区举行。论坛立足新时代国际传播的新格局，致力于构建中国特色国际传播理论，总结对外传播的实践与经验，为改革开放营造良好的国际舆论环境，为推动中国智慧、中国方案向世界传播提供战略对策。

（薛　可）

2.10　江苏省新闻传播教育发展综述

2.10.1　人才培养

1. 本科生教育

截至 2018 年，江苏省共有 16 所本科院校开设了新闻传播类专业，其中 985 高校 1 所，211 高校 5 所。独立设置新闻传播教育学院的高校有 11 所，新闻传播教育隶属于本校其他学院的高校有 5 所。设置的专业主要有广播电视学、新闻学、传播学、广告学、网络与新媒体、数字出版、广播电视编导、摄影学、影视艺术九大类，其中广播电视学、新闻学、传播学是师资力量最为强盛、发展历史最为久远的强势专业。作为高等教育大省，江苏省新闻传播教育起步较早，经过70余年的发展，其本科生新闻传播教育体系日臻成熟化和科学化。优秀新闻传媒人才的培养离不开合理科学的人才培养方案，因此诸多院校也会针对外部人才市场的需求，紧密结合自身院校的教学发展特色，每隔一两年就会重新调整和修订本科人才培养目标与课程设置计划，以期培养出更适合行业需求的优秀传媒人才。

比如，南京大学新闻传播学院于2018年重新调整了本科人才培养方案，本科教育更注重实践化与教学环境的开放化。其新闻传播学专业本科教育的培养目标是：专业实践能力与综合素质(通识、个性、创新)培养并举，同时注重对学生时代敏锐性(前沿与国际)的培养，目标是培养出面向新时代媒体环境的具有高度社会责任感和专业主义精神的高端人才和领军人才。其培养特色调整为：在注重人才个体的新闻传播业务素质的教育基础上，更进一步注重对人才的综合性(通识与经验)、创新性(个性与原创)，以及对时代特征的敏锐性(前沿与国际)的培养，希望这样的教育理念能培养出面向新时代媒体环境的领军人才。提出的毕业要求是：结合南京大学“三三制”教学改革，在借鉴国外一流大学新闻传播学专业人才培养方案的基础上，以学生自主选择的理念和个性化的培养机制为原则，把学生培养成理论视域宽广的专业学术类人才、专业基础扎实的交叉复合类人才、多元化发展空间广阔的就业创业类人才。学生在读大学四年期间总学分数需达到150个学分，且必须完成其申请的学位专业的“准出课程”的修读，并且顺利通过毕业论文答辩，符合学校毕业条件，方可毕业并申请本专业学位。在此基础上，其课程体系设置也进行了微调，主要由四个部分构成：通识通修课程(共49学分，第1~8学期)、学科专业课程(共50学分，第1~8学期)、开放选修课(45学分，第3~8学期)、毕业论文(8学分，第7~8学期)。

此外，大批专业实践平台和新型实验室的建成也进一步助推了优秀传媒人才的培养，为学生实践创新能力的提高提供了有力的保障。比如江苏师范大学传媒与影视学院2018年与江苏师范大学文化创意产业园20多家入园文化企业、全国多家媒体、广告公司、影视制作公司签订合作协议，建设一大批学生实习实践教学基地和研究生培养基地。新建成省级实验示范中心、中央与地方共建特色专业实验室、中央与地方共建文化创意产业实践教学基地，以及市场调查与舆情研究中心、广告设计与制作中心、品牌营销传播研究中心等，配备有1500万元的教学科研设备。地处苏北的淮阴师范学院传媒学院与江苏意百佳影视文化传媒有限公司等15家企业签署战略协议，达成长期合作，共建大学生实习与就业创业基地，并聘请17位淮安中青年创业者代表为大学生创业导师。南京晓庄学院新闻传播学院也与江苏广电总台、南京电视台、《扬子晚报》《现代快报》《金陵晚报》、江苏省政府网站、中国江苏网、新华网、“南京发布”、龙虎网等省内外媒体、广告文化传媒影视制作公司签订实习基地建设协议，开展校企合作，为学生专业技能锻炼、创新精神培养提供了保证。

2. 研究生教育

研究生教育是我国教育结构中最高层次的教育，它不仅担负着为我国经济建设和社会发展培养高素质、高层次创造性人才的历史重任，而且对高等学校的学科建设——这一普通高校最为根本性的建设工作有着重要的促进作用。

截至 2018 年，江苏 16 所开办新闻传播教育的高校中，共有 8 所高校具有新闻传播类的硕士点，而只有南京大学、南京师范大学和苏州大学具有博士点。相较于对本科生实践能力的偏重，对于传媒研究生的教育更注重其科研学术水平的培养，因此各院校也积极通过各种常态的学术论坛、学术讲座的举行来提升其研究水平，开阔其研究视野。

南京师范大学新闻与传播学院一直非常注重对新闻传播教育人才的培养，从 2014 年开始已顺利举办了四届“江苏省传媒学科研究生论坛”。2018 年又以“人工智能时代新闻传播的机遇与挑战”为主题成功举办了第五届论坛。论坛举办以来，参会的研究生越来越多，论坛的规模与知名度也稳步提升，每届均有百余名来自全国不同高校的学生积极参与投稿。苏州大学传媒学院也一直致力于对青年研究学者的培养，近年来都会举办不同形式的学术暑期班以开阔其研究视野，2018 年学术暑期班的主题是：“数字文化与社会：结构·文化·实践”，并广邀海内外知名学者如威斯康星大学传播艺术系潘忠党教授、科罗拉多大学传播系 Stephen Hartnett 教授、宾夕法尼亚大学安纳伯格传播学院杨国斌教授等前来进行交流授课。而南京大学新闻传播学院则专门针对博士研究生学术水平的提升，从 2013 年开始每个月都会举行四次“博士之家：学术午餐会”活动，邀请全国各高校的新闻传播学博士和教授们就其近期研究话题与与会研究生从博士论文的选题、研究方法、写作规范性等方面进行了详细的讨论和交流。

2.10.2　师资队伍

良好的师资是新闻教育长远发展的根本，新闻教育作为与业界实践紧密联系的学科，受传媒技术发展、业界的实践以及相关法律政策的影响较大，因此需要一支结构合理、专业理论水平高、实践经验丰富的高水平教师队伍。总体来看，近年来江苏省各大新闻院校师资队伍的构成情况逐渐呈现出不均衡的发展态势，老牌重点院校师资力量雄厚，高水平高学历的师资多集中于此，而地方及普通院校师资力量较为薄弱，这也导致两类院校之间的科研水平出现比较明显的悬殊差距。

因此近一两年来，面对外部环境的变迁，以及学校内部人才资源的竞争，江苏省诸多新闻院校非常注重教师队伍的建设，积极通过多项举措来促进教师队伍科研能力和教学能力的提升。比如南京财经大学新闻学院坚持“引进高起点、在职抓提高”两条途径并重，内扶外引，不断优化师资队伍结构，以提升队伍的水平和竞争力。目前学院专任教师 31 人，专任教师中教授 7 人，副教授 16 人，其中具有博士学位者 23 人，含海外归国博士 2 人。专业教师中有江苏省教育厅“青蓝工程”青年骨干教师、江苏省“333 工程”人才。教师队伍中既有具有国际视野的海归博士，也有在学术科研上卓有建树的专家学者，还有拥有丰富新闻实践经验的资深媒体人，形成了职称结构、学历结构、年龄结构、学缘结构合理且具有较强研究能力的学科梯队。

值得一提的是，以扬州大学和江苏师范大学为代表的地方院校，近年来结合自身学科发展优势和学校的人才扶持政策，在师资队伍建设过程中成效显著，以此为依托，其科研水平能力也有了急速提升。扬州大学新闻与传媒学院现有专任教师 42 名，博士生导师 3 人，教授 6 人，副教授 11 人。具有博士学位者 23 人，在读博士 4 人。近五年入选省高校“青蓝工程”中青年学术带头人培养对象 1 人，优秀青年骨干教师培养对象 1 人。获得国家社科基金项目 10 项，教育部哲学社会科学项目 7 项，发表 CSSCI 论文 60 余篇。江苏师范大学传媒与影视学院现有专任教师 38 人，其中教授 7 人，副教授 18 人，博士 19 人。近年来承担国家基金项目 10 项、省部级项目 17 项，省厅级项目 50 多项。获得省部级优秀社科成果奖 3 项、省厅级优秀社科成果奖 6 项。

2.10.3 学术交流

新闻传播教育的发展离不开高水平的学术交流，尤其是在高层次的研究生教学中，通过不同观点之间的碰撞与思想的交锋，从而让新闻传播理论与实践更好地为教育服务。2018 年，江苏省各新闻传播院系也一直积极通过各类学术论坛和学术交流会议的举办来促进本省新闻传播教育的快速发展。

为进一步推动互联网传播的跨学科研究，培养跨学科及计算传播学专业人才，提高青年教师、博士生及高年级硕士生的学术研究能力，加强青年学者之间的学术交流，南京大学新闻传播学院于 2018 年 7 月再次举办了以“互联网传播：跨学科研究”为主题的暑期班。通过为期五天的学习和交流，暑期班促进了学员对互联网传播以及计算传播学的深入理解，提升了学员的专业技能，让学员了解了互联网传播跨学科研究的前沿学术动态。同时，该院举办的江苏省第三届传媒产业发展论坛也于 2018 年 10 月 26—27 日成功落下帷幕。

作为民国新闻史研究的重要基地，南京师范大学新闻与传播学院从 2014 年以来已经成功举办了三届“民国新闻史高层学术论坛”。2018 年 11 月 25 日，第四届民国新闻史研究高层论坛在该院如期举行。此次论坛的主题访谈采用圆桌会议的形式，诸位专家学者济济一堂，就民国新闻史研究的视野、方法与路径这个话题展开了热烈的讨论。

依托于苏州悠久的历史文化积淀以及独特的地理区域优势，苏州大学传媒学院在城市文化、城市传播研究领域一直具有较大的影响力。2018 年 5 月 12 日，由苏州大学传媒学院承办的中国城市问题(上海论坛)青年学者圆桌会议在苏州工业园区图书馆举行。来自复旦大学、浙江大学、上海交通大学、中国社会科学院、南京师范大学等 27 所高等院校和科研院所的 40 多位专家学者参加了此次跨学科的圆桌会议。与会专家学者从不同的学科方向，围绕着“城市 · 空间 · 记忆”的主题，开展了四场广泛而深入的学术交流和讨论。

值得一提的是，一些地方新闻院校也开始注重紧密结合自身的地域文化优势或办学特色，通过举办具有地域特色或专业特色的学术论坛来凸显其学术研究的独特性。比如扬州大学新闻与传媒学院近年来致力于推进大运河文化带建设，基于加强大运河文化带品牌文化的国际化传播，探寻文化带文化产品(或服务)的国际知名度、美誉度的提升之策。2019 年 3 月，该院举办了首届中国大运河文化带品牌传播国际论坛，该论坛以“品牌的力量：新时代大运河文化带品牌建设与国家形象传播”为主题，旨在集群贤之慧，共谋大运河文化品牌发展战略。再如南京财经大学新闻学院借助其财经新闻采编的办学特色，于 2018 年 11 月 10 日顺利举办了“讲好中国故事：财经信息传播与国家形象建构”高端学术论坛，来自人民日报社、新华网、新华日报社、复旦大学、南京大学等全国 20 余个媒体和高校的专家学者参加了会议。

2.10.4　科学研究

衡量一所大学水平的高低，一要看这所大学培养了什么样的学生；二要看它在科学和学术前沿占领了什么样的领域，作出了什么样的学术贡献；三要看它为经济社会发展和文化传承作出了什么样的贡献。因此科学研究在大学建设中占据重要位置，可以视为最核心的内容。总体而言，江苏省新闻传播学科的学术研究水平在全国范围内居于领先水平，这可以通过近三年国家社科基金项目的立项数量看出，每年均能保持十几项的立项数量，尤其在 2018 年还拿下了两项国家重大项目(见表 2-15)。

表 2-15　**江苏省 2018 年新闻学与传播学国家社科基金项目**

高校名称	项目名称	项目类别	负责人
苏州大学	网络亚文化传播机制与引导研究	重大	陈　龙
南京师范大学	海峡两岸新闻交流三十年史料整理、汇编与研究	重大	张晓锋
江苏第二师范学院	虚拟现实技术跨媒体出版的传播策略研究	一般	章　力
南京师范大学	穆斯林流动人口媒介使用、社会交往与城市融入研究	一般	张　宁
江苏师范大学	农村留守儿童的网络行为及网络素养教育研究	一般	安　涛
苏州大学	交往理论视阈下的城市公共艺术传播研究	一般	陈　霖
苏州大学	数字传播时代两岸青年文化记忆与“命运共同体”建构研究	一般	华　昊
南京航空航天大学	基于广告投放的传媒业生态位竞争实证研究	一般	姜照君
南京师范大学	全球互联网治理背景下主权原则的理论调适与实践路径研究	一般	邹　举
扬州大学	近代日本在华新闻统制研究(1882—1945)	青年	虞文俊
南京大学	健康中国战略背景下新媒体融入对老龄人口健康传播的路径研究	青年	姜　海
南京大学	沉浸传播环境下新媒体技术对媒介融合的影响研究	青年	吴志远
南京大学	后真相时代虚假网络信息识别的大数据技术应用与研究	青年	纪娇娇

在学术论文方面，2018 年，以南京大学新闻传播学院为首的各个院校也取得了比较丰硕的成果，不仅论文发表的期刊级别较高，而且在学科领域方面提出了许多比较新颖、独特的观点和研究视角。如南大胡翼青教授的《显现的实体抑或意义的空间：反思传播学的媒介观》(《国际新闻界》2018 年第 2 期)认为，一直以来主流传播学将媒介理解为像媒介组织那样的功能性实体，所以它不仅经常研究非传播的问题，而且还对真正的传播研究视而不见。媒介实体化的后果，是传播学学科身份危机最主要的原因之一。因此如果在认识论上把媒介看做是一个意义汇集的空间，而在方法论上把

媒介理解为一个抽象的隐喻，就会真正找到属于传播学的研究问题，从而重塑传播学的学科气质。

同时，在著作出版方面也有了一些可喜的成绩。南京师范大学新闻与传播学院倪延年教授主编的《南京师范大学民国新闻史研究所丛书》第一辑《民国新闻史人物研究》(4种)于 2018 年 12 月正式出版。第一辑由四种以民国时期新闻史人物为研究对象和主题的著作组成，分别是《报人与专家：新闻人胡道静研究》《记者与学者：新闻人黄天鹏研究》《坚守与徘徊：新闻人马星野研究》和《幽默与抗争：新闻人林语堂研究》。该系列重点研究民国时期特定新闻人物的人生轨迹、新闻经历、思想变化、历史贡献和遗憾，力图比较客观、真实地展现新闻人形象的不同侧面。

在一些国家级的新闻传播奖项中，以扬州大学新闻与传媒学院为代表的一批地方院校捷报频传，取得了不俗的成绩。2018 年 4 月，第五届全国星光电视文艺优秀评论奖获奖名单公布，扬州大学新闻与传媒学院张爱凤教授的《原创文化类节目对中国“文化记忆”的媒介重构与价值传播》荣获一等奖，倪沫博士的《纪录片〈记住乡愁〉对乡村图景的重构》荣获三等奖。2018 年 11 月 28 日，第四届“全国新闻传播学学会奖”颁奖典礼在杭州举行，扬州大学新闻与传媒学院虞文俊老师的《沙俄统治下“关东州”新闻事业及其管制——兼谈日俄战争中的新闻战》(《新闻与传播研究》2016 年第 11 期)在此次活动中荣获“方汉奇奖”(新闻史专项)三等奖。此外，中国社会科学网公布了《2018 年 6 月国家社科基金年度项目、青年项目和西部项目结项情况》，共有 634 个项目予以结项。最终，仅有 41 个项目被评为优秀等级，其中扬州大学新闻与传媒学院冯锐教授主持的《社交网站传播特性及影响力研究》项目在此次结项评审中喜获优秀等级。

（张　健）

2.11　浙江省新闻传播教育发展综述

2013 年 6 月，为深入贯彻党的十八大精神，落实《国家中长期教育改革和发展规划纲要(2010—2020 年)》要求，教育部、中宣部发布了《关于加强高校新闻传播院系师资队伍建设实施卓越新闻传播人才教育培养计划的意见》。2018 年 10 月，教育部、中宣部发布了这一意见的升级版本，即《教育部　中共中央宣传部关于提高高校新闻传播人才培养能力实施卓越新闻传播人才教育培养计划 2.0 的意见》。浙江省高校新闻专业相关院系围绕教育部、中宣部联合实施卓越新闻传播人才教育培养计划，不断深化高等新闻传播教育综合改革、提高新闻传播人才培养质量。

2.11.1 新闻传播学专业招生录取情况

从2018年浙江省新闻传播学专业录取(一段投档)情况来看，7所大学仍旧按照专业大类招生，招生人数占比57%，全国(一段投档)有47所大学新闻传播学专业在浙江按照大类招生。从目前来看，按大类招生培养人才延迟了专业选择时间，学生可以零距离体验专业，近距离观察市场，从而增强学生做好学业生涯规划的主动性，提升就业实力，使人才培养逐渐步入良性循环的轨道，这也是高等教育创新发展的趋势所在。2018年，浙江省新闻传播学各专业招生分布情况如图2-4、图2-5所示：

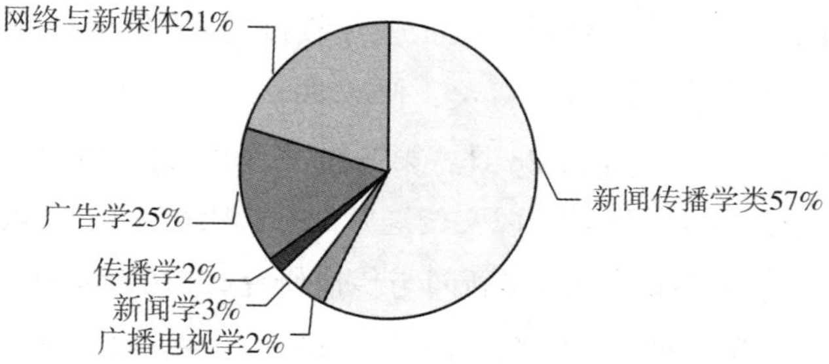

图2-4 2018年浙江省高校新闻传播类专业(一段)招生情况

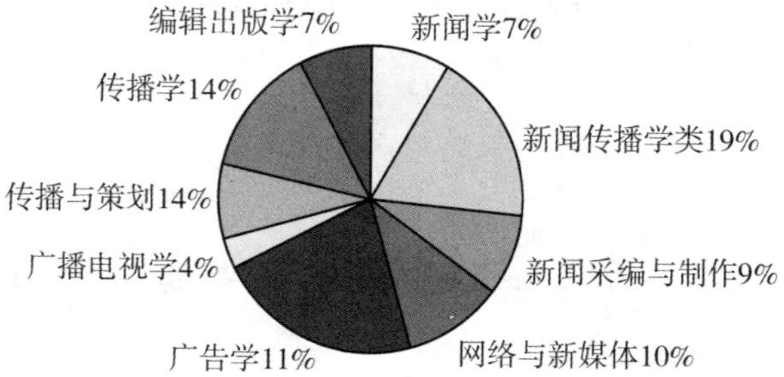

图2-5 2018年浙江省高校新闻传播类专业(二段)招生情况

浙江大学人文科学试验班(传媒)的录取分数在省内高校中是最高的，从全国排名来看，仅次于中国人民大学、南京大学、武汉大学的浙江省分数段，位于第四。浙江省新闻专业一档录取平均分数为602分，全国为623分；浙江省新闻专业二档浙江省录取平均分为 544 分，全国为 532 分。2018 年浙江省新闻传播学专业一档计划招生 781 人，二档计划 1632 人；全国新闻传播学专业计划在浙江一档计划招生 1114 人，二档计划 2236(见表 2-16、表 2-17)。

表 2-16　**2018 年浙江省新闻专业一段省内录取情况**

学校名称	专业名称	计划数
浙江大学	人文科学试验班(传媒)	78
浙江工业大学	新闻传播与中国语言文学类	110
宁波大学	人文与传媒类	60
浙江理工大学	新闻传播学类	35
宁波诺丁汉大学	新闻传播学类(中外合作办学)	29
浙江工商大学	新闻传播学类	39
浙江传媒学院	广播电视学	20
浙江传媒学院	新闻学	20
浙江传媒学院	传播学	13
温州大学	广告学	20
浙江传媒学院	广告学	31
浙江传媒学院	网络与新媒体	23
浙江大学城市学院(独立学院)	传播类	95
浙江大学宁波理工学院(独立学院)	网络与新媒体	99
浙江农林大学	广告学	29
浙江师范大学	广告学(中外合作办学)	40
浙江外国语学院	网络与新媒体	40

表 2-17　**2018 年浙江省新闻专业二段省内录取情况**

学校名称	专业名称	计划数
浙江师范大学(省重点建设高校)	广告学(中外合作办学)	8
浙江农林大学(省重点建设高校)	广告学	8
浙江大学城市学院(独立学院)	传播类	53

续表

学校名称	专业名称	计划数
浙江外国语学院	网络与新媒体	35
浙江大学宁波理工学院(独立学院)	网络与新媒体	96
浙江大学宁波理工学院(独立学院)	新闻传播学类	54
宁波工程学院	广告学	41
浙江工商大学杭州商学院(独立学院)	新闻学	15
浙江工商大学杭州商学院(独立学院)	广告学	23
浙江财经大学东方学院(独立学院)	广告学(新媒体传播方向)	32
浙江万里学院	新闻传播学类 1	85
浙江万里学院	新闻传播学类 2	40
浙江万里学院	广告学(中德 2+2 双学位班)	65
浙江工业大学之江学院(独立学院)	新闻传播学类	84
浙江农林大学暨阳学院(独立学院)	广告学	42
浙江越秀外国语学院(民办学校)	网络与新媒体	39
浙江越秀外国语学院(民办学校)	编辑出版学	43
浙江越秀外国语学院(民办学校)	新闻学	100
浙江越秀外国语学院(民办学校)	传播学	164
宁波大红鹰学院(民办学校)	广播电视学	20
宁波大红鹰学院(民办学校)	编辑出版学	70
宁波大红鹰学院(民办学校)	广告学	74
温州商学院(民办学校)	广告学	55
温州商学院(民办学校)	传播学	55
金华职业技术学院	传播与策划	70
宁波教育学院	新闻采编与制作	150
温州职业技术学院	传播与策划	38
浙江横店影视职业学院(民办学校)	广播影视节目制作	38
浙江经贸职业技术学院	传播与策划	35

2.11.2　新闻传播教育的国际化趋势

浙江省新闻传播教育的起步与中国人民大学、南京大学、武汉大学等老牌大学比较起来相对较晚，但是定位准确、起点高，比如浙江大学的新闻传播教育已经跻身全国前列。从国家发展对新闻传播教育的要求来看，浙江省新闻传播教育近几年的国际化发展势头猛烈。

从办学定位来看，浙江大学新闻传播学科所属的传媒与国际文化学院、中外联合办学的宁波诺丁汉的国际传播系则是在办学理念上突出国际文化交流与传播，致力于为全国乃至全世界传媒的创新创业培养人才，一直引领浙江新闻传播教育的国际化方向。2018 年春天，浙江万里学院和德国汉堡传播与管理应用科学大学合作，设立了浙江万里学院汉堡设计与传播应用科学大学联合学院(简称中德设计与传播学院)，以培养国际化的设计应用人才，进一步助推宁波的工业设计与创意产业发展。浙江万里学院中德设计与传播学院，引进国外大学的学科课程体系、专业教学团队、管理质量标准，培养具有国际竞争力的品牌设计、品牌传播、品牌管理、国际经济与贸易专门人才，服务创新型国家建设。主要开设视觉传达设计专业、广告学专业、会展经济与管理专业 2+2 中德双学位项目。广告学 2+2 中德双文凭专业后段对接德国汉堡设计与传播应用科学大学的品牌传播专业，两校共同培养对当前与未来国际品牌的发展趋势具备敏锐洞察力，熟悉国际规则的跨文化广告和品牌传播高级人才。在此平台基础上，同年，浙江万里学院旨在面向欧洲学生开设东方哲学、东方文化、汉语言文学等专业课程，以更好地推广中国文化、讲好中国故事、传播中国声音的“浙江万里学院汉堡校区”在汉堡揭牌，这是继引进国际优质教育资源，开办我国首家中外合作大学——宁波诺丁汉大学之后，浙江万里学院拓展海外办学之路、推进浙江省教育国际化发展的又一次全新探索。

从承办会议来看，2018 年浙江工业大学成功承办了“视觉魅力：语言、叙事和研究”国际教授工作坊和“走向广播电视 3. 0 时代”高峰论坛暨中国广播电视学与新媒体研究会年会。来自美国密苏里大学、阿拉巴马大学、科罗拉多州立大学、德州农工大学，以及中国传媒大学、中国人民大学、复旦大学、华中科技大学、北京大学、武汉大学、浙江大学、中央民族大学、兰州大学、上海大学、郑州大学、河北大学、浙江工业大学、浙江传媒学院等高校的 150 余名专家学者，围绕“视觉魅力：语言、故事和研究”“中国电视发展六十年”“视听传播与日常生活”和“实践中的马克思主义新闻观与智媒时代的新闻传播教育”等主题，各抒己见，畅所欲言，拓展视界，凝聚共识，探讨智媒时代广播电视的未来走向。此次会议规格高，参会人数众多，受到国内外广播电视学界和业界的高度评价。

从境外参会情况来看，浙江工业大学 2018 年境外交流也很有代表性。例如，王哲平教授应邀赴美国拉斯维加斯出席美国广播电视学会 2018 年年会，并作了题为“生活方式变迁与中国视听媒介的转型”的大会发言；王彦副教授应邀赴美国盐湖城出席美国国家传播学会第 104 届年会，并作了题为“共识性议题与政治矛盾感：台湾 2016 年大选中的‘习马会’个案研究”的大会发言；游淳惠博士应邀赴匈牙利布拉格出席 68th ICA 会前会暨 3rd PRSC 学术年会暨 11th PRAD 国际学术论坛，并作了题为“从争议性科学技术中看风险感知与信任对态度的影响”大会发言；另外还有两位高职称教师分别赴美国罗格斯大学、澳大利亚悉尼大学访学一年。

从学生国际交流人才培养来看，浙江大学传媒与国际文化学院 2018 年暑期对外交流项目持续火热。在英国，他们赴牛津大学参加“媒体创业创新工作坊”，探讨提升数字转型背景下的媒体创业创新能力；在美国，他们赴宾夕法尼亚大学和俄亥俄州立大学，探索新闻传播学前沿领域，深入体验跨文化与跨语言教育；在中东，他们深入阿联酋媒体一线，为讲好中国故事提供“浙大方案”，受到新华网、人民网等多家媒体的报道；在中国香港地区，他们走进香港浸会大学和大公国际传媒学院，既习得了专业知识，又坚定了传媒理想。

2. 11. 3　行业学院推动人才培养创新发展

行业学院在新闻传播学专业人才培养过程中发挥了重要作用。行业学院是指高校为了创新人才培养和转型发展的需要，与龙头企业紧密融合，政府、行业、其他企业参与，以行业(企业)的生产链、产品链、技术链和服务链为对象开展人才培养和科技服务的应用型的专业学院。一般是综合性或多科性高校在现有院系设置的基础上，通过增设实体或虚拟的二级教学单位，面向行业培养应用型人才的组织。例如，2018 年 11 月浙江大学传媒与国际文化学院与今日头条有限公司签署战略合作框架协议，成立虚拟的二级教学机构，旨在进一步推动院企资源共享、优势互补、共同发展，建设行业学院，密切与行业产业的关系。

行业学院发端于应用型高校，也是应用型高校生存发展的金字招牌，取得了宝贵的经验。例如浙江万里学院的文化与传播学院先后建立的 3 个特色行业学院，即以马克思主义新闻观培养为指向的部校“共建新闻学院”、以网络直播人才培养为核心的“万里—网易直播学院”、以塑造当代宁波企业家精神为旨归的“守仁学院”，在创新发展、人才培养方面逐渐形成了自己的特色。

该校新闻学专业为培养适应行业产业需求的应用型人才，将人才培养目标设定为“具有多媒介平台生产多样化新闻产品的全媒体技能的复合型新闻传播人才”。浙江万里学院文化与传播学院秉持“强基础，重实践，校政媒企合作，服务地方”的办学理念，在培养层次和类型上，坚持以本科应用型新闻传播人才为主，与传媒行业“零距离”对接；网络与新媒体专业以“政务信息传播”和“网络舆情分析”两个特色方向为依托，重点培养在党政机关及企事业单位从事信息采编与发布、策划设计与危机公关、舆情监测与研判的新媒体人才；广告学专业重点培养广告策划、品牌服务与传播、广告设计等领域的人才；编辑出版专业重点培养杂志、新媒体及网络与电子商务企业信息的策划、采集与印制等领域的编辑出版人才。

部校“共建新闻学院”有力地促进了队伍建设和实习基地建设。例如，中共宁波市委宣传部委托的“中央级省级主要媒体对计划单列市及杭州主题报道比较研究”、“甬上传媒圈”微信公众号运维等项目继续推进；宁波日报报业集团、宁波广播电视集团的业界骨干进入新闻学、网络与新媒体、编辑出版学专业的新闻采访与写作、新闻学概论、新闻评论等课程，为学生带来业界新知与发展趋势的熏陶；新闻战线“千人计划”的互派，也进一步保证了双师型师资队伍的建设。

网易直播学院已经成为培养学生创新创业的平台。直播学院成立以来，校企双方围绕网络直播这一新兴信息传播形式，积极开展相关学术研究、内容生产、人才培养等方面的合作，并形成优势互补、资源共享、品牌共建、可持续发展的战略合作伙伴关系，育人成效开始显现。一是先后两期培训了 45 名对网络直播有兴趣的学生。二是通过校企合作的方式，推动企业资深导师进课堂，一年多来，先后聘请了 3 位网易的资深导师来万里学院给学生做业务讲座。三是成立“播天下”工作室对外提供直播服务，逐步实现商业化运作。截至 2018 年 6 月中旬，播天下工作室已带领网易直播学院的学生团队，为校内外的大型活动提供了近 20 场网络直播服务，并获得了委托单位的认可与好评。

另外，“3+1”人才培养模式是浙江万里学院文化与传播学院在实践教学环节的创举之一，在培养学生的实践动手能力方面作用显著。为了适应业界发展新态势和学生的新需求，该院全面修订了“3+1”管理办法，对“3+1”实习的参与主体、实施时间、申请与选拔、管理与考核四个方面做了更加明确的规定；新增了宁波奕景集团有限公司、宁波搜地网络信息服务有限公司、绍兴越秀区新闻中心、东钱湖文旅集团、宁波厘米科技有限公司、舟山可易文化传播有限公司等 23 家实习实践单位。为了提高“3+1”实践教学的效果和实习学生与实习单位的契合度，2018 年 6 月中旬，学院共邀请 23 家用人单位来针对 2015 级学生先后召开了三场宣讲会。宣讲会既能为学生和用人单位相互了解提供平台和机会，也能增进学院与校外实践基地单位之间的互信及合作积极性，形成了值得总结和推广的合作机制。

2.11.4　学科竞赛促进人才全面发展

学科竞赛是在紧密结合课堂教学的基础上，以竞赛的方法，激发学生理论联系实际和独立工作的能力，通过实践来发现的问题、解决问题，增强学生学习和工作自信心的系列活动。高校开展学科竞赛，对大学生科研能力、创新能力、实践能力、团队精神等综合素质的培养起着积极的作用。浙江省高校组织的学科竞赛引领学术前沿，产教融合，赛事高端，成果卓著。

(1)主办竞赛引领学科前沿。2018 年浙江省首届高校 VR/AR 大赛由浙江工商大学人文与传播学院主办。作为一种新兴的高科技技术，虚拟现实(VR)被公认将成为新的计算平台。在中国 VR 产业高速发展的同时，VR 产业和人才储备同世界一流水平还有一定的差距；如果想要引领世界 VR 产业，那么还需要有更多人才加入到 VR 研发的领域中来。因此，首届高校 VR/AR 大赛意义深远，可以贯彻落实《国务院办公厅关于深化高等学校创新创业教育改革的实施意见》(国办发〔2015〕36 号)，培养 VR/AR 人才，吸引青年学生加入 VR/AR 产业，进一步激发高校学生创新创业热情，展示高校创新创业教育成果，搭建大学生创新创业项目与社会投资对接平台。同时，还可以促进高校对 VR/AR 技术领域探索，激发大学生在 VR/AR 领域中产生更多的创新创业作品，为企业带来新的生命力，最终实现产学研的高效结合，从而推动中国 VR/AR 产业迅速发展，促进产业升级。

(2)学科竞赛成果颇丰。高校非常重视学科竞赛，为鼓励学生积极参与竞赛，增强动手能力，(具有一定实践性的)新闻传播专业投入大量人力物力，取得了比较理想的成绩。例如，2018 年浙江工商大学新闻系 2015 届毕业生在全国互联网+比赛中获得银奖；学生作品《一生昆曲任平生》《浙商精神》在参加“青年之声 · 我的校园我的梦”VR 视频制作大赛，荣获浙江省一等奖、二等奖并入围全国总决赛；新闻系学生郭芯宇获浙江省第六届大学生广告创意设计竞赛省级三等奖、浙江省第六届大学生广告创意设计竞赛省级优秀奖、第十届全国大学生广告艺术大赛国家级优秀奖、第二届全国大学生环保知识竞赛国家级优秀奖。宁波大学在组织参赛的第十届全国大学生广告艺术大赛中获得二等奖 1 项、优秀奖 1 项。浙江万里学院取得首届全国图书编辑出版能力大赛国家一等奖 1 项、第五届中国大学生新媒体创意大赛三等奖 1 项的优异成绩。浙江工业大学播音专业 2014 级学生陈依铭、章万乘、吴童拍摄的纪录片《亨秋》获得 2018 年中国高校纪录片奖“学院奖”三等奖。

（马　嘉）

2.12　安徽省新闻传播教育发展综述

2.12.1　主要院系及新增专业

截至 2018 年年底，安徽省已有 30 家普通本科高校开设一类学科新闻学与传播学专业。2018 年年底宿州学院和亳州学院分别新增网络与新媒体专业(050306T)，将于 2019 年春季开始招生。目前，安徽省开设新闻传播学院的高校有 2 所，在人文学院或艺术学院中开设新闻专业的高校共 20 所。从地域上看，主要院系分布广泛，遍布皖南皖北。从院系类别上看，涵盖各类型高校：既包括知名的部属院校(中国科技大学、合肥工业大学)、省属综合性大学(安徽大学)、师范类院校(安徽师范大学)，也包括新近成立的独立学院(安徽大学艺术与传媒学院等)。此外，高职院校合肥信息技术职业学院申报的播音与主持(660202)影视编导(660206)两专业获教育部批文，已于 2019 年开始招生(见表 2-18)。

表 2-18　　**2018 年安徽省开设新闻传播学科的本科院校一览表**

序号	学校	专业	所属院系	专业数	备注
1	安徽大学	新闻学、广播电视学、广告学、网络与新媒体、编辑出版学	新闻传播学院	5	
2	安徽师范大学	新闻学、广告学、网络与新媒体	新闻与传播学院	3	
3	中国科技大学	传播学	人文与社会科学学院	1	
4	安庆师范大学	新闻学、广播电视学、网络与新媒体	传媒学院	3	
5	安徽财经大学	新闻学、广告学、网络与新媒体、传播学	文学与艺术传媒学院	4	
6	皖西学院	新闻学、广告学、网络与新媒体	文化与传媒学院	3	
7	黄山学院	新闻学	文化与传播学院	1	

续表

序号	学校	专业	所属院系	专业数	备注
8	滁州学院	新闻学、网络与新媒体	文学与传媒学院	2	
		广告学	美术与设计学院	1	
9	淮南师范学院	新闻学、广告学	文化创意与传播学院	2	
10	宿州学院	新闻学	文学与传媒学院	1	
11	池州学院	广告学、网络与新媒体	文学与传媒学院	2	
12	铜陵学院	广告学、网络与新媒体	文学与艺术传媒学院	2	
13	淮北师范大学	新闻学、广告学、网络与新媒体	文学院	3	
14	合肥师范学院	网络与新媒体、编辑出版学	文学院	2	
15	阜阳师范学院	新闻学、网络与新媒体	文学院	2	
16	安徽工程大学	广告学	艺术学院	1	
17	安徽理工大学	网络与新媒体	人文社会科学学院	2	
18	安徽新华学院	新闻学、广告学、编辑出版学	文化与新闻传播学院	3	
19	合肥学院	新闻学	中国语言文学系	1	
20	巢湖学院	广播电视学、广告学	文学传媒与教育科学学院	2	
21	蚌埠学院	广告学	文学与教育学院	1	
22	安徽大学江淮学院	新闻学	文法系	1	
23	安徽师范大学皖江学院	新闻学、广播电视学、广告学	人文与传播系	3	
24	阜阳师范学院信息工程学院	新闻学、广播电视学、网络与新媒体	新闻传媒系	3	
25	淮北师范大学信息学院	广播电视学、网络与新媒体		2	

续表

序号	学校	专业	所属院系	专业数	备注
26	安徽财经大学商学院	广告学		1	
27	安徽外国语学院	网络与新媒体		1	
28	安徽科技学院	编辑出版学	人文学院	1	
29	安徽农业大学经济技术学院	网络与新媒体	人文社科系	1	
30	安徽大学艺术与传媒学院	广播电视学		1	专升本

2.12.2　提升本科办学水平的新举措：安徽省普通本科高校新闻传播专业合作委员会正式成立

2003年以前，安徽省省属高校中仅安徽大学和安徽师范大学两所高校拥有新闻学专业。经过20多年的发展，安徽省新闻传播学科教育形成了以本科教育为主体，面向社会的办学特点。总体看来教育资源分布并不均衡，仍然具有较大的发展空间。

基于上述实际，为了贯彻教育部新时代全国高等学校本科教育工作会议精神，以安徽大学新闻传播学院为牵头单位，安徽省教育厅2017年年底发布了《安徽省教育厅关于成立安徽省普通本科高校专业合作委员会的通知》(皖教高〔2017〕1号)文件，安徽省普通本科高校新闻传播学类专业合作委员会(后简称“专委会”)于2018年年初成立，并于2018年10月13日在安徽大学磬苑校区召开第一次全体会议。专委会主任委员、安徽大学新闻传播学院芮必峰教授，副主任委员、安徽师范大学新闻与传播学院杨柏岭教授，副主任委员、安庆师范大学传媒学院马俊教授，以及全省本科高校新闻传播学类专业负责人共65人出席会议。会议由专委会秘书长、安徽大学新闻传播学院副院长刘勇教授主持。

专委会通报了成立以来的工作，讨论并通过机构设置，审议通过《安徽省普通本科高校新闻传播学类专业合作委员会章程(讨论稿)》。会议确定了安徽大学、安徽师范大学、安庆师范大学、安徽财经大学、淮北师范大学的新闻学专业作为安徽省新闻传播学类本科首批评估试点专业，评估工作已于2018年12月底结束。

专委会的成立是加快建设高水平本科教育的重要举措，新闻传播学类专委会全体会议的召开为省属各兄弟院校提供了互相了解、合作交流的平台，有助于提升安徽省新闻传播学类本科专业的整体办学水平(见表 2-19)。

表 2-19　**安徽省普通本科高校新闻传播学类专业合作委员会成员单位**

二级专业门类	新闻传播学类专委会包含专业	常任主任委员单位	成员单位
050301 050302 050303 050304 050305 050306T	新闻学、广播电视学、广告学、传播学、编辑出版学、网络与新媒体	安徽大学	安徽大学、安徽师范大学、安庆师范大学、安徽财经大学、淮北师范大学、淮北师范大学信息学院、合肥师范学院、阜阳师范学院、安徽新华学院、巢湖学院、黄山学院、安徽师范大学皖江学院、淮南师范学院、池州学院、皖西学院、滁州学院、铜陵学院、宿州学院、合肥学院、安徽大学江淮学院、安徽工程大学、安徽科技学院、安徽外国语学院、阜阳师范学院信息工程学院、安徽财经大学商学院、安徽理工大学、蚌埠学院、安徽农业大学信息技术学院
合计	6		28

2.12.3　重点实验室建设：安徽大学新闻传播实验教学中心

1. 历史回眸

2000 年，北大方正集团向安徽大学等五家国内高校捐赠设备仪器。新闻系以获赠的方正飞腾电子排版系统建立了“安徽大学北大方正新闻传播实验室”(报刊电子采编室)。2001 年，安徽大学在“211 工程”一、二期建设中，整合组建了实行校院两级管理的新闻传播实验教学中心，陆续建立了摄影、报刊电子采编实验室、音频制作、线性编辑、非线性编辑、广告设计等实验室。2003 年，安徽大学与安徽日报报业集团签署协议共建新闻传播学院后，新成立的新闻传播实验教学中心由此在《安徽日报》及其所属的子报刊及网站建立了自己的“实习(实验)基地”。2006 年 5 月，安徽大学又与华奇科技(深圳)有限公司合作建设“安徽大学华奇科技(深圳)AVID 非线性编辑实验室”。经过严格的资格培训和考试，新闻传播实验教学中心成为“AVID 全国认证培训中心”之一。

截至 2018 年，中心实行校、院两级管理，中心主任负责制。学校负责总体规划与建设，中心负责日常管理和运行。中心现有两个实验教学区、16 个实验室和实训中心，使用面积 1800 平方米，设备总值约为 1700 万元，设备 1480 台(套)，年均运行经费 12 万元。开设实验课程 19 门，实验项目 201 项，为新闻传播学院、艺术学院等本科、研究生实验教学和各级各类创新、创业、竞赛活动提供了平台；也为省内媒体和相关行业开展各种培训，提供咨询服务。

2. 教学效果

该中心为学生课外实践活动、学校宣传报道工作以及省内媒体培训工作提供支撑。

教师承担省级教学研究项目 7 项，校级项目 20 项；承担科研项目 35 项，其中国家级 5 项，省部级 15 项；指导学生开展各种创新性实验、科研训练和竞赛活动 51 项，其中国家大学生创新实验项目 8 项，发表论文 92 篇。

新增实验课程 6 门，出版实验教材 5 部，开发自制实验教具 1 种，开发内容管理软件系统 2 套，6 个手机移动客户端，形成了以新闻传播业务教学团队为核心的多个实验教学团队。

支持新闻学专业成为国家级特色专业和省级重点学科；支持新闻学概论、媒介素养等 15 门课程成为国家级精品课程、国家级视频公开课、省级精品课和校级精品课；支持安徽大学新闻传播学院成为 2009 年新闻传播专业教学满意度十大院校(211 院校类)。

3. 辐射作用

该中心依托实验中心资源，建设了国家级精品课程和视频公开课 2 门，省级精品课程 2 门，校级精品课程 11 门。中心辐射学校其他专业的实验教学，并且为学生日常实践活动开放实验室。为省内媒体的人才培养和培训提供实践场所：报刊电子采编实验室为《合肥晚报》《淮南日报》《阜阳日报》等单位在岗培养提供了大量帮助。广告实验室为省内许多广告公司提供在职培训，很好地贯彻了服务安徽的办学思路。网络舆情监测实验室和电话访谈实验室为部分政府部门提供舆情监测分析服务。该中心通过举办暑期青年教师培训、实验教学研讨等方式，为省内高校新闻传播院系实验教学提供咨询和帮助。

2.12.4　科研与学术交流

(1)2018 年 7 月省内外专家齐聚黄山学院研讨“抗战与安徽文化传播”。7 月 21 日，抗战与安徽文化传播学术研讨会在黄山学院举办，来自安徽大学、厦门大学等国内 30 余所高校及多家媒体、协会的 70 余名专家、学者与会。与会专家学者围绕抗战与安徽的主题，从“抗战与文化 · 传播”“抗战与新四军文化建设”“抗战与政治 · 教育”三个方面展开交流。

(2)2018 年 9 月 8—9 日，安徽大学新闻传播学院、《安徽大学学报》编辑部、《安徽史学》编辑部及中国报刊与社会历史研究所共同主办的第七届“中国报刊与社会历史研究”学术研讨会在合肥召开。来自中国人民大学、中国传媒大学、山东大学、南开大学、浙江大学、辽宁大学、黑龙江大学、天津师范大学、广西师范大学、安徽大学，以及广东省社科院、安徽省社科院等高校和科研机构的 50 多位学者参会。自 2009 年以来，“中国报刊与社会历史研究”学术研讨会已成功举办六届，在学术界产生了影响。此次研讨会为期两天，来自各地高校和科研院所的专家学者将围绕“全球化视域下中国报刊报人与舆论场域(1912—1949)”的视角，就“两次世界大战对中国报刊业务、报人言论路向的冲击及其回应”“两次世界大战与中国新闻业的区域移动”“抗日战争与中国政治区域的舆论互动及竞争”等多个议题展开讨论，以多学科交叉、互动的视野审视中国近代报刊与社会历史变迁的复杂关系，为该领域的学术研究作出贡献。

(3)2018 年 12 月 9 日，以“新媒介 · 新技术 · 新视野 ：新闻传播与社会变革”为主题的安徽省第九届新闻传播学科研究生论坛开幕式在安徽大学磬苑校区举行。此届论坛共收到来自全国 76 所高校和研究院所的 236 篇论文，经严格匿名评审，最终 51 篇论文入围。来自复旦大学、武汉大学、南京大学、中国传媒大学、中国人民大学、台湾大学、台湾世新大学等高校的同学参加了此次论坛宣讲。安徽大学新闻传播学院连续主办 12 届“安徽省新闻传播学科研究生论坛”，2018 年入选成为国内“最受关注的新闻传播学学术会议(研究生类)”。

2.12.5　专业巡礼

安徽省新闻传播教育经历了从 2003 年的跨越式发展至 2010 年的规模化发展后，目前正在规范化的轨道上稳步前进。总体看来，学术研究普遍强调区域特色、服务安徽地方经济和区域发展。试以下列两所高校来反映区域办学特色：

安徽师范大学新闻与传播学院成立于 2010 年 5 月，原名传媒学院，2015 年 1 月改为现名。学院是学校应用性专业综合改革试验田，承载着创新办学模式和人才培养模式的使命。2013 年，学院入选中宣部、教育部 10 所部校共建新闻学院试点单位。

学院现有新闻学、广告学、摄影、动画、播音与主持艺术(含空乘与礼仪方向)、网络与新媒体等本科专业，以及中韩动画、中英新闻等合作办学形式。其中，新闻学、动画、摄影专业为省特色专业，播音与主持艺术为安徽省综合改革试点专业。拥有新闻传播学、戏剧与影视学 2 个一级学科硕士学位点，新闻与传播、广播电视 2 个专业学位硕士点，依托文学院中国语言文学一级学科博士点设置“文艺学(文化传播)”招生方向。

学院自进入全国首批部校共建新闻学院行列以来，中共安徽省委宣传部和安徽师范大学以建设一流新闻学院、培养卓越新闻传播人才这一目标，共建管理体系、共商培养方案、共建核心课程、共建双师队伍、共建实验基地、共建研究平台，投入了专项资金；实施“创、采、写、摄、编、播、评、管”一体化教学，不断深化部校共建的实效。

黄山学院文化与传播学院2018年当选为中国高等教育学会新闻学与传播学专业委员会理事单位。这是安徽省继安徽大学、安徽师范大学之后，第三家入会高校，标志着该院新闻学专业迈上新的台阶。

文化与传播学院由黄山学院整合文学院的新闻学、戏剧影视文学，以及艺术学院的广播电视编导、播音与主持艺术4个专业组建而成。2014年9月，被确定为首个应用型人才培养试点院系。学院以对接社会需求、完善自身、服务地方经济发展为己任，坚持实践教学，实践育人。注重学生动手能力与技能的培养，加强校内实验、实训平台和校外实习基地建设，面向社会，开放办学，提出了“专业互通、实践提升、校企合作，培养复合式应用型文化传播人才”的目标。目前，学院拥有5000平方米的教学实验楼，投资260余万元的全媒体融合实验中心，投资800余万元的虚拟演播厅、实景演播室等多个实验实训中心和30余个学生实习实训就业基地。学院与国内外各大媒体、影视文化机构建立了广泛的联系，成立了大学生记者团、大学生电视台、大学生微电影创作中心等各类社团30余个，拥有各类自办报纸、网站等实训媒体。学生在国内外各类竞赛中获得多个奖项。

近年来，学院教师在科研上取得丰硕成果，承担国家社科基金项目、教育部项目、省社科基金项目等各类项目几十项，在二类以上学术期刊发表学术论文几十余篇，出版专著多部。在新闻传播学、影视戏剧文学等领域取得了显著成绩。

文化与传播学院作为一个应用型较强的新型学院，依托博大精深的徽州文化资源，在学校良好的办学基础上，本着高起点规划、高标准建设的原则，力图建设成为皖南和安徽省的现代传媒、影视人才培养基地。

（刘　丽）

2.13 福建省新闻传播教育发展综述

2.13.1 福建省新闻传播教育发展的基本情况

近两年来，福建省新闻传播教育发展稳中求进。除厦门大学、福建师范大学早年便已设有博士后流动站，以及博士、硕士学位授予点外，华侨大学与闽南师范大学分别于2016年和2018年获批新增新闻与传播学专业硕士点。

目前，福建省高校中提供新闻传播研究生教育的院校共4所，提供本科教育的院校共27所，提供专科教育的院校共22所，福建省新闻传播教育规模有了一定程度的增长。

2.13.2 福建省新闻传播教育办学模式的改革与发展

近年来，面对新技术、市场化、全球化等浪潮的冲击与推动，福建省新闻传播教育也适时地进行了一些调整与改革。厦门大学、福建师范大学、华侨大学等福建省内较早开展新闻传播教育的院校持续发展，厦门理工学院、闽南师范大学、闽江学院等新设新闻传播院系也是动作频繁，表现亮眼。

首先，随着国内新闻传播教育规模的持续扩张与竞争强度的加大，福建省高校日益深入探索适合本院系发展特色的专业教育方向：如厦门大学新闻传播学院依据新媒体的发展和全球化背景下国家对外传播人才的需求趋势，大力发展国际新闻专业与口语传播专业；福建师范大学则基于其在影视艺术方面的深厚积累，将其学科发展方向置于广播电视艺术与文化创新产业，重点发展广播电视学、播音与主持艺术、广播电视编导与广告学等专业；厦门理工学院则基于其理工类院校背景与基础，将学科发展聚焦于数字媒体技术与数字媒体艺术的领域。

对于福建省一些新近设立的新闻传播院系而言，由于缺乏历史积累，其教学科研实力难以与老牌新闻传播院系相较量，但它们办学机制较为灵活，在办学模式如“校企共建”“校媒共建”上也进行了一些新的探索。2018年3月，厦门理工学院秉承“以学生为本，为产业服务”的办学理念，结合新丝路集团在时尚领域的资源与优势，将原数字创意与传播学院和原设计艺术与服装工程学院在时尚设计、表演、传播领域的品牌专业群进行整合、优化，成立了新丝路时尚学院。2018年8月，闽江学院新闻传播学院成立后，与凤凰卫视集团旗下的凤凰数字媒体产业教育集团合作，依托新闻传播学院共建产业学院——凤凰数字媒体学院，采用“两块牌子、一套人马”的运行模式。这些都是借助校外企业或媒体的品牌、资源优势，深度推进产教融合、校企合作的协同育人机制的有益尝试。

其次，新媒体技术的发展不仅革命性地改变了传媒行业的结构与生态，也对新闻传播教育产生了巨大影响。当前，福建省新闻传播院系除了开设传统的新闻学、广播电视学、传播学与广告学专业外，视觉传达设计、动画、数字媒体技术、网络与新媒体、文化产业管理等专业也纷纷设立。如2018年，厦门理工学院将原数字创意与传播学院的资源重新整理，将艺术与科技、文化产业管理、播音主持艺术、数字媒体技术等数个专业整合为网络与新媒体专业和播音与主持艺术两个专业，以此回应新媒体技术背景下传媒行业发展动向及其人才需求。

再次，福建省地处我国东南沿海、与台湾地区一水之隔，是我国最早对外开放的省份之一。近年来，依托地缘优势，福建新闻传播教育的国际化水平进一步提升，跨国跨地区合作教育也获得进一步发展。比如厦门大学新闻传播学院一直十分重视国际交流与合作，在积极引进海内外一流大学的优秀学者来厦大讲学的同时，也努力寻求与我国台港澳地区以及国外知名新闻传播院系在师资培训、联合培养和学生交流方面建立长期合作关系。目前，厦门大学新闻传播学院设立了伊利诺伊联合培养项目、SAF 海外名校交流项目，并与法国里昂第三大学、美国天普大学、美国密苏里大学、新加坡南洋理工大学等海外院系建立了稳定的合作关系。除厦门大学外，其他福建省新闻传播院系也在努力拓展海外合作关系，如 2018 年 6 月，闽江学院与美国肯塔基大学传播与信息学院建立合作关系，每年选派优秀学生赴美国肯塔基大学进行为期三个月的交流学习，以拓展学生国际视野、培养其国际化思维，之后闽江学院还计划进一步拓展 2+2 本科学历教育，3+1+1 硕士学历教育等多种合作办学模式。

鉴于福建独特的区域发展特点，福建新闻教育对台交流频繁，福建省的不少学校如厦门大学、福建师范大学、华侨大学、厦门理工学院、闽南师范大学、闽江学院都与台湾政治大学、台湾世新大学、台湾铭传大学等学校的新闻传播院系建立了密切的学术联系与合作培养关系。其中，福建师范大学在本科层次开展的闽台联合培养人才的“3+1”模式(即 3 年在本校，1 年在台湾学习)在一定程度上代表了闽台合作教育的发展方向。

2.13.3 福建省新闻传播教育课程体系的创新与发展

为顺应社会环境、传媒行业以及新媒体技术的快速变化发展，近两年来，福建省的一些新闻传播院系也对课程进行了改革与调整。

首先，通识教育日益受到重视。厦门大学新闻传播学院近年来采取“宽口径、厚基础、多样化”的大类人才培养模式，不断淡化原有的新闻学、传播学、广告学、广播电视学等专业间的界限，即大一大二注重通识教育和文理综合知识的学习，大三大四强化专业方向性的训练。同时，厦门大学新闻传播学院还尝试打破本科生与研究生教学的界限，允许高年级本科生选修部分研究生课程，以更加充分地发挥综合性与研究型大学优势。

其次，“做中学”形式日益丰富。近年来，福建省新闻传播院系都积极利用中国大学生艺术节学院奖、全国大学生广告艺术大赛、时报广告金犊奖、中国微电影创作大赛、海峡两岸青年创意大赛等各类专业竞赛培养学生的专业实践能力，并取得了不错的竞赛成绩。厦门大学嘉庚学院新闻专业还进一步建立“学科类课程组+专业课程组+特色课程组”的培养体系，采用“1+4”(即“课堂教学”+“工作室”+“实习实训基地”+“创新创业基地”+“双创孵化基地”)的培养模式，不仅开设了创意短视频 IP 运营、中央编辑中心类自媒体运营、微剧情 IP 运营、商业摄影运营等项目性质强的特色课程，还以“创新创业项目”实践带动产学研互动，将来自不同课程的、具有一定市场潜力的教学成果(比如团队、公号或者 IP)，按照市场运营的要求在相应的创新创业课程中进行孵化，并尝试在团队创新创业类课程中将商业级内容制作项目接入课程，重点培养学生标准化、市场化的团队运作模式，并以此来鼓励学生基于此进行创业。

福建省的新闻传播院系还紧跟技术变革趋势，在实验室建设方面进行了一些调整与升级。2018 年，华侨大学新闻与传播学院在福建省省级示范实验中心——华侨大学新闻影像实验中心的基础上，新建了一批实验室，如 VR 实验室、新媒体实验室、全媒体发布实验室、数码影像数据库等，并更新、整合、扩充一批实验设备，如影像调色设备、图文后期制作设备、眼动仪等，然后通过全媒体平台将这些新成立的实验室以及此前已建立的“采编实验室”“多媒体实验室”“广告学实验室”“摄影实验室”“非线性编辑实验室”“虚拟演播室”升级改造成能适应媒体融合发展的有机整体。

再次，随着后喻文化时代的来临，学生的自主获取信息、学习知识的潜力应被充分发掘，一些课程也开始由以“教”为重点转向以“学”为重点。如厦门大学新闻传播学院的“社交媒介与公共关系”“广告创意与表现”“视听广告创作”等课程都采用了翻转课堂的形式，充分调动了学生学习的积极性与主动性，取得了不错的教学效果。

总体而言，近年来，福建省新闻传播教育实现了稳步增长，并在办学模式、人才培养、课程体系等诸多方面有了一些新的尝试与探索。而随着全球化、市场化的不断深入、新媒体的强势崛起，新闻传播教育将面临着更多的挑战，也必然地将进行更多的调整与改革。

(李晓霞　殷　琦)

2.14　江西省新闻传播教育发展综述

2018 年，江西省新闻传播教育取得了新的突破，南昌大学新闻与传播学院获批新闻传播学一级学科博士点，这是江西新闻传播教育历史上零的突破，博士生招生培养工作稳步开展。省级专业评估工作本着公平、公开、公正的原则，有序开展、顺利完成。科研取得新成绩，教学工作推陈出新，江西新闻教育的影响力逐渐增强，在全国占有一席之地。

2.14.1　博士点获得突破

南昌大学新闻与传播学院 2017 年获批教育部一级学科博士授权点，以此为契机，强化学科建设。一是做好一级学科博士点三年建设规划，并且顺利启动一流学科博士点的招生培养工作。二是完成江西省一流学科建设方案的论证，有序推进一流学科建设。按照建设方案，积极引进学科方向带头人，以省哲学社会科学重点研究基地“舆情监测与治理研究中心”为支撑平台，依托部校共建框架，同江西省网络电视台达成全面合作战略协议。三是出台高水平成果的奖励条例，鼓励多出一流学术精品和代表性成果，进一步提升学科实力。四是举办学术讲座。邀请清华大学、复旦大学、武汉大学等多名专家学者举办高水平学术报告，追踪学术前沿，交流学术成果。

2.14.2　专业评估顺利完成

各个新闻教育单位组织评估工作小组对评估所需材料进行收集、提炼，撰写合格评估报告，同时邀请校外专家进校对培养工作进行考核，根据专家提出的意见，进行了评估整改。出版、新闻传播学、广播电视艺术学三个学位点参加教育部的学位点合格评估工作，并顺利完成和通过学术硕士培养合格评估工作。省级本科专业综合评价顺利完成，最终评估结果得到了各方认可：南昌大学新闻学、广播电视学排名第一，广告学排名第二；江西师范大学广告学排名第一，新闻学、广播电视学排名第二；南昌航空大学新闻学排名第三；宜春学院广告学排名第三，体现了各个学院各专业建设水平和核心竞争力。通过审核评估工作，对问题进行自查和整改，提升了江西新闻教育水平。

2.14.3　学科建设步入快车道

江西省委宣传部继续与南昌大学共建新闻学院，在经费、政策、人力物力等方面给予大力支持。江西师范大学新闻与传播学院主动争取，积极作为。2018 年 1 月，经中共江西省委宣传部与江西省教育厅批准，江西师范大学和江西日报社共建江西师范大学新闻与传播学院。

2018 年，南昌大学新闻与传播学院获批国家社科基金项目 2 项，省部级项目 10 项，科研经费进账 183.2 万元。江西师范大学新闻与传播学院获得国家社科项目 2 项，国家社科重大招标项目子课题 1 项，教育部一般项目 1 项，省级课题 8 项，项目经费达 85.5

万元。在成果方面，共发表30篇CSSCI期刊论文，多篇发表于《国际新闻界》《现代传播》《新闻大学》《国外社会科学》等A类期刊，并被“中国人民大学报刊复印资料”转载，科研成果显著。

2018年，南昌大学新闻与传播学院举办了多次全国性的高层次学术会议。12月8—9日，举办2018“新闻与传播学”一流学科高层论坛，邀请国务院学位委员会新闻传播学科评议组召集人、中国人民大学、北京大学、清华大学、复旦大学等著名新闻院校院长和专家参加会议。此次会议就中国“新闻与传播学”的一流学科建设的热点问题展开研讨，社会反响热烈，受到一致好评。12月16日，南昌大学新闻与传播学院六十周年庆典大会在南昌大学前湖校区隆重举行，来自全国各地的院友齐聚前湖之畔，与学院师生共同庆祝六秩华诞。中国人民大学、北京大学、清华大学、中国传媒大学等30家全国兄弟新闻院系，《光明日报》《香港镜报》《江西日报》、江西广播电视台等46家媒体单位，以及全国各地、社会各界院友纷纷发来贺信与贺电。庆典期间，学院举办了六场校友论坛，围绕“党媒、央媒的成长路径”“媒体运营与品牌传播之道”“新媒体的机会与未来”“新闻人的转型创业成长”“新闻人的坚守与坚持”和“新闻理想与责任”六大主题展开探讨。

3月31日，《晋绥日报》70周年纪念大会在中国人民大学新闻学院举行，南昌大学新闻与传播学院主持的中国新闻史学会党报党刊研究委员会作为主办单位之一，主持会议分论坛，宣传中国共产党的新闻舆论思想。2018年10月26—28日，党报党刊研究会积极参加浙江大学召开的中国新闻史学会年会，并配合制作分会展板，同时举办了“转型社会与共产党新闻事业创新研究”学术论坛，来自全国40多位专家、学者围绕论坛主题，分四个分论坛开展研讨，收效良好。

2018年江西师范大学新闻与传播学院共举办三次学术论坛，学院学术影响力进一步提升。分别是：全国县级媒体融合发展论坛、中部传媒与社会发展高层论坛、第二届长江中下游新闻传播学研究生学术论坛。《教育传媒研究》杂志、“中国人民大学报刊复印资料”《新闻与传播》对学院新闻传播人才培养、科学研究与学科建设成绩进行了报道。同时，学院入选中国新闻史学会新闻教育史分会常务理事单位。江西师大新闻与传播学院团队打造的“移动新媒体传播指数(MMCI)”及江西地方新媒体传播影响力榜单产生持续影响力，编撰出版的《江西省党政新媒体传播力蓝皮书》受到媒体关注，获省内外专家好评。该书对2017年度江西省11个设区市及100个县(区)的党政新媒体传播力效果进行了全面准确的评估，扩大了学校的影响力。江西师大新闻与传播学院还承担了学校的重大文化和宣传项目。为迎接建校80周年校庆活动，学院承担了学校的“口述校史”老教授访谈工作以及《谋发展、创一流、学院院长系列访谈》的采编工作。

2. 14. 4　教学实践新举措

江西新闻传播院系在确保质量的前提下大力创新教育教学方式。

(1)南昌大学新闻与传播学院进一步推进课程建设工作。学院积极引导各专业加强重点课程建设，各专业拟定建设至少 1 门重点对象课程，鼓励相关教师积极申报省、校精品开放课程，并为其建设提供必要的支持。一是全院所有教授、副教授均为本科生授课，上课率达 100%；按各专业培养方案规定要求，所有课程(含实验教学)的开设率达 100%，保质保量地完成了基本教学任务。二是学院精品课程建设取得一定成绩。全院共有校级以上精品课程 7 门，其中省级、国家级共 3 门。三是加强"课程思政"理念的渗透。学院进一步发挥我院新闻传播教育的特色，加强教师的思想建设，在专业课程中贯彻"课程思政"理念。四是重点抓"一流本科专业"建设。学院为加强"一流本科专业"建设力度，制定了《一流本科专业建设任务分解书》(2018—2019 年)，拟定以新闻学专业为重点，涵盖其他 4 个专业进行全面建设。五是实验实践条件进一步优化，整体建设完成了全新的"网络舆情实验室"，改善了新媒体实验课程的教学条件。

①积极推动学院教学改革工作深化及人才培养项目。一是教育部"本科教学工程"第一批本科专业综合改革试点工作按要求顺利开展。二是江西省卓越新闻传播人才教育培养计划项目进展顺利，通过了 3 月学校组织的建设总结性考核。11 月，学院制定出台了《卓越计划 2. 0——新闻学专业建设计划》，向全院各相关专业深入推进。三是推动教研改革工作。全年有 6 位教师主持省校教改项目，新增申报教改项目 3 项，有 5 位教师获得 2017—2018 年度"授课质量优秀奖""优秀奖提名奖"。四是教材建设工作。6 月，陈信凌院长受中央宣传部邀请参加"马工程"教材《新闻学概论》送审稿修订工作，陈信凌教授是全国唯一受中央宣传部邀请的 211 院校代表。

②进一步提升教学实验工作建设。一是继续加大对现代传媒中心软硬件建设，全年增加投入 100 万资金，进一步改善各专业实验实践教学条件。二是开展论证、申请 2018 年教育部的虚拟仿真实验教学项目，并对接咨询了省内外若干家相关技术企业机构，为第二年申报做好准备。三是持续投入资金，近三年来新增各项投入超过 1000 万元，对现代传媒中心的软硬件进行升级，新建"网络舆情实验室"，满足了全院各专业日常实验教学的需求。四是拨出专门经费，支持夏季学期"教学工作坊"开展的一系列实践教学活动。

③强化师资建设。一是学院进一步加强人才引进力度，持续引进博士和拔尖人才，同时加强重点基础课程教学团队的建设，积极支持教师进修、培训和攻读博士学位，加强对新进青年教师成长的扶持。多环节多渠道地加强引进人才服务工作。二是注重发挥

知名专家、校友在“以才引才”中的积极作用，充分利用高水平学术会议等契机挖掘引进人选。三是实施引进工作联络人制度，学院需指定专人协助人才办理引进手续及后续跟踪，做到高层次引进人才“1对1”全程服务。

④积极推进境/国外合作交流。与我国香港浸会大学传播学院签署联合培养协议，有序推动双方的交流合作；推进与美国西伊利诺伊大学传播学院的合作，基本完成了前期合同条款。加大对教师赴境/国外学习的资助力度，分别派出青年教师赴美国西伊利诺伊大学等进行为期一年的研修访学。

(2)江西师范大学新闻与传播学院在教学上开展多项创新，多次开展教学月活动。在教学月活动中，开展了“十个一次”活动——“一次院领导集体听课评课、一次校外专家教育教学专题报告、一次专业特色研讨活动、一次专业集体备课活动、一次青年教师座谈、一次用人单位走访活动、一次学生座谈会、一次教学条件大盘查、一次课程思政教育专题学习、一次最美课堂笔记评选”，使“教学月”活动落到了实处，取得了实效。

学院设院级教学建设专题项目，分教材出版类、教育教学改革创新特色类、学生工作创新特色类等，共有28个项目立项。2018年，学院在江西华赣传媒、南昌市传媒高中、南昌市现代教育中心、江西省电化教育馆建立了教学实践基地，做到了实习基地建设“五个一”——“一份协议、一块牌子、一个联系人、一项实习管理制度、一份实习工作档案”。

学院出台了研究生学术交流管理规定，共有十余名研究生参加学术会议；同时，举办了第二届长江中下游新闻传播学学科研究生学生论坛，来自武汉大学等高校80余名研究生参会；聘请美国密苏里大学孙志刚教授为研究生开设研究方法课和全英文学术讲座。

(3)江西财经大学新闻教育探索业界合作新模式。2018年4月，由江西财经大学、《江西日报》和腾讯公司联合共建、人文学院承办的江西企鹅新媒体学院成立。建立新媒体学院适应了国内外媒体生态的发展新趋势，也落实了习近平总书记关于促进传统媒体与新媒体相融合的有关精神，适应了产学研一体化的发展趋势，夯实了“一体两翼”的办学新思路。同时，成立新媒体学院有助于扩大办学的社会影响，培养创新型创业人才，也有助于探索新媒体人才培养的新路径。落户江西财经大学的企鹅新媒体学院是江西首家，也是目前唯一的一家。学校将从“资源输入”与“资源输出”两个方面参与企鹅新媒体学院的运营，最终达到合作共赢。在资源引入方面，企鹅新媒体学院拥有行业80多位权威讲师、270多门精品课程，可以根据需要引入权威师资、引入专业课程，这将对缓解技能型师资缺乏的问题起到很大作用，并使得各种专业设备得到充分利用。在此基础上，学校还会对照企鹅新媒体学院的年度计划，组织师生参与适时、适用的培训项目，挖掘和孵化更多的优质内容创作人才，增强学生创业就业能力。企鹅新媒体学院作为一个平台，为师生提供了一个很好的展示自我的机会。它不仅给江西互联网生态的发展提供了崭新的思路，还将整合腾讯，江西主流媒体和高校等重要资源，为新媒体运营人员提供新媒体转型、新媒体建设和人才培养等方面的经验支持，也为江西高校学子提供了更多的就业和发展机遇。

（陈世华）

2.15　山东省新闻传播教育发展综述

作为孔孟之乡，齐鲁文化的诞生地，山东自古以来就非常重视人才的培养与教育事业的发展。百年春秋沉潜尽，熠熠生辉今始成。历经岁月的洗礼、文化的积淀，山东省厚积薄发、步伐稳健，在新的历史机遇下正努力从高等教育大省向高等教育强省转型。绵延不断的优秀文脉与重视高等教育的时代导向，为山东新闻传播教育的蓬勃发展提供了滋养的土壤。

2.15.1　院系与专业设置情况

1. 院系设置情况

截至 2018 年年底，山东省设置新闻传播专业本科院系的高校共有 28 所，占山东省全部本科院校的 64%。山东高校新闻传播学院的前身多为文学院或中文系，少数院系前身来自于艺术学院、传媒学院等艺术、影视、设计等相近专业。发展脉络多由新闻学、广告学、编辑出版学等单一学科独立成系，在整合相关专业的基础上成立学院。部分院系脱胎于原有的电教中心或广告学、编辑出版学、汉语言文学等相关专业教研室，其中包括山东师范大学新闻与传媒学院、曲阜师范大学传媒学院、山东工商学院人文与传播学院。

新闻传播学科独立建制成立学院或系所的时间多集中在 2010 年后，部分学院在发展过程中经历了与本校文学院的合并与分离。中国海洋大学于 2003 年成立新闻与传播学院，2007 年该院与文学院合并为文学与新闻传播学院，设立新闻与传播学系。山东大学于 2000 年成立文学与新闻传播学院，2016 年新闻传播学院与文学院分离独立建院，这是该校与山东省委宣传部实施“部校共建”的成果之一。

2. 专业设置情况

山东高校各新闻传播院系开设本科生专业的时间主要集中于2000年前后，专业门类齐全，覆盖面广，除新闻学、广播电视学、广告学、传播学、编辑出版学、网络与新媒体、数字出版等基础专业外，部分高校从自身优势资源出发，自设播音与主持艺术、广播电视编导、数字新媒体、新媒体艺术、影视、戏剧、动画、艺术设计等相关本科专业。

从专业分布情况来看，在28所开展本科教育的高校中，共有11所高校开设新闻学本科专业，占39%；7所高校开设广播电视学本科专业，占25%；14所高校开设广告学本科专业，占50%；2所高校开设传播学本科专业，占7%；6所高校开设编辑出版学本科专业，占21%；3所高校开设网络与新媒体本科专业，占11%；1所高校开设数字出版本科专业，占4%。此外还有13所高校另有单独设置其他专业(见图2-6)。

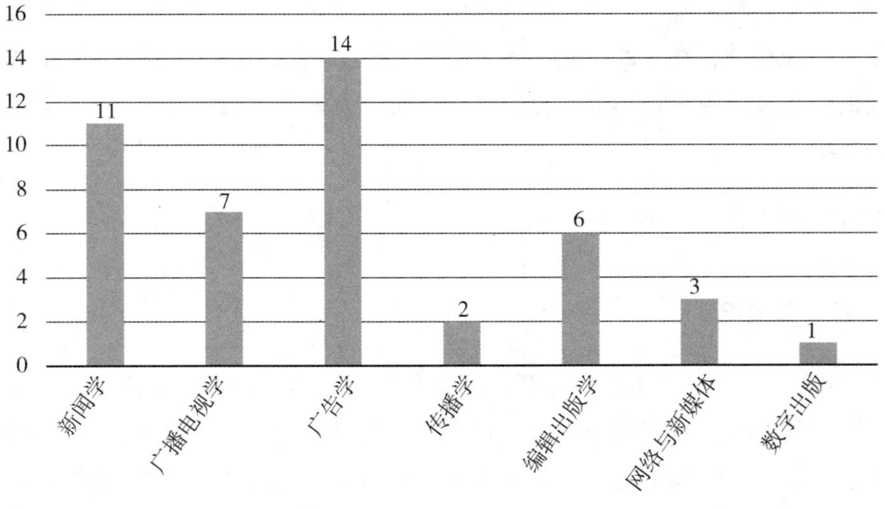

图2-6 山东设置新闻传播本科专业高校数量情况

2.15.2 “部校共建”情况

1. 山东大学“部校共建”情况

山东大学新闻传播学院是2013年中宣部、教育部确定的首批十所“部校共建”新闻学院试点单位之一。近年来，在山东省委宣传部和山东大学的共同努力下，山东“部校共建”新闻学院试点取得了长足发展和丰硕成果。

(1)媒介科学学科发展迈入新阶段。2018 年，依托“部校共建”支持和山东大学“双一流”学科项目建设，山东大学新闻传播学院“媒介科学”学科建设进入新的发展阶段。2018 年 6 月山东大学新闻传播学院举办媒介科学学科建设专家论证会，进一步论证了媒介科学学科建设的科学性、前瞻性和可行性。11 月 19—23 日举办了“媒介科学与技术应用”学术活动周，邀请了来自美国、新加坡、中国台湾的新闻传播学者，举办了包括学术讲座与 VR 技术应用论坛在内的系列学术活动，探讨新媒介技术尤其是 VR 虚拟现实技术在文化传播活动中的应用与前沿学术研究。12 月 15 日，由山东大学新闻传播学院与中国传媒大学国家传播创新研究中心主办，山东大学传播与媒介研究中心承办的首届“媒介科学”学术研讨会暨 2018 中国传播论坛在山东大学召开。

通过前期举办媒介科学学科建设专家论证会和各类会议讲座，逐步扩大了山东大学新闻传播学院和媒介科学在全国范围的影响力。以媒介科学项目为依托，省级重点实验室也申报获批。

(2)学术研究活动国际化。在“部校共建”的基础上，山东大学新闻传播学院通过与国际知名院校、知名学者的合作，不断推动学术活动朝向高端化、前沿化、国际化方向发展。2018 年 5 月 28 日至 6 月 1 日，山东大学新闻传播学院举办“国际学术交流月”活动，由美国密苏里大学新闻学院艾米·西蒙斯(Amy Simons)副教授和章于炎博士进行授课。此外，该年度陆续邀请了新加坡南洋理工大学陈雪华副教授，瑞士卢加诺大学传播科学院 Gianluigi Negro 博士、张展博士，美国纽约城市大学朱影博士等国际学者开展主题讲座活动。

2018 年山东大学新闻传播学院邀请喻国明、刘海龙、魏然、Joanna Zylinska 等国内外著名学者为学院师生进行高水平学术讲座或学术研讨 29 场，全国性学术会议、论坛 5 场(见表 2-20)。

表 2-20　　**山东大学新闻传播学院 2018 年举办学术会议情况**

会议名称	主办单位	承办单位	协办单位
“第二届马克思主义与中国新闻传播学研讨会”学术论坛	马克思主义与中国新闻传播学研究会组委会	山东大学新闻传播学院	
第二届视听传播高峰论坛	全球修辞学会—视听传播学会、山东大学新闻传播学院	山东大学新闻传播学院	中国传媒大学新闻传播学部新闻学院

续表

会议名称	主办单位	承办单位	协办单位
第四届中国新闻史青年论坛	中国新闻史学会、中国社会科学院新闻与传播研究所	山东大学新闻传播学院	
中国新闻史学会新闻传播教育史研究委员会2018年学术年会	中国新闻史学会新闻传播教育史研究委员会	山东大学新闻传播学院	
首届“媒介科学”学术研讨会暨2018中国传播论坛	山东大学新闻传播学院、中国传媒大学国家传播创新研究中心	山东大学新闻传播学院	

(3)“马克思主义新闻观”教学活动不断丰富。“马克思主义新闻观”系列课程是山东大学新闻传播学院“部校共建”课程重点建设内容之一。2018年4月，山东大学与中共临沂市委宣传部合作共建的“山东大学马克思主义新闻观校外教育基地”正式成立，山东大学新闻传播学院分批组织学生到基地进行实践活动，并逐步开设和丰富校外教育课堂，将红色新闻资源与新时代马克思主义新闻观培育相结合。8月，首届马克思主义新闻观师资培训班在山东大学威海校区举行，中国人民大学陈力丹教授、上海交通大学张国良教授、中国人民大学郭庆光教授先后做了专题授课。

2. 中国海洋大学“部校共建”情况

中国海洋大学响应国家号召，学习复旦大学新闻学院首创的“部校共建”模式，融合市委宣传部和大学资源，2015年11月，与中共青岛市委宣传部签订共建中国海洋大学文学与新闻传播学院协议。根据协议组建了(共建)院务委员会，由市委宣传部长担任主任，学校党委常务副书记、分管教学工作的副校长和宣传部分管副部长担任副主任，学院和青岛市主要媒体负责人担任成员，具体工作由新闻与传播学系和宣传部新闻处具体落实。根据协议和(共建)院务委员会会议精神，学院多次召开专题会议研究和落实共建协议，组建了办公室，工作开展总体顺利，三个共建项目(“青岛新闻传播人才培训基地”项目、“新媒体传播与舆情研究中心”项目、“海大卓越新闻传播人才培养计划”项目)均基本完成建设，成果初步显现，效果良好。

2016年4月中国海洋大学成功举办了“青岛宣传系统、新闻媒体领导干部及业务骨干马克思主义新闻观培训班”，邀请国内马克思主义新闻理论及新媒体研究领域著名专家刘伟、胡泳、祝华新、刘建明为全市宣传系统领导干部、各级媒体负责人及业务骨干进行马克思主义新闻观教育，取得了良好效果。

该院还与青岛新闻网合作建立了“中国海洋大学 & 青岛新闻网新媒体传播与舆情研究中心”。借助青岛新闻网成熟的舆情研究技术和经验，结合学院的研究力量和学术支撑，建设新媒体传播与舆情研究平台，基于大数据架构和智能语义分析技术，构建起一个立足大青岛地区，面向全国的新媒体传播与舆情研究平台。一方面满足新闻传播学相关教学科研，另一方面为青岛市政府、企事业单位提供舆情分析与预警服务，为公共决策提供依据。从新媒体传播和舆情分析的角度，为区域发展提供服务，推动青岛及半岛地区的政治、经济和社会改革发展。

3. 鲁东大学“部校共建”情况

2016 年，烟台市委宣传部与鲁东大学共建文学与新闻传播学院工作正式启动，通过合作建设卓越新闻传播人才实践基地，带领学生拍摄“一带一路话中国”“外国人眼中的孔子之乡”“一带一路话山东”系列影视片等活动推动部校共建新闻学院工作的开展。

2.15.3　学科建设与科研情况

1. 一流学科建设

2017 年 9 月 20 日，山东大学入选世界一流大学 A 类建设高校。依据《山东大学世界一流大学建设方案》，山东大学 2017 年 11 月启动“双一流”学科项目建设，包括 3 个优势学科、16 个特色学科、10 个新兴交叉学科和 6 个学科激励计划建设学科。新闻传播学院“媒介科学”学科入选山东大学一流学科激励计划建设项目。

2019 年山东大学新闻传播学院将通过举办媒介科学国际论坛、深度研讨会和博士生工作坊、出版学术译丛、筹备研究集刊等措施，进一步完善媒介科学学科边界、提升理论和研究内涵，结集出版相关优秀成果。另外，借助海内外已有的学术资源，将逐步完成媒介科学学术译丛的专题选题、书目选择和译者召集等工作。

2. 科研情况

在国家级课题立项方面，山东省高校 2018 年分别立项有：新闻传播学科国家社科基金项目 4 项，教育部人文社科研究课题 3 项。其中，山东大学新闻传播学科获得国家社科基金项目 2 项、教育部人文社科研究课题 2 项；青岛大学新闻与传播学院获得国家社科基金项目 1 项；中国海洋大学文学与新闻传播学院获得国家社科基金项目 1 项；青岛理工大学新媒体传播研究所获得教育部人文社科研究课题 1 项。

2.15.4 本科生、研究生教学

1. 本科生教学

在本科教学方面注重本科生的专业实践能力与综合素质培养，各校根据自身优势与特点逐步探索出各具特色的人才培养模式与教育办学模式。

山东大学新闻传播学院启动“七大模块、七大工坊”教学改革。2017 年，山东大学新闻传播学院修订新闻学专业本科教学方案，加强马克思主义新闻观教育，专业课程体系由传统型的新闻传播教育向创新型的教育模式转换，设计为“新闻业务、新媒体、广告、国际传播、影视传播、公共传播、媒介经营与管理”七大课程组，同时增加创新创业教育实践系列，开创性地设计了“创意摄影坊、创意视频制作坊、广告工坊、品牌工坊、创意思维训练坊、未来传播工坊、经典传播工坊(文学生活馆)”七大“创意工坊”系列。2018 年，首次启动了跨校区专业课直播课堂，让威海校区新闻专业的本科生共享优质课程资源。

中国海洋大学文学与新闻传播学院将“新闻理念、知识结构、专业技能”三位一体作为办学特色。在教学中，尤其注重对学生新闻理想的培养。为提高学生的创新意识和创新能力，转变传统单一模式教学体系，将杜威的“从做中学”理论引入教学过程，构建了独具特色的“融入式”教学模式。同时，重视实践教学，形成了一套成熟的实践教学体系。目前，在全省和北京已经建立实习基地 8 个。此外，学院建有新闻演播实验室、新闻摄影实验室、编辑排版实验室、网络传播实验室、平面设计(三维动画)实验室、语言实验室。从 2013 年开始，新闻系对两个本科专业的毕业考核工作进行创新改革。将考核形式由过去重在考核学生专业研究能力的毕业论文，调整为重在考核学生专业综合实践能力的毕业作品(设计)与毕业论文并行的考核形式，本科专业持续实现了较高的就业率，考研和保研率逐年上升。

山东政法学院传媒学院现拥有新闻学、编辑出版学、网络与新媒体 3 个本科专业，新闻学专业 2009 年获批并开始招生，已有 6 届毕业生，编辑出版学专业 2010 年获批并开始招生，已有 5 届毕业生，网络与新媒体专业 2014 年获批并于 2015 年开始招生，将于 2019 年开始有毕业生。传媒学院在山东广播电视台、济南广播电视台、山东教育电视台等广电媒体，济南政府网、山东新闻网、大众网等网络媒体，《山东商报》《都市女报》等媒体建立实践教学基地，将教育教学与实践相结合。

山东师范大学新闻与传媒学院设有广播电视编导(普文和艺术类)、戏剧影视文学

（艺术类）、新闻学、广播电视学、数字媒体艺术（艺术类）、播音与主持艺术（艺术类）6 个本科专业和数字媒体艺术（动画艺术、游戏设计）2 个专业方向，其中广播电视编导专业为名校工程重点建设专业。基本学制为 4 年。实行弹性学制，弹性学制为 3~6 年。

曲阜师范大学传媒学院设有新闻学、广告学、数字出版专业。新闻学专业拥有山东省数字媒体与传播技术实验中心、大型数字化演播室和高水平的新闻制作专业实验室，在日照日报社、日照广播电视台建有专业实习基地，注重培养学生的新闻传播基本理论知识和利用多种传播媒介从事新闻传播活动的能力。广告学专业拥有山东省数字媒体与传播技术实验中心、广告设计与制作专业实验室，建有大型数字化演播室。数字出版专业拥有数字媒体与传播技术实验中心、交互式出版物制作实验室、网络与新媒体实训室等专业实验室，在北京市、烟台市、日照市等地建有专业实习基地。

济南大学文学院传播系的本科人才培养注重训练学生的实践技能，把专业课学习、实习和高层次的大赛结合起来，以赛促教、以赛促学，多次获得全国大学生广告艺术大赛国家级金奖等高级别奖励。

鲁东大学文学院影视传媒系注重培养德智体全面发展、理论素养与实践能力相结合、地域特色与国际视野相统一、采编实务与新兴技能相融合的传播人才。

2. 研究生培养

在研究生教育方面，目前山东省有新闻传播学一级学科博士点 1 个，新闻传播学一级学科硕士点 2 个，新闻与传播专业学位点 7 个，出版专业学位点 1 个，自设学位点 1 个（见表 2-21）。

表 2-21　**山东省主要新闻传播院系研究生教育情况**

学校院系（以学校代码为序）	新闻传播学一级学科博士点	新闻传播学一级学科硕士点	新闻与传播专业学位点	出版专业学位点	自设学位点
山东大学新闻传播学院	✓	✓	✓		
中国海洋大学文学与新闻传播学院			✓		✓
济南大学文学院			✓	✓	

续表

学校院系 （以学校代码为序）	新闻传播学一级学科博士点	新闻传播学一级学科硕士点	新闻与传播专业学位点	出版专业学位点	自设学位点
山东师范大学 新闻与传媒学院		✓	✓		
鲁东大学 文学院			✓		
青岛大学 新闻与传播学院			✓		
烟台大学 人文学院			✓		

2.15.5　小结

山东省新闻传播教育起步较晚，学科力量薄弱，多数高校依托于与新闻传播学科相近的学科资源整合建院，2000年后进入快速成长时期，经过数十年的积累与发展，目前已经形成专业设置种类齐全、人才培养体系完善的教学架构，各高校在长期教育实践过程中逐渐形成具有自身特色的教学模式。与新闻传播教育先进地区相比，山东省新闻传播教育仍有较大进步空间，主要表现在以下几个方面：

一是学科体系需要进一步科学化，重点发展优势学科，打造品牌学科；二是师资力量本土化，具有海外教育背景的人才数量较少；三是研究生教学质量与数量有待提升；四是缺乏在全国范围内本学科具有代表性和影响力的学术带头人。

（毕璐健）

2.16　河南省新闻传播教育发展综述

2.16.1　河南省新闻传播专业设置情况

在河南省建设的139所高校中拥有新闻传播专业博士学位授权点的院系有2所，分别是：郑州大学新闻与传播学院(新闻传播学一级博士学位授权点)；河南大学新闻与传播学院(“跨文化传播”二级博士点)。

拥有新闻传播专业硕士学位授权点的院系有 7 所，分别是：郑州大学新闻与传播学院、河南大学新闻与传播学院、河南工业大学新闻与传播学院、河南财经政法大学文化传播学院、河南师范大学文学院、中原工学院、信阳师范学院。其专业设置有：新闻学、传播学、戏剧影视学、播音主持艺术、应用经济学、传媒创意与设计学、新闻与传播、广播电视艺术学、出版(见表 2-22)。

2018 年河南省高校新闻传播专业学位点的增设情况主要有：郑州大学新增新闻传播学一级学科博士学位授权点；河南财经政法大学新增新闻与传播专业硕士学位授权点；中原工学院新增新闻与传播专业硕士学位授权点。

截至 2018 年，在河南省建设的 139 所高校中开设新闻与传播专业的本科院校共计 33 所，专科院校共计 51 所，包括 30 所高职(专科)院校和 21 所普通本科院校。各高校新闻传播院系所设立的本科专业有：新闻学、广播电视学、编辑学、广告学、网络与新媒体、数字媒体、广播电视编导、播音与主持艺术。专科专业有：新闻采编与制作、网络新闻与传播、印刷媒体技术、影视多媒体技术、影视编导、数字多媒体艺术设计、播音与主持、视觉传播设计与制作、网络新闻与传播、数字媒体应用技术、广告设计与制作、广播影视节目制作、传播与策划等(见表 2-23～表 2-25)。

表 2-22　**硕博专业设置情况(7 所)**

<table>
<tr><th>院系名称</th><th>专业设置</th><th>在校生</th></tr>
<tr><td rowspan="2">郑州大学
新闻与传播学院</td><td>公共传播(博士学位)</td><td rowspan="2">公共传播招收 5 人
新闻学、传播学各招收 18 人
新闻与传播招收共 40 人
艺术学招收 7 人</td></tr>
<tr><td>新闻学、传播学(学术学位)
新闻与传播、艺术学(专业学位)</td></tr>
<tr><td>河南大学
新闻与传播学院</td><td>新闻学、传播学、戏剧影视学、播音主持艺术(学术学位)
新闻与传播、出版、广播电视(专业学位)</td><td>新闻学、传播学各招收 12 人
戏剧与影视学、播音主持艺术各招收 3 人
新闻与传播招收 39 人
广播电视招收 50 人
出版招收 24 人</td></tr>
</table>

续表

院系名称	专业设置	在校生
河南工业大学 新闻与传播学院	新闻传播学(学术学位) 新闻与传播、艺术(专业学位)	新闻传播学招收3人 新闻与传播招收13人 艺术(广播电视)招收6人
河南财经政法大学 文化传播学院	应用经济学(学术学位) 新闻与传播(专业学位)	应用经济学招收2人 新闻与传播招收3人
河南师范大学 文学院	戏剧与影视学(学术学位)	共招收3人
中原工学院 新闻与传播学院	传媒创意与设计学(学术学位)	共招收2人
信阳师范学院 传媒学院	广播电视(专业学位)	共招收18人

表2-23　**本科专业设置情况(33所)**

院系名称	专业设置	在校生
郑州大学 新闻与传播学院	新闻学、广播电视新闻学、网络与新媒体、广告学	新闻学120人 广告学60人 广播电视学60人 网络与媒体60人
河南大学 新闻与传播学院	新闻学、编辑出版学、广告学、网络与新媒体、播音与主持艺术、广播电视编导	广播电视编导60人 播音与主持艺术62人 新闻传播学类201人
河南工业大学 新闻与传播学院	广告学、广播电视学、播音与主持艺术、网络与新媒体	广告学90人 广播电视学60人 播音与主持艺术120人 网络与新媒体90人
河南财经政法大学 文化传播学院	广告学、新闻学、网络与新媒体、广播电视学	新闻传播学类(广告学、新闻学、网络与新媒体)130人 广播电视学70人

续表

院系名称	专业设置	在校生
河南师范大学 文学院	广播电视学、戏剧影视文学	广播电视学 100 人 戏剧影视文学 100 人
中原工学院 新闻与传播学院	广播电视学、网络新媒体、广播电视编导、播音与主持艺术	广播电视学 61 人 网络新媒体 50 人 广播电视编导 88 人 播音与主持艺术 90 人
信阳师范学院 传媒学院	播音与主持艺术、广播电视编导、戏剧影视文学、动画	播音与主持艺术 131 人 广播电视编导 126 人 戏剧影视文学 72 人 动画 71 人
南阳师范学院 新闻与传播学院	新闻学、广播电视编导、播音与主持艺术	新闻学 50 人 广播电视编导 104 人 播音与主持艺术 132 人
黄淮学院 文化传媒学院	广播电视编导、播音与主持艺术、网络与新媒体	广播电视编导 90 人 播音与主持艺术 70 人 网络与新媒体 60 人
平顶山学院 新闻与传播学院	播音与主持艺术、广播电视编导、广播电视学、广告学、文化产业管理、网络与新媒体	播音与主持艺术 119 人 广播电视编导 121 人 广告学 60 人 文化产业管理 46 人 网络与新媒体 68 人
周口师范学院 新闻与传媒学院	新闻学、播音与主持艺术、广播电视编导	新闻学 80 人 播音与主持艺术 80 人 广播电视编导 80 人
商丘师范学院 传媒学院	广播电视学(新媒体方向)、广告学、广播电视编导、播音与主持艺术	广播电视学(新媒体方向)50 人 广告学 50 人 广播电视编导 60 人 播音与主持艺术 60 人
河南理工大学 广告系	广告学	本科生 200 余人

续表

院系名称	专业设置	在校生
郑州师范学院 传播学院	广播电视学、网络与新媒体，新闻采编与制作(专科)、新闻采编与制作(编导方向)(专科)、新闻采编与制作(新媒体方向)(专科)、播音主持(专科)	广播电视学 60 人 网络与新媒体 58 人
洛阳理工学院 人文与社会科学学院	新闻学	新闻学 90 人
新乡学院 新闻传播学院	广播电视编导、新闻学、播音主持(专科)	广播电视编导 130 人 新闻学 60 人
南阳理工学院 文法学院	播音与主持艺术、广播电视编导	播音与主持艺术 60 人 广播电视编导 40 人
河南大学民生 学院(独立) 传媒学院	新闻学、播音与主持艺术、广播电视编导、广告学	新闻学 100 人 播音与主持艺术 120 人 广播电视编导 100 人 广告学 100 人
黄河科技学院(民办) 新闻传播学院	广播电视学、播音与主持艺术、广播电视编导、表演专业、戏剧影视文学专业	广播电视学 40 人 播音与主持艺术 130 人 广播电视编导 130 人 表演专业 50 人 戏剧影视文学专业 33 人
郑州升达经贸管理 学院(民办) 文法学院	新闻学	新闻学 58 人
郑州成功财经 学院(民办) 文学与新闻传播学系	新闻学、广告学	新闻学 50 人 广告学 50 人
商丘学院(民办) 传媒学院	播音与主持艺术专业、广播电视编导专业	播音与主持艺术专业 74 人 广播电视编导专业 66 人

续表

院系名称	专业设置	在校生
郑州航空工业管理学院 艺术设计学院	播音与主持艺术、广告学	播音与主持艺术 300 人 广告学 25 人
洛阳师范学院 新闻与传播学院	新闻学、广播电视编导、播音与主持艺术	新闻学 70 人 广播电视编导 110 人 播音与主持艺术 110 人
安阳工学院 文法学院	播音与主持艺术、广播电视编导	播音与主持艺术 50 人 广播电视编导 100 人
河南牧业经济学院 文法学院	网络与新媒体	网络与新媒体 100 人
安阳学院 文学与传媒学院	广播电视编导、播音与主持艺术	广播电视编导 155 人 播音与主持艺术 5 人
郑州工商学院 文法学院、艺术学院	广告学、播音与主持艺术、表演专业(影视艺术方向)、视觉传达设计专业	广告学 90 人 播音与主持艺术 80 人 表演专业(影视艺术方向)10 人 视觉传达设计专业 90 人
郑州大学西亚斯国际学院 新闻与传播学院	新闻学、新闻学(新媒体方向)、新闻学(数码影像方向)、广告学、广告学(形象管理方向)	新闻学 110 人 广告学 110 人
郑州大学体育学院 体育新闻与管理系	新闻学	本科生 70 人
河南师范大学新联学院文学与传媒学院	广播电视编导、广播电视学、视觉传达设计	广播电视编导 90 人 广播电视学 80 人 视觉传达设计 90 人
河南科技学院 新科学院中文系	新闻学、视觉传达设计	新闻学 30 人 视觉传达设计 20 人
中原工学院信息商务学院政法与传媒系	播音与主持艺术、广播电视编导、广播电视学、广告学	播音与主持艺术 220 人 广播电视编导 170 人 广播电视学 10 人

表 2-24 **专科院校专业设置情况(30 所)**

院校名称	专业设置	招生人数
河南职业技术学院 环境艺术工程学院	广告设计与制作、广告设计与制作(平面广告设计)	广告设计与制作 70 人 平面广告设计 100 人
漯河职业技术学院 艺术设计系	数字媒体艺术设计、视觉传播设计与制作	数字媒体艺术设计 30 人 视觉传播设计与制作 50 人
开封大学 人文学院、艺术学院	传播与策划、新闻采编与制作、广播影视节目制作、视觉传播设计与制作	传播与策划、新闻采编与制作、广播影视节目制作各招收 60 人 视觉传播设计与制作专业 50 人
焦作大学 艺术学院	新闻采编与制作、视觉传播设计与制作、数字媒体艺术设计、播音主持、广播影视类	新闻采编与制作 100 人 视觉传播设计与制作 70 人 数字媒体艺术设计 150 人 播音主持 40 人 广播影视类 110 人
平顶山工业职业 技术学院 艺术学院	视觉传播设计与制作	共招收 65 人
周口职业技术学院 体育艺术学院	视觉传播设计与制作	共招收 40 人
济源职业技术学院 艺术设计系	视觉传播设计与制作	共招收 40 人
鹤壁职业技术学院 人文教育学院	视觉传播设计与制作	共招收 50 人
河南工业职业技术学院 电子信息工程学院	广告设计与制作	共招收 30 人
焦作师范高等专科学校 文学院	新闻采编与制作、视觉传播设计与制作、广播电视类(停止招生)	共招收 60 人
郑州信息科技职业学院 人文与公共管理 学院、艺术学院	新闻采编与制作、视觉传播设计与制作、数字媒体艺术设计、网络新闻与传播(新增)	新闻采编与制作 30 人 网络新闻与传播 20 人 视觉传播设计与制作 30 人 数字媒体艺术设计 42 人

续表

院校名称	专业设置	招生人数
郑州电子信息职业技术学院艺术设计系	视觉传播设计与制作、广告设计与制作、数字媒体艺术设计	视觉传播设计与制作、广告设计与制作、数字媒体艺术设计各招收 84 人
嵩山少林武术职业学院信息技术系、文化传播系	视觉传播设计与制作、广告设计与制作、新闻采访与写作	视觉传播设计与制作 136 人 广告设计与制作 62 人 新闻采访与制作 20 人
永城职业学院文化艺术系	视觉传播设计与制作、广告设计与制作	视觉传播设计与制作共 60 人 广告设计与制作 30 人
河南经贸职业学院艺术设计学院	视觉传播设计与制作、广告设计与制作、新闻采编与制作	视觉传播设计与制作 101 人 广告设计与制作 43 人 新闻采编与制作 107 人
郑州旅游职业学院经济贸易系	视觉传播设计与制作	共招收 40 人
河南林业职业技术学院信息与艺术设计系	数字媒体艺术设计(停招)、视觉传播设计与制作(新增)	数字媒体艺术设计、视觉传播设计与制作各招收 50 人
河南工业贸易职业学院艺术设计系	广告设计与制作	共招收 112 人
安阳职业技术学院艺术系	视觉传播设计与制作、广告设计与制作	视觉传播设计与制作 8 人 广告设计与制作 14 人
新乡职业技术学院艺术与教育系	视觉传播设计与制作	共招收 31 人
驻马店职业技术学院艺术系	视觉传播设计与制作	共招收 11 人
焦作工贸职业学院艺术系	数字媒体艺术设计、视觉传播设计与制作、播音与主持艺术	数字媒体艺术设计 23 人 视觉传播设计与制作 5 人 播音与主持艺术 25 人
郑州理工职业学院艺术传媒系	数字媒体艺术设计	共招收 50 人
郑州信息工程职业学院艺术系	广告设计与制作	共招收 60 人

续表

院校名称	专业设置	招生人数
开封文化艺术职业学院 文化传媒系	播音主持、视觉传播设计与制作、广告设计与制作	播音主持 50 人 视觉传播设计与制作 70 人 广告设计与制作 50 人
河南艺术职业学院 新闻传媒系、文化传播技术系、艺术系	新闻采编与写作、播音主持、视觉传播设计与制作、广告设计与制作、广播电视编导类	新闻采编与写作 50 人 播音主持 210 人 视觉传播设计与制作 240 人 广告设计与制作 125 人 广播电视编导类 160 人
许昌电气职业学院 艺术系	广告设计与制作、影视编导、播音与主持	广告设计与制作 26 人 影视编导 28 人 播音与主持 20 人
郑州商贸旅游职业学院 艺术传媒系	视觉传播设计与制作	共招生 88 人
郑州职业技术学院 大众传播系	新闻采编与写作、广告设计与制作	新闻采编与写作 50 人 广告设计与制作 120 人
许昌职业技术学院 艺术设计学院	视觉传播设计与制作	共招收 5 人

表 2-25 **本科院校专科专业(20 所)**

院校名称	专业设置	招生人数
郑州大学西亚斯国际学院 新闻与传播学院	新闻采编与制作	共招收 60 人
河南工业大学中英 国际学院(软件学院)	播音与主持艺术	共招收 180 人
黄河科技学院 新闻与传播学院	新闻采编与制作、播音与主持、影视编导、视觉传播设计与制作	新闻采编与制作、播音与主持、影视编导各 60 人 视觉传播设计与制作 80 人
安阳工学院 文法学院 艺术设计学院	新闻采编与制作、视觉传播设计与制作	新闻采编与制作 100 人 视觉传播设计与制作 80 人

续表

院校名称	专业设置	招生人数
南阳理工学院 艺术设计学院	数字媒体艺术设计	共招收 150 人
新乡学院 新闻传播学院	播音与主持艺术	共招收 85 人
洛阳理工学院 艺术设计学院	视觉传播设计与制作、广告设计与制作	视觉传播设计与制作 90 人 广告设计与制作 80 人
郑州科技学院 艺术学院	视觉传播设计与制作、播音与主持艺术	视觉传播设计与制作专业 78 人 播音与主持艺术专业 70 人
郑州工业应用技术学院 艺术设计学院	视觉传播设计与制作、广告设计与制作	视觉传播设计与制作 8 人 广告设计与制作 67 人
郑州财经学院 文化与传播学院 艺术学院	数字媒体艺术设计、广告设计与制作、新闻采编与制作	数字媒体艺术设计 50 人 广告设计与制作 60 人 新闻采编与制作 35 人
郑州成功财经学院 艺术系	视觉传播设计与制作、数字媒体艺术设计	视觉传播设计与制作 42 人 数字媒体艺术设计 44 人
郑州升达经贸管理学院 艺术学院	视觉传播设计与制作、广告设计与制作(停止招生)	共招收 60 人
河南牧业经济学院 文法学院	视觉传播设计与制作、广告设计与制作(停止招生)、网络新闻与传播	共招收 120 人
信阳农林学院 规划与设计学院	广告设计与制作	共招收 90 人
河南财政金融学院 文化传播系	广告设计与制作	共招收 60 人
郑州工程技术学院 文化与传播学院	视觉传播设计与制作、播音与主持、广播影视类、广告学	视觉传播设计与制作 90 人 播音主持 120 人 广播影视类 70 人 广告学 70 人
河南工学院 艺术设计系	广告设计与制作	共招收 120 人

续表

院校名称	专业设置	招生人数
安阳学院 美术学院	视觉传播设计与制作 播音与主持艺术	视觉传播设计与制作 87 人 播音与主持艺术 40 人
信阳学院 艺术学院	视觉传播设计与制作	共招收 110 人
郑州工商学院 艺术学院、文法学院	数字媒体艺术设计、播音与主持、广告设计与制作(新增)	数字媒体艺术设计 90 人 播音与主持 90 人 广告设计与制作 90 人

2.16.2　专业增减情况

(1)2018 年，高校本科专业增减情况：河南大学新闻与传播学院新增网络与新媒体专业；黄河科技学院(民办)新闻传播学院新增戏剧影视文学专业；黄淮学院文化传媒学院广播电视专业停止招生，增设网络与新媒体专业；平顶山学院新闻与传播学院增设文化产业管理专业；郑州科技学院新增播音与主持艺术专业；安阳学院新增播音与主持艺术专业；郑州工程技术学院新增广告学专业。

商丘学院(民办)人文学院取消新闻学、广告学专业；洛阳理工学院人文与社会科学学院广播电视编导专业停止招生；中原工学院新闻与传播学院停止招收新闻与传播学院专科类学生；郑州师范大学传播学院停止招收播音专业专科类学生。

(2)2018 年，高校专科专业增减情况：郑州信息科技职业学院新增网络新闻与传播专业；河南林业职业技术学院新增视觉传播设计与制作专业；郑州工商学院新增广告设计与制作专业；开封文化艺术职业学院新增广告设计与制作专业；许昌电气职业学院新增播音与主持艺术专业。

焦作师范高等专科学校停止招收视觉传播设计与制作、广播电视类专业的学生；河南牧业经济学院停止招收视觉传播设计与制作、广告设计与制作专业的学生；郑州升达经贸管理学院停止招收广告设计与制作专业的学生。

2.16.3　国家级精品课程

据 2018 年国家精品在线开放课程公示名单显示，河南省高校中新闻传播类课程入选的有三所学校，具体如下：河南师范大学段勃主持的“新闻采访学”；平顶山学院新闻与传播学院王卫中主持的“普通话语音和播音发声”；许昌职业技术学院杨楼新主持的“数码摄影基础教程”。

2.16.4　合作共建情况

2018 年 1 月，中共周口市委宣传部与周口师范学院签约共建新闻与传媒学院；4 月，河南广播电视台“法在中原”栏目同河南财经政法大学文化传播学院开展新一期的“校媒共建”项目——《当事人》；4 月，商丘师范学院与大河网络传媒集团签署共建“商师云”融媒体中心战略合作协议；6 月，河南省教育新媒体暨舆情研究中心同南阳理工学院实行新媒体联盟。

2.16.5　学科优势及成果

在新闻传播教育中，河南省各个高校充分结合自身优势，突出特色，创新人才培养思路与方法，形成了各具特色的办学理念。并且，各高校在发展新闻传播教育的过程中也取得了很多优异的成果。

1. 学科特色方面

河南工业大学新闻与传播学院依托学校丰厚的理工资源和日趋增强的学科基础，提出了走差异化、跨越式发展的办学思路，确立了在广播电视与新媒体领域培养基础知识扎实、专业知识与技能突出、综合素质全面、具有创新精神的复合应用型现代传媒人才的目标定位；形成了强调文理渗透，学研一体，博专结合，新闻传播理论与现代信息技术的文理工有机统一，新闻传播产业链条与理论教学相统一的办学特色。

河南财经政法大学文化传播学院坚持以培养高素质应用型的新闻传播人才为目标，加强第二课堂建设，鼓励各专业开展课外活动，参加国内各项赛事，提高学生的实践能力。学院还成立马克思主义新闻观研究中心，打造学术团队，促进科研水平的提升。

中原工学院顺应媒介融合的发展趋势，结合工科院校的专业背景，依托工科教学资源，从社会经济发展的需要出发，密切关注媒体发展要求，将人文素质的提升与新媒体技术运用并举，强化实践教学，形成学科交叉融合、注重综合素质、新技术应用适应能力突出的特色。

2. 实践成果方面

“穆青研究中心”是郑州大学新闻与传播学院组建的河南省人文社科重点研究培育基地，学院依托该中心，带领新闻学专业学子持续开展“重走穆青路”大型教学实践活动。2016 级穆青新闻实验班“重走穆青路——走进兰考”活动入选“伟大的变革——庆祝改革开放四十周年大型展览”，于 2018 年 11 月在国家博物馆展出。

2018 年，河南大学新闻与传播学院在教学中十分重视与业界的合作，业界老师走进本科生课堂，与学院的教师共同开设了十几门共建课程。与此同时，学院支持每个专业打造实践活动品牌，如新闻专业的“记者文化节”、编辑出版专业的“悦读文化节”、广告专业的“广告文化节”、播音与主持艺术专业的“绽放”、广播电视编导专业的“微电影节”，这些品牌活动影响力日益扩大。

信阳师范学院传媒学院举办了大别山微电影节、景明戏剧节、动漫嘉年华、新年朗诵会等活动，已形成了具有广泛的辐射力和影响力的文化品牌。

3. 教学创新方面

信阳师范学院传媒学院以专业课程为依托，推行“专业汇报演出制度”；以专业团队为载体，推行“目标作品创作制度”；以大型活动为平台，推行“项目型实践教学制度”；以培养创新精神为核心，将目标作品创作贯穿教学的整个过程，把“出作品，出精品”作为教学的总目标，以目标作品为载体实施人才培养计划。

洛阳理工学院人文与社会科学学院对新闻学专业的培养方案进行了创新的修订：采取了学分置换的方法，鼓励学生参加实践锻炼。共拿出了 4 个学分，开设“第二课堂”和“媒体工作坊”，其中，学生参加专业行业比赛或者行业内举行的培训学习等均可以凭成绩或证书置换第二课堂的学分。目前已经组织了学生参加头条学院训练营、网易青媒计划、百度百家号训练营、腾讯企鹅号训练营等活动；学生参加专业实习、毕业实习以外的媒体工作，均可以凭借相关材料(作品、实践证明等)置换媒体工作坊的学分。

（严 励）

2.17 湖北省新闻传播教育发展综述①

2.17.1 2018 年湖北省新闻传播教育的宏观态势

2018 年是湖北省新闻传播教育改革中砥砺前行的一年。全媒体时代的到来，对传

① 本节为湖北省教育科学规划 2018 年度重大招标课题“新闻与传播类专业人才培养改革与评价研究”(课题编号：2018ZDZB06)阶段性成果。

统的新闻传播教育带来了诸多的挑战。如何在坚持正确的政治立场下培养市场需求的应用型、复合型、创新型人才，成为湖北省各高校新闻传播教育改革面临的核心问题之一。

“融合发展关键在融为一体、合而为一。”党的十八大以来，以习近平同志为核心的党中央高度重视传统媒体和新兴媒体的融合发展，习近平总书记多次在不同场合强调要利用新技术、新应用创新媒体传播方式。2018 年 1 月 30 日，国家教育部发布《普通高等学校本科专业类教学质量国家标准》，指出新闻传播学类专业教育教学应坚持马克思主义为指导，培养学生具有坚定正确的政治方向，以国家政治、经济和文化建设发展需求为基本原则，以我国高等教育定位和特点为参考框架，同时以行业标准和社会需求为导向，培养坚持马克思主义新闻观，坚持正确政治立场和方向，具有全媒体新闻传播知识和能力的应用型、复合型、创新型人才，以及具有全球视野和跨文化传播能力的国际新闻传播人才。2018 年 6 月 21 日，教育部在四川省成都市召开新时代全国高等学校本科教育工作会议。会议强调，要深入学习贯彻习近平新时期中国特色社会主义思想和党的十九大精神，全面贯彻落实习近平总书记 5 月 2 日在北京大学师生座谈会上重要讲话精神，坚持“以本为本”，推进“四个回归”，加快建设高水平本科教育、全面提高人才培养能力。2018 年 10 月 18 日，国家教育部和中共中央宣传部联合发布《关于提高高校新闻传播人才培养能力实施卓越新闻传播人才教育培养计划 2.0 的意见》，该文件指出要以习近平总书记关于新闻舆论工作的重要论述为指导，深入贯彻落实《中共中央关于加强和改进党的新闻舆论工作的意见》，加强和改进高等学校新闻传播专业建设，建设中国特色、世界水平的一流新闻传播专业。全面落实立德树人根本任务，坚持马克思主义新闻观，用中国特色社会主义新闻理论教书育人，培养造就一大批具有家国情怀、国际视野的高素质全媒化复合型专家型新闻传播后备人才。

在此背景下，湖北省许多高校进行了不同程度的探索与尝试。其中，为推动湖北省新闻传播教育改革，武汉大学新闻与传播学院于 2018 年 6 月成立了湖北省新闻传播教育调研小组，启动对全省高校新闻传播教育以及马克思主义新闻观教育的调研工作；华中科技大学新闻与信息传播学院多次举办本科教学深研会，探讨教学模式的创新；华中师范大学新闻传播学院更新了本科人才培养方案，增加了新媒体有关的专业课程；中南财经政法大学多次召开本科教育教学专题座谈会，围绕课程设置、马克思主义新闻观教育等方面进行探讨；中国地质大学艺术与传媒学院（武汉）召开了传达《关于召开 2018 年度本科教育教学会议的通知》文件精神的特别会议，坚持“以人为本”，践行“四个回归”，弘扬“严在地大”的校风学风；湖北大学新闻传播学院隆重举办“融媒时代卓越新闻传播人才培养高峰论坛”，邀请众多媒体大咖共议融媒时代卓越新闻传播人才培养方案。

2.17.2 湖北省新闻传播院系在2018年的动态简况

作为中部地区的教育大省，全国的教育重镇，湖北省共有76所高校开设新闻传播学类专业，其中中央部委高校8所，省属公办本科高校20所，民办本科高校27所，高职高专21所(见表2-26)。

表2-26 **湖北省76所新闻传播学类高校概况**

序号	学校名称	学校性质	院系	新闻传播类专业	新闻传播相关类专业
1	武汉大学	中央部委高校	新闻与传播学院、信息管理学院	新闻学、广播电视学、广告学、传播学、编辑出版学、数字出版	播音与主持艺术
2	华中科技大学	中央部委高校	新闻与信息传播学院	新闻学、广播电视学、广告学、传播学	播音与主持艺术
3	华中师范大学	中央部委高校	新闻传播学院	新闻学、广播电视学、网络与新媒体	视觉传达设计、数字媒体艺术
4	武汉理工大学	中央部委高校	文法学院	广告学、编辑出版学	视觉传达设计
5	中国地质大学	中央部委高校	艺术与传媒学院	广播电视学	视觉传达设计、数字媒体艺术
6	中南财经政法大学	中央部委高校	新闻与文化传播学院	新闻学、广播电视学、网络与新媒体	视觉传达设计、数字媒体艺术
7	华中农业大学	中央部委高校	文法学院	广告学	视觉传达设计
8	中南民族大学	中央部委高校	文学与新闻传播学院	新闻学、广播电视学、广告学	视觉传达设计
9	湖北大学	省属公办本科高校	新闻传播学院	新闻学、广播电视学、广告学、传播学、编辑出版学	播音与主持艺术、视觉传达设计、数字媒体艺术
10	三峡大学	省属公办本科高校	文学与传媒学院、人文学院	广播电视学	播音与主持艺术、视觉传达设计

续表

序号	学校名称	学校性质	院系	新闻传播类专业	新闻传播相关类专业
11	长江大学	省属公办本科高校	文学院、艺术与传媒学院	广播电视学	广播电视编导、播音与主持艺术、数字媒体艺术、视觉传达设计
12	江汉大学	省属公办本科高校	人文学院、艺术与设计学院	广告学	播音与主持艺术
13	湖北工业大学	省属公办本科高校	艺术设计学院	广告学	视觉传达设计、数字媒体艺术
14	武汉工程大学	省属公办本科高校	艺术设计学院	广告学	视觉传达设计
15	武汉纺织大学	省属公办本科高校	传媒学院	广播电视学、广告学、网络与新媒体	摄影、视觉传达设计、数字媒体艺术
16	武汉轻工大学	省属公办本科高校	艺术与传媒学院	广告学	视觉传达设计
17	湖北师范大学	省属公办本科高校	文学院、音乐学院	广播电视学、广告学	播音与主持艺术、视觉传达设计
18	湖北民族学院	省属公办本科高校	文学与传媒学院	新闻学、广播电视学、编辑出版学	广播电视编导、视觉传达设计
19	湖北经济学院	省属公办本科高校	新闻与传播学院	新闻学、广告学、网络与新媒体	视觉传达设计、数字媒体艺术
20	武汉体育学院	省属公办本科高校	新闻传播学院	新闻学	广播电视编导、播音与主持艺术、视觉传达设计
21	湖北文理学院	省属公办本科高校	文学与传媒学院	广播电视学	广播电视编导
22	湖北工程学院	省属公办本科高校	文学与新闻传播学院	广播电视学、广告学、网络与新媒体	播音与主持艺术、数字媒体艺术、视觉传达设计
23	湖北科技学院	省属公办本科高校	人文与传媒学院	网络与新媒体	广播电视编导、视觉传达设计

续表

序号	学校名称	学校性质	院系	新闻传播类专业	新闻传播相关类专业
24	黄冈师范学院	省属公办本科高校	新闻与传播学院	广播电视学、广告学	播音与主持艺术、数字媒体艺术、视觉传达设计
25	湖北理工学院	省属公办本科高校	师范学院	网络与新媒体	视觉传达设计
26	湖北第二师范学院	省属公办本科高校	文学院、艺术学院	新闻学、广告学、编辑出版学	视觉传达设计
27	荆楚理工学院	省属公办本科高校	文学与传媒学院	网络与新媒体	广播电视编导、视觉传达设计
28	汉江师范学院	省属公办本科高校	中文系	/	广播电视编导、新闻采编与制作(专科)
29	武汉东湖学院	民办本科高校	文法学院、传媒与艺术设计学院	新闻学、广告学	播音与主持艺术、数字媒体艺术、视觉传达设计
30	汉口学院	民办本科高校	传媒学院、艺术设计学院	新闻学、网络与新媒体	广播电视编导、播音与主持艺术、影视摄影与制作、视觉传达设计
31	武汉工商学院	民办本科高校	文法学院	新闻学、广告学、网络与新媒体	视觉传达设计、数字媒体艺术
32	武昌理工学院	民办本科高校	影视传媒学院、艺术设计学院	/	广播电视编导、播音与主持艺术、影视摄影与制作、视觉传达设计
33	武昌工学院	民办本科高校	艺术设计学院	广告学	摄影、视觉传达设计
34	文华学院	民办本科高校	人文社会科学学部	新闻学、广告学、网络与新媒体	视觉传达设计、数字媒体艺术
35	武汉工程科技学院	民办本科高校	艺术与传媒学院	广播电视学	广播电视编导、播音与主持艺术、摄影、视觉传达设计、数字媒体艺术

续表

序号	学校名称	学校性质	院系	新闻传播类专业	新闻传播相关类专业
36	武昌首义学院	民办本科高校	新闻与法学学院	新闻学、广播电视学、网络与新媒体	视觉传达设计、广播电视编导
37	武汉学院	民办本科高校	信息及传播学院	新闻学、网络与新媒体	影视摄影与制作、视觉传达设计、数字媒体艺术
38	武汉设计工程学院	民办本科高校	成龙影视传媒学院、艺术设计学院	广告学	播音与主持艺术、数字媒体艺术、视觉传达设计
39	湖北商贸学院	民办本科高校	艺术与传媒学院	/	摄影、影视摄影与制作专业、视觉传达设计、数字媒体艺术
40	武汉华夏理工学院	民办本科高校	艺术设计与传媒学院	广告学、网络与新媒体	视觉传达设计、数字媒体艺术
41	武汉传媒学院	民办本科高校	新闻传播学院、播音主持艺术学院、传媒技术学院	广播电视学、广告学、传播学、网络与新媒体	广播电视编导、播音与主持艺术、摄影、影视摄影与制作专业、视觉传播传达设计、数字媒体艺术
42	武汉晴川学院	民办本科高校	传媒艺术学院	新闻学	广播电视编导、影视摄影与制作专业、播音与主持艺术、数字媒体艺术
43	湖北大学知行学院	民办本科高校	人文与社会科学系、艺术与设计系	新闻学、广告学	广播电视编导、新闻采编与制作（专科）、视觉传播传达设计、数字媒体艺术
44	三峡大学科技学院	民办本科高校	文法学部、艺术学部	广播电视学、网络与新媒体	视觉传达设计、播音与主持艺术
45	长江大学文理学院	民办本科高校	人文与传媒系	广播电视学	视觉传达设计、广播电视编导
46	江汉大学文理学院	民办本科高校	人文艺术学院	广告学、传播学、网络与新媒体	视觉传达设计

续表

序号	学校名称	学校性质	院系	新闻传播类专业	新闻传播相关类专业
47	湖北工业大学工程技术学院	民办本科高校	艺术设计系	广告学	视觉传达设计、数字媒体艺术
48	武汉工程大学邮电与信息工程学院	民办本科高校	艺术设计系	广告学	视觉传达设计
49	武汉纺织大学外经贸学院	民办本科高校	人文学院、艺术学院	广播电视学、广告学	视觉传达设计
50	湖北民族学院科技学院	民办本科高校	文化与传媒学院	广播电视学、编辑出版学	广播电视编导、视觉传达设计
51	湖北经济学院法商学院	民办本科高校	新闻与传播学系	/	播音与主持艺术、视觉传达设计
52	武汉体育学院体育科技学院	民办本科高校	人文社会科学系	新闻学、网络与新媒体	广播电视编导、播音与主持艺术
53	湖北师范大学文理学院	民办本科高校	人文学部	广播电视学	/
54	湖北文理学院理工学院	民办本科高校	人文艺术系	广播电视学	视觉传达设计、广播电视编导
55	湖北工程学院新技术学院	民办本科高校	语言文学系	广告学	播音与主持艺术、视觉传达设计
56	湖北职业技术学院	公办高职高专学校	教育与艺术学院	广告设计与制作、新闻采编与制作、数字媒体技术	/
57	武汉职业技术学院	公办高职高专学校	文化与传媒学院	播音与主持、网络新闻与传播、媒体营销、影视编导	/
58	武汉软件工程职业学院	公办高职高专学校	艺术与传媒学院	影视动画、摄影与摄像艺术	/
59	随州职业技术学院	公办高职高专学校	服装与艺术设计学院	影视广告	/
60	湖北水利水电职业技术学院	公办高职高专学校	商贸管理系	广告设计与制作	/

续表

序号	学校名称	学校性质	院系	新闻传播类专业	新闻传播相关类专业
61	湖北城市建设职业技术学院	公办高职高专学校	建筑设计系	广告设计与制作	/
62	湖北生物科技职业学院	公办高职高专学校	信息与传媒学院	数字媒体应用技术(动画影视广告设计)	/
63	湖北艺术职业学院	公办高职高专学校	传媒学院	播音与主持专业、摄影摄像技术专业(新媒体制作方向)、影视编导专业(广播电视编导方向)	/
64	武汉交通职业学院	公办高职高专学校	艺术学院	广告设计与制作	/
65	武汉民政职业学院	公办高职高专学校	艺术学院	广告设计与制作	/
66	江汉艺术职业学院	公办高职高专学校	设计学院	广告设计与制作	/
67	湖北青年职业学院	公办高职高专学校	艺术设计系	新媒体广告设计	/
68	武汉城市职业学院	公办高职高专学校	文化创意与艺术设计学院	广告设计与制作、新闻采编与制作	/
69	长江职业学院	公办高职高专学校	音乐传媒学院	播音与主持、新闻采编、广告设计与制作、新闻采编与制作	/
70	武汉工贸职业学院	民办高职学校	艺术设计学院	视觉传播设计与制作	/
71	湖北开放职业学院	民办高职学校	管理与艺术系	广告设计与制作专业	/
72	武昌职业学院	民办高职学校	人文艺术学院	广告设计与制作专业	/
73	武汉商贸职业学院	民办高职学校	艺术传媒学院	播音与主持、新闻采编与制作、摄影摄像技术、视觉传播设计与制作	/

续表

序号	学校名称	学校性质	院系	新闻传播类专业	新闻传播相关类专业
74	武汉信息传播职业技术学院	民办高职学校	传媒与艺术学院	传播与策划、新闻采编与制作、版面编辑与校对、摄影摄像技术、广播影视节目制作	/
75	湖北科技职业学院	民办高职学校	传媒影视系	广告设计与制作	/
76	武汉光谷职业学院	民办高职学校	传媒艺术学院	播音与主持	/

1. 省部共建方面

2018 年 5 月 26 日，教育部与湖北省人民政府签署湖北“双一流”建设高校共建协议，重点共建武汉大学、华中科技大学、华中师范大学、武汉理工大学、中国地质大学(武汉)、中南财经政法大学、华中农业大学 7 所在鄂部属高校，继续共建湖北大学、武汉科技大学。根据共建协议，湖北省将武汉大学等 7 所“双一流”建设高校的改革发展纳入全省经济社会发展总体规划。教育部支持和鼓励 7 所“双一流”建设高校将“双一流”建设与服务湖北经济社会发展紧密结合，促进人才、学科、科研与产业互动，推动重大科学创新、关键技术突破转化为先进生产力，增强学校创新资源对湖北经济社会发展的驱动力。在此轮共建 5 年期间，教育部将会同有关部门加大对“双一流”建设高校的专项经费支持力度。“双一流”建设高校提出与湖北经济社会发展、产业支撑和重大民生相关联的需要支持的重大建设项目，省政府统筹各方加大投入，根据“双一流”建设高校在鄂科研成果转化情况予以重点支持。

同时，教育部支持湖北省积极推进区域内高水平大学和优势学科建设，加强与国家“双一流”建设的统筹协调，带动全省高等教育综合实力的整体提升。教育部在综合改革、科研平台建设、分省研究生招生计划安排等方面给予政策指导和支持。湖北省已经构建省市共建、厅市共建机制，充分调动市(州)参与“双一流”建设的积极性。湖北省教育厅分别与宜昌市、荆州市签订协议共建三峡大学、长江大学。支持和鼓励建设高校积极争取社会资源，形成多元支持的长效机制。省和武汉等市(州)共同设立“双一流”建设专项资金和奖补资金。实施省属公办本科高校捐赠收入配比政策，省财政设立社会捐赠配比奖励专项资金，对省属高校接受的社会捐赠收入实行奖励性补助，鼓励和引导社会各界向省属高校捐赠。省财政按照市(州)财政对省属公办本科高校投入的一定比例对高校给予奖励。

2. 新闻传播教学与改革方面

起步于 1983 年的华中科技大学(时为华中工学院)新闻传播教育，以面向现代化、面向世界、面向未来的创新精神，突破既有的新闻教育模式，开创了在以理工类学科为主导的大学中发展新闻教育的新典范。2018 年正值华中科技大学“文工交叉融合”阶段，华中科技大学紧密结合实践的发展步伐，人才培养目标进一步升级，按照融媒体业务流程完整训练具有融通思维和技能的复合型人才。以此为前提，将课程体系加以优化，形成了“大平台+小平台+专业方向课+院内各专业互通选修课”的模块化设置，体现了全面性、全媒体人才的培养特色。同时，组建“双师型”队伍，从业界引进师资、聘请兼职教师；推进“双挂”，选派教师到业界挂职、吸引业界资深人士到学院挂职。文工交融的新闻传播教育模式，开创了一种全新的范式，为我国新闻传播教育创新提供了有益的思想资源和实践智慧。

2018 年，湖北新闻与传播教育学会 2018 年年会暨“新时代新闻与传播人才培养”论坛在武汉大学新闻与传播学院召开。此次年会由湖北省新闻与传播教育学会、武汉大学新闻与传播学院、武汉大学媒体发展研究中心、武汉大学出版社联合举办。来自全省 40 余所高校新闻院系的 200 多位代表出席了此次年会。中国传媒大学新闻与传播学部部长高晓红教授作了“实践中的马克思主义新闻观教育”的主题报告，复旦大学新闻学院执行院长张涛甫教授作了“复旦大学部校共建经验分享”的主题报告；武汉大学新闻与传播学院洪杰文副院长、武汉大学新闻与传播学院周茂君教授分别发布了“湖北省高校新闻传播教育调研报告”和“湖北省新闻传播院校马克思主义新闻观教育调研报告”。此后，大会分为三个分论坛分别进行多板块的探讨：在主题为“马克思主义新闻观教育与新闻传播人才培养论坛”上，各高校围绕湖北省新闻传播人才培养方案，针对目前本科教育所出现的问题进行了广泛的讨论；在主题为“新时代的新闻传播人才培养学术论坛”上，地方高校相互交流了自身人才培养模式以及优秀案例；在主题为“新闻传播学类教材建设暨学科发展论坛”上，学界、业界各抒己见，批判当前教材出版中的弊端，也对下一步教材如何建设提出了种种设想。

3. 课程与教材及实验室建设方面

2018 年，湖北省各高校普遍注重学生实践能力的培养，注重与社会企业的合作。

在课堂建设方面。华中科技大学广告系师生将课堂“搬到”新媒体广告公司，将本科生广告学概论课程延伸至业界，把课堂上的创意带到现场由创意总监点评，帮助学生学习和了解新媒体广告公司的实践流程，做出了“实地考察式教学”的尝试。三峡大学文学与传媒学院广播电视和播音与主持两个专业的40余名师生走进三峡日报集团，零距离体验湖北省宜昌市媒体的新变化。

在实验教学、实训基地建设方面。中南财经政法大学新闻与文化传播学院与湖北长江垄上传媒集团共建媒体研究与实验教学基地，共建媒体研究与教学改革基地、媒体研究与教学实习基地。这不仅有利于中南财经政法大学新闻与文化传播学院在媒体研究、教学实践和人才培养提质增效，而且有利于为湖北长江垄上传媒集团在“乡村振兴”国家战略的转型升级提供智力支持，实现双方资源共享、合作共赢。中国地质大学(武汉)艺术与传媒学院与湖北广播电视台长江云新媒体集团签订协同育人合作协议。双方将在人才培养、学科建设、专家互聘、科学研究、平台建设等方面开展全方位、战略性、实质性的合作，携手培养具有创新精神和创业能力、适应智能媒体时代需要的理论基础与实践技能兼备的复合型人才。湖北大学新闻传播学院与深圳侨报社共建实习实训基地，不仅为新闻传播专业的学生提供了实践锻炼的机会，同时也为深圳侨报社提供了更多的优秀储备人才。

4. 科研项目、成果与学术交流方面

2018年，湖北省共承担与新闻学与传播学相关的国家社科基金项目14项，其中武汉大学2项，分别为“中国政府新闻发言人选拔、培养、评估制度研究”“新媒介场域下的青少年社群交往方式及其社会化影响研究”；华中科技大学3项，分别为“提升新时代中国特色社会主义新闻学国际话语权研究”“媒介仪式凝聚当代社会共识的路径与对策研究”“基于大数据及人工智能技术的新时代网络舆情监测研究”；华中师范大学3项，分别为“参与式文化背景下的网络视频社群研究”“重特大安全事故的舆论引导机制研究”“中国近现代出版生活史专题研究”；湖北大学2项，分别为“人工智能驱动下的广告产业发展研究”“社会责任视角下网络意见领袖传播效能的实证评价”；中南民族大学1项，即“新媒体语境下我国少数民族文化传播路径创新研究”；武汉理工大学1项，即“基于用户个性化需求的精准出版研究”；湖北经济学院1项，即“21世纪海上丝绸之路妈祖信仰的传播路径与理论构建研究”；武汉工程大学1项，即“大数据时代新媒体传播权体系研究”。

此外，湖北省许多高校开展了多场学术交流会议。华中师范大学新闻传播学院承办了首届中国媒介法规与伦理学术年会，此次年会以“责任与悖论：新时代的媒介法规与伦理研究”为主题，探究媒介法规与伦理在新时代环境下的变迁。中南财经政法大学新

闻与文化传播学院与湖北省比较文学学会联合举办 2018 湖北省比较文学学会年会暨“华语文学的传播与跨学科研究”学术研讨会，与会学者围绕海外华文文学的跨学科研究，语际交流与跨媒介研究，中国文学的海外传播和人工智能与文学等学科前沿问题进行了深入探讨。武汉大学新闻与传播学院召开第二届中国传播创新论坛，该论坛旨在聚焦中国传播创新实践，广泛联合中国传播的研究者、实务工作者和管理者，从多维角度探索中国传播创新的路径，从中国传播的发展道路中凝练中国理论，共同推动中国传播研究的创新。华中科技大学新闻与信息传播学院召开第六届国家传播战略高峰论坛，会议主题是“新时代、新传播、新战略”，与会人员围绕如何讲好中国故事、国际传播、一带一路以及中美、中非、中俄关系等话题展开了专题演讲及讨论。

值得注意的是，武汉大学媒体发展研究中心被增补为 2018 年 CTTI 来源智库，并成功入选“CTTI 高校智库百强榜”A 区高校智库。“CTTI 高校智库百强榜”从智库产品（Product）、智库活动（Activity）、智库媒体影响（Impact）、智库专家主观评价（Expert）四个维度进行综合评价，按照分数高低选出 100 家优秀高校智库，将它们评定为“A 区高校智库”，并形成“CTTI 高校智库百强榜”。2018 年，25 家来源智库被评选为 A+级、35 家被评选为 A 级、40 家被评选为 A-级。“服务中国传播事业，助力中国传播创新”是武汉大学媒体发展研究中心的基本宗旨。近年来，武汉大学媒体发展研究中心主动向中央办公厅、中央政法委、国务院办公厅、湖北省互联网信息办公室、中华全国新闻工作者协会等单位提供跨文化传播、对外传播、网络传播等方面的建议和报告，每年举办面向媒体、行业协会和管理部门的专业培训，举办针对中国传播实践，吸收学界、业界和管理部门智慧的国际学术会议和专家论坛，承接来自教育部、湖北省委宣传部等机构的委托课题，开展深度调研，每年出版《中国传播创新研究报告》（蓝皮书）、《中国媒体发展研究报告》，努力为中国传播事业的发展贡献智慧。

（周茂君　邸　铭）

2.18　湖南省新闻传播教育发展综述

2018 年是湖南新闻传播教育发展的一个重要节点，办学格局发生了较大的变化，人才培养出现了新气象，形成了新特色，教育教学改革进一步推进，学术生态进一步优化。

2.18.1　人才培养格局与特色

截至目前，湖南开展新闻传播教育的高等学校共有 34 所，其中本科院校 21 所，独立学院 4 所，高职高专院校 9 所。由于办学定位、学科基础等条件不同，湖南各高校的新闻传播教育在人才培养理念、办学层次及办学特色等方面存在差异，使湖南的新闻传播教育呈现出多层次和多样化的特点。

1. 人才培养形成新格局

湖南新闻传播院校已形成四个办学层次：博士研究生教育、硕士研究生教育、本科生教育和高职高专教育。2012 年 3 月，湖南大学设立湖南高校首个文化传播二级学科博士点，中南大学、湖南师范大学、湘潭大学等高校也先后在相关一级学科设立新闻传播类的博士学位授权学科方向或二级学科博士点。2018 年 3 月，湖南师范大学新闻与传播学院新增新闻传播学一级学科博士点，实现了湖南高校新闻传播学一级学科博士点建设的历史性突破，新闻传播教育形成了新的人才培养格局。同时，湖南理工学院新增新闻传播学一级学科硕士学位授权点和新闻与传播硕士专业学位授权点，长沙理工大学和湖南商学院新增新闻与传播硕士专业学位授权点。截至 2018 年 3 月，湖南拥有新闻传播学一级学科硕士学位授予点的高校由 3 所增加至 4 所（湖南大学、湖南师范大学、湘潭大学和湖南理工学院）；拥有新闻与传播硕士专业学位授予点的高校则由 4 所增加至 7 所（中南大学、湖南大学、湖南师范大学、湘潭大学、湖南理工学院、长沙理工大学和湖南商学院）。

2018 年年底，全国传媒职业教育联盟在长沙成立。来自全国 17 个省、市、自治区的 29 所传媒类高职院校的代表和文化传媒行业代表共 100 余人参加了成立大会。湖南大众传媒职业技术学院当选为联盟理事长单位，该校党委书记袁维坤当选为第一届理事长。全国传媒职业教育联盟，是以资源整合优化与集约共享为核心，以培养适应现代传媒产业发展的技术技能人才为纽带，以深化校校合作、校企合作为着力点的全国性传媒职业教育共同体，旨在搭建职业院校与传媒事业单位、行业企业、科研院所之间的沟通平台。它的愿景是：进一步加强院校之间、院校与行业、企事业单位之间的广泛交流与合作，合力打造“协同发展、资源共享、优势互补、合作共赢”的现代传媒职业教育发展新格局，推动传媒职业教育内涵发展、特色发展和创新驱动发展。联盟下设广播影视、动漫游戏、出版、传媒管理、艺术设计、影视表演、传媒技术（含新媒体技术）、新闻采编、播音与主持、VR 等专业产教融合协作委员会。

2. 马克思主义新闻观教育出现新气象

湖南高校在新闻传播教育实践过程中注重开展马克思主义新闻观教育，并将马克思主义新闻观落实到具体的教学内容中。有 3 所部校共建新闻学院在落实马克思主义新闻观教育方面走在了全省新闻院校的前列。

湖南大学新闻传播与影视艺术学院深入贯彻《教育部办公厅关于建设学习贯彻党的十九大精神“万个示范课堂”的通知》精神，以马克思主义新闻观为指导，以课程思政为指向，以“广告也要讲导向”“中国新闻传播史”等课程建设为抓手，积极开展“特色示范课堂”建设，着力推动习近平新时代中国特色社会主义思想进课堂、进头脑，打造思政精品课程。

湖南师范大学新闻与传播学院在 2018 年下学期该院在全国高校率先开设“习近平新闻舆论工作重要论述解读”课程，面向 2018 级所有新生，该课程共 40 学时，其中理论讲授 24 学时，实践 16 学时，授课团队由 14 名博士和教授组成。

湘潭大学新闻学专业则严把教材选用关，“新闻学原理”“外国新闻事业史”等课程均采用马克思主义研究与建设工程教材或国家规划教材；注重抓好“三进”工作，将专业主干课“马列新闻论著选读”调整为“马克思主义新闻观”课程，开设“新闻传播理论经典选读”专业选修课，把党的十九大精神、习近平总书记关于意识形态工作和新闻舆论及网络强国思想等系列重要论述适时融入课堂教学内容中。

此外，长沙理工大学将马克思主义新闻观教育列入新闻学课程体系中的重要模块；湖南工业大学文学与新闻传播学院确定了“政治家型+全媒体型+专家型”人才培养目标。

3. 兼职教授授课形成新常态

为了让学生们直接感受业界的最新动态，湖南高校在新闻传播教育实践中已逐步实现了客座教授进课堂常态化。例如，长沙理工大学新闻学专业聘请《光明日报》高级记者、国务院津贴享受者、长江韬奋奖和 7 次中国新闻奖获奖者唐湘岳老师，《中国教育报》高级记者、国务院津贴享受者、中国新闻奖获奖者李伦娥老师为客座教授，承担该院“新闻采访与写作”等部分新闻业务课程的授课任务。湖南商学院文学与新闻传播学院也聘请了红网党委副书记、总编辑贺弘联和湖南人民广播电台新闻中心驻中国台湾记者站记者谭容担任客座教授，为学生开设专业讲座课堂，指导学生进行专业实践。

4. 财经院校展现新特色

近年来，湖南财经类院校新闻传播教育逐步显现出鲜明的商科特色。湖南商学院新闻传播专业利用学校商科优势，课程建设中加大了财经类课程的比重，如增加了“管理学”“经济学”“会计学”“金融学”“证券投资学”等课程，在教学实践中明确了培养体现商科特色的高级应用型新闻本科人才的人才培养目标。2015 年，该院建立了二级交叉学科——传媒产业管理硕士学位点。

创建于 2017 年的湖南财政经济学院人文与艺术学院，在人才培养上大胆打破单一的新闻传播学区隔，在媒介知识体系之外，融入金融学、经济学、市场营销、工商管理和网络技术等学科知识，构建了富有商科特色的知识体系和课程体系。该院开设的网络与新媒体专业设置了程序开发与设计、大数据开发与分析、融媒体新闻传播与运营和新媒体艺术创意四个方向，将人才培养定位与人才市场需求紧密结合。

2. 18. 2 教育与教学改革

1. 工作坊教学平台建设如火如荼

湖南大学新闻传播与影视艺术学院以学生为主体、教师为主导成立了红枫全媒体工作坊，设有学院官网、学院官微“湖大新影”、专业类微信公众号“青枫新语”、思政类公众号“青声遇见”、微视频工作室等五大平台。“湖大新影”公众号已推出工作坊原创稿件近 40 篇；“青枫新语”公众号以每周三到四篇的推送频率进行专题报道，收到了良好的传播效果；思政类公众号“青声遇见”保持日推两篇的更新频率，已发表近 120 篇原创文章；微视频工作室致力于打造网络文化精品项目，并协助学校各职能部门完成众多大型活动的视频拍摄剪辑工作，如学校毕业典礼、岳麓书院国学盛典等。

湘潭大学根据新闻人才培养能力素质要求，目前已基本组建了媒介创意、报刊、影视、新媒体、广告五个工作坊，由专任教师分工负责，实现了专业教学与实践操作能力培养的有机结合。

湖南理工学院新闻传播学院将各课程的实习实训内容归入相应的教学工作坊，以任务为驱动，实行项目化教学，融入式构建了“课程群+工作坊”专业课程体系。罗洪程教授主持践行的教改项目“基于数字营销传播的广告学专业‘课程群+工作坊’课程体系的构建与实践”入选 2018 年度全国新闻学与传播学教育指导委员会与中国高等教育学会新闻学与传播学专业委员会联合评选的十大“中国新闻学与传播学教学改革创新项目”。

湖南工业大学文学与新闻传播学院借鉴新工科教学理念，践行“政治家型+全媒体型+专家型”的工程人才培养目标，按照“理论知识模块+全媒体技能模块+综合能力拓展模块”三大课程模块，重点打造“学科创新+实践创新”两类教学平台，实施工作坊式课堂教学方式。

长沙理工大学以项目和作品为导向，2018 年尝试开设了“云岭传媒工作坊”，组织指导学生进行综合性新闻业务训练，创建了“960 号青年”和“新闻 Summer”两个微信公众号平台，以强化学生的全媒化能力。

2. 产学研教育平台建设逐渐普及

湖南省内除了湖南大学、湖南师范大学等新闻传播院校，向来重视产学研教育教学平台建设外，越来越多的其他地方新闻传播院校也开始面向传媒和文化行业开展校企合作，服务地方经济社会发展。

比如，长沙学院影视艺术与文化传播学院充分发挥学校毗邻湖南卫视和马栏山视频文创园的区位优势，打造产学研教育教学平台。2018 年，该院与马栏山视频文创产业园及湖南广电共同筹办马栏山视频文创学院，并成功申报了省级视频文创创新创业教育基地。湖南理工学院地处岳阳，以工作坊为平台先后承接了岳阳经开区、岳阳联通、屈原酒业、岳阳微生活等企业单位的合作项目 20 余项。怀化学院主创了怀化市第二届网络文化节开幕式暨怀化学院第十二届影像艺术节主题晚会，并承担靖州旅游形象宣传片制作、辰溪县工业园申报片、麻阳 60 周年县庆活动大屏幕制作、鹤城区工业园宣传片制作、洪江市第二届道德模范颁奖晚会策划制作、“平安鹤城”微信公众号委托运营项目等地方服务项目 16 项。

3. 实验教学基础设施建设日益升级

中南大学在 2018 年投入 29. 72 万元添置数字化信息采集设备(包括 4 台无人机和 10 台摄像机)；湖南大学新闻传播与影视艺术学院新建了舆情分析实验室；湖南师范大学新闻与传播学院成功申建省级虚拟仿真项目“突发事件现场报道的虚拟仿真实验室”；长沙理工大学新闻系老师将“雨课堂”软件、可视化新闻、微视频等新媒体技术广泛运用于教学过程中，大大改进了课堂教学效果；长沙学院影视艺术与文化传播学院已建成 7000 平方米的创意媒体艺术与技术实训大楼并投入使用，建成了近 600 万元的演播大厅并正式启用，实现了校内节目录制设备与专业电视台设备的无缝对接；湖南理工学院新闻与传播学院在“新媒体传播实验实训中心”的基础上，引进成都华栖云公司的高新技术，投资 300 余万元建成了省内第一家融媒体虚拟仿真实验实训中心；怀化学院文学与新闻传播学院投入 100 万元专项资金，完成了中央财政支持地方高校发展专项资金教学实验平台建设项目“新媒体实训中心”建设。

2.18.3 实践教学与创新创业

1. 实践教学基地不断拓展

2018 年，湖南大学新闻传播与影视艺术学院与湖南日报社续签了《湖南大学—湖南日报社新闻传播学类文科实践教育基地共建协议》，进一步加强了国家级新闻传播学类文科校外实践教育基地建设；同时，与湖南广播电视台续签了《实习合作协议书》，进一步加强部校共建及省级优秀实践教学基地建设。湖南师范大学新闻与传播学院 2015 级学生进驻部校共建实践教学基地湖南出版投资控股集团进行为期四个月的专业实习。湘潭大学文学与新闻学院 2018 年先后与新华社湖南分社、中国青年报社湖南记者站、法制日报社湖南记者站、湖南红网等 10 余家媒体签订了本科生和研究生培养实习基地协议，与腾讯大湘网签订了产学研战略合作协议。湖南理工学院新闻与传播学院先后与湖南卫视、红网、《潇湘晨报》、华声在线、凤凰新媒体(湖南)、新浪(湖南)等广告公司或媒体企业达成专业考察或实习就业一体化基地建设的合作协议。湖南科技大学人文学院新闻学专业与重庆、武汉等地 3 家全国知名传媒公司建立实践基地，并与长沙等地 2 家媒体运营公司建立了新媒体运营实训基地。

2. 双创平台建设稳步推进

湖南大学新闻传播与影视艺术学院重点建设了 1 个校级创新创业平台和 3 个院级创新创业平台。以学生为主体、教师为主导成立的红枫全媒体工作坊，注重培养学生创新创业思维和提升学生创新创业能力，工作坊成立以来，共推出原创稿件近 200 多篇，成功申报 2018 年度 SIT 项目 17 项，其中国家级 SIT 项目 8 项，“印象长白山 筑梦新时代”项目入选团中央专项创新计划。学生参与的“游鲜生——生鲜电商助力精准扶贫”项目获第四届“互联网+”大学生创新创业大赛全国总决赛“青年红色之旅赛道”金奖；学生创业项目获第四届湖南省“互联网+”大学生创新创业大赛三等奖。

湖南师范大学新闻与传播学院创建的“现代传媒大学生创新创业教育中心”获得湖南省教育厅认定为普通高校创新创业教育中心与校企合作创新创业教育基地。2016 级新媒体专业学生与省团委合作共同完成的“习近平用典 H5”也取得了良好效果。

湘潭大学文学与新闻学院则依托学校创新创业学院，整合了现有的学生 DV 文化节、微电影大赛和指导学生组建的影视文化工作室等资源，初步建立了大学生网络影视创作与传播基地，并与湖南教育电视台、怀化洪江区洪江古商城做好前期沟通，分别开展大学生网络影视创作大赛活动和建立微电影小镇相关工作，为提高实践能力和引导学生创新创业提供了有效途径。

衡阳师范学院新闻与传播学院与衡阳市旅游外侨民宗局(5 年经费 226. 8 万元)、衡阳市珠晖区商务旅游局(经费 8 万元)签署协议，负责其官方微信平台“乐游衡阳”“珠晖旅游”和“珠晖商务”的内容生产与运营。目前“乐游衡阳”微信公号运营良好，对打造了全新的衡阳市旅游形象起到了积极推动作用。2018 年，该院又与常宁田野绿世界农牧有限公司签订协议(经费 10 万元)，负责其旅游形象的宣传推广。16 位老师教师带领 100 多名学生组成团队，全面负责微信公号的内容生产与运营，将教学从传统的课堂，搬到了广阔的社会，从采访、摄影、摄像、编辑，到策划、运营、外联等各个环节，对学生进行细致指导，使学生实践能力得到了极大提高。

湖南科技大学新闻学专业创办的黑蚂蚁传媒工作室已经成为全系近 400 名学生实习实践的模拟平台、创新创作的试水园区、创业就业的孵化基地。

3. 学科专业竞赛成效显著

湖南大学新闻传播与影视艺术学院获得第十届全国大学生广告艺术大赛国家级奖励 12 项，其中二等奖 3 项、三等奖 2 项；省级奖励 21 项，其中一等奖 4 项、二等奖 6 项、三等奖 11 项。学生创作的微电影《惑得》获得湖南省大学生禁毒微电影大赛一等奖。

湖南师范大学新闻与传播学院 2018 年大广赛学生获奖情况再创新高，共获第十届全国大学生广告艺术大赛全国一等奖 1 组、二等奖 7 组、三等奖 5 组，还获得全省一等奖 10 组、二等奖 14 组、三等奖 11 组。

湘潭大学文学与新闻学院也在 2018 年多次组织学生参与全国大学生广告艺术大赛、one show 中华青年创新竞赛等国家级、省级赛事，并屡有斩获，其中仅 2018 第十届全国大学生广告艺术大赛(湖南赛区)中，就获得一等奖 2 项、二等奖 4 项、三等奖 5 项。

怀化学院获得第十届全国大学生广告艺术大赛全国一等奖 1 项、二等奖 3 项、三等奖 1 项、企业特别奖 1 项；获湖南赛区一等奖 3 项、二等奖 6 项、三等奖 9 项。在第十一届中国大学生计算机设计大赛中，获 1911 年前中华优秀传统文化元素类决赛一等奖 2 项。

湖南科技学院传媒学院学生获第十六届中国大学生广告艺术节学院奖学金奖 1 项，获国家级大学生创新创业训练计划平台立项，获第十届全国大学生广告艺术大赛全国三等奖及优秀奖 7 项，湖南省分赛区一等奖及优秀奖 20 项。

衡阳师范学院新闻与传播学院、湖南财政经济学院人文与艺术学院分别获得第十届全国大学生广告艺术大赛全国三等奖 1 项、省级等级奖 3 项。

湖南大众传媒职业技术学院与《国际频道》世界看湖南栏目联合承办了由湖南省政

府新闻办公室主办的 2018 年第三届新湖南微视频微电影展播大赛，荣获最佳编剧奖、最佳导演奖和最佳组织奖。

2.18.4 科研与学术生态

2018 年，湖南新闻传播院校在科学研究和学术生态建设等方面亦取得了较好的成绩。

1. 科研平台建设与时俱进

湖南大学新闻传播与影视艺术学院积极推进“政产学研用”一体化科研平台建设，与湖南亚文传媒有限公司联合成立“中国轨道交通文化研究院”。2018 年 1 月，湖南大学中国轨道交通文化研究院与中国轨道交通研究院联合主办“首届中国轨道交通文化发展高峰论坛”，共同打造高端学术对话平台。2018 年 4 月 19 日，湖南亚文传媒股份有限公司与湖南大学签订了国内首个“城市轨道交通文化研究”校企合作项目，项目合同经费 3000 万元。

湖南师范大学新闻与传播学院创建了全国高校首家“内参研究中心”，湖南师范大学内参研究中心于 2018 年 6 月成立。同年 11 月举办了“改革开放与传媒发展学术研讨会”，邀请了来自全国 16 所大学新闻学院院长及其他专家学者共同探讨传媒发展。

湘潭大学文学与新闻学院在已有科研平台的基础上，进一步凝练研究方向，以舆情分析和融媒体发展为重点，依托新闻学专业教师承担的“新媒体环境下电视媒体舆论引导责任评价体系研究”“新闻解释与新闻舆论引导功能建构研究”等一批国家和省部级研究项目，筹备建立“新时代舆论引导研究中心”。

湖南财政经济学院人文与艺术学院建立了新媒体发展研究中心，先后举办两届新媒体发展论坛。首届论坛以“融合与细分：融媒体纵深发展的边界与可能”为主题，与会专家围绕移动互联网对视觉接受、媒体融合、信息传播、旅游生活、商业模式等方面进行了深入交流。第二届论坛以“艺术与传媒、文化与传播”为主题，与来自北京、长沙等地的青年学者、媒体人共话新媒体时代的艺术设计与审美、文化转型与挖掘、信息传播与人类的文化生态等，构建了由政府、学界和媒体企业共同发声的传播智库。

2. 科研项目申报喜获丰收

根据湖南各高校提供的科研数据，2018 年湖南新闻传播院校在科研项目申报中斩获较为丰硕。国家社科基金新闻传播学类项目立项 7 项，其中国家社科基金重大委托项目 1 项(湖南师范大学尹韵公主持的“新时代中国特色新闻学基本理论问题研究”)；重点项目 1 项(湖南师范大学吴果中主持的“中国当代画报研究”)；一般项目 4 项(湖南大学邓向阳主持的“要素扭曲对传媒产业供给质量的影响机制研究”，湖南师范大学范峰峰主持的“跨媒体网络舆情大数据智能获取、分析与处理技术及应用研究”、李滨主持的“中国报刊文人论政观念的现代转型研究”，衡阳师范学院赵立敏主持的“佛教传播中的文明交流互鉴话语构建研究”)；青年项目 1 项(湖南文理学院李海军主持的“《中国丛报》典籍译介和中国文化‘走出去’译介模式研究”)。教育部人文社科规划基金新闻传播学类项目立项 2 项(长沙学院阳海燕主持的“报刊与近代湖湘文化转型及认同研究(1897—1919)”，湖南理工学院谢征主持的“博物馆 IP 的媒介化研究”)。

3. 新闻传播学会宣告成立

经相关管理部门批准，湖南省新闻传播学会于 2018 年 12 月 29 日在湖南大学宣告成立。湖南大学新闻传播与影视艺术学院院长彭祝斌当选为首任会长，湖南师范大学新闻与传播学院院长尹韵公教授受聘为学会名誉会长。中国新闻史学会会长陈昌凤教授到会致贺。

时值改革开放 40 周年之际，湖南省新闻传播学会的成立在湖南新闻传播学发展史上具有里程碑意义。它的成立，将有效整合湖南省内高校和社会各界力量，加强学术交流，繁荣学术文化，优化学术生态，构建湖湘新闻传播学术共同体，推动全省新闻传播学科发展和专业建设，促进新闻传播人才教育培养，为湖南省乃至全国新闻传媒业的发展提供人才和智力支持。截至 12 月 28 日，学会已在省内高等院校、主流媒体等相关机构发展单位会员 23 家、个人会员 126 名，汇聚了省内 21 所本科院校的新闻传播教育机构、高职高专院校、高校学报以及省内新闻传播学界、业界的一批领军人物和骨干力量。

2.18.5　国际交流与合作

在推进对外交流与合作方面，湖南新闻传播院校特别是省会高校，采取了一系列有效举措，取得了明显成效。

1. 鼓励学生出国(境)交流学习

湖南大学新闻传播与影视艺术学院 2018 年招收海外/境外留学生 12 人，其中来自越南的留学硕士研究生 2 人、本科生 1 人，印度尼西亚留学生 1 人，中国港澳台地区学生 8 人。赴海外高校交流学习的学生共 46 人，其中有 26 名学生到海外攻读研究生，在世界排名前 100 的大学攻读研究生的学生有 10 人；有 18 名学生到海外交流，其中到美国、英国、韩国、日本高校交流的学生 6 名，到中国港台地区高校交流的学生 12 名；有 2 名博士生到美国、英国知名高校访学。湖南科技大学也在该年度招收了 1 名来自吉尔吉斯斯坦国家的本科留学生。

2. 选派教师出国(境)研修访学

部分高校多年来积极鼓励和支持教师出国/出境访学。湖南大学新闻传播与影视艺术学院在 2018 年度选派了 2 位副教授分赴英国伦敦大学皇家霍洛威学院和赴美国华盛顿大学(西雅图)访学；湖南师范大学新闻与传播学院派出 2 位教师赴美国、中国台湾访学。

3. 注重加强国际学术交流与合作

湖南大学新闻传播与影视艺术学院 2018 年度邀请台湾铭传大学杨志弘教授来校开设海外教授研究生主讲课程 1 门。彭祝斌教授应邀赴韩国参加“一带一路”亚洲文明对话国际学术研讨会，并与韩国“一带一路”中韩文化研究院签订交流合作协议。该院还与美国布拉德利大学传播艺术学院达成全面合作意向，并与美国密歇根州立大学传播学院达成硕士培养项目合作意向。

(孙玉玲　彭祝斌)

2.19　广东省新闻传播教育发展综述

2018 年，是广东省新闻传播教育蓬勃发展的一年。暨南大学新闻与传播学院、深圳大学传播学院、广东外语外贸大学新闻与传播学院、广州大学新闻与传播学院等广东各大新闻学院发展势头强劲，在部校共建、新闻教育与教学改革，课程、教材及实验室建设，科研与学术交流等方面取得佳绩，多姿多彩，值得大书特书。

2.19.1　部校共建

2018 年 6 月 14 日上午，广东省“部校共建”新闻学院工作推进会在暨南大学举行。省委常委、宣传部长傅华，副部长崔朝阳，财政厅副巡视员苏凤玲等一行领导对暨南大学新闻与传播学院教学科研情况进行调研，参观国家级媒体实验教学示范中心、马克思主义新闻理论研究中心、舆情大数据研究基地。

在省委宣传部的高度重视下，广东外语外贸大学新闻与传播学院、深圳大学传播学院和广州大学新闻与传播学院都纳入“部校共建”。其中，广东外语外贸大学新闻与传播学院的“部校共建”实施规划方案获得学校批准。尤其值得一提的是，“部校共建”的具体实施方案——广东省国际传播青年人才培养基地，第一期学员圆满完成学业，第二期即将开班。

部校共建对新闻教育的推动作用非常明显。比如，依据中共广州市委宣传部与广州大学共建广州大学新闻与传播学院的部校共建方案，广州大学新闻与传播学院在 2018 年组织开展暑期“新闻扶贫”主题社会实践。活动的基本形式是派出专业教师带领学生组成社会实践小组，前往广州市的主要对口扶贫地区，开展新闻扶贫。具体内容有：其一，专业教师对当地媒体从业者开展培训；其二，专业教师与当地新闻从业者联合带领学生开展新闻采访与社会调查，以展示广州对口扶贫工作取得的成就；其三，开展红色文化采风，发掘当地的红色历史文化资源。

作为部校共建工作的重要组成部分，广州大学新闻与传播学院的暑期社会实践取得丰硕的成果，较好拓展了新闻教育的内涵：其一，参加实践的师生受到了教育，提高了思想认识，对扶贫工作的政策与成就有了切身的了解，对当地的红色历史文化有了新的认识，更加坚定了马克思主义新闻观的信念。其二，参加实践的学生，在老师的指导下，通过现场采制，提升了自己的新闻业务水平。其三，通过与扶贫点当地媒体从业者的交流，为当地媒体的新闻宣传工作提供了具体的专业意见，对部分新闻工作者进行了现场指导，提升了他们的业务水平。其四，通过报道，宣传了党的扶贫政策及扶贫工作所取得的成效，为扶贫工作营造了良好的舆论氛围。

为进一步推进部校共建工作，12 月 19 日，广东省新闻传播学类专业教学指导委员会召开 2018 年工作会议，此次大会邀请广东省新闻传播学类专业教指委各成员单位的高校代表出席，由广东省新闻传播学类专业教指委主任、暨南大学党委书记林如鹏传达了全国第一届教指委会议和中国记协有关精神，共同学习和落实习近平总书记在全国教育大会讲话精神、《教育部　中共中央宣传部关于提高高校新闻传播人才培养能力实施卓越新闻传播人才教育培养计划 2.0 的意见》，研究 2019 年度工作安排。

2.19.2　学科建设

2018 年，广东省各新闻院系相继完成本科教学评估，取得了较好成绩，其中暨南大学新闻与传播学院最为突出，入选广东省教育厅 2018—2020 年“冲一流、补短板、强特色”提升计划重点建设学科。在未来 3 年里，广东省将对入选的学科在政策、资金等方面予以重点支持。作为中国新闻教育的华南重镇，暨南大学新闻与传播学院创建并实践了新闻人才培养“六结合”——即部校共建、校媒协同、师生发展、内外联培、思政创新、评建创优。该模式涵盖从课程到课堂、从实训到实践、从校内到校外、从境内到境外、从教学科研到思政、从内部考核到第三方评价等多要素，是全流程的人才培养新机制。暨南大学党委书记林如鹏总结道，“六结合”通俗地说，就是“两个引领”“两个促进”加“两个支撑”：“两个引领”即部校共建和校媒协同；“两个促进”是促进师生的共同发展和促进境内境外学生的共同成长；“两个支撑”则是思政创新和评建创优。该模式有效破解了普遍存在的马克思主义新闻观教育和新闻专业教育之间存在“两张皮”的现象，破解了新闻理论与新闻实践相脱节的现象，收获了丰硕成果，具有引领性、前瞻性。其中，获中宣部表彰 9 项；获广东省教学成果一等奖 5 项；获得国家级教学成果二等奖 1 项。

在课程建设方面，暨南大学新闻与传播学院谷虹副教授的慕课课程“数字营销——走进品牌的世界”在中国大学 MOOC 平台(icourse163. org)和爱课程(icourses. cn)运行一年多来，广受好评。12 月 12 日，广东省教育厅公布了 2018 年广东省本科高校教学质量与教学改革工程建设项目立项名单，暨南大学新闻与传播学院 4 个项目获得 2018 年度省级“教学改革项目”立项建设的推荐名额，分别为：刘涛“融合新闻教学团队”获评省级教改项目教学团队；罗昕主持的“新闻传播虚拟仿真实验教学中心”被评定为省级教改项目虚拟仿真实验教学中心；姚锦云的“中华优秀传统文化融入专业课教学的研究与实践：以‘传播学’课程为例”、郑晓君的“基于交互式新媒体艺术与设计创新能力培养的教学改革与实践”获省级教改项目。

广东外语外贸大学的学科建设成绩也比较突出，本科专业建设稳步推进，硕士研究生教育步入全面发展时期，专硕教育发展势头良好，新闻传播学一级学科硕士点正式开始建设，设置了两个二级学科并从 2019 年开始招生，第三个二级学科“跨文化传播与国际传播”的项目申请获得批准，于 2020 年开始招生。研究生培养规模稳步提升，学院 2018 年招收专硕学生 66 名(含 2 名留学生)，较上年增加 13 名，招收学硕学生 5 名。2019 年硕士生报考人数达到 370 多人，较 2018 年增加 140 多人。

广东金融学院努力探索人才培养模式的改革，打造课内、课外两个课堂，有机整合理论教学和实践教学两部分内容。如，从“新闻摄影”课程延伸出去，举办了第一期广东金融学院“影像文化节”活动，邀请多名摄影专家来校为学生开展人像摄影等专题摄影讲座；从“新闻评论”课程延伸出去，举办了一场面向全校学生的“新闻试评”特色活动等等。

华南师范大学新闻传播学科在过去的一年中，经过行业内外专家的严格评审，成功向广东省学位委员会申请学位授权点自主调整，获批新闻传播学一级学科硕士点。这是华南师范大学新闻传播学科发展的又一个里程碑。同时，也逐渐形成自己的特色与优势：①凸显交叉学科研究，依托教育技术学国家重点学科，形成了特色鲜明的“教育信息传播”和“教育电视”研究方向。其中《信息时代的教育传播研究》获得教育部人文社科成果奖二等奖。②注重信息技术与文化产业融合研究。将云计算、大数据等信息技术应用于媒体生产与传播研究，建成省、市人文社科重点研究基地：广东省信息传播与文化创意产业中心、广东省岭南文化研究中心、广州市新媒体与文化创意产业研究中心，并获得一批省哲学社科奖与省科技奖。

2.19.3　实验室建设

在实验室建设方面，深圳大学、中山大学、华南师范大学表现良好。深圳大学传播学院紧跟技术进步，新增两个重要实验室，“增强现实/虚拟现实（AR/VR）联合实验室项目”（2018 年度广东省校企合作协同育人项目）、“虚拟仿真实验教学中心”（由传播学院黄晓东老师负责主持创建，目前已投入使用）。中山大学传播与设计所建立的融合采编实验室、新闻摄影实验室、数字视频实验室、受众行为与心理实验室、大数据传播实验室、交互设计实验室等十多个实验室，发挥出色作用，并建成广东省实验教学示范中心，获得中山大学“国家级教学示范中心培育项目”。华南师范大学新闻传播学科则拥有广东省首个信息传播国家级实验教学示范中心、首批国家新闻出版业科技与标准重点实验室（AR+教育数字出版联合实验室）、首批文化和传媒类省市人文社科重点研究基地，与香港城市大学共建“新媒体传播国际联合实验室”。

2.19.4　实践教学

广东各新闻院系都高度重视实践教学，通过加强与业界的接触，让学生深入了解新闻生产的全过程，提高新闻素养，为未来工作打下基础。比较典型的实践教学案例有：3 月 15 日，暨南大学广告兵法训练营举行开营仪式，舜飞科技产品副总裁梁丽丽女士莅临广告兵法训练营开营仪式，为广告系师生分享了题为“大数据营销之程序化广告”的演讲。4 月 15 日至 24 日，暨南大学新闻与传播学院喻季欣带领学生开展“我行我动”社会实践教学，两次深入四川省甘孜藏族自治州开展广东援藏调研，采访广东省对口援甘（藏区）工作，行程跨越甘孜藏区 18 个县市、6000 多公里，深入广东援建的 43 个项目工地现场，采访广东援藏干部、当地各族干部群众 135 人，举行座谈 5 次，入户脱贫藏族群众 3 家，调研扶贫“党员岗”两个。2018 年 7 月 17 日，由暨南大学新闻与传播学院与南方报业传媒集团共同主办的“准记者南方训练营”在暨南大学第二文科楼 516 开营。训练营主要分为学习和实习两个阶段。在学习阶段，学院邀请南方报业传媒集团包括肖文舸、刘军、王伟正、汤凯锋在内的来自新闻媒体一线的资深媒体人开展讲座；在实习阶段，学院会将训练营的“准记者们”分配到南方报业传媒集团的各媒体岗位，进行为期两个月的实习。

2.19.5 高层次科研项目

在2018年，广东各新闻学院科研收获非常可观，特别是在国家级项目方面，斩获丰富。其中，暨南大学、中山大学、华南理工大学、广州大学、深圳大学、广东外语外贸大学等高校表现尤为突出。比如，中山大学传播与设计学院获批2项国家社科基金项目：陶建杰“信息扶贫精准传播机制与模式研究”、卢家银“大数据时代个人信息安全困境与共律体系构建研究”。深圳大学传播学院获得3项国家社科基金项目：“大数据背景下学龄儿童新媒体使用与身心健康关系的实验研究”“社会媒体环境中大众舆论关注焦点形成与演变动态过程研究”“线上医患交流平台的健康传播效果和风险评估研究”。广东外语外贸大学新闻与传播学院获得国家社科基金项目2项，国家自科基金1项，发展态势相当不错。

暨南大学新闻与传播学院则再次展现领头羊的姿态，立项颇多，2018年获批2项国家社科基金重大项目：林爱珺“人工智能时代的新闻伦理与法规”、赵建国“中国共产党新闻宣传工作史料收集、整理与数据库建设(1949—1966)”。国家社科基金重点项目1项，一般项目1项，青年项目3项，立项数创历史同期新高。

2.19.6 学术交流

在学术交流方面，暨南大学新闻与传播学院表现突出，在过去一年中举办多场高水平学术交流活动，具体详情如下：

2018年3月17日上午，刘涛主持的国家社科基金重大项目“视觉修辞的理论、方法与应用研究”开题研讨会在第二文科楼516召开。

3月17日下午，“第六届南方传媒学术论坛”在曾宪梓科学馆国际会议厅进行。

3月18日上午，“首届中国视觉修辞论坛”在暨南大学召开，由刘涛教授主持，参与论坛讨论的有来自西南大学的刘丹凌教授、重庆大学的郭小安教授、西北师范大学的李红副教授、西安外国语大学的杨致远副教授、北京工商大学的何艳、暨南大学外国语学院的杨才英副教授、新闻与传播学院姚晓鸥、陈广耀、黄雅兰、施畅和博士生王雪晔等出席。此届论坛前承3月17日的“2017年国家社会基金年度重大项目开题研讨会”，旨在对开题过程中的专家意见进行再一步消化和讨论，并为课题团队提供了一个交流和细化未来研究方向和研究工作的平台。

5 月 9 日，由中国广播影视报刊协会期刊专业委会主办、暨南大学新闻与传播学院承办、广东广播电视台《南方电视学刊》协办的“中国广播影视报刊协会期刊专业委员会 2018 年会暨融合发展论坛”在暨南大学举办。中国文联副主席、中国广播影视社会组织联合会副会长、《中国广播电视学刊》总编辑胡占凡，暨南大学党委书记林如鹏，国家广电总局发展研究中心主任祝燕南，广东广播电视台副台长杨卓兴升等出席了会议。来自全国多个省市广电系统的影视期刊负责人及学院部分学生参加了此次会议。

6 月 1—3 日，“中国认知传播学会 2018 年年会暨国际认知传播高端论坛”在暨南大学隆重举行。此次会议聚焦“新媒体环境中的体认革命：认知传播的学科建设、自我图式与娱乐体验”，围绕第三阶段认知传播学的学理建构与实际运用等相关主题发表观点、提出建议、展开讨论。暨南大学党委书记林如鹏、中国认知传播学会会长欧阳宏生等中外学者 120 余人出席了会议，来自美国圣克劳德州立大学、密歇根中央大学，日本札幌大学，香港浸会大学、北京大学、四川大学、中国传媒大学等著名高校和机构的 10 名学者作了主题发言。

7 月 8 日，由暨南大学主办、暨南大学新闻与传播学院和马克思主义新闻理论研究中心承办、中国人民大学出版社和中国社会科学报协办的“纪念马克思诞辰 200 周年学术研讨会暨《马克思主义新闻观百科全书》新书发布会”在暨南大学举行。来自国内 30 多位马克思主义专家学者、教师代表见证了发布会过程，并分别围绕“马克思主义新闻观与新时代中国新闻传播新使命”主题和马克思主义新闻观研究与教学，进行了深入的研讨和交流。

11 月 17 日，中国高等教育学会新闻学与传播学专业委员会第八届理事会第一次全体会议暨“智媒时代的新闻教育创新学术论坛”在暨南大学隆重举行，来自全国各地 70 余所新闻院校的专家学者齐聚一堂，共襄盛会。会议议程紧密围绕学会工作、新闻传播学科建设等内容展开，并对 11 项“中国新闻学与传播学教学改革创新项目”进行了表彰。学术论坛从新闻传播专业与课程建设、新闻传播人才培养、新媒体环境下的实证研究、新闻传播教育的理念变革等主题展开，来自全国各地 20 余所新闻院校的嘉宾分享了研究成果。

此外，围绕“高水平大学建设”，暨南大学新闻与传播学院举办了多种研修班，推动学术交流和青年学者培训。其一，5 月 14 日上午，第十七期海外华文媒体高级研修班在暨南大学开班，来自美国、加拿大、巴西等 41 个国家和地区的 91 家媒体的 94 名学员通过校内讲座、座谈交流及校外考察的形式，用 4 天的时间研习了“新时代华文媒体转型与发展”。此次研修班由暨南大学主办，新闻与传播学院承办，国务院侨务办公室指导。其二，6 月 25 日上午，暨南大学新闻与传播学院第四期“中华青年传播学者研修班”在第二文科楼516室举行。此次研修班为期一周，由暨南大学新闻与传播学院和国际中华传播学会(CCA)联合举办，旨在为国内传播学青年教师提供符合国际视野的、严谨且富有创造性的研究平台。研修班于2015年暑期开始，每年举办一期，2018年的主题将围绕“媒介形象与视觉传播”展开。其三，2018年7月15日，第11期传媒领袖讲习班在暨南大学曾宪梓科学馆开班。此期讲习班共邀请了14位海内外学界及业界嘉宾来授课，将近400名来自全国各新闻传播类高校的师生学者及业界一线传媒领域的精英参加传媒领袖讲习班。

（赵建国）

2.20　广西壮族自治区新闻传播教育发展综述

2018年，广西壮族自治区新闻传播教育在平稳中求发展，在创新中求特色。自治区设置新闻传播类专业的有20所高校，各自围绕不同的发展定位，在人才培养、教学科研、部校共建以及对外交流与合作等方面不断取得了新进展。

2.20.1　人才培养

根据教育部狠抓新时代本科教育的要求，2018年，广西高校新闻传播院系加强协同育人，实践教学。通过校媒、校企合作等多种形式，不断提升新闻传播人才培养质量。

1. 建立平台

广西大学地处西南边疆少数民族地区，相对学术氛围、科研环境与北上广一线城市以及东中部主要城市等有较大差距。郑保卫教授担任广西大学新闻与传播学院院长后，注重利用学术会议等机会安排学院本科生、研究生与新闻传播学界名家面对面交流，扩大学子视野，提高培养质量。如2018年3月，在2018年中国新闻学传播学学科发展论坛期间，广西大学新闻与传播学院组织参会的16位新闻传播学界名家分两场与学生进行交流。5月，在马克思主义新闻观理论研究与教学实践研讨会期间，组织来自学界的9位知名专家学者与学院师生进行了交流。10月，2018气候与健康传播研讨会期间，来自高校、媒体和企业的9位专家学者等与新闻学子分享学术研究经验、交流学习和工作心得。12月，在“2018民族新闻与文化传播创新”研讨会期间，有14位主要来自民族地区高校新闻传播院系专家学者与学子们进行交流。每场名家交流会，专家们的殷殷寄语和精彩发言，使学生们深受教益。

2016 年 4 月，广西大学新闻与传播学院与人民网广西频道签约合作成立了广西首个“校”“媒”共建的“广西新媒体实验室”。两年来，在人民网及学院教师团队的带领下，实验室已经成为广西大学新闻与传播学院学生重要的创新实验平台，在新闻采编、新媒体运营、舆情监测等方面取得了丰硕成果。在此基础上，2018 年 6 月，广西大学新闻与传播学院联合人民网股份有限公司广西分公司、南宁慧视科技有限责任公司申报广西自治区级研究生新媒体创新创业教育暨联合培养基地项目通过评审并立项建设。

广西师范大学新闻与传播学院在广西日报集团建立了稳定的学生校外实践教学基地，建成覆盖全区新闻媒体的实习基地网络，在《广西日报》《南国早报》、广西新闻网等平台聘请专业导师，跟踪实习进展，评估实习成效，形成了长期稳定的实习机制。

2. 创新方式

广西大学新闻与传播学院由院长郑保卫提议，寒假开展“三个一活动”，即学生利用寒假返乡期间，品读一本经典原著、撰写一篇调查报告和参加一次志愿服务。该活动倡导“让读书伴成长，把社会做课堂，以人民当老师”。“三个一活动”也是学院开放式读书教学活动的新拓展，是新闻学子践行马克思主义新闻观的新举措，是学院实施“三全育人”开展实践育人的新探索。

暑假开展主题为“发现美 传播美”暑期社会实践活动，赴中越边境宁明县开展系列活动，活动团队分六个小组，分别是：宁明正能量新闻报道小组、宁明特色文化纪录小组、党报“精准脱贫”宣传效果的宁明受众调查小组、花山岩画旅游形象设计小组、宁明传统手工艺直播小组和宁明中越民间交流活动与文化传播调研小组。活动既把教学与科研结合起来，又充分发挥了学院不同专业的优势。实践作品在人民网、中国新闻网、新浪网等平台刊登、直播。

2018 年 8 月，广西艺术学院影视与传媒学院与柳州日报社联合举办“播音主持拔尖人才培养项目新媒体培训班”。影视与传媒学院播音主持拔尖人才培养项目的 11 位同学以及广播电视学系 7 名同学赴柳州日报社参加了此次活动。该培训班是播音主持专业拔尖人才培养项目的第一次集中授课。课程包括新媒体运营、新闻编辑、采写、新闻视频制作等内容。

3. 初步收获

2018 年 11 月，在第十届全国大学生广告艺术大赛决赛中，经团队陈述、评委提问、现场投票三个环节，广西大学学子以优异的表现获得本届大赛的最高奖——全场大奖。此届大赛是历届大赛竞争最激烈的一届比赛，在25万份作品中选出108个一等奖，再从其中选出3个一等奖角逐全场大奖。

广西财经学院文化传播学院广告系学生赵忠浩代表学校与跨校跨专业的团队成员设计的“助眠降噪耳机”项目在2018广西高校第二届大学生“创客马拉松”活动中脱颖而出，一举拿下了比赛全场“一等奖”和“最具投资价值奖”，并获得现场耳机企业的支持与鼓励。

2018年11月，在中国高等教育学会新闻学与传播学专业委员会第八届理事会第一次会议上，由广西大学新闻与传播学院报送的创新项目“创设优秀实验育人环境，培养全媒化新闻传播人才”荣获2018年度“中国新闻学与传播学教学改革创新项目”奖，成为此次11个获奖项目之一。这是继2016年“开放式读书教学活动”获得此殊荣后，广西大学新闻与传播学院再次获得该奖项。中国新闻学与传播学教学改革创新项目由中国高等教育学会新闻学与传播学专业委员会和教育部高等学校新闻学学科教学指导委员会联合设置。从2010年开始，每两年评选一次，每次表彰10个项目，并在当年学会年会上表彰。参选的项目需要在教学模式、课程体系、教学方法、实验教学等方面有所改革创新，并有三年以上连续实践、取得研究成果并获得实际收效。该奖项的设置旨在推进中国新闻教育的创新与改革，进一步提高教学质量，优化教学成果，培养高质量的新闻传播人才。

2.20.2 科研特色

广西地处南疆，面向东南亚，是我国唯一与东盟既有陆地接壤又有海上通道的省区，自然而然地成为我国面向东盟开放的前沿窗口，因此研究东盟传媒以及对东盟传播是广西高校新闻传播院系科研的一个重要特色。

2017年年底，郑保卫教授出任广西大学新闻与传播学院院长后，立足广西大学区位优势、科研特色以及新闻与传播学院研究基础等，对学院研究机构进行整合，构建起“一院四中心”，即以“广西大学新闻与传播研究院”为龙头，下设四个研究中心，对应学院现有的四个学科方向，形成学科特色。具体包括马克思主义新闻观理论与实践研究中心、东盟传媒及中国—东盟区域传播研究中心、民族新闻与文化传播研究中心、气候与健康传播研究中心。

2018年3月24日，2018年中国新闻学传播学学科发展论坛暨教育部社会科学委员会语言文学、新闻传播学和艺术学学部新闻传播学咨询组第三次会议在广西大学新闻与传播学院举行。来自中国人民大学、复旦大学、中国传媒大学等国内十几所著名新闻传播院校的 20 余名专家学者，以及 10 家广西高校新闻院系负责人首次齐聚广西大学新闻与传播学院，助力新时代新闻传播学学科发展建设。此届论坛由教育部社会科学委员会语言文学、新闻传播学和艺术学学部主办，由广西大学新闻与传播学院承办。同日，教育部社会科学委员会语言文学、新闻传播学和艺术学学部新闻传播学咨询组第三次会议在广西大学新闻与传播学院举行。咨询组成员郑保卫、罗以澄、张国良、陈昌凤、高晓虹、张昆、丁柏铨、胡百精、张涛甫、强月新、韦路出席会议。会议由教育部社会科学委员会语言文学、新闻传播学和艺术学学部副秘书长兼新闻传播学科召集人郑保卫教授主持。

2018 年 6 月 22 日，广西师范学院(现改为南宁师范大学)新闻传播学院举办“人类文明互鉴与东盟文化互通”学术研讨会，此次研讨会由复旦大学国家文化创新研究中心和广西师范学院新闻传播学院主办，与会专家学者以“一带一路”建设的文化互通需求为背景，围绕国家文化软实力、跨文化传播视域、文明互鉴的发展趋势、国家价值观传播等话题发表演讲。会议期间，广西“一带一路”对外传播及国际文明互鉴研究中心正式揭牌。该中心是由广西师范学院新闻传播学院、复旦大学国家文化创新研究中心联合组建的一个综合型研究机构，中长期工作目标包括“五个一”，即：每年举行一次“东盟传播”国际论坛，出版一套“东盟传播”丛书，撰写一系列有关东盟传播的专报，培养一批面向东盟的外宣人才，筹建一个中国—东盟“文化传播”智库联盟。

2018 年 6 月，由时任广西艺术学院影视与传媒学院院长罗幸教授主持的国家社科基金项目“丝路精神”下中国国家形象在东盟国家的传播策略研究学术研讨会在广西艺术学院影视与传媒学院举行。会议邀请了清华大学、中国人民大学、厦门大学、中国传媒大学、华中科技大学、北京外国语大学、中国外文局、《人民日报》研究部等国内多所知名院校及科研机构专家学者参与研讨。会上，罗幸教授发布了《2017 年中国国家形象在东盟地区传播情况调查报告》。这是广西艺术学院影视与传媒学院与北京零点有数科技集团合作，围绕国家社科基金项目“‘丝路精神’下中国国家形象在东盟国家的传播策略研究”的相关议题，所启动的中国国家形象在东盟国家传播效果评估调查，目的是了解东盟地区民众和媒体对中国国家形象的认知和传播现状，以便更好地加强对东盟国家传播能力建设，构建与全球化相适应的中国国际话语权，传播中国国家形象。参会专家对调查报告进行了点评并提出修改完善建议。

2. 20. 3　部校共建

2017 年，中宣部、教育部办公厅印发了推进高校新闻传播院系部校共建的通知，要求到2017年年底基本达建成100所左右。截至2018年8月，根据公开可查的报道资料，目前全国共有120家各类部校共建新闻学院单位、项目，基本覆盖了31个省(市、区)。其中广西共建了12所、北京11所、浙江9所、上海6所，贵州、吉林、辽宁、江西、四川各5所，其余各省各有1~4所。可以说，广西高校新闻传播院系部校共建工作走在了全国前列，这和广西壮族自治区党委宣传部一直高度重视“部校共建”工作分不开。

1. 领导重视

2018年6月29日，广西壮族自治区党委常委、宣传部长范晓莉专门听取了广西大学新闻与传播学院院长郑保卫教授等汇报自治区党委宣传部与广西大学共建新闻传播学院工作的情况。郑保卫院长首先汇报了2014年7月部校共建以来，在共建管理机制、共建精品课程、共建人才队伍、共建实践基地和共建智库建设方面所取得的成绩，特别是聘任新闻传播学院院长以来，举办两次有影响力的全国性学术会议和学院博士点申报建设的情况，汇报了他到全区部校共建新闻学院开展马克思主义新闻观教育巡讲以及带队访问东盟三个国家新闻媒体及新闻学院的情况，并向自治区党委宣传部提出了给予支持申报广西大学新闻传播学院申报新闻传播学一级学科博士点建设的请求事项。

在此之前，5月5日，广西壮族自治区党委宣传部部常务副部长、部校共建院务委员会主任孙大光到广西大学新闻与传播学院专门调研部校共建工作。

2. 机制保障

2018年8月30日，广西全区部校共建新闻院系马克思主义新闻观教育和全媒体人才教育培养研讨会在广西大学新闻与传播学院召开。研讨会由自治区党委宣传部主办、广西大学新闻传播学院承办。自治区党委宣传部、自治区高校工委以及全区12家部校共建新闻院系地市宣传部及新闻院系领导共30人多参加了研讨会。会议强调，要深入学习贯彻全国宣传思想工作会议精神，自觉承担起举旗帜、聚民心、育新人、兴文化、展形象的使命任务，进一步巩固部校共建成果，总结部校共建经验，在部校共建工作中加强马克思主义新闻观和全媒体人才培养教育。迄今广西全区部校共建新闻院系达12家，共建数量在全国各省区市排名靠前。部校共建的成果表现在“八个新”：全区部校共建顶层设计有了新进展，马克思主义新闻观教育有了新动作，国情教育课范围有了新拓展，协同育人工作有了新方式，全媒型人才培养有了新成效，骨干教师队伍建设有了新进展，对外交流有了新突破，部校共建经费有了新保障。今后，广西将以问题为导向，深化五大共建平台建设，放眼全国推进广西部校共建工作迈向新台阶。一是完善共建管理机构，建好用好院务委员会；二是推进共建精品课程，构建马克思主义新闻观教育课程体系；三是强化共建人才队伍，拓展育人平台；四是拓展共建实践基地，增强动手能力；五是加大共建研究智库，提高科研水平，努力构筑全国部校共建工作的重镇。

3. 专家推动

为贯彻落实习近平总书记“深入开展马克思主义新闻观教育”的要求，应广西壮族自治区党委宣传部的邀请，2018 年 6 月 8 日至 9 月 28 日，广西大学新闻与传播学院院长郑保卫教授先后到广西民族师范学院文学与传媒学院、钦州学院人文学院、广西民族大学传媒学院、广西师范学院新闻传播学院等 12 家部校共建新闻院系，作马克思主义新闻观系列巡回讲座。

此外，2018 年 9 月 26—27 日，广西壮族自治区宣传思想工作会议在南宁召开，自治区党委书记鹿心社出席会议并发表讲话，自治区党委副书记、自治区主席陈武出席会议。9 月 26 日上午，郑保卫教授受邀为广西全区宣传思想工作会议作主题报告——《以“九个坚持”为根本遵循，更好地完成新形势下宣传思想工作使命与任务》。郑保卫在报告中对如何学习贯彻落实好习近平总书记“8・21”讲话精神，做好广西的宣传思想工作提出了建议。他指出八桂大地幅员辽阔、人杰地灵，处处有典型、有经验、有新闻、有文化，使宣传思想和新闻舆论工作者大有用武之地。要打好民族牌、东盟牌、生态牌、旅游牌、红色牌、长寿健康牌。他提出要挖掘生态旅游、健康养生、红色文化等方面取之不尽的资源；要做足民族团结、精准扶贫的文章；要把刘三姐的品牌形象用足、用好，让其在新时代展现新风采；要热爱广西，为建设美丽广西、健康广西、文化广西、文明广西贡献力量。

2. 20. 4　对外交流与合作

广西毗邻东南亚，发展与东盟国家媒体和新闻院系的关系，是广西高校新闻传播院系的优势所在，也是其鲜明特色。

2018 年 5 月，由中国商务部主办、中国—东盟博览会秘书处承办的 2018 年东盟全媒体记者研修班到广西大学新闻与传播学院考察。研修班成员先后到学院融媒体中心、全媒体交互式演播中心、摄影摄像实验教学中心和广电中心等部门考察。考察结束后，学院常务副院长刘洪教授向学员们作了题为“中国—东盟媒体合作及媒体融合背景下中国高校传媒人才的培养问题”的讲座，向学员们介绍了中国，尤其是广西传媒人才培养的现状、教育理念的转变与对策等。来自东盟国家的 17 名主流媒体记者以及新闻官员参加了该期研修班。

2018 年 6 月 18—27 日，由广西大学新闻传播学院郑保卫院长率领的广西大学代表团访问老挝、越南、马来西亚三国，迈出了同东盟国家传媒与新闻院系加强交流与合作的重要一步。2018 年 3 月，学院组建了广西大学东盟传媒与中国—东盟区域传播研究中心，旨在通过这一平台，加强同东盟国家媒体和新闻院系的交流与合作，提升学院的国际化能力和水平。而此次东盟三国之行是实现这一目标的重要举措。

2018 年 12 月 14 日，2018 首届中国—东盟大学生短片节在广西艺术学院举行。700 多位来自不同国家和地区影视相关专业的优秀教师和学生相聚一堂，共襄影像盛宴。此次活动由中国高等院校影视学会、广西广播电视台、广西艺术学院共同主办，旨在鼓励中国和东盟国家大学生创作优秀短片，发掘和培养影视短片艺术创作人才，促进中国—东盟影视艺术教育发展，搭建中国—东盟大学生影视文化艺术交流与合作的国际平台。

活动期间，广西艺术学院影视与传媒学院与柬埔寨 NICE TV 合作协议签订。这是一次学界与业界的深度融合，它搭建了实践化课程体系，提升了广西艺术学院影视与传媒学院师生的传媒专业素养，培养了面向东盟地区的影视专业人才，更为搭建中柬影视文化交流平台做出了积极有益的尝试和探索。

（王 辉）

2.21 海南省新闻传播教育发展综述

海南省高等新闻传播教育发展至今仅十八载，相较全国高等新闻传播教育历史而言，发展的历史较短。在新的时代背景下，海南省各高校立足本省省情，明确本院校的办学理念，突出本院校的培养特色，坚持服务社会、教学育人。

2.21.1 院系及专业设置

与全国其他地区相比，海南省开设新闻传播教育的高校数量较少，目前共有六所高校开展新闻传播教育。其中三所高校设有独立的新闻传播学院进行专门的新闻传播教育，分别是海南师范大学新闻传播与影视学院、海口经济学院中广天择传媒学院、三亚学院传媒与文化产业学院。其余三所高校的新闻传播教育则由隶属于该校人文学院的新闻传播系开展，分别是海南大学人文传播学院的传播系、广告系，海南热带海洋学院人文社会科学学院的新闻学专业，琼台师范学院中文系新闻采编与制作(网络编辑方向)专科专业。具体各院系和开设专业情况，详见表 2-27。

表 2-27　　海南省各高校院系及专业设置情况表

序号	高校名称	院	系	专业
1	海南大学	人文传播学院	汉语言文学系、广告学系、戏剧影视文学系、汉语国际教育系、传播学系	汉语言文学(本科)、汉语国际教育(本科)、广告学(本科)、传播学(本科)、戏剧影视文学(本科)、中国语言文学(硕士)、新闻与传播(专业硕士)、艺术硕士(戏剧电影电视方向)(专业硕士)
2	海南师范大学	新闻传播与影视学院	/	新闻学专业(本科)、广播电视学专业(本科)、广播电视编导专业(本科)、中俄合办影视编导专业(本科)、表演专业(本科)、新闻与传播(专业硕士)、艺术硕士(广播电视方向)
3	海口经济学院	中广天择传媒学院	/	新闻学专业(本科)、播音与主持专业(本科)
4	三亚学院	传媒与文化产业学院	/	广告学专业(本科)、动画专业(本科)、播音与主持艺术专业(本科)
5	三亚学院	人文与传播学院	/	网络与新媒体(本科)
6	海南热带海洋学院	人文社会科学学院	/	汉语言文学专业(本科)、新闻学专业(本科)、秘书学专业(本科)、历史学(本科)、社会工作(本科)、国际事务与国际关系(本科)、文物与博物馆学(本科)
7	琼台师范学院	中文系	/	新闻采编与制作(网络编辑方向)专科

2.21.2 人才培养层次、理念及特色

海南省新闻传播教育的人才培养层次包含三个层次：硕士研究生教育、本科生教育和专科生教育。目前有硕士学位授予单位的学校为2所：海南大学和海南师范大学，学位教育类型均为专业硕士学位。

由于各高校的招生情况及办学特色不同，海南省各所新闻传播教育院校对人才培养的定位也有所偏重。海南大学和海南师范大学注重对学生新闻传播综合能力和业务水平的培养，带头试行国际化新闻教育；三亚学院和海口经济学院则关注学生实践能力的培养，服务于就业；海南热带海洋学院立足琼南，突出地域化民族化的人才培养目标。

海南大学大力实施教学质量工程，自2008年以来，海南大学开设冬季小学期，先后邀请戴锦华、陈平原、韩毓海、刘中树等国内著名学者和业界专家进校授课。其新闻传播专业硕士授权点与诸多企事业单位联合建立了“双导师”培养机制，目前聘有媒介导师17人及部分业界专家。先后邀请清华大学李彬教授，中国传媒大学雷跃捷教授，人民大学胡百精教授、蔡雯教授、赵云泽教授，复旦大学谢静教授，武汉大学张金海教授和程明教授等为本科生和研究生授课，为传播学本科教学提供了强有力的师资支撑。

海南师范大学新闻传播与影视学院，坚持“持中守正、开放创新”的办学方略，培养党和人民放心的新闻舆论工作者；立足海南、面向全国、辐射“一带一路”沿线国家，以本科教育为主体，大力发展研究生教育，为建设海南自由贸易区和中国特色自由贸易港培养应用型高素质专门人才；新闻传播、影视艺术等学科相互支撑、协同融合发展的教学研究型学院。在专业建设上突出培养基础扎实、综合素质高、业务能力强的人才，制定了本科生“3+1”人才培养工程，即要求学生完成一定数量的书籍阅读、写作和发表规定数量的作品等，以提升学生的人文素质、写作能力和专业技能；为培养拔尖型的新闻传播人才，邀请媒体优秀编辑记者以“师傅带徒弟”的方式，推行“新闻传播卓越人才工程”。

三亚学院传媒与文化产业学院立足于新兴学科和新兴产业的前沿，确立以数字技术和新媒体技术为学科的发展方向，以跨专业的联动与融合、发挥综合艺术优势为基本路径，力图打造成海南省传媒与文化产业人才的培养基地。并聚焦学校“学生竞争力”战略核心，对标应用型人才培养的“五种品质”，加强实践教学基地的建设。开展的合作主要为实习实训、实践课程教学以及产学研一体化三种模式。

海口经济学院传媒学院以培养宽口径、厚基础、强能力、高素质的复合型应用型传媒人才为目标，形成了“依托媒体平台、强化实践教学”的办学特色。注重将课堂讲授

与自有媒体平台相结合，强化实践实训力度，注重学生行业实践能力与专业素质的培养与提升，形成了专业理论知识与媒体岗位实践深度融合的课程教学体系。

海南热带海洋学院新闻学专业针对政策前景与人才需求前景，人才培养模式及课程体系建设突出地方化海南特色化，培养目标以满足与服务琼南民族地区新闻传播人才需求为导向，兼顾辐射海南省内及全国性人才需求为目标，培养坚持马克思主义新闻观、坚持正确政治立场和方向，具有全媒体新闻传播知识和能力，满足区域性地方性新闻传播工作要求的应用型、复合型、创新型人才。

2.21.3　部校共建情况

2013 年 12 月，经中宣部批准，海南师范大学文学院新闻传播系被列入全国 10 所由地方党委宣传部和学校共建的试点新闻院系之一。这是目前海南省唯一一所由中共海南省委宣传部与学校共同建设新闻传播学院的高校。

结合部校共建对于培养党和人民需要新闻舆论人才的要求，海南师范大学探索出多条发展道路。通过开办“马克思主义新闻观系列讲座”向学生加强马克思主义新闻观教育；创新教育教学理念，探求与新闻传媒行业单位的合作，建立协同创新实践平台，现已建立包括新华社海南分社、中国新闻社海南分社、中国青年报社海南记者站、海南广播电视台、海南日报社、南海网等 14 个专业教学实践基地；与海南广播电视总台联合建立海南省专业学位硕士研究生联合培养基地。建立海南省新闻传播人才培训基地，以发挥专业与学科对社会的辐射力和影响力，目前已开展 10 余期提升省内新闻从业人员职业能力和领导干部媒介素养的培训，培训人员达 1200 人次；利用教师科研优势，学院设有省委宣传部批准建立的海南省社会舆情与治理研究中心、海南省社会科学联合会批准建立的海南省意识形态与舆论研究基地，两个研究平台是省内重要的智库，经过一年的建设，现已经取得一批成果。

2.21.4　对外交流与合作情况

随着全球化的发展，与国际专业院校合作办学、加强双方学术交流已是趋势。海南省各高校基本建立起本校与国际学校的学术联系，如海南大学、海南师范大学均派遣教师或学生前往国外高校访问学习。

海南师范大学新闻传播与影视学院与俄罗斯圣彼得堡国立电影电视大学联合办学，开设影视编导专业学士培养，中俄双方教师配合授课，达到课程要求可获得本校影视导演方向文凭和俄方编剧专业文凭和高级指导课程的导演相关证书。该专业于 2017 年完成第一年招生，目前，该专业共有 98 名学生。该学院已与香港浸会大学关于合作办学达成协议，将在学生培养、教师的职业能力提升等方面开展深入合作。为学院筹备建立国际传媒学院做前期的准备工作。

海南大学人文传播学院也依托本校与境外 26 个国家和地区的 98 所知名高校的校际合作项目，每年选派优秀本科生、研究生前往美国、新加坡、日本、韩国等国家及我国港澳台地区的高校学习交流。2018 年，先后与澳大利亚查尔斯·达尔文大学、马来西亚国际伊斯兰大学以及英国西苏格兰大学等境外高校达成合作意向，这也为该本系师生的对外交流和访学，提供了更多窗口和平台。

2.21.5 学术研究

在学术研究方面，海南省的科研成果主要集中在两所省重点本科院校海南大学和海南师范大学。

海南大学注重对海南形象及南海特色的打造，依靠地域优势，组织师生开展南海传播、自贸区(港)建设及黎族新闻等领域的探索研究。设立海南大学传播学研究中心、海南省历史文化研究基地、文化部民族民间文艺发展中心海南民俗文化数字化研究基地等研究机构。2018 年，张军军教授“南海《更路簿》的跨文化研究与国际传播”项目获国家社会科学基金一般项目支持。截至 2018 年，海南大学传播系教师发表 CSSCI 论文 9 篇，主持国家社科课题 1 项，省部级科研项目 9 项，厅、校级及横向科研项目 8 项，其中省级教研项目 3 项。出版著作 6 部。获海南省优秀社科成果奖三等奖 1 项。

海南师范大学则结合媒体融合发展的时代特征，在社会舆情和信息传播等领域形成一些特色鲜明的研究方向。建立海南省意识形态与舆论研究基地、海南省社会舆情与治理研究中心等省级研究智库平台和海南师范大学舆情监测分析研究中心，对海南和南海舆情进行研究。近三年来，主讲教师在学术刊物发表科学研究论文 60 篇，承担科研项目 19 项，获得省级以上科研奖励 3 项。

2.21.6 学生活动

海南各高校将培养院校将课程培养与实践活动有机融合，锻炼学生专业业务能力，以培养适应当代社会发展需要的新闻传播工作者。开办顺应时代发展、专业能力培养需求的省级或校级校园活动，实质上也是提高学生综合素质、业务训练的新方式。2018 年，已举办第二届海南省高校微视频大赛、海南省大学生短视频大赛和海南省首届大学生新媒体大赛等全省范围专业赛事。2018 年 12 月，海南省首届大学生新媒体大赛成功举办。该赛事面向全省学子，辐射全省五所高校多个专业，参赛作品百余件，并得到新华网、人民网、《海南日报》、南海网、海南广播电视总台等媒体的支持。

海南大学广告协会举办的海南省大学生广告艺术节，既是全省范围业务能力的竞赛，同时也是全省新闻学专业学子的成果汇报，受到海南省广告协会和业界人士的赞赏。该校海棠剧社、笑声工作坊屡获国家级、省级、校级奖项，深受师生和业界人士欢迎。热带海洋学院还开办“人文讲堂”，开辟开放课堂，营造浓郁的学术氛围，弘扬科学精神和人文精神；举办“山海流韵”文艺晚会和“美韵杯”朗诵比赛等，促进学生全面发展。近年来，先后有多位学生在校期间出版小说、诗集等文学作品。海南师范大学利用“大学生学术科技节”成功打造了大学生网络期刊大赛、大学生读书分享会、大学生播音主持大赛、优秀新闻作品评选活动、摄影作品展等特色校园文化活动，近三年共举办具有特色的大型活动达 20 多场，参与学生达学院 2/3 以上，营造了科学教育、人文素质教育与专业实践训练有效融合的氛围。

高校除举办省级学生竞赛外，为本校学生搭建校园新闻媒体平台，提供长期传媒训练场所，也是提高学生的综合专业能力的必要方式。海南师范大学教师带领学生建立羊村传媒、新闻学子联盟、News 等媒体平台，出版了著作《新闻之声》。三亚学院依托落户海南省文化产业研究中心、海南省动漫研究院以及校内 UC 系列(UCTV 校园电视台、UCTIMES 校园时代杂志、UCMEDIA 校园传媒)等资源，为学生搭建教学、科研、艺术实践平台。海口经济学院先后建立了“海经之声”校内电台、“新新闻”工作室、“新视线”杂志、Waveradio 网络电台、“海经在线”V 拍工作室、海南数字电视 410 频道等校内实训基地，旨在为学生创建良好的校内实践平台，促进其综合能力的提升。

海南师范大学新闻传播与影视学院还每年定期组织“新闻学子走基层”系列采访活动，让每一位学生置身采访第一线完成新闻采访报道，并汇编优秀作品集。

在当前海南全岛建设自由贸易试验区的新时代背景下，海南省各新闻传播教育院校正在积极顺应时代和行业发展趋势，对照海南自由贸易试验区和中国特色自由贸易港建设对于人才的需求，确立新闻传播人才培养目标，找准自身培养特色，继续探索，为海南省新闻教育事业发展打稳基础，更为自贸试验区和中国特色自贸港建设增添文化驱动力。

(李盈颖)

2.22　重庆市新闻传播教育发展综述

根据教育部的统计数据，截至 2019 年 3 月 15 日，重庆市高等学校共计 64 所，其中：本科高校 19 所，专科高校 39 所，独立(民办)高校 6 所。资料统计显示，全市共有 13 所本科高等学校(其中包含 5 所独立民办院校)设有新闻传播专业或独立学院，以此来进行专业化的新闻传播教育工作，或设有相关专业开展新闻传播教育工作。

2.22.1　重庆市新闻传播教育的起源与发展

1982 年，随着教育改革的推进、专业教育的发展以及社会需求的凸显，渝州大学在汉语言文学专业下设置“新闻、秘书方向”后又更名为“新闻方向”，在重庆高校中率先开办新闻传播教育。创办人中文系主任黄葵，亲赴四川大学拜会新闻专业负责人邱沛篁老师，受益良多，并与杨因、傅正义等教授一同促进渝州大学新闻传播教育蓬勃发展，也为重庆新闻传播教育的发展拉开了序幕。但由于渝州大学新闻教育存在起步较早，升级较晚的问题，新闻传播教育进入发展缓慢期。

直到 20 世纪 90 年代中后期，重庆市高等学府的传播教育开始由缓慢发展进入欣欣向荣的发展阶段。1994 年，西南政法大学新闻传播学院成为重庆市第一所经教育部正式批准建设的新闻学院，1995 年开始面向全国招生。这是我国法科大学里第一个开设的新闻学专业，是全国第一家以法制新闻作为主要研究对象的特色新闻学专业，在重庆市具有填补学科空白的开创性意义，下设新闻学、广播电视学、传播学 3 个本科专业；新闻传播学一级学科硕士学位授权点，下设新闻学、传播学 2 个招生方向；新闻与传播学专业硕士授权点，下设新闻学、传播学、新闻与传播专业三个方向。2017 年，教育部官网公布新增博士、硕士学位授权点名单，西南政法大学获新闻传播学一级学科博士学位授权点，实现了重庆市新闻传播学科博士点零的突破，也实现了全国法科大学新闻传播学科博士点零的突破。

进入 21 世纪后，重庆市高等学府新闻传播教育步入了快速发展的新阶段。在教学方面，重庆多所高校的新闻传播教育类课程被评选为重点建设课程。如 2002 年，西南政法大学的“法制新闻理论与实务”系列课程，被重庆市教委确定为省级重点建设课程；实验教学课“新闻阅评”，在全国高校首开，受到中宣部的表扬；2009 年，西南大学“写作”被评为国家级精品课程、全国大学生精品通识课程。在学科建设方面，多所高校新闻传播学科入选重庆市重点建设学科计划。如 2006 年，西南政法大学新闻学科被重庆市评为"十一五"重点建设学科；2010 年，新闻学专业被评为国家级特色专业；2011 年，重庆工商大学的新闻传播学荣获重庆市"十二五"规划市级重点学科，成为重庆市新闻传播学三个重点学科之一；2017 年，重庆大学新闻学院新闻传播学入选重庆市高等学校"十三五"重点学科。在科研方面，各高校根据自身办学理念完成多项高质量科研项目。截至 2019 年，重庆大学新闻学院获得各类研究项目共计 80 多项，其中，教育部重大课题 1 项，国家社科基金重点项目 1 项；西南大学先后主持国家社会科学基金项目 5 项，教育部社科基金项目 6 项；重庆师范大学近年来已出版学术专著 72 部，教材 15 部，在国内权威刊物及其他刊物上发表学术论文 1550 余篇，获省部级各类等级奖近 40 项。自 2002 年以来，重庆邮电大学设立艺术类专业教学科研单位以来，主持参与项目共计 116 项，包括国家广电总局部级社科研究项目、重庆市教育科学十一五规划高等院校重点课题等省部级项目 24 项。在教学设施方面，各高校纷纷建设新闻传播类实验室，并投入巨额资金促其发展。如重庆大学在 2009 年，投入 500 万元资金建成技术设备先进、综合功能齐全的全媒体传播实验中心。2018 年，重庆工商大学传媒与文化发展研究中心获中央支持地方高校建设项目立项，投入总经费 200 多万元，建成广播电视监测中心。此外，该校传媒技术基础实验室建设也投入 100 余万元。

在数字化技术日新月异、新兴媒体不断涌入、媒介融合发展的趋势下，重庆市新闻传播教育也积极顺应时代和行业发展趋势，不少院校从培养目标、课程体系、培养模式等方面进行了创新，以培养适应新媒体时代的新闻传播人才。如重庆工商大学所设立的"网络与新媒体"专业，是为了适应新媒体传播和媒介融合的社会需求，基于跨媒体互联与社会化媒体共享的新媒体特征，培养具有坚实新闻传播学基础理论和新媒体实践能力的复合型专门人才。为了坚持"产、学、研"理念、重视行业合作，重庆多所高校与重庆本地传媒集团以及媒体签订了战略合作协议。例如，从 2003 年起，重庆大学与新华社重庆分社、重庆广电集团、重庆日报报业集团等单位建立合作平台和学生实习基地。西南大学新闻传媒学院与华龙网、腾讯·大渝网加强战略合作伙伴关系，在教学中探索传统媒体与新媒体融合的运营模式。西南政法大学与《重庆商报》联合培养新闻传播本科创新务实人才，以及创建 29 个校外教学实习基地。

重庆市高等院校新闻传播教育至今已经走过 30 多个年头，尽管在发展过程中，困难重重，但各院校顺应时代发展，积极开拓创新，不少院系都形成了自己的办学模式与特色，理论与实践并重，培养了一批又一批顺应时代发展的复合型新闻传播人才，取得了不俗的成绩。

2.22.2 重庆市新闻传播教育现状

1. 院系及专业设置

当前我国高校新闻教育院系设置基本包含两种类型：新闻传播学院(或新闻与传播学院)和新闻传播系。据重庆市各高校官网资料显示，重庆市在统招的本科高校中，名称为新闻传播学院、新闻学院的比较多，例如重庆大学新闻学院、四川外国语大学新闻传播学院、西南政法大学新闻传播学院等；名称为新闻传播系的通常隶属于该校的人文学院或者传媒艺术学院，例如重庆交通大学人文学院广播电视系、重庆邮电大学传媒艺术学院广播电视编导系。此外，也有比较特殊的组合，如重庆工商大学文学与新闻学院、西南大学新闻传媒学院。目前，重庆市主城区主流的13所本科院校中，有6所设有独立的新闻传播学院进行专门的新闻传播教育，其余院校均设立新闻传播系开展新闻传播教育。

设有独立的新闻传播学院的高校，其学院下面通常设有多个系。重庆大学新闻学院下辖新闻学系、广播电视学系，下设两个本科专业：新闻学、广播电视学。西南大学新闻传媒学院设有新闻学系、广播电视编导系、播音与主持艺术系，下设新闻学、广播电视编导、播音与主持艺术3个本科专业。西南政法大学新闻传播学院设有新闻学、传播学、广播电视学3个本科专业。重庆工商大学文学与新闻学院下设有新闻学系、新媒体系、影视编导系、广播电视学系、广告学系和中文系，下辖6个对应的本科专业；四川外国语大学新闻传播学院下设新闻学、网络与新媒体、广告学、广播电视学、播音与主持、广播电视编导6个本科专业。只设有新闻传播系的高校，其系下多数只设有一两个相关专业(见表2-28)。

表2-28 **重庆市新闻传播学类专业开设状况**

序号	高校名称	院	系	专业
1	重庆大学	新闻学院	新闻学系、广播电视学系	新闻学(本科)、广播电视学(本科)、新闻传播学(学术硕士)、新闻与传播(专业硕士)、新闻法学(博士)
2	西南大学	新闻传媒学院	新闻学系、广播电视编导系、播音与主持艺术系	新闻学(本科)、广播电视编导(本科)、播音与主持艺术(本科)、新闻学(学术硕士)、传播学(学术硕士)、戏剧与影视学(学术硕士)、新闻与传播(专业硕士)、美学(博士)、教育技术学(博士)、课程与教学论(博士)

续表

序号	高校名称	院	系	专业
3	西南政法大学	新闻传播学院	新闻系、广播电视系、网络与新媒体系	新闻学(本科)、传播学(本科)、广播电视学(本科)、网络与新媒体(本科)、新闻学(学术硕士)、传播学(学术硕士)、新闻与传播(专业硕士)
4	重庆工商大学	文学与新闻学院	汉语言文学系、新闻学系、新媒体系、影视编导系、广播电视学系和广告学系	汉语言文学(本科)、新闻学(本科)、广告学(本科)、广播电视(本科)、网络与新媒体(本科)、影视编导(本科)、中国古代文学(学术硕士)、新闻传播学(学术硕士)、新闻与传播(专业硕士)
5	四川外国语大学	新闻传播学院	新闻学系、网络与新媒体系、广告学系、广播电视学系、播音与主持系、广播电视编导系	新闻学(本科)、网络与新媒体(本科)、广告学(本科)、广播电视学(本科)、播音与主持(本科)、广播电视编导(本科)、文艺与传媒(学术硕士)、新闻传播学(学术硕士)、新闻与传播(专业硕士)、跨文化传播(博士)
6	重庆师范大学	新闻与传媒学院(新媒体学院)	新闻学系、网络与新媒体系、广播电视编导系、影视摄影与制作系、摄影系、数字媒体艺术系	新闻学(本科)、网络与新媒体(本科)、广播电视编导(本科)、影视摄影与制作(本科)、摄影(本科)、数字媒体艺术(本科)、艺术学(广播电视)、文艺与传媒(学术硕士)、广播电视(专业硕士)、新闻与传播(专业硕士)
7	重庆邮电大学	传媒艺术学院	影视编导与传播系、数字媒体与动画系、艺术设计系	广播电视编导(本科)、动画(本科)、数字媒体艺术(本科)、视觉传达设计(本科)、环境设计(本科)、产品设计(本科)、媒介管理(学术硕士)
8	重庆交通大学	人文学院	广告学系、旅游管理系、广播电视学系	广播电视学(本科)、广告学(本科)、旅游管理(本科)、新闻与传播(专业硕士)、旅游管理(学术硕士)
9	重庆理工大学	管理学院	广告系	广告学(本科)

续表

序号	高校名称	院	系	专业
10	长江师范学院	传媒学院	广播电视系、播音与主持艺术系、网络与新媒体系	网络与新媒体(本科)、播音与主持艺术(本科)、广播电视学(本科)
11	重庆三峡学院	传媒学院	广播电视系、广告系	网络与新媒体(本科)、广告学(本科)、广播电视学(本科)
12	重庆文理学院	文化与传媒学院	传媒系	广播电视学(本科)、广播电视编导(本科)
13	重庆第二师范学院	文学与传媒学院	广告学系、新媒体系	广告学(本科)、网络与新媒体(本科)

2. 人才培养层次、理念及特色

重庆新闻传播教育的人才培养有四个层次：博士研究生教育、硕士研究生教育、本科生教育和专科生教育。目前具有博士学位授予权的高校共3所：重庆大学、西南大学、西南政法大学。具有硕士学位授予权的高校共7所：重庆大学、西南大学、西南政法大学、重庆工商大学、四川外国语大学、重庆师范大学、重庆交通大学。

在人才培养理念上，由于各高校层次及办学特色的差异，对人才培养的定位也有不同。有的是以培养理论与实践相结合的合格人才为目标，有的除了注重学生实践能力的培养，还突出传媒技能实战特色。

重庆大学新闻学院注重理论与实践相结合、学术型人才培养与专业应用型人才培养相结合，学院每年均组织安排学生在重庆日报报业集团、重庆广电集团、新华社重庆分社等主流媒体实习，亦有部分学生到重庆日报报业集团、中央电视台、新华社、凤凰卫视、南方报业集团等主流媒体实习。每年有大量实习作品在各级主流媒体上署名发表。

西南大学新闻传媒学院从建院之初，就非常重视传媒学子的马克思主义新闻观教育，将“马克思主义新闻观”列入学院的核心课程。每一年都组织学生开展“马克思主义新闻观”教育，先后举办了“‘走转改’未来记者大讨十论”“群众路线媒体践大讨论”等活动，将马克思主义新闻理论与业界马克思主义新闻实践紧密结合，培养学生的马克思主义新闻素养。重庆工商大学文学与新闻学院坚持“厚基础、宽口径、高素质”的人才培养方针，以“三位一体”实践工程为引领，注重学生专业素质、实践能力和创新精神的培养，在课堂教学和实习实践教学的基础上，积极开展与专业教学紧密联系的第二课堂活动，如辩论赛、戏剧节、广告艺术比赛、义工志愿者活动等，学院与重庆日报报业集团、重庆广电集团、华龙集团等合作紧密，强化实习、实践、实验、实训、实务等“五实”教育。

西南政法大学新闻与传播学院秉承“中国立场、全球视野、法律正义、社会责任”的办学理念，确定办学目标为：培养具有全球视野的应用型、复合型人才。首次提出以全球新闻视角打造国内一流新闻学科、培养具有全球视野的法治新闻传播人才的办学理念，通过开展“蓝鲸计划”培养学生的自主学习能力和加强学生的学习主观能动性；通过“抱团取暖”的方式将个人不能做的事情转化为一个团队的工作，从而获得优质资源，取得长足发展。“蓝鲸计划”在探索本科人才培养新模式上取得了突破，新闻传播人才培养的“西政模式”也受到了社会的广泛关注。同时与重庆日报报业集团等企业合作，共建学生实习平台，在人才培养方面加强对话交流，深化校企合作，共创新闻传播专业人才培养新思路、新模式。

重庆市各高校新闻传播院系的专业理念与全国类似：既有主打综合目标的，也有具备一定特色的，还有一些直接定位于媒体实践，以某一特定方向为主要目标的。

总而言之，重庆各大高校新闻传播教育在依托本校办学特色的基础上，注重培养学生的综合素养，且十分重视培养学生的实践能力和人文素养，课程设置门类齐全、专业特色也较为鲜明，在办学水平上，从一本重点院校到二本院校再到三本独立院校和专科院校呈现递减之势。

3. 部校共建情况

当前，重庆有 3 所部校合作的新闻传播学院：市委宣传部和高校共建的新闻学院——重庆师范大学(重庆新闻学院)、重庆工商大学(华龙新媒体学院)；三峡学院传媒学院(与万州区委宣传部共建)。

4. 对外交流与合作情况

随着社会的发展和教育的进步，重庆高校注重国际及地区交流合作，开展国际学术交流与合作也越来越为普遍。目前，重庆大学、西南大学、西南政法大学、重庆工商大学、四川外国语大学、重庆师范大学等高校均派遣教师或学生与国外高校进行学习和交流。

重庆大学新闻学院近几年来先后与加拿大威尔弗里德·劳里埃大学(Wilfrid Laurier University)建立“2+2 模式”双学位合作办学项目，与美国雪城大学纽豪斯公共传播学院(S. 1 Newhouse School of Public Communications)签署“3+1+1”本硕连读项目合作协议，与我国台湾铭传大学传播学院签署合作交流协议，与澳大利亚斯成本科技大学命与社会科学学 Swinburne University of Technology 签学生交换计划，与美国加州州立大学(富尔顿校区)(California State University，Fullerton)签署合作办学备忘录。2017 年，与澳大利亚科廷大学(Curtin University)媒介文化与创新艺术学院(School of Media，Creative Arts and Social Inquiry)签署网络传播硕士(Master of Internet Communication)联合培养协议，启动重庆大学新闻传播学(学硕)新闻与传播硕士(专硕)研究生同时攻读科廷大学网络传播硕士项目，着力培养国际化的硕士研究生人才。

西南大学新闻传媒学院坚持“开放办学、国际化发展”，对外交流与合作日益频繁，先后与美国俄勒冈大学新闻传媒学院、英国格林姆斯比学院等多所大学和科研机构建立了学术交流、学生互换关系，先后支持 8 名专业教师前往麻省理工学院、密歇根州立大学、伊利诺伊大学香槟分校、西蒙菲沙大学、香港中文大学、香港城市大学攻读博士学位或访学。自 2005 年以来，学院共有 46 名学生赴国外(境外)名校交流和实习，占学生总人数的 6. 5%；有 67 人赴国外(境外)知名高校或研究机构继续深造，占毕业总人数的 9. 5%；学院先后接收来自尼日利亚、泰国、越南等国家和我国香港、台湾地区的留学生 20 余人。

西南政法大学新闻传播学院与联合国教科文组织、英国威斯敏斯特大学、美国哥伦比亚大学、美国的北卡罗来纳大学教堂山分校等国外高校和科研单位建立了多种合作关系。

四川外国语大学新闻传播学院不断推进与国内外高校合作，提升国际化人才培养质量，与香港浸会大学、美国肯特州立大学、美国德雷克大学、英利茅斯大学等 10 余所国内外高校建立了合作关系，推动本科人才互换、“2+2”“3+2”等人才培养项目，拓宽了教师海外进修和学术交流渠道。

重庆交通大学拥有教育部贝宁研究中心，与英国南安普敦大学等国外高校和科研院所建立了友好合作关系，为在校生提供了“双学位”、海外访学等留学途径。重庆邮电大学积极开展“1+2+1”“3+1+1”“4+1”等国际化人才培养计划，与美国、英国等国高校合作开展学士、硕士人才培养、短期学生交换、带薪实习等项目。

综上所述，重庆高校在新闻教育方面注重国际化新闻传播人才培养，不仅有助于培养学生的国际视野，也能更好地提升办学水平和教学质量。但是，重庆开展国际交流与合作的高校多为层次较高院校，层次较低的高校在这方面相对欠缺，可见在重庆高校中国际交流与合作覆盖不够全面，但这不完全是衡量一个高校办学水平的唯一标准。

5. 学术研究

为了适应时代的发展需要，培养新时期服务社会的综合型人才，目前，重庆市各大本科院校均设立了相关的研究中心，并在专业研究的基础上，取得了显著的研究性成果。其中，重庆大学已建成 4 个研究中心，拥有教育部人文社科重大课题攻关项目 1 个，国家社科基金项目 8 个。近五年来，重庆大学新闻学院获得各类研究项目共计 80 多项，其中，教育部重大课题 1 项，国家社科基金重点项目 1 项，一般项目、青年项目、西部项目、后期资助项目 15 项，教育部、国家信访局、新闻出版广电总局、重庆市等各种省部级项目 30 多项，横向项目 20 多项，重庆市教改课题 10 多项。西南大学共有教育教学研究中心 4 个，先后主持国家社会科学基金项目 5 项，教育部社科基金项目 6 项，国家广电总局项目 2 项，重庆市纵横向项目 40 余项，承担重庆市教改项目 4 项(其中重大项目 2 项)，总计科研经费 400 余万元。重庆工商大学拥有教学研究机构 4 个。2018 年，学院科研成果丰硕，国家社科基金项目立项 4 项，教育部课题、重庆市社科规划重大课题、市重点课题等省部级科研项目 10 余项；获省部级科研奖 2 项，其余高校亦多设有相关教研室进行教学与科研工作，并在科研方面取得不菲成绩。目前，重庆市各高校在新闻教育与新闻研究方面，日趋专业化和精准化，但此种情况仍普遍存在于一本科重点院校，其余院校尚存较大的改进空间。

6. 学生活动

重庆市各大高校在对学生进行认真教学专业培养的同时也注重对有关教育实践平台的搭建，并以此为基础组织开展多项学生活动，来达到丰富学生生活、培养学生专业素养和实践能力的目的。

西南政法大学坚守“主新辅法”的教学特色，鼓励学生自创的励志类谈话节目《西政故事》成为学院的品牌视频栏目，以谈话节目的形式为主题，利用新闻学院的优势，让学生和嘉宾进行面对面交流，培养学生的实践专业能力。此外，西南政法大学每年举行“新闻传播杯”专业技能大赛，并将每年 11 月作为新闻学院的学生记者节活动月，在重庆市高校范围内具有一定的影响力，其中 MTV 大赛在 2009 年 5 月升格为重庆市级比赛，该校 2014 年与陕西卫视合办“华夏微电影——西南大学生国际微电影大赛”，2014 年学校学生在记者节活动月拍摄的微电影获重庆市廉政建设奖。除以上高校外，在重庆市各高校中，几乎都设有学生实践平台，也定期举办各项学术活动，为提高学生素养和能力进行各种尝试和努力。

西南大学为提高传媒学子的实践动手能力，搭建了课堂(实践实训课)、校内(校电视台、广播站、学通社、《传媒观点》)、校外(实践基地)为一体的实践平台，真正落实“高理论性+强实践性”的实践教学宗旨，将学生评析和教师评价相结合，充分调动学生的学习积极性和研究主动性。2013 年，该校新闻传媒学院研究生与本科生组成的“传媒之眼”获得“青年人中国梦”全国大学生社会实践优秀团队一等奖，为校园学生活动文化起到了积极的促进作用。重庆工商大学文学与新闻学院以“三位一体”实践工程为引领，注重对学生专业素质、实践能力和创新精神的培养，在课堂教学和实习实践教学的基础上，积极开展与专业教学紧密联系的第二课堂活动，例如辩论赛、戏剧节、广告艺术比赛、义工志愿者活动等。

重庆师范大学在重视学生的人文社会科学和必要的自然科学基础教育的同时，也从当代大学生实际情况出发，制订科学合理的学习实践计划，鼓励学子争取各种机会积极主动参加新闻实践类活动。在学校以校报报刊、社团杂志等为舞台，锻炼学生写作能力，让学生加入记者团等学生组织，交流实践经验，并于2010年9月创立了重庆师范大学新夔文化传媒社，且以其为主体，鼓励大学生中传媒爱好者相互学习专业知识，增进校园文化传媒发展，增强对社会的正确认知和责任感，培养正确的世界观，提倡以“和你一起读大学”为宗旨，构建大学生校园文化，增进大学生之间的互相沟通，培养大学生思想素质水平，促进大学生学识增长。长江师范学院秉承学校“重学崇术、尚知笃行”的办学传统，将第一、第二、第三课堂结合起来。“繁星”戏剧社于2005年成立，以弘扬大学精神、建设校园文化为目的；“大江”广播电视协会全面锻炼学生传媒实践能力。同时，校园电视台、校园广播站、校园记者站、《长江师范学院报》《长师青年》等校园媒体为传媒学院学生成长提供了丰富而专业的平台。

2.22.3 总结

重庆市新闻传播教学事业自20世纪80年代初期诞生以来，至今已走过30多年的风雨春秋，不仅经受了时代发展的考验，也取得了令人瞩目的理想成绩，为我国西南地区乃至全国培养输送了大量专业性人才，其中许多人成为国家和西南地区新闻传媒单位的领导骨干、栋梁之才。重庆市新闻传播教育事业经过多年的探索与发展，无论从教学历史、办学规模、专业构建、科研成果还是学生实践活动方面，均日趋成熟、完善，为培养新时代的新闻媒体人才打下了坚实的物质基础和研究专业基础，同时也在一定程度上保持、彰显着自身的鲜明特色。与此同时，重庆市新闻教育工作的教学特色与研究成果在西南地区名列前茅，如今，不仅是西南地区学子，包括祖国广大范围内的许多年轻学子，热衷于报考重庆地区的高校新闻院系，在我国各项事业蓬勃发展的形势下，重庆市新闻传播教育迎来更加稳健、深入、持久的大好发展契机。

（魏　静　曹雨佳）

2.23　四川省新闻传播教育发展综述

2.23.1　2018 年四川省新闻传播教育的宏观态势

2018 年对四川省新闻传播教育来说是多姿多彩的一年。从国家层面看，大动作一波接一波：一是教育部高等学校教学指导委员会在今年正式公布了《普通高等学校本科专业类教学质量国家标准》；二是国家第一次召开了全国教育大会，国家领导人几乎全部出席，习近平总书记作了长达 3 个小时的重要讲话，把中国教育推到了历史高位；三是在四川大学(主会场)召开了新时代全国高等学校本科教学工作会议，教育部为此发布了加快建设高水平本科教育全面提高人才培养能力的相关文件(新时代高教 40 条)；四是我国高校的“双一流”建设的首发之年，进入双一流建设的学校、学科无不奋发努力，措施得力；五是教育部、中宣部联合发文，提出“提高高校新闻传播人才培养能力，实施卓越新闻传播人才培养计划 2.0 的意见”；六是中共中央国务院提出了关于全面深化新时代教师队伍建设改革的意见，强调百年大计，教育为本，教育大计，教师为本。为深入贯彻落实党的十九大精神，造就党和人民满意的高素质专业化创新型教师队伍，落实立德树人根本任务，培养德智体美全面发展的社会主义建设者和接班人，全面提升国民素质和人力资源质量，加快教育现代化，建设教育强国，办好人民满意的教育，为决胜全面建成小康社会、夺取新时代中国特色社会主义伟大胜利、实现中华民族伟大复兴的中国梦奠定坚实基础。

在全国的大形势下，四川省高校的新闻传播院系为贯彻落实国家的这一系列大动作，采取了积极的应对措施：一是各高校积极开展了强调师德师风教育，以四个回归为基础的本科教育思想的大讨论。一些地方院校比如四川最大的传媒高校四川传媒学院，更是提出了新的振兴本科教育实施方案，落实本科教育的四个回归，以形成新的传媒人才的培养体系。绵阳师范学院、内江师范学院等地方院校还在自己的官网上开辟有大学习大讨论大调研的专栏。

二是将教育部高等学校教指委发布的《普通高等学校本科专业类教学质量国家标准》(以下简称国标)落到实处。2018 年是国标颁布的第一年，四川省的新闻传播院系根据国标要求相应做了部分课程及名称的调整。尤其是进入或准备进入本科教学质量合格评估、审核评估的院系，如四川大学、西南民族大学、四川传媒学院等高校，对国标更为关注。比如四川传媒学院为迎接本科评估，按照新闻传播类教学质量国家标准和戏剧与影视文学类(广播电视类专业和电影电视类专业)教学质量国家标准，重新修订了本科人才培养计划。新的本科专业人才培养计划针对互联网背景下传媒变化所需人才的要求重新修订了培养目标、培养规格与要求，对学生的创新创业等实践类课程与活动提出了新要求。新的培养计划要求国标课程要达到70%以上，每一门必修课都要与学生能力培养有相关性。这个新的人才培养计划将从2018级本科专业开始实施。

三是在“双一流”学科建设浪潮中，四川省新闻传播院系有大动作的是四川大学新闻传播学科。在第三轮全国学科评估中，四川大学新闻传播学科取得了不错的成绩，但在第四轮的学科评估中，学科排位下滑，引起了社会与学校的关注。在此次“双一流”学科建设中，四川大学将新闻传播学科列为A类学科建设，同中文、外文、宗教、古籍等相关学科组建为“中国语言文学与中华文化全球传播学科群”，获得了教育部的批准。在2018年，为了准确弄清本学科距A类学科的差距，从师资结构、师资队伍与资源、科学研究水平等方面做了对比分析，找出了本学科的不足与问题，提出了相应的发展措施。

四是四川省新闻教育学会在四川大学锦城学院举行了2018年年会暨互联网背景下川渝新闻教育发展研讨会。此次研讨会针对互联网时代给传媒教育带来的急剧变化，高校新闻传播教育存在诸多问题与难点如媒体用人需求变化大要求多，传统新闻教学体系老化，教学内容与实际脱节，教学方式单一，教师缺乏业界经验，传统方式培养的人才难以满足业界需求等等问题进行了多层次的交流与讨论。会议提出，在当前互联网背景下，新闻教育与人才培养需要进一步加强马克思主义新闻观的教育，加强理论与实际的结合以培养和提高学生的动手能力，尤其是地方院校的新闻传播教育，要把新闻传播本科生培养作为教育的核心。锦城学院在互联网背景下做的一系列新闻传播教育探索，比如新闻学专业“写作+技术”课程体系改革，“读、写、听、做”的成才强化措施，全媒体采编教材的编写，双师型教师队伍的组建，“全能记者团”的开办，网络与新媒体专业的创新建设等引起了与会老师的极大关注与兴趣。

2.23.2 四川省新闻传播院系在2018年的动态简况

1. 四川省新闻传播教育的领头羊四川大学新闻传播教育的动态

根据四川大学新闻学院提供的材料，2018年四川大学新闻传播教育有不少的行动：

(1)在部校共建方面：2018年完成了中共四川省委宣传部委托的重大项目与重点项目4项；省委宣传部与新闻学院新闻学专业共建“中国当代新闻”课程。业界一批经验丰富的媒体一线骨干成员与新闻学教研室专业老师一起，对新闻学专业的大学三年级学生联合授课。四川数字出版有限公司与新闻学院编辑出版学专业共建游戏动漫与动画编辑制作课程，由公司委派经验丰富的一线 2 名骨干与教研室专业老师联合授课。新闻学院还邀请文轩出版传媒股份有限公司专家给编辑出版学专业本科生授课、讲座。

2018 年，新闻学院与腾讯大成网继续合办“四川企鹅新媒体学院”，为本科生和研究生分别开设“网络新闻与文化传播”“新媒体实践与讨论”课程，由腾讯内容和运营部门的资深编辑组成授课讲师团队。此外，新闻学院还与一点资讯合作，组建了一点学院；与四川发布合作，组建了四川发布—四川大学新闻学院联合新媒体“双创”实验室等创新创业实践基地。

（2）在新闻传播教学与改革方面：四川大学新闻学专业实施“以学生为中心”和“以行业需求为中心”的“双中心”教育教学改革，大力倡导和实施“请进来、走出去”教改战略，注重培养学生的综合实践能力。先后建立了“四川大学—四川日报报业集团新闻学实习基地”和“四川大学—四川党建期刊集团实习基地”。编辑出版学专业则在“双中心”教育教学改革背景下，大力倡导和实施“整合教育”理论，开展“整合教学”实践。将“以知识生产”为中心的高等教育模式向“知识生产与职业能力培养”并重的模式转向。

（3）在课程与教材及实验室建设方面：结合教学活动加强实验室建设，先后进行了“四川大学社会调查中心”“四川大学网络空间安全与治理研究所”及“媒介与记忆研究所”相关实验室的建设。完成了“四川大学大学生双创智能化实验室综合运行管理平台”的建设，既方便了学生使用实验室，又提高了实验设备的使用效率。

（4）在教材建设方面：四川大学文学与新闻学院与文轩出版研究院共同组织编写《出版专业案例教程》（四川人民出版社，2018 年），真正实现了产学研用一体化教材建设。

2018 年四川大学对符号学课程进行了调整，增设了文化符号学、符号学原理经典导读、符号形象学研究、麦克卢汉研究、文化自信与文化间性研究等课程。

（5）在科研项目、成果与学术交流方面：2018 年以来，四川大学符号学与传播学学科积极探索，旨在全面提升国内符号传播学的教学、科研和水平，促进学科内外交叉与优势互补，促进中外传播学界交流并提升中国传播学的国际地位。2018 年 4 月 21 日，在中国新闻史学会常务理事会第五届第六次会议上，四川大学申请成立中国新闻史学会符号传播学研究委员会，北京大学、清华大学、中国传媒大学等中国 26 所高校的 33 名学者作为首批联合发起人，最终审批通过，这是新闻传播学界对传播符号学发展的认可和支持。

胡易容教授“‘巴蜀图语’符号谱系整理分析与数字人文传播研究”获得国家社科基金冷门“绝学”和国别史重大研究专项立项；黄顺铭教授“南京大屠杀纪念馆的集体记忆

工程研究”获得国家社科基金西部项目立项。

（6）在代表性人物及教育理念方面：第四届“新闻传播学学会奖”评选中，四川大学新闻学院博士生导师、原新闻学院院长邱沛篁教授荣获“新闻传播学学会奖‘终身成就奖’”。多年来，邱沛篁教授笔耕不辍：78岁高龄的他，至今仍活跃在新闻第一线，坚持写通讯报道；2018年年初，由邱沛篁教授主编的80万字《邱沛篁新闻传播教育论集》正式出版。邱沛篁教授学为人师、行为世范，其深厚的学养和崇高的品格，是我国新闻传播学界的宝贵财富。

2. 一些有特色的高校“自选动作”

（1）西南地区最大传媒高校四川传媒学院动作频频。该校为了迎合传媒业界的变化导致的人才需求的转化，在重新修订专业人才培养计划、强调培养应用型人才的基础上，还将下属二级院系的名称作了变化，比如将有20余年历史的播音与主持学院改名为“有声语言艺术学院”；新闻与新媒体学院改名为“融媒体学院”，并在艾迪普公司、华栖云公司的支持下，建立起了四川第一个融媒体实验教学平台“川传云·融合媒体实验教学中心”。该校同国家广电总局和中央电视台合作，积极参与了电视4K超高清工程的建设，在电视4K节目播出标准制定、内容制作与人才培训方面投入了极大的努力。

（2）四川大学锦城学院文学与传媒学院，为应对传媒变化，提出“培养泛媒体时代以写作为核心竞争力，以网络技术为重要辅助手段，具有深厚的人文底蕴，很强动手能力的技术型文科人才”；为2018级网络与新媒体专业2018级学生，制定“成才强化措施”，内容包括专业的培养目标、要求及措施，每个专业学生的必读书目（每一本书都有推荐理由与思考题），通识类推荐书目，考研推荐阅读书目，还有对毕业论文、毕业设计的一系列规定。为了把强化措施落到实处，该院还制定了一个完成强化措施的补充规定，以班为单位成立了成才强化措施监管委员会，直接受辅导员、系主任的指导，负责完成对学生的“读”“写”“听”“做”四个方面具体要求的检查。该院的网络与新媒体专业是四川地区较早创办且有特色的专业。

（3）部校共建向地区院校发展。继四川省委宣传部同四川大学共建四川大学新闻学院以后，五年间又有3所大学进入了部校共建。其一是成都市委宣传部与成都大学共建成都大学新闻学院、天府文化研究院；其二是乐山市委宣传部同乐山师范学院共建乐山师范学院新闻学专业，乐山市文广新局与新闻学院共建公共文化管理方向班，乐山师范学院党委宣传部同新闻学院共建全媒体运营中心；其三是内江市委宣传部同内江师范学院共建范长江新闻学院，长期邀请中国新闻奖长江韬奋奖的获得者来校作讲座。值得一提的是，在国家提出“卓越新闻传播人才培养2.0版”、鼓励东部高校对口帮扶西部高校的大背景下，2018 年 12 月 21 日，复旦大学新闻学院、中共内江市委宣传部和内江师范学院签署战略合作意向。三方将秉承“优势互补、互惠互利、务实高效、共同发展”的原则，在新时代新起点上，围绕“守正创新”谋划和推进三方共建，立足各方实际，在资源共享、项目合作、师资队伍建设、学生实习、毕业生就业等方面展开深度合作，做好“复旦大学新闻学院西南培训基地”建设，发挥各自优势，使三方共建平台成为当代中国马克思主义新闻观研究、育人和社会服务的高地，成为中央、上海市、四川省所倚重的该领域国家级基地，更好地服务新闻舆论人才培养、更好地服务内江媒体深度融合、更好地服务内江城市形象塑造和对外传播、更好地服务内江宣传思想文化工作决策咨询。

(4) 为我国民族地区新闻传媒培养了大批人才的西南民族大学文学与新闻学院。在迎接本科审核评估的过程中，以“明标准、强队伍、抓质量、促评估、提升本科教学质量和学科整体水平” 为目标，撰写出了《西南民族大学文学与新闻学院 2018 年度教学质量报告》；从教学管理、专业建设、教学与科研项目及获奖、教学运行、实践教学运行、教学质量状况等 11 个方面进行了总结，体现了贯彻国家以本为本、提升本科教学质量的办学思路。

(5) 在网络与新媒体专业的人才培养方面各院系有了一些好的探索。在研究生培养方面，电子科技大学的网络与新媒体研究生培养较有特色。该专业充分发挥学校在电子信息领域的学科优势，深度融合电子信息技术与新闻传播理论，跟踪网络新媒体技术最新发展及其传播应用，系统研究网络新媒体中的新问题、新现象与传播规律。在大数据背景下的新闻生产与新媒体运营、媒体融合发展、网络舆情研判与管控等研究领域均有特色。

在网络与新媒体本科专业建设上，四川大学锦城学院颇有特点。该院与今日头条旗下教育频道头条学院合作，共建“头条学院新媒体定向班”，通过头条学院在中国人民大学等高校遴选专家，通过网络授课，并建立头条实训平台让学生大量参与实践，学生的作品全网分发至百度、腾讯、头条等媒体平台。其培养目的就是让学生积累数据与实践经验，为今后实现传媒行业的高端就业与内容创业打下基础。

值得一提的还有内江师范学院的范长江新闻学院推出的“辉哥学堂”。据该院提供的材料：以专业教师杨光辉为主导的“辉哥课堂”在互联网+新闻传播教育的现实背景下，经过 6 年的探索，逐渐形成了以“课程+平台+活动+实践”为特色的专业发展 (见图 2-7)。

在课程方面，以媒介素养为突破口，逐渐将“新媒介传播”等专业课程纳入其中，逐步形成专业课程建设群。在平台层面，以社交媒体微博、微信公众号为载体构建专

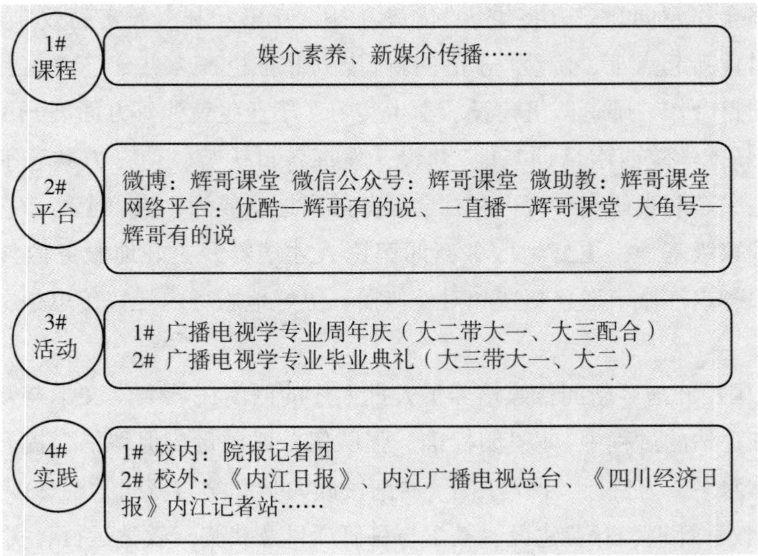

图 2-7　内江师范学院"辉哥学堂"

业教育社区，以微助教为抓手加强教育管理与互动，以网络平台为舞台推介学生作品，从而形成专业教育大社区。在活动方面，以每年记者节前后为时间节点举行专业周年庆活动，以每年六月毕业时间为节点举行专业毕业典礼，通过这两个大型活动，以学生为主体进行专业实践，从而培养学生对专业、学院和学校的认同感，增强专业凝聚力。在实践层面，以校内、校外两条线为基础，通过各种专业实践提升学生的专业素养（见图 2-8）。

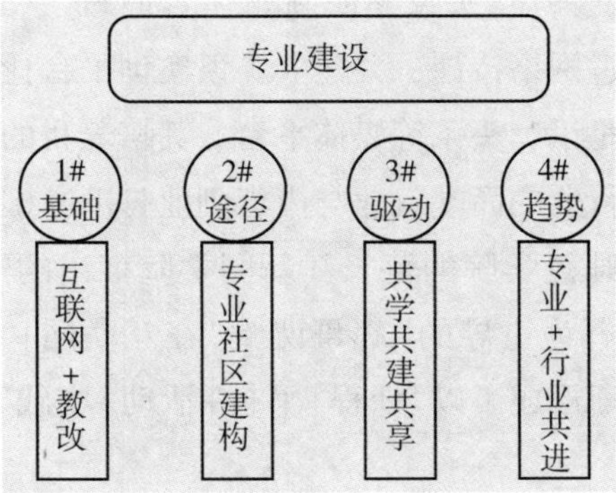

图 2-8　内江师范学院"互联网+"新闻传播类专业建设

通过“辉哥课堂”的建设与发展，逐渐形成了广播电视学专业建设的特色，即以互联网+教改为基础，专业社区建构为途径，共学共建共享为驱动，紧抓专业+行业共进的未来发展趋势，进而推动学院特色教育的发展。

（吴　建）

2.24　贵州省新闻传播教育发展综述

2018 年，贵州省新闻传播教育呈现出两条清晰的主线：深化部校共建，创新实践教学。通过在这两方面的发力，贵州省新闻传播教育获得新的发展。

2.24.1　深化部校共建

2017 年 7 月，中共贵州省委宣传部做出新的决定：把部校共建单位由贵州民族大学一家单位扩展为三个单位——贵州民族大学、贵州大学、贵州师范大学。下拨的部校共建经费不搞平均分配、也不会定额分配到哪一个单位，而是由三所高校进行自由竞争，申报项目，省委宣传部审核项目，以项目的名义下拨经费。这样做是希望三所高校积极争取、切实行动、以竞争的姿态推动部校共建工作。在省委宣传部长的指导下，三所高校虽感觉到竞争的压力，但仍各自以立特色、求创新的思路深化部校共建工作，在内容及途径方面做出了新探索。

1. 举办学术会议与“多彩贵州传媒大讲堂”

举办全国性学术会议，加强与国内外专家学者的交流，成为贵州高校传媒院系的共识。这一举措对于发展贵州省新闻传播教育有着特殊意义。贵州省新闻传播教育孕育于文学院，创办时依靠文学院的师资力量，新闻传播系部归属于文学院。比如，贵州民族大学传媒学院是从文学与传播学院分化而来；贵州大学新闻系以前归属人文学院，之后经历院系重组，如今归属文学与传媒学院，贵州师范大学传媒学院是从文学与传媒院独立而出；贵州财经大学传播系归属于文法学院。目前，以独立的传媒学院建制进行新闻传播教育的教学单位只有贵州民族大学和贵州师范大学两所高校。在这样的背景下，教学科研资源更加倾斜于中国语言文学专业，再加上中国语言文学专业作为老牌学科，历史更为悠久、人才更为集中，相应地在学科建设上成果更为丰硕，比如贵州师范大学文学院已经具有一级学科博士点。因此，新闻传播教育若不从文学院独立出来，学科建设资源便会受制于更为强势的中国语言文学专业，贵州省以往较少举办新闻传播学全国性学术会议是一种侧面的反映。

在获得部校共建经费支持后，贵州高校传媒院系着眼于开阔视野，以举办规格高、影响大的学术会议为途径，加强国内国际学术交流，提升自身的影响力。比如，2018年7月28日，贵州大学文学与传媒学院利用东盟国际会议平台，举办了一次国际学术会议，主题为“媒介融合时代下新闻教育的挑战与使命”。参会人员除了国内的相关专业人士，同时还有来自泰国、柬埔寨、马来西亚，以及中国香港、澳门等国家和地区的学者，共计70余人。又如，贵州民族大学传媒学院通过积极争取，于6月30日至7月1日举办了“第十一届新闻与传播心理研讨会暨中国社会心理学会传播心理专业委员会第八届年会”，主题是“多元·对话·展望：新时代的新闻与传播心理研究”，来自全国各地及俄罗斯、法国、澳大利亚的180多名专家学者参会，会议收录论文70余篇，分四个分论坛同时进行交流。在此次学术会议上，俄罗斯莫斯科大学教授叶琳娜·普罗宁娜、法国雷恩大学教授埃里克·纳夫、哥伦比亚大学新闻学院达特研究中心博士凯瑟琳·麦克马洪进行了主题发言，清华大学新闻传播学院教授郭镇之、上海交通大学媒体与传播学院教授葛岩、中广索福瑞副总经理丁迈等国内专家进行了主题发言，中外学术观点的交流与交锋活跃了学术氛围，在贵州省新闻传播教育史上留下了浓墨重彩的一笔。

贵州省委宣传部作为部校共建的领导，策划了“多彩贵州传媒大讲堂”，以助力部校共建工作的推进。2018年12月20日，全新升级后的第一期“多彩贵州传媒大讲堂”在贵州日报报业集团开讲，围绕互联网时代如何更好地开展融媒体传播、中国新闻奖网络新闻作品评选标准等，邀请中国社会科学院新闻与传播研究所、上海“澎湃新闻”有关专家团队，为300余名来自省和部分市州主要新闻单位的采编人员、省委宣传部部校共建三所新闻学院的师生授课。省委宣传部决定以“多彩贵州传媒大讲堂”为平台，用三年左右的时间，将全省新闻采编人员、部校共建新闻学院师生基本轮训一遍。“多彩贵州传媒大讲堂”主要由三所部校共建新闻学院联合省新闻工作者协会、省主要新闻单位轮流承办，邀请全国学界与业界名教授、名编辑、名记者、名主持、名编导、名新闻发言人“六名”讲座授课，努力建设成为全省新闻采编人员业务培训的平台、部校共建新闻学院师生开阔视野增长才干的平台、新闻传播学界与业界充分交流的平台，逐步打造成为贵州新闻界推进工作促进发展的常态化特色品牌、全国地方新闻宣传工作理论研讨业务交流的特色品牌、全国部校共建新闻学院工作的特色品牌。

2. 以部校共建资金启动科研

贵州大学新闻系从 2018 年开始具体实施部校共建新闻学专业的建设，利用部校共建资金，启动了相关科研的研究，分别为“马克思新闻观课堂教学改革研究”“贵州新闻史研究”“网络舆情与社会治理研究”“贵州省高校新闻传播学课程设置研究”等，获得了一系列成果。2018 年，获批一项省社科规划办课题“改革开放以来贵州少数民族媒介形象研究”，一项国家社科基金项目结题；有 6 人次在《国际新闻界》、“中国人民大学报刊复印资料”、《新闻界》《贵州社会科学》等刊物上发表论文 9 篇，其中，CSSCI 期刊 6 篇、核心期刊 3 篇。

贵州师范大学传媒学院在部校共建中，充分利用“谢六逸”这个文化品牌——中国近代新闻教育开拓者谢六逸曾在贵州师范大学的前身“国立贵阳师范学院”任教。11 月 7 日，贵州省谢六逸新闻传播研究中心与贵州省卓越新闻人才培训基地同时在贵州师范大学挂牌，力图在继承谢六逸新闻教育理念的基础上创新新闻传播人才培养机制。贵州师范大学传媒学院高度重视国家社科基金项目的申报工作，组织动员教师积极申报 2019 年度国家社科基金项目，精心准备申报材料，并于 2018 年 12 月 14 日举行 2019 年度国家社科基金项目申报论证会，邀请专家对教师拟申报课题的选题来源、选题技巧、研究内容到论证方式一一进行指导。这一举措既督促教师申报国家课题，又提高了教师的科研水平，产生了很好的影响。

在全省三所大学都纳入部校共建后，贵州民族大学传媒学院迅速做出反应，以差异化竞争思维制定了工作思路：面向全校开展“部校共建”专项项目申报工作，发动全校教师申报部校共建项目，同等条件下向传媒学院教师倾斜，项目选题由传媒学院拟定，确保符合部校共建的要求。

贵州民族大学传媒学院这样的举措收到了实效，以部校共建资金资助全校教师项目研究，让传媒学院教师产生了紧迫感，因为部校共建资金不是专用于传媒学院教师，而是用于全校教师。传媒学院教师以部校共建项目进行培育孵化，申报成功一项国家社科基金艺术学项目和两项教育部课题。

2.24.2　创新实践教学

贵州省新闻传播教育有一种共识：突出实践教学，不断加以创新，以培养上手快、动手能力强的新闻传播人才。这一共识符合贵州省新闻传播教育的定位。在人才培养定位上，贵州省新闻传播教育认识到自身的研究实力、学术传统、学生学术能力等方面与省外的重点高校存有差距，因此在培养学生理论基础的同时大力培养学生的吃苦耐劳精神和新闻实践技能，这成了既堪称因材施教、又符合贵州省情的专业教育途径。

贵州民族大学传媒学院始终把马克思主义新闻观教育放在首位，培养应用型专业人才。为了提高学生的专业能力和学会如何践行马克思主义新闻观，贵州民族大学传媒学院和中共南明区委宣传部展开合作。2018 年 11 月 2 日，中共南明区委宣传部与贵州民族大学传媒学院实习实训基地揭牌暨新闻宣传工作合作框架协议签约仪式举行，双方将充分整合资源优势，建立基层党委宣传部门与高校新闻传播专业在人才、信息、技术等方面的资源共享平台和协同创新机制，共同推进媒体融合背景下的基层新闻宣传工作创新发展。南明区委宣传部将为贵州民族大学新闻传播类专业学生开展实习实训和相关项目的调研提供协作，同时，传媒学院将为南明区委宣传部相关专业人员提供业务培训、思想文化宣传活动或新闻报道论证的智力支撑、技术支持。此外，贵州民族大学传媒学院与多彩贵州网签订战略友好合作协议，将在“双导师制”、互聘互挂、校外实践基地等方面开展积极合作。协议约定，多彩贵州网每年将选派一定数额的优秀编辑记者担任传媒学院业界导师，参与培养研究生或指导本科生实践教学。传媒学院的专家学者将为多彩贵州网提供研究咨询等服务。作为省级新闻门户网站，多彩贵州网也将作为学院省级媒体实践教学基地，为师生提供长期稳定的实习和就业机会。

贵州财经大学文法学院非常重视专业实习。一是努力扩大实习基地，2018 年 7 月 31 日文法学院与黔东南州广播电视台召开了校外实习基地签约、挂牌仪式的会议。二是进行专业认知实习活动，2018 年 6 月 5 日，文法学院 2016 级网络与新媒体班在贵安数据经济产业园的百度创新中心进行了专业认知实习活动。三是借势发力，在记者节举办活动，2018 年 11 月 8 日，文法学院在文德楼举办了首届记者节系列活动，当天开展的记者节系列活动共有两个项目，分别是电影赏评会和“校对黑马”比拼大赛。此次记者节活动以学科专业为背景，为同学们发挥专业特长搭建了平台，从侧面引导学生如何做一名合格新闻工作者。

贵州师范大学传媒学院在实践教学方面的特色紧扣贵州省委大扶贫战略，力图做出亮点。2018 年 8 月，贵州师范大学传媒学院师生赴遵义市播州区平正乡开展“推普脱贫攻坚”全国大学生暑期社会实践专项活动。师生们依托传媒学院播音与主持艺术专业优势，通过推广“普通话宣传+教学示范+节目表演”的方式创新普通话推广形式与内容。服务队在普通话培训之余，为当地群众带来了三场普通话节目表演活动，依托红色文化、仡佬文化和大发精神三张文化名片，用普通话字正腔圆地讲述长征故事、仡佬故事及黄大发老支书的故事，取得了很好的演出效果。此次活动既推广普通话，又宣传当地文化，调动了当地群众学习普通话的热情，提高了其文化素养，是脱贫攻坚的一个有益组成部分。贵州师范大学传媒学院还让学生运用专业能力，为平正乡脱贫攻坚制作宣传视频《遇见平正 遇见“李”》，以生态农业的视角宣传平正仡佬乡翠红李的美味和对身体健康的益处。这些专业实践既训练了学生将理论用于新闻生产的能力，又让学生在实践贵州省委大扶贫战略的过程中体会到新闻人的使命，增强了社会责任感。

在深化部校共建、创新实践教学的基础上，贵州省新闻传播教育践行贵州省委宣传部的马克思主义新闻观要求，围绕贵州省委大扶贫战略，守正求新，创新人才培养机制，努力培育出符合贵州需要、具有时代竞争力的融媒体人才。

（刘祥平）

2.25　云南省新闻传播教育发展综述

2018 年，云南省新闻传播教育发展态势良好，在部校共建、专业建设、教学改革、学科建设以及特色化发展等方面进行了丰富实践和有益探索，并取得了良好的成效。截至 2018 年年底，云南省新闻传播教育共有 37 个新闻传播类专业点，全省区域布局趋向均衡合理。从办学层次看，涵盖研究生、本科和专科不同教育层次，形成了较为齐备的新闻传播教育体系。总体上，“立足区域，夯实基础，放眼国际，打造特色”，是云南省新闻传播教育呈现出的基本特征。具体而言，2018 年，云南省新闻传播教育呈现如下特征和发展态势：

2.25.1　加强院系沟通，谋求协同发展

2018 年 12 月 22 日，云南省新闻传播学类专业教学指导委员会(2018—2022)第一次工作会议在云南大学新闻学院举行。来自云南大学、云南师范大学、昆明理工大学、云南民族大学、云南艺术学院、大理大学等十余所高校新闻传播院系的委员参加了此次会议。在会议上，与会委员总结了 2018 年云南省各高校在新闻传播类专业建设和改革实践中取得的成果和存在的问题，并对下一步工作思路进行了充分讨论。在此次会议上，与会委员达成共识，以云南省新闻传播学类专业教学指导委员会为工作平台，形成了覆盖全省的校际交流和协同发展机制，努力提升云南新闻传播教育的整体水平。此次会议还面向全省高校新闻传播类专业点发出了开展“好记者讲好故事”进校园巡讲的活动倡议。

2018 年，昆明市各高校新闻传播院系开展了丰富的协同发展实践。2 月，昆明市高校新闻传播院系在申报 2018 年国家社会科学基金项目工作中，开展了校对校互帮互评活动，主要院系均邀请省内兄弟院系专家对申报课题进行多轮论证，促进了全省本学科课题申报质量的提升。2018 年全年，云南大学新闻学院组织了“博思”和“博学”系列学术讲坛，邀请昆明市各高校新闻传播院系教师开设专题讲座十余场，参与学生也来自不同高标，通过跨校互动，提升了各高校间学术交流的广度和深度。这一活动，初步形成了昆明市各高校新闻传播院系学术交流的新机制。

2.25.2 推进部校共建，拓展办学空间

2018 年 3 月 9 日，云南师范大学传媒学院获批云南省第二批“部校共建”新闻学院单位，由云南日报社和云南师范大学联合建设“国际新闻传播学院”，并正式挂牌成立。这是继云南大学新闻学院、云南民族大学文学与传媒学院与中共云南省委宣传部、中国国际广播电台联合共建“南亚东南亚国际传播学院”之后，云南新闻传播教育国际化建设的又一重要成果。12 月 14 日，昆明理工大学与云南广播电视台(集团)举行战略合作签约仪式，双方将本着优势互补，资源共享，共同发展的原则，就共建新媒体学院、开展网络视听业务培训、助推高校宣传思想阵地建设、为传媒平台进行多层次职业教育和互设合作基地等方面开展深度合作。2018 年 12 月，云南大学新闻学院与中共云南省委宣传部就部校共建的深化与推进进行了多次专题研讨，提出了“发挥区域优势，提升国际化水平”的具体建设目标。

2018 年，云南省各地高校新闻传播院系在部校共建的架构下，开展了多途径、多形式的合作共建，进一步夯实了办学基础。7 月 16 日，红河学院人文学院与昆明《都市时报》、昆明信息港、拾翠王府井百货中国手艺集合店等新闻传播实践教学基地进行深度合作洽谈，签订了战略合作框架协议。此外，一些州市院校新闻传播院系与当地党委宣传部、当地主流新闻机构也建立了合作共建工作机制。

2.25.3 优化专业布局，推进教学改革

2018 年，云南省新闻传播教育在专业布局上出现了许多新的变化。云南师范大学新闻学二级学科硕士学位授权点新增为新闻传播学一级学科硕士学位授权点，并同时新增新闻与传播专业硕士学位授权点。这是云南省第二所拥有新闻传播学一级学科硕士学位授权点的学校。昆明理工大学获得了云南省第一个出版专业硕士学位授予点，于 2019 年招收了第一届硕士研究生，这也是云南省新闻传播教育发展的新亮点。同时，云南民族大学获得了新闻与传播专业硕士学位授予点，下设国际新闻传播、新媒体传播

与运用、民族影像传播和品牌国际传播四个方向。这将成为云南民族大学提升新闻传播教育国际化水平，培养面向南亚东南亚国家和地区的高端专业人才的重要平台。

在本科专业方面，云南省新闻传播教育也出现了一些新的变化。2018 年，红河学院人文学院新设网络与新媒体专业，首批招生 40 人。云南大学新闻学院则根据学校“双一流”建设目标和学院实际，撤销了网络与新媒体专业。从云南省近几年新增的本科专业点看，各个州市院校新增专业主要集中于新闻学和广播电视学专业上。

在专业教学上，云南省各高校新闻传播院系都积极推进教学改革探索，提升专业教学水平。2018 年，云南财经大学传媒学院继续完善创新型实践教学模式改革，打造“金课”，淘汰“水课”，在慕课教学探索的基础上，加大“雨课堂”教学方法的应用范围。同时，继续推进新闻传播学科毕业环节“由毕业论文向毕业设计方向”的改革，对毕业作品标准进行了修订，补充完善相关要求和类目，以适应当下新闻教育与新闻传播业界的新变化。云南民族大学文学与传媒学院在全国率先建立了具有影响力的“传媒 + 语言”模式的广播电视学专业。目前已招收缅甸、泰国、老挝留学生 50 余名，其中 2018 年招收了广播电视学专业本科留学生 30 名，并与缅甸仰光大学、缅甸仰光外国语大学、老挝国立大学等多所大学在传媒人才培养方面建立了稳定的合作关系。

大理大学人文学院在新闻传播类专业课程体系建设上结合区域发展实际，形成了“三个平台，一个环节”的运行模式，“三个平台”由通识教育平台、专业教育平台和个性发展平台组成，“一个环节”即实践教学环节。其中，个性发展平台分为平面、立体新闻两个方向，实践教学环节包括课程实践环节和综合实践环节两个层次。这一运行模式能较好地与地方化化人才培养目标契合，效果良好。红河学院人文学院加强应用型课程建设，与新广网联合共建“媒体创意与策划”课程，以市场化平台的本土风俗文化网络直播作为期末考核的重要内容，8 个小组的实战直播获得 100 多万人次观看量。此外，云南省各高校新闻传播院系还积极进行教育教学改革研究，在云南省 2018 年高等学校教育教学改革研究项目申报中，有 5 项新闻传播类项目获批立项。

2. 25. 4　提升科研水平，强化学术特色

科研水平的高低，能有效反映教师团队的水平和专业教学的整体实力。2018 年，云南省各高校新闻传播院系在科研方面高度重视，投入显著增加，并取得了可喜的进步。

2018 年，云南师范大学传媒学院申报的“云南宗教互联网传播与边疆稳定研究”项目，获云南省哲学社会科学创新团队立项。这是云南省该项目申报中第一次资助新闻传播学科研究团队。2018 年，云南省各高校新闻传播院系研究者获得近 10 项国家社会科

学基金项目、教育部人文社会科学研究项目、云南省哲学社会科学研究项目立项，在《新闻与传播研究》《现代传播》《新闻大学》《新闻记者》等重要学术期刊上发表了数十篇论文，并取得了良好的学术反响。

2018 年 6 月，云南大学新闻学院孙信茹教授的论文《微信的“抒写”与“勾连”——对一个普米族微信群的考察》获得中国新闻史学会第四届“新闻传播学学会奖”三等奖。这是云南省新闻传播学研究者第一次获得该奖项。2018 年 10 月，云南师范大学传媒学院肖青教授、李淼副教授合作的论文《民族文化经典的“再地方化”——“阿诗玛”回归乡土的个案》获得第六届全国新闻传播学优秀论文奖，这也是云南学者首次获得这一奖项。

在研究特色方面，2018 年度云南新闻传播学研究也产生了两项重要成果。云南大学新闻学院孙信茹教授和杨星星副教授联合主编了《“我们”的田野作业与反思》一书，该书收录了云南省各高校新闻传播院系的 10 位研究者的研究个案及自我反思，较为全面地展现了云南学者在民族传播研究领域的成果和特色。云南大学新闻学院单晓红教授主编，10 余位教师和研究生共同参与撰写，出版了《南亚东南亚国家大众传媒发展与现状》一书，该书较为全面地介绍了南亚东南亚 18 个国家大众传播业的发展脉络与现状。上述两本书的出版，充分体现了云南新闻传播学科研究者的共同研究取向和“立足区域，打造特色”的发展路径。

从总体上看，云南省各高校新闻传播院系在科研方面还存在显著的发展不均衡、研究水平不高的情况，立足云南特殊的区域优势，在民族传播领域和面向南亚东南亚的国际传播研究上下功夫、做文章，当是形成学术“突破”最重要的路径。

2.25.5 开展学术交流，组织校园竞赛

2018 年 4 月 26—27 日，由中国社会科学院新闻与传播研究所、中国新闻年鉴社主办的中国新闻年鉴第 37 届全国工作会议在云南蒙自召开。来自人民日报社、新华社、中国广播电视总台、光明日报社、经济日报社、中新社等中央主要新闻媒体和来自北京市、河北省、黑龙江省、山东省等全国各省(区、市)新闻单位资料中心的代表 50 余人齐聚一堂，总结《中国新闻年鉴》2017 年卷的编辑出版情况，研讨《中国新闻年鉴》2018 年卷的供稿工作。此次会议由红河学院承办，红河学院党委书记杨季、副校长洪波会见了与会代表，党委副书记邹进在开幕式上向与会代表介绍了红河州的历史文化底蕴、民族特色以及红河学院立足边疆、推进转型发展和国门大学建设的情况。会上，中国新闻年鉴社向红河学院赠送了《中国新闻年鉴》2017 年卷，并分别为年鉴资料中心主任和为年鉴编辑出版作出贡献的同志颁发了聘书、荣誉证书。会议代表新华社新闻研究所副所长刘光牛、《中国新闻年鉴》主编钱莲生、《新闻与写作》原总编耿瑞林、《新闻知识》执

行主编谢从容等专家学者，向红河学院新闻传播教育传经送宝。

2018 年 11 月，云南师范大学传媒学院与暨南大学新闻与传播学院、中广联学术委员会联合举办首届边疆舆情与国际传播暨媒介融合发展前沿高端学术论坛。该论坛在云南师范大学举办，来自全国各高校新闻传播院系的近百位研究者参加了此次会议。

2018 年 12 月，昆明理工大学艺术与传媒学院与北京电影学院中国电影教育研究中心联合主办了“新时代的影视艺术高等教育发展研讨会”，国内外 100 余名影视教育专家、学者参会，对当前影视艺术高等教育发展问题进行了广泛而热烈的研讨。会上还成立了“昆明理工大学南亚东南亚影视艺术研究中心”并举行了揭牌仪式。

在丰富校园文化、提升学生综合能力方面，云南省各高校新闻传播院系在 2018 年度举办了丰富多彩的校园及社会实践活动，成效突出。

云南师范大学传媒学院先后举办了云南省学校 2018 年民族团结经典诵读比赛、云南省学校 2018 年民族团结微电影大赛、“半夏的纪念”2018 北京(国际)大学生影像展云师大专场、第二届西南联大电影节、云南师范大学第十届金话筒主持人大赛、云南师范大学第三届戏剧大赛等活动。

昆明理工大学艺术与传媒学院承办了第十届全国大学生广告艺术大赛云南赛区比赛，全省共有 40 多所高等院校的学生报名参赛，报名作品 3580 件。最终获奖作品共计 375 件，其中一等奖 10 件，二等奖 34 件，三等奖 65 件，优秀奖 276 件。该学院还举办了昆明理工大学第三届“艺传视界”影像节、第二届招生宣传片大赛；承办了中国(广州)国际纪录片节金红棉影展 2018 高校巡展西南地区启动仪式，中泰文化交流“双城故事”首映礼、“阿里天智计划”暨互联网主播选拔大赛；组织 20 名学生全程参与了青春校园竞技影视剧《我的盖世英雄》的拍摄、举办《米花之味》电影点映活动等。

红河学院人文学院新闻传播系积极服务地方，把课堂教学、学生实践、校政企合作有机融合，积极参与蒙自市“一带两线”扶贫示范带建设、乡村记忆馆建设、红锦园党建示范基地建设等校地合作项目。与蒙自市宣传部、云南大学新闻学院合作开展“理解中国·重新发现城市”蒙自暑期调研，与新安所镇联合开展“乡村记忆·大沙地社会调研”，学生的实践能力不断提升，取得了良好的社会效益。

云南省内其他高校也结合自身实际和发展特色，组织了丰富的与专业学习有机结合的校园文化活动。这些活动都成为所在学校校园文化建设的重要成果。云南大学新闻学院的“一墨读书会”，在 2018 年先后组织了两次假期专题田野调查活动和春秋季系列主题阅读活动，连续四次在云南大学“理解中国”假期社会调查和阅读活动评奖中获得第一名。12 月，云南大学新闻学院举办了首期“未来传播者”国际实践训练营。在为期半个月的活动中，新闻学院学生与来自缅甸的媒体从业者一起，合作开展了以展现云南为主题的丰富的影像实践活动，受到中缅两国媒体的高度关注。

2.25.6　结语

纵观2018年的云南新闻传播教育，既取得了突出的成绩，也存在一些亟待解决的问题。从经验角度看，云南新闻传播教育进行的协同发展实践，有效推动了部校共建和校际合作的深化，有效促进了教学和科研水平的整体提升，有效推动了"立足区域，特色发展"的学科建设。从存在的问题看，云南新闻传播教育还存在诸多问题，如省内各专业点发展不均衡，师资力量相对薄弱，教学科研实力不足，学科地位有待提升等。整体而言，云南新闻传播教育的发展空间非常巨大，尤其是在面向云南民族地区经济社会发展和面向"两亚"的国际化推进方面，应当成为云南新闻传播教育发展的特色路径。

（杨星星）

2.26　西藏自治区新闻传播教育发展综述

受社会经济发展的制约，在西藏自治区7所高校(西藏大学、西藏民族大学、西藏农牧学院、西藏藏医大学、拉萨师范高等专科学校、西藏警官高等专科学校、西藏职业技术学院)中，开展新闻传播教育仅有2家：西藏民族大学新闻与传播学院、西藏大学文学院大众传媒系。

2.26.1　西藏民族大学新闻与传播学院

西藏民族大学新闻与传播学院是西藏自治区唯一的新闻与传播学院。新闻与传播学院以少数民族新闻传播特别是西藏新闻传播研究为主题，彰显民族特色，凸显实践教学优势，致力于建设西藏新闻传播教育、研究中心和中国少数民族新闻事业研究基地，在全国民族院校中居于前列，在全国高校新闻院系中占有特殊地位。

1. 专业实践

2018年5—7月，该院根据教学计划，组织三年级(2015级)171名新闻、广电、广告、播音与主持艺术4个专业学生在省内外多家电视台、报社、传媒公司等单位进行专业见习；申报大学生创新创业训练计划项目13项，其中国家级5项，自治区级5项，校级3项；积极组织指导学生参加各类比赛并获佳绩(见表2-29)。

表2-29　　新闻与传播学院2018年指导学生参赛及获奖情况一览表

时间	指导教师	比赛类型	级别	奖励
2018.7	王　彪	西藏自治区职工演讲比赛	省　级	一等奖
2018.8	王　彪	全国职工演讲比赛	国家级	优秀奖
2018.10	王　彪	陕西省第七届小戏小品大赛	省　级	二等奖
2018.6	王　彪	陕西省第三届朗诵大赛咸阳市分赛区	省　级	一等奖
2018.6	王　彪	陕西省第三届朗诵大赛咸阳市分赛区	省　级	一等奖
2018.6	王　彪	陕西省第三届朗诵大赛咸阳市分赛区	省　级	二等奖
2018.6	王　彪	陕西省第三届朗诵大赛咸阳市分赛区	省　级	三等奖
2018.6	王　彪	陕西省第三届朗诵大赛省总决赛	省　级	二等奖
2018.6	王　彪	陕西省第三届朗诵大赛省总决赛	省　级	三等奖
2018.6	王丽莉	2018年第十一届中国大学生计算机设计大赛西北赛区	省　级	三等奖
2018.9	王丽莉	2018年第十届全国大学生广告艺术大赛陕西赛区	省　级	三等奖
2018.9	王丽莉	2018年第十届全国大学生广告艺术大赛陕西赛区	省　级	优秀奖
2018.9	王丽莉	2018年第十届全国大学生广告艺术大赛陕西赛区	省　级	优秀奖
2018.6	王丽莉	第二届“国青杯”全国高校艺术与设计作品展评	省　级	二等奖
2018.6	王丽莉	第二届“国青杯”全国高校艺术与设计作品展评	省　级	三等奖
2018.6	王丽莉	第二届“国青杯”全国高校艺术与设计作品展评	省　级	优秀指导老师
2018.7	王丽莉	2018年第十六届中国大学生广告艺术节学院奖春季赛	省　级	优秀奖
2018.7	王丽莉	2018年NCDA Aards第六届全国高校数字艺术设计大赛	省　级	一等奖
2018.7	王丽莉	2018年NCDA Aards第六届全国高校数字艺术设计大赛	省　级	三等奖
2018.7	王丽莉	2018年NCDA Aards第六届全国高校数字艺术设计大赛	省　级	优秀指导老师
2018.5	王丽莉	2018年第四届中国“互联网+”大学生创新创业大赛西藏赛区	省　级	三等奖
2018.9	王丽莉	西藏教务标志入围	省　级	入围奖
2018.4	王　凤	指导学生参加十六届学院奖春季赛	国家级	5名学生获奖

续表

时间	指导教师	比赛类型	级别	奖励
2018.5	方　园	西藏教育厅标识设计比赛	省　级	入围奖
2018.3	王　凤	全国大学生广告设计大赛学院奖	国家级	优秀指导老师

2. 学科、研究生教育

在西藏民族大学制定的十三五学科发展规划中，“新闻学”被列入西藏特色学科建设规划之中：“力争到2020年，建设4个左右的国内一流、特色鲜明、服务国家和地方经济能力强的学科，使民族学、中国语言文学、基础医学3个一级学科成为西藏一流学科；使马克思主义理论、临床医学、新闻传播学、工商管理、法学、计算机科学与技术6个学科成为西藏特色学科。”

2010年，该院开始招收“少数民族新闻传播事业研究”方向硕士研究生，招收总数为60人(2010年6人、2011年6人、2012年8人、2013年19人、2014年14人、2015年停招、2016年3人、2017年2人、2018年2人)。

西藏民族大学新闻与传播专业硕士学位授权点于2014年由国务院学位办批准设立，2015年正式招生；2018年顺利通过教育部2018年新闻与传播硕士专业学位授予点专项评估。目前已招收4届(2015—2018年)研究生，招生规模达到58人(12人、10人、13人、23人)；已经毕业2届(2015、2016级)22人，在校生36人(2017、2018级)。

根据专业研究生培养计划实践教学安排，新闻与传播学院于2018年7月1—21日组织2016级民族学硕士“西藏文化对外传播研究”研究生3人、2017级民族学硕士“西藏文化对外传播研究”研究生2人，2017级新闻与传播硕士“西藏对外传播方向”研究生13人进藏(拉萨、日喀则、林芝等)进行专业调研。

该院还组织申报自设硕士二级学科“少数民族文化传播”论证工作。复旦大学新闻学院教授黄瑚，郑州大学新闻学院教授董广安，中国人民大学新闻学院教授杨保军，陕西师范大学新闻与传播学院教授李震、许加彪，西北大学新闻与传播学院教授王晓梅、马峰等专家，对西藏民族大学新闻与传播学院致力于西藏新闻传播研究所形成的特色和优势给予了较高评价，对设置目录外二级学科“少数民族文化传播”的构想、方向、师资、基础条件等给予了充分肯定，认为西藏民族大学新闻传播学科建设以“西藏传播”为鲜明特色，具有不可替代的研究优势和鲜明特色，获得了学界的认可，突出了在国家治藏战略背景下的重大学术和社会价值。

在教学、科研建设方面，该院突出“西藏传播”特色，组建和培育科研、特色教学团队，学校提供经费支持，加快专业梯队建设。2018 年，该院建立新闻与传播专业硕士专业实践基地 3 家：西藏日报社、西藏电视台、西藏人民广播电台。

3. 学术研究

2018 年，获得国家社科基金项目 2 项（脱慧洁“融媒时代西藏电视媒体创新与影响力提升研究”、陈航行“自媒体环境下藏区网络舆情转变及其治理方略研究”）、西藏自治区哲学社会科学专项资金项目 2 项。完成国家社科项目结项 1 项，自治区青年项目结项 1 项，学校教改项目结项 2 项。

承办中国新闻史学会新闻传播教育史研究委员会第二届第七次常务理事会议暨中国新闻传播教育年鉴编委会第五次会议（4 月 20 日上午，咸阳）。此次会议由中国新闻传播教育史研究委员会和中国新闻传播教育年鉴编委会主办，西藏民族大学新闻与传播学院承办。来自华中科技大学、南京大学、上海交通大学、四川大学、武汉大学、山东大学、厦门大学、中山大学、暨南大学、陕西师范大学、兰州大学、西藏民族大学等全国 30 余所高校的 40 多位专家学者参加这次盛会，共商《中国新闻传播教育年鉴（2019）》的编撰工作。西藏民族大学校长刘凯教授、中国新闻史学会新闻传播教育史研究委员会会长张昆教授、西藏民族大学新闻与传播学院院长周德仓教授先后致辞。

2018 年 4 月 20 日，举办了“少数民族新闻传播教育及学科专业建设”圆桌会议。中国新闻传播教育史研究委员会会长张昆教授主持会议，出席中国新闻史学会新闻传播教育史研究委员会第二届第七次常务理事会议的专家学者，就少数民族新闻传播教育和学科发展各抒己见。

2018 年 9 月 16—22 日，应莫斯科罗蒙诺索夫国立大学、伊尔库茨克国立大学的邀请，西藏民族大学新闻与传播学院院长周德仓教授随“中俄新闻教育高校联盟”中方高校交流访问团从北京出发，赴俄罗斯开展为期一周的 2018 年度中俄高校交流访问活动。

2.26.2　西藏大学文学院大众传媒系

西藏大学大众传播系设置在学校文学院，以实力雄厚的藏学学科为背景，以培养藏汉双语新闻人才为目标。经过 25 年的发展，现设置新闻学、播音与主持两个专业，下设西藏传媒研究所。目前共有 6 个本科教学班，186 名本科生，12 名硕士研究生。截至 2018 年，本科生 2100 余名毕业，硕士研究生 4 名毕业。经过长期发展，大众传播系逐渐形成老中青结构合理、职称结构科学的师资团队，现有专兼职教师 9 名，其中教授 2

名，副教授2名，讲师1名，助教1名。西藏大学大众传媒系前身为建校初设置的西藏大学语文系新闻专科班，1994年并入西藏大学藏文系，2004年文学院成立并开始招收新闻专业本科班，2009年新增播音与主持专业，2015年开始招收藏语文学方向下藏语新闻学硕士研究生。作为区部共建项目之一，大众传播系设有自治区和教育部共建重点实验室藏语新闻实验室，实验室投入使用以来，已成功举办5届学校新闻摄影展。

1. 对口援助

自对口援藏工作开展以来，大众传媒系得到了中国人民大学新闻学院、中国传媒大学、复旦大学新闻学院在师资培养、学科建设、学生交流、科学研究等方面全方位的支持，并得到了区内外传媒业界的多方面指导。目前，教育部"长江学者"、复旦大学新闻学院张涛甫教授全面指导大众传媒系的教学、科研和学科发展。

2. 教材开发与使用

西藏大学大众传媒系本着与时俱进的原则，优先采用切合学生实际的教材，力图使学生在掌握扎实的基本概念、基本理论的基础上，接触到新闻传播学发展的最前沿理论与实践。专业教材一直采用中国人民大学、复旦大学、中国传媒大学等专业院校编写的权威教材，同时提供扩充性资料，帮助同学们进一步深化理解。藏语版《新闻理论》《新闻采访与写作教程》已由民族出版社正式出版，《藏语播音主持基础知识》(藏语版)由西藏人民出版社正式出版，并全部投入本科、研究生教学使用。

3. 课程建设情况

随着我国新闻传媒发展进程的加快、民族地区社会建设的逐步深入，民族地区新闻传媒专业人才的需求和用人机制等方面发生了全方位新的变化。由于地缘和区位限制，民族地区传媒人才的培养上无法沿用内地同类院校的成功模式，西藏大学大众传媒系致力于探索建立特色鲜明的人才培养模式，改革以往"重理论轻实践"的传统培养模式，依托文学院深厚的藏学底蕴，培养"宽口径、厚基础、强能力"，具有多种适应能力的新闻学专业人才。在课程体系构建上，坚持拓宽基础、提高综合素质、办出专业特色的基本原则，开展课程教学内容改革。在精选内容、提高起点、避免重复的基础上，将课程体系分为理论教学、实验教学、实践教学三个层次。实践教学根据专业培养目标和基本要求，安排课程实验课和专业综合实习(毕业设计)等两个阶段。对于实践性较强的播音主持专业，师资结构建设以"双师结构"为主，由校内专任教师和合作媒体兼职教师共同组成，广播播音发声、电视播音发声、广播节目主持、电视节目主持主体课程均由西藏人民广播电台、西藏电视台、拉萨市广播电视台等媒体中有丰富实践经验的兼职教师承担讲授任务。

4. 专兼任教师补充情况

西藏大学大众传播系自成立以来，一直以藏语新闻为学科特色，在全国高等院校中独树一帜。现有专兼职教师 9 人中，仅有 2 人能胜任藏语讲授新闻课程的教学任务，均为文学院于 1995 年从藏语教师中选拔培养，年龄均已超过 50 岁，藏语新闻青年教师培养和补充不足。

5. 对外交流

大众传媒系学术交流仅限于学院及学校内部，目前大众传媒系注重与西藏本地传媒单位的交流，定期承担西藏自治区收听收看中心节目评议工作，曾参与西藏电视台藏语频道发展研讨会、西藏人民广播电台《西藏之声》创办研讨会、西藏日报社“我国藏语新闻媒体影响力问题研究”研讨会；参与西藏电视台藏语频道改版专题访谈、西藏电视台访谈节目《对话》、评论节目《高原新闻眼》、专题节目《西藏诱惑》的访谈。还曾派教师参与达孜县宣传部宣传干事、中央广播电台藏语频道拉萨记者站记者业务培训。

6. 新闻学实验室建设情况

经过多年的建设投入，大众传媒系藏语新闻实验室的硬件条件已粗具规模，通过实践促教学，极大地提升了学生的动手实践能力。如完成了藏文报纸《进取》的编辑和内部发行；依托实验设备为学校文学院 5 月文化艺术节、萨班研讨会、校运动会提供摄影摄像技术支持与节目主持人才支持。4 位学生曾参与西藏自治区大型活动，为党和国家领导人做现场解说工作，多位同学荣获摄影摄像大赛优秀奖，在社会上获得了良好的专业声誉。但实验室的发展一直不尽如人意，一直没有专职实验设备管理人员。

2. 26. 3　部校共建新闻与传播学院

2015 年 4 月 22 日，西藏自治区党委宣传部与西藏民族大学签署协议，共建西藏民族大学新闻与传播学院。

2015 年 6 月 22 日，西藏自治区党委宣传部、西藏民族大学举行部校共建新闻与传播学院推进会。西藏自治区党委宣传部副部长唐献文，西藏民族大学党委副书记、校长刘凯出席，校党委常委、副校长邹亚军主持会议。

2017 年年底，西藏自治区党委宣传部部务会决定，筹办新闻传播专业刊物《西藏新闻舆论研究》，编辑部设在西藏民族大学新闻与传播学院。

2018 年 11 月 13 日，西藏自治区党委常委、宣传部长、区互联网党工委书记边巴扎西主持召开自治区党委宣传部第 7 次部务会，就部校共建工作做出决定：一是关于部校共建理事会，由王能生同志担任理事会主任，干部处按程序报批。二是关于新闻与传播学院院长人选，由丁勇同志担任新闻与传播学院院长，干部处按程序报批。三是关于成立新媒体中心，不用“西藏新媒体中心”名称，建议用“西藏融媒体实训中心”名称，建设所需资金请西藏民族大学向区党委宣传部申报资金扶持，纳入 2019 年度西藏自治区文化产业发展专项资金扶持项目。四是关于部校共建经费，同意部办公室(财务室)根据协议程序向西藏民族大学新闻与传播学院划拨 2018 年部校共建支持经费 150 万元，从年初预算“西藏新闻与高校共建项目经费”中列支。五是其他部校共建有关事项，请西藏民族大学向区党委宣传部一事一请，逐项研究解决。

2018 年 11 月 23 日，新闻与传播学院院长周德仓到拉萨，向自治区党委宣传部副部长丁勇、副部长唐献文汇报部校共建进展。自治区宣传部领导通报了部务会关于部校共建工作的若干决定，包括批准成立共建理事会、宣传部副部长兼任新闻与传播学院院长、立项建设新闻与传播学院融合媒体实验中心、创办西藏新闻舆论研究专业刊物、人员交流、新媒体人才培养、出台共建指导意见等。宣传部领导表示：将全力支持部校共建工作，支持新闻与传播学院加大新媒体人才培养力度，积极推进新闻与传播学院与西藏媒体之间互动交流，倡导新闻与传播学院专业教师到宣传部挂职交流，激励新闻与传播学院毕业生到西藏建功立业，保证共建经费等，全面落实《教育部　中共中央宣传部关于提高高校新闻传播人才培养能力实施卓越新闻传播人才教育培养计划 2.0 的意见》，真正提升新闻与传播学院专业和学科建设水平，为西藏培养具有良好综合素质的现代传播人才。

2018 年 12 月 28 日，新闻与传播学院举办“西藏融媒体实训中心”项目建设论证会。来自中国人民大学、浙江传媒学院、陕西师范大学、河南大学等高校的新闻与传播学院院长、国家示范实验中心主任等专家和北大方正、艾迪普、华栖云等公司的代表应邀参加了会议。

在学界与业界合作办学方面，新闻与传播学院派出曾洁老师前往西藏人民广播电台新闻节目中心组挂职学习，西藏日报社、西藏广播电台分派出主任编辑杨念黎、记者桑苗到新闻与传播学院挂职工作。

（周德仓　达瓦次仁　王　亮　王彦博　王清华　毛思雨）

2.27　陕西省新闻传播教育发展综述

根据教育部的统计数据，截至 2017 年 5 月 31 日，陕西省高等学校共计 108 所，其中：普通高等学校 93 所，成人高等学校 15 所。资料统计显示，全省有 37 所普通高等学校或设有独立的新闻传播学院进行专业化的新闻传播教育工作，或设有相关专业开展新闻传播教育工作。

2.27.1　陕西省新闻传播教育的起源与发展

1958 年，西北政法大学设立新闻学专业，这是陕西高校中最早的新闻学专业，也是西北地区的第一个新闻学专业。创办人何微先生是一位资深的新闻工作者，有着丰富的实践经验。在办学过程中，他根据新闻媒体对人才的要求，提出了理论与实践相结合的人才培养理念：一方面，新闻教育要密切关注社会和新闻业发展的需求，深入进行新闻理论问题的研究与探索，解决新闻实践中出现的新问题；另一方面，在人才培养的过程中，要通过实践环节来深化学生对新闻理论的理解，通过动手演练来培养学生的专业能力。这种具有开拓意义的办学理念为陕西高等新闻教育的发展奠定了良好的传统。但是在培养了第一届新闻毕业生后，受“文革”时期的政治形势所迫，西北政法大学新闻系停办，此后陕西省新闻教育进入了沉寂期。

改革开放后，我国高等学府新闻传播教育很快就由恢复期进入到蓬勃发展阶段。陕西省高等新闻传播教育在 1980 年以后也逐步由恢复期步入欣欣向荣的发展阶段。1985 年，西北大学中文系新闻专业正式招生，1994 年新闻专业从中文系分立出来，单独成立新闻传播系，2001 年正式成立新闻传播学院，下设新闻学、广告学、编辑出版学、播音与主持艺术等专业。1993 年，陕西师范大学中文系开设新闻专业，2000 年成立新闻与传播学院，这是西北地区的第一个新闻传播学院，下设新闻学、编辑出版、广播电视编导、播音与主持艺术、教育技术等专业。1999 年，西北政法大学新闻专业恢复重建，设立了法制新闻系，确立了法律与新闻相结合的人才培养方式，2003 年成立新闻传播学院，下设新闻学、编辑出版学、广播电视新闻学、广播电视编导、戏剧影视文学等专业。

进入 21 世纪后，陕西省高等新闻传播教育步入了快速发展的新阶段。根据数据统计，截至 2013 年年底，陕西省 27 所高校共建新闻传播类实验室 122 间，仪器设备总值约 8184. 6 万元，实习基地 168 个。其中陕西师范大学新闻传播实验中心为国家级实验教学示范中心，西北政法大学设立的“现代传播实验中心”于 2008 年获批成为陕西省教育厅省级教学示范中心。如今，陕西省开展新闻传播教育工作的高校数量已经增至37所。

此外，除了一些综合性、文科院校开办新闻传播类专业，如西北大学、陕西师范大学以外，不少理工科院校也开始开办新闻传播类专业，如长安大学、西安石油大学、陕西科技大学等。在办学过程中，不少院校还力求凭借所在院校的优势学科，办出自己的特色。如西安外国语大学依靠外语优势资源，提出了“英语专业化、专业特色化”的办学理念，形成了“专业加外语”的复合型人才培养模式，培养既熟练掌握外语，又具有国际视野的国际新闻人才成为其人才培养的亮点。西北政法大学凭借其优势学科法学跻身全国三大法制新闻人才培养基地的行列，法制新闻专业成为国家级特色专业，“法”“新”结合成为其人才培养的特色。此外，随着陕西省民办高校的快速发展，不少民办院校纷纷开办新闻传播类专业，例如西安培华学院、西安翻译学院、西安外事学院、西安欧亚学院、西京学院、西安思源学院都开设有新闻传播学院、新闻系或新闻专业等。

在数字化技术日新月异、新兴媒体不断涌入、媒介融合发展的趋势下，陕西省新闻传播教育也积极顺应时代和行业发展趋势，不少院校从培养目标、课程体系、培养模式等方面进行了创新，以培养适应新媒体时代的新闻传播人才。例如西北大学2010年11月在新闻学专业下设网络与新媒体方向，2011年开始招收网络与新媒体方向四年制本科生，2012年设立网络与新媒体专业，2013年正式成立网络与新媒体系，该专业适应新媒体传播和媒介融合的社会需求，面向跨媒体互联与社会化媒体共享的新媒体特征，着力于“文”与“理”的融合，培养具有坚实新闻传播学基础理论和新媒体实践能力的复合型专门人才。西安交通大学2015年4月成立新闻与新媒体学院，是国内较早以新媒体命名且作为其教学科研方向的新型新闻传播学院，2016年新增网络与新媒体本科生专业，年均招生30人左右，旨在培养具有较强学习能力、创新能力和实践能力的跨学科、宽口径、复合型网络与新媒体传播人才。

陕西省高等新闻传播教育至今已经走过了60个年头，各院校顺应时代发展，积极开拓创新，不少院系形成了自己的办学模式与特色，理论与实践并重，培养了一批又一批顺应时代发展的复合型新闻传播人才，取得了不俗的成绩。

2.27.2 陕西省新闻传播教育现状

1. 院系及专业设置

当前我国高校新闻传播教育院系设置基本包含两种类型：一是开设独立的新闻传播学院进行专业化的新闻传播教育工作，二是在其他学院下分设相关的系(专业)开展新闻传播教育工作。陕西省的情况亦如此。根据资料显示，在统招的各类高校中，开设有独立的新闻传播学院的高校只有 7 所，分别是陕西师范大学新闻与传播学院、西北大学新闻传播学院、西北政法大学新闻传播学院、西安外国语大学新闻传播学院、西安交通大学新闻与新媒体学院、西安培华学院传媒学院和西京学院传媒学院；未设有独立新闻传播学院的高校，其新闻传播系（专业）通常隶属于该校的文学院或人文学院，如长安大学人文学院、西安工业大学人文学院、陕西理工大学文学院、西安财经学院文学院等。此外，也有比较特殊的情况，如延安大学中国语言文学与新闻传播学院、安康学院文学与传媒学院等。

除此之外，设有独立的新闻传播学院的高校，其学院下面通常设有多个系，如陕西师范大学新闻与传播学院下设有新闻学系、网络与新媒体系、广播电视编导系、编辑出版系和播音与主持艺术系，下辖 5 个对应的专业；西北大学新闻传播学院下辖新闻学系、广告学系、传播学系、网络与新媒体系，下设 4 个专业：新闻学、广告学、网络与新媒体、播音与主持艺术；西北政法大学新闻传播学院设有法制新闻系、编辑出版系、广播电视学系、网络与新媒体系、广播电视编导系、戏剧影视文学系，下设新闻学（法制新闻）、广播电视学、编辑出版学、广播电视编导、戏剧影视文学和网络与新媒体 6 个专业（见表 2-30）。

表 2-30　　陕西省各高校院系及专业设置情况表

序号	高校名称	院	系	专业
1	西北大学	新闻传播学院	新闻学系、广告学系、传播学系、网络与新媒体系	新闻学（本科）、广告学（本科）、播音与主持艺术（本科）、网络与新媒体（本科）、新闻与传播硕士、艺术硕士（广播电视方向）专业硕士
2	西安交通大学	新闻与新媒体学院	传播学系	网络与新媒体（本科）、新闻与传播（专业硕士）、“新闻传播理论与实践”方向博士研究生
3	西安工业大学	人文学院	/	广告学（本科）、新闻与传播（专业硕士）
4	西安石油大学	人文学院	新闻系	新闻学（本科）
5	西安工程大学	人文社会科学学院	/	新闻与传播（专业硕士）

续表

序号	高校名称	院	系	专业
6	长安大学	文学艺术与传播学院	中文系、新闻传播系、广告学系、广播电视系	汉语言文学(本科)、新闻学(本科)、广告学(本科)、广播影视编导(本科)及戏剧影视文学(本科)、美学(硕士)、新闻与传播(硕士)、产业经济学(硕士)、行政管理(硕士)、马克思主义基本原理(硕士)
7	陕西师范大学	新闻与传播学院	新闻系、播音与主持艺术系、编辑出版系、广播电视编导系、网络与新媒体系	新闻学(本科)、编辑出版学(本科)、网络与新媒体(本科)、广播电视编导(本科)、播音与主持艺术(本科)、新闻学(硕士)、传播学(硕士)、文艺与文化传播学(硕士)、广播电视艺术学(硕士)、新媒体艺术学(硕士)、电影学(硕士)、戏剧戏曲学(硕士)、影视批评学(硕士)、新闻与传播专业硕士、出版专业硕士、广播电视艺术硕士、文艺与文化传播(博士)、媒介与社会变迁(博士)
8	延安大学	中国语言文学与新闻传播学院	/	汉语言文学(本科)、秘书学(本科)、新闻学(本科)、现当代文学(硕士)、文艺学(硕士)、语言学及应用语言学(硕士)、古代文学(硕士)、语文课程与教学论(硕士)、学科教学(语文)(硕士)
9	陕西理工大学	文学院	/	广播电视学(本科)
10	宝鸡文理学院	文学与新闻传播学院	中文系、新闻传播系、影视传媒艺术系	汉语言文学(本科)、广告学(本科)、新闻学(本科)、播音与主持艺术(本科)、广播电视编导(本科)
11	咸阳师范学院	文学与传播学院	/	汉语言文学(本科)、广告学(本科)、新闻学(本科)、秘书学(本科)、播音与主持艺术(本科)、汉语国际教育(本科)

续表

序号	高校名称	院	系	专业
12	渭南师范学院	人文学院	/	新闻学(本科)、广播电视学(本科)
13	西安外国语大学	新闻与传播学院	/	新闻学(本科)、广播电视学(本科)、广告学(本科)、广播电视编导(本科)、播音与主持艺术(本科)、网络与新媒体(本科)、新闻与传播(专业硕士)、国际新闻方向硕士生
14	西北政法大学	新闻传播学院	新闻学(法制新闻系)系、广播电视学系、编辑出版系、网络与新媒体系、广播电视编导系、戏剧影视文学系	新闻学(法制新闻)(本科)、广播电视学(本科)、编辑出版学(本科)、广播电视编导(本科)、戏剧影视文学(本科)、网络与新媒体(本科)、法制新闻与传媒法(学术硕士)、新闻与传播(专业硕士)
15	西安体育学院	/	体育传媒系	播音与主持专业、新闻专业、基础英语、英语专业、汉语教学专业
16	西安文理学院	文学院	/	广告学
17	榆林学院	文学院	/	新闻学
18	安康学院	文学与传媒学院	/	汉语言文学(本科)、秘书学(本科)、网络与新媒体(本科)
19	西安培华学院	传媒学院	/	新闻学(本科)、广告学(本科)、播音与主持艺术(本科)、戏剧影视文学(本科)、广播电视编导(本科)、网络与新媒体(本科)
20	西安财经学院	文学院	新闻传播系	新闻学(财经新闻方向)(本科)、广播电视学(本科)、广告学(本科)、广播电视编导(本科)
21	西安邮电大学	数字艺术学院	数字媒体艺术系、广播电视编导系	数字媒体艺术(本科)、广播电视编导(本科)

续表

序号	高校名称	院	系	专业
22	西安欧亚学院	文化传媒学院	/	新闻学专业(本科)、网络与新媒体专业(本科)、数字出版专业(本科)、文化产业管理(本科)、新闻采编与制作专业(专科)
23	西安外事学院	人文艺术学院	/	播音与主持艺术、广播电视学、网络与新媒体、广告设计与制作(平面艺术设计与制作)、新闻学(本科)、广播电视编导(本科)、新闻采编与制作(高职)
24	西安翻译学院	文学院	新闻传播系	播音与主持艺术、广播电视学、广告学、新闻采编与制作
25	西京学院	传媒学院	/	新闻学(网络与新媒体方向)(本科)、网络与新媒体(本科)、新闻采编与制作(媒介策划与推广方向)(高职)、数字媒体应用技术(UI 界面设计方向)(高职)、视觉传播设计与制作(室内装饰设计方向)(高职)
26	西安思源学院	/	/	广告学(本科)、网络与新媒体(本科)、数字媒体艺术(本科)、广告设计与制作(专科)、数字媒体艺术设计(高职专科)
27	陕西服装工程学院	艺术设计学院	/	播音与主持艺术专业、数字媒体艺术(专科)、新闻采编与制作(专科)、广告设计与制作(专科)、视觉传播设计(专科)
28	西安交通大学城市学院	/	传播系	网络与新媒体、传播学
29	西北大学现代学院	文学院	/	新闻学(本科)、广告学(本科)、广播电视学(本科)、网络与新媒体(本科)

续表

序号	高校名称	院	系	专业
30	西安财经学院行知学院	人文艺术分院	/	网络与新媒体、广播电视学、广告学
31	西安工业大学北方信息工程学院	/	人文社科系	广告学(本科)
32	延安大学西安创新学院	文学与文化传播学院	/	广播电视新闻学(本科)
33	西北工业大学明德学院	艺术与设计学院	/	播音与主持艺术(空中乘务方向)
34	西安科技大学高新学院	新传媒与经济管理学院	/	网络与新媒体(本科)、播音与主持艺术(本科)、广播电视编导(本科)、财务管理(本科)、旅游管理(本科)、房地产开发与管理(本科)、金融工程(本科)、电子商务(本科)、传播与策划(专科)、会计(专科)、酒店管理(专科)
35	陕西青年职业学院	/	文化传媒系	网络新闻与传播；视觉传播设计与制作；影视表演、编导专业；广告设计与制作；新闻专业；播音与主持专业
36	陕西工商职业学院	文化与传媒学院	/	舞台艺术设计与制作、广告设计与制作、广播影视节目制作
37	陕西艺术职业学院	/	影视系	播音与主持

2. 师资队伍

依据各院系网页介绍资料，初步统计陕西省新闻传播类专业教师共有 1016 名，其中教授共有 89 人，占 8.76%；副教授共有 160 人，占 15.75%；讲师共有 427 人，占 42.03%。实力较强的新闻院校的教授相对较多，普通的高校或者专业类的高校教授则较少。教师队伍中研究生学历占大部分。

陕西省各高校经常开展一些知识讲座，聘用有丰富社会实践经验的教师前来授课，也有不少来自新闻行业、具有丰富从业经验的教师，这些教师在专业知识上有更为实际的经验传授给学生。如西北大学新闻传播学院设立“业师进课堂”课程，邀请国内外一流传媒人担任课程教学、学生指导工作；陕西师范大学新闻与传播学院聘请业界兼职教授 20 多人；陕西青年职业文化学院文化传媒系拥有国家普通话测试员、高级记者、主任播音员、高级广告师、策划师、编辑等“双师型”教师 53 人。

目前，陕西省独立开设新闻传播学院的高校占比较低，大多数的新闻传播类专业开设在文学院、人文学院或其他的人文社会科学院系等，因此，教授新闻传播类专业的老师多是有着文学类背景的教师，而不是真正的新闻传播类的专业教师。部分高校由于本校的办学特色，也要求教师具有多种学科背景，如西安交通大学新闻与新媒体学院凝聚计算机科学、网络、信息、传播学、管理学、社会学、心理学等多学科力量，注重培养和吸收多学科师资力量，形成具有多学科背景，多领域、高层次、开放式的师资科研队伍体系；西北大学新闻传播学院积极吸引新闻学、传播学以及计算机科学、社会学、汉语言文学、政治学、法学、哲学等相关专业优秀博士毕业生或博士后到院任教；西安外国语大学的“许多教师具有海外学习经历，精通外语，具有双语教学能力”。

3. 部校共建情况

当前，陕西省仅有 3 所学校与中共陕西省委宣传部合作建设新闻传播学院：西安交通大学、陕西师范大学(2014 年 12 月 16 日)和西北大学(2015 年 6 月)。

4. 人才培养层次、理念及特色

当前，陕西省新闻传播教育的人才培养有四个层次：博士研究生教育、硕士研究生教育、本科生教育和专科生教育。目前有博士学位授予权的院校仅有 3 所：西安交通大学、陕西师范大学和西北大学。属于硕士学位授权单位的学校有 8 所：陕西师范大学、西北大学、西北政法大学、西安交通大学、西安外国语大学、长安大学、西安工程大学和西安工业大学。

在人才培养理念上，由于各高校层次及办学特色的差异，对人才培养的定位也有不同。有的是以提升学生的综合素养为目标，培养复合型人才。如西安交通大学为适应新时期发展需要，创新新闻传播科研教育，专注新闻传播学理论与实践和新媒体创新发展设立新媒体学院，该学院以新闻传播、新媒体等学科专业为主体，兼顾西安交大计算机、大数据、电子信息、网络安全、管理工程等优势学科，致力于网络与媒体融合、数字技术与网络传播、新媒体与社会信息安全、舆情监测与分析等具体学科前沿技术创新和社会发展的需要，努力成为具有鲜明特色新媒体学院。西北大学新闻传播学院注重理论与实践相结合、学术型人才培养与专业应用型人才培养相结合，实行大类招生、专业分流，按照通识通修课程、学科专业课程和开放选修课程三大模块开设课程，注重实践教学，并建立了丰富的第二课堂教育体系，培养具有扎实理论基础和突出专业技能的高素质新闻传播人才。陕西师范大学新闻与传播学院坚持服务学生、服务媒体、服务社会的办学方向，坚持"以育人为本，通过文理艺多学科融合，培养复合型现代传媒人才"的办学理念，在深厚的人文底蕴基础上形成良好的学术传统。有的是以彰显特色为目标，培养具有专业知识和新闻知识的复合型专门人才。如西北政法大学新闻传播学院的法制新闻系，该专业从 1999 年复办伊始，就明确了"以法学为背景，以新闻学为基础，高起点、广视野，创办有特色的新闻专业；以市场为导向，以素质为根本，厚基础，宽口径，培养复合型的应用人才"的办学理念，确定了教学和科研的主导方向均要在新闻学与法学及其他社会科学的结合上做文章，在培养优秀法制新闻人才及开拓传媒法的研究领域方面显示出专业特色及科研实力。西安外国语大学新闻传播学院采用"专业加外语"的复合型人才培养模式，努力培养熟练掌握外语、具有国际视野、熟悉国际新闻传播规则的高层次新闻传播人才，形成了较为鲜明的专业特色。西安财经学院的新闻学专业(财经新闻方向)、西安体育学院的体育传媒系也属于这种情况。陕西高校新闻传播院系的这种专业理念与全国类似：既有以提升学生综合素养为目标的新闻传播院系，也有具备一定特色的新闻传播院系。还有一些直接定位于媒体实践，以提升学生的实践能力为主要目标的院系，如西京学院传媒学院所开设的新闻采编与制作专业等。

总而言之，陕西省各大高校新闻传播教育在依托本校办学特色的基础上，注重培养学生的综合素养，且十分重视培养学生的实践能力和提升学生的人文素养，课程设置门类齐全、专业特色也较为鲜明。在办学水平上，从一本重点院校到二本院校再到三本独立院校和专科院校，其办学水平随着学校层次的降低呈现递减之势。

5. 学术研究及其特色

当前，陕西省各高校新闻传播研究呈现出以下三个特点：一是依托地域特点和本校优势专业，开设具有一定特色的研究中心进行相关的研究工作，如西北大学新闻传播学院的中国西部传媒与社会发展研究院、西安外国语大学新闻与传播学院的国际传播研究所、西北政法大学新闻传播学院的法制新闻研究中心等；二是紧跟时代步伐，以更好地进行新闻传播实践活动和更好地服务于社会为目标，对于层出不穷的新兴新闻传播现象和事物进行研究，如陕西师范大学新闻与传播学院的国际非虚构写作研究中心、西北大学新闻传播学院的新媒体研究院、长安大学文学艺术与传播学院的大众传播与社会发展研究所等；三是以探索新闻传播的本质和规律为目标，进行新闻传播理论的相关研究，如陕西师范大学新闻与传播学院的马克思主义新闻观中国化研究中心、西安交通大学新闻与新媒体学院开设的“实践中的马克思主义新闻观”精品课程等。

目前，陕西省各大本科院校均设立了相关的研究中心(或教研室)进行专业研究，并且取得了一定的研究成果。西安交通大学新闻与新媒体学院政务新媒体研究中心的陈强副教授和李明德教授持续关注陕西省政务新媒体建设的重大理论和现实问题，开展课题研究和战略咨询，提写的咨询建议《应警惕和纠正政务新媒体“僵尸化”倾向》荣获2017年度陕西省优秀决策咨询建议三等奖；西北政法大学新闻传播学院的慕明春教授主持的“新媒体新闻侵权研究”获批为国家社科基金重点项目，“社会政策与社会舆情评价协同创新研究中心”为陕西省哲学社会科学重点研究基地；西安外国语大学新闻与传播学院的国际传播研究所目前已出版两部学术专著《大众媒介与社会转型——墨西哥个案考》和《伊朗的大众媒介与社会变迁》，并获得教育部青年项目一项。陕西省各高校在新闻传播研究领域取得了较丰硕的成果，在新闻教育与新闻研究方面，也日趋走向专业化和专门化，但这种情况还是多见于一本重点院校，层次较低的院校仍有待改善(见表2-31)。

表2-31　**2018年陕西省学术研究成果**

序号	成果名称	负责人	单位	备注
1	3I index：A new method to examine the competitiveness of countries' international publication productivity	吴　锋	西安交通大学新闻与新媒体学院	论文发表于国际知名SSCI刊物《Malaysian Journal of Library & Information Science》
2	应警惕和纠正政务新媒体“僵尸化”倾向	陈　强 李明德	西安交通大学新闻与新媒体学院	获陕西省决策咨询建议三等奖
3	复杂舆论环境下主流意识形态传播力提升研究	李明德	西安交通大学新闻与新媒体学院	2018年陕西省哲学社会科学基金年度项目
4	智能传播型视频媒体的内容监管研究	陈积银	西安交通大学新闻与新媒体学院	2018年陕西省哲学社会科学基金年度项目

续表

序号	成果名称	负责人	单位	备注
5	大数据背景下重大突发事件社会舆情分析与决策支持研究	宋欢迎	西安交通大学新闻与新媒体学院	2018 年陕西省哲学社会科学基金年度项目
6	改革开放 40 年来大众媒介与社会思潮传播研究	李明德	西安交通大学新闻与新媒体学院	获 2018 年度教育部哲学社会科学研究重大课题攻关项目立项
7	民族地区政务新媒体与回应政务舆情方式研究	陈　强	西安交通大学新闻与新媒体学院	获 2018 年度国家民委民族研究青年项目立项
8	基于行动研究的流动儿童社交媒体使用与城市融入研究	黄　蓉	西安交通大学新闻与新媒体学院	获 2018 年国家社科基金
9	政务新媒体运行绩效的影响机制与改进策略研究	刘　焕	西安交通大学新闻与新媒体学院	获 2018 年国家社科基金
10	智能推荐型视频媒体产业发展与治理研究	陈积银	西安交通大学新闻与新媒体学院	入选国家广播电视总局 2018 年特别委托项目
11	基于移动互联网的区域品牌传播策略——以陕西农产品为例	肖雪峰	西安石油大学人文学院	获 2018 年西安市第十次哲学社会科学优秀成果奖三等奖
12	国际舆情与国际传播研究院	/	西安外国语大学新闻与传播学院	获批省级重点研究基地

6. 对外交流与合作情况

在新媒体技术日新月异、信息传播格局不断变化的大背景下，新闻传播理论与思想更需要与时俱进和具有全球化视野。当前，高校开展国际学术交流与合作已经成为一股高校教育的风潮，陕西省自然也不例外。目前，西安交通大学、长安大学、陕西师范大学、西安外国语大学、西安邮电大学等高校均派遣教师或学生与国外高校进行学习和交流。其中，长安大学与美国密苏里大学合作开展“新闻学本科双学位合作项目”，第一、第二学年，参加该项目的学生在长安大学学习；第三、第四学年，参加该项目的学生在密苏里大学学习，学生完成项目规定的课程并达到双方各自的学分及学位要求后，密苏里大学与长安大学将分别授予该学生本科毕业证书及学士学位证书(美方大学的证书为两证合一)。此外，长安大学还与美国鲍尔州立大学合作开展“1+2+1”中美人才培养计划，优秀学生可以申请本科第二、第三学年在美国鲍尔州立大学新闻学专业(广播电视方向)学习，达到相应课程要求，可同时获长安大学和鲍尔大学两校学士学位。陕西师范大学与澳大利亚ECU联合培养传媒博士点1个，每年都派遣学校教师在国外高校学习，出国留学和交换的本科生和研究生也越来越多。西北大学新闻与传播学院和美国、英国、日本、韩国及我国香港、台湾地区等高校开展了广泛的学术交流合作，选派教师、学生赴境外大学讲学、访问、进修、交流、学习，并且设立了国际化课程，邀请英美一流学者专家讲学授课。西安外国语大学与美国林登州立大学建立了传媒专业实践交流项目，每年选派学生赴美进行专业实习，同时与俄克拉荷马州立大学、密苏里州立大学等多所国际知名高校签订合作培养协议，学生可参加“1+2+1”或“3+1”等联合培养项目前往这些高校学习，学院也接收国外高校学生前来学习。西安邮电大学也注重拓展学生国际化视野，鼓励学生留学深造。近年来，已有17名学生先后赴英国剑桥、美国加州州立大学、美国佐治亚西南州立大学、美国北亚利桑那大学等国外大学参加合作交流活动，推进了数字艺术学院培养国际化人才的进程。

由此可见，陕西省高校在新闻传播教育方面重视国际交流与合作，不仅有助于培养学生的国际视野，也能更好地提升办学水平和教学质量。但是，陕西省开展国际交流与合作的高校多为一本重点院校，层次较低的高校在这方面相对欠缺，可见在陕西省高校中国际交流与合作的覆盖范围还不够广。

7. 校企合作

当前，陕西省部分高校积极与企业进行合作，共建学生实习、实训基地，让教师学生参与企业经营活动，不但有效扩充了教学环境资源，实现了课堂教学改革，有助于锻炼学生独立分析问题、解决问题的能力，使学生更好地领悟课堂上教师传授的知识，也更能培养出适应人才市场需求的应用型人才。此外，在新媒体环境下，企业开展新媒体工作势在必行，通过校企合作，为企业注入新鲜血液，有助于企业在宣传方面做出更好更有效的决策。

2018年，西安交通大学新闻与新媒体学院、西安外国语大学新闻与传播学院和西京学院传媒学院在校企合作方面可以说是走在了全省新闻院校的前列。西安交通大学新闻与新媒体学院和沃民高科、捷泰天域共建“西安交通大学本科生学科级校外实践基地”，将一流高校教学科研与互联网大数据、人工智能等新技术结合，以实现对各行业的发展提供智力支持；与国家电网共建“新媒体创新应用与品牌建设实验室”，则实现了优势互补，有利于提高新媒体人才培养质量，助力企业品牌建设推广。西安外国语大学新闻与传播学院和西安广播电视台签署战略合作协议，构建“西安广播电视台大学生实践教育基地”，为学生提供了崭新的实践平台，使学生能够利用自己的语言和专业优势，通过校企合作也能共同讲好陕西故事、传播陕西声音。

由于师资力量薄弱和教学水平有限，层次较低的院校比一本重点院校更加注重与企业进行合作，更加倾向于培养人才市场所需要的应用型人才。2018 年，西京学院传媒学院就与三家企业达成了合作共识，这三家企业分别是腾讯·大秦网、优酷媒资中心和西安西基网软件科技有限公司。

8. 实验、实践教学

新闻教育既是理论教育又是实践教育，唯有理论联系实践，在实践中深入锻炼和体会，才能反哺专业知识的学习并且不断提高专业技能水准。当前，陕西省各高校均设有专门的实验中心或实践平台供学生学习提升。

实验中心设有各类专门的仪器设备，并承担学生的实验课程，开设的实验实践类课程有：网页设计与制作、数字音频编辑、非线性编辑、电视节目制作、广告摄影、广告摄像、播音创作基础、数据新闻等。这些课程对于学生练好基本功、打下坚实基础起到了重要作用。

实践平台主要有两种形式：一种是院报、学院网站、通讯社、学校网站、广播站等一系列校内官方媒体。另一种是学校与企业合作建设的实践平台，如西安交通大学新闻与新媒体学院和北京华晟经世信息技术有限公司合作建设的国内首个新媒体“智慧学习工场”；陕西师范大学新闻与传播学院和索尼共建的“索尼影像创作基地”。这些实践平台是学生将课堂所学知识加以运用的良好场所，也是学生正式步入社会、进入工作岗位前的试练场。

9. 学生活动

为了适应社会的发展和现实的需求，陕西省各大高校在培养学生综合能力的同时也注重发展特色教育，因此各大高校组织开展了各项学生活动，来丰富学生生活、培养学生的专业素养和能力。西安交通大学成立了学术工作坊，目的在于提高研究生培养质量、扩大学术影响力，进而“活跃学术气氛、激扬学术思想”。学术工作坊每两周定期举办一次，每次工作坊都会围绕新闻传播研究相关主题展开，专家学者与学生一起分享科研真知。此外，西安交通大学还举办了“新新论坛”，并致力于将该论坛打造成为西安交通大学具有标志性的、长期性的、在全国新闻传播学界具有重要影响力的学术论坛，吸引了陕西日报社、陕西广播电视台、西安广播电视台、华商网、腾讯等各大相关部门与媒体前来学习、采访，并有西安交通大学各院系、各兄弟院校学生热情参与。陕西师范大学开展“晨读经典”活动，倡导学生读经诵典，培养学生的文化素养。此外，陕西师范大学定期举办的传媒大讲堂和新媒体分享会，邀请了国内外知名学者前来讲学，也吸引了校内外教师与学生来学习真知、碰撞思想。还有已经成功举办了两届的“西北传媒类学术年会”，也吸引了国内各大高校的硕士、博士的参与，并获得了广泛的好评。西安外国语大学创办学生媒体——拓臻传媒，下设新闻 NewCentury、PACE、新传影像工作室、HIGH 广告、VOX 双语播音、译新社、心传·新声等 10 个供新闻与传播学院的学生提升专业实践能力和专业素养的媒体。西北政法大学也设立了新锐传媒、新闻之家、政法播报、闻新周报、西法大 RADIO、青春直播间 6 个院媒，为学生提供了良好的实践平台和机会。宝鸡文理学院为锻炼和提升学生的实践能力和水平，设立了“金鲤杯”广告创意设计大赛、“金 News 杯”电视新闻大赛、金像杯微电影大赛，并举办播音主持艺术节，不仅调动了学生学习的积极性，也有助于提升学生的专业能力。

陕西省各大高校几乎都定期或不定期地举办各项学术活动，并设有学生实践平台，为提高学生专业素养和实践能力做着各种尝试与努力。可见，无论是一本重点院校，还是二、三本院校和专科院校，都非常注重培养学生的综合素质与能力。

2.27.3　总结

当前，陕西省高等学校共计 108 所，其中有 37 所普通高等学校(本科院校 34 所，专科学校 3 所)进行新闻传播教育工作，比 2017 年新增加 5 所。37 所教学单位共同组成了陕西省新闻传播教育的生力军，陕西省无疑是西北地区新闻教育的摇篮。但是，也应该注意到，目前陕西省开设有独立新闻传播学院的高校只有 7 所，未设有独立新闻传播学院的高校，其新闻传播系(专业)通常隶属于该校的其他学院，可见当前陕西省各高校新闻传播教育的系统性和专业性还有待提高。

目前陕西省新闻传播教育的人才培养有四个层次：博士研究生教育、硕士研究生教育、本科生教育和专科生教育。有博士学位授予权的院校仅有 3 所，有硕士学位授予权的院校有 8 所，开展高层次人才培养的院校数量仅占 37 所院校的 29.7%。虽然目前陕西省各大本科院校均设立了相关的研究中心(或教研室)进行专业化的研究，并且取得了一定的研究成果，但是这种情况在层次较低的院校中还是有所欠缺。目前陕西省各高校的新闻传播教育还基本停留在本科教育阶段，在提升人才培养层次、新闻传播教育质量和科研水平方面，陕西省各高校还需努力。

陕西省各大高校新闻传播教育在依托本校办学特色的基础上，注重培养学生的综合素养，且十分重视培养学生的实践能力和提升学生的人文素养，不仅课程设置门类齐全、专业特色较为鲜明，还积极开展各项学生活动、设立实践平台，来丰富学生的生活、培养学生的专业素养和能力。此外，一些一本重点院校还积极开展国际学术合作与交流活动，不仅有助于培养学生的国际视野和提升学生的能力，也能更好地提升办学水平和教学质量。

从 1958 年西北政法大学创办新闻学专业以来，陕西省的新闻传播教育至今已走过 60 个年头，期间经历过战火的洗礼，也经受了时代的考验，虽然现在仍旧不完善，但各大高校目前都在进行积极的尝试与探索，努力与时代接轨，努力提升自身的办学水平、教学质量和科研实力。

（李　文）

2.28　甘肃省新闻传播教育发展综述

2018 年以来，甘肃省新闻传播教育事业发展平稳、有所创新。在媒介环境发生巨变、新闻传播人才需求变化的双重压力下，地处甘肃的新闻传播教育事业发展面临诸多困难，尤其在学科发展、人才引进、学术交流、生源结构、毕业分配等方面继续存在发展困境。但从 2018 年甘肃各大高校新闻传播教育发展情况的调查来看，各大高校在新闻传播教育方面依然顽强坚守、砥砺奋进、克服困难、有所作为，继续在西部欠发达地区发展新闻传播教育事业作出自己的贡献。

2.28.1　部校共建情况

甘肃省新闻传播学院进行部校共建的有兰州大学和西北师范大学两所。2014 年以来的共建内容，主要集中在经费支持（兰州大学每年有 370 万，西北师范大学没有落实经费），与新闻单位的人员交流（相互挂职）以及党政部门的项目、培训合作等方面。以兰州大学的共建情况看，每年的经费支持，对学院的学科发展、项目推进、实验室建设、学术交流和学生实践活动等方面均有实际的帮助。2018 年，在马克思主义新闻观教育培训、省市县级融媒体中心建设和舆情研判舆论引导等工作中，依托部校共建的运作机制，两所大学均作出了积极而务实的贡献。目前存在的主要问题是，部校共建的协调机制不够完善、部校共建双方的组织领导机构职责不够明确，缺乏经常性的指导与监督，共建任务的执行力度也有不足，经费也有拖延。

2.28.2 加强师资队伍建设

师资队伍建设是甘肃高校新闻传播专业教育长期面临的发展瓶颈问题。人才流失、引进困难、结构不稳、梯队不全的发展困境依然是各大高校继续存在的发展难题。创造条件、积极引进；立足自建、加强培养，成为甘肃各大高校解决师资人才队伍的努力方略。

2018年，兰州大学新闻与传播学院在积极响应兰州大学制定的人才引进工程规划的基础上，特别制定了《兰州大学新闻与传播学院人才基金管理办法》，从学院国城教育基金中划拨200万作为人才基金费用，重点促进中青年教师成长、学科发展领军人才和创新团队的建设。如2018年，学院樊亚平教授当选新一届教育部高等学校教学指导委员会新闻传播学类教学指导委员会委员。学院承担校级教学改革项目2项；承担校级教学骨干课程教学团队1项；校级教材出版资助1项；获得校级教学成果奖3项；王臻同志荣获"甘肃省第四届高校青年教师教学竞赛"二等奖和兰州大学第五届"我最喜爱的十大教师"；冯渊源副教授获得兰州大学课程思政讲课比赛优秀奖，李晓灵和王君玲团队参加首届研究生"十佳导学团队"推选展示活动。

2018年，西北民族大学新闻传播学院以"存量盘活，增量发展"作为学院师资队伍建设的新举措。其建设理念是，由于新闻传播行业面临重大革新，重建文理工融合的师资队伍成为迫切需求，全媒体生态对教师的知识结构、教学理念和教学能力提出了新的要求。在此背景下，一方面要盘活存量，大力倡导现有师资积极应用新媒介技术推动教学改革，积极鼓励教学转型；另一方面积极引进具有理工科背景、熟稔全媒体生态的新闻传播类教师。存量盘活、增量发展，重建师资队伍，是实现全媒体生态的应用型人才培养目标的前提和保障。为此，该院在2018年进行以下方面的尝试和探索：其一，打通各个专业原有的学科范式壁垒，建立以教学、科研为目的的工作坊，促进教师之间的跨学科合作；其二，在课程实践、实训环节，实施项目制，整合具有相关学科背景和兴趣的教师从新闻业务的实践中倒逼课堂教学，使实践经验转化为教学经验；其三，结合学校人才建设新政，引进理工科背景师资进入专任教师队伍。

在各学院师资队伍培养方面，利用各种培养渠道与有效资源持续增强师资力量。2018年，兰州大学新闻与传播学院的教师继续坚持在复旦大学、中国人民大学博士后流动站学习，在兰州大学历史学、民族学、文学专业攻读博士学位，在美国，中国香港、台湾等国家和地区访学深造。西北师范大学新闻学院利用与北京师范大学的长期合作关系，定期定向培育教师攻读博士学位。西北民族大学新闻传播学院2018年共有5名专任教师获得攻读博士学位资格，学院在读博士已达到19名，占到学院专任教师的 30%。

2.28.3　提升学科发展与科研水平

甘肃省新闻传播教育在学科建设与科研成果积累方面起步晚、起点低、不均衡，突出问题是具有科研实力、项目申请能力的教师全员占比率较低。为求突破，甘肃各新闻学院积极整合资源、加大投入，充分挖掘内部潜力，调动内生科研积极性。2018 年，兰州大学新闻与传播学院制定了《新闻与传播学院“双一流”建设实施方案》和《新闻与传播学院科研培育项目暂行管理办法》，特别划拨部校共建经费 100 万元，设立基础科研培育项目，加大力度支持教师开展科学研究。2018 年到账科研经费 140 万元，发表 CSSCI 论文 12 篇，国家社科项目、教育部人文社科项目申报率 50%，成功申报国家社科、教育部社科项目各一项，省级社科项目 3 项，出版学术著作 4 部。2018 年，刘晓程、张硕勋、王芳、阙岳分别牵头的 4 件成果荣获甘肃省第十五次哲学社会科学优秀成果奖一、二等奖各一项、三等奖 2 项。

西北民族大学新闻传播学院采取有效措施提升师生教学、科研水平。2018 年，获得国家社科基金一般项目 1 项，国家民委及甘肃省社科项目 3 项，地厅级项目多项。同时为了提升学术质量，激励学术生产，依托“西北民族文化传播研究中心”，积极组织教师进行论文撰写和项目研究，并设立“西北民族文化传播研究中心项目”11 项。

进入 2018 年以来，顺应高校马克思主义新闻观教育和融媒体发展新形势新要求，甘肃各大高校新闻传播教育积极推进马克思新闻观进教材、进课堂、入脑入心的实施步骤。兰州大学新闻与传播学院樊亚平教授参与了国家社科基金特别委托项目《马克思主义新闻观十二讲》的编撰工作。樊亚平教授、李曦珍教授被遴选为兰州大学马克思主义学院博士生导师，方向为“马克思主义新闻观”。

西北师范大学新闻学院举办了改革开放 40 周年西部传媒发展暨马克思主义新闻观教育论坛，新华社等中央驻甘媒体和甘肃省内主要媒体负责人参加了此次论坛。论坛就改革开放 40 年西部传媒成就、融媒体时代西部传媒发展的挑战与机遇、融媒体时代西部传媒改革经验、高校马克思主义新闻观教育现状及改革等主题进行了研讨。

西北民族大学新闻传播学院举办了第一届融媒体前沿教学研究与业务培训，邀请武汉大学、四川大学、大连民族大学等院校教授，以及新媒体技术业界精英为学院教师进行融媒体建设专业培训，为教师专业教育转型做好准备。

兰州财经大学商务传媒学院邀请中国传媒大学、浙江大学、南京大学、安徽大学以及甘肃省市县广播电视台领导等省内外学者专家，举办了“融媒体时代传媒产业发展”学术沙龙，为师生带来了学科领域前沿信息和最新研究成果。

2.28.4 切实提高人才培养质量

2018 年，按照教育部全面提升本科教育质量、强化教学改革的部署安排，甘肃省各大院校新闻传播教育都陆续制订了相应的具体措施和执行计划。兰州大学新闻与传播学院按照全校文科建设大会精神要求，制定了《兰州大学一流新闻传播专业点建设方案》，全面指导学院拔尖创新人才培养。学院在传统专业的课程设置、内容建设、教学手段创新和监督考核制度建设等方面进行了有力度的改革创新。

借助教育部首次批准建设“数字新媒体技术”本科专业的发展契机，兰州大学新闻与传播学院开始探索新闻传播教育中的“工科教育”模式，学院积极主动整合兰州大学计算机、电信专业和相关企业及社会力量，挖掘自身潜力资源，迅速构建新专业的课程体系与教学方案，2018 年开始第一批招生。

2018 年，西北师范大学新闻学院继续坚持、深化在本科生和研究生中实施“传媒六艺”计划，即要求学生在“礼、阅、摄、制、书、说”六个方面全面进步、全面发展。新闻专业与广播电视编导、播音主持等专业同学都要开设学“文学与文化”“摄影”“摄像”“编辑”等平台课程，同时实施“三百”计划，要求学生在读期间读 100 部书、看 100 部电影、写 100 篇文章，以提升综合素质和能力。

2018 年，根据 2017 年教育部审核评估专家整改意见，西北民族大学新闻传播学院及时推出 2018 版《新闻传播学院各专业培养方案》。该方案为实施新闻传播大类招生，对接教育部《普通高等学校本科专业类教学质量国家标准》，为实现新闻传播教育转型奠定了坚实基础。2018 年，学院正式启动《西北民族大学新闻传播学院教学项目实施方案》，经过外校专家的盲审程序，4 项师生项目获准立项并开始实施。学院继续深化毕业论文(作品)答辩改革。举办了 2018 届本科生“逐梦之春”毕业论文(作品)答辩会，首次邀请 20 余位由业界、学界专家组成的答辩团参与答辩，提升了答辩活动的仪式感、影响力、获得感。

2018 年，西北民族大学新闻传播学院开始数字出版新专业调研与筹备工作。参加第八届中国数字出版博览会和 “高校数字出版联盟”授牌仪式，当选为“高校数字出版联盟”的副理事长单位，积极准备为“数字出版专业”建设搭建一流平台。

2.28.5 强化社会服务效果

2018 年，甘肃省各大高校新闻传播学教育积极推动学科建设与经济社会发展紧密结合，各学院在不同领域、不同层级均开展了富有成效的社会服务活动。兰州大学新闻与传播学院以兰州大学社会舆论调查与舆情研究中心为依托，为政府制定政策与决策提供智库支持。2018 年形成的舆情报告中，7 篇被中宣部舆情局采纳，6 篇被甘肃省委网信办采纳，5 篇被甘肃省委办公厅采纳，其中《折达公路舆情报告》《媒体关注黄河兰州段超高浊度水及水质超标舆情分析应对建议》《健全涉企纠纷法制保障机制，全面提升甘肃营商法律环境》获得甘肃省委主要领导的批示。

在 2018 年的舆情研判与舆论引导工作中，兰州大学新闻与传播学院和西北师范大学新闻学院共同承担了甘肃省委宣传部委托的为省委党校干部培训编撰的《舆情研判与舆论引导案例教学手册》项目。

作为中国新闻奖高校报送单位，兰州大学新闻与传播学院报送的网络专题作品在第 28 届中国新闻奖评选中获得二、三等奖，在中国新闻奖高校试点单位中继续保持名列前茅。通过“部校共建”，继续与省市地方宣传部门合作，开展意识形态宣传、网络舆情、新闻发言人培训，完成了与甘肃省、兰州市及其他地州市党政部门的培训工作 20 余次。

2. 28. 6　“第二课堂”教学实践活动

2018 年，甘肃省各大高校新闻传播教育继续加强课外、校外“第二课堂”教学与实践活动。兰州大学新闻与传播学院从 2010 年开始的“重走中国西北角”“新春采风万里行”活动办至第八届，邀请全国学界、业界、政界专家讲学的“群策大讲堂”举办 17 讲。2018 年 10 月 13 日，学院承办第四届韬奋学术研讨会，近百位专家学者与会，人民网、光明网等多家媒体进行了报道。11 月，学院携手腾讯公司打造的甘肃企鹅新媒体学院在兰州大学新闻与传播学院挂牌落地。学院老师自发组织的诸如“灵读书”“半亩方塘”“群学雅集”“兰大在读”“君聆读书会”“舰队街 10 号”读书会等，成为学院课外读书的重要平台。2018 年 11 月 21 日，由国家互联网信息办公室指导，中国互联网发展基金会主办，人民网、央视网、中国青年网、中国新闻网、环球网等五家中央重点新闻网站共同承办的第三届“五个一百”网络正能量精品评选活动结果揭晓，兰州大学新闻与传播学院第七届新闻学子“重走中国西北角”接力采访活动入选“百项网络正能量专题活动”。

2018 年，学院划拨部校共建经费 75 万元用于师生对外交流工作。与香港大公文汇传媒集团旗下大公国际传媒学院合作，成功举办第二届兰大新闻学子赴港研修班，组织 44 名学院师生赴香港开展为期一周的集中学习和实践体验。开展首届“一带一路海外实践”活动，共有三个团队分别赴乌克兰(8 人次)、马来西亚(8 人次)、印度尼西亚(7 人次)进行了学习采访活动，学生撰写刊发的稿件在校内外引起了很大反响。

2018 年，西北民族大学新闻传播学院立足自身少数民族文化传播、新闻人才培养的定位优势，继续加强与《民族画报》社、新华社甘肃分社、甘肃日报报业集团、甘肃广播电影电视总台、人民日报社(甘肃分社)、中国甘肃网、北京速途网络科技有限公司、上海战驹文化传播有限公司、庆城县融媒体中心、肃南裕固族自治县融媒体中心、临夏回族自治州广播电影电视局、阿克塞哈萨克族自治县广播电影电视局、甘南藏族自治州迭部县文化局等20多个单位的合作协议，建立了校外实践教学基地。2018年建立了甘肃迭部学科建设田野调研基地和甘肃电视台节目中心校外实践创新基地。

2018年，学院课堂外的实践教学活动呈现出多层次、多样化的格局，逐步形成了颇具特色的实践教学模式。学生们自发成立了网络新闻工作室、民族文化产业工作室、创库广告工作室和纪录片创作工作室。同时在学院内围绕学科建设、专业建设组建了传播理论与华夏符号传播研学坊、少数民族题材微视频研究与创意工作坊、民族文化传播与社会发展工作坊、民族地区网络舆情数据挖掘与分析工作坊、计算传播与数字出版工作坊。

2.28.7 推进实验平台建设

新闻传播学科是文科中的“工科”，这一认识已经成为各学院建设的普遍共识。2018年，甘肃各大高校新闻传播教育继续推进教学与科研实验平台建设。兰州大学新闻与传播学院2018年多方筹集经费(兰州大学教务处划拨实验室建设120万、“双一流”2018年建设经费30万、新闻学院部校共建经费配套150万)开工建设兰州大学新闻与传播学院数字媒体实验平台——融合新闻生产实验室+校园媒资管理与发布系统。该实验平台基于BS架构建成40台计算机同时在线的云编辑平台，可同时存取、编辑、发布全媒体内容。该平台的建设将有力提升新闻传播学科课程的实验教学能力，并实现不同专业、不同年级、不同层次学生的实践(实验)需求的全面覆盖。

西北师范大学传媒学院传媒实验教学中心系甘肃省高等学校实验教学示范中心。在过去教育技术专业、艺术设计专业实验室建设的基础上，继续建设、提升高清影像制作、动画设计与制作、数字图形图像处理、影视编辑、电视摄像、电视演播室、数字影院、播音训练、形体训练等10个实验室。2018年，启动与学校宣传部合作建设融媒体实验教学中心。

西北民族大学新闻与传播学院2018年继续加强“广播电视综合实验教学中心”省级实验教学示范中心的建设。广告综合实验室改造项目通过评审并于2019年招标建设。与此同时，筹备融媒体实验中心的前期论证工作已经启动。

兰州财经大学商务传媒学院拥有省级实验教学示范中心——“传媒艺术实验教学中心”。2018年，中心所属350平方米“全媒体演播室”正式建成运营。在继续加强非线性编辑、广播电视制作、多媒体网络、广告摄影与制作四个实验室的基础上，学院正在筹划融媒体实验室的建设。

相较于过去几年的发展，2018 年的甘肃新闻传播教育事业虽有进步但无显著的突破性发展。除开经济社会发展滞后、媒介发展环境转型、新闻传播人才需求市场改变等外部资源性原因外，还有各大高校在新闻传播教育发展理念、路径选择、目标措施等方面存在的自生性原因，共同导致了当下的发展问题。与经济社会发达地区新闻传播教育事业相比，甘肃省新闻传播教育事业发展的整体水平与发展进步有着明显的差距。但在调研过程中，各大高校新闻传播学院的领导和教师依然表现出积极进取、不畏困难，力求探寻各自的发展优势，建设自己的专业特色，形成西北一域的影响力、为甘肃培养合格新闻人才的努力奋斗精神。

（李惠民）

2. 29 青海省新闻传播教育发展综述

2018 年，青海新闻传播教育根据根据国家和青海省经济社会发展战略需求，秉持立足青海，服务西部，面向全国，创务实新的教育理念，工作取得了可喜的成绩和进步。特别是当年国家教育部对青海师范大学、青海民族大学进行了本科评估，由此，也给青海新闻传播教育带来了一场机遇和挑战并存的发展之机。

2. 29. 1 本科评估促进新闻传播教育改革深化

青海目前新闻传播教育工作和任务主要集中在青海师范大学新闻学院和青海民族大学文学与新闻传播学院。在办学实践中，这两所学院始终坚持社会主义办学方向，贯彻落实党的教育方针，把立德树人、培养具有马克思主义新闻观的新闻传播人才作为根本任务。具体来说，青海师范大学新闻学院是青海省唯一“部校共建”新闻学院，自成立伊始，根据“内涵发展、转型发展、特色发展、改革发展”的发展理念，确定科学合理的办学定位、办学理念和发展目标，形成了比较完善的卓越新闻人才培养体系和办学保障体系，学科建设取得了突破性进展，获得新闻传播专业硕士学位授权点并实现当年招收 26 名硕士研究生规模；师资队伍的学缘结构、年龄结构、职称结构不断优化，“双师型”师资比不断增大，科研能力和创新能力显著提升，人才培养质量在西北地区新闻传媒领域具有一定影响力。在教育部对青海师范大学本科评估工作中，该学院上下高度重视，圆满完成教学评估各项准备工作，做到了不出纰漏、不留遗憾，保证了评估工作的顺利完成，相关工作得到了预评估及评估专家的认可。本科评估工作也同时促进了新闻教育管理水平和办学质量的进一步提高，全院采用本科生导师制度，为每一位新入学的学生配备本科生指导教师，建立导师和学生之间的联动机制，通过导师指引学生更快地适应专业学习环境，做好人生规划。安排本科生导师和组织召开新生座谈会等，随时随地了解学生学习心理和学习动态。

2. 29. 2 准确定位落实新闻教育目标

为全面落实学校“十三五”事业发展规划的专业建设目标和主要任务，青海高校新闻传播教育严格执行专业建设规划，根据各专业发展情况对年度招生计划进行动态调整，以适应和满足社会需求和学校发展规划。青海民族大学文学与新闻传播学院对广告学专业进行了限招和停招，青海师范大学新闻学院暂停编辑与出版专业招生，及时调整和优化专业结构。在学科建设和专业设置上，特别注重专业外延发展与内涵建设相结合，体现适应性、前瞻性、协同性、特色化等原则，建立宏观与微观相结合的专业结构调整机制，完善专业间的共建共享机制，大力促进专业结构优化，努力实现专业建设持续发展。

2018 年，青海师范大学新闻学院进一步开展校媒合作、校企合作项目，建立共同育人机制，进一步明确特色专业建设的理念、目标、思路，继续优化师资结构，从办学思想、办学条件、教学改革、人才培养模式、人才培养质量等方面发挥优势、强化特色，以新闻学专业为龙头，推动新闻学专业群的建设和发展。2018 年对学生培养方案进行了更加全面的修订，以新闻传播学类教学质量国家标准为参考，根据社会发展对人才的需求，调整专业人才培养定位，全面压缩了课堂理论教学时数，规范了课程名称，统一了教学大纲和教学要求，促进了专业教育与实践教育的融通；并结合学院实际，设置网络与新媒体专业采用了校企联合培养模式，入选教育部第一批“高校数字媒体产教融合创新应用示范基地”建设名单，并成功获批网络与新媒体专业，当年招生 82 名。

青海师范大学新闻学院根据本科专业培养方案课程及学时学分设置，构建了通识课程、专业课程、实践课程三大类课程模块，其中又细分通识必修课程、通识选修课课程、专业必修课程、专业限定选修课程、专业任意选修课程等 7 种课程。学院各专业课程总量为 58±5 门，总学分为 155±5 学分，课程结构合理，满足学生发展需要。截至 2018 年年底，青海师范大学新闻学院在岗 28 名专任教师，高级职称教师数量保持稳定，青年教师数量不断增加，高学历教师比例不断提高。在校生人数 237 人，生师比为 8. 5 ∶ 1。其中正高级职称 6 人，副高级职称 9 人，中级职称 6 人，助教及以下 5 人，分别占专任教师总数的 23%、35%、23% 和 19%。高级职称教师共 15 人，占专任教师总数的 58%，高级职称教师已成为学院事业发展的中坚力量。

2. 29. 3　强化实验室新闻教学功能

新闻传播教育必须结合实践教学。在实验室教学方面，青海师范大学新闻学院达到了一定的规模，全院生均实验面积 2. 35 平方米。其中 2015—2018 年，学院总共申请中央财政专项资金 945. 489 万元，用于实践教学投入。截至 2018 年 5 月，学院建成并投入使用的实验室共有 8 间，分别为全媒体演播室、非线性编辑实验室、录音实验室、数码报刊图文编辑室、摄像实验室(两间)、融媒体云实验室(一期)、观摩室。结合该院目前专业及拟申报的网络与新媒体专业，已成功申报与凤凰教育集团共建的“高校数字媒体产教融合创新应用示范基地”项目，目前实验室能够满足教学及学生自主学习要求。新闻学、播音与主持艺术专业所有实践教学课程均可在实验室内进行教学，如“非线性编辑”“电视节目策划与制作”“电视编辑与制作”“网络新闻实务”“新闻编辑”等实践教学内容开设在全媒体演播室、非线性编辑实验室、数码报刊图文编辑室实验室进行，“播音发声学”“播音基础创作”“电视节目评析”“文艺作品演播”“中外新闻作品选”“普通话语音学”等课程开设在观摩室、摄像实验室、录音室等实验室进行学习与训练。其中录音实验室、融媒体云实验室等，除正常实践教学外，还是学生自主学习、实践的主要场所。播音与主持艺术的学生可以在播音实验室完成作业录制、模拟播音后录制回放，进行评价反馈。融媒体云实验室通过云存储服务器配备了大量虚拟经典视频课程、有 40 多台虚拟站点(包含 6 套重型非编、多套中型、轻型非编)、各媒介形式融合的编辑发布渠道等，都可以在校园局域网范围内不限地点登录来进行自学。学院也鼓励相关各大社团积极开展各类专业实践活动，提高各实验室的使用率。

2. 29. 4　深挖实践教育内涵

青海师范大学新闻学院高度重视课堂教学方法和学生学习方式改革，重点推进教师教学方式由单纯的知识传授型向问题研讨型转变，学生学习方式由被动接受性学习向主动探究性学习转变，力求实现教师主导与学生主体相统一，学生知识获得与能力发展、个体学习与协作学习相融合。依托各类课程建设和教学研究项目，积极引导教师更新教学内容，改革教学方法，将学科前沿知识和成果融入教学。同时加强精品课程建设，以校级精品课程建设为主线，按省级精品课程标准建设专业核心课程与特色课程，从课程文件(标准、大纲、教材、实训指导书、课件、考核、网站、视频)、课程内容、教学方法、教学手段、课程考核方式等全方位改革，强化师生互动、生生交流，注重因材施教。改革课堂教学以讲授为主的教学方式，广泛开展启发式、讨论式、参与式和项目化教学改革，加强学生创新能力培养。

实践教学是本科教育最重要的环节之一，是指导学生理论联系实际、培养学生综合素质和创新意识的重要途径。学院构建实践教学平台，主要做到两个“兼顾”：兼顾课堂教学和课外活动，兼顾校内平台和校外基地。其中，课堂教学是根本，课外活动是补充；校内平台是基础，校外基地是延伸。

主要措施有：

(1)完善实践教学管理制度，严格实践教学管理过程，加大实践教学经费投入。

(2)统筹安排实习、见习、社会实践、志愿者服务等实践环节，根据实习生情况，做好指导工作，确保实习效果。分散实习的学生保证有学院或实习基地的实习教师跟踪到位，集中实习的学生每20余名实习生至少有一位学院教师到位指导。带队教师全程跟进辅导学生实习，实习结束后，带队教师汇总学生实习成果，并根据学生的实习表现和实习成果评定分数，学院召开实习总结及表彰大会，展示优秀实习作品及表彰优秀实习生。

(3)加大课堂教学中实践课程比重。根据新闻传播学专业对实践教学的要求，参照教学质量国家标准，完善该专业的实践教学体系，主要包括课程实验、实习、毕业(论文)设计。本科四年总的实践课程比重超过30%。

(4)组建专业社团，构建校内实践平台。为有效提升学生的专业技能，学院充分利用现有条件，组建“行走者”杂志社、“瞬间”影像室、“我们”戏剧社等学生社团，与校报编辑部、校园广播台、“高原红”网站等媒体合作，为学生提供多样化的实践机会。微信公众号“青师新村”已成为展示学院形象的重要平台，《行走者》杂志年内出版4期，先后刊印两千余册，成为校内较有影响的学生刊物；瞬间·影像工作室曾参与学校、学院各级宣传片十余部。

(5)完善校外实习基地。在完善校内实践平台的同时，学院积极与省内各大媒体进行沟通，努力推进校外实践平台建设工作。截至目前，已与青海广播电视台、新华网青海频道、西宁晚报社、西宁电视台、海东电视台、海东时报社、青海油田新闻中心、新华网青海频道正式签署实习基地协议。

2.29.5 部校共建成果显在实处

“部校共建”新闻学院是青海新闻传播教育最大特色。在青海省委宣传部和青海师范大学高度重视下，青海师范大学新闻学院在管理机构、精品课程、骨干队伍、实践基地、研究智库等多方面进行了取得了共建合作的显著成效，有力地推进了新闻教学与新闻实践的深度融合，开启了校媒合作育人机制。

为加快“部校共建”青海师范大学新闻学院学院建设步伐，省委宣传部拨付专项资金 100 万元，学院充分利用此项资金和学校下达的中央和地方财政各项资金，完善学生实习实践平台和“双师型”队伍建设，建成融媒体云、数码报刊图文编辑、播音主持摄像、播音主持观摩、播音与主持艺术专业录音、非线性编辑室等实验室及全媒体演播厅，基本形成了全方位、立体化的教学硬件体系。同时，省委宣传部还不定期召开师资建设工作推进会，积极落实校媒互聘“千人计划”，通过媒体人员与学院教师交叉挂职方式，推进新闻传播教育工作。积极开展“媒体专家进课堂系列”活动。先后邀请美国海斯堡州立大学新媒体研究学院 Gordon S Carlson 博士和华东师范大学、新华社、青海广播电视台、凤凰教育集团等单位的学者教授和专家来院讲座，丰富了师生的视野，开拓了内外交流的平台。全体专业教师积极进行科研工作，先后发表学术论文多篇，研究内容涉及新闻舆论、新闻学科建设、新媒体管理、电视运营、文学研究等诸多领域。成功申报国家社会科学基金课题一项，青海省“十三五”教育科学课题一项，出版马克思主义新闻观教材一部。在研的国家社科基金项目、国家社科基金重大委托项目（子项目）、校级教学研究项目、校级中青年科研基金项目研究均顺利推进。

在省委宣传部的支持下，青海师范大学新闻学院成功举办“看中国”（青海行）活动，首届“部校共建”新闻采访暑期社会实践“大篷车”活动，先后选拔了 50 余名优秀学生参加。同时，青海师范大学新闻学院不断拓展形式，拓宽渠道，为提高学生的专业技能特别是动手能力搭建校内平台。在不久前上演的师大原创话剧《永怀之歌》中，“我们戏剧社”成员更是担任领衔主演，再现了“两弹元勋”郭永怀矢志报国、无私奉献的一生。通过共建双方的努力，成功实现了校媒深度合作，一个以马克思主义新闻观为指导，以现代化、数字化新闻教学为手段，培养优秀的党的新闻宣传工作者、新闻教育和研究人才的现代化新闻学院正在茁壮成长。

（甘生统）

2.30　宁夏回族自治区新闻传播教育发展综述

2.30.1　历史回眸

宁夏回族自治区新闻学教育始于 1983 年，是年，宁夏大学创办新闻学本科专业，隶属于中文系，后发展成为新闻系、新闻传播学院。学院目前设有新闻学、广告学两个本科专业，其中新闻学是自治区“十三五”重点建设专业，下设新闻学和新闻学（网络新媒体方向)。截至 2018 年,培养毕业生 1386 名,成为当前宁夏新闻媒体的中坚力量,其中 1 人荣获"长江新闻奖",20 余人次获得中国新闻奖,12 人次被评为宁夏名记者、名编辑。

2003 年 9 月,宁夏大学新华学院创办新闻专业,这是宁夏独立民办院校开设的唯一一个新闻学专业,2015 年,宁夏大学新华学院在现有新闻学专业基础上增设播音与主持人方向本科试点班,采用"1+3"的人才培养模式,在大学一年级第二学期,面向新华学院同年级各专业学生招生,选拔有志于从事广播电视播音与主持人工作的学生重新组成新闻学播音与主持人方向本科班,为宁夏新闻单位培养播音与主持人才。截至 2017 年 6 月已毕业 12 届学生,总计 927 人。

2004 年,经教育部批准,北方民族大学文史学院(前身为西北第二民族学院中文系)正式创办新闻学专业,之后于 2006 年,创办广告学专业,在师资力量不断发展壮大前提下,2008 年创办传播学专业。一共 3 个专业,每届招收本科生 180 人左右。人才培养目标定位为:坚持立德树人,培养掌握新闻传播历史和基本理论以及新闻传播专业技能,具备利用多种传播媒介从事新闻传播活动的能力,具有民族团结意识、社会责任感和人文关怀意识,能在民族地区从事全媒体新闻策划及采编、广告策划创意、广告文案、图形图像广告设计制作以及在党政机关、企事业单位从事宣传、公关等信息传播工作。

2.30.2 主要院系

1. 宁夏大学新闻传播学院

宁夏大学新闻传播学院是宁夏回族自治区党委宣传部与宁夏大学"部校共建"学院,也是宁夏高校中唯一的专业新闻学院,现设有新闻学、广告学两个本科专业。新闻学专业目前是自治区重点建设本科专业。依托文艺学专业设立文艺学(文化与传媒)硕士点并于 2012 年起招生,2018 年 1 月,新闻传播学专业学位硕士点获批,填补了宁夏新闻传播学学科发展的空白。

2014 年 12 月至今,在部校共建机制及经费支持下,学院在师资力量、实训基地、课程建设、服务地方等方面取得了快速发展。目前,学院现有专职教师 25 人,其中教授 6 人,副教授 7 人,博士 4 人,有海外留学经历的 3 人。学院师资队伍有两个特点:一是以"宁夏大学兼职教授"岗位长期聘请 10 名区内外传媒业领军人物和知名高校教授为兼职教授,他们定期到学院授课或开设专题讲座;二是有新闻媒体从业经历的"双师型教师"8 人。

根据专业发展实际情况,学院深化新闻学专业教育教学改革,突出实践导向。主要做法有：降低理论性课程比重，增加实践性课程比重；允许学生以毕业设计进入毕业答辩环节；以“大学生新闻实践训练营”、兴趣小组等多种形式，拓展学生的“第二课堂”。以上措施有效提高了学生的实践创新能力和人才培养质量。

2. 北方民族大学文史学院新闻传播系

北方民族大学文史学院新闻传播系的人才培养定位为：为少数民族地区培养“采写实践型+新媒体技能型+社会责任关怀型”的复合型新闻人才。通过加强数字媒体实验室建设、数字校园媒体建设和校外实践教学力度，实现以实践教学改革促进新闻专业课程设置、课业评价机制以及人才培养模式的改革。

针对数字化传播的未来发展趋势，北方民族大学新闻传播系在国家民委及校方的大力支持下，一是创办了新闻媒介门类齐全的实验室，通过真实的实验设备与实验环境，开设大量新媒体实验课，让师生彻底告别“黑板新闻学”时代，使实验室转变为全能记者和全能编辑的培养摇篮。二是创办了新型校园媒体，新闻系建立了校内新闻实训基地，包括校园全媒体报社、校园电视台、校园广播电台、校园手机报。通过校内新闻实训平台，让新闻系学生在实践教学中更好地消化课堂的理论知识，实现就业“零对接”。三是开展了富有成效的校外新闻实践教学活动，使新闻专业学生在社会实践活动中，极大地锻炼了新闻业务水平。四是在以上实践平台建设基础上，加大了实践教学的学分设置比例，制定出系统合理的学生学业的评价机制。为保证新闻实践教学活动的有效开展，新闻系将原来只占 17%的实践教学课时加大到 34%，将实践教学活动贯穿到四年本科教学的全过程。

民族院校的新闻教育，主要是为民族地区培养少数民族新闻工作者，所以人才培养有别于研究型大学。北方民族大学新闻系少数民族学生的比例占 80%以上，在教学过程中，注重强调学生的人文素质、文字功底、思维方法及为民族地区服务的意识。课程设置除新闻院系开设的主干课程外，还增设了有民族特色的课程，如少数民族文化传播、党的民族政策、民族地区新闻传播史、少数民族语言等，使民族院校新闻教学领域逐步拓宽，课程设置更具民族化。

2. 30. 3　本科生教育

1. 宁夏大学新闻传播学院

宁夏大学新闻传播学院找准新闻人才培养的支撑点，以提升人才培养质量。根据部校共建的需要完成了人才培养方案的修订，明确了马克思主义新闻观和实践教学在新闻传播人才培养中的支撑作用，全面加强了马克思主义新闻观课程教学和实践性教学工作。在实践教学工作中，坚持“一体两翼”的实践教学理念，即以课程教学为核心，以校内实践和校外实践为支撑，切实提升学生的实践能力。

(1)在课程资源建设方面，学院从三个方面开展课程资源的建设：一是积极推进专任教师进行专业课程建设和精品课程建设，目前已完成2项自治区级本科质量工程教学改革项目；承担7项自治区本科质量工程项目(为重点建设本科专业自设项目)、7项宁夏大学课程建设项目；“传播学”“新闻评论学”获得2016年度自治区精品在线开放课程立项。二是互聘交流工作有效对接，校媒协同培养人才的体系初步建成。学院先后与银川市新闻传媒集团、宁夏日报报业集团、宁夏广播电视台、宁夏教育电视台等媒体建立了协同培养人才的机制，打通校媒人才培养的壁垒，与上述媒体实现无缝对接，探索新型传媒人才培养机制。同时，积极走出宁夏，在更为广阔的平台上为学生创造实践与成才的机会。目前，学院已与腾讯公司达成协议，共同建立企鹅新媒体学院，充分发挥腾讯公司在新媒体平台和新媒体人才方面的优势，采取线上与线下相结合的方式，提升学生新媒体产品生产与运营技能，提高人才培养站位，培养一流新媒体人才。三是以“宁夏大学兼职教授”岗位聘请区内外传媒业领军人物和知名高校教授为兼职教授，定期邀请他们在“传媒大讲堂”开设讲座，为全院师生带来最前沿的学界业界信息。

利用部校共建机制，学院深化与银川市新闻传媒集团、宁夏日报报业集团、宁夏广播电视台、宁夏教育电视台、动感飞扬广告设计公司等媒体的合作，打通校媒人才培养的壁垒，与上述媒体实现无缝对接，探索新型传媒人才培养机制。

(2)在实践教学培养特色方面，学院培植出“课堂教学实践化，实践教学课程化”等实践教学的特色和亮点。具体做法有：与中央驻宁新闻单位、自治区几家主要新闻媒体建立起紧密的合作，并构建起校媒合作办学平台。通过这些平台，学生一方面以“准新闻工作者”的身份进入实战情境，按照媒体要求限时完成工作任务，并调动在校所学专业知识解决实际问题，使自己从课堂教学中的被动学习转换为实践情境中的主动思考；另一方面，他们在完成媒体给定工作任务的过程中，可以深入了解新闻工作所应当具备的知识素养和工作方法，切身感受自身差距并产生情绪感染，促使自己以更好的心态学好专业知识和技能。通过加强实践创新的教学环节，使理论学习与实践技能有效对接，提高学生对本专业的满意度和美誉度。

学院重视学生各项能力的培养，多次开展具有专业特色的各类活动，以高质量的校园文化活动提高学生素质，开展“第二课堂”教育，促使学生积极参与其中。活动包括三届“视间百态”主题摄影展、传播文化艺术节、新闻主播脱口秀大赛等。同时，学生在各类全国性竞赛中屡获大奖，如：马鑫凭借摄影作品《她们的幸运果》摘得新浪图片“摄氏 2014”年度潜力摄影师称号；党硕的摄影作品《关中社火》在宁夏九届摄影艺术展中荣获纪录类二等奖；马金玲等同学的毕业设计《淘缘有梦》，获上海大学生电视节“创业新锐”优秀奖；白林等同学制作的专题节目《宁夏汉字听写大赛》在宁夏教育电视台播出，深受社会好评。

学院还打造了“新闻传播类原创作品竞赛”和“新媒体创新实践”两个特色平台，教师带领学生开展教学实践，公开发表、展览、播出作品，突出新闻学专业实践特色、培养学生实践创新能力，给应对新媒体教学理念方法大变革提供了样本，为新闻学专业教学改革探索出了“不是仅仅趴在教改论文中，而是真正体现在教学实践中，让学生实实在在受益”的路子。

(3)在社会服务方面，新闻学院在进行人才培养和科学研究的同时，利用人才和专业优势，长期有目的、有计划、有组织地致力于本地区社会、文化、宣传等方面的服务工作。具体体现在以下几个方面：一是鼓励教师走出大学，为区内外众多新闻单位举办学术讲座或开展技能培训，提高媒体从业人员的业务水平。二是部分教师长期担任媒体节目的评审工作，或为媒体进行专题性调研工作，成为宁夏宣传战线的研究智库。三是直接参与到媒体的节目生产中。由教授季涓带领的学生团队为宁夏教育电视台制作了《成长》《创未来》栏目以及《我爱阅读走进校园》季播节目；由屠凤娥教授牵头组织的“大学生新闻实践训练营”定期为宁夏新闻广播和央广网宁夏频道供稿；同时，学院还与宁夏广电协会合办了行业内部学术刊物《宁夏媒体论坛》。四是参与宁夏各类新闻奖项的评选，为宁夏新闻宣传工作发挥了积极作用。学院教师承担了自治区党委新闻阅评、宁夏新闻奖评选、宁夏广播电视政府奖评选、宁夏公益广告大赛评选、中国新闻奖、长江韬奋奖审核等工作，有力地支撑了行业的发展。

(4)在专业建设与学科建设方面：一是以马克思主义新闻观为统领，以专业建设与学科建设为龙头，全面提升学院办学实力和办学水平。根据部校共建的需要完成了人才培养方案的修订，明确了马克思主义新闻观和实践教学在新闻传播人才培养中的支撑作用，全面加强了马克思主义新闻观课程教学和实践性教学工作。

二是以凝练特色学科为导向，提升学科建设的内涵。学院本着立足宁夏，面向西部，服务民族地区的基本理念，积极探索和凝练学术研究方向。学院获得 3 项科研立项，其中，1 项国家社会科学基金立项、1 项自治区哲社规划项目、1 项宁夏高等学校科学技术研究项目；发表 9 篇学术论文，获得一项副省级政府奖。

三是加强教师教学技能培训，努力适应学院转型的新要求。在自治区党委宣传部的支持下，宁夏大学新闻传播学院举办了“传媒大讲堂”活动。2018 年，新闻传播学院共举办 12 场“传媒大讲堂”系列学术讲座，通过邀请学界、业界知名学者、专家与学院老师、学生进行深入的学术交流，开阔了教师的研究视野，极大地提高了学生的学习动力与热情。同时，组织教师去美国密苏里州立大学、武汉大学、中国人民大学、复旦大学等校进行学习和交流。

四是硕士点建设取得重要进展。新闻与传播专业硕士(MJC)授权点获批，完成了硕士生导师遴选、招生计划制订、招生宣传、硕士人才培养方案制定等基础性的工作。

五是开展教研活动，提升教师教学水平。2018 年，新闻传播学院围绕提高本科教学质量等问题多次进行形式多样的教学活动探索。为提高本科教学水平，学院相继开展了教学说课活动、青年教师教学基本功大赛、本科教学师生座谈会、教师经验总结交流会、创意课堂研讨会等教学活动，以提升学院教师授课水平，促进学院教师课堂教学科学化、规范化。

六是探索人才引进方式，解决高层次师资不足的问题。如与中国科学院大学教授莫扬签订柔性引进协议，引进莫扬教授主持的贺兰山东麓葡萄酒文化传播项目；与台湾创集团签订协议，引进该集团开发的“创讲堂”课程。

2. 北方民族大学文史学院新闻传播系

该系已建有“全媒体新闻传播实验中心”，包括平面设计与网络综合实验室、数字化影视制作实验室、摄影实验室、演播室、广播节目制作室、报纸编排实验室、电视节目录制室，能够满足实践教学的需要。同时，为了给学生创造良好的实习环境，文史学院与自治区内外多家教育、行政、事业单位和多家媒体机构签订了共建实习基地协议。学校为新闻传播广告等专业学生创办了“北民大电视台”、《民大青年报》、“塞上青梅”“手机移动阅读”“民大之声”广播电台、《E 传》电子杂志、网站等校内实践基地，与业界媒体接轨，以实现到学生就业的零适应。

北方民族大学文史学院新闻传播系目前凝聚的科研方向为民族地区新闻事业发展研究、新闻实践教学研究、影视艺术研究。

在人才培养过程中，学院强化立德树人，将马克思主义新闻观教育贯穿始终。在“马克思主义新闻思想”课程中，要求任课教师把习近平关于新闻舆论的重要论述作为教学的重点内容传授给师生。为提高教师授课质量，避免上课空谈，学院先后选派 3 名教师积极参加各级各类机构组织的马克思主义新闻观及习近平总书记关于新闻舆论工作的重要论述培训班。

依托“校园媒体实践”6 学期 12 学分课程，每学期每位教师指导 20 名学生，要求教师既承担小组的实践教学指导又引导学生开展读书育人程，践行实践教育和德育教育双重育人功效。

针对专业知识教育，在人才培养方案中，增设了音频、视频、新媒体等方向的新闻和传播广告实务类课程。新闻传播类专业加大了文史、法学、经济学、公共关系学等学科的入门性课程设置，以应对近年来国内“泛媒体”岗位供给增多的就业现状。

3. 宁夏大学新华学院新闻专业

2012 年，该校新闻学专业被自治区教育厅立项为优势特色专业，已基本形成系统化的教育教学理论实践教学体系；2016 年与宁夏广播电视台共建新闻传播实践教育基地，建成集广播电视采、编、播、录实践实验教学所需的新闻演播室、虚拟演播室、非线性编辑制作室、广播语录室、广播直播间、直播观摩室、直播候播室等 500 余平方米。截至目前，专职教师队伍共立项建设自治区级教育教学改革项目 2 项，厅级以上科研项目 2 项、宁夏高校创新创业教育教学改革项目 1 项，宁夏大学新华学院教育教学改革项目 2 项，宁夏大学新华学院科学研究项目 2 项，指导各级大学生创新创业项目 8+余项。教师指导学生参加宁夏高校大学生原创微电影大赛、新闻传播类原创作品大赛等，均有优异表现。

目前，新闻学专业人才培养转型发展后的人才培养标准为：通过比较系统的专业学习和训练，努力实现每个学生在专业综合素质方面能够做到，“开口能讲，提笔能写，拿上设备能拍摄，进入非编室又会编”的“能文能武型”新闻人才。这也是媒体融合发展的全媒体时代对未来新闻传播人才素质的必然要求。

围绕这一转型目标，新华学院新闻学专业在未来的规划中，将以转变人才培养的理念和思路；重构课程体系，改革教学模式、教学方式和方法；深化实践教学体系的改革；进一步加强师资队伍的建设这四个方面工作为核心，进行教育教学改革探索。在继承新华学院 14 年来新闻人才培养成功经验和做法的基础上，进一步强化学生的专业应用技术能力培养，走“校媒合作建基地，校媒联手共育人”的开门办学之路，牢固树立“错位竞争特色发展，有所为、有所不为”的理念，一切从实际出发，不贪大求全，不照抄照搬，不降低标准，最终实现培养行业与地方需要的合格应用技能型高级新闻传播人才的目标。

新华学院先后与英国普兹茅斯大学，中国台湾铭传大学、朝阳科技大学，美国纽约电影学院，澳大利亚堪培拉大学等高校和交流中心实现合作办学。2012 年与澳门科技大学、2013 年与澳门城市大学签署免试推荐硕士研究生协议，每年推荐毕业生攻读硕士学位。新闻专业学生均可享受学院创造的各种外出交流、学习的优势资源。

2.30.4　学术研究及其特色

2017年6月3日，宁夏大学挂牌成立了宁夏大学新闻传播学院民族地区传播与社会发展研究中心。该中心由教育部重点研究基地武汉大学媒体发展研究中心与宁夏大学新闻传播学院联合组建，整合了武汉大学与宁夏大学的学术资源，主要任务是开展重大课题研究，凝练宁夏大学新闻传播学科特色，以扎实有力的成果服务于自治区党委和政府的决策、服务于宁夏大学“双一流”建设。宁夏大学新闻传播学院还与中国人民大学新闻学院、宁夏银川市新闻传媒集团达成协议，联合成立西部融媒研究院，共同在新媒体发展、媒体融合发展理论研究与人才培养方面进行探索。

学院以凝练特色学科为导向，提升学科建设的内涵。学院本着立足宁夏，面向西部，服务民族地区的基本理念，积极探索和凝练学术研究方向，初步确立了民族地区传播与社会发展、西部地区融合媒体研究、区域形象与舆情研究三个科研方向，采取外引内联，整合力量，联合攻关的方式，提升学术研究实力。2017年以来，学院成立研究机构1个，组建民族地区新闻传播学术团队1个。

学院与武汉大学媒体发展研究中心、中国人民大学新闻学院联合主办的“第一届互联网与西部社会治理”“第七届传媒与西部社会发展论坛”在银川成功举行，与厦门大学新闻传播学院建立战略合作伙伴关系，在人才培养、智库建设、科研项目申报等方面深化合作。与厦门思所品牌策划公司签订了校企合作协议，与石嘴山市网信办签订了校地合作协议。

（顾广欣）

2.31　新疆维吾尔自治区新闻传播教育发展综述

2018年，新疆的新闻教育发展总体平稳，学科建设和教学改革均稳步发展，体现出鲜明的时代特色。新疆各高校的新闻学科在“社会稳定、长治久安”的新疆工作总目标的指导下，新闻教育发展呈现了鲜明的时代性、地域性等特点。

2.31.1　新闻学科建设顺利通过学位点评估

2018年，新疆新闻传播学科建设中最重要的事件是新疆财经大学的新闻传播学一级学科硕士学位点顺利通过了学位点评估。2018年5月18日，新疆财经大学文化与传媒学院新闻传播学一级学科学位点评估工作正式开始，原中国人民大学副校长周建明教授担任评估组长，中国传媒大学新闻与传播学部部长高晓虹教授、清华大学新闻与传播学院常务副院长陈昌凤教授、北京大学新闻与传播学院院长陆绍阳教授、中国人民大学新闻学院副院长张辉锋教授作为成员组成专家组，对新疆财经大学文化与传媒学院新闻传播一级学科硕士学位授权点进行了评估。评估工作结束后，专家组组长周建明教授代表专家组宣布评估结果："根据各项评估要素分析，新疆财经大学新闻传播学一级学科硕士学位授权点评估为合格。"新疆财经大学和新疆大学的一级学科硕士点是新疆第一批获批(2010 年)也是全疆仅有的两个一级学科硕士点，这次新疆财经大学一级学科硕士点顺利通过评估对新疆新闻传播教育的可持续发展意义重大。

除了学位点评估，2018 年新疆各高校相继接受了教育部本科教学审核性评估。新疆大学、新疆财经大学、石河子大学中的新闻传播学科的各本科专业都通过评估获得了一定的发展机会，本科教学工作更加规范。

2. 31. 2　新闻教育的区域特色和时代要求不断凸显

习近平总书记提出的"社会稳定，长治久安"的新疆工作总目标对全疆的社会生活各层面具有决定性的影响力，新疆各级党政部门、事业单位、群团组织都在不遗余力地贯彻实施新疆工作总目标。新疆的高校更是落实新疆工作总目标的重中之重，以新疆大学、石河子大学以及为代表的重点高校的党建工作、学生工作的强度和力度都是有史以来未见的。特别是新闻传播学学科，本身就身处青年学生教育的风口浪尖，加之涉及意识形态问题和舆论引导问题，更成为重点督查和管控的重点。专业教师的政治学习、思想汇报等工作不断日常化和规范化，对教师的教材使用、课堂教学纪律、科研工作纪律的要求都不断提高。在学生层面各高校的管控尤其严密，其中少数民族学生，学习新闻专业的少数民族学生更是重中之重，在各级巡视组的频繁检查之下，这项工作的重要性不断提升。

同时，新疆高校均开展了"三进两联一交友"活动，要求高校内的每一位教职员工要与在校的维吾尔族、哈萨克族、回族等少数民族大学生结成"对子"。"三进两联一交友"即教师和自己的"对子"要进班级、进宿舍、进食堂；联系学生、联系家长以及和学生做朋友。每一位高校教师都有固定的结对认亲任务，寒暑假均需要到"对子"家中"同吃、同住、同劳动"一定时间。此外，不仅限于教师和学生之间的结对认亲，在新疆大学这种民族学生占比较高的高校，少数民族与汉族学生之间也进行了结对认亲工作。如新疆大学的新闻报道："(2018 年)10 月 21 日，播音与主持艺术 17—1 班的同学和广告 16—2 的同学在 1 号楼 901 教室举行了'三进两联一交友'民族团结结对子的活动。按照学工办和双方班委的安排，活动有条不紊地进行着，活动中充斥着欢声笑语，每个人都享受着这次活动带来的欢乐。”除此之外，民族团结教育也成为新疆新闻教育的常规工作，类似于新疆大学新闻与传播学院组织开展的“用胡杨精神育人，为兴疆固边服务”师德师风建设主题教育签名活动在全疆高校中不断进行。

身处新疆当下时代背景下的各高校新闻传播教育工作者不断调整自己的发展方向，使自己更吻合地域和时代赋予的新任务和新要求，这一项工作逐渐成为新闻教育教学的中心工作，新疆的新闻教育发展因此而具有了独具特色的地域色彩和鲜明的时代印记。

2.31.3 新疆兵团新闻教育的“向南发展”

与“雄安新区”的战略构想类似，新疆生产建设兵团未来发展的战略布局也放在了新疆的南疆地区，为此兵团在落实习总书记新疆工作总目标时提出了“向南发展”的战略决策。

石河子大学和塔里木大学作为兵团的两所高校就成了“向南发展”的排头兵。塔里木大学本身地处兵团第一师驻地阿拉尔市，其主要的发展方向定位于南疆。塔里木大学拥有兵团唯一的新闻传播学专业硕士授权点，其发展的方向具有示范性和引领性。石河子大学成立了专门的“向南发展办公室”，各专业都有具体和明确的向南发展人物。新闻专业也不例外，石河子大学今后的新闻教育也会不断向南疆倾斜和发展。2018 年，新疆兵团高校的教师和学生不断往返于天山南北，向南发展，到南疆去，到沙漠中去，逐渐成为兵团新闻教育的发展大势。

2.31.4 新疆新闻教育中少数民族新闻教育始终是主旋律

新疆新闻传播学科近年来发展所依凭的主要仍然是“边疆牌”和“民族牌”，大量的国家社科基金项目均明确指向了民族新闻教育和跨文化传播方向。新疆大学一直是新疆新闻教育中少数民族新闻教育的主力军和排头兵，这是由历史的因素和现实的发展实际所决定的。新疆大学新闻与传播学院从一开始就是新疆少数民族新闻教育的核心力量，而以石河子大学为代表的兵团高校中招收的少数民族学生则很少，主要生源是来自内地的学生。2018 年 7 月 14 日至 15 日，第九届中国少数民族地区信息传播与社会发展论坛在新疆大学举办。该论坛由中国少数民族地区信息传播与社会发展论坛组委会、中国人民大学新闻学院、中国人民大学新闻与社会发展研究中心、新疆大学新闻与传播学院共同主办。论坛旨在以习近平新时代中国特色社会主义思想为指导，探讨新时代我国少数民族地区信息传播与社会发展的新任务。这个论坛也是 2018 年新疆新闻教育领域层次最高的学术论坛，其主题仍然是少数民族新闻教育问题。

回顾 2018 年新疆新闻教育工作的总体情况，繁忙和责任是两个最终的关键词。多数新疆高校的新闻专业教师和学生一边忙着本科专业评估和学位点评估，另一方面还要忙着民族团结和政治学习；同时这两件事情还都是责任重大的事情，容不得半点马虎。新疆高校新闻专业的老师和学生们可能是 2018 年新疆最为劳碌和承受压力最大的老师和学生。

（张　洁）

第3章　华东地区新闻传播教育地图

华东地区是我国新闻传播教育的重镇，在323所本科高等院校中，有178所高校开设了新闻传播类专业(占比超过55%)——其中，山东33所，江苏37所，上海22所，安徽30所，浙江30所，福建26所。①

3.1　专业设置

3.1.1　历史沿革及院系分布情况

在华东地区的新闻传播院系中，既有我国最早的新闻系、广告系和最先成立的新闻学院，也有我国最早开设的新闻专业、广告学专业和国际新闻专业。

复旦大学于1924年开设新闻学课程，由邵力子主讲，1929年9月，复旦大学新闻学系正式设立——是我国历史最悠久的新闻系。1988年6月10日，复旦大学新闻学院成立——是国内高校最先设立的新闻学院。厦门大学于1922年开办新闻教育(1926年停办)，1983年成立新闻传播系，在中国境内第一个以“传播”冠名的新闻传播院系，在国内最早开设广告学专业和国际新闻专业。

华东师范大学的新闻传播教育始于其前身大夏大学和光华大学分别于1924年、1925年开办的报学专业教育。大夏大学还于1928年创办了我国最早的广告学系。1992年，华东师范大学在师范类大学中率先创办广播电视编导专业。

南京大学的新闻传播学科，发端于1936年南京大学前身金陵大学所创立的“电影与播音专修科”，是中国最早的电影广播教育单位，也是中国影音传播高等教育的起源。1958年，南京大学设立新闻专修科，后因故停办。1986年，南京大学恢复新闻专业。1992年10月正式建系，2003年12月成立南京大学新闻传播学院。

---

① 中华人民共和国教育部．高等教育学校(机构)数(2017年教育统计数据)[R/OL]．[2018-08-06]．http://www.moe.gov.cn/s78/A03/moe_560/jytjsj_2017/gd/201808/t20180808_344750.html.

浙江大学的新闻教育始于 1958 年杭州大学创办的新闻学科，2006 年成立浙江大学传媒与国际文化学院。山东大学的新闻学教育起始于 20 世纪 60 年代开设的新闻专业专修班，后因故停办。1996 年，山东大学重启全日制新闻学本科教育，于 1997 年正式招收新闻学专业本科生。安徽大学于 1984 年设立新闻学专业，开始招收本科生。上海交通大学媒体与设计学院成立于 2002 年 9 月，2017 年 12 月更名为媒体与传播学院。

南京师范大学新闻传播教育始于 1964 年创办的新闻专业，1977 年全国恢复高考，招收新闻学专业学生 40 人；该专业接受省委宣传部直接领导，新华日报社和学校联办共管，理论课程由学校承担，班主任、实践课程均由新华日报社负责委派——在某种意义上，它也是全国最早尝试"部校共建"的新闻传播教育模式。① 1995 年，南京师范大学成立新闻与传播学院。

上海大学影视艺术技术学院成立于 1995 年，后更名为上海大学上海电影学院，2018 年 10 月 20 日，在上海大学上海电影学院新闻传播系和广告学系的基础上，正式设立上海大学新闻传播学院，由中共上海市委宣传部、中国社会科学院新闻与传播研究所和上海大学共同建设，是全国第一家"双共建"的新闻传播学院。

3. 1. 2　本科专业开设情况

依据 2012 年教育部普通高校学院专业目录，新闻传播学类本科专业共有 5 个，分别是：

新闻学（050301）、广播电视学（050302）、广告学（050303）、传播学（050304）和编辑出版学（050305）。2013 年，教育部增设网络与新媒体（050306T）和数字出版（050307T）专业。2017 年，教育部增设时尚传播（050308T）专业，因此，截至 2019 年 3 月 10 日，本节统计华东地区高校新闻传播类本科专业包含上述 8 个（见图 3-1、表 3-1）。②

---

① 此表述据南京师范大学新闻专业毕业生——中国社会科学院新闻与传播研究所所长唐绪军研究员在 2018 年 5 月 26 日于中国人民大学新闻学院举办的"改革开放四十年与新闻传播教育发展论坛"上的主题发言《部校共建的抓手》。

② 数据来源：2011 年 3 月 8 日，《2010 年度经教育部备案或审批同意设置的高等学校本科专业名单》；2012 年 2 月 14 日，《2011 年度经教育部备案或审批同意设置的高等学校本科专业名单》；2013 年 3 月 28 日，《2012 年度经教育部备案的普通高等学校本科专业名单》；2014 年 3 月 13 日，《2013 年度普通高等学校本科专业备案或审批结果》；2015 年 3 月 13 日，《2014 年度普通高等学校本科专业备案或审批结果》；2016 年 2 月 16 日，《2015 年度普通高等学校本科专业备案和审批结果》；2017 年 3 月 13 日，《2016 年度普通高等学校本科专业备案和审批结果》；2018 年 3 月 15 日，《2017 年度普通高等学校本科专业备案和审批结果》。

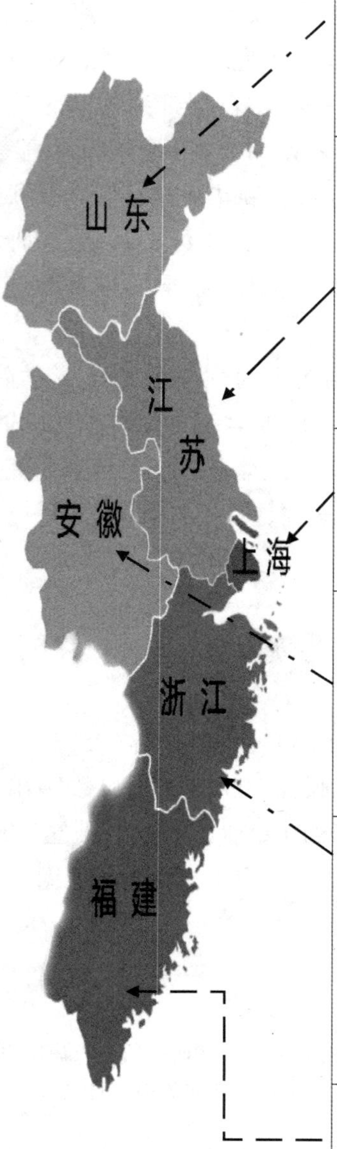

山东33所	山东大学、中国海洋大学、山东科技大学、山东师范大学、山东师范大学历山学院、济南大学、山东理工大学、山东体育学院、山东政法学院、曲阜师范大学、曲阜师范大学杏坛学院、山东财经大学、山东财经大学东方学院、山东艺术学院、枣庄学院、青岛大学、青岛科技大学、青岛理工大学、青岛农业大学、山东建筑大学、齐鲁工业大学、德州学院、临沂大学、烟台大学、烟台大学文经学院、聊城大学、鲁东大学、荷泽学院、潍坊学院、山东工商学院、山东女子学院、山东青年政治学院
江苏37所	南京大学、南京师范大学、苏州大学、苏州大学文正学院、南京财经大学、扬州大学、河海大学、南京林业大学、中国矿业大学、江苏师范大学、南京理工大学、南京航空航天大学、南京邮电大学、南京晓庄学院、南京体育学院、南通大学、淮阴师范学院、淮海工学院、苏州科技大学、盐城师范学院、中国传媒大学南广学院、南京大学金陵学院、南京师范大学中北学院、三江学院、宿迁学院、南通大学杏林学院、扬州大学广陵学院、中国矿业大学徐海学院、江苏理工学院、江苏师范大学科文学院、南京师范大学泰州学院、南京艺术学院、南京邮电大学通达学院、苏州大学应用技术学院、无锡太湖学院、徐州工程学院、南京医科大学
上海22所	复旦大学、上海交通大学、上海大学、华东师范大学、上海外国语大学、同济大学、东华大学、上海理工大学、上海师范大学、华东政法大学、上海财经大学、上海对外贸易学院、上海建桥学院、上海杉达学院、上海体育学院、上海外国语大学贤达经济人文学院、上海政法学院、上海戏剧学院、华东理工大学、上海工程技术大学、上海商学院、同济大学同科学院
安徽30所	安徽大学、安徽师范大学、中国科技大学、合肥工业大学、安庆师范大学、安徽财经大学、安徽农业大学、皖西学院、黄山学院、滁州学院、淮南师范学院、宿州学院、池州学院、铜陵学院、淮北师范大学、合肥师范学院、阜阳师范学院、安徽工程大学、安徽理工大学、安徽新华学院、合肥学院、巢湖学院、蚌埠学院、安徽大学江淮学院、安徽师范大学皖江学院、阜阳师范学院信息工程学院、淮北师范大学信息学院、安徽财经大学商学院、安徽外国语学院、安徽科技学院
浙江30所	浙江大学、杭州电子科技大学、浙江工业大学、浙江理工大学、浙江财经大学、浙江财经大学东方学院、中国计量大学现代科学学院、浙江工商大学、浙江工商大学杭州商学院、浙江传媒学院、浙江大学城市学院、浙江外国语学院、浙江工业大学之江学院、浙江师范大学、宁波大学、浙江万里学院、宁波诺丁汉大学、浙江大学宁波理工学院、宁波大学科学技术学院、宁波工程学院、浙江树人学院、浙江越秀外国语学院、宁波大红鹰学院、湖州师范学院、湖州师范学院求真学院、温州大学、温州商学院、温州大学瓯江学院、浙江农林大学暨阳学院、绍兴文理学院元培学院
福建26所	厦门大学、福建师范大学、华侨大学、厦门理工学院、厦门大学嘉庚学院、闽南师范大学、福建工程学院、莆田学院、厦门工学院、武夷学院、闽江学院、龙岩学院、宁德师范学院、仰恩大学、福建师范大学协和学院、泉州师范学院、福建师范大学福清分校、福建师范大学闽南科技学院、福州大学至诚学院、三明学院、福建江夏学院、泉州信息工程学院、厦门华厦学院、阳光学院、闽南理工学院、福州外语外贸学院

图 3-1　华东地区有新闻传播类专业的 178 所高校分省分布示意图

表 3-1　　　　　　　　　　**华东地区新闻传播类专业分布情况**

新闻传播学类专业	省市	高　　校
050301 新闻学 （75家）	上海（12）	复旦大学、上海大学、上海外国语大学、华东政法大学、华东师范大学、上海财经大学、上海对外贸易学院、上海建桥学院、上海杉达学院、上海体育学院、上海外国语大学贤达经济人文学院、上海政法学院
	江苏（12）	南京大学、南京师范大学、苏州大学、苏州大学文正学院、南京财经大学、南京体育学院、淮海工学院、中国传媒大学南广学院、南京大学金陵学院、南京师范大学中北学院、三江学院、南通大学
	浙江（12）	浙江大学、浙江工商大学、浙江工商大学杭州商学院、浙江传媒学院、浙江大学城市学院、宁波大学、浙江万里学院、浙江大学宁波理工学院、浙江树人学院、湖州师范学院、湖州师范学院求真学院、浙江越秀外国语学院
	安徽（17）	安徽大学、安徽师范大学、合肥工业大学、安庆师范大学、安徽财经大学、皖西学院、黄山学院、滁州学院、淮南师范学院、宿州学院、淮北师范大学、阜阳师范学院、安徽新华学院、合肥学院、安徽大学江淮学院、安徽师范大学皖江学院、阜阳师范学院信息工程学院
	山东（16）	山东大学、中国海洋大学、山东师范大学、山东师范大学历山学院、山东体育学院、山东政法学院、曲阜师范大学、曲阜师范大学杏坛学院、山东财经大学、山东财经大学东方学院、青岛大学、德州学院、临沂大学、烟台大学、烟台大学文经学院、济南大学泉城学院
	福建（6）	厦门大学、华侨大学、厦门大学嘉庚学院、福建工程学院、莆田学院、仰恩大学
050302 广播电视学 （54家）	上海（6）	复旦大学、上海大学、上海师范大学、上海外国语大学、同济大学、上海政法学院
	江苏（19）	南京大学、南京师范大学、苏州大学、扬州大学、扬州大学广陵学院、河海大学、南京林业大学、中国矿业大学、江苏师范大学、南京理工大学、南京航空航天大学、南京晓庄学院、南通大学、淮阴师范学院、苏州科技大学、盐城师范学院、中国传媒大学南广学院、南通大学杏林学院、南京大学金陵学院 （江苏师范大学科文学院于2017年撤销本专业）
	浙江（5）	浙江大学、浙江工业大学、浙江传媒学院、宁波大红鹰学院、浙江工业大学之江学院

续表

新闻传播学类专业	省市	高　校
050302 广播电视学（54 家）	安徽（7）	安徽大学、安徽师范大学、合肥工业大学、巢湖学院、安徽师范大学皖江学院、阜阳师范学院信息工程学院、淮北师范大学信息学院
	山东（9）	济南大学泉城学院、齐鲁师范学院、山东师范大学、济南大学、聊城大学、菏泽学院、潍坊学院、山东女子学院、山东青年政治学院
	福建（8）	厦门大学、福建师范大学、华侨大学、厦门大学嘉庚学院、闽南师范大学、龙岩学院、泉州师范学院、福建师范大学福清分校 （仰恩大学于 2017 年撤销本专业）
050303 广告学（105 家）	上海（13）	复旦大学、上海大学、华东师范大学、华东理工大学、上海工程技术大学、上海外国语大学、同济大学、同济大学同科学院、上海理工大学、上海商学院、上海师范大学、上海建桥学院、上海外国语大学贤达经济人文学院
	江苏（25）	南京大学、南京师范大学、苏州大学、苏州大学文正学院、南京财经大学、南京林业大学、江苏师范大学、南京邮电大学、淮阴师范学院、中国传媒大学南广学院、南京大学金陵学院、南京师范大学中北学院、三江学院、宿迁学院、江苏理工学院、江苏师范大学科文学院、南京师范大学泰州学院、南京艺术学院、南京邮电大学通达学院、苏州大学应用技术学院、无锡太湖学院、徐州工程学院、淮海工学院、中国矿业大学徐海学院、宿迁学院 （江南大学于 2017 年撤销本专业）
	浙江（19）	浙江大学、浙江工业大学、浙江财经大学、浙江财经大学东方学院、中国计量大学现代科学院、浙江工商大学、浙江工商大学杭州商学院、浙江工业大学之江学院、浙江师范大学、宁波大学、浙江万里学院、宁波大学科学技术学院、宁波工程学院、湖州师范学院、温州大学、温州商学院、温州大学瓯江学院、浙江农林大学暨阳学院、宁波大红鹰学院
	安徽（17）	安徽大学、安徽师范大学、合肥工业大学、安徽财经大学、皖西学院、滁州学院、淮南师范学院、淮北师范大学、池州学院、铜陵学院、安徽工程大学、安徽新华学院、巢湖学院、蚌埠学院、安徽师范大学皖江学院、淮北师范大学信息学院、安徽财经大学商学院

续表

新闻传播学类专业	省市	高　　校
050303 广告学 （105 家）	山东（15）	山东大学、山东科技大学、济南大学、山东理工大学、曲阜师范大学、山东艺术学院、青岛大学、青岛科技大学、青岛理工大学、青岛农业大学、山东建筑大学、齐鲁工业大学、临沂大学、菏泽学院、山东工商学院
	福建（16）	厦门大学、福建师范大学、厦门大学嘉庚学院、闽南师范大学、福建工程学院、莆田学院、华侨大学、厦门工学院、闽江学院、仰恩大学、福建师范大学协和学院、泉州师范学院、福建师范大学福清分校、福建师范大学闽南科技学院、阳光学院、福州理工学院
050304 传播学 （24 家）	上海（5）	复旦大学、上海交通大学、东华大学、上海理工大学、上海建桥学院
	江苏（2）	中国传媒大学南广学院、西交利物浦大学
	浙江（8）	浙江理工大学、杭州电子科技大学、浙江传媒学院、浙江越秀外国语学院、温州大学城市学院、宁波诺丁汉大学、绍兴文理学院元培学院、温州商学院
	安徽（2）	中国科技大学、安徽财经大学
	山东（3）	聊城大学东昌学院、青岛农业大学、鲁东大学
	福建（4）	厦门大学、华侨大学、厦门工学院、三明学院
050305 编辑出版学 （23 家）	上海（3）	华东师范大学、上海理工大学、上海师范大学
	江苏（3）	南京大学、南京医科大学、中国传媒大学南广学院
	浙江（6）	浙江传媒学院、浙江工商大学、杭州电子科技大学、浙江万里学院、宁波大红鹰学院、浙江越秀外国语学院
	安徽（6）	安徽大学、中国科技大学、合肥工业大学、合肥师范学院、安徽新华学院、安徽科技学院

续表

新闻传播学类专业	省市	高　　校
050305 编辑出版学（23 家）	山东（4）	济南大学、山东政法学院、青岛科技大学、山东工商学院（山东财经大学于 2016 年撤销本专业）
	福建（1）	闽南师范大学
网络与新媒体 050306T（42 家）	上海（4）	上海杉达学院、上海建桥学院、上海外国语大学、上海戏剧学院
	江苏（7）	南京师范大学、南京财经大学、苏州大学、南京晓庄学院、泰州学院、南京大学金陵学院、中国传媒大学南广学院
	浙江（6）	浙江树人学院、浙江越秀外国语学院、浙江外国语学院、浙江传媒学院、浙江大学宁波理工学院、浙江万里学院
	安徽（16）	安庆师范学院、皖西学院、池州学院、安徽大学、安徽师范大学、淮北师范大学、铜陵学院、安徽外国语学院、安徽理工大学、滁州学院、安徽财经大学、阜阳师范学院信息工程学院、安徽农业大学经济技术学院、阜阳师范学院、安徽师范大学皖江学院、合肥师范学院
	山东（4）	山东政法学院、枣庄学院、中国海洋大学、济宁学院
	福建（5）	福州大学至诚学院、宁德师范学院、厦门理工学院、闽江学院、厦门华厦学院
数字出版 050307T（4 家）	江苏（1）	金陵科技学院
	浙江（1）	浙江传媒学院
	山东（2）	山东大学、曲阜师范大学
时尚传播 050308T（1 家）	上海（1）	上海杉达学院

其中，新闻学专业 74 家，广播电视学专业 54 家，广告学专业 105 家，传播学专业

24 家，编辑出版学专业 23 家，网络与新媒体专业 42 家，数字出版专业 4 家，时尚传播专业 1 家。

网络与新媒体专业是近年来最受欢迎的新增专业，2013 年南京师范大学等高校成为首批增设网络与新媒体专业的 20 家单位，2014 年增加 29 家，2015 年增加 47 家，2016 年增加 36 家，2017 年增加 37 家。迄今为止，全国开设网络与新媒体专业的高校已超过 169 家，成为新闻传播学类专业中的新宠。

3.2　本科教育

欲提高我国高等教育质量，首先要提高本科教育的质量——这不仅是因为本科生“面广量大”，而且由于“本科教育阶段是青年学生世界观、人生观和价值观成型的最佳时期”①。无论对于提高本科教育质量的具体做法，如何言人人殊，但是，培养目标和特色教学对于新闻传播院系的本科教育质量而言，其重要性都不言而喻。

3.2.1　培养目标与特色教学

如果认同“志不立，天下无可成之事”(王守仁语)，那么，若想了解华东地区新闻传播本科教育的发展现状，我们首先就绕不开人才培养目标。华东地区新闻传播院系的本科人才培养目标可以从三个维度来审视。

首先，不分具体专业方向，只设定大类的人才培养目标。例如，南京大学新闻传播类本科人才培养方案(2017 版)，就将人才培养目标设定为：“专业实践能力与综合素质(通识、个性、创新)培养并举、同时注重对学生时代敏锐性(前沿与国际)的培养，我们的目标是培养出面向新时代媒体环境的具有高度社会责任感和专业主义精神的高端人才和领军人才。”再如，山东大学将新闻学(大类)的培养目标定为：“本学科致力于培养具有复合型的知识结构、深厚的人文修养、全面的专业技能、富有发展潜质的新闻与传播人才。”

其次，按不同的专业方向制定培养目标。例如，厦门大学广告学专业培养目标是：“具备高素质，熟悉和掌握广告策划、品牌规划、媒体计划、公共关系、广告创意、广告文案写作、广告设计、视听广告制作、广告管理、市场调研、活动营销等综合能力，并适应新媒体传播环境的高级 AE 人才。”

---

①　陈骏．集全校之力，办中国最好的本科教育[J]．中国高等教育，2012(11)：36.

再次，在专业方向的基础上再设定细分的培养目标。例如，南京财经大学新闻学专业(经济新闻方向)的培养目标：强调学生要“熟练掌握一定的经济学、管理学等学科的基础理论知识与素养，系统掌握新闻理论知识与技能，具有较强的新闻报道与策划能力、经济信息传播和舆情研判能力；能适应信息传播变革和媒介技术发展的需求，能在各类媒体、党政机关、企事业单位从事新闻传播、经营管理、策划公关、经济信息分析等工作”。

由于“一定的培养目标实现，依赖于配套的课程体系。课程体系是围绕着人才目标而设计的，每一个不同的课程，都有一个具体的功能指向，负责一定的知识与能力建构”①。因此，各个新闻传播院系无不围绕课程体系——通过特色教学来打造人才培养的竞争力。

例如，上海交通大学媒体与传播学院的“传播学导论“课程，以注重“四个前沿”为特色，即选择前沿教材，选择前沿学术成果，选择前沿传媒技术，选择业界前沿经验。并且由于听课学生中，有一半是留学生，中外学生共同参与课程学习、讨论，提高了学生的跨文化传播能力。

再如，南京师范大学新闻与传播学院自 2005 年起开设“采写编评一体化”课程，从最初的三融合构想，即“采、写、编、评业务核心课程融合”“理论讲授与实践训练融合”和“校内预训和毕业大实习融合”，到如今课程能够跨出校门与专业媒体合作并实现报纸、杂志和公众号在课堂中的融合实训，该课程始终坚持培养“全能记者”的目标，教学效果良好。

3.2.2 实验室建设与实验教学

新闻传播学本身就是一门应用性极强的一门学科，强调对学生实践能力的培养，让学生在实践中结合自己所学的理论知识，培养新闻传播技能，所以在新闻传播院校里，实验中心建设成为重中之重。②

建设现代化的新闻传播实验中心需要大量的经费投入，华东地区由于整体上经济较为发达，一些新闻传播院系还开展部校共建，并且，实验室建设通常由各个大学的教务处划拨建设费用，因此，华东地区新闻传播院系的实验室建设一般都“不差钱”。以复旦大学新闻学院为例，该院的新媒体实验中心与上海市委宣传部共建，投资约 2000 万

---

① 张昆．三思新闻教育[M]．武汉：华中科技大学出版社，2017：133.

② 岳山，张静．新媒体环境下新闻传播实验教学中心的功能转变[J]．新闻大学，2015(2)：107.

元，设在屠海鸣图书楼的一层和二层。其中，一层的四分之一做演播室，四分之一做数据挖掘，四分之一做数据可视化，四分之一用作师生作品展示。在二层建立了一系列的新媒体创意工作坊。师生在新媒体实验中心可以通过远程视频参加媒体的编前会。除此之外，复旦大学新闻学院还建有媒介融合实验室、广播电视实验室、彭博实验室(主要分析财经新闻)和摄影棚(主要训练广告摄影和人像摄影)。①

在实验室软硬件条件的保障下，一些新闻传播院系开展了有特色的实验教学，例如山东大学新闻传播学院的“基于多角色扮演的新闻发布交互式演练”虚拟仿真实验教学项目。再如，安徽大学新闻传播学院的国家级实验教学示范中心鼓励发挥教师个人特长，打造特色实验教学团队，如无人机航拍团队、新媒体运营设计团队、影像制作团队、舆情分析团队，等等。

3.3　研究生学位点及研究生培养

华东地区新闻传播院系的研究生学位点——不但培养学术硕士和专业硕士，而且涵盖了硕士层次教育与博士层次教育。

3.3.1　研究生学位点

在华东五省一市的新闻传播院系中，每个省市都至少有一所高校设有新闻传播学一级学科博士点。华东五省一市共设有新闻传播学学术硕士点 29 个，新闻与传播专业硕士点 34 个，出版专业硕士点 2 个。除了出版专业硕士点之外，无论博士点还是硕士点，上海市新闻传播院系(包括上海社会科学院在内)拥有的数量都是最多的(见表 3-2~表 3-5)。

表 3-2　**华东地区新闻传播学博士点分布情况(10 个，全国共 26 所高校设点)**

省市	新闻传播学博士点	省市	新闻传播学博士点
上海(4)	复旦大学、上海交通大学、上海大学、华东师范大学	安徽(1)	安徽大学
江苏(2)	南京大学、南京师范大学	山东(1)	山东大学
浙江(1)	浙江大学	福建(1)	厦门大学

① 据 2016 年 9 月 13 日笔者采访复旦大学新闻学院实验中心主任杨敏老师的采访记录整理。

表 3-3 **华东地区新闻传播学学术硕士点分布情况**

省市	新闻传播学学术硕士点 30 个(全国共 126 所高校设点)
山东(3)	山东大学、山东师范大学、青岛大学(二级点)
江苏(6)	南京大学、南京师范大学、苏州大学、河海大学、南京林业大学、南京理工大学(二级点)
上海(14)	复旦大学、上海交通大学、上海大学、华东师范大学、上海社会科学院、同济大学、上海外国语大学、上海财经大学、上海师范大学、东华大学、华东政法大学、上海理工大学、上海体育学院、上海政法学院
安徽(3)	安徽大学、安徽师范大学、中国科学技术大学
浙江(2)	浙江大学、浙江工业大学
福建(2)	厦门大学、福建师范大学

表 3-4 **华东地区新闻传播学专业硕士点分布情况**

省市	新闻与传播学专业硕士点 34 个(全国共 109 所高校设点)
山东(5)	山东大学、中国海洋大学、山东师范大学、济南大学、鲁东大学
江苏(8)	南京大学、南京师范大学、苏州大学、南京财经大学、南京林业大学、南京航空航天大学、江苏师范大学、扬州大学
上海(10)	复旦大学、上海交通大学、上海大学、华东师范大学、上海外国语大学、华东政法大学、上海师范大学、东华大学、上海理工大学、上海政法学院
安徽(4)	安徽大学、安徽师范大学、中国科学技术大学、淮北师范大学
浙江(5)	浙江大学、浙江理工大学、浙江工商大学、宁波大学、温州大学
福建(2)	厦门大学、闽南师范大学

表 3-5 **华东地区出版专业硕士点分布情况**

省市	出版专业硕士点 2 个(全国共 10 所高校设点)
山东(1)	济南大学
江苏(1)	南京师范大学

3.3.2 研究生培养

除了按照研究生培养方案授课和采用“读书会”的方式培养研究生之外，华东地区的一些新闻传播院系还通过开设“暑期学校”、举办博士沙龙或研究生论坛等方式培养研究生，其中的一些做法在全国产生了很大影响。

1. 复旦大学“中外新闻传播理论研究与方法暑期学校”

针对中国新闻传播学科研究生教育中普遍存在的“基础薄弱、内容褊狭”的问题，复旦大学新闻学院自 2005 年起，每年暑假开办“中外新闻传播理论研究与方法暑期学校”，至 2018 年暑假已连续举办 14 期。暑期学校邀请海内外著名学者为全国新闻传播学科在校博士生和青年教师讲授为学之道，通过培养后备研究力量来提升我国新闻传播学科年轻一代的理论素养、研究水平和创新能力，以缩小我国新闻传播理论研究与国际先进水平的差距。

2. 南京大学“博士之家学术午餐会”

南京大学新闻传播学院自 2013 年 10 月 16 日起，开始举办“博士之家学术午餐会”，每期学术午餐会邀请校内外的一位优秀博士谈其博士论文写作过程，分享经验并总结教训。“博士之家学术午餐会”的参加者并不限于南京大学本校师生，也欢迎外校师生参与旁听和讨论。截至 2018 年 12 月 21 日，已成功举办 121 期。不但有助于博士研究生的学位论文选题和写作，而且也有益于旁听的硕士研究生和已博士毕业的教师开阔学术视野。

3. 江苏省传媒学科研究生论坛

南京师范大学新闻与传播学院自 2014 年 12 月 6 日开始主办“江苏省传媒学科研究生论坛”，论坛面向研究生(包括硕士和博士)，并邀请国内外的新闻传播学界专家学者做主题发言或担任点评嘉宾。该论坛每年举办一届，主办方不但承担入选论文的外地研究生的住宿费用，而且还组织评奖，对于推动我国传媒学科研究生从事学术研究起到了正向的激励作用。

3.3.3　学科建设情况

“学科是人类在认识和研究活动中针对认识对象，而将自己的知识划分出来的集合，是相对独立的知识体系”，学科是“大学的基本元素”，学科水平决定一所大学的水平，因此，学科建设是高校工作的龙头。① 为促进高校的学科建设，教育部学位中心自 2002 年起，对具有博士硕士学位授予权的一级学科——迄今组织了四轮学科整体水平评估。在华东地区的高校中，复旦大学和厦门大学的新闻传播学科参加了全部四轮学科评估，本地区各高校新闻传播学科的参评和等级(分数)排名情况如表 3-6 所示：

---

① 刘献君．论高校学科建设[J]．高等教育研究，2000(5)：16.

表 3-6　　**华东地区新闻传播学科评估情况**

评估年份	省市	高校	等级/分数/排名	评估年份	省市	高校	等级/分数/排名
2002—2004 年全国参评高校 9 所 本地区参评高校 2 所	上海	复旦大学	90.8/排名 2	2007—2009 年全国参评高校 30 所 本地区参评高校 9 所	江苏	南京大学	72/7
						苏州大学	
					上海	复旦大学	83/3
						上海理工大学	69/11
						上海交通大学	68/13
						华东师范大学	66/15
						同济大学	64/23
					浙江	浙江大学	73/6
	福建	厦门大学	70.1/排名 5		福建	厦门大学	70/10
				2017 年全国参评高校 81 所 本地区参评高校 17 所	山东	山东大学	B−
2012 年全国参评高校 63 所 本地区参评高校 15 所	江苏	南京大学	75/13		江苏	南京大学	B+
		南京师范大学	73/16			南京师范大学	B+
		河海大学	66/36			苏州大学	B−
					上海	南京政治学院	B−
	上海	复旦大学	90/3			复旦大学	A
		上海交通大学	77/10			上海交通大学	A−
		上海大学	77/10			华东师范大学	B+
		华东师范大学	75/13			上海大学	B+
		上海理工大学	70/23			上海外国语大学	B−
		上海师范大学	69/27			同济大学	C
		上海外国语大学	69/27			上海理工大学	C
		上海财经大学	66/36		安徽	上海师范大学	C−
	安徽	安徽大学	71/19			安徽大学	B
	浙江	浙江大学	77/10		浙江	安徽师范大学	C−
		浙江工业大学	66/36		福建	浙江大学	B+
	福建	厦门大学	75/13			厦门大学	B+

由表 3-6 可见，在华东地区的高校中，复旦大学的新闻传播学科不但排名稳居本地区第一位，而且在全国的排名也始终处于三甲之内。其他高校，如厦门大学、上海交通大学、南京大学、南京师范大学、浙江大学、上海大学和华东师范大学的新闻传播学科整体水平，虽然每轮评估的位次升沉变化不等，但也较稳定地处在全国的前列。

3.4　师资队伍

“所谓大学者，非谓有大楼之谓也，有大师之谓也。”(梅贻琦语)大学里，最重要的就是师资队伍——毕竟，无论“传道”还是“授业”或“解惑”，都需要有好的师资队伍作为前提。

3.4.1　师资队伍情况

华东地区作为中国新闻传播教育的重镇，由于有复旦大学、上海交通大学、华东师范大学、上海大学、南京大学、南京师范大学、浙江大学、厦门大学、山东大学和安徽大学等一批有新闻传播学一级学科博士点的高校，因此，在师资水平上整体质量较高。这也可以由华东地区新闻传播院系的教授担任(过)国务院学位委员会新闻传播学科评议组召集人和成员、担任(过)教育部教学指导委员会主任委员、副主任委员和委员等窥见一斑。

同时，华东地区地处沿海，由于整体上经济比较发达，像上海、南京、杭州、济南、福州、合肥、苏州、无锡、扬州、南通、宁波、湖州、温州、厦门、青岛、烟台等城市，较易吸引人才(尤其是刚毕业的博士)加盟。因此，新闻传播类高校师资队伍的整体水平较好。以南京财经大学新闻学院为例，如果按作为平台的学校来评估，南京财经大学目前在全国排名在 100 位之后。但是，细察其新闻学院新闻系和网络与新媒体系的 20 位专职教师，全部毕业于 985(如复旦大学、南京大学、武汉大学、华中科技大学、兰州大学)和 211 高校(如南京师范大学、中国传媒大学、河海大学、江西财经大学)，有博士学位教师的比例高达 85%——其中，17 人有博士学位，1 人博士在读，仅 2 人为硕士学位。

3.4.2　师资队伍存在的问题

《中国新闻传播教育年鉴(2017)》和《中国新闻传播教育年鉴(2018)》讨论过的华北地区和华中地区新闻传播类高校师资队伍中存在的问题——例如，有媒体一线工作经验的教师偏少，真正有新闻传播学科背景的教师数量不多，等等，其实是“环球同此凉热”的共性问题，在华东地区也不同程度地存在。但由于“前人之述”备矣，笔者在有限的篇幅里选择“略人之所详，详人之所略”（章学诚语），重点讨论华东地区新闻传播类高校师资队伍中存在的两个突出问题：

1. 存在着“唯学历论”的现象——“博士学位”是公办本科高校进人的门槛

新闻传播院系一般每年都会补充师资，华东地区公办本科的新闻传播院系在补充师资时存在着“唯学历论“的现象，要求应聘者必须具有”博士学位“。并且，许多高校还对应聘者的科研水平有明确要求，比如在 CSSCI 期刊或核心期刊发表若干数量的论文，以此作为评判人才优劣的标准和制定工资起薪的依据。而对于应聘者是否具有业界经验一般却并不作为必要条件。

2. 由于考核机制设计的问题——青年教师存在着“重科研轻教学”的问题

对于新补充进来的具有博士学位的青年教师，一些高校采用了“非升即走”的考核机制，比如，在为期 3 年的聘期内，如果新进教师晋升不了副教授，就要被解聘。由于在许多高校晋升副教授主要看科研水平——要求青年教师发表若干篇论文，并主持达到一定级别的项目，因此，许多青年教师存在着“重科研轻教学”的问题。

由于“博士学位”一般是华东地区公办本科高校进人的“门槛”，因此，华东地区新闻传播院系的师资队伍目前存在着较严重的从业界引进人才的障碍——因为有业界经验的人才多数没有博士学位。由于考核机制使青年教师中不同程度地存在着“重科研轻教学”的问题，因此，既有博士文凭又有科研成果的青年教师队伍，并不能保证一所新闻传播院系的人才培养质量。提升华东地区新闻传播院系的师资队伍水平无疑需要人才评聘制度大刀阔斧的改革，首要的便是解放思想。

3.5 学术研究

3.5.1 近三年四大期刊论文发表情况

在高水平学术期刊发表学术论文是衡量一所新闻传播院系学术研究水平的重要标尺。

在中国知网上，分别以《新闻与传播研究》《国际新闻界》《新闻大学》和《现代传播》

作为“来源期刊”，逐篇进行文献检索后可知，自 2016—2018 年，华东地区 5 省 1 市新闻传播院系(包括各省市的社科院)在《新闻与传播研究》《国际新闻界》《新闻大学》和《现代传播》共发文 564 篇。

需要说明的是，首先，本节中的“发文单位”只按“第一作者单位”计算，会议综述等非学术论文，不计算在内；其次，由于要描画新闻传播院系师资队伍的学术研究水平，因此，非新闻传播院系的作者，在新闻传播学四大 A 刊发文，不计算在内。据此，各单位发文数量——清单如表 3-7 所示：

表 3-7　**华东地区新闻传播类学术论文发表情况**

新闻传播学 A 刊	新闻传播院系(包括各省市的社科院)
新闻与传播研究	浙江大学(15)、复旦大学(11)、上海大学(11)、华东师范大学(10)、厦门大学(9)、南京大学(8)、南京师范大学(8)、苏州大学(7)、上海交通大学(5)、山东大学(3)、上海社会科学院(2)、华东政法大学(2)、上海政法学院(2)、福建师范大学(2)、华侨大学(2)、安徽师范大学(2)、中国科学技术大学(1)、安徽省社会科学院(1)、安徽财经大学(1)、南京航空航天大学(1)、扬州大学(1)、浙江工业大学(1)、浙江理工大学(1)、浙江传媒学院(1)、温州大学(1)、宁波工程学院(1)、烟台大学(1)、闽南师范大学(1)
国际新闻界	南京大学(11)、厦门大学(11)、复旦大学(9)、浙江大学(9)、上海社会科学院(4)、上海交通大学(3)、华东师范大学(3)、浙江传媒学院(3)、南京师范大学(2)、山东大学(2)、安徽大学(2)、福建师范大学(2)、上海大学(1)、同济大学(1)、华东政法大学(1)、南京航空航天大学(1)、南京邮电大学(1)、河海大学(1)、浙江工业大学(1)、安庆师范大学(1)、福建工程学院(1)、闽南师范大学(1)、山东师范大学(1)、青岛科技大学(1)、齐鲁工业大学(1)
新闻大学	复旦大学(48)、南京大学(10)、上海交通大学(10)、华东师范大学(7)、南京师范大学(6)、上海外国语大学(6)、浙江大学(5)、南京财经大学(3)、安徽大学(2)、上海大学(2)、同济大学(2)、华东政法大学(2)、上海政法学院(2)、浙江工业大学(2)、浙江传媒学院(2)、福建师范大学(2)、上海财经大学(1)、东华大学(1)、上海社会科学院(1)、上海师范大学(1)、上海理工大学(1)、苏州大学(1)、扬州大学(1)、南京政治学院(1)、浙江大学宁波理工学院(1)、浙江外国语学院(1)、温州大学(1)、安徽师范大学(1)、闽南师范大学(1)、烟台大学(1)

续表

新闻传播学A刊	新闻传播院系(包括各省市的社科院)
现代传播	上海交通大学(23)、南京师范大学(21)、厦门大学(18)、复旦大学(15)、浙江传媒学院(15)、福建师范大学(13)、南京大学(12)、华东师范大学(12)、上海大学(10)、山东大学(8)、上海社会科学院(8)、苏州大学(8)、安徽师范大学(8)、浙江大学(7)、安徽大学(6)、上海师范大学(6)、扬州大学(6)、山东师范大学(5)、上海外国语大学(4)、同济大学(3)、华东政法大学(3)、南京财经大学(3)、南京航空航天大学(3)、淮北师范大学(3)、济南大学(3)、中国科技大学(2)、南京理工大学(2)、南京政治学院(2)、江苏师范大学(2)、上海体育学院(2)、浙江大学城市学院(2)、临沂大学(2)、曲阜师范大学(2)、上海理工大学(1)、河海大学(1)、南京艺术学院(1)、江南大学(1)、南京晓庄学院(1)、淮阴师范学院(1)、浙江理工大学(1)、浙江师范大学(1)、宁波大学(1)、安徽农业大学(1)、安庆师范大学(1)、闽南师范大学(1)、厦门理工学院(1)、三明学院(1)、闽江学院(1)、鲁东大学(1)、山东艺术学院(1)、聊城大学(1)、烟台大学(1)

3.5.2 近三年国家社科基金项目立项情况

2016—2018年，华东5省1市的国家社科基金项目(新闻学与传播学)共计立项127项，其中包括上海市34项、江苏省34项、福建省20项、浙江省19项、安徽省13项、山东省7项。

上海市、江苏省、浙江省、安徽省、山东省近三年来新闻学与传播学相关课题申报成功立项数量保持稳定，其中上海市、江苏省在华东地区新闻学与传播学研究居于领先地位。福建省2018年申报课题成功立项数量较前两年有显著提升，可见地方高校、科研机构在新闻学与传播学领域加大了科研投入力度，效果显著(见表3-8)。

表3-8 **华东地区2016—2018国家社科基金项目立项统计**

国家社科基金项目	新闻传播院系(包括各省市的社科院)
上海市	上海交通大学(8)、华东师范大学(5)、复旦大学(4)、上海外国语大学(3)、上海社会科学院(2)、上海财经大学(2)、上海政法学院(2)、上海理工大学(2)、东华大学(2)、上海大学(1)、华东政法大学(1)、同济大学(1)、上海师范大学(1)

续表

国家社科基金项目	新闻传播院系(包括各省市的社科院)
江苏省	南京大学(8)、南京师范大学(7)、苏州大学(4)、扬州大学(4)、南京财经大学(2)、河海大学(2)、南京航空航天大学(2)、南京邮电大学(1)、江苏师范大学(1)、南通大学(1)、淮阴师范学院(1)、江苏第二师范学院(1)
福建省①	厦门大学(7)、福建师范大学(3)、厦门理工学院(2)、华侨大学(2)、闽南师范大学(2)、泉州师范学院(1)、龙岩学院(1)、闽江学院(1)
浙江省	浙江传媒学院(5)、浙江大学(4)、浙江工业大学(3)、宁波大学(2)、浙江大学城市学院(1)、浙江理工大学(1)、浙江财经大学(1)、杭州电子科技大学(1)、绍兴文理学院(1)
安徽省	安徽省社会科学院(4)、安徽大学(3)、安徽师范大学(3)、中国科学技术大学(2)、池州学院(1)
山东省	山东大学(4)、山东师范大学(1)、曲阜师范大学(1)、青岛大学(1)

3.6　社会服务

3.6.1　社会服务情况

社会服务与人才培养、科学研究共同构成高校的三大职能。华东地区开设新闻传播类专业的高校众多，社会服务的方式也多种多样。虽然存在地域、资源、专业设置的差别，但共性在于——其服务对象主要聚焦于政府部门、业界人士和相关企业等。

以复旦大学新闻学院为例，在社会服务上开设了外宣培训基地、长期培训、短期培训三种培训模式。依托学科优势与雄厚的师资力量，通过开设“新闻传播实务”“公关危机管理与媒体应对”“新闻发言人”“领导干部能力建设”等高级研修班或培训班，针对不同的市场需求，有的放矢地提供社会服务。

与复旦大学新闻学院的社会服务方式有别，浙江大学传媒与国际文化学院在社会服务方面将区域优势和学院自身的特色发挥得淋漓尽致——通过围绕“传媒”“国际化”“文

① 由于中共厦门市委党校并没有新闻传播类专业，因此，该单位虽获1项新闻学与传播学的国家社科基金课题，但本表并不统计在内。

化”三大主题，积极开展多层次的继续教育工作。通过举办国学智慧与管理应用、浙商文化与管理专题(含浙商总裁与工商管理文化、浙商 企业财务管理文化等专项)，中美跨文化交流与创新，危机应对与媒体沟通、媒介整合营销传播等培训项目，为学员们创造了多样化的学习与选择空间。在彰显学院自身特色的同时，也打造了浙商文化培训项目的品牌。

南京大学新闻传播学院通过开设对象服务型培训班，让学员可以根据自己的职业、职位有针对性地选择培训内容，且不受地域限制。如2017年度南京大学新闻传播学院为社会提供的培训服务有两大类：其一，开设宣传人才培训班，以政府部门工作人员为主要培训对象；其二，开设媒体融合培训班，以培养具有国际化视野、专业化知识结构、善用现代传播手段、掌握“跨界叙事”能力的全媒体人才为目标，如紫金媒体融合培训班(北京)、青海日报社传统媒体与新兴媒体融合发展培训班等。

3.6.2 社会服务存在的问题

从社会服务本体角度出发，高校传媒类专业开展社会服务，不仅是为契合文化产业、事业发展的需要，也是立足于高校自我发展的需要。华东地区(五省一市)高校在提供社会服务的过程中，也存在以下问题：

其一，培养模式对利益诉求满足程度的不足。高校新闻传播类专业社会服务对象包括三大主体——即政府部门、业界人士和相关企业，由于服务对象的多元性促使社会需要在满足过程中存在复杂性。就政府而言，在高校社会服务的过程中，其利益诉求在于发挥高校的知识集散优势，通过智库培训提高政府从业人员的专业素养，进而通过社会服务助推当地经济发展；就业界人士而言，其接受高校提供的社会服务的目的在于增强自身专业素养，提升自身工作能力和市场竞争能力；就相关企业而言，在接受高校社会服务的过程中，其目的在于能够有效利用高校的人才、技术、设备、信息资源，从而增强企业在全媒体时代中的市场竞争力。虽然各方利益诉求存在较大差别，但华东地区新闻传播院系在提供社会服务的过程中，由于师资队伍问题——基本上是同一批教师，对于接受社会服务的不同对象，所提供的社会服务存在较强的相似性。

其二，区域特色、地方文化品牌打造力度不足。华东地区高校传媒类专业在社会服务的过程中开设的课程缺乏地方文化品牌特色，除浙江大学外，其余知名高校的社会服务培训都较少涉及地方文化特点。在现代社会，文化与传媒产业作为信息经济发展的综合指标，对于区域品牌建设的作用力愈加明显，如何使区域文化环境有效转化为人文资源优势，构建文化与传媒经济发展的有效模式，对推动当地经济的健康持续发展具有重要作用。然而华东地区高校传媒类专业在社会服务的过程中，较少挖掘区域文化特色，所开设课程多不具有显著的区域文化特征，这显然并不利于打造具有区域特色的传媒社会服务品牌。

3.7　部校共建

3.7.1　部校共建始于华东地区

作为新闻传播人才培养重要举措的“部校共建”肇始于华东地区——2001 年，上海市委宣传部与复旦大学签署共建协议，在复旦大学新闻学院设立院务委员会，共建新闻学院。这是全国第一家以“部校共建”的方式培养新闻传播人才的新闻院系。

部校共建工作以“三大”项目创新新闻教育模式，一是建设新媒体实验中心，培养全媒型人才；二是坚持马克思主义新闻观教育；三是双轮驱动，课堂内外联动，培养国际化传播人才。①

2013 年 12 月 20 日，中共中央宣传部、教育部在上海召开会议，总结推广上海市委宣传部与复旦大学共建新闻学院的经验，并联合发布《关于地方党委宣传部门与高等学校共建新闻学院的意见》，要求在全国范围推广部校共建模式，并确立了中国人民大学、吉林大学、南京大学、山东大学、武汉大学、四川大学、暨南大学、安徽师范大学、海南师范大学、重庆师范大学 10 所高校先行试点。②

2015 年和 2016 年，中宣部、教育部先后在南京和郑州召开部校共建新闻学院工作推进会。③ 2018 年 10 月 8 日，《教育部　中共中央宣传部关于提高高校新闻传播人才培养能力实施卓越新闻传播人才教育培养计划 2.0 的意见》出台，将“推动部校共建新闻学院新发展”作为改革任务和重点举措之一，以进一步深化部校共建新闻学院工作。

3.7.2　部校共建现状

截至 2018 年 10 月，全国共有 122 家新闻学院实施了部校共建。据不完全统计，华

---

①　尹明华．“部校共建”的实践探索——以复旦大学新闻学院为例[J]．新闻与写作，2017(4)：14-17.

②　2013 年教育大事记[EB/OL].[2019-06-30].http://www. moe. gov. cn/jyb_xwfb/gzdt_gzdt/s5987/201402/t20140207_163507. html.

③　中宣部教育部召开部校共建推进会推动新闻教育与实践融合[EB/OL].[2018-01-25]. http://culture. people. com. cn/BIG5/n/2015/0427/c172318-26907836. htm.

东地区部校共建的新闻学院已有22所，名单如表3-9所示：

表3-9　**华东地区部校共建新闻院系统计**

地区	部委/新闻单位	高校
上海市	上海市委宣传部	复旦大学
	上海市委宣传部、中国社会科学院新闻与传播研究所	上海大学
	上海市委宣传部、上海报业集团	上海交通大学
	上海市委宣传部、上海广播电视台	同济大学
		华东师范大学
	中国日报社	上海外国语大学
江苏省	江苏省委宣传部	南京大学
		南京师范大学
山东省	山东省委宣传部	山东大学
	青岛市委宣传部	中国海洋大学
	大众报业集团	青岛大学
安徽省	安徽省委宣传部	安徽大学
		安徽师范大学
浙江省	浙江省委宣传部	浙江大学
	浙江广播电视集团	浙江传媒学院
	杭州市委宣传部	浙江理工大学
	宁波市委宣传部、宁波市教育局	宁波大学
	宁波市委宣传部、宁波市教育局、宁波日报集团、宁波广电集团	浙江万里学院
	温州日报报业集团	温州商学院
福建省	福建省委宣传部	厦门大学
		福建师范大学
	漳州市委宣传部	闽南师范大学

华东地区部校共建新闻学院的开展情况整体上较好，从区域分布来看，基本覆盖5省1市；从共建形式来看，既有省委、市委宣传部门与高校共建的“部校共建”，也有新闻单位与高校共建的“媒校共建”；但也呈现出地域分布不均衡的特点——部校共建的大部分院校主要集中于上海和浙江，其他省份仅有两三所高校，且大多数是与省委、市

委宣传部共建，与主流媒体共建的尚不多见。

3.8　国　际　化

3.8.1　国际化情况

2018年10月8日，《教育部　中共中央宣传部关于提高高校新闻传播人才培养能力实施卓越新闻传播人才教育培养计划2.0的意见》将“构建国际新闻传播人才培养新范式”列为七项改革任务和重点举措之一，通过深入实施国际新闻传播人才培养项目，建立完善“全媒体+国际+外语”课程体系，来培养大批具有家国情怀和国际视野的高素质复合型新闻传播人才。

华东地区的新闻传播院系都不同程度上实施了与国际化相关的措施，主要表现为两种形式：

一是加强与国际化有关的专业建设。在专业建设上注重培养学生国际传播的视野和能力。在专业设置上，特别开办与国际视野要求的相关专业和研究方向，如复旦大学新闻学院设置“国际关系和国际政治”专业方向供学生修读。

二是实施“走出去”和“引进来”战略。在人才“走出去”方面，华东地区高校与国际新闻传播院系建立各类人员交流与项目合作关系，为学生搭建国际化人才培养平台，积极推动师生海外交流深造，拓展国际视野，系统学习国外新闻传播学的相关知识。如复旦大学新闻学院与英国伦敦政治经济学院、法国巴黎政治大学、墨尔本大学等深度合作，共同开展国际传播与媒体的硕士双学位培养项目。与此同时，实施人才“引进来”战略，通过举办学术研究夏令营等项目邀请国际知名学界专家，开展国际学术对话，提升国际传播能力；吸纳海外优秀留学生，增进他们对中国的理解，促进国际传播的双向互动。

3.8.2　华东地区新闻传播类高校国际化存在的不足

首先，华东地区5省1市国际化程度不均衡。从地域分布看，上海市高校国际化程度远远高于其他地区。究其原因，上海市是国际化大都市，经济发展水平最高，在其国际化进程中，无论在政策支持、资金投入、国外师资引进、留学生招生等方面都具有优势。

其次，双一流高校国际化资源丰富，普通高校国际化经费不足。派遣教师到国外进修是高校推动教学和科研国际化的重要途径。我国政府针对不同的高校有不同的资助力度，双一流高校是国家重点建设高校，资助经费多且来源丰富，而普通高校由于经费的限制，教师进修名额少，导致双一流高校和普通高校国际化程度不均衡。

再次，国际化内容较为狭窄，国际化课程体系建设亟待完善。目前，华东地区新闻传播院系的国际化内容主要表现为师生赴海外进行交流和深造方面，而国际化实际上包含更宽泛的内容，比如高校教学理念的国际化、学生评价教学的国际化，等等。同时，国际化课程体系建设亟待完善——华东地区新闻传播院系的绝大多数课程仍然是汉语教学，教学方法和内容偏向于“本土化”教育，一方面是由于相关高校的教学管理观念国际化不足，另一方面则因资金有限，外籍师资引进不足。

（刘泱育①）

① 南京财经大学新闻学院传媒经营管理专业硕士研究生申超红为本章的“社会服务”、陈娜为本章的“国际化”写了初稿，特此致谢。

中篇　平台与人物

第 4 章　新闻传播院系巡礼

4.1　中国境内新闻传播院系

4.1.1　中国人民大学新闻学院

中国人民大学新闻系成立于 1955 年，是中华人民共和国成立后党和政府领导创办的第一家新闻教育机构，1988 年改名为新闻学院。60 多年来，新闻学院为中国新闻传播教育和新闻传播事业作出了社会公认的引领性贡献。现任院长为赵启正教授，执行院长为胡百精教授。

1. 历史沿革

在时任中共中央副秘书长和中宣部常务副部长的胡乔木同志直接领导下，在吴玉章老校长的亲切关怀下，新闻系于 1955 年 4 月始建，首任系主任是《人民日报》副总编辑安岗。

1958 年 6 月，北京大学新闻专业(创办于 1952 年，脱胎于 1924 年成立的燕京大学新闻系)整个建制地并入人大新闻系。中国人民大学、燕京大学、北京大学三所大学新闻教育智慧与力量的汇聚，造就了中国新闻传播教育的一所殿堂，为中国的新闻传播事业培养和输送了一大批优秀的专业人才。

20 世纪 60 年代至 70 年代，中国人民大学新闻系在曲折中发展。1973 年，新闻系停办，并入北京大学中文系。1978 年，中国人民大学复校，新闻系也按建制重返人大校园，开始谱写改革年代新闻传播教育的新篇章。

20 世纪 80 年代至 90 年代以来，学院一直保持着稳步发展的良好态势，并以更加昂扬饱满的精神步入 21 世纪。2004 年、2009 年、2014 年，中国人民大学新闻传播学科在教育部学科评估中连续三次排名全国第一。在全国第四轮学科评估中，中国人民大学新闻传播学科蝉联第一(A+)。2017 年，中国人民大学新闻传播学科进入国家“双一流”学科建设序列。这一荣誉在全国高校中是独一无二的。

2. 办学理念和专业特色

(1)办学理念：

①通识专能的教学理念。学院坚持宽口径、厚基础、理论与实践并重的人才培养目标。遵循学科资源共享、通识专能兼顾、求实创新并举的办学思路，本科各专业课程均由学科基础课群、专业核心课群、专业选修课群组成，以期建立复合知识结构，激发学生的创新潜质。

②面向媒介融合时代的课程设计。学院将跨媒体教学纳入本科生教学之中，鼓励和培养学生跨媒体实践动手能力。自 2009 年起，开始举办“接力杯”跨媒体作品大赛，推动学生专业知识和实际技能水平提升。2014—2015 年又进一步调整课程，大幅加强“互联网写作”“数据新闻制作”“媒介融合报道”等课程，积极与社会发展潮流相匹配。2015 年夏，学院本科生董骁及其团队的作品《“据”说奥斯卡》，荣获“首届中国数据新闻大赛”学界组(唯一)一等奖。

③设立各级各类实验班。与其他院系组建联合培养团队，是学院打破学科交叉障碍、探索复合型人才教育体系的有力尝试。自 2011 年起，学院开办新闻—法学、新闻—国际政治实验班，鼓励学生挖掘学科之间的相关性，拓展视野，广泛涉猎。

作为中宣部、教育部首批“国际新闻传播方向”硕士研究生项目试点高校之一，学院自 2009 年起筹划设立“国际新闻传播方向”硕士研究生实验班，选拔兼具外语技能与新闻素质的学生，培养其国际化视野和现代传播理念。

④注重开展实践活动。学院先后组织学生赴江苏、山东等地开展实践活动，深入工厂、农村、社区进行实地调查采访；重视与业界的互动，先后组织学生参观人民日报社、北京人民广播电台、优酷网等传媒机构；还与多家媒体单位建立实践基地，帮助学生提升实际操作能力。2014 年，学院联合腾讯公司创办“互联网媒体腾讯课堂”，依托其网络媒体优势，致力于培养新型网媒人才。

(2)专业特色。目前，学院拥有新闻学、传播学、广播电视学、广告学 4 个本科专业，新闻学、传播学、广播电视学、传媒经济学 4 个硕士和博士专业以及 1 个新闻传播学博士后流动站。

①本科。依照“宽口径、厚基础”的培养思路，在四年过程中不分专业培养，所有学生的专业课除学科基础课外，将在新闻与传播学大学科之下的全部课程包中按兴趣选择，毕业之前，学院按照学生课程选择偏向认定其专业，以应对学生的就业需要。学院

现有四个本科专业，包括新闻学、广播电视学、传播学、广告学。

“新闻学—法学”实验班：由新闻学院与法学院合作组建，旨在培养具有新闻传播学与法学专业知识、执业技能和发展潜质的高端复合型人才。毕业时获得文学学士和法学(副)学士两个学位。

“新闻学—国际政治”实验班：由新闻学院与人大国际关系学院合作组建，旨在培养具有新闻传播学与国际政治学知识、技能的高端复合型人才。毕业时获得文学学士和法学(副)学士两个学位。

“未来传播学堂”项目：2016 年起，学院开设了“未来传播学堂”本科人才培养高端项目，旨在造就数字化、国际化的新闻与传播领英人才。该项目通过课程体系改造、实践资源整合、派送赴国外名校留学(半年以上)、全球招聘名师授课等方式，选拔和培养高级创新型人才，每一级学生数为 30 人左右。

“学术拔尖人才培养计划”项目：在获得保研资格的大四学生中遴选有学术志向、潜质和积累的学生，学院给予经济资助及其他学术研究优良条件，培养学术拔尖人才，为未来的新闻传播学科造就高水平学术人才与师资。

“厚重人才成长支持计划”项目：该项目是学校以“本科人才培养路线图”为导引，跨越专业界限，激发学生兴趣，着力打造的第二课堂学生综合发展项目，倡导学生多途径、多样化成长，培养更高的综合素质。学院在学校该项目已有资源的基础上，结合自身学科特色配套资源。

②硕士。学院目前拥有新闻学、传播学、广播电视新闻学、传媒经济学四个学术型硕士专业，2011 年开始招收新闻传播学专业硕士。学术型学位按学科设立，以学术研究为导向，偏重理论研究，培养研究人员；专业型学位以专业实践为导向，重视实践和应用，培养在专门技术上受到正规的、高水平训练的专业人才。

攻读专业型学位的硕士研究生，将由来自学界、业界的两位导师共同指导。攻读学术型学位的硕士研究生，又特别根据其英语及专业水平，选拔组建“国际新闻传播方向”硕士研究生实验班，该方向的学生同样由来自学界、业界的两位导师共同指导。

③博士。学院目前拥有新闻学、传播学、传媒经济学、广播电视新闻学四个博士专业。博士专业基本以学术研究为导向，偏重理论研究，培养大学教师和科研机构的高层次人员。每年招收 25 人左右，以全脱产学制为主。

④博士后。2004 年建立新闻传播学博士后流动站，站内不再分专业，均为“新闻传播学”。10 年来，学院共培养博士后人员 20 余人。博士后在站人员具有半工作—半教育的性质，在站期间需完成核心期刊学术论文 5 篇，同时呈交水平相当于博士毕业论文的博士后出站报告 1 篇。

3. 师资队伍和学术带头人

自成立至今，安岗、罗列、余致浚、甘惜分、方汉奇、张隆栋、蓝鸿文、郑兴东、成美、何梓华、秦珪等院系领导和著名教授，为学院的发展和新闻学学科的建设作出了重要贡献。目前学院院长为赵启正，执行院长胡百精，书记周勇，副院长张辉锋、王润泽、赵云泽，副书记蒙彬、韩晓宁。学院不仅拥有方汉奇、郑兴东等我国新闻传播学科的泰斗级奠基人和开创者，而且拥有郭庆光、蔡雯、高钢、杨保军等一批著名学者以及国家“万人计划”领军人才、“百千万人才工程”人选、教育部“国家级教学名师”等称号与荣誉获得者，形成了既成熟又富有创新活力的教学与学术团队。学院现有教授 24 人，副教授 24 人，讲师 6 人。

4. 科学研究和学术平台

（1）教学科研机构。学院目前拥有全国最好的新闻传播文献中心与新闻传播实验中心。

①新闻传播文献中心：始建于 1955 年，后更名为新闻传播文献中心，目前拥有国内最丰富的专业藏书和文献。现有图书资料包括：新闻学、传播学、广播电视新闻学、摄影、广告、出版与发行、媒介经营与管理、综合性工具书等。文献中心收藏中华人民共和国成立前报刊 3600 余种，包括《强学报》《清议报》《万国公报》《京报》（黄皮）等珍贵报刊资料。

②新闻传播实验中心：始建于 1955 年，初期主要从事新闻摄影教学和实验活动。1990 年，学院建立了国内新闻院系第一个激光照排实验室。1997 年，实验室被重新整合并更名为新闻传播实验教学中心，列入人大校级“211 工程”建设（第一期）新闻学子项目建设的重点。2008 年，学院新闻传播实验中心被评为“国家级实验教学示范中心”。

（2）《国际新闻界》杂志。《国际新闻界》（Chinese Journal of Journalism & Communication，CJJC）是由教育部主管、中国人民大学主办的新闻传播学综合性学术月刊，刊载国内外新闻传播学各领域理论和应用研究的原创性成果。该刊是新闻传播学科唯一的国家社科基金首批资助期刊、全国中文核心期刊、全国新闻核心期刊、中文社会科学引文索引（CSSCI）来源期刊之一。该刊实行专家匿名审稿制度，坚持学术质量第一，致力于学术自由与创新的追求，促进国内外学术交流，瞄准国际学科前沿，加快走向世界的步伐，使其真正成为国际性学术期刊。

（3）新闻与社会发展研究中心。该中心前身为 1986 年 10 月成立的人大舆论研究所及此后相继成立的现代广告研究中心、媒介经营管理研究所、港澳台新闻研究所和视听传播研究中心；1999 年 11 月以现名重新组建，2000 年 9 月被批准为教育部人文社会科学重点研究基地。中心下设新闻传播研究所、舆论研究所、媒介经济研究所、公共传播研究所、新媒体研究所、视听传播研究所、新闻伦理与法规研究所，另与新闻学院共建文献资料中心，共同主办期刊《国际新闻界》，共同复办《新闻学论集》。

中心主任原为童兵教授、郑保卫教授、喻国明教授，现任主任为蔡雯教授，执行主任为王润泽教授。现有专职研究人员 11 人。主要学术带头人有：陈力丹、高钢、郭庆光、蔡雯、杨保军、王润泽、胡百精、周勇等知名教授。2018 年以来，中心先后承担各类科研项目 200 余项，出版专著和教材 200 余部，发表论文两千余篇（其中核心期刊 880 余篇），提交政府部门的咨询报告 50 余份，科研成果获国家级奖 9 次、获省部级奖项 20 次，在数量和质量上都居于学科前列，成为本学科领域名副其实的重点研究基地。

（4）中国人民大学马克思主义新闻观研究中心。该中心成立于 2016 年 10 月 22 日，是由中共北京市宣传部与中国人民大学共建新闻学院共同开展的建设项目。中心成立后，积极发挥人大马克思主义研究的多学科优势，发扬人大新闻学院马克思主义新闻思想研究的传统优势，立足于把马克思主义新闻观与中国共产党领导的革命和建设百年新闻实践相结合，开展中国特色社会主义新闻理论研究和课程建设，用实实在在的研究成果，丰富并发展马克思主义新闻观。中心旨在建成马克思主义新闻思想研究的交流平台、马克思主义新闻思想研究人才的培养平台、马克思主义新闻思想的传播平台、马克思主义新闻思想文献数据平台。中心首任主任为周建明教授，现任主任为邓绍根教授。

5. 学科建设

（1）系部概况：

①新闻系。新闻系组建于原新闻采访写作教研室和新闻编辑教研室的基础上。目前，已经把“新闻编辑”和“新闻评论”建设成国家级精品课和北京市精品课，2008 年获“北京市优秀教学团队”称号。系部开设的本科课程有“基础采访写作”“高级采访写作”“新闻编辑”“新闻评论”“调查性报道”“人物报道”等；研究生课程包括“新闻采访写作研究”“新闻编辑研究”“新闻评论研究”“媒介融合与新闻实务”。

②传播系。传播系培养具有社会责任感和公共精神，通晓新闻传播理论和方法，掌握媒介融合规律、知识和技能，能够创造性地解释和解决现实传播问题，适应社会各机构需求的高级传播人才。研究领域主要包括新媒体传播、视觉传播、公共传播和文化产业。

③广播电视系。广播电视专业成立于 1985 年，为全国同类专业最早开设的一批。该专业一方面培养以广播电视新闻为核心的，包括编辑、记者和策划创意等在内的应用型专业人才；另一方面则培养面向广播电视业的研究型人才。专业课程包括对从事广播

电视行业所需要的基础技术训练，如“音频视频内容制作”；对从事广播电视新闻采编工作所需要的基本技能、专业意识训练，如“广播新闻报道”“电视新闻报道”等；对涉及广播电视行业发展和广播电视媒介传播规律的深层次问题的学习和研究。

④广告与传媒经济系。该系主要包括广告学与传媒经济学两个专业。面向本科生的广告学专业核心课程有“广告学概论”“广告策划”“广告媒体策略”“广告文案”“广告创意与设计”“媒介经营与管理”“公共关系学概论”“传播理论”“市场营销学”等。面向硕士研究生的传媒经济专业核心课程有“传媒产业发展研究”“传媒经济研究”“公关理论与实务”“广告理论与实务”“新闻传播学研究方法”等。

(2)案例库建设。案例库于2005年正式启动，目前有13个案例库。截至2015年3月，已开发成功的案例有721个，且已全面应用于本科生与研究生的主干业务课程和部分需要案例教学的理论课程。2012年，新闻传播学案例库荣获北京市高等教育教学成果奖一等奖。

13个案例库分别是：新闻采写案例库、新闻编辑案例库、新闻评论案例库、新闻摄影案例库、广播新闻案例库、电视新闻案例库、新媒体传播案例库、广告案例库、公共关系案例库、编辑出版案例库、媒介经济案例库、新闻伦理与法规案例库、传播学研究方法案例库。

6. 社会服务

学院60余年来培养了万余名毕业生，成为中国新闻传播领域的学术重镇、记者摇篮和改革引领者，《实践是检验真理的唯一标准》《东方风来满眼春》等深刻影响中国社会进程的著名篇章皆出自学院毕业生之手。学院已成为中国新闻事业重要的人才培养基地、国家建设智囊库、新闻传播理论创新基地、国内外学界与业界的交流平台。

学院与密苏里大学新闻学院、哥伦比亚大学新闻学院、莫斯科大学新闻系等十几所世界知名大学新闻院系和研究机构建立了交流合作关系；与美洲、欧洲、亚洲以及中国港澳台地区等多所新闻传播院校长期开展教师互访和学生交换；2016年，学院发起成立中俄新闻教育高校联盟；受中宣部委托，学院开办国际新闻传播硕士项目；受外交部等政府部门委托，举办外国记者长短期访学和交流项目，并于2018年正式启动“一带一路”全球新闻传播英文硕士项目。

站在新的起点上，中国人民大学新闻学院需要回答：如何在新时代持续推进马克思主义新闻观的中国化、时代化，并以之统摄、引领新闻传播教育的创新发展？如何适应互联网革命和媒体融合大势，培养信念坚定、勇于担当、业务精湛的卓越新闻传播人才？如何扎根中国大地，响应国家建设和社会发展的重大战略需求，构建中国特色新闻传播学术话语体系？如何参与国际竞争与合作，与国际一流学科实现适宜的实质等效对标，培养人类命运共同体的传播使者？为此，学院将努力开启“双一流”时代的新闻传播教育。

（中国人民大学新闻学院）

4.1.2　中国传媒大学新闻学院

1. 基本情况

中国传媒大学新闻学院在原北京广播学院新闻系的基础上发展而成，是中国新闻学教育历史最长久的院系之一。自 1959 年 9 月招收本科生起，学院共培养毕业生 4000 余名，他们在中国传媒业的各个领域发挥着重要作用，其中既有中央级媒体的重要领导，也有中国新闻奖、长江韬奋新闻奖的获得者，更有诸多著名的、活跃在媒体业界的杰出人才。

当今时代，全球传媒生态发生了深刻变革，信息与传播技术突飞猛进，中国传媒业的建设和发展对国家产业转型、升级的重要性更为增强，这对新闻传播和舆论人才的培养提出更大的挑战。针对这一变化，中国传媒大学《“十三五”规划》在明确提出“全民推进、整体跃升、力争到 2020 年，学校综合实力全面增强，有若干学科或学科方向达到国际一流水平，学校的国际影响力显著增强，主要办学指标达到国际水准，基本实现学校的奋斗目标”的同时，将培养具有强烈社会责任感和国际视野、基础扎实、实践能力和创新能力强的传媒领域精英人才作为学校的定位。学校的战略思路为学院的办学定位提供了重要指导。

学院发展战略的总体目标是建设成为有中国特色的、世界知名的新闻传播学学术重镇，为学校创“双一流”作出积极贡献，真正解决好当下新闻传播业的“本领恐慌”问题，培养出“政治坚定、业务精湛、作风优良、党和人民放心”的新闻人才队伍。在这一目标框架内，学院坚持以“传统”“现代”和“国际”三大关键词为办学特色。

2. 培养理念与专业设置

（1）培养理念：

①适时调整学科培养方案，适应新闻传播发展趋势。学院对新闻学、传播学、传播学（媒体市场调查与分析方向）和网络与新媒体（媒体创意）4 个专业方向的培养方案进行

了调整，在保持原有核心特色课程的基础上，增加了“新兴媒体概论”“媒体融合”“数据可视化传播与应用”等符合媒体融合发展思路的新课程；同时还开设了“全球新闻传播实务”“全球文化传播”等新闻传播前沿性课程，旨在开拓学生眼界，培养具有全球视野的新闻传播人才。

②率先推行培养模式改革，培养复合型优秀人才。2014 年秋，学院开设了数据新闻报道实验班，该实验班有两大特点：一是在本科生层次推行导师制，加强学生与教师之间的沟通与互动，全面提升学生的综合能力；二是在课程设置上强调理论与实践相结合，半天专业课程学习，半天实操演练，努力培养适应全媒体工作环境的复合型新闻传播人才。

③强化社会实践育人功能，践行特色育人模式。学院积极挖掘教学资源，全方位搭建开放性实践平台，让学生在院报《新传时报》、院刊《新闻视野》和校外暑期实践基地等一线新闻工作平台上学知识、长才干，提高学生实践创新能力，以应对未来传媒工作的各项挑战。

学院特色育人模式已经取得了一定成果。近三年来，在《中国日报》主办的相关校园学报新闻奖评选中，学院主办的《新传时报》连连获得“最佳版面设计奖”“最佳版面设计奖(网络评选)”“最佳摄影图片奖”“最佳摄影图片奖(网络评选)”“最佳新闻摄影图片奖”和“最佳经济新闻报道奖”等多项殊荣。

④推行“走出去，引进来”，拓展国际交流与合作。学院积极鼓励教师与学生走出去，以访问学者、参加国际会议和交换生等方式出国交流，捕捉全球新闻传播最新信息，汲取一流新闻传播院校和科研机构的经验。同时，坚持开放式办学，充分利用社会资源，邀请国际知名新闻传播学者和业界精英为学院师生举办讲座，开设研讨班，获邀专家涵盖国际传播、数据新闻报道、网络传播、摄影、电视新闻等各个领域。

(2)专业设置。学院目前共设有 5 个本科及专业方向：新闻学、新闻学(数据新闻报道方向)、传播学、传播学(媒体市场调查与分析方向)和网络与新媒体(媒体创意方向)；3 个学术型硕士学位授予点：新闻学、传播学和舆论学；1 个专业型硕士学位授予点：新闻与传播；2 个博士学位授予点：新闻学和传播学；1 个新闻传播学博士后流动站。

(3)优势专业与新专业建设。当前，全球传媒变革迅速，信息与传播新技术蓬勃发展。特别是 2014 年 8 月 18 日，习近平总书记提出了“传统媒体与新兴媒体融合发展”的思路，这为学院本科教学提出了更高的目标。为此，学院不断拓展和完善“全媒体”教学思路，于 2014 年开办数据新闻实验班，新闻学(数据新闻报道方向)作为第 5 个本科专业于 2015 年秋开始招生。

学院进一步完善数据新闻的教学体系，进一步摸索培养文理兼容、既懂新闻又懂数据的新型新闻人才，除为其配备专门的教室和实验条件外，还积极协调授课教师，使数据新闻报道方向各项教学工作顺利开展。如全国“两会”期间，数据新闻专业的学生在中青网等实习基地发表了大量数据新闻报道作品，数据新闻实践能力不断增强。

新闻学院积极指导学生参与大学生“挑战杯”竞赛，要求教师全程指导学生参与，在 2015 年第八届和 2016 年第九届“挑战杯”中，学院均有 5 部作品获得北京市级奖项。

(4)优质课程资源建设。学院目前拥有 3 门精品课程：“传播学概论”获国家级精品(优秀)课程；“新闻理论”获国家级、北京市精品(优秀)课程；“中国新闻史”获北京市精品(优秀)课程。

3. 人才培养

学院以培养能坚持正确的政治方向、坚持正确的舆论导向、坚持正确的新闻志向和坚持正确的工作取向的新闻传播人才为目标定位，努力造就具备扎实的新闻传播理论知识、较全面的人文和社会科学基础知识，并掌握必备的新闻传播实践基础能力和社会科学研究基本方法，能够在媒体、政府、企业、社会团体和非政府组织等领域从事新闻传播生产与管理的相关工作，具有全球视野的“一专多能型”高素养新闻传播人才。

在实施这一目标的过程中，学院具体的工作体现在以下几个方面：

(1)政治素质与职业道德规范的培养。在这一培养过程中，注重马克思主义理论引导作用。以马克思主义新闻观为统领的新闻理论等相关课程是学院各个本科专业基础课程的“重中之重”，为此，学院开设了“马克思主义经典作家新闻思想”“中外新闻史”等相关课程，传播学专业的理论课程也引入越来越多的马克思主义批判思想，而不再唯“当代西方理论”马首是瞻。在打造过硬政治素质的同时，注重新闻传播职业道德规范的培养，传媒伦理与法规等相关课程已成为新闻学院的特色课程。

(2)新闻专业素质与能力的打造。信息传播技术与传媒产业的发展日新月异，在当下传媒生态环境中，如何定义新闻专业的素质与能力是值得新闻传播学界不断思索的重要问题。学院近年来持续探索，在本科教育中注重两个能力的培养——“讲好中国故事”的理论能力与“运用融媒技术与手段”的实践能力。

围绕这两种能力的培养，学院开设了叙事学、跨文化传播、新媒体概论、媒介融合传播学概论、传播理论等理论课程。根据“全媒介”生态环境的需求，学院加强了传统的“采、写、编、评”等专业基础能力，开设了从报纸、广播、电视等传统媒体到社会化媒体、大数据应用等全媒体的实操课程。除课堂教学外，学院还为学生提供了丰富的实践教学平台，目前已与多家媒体达成了合作协议，建立了学生校外实习基地，同时积极利用校内和院内资源为学生创建实践平台。

(3)全球视野的形成。加强国际传播能力建设，增强国际话语权是我国新闻传播事业发展的努力方向。面对这一现实需求，学院努力落实学校的国际化发展战略，实施“走出去，引进来”方针，拓展国际交流与合作，感知世界新闻传播学界和业界最新动态。在学生培养上，学院设置了“全球新闻实务”“全球新闻传播学前沿”“跨文化传播”等课程，在各个专业都开设了专业英语课，传播学专业则根据课程需求，正在积极开设双语课程。同时，还为学生开辟了对外交流的多元化渠道，包括引进海外高水平学者、开设工作室、讲座、与国外院校建立交流项目以及参加国际赛事等方式。

4. 师资队伍

(1)数量与结构。截至2019年3月1日，学院在编教师总数为57人，其中专任教师48人，实验技术人员与教辅人员9人。具有高级职称的教师46人(其中正高职称22人，副高职称24人)，占专任教师总数的95.83%；具有博士学位的教师45人，占专任教师总数的93.75%。现有专任教师团队中，学缘(最高学历)为外校的教师23人，其中，在国外高校获得学位的有3人。

(2)教师教学投入。学院坚持将“教授教学”作为重点工作之一，这一模式不仅体现在研究生教学，而且还贯穿在本科生教学中，帮助本科生打下扎实的学科理论基础。以2018年度为例，本科课程总门数为87门、总门次数为124门次、总学时为4416学时，其中，教授、副教授授课课程总门数为77门，总门次数为109门次，课程总学时为3904学时，分别占总量的88.5%，87.9%和88.41%。

(3)国际化程度。近年来，学院积极鼓励教师走出去，以访问学者、参加国际会议等方式出国交流，捕捉全球新闻传播最新信息，汲取一流新闻传播院校和科研机构的经验，开阔视野，提升教学与科研能力，全院专任教师近几年几乎都有境外访学或参加国际学术会议经历。与此同时，学院还努力提升实验教学、管理与教辅人员的工作水平，为本科教学提供强有力的支持和保障。

为不断丰富本科课程，提升本科教学水平，学院还积极引进境外高水平人才为本科生授课。比如，邀请美国长岛大学新闻学教授、前美联社资深记者刘仕诚(David Liu)为数据新闻实验班学生开设“环境报道”课程。另外，还邀请了加拿大西蒙菲莎大学访问学者Byron Rigel Hauck负责教授为传播学学生教授传播学专业英语课程。

5. 科学研究

在完成教学任务的同时，学院专任教师还投入大量精力进行学术研究，提升科研水平，反哺本科教学，提高教学效果。2014—2018 年，学院教师共发表学术论文 548 篇，其中核心期刊论文约 184 篇；出版学术专著、教材 72 部；获得纵向课题 85 项，横向课题 40 项。新闻学院专任教师的专业水平还体现在其所获奖项上。几年间，学院教师获得了多项各级各类奖励。其中，获部级、局级个人荣誉 10 项、教学成果奖 8 项。比如：隋岩教授的学术专著获得第七届吴玉章人文社会科学优秀奖；曾庆香教授的学术专著获得教育部三等奖；丁迈教授和方毅华教授分获北京市高等学校教学名师和北京市师德标兵称号；刘昶教授和哈艳秋教授分获中国广播电视协会“百优理论人才”和广播电视理论人才“十佳”称号。

6. 教学质量保障

(1)“三位一体”的教学质量保障体系。目前，学院拥有以“课堂教学、专业实践、成果评价和展示”为核心的“三位一体”教学质量保障体系。在课程设置上，更加突出专业特色；在教学内容上，加强各个课程之间的内容衔接，避免课程重叠；在选修环节上，将各专业的课程融合打通，搭建学部级选修课平台，增强学生自主选择能力，培养学生的学习能力和兴趣。

(2)教授负责的教师授课管理体系。在授课管理方面，学院成立了教授委员会，由教授委员会负责对教师授课进行观摩，针对课程内容设计、教学方法、教风教态和语言表达等方面进行评议，并与任课教师共同探讨课程设计和具有“互动式”的教学方法。

(3)常态化的师生代表座谈会。为了切实提高本科教学质量，学院多次组织师生代表参加分组座谈会，力图通过这种形式，凸显一线教学中的各类问题，及时将问题反馈至任课老师，这对修订新版培养计划起到了良好效果。

(4)定期开展自我评估和外部评价。学院建立了常规和专项评估结合、校级和院级评估并重、内部评估和外部评价对接的评估机制。培养目标与培养计划的评估以每两年或三年为一个周期，对教学过程采用学生评教、督导督学、课程评价等多种形式，对用人单位采用座谈、研讨、问卷调查等形式进行交流，使校院领导、教学管理人员、教师、学生、用人单位等人员都能够积极参与教育评价活动，形成有效的质量监控运行机制，持续改进教学质量，确保培养计划的顺利实施，维持各教学环节的正常运行。

在信息传播技术与传媒产业日新月异的当下，如何定义新闻专业素质与能力，如何培养专业新闻人才，是值得新闻传播学界不断思索并与时俱进的重要问题。中国传媒大学新闻学院对此持续探索，在传统媒体和新兴媒体深度融合语境中，以社会需求为导向，为适应媒体格局变化及其所带来的社会需求变化，不断增强教师队伍建设，改善教学条件，构建全方位教学质量保障体系，优化教育教学质量，以培养未来能坚持正确的政治方向、坚持正确的舆论导向、坚持正确的新闻志向和坚持正确的工作取向的新闻传播人才为目标定位，以培养适应新兴媒体发展趋势、具有全球视野的一专多能型新闻传播人才为己任。

（中国传媒大学新闻学院）

4.1.3　复旦大学新闻学院

复旦大学新闻学院已有 90 年的办学历程，是中国历史最悠久的新闻传播教育机构，素有“复旦新闻馆，天下记者家”美誉。90 年来，学院为社会培养了数以万计的优秀新闻传播人才，在全国乃至世界拥有广泛影响。在信息传播技术革命和媒体融合的背景下，学院秉承“好学力行”传统，深化教育教学改革，定位精英新闻传播教育，着力培养理想信念坚定、业务能力精湛、适应新传播时代要求的创新型、复合型卓越新闻传播人才，有望经过若干年的努力，跻身世界一流新闻传播教育机构之列。

1. 历史沿革

学院前身为 1929 年 9 月成立的复旦大学新闻学系。早在 1924 年，国文部主任邵力子就开设了“新闻学与现代政治”课程，这是复旦大学最早开设的新闻学课程。自 1925 年秋季学期开始，复旦大学国文部扩充为中国文学科，下设文艺系、文艺教育系、新闻系。1926 年 9 月，以新闻系名义招收了 3 名新闻学专业学生。

1929 年 9 月，新闻学系正式成立。首任系主任谢六逸亲自拟定《复旦大学新闻学系简章》，揭示新闻学系设立的目的为“以正确之文艺观念，复导以新闻编辑之规则”“养成本国报纸编辑与经营人才”，从而“润泽报章，指导社会”。1932 年 9 月，复旦大学成立文、理、商、法四个学院，新闻学系隶属文学院。1935 年 10 月，为庆祝 30 周年校庆，新闻学系举办了“首届世界报纸展览会”，被誉为“中国新闻史上的创举”。

全面抗战爆发后，上海沦陷，新闻学系于 1938 年 2 月随同复旦大学迁往重庆北碚。同年 6 月，谢六逸因病辞去系主任之职，《中央日报》社长程沧波开始兼任系主任。1941 年 9 月，程沧波被国民党中央党部派往香港工作，系主任一职由陈望道代理。1942 年 9 月，陈望道正式接任系主任，他倡导民主办学，把“宣扬真理、改革社会”作为办系指导原则。1943 年 4 月，陈望道提出“好学力行”四字作为新闻学系系铭。

1946 年 6 月，新闻学系随同复旦大学迁回上海江湾。1949 年 5 月上海解放，同年 8 月上海暨南大学停办，该校新闻系转入复旦大学新闻学系；9 月中国新闻专科学校解散，该校部分学生经甄别考试后被复旦大学新闻学系录取。1950 年 7 月，已在主持复旦大学校务工作的陈望道辞去新闻学系主任一职，改由《解放日报》社长恽逸群兼任。恽逸群提出“兼容并蓄”办学方针，一方面继续陈望道的民主传统，一方面加强无产阶级的政治思想教育和新闻业务教育。1950 年 8 月，华东新闻学院教务长王中调至复旦大学工作，同时在新闻学系担任教授。恽逸群因报社工作繁忙，不久即委托王中代理系主任工作。1950 年 10 月，华东新闻学院停办，该校部分教师调入复旦大学新闻学系任教。1951 年 9 月，上海民治新闻专科学校停止招生，该校部分学生并入复旦大学新闻学系。1952 年 9 月，全国高校院系调整，圣约翰大学新闻系停办，该系部分师生转入复旦大学新闻学系。

1952 年 10 月，恽逸群受到错误处分后被免去新闻学系主任职务，王中接任。与全国其他高校院系一样，复旦大学新闻学系开始全面学习苏联经验，取消学分制与分组制，把培养目标改为“有巩固基础、发展前途的新闻文字工作者”。1954 年 6 月，新闻学系按照莫斯科大学新闻系模式全面修订教学计划，1955 年将学制由四年改为五年。

1956 年 9 月，王中提出“破除迷信、坚定信心、组织力量、调动因素”的办系方针，尝试进行新闻教育改革。1957 年夏天“反右”斗争开始，王中在新闻界受到重点批判，被停止工作，后又被错划为“右派”。为加强对新闻学系的领导，1957 年 10 月，中共中央直属高级党校新闻班副主任丁树奇、教员李龙牧和《人民日报》记者陆灏奉调来系工作，丁树奇担任系主任，主持系务工作。1959 年 1 月，徐震担任新闻学系党总支书记，倡导新闻学专业要培养“心红、眼亮、手巧、足勤”的新闻工作者，复旦新闻教育要走“两典一笔”的道路——新闻学专业的学生既要学习马列主义毛泽东思想经典论著，又要熟读中外古典名著，同时练好手中的一支笔。“两典一笔”后来成为新闻学系的办系方针和课程设置原则，形成了鲜明的复旦新闻人才培养特色。

1966 年 5 月，“文革”爆发，新闻学系于该年停止招生，教学与科研活动全部中断。1970 年 11 月，新闻学系开始招收工农兵学员，至 1976 年共招收了 6 批学员。

“文革”结束后，复旦大学新闻教育逐渐恢复正常秩序。1978 年春，全国高考制度恢复后招收的第一批四年制新闻学专业本科生入学；同年 9 月，第一批招收的硕士研究生入学。1979 年 9 月，王中复出担任新闻学系主任。在改革开放、科教兴国的大背景下，新闻学系进入了新的发展阶段。1981 年、1984 年先后建立新闻学专业硕士研究生、博士研究生点，形成了完备的“本科—硕士—博士”人才培养体系（1999 年又成立我国第一个新闻传播学博士后流动站）。1983 年创建国际新闻专业、书刊编辑专业（1987 年 7 月停办），1984 年 9 月又创建广播电视新闻学专业。1988 年 6 月 10 日，经教育部批准，复旦大学新闻学系扩建而成新闻学院，下设新闻学系、新闻研究所以及国际新闻、广播电视新闻学等专业，复旦大学新闻学院由此成为国内高校最先建立的新闻学院。

2001 年 6 月，学院在广告学专业(1994 年 9 月建立)、广播电视新闻学专业的基础上创建广告学系和广播电视学系。2001 年 12 月，中共上海市委宣传部与复旦大学签订协议共建新闻学院，成立由市委宣传部领导、上海市各主要媒体负责人及复旦大学有关院系负责人组成的院务委员会。2002 年 9 月，新建传播学专业并招收首批本科生，传播学系也同时成立。至此，复旦大学新闻学院在行政建制上形成“一院(新闻学院)四系(新闻学系、广播电视学系、广告学系、传播学系)”的格局。

2. 办学特色

秉承“好学力行”院(系)铭，学院形成了既重视新闻传播史论，又重视新闻传播实务的优良传统。近年来，学院在充分尊重传统的基础上，与时俱进，大胆创新，不断调整培养目标与培养方案，以顺应信息传播技术和新闻传播业态的重大变化，满足新闻传播业界对新型人才的需求。90 年的经验积累、不断的改革创新，复旦大学新闻学院自此形成了一系列鲜明的办学特色。

(1)注重马克思主义新闻观教学，凸显思政育人价值。学院一贯重视马克思主义新闻观教育，培养政治正确、理想高远、操守优良的新闻传播人才。学院在马克思主义新闻观教育平台建设、团队建设、课程建设、教材建设等方面积累了丰富经验，“马克思主义新闻思想”课程入选国家级精品课程和教育部网络共享课程，引领全国的“马克思主义新闻观”教学。学院还以马克思主义新闻观教学为龙头，重点打造和组建了一个“专业课程+前沿讲座+特色实践”三位一体的新型课程思政框架，全方位、立体化地将专业教育与思政育人融合，凸显思政育人价值。

(2)大胆创新培养方案，“2+2”模式独树一帜。为了培养复合型高素质新闻传播人才，学院对本科培养方案进行了大胆创新。从 2009 年开始，学院按照新闻传播学大类招生，2011 年开始废止新闻传播学下各专业的教学培养方案，制订了一个适用于新闻传播学各专业的教学培养方案，实行跨专业的新闻传播学科大类教学模式。2012 年，学院开始施行跨学科、跨专业的“2+2”培养方案，即把四年制培养进程分成两个阶段：第一阶段(前两个学年)学生必须学习非新闻传播学类专业知识，即从经济学、社会学、电子信息科学与技术、汉语言文学、法学、国际政治、政治学与行政学、行政管理等专业中选择一个专业学习；第二阶段(后两个学年)再从新闻学、广播电视学、广告学、传播学四个专业中选择一个专业，学习新闻传播学专业知识。事实证明，这一培养方式方向正确，行之有效。“2+2”的本科培养方式开创了我国新闻传播教育的新模式，也被国内不少新闻传播教育机构学习、借鉴。

(3)“部校共建”成效显著，教学设备首屈一指。中共上海市委宣传部与复旦大学共建新闻学院已经有 18 年历史。“部校共建”创新了新闻传播教育教学模式，促进了业界与学界互动、教学与科研贯通、理论与实践结合，形成了鲜明的特色，取得了显著的成效。这一模式得到教育部的肯定，也在全国高校新闻传播院系推广。

依托“部校共建”机制，学院教学设备在全国可谓首屈一指。学院拥有 80 余亩的独立院区和办公楼、教学楼、图书馆，拥有先进的新闻传播学教学实验中心。2018 年 10 月，复旦大学上海新媒体实验中心又在学院建成并投入使用。该中心是一个服务科学研究、促进学界和业界交流融合、支持课堂教学、惠及学生的多功能、开放式平台，有助于推动新媒体环境下的科学研究和教学实践，继续保持学院在全国新闻传播教育与科研领域的领先地位，形成新媒体环境下独具特色与优势的新闻传播教育、研究新模式。

(4)学生实习一体化，形成良好管理机制。学院一直重视学生的教学实习，要求每位学生必须到新闻传播等机构进行为期两个月的教学小实习和半年的教学大实习，并通过学分予以体现。“部校共建”后，学院充分挖掘与集纳社会资源，在 80 多个国家级媒体、上海市等地方著名媒体建立了实践教学基地。2004 年后，学院与上海市委宣传部共同创新教学实习管理环节，组建由该部副部长担任组长的实习领导小组，并由该部新闻宣传处牵头布置实习任务、跟踪实习进展与评估实习成效。2009 年，学院在上海市委宣传部及各媒体机构的帮助下，进一步建成一体化的教学实习体系，即把小实习、大实习两门全日制必修课程打通并作统一规划，强调实习单位的高起点(以主流权威媒体为主)和实习内容的全覆盖(全面掌握新闻内容生产各环节的基本技能)。

(5)面向世界办学，国际化程度高。学院素有“面向世界、开放办学”的传统，重视对外交流与合作。目前，学院已与美国、英国、法国、德国、奥地利、俄罗斯、日本、澳大利亚、加拿大、瑞典、韩国、新加坡等近 40 个国家和地区的一流院系及研究机构建立了学生交流和项目合作关系，学生在读期间出境出国交流率超过 70%，在读外国留学生人数约占学生总数的 1/5。在全国新闻传播重点学科评比中，学院的国际化办学名列全国第一。

3. 专业设置

学院设有新闻学、广播电视学、广告学、传播学四个本科专业(系)。

新闻学专业(系)成立于 1929 年，是国内历史最为悠久且从未间断办学的新闻学专业，旨在培养具有良好的新闻职业道德和高远的新闻职业理想，能够胜任报刊社、通讯社、广播电视台、互联网新媒体等新闻传播机构和党政机关、企事业单位新闻宣传工作的应用型复合型高素质专门人才。

广播电视学专业创建于1984年，2001年改建为系。广播电视学专业在课程设置与讲授上突出“理论视野、批判精神、实践能力”三方面的统领，旨在培养具备宽厚的人文、社会科学和自然科学基础知识，胜任各种类型机构的复合型优秀音频影像专业人才。

广告学专业创建于1994年，2001年改建为系，旨在培养有深厚的人文修养与深切的社会关怀意识，有开阔的文化视野与独特的审美趣味，具备高度的商业洞察力及商业意识，创意想象力与市场营销实务执行力俱佳，具备“人文、商业、艺术与科技”四有意识的复合型专业广告实务人才。

传播学专业(系)创建于2002年，为国内高校最早创办的本科学历传播教育机构。该专业旨在培养政治立场坚定，富于社会责任感，业务精湛，具有团队协作意识，自主学习能力强的公共传播人才。

2000年5月，学院成为国内首批具有新闻传播学一级学科授予权的博士点，共设有新闻学、传播学、广播电视学3个博士专业，以及新闻学、传播学、广播电视学、广告学、媒介管理学5个科学硕士专业。自2011年起，设立新闻与传播硕士专业学位(两年制)，现有新闻与传播、财经新闻、新媒体传播、全球媒介与传播国际双学位4个专业方向。

4. 师资队伍

学院现有专职教师51人，其中教授26人，副教授20人，讲师5人，高级职称占比90%。50岁以下中青年教师占比70%，拥有博士学位49人，拥有海外学历学位13人。

学院先后拥有国务院学位委员会新闻传播学学科评议组召集人2人，教育部高等学校新闻学学科教学指导委员会主任委员、副主任委员3人。教师队伍中享受政府特殊津贴人员5人，教育部长江学者特聘教授1人，青年长江学者2人，国家万人计划青年拔尖人才1人，“四个一批”人才2人。5人入选教育部新世纪优秀人才计划，10人入选上海市曙光学者计划，12人入选上海市浦江人才计划。

近年来，学院加大了人才引进力度，从国内外著名媒体机构引进了数位业务精英，从海外著名新闻传播院校引进了7位博士，加强了学院在业务教师和青年优秀海归人才方面的力量。此外，为满足实践育人的需要，学院还聘请了一批业界精英兼任实务课程教师和专业硕士研究生指导教师。

5. 学科建设

新闻传播学科是复旦大学的优势学科和重点支持发展学科，学科基础扎实丰厚，

2001 年传播学获批为国家重点学科，2007 年新闻传播学获批为国家一级学科重点学科，拥有新闻学、传播学两个国家重点学科，是当时全国仅有的两所拥有新闻学和传播学国家重点学科的高校之一。2015 年，新闻传播学科进入上海市重点支持的高峰学科行列。学院拥有“985 工程”国家哲学社会科学创新研究基地(复旦大学新闻传播与媒介化社会研究国家哲学社会科学创新基地)、教育部人文社会科学重点研究基地(复旦大学信息与传播研究中心)、文化部复旦大学国际文化创新研究中心、复旦发展研究院传播与国家治理研究中心、复旦大学马克思主义新闻观教学与研究基地、复旦大学传媒与舆情调查中心、复旦大学新闻学国家教材建设重点研究基地和新闻传播学教学实验中心(国家级实验教学示范中心)。

6. 科学研究

新时期以来，学院教师共主持各类纵向科研项目 330 余项、项目金额 4500 余万元，主持各类横向科研项目 130 余项、项目金额 1400 余万元。其中，国家哲学社会科学基金重大项目 6 项，教育部重大课题攻关项目 4 项。学院在新闻理论、传播理论、传播学实证调查、视觉文化与传播等研究领域居于国内领先水平，产生了一批广泛影响的创新性学术成果。近五年来，学院教师公开发表学术论文 960 余篇(其中 CSSCI 期刊论文 280 篇)，出版学术著作 75 部，撰写各类研究或决策咨询报告 340 余篇。有 70 余项科研成果获得各级各类奖励，其中教育部高等学校人文社会科学研究优秀成果奖(文科最高奖项)2 项、上海市哲学社科优秀成果奖(含邓小平理论研究和宣传优秀成果奖、中国特色社会主义理论体系研究和宣传优秀成果奖)25 项。

7. 人才培养

学院秉承“好学力行”传统，定位精英新闻传播教育，着力培养“理想信念坚定、业务能力精湛、适应新传播时代要求的创新型、复合型卓越新闻传播人才”。学院通过学校的通识教育(书院制)、“2+2”培养方案、强化马克思主义新闻观教学、促进国际交流、做实做强专业实践等环节，使学生兼具思想(包括文化素养、价值观念、专业理念、职业伦理)、能力(包括逻辑思维能力、反思批判能力、信息获取能力、表达沟通能力)和技术(包括媒介表现技术、融媒体传播技术、可视化技术、信息挖掘分析技术)，以使之成为高水平的复合型人才。

在 90 年的办学历程中，新闻学院(系)为社会培养了数以万计的优秀新闻传播人才。目前，学院在读学生总数近 1400 人，其中本科生 700 多名，硕士生 300 多名，博士生 50 多名，博士后 40 多名，外国留学生 250 多名。

8. 社会服务

学院通过复旦发展研究院传播与国家治理研究中心、复旦大学马克思主义新闻观教学与研究基地、复旦大学新闻学院培训中心等平台，为国家、社会提供一流的智力服务。

复旦发展研究院传播与国家治理研究中心以建设国家智库为使命，围绕国家治理相关重大课题开展系列研究，为国家进行体制机制改革和政策运行提供全方位、战略性、前瞻性的决策咨询服务。该中心累计报送40余份咨询报告，其中20余份被中央级部门采纳，5份获得党和国家领导人批示。

复旦大学马克思主义新闻观教学与研究基地以建设国家级马克思主义新闻思想决策咨询平台为使命，利用复旦大学传媒与舆情调查中心，定期向中央相关部门提供舆情报告。该基地(中心)累计撰写了80余份舆情专报，其中60余份被中央网信办等部门采纳。

复旦大学新闻学院培训中心以国家政策为导向，以服务社会为宗旨，通过举办各种类型的培训班，不断满足新闻宣传部门、党政机关、企事业单位的干部培训和继续学习需求。仅2018年，该中心就承办了近40个培训项目，为社会各界培训了千余名学员。

9. 国际交流

学院历来重视对外交流和国际化工作。迄今已与美国密苏里大学新闻学院、哥伦比亚大学新闻学院、弗吉尼亚联邦大学、南加州大学，英国伦敦政经学院、金史密斯学院，法国巴黎政治大学，澳大利亚墨尔本大学、悉尼大学，奥地利维也纳大学、萨尔茨堡大学，德国慕尼黑大学，日本早稻田大学、东京大学，新加坡南洋理工大学等40多个国家和地区的一流院系建立了学生交流和项目合作关系。其中“复旦—伦敦政经”与“复旦—巴黎政大国际”双学位项目分别开办于2007年和2011年，是复旦大学新闻学院分别与伦敦政经学院、巴黎政治大学合作的硕士联合培养项目，旨在培养具有复合视野和国际传播技能的高级专门人才。目前，复旦大学新闻学院70%以上的学生在学期间有一次出境出国交流学习或实习的机会，在读外国留学生人数约占学生总数的1/5。同时，学院还通过举办各种国际学术研讨会、派遣教师出境出国讲学进修、聘请外籍教师等方式，增进国际交流，开阔师生视野，实现优势互补。

(复旦大学新闻学院)

4.1.4　华中科技大学新闻与信息传播学院

华中科技大学新闻与信息传播学院的前身是创立于 1983 年的华中工学院新闻系，开启了国内工科大学创办新闻传播类专业的先河，1998 年新闻与信息传播学院成立。学院秉持“文工交叉，应用领先”的办学理念，历经几代学人的开拓奋进，已发展为国内一流的新闻传播学术重镇，形成了完整的新闻传播类专业人才培养链。

当前，学院共有教职员工 50 余名，全日制各类学生 1000 余人。在 2017 年教育部公布的第四轮学科评估中，华中科技大学新闻传播学科为 A 等，排名全国第三，为华中科技大学“双一流”建设学科。

1. 历史沿革

学院 30 多年来的发展历程，走的是一条改革创新、特色取胜的发展之路，其间的创业史、创新史大致可划分为以下四个阶段。

(1)初创摸索阶段(1983—1991)。1983 年新闻系创办时，作为国内工科大学的第一个新闻学专业，作为该校(当时还是华中工学院)的第一个文科系，如何发展并没前例可循。由于师资队伍及其他教学资源的限制，新闻系不可能像综合性大学那样建构以人文社会科学为基础的培养体系，但华中科技大学新闻学人另辟蹊径、大胆革新，果断地将高等数学、计算机语言、科学技术史等纳入课程体系，这一做法令学界、业界耳目一新。经过摸索，这一阶段新闻系确立了“应用为主，文理渗透”的办学方针。

(2)艰辛探索阶段(1992—1997)。这一阶段，无论是社会大环境还是学校小环境，对于新闻系的发展都不太有利。然而，在困难重重的环境中，新闻系的领导和教师们仍然在顽强推进文理交叉的办学创新，一方面进一步坚持“应用为主”，另一方面尝试将前一阶段的“文理渗透”特色推向跨学科的“远程交叉”，即传播文化与传播科技结盟的新层面上。1996 年，新闻系获得新闻学硕士学位授予权，同年开始招生广播电视学本科专业学生，科研也开始走上正轨。

(3)迎风起飞阶段(1998—2005)。1998 年 4 月 28 日，新闻与信息传播学院正式成立。学院抓住新闻传播教育大发展，华中科技大学争创世界一流综合性大学的外部机遇，奋起直追、辛苦耕耘，迎来了一个飞速发展的阶段。同年，学院正式提出学科发展和人才培养的新思路，主要从三个方面进行了转变：一是从单学科教育转向多学科综合教育；二是从侧重技能训练转向技能训练与学理教育并重；三是从廉价教育转向高投入教育。

这一阶段，学院的创新尝试不断。特别是在 1998 年，从校内理工科大二学生中选拔了 22 人组成网络新闻本科班，实行“2+2” 培养，开创了我国网络新闻教育的先河。自 1999 年起，正式招收网络新闻传播学专业的本科学生。2005 年，又在全国高校第一个评论团组织——新闻评论团的基础上，创办了新闻评论方向班，为媒体培养十分稀缺的新闻评论人才。

与此同时，学科建设也不断取得突破。2000 年获得传播学硕士学位授予权，2003 年获得新闻学博士学位授予权，2005 年获得传播学博士学位授予权，成为当时全国五家拥有新闻传播学一级学科博士授予权的院校之一。

(4)发展壮大阶段(2006 年至今)。这一阶段的办学理念从早期的文理交叉推进发展为多学科交叉，充分利用学校理工科、文科其他学科、艺术类专业的资源背景，实现了多个不同学科的交叉融合。依据社会所需，学院的培养目标调整为培训具备融媒体思维和技能的复合型人才。

这一阶段，学院取得的主要突破包括：2011 年级正式开始招收播音与主持艺术专业的本科学生，陆续设立了广播电视传播学博士点(2006)、广播电视传播学硕士点(2007)、广告公关硕士点(2007)、编辑出版专业硕士点(2010)、广告与媒介经济博士点(2012)、公共关系学博士点(2013 年，为国内第一个公共关系学博士点)，并于 2007 年获批建立新闻传播学博士后流动站。

同时，学院的科研也迎来了大丰收。无论在学术著作的出版，期刊论文的发表，重量级科研项目、科研奖项的获得，还是有影响学术会议的召开等方面都有亮眼的表现。

2. 机构设置及负责人

(1)主要领导。院长为张明新教授；党委书记为詹健；副院长为唐海江教授、郭小平教授、李华君副教授；党委副书记为明玉柱。

(2)师资队伍。学院现有教授 16 人，副教授 16 人，讲师 8 人。全部在岗的 40 位教师中，既包括拥有“国务院学科评议组成员”“马工程首席专家”等称号的领军学者，也有一批具有“青年拔尖人才”“新世纪优秀人才”称号的优秀青年师资。整支队伍具有几个明显特征：

①以中青年为主体。师资梯队完备，年龄结构合理，35~54 岁的教师是学院绝对主力军。

②学科来源多元化。除了新闻传播学科外，有近半师资来自相邻学科，包括社会学、哲学、政治学、语言学、文学、管理学及计算机科学等，这有助于学院的跨学科交叉发展。

③由来自业界和学界精英构成“双资”队伍比例协调。业界师资是学院发展的一个

重要抓手，目前形成了业界和学界师资各占半壁江山的基本格局。

④队伍具有良好的国际化视野。一半以上师资具有海外访学经历，1/3 左右的教师在海外有 10 个月以上研习经历，多人在海外获得学位并担任各类国际学术机构职务。

(3) 主要研究机构：①国家传播战略协同创新中心。由华中科技大学牵头，包括中国人民大学、复旦大学、中国外文局、解放军南京政治学院、湖北日报传媒集团、湖北广播电视台(集团)6 家高校、院所和媒体机构协同，致力于从理念、制度和实践三个面向，对国家层面的传播战略进行全方位、系统化研究的协同创新体。中心于 2013 年 6 月成立，2013 年 10 月初正式挂牌，中心设在华中科技大学。

中心下设战略传播研究院、公共传播研究所、新闻传播与舆情调查实验室等研究机构，拥有研究人员近百人。中心致力于通过各协同单位在机制、体制改革方面的不断探索和创新，进行深度融合，真正实现跨区域、跨学校、跨学科、跨行业的互动联合，形成高校、院所、政界、业界与军方的互补优势。预期在今后 10 年内，中心将建设成面向国家文化与传播战略诸问题的特色新型智库。

②媒介技术与传播发展研究中心。2006 年 12 月正式挂牌成立，是湖北省重点人文社科研究基地。中心从理论建构、制度创新和应用探索等三个层面研究媒介技术与传播发展的有关问题，根据传播技术的最新发展，对人类社会的传播现象进行前瞻性、创新性的研究。

③学院下设的研究机构还包括：新闻评论研究中心、网络传播与新媒体发展研究中心、广播电视与新媒体研究院、品牌传播研究所、电子与网络出版研究所、华中科技大学・湖北日报传媒集团媒介发展研究院等。

④学院目前设立有两个国家级二级学会——中国新闻史学会新闻传播教育史专业委员会和中国新闻史学会公共关系专业委员会，这在国内是唯一拥有两个国家级二级学会的学院。学院还有两个省级一级学会——湖北省新闻传播教育学会、湖北省科技新闻学会。

3. 人才培养

(1) 专业设置。学院共设有新闻学、广播电视学、广告学、传播学、播音与主持艺术 5 个本科专业。其中新闻学(2007)、广播电视新闻学(2009)被评为国家级特色专业，传播学专业在国内最早开始网络新媒体教育。新闻学专业的“新闻评论实验班”教育，开创了评论人才培养创新的新路径。

在研究生层面，拥有新闻学、广播电视学、广告与公关、传播学四个学术型硕士点，出版、新闻与传播两个专业硕士点。设立有新闻学、传播学、广播电视与数字媒体、广告与传媒经济和公共关系五个博士点。

（2）培养特色。30 多年来，学院始终走在全国新闻传播人才培养改革领域前列。在本科生培养方面，强调学生的动手能力，注重多学科复合特色取胜，素质教育与技能教育并重。在研究生培养方面，注重从多方面提升研究能力，拓宽学生知识结构，开阔理论视野。

当前学院致力于建立与媒介融合时代相适应的融媒全流程培训，教学改革主要从四个方面展开：

①制订创新性培养方案。课程体系由通识课程—基础课程—专业课程—专业交叉课程组成，形成宽口径、厚基础、强专业、重交叉的递进型课程体系。

②组建双师型教师队伍。除注重从业界引进资深新闻人担任教师、从业界聘请兼职教师外，近年来与媒体联动推行“双挂”制度，选派教师到业界挂职和吸引新闻人到学院挂职；使新闻传播教育能密切追踪业界实践，人才培养能很好适应业界需要。

③调整实验程序设计。改变以往业务实验课各立门户不相关联的做法，依据融合媒体新闻业务的流程重新设计。

④编撰通用型课程教材。相继编撰了一批适应融合媒体发展需要的新教材，如《视听新媒体系列教材》等。

（3）学生创新团队。学院特别注重以多种方式培养学生的创新实践能力。2004 年 3 月，学院大学生“多维”创新基地启动。经过十多年的发展，创新基地形成了四大知名创新团队：

①红树林策划创意团队：成立于 2002 年，由陈先红教授作为首席指导专家，指导教师还包括李华君副教授、张明新教授、李贞芳副教授等。团队旨在培养“创意思维—策略制定—问题解决”三种核心专业能力，主要活动包括晒书会、学术沙龙、红树林大讲堂等。在教师指导下，团队成员积极参与了中国公共关系策划大赛、全国大学生广告艺术大赛等赛事并创造了诸多佳绩。

②V-fun 第二视觉影视实践创新团队：成立于 2009 年 5 月，主要指导教师为胡怡副教授、邓秀军教授、余奇敏副教授。团队旨在打造华中地区顶尖影视创作团队，为爱好影视创作的大学生提供一个学习、锻炼、交流的平台。近年来，团队成员获得了全球华语大学生影视奖最佳剧作奖，并连续获得全国大学生计算机设计大赛（文科）一等奖。由团队成员担任导演、编剧等主创的毕业电影活动成为学校毕业季一道亮丽的文化风景。

③Loading 团队：成立于 2010 年 10 月，主要指导老师为余红教授、陈少华副教授、鲍立泉副教授、李卫东教授。团队主攻互联网产品设计和开发，制作了中国信息安全

网、华中科技大学志愿者网等多个网页，开发了童话世界等手机应用，并连续承办了华中科技大学飞航杯科技节之互联网产品设计大赛。

④评论学社：前身为校“新闻评论团”，2012 年 10 月发展为“华中科技大学评论学社”并被学校立项为“校园文化品牌建设项目”。主要指导老师包括赵振宇教授、顾建明副教授，以及何志武、孙发友、欧阳明、刘家俊等教授。学社以“评论时事，引导舆情，研究方法，培育人才”为宗旨，与国内多家媒体合作开展活动，学社设置了四个平台：时事评论会、文化与生活论坛、评论学术讲座、舆论监测与引导工作室，创办了“评论学社网站”和报纸《热言》。

(4)实验中心。新闻与传播教学实验中心成立于 2006 年，2007 年获批省级实验教学示范中心。目前，中心主要分为 8 个大类实验室，即：计算机与多媒体实验室、广播电视实验室、广告摄影实验室、网络与新媒体传播实验室、演播厅、形体房、录音间及传媒与舆情调查实验室。中心共有建筑面积 1124 平方米(其中专业实验室 540 平方米、演播室 584 平方米)，现有教学仪器设备 1441 台，价值 1364. 57 万元。

4. 学科建设

(1)学科平台建设。学院的新闻传播学科是湖北省重点建设的一级学科重点学科，也是华中科技大学学科建设的重中之重。2008 年，被纳入“211 工程”建设项目。2010 年，“新媒体与社会发展创新平台”单独立项进入了“985”工程三期。学院还设有湖北省重点文科基地媒介技术与传播发展研究中心(2007)，并与湖北省广播电视总台联合建设了广播电视与新媒体研究院。2013 年，成立了国家传播战略协同创新中心。2016 年，又与企业联合组建了华中科技大学新媒体实验室。这些优良的学科平台，为学院的特色学术研究打下了坚实的基础。

(2)学科特色凝聚。学院目前形成了四大特色研究领域。第一是战略传播研究，致力于国家形象、政府公关、危机传播、舆论监督、品牌传播的研究，带头人有张昆教授、陈先红教授、张明新教授。第二是新媒体研究，致力于新媒体管理、网络文化的研究，带头人有钟瑛教授、余红教授。第三是新闻传播史论研究，致力于中外新闻传播史、专门史、党报理论、传播学理论与方法的研究，带头人有吴廷俊教授、唐海江教授、刘洁教授。第四是广播电视研究，致力于公共电视、数字媒体、电视文化的研究，带头人有何志武教授、郭小平教授。

(3)学术品牌打造。学院打造了一系列海内外知名的重量级学术品牌。与中国新闻史学会联合创立于 1995 年的“华文传媒与华夏文明传播国际学术论坛”，每两年一届，已经先后在国内外 8 个城市举办了 10 届，在国际新闻传播学术界产生了重大的影响；

与香港城市大学联办于2007年的“广告与公共关系国际学术论坛”，也先后在中国、美国、泰国、新西兰、捷克举行了11届，成为国际学术界讨论公共关系学术的重要平台；始于2013年的“国家传播战略高峰论坛”，已在武汉连续举办了6届，成为国内学界、业界、政界讨论国家传播战略的重要论坛。

（华中科技大学新闻与信息传播学院）

4.1.5　清华大学新闻与传播学院

1. 基本情况

清华大学新闻与传播教育始于1985年在人文学院设立的编辑学方向和1998年成立的传播系，2002年4月新闻与传播学院成立。人民日报社原总编辑范敬宜担任首任院长。2011年3月，时任国家新闻出版总署署长、国家版权局局长柳斌杰先生受聘担任学院第二任院长。

学院以“素质为本、实践为用、面向主流、培养高手”为办学宗旨，聘请一批学界和业界权威人士组成顾问委员会。目前，已形成一支理论与应用兼顾、国际和国内学术背景融合，多学科、多专业交叉的精干高效的教师队伍：尹鸿、熊澄宇、李希光、陈昌凤、李彬、彭兰等著名学者担任了各学科方向的学术带头人。具有博士学位的教师、具有国外长期学习和工作经历的教师、具有媒体实际工作经验的教师比例，在国内高校同类学科中均名列前茅。

学院目前建有6个跨院系的校级研究院(中心)、5个院级研究机构以及若干对外合作建立的应用性研究机构，人均科研经费居全国同类院系前列。同时，学院还通过研究生课程进修班、各种不同层次的培训以及公益服务，为中央、国家机关以及各级党政部门、媒体、企业和个人提供政府公共关系、新闻发言人、国家形象、企业传播等方面的专业培训。

2005年4月，时任温家宝总理在阅读学院学生撰写的农村回乡调查报告后回信指出：“从事新闻事业，我以为最重要的是要有责任心，而责任心之来源在于对国家和人民深切的了解和深深的热爱。只有这样，才能真正做到用心观察、用心思考、用心讲话、用心作文章。”①这段话为学院的人才培养和科学研究指出了方向。学院正发挥清华

---

①　温家宝．温家宝谈教育[M]．北京：人民出版社、人民教育出版社，2013：372.

大学的多学科优势，努力推动具有中国特色和国际水准的新闻与传播教育和研究的创新发展，为国家培养“对祖国和人民有深切了解和深深热爱”的“面向实际、面向世界、面向未来”的高素质新闻与传播人才，为民族复兴和人类进步贡献力量。

2. 机构设置及负责人

学院院长为柳斌杰；常务副院长为陈昌凤；党委书记为胡钰；副院长为史安斌、周庆安、杭敏；党委副书记为梁君健。

3. 人才培养目标与理念

(1)培养目标。培养具有高度社会责任感、历史使命感和职业荣誉感，面向实际、面向世界、面向未来的高素质新闻与传播人才。

(2)专业建设理念。“素质为本、实践为用、面向主流、培养高手”为学院办学宗旨和专业建设理念。在课程设置、培养方式、教学内容、课外扩展、毕业引导等方面深入开展新闻与传播教育的改革，强调正确的世界观和新闻观，重视通识教育基础上的宽口径专业素质，强化全球视野、国情意识、职业理想、实践能力。

(3)培养层次及专业方向。2007 年，学院获得新闻传播学一级学科博士学位授予权，现设有博士后工作流动站；文化部在学院设立了国家文化产业研究中心，中国文联设立了中国文艺评论基地；学院编辑出版公开发行学术期刊《全球传媒学刊》；学院目前是全国新闻传播学学科唯一的国家一级学会中国新闻史学会会长单位及亚太新闻传播学会联盟首任主席单位；在全国新闻传播学学科评估中已跨入一流行列。2014 年，清华大学与人民日报社共建新闻与传播学院，学院还与中国日报社、国家外文局签订了全面战略合作协议。在人民日报社等机构的支持下，学院从 2013 年开始主办一年一度范敬宜新闻教育奖，这也是面向全国的唯一新闻教育奖。

学院人才培养层次覆盖本科、本科双学士、硕士、专业硕士、博士各个层面；学院还培养国家国际新闻传播后备人才；面向全球招收全英文财经新闻硕士研究生和全英文国际博士研究生。截至 2018 年，先后共有来自 60 多个国家留学生在学院学习，国际学生比例已接近全院学生总数的 1/4。80%以上的毕业生进入主流媒体、政府机关、高等院校及国家大型企业工作，已有多位毕业生获中国新闻奖等重要奖励。

4. 教学特色

(1)宽基础、菜单式、阶梯型培养方案。加强本科生人文素质和自然科学基础及学生实践能力的培养，以模块化菜单规划人文社会科学与自然科学的基础课程；高年级根据学生专业兴趣，分为国际新闻传播和融媒体传播两大专业方向；形成通与专、规定与自选、理论与实践相结合的课程体系。

（2）开放式、国际化办学。引进多名具有国外知名高校博士学位的中青年骨干，聘请了40多位来自学界和业界的海外专家开设专业前沿课程，国际学生人数约占全院学生人数的1/4。中外学生共同学习，创造了学院的国际化学习环境；“新闻传播专业英语阶梯课程”保证了本科全程英语专业课程的连续性；支持学生到境外高校或媒体交流学习；出版和使用英文系列原版教材，用英语和中英双语为本科生和研究生开设的专业课程已超过30门。学院在国际化办学和双语教学方面的探索得到了国内外同行和媒体业界的肯定。

（3）社会实践与专业实践相结合。成立融合网络、电视、报纸、新媒体的清新传媒社；为本科生开设系列专业实践工作坊；将社会实践、媒体见习和专业实习纳入培养方案。清新时报社、清影工作室、清新视界、人文清华、清田工作站、清华大学电视台等已成为学生重要的校内新闻传媒实践平台。学院还在人民日报社、中国新闻社、中央电视台、解放军报社、环球时报社、新华网、腾讯网、凤凰网、北京电视台、北京广播电台以及部分海外媒体建立“教学科研实习基地”。

（4）精品课程建设。已建成国家精品课程“新闻采访写作”和“中国新闻传播史”，清华大学精品课程“马克思主义新闻观”“数字媒体基础”“传播学研究方法”“影视传播研究”等；10多种主要教材入选国家和北京市教材规划。

（5）新生导引计划。学院自2008年起成为清华大学新生导引项目的试点院系之一，为一年级新生设立指导教师，组织资深教授和青年教师、高年级学生和优秀校友参与“新生引导”“主题活动”“个别辅导”等，促进新生健康成长。

5. 教学与实践成果

（1）教学成果。“新闻与传播教学改革实验研究”“新闻学课堂实践教学的改革与创新”先后获北京市教学成果奖；多项成果获清华大学教学成果奖。“新闻采访与写作”“中国新闻传播史”获国家精品课程、北京市精品课程称号；《全球新闻传播史》《中外广播电视史》等被评为北京市高等教育精品教材；多人次被评为全国十大教育英才、北京市高校教学名师。

2005年6月16日，《人民日报》头版刊登了温家宝总理看到学院学生《乡村八记》后给范敬宜院长的亲笔回信及《乡村八记》部分内容。

2006年1月16日，教育部发出《关于印发〈清华大学新闻与传播学院教学与实践相结合调研报告〉的通知》，《光明日报》全文刊登了该调研报告。学院本科生李燕茜作为中国青年代表团的唯一代表受到正在加拿大多伦多参加 G20 首脑峰会的国家主席胡锦涛的亲切接见。

2007 年 6 月 14 日，教育部高教司发出《关于转发〈清华大学新闻与传播学院马克思主义新闻观教育经验报告〉的通知》。同年 7 月，学院毕业生曾维康撰写的硕士论文《农民中国：江汉平原一个村落 26 位乡民的口述史》引发社会各界热议，《文汇报》以 3 期共 12 个版的篇幅对曾维康进行了报道，5 月高教出版社出版发行该书，英国剑桥大学出版社拟翻译出版。

2011 年 12 月，由美国哥伦比亚大学新闻学院讲座教授、普利策奖评委会前主席、《纽约时报》前执行总编 Seymore Topping 率领的专家组对学院进行了评估并充分肯定了学院所取得的成绩；美国高等教育界的权威期刊《学府》(Academe)和哈佛大学尼曼新闻基金会出版的《尼曼报告》(Nieman Report)等海外媒体均发表专文介绍学院在新闻传播专业国际化方面所做的探索。

(2)学生实践教学平台：

①《清新时报》：由学生自办，是学院本科生日常实习的重要基地，定位为校园社区报纸，致力于创建一个高度拟真的办报环境，培养学生的专业实战能力。目前已经成为校内最具影响力的媒体之一，并开发了清新时报 APP，初步形成了全媒体实践平台。

②清影工作室：成立于 2006 年，是学生影视业务学习和实践的组织，其制作的《大肆》等多部作品在全国数个电视台播放并获得了四川电视节金熊猫奖等国内外奖励，多部作品入围国际电影电视节展；摄制的纪录片《飞鱼秀》《喜马拉雅天梯》进入全国电影院线放映，《天梯》还被《人民日报》评为年度五大优秀影片之一。

③清新视界：是学生电视和网络视频教学实践的平台，先后制作了数十期新闻专题片、网络栏目，在多家网络平台上线。多期节目引起了广泛关注，成为青年网络文化的有影响力的载体。

6. 科学研究

(1)部分代表性研究项目(见表 4-1)。

表 4-1　　学院代表性的研究项目

项目	名称	负责人	年份
国家社科基金重大项目	“智能时代的信息价值观引领研究”	陈昌凤	2018
国家社科基金重大项目	“中医药文化国际传播认同体系研究”	李希光	2018

续表

项目	名称	负责人	年份
国家社科基金重大项目	“总体国家安全观视野下的网络治理体系研究”	熊澄宇	2017
国家社科基金重大项目	“中华文化的海外传播创新研究”	郭镇之	2014
国家社科基金重大项目	“中国文化产业学学科体系建设研究”	尹　鸿	2010
国家社科基金重大项目	“我国文化产业政策研究”	熊澄宇	2009
国家社科基金重大项目	“舆论引导力与社会舆情预警系统研究”	李希光	2008
国家社科基金重大项目	“我国发展文化产业的理论与实践研究”	熊澄宇	2004
国家社科基金 艺术学科重大项目	“文化自信与‘国家形象’研究”	范　红	2018
教育部社科重大攻关课题	“新时代中华文化走出去策略研究”	史安斌	2018
教育部社科重大攻关课题	“构建全球化互联网治理体系研究”	崔保国	2017
教育部社科重大攻关课题	“全球化背景下国际新闻传播人才培养模式创新研究”	史安斌	2010
教育部社科重大攻关课题	“全球化背景下中国影视文化问题发展战略研究”	尹　鸿	2005
国家社科基金重点项目	“当代中国新闻观念研究”	胡　钰	2017
国家社科基金重点项目	“传统媒体与新兴媒体融合发展研究”	陈昌凤	2014
国家社科基金重点项目	“‘新新媒介’环境下的报纸发展趋势和转型研究”	王君超	2014
国家社科基金重点项目	“新中国六十年新闻事业史研究”	李　彬	2009
国家社科基金重点项目	“我国文化软实力发展战略研究”	李希光	2008
欧盟委员会 “让·莫内”项目	“社交媒体中的欧盟和中欧关系建构”	张　莉	2017

(2)主要学术会议。2015年起，该院举行一年一度的新闻传播学院院长与媒体总编高峰论坛。人民日报社、经济日报社等主流媒体的总编辑与来自全国各主要新闻传播学院的院长共同探讨新闻传播教育与学科发展。

2017年5月，主办全球新闻学院院长论坛，邀请来自亚、欧、美、澳多个国家和地区的30多位新闻传播学院的院长，畅谈新生态下新闻传播教育面临的挑战与应对策略。

2018 年 10 月，亚太新闻传播学会联盟（Asian-Pacific Communication Alliance, APCA）在清华大学成立，学院成为首届联盟主席单位。来自 16 个亚太地区国家的 20 个新闻与传播学学会会长、理事代表 40 人表决产生了首届执行委员会。

自 2006 年起，由清华大学和国家卫健委（原卫生部）联合主办中国健康传播大会，迄今已成功举办十三届。

自 2010 年起，由清华新闻与传播学院、传媒经济与管理研究中心每年主办“清华传媒发展论坛”暨《中国传媒产业发展报告》发布会，迄今已成功举办 9 届。

自 2014 年起，由清华新闻与传播学院、清华国家形象传播研究中心每年主办“清华国家形象论坛”，迄今已成功举办 5 届。

自 2017 年起，由清华新闻与传播学院、文化创意发展研究院每年主办“清华文创论坛”，迄今已成功举办两届。

自 2013 年起，由清华新闻与传播学院、影视传播研究中心与长江电影集团联合主办中国电影长江论坛。

7. 海外交流与合作

学院与美国西北大学、南加州大学、普度大学、亚利桑那州立大学，英国威斯敏斯特大学，法国索邦大学，以及中国香港中文大学、香港浸会大学、台湾政治大学，美国彭博新闻社、英国路透社、日本经济新闻社、《南华早报》、宏盟集团等海外院校和媒体机构建立了长期合作关系。

2018 年，全年派遣师生 235 人次出访 30 多个国家和地区；组织师生前往“一带一路”沿线重点国家开展社会实践调研，其中包括在巴西、尼泊尔、南非等“一带一路”沿线国家开展的“丝路新探 · 感知中国力量”社会实践项目与全球胜任力海外实践课程，以及“新闻大篷车”环阿尔泰山远征等。

学院聘请加拿大西蒙菲沙大学教授赵月枝担任学院兼职教授，聘请来自多个国家和地区的国际专家讲学，其中包括美国全国记者俱乐部培训学院院长 Richard Dunham 和前《商业周刊》杂志任华盛顿记者、世界知名网站 BusinessWeek. com 和 Kiplinger. com 高级新闻编辑和网络运营总监 DOUGLAS A. HARBRECH、彭博社亚太地区总编 Lee Miller。

8. 实验环境

2009 年 1 月，教学实验中心被评为“清华大学一级实验室”。2018 年，清华大学未来媒体实验室正式落成，旨在推动虚拟现实技术、认知传播研究、无人机采编与人工智能传播等领域的发展。自 2010 年 7 月始，中心组织学术研究工作坊、媒介批评工作坊、清影工作坊、新媒体工作坊、清新时报工作坊、新媒体创业工作坊等，通过工作坊模式，进一步推进技术与艺术、技术与理论的融合。

（清华大学新闻与传播学院）

4.1.6　上海交通大学媒体与传播学院

上海交通大学是我国历史最悠久、享誉海内外的著名高等学府之一。经过120多年的不懈努力，上海交通大学已经成为一所“综合性、研究型、国际化”的国内一流、国际知名大学。媒体与传播学院依托学校深厚的文化底蕴和悠久的办学传统，全面贯彻党的教育方针，坚持社会主义办学方向，坚持立德树人根本任务，坚持“四位一体”育人理念，坚定不移地培养高素质全媒体复合型专家型新闻传播后备人才，致力于媒体深度融合和行业创新发展，讲好中国故事，传播中国声音，建成卓越的“交叉性、创新型、国际化”中国特色一流大媒体传播学院。

1. 办学缘起

学校新闻传播人才辈出。譬如，1926届校友陆定一、1951届校友丁关根曾任中宣部部长，1912级校友邹韬奋为近代杰出出版家、1916级校友严宝礼创办《文汇报》……改革开放后，该校新闻传播教育薪火相传，1995年设广电新闻本科专业；2003年以来，相继设置了传播学硕士点、“数字电视”和“媒介管理”二级学科博士点，2015年，设置“新媒体传播与管理”交叉一级学科博士点，同时开设全英文硕士、博士项目。2017年，学院新增新闻传播学一级学科博士点，新闻与传播学被列入校“双一流”骨干学科。

2. 历史沿革

学院前身是成立于2002年9月的媒体与设计学院，2017年12月，因设计学院成立，正式更名为媒体与传播学院。学院发展分为三个阶段：(1)2002—2006年为学院初创阶段，在此期间，学院不断完善学科布局，形成学科特色。2002年，学院建院，首任院长为广播电影电视部原副部长、中央电视台原台长杨伟光。建院之初，学院就提出了“文理渗透、手脑并重”的办学方针。2004年，传播学二级学科硕士点开始招生。(2)2006—2016年为学院内涵建设阶段，在此期间，学院围绕学科前沿展开深入研究，专业格局日渐完备。2006年，新闻传播学一级学科硕士点招生，自主设置媒介管理二级学科博士点。2008年，文化产业与管理系并入学院。2014年，新媒体硕士全英文项目招生。2016年，文化产业专业全英文项目招生。2016年，学院入选国务院双创示范基地、示范学院。(3)2017年至今为学院争创双一流阶段，在此期间，教育部对本专业的学科评估为A-，学科进入国内新闻传播专业第一梯队。2017年，学院新增新闻传播学一级学科博士点，新闻与传播学被列入校“双一流”骨干学科。

3. 办学特色

依托学校强大工科优势，学院重点聚焦新媒体领域，在数字技术与新闻传播交叉点上培育学科增长点，旨在培养具有创新思维、国际视野、高素质的融媒体时代的复合型传播人才。

(1)文理交叉学科特色鲜明。学院借助上海交大强大的工科背景与技术能力，推行新闻传播与大数据技术两脚落地的教育理念，推动复合型人才的培养。

(2)产学研一体化协同创新。通过制订“媒客卓越人才计划”，建设联合实训基地和“仓刀会”学生创业孵化基地，建立学生参与科创实践、社会实践、就业实践、创业实践机制，推动产学研协同创新，培养了一批具有“创新、创意、创业”特点的新闻传播人才。

(3)国际合作成效显著。学院以“知华友华”的国情教育为基点，以跨学科、跨文化、产学研跨界融合等的“多元融合”为手段，以“传播中国”为目标，积极探索并大胆实践具有中国特色的留学生新媒体多元融合教育新模式，系统建构具有中国特色的、本硕博贯通的、留学生新媒体传播的融合教育新模式，为“讲好中国故事”人才培养战略开辟了新途径。

4. 专业设置

学院下设新闻与传播系、电影电视系、文化产业管理系，现有传播学、广播影视编导、文化产业管理等3个本科专业(及方向)；新闻传播学一级学科博士点、新媒体传播与管理交叉一级学科博士点，新媒体一级学科硕士点，新闻传播专业硕士和MFA(影视艺术)2个专业硕士点。目前在读学生近800人，其中，本科生390人，硕士生272人，博士生107人，以及各个层次的留学生300人左右。

5. 师资队伍

学院现有教职工74人，其中，专任教师54人。在专任教师中，教授20人(博士生导师15人)，占37.1%；副教授22人(博士生导师2人)，占40.7%；讲师12人，占22.2%。目前各类高层次人才包括享受国务院政府特殊津贴专家3人，国家“万人计划”

哲学社会科学领军人才 2 人，教育部跨世纪优秀人才 1 人、新世纪优秀人才 4 人、国际核心期刊编委 2 人、上海交通大学特聘教授 5 人、上海交通大学长聘正教授 5 人、长聘教轨副教授 2 人、长聘教轨助理教授 2 人、享受国务院特殊津贴 2 人、教育部文化名家暨“四个一批”人才 1 人。开设全英文专业 4 个，全英文教师 10 人。

6. 学科建设

目前，上海交大新闻传播学科形成了以新媒体传播价值链建构课程体系组织教学的特色。学院以计算新闻学为切入点，整合学科资源，将教学体系向新闻信息可视化、媒介融合管理两翼拓展，同时合理划分学校、学院和系、专业的职责，建构跨院跨学科平台课程、学院平台课程、各系专业课程，形成了一体两翼三个层面的新媒体传播教学大平台。“大传播”教学平台紧紧依托学校在信息、计算机、软件、管理等领域的优势力量，打破学科边界，实现文工、文管、文理的交叉融合，使学生形成复合型知识结构，更好地适应“一云多屏”的时代要求，培养创新型高素质人才，形成交大学科特色，最终使学生从容驾驭传统媒体与新媒体，在实践中找到思想、内容、技术的最佳结合点。

7. 科学研究

近年来，学院主持国家社科重大和重点项目、教育部重大攻关项目 20 项(其中重大项目 11 项，重点项目 9 项)、出版论著 300 多部，发表 CSSCI 论文 342 篇，其中 SSCI 论文 20 多篇。各类科研经费超过 3000 万元，获省(部)级以上奖 18 项，其中教育部高校科学研究奖(人文社科)5 项。

学院建立了国家领先的 500 平方米高清演播厅、摄影实验室等，成立国家社科基金决策咨询点、中国中央组织部舆论研究院、中共中央宣传部舆情直报点、上海交大舆情研究实验室、上海市文化创意产业发展战略研究基地、新媒体与社会治理基地、卓越新闻人才培养基地、出版传媒研究院等 20 个研究机构，还有一个专业展览馆——程及(著名旅美华人画家)美术馆，以及 3 个国家级重点研究基地——上海交通大学国家文化产业创新与发展研究基地(文化部)，两岸文化产业研究中心(文化部)，都市文化与传播研究中心(教育部)，1 个大学生实践教育基地——上海交通大学大学生全媒体中心。

学院致力于新媒体专业方向的全球化发展，近年来与国际国内顶尖学术团体联手，主办了新媒体领域的系列高端论坛，包括与 ICA 合办的“国际新媒体高峰论坛”和“全球传播论坛”等。迄今为止，上海交大是国内高校中第一个与 ICA 合办国际会议且合作最多的大学，这也标志着本学科的新媒体方向已取得国际同行的认可。该学科还与澳大利亚莫纳什大学、英国华威大学合作，连续多年举办新媒体“文化产业国际暑期学校”，这是目前亚洲唯一的一项文化产业研究生教育创新计划项目，在国际学界影响巨大。此外，该学科还创办了《中国文化产业评论》，这是迄今为止中国文化产业领域唯一一份CSSCI集刊。

8. 人才培养

学院坚持立德树人和学校“四位一体”育人理念，强化价值引领，坚持培育和践行社会主义核心价值观，着力构建以学生为中心的人才培养体系，通过“985”四期建设和“双一流”建设，推动学生全面成长成才，共同服务于打造世界一流学院的目标。

学院学生支部分别与上海电视台以及吴泾镇党员服务中心开展结队，培养了学生的行业精神和责任意识。学院鼓励原创文化、海派文化、创意文化等多种文化发展，通过微电影比赛、摄影比赛、设计比赛、趣味运动会、专业设计展、毕业设计展、个人作品展等展览形式，在校内外不同平台展示学生的文化、艺术创作作品，在院内形成文化创作氛围，影响并带动更多学生。2017 年以来，学院学生在 4 项国际大型比赛上取得优异成绩，在 45 项国家级大赛中斩获佳绩，还有 28 项市级奖项收入囊中。大赛类别跨学术、创意设计、影像作品到社会实践，立足专业竞争力，在更大舞台上展现了学生的创新能力、知行能力。

最近几年里，学院毕业生后继续深造的比例达到 80%以上，近年来前往国际一流名校继续深造的学生源源不断。如 2013 级毕业生严宇冉，2015 级毕业生顾雨露分别被牛津大学和剑桥大学录取。不少毕业生则继续在本专业中耕耘，成功进入主流媒体甚至国际舞台。2010 级本科生陈莺迁毕业后赴哥伦比亚大学新闻学院留学，毕业后成为凤凰卫视驻美记者，并在纽约直播室连线报道美国总统大选。同时，其导演的纪录片《Waack 4 me》曾摘得 2016 年好莱坞国际独立纪录片电影节最佳学生纪录片奖和最佳文化纪录片奖两项大奖，以及纽约艾美奖给予新人纪录片导演的制片奖金。

9. 社会服务

学院师生以新媒体思维投身社会主义精神文明建设，开展了大量传播中国文化的社会公益活动，如在微博微信社交平台及专业网站上连续两年发起并主办“全球华语大学生短诗大赛”(2014/2015)，得到了包括哈佛、斯坦福、牛津等全球知名大学 2.9 万名学生的广泛关注和参与，成为国内外知名的诗歌大赛品牌，共青团中央、中宣部等机构给予高度赞赏；同时，将传统媒体与社交媒体平台相结合，发起“最美中国”全国大学生摄影及微电影创作大赛，吸引了全国 700 余所高校的数百万大学生积极参与。师生还积极参与各种国际和国家影视文化作品竞赛，获上海市大学生艺术展一等奖、华盛顿华语电影节最佳纪录片银奖、全球华语大学生影视奖优秀纪录片奖、中国大学生电视节短片竞赛一等奖、中国大学生广告艺术节学院奖指导教师奖铜奖等多项荣誉。

学院还发挥新媒体专业特色和优势，搭建了新媒体技术与知识传播服务平台，持续为企业提供技术、人才和智力支持，有效推进了企业的新媒体传播及媒介融合动力。学院成立了云河新媒体研究实验室、舆情研究实验室、大数据与传播创新实验室等，持续获得超过1000万元投入，并与企业合作，成立了上海交大—新浪互联网传播研究中心、百视通大学等科研教学机构。几年来，学院发表了系列研究报告和论文，为新华社、腾讯网、中央网信办、东方航空、闵行区法院、解放日报集团等政企机构开展了大量新媒体管理及传播培训项目，获得了诸多互联网公司、媒体、教育部、中央网信办、上海市政府、国台办等机构与政府职能部门的一致好评。

10. 国际交流

学院和海外院校已签协议13份，包括新加坡国立大学、德国曼海姆大学、西班牙拉蒙尤以大学，以及我国香港城市大学等。合作交流方式包括学术研究合作、学生交换、师资交流和学位项目合作等，促进了教师和学生的国际交流，提升了研究和教学的国际化程度。目前，全院教师中有一年及以上境外海外经历者44人，占81.5%。

学院支持海外学者来学院访问交流。过去几年，成功接待了包括明尼苏达大学、加州大学洛杉矶分校、伦敦国王学院、莫纳什大学、英国伯恩茅斯大学、美国达特茅斯大学、西班牙卡米亚斯大学等国际知名大学代表团的来访。此外，还举办了高端英文讲座30余场。

（上海交通大学媒体与传播学院）

4.1.7　武汉大学新闻与传播学院

1. 基本情况

武汉大学新闻与传播教育始于1983年的新闻学系，2000年12月新闻与传播学院成立。学院现设新闻学、广播电视学、广告学、网络传播4个系，涵盖5个本科专业：新闻学、传播学、广播电视学、广告学、播音与主持艺术。拥有5个硕士学位授权点：新闻学、传播学、数字媒介、广播电视艺术理论、新闻与传播硕士专业学位；拥有新闻传播学一级学科博士学位授予权，5个二级学科博士学位授予权：新闻学、传播学、跨文化传播学、广告与媒介经济、数字传媒；拥有1个新闻传播学博士后科研流动站；拥有1个省级一级学科重点学科：新闻传播学；拥有1个教育部人文社会科学重点研究基地——武汉大学媒体发展研究中心和全国高校首家“国家文化创新工程”研究基地——国家文化创新研究中心；在教育部四轮学科评估中，学院学科综合实力均位列全国同类高校前列。

2. 科学研究

学院注重创新与发展，已形成了理论研究与关注现实并服务于国家新闻传播发展战略相结合的科研思路，注重整合配置学术资源，开创了一系列有特色的研究领域，科研实力不断增强。近三年来，学院获得国家社科基金艺术学重大项目1项，教育部人文社会科学重点研究基地重大项目5项；获得国家社科基金一般项目8项，教育部社科基金一般项目7项，湖北省教育科学规划重大招标课题1项，湖北省社科基金一般项目2项，其他类型基金项目28项，企业赞助科研项目14项；获得湖北省社会科学优秀成果奖二等奖5项、三等奖6项。

学院拥有重要学术刊物——《新闻与传播评论》。该刊由教育部主管、武汉大学主办，面向国内外公开发行，系CSSCI来源期刊。《新闻与传播评论》于2018年由《武汉大学学报(人文科学版)》更名，并与原《新闻与传播评论》(集刊)合并而成，为双月刊。该刊注重稿件的学术性、前沿性、思想性，既重视选题独特、视角新颖、积淀深厚、富有创见的理论性文章，也青睐问题意识明显、社会意义巨大、深入浅出的实践性文章。主要栏目有新闻学、传播学、马克思主义新闻观、媒介化社会、传播与文化、跨文化传播、广告与媒介经济、新闻传播史等。

3. 基地建设与智库

武汉大学媒体发展研究中心是教育部人文社会科学重点研究基地，中国传播创新研究的重要平台。中心成立于2002年7月，2004年12月荣列教育部人文社会科学重点研究基地，是教育部认定的新闻传播学科四大研究基地之一。2015年、2016年连续荣获中国传媒经济学科杰出贡献奖(机构类)，2018年入选中国智库(CTTI)来源智库并被评为高校百强智库(A级)，被誉为有创新活力的研究中心。

中心的基本宗旨是“服务中国传播事业，助力中国传播创新”。近年来，中心主动向中央办公厅、中央政法委、国务院办公厅、湖北省互联网信息办公室、中华全国新闻工作者协会等单位提供跨文化传播、对外传播、网络传播等方面的建议和报告；每年举办面向媒体、行业协会和管理部门的专业培训；举办针对中国传播实践，吸收学界、业界和管理部门智慧的国际学术会议和专家论坛；承接来自教育部、湖北省委宣传部等机构的委托课题；开展深度调研，每年出版《中国传播创新研究报告》(蓝皮书)、《中国媒体发展研究报告》。其中《中国传播创新研究报告》(蓝皮书)是“十二五”“十三五”国家重点图书出版规划项目。中心承接的“十三五”重大项目有：“新媒体环境下中国媒体新闻传播创新研究”“互联网传播形态与中国传播能力建设研究”“传媒智能化背景下中国传媒和广告业竞争力研究”“‘一带一路’战略构想与跨文化传播”“互联网传播形态与中西部社会治理”等。

国家文化创新研究中心由武汉大学文化创新研究中心演变而来，2009 年获文化部批准正式命名，这是全国高校首家“国家文化创新工程”研究基地。2011 年 6 月，在财政部支持下，文化部与武汉大学共建“国家文化财政政策研究基地”。2014 年，文化部同意在武汉大学设立“文化改革发展研究基地”。2015 年，为响应国家《关于加强中国特色新型智库建设的意见》，建设文化领域特色新型智库，武汉大学设立“国家文化发展研究院”，内含国家文化创新研究中心、国家文化财政政策研究基地、国家文物财政政策研究基地、文化改革发展研究基地以及文化法制中心、文化规划中心、文化信息中心，作为探索高校学术成果服务于政府和社会新机制的尝试。截至 2018 年年底，国家文化创新研究中心承担国家社科(自科)基金项目 12 项，国家科技支撑计划课题 1 项，国家科技重点研发计划课题 1 项，文化产业发展专项资金项目 1 项，博士后基金项目 5 项，国家部委和地方政府委托项目 149 项。

4. 师资情况

学院现有专任教师 52 人(含国家文化创新研究中心专职研究人员)，其中教授 21 人(含博导 17 人)、副教授 19 人、讲师 12 人，90%以上的教师具有博士学位且有在国外或境外学习、访问、交流、讲学经历。有 1 位国家级教学名师、1 位入选国家第一批“万人计划”、1 位长江学者特聘教授、4 位教育部新世纪优秀人才、3 位享受国务院政府特殊津贴、1 位湖北省有突出贡献中青年专家、1 位楚天学者特聘教授、3 位珞珈“杰出学者”特聘教授、6 位“珞珈学者”特聘教授、6 位珞珈青年学者。此外，学院还聘请了 50 多位海内外知名的新闻传播学者和业界人士担任兼职教授或客座教授。

5. 人才培养

学院按照新闻传播学类招生，旨在培养“有思想的新闻人、负责任的传媒人”，培养适应信息传播变革和社会发展需求的高端、专业、融合、创新型新闻传播人才。在厚基础、宽口径、重融合的同时，四个专业各有侧重：新闻学专业培养具备系统的新闻传播理论知识与扎实的新闻传播技能、宽广的文化与科学知识，熟悉我国新闻、宣传政策法规，具有高度的社会责任感和国际视野并富有创新精神和可持续发展潜力，胜任政府部门、主流媒体及各类企事业单位新闻内容生产、公关策划以及经营管理等工作的复合型专门人才；广播电视学专业培养具备广博的文化知识和创意能力、扎实的广播电视学基本理论，拥有敏锐的社会观察力、良好的政治素养、社会责任感、职业道德精神，能在各级广播电视新闻机构及其他新闻、宣传部门从事采访报道、策划编排、节目制作与管理等工作的优秀广播电视新闻传播高级人才；广告学专业要求学生理论基础扎实、知识面宽、适应能力和实际工作能力强，成为富有创新精神的高素质的营销传播理论与实务运作高级专业人才；传播学专业旨在培养能够在数字新媒体、文化创意产业部门等各类相关机构，从事数字媒介内容表达与管理、数字产品策划与运营的复合型专门人才。毕业生应系统掌握传播学理论、网络传播技术及其相关学科知识和技能，熟悉媒体融合的发展趋势与运作机制。

学院现有全日制在校学生近 1500 人，其中本科生 700 多人，硕士、博士研究生 700 多人。2016—2018 年，学院本科毕业生共 582 人，其中攻读硕士学位研究生 133 人，出国、出境留学 136 人，各种形式就业 285 人，总体就业率为 95. 8%；硕博毕业生共 635 人，其中硕士 560 人，博士 75 人，出国、出境留学 16 人，各种形式就业 613 人，总体就业率为 99. 1%。

6. 实践教学与实验室建设

实验教学中心始建于 1984 年，2006 年获批国家级实验教学示范中心，是我国文科类第一批、传媒类第一家实验教学中心。2000—2018 年，教育部、学校和学院持续为实验中心投入超过 3000 万元，用于实验教学的改革研究和硬件设施的改善。中心下设 5 个专业实验室：摄影实验室、电视摄像与编辑实验室、广播编辑实验室、多媒体实验室、四讯道高清演播厅等，总面积达到 1450 平方米。目前，中心下设有摄影实验室、电视摄像与编辑实验室、广播编辑实验室、多媒体实验室、高清演播厅 5 个部门，拥有设备 2400 多台，价值 3000 余万元，现有设备可以与国内省级以上媒体对接，是学院实验教学的重要场所。

中心创造性地提出了“一体两翼”(即以传授知识培养新闻传播人才为本，以加强理论基础和提高动手能力为两翼)的人才培养理念和“德能兼备、学以致用、知行合一”的实践教学理念，强调实践教学在传媒类人才培养中的作用，符合应用性学科特点；在“大实验观(含实践)”的背景下，中心建构了“课堂实验教学、第二课堂社会实践、专业大实习”的梯形结构复合型实践教学体系，在贯穿课堂实验与社会实践的大实验观指导下，将大众媒介纳入实践教学体系当中，打造贯穿课堂与社会的“大实验室”。经过近几年的交流，“一体两翼”“大实验观”实验教学理念已被国内很多高校认同和采纳。

7. 国际化办学与国际交流

学院国际交流与合作领域不断扩大，每年主办12次大型国际学术会议，先后与美国伊利诺依大学传播学院、宾夕法尼亚大学、密歇根州立大学、天普大学、爱尔兰都柏林大学、法国波尔多三大组织传播中心、英国桑德兰大学媒介研究中心、新西兰坎特布雷大学政治学与传播学院、韩国成钧馆大学放送学院以及我国台湾铭传大学传播学院、台湾文化大学传播学院、香港城市大学英文传播系、香港中文大学新闻与传播学院等30多所教育、科研机构建立了长期稳定的交流合作关系。

自2015年实施全日制外籍留学生硕士攻读新闻与传播专业学位项目以来，截至2018年，学院已招收了四届留学生，目前在院攻读全英文项目的留学生共15人。2018年，学院有18名本科生出国出境交换学习，其中6名去往港澳台地区，其余12名去往国际知名院校；7名研究生出国出境交换学习，其中6名去往港澳台地区，1名是国家留学基金委公派留学项目(联合培养博士生)，就读于伊利诺伊大学厄巴诺香槟分校。

此外，学院还与国外院校合作轮流主办了多次跨文化传播国际会议和广告与文化传播国际会议。跨文化传播国际学术会议是由学院与法国波尔多三大组织传播研究中心合作主办的、在学界深具影响力的国际性学术会议，该会议已成为由双方轮流定期举办的制度化国际学术会议，并逐步成为世界各国学者广泛参与的跨文化传播公共论坛。广告与文化传播国际学术会议由武汉大学媒体发展研究中心、新闻与传播学院与韩国成均馆大学新闻放送学院共同主办，截至2018年，已分别在中国和韩国举行过五届。

8. 部校共建

2011年5月，学院制定了《武汉大学新闻与传播学院青年教师培训“双一”计划实施办法》，每年拨出专项经费，资助青年教师到国外一流大学进修一年和到新闻媒体挂职锻炼一年，为青年教师提供理论联系实际的学习锻炼机会，并规定参与这一计划作为教师晋升副高及以上职称评审的必备条件之一。在湖北省委宣传部启动“双挂”工作后，学院及时将“双一”与“双挂”有机结合起来，并成立有“双一双挂”领导小组和工作班子。“双一”和“双挂”工作的启动实施，不仅有利于提升学院的人才培养水平，增强教师的科研教学能力，也为学院服务经济社会发展、推进社会文化传承创新拓宽了新的思路，率先为全省乃至全国提供新鲜经验。

2013年12月，中宣部、教育部决定开展地方党委宣传部门与高等学校共建新闻学院工作。武汉大学新闻与传播学院作为第一批试点单位，由湖北省委宣传部与武汉大学共建。2013—2018 年间，双方共建的精品课程、骨干队伍、实践基地和研究智库取得了较为丰硕的成果：(1)学院建设成为马克思主义新闻观的教育高地、培训高地和理论高地；(2)国家高素质新闻传播人才、优秀新闻工作建设者培养和湖北省新闻宣传系统在职干部培训的重要基地；(3)形成立足湖北、面向全国的新闻事业与文化产业发展国家级智库；(4)在全国特别是第一批部校共建的新闻学院中发挥了示范、引领和辐射作用。

2014 年 11 月 13 日，“马克思主义新闻观大讲堂”系列讲座开讲，讲座围绕马克思主义新闻观的基本内容、历史脉络、精神实质和核心价值，提高了广大师生和媒体工作者运用马克思主义新闻观分析现实问题和创新新闻传播的能力。截至 2018 年年底，该系列讲座已举办 30 余场。

值得一提的是，受中共湖北省委宣传部委托，学院于 2018 年 6 月成立了湖北省新闻传播教育调研小组，启动对湖北省高校新闻传播教育以及马克思主义新闻观教育的调研工作，有关调研成果受到湖北省委宣传部的高度评价，有力地推动了湖北省新闻传播教育的改革。

（武汉大学新闻与传播学院）

4.1.8　暨南大学新闻与传播学院

暨南大学新闻与传播学院成立于 2001 年，是华南学术重镇、传媒人才摇篮，现任院长为南方报业传媒集团原“掌门人”范以锦教授。目前，学院已形成“本科(双学位)—硕士—博士—博士后”多层次的人才培养体系，为海内外培养 6000 多名毕业生，为中国新闻传播教育事业作出了突出贡献。

1. 基本情况

新闻传播学科是暨南大学办学 112 年历程中历史悠久的学科之一，亦是暨南大学在 2016 年全国一级学科评估中唯一进入 A 档、被评为“A-”的学科。

暨南大学见证了我国新闻传播学科的成长。1946 年，我国第一位新闻学博士、毕业于德国慕尼黑大学的冯列山在上海创立暨南大学新闻系；次年，上海《新闻报》总经理、硕士毕业于哈佛大学的詹文浒接任系主任；20 世纪 60 年代初，曾任《大公报》记者、抗美援朝随军记者、新华社记者、荣获“中国新闻教育贡献人物奖”的梁洪浩调入新闻系；80 年代初，国内最早引介传播学理论的学者之一吴文虎调入新闻系；90 年代初，现任暨南大学党委书记林如鹏毕业留校任教至今。

2. 办学宗旨

学院秉承立足本土，面向海外，面向港澳台的办学方针，长期以来孜孜以求：

(1)立德树人，传承中华文明，建设和谐世界。

(2)开展高水平新闻传播理论与前沿问题研究，建设一流学科，推动国家现代传播治理体系建设，助力国家对外传播能力与国家话语权建设，促进国内新闻传播事业与传媒产业发展。

(3)瞄准社会需求，与政府、媒体、企业紧密协作办好一流专业，将新闻学、广播电视学、广告学、网络与新媒体、播音主持艺术、国际新闻(全英文)6 个本科专业，5 个科学学位博、硕士点及新闻与传播专业硕士点办成国际知名专业点，为海内外培养卓越新闻传播人才。

(4)为侨服务，为粤港澳大湾区服务，为“一带一路”建设服务。

3. 师资力量

现有专职教师 63 人，教授 25 人(博导 19 人)、副教授 25 人、讲师 13 人。其中，全国模范教师 1 人，中组部“万人计划”青年拔尖人才和教育部青年长江学者 1 人，教育部新世纪优秀人才 3 人，教育部“马克思主义理论研究和建设工程”首席专家 2 人，全国新闻出版行业领军人才 2 人，广东特支计划领军人才/青年文化英才 4 人，广东省青年珠江学者 1 人，广东省新闻教育金钟奖 4 人。

4. 学科建设

学院在“现代传播体系与公共舆论”方向上，凝聚了一支思想品德端正、教学经验丰富、科研能力强的团队，积累了一批有较大社会影响力的研究成果，搭建起了国家级和省级平台，取得了丰硕的成果：

(1)拥有新闻传播学一级学科博士点、博士后流动站，建有国务院侨务办公室重点学科、广东省一级学科重点学科、广东省“冲一流”重点建设学科等平台。

(2)拥有中宣部舆情直报点、教育部人文社科重点研究基地(与国际关系学院共建)、广东省舆情大数据工程技术中心、广东省人文社科重点研究基地(海外华文文学与华语传媒研究中心)、广州市人文社科重点研究基地等基地。

(3)系教育部新闻传播学类专业教学指导委员会副主任、全国新闻与传播专业硕士教学指导委员会委员、中国新闻史学会副会长所在单位。

(4)全国首批“部校共建”单位、中国新闻奖报送单位。

5. 教学及科研成果

近五年来，学院教师承担国家社科基金项目 24 项，其中国家社科重大招标项目 5 项，林如鹏、支庭荣、刘涛、赵建国、林爱珺分别担任首席专家。获省部级以上科研成果奖 15 项，刘涛“环境传播：话语、修辞与政治”、支庭荣“传播逻辑中的人类自省”分别获第七届高校人文社科优秀成果二、三等奖。刘家林“新中国新闻传播 60 年长编(1949—2009)”、林如鹏“广东报业竞争三十年”分别获第六届高校人文社科优秀成果二、三等奖。

(1)育人平台：2012 年，“暨南大学—南方报业传媒集团新闻传播学类文科实践教育基地”获批教育部国家级大学生校外实践教育基地；2014 年，“华南新闻传媒协同育人中心”获批广东省省级协同育人平台。

(2)品牌训练营：2007 年以来，陆续推出了“暨大准记者南方训练营”“广告兵法训练营”“电视采编特训营”“移动新媒体专训营”“大学生学术夏令营(新闻营)”和“职业规划与发展训练营”等训练营。

(3)课程建设：林如鹏主持国家级精品资源共享课“新闻事业经营管理”；喻季欣主持国家级精品视频公开课“微博：微写与博识”；谷虹主持国家级在线开放课“数字营销：走进智慧的品牌”。

(4)教材建设：《新闻事业经营管理》《媒介管理》《新编中外广告通史》入选“十一五”或“十二五”国家级规划教材。曾建雄担任教育部“马克思主义理论研究和建设工程”重点教材《新闻评论》首席专家；甘险峰、刘涛担任《新闻编辑》首席专家和专家；支庭荣担任《西方传播学理论评析》专家。

(5)实验平台：拥有国家级实验教学示范中心、广东省虚拟仿真实验教学中心。

(6)中国新闻奖：刘涛及林如鹏、支庭荣的作品获中国新闻奖 4 项，其中中国新闻奖一等奖 2 项。

(7)省级新闻奖：教师获广东、湖南、江西新闻奖一等奖各 1 项，获广东新闻奖三等奖 3 项。

(8)教学成果奖：2005 年以来，获国家级教学成果二等奖 1 项(已公示)，获广东省教学成果一等奖 6 项。

(9)学生获奖：2010 年以来，学生获全国和省级竞赛重要奖励 200 多项。

6. 社会服务

(1)服务党委政府。学院为中宣部舆情局，省、市、区宣传部门、公检法部门报送大量智库报告和舆情服务。其中，向中宣部报送250件，获采纳116件，获习近平总书记批示3件，获中宣部“优秀稿件”“优秀个人”“优秀单位”等表彰9项。

(2)响应援疆援藏和“一带一路”倡议等国家政策。学院师生组织20多批次的社会实践团队，进行“穿越雪域高原”“揭梦三沙”“暨情井冈”“重走长征路”“全球调查”“美墨行”“走进广交会”“走进巴基斯坦”“走进印尼”“走进非洲”等系列大型主题活动，把“以行求解”“富于行动”“成长成才”落到实处。2014年，学院被广东省教育厅评为“广东省培育和践行社会主义核心价值观示范点”。

(3)引导社会舆论。学院通过新闻评论和专栏、接受媒体采访、专题讲座等形式，激浊扬清。其中，教师在《中国教育报》等报刊发表评论文章200多篇。

(4)沟通中外。学院通过密切联系海外，增强港澳台侨生的向心力，发挥“桥梁纽带”作用。通过连续多年为《欧洲商报》英国、荷兰和加拿大分社组版供稿，通过国内外丰富多彩的国内外采访、调研、体验式学习，促进中外学生共同感受中华文明，传播时代精神。

（暨南大学新闻与传播学院）

4.1.9　兰州大学新闻与传播学院

1. 历史沿革

兰州大学新闻传播教育肇始于1959年兰州艺术学院开办的新闻专业。1958年，兰州大学(中文系部分)、西北师范学院(艺术系)、甘肃省文化艺术干部学校合并组建兰州艺术学院，并于1959年和1960年招收了两届新闻专业学生，这两届学生后来在新闻界产生了深远影响。

1984年，兰州大学设置新闻学专业并于同年招收第一届本科生；1998年，获批传播学硕士点；1999年，传播学被评为省级重点学科；2001年，获批新闻学硕士点；2004年，成立新闻与传播学院；2006年，获批新闻传播学一级学科硕士点；2010年，获得首批新闻与传播专业硕士授予权；2014年，甘肃省委宣传部与兰州大学签署共建学院协议，正式开启部校共建新征程；同年，新闻传播学被评为甘肃省一级重点学科。

自1959年以来，数代兰大人驻守陇原，扎根西部，面向全国，为中国新闻界培养了大量优秀人才。兰州大学新闻传播教育事业也因历史久、办学长，在学界和业界享有很好的口碑。

2. 师生规模

全院现有教职工54人，其中教授11名（二级教授1名、三级教授2名），副教授12名，业界导师22名；甘肃省领军人才1名，博士生导师3名。全日制在读本科生600余名，全日制在读研究生总共221人，其中学术型硕士研究生85人，专业学位硕士研究生136人。

3. 专业设置

本科专业现有新闻学、广播电视学、广告学、数字媒体技术和网络与新媒体（方向）5个专业（方向）。新闻学和广播电视学以新闻传播学大类招生，学生在第二学年根据兴趣自愿选择新闻学或广播电视学专业；网络与新媒体专业（方向）采用“2+2”培养模式，面向全校其他学院招生，前两学年在原招生学院学习，后两年通过考试选拔，成绩优异者进入本专业（方向）学习。数字媒体技术专业是学校首批新工科专业之一，2018年开始招生。

研究生专业设有学术型硕士专业和专业型硕士专业。其中，学术型硕士专业有新闻学和传播学两个二级学位点，学制三年。新闻学研究方向设有理论新闻学、应用新闻学、历史新闻学、广播电视学、媒介经营管理学等；传播学研究方向设有理论传播学、广告学、边缘传播学、文化传播学、民族传播学、编辑出版学、网络传播学等。新闻与传播专业型硕士专业学制两年，研究方向设有大众传播与媒介发展、媒介融合与新媒体传播、文化产业与媒介经营管理、广告与公共关系等。

4. 人才培养

学院遵循与时俱进的教育教学原则，紧密结合国家21世纪高等教育方略及兰州大学“3468工程”本科人才培养战略，同时结合学院实际特色，从“厚基础、宽口径、有专长、强实践、能创新”的教学指导方针出发，提出“历久弥新的理想信念、学以致用的专业素养、宠辱不惊的伦理操守、与时俱进的法制观念、学贯中西的文化品位、百折不挠的竞争意识、敢为人先的创新能力”的人才培养理念，力争通过打通学界、业界、政界、商界，建立本科教学“能力建设+知识探究+人格养成”三位一体的人才培养体系。

多年来，学院培养了一批又一批思想过硬、作风踏实、具有较高业务水平和学术水平的专业人才，一大批毕业生进入新闻、传播、广告等领域的企事业单位，并迅速成长为所在单位的业务骨干或主管领导。其中，在《人民日报》、新华社、中央广播电视总台、《光明日报》《经济日报》《中国青年报》《经济观察报》《南方都市报》等中央级新闻单位工作的各类毕业生有300余名，其中担任中层和高层领导职务的有80余名；一大批毕业生荣获“中国新闻奖”“长江韬奋奖”“全国优秀新闻工作者”等全国性奖项；一大批毕业生在全国各大新闻传播院校任教，承担重要学术任务，担任重要领导岗位。

5. 学科建设

学院有新闻传播学一级学科硕士学位授权点，下设新闻学和传播学两个二级学科硕士学位授权点，同时获得全国首批新闻与传播专业硕士学位授权点。其中，新闻传播学一级学科系甘肃省重点学科，下设新闻学、传播学、传播与社会发展、新媒体与编辑出版4个学科方向。

（1）新闻学：注重对新闻传播基本理论的研究并将马克思主义新闻理论研究作为重心，注重对新闻史人物职业心灵史、陕甘宁边区新闻事业史、马克思主义新闻思想史的研究。从20世纪80年代初起，该学科点就是全国新闻教育界的主流，曾被评为“全国第五，西北老大”；曾与全国20多所大学合编过多部新闻学教材，所培养的新闻人才勤奋务实、能征善战，遍布全国各主流媒体并成为业界骨干。

（2）传播学：该学科方向出版的《传播学原理与应用》系中国境内第一本传播学专著和教科书，《基础传播学》曾获得甘肃省优秀教材奖。多年来，该学科对消费主义、民族主义、恐怖主义与传播问题的研究均取得了学界认可的学术成果。近年来，对“媒介技术哲学”“认知传播学”的研究成为该学科新的学术增长点。

（3）传播与社会发展。以发展传播学、民族传播学、文化传播学、社会舆论调查与舆情研判、“一带一路”倡议建设传播研究为支撑点，形成西部民族和地区特色的学科研究领域。目前，该方向紧抓“一带一路”倡议建设，借助跨学科的协同研究优势，努力建成独具西部特色的高端智库，不断为西部多民族地区的经济社会发展服务。

（4）新媒体与编辑出版。数字编辑出版、数字图书馆和数字农家书屋的研究和建设工作是该学科方向的亮点。该学科依托各大科研机构，致力于“高校数字文库”和“数字农家书屋”的研发，借助数字智能技术、移动网络技术、媒介融合技术，为西部地区实现传播网络和信息传播的低成本、高效率、全覆盖奉献学术智慧与人力资源。

6. 科研成果

近年来，学院承担省部级以上课题45项，其中，国家社科基金项目10项，教育部人文社科项目、甘肃省哲学社会科学规划项目等15项，部校共建科研培育项目20项。中央高校基本科研业务费各类型项目36项，各类横向项目25项。近五年来，出版专著13部，发表论文400余篇。2017年，兰州大学新闻传播教育创始人之一的刘树田教授荣获中国新闻史学会第三届终身成就奖；张硕勋、王晓红的学术成果荣获中国新闻史学会第三届优秀学术奖三等奖。2018年，刘晓程、张硕勋、王芳、阙岳分别牵头的4件成果荣获甘肃省第十五次哲学社会科学优秀成果奖一、二、三等奖(2件)。

7. 品牌活动

学院近年来创办了大量特色品牌实践活动，尤其是“重走中国西北角”“新闻学子香港媒体训练营”“新闻学子丝路行”等活动在新闻传播教育界影响深远。

(1)重走中国西北角。2010年，为积极响应新闻战线“走基层、转作风、改文风”活动，深入强化实践教学环节，让新闻学子更好地认识西部、认识中国，学院率先在全国新闻院校中发起“重走中国西北角——新闻学子接力采访实践教学活动”。截至2018年，这项活动已成功组织了8届，活动覆盖陕西、甘肃、宁夏、青海、四川、内蒙古6个省区。除兰州大学外，参与学生包括北京大学、复旦大学、武汉大学、华中科技大学、四川大学、扬州大学、四川内江师范学院等十余所兄弟高校，参与学生共计483人次，参与老师达63人次，已出版《学子的根底》(2010—2011)、《学子的眼光》(2013)、《学子的担当》(2014—2015)、《学子的观察》(2017)、《学子的脚步》(2018)五本作品集。2018年，由国家互联网信息办公室指导，中国互联网发展基金会主办，人民网、央视网、中国青年网、中国新闻网、环球网等五家中央重点新闻网站共同承办的第三届“五个一百”网络正能量精品评选揭晓，学院第七届新闻学子“重走中国西北角”接力采访活动入选“百项网络正能量专题活动”。

(2)新闻学子香港媒体训练营。2017年，学院与香港大公报业集团合作推出“兰州大学新闻学子香港媒体训练营”，每年选拔40名新闻学子赴香港高校与媒体开展教学实训活动。活动由专题研讨和现场教学两部分组成，专题研讨聚焦热点话题，现场教学则在《大公报》编辑部、凤凰卫视、香港大学等媒体和高校展开。活动已举办两届，在国内新闻院校和业界产生了很好的示范效应。

(3)新闻学子丝路行。2018年，学院推出“新闻学子丝路行”实践教学活动，活动由专业老师带队，分乌克兰、马来西亚、印度尼西亚三条线路，考察海外新闻教育与媒体运营现状，对乌克兰、马来西亚和印度尼西亚的高等教育状况、传媒行业和历史文化等方面进行了深入观察调研。

8. 社会服务

以学院教师为主体成立的兰州大学公共关系研究中心、兰州大学现代咨询策划研究所系兰大特色校级研究机构，长期承担省内外重要政府部门和企事业单位的公关传播、咨询策划任务，为省内外100多家知名企业提供咨询服务，累计科研经费400多万元。

近年来，学院聚焦舆情研究，成立了兰州大学社会舆论调查与舆情研判中心。2014年，该中心被指定为甘肃省委宣传部舆情信息中心舆情直报点，2015年被遴选成为58家中宣部舆情局舆情直报点，2016年由甘肃省教育厅、甘肃省高校工委批准建设成为甘肃省第二批高校新型智库。智库建设以来为甘肃省委宣传部、省委网信办、兰州市委宣传部，以及兰州大学撰写了多项社会舆论调查报告或舆情研判报告，部分报告得到采用并获较高评价。

此外，自2014年中国记协首次设立中国新闻奖高校试点报送单位以来，学院共报送作品15件，获奖6件，获奖率高达40%。与此同时，学院积极服务中国记协、甘肃记协等协会组织，2014年以来每年各有1~2名教师分别入选"中国新闻奖"评委专家库和作品审核委员专家库。更多的教师则被邀请参加甘肃新闻奖、外埠媒体宣传甘肃好新闻奖项以及各地市(州)"好新闻"奖的评审工作。

9. 学术交流

学院曾联合甘肃省委外宣办、网信办、兰州市委市政府、新华社甘肃分社、中国移动甘肃分公司等政府部门和企事业单位，成功举办6届"兰州新媒体发展高峰论坛"，使之成为助推甘肃和西北地区新媒体事业发展，服务地方互联网经济和网络社会治理的一个重要平台。学院还先后承办了第三届舆论学论坛、第五届中国西部传媒与社会发展高层论坛、马克思主义新闻观教学与研究高峰论坛、中国新闻学传播学学科发展论坛、大型纪录片《劳动铸就中国梦》座谈会、"中华青年新闻传播学者论坛"(多闻雅集年会)、第四届韬奋学术研讨会等全国性会议。

此外，学院通过举办多类型的学术讲座、学术沙龙丰富学术交流。"群策大讲堂"邀请国内外知名学者和业界精英为研究生开展前沿论题讲座，已成为学院重要的品牌性学术交流活动；学院教师自发成立"灵读书""群学雅集""兰大在读""君聆读书会""舰队街10号""半亩方塘读书会"等多个学术沙龙组织，与校内外广大师生积极互动，共同探讨读书新知；近年先后聘请美国、加拿大和港台地区及国内有关专家学者50余人次来学院讲学，派出中青年骨干教师出国访学、参与国际学术会议20人次。

学院目前系教育部高等学校教学指导委员会新闻传播类专业教学指导委员会成员单

位，中国高等教育学会新闻学与传播学专业委员会常务理事单位，中华全国记者协会特邀理事单位，中国国际公共关系协会学术专业委员会成员单位，中国新闻史学会常务理事单位，中国新闻史学会教育传播史研究委员会副会长单位，中国新闻史学会网络传播史委员会、少数民族新闻传播史研究委员会、公共关系研究委员会、舆论学研究委员会、视听传播研究委员会、应用新闻传播学研究委员会等多个二级分会的常务理事单位。

（兰州大学新闻与传播学院）

4.2　港澳台地区新闻传播院系

4.2.1　香港中文大学新闻与传播学院

1. 历史及发展

香港中文大学新闻与传播学院成立于 1965 年，在香港开创了先河发展至今走过半个多世纪，如今有全职老师 28 人，兼任教师超 60 人；本科生与研究生共 700 多人，国内外超过 6000 余位校友。

学院初创时为新闻系，提供两年制课程，由经济学家张丕介担任系主任，20 世纪 70 年代为定型期，学系的规模稍增，由两年转为四年制，增加了广播课程，后来易名为“新闻与传播学系”。余也鲁被邀请至中大担任讲座教授兼系主任，陆续增聘了朱立、皇甫河旺、李金铨等生力军。余教授又邀请传播学大师施拉姆（Wilbur Schramm）来港创立传播哲学硕士课程，积极为日后储备本土教研人才。

80 年代进入波动期。1982—1986 年，余也鲁教授退休后，朱谦教授提早离开，系主任四易其人，到朱立教授执掌新闻系，情况才稳定下来。此时李少南、陈韬文、苏钥机三名校友先后从美国学成回归，教学团队的本地化悄然开始。80 年代初，学系增加了广告和公关课程，但仍侧重文字新闻训练。

90 年代逐步进入稳定期。美国著名教授康士达（George Comstock）被邀任系主任，他聘请了几位美国教师，又创办了传播学哲学博士课程。90 年代香港中文大学转为三年制，学生及老师人数大增。陈韬文出掌系政后，从美国引入了一些年轻刚毕业的华人学者如潘忠党、魏然、陈怀林等，马杰伟、梁永炽、姚霞等教师也陆续加入，又邀李金铨教授再度担任讲座教授，带领第三代本土及海外学者努力探究回归报道、身份认同等学术议题。1999年，新传系改名为“新闻与传播学院”，设立首个修课式新闻学硕士课程。

2000年前后进入第五阶段发展期。院长李少南设立了多个修课式硕士课程，同时开始招收内地学生，大量聘请业界资深人士担任兼职讲师，加强和传播行业的联系。此时学院设立民意调查中心，积极发展教研的广度和深度。

2000年，苏钥机接力当院长，他加强学生对外交换计划，进一步发展与新闻界的关系并设立了2种学术期刊。此时，教师队伍融合了全国各地及海外学者，形成一个多元化的团队。

2010年后，学院步入成熟期，冯应谦出任院长。课程方面新设“点子创作”(Pinpoint)和“创意媒体实验室”(CM Lab)两个校内实习课程；成立中华传媒与比较传播研究中心(C研中心)；努力走向国际化，推出更多海外交换计划和学习之旅，学院也在国际声誉、学生素质及师生研究成果诸方面均名列前茅。

2017年，李立峯接任院长后，继续恪守学院专业价值及人文精神，推动学界业界交流合作。同年，学院与英国萨塞克斯大学携手开设全球传播本科课程，为学生提供更多海外学习进修的机会。学院亦积极推动课程改革、设备更新，以应对数字化给传播教育带来的新挑战。

2. 办学理念

学院致力于培养富有社会责任感、具有全球化视野的传播人才，注重锻炼学生分析与表达能力，兼顾理论与实践。学院承传专业、锐意创新，因应东西方传播学术交流枢纽之利，致力于培养拥有扎实理论基础和方法功底，并以知识创新为己任的传播学者。在瞬息万变的传播环境下，学院恪守专业价值，关怀人文精神。

学院重新设计了院徽，将“新”和“传”两字合并，中间以“人”字联结在一起，提出“以人新、为人传”的意念。“以人为本”的精神体现为“因为人而写新闻，为了人而传播”。学院强调“专业承传、开拓创新”，英文的说法是三个“I”：to inherit、to innovate、to inspire。

3. 师资团队

学院目前有28名全职教研人员，其中包括1名荣休教授、1名研究教授、5名教授、6名副教授、5名助理教授、1名专业应用教授、1名专业应用副教授、2名专业顾问、2 名高级讲师及 4 名讲师。学院教研人员拥有丰富的教学、研究经验，在国际学术团体中扮演重要角色。陈韬文教授为国际传播学会（International Communication Association）院士，亦有数位教研人员在 *Journal of Communication*、*Communication Research*、*International Journal of Press/Politics*、*Journalism & Mass Communication Quarterly*、*Mass Communication & Society*、*Communication, Culture & Critique*、*Public Relations Review*、*Journal of Public Relations Research* 和 *Journalism Studies* 等国际知名学术期刊担任编辑委员会成员。

此外，学院还有 60 余位来自传统媒体及新媒体界、广告与公关界、网络及创意媒体界等业界从资深媒体工作者到管理决策层的兼职教师。

为不断提升教学素质，学院亦定期安排各课程教授与课程顾问委员会见面、听取意见。顾问委员会以不同课程划分，由本地业界及国际学界翘楚组成。

4. 课程设置

学院目前开设 2 个本科生课程（新闻与传播学、全球传播）、5 个修课式硕士课程（全球传播文学硕士、新闻学文学硕士、新媒体理学硕士、广告社会科学硕士及企业传播社会科学硕士）、1 个传播学哲学硕士及博士课程。学院每年为本科生及硕士研究生举办海外交流团、培训团，旨在让学生从更广阔的平台中开阔视野，从课程以外的活动中学习体验。

（1）本科。新闻与传播学本科课程设计以理论与实践兼备，鼓励学生提升全球视野、训练分析及表达能力，致力于培养具备专业操守及有使命感的传播专才。课程为四年制，共分三个专业范畴，包括：新闻、广告与公关、创意媒体与新媒体。除修读理论及实践课程外，学生还需参与实习小组应用所学。修读期间，学生可申请赴海外院校交换，亦可通过中文大学或各个书院的计划到世界各地交换。其中，直接跟学院有交换生协议的海外院校包括美国南加州大学、美国德州大学奥斯汀分校、荷兰鹿特丹伊拉斯谟斯大学、日本早稻田大学、韩国翰林大学及我国台湾政治大学，学生在三年级暑假还需进行 6~8 周的校外实习，为日后工作进修做准备。

全球传播本科课程除在学院修读理论及实践课程外，学生还须在第二年赴英国萨塞克斯大学同当地学生一起交流学习。学院力图通过海外交换计划，给学生带来专业化的知识、独特的国际化学习经验以及全球化思维。此课程会探讨全球化的复杂本质、过程及对媒体的影响，以及新传播模式下媒体研究、文化研究、全球媒体管理、跨文化传播研究等方面的新发展。

（2）硕士。全球传播文学硕士课程提供跨媒体、跨国企业合作、跨文化的研修。其中跨文化传播学更着重理论，亦兼有实务训练，课程旨在透过增进学生沟通技巧、跨文化谈判方法等软性技巧，响应全球化的挑战。

新闻学文学硕士课程分兼读及全日制，课程重视传播理论与实务技巧，旨在提高新闻工作者的专业水平。

新媒体理学硕士课程涵盖面广，有“新媒体创业”“新媒体产品开发”“网上行为分析学”等，学生可从各层面探讨新媒体对宏观社会、人际沟通及生活等各方面的影响。

广告社会科学硕士课程拥有强势师资，学院邀请业内专才兼任讲师，还与国际知名机构如 4As 广告公司等紧密合作，让学生有接触客户、参与如 Portfolio Night 等广告界盛事的实战机会。

企业传播社会科学硕士课程专门培训企业传媒人才，一方面研习理论，一方面予以实战机会，以提升学生竞争力。课程内容包括：企业内外沟通、危机处理、企业社会责任、公关案例、传播策略等，学生有机会于国际知名公关公司实习。

(3)博士。传播学哲学博士课程以研究为主，旨在培养传播研究高级人才，如大学教师、研究人员、顾问、媒介管理人员及资深传播专业工作者等。传播学哲学硕士课程亦以研究为主，学制为两年，旨在培育研究生在传播领域的研究能力，毕业生可以继续攻读博士学位，或成为传播专业工作者、管理人员、研究人员、顾问、公务员等。学生就读期间有机会参与学院学术研究项目或以助教身份协助教学安排，积累学术及教学经验。

5. 学术研究

学院立足于东西方学术的交汇点，以比较角度研究传播问题及创造新知。学院教研人员研究兴趣广泛，教职员的研究论文刊登于 *Journal of Communication*、*Communication Research*、*Journal of Computer-Mediated Communication*、*New Media and Society*、*Information, Communication and Society* 等全球顶尖的传播学术期刊。此外，教职员的研究专著也由麻省理工大学出版社、牛津大学出版社、伊利诺伊大学出版社、纽约州立大学出版社、Rowman & Littlefield 及 Routledge 等国际知名出版社出版。

学院设有中华传媒与比较传播研究中心和传播与民意调查中心。中华传媒与比较传播研究中心(简称 C 研中心)成立于 2012 年，致力于发展大中华地区的传媒研究和比较传播研究，促进世界各地传播学者间的对话，力图成为学术交流的枢纽及新的原创知识生产地。中心每年举办传播学访问学者计划、大中华访问学者研讨会、传播系列讲座等多种学术交流活动，吸引全国各地传播学者与学生参与。

传播与民意调查中心(前称传播研究中心)成立于 2004 年，致力于为学术、政府、非牟利及商业机构进行高素质的研究。中心目标是进行跨学科、系统化及革新的社会及媒介研究；理解新闻工作、媒介、文化、市民、传播科技及民主之间的相互影响；探讨人们对新闻、政治及社会问题的态度；透过民意研究，给政策制定者、新闻工作者、学者、媒介机构及公共团体提供意见及重要的信息。

学院主办有2种传播学术期刊。《传播与社会学刊》为2006年创刊的中文学术期刊，由学院和香港浸会大学传理学院合办，每年刊行四期。该刊为"台湾社会科学引文索引核心期刊"(TSSCI)收录期刊，2018年被评为"台湾社会科学引文索引核心期刊"(TSSCI)一级核心期刊。2015年成为"国际传播学会(International Communication Association)"附属学刊。学刊采用双向匿名评审制度，鼓励原创性的传播理论探索并发表原创及优秀的研究成果，倡导跨学科传播学研究并促进华语传播学术主体的发展。学院教授陈韬文是学刊的创刊和第一任主编，现任主编是学院研究教授罗文辉，其他编辑包括香港浸会大学传理学院黄煜、萧小穗和宋韵雅，学院教授冯应谦、黄懿慧及邱林川，台湾政治大学传播学院张卿卿教授，上海交通大学媒体与设计学院张国良教授以及美国密苏里大学新闻学院周树华教授。此外，学刊还邀请各地著名学者出任编辑顾问。

Chinese Journal of Communication 是学院主办的英文学术期刊，于2008年创刊，每年刊行四期。学刊为"社会科学引文索引(SSCI)"收录期刊，采用双向匿名评审制度，刊登与中华传播研究相关的学术论文。学刊现任主编为本院李立峯教授，其他编辑包括本院苏钥机、赛诗雅、陈萱庭三位教授，美国纽约大学吴晓教授，英国布鲁内尔大学童静蓉教授和美国新罕布什尔大学张琳教授。学刊的编辑顾问委员会成员包括全球不同国家的58位知名学者。

6. 社会服务

2003年，学院校友会创办"中大新闻奖"，每两年举办一次，是本地新闻界的盛事。除评选颁发奖项之外，每次还会举办包括讲座在内的一系列活动，加强学界、业界、市民同媒体工作者之间的互动及联系。

自2008年起，学院携手新闻教育基金会出版新闻书籍，包括：《四川地震——香港记者反思录》《一人一故事——新闻人的心声细语》《独家新闻解码》《特首选战·传媒·民意》《一人又一故事——新闻人再诉心声》《领导的艺术：新闻老总谈管理》及《独家新闻解码2》，希望把资深业者的宝贵经验留存给新一代的记者，让其可以直接受益，也希望让市民多了解记者的所见、所感、所思，认识新闻界的真实运作，明白新闻人的使命和努力。

自2011年起，学院同汤森路透基金会合作，5年间共举办8个工作坊，培训超过

120 位来自大中华区及亚洲其他国家包括新加坡、印度、越南、韩国、菲律宾及俄罗斯的在职传媒工作者。培训内容包括危机事件报道、卫生与健康报道、气候变化报道、编辑判断、新媒体及社交媒体报道等。

2012 年，学院开办“Mars Media 火星媒体夏令营”传媒教育计划，每年向对新闻传播有兴趣的本地中学生提供多个互动工作坊、学术讲座以及多媒体制作训练班等，让他们在实践中发挥创意，在趣味学习中反思媒介的影响。学院亦不定期举办公开讲座及研讨会，开放公众参加，包括“传人对话系列讲座”“Monday. COME”“Global Comm 系列讲座”“新闻吹吹风”等。

根据 2019 年最新的 QS 世界大学排名(QS World University Ranking)，学院排名全球第 15 位。学院将继续秉承“专业传承、开拓创新”的理念，在数字化时代引领新闻与传播学科的教育和研究。

（香港中文大学新闻与传播学院）

4. 2. 2 台湾政治大学传播学院

1. 基本概述

台湾政治大学传播学院成立于 1989 年，其前身为中央政治学校新闻学系。抗战胜利后，1946 年中央政治学校与中央干部学校在南京合并为国立政治大学，其新闻学系成为当时与复旦大学、燕京大学的新闻学系齐名的三大中国新闻学府之一。1949 年，政治大学搬迁台湾并于 1954 年在台北木栅复校。1955 年大学部恢复招生，1987 年成立广告学系，1988 年成立广播电视学系，自创立以来，一直是台湾传播教育重镇。

学院目前有 9 个教学单位，共计学生约 1400 名，专任教师 47 名，教师多毕业于欧美及国内著名大学，研究能量与教学成效优异。自台湾科技部门开始颁发“传播学门”杰出研究奖以来，历届得主均为该院教师。

学院致力于培养传播实务与学术研究的领导人才，在教育、研究、服务等方面多方创新。在教学资源及设备方面，该院设有研究暨发展中心、信息与媒体整合实验中心、国际合作交流中心。研究暨发展中心统筹学院研究相关事宜并负责学生海外学习和交换事务；整合实验中心下设媒体实验室，提供学生实务实做学习机会；国际合作交流中心负责规划及推动学院国际合作交流事宜。

学院积极与国际知名新闻传播学院缔结合作，目前已与美国 Missouri、Ohio、

Illinois、Ball State 等大学相关传播系院，日本东京大学情报学环、庆应义塾大学法学院新闻媒体与传播研究中心，新加坡南洋理工大学传播与信息学院，泰国朱拉隆功大学传播艺术学院，以及中国人民大学新闻学院、中国传媒大学广告学院、中国社会科学院新闻与传播研究所、北京大学新闻与传播学院、清华大学新闻与传播学院、上海交通大学媒体与设计学院、复旦大学新闻学院、南京大学新闻传播学院、浙江大学传媒与国际文化学院、武汉大学新闻与传播学院、厦门大学新闻传播学院、广州中山大学传播与设计学院、暨南大学新闻与传播学院、香港浸会大学传理学院、香港中文大学新闻与传播学院等著名传播学府达成学术合作协议。

2017 年，学院获邀加入东京大学以及首尔大学两校联合举办的联合国际研讨会(该会已有 21 年历史)。2018 年，学院争取该会移师政治大学举办。这一国际交流活动也标志着学院在亚洲顶尖学府交流中的重要地位。

2. 教学单位

学院目前有 9 个教学单位，具体情况如下：

(1)大一大二不分系：2014 年设立，学士班由学院统一招生，学生在一、二年级修习“院必修课程”“系基础课程”与“衔接课程”，三年级后则由学生选填志愿，分流进入新闻、广告与广电三系。除三系各设置两个专业学程外，另有实验学程，由学生自主规划学习进程。旨在培养学生的跨领域整合竞争力与传播技能。

(2)新闻学系：为台湾最早设立的新闻传播专业教育机构，以新闻传播研究教学闻名海内外。学系目前开设“新闻与信息”“媒体与文化”两个学程，以人文和社会科学领域知识为基础，从事新闻内容产制和传播媒体研究，培养学生发现真实、追求真相的能力。

(3)广告学系：成立于 1987 年，致力于培养广告、营销、创意与公关实务研究领导人才。广告学系开设“策略与创意沟通”与“传播设计”两个专业主修学程。“策略与创意沟通主修”着重在营销沟通全方位的训练，透过课程与个案研究，培养有洞见、有创意并具策略想象能力的专业营销沟通企划全才；“传播设计主修”以引导学生跨领域创作能力为主、应用设计为辅，整合绘画、声音、静态、动态影像等表现工具，培养多方位创意表现能力。

(4)广播电视学系：1988 年创立，为台湾大专院校第一个广播电视学系，教育宗旨为“培育具备人文素养、批判思维、创造力与国际观基础通识知能的影音创作与管理政策人才”。广电系提供“媒介创新与管理”“影音企划与制作”两个学程，通过学院整合实验中心的各实习单位、业界实习与毕业制作，增加学生实战经验与专业精神，培养“企划、编剧、导演与制作”“数字内容产制”“媒介管理与政策”的核心能力。

(5)传播硕士学位学程：为顺应传播教育科际整合趋势，2014 年起由原“新闻学系硕士班”“广告学系硕士班”及“广播电视学系硕士班”合并而成，旨在扩充创新知识版图，培养未来传播领域专业人才。该学程开设 7 大专业主修领域，包括“传播与文化”“新闻与信息传播”“想象、叙事与互动”“电讯传播政策与管理”“整合传播”“两岸传播”“科学与风险传播”，学生可自行组合专业主修课程。

(6)数位内容硕士学位学程：成立于 2009 年，结合传播学院与理学院(信息科学系)师资与课程的硕士学程，旨在培育数字内容创作、设计、企划与系统研发的人才。课程设计除科技、内容与设计的理论课程外，也提供互动设计、制作与系统整合的实务训练。论文指导采取跨领域、双指导教授制度，各研究主题群均由两院教师组成。

(7)国际传播英语硕士学位学程(IMICS)：2006 年成立，是台湾传播领域唯一英语授课硕士学程，课程聚焦于跨文化传播研究并特别注重亚太地区观点。IMICS 旨在培养国际传播领域的专业人员与领导者，通过提供多元选修课程，不仅培养学生研究所需的理论和技能，也让学生能对媒体和营销、政治沟通、全球化和国际关系等各种传播主题进行深入讨论。

(8)传播博士班：原为 1983 年成立的新闻学系博士班，2013 年改制为传播学院博士班，旨在培养博士生具备学术研究、传播知识与应用的竞争力，具备知识领域的横向流动能力，期望学生未来除进入高等教育机构，亦能投身于学术以外的知识产业、政府机构或第三部门从事研发、实践工作。

(9)传播硕士在职专班：可溯源于 1999 年设立的新闻学系硕士在职专班，2004 年改为现名。课程整合新闻、广告、公关、广电以及数字影音等跨领域课程与对话平台，旨在培养学生“知识统整”“反思创新”“信息处理”与“社群沟通”等四项实务所需核心能力，也期望成为不同传播领域的业界精英间的对话平台。

3. 研究特色与研究群

(1)学术期刊。1967 年，学院创办了中文学术期刊《新闻学研究》，是华人传播学界知名刊物。2000 年以来，《新闻学研究》连续被列为台湾社会科学引文索引数据库(TSSCI)收录名单，2016 年、2018 年更是获评为一级核心期刊，奠定了该刊在台湾传播学顶尖期刊的地位。

此外，《新闻学研究》亦为 Communication Institute for Online Scholarship(CIOS)传播期刊数据库、荷兰 ELSEVIER 数据库、公开取用期刊数据库(DOAJ)之索引期刊。2017 年，该刊与国际中华传播学会(Chinese Communication Association，CCA)签约，成为学

会的附属期刊。

(2)特色研究群：

①台湾政经传播研究中心。台湾政经传播研究中心属台湾“高教深耕计划第二部分之特色领域中心计划”，以“政治态度、政策拟定与施政沟通”为主轴，规划三项总目标：“社会科学数据之创新建置、整合与加值”“微观宏观数据整合系统之开发与应用”“国家重大议题政策拟定与施政沟通”。

②风险传播、全球变暖与新兴环境议题。该计划旨在探问，当全球变暖成为全球风险社会的重大议题，台湾与此议题相关的传播现况为何？该计划从“大众媒体”“公众”“政府与企业(公民)”三大方向，提出具在地特色的全球变暖风险沟通架构，以了解变暖风险论述在台湾如何被建构，公众对这种风险有什么样的认知。

③水火计划—危机事件中的信息流通与动态整合(2009 年至今)。水火计划研究团队源于澳洲政府创新产业科学研究部在 2009 年年底首次推出的 ISL Program (International Science Linkages Bilateral Program)，选列包括中国台湾、日本、加拿大、捷克、芬兰、西班牙及英国等国家和地区为合作对象。其中，学院与澳洲昆士兰科技大学(Queensland University of Technology，QUT)共同合作的研究计划受到核定与赞助。

水火计划目前着手于社群图像研究，探索图片辨识技术与社群媒体研究；以及实时新闻研究，承继过去社群媒体数据分析，现聚焦于对网络实时新闻的面貌与周期做深入研究。

④数位与社群营销。在社群媒体的情境下，注意力是研究者定睛所在，因此社群媒体研究重点之一是分析使用者的涉入活动。此外数据分析属于“传播”与“数据科学”跨学科的研究范畴，需要回顾不同学科的知识架构。

⑤数字阅听人研究(2008 年至今)。该计划旨在研究网络阅听人的“生活型态”与“心理机制”，并从“数字媒体与虚拟人际”“数字媒体与自我心理调整”“数字媒体与消费决策”“数字媒体使用与幸福感”“行动通讯与生活”等面向深入剖析大学生的数字生活型态。至今已累积十届“大学生数字生活型态大调查”，除了能纵贯性分析，亦能提供大学生数字生活的最新脉动。

⑥新叙事：数字汇流、数字叙事与“故事云”(2011 年至今)。与国际学校共同举办的“想象亚洲国际创作与研讨会”已历经十届，参与学校除本校外，还包括泰国朱拉隆功大学、日本明治大学、新加坡南洋艺术学院等。研讨会希望能透过亚洲国家之间的教学观摩、共同研究、对话创作，促进国家与族群间彼此的对望，借以表现亚洲的多元性。

⑦社群媒体厚数据研究群(2016 年至今)。研究群致力于发展“厚数据”(thick data)

方法论，矫正过分相信“让大数据自己说话”的做法。“厚数据”将人文思维纳入信息工具的开发过程，透过此“诠释型信息工具”，将可获得更具人文意义的“厚数据”。

4. 实践教学与实验中心建设

为贯彻“理论与实务并重”与“做中学”的宗旨，学院设立了“信息与媒体整合实验中心”，统筹管理各项教学设备、经费及空间资源。中心下设数字平台、影音实验室、传院剧场、政大之声实习广播电台、新闻与媒体实验室、研究导向实验室共6个学生实习单位与设备，以及传播专业图书馆。

（1）数字平台：负责维护管理网络设备并提供学院师生基础计算器服务。平台实施助理制度，提供计算器使用咨询服务，辅助教师课堂教学，助理透过内部课程学习进阶创作技巧，共同经营“数字平台 ITLab”社群脸书粉丝团，每年举办学生助理数字创作展。

（2）影音实验室：提供学院师生高阶影音设备和服务，管理和维护影音制作相关课程所需的各项设备和技术。实验室设有学生助理，开设影音设备工作坊，除辅导院内学生取得设备使用证照外，每学期还开设全校的教学工作坊，以及协助拍摄和转播学校各项大型校园活动。每年期末举办学生成果展“金勇影展”。

（3）传院剧场：管理学院剧场空间，操作影像、音响、灯光等设备。剧场助理除协助学院课程教学，支持学校各项活动举办外，还通过内部课程学习表演艺术和舞台专业课程，并组成“麦高芬剧团”，每年度举行公演，吸引了校内外学生前来观赏。

（4）政大之声实习广播电台：创立于1963年，是台湾地区历史最悠久的校园电台之一。电台针对校园及文山地区提供广播服务，电台助理协助开设播音课程、自制广播节目、举办对外教学工作坊，支持本校各项校园活动的现场播音。

（5）新闻与媒体实验室：培养学生记录真实、追求事实以及运用影音和网络科技叙事的专业能力。实验室每年招收院内与全校同学，助理在协助新闻产制课程教学以外，也通过内部课程学习进阶新闻产制知识及能力。此外，还需通过实习，在学报《大学报》发布文字与影音新闻成果。

（6）研究导向实验室：2012年成立，是台湾地区首间以人文科学研究为导向的互动设计实验室，也是学院推动前端研究与教学的重要实验室。主要从事新媒体、用户经验、生活脉络、设计实验等研究。实验室课程包括“社交与娱乐媒体”“新闻游戏实验”；科技部研究计划包括“叙事、文类与媒材：访谈中个人经验故事之讲演”“眼动仪操作教学”，以及学生论文“VR 新闻实验”“媒体心理 VT 实验”等。

（7）传播学院图书分馆：前身是1962年设立的新闻资料室，1993年易名为传播学院图书分馆。该馆收录传播专业图书、中西文期刊、数据库等，每学期均设置指定参考书专区服务学院学生，也提供数据库使用训练课程，对传播教学与研究贡献极大。

（台湾政治大学传播学院）

第 5 章　新闻传播教育行业组织动态

5.1　新闻传播教育界主要管理组织 2018 年活动综述

5.1.1　国务院学位委员会学科评议组

2018 年，国务院学位委员会下发了《关于进一步发挥国务院学位委员会学科评议组和专业学位研究生教育指导委员会作用的意见》(学位〔2018〕20 号)、《关于委托国务院学位委员会学科评议组和全国专业学位研究生教育指导委员会编写〈研究生核心课程指南〉的通知》(学位办〔2018〕16 号)、《关于编写〈一级学科(专业学位类别)发展报告〉》(学位办〔2018〕20 号)三个文件，当年的核心工作围绕这三个文件、两项任务展开。

7 月 7 日，学科评议组在上海召开“新时代、新质量、新人才——国务院学位委员会新闻传播学科评议组 2018 年工作会议”，除学科评议组全体成员外，邀请了现有的 25 个新闻传播学一级学科博士授权点的学科负责人(学院院长或主管研究生工作的副院长)参会。各参会人员介绍了本单位新闻传播学硕士、博士研究生课程设置及本学科发展的情况，交流了研究生培养中的经验与困惑，就《研究生核心课程指南》和《新闻传播学一级学科发展报告》提出建议，并对《新闻传播学一级学科发展报告》的撰写进行了分工。

2018 年年底，按照学位办的要求，上交了《研究生核心课程指南》的初稿。按照相关工作安排，正式稿经征求意见和修改后，将于 2019 年发布。

（国务院学位委员会学科评议组秘书处）

5.1.2　教育部高等学校新闻传播学类专业教学指导委员会

2018 年 11 月 1 日，“2018—2022 年教育部高等学校教学指导委员会”成立，该委员会涵盖了 2 个综合类、109 个专业类和 40 个分教指委，集中了高等教育方面的权威专家，新一届委员会将成为全面振兴本科教育的精英团，是推动高等教育改革发展的重要力量，主要承担高等学校教育教学研究、咨询、指导、评估和服务等工作。

1. 召开新一届教指委第一次全体工作会议

2018 年 12 月 8 日，新一届新闻传播学类专业教学指导委员会(以下简称教指委)第一次全体会议在中国传媒大学国际交流中心举行。教育部高等教育司司长吴岩、副司长徐青森，中宣部新闻局副局长黄强，国家广播电视总局发展研究中心主任祝燕南，中国记协书记处书记张百新等出席会议并讲话。

吴岩司长作题为“把握大势 精准发力 锐意改革 追求卓越”的主题报告，对受聘为教指委的专家表示祝贺和感谢，对如何做好国家级教指委的工作提出了期待和要求。他指出，教指委要把握大势，学深悟透全国教育大会、新时代全国高等学校本科教育工作会议精神，全面、深刻、精准把握新时代教育的 20 个“新”。他还指出，教指委要干好大事，推进“新文科”建设，培养卓越新闻传播人才。

吴岩司长强调，创新是高等教育的生命线，新一届教指委要把握时代发展大势、高等教育发展大势、新闻传播教育大势，做好六件事。第一，推进“卓越新闻传播人才教育培养计划 2. 0”，全面提升人才培养能力；第二，强化马克思主义新闻观教育，培养具有正确的政治方向、新闻志向和工作取向的新闻传播后备人才；第三，积极推进一流专业建设，加快培养会使善用“十八般兵器”的全媒化复合型新闻传播人才；第四，率先开展三级专业认证，提高新闻传播人才培养整体质量；第五，打造新闻传播学“金课”，提升课程的高阶性、创新性、挑战度；第六，推动“国标”落地生根，做好宣传、解读、培训。吴岩司长还对教指委委员提出了殷切期许，希望各位委员能够以高度的责任心和使命感开展好教指委工作，凝心聚力、星火燎原，全面提高新闻传播人才培养能力，服务好形象中国建设。

为加强与新闻业界的联系，更好地对接行业需求，此次教指委会议还邀请了中宣部新闻局、国家广播电视总局和中国记协的有关领导参会。

中宣部新闻局副局长黄强从新闻舆论工作的地位作用、职责使命、方针原则、任务要求、方法论，关于加强新闻舆论工作队伍建设，新闻舆论工作的根本保障等方面对习总书记关于新闻舆论工作的重要思想进行了解读。他指出，新闻后备人才的培养对党的新闻事业极端重要，希望通过教指委加强与新闻院校的联系，推动部校共建，构建中国特色社会主义新闻理论体系，培养具有家国情怀、国际视野的高素质全媒化复合型专家型新闻传播后备人才。

国家广播电视总局发展研究中心主任祝燕南就当前广播电视发展的几个重要问题作了发言。他认为，“智慧广电”是未来一段时期广电发展的基本战略，同时还面临着体制机制深刻调整、各领域重大理论和实践创新等任务。希望人才培养坚持以马克思主义新闻观为统领，强化通识教育、形势教育，立足前沿，深化专业，夯实人才基本素养基础。

中国记协书记处书记张百新介绍了“好记者讲好故事”活动的情况。借助教指委的平台，提出“好记者讲好故事”进校园活动倡议，面向全国新闻传播院系推广，使其成为新闻战线和新闻院系践行马克思主义新闻观的重要举措。

在此次会议上，教育部高等教育司吴岩司长、徐青森副司长与教指委主任委员、中国传媒大学新闻传播学部部长高晓虹教授为新一届教指委委员颁发了聘书。教指委副主任委员、暨南大学党委书记林如鹏向全体委员介绍了习近平总书记考察暨南大学的情况并传达了习近平总书记要认真贯彻落实全国教育大会精神，坚持立德树人，坚持学校办学特色，把学生培养好，把学校办好的殷切嘱托。

2. 制订新一届教指委未来五年工作规划

为贯彻落实2018—2022年教育部高等学校教学指导委员会成立会议精神，更好地开展高等学校新闻传播类专业本科教学的研究、咨询、指导、评估、服务等各项工作，此届新闻传播学类专业教学指导委员会结合教育部工作部署与要求，制定了未来五年工作规划。

(1)建立和完善教指委全体工作会议制度。每年6月、11月召开两次教指委委员全体工作会议，汇报教指委各项工作情况，进行交流研讨，并部署下一阶段工作安排。根据上级部门要求，开展调研，摸清家底，了解当前我国新闻传播学教育教学的优势与不足，不定期召开专项工作会议。

(2)全面推动“卓越新闻传播人才教育培养计划2.0”。根据《教育部　中共中央宣传部关于提高高校新闻传播人才培养能力实施卓越新闻传播人才教育培养计划2.0的意见》的要求，拟于2019年召开卓越新闻传播人才培养专项研讨会，争取在未来五年之内，推动建设一批马克思主义新闻观研究宣传教育基地，打造一批中国特色、世界水平的一流新闻传播专业点，形成遵循新闻传播规律和人才成长规律的全媒化复合型专家型新闻传播人才培养体系。

(3)持续开展“好记者讲好故事”活动进校园。充分发挥教指委的引领作用，配合中国记协，运用新媒体等现代化手段与传播方式持续推动“好记者讲好故事”活动进校园、进课堂、进头脑、进心灵，让新时代的中国故事传播到更多的新闻院校，让好记者对职业的忠诚和坚守影响到更多的新闻学子。

(4)推动新闻传播学专业类教学质量国家标准的落地生根。着力推动《新闻传播类教学质量标准》(以下简称《国标》)的应用，发挥以标促建、以标促强的作用，深入开展《国标》的宣传、解读、培训，大力推动高校使用《国标》，不断丰富完善本科教学质量标准体系。在《国标》的基础上推动全国新闻传播类本科专业三级认证工作。

(5)建设一批新闻传播学类一流专业。按照教育部提出的建设一万个国家级一流专业，一万个省级一流专业的工作要求，教指委委员所在高校要加大专业建设力度，开展专业改革，努力建成一流专业。根据专业建设情况，教指委组织遴选并向教育部推荐国家一流专业候选点。

(6)打造一批新闻传播学类专业“金课”。围绕合理提升新闻传播学类专业核心课程的挑战度，研究如何进一步优化课程内容，提升课程的高阶性和创新性。组织推动一流课程建设，按照教育部提出的建设 1 万门国家级和 1 万门省级一流课程的工作要求，每年遴选推荐一批在新闻传播专业领域具有示范意义的“金课”。

(7)推出一批新闻传播学类专业优质教材。充分发挥教指委的研究优势，高度重视、积极做好教材的编写和审定工作。在国家教材建设整体规划框架下，组织编写新闻传播学类专业核心课教材和新专业教材，做好优秀教材的推广使用工作。

(8)开展马克思主义新闻观主题教育培训。充分发挥教指委集聚、沟通、桥梁作用，按教育部要求开展新闻传播院系师生的马克思主义新闻观主题教育培训。同时，针对新闻传播学类专业教师教学能力薄弱的领域，组织开展教师教学能力、教学方法培训，提高教师教学素养、教学水平。

(9)定期举办全国新闻传播学院院长论坛。为加强国内新闻传播院系之间的交流与沟通，共享新闻传播教育发展成果，促进新闻传播高等教育质量提升，教指委拟每年召开全国新闻传播学院院长论坛，共同探讨新闻传播教育教学领域的热点难点问题。通过论坛建立长效合作机制，构建新闻传播教育共同体，培养面向未来的优秀新闻传播人才。

(10)持续推进新闻传播高等教育国际化。教指委将持续推动我国新闻传播高等教育国际化进程，组织专家委员、高校师生参加美国新闻与大众传播教育学会、美国国家传播学会以及其他有影响力的国际学术会议，争取学术发表，宣读论文，搭建国内外高校与学者沟通与对话的平台，进一步提高我国新闻传播学科的国际声誉。

3. 全面推动“好记者讲好故事”进校园活动

习近平总书记指出新闻舆论工作是党的一项极端重要的工作。新闻院校是意识形态教育的重要阵地，肩负着为党和国家培养具有家国情怀、国际视野的高素质新闻人才的历史重任。为切实提高新闻人才培养质量，开创马克思主义新闻观教育的新局面，落实立德树人根本任务，在2018年12月8日召开的新一届教育部高等学校新闻传播学类专业教学指导委员会成立会议上，教指委向全国新闻院校发起“好记者讲好故事”进校园活动倡议。倡议自发出以来，已经得到106所学校的响应和支持，在创新马克思主义新闻观教育载体、打造新闻传播人才培养新模式等方面做出了有益尝试，取得了良好效果。

（教育部高等学校新闻传播学类专业教学指导委员会秘书处）

5.2　其他新闻传播教育类学会2018年活动综述

5.2.1　中国新闻史学会

中国新闻史学会是中华人民共和国境内新闻传播学方向唯一的一家以研究中外新闻传播历史与现状、促进新闻传播学发展为宗旨的全国一级学术团体。学会于1989年4月3日经国家民政部正式批准，1992年6月11—12日在北京广播学院成立，业务主管单位为中华人民共和国教育部。中国新闻史学会现任（第五届理事会）会长为清华大学新闻与传播学院常务副院长陈昌凤教授，名誉会长为中国人民大学荣誉教授方汉奇、中国传媒大学教授赵玉明、北京大学教授程曼丽。副会长有丁俊杰、黄瑚、刘家林、单波、王润泽、张昆、赵振祥等人。学会联席秘书长为清华大学史安斌教授、中国人民大学新闻学院邓绍根教授，副秘书长为清华大学常江副教授。学会秘书处和学会新闻史志资料中心设在清华大学新闻与传播学院。目前中国新闻史学会下设有新闻传播教育史研究委员会、外国新闻传播史研究委员会、网络传播史研究委员会、少数民族新闻传播史研究委员会、台湾与东南亚华文新闻传播史研究委员会、广告与传媒发展史研究委员会、公共关系史研究委员会、舆论学研究委员会、传媒经济与管理研究委员会、视听传播研究委员会、新闻传播思想史研究委员会、传播学研究委员会、编辑出版史研究委员会、媒介法规与伦理研究委员会、应用新闻传播学研究委员会、全球传播与公共外交研究委员会、中国特色新闻学研究委员会、党报党刊研究委员会等22个二级分会。

1. 召开理事会议，积极部署学会工作

中国新闻史学会京津冀常务理事会（2018）于2018年1月23日在中央民族大学召

开。中国新闻史学会名誉会长赵玉明、程曼丽，副会长丁俊杰，联席秘书长史安斌、邓绍根，常务理事艾红红、陈开和、李润波、李秀云、向芬、赵丽芳、赵云泽，顾问顾勇华，特邀理事白润生、胡太春、闵大洪、乔云霞等出席了会议。邓绍根从理事会、学术活动、学会奖、二级学会发展情况、会刊、国际交流、秘书处日常工作等方面，报告了2017 年度学会的工作情况，并报告了 2018 年学会的相关工作计划。与会嘉宾对学会过去一年来开展的活动和取得的成绩给予高度评价，并就 2018 年年会的举办、分支机构的审核和监管、学术活动开展等方面提出宝贵的意见和建议，就二级学会的优胜劣汰的原则和规范管理等方面提出了建设性意见。

2018 年 4 月 21 日，中国新闻史学会常务理事会第五届第六次会议在西安隆重召开，52 位常务理事及代表出席了会议。此次会议审议了 6 家二级学会的申报请求，经过充分的陈述答辩和热烈讨论，与会的常务理事投票表决，同意成立计算传播学研究委员会(负责人为祝建华教授)、符号传播学研究委员会(负责人为蒋晓丽教授)、地方新闻史研究委员会(负责人为蒋建国教授)、博物馆与史志传播研究委员会(负责人为丁俊杰教授)4 个分会。会议还审议并通过了第四届“新闻传播学学会奖”的评审结果，听取了联席秘书长邓绍根教授汇报学会秘书处一年来的工作总结，听取了各二级分会的工作总结，评选出了三家 2017 年度优秀分会。同时，会议还对 2018 年史学会年会的相关议题和学会未来发展等诸多事宜进行了深入讨论。

2. 学术活动蓬勃开展

2018 年 3 月 31 日，由中国新闻史学会等主办的“纪念《毛泽东对晋绥日报编辑人员的谈话》70 周年暨中国特色新闻学学科建设研讨会”在中国人民大学召开。4 月 17 日，由中国新闻文化促进会主办，中国新闻史学会等联合主办的“创新传播方式，讲好新时代中国故事”专题研讨会，在全国人大会议中心举行。9 月 15—16 日，由中国新闻史学会、中国社会科学院新闻与传播研究所、山东大学新闻传播学院共同主办的第四届中国新闻史青年论坛在山东大学举办。10 月 27—28 日，中国新闻史学会 2018 年学术年会在杭州隆重举行，会议的主题是“全球视野，中国特色：数字时代的新闻传播与美好生活”。会议由中国新闻史学会发起主办，浙江大学联合主办，浙江大学传媒与国际文化学院承办，中国新闻史学会 20 多个分会协办。来自中国社会科学院、北京大学、清华大学、中国人民大学、中国传媒大学、复旦大学、浙江大学等中国数十所大学(机构)及中国新闻史学会 20 多个分会的学者代表，美国南加州大学、伊利诺伊大学、宾夕法尼亚州立大学、雪城大学、纽约州立大学，澳大利亚昆士兰理工大学，新加坡南洋理工大学等海内外高校的著名教授，来自亚太地区 10 多个国家新闻传播学会的会长等，共上千名学者齐聚一堂，分享最新的研究成果。

2018 年 11 月，由中国新闻史学会、南京师范大学主办的第四届民国新闻史高层学术论坛在南京师范大学召开。

3. 第四届“新闻传播学学会奖”

第四届“新闻传播学学会奖”评选结果已经揭晓。评选程序如下：2017 年 12 月 15 日发出征集通知(2018 年 2 月 28 日截止征集)，2018 年 3 月 31 日之前完成专家双盲式评审；4 月 8 日学会奖定评会在清华大学举行；4 月 21 日评选结果在中国新闻史学会常务理事会第五届第六次会议上审议通过。颁奖典礼于 10 月 28 日与中国新闻史学会 2018 年学术年会同期举行。

4. 二级学会蓬勃发展

按照 2015 年学会确定的二级学会年度工作报告制度，在 4 月 21 日的常务理事会上各二级学会分别报告了 2017 年工作和 2018 年的工作规划，常务理事们认真听取了他们的汇报，并对各个二级分会的工作进行了评议和评分，评选出新闻传播教育史研究委员会、公共关系研究委员会、应用新闻传播研究委员会等三个二级分会为 2017 年优秀二级学会。

2018 年新成立四家分支机构：7 月 9 日符号传播学研究委员会在四川大学成立，蒋晓丽担任首届会长；9 月 21 日计算传播学研究委员会在京成立，祝建华担任首届会长；9 月 23 日地方新闻史研究委员会在华南理工大学成立，蒋建国担任首届会长；12 月 22 日博物馆与史志传播研究委员会在中国传媒大学成立，黄升明担任首届会长。

2018 年二级分会主办学术会议 40 余次，参与人数众多，产生了广泛而深远的影响。

5.《新闻春秋》会刊如期出版

《新闻春秋》如期出版 4 期，征稿对象有所扩大，稿源质量有所提升。根据办刊需要，经上级主管部门批准，《新闻春秋》于 2019 年改为双月刊，每年 2、4、6、8、10、12 月出版。该刊实行来稿匿名评阅制度，并综合评阅人意见和编辑部意见做出录用、修改或退稿决定。该刊常设栏目包括“马克思主义新闻观”“报刊史研究”“传播史研究”“广播电视研究”“新媒体研究”“媒介文化研究”“新闻人物研究”“媒介伦理与法研究”等。该刊目前仅接受研究论文投稿，暂不接受译文、书评、行业评论、学术随笔等体裁投稿。

6. 国际交流

2018 年 10 月 25 日，亚太新闻传播学会联盟(Asian-Pacific Communication Alliance, APCA)在清华大学成立，中国新闻史学会当选为首届主席所在单位。来自 16 个国家的 20 个新闻与传播学学会会长、理事代表 40 人表决产生了首届执委会，中国新闻史学会会长、清华大学教授陈昌凤当选为首届主席，来自美国的国际中华传播学会会长周树华、韩国旅美传播学会会长金恩婷(Eyun-Jung Ki)以及亚洲舆论学会会长简媞玛・科考(Jantima Kheokao)当选为副主席，国际传播学会(ICA)候任主席、昆士兰科技大学教授泰瑞・弗卢(Terry Flew)当选为学术委员会主任，韩国忠南大学教授赵盛谦(Sung Kyum Cho)当选为秘书长、香港中文大学教授邱林川当选为秘书。亚太新闻传播学会联盟的成立，在亚太地区新闻传播学发展史上具有里程碑意义。

2018 年 11 月，中国新闻史学会会长陈昌凤教授出席法国巴黎召开的世界互联网治理论坛(IGF)新闻教育协会会议。

2018 年 11 月，中国新闻史学会会长陈昌凤教授、常务理事陈先红教授出席在印尼万隆举行的亚洲舆论学会 2018 年学术年会。

7. 秘书处日常工作

(1)年检。2018 年顺利通过民政部、教育部 2017 年度社团年检，2018 年年检工作已经启动。

(2)通讯方面。秘书处负责学会官网、邮箱、微信公众号的日常维护，及时向会员发送学会动态、会议通知等信息，并回复会员问询。会员微信群、常务理事群以及各分会会员群持续活跃，提高了沟通的有效性。

(3)会刊邮寄情况。秘书处及时完成了会刊的邮寄，并解决作者和读者来信、来电提出的问题。

(中国新闻史学会秘书处)

5.2.2　中国新闻史学会新闻传播教育史研究委员会

中国新闻史学会新闻传播教育史研究委员会，是中国境内唯一一家专门研究中外新闻传播教育历史与现状的全国性学术团体，由单位和个人自愿结成，属于非营利性社会组织。它是中国新闻史学会成立的第一个二级学会，接受教育部和民政部的业务指导和监督管理。2018 年，学会继续致力于贯彻成立宗旨：团结全国新闻传播教育史专家，推动新闻传播教育史研究，促进新闻传播教育的发展，主要完成了以下工作：

1. 学会主要成果：《中国新闻传播教育年鉴(2018)》的编辑出版

新闻传播教育史研究委会员将集体编撰《中国新闻传播教育年鉴》确定为学会目前的中心工作。2018 年 11 月，历经一年多时间的准备，通过学会全体会员的艰苦努力，《中国新闻传播教育年鉴(2018)》正式出版。这是以新闻传播教育为主题的年鉴系列的第三部，全书篇幅达到 130 万字。

在主要栏目设置上，2018 版年鉴延续了中国新闻传播教育年度综述、中国新闻传播教育地图、院系巡礼、教育家研究、口述史研究、院长论衡、行业组织和相关学会介绍、学科专业建设、本科人才培养、研究生与博士后流动站、各类获奖、学生竞赛、新闻教育研究、大事记及各种附录等版块设计，也增设了各省、自治区、直辖市新闻传播教育发展综述等新栏目。这些栏目既有宏观扫描，勾画了全国、地区、省市的新闻传播教育发展图景，也有微观深掘，剖析了新闻传播教育面临的形势和问题。新设栏目还有“新闻传播教育改革前沿”，中国人民大学、复旦大学、深圳大学、北京师范大学分别介绍了新形势下新闻传播人才培养的创新探索。此外，为进一步提升年鉴的史料价值，2018 版年鉴收录了 2017 年的重要新闻传播教育论文目录、10 篇优秀论文全文摘录、21 篇论文观点摘要；收录了 2017 年出版的新闻传播教育专著介绍及新闻传播教育学术会议综述。

2. 组织机构调整：第三届理事会产生

学会成立于 2008 年 10 月 24 日，到 2018 年第二届理事会任期已满。从 2018 年上半年开始，学会已启动换届准备工作。会长张昆教授在 4 月咸阳会议(中国新闻史学会新闻传播教育史研究委员会第二届第七次常务理事会议暨中国新闻传播教育年鉴编委会第五次会议)、10 月杭州会议(中国新闻史学会 2018 年学术年会)等会议开会期间，已就换届事宜与大部分常务理事进行了先期磋商，并将换届思路向上级学会领导进行了汇报，形成了换届初步方案。

2018 年 11 月 9 日晚，学会 2018 年学术年会召开期间，首先就举行了学会第二届第八次常务理事会议，对学会换届方案进行商讨与表决是其主要内容。学会第二届常务理事共 58 人，当晚实到 49 人，达到学会章程规定的三分之二以上多数。经全体与会代表表决，49 人赞成，0 人反对、0 人弃权，产生了学会第三届理事会构成名单。张昆教授当选为学会会长，陈建云教授等 15 人当选为学会副会长，蔡敏教授等 75 人当选为学会常务理事。

3. 学会主要会议：两次学术会议与一次年鉴编辑会议

（1）2018 年学术年会。2018 年 11 月 10 日，学会 2018 年学术年会在山东大学顺利召开，此次年会的主题为“改革开放 40 年来的中国新闻传播教育”。来自全国近 90 所新闻院系的 100 多位代表共同出席了此次年会。

在主题发言环节，上海交通大学全球传播研究院院长张国良以从教 42 年的感悟，探讨新闻传播教育如何培养人才。中国人民大学新闻学院院长胡百精以燕京大学 160 篇毕业论文为例，提出并回应新闻教育的历史三问。复旦大学新闻学院副院长李双龙结合自身所在学院建设情况，对新闻传播教育改革的路径进行深入思考。浙江大学传媒与国际文化学院院长韦路以“X 媒体时代”为背景，提及新闻传播教育的坚守和创新。深圳大学传播学院副院长黄春平以深圳大学当前培养模式为例，探讨新闻传播教育教改探索与实践之路。南京师范大学新闻与传播学院副院长骆正林结合教育部第四轮学科评估，深谈新闻传播学的未来发展。山东大学新闻传播学院常务副院长刘明洋以“媒介科学”一流学科建设为例，讨论了新闻传播学科领域的一种未来构想。

在分组讨论环节，专门设置了一个院长论坛。来自全国不同地域、不同类型新闻传播学院的 33 位院长，交流了所在学院的特色与现状，重点介绍了其进行新闻传播教育改革的前沿探索与思路，也分享了当前面临的突出问题与困惑。在另外两组讨论中，各位老师围绕“新闻传播教育改革研究”“不同类型的新闻传播教育”“融媒体时代新闻传播教育的发展路径”等议题进行了论文发表。在年会的闭幕式上，香港浸会大学传理学院院长黄煜还向与会代表们介绍了香港地区新闻传播教育的发展历史、主要院系的现状及教学科研评估体系。

（2）中国新闻史学会 2018 年学术年会上的分论坛。2018 年 10 月 26—28 日，中国新闻史学会 2018 年学术年会在杭州召开期间，学会举办了分论坛“全球视野下中国新闻传播教育的百年历程”。专题研讨主要围绕以下论题展开：

①新闻传播教育改革与创新。武汉大学新闻与传播学院周茂君教授展示了国内新闻传播学本科专业核心课程调研报告，总结了目前国内新闻传播本科教学的变革路径。华中科技大学新闻与信息传播学院何志武教授对新闻教育改革的逻辑进行了梳理。武汉体育学院新闻传播学院张德胜教授提出了新闻传播教育应当回归素养教育。山东大学新闻传播学院的周树雨老师，对中国新闻传播教育的“时代迷思”进行了思考。云南大学新闻学院单晓红教授，立足网络背景探讨了新闻传播教育转型创新的内容。中国地质大学（武汉）艺术与传媒学院刘义昆副教授提出，网络化时代的新闻传播教育应走向多元化。

湖北第二师范学院文学院陈瑛教授在“SECI”模型理论的视角下，以“新闻学概论”课堂教学为例讨论了马克思主义新闻观的隐性建构。

②不同地域、类别的新闻教育发展。青海师范大学新闻学院杨向东教授指出了西部民族地区高校新闻传播专业本科培养方案建设中应注意的问题。保定职业技术学院传媒艺术系薄立伟副教授，讨论了河北省新闻传播教育的发展与定位。浙江万里学院文化与传播学院陈志强教授则对浙江省高校新闻传播学科国际化办学的思路与实践进行了介绍。华中科技大学新闻与信息传播学院张昆教授立足华中科技大学新闻学院的办学经验，解读了中国新闻教育的“华科大模式”。贵州民族大学传媒学院刘祥平教授以贵州民族大学为例，探索了地方高校部校共建的模式。宁波广播电视大学文法系郐晶晶副教授，展示了培养高职全媒体采编人才的实践。辽宁大学新闻与传播学院的硕士研究生杨超先对民国时期的新闻教育家进行了研究。

③多维视野下的新闻传播教育要素。上海大学新闻传播学院李建新教授，提出了新闻学教师的基本功和底线要求——“辨新闻”“范新闻”“不新闻”。中山大学传播与设计学院陶建杰教授，分别从志愿填报、课堂学习与课外实践等方面，探索了新闻学子专业承诺的影响因素。西安交通大学新闻与新媒体学院吴锋教授基于对美国 190 名院长的统计研究，讨论了“谁在领导美国新闻传播教育”的问题。南昌大学新闻与传播学院陈世华副教授介绍了伊利诺伊大学传媒教育的新近发展。华南师范大学文学院编辑出版学系副教授罗映纯以文化资本为观察视角，探讨了燕京大学新闻教育对近代中国新闻的职业塑造。重庆大学新闻学院齐辉教授对抗战时期重庆新闻学院与国际高级宣传人才培育进行了梳理研究。安徽大学新闻传播学院的刘丽老师则以专著为中心，考察了 20 世纪早期新闻学教育中关于“采访”的知识建构。

④新闻教育家的思想与实践。江西财经大学人文学院的黄志辉副教授从兴学动机、办学宗旨与培养方式三个方面，论述了成舍我的新闻教育思想与实践；中国传媒大学的博士生冯帆梳理了 1949 年以来新闻传播学教师的代际划分及其特征；南京财经大学新闻学院刘泱育副教授对 1988—2018 年的中国新闻学第一批博士生导师对博士论文选题“创新”的理解进行了整理；华中科技大学新闻与信息传播学院周婷婷副教授总结了美国密苏里新闻学院创院院长威廉的国际化办学思想与实践；广西财经学院文化传播学院的何婧老师探索了日本新闻教育开拓者小野秀雄的新闻教育思想；中南财经政法大学新闻与文化传播学院刘兰珍副教授对罗文达与早期中国新闻传播教育之间的关系进行了探究。

（3）年鉴编撰会议。2018 年 4 月 20 日，学会第二届第七次常务理事会议暨中国新闻传播教育年鉴编委会第五次会议在西藏民族大学举行。来自全国 30 余所高校的 40 多位专家学者参加了这次会议。与会代表总结了年鉴 2018 版的编撰工作，并重点对年鉴 2019 版的大纲进行了商讨。提出年鉴应抓住中国新闻教育 100 周年、改革开放 40 周年同时也是传播学引入 40 周年等重大历史契机，关注记录新闻传播教育领域取得的各项新成果、新变化，并重视反映、推动国际间的新闻传播教育交流。

（中国新闻史学会新闻传播教育史研究委员会秘书处）

5.2.3　中国新闻史学会台湾与东南亚华文新闻传播史研究委员会

2018 年，中国新闻史学会台湾与东南亚华文新闻传播史研究委员会在中国新闻史学会的指导之下，秉持为海内外研究华文新闻传播的学者提供交流互动的平台之宗旨，积极配合总会的工作，主要做了以下几项工作：

第一，召开 2018 年度常务理事会议：学会继续加强自身建设，并谋求更好更快地发展，加强与海内外各大新闻院系的沟通交流。2018 年 10 月 27 日召开了年度常务理事会议，来自全国各地的 21 位常务理事参加了该年度理事会议。经常务理事投票表决，学会增补台湾铭传大学传播学院倪炎元教授、西安交通大学新闻与新媒体学院杨琳教授、华侨大学新闻与传播学院王桂亭副教授、吉林大学林海曦副教授增选为学会常务理事成员。

第二，协办“新时代华文媒体传播力”分论坛：2018 年 10 月 27 日至 28 日，中国新闻史学会 2018 年学术年会在杭州隆重举行。台湾与东南亚华文新闻传播史研究委员会协办了以“新时代华文媒体传播力”为主题的分论坛。来自厦门大学 、世新大学、中国文化大学、香港中文大学、北京大学、西安交通大学、云南大学、云南民族大学、南京师范大学、广西大学、兰州大学、吉林大学、暨南大学、福建师范大学、华侨大学、厦门理工学院、中央民族大学、广西艺术学院、泉州师范学院、厦门大学马来西亚分校、泰国朱拉隆功大学等海内外多所知名高校的 40 多位专家学者参加了此次论坛。世新大学副校长游梓翔教授、西安交通大学杨琳教授、南京师范大学张晓锋教授、云南大学单晓红教授分别就“台湾真假新闻之辩：假新闻的论辩修辞分析”“从个体形象到国家形象：基于微观视角的海外华文媒体中国形象建构研究”“近代台湾新闻事业发展的历史轨迹与演进谱系”“缅甸华文报纸中的革命元素”四个议题发表了主题演讲。两天内学者们就“新时代海外华文媒体”“台湾媒体与两岸议题”“新时代媒体传播力”等几个不同的主题发表了 30 多篇最新研究成果，引起了与会嘉宾的热烈讨论。厦门大学新闻传播学院叶虎副教授的《海外华文传媒媒体融合：争论、反思及其问题》一文以及世新大学温伟群教授的《网路、社交、人际：台湾的大陆印象》一文获得中国新闻史学会 2018 年学术年会优秀论文奖。

（中国新闻史学会台湾与东南亚华文新闻传播史研究委员会秘书处）

5.2.4　中国新闻史学会应用新闻传播学研究委员会

作为中国新闻史学会的二级学会，应用新闻传播学研究委员会于 2016 年 8 月 28 日在中山大学正式成立。目前，研究委员会共有 110 家理事单位（包括 3 家名誉理事单位），34 家常务理事单位。委员会以“繁荣新闻实务研究、促进应用传播发展”为主旨，积极促进实务研究的理论化水平提升，对接应用传播研究的国际学术前沿，致力于搭建一个融通学界和业界、国内与国际的学术交流平台。

2018 年 4 月 21 日，在中国新闻史学会常务理事会第五届第六次会议上，应用新闻传播研究委员会获评“2017 年度优秀分会”。2018 年，在中国新闻史学会的指导下，应用新闻传播学研究委员会继续开拓进取，共召开了一次常务理事会，举办了三次学术会议/研讨会、一次评选颁奖活动，并出版一本出版物，发布一份研究报告。

2019 年，应用新闻传播研究委员会计划在广州外语外贸大学举办 2019 应用新闻传播论坛暨十大创新案例颁奖大会，并将增加应用新闻传播年度十佳论坛评选和颁奖；在中国新闻史学会学术年会（北京）中继续举办分论坛；与南京大学合办第二届新闻实务教学研讨会等。

1. 杭州 · 2018 应用新闻传播学术年会

2018 年 10 月 27 日至 28 日，中国新闻史学会 2018 年学术年会在浙江大学举行。在分论坛环节，作为中国新闻史学会的二级分会，应用新闻传播学研究委员会举行了主题为“智能时代的应用新闻传播创新”的学术论坛。分会论坛共收到 32 篇论文，入选 20 篇论文，分为三个分论坛进行研讨，主题涵盖：智能时代的应用传播研究；算法、人工智能对新闻传播的影响；智能时代的新闻报道与教育等。在会议举办期间，同时举行了应用新闻传播学研究委员会第三届常务理事会。

2. 上海 · 2018 应用新闻传播论坛

2018 年 10 月 20—21 日，2018 中国应用新闻传播论坛暨“中国应用新闻传播十大创新案例”颁奖大会在上海举行。中国新闻史学会会长、清华大学新闻与传播学院常务副院长陈昌凤教授，上海体育学院副院长毛丽娟教授在开幕式上致辞。复旦大学传播与国家治理研究中心主任李良荣教授作了题为“互联网新闻的坚守与创新”的主题演讲，他指出，互联网新闻同样是新闻，必须符合新闻基本要求，其特征包括新闻生产从单元走向多元、供给对象的分众化和个性化定制、产品呈现从固态走向液态、发布时空的零时差零距离等。“互联网新闻制作需要建立规范，比如互联网消息应该包括标题、正文、来源、背景和网民评论。”

此次论坛收到了来自全国 20 多家新闻院校的师生投稿。在论坛上，复旦大学新闻学院窦锋昌教授、中山大学传播与设计学院陶建杰教授、安徽大学新闻传播学院刘勇教授、广东外语外贸大学新闻与传播学院侯迎忠教授、《新闻记者》主编刘鹏、《新闻与传播研究》副主编朱鸿军和《新闻与写作》杂志编辑李嘉卓等嘉宾，一起围绕智能化时代的应用新闻传播问题进行了深入探讨。

为了鼓励移动互联时代体育新闻传播领域的学术发展，此次论坛专设体育新闻传播创新分论坛，来自上海体育学院、北京体育大学、首都体育学院、山东体院、南京体院等院校的师生就社交媒体时代体育明星的形象建构、体育赛事的采访权限及媒体应对和体育俱乐部的数字化传播转型等议题进行了深度研讨。

3. 评选“2018 应用新闻传播十大创新案例”

在 2018 中国应用新闻传播论坛上，同时揭晓了“中国应用新闻传播十大创新案例”。新华社新媒体中心、《人民日报》海外版、上海广播电视台、腾讯新闻、字节跳动、第一财经、界面新闻、浙江长兴传媒集团、阿牛科技、微信公众号“兽爷”十家媒体荣获“2018 中国应用新闻传播十大创新案例”。这次评选由中国新闻史学会应用新闻传播学研究会颁发，获奖的十大案例经由专家提名和推荐评审评出，反映了国内媒体在媒介融合和技术创新中的最新探索，具有很强的代表性和引领性。上述十大创新案例负责人分别发表了主题演讲，介绍了各自在应用新闻传播领域的实践探索和最新尝试。“应用新闻传播十大创新案例评选主要关注传媒业的内容实践创新，既评选新闻或泛新闻内容的生产，更关注与新闻相关的技术、产品、创意、算法和传播等各环节的创新。”中国新闻史学会应用新闻传播学会会长、中山大学传播与设计学院院长张志安教授对十佳案例进行了总点评，他说，该年度获奖案例体现出应用新闻传播领域正呈现移动化、视觉化、产品化、智能化和社会化五个特点。“新媒体语境下的新新闻生态系统，给所有实践者和观察者以重要启发，我们可以发现，传播节点的中心与边缘在不断流动，媒体与平台在相互渗透，技术和人文则需要保持平衡。”

附：2018 中国应用新闻传播十大创新案例(排名不分先后)

1. 直播和移动报道平台“现场云”(新华社新媒体中心)
2. “侠客岛”(《人民日报》海外版)
3. 融媒体直播流“看看新闻 Knews24”(上海广播电视台)
4. Dreamwriter 智能纠错技术(腾讯新闻)
5. 短视频平台“抖音”(字节跳动)
6. 数据新闻 DT 财经(第一财经)
7. 非虚构写作“正午”(界面新闻)
8. 县级融媒体中心“融媒眼”(浙江长兴传媒集团)
9. 全球财经资讯“华尔街见闻”(阿牛科技)
10.《疫苗之王》(微信公众号“兽爷”)

4. 出版《中国应用新闻传播创新十大案例(第一辑)》

2018 年 10 月 20 日，《中国应用新闻传播创新十大案例(第一辑)》在 2018 中国应用新闻传播论坛上举行了首发式。该书由南方日报出版社出版，张志安教授担任主编，陶建杰教授任副主编。

该书收入的“2017 中国应用新闻传播十大创新案例”是应用新闻传播学研究委员会评选的“学会奖”，也是观察媒体转型与融合变革的最好“窗口”。每个案例都由演讲内容、案例分析、专家点评组成，内容均出自传媒行业的权威研究者。

十大案例包括：财经数据新闻的融合创新(财新传媒数据新闻中心)；主流新闻客户端的产品创新(封面新闻)；人工智能内容分发技术运用(今日头条)；短视频的众包化生产(梨视频)；重大主题报道的融合产品策划(人民日报社新媒体中心)；省级新闻发布微平台运营(上海发布)；原创新闻客户端的移动化运营(澎湃新闻)；融媒体新闻产品的打造和运营(新华网)；移动端新闻视频直播整合运营(新京报我们视频)；融媒体智能传播技术解决方案(浙江日报报业集团“媒立方”)等。

中国新闻史学会应用新闻传播学研究会会长、中山大学传播与设计学院院长张志安教授表示，“十大应用新闻传播创新案例”提供了非常好的观察、解读中国应用新闻传播创新标杆、路径乃至符码的窗口。“归根结底，这十个创新案例的成功关键都在于人，永远保持新闻传播实践者、探索者和创新者的好奇心、自我更新和追求卓越的精神，中国媒体融合在深度推进中才会迎来更美好的数字新闻业。”

复旦大学新闻学院李良荣教授评价说：“这些创新案例的实践，既能给中外新闻传播实践者带来深刻的经验启示，也能给新闻传播研究者提供重要的研究对象。跟踪和观察应用新闻传播领域的创新案例，可以为转型和变化中的中国新闻业留下宝贵记录。”

5. 发布媒体抖音年度报告

2019 年 1 月 22 日，在清华大学举办的“视觉和平台：2018 媒体抖音年度报告发布研讨会”上，中国新闻史学会应用新闻传播学会发布《媒体抖音元年：2018 发展研究报告》。来自人民日报社、新华社、央视新闻等主流媒体抖音号 100 强的部分媒体代表与来自清华大学、北京师范大学、中山大学、中国传媒大学等高校的传媒学界研究者，出席了发布研讨会。各界就抖音平台媒体的传播与行业生态、媒体抖音号运营机制与内容创新、2019 媒体的视觉化和平台化发展趋势等相关话题进行了热烈讨论。

这是抖音 APP 上线以来发布的首份媒体抖音年度报告。该报告显示，2018 年，抖音上经过认证的媒体账号超过 1340 个，累计发布短视频超过 15 万条，累计播放次数超过 775.6 亿，累计获赞次数超过 26.3 亿。

课题负责人、中国新闻史学会应用新闻传播学会会长、中山大学传播与设计学院院长张志安介绍，课题组采用专家调查法，以抖音短视频提供的媒体号数据样本，从发布指数、播放指数、关注及互动指数三大维度研究媒体抖音短视频的发展现状和传播规律。报告内容主要涵盖媒体抖音号整体发展形态、优质媒体抖音号内容分析及发展建议三个部分。

该报告发布了平面媒体类、广电媒体类、网站/新媒体类影响力前十名抖音号，以及主流媒体抖音号 100 强榜单。

（中国新闻史学会应用新闻传播学研究委员会秘书处）

5.2.5　中国新闻史学会编辑出版研究委员会

2018 年，编辑出版研究委员会在中国新闻史学会的领导下，秉持促进学科发展，服务学科同仁的理念，在各位专家学者和理事单位的集体努力下，举行了多项活动，现总结如下：

1. 组织 2018 年度“全国编辑出版学优秀论文奖”评选

为了活跃学术气氛，提升编辑出版学学术水平，编辑出版研究委员会举办 2018 年度“全国编辑出版学优秀论文奖”评选活动。此次评选实行期刊推荐和专家推荐相结合的方式，择优选拔 2017 年 1 月 1 日—2017 年 12 月 31 日期间，在正式刊物公开发表的相关编辑出版学的优秀论文。

2018 年度“编辑出版学优秀论文奖”评选于 2018 年 4 月启动并正式发布优秀论文推荐通知。“编辑出版学优秀论文奖”评选 2017 年 1 月 1 日—12 月 31 日发表的本学科优秀论文。评选采用学术共同体推荐模式，每家刊物择优推荐本刊论文 2～4 篇，学会常务理事择优推荐论文 1 篇。截至 2018 年 10 月，收到来自《中国出版》《出版发行研究》《编辑之友》《出版科学》《现代出版》《科技与出版》《中国编辑》《中国出版史研究》《出版广角》、“中国人民大学报刊复印资料”、《出版业》《中国图书馆学报》《河南大学学报(社会科学版)》《出版参考》等刊物以及常务理事推荐的优秀论文 70 余篇。

优秀论文奖的评审包括初评投票与终评投票两个环节。与会各专家评委在提前审读的基础上，进行第一轮投票。以首轮投票中票数居前的论文为基础，与会评委进行充分的讨论和评议，然后进行第二轮投票，最终确定 10 篇优秀论文获奖名单。

2. 协办 2018 年中国新闻史学会年会

2018 年 10 月 26—28 日，中国新闻史学会在浙江大学举办联合年会，20 个分会以及青年博士论坛等同时具备，1300 余人参会。

编辑出版研究委员会积极参与，共收到 78 位师生投稿，经史学会专家评审，最后遴选 41 位老师和博士生参会。在为期一天的分论坛活动中，编辑出版研究委员会在之江饭店 18 楼分会场举行了四场分论坛。

在闭幕式上，中国新闻史学会评选了优秀参会论文，四川大学王炎龙教授和浙江大学吴赟教授提交的论文，获评为 2018 年史学会联合年会优秀论文。

3. 举办编辑出版研究委员会 2018 年年会

2018 年 11 月 30 日—12 月 2 日，编辑出版研究委员会在陕西师范大学召开“新时代的编辑出版理论创新与产业发展”为主题的 2018 年年会，来自全国近 80 所高等院校的专家学者以及来自中国出版集团、商务印书馆等优秀出版机构的业界精英莅临盛会。此次年会特邀学会顾问、十二届全国人大常委会教科文卫委员会主任、中国版协理事长柳斌杰教授做主旨演讲。在主论坛之外，与会专家、学者围绕改革开放与出版事业发展、版权研究与期刊出版创新、融媒出版与业态升级、出版理论研究与产业探索、域外出版与专业人才教育、出版文化与出版史研究六个主题开展学术研讨，年会参与度、讨论度进一步扩大。

此次年会还举办了 2018 年度“全国编辑出版学优秀论文奖”颁奖典礼、“全国编辑出版研究项目优秀成果展示”和“学术期刊主编面对面”专场活动。在颁奖环节，武汉大学信息管理学院王晓光、宋宁远的论文《语义出版物的内容组织架构——基于纳米出版物和微型出版物的比较分析》、中国传媒大学路畅的论文《媒介融合视域下编辑社会关系论》、东南大学人文学院中文系范雪的论文《抗战时期生活书店的制度选择》等十篇论文荣获第二届全国编辑出版学优秀论文奖。

在科研成果展示环节，汕头大学长江新闻与传播学院报送的 *China's Publishing Industry*：*from Mao to the Market*、中国传媒大学编辑出版研究中心报送的《中国出版产业发展研究》、南昌大学新闻与传播学院报送的《传播中国学术好声音：高校学报“走出去”战略研究》、西南政法大学新闻传播学院报送的《重庆两江新区国家数字出版基地创新发展研究》4 项科研成果在活动现场由项目负责人进行了集中展示。

“学术期刊主编面对面”专场活动由《华中师范大学学报》主编范军教授主持，活动汇聚了《现代出版》《出版科学》等编辑出版领域的全部中文社会科学引文索引(CSSCI)来源期刊以及新闻传播领域包括高校学报等十数家核心期刊在内的主编和编辑参与，期刊参与度进一步提高。

另外，此次年会还召开了中国新闻史学会编辑出版研究委员会第三次常务理事会，会议增聘了副会长 2 名、常务理事 9 名，常务理事们围绕学会工作开展情况进行了广泛、深入的讨论。

4. 其他相关工作

继续运行中国编辑出版研究会微信公号。目前已经发布了学会相关消息、知名期刊目录、转发优秀论文、出版硕士单位学科巡礼、编辑出版学人、获奖论文推送等 300 余篇文章，2018 年中国编辑出版研究会微信公号全年阅读量 69902 次，阅读人次 24489 次，有效传播了学会科研成果等信息，进一步提高了学会影响力。同时联合《现代出版》微信公号，对学会的各项工作进行及时推送。学会大群“全国编辑出版研究委员会”，以及专人负责的学会邮箱(bianjifenhui@ 126. com)等均有效运行。

(中国新闻史学会编辑出版研究委员会秘书处)

5. 2. 6　中国新闻史学会符号传播学研究委员会

1. 符号传播学研究委员会获批成立

为全面提升国内符号传播学的教学、科研和水平，促进学科内外交叉与优势互补，促进中外传播学界交流并提升中国传播学的国际地位，由四川大学文新学院提出，北京大学、清华大学、中国传媒大学等中国26所高校的33名学者作为首批联合发起人，申请设立中国新闻史学会符号传播学研究委员会。

4月21日，中国新闻史学会常务理事会第五届第六次会议在西安召开。会上，四川大学文学与新闻学院蒋晓丽教授、胡易容教授、饶广祥副教授代表全国符号传播学研究同仁做了关于设立“中国新闻史学会分支机构符号传播学研究委员会”的申请陈述。经会议审核，与会常务理事投票表决，同意成立符号传播学研究委员会，并由蒋晓丽教授担任符号传播学研究委员会负责人。研究委员会获批，是新闻传播学界对传播符号学发展的认可和支持。

2. 召开年度学术会议

2018年7月9—10日，由中国新闻史学会符号传播学研究委员会、中国中外文艺理论学会文化与传播符号学研究委员会、四川大学文学与新闻学院联合主办的“首届符号传播学研讨会暨2018年符号学高层论坛”在成都科华苑宾馆举行。此次大会的主题为“传播学与符号学：本体、方法、趋势”。来自中国传媒大学、中国人民大学、复旦大学、武汉大学、北京大学、南京大学、浙江大学、厦门大学、华中科技大学、西安交通大学、中国海洋大学、兰州大学、河北大学、暨南大学、华东师范大学、陕西师范大学、东南大学、山东大学、郑州大学、深圳大学、西南大学、贵州大学、台湾交通大学以及四川大学等高校和科研机构的180余名代表参加了此次会议。科学出版社、社会科学文献出版社、四川大学出版社、《国际新闻界》《现代传播》《符号与传媒》为其提供了学术支持。

3. 举办学术沙龙

研究委员会召开符号学读书会，围绕着“意义是如何生成的”“品牌符号IP运营”等活动加强与学会会员互动。

4. 开展国际学术交流

邀请国际符号学专家都灵大学Massimo Leone教授、瑞典斯德哥尔摩大学语言学博士，现为瑞典隆德大学(Lund University)语言文学中心一般语言学与认知符号学教授Jordan Zlatev前来讲座交流。

聘请隆德大学Michael Ranta博士、世界符号学会秘书长新保加利亚大学Kristian Bankov教授任四川大学符号学—传媒学研究所兼职教授。

学会副会长胡易容教授赴隆德大学认知符号学研究所从事客座研究。

5. 出版学术期刊与电子期刊

出版 2 期《符号与传媒》(CSSCI)，并邮件和发送给全体会员。出版《“符号与传媒”动态》(电子期刊)12 期，并邮件和发送给全体会员。

6. 培养学术后续力量

继续招收培养符号学与传媒学专业的博士、硕士，并带领他们参加学会的相关学术活动，培养学会的新生力量，奠定学研究委员会远发展的根基。

7. 加强符号学中国学派对外话语体系传播

赵毅衡著《哲学符号学：意义世界的形成》(法语)入选 2018 年“经典中国国际出版工程”项目。

8. 推进优秀学术成果建设继续遴选出版优秀学术专著

继续加强《中国符号学丛书》《马克思主义符号学丛书》《中国符号学教程系列》等丛书的出版，2018 年出版了《宗教的文化符号学》(马西莫莱 · 昂利著)、《应用符号学》(斯文 · 埃里克 · 拉森-约尔根 · 迪耐斯 · 约翰森著)、《〈周易〉的符号学研究》(苏智著)、《皮尔斯与中国古典美学》(王俊花著)、《名人：传播符号学研究》(闫文君著)、《打扮：符号叙述学研究》(贾佳著)。在此基础上，继续策划出版《传播符号学丛书》。该套丛书分别设有“国际视野、中国学派”两个子系列，其中，国际视野为国际符号学与传播学研究前沿动态；中国学派系列展现中国传播符号学最新成果，拟于年内出版一批成果。

9. 推动展开中国优秀传统文化符号与当今数字传播融合研究

赵毅衡教授领衔的“当今中国文化发展与符号学研究”已完成全部成果撰写，拟提交结题；一批新的高质量课题逐渐开展，如赵星植副教授的“尔斯学术手稿中的关键概念整理与研究”、胡易容教授获批国家社科基金冷门“绝学”重大专项课题、巴蜀符号谱系与数字人文传播研究。

(中国新闻史学会符号传播学研究委员会秘书处)

5.2.7　中国高等院校影视学会

2018 年，中国高等院校影视学会迎来成立 35 周年，学会全体会员不忘初心、团结一致、守正创新、锐意进取，努力推动学会事业迈入新时代。

2018 年度，中国高校影视学会以繁荣中国影视教育为己任，以服务广大会员为宗旨，严格按照国家民政部和国家广电总局的相关要求，通过了中国高校影视学会章程修订案，举办了第十八届年会和第十一届中国影视高层论坛，举办了学会成立 35 周年庆典活动，举办了第十一届“学会奖”、第八届“学院奖”和第三届“学人奖”评奖和颁奖活动，顺利筹建动画与数字媒体艺术专业委员会，换届组建实验教学专业委员会第二届理事会，授牌成立了 8 个创研中心，13 个专业委员会陆续举办了一系列学术论坛和作品竞赛活动，并完成了总局和中广联合会交办的一系列工作。

1. 第十八届年会、第十一届中国影视高层论坛成功举办

2018 年 11 月 17—18 日，中国高校影视学会第十八届年会暨第十一届中国影视高层论坛在广州大学举行。来自中国广播电影电视社会组织联合会、中国文联、中国影协等单位的领导，来自全国 300 多所高校的 600 多位专家学者齐聚一堂，在 2 个主题论坛、4 个专场论坛、16 个分会场专题论坛上，共同围绕“新时代 新影视：中国影视的责任与使命”这一主题展开了多角度、多层面的交流与探讨。

开幕式上，中国广播电影电视社会组织联合会学术部主任张君昌、中国文联电影艺术中心副主任刘浩东、广州大学副校长张其学、中国高校影视学会会长胡智锋教授做致辞发言。主题论坛邀请中国文联副主席郭运德、北京电影学院资深教授黄式宪、中国艺术研究院影视所所长丁亚平研究员、原湖南电视台台长欧阳常林、广东卫视总监余得通、复旦大学新闻学院孟建教授、中国电影家协会秘书长饶曙光研究员等发表主题演讲。主题论坛分别由学会副会长、清华大学新闻与传播学院尹鸿教授，学会副会长、四川大学文学与新闻学院欧阳宏生教授主持。

2. 学会隆重纪念成立 35 周年

学会于 1983 年 8 月 21 日正式成立，2018 年迎来成立 35 周年，为此学会早在 2017 年就着手积极筹划相关项目和活动。作为献礼，学会专门组织团队制作了《学会 35 周年宣传片》《第一届电影课教师进修班举办地寻访》《学会正青春》《专访名誉会长张凤铸教授》等 VCR，用于庆典晚会发布和播放。作为 35 周年的特别策划，全国高等院校影视学科建设展邀请到全国 17 所高校参展。

11 月 17 日晚，中国高校影视学会成立 35 周年庆典浓情上演。学会特别邀请到 1983 年创会首批会员孟建副会长、李亦中副会长以及江苏师范大学寇立光教授来到现场，上台一一指认了 1983 年 8 月 21 日拍摄的“学会第一帧”中的首批会员的姓名；获聘学会终身会员的寇立光教授将学会第一届至第九届的珍贵文字资料原件赠予学会，将整场庆典推向高潮。

3. 学会“三奖”公正评审并隆重颁奖

2018 年 9 月 16 日，第十一届“学会奖”、第三届“学人奖”评奖会在中国传媒大学举行；10 月 25 日，第八届学院奖评奖会在宁夏银川举行。经过严格评审和审慎提名，最终形成了第十一届“学会奖”、第八届“学院奖”、第三届“学人奖”的最终入围名单，并提交会长会通讯审议通过。

11 月 17 日晚，第十一届“学会奖”、第八届“学院奖”和第三届“学人奖”颁奖典礼隆重举行。“学会奖”“学院奖”获奖者悉数到场领奖，此外，第八届“学院奖”社会类作品的最佳文化综艺节目《经典咏流传》导演田梅、最佳纪录片导演徐欢(《如果国宝会说话》)、最佳纪录片《创新中国》导演史岩、最佳电视剧导演巨兴茂(《最美的青春》)，以及《延禧攻略》《创造 101》《幻乐之城》《白夜追凶》《无问西东》等获奖作品的代表也参加了此次颁奖典礼。

第三届“学人奖”终身成就奖获奖者分别为原北京电影学院副院长、中国传媒大学博士生导师王伟国教授，华南理工大学新闻与传播学院黄匡宇教授，他们用自己丰富的教学、实践经验身体力行，为年轻的学者们树立了榜样。

4. 专业委员会建设稳步推进

10 月 29 日，学会第 13 个专业委员会——动画与数字媒体艺术专业委员会在中国传媒大学举行。秘书处设于中国传媒大学动画与数字艺术学院，主任委员由院长黄心渊教授担任、执行主任委员由副院长张歌东教授担任。大会成立期间，动画与数字媒体艺术专业委员会召开了第一届理事会第一次会议，并举办了“智能媒体与泛娱乐时代的数字创意行业变革”高峰论坛。

12 月 8 日，中国高校影视学会实验教学专业委员会第二届理事会换届大会在杭州举行。秘书处设于浙江传媒学院，主任委员由浙江传媒学院副校长姚争教授担任。在换届大会上，浙江传媒学院党委副书记、副校长徐小洲，学会副会长李亦中、李幸教授先后致辞。大会成立之前，实验教学专业委员会召开了第二届理事会筹备会议，浙江传媒学院党委书记杨立平到场致辞，期间实验教学专业委员会还举办了媒体融合实验教学模式创新高峰论坛。

5. 专业委员会举办系列学术论坛

2018 年，专业委员会举办的系列学术活动有：

4 月 28 日，网络视听专业委员会，中国首届高校网络视听学术论坛，江苏南京，南京艺术学院传媒学院。

5 月 12 日，微电影专业委员会，微电影论坛——新时代校企融合下大学生微视频创作与传播创新，四川成都，西南石油大学艺术学院。

6 月 29 日，影视国际传播专业委员会，第二届国际影视传播高端论坛，广东广州，广东外语外贸大学新闻传播学院。

10 月 13 日，民族影视专业委员会，第三届民族影视高端论坛，云南昆明，云南艺术学院电影电视学院。

10 月 20 日，影视产业与管理专业委员会，第三届学术年会暨影视产业升级与江苏影视发展论坛，江苏南京，南京艺术学院。

10 月 29 日，动画与数字媒体艺术专业委员会，举办“智能媒体与泛娱乐时代的数字创意行业变革”高峰论坛，北京，中国传媒大学动画与数字艺术学院。

11 月 1 日，播音主持专业委员会，齐越朗诵艺术节暨播音主持专业委员会 2018 学术论坛，北京，中国传媒大学播音主持艺术学院。

11 月 3 日，媒介文化专业委员会，2018 媒介文化论坛，广东广州，广州大学新闻传播学院。

11 月 24 日，影视教学专业委员会，第三届影视教学高端论坛暨第二届青年学者论坛，河北石家庄，河北传媒学院。

11 月 26 日，广播专业委员会，第三届中国广播发展创新论坛，云南德宏，暨南大学新闻传播学院、云南师范大学新闻传播学院。

12 月 8 日，实验教学专业委员会，媒体融合实验教学模式创新高峰论坛，浙江杭州，浙江传媒学院。

12 月 23 日，动画与数字媒体艺术专业委员会等，虚拟现实与前沿应用高峰论坛，浙江杭州，杭州电子科技大学。

12 月 28 日，纪录片专业委员会，融媒体时代中国纪录片发展论坛，北京，中国传媒大学电视学院。

12 月 28 日，动画与数字媒体艺术专业委员会等，第二届影像科技与艺术论坛，北京，首创中传传媒产业创新中心。

（中国高校影视学会秘书处）

5.2.8　中国高等教育学会新闻学与传播学专业委员会

中国高等教育学会新闻学与传播学专业委员会(原名：中国新闻教育学会)于1984年11月2日在北京成立，是我国新闻与传播学科领域历史最悠久、规模最大的学术团体，历经30年的成长与发展，学会的理事单位从最初的30个已增至190多个。学会为促进中国新闻学与传播学的学科建设、教学改革、人才培养、学术研究等方面的沟通交流与提升发展发挥了积极而显著的作用。2018年度学会充分发挥学术性团体的作用，团结全体会员单位的智慧和力量，努力进行理论研究和实践探索。一年来，学会各项工作富有成效，工作迈上新台阶，为推进学会的下一步发展奠定了良好基础。

1. 召开“中国高等教育学会新闻学与传播学专业委员会第八届理事会换届会议”

2018年5月26日，新闻教育学会第八届换届理事会议在中国人民大学召开。会议选举产生第八届理事会，中国人民大学新闻学院当选理事长单位，110多家理事单位的代表与会。

会上，中国高等教育学会新闻学与传播学专业委员会第七届理事会理事长、中国人民大学新闻学院教授高钢代表第七届理事会作工作报告，并报告理事会换届安排。第八届理事会由中国人民大学新闻学院党委书记兼副院长周勇教授担任理事长，中国传媒大学新闻与传播学部副学部长王晓红教授、复旦大学新闻学院执行院长张涛甫教授、华中科技大学新闻与信息学院原院长张昆教授、武汉大学新闻与传播学院院长强月新教授担任副理事长，中国人民大学新闻学院王斌副教授担任秘书长，天津师范大学新闻与传播学院刘卫东教授担任监事长，河南大学新闻与传播学院李建伟教授、河北大学新闻传播学院白贵教授担任监事。大会还表决通过黄山学院文化与传播学院、绥化学院文学与传媒学院为新闻学与传播学专业委员会新任理事单位。

在换届大会前，第七届理事会第七次常务理事会议于5月25日下午在中国人民大学新闻学院召开。第七届理事会理事长高钢通报了常务理事、理事调整情况，并代表第七届理事会就换届安排作出说明。会上，各常务理事表决通过拟提名的理事长、副理事长、秘书长、监事长、常务理事人选，审议了第七届理事会工作报告，商讨了学会下一阶段工作。

2. 召开“中外新闻传播学院院长会议暨2018中国传播学论坛”

2018年10月13日，由中国高等教育学会新闻学与传播学专业委员会、中国人民大学新闻学院、中国新闻史学会传播学研究会共同发起中外新闻传播学院院长会议

(2018)暨2018中国传播学论坛在中国人民大学举行。此次会议以“万物互联与泛媒介时代的新闻传播教育”为主题展开探讨，来自海内外130多所高校的近200名学者、师生参加。

中国人民大学校长、校党委副书记刘伟教授出席大会并致辞，会上，宾夕法尼亚大学安妮伯格传播学院副院长杨国斌教授，佐治亚大学新闻与大众传播学院副院长玛利亚·莱恩-里奥斯教授，中国新闻史学会传播学研究会会长、清华大学新闻传播学院熊澄宇教授，华中科技大学领军学者、新闻与信息传播学院张昆教授，复旦大学新闻学院执行院长张涛甫教授，武汉大学新闻与传播学院院长强月新教授，南卡罗来纳大学信息与传播学院院长汤姆·赖克特教授，四川大学企鹅新媒体学院院长蒋晓丽教授，中国传媒大学电视学院副院长何苏六教授，中国人民大学新闻学院执行院长胡百精教授，广西大学新闻传播学院院长郑保卫教授，香港浸会大学传理学院院长黄煜教授，北京大学新闻与传播学院党委书记、副院长陈刚教授，加利福尼亚大学戴维斯分校传播学系主任拉勒米·泰勒副教授，浙江大学传媒与国际文化学院院长韦路教授，暨南大学新闻与传播学院执行院长支庭荣教授，清华大学新闻与传播学院副院长史安斌教授，新加坡科技设计大学人文艺术与社会科学学院院长林姗姗教授等就大会主题分享了观点和经验。

3. 召开新闻学与传播学专业委员会第八届理事会第一次全体会议暨“智媒时代的新闻教育创新学术论坛”

2018年11月17日，由暨南大学新闻与传播学院、新疆大学新闻与传播学院、新疆财经大学新闻与传媒学院、广东财经大学人文与传播学院共同承办的中国高等教育学会新闻学与传播学专业委员会第八届理事会第一次全体会议暨“智媒时代的新闻教育创新学术论坛”在暨南大学隆重举行，来自全国各地70余所新闻院校的专家学者齐聚一堂。会议围绕学会工作、新闻传播学科建设等内容展开，对十一项“中国新闻学与传播学教学改革创新项目”进行表彰。还表决通过广东财经大学人文与传播学院、广东金融学院财经与新媒体学院、湖南科技大学新闻与传播学系、鲁东大学文学院影视传媒系为新闻学与传播学专业委员会新任理事单位。

此次会议由学会秘书长、中国人民大学新闻学院王斌副教授主持。学会理事长周勇教授在此次年会上代表理事会作工作报告，会上公布了“中国新闻学与传播学教学改革创新项目”的获奖名单，分别是：清华大学新闻与传播学院《新闻与传播国际化教学改革与创新项目》、武汉大学新闻与传播学院《新闻传播类大学生校外实践教育基地建设研究》、暨南大学新闻与传播学院《延安井冈山校外协作基地马克思主义新闻观主题教育活动》、中国传媒大学播音主持艺术学院《书生意气　知行合一——关于全国政协重点提案的辩与论公开课》、天津高校联合申报的《天津市高校新闻学教育资源共享机制探索研究》、广西大学新闻传播学院《创设优秀实验育人环境 培养全媒化新闻传播人才》、浙江工业大学人文学院《媒介融合和部校共建背景下卓越新闻传播人才教学模式的改革与实践》、广东财经大学人文与传播学院《新闻传播类专业〈毕业实习 I(校内仿真综合实习)〉》、湖南师范大学新闻与传播学院《以“两翼四肱”落实“一体双翼”——湖南师范大学新闻学实验班人才培养模式研究与实践》、湖南理工学院新闻传播学院《基于数字营销传播的广告学专业“课程群+工作坊”课程体系的构建与实践》。

4. 举办 2018 年全国新闻学教学科研高级研讨班

2018 年 7 月 10—13 日，来自全国 60 多所新闻院校的 150 余位教学科研人员及业界代表齐聚青岛，参加了 2018 年全国新闻学教学科研高级研讨班。研讨班由中国高等教育学会新闻学与传播学专业委员会、中国高等教育学会新闻学与传播学专业委员会新闻学研究会主办，青岛大学新闻与传播学院承办。此次研讨班以“融合 · 规范 · 创新”为主题，深入探讨如何提高认识、理顺思路、明晰规范，促进我国新闻学教学与科研在有机融合多学科知识与方法、紧密联系新闻实践的基础上不断创新，快速发展。此次研讨班 10 位海内外新闻与传播学界和业界的专家，先后为与会老师带来了 10 场精彩的讲座；举办了两场专场研讨，主题分别为“新闻学教学”和“新闻学研究与人才培养”，40 余位参加研讨班的老师同大家分享了自己教学科研的经验与困惑，以及思考与体会。

5. 举办 2018 全国新闻传播学骨干教师研修班

2018 年 7 月 29 日—8 月 1 日，2018 全国新闻传播学骨干教师研修班在四川成都举办。来自全国 27 个省(市、区)的 338 位新闻传播学一线教师参与了此次研修。此次研修班由中国高等教育学会新闻学与传播学专业委员会(以下简称学会)、中国人民大学新闻学院、中国人民大学出版社共同主办，成都理工大学传播科学与艺术学院协办。

此次研修班立足教学与科研，主题为“新媒体 新方法 新视野”，来自国内知名高校和新闻传播行业的专家、学者如陈力丹、高钢、辜晓进、刘海龙、王斌、周葆华、许可、张放、董晨宇、杨溟、吴晨光等进行授课演讲。学界嘉宾的授课集中于“新闻理论”“传播理论”“新闻采访与写作”等新闻传播学专业主干课程的教学法，梳理传统的知识框架体系，探索新媒体语境下知识体系拓展的必要性和可能性，介绍跨学科领域的新闻传播学研究思维和研究方法。来自业界的嘉宾结合业界对新闻人才的需求，对当前新闻传播学实务教学领域提出课程设置建议，并分享对人工智能时代媒体趋势的看法。

6. 举办马克思主义新闻观骨干师资研修班

2018 年 11 月 3 日，第一届“人大马克思主义新闻观与中国特色社会主义新闻理论的发展与创新骨干师资高级研修班”在中国人民大学新闻学院举办，来自全国 30 余家高等新闻教育机构的学员参加了研修班。

北京市委常委、宣传部长杜飞进，中华全国新闻工作者协会党组书记、常务副主席胡孝汉，复旦大学新闻学院资深教授童兵，中国人民大学新闻学院长江学者特聘教授杨保军，中国人民大学荣誉一级教授陈力丹，中国社会科学院中国特色社会主义理论体系研究中心原主任、湖南师范大学新闻与传播学院院长尹韵公，中国人民大学新闻学院教授、广西大学新闻传播学院院长郑保卫等相继为学员授课。

30 名学员和北京市属高校、主流媒体、各区县融媒体平台等 20 余名代表共同参加了此届研修班。这些学员是从 200 多名报名者中根据地域和年龄梯次遴选而出的。60%以上的学员来自京外高校，广泛分布于上海、广东、新疆、海南、黑龙江、云南、广西、安徽、河南等 16 个省市自治区。学员年龄普遍在 30~45 岁，其中 28 名学员具备高级职称，5 名具备博士生导师资格，他们是国内新闻教育界在马克思主义新闻观领域的骨干中坚群体。

“人大马克思主义新闻观与中国特色社会主义新闻理论的发展与创新骨干师资高级研修班”由中国高等教育学会新闻学与传播学专业委员会、中国人民大学新闻学院、中国人民大学马克思主义新闻观研究中心共同发起，旨在总结中国共产党领导下的新闻传播事业和新闻教育的经验，探讨马克思主义新闻观与中国新闻实践的发展与创新，提高国内高校在相关领域的课程教学水平。该研修班是北京市委宣传部与人大新闻学院共建平台——中国人民大学马克思主义新闻观研究中心设立的长期项目，预计每年开办 3~4 期，办学经费全部由新闻教育学会理事长单位中国人民大学新闻学院支持。

（中国高等教育学会新闻学与传播学专业委员会秘书处）

5.2.9　中国高等教育学会广告教育专业委员会

1. 成功举办第十届全国大学生广告艺术大赛

(1)巡讲。第十届全国大学生广告艺术大赛从 2018 年 4—6 月，走过 29 个赛区、39 个城市，共举办了 52 场线下活动，并携手中国商务广告协会综合代理专业委员会(简称：中国 4A)，共同开启名家名师校园巡讲之旅，来自麦肯光明、奥美、电通、阳狮、旭日因赛、北京广告的资深创意官倾囊相授自己一线从业的真实感受，共计 2 万余师生参与了活动。期间，共聘请 28 位学界、业界名家名师为同学们带来创意演讲；共计 7 家命题单位的 40 名企业讲师走进校园，进行命题解析，互动分享，启发学生创作；校园巡讲期间，有 38 场活动采用了 Hi 现场微信大屏幕实时互动，摇一摇抽奖、实时弹幕等形式，充分调动年轻群体的互动与参与，瞬间引爆现场气氛。微信上墙用户达 10522 名，上墙消息达 43749 条。

(2)评审。第十届全国大学生广告艺术大赛共收到策划案作品 8137 件，经过校级初评及赛区评选，共 1422 件作品入围全国总评审。经过两轮评审，最终 245 件作品获得全国优秀奖，71 件作品获得全国三等奖，39 件作品荣获二等奖及以上，其中最优秀的 13 件作品参与了策划案现场决赛，最终决胜出 7 个一等奖作品。共有 1449 所高校(2943 所学院)参赛，直接参与学生数近百万，经校级筛选后，共收到作品 251656 组(50 万余件)，经过全国总评审和全国公示之后，共 107 个一等奖，329 个二等奖，824 个三等奖，2836 个优秀奖，全国奖获奖作品共计 4096 组，其中获全国等级奖作品 1260 组。

(3)媒体宣传(自开赛以后截至 2018 年 10 月 12 日)：

①北京电视台、中国教育电视台、山东教育电视台、甘肃电视台、中国教育报、凤凰网、广告门、中国广告网、大众网、齐鲁网、网易等 29 家媒体报道了巡讲新闻。清华大学、江西师范大学、厦门大学、山东建筑大学、新疆大学等 35 所高校网站刊登第十届大广赛信息，鼓励师生参赛。山东省、甘肃省、江西省、天津市 4 个教育厅网站发文并刊登发布第十届大广赛通知。

②温州广电、快点温州直播平台、《浙江日报》《温州日报》《温州晚报》《温州商报》《温州都市报》、温州电视台、瓯海区新闻和网络信息中心、温州报业等数十家媒体对策划案现场决赛做出新闻报道。

③首次使用“快点温州直播平台”对现场决赛进行活动直播，观看数量达 101406 人次。

④共有搜狐视频 、爱奇艺、中国广告网和视友网 4 家网络媒体制作大广赛专题网页。

⑤大广赛自媒体：第十届赛事开赛以后，官网点击量达 7321392 万人次；官方微信公众号订阅号粉丝达 198102 人，共计发布 171 条推送，累积阅读量达 514419 万人次；官方微信公众号服务号粉丝达 204328 人，共计发布 79 条推送，累积阅读量达 660644 万人次；大广赛官方微博粉丝共计 47694 人，较去年相比共计涨粉 1 万余人。

(4)组委会指导与合作单位举办教师培训班。2018 年 3 月，第十届大广赛指导教师培训班在京举行。此次培训班共有来自全国的近300名教师参加。学会根据往年经验将第十届教师培训活动继续确定为讲师授课与专家研讨相结合，邀请了多位业界、学界重量级讲师分享知识、见解，交流经验。

培训对比往届大广赛优秀参赛作品，分析大广赛中个别具有代表性的参赛作品未获奖的原因，带领教师们找出问题和差距，同时分享了大量实战案例，资深广告人与教师们进行了专业的经验分享。此外还分享了大量享誉国际的设计作品，极大地开阔了教师的眼界，提高了教师的审美水平。对新媒体进行了探索，改变了教师们对新媒体的固有认知，指导教师们如何发现、挖掘及有效地利用新媒体进行创意。

学会还为学员们额外提供了专业工具和学习机会，供有兴趣的教师拓展技能。与往年一样，在培训的最后，组织学员们抵达中国广告博物馆和传媒博物馆开展教学观摩活动，并配以专业的讲解员带领学员们走进广告的历史。

2. 组织开展中国高等教育学会高等教育科学研究“十三五”规划课题、2017年度广告教育与研究专项课题

进入2018年以来，组织专家委员会对已立项的11项课题进行专项课题开题评审，评审结果已报中国高等教育学会秘书处学术部并公示。各个课题组已经在按照课题研究计划开展研究，按照进程即将对各课题进行中期检查。

3. 举办中国高等教育学会广告教育专业委员会2018年学术会暨第九届中国广告教育论坛

2018年10月27—28日，在浙江传媒学院桐乡校区成功举办中国高等教育学会广告教育专业委员会2018学术年会暨第九届中国广告教育论坛。来自全国125所院校的近200名广告学者、业界专家与专业教师济济一堂，共同展开了对当代广告教育的深入探讨。

此次论坛以“知识体系变革与能力培养创新——新时代广告教育的多维思考”为主题，以“赛学结合与广告教育创新”“广告教育的‘政产学研用’协同创新”“新技术时代重新思考广告教育”为议题展开了研讨。

中国高等教育学会副秘书长郝清杰、中国高等教育学会广告教育专业委员会副理事长吴予敏、浙江传媒学院副校长姚争等领导出席开幕式并致辞。

会议开幕式由浙江传媒学院文化创意院长徐凤兰主持，中国高等教育学会广告教育专业委员会副理事长、南京财经大学副校长乔均教授，中国广告博物馆馆长、中国传媒大学资深教授、博士生导师黄升民，小米公司广告销售部全国营销中心总经理郑子拓，微播易短视频智能营销平台营销总经理李俊宏，中国传媒大学广告学院教授、博士生导师黄京华，广东省大数据与计算广告工程中心主任、华南理工大学新闻传播学院教授、博士生导师段淳林分别发表题为《中美广告教育发展比较及展望》《新媒体教育的想象力》《探索营销新边界》《AI 赋能：短视频时代的数据变迁和营销》《1988—2018 中国消费者研究：行为呈现与心理洞察》《计算广告的发展对广告教育及人才培养模式的挑战》的演讲，从不同视角对广告教育和广告研究阐明了自己的观点。此次论坛还分设“赛学结合与广告教育创新”“广告教育的‘政产学研用’协同创新”“新技术时代重新思考广告教育”三个分论坛。

4. 召开广告教育专业委员会常务理事会

2018 年 10 月 26 日，在浙江传媒学院召开了中国高等教育学会广告教育专业委员会常务理事会议。理事长、副理事长、秘书长、副秘书长、常务理事共计 25 人到会。

会议首先对上届河北教育年会和此届浙江学术年会的情况进行了汇报，然后介绍了第四届优秀论文评选的情况，汇报了第十届大广赛主要情况，并就大广赛如何深入变革与发展进行了研讨。最后发展新会员，经讨论通过该年度接受长沙学院、杭州师范大学 2 所高校申请为理事单位，并对浙江传媒学院文化创意学院进行审核，认为符合常务理事单位条件，一致同意接受为广告教育专业委员会常务理事单位。

（中国高等教育学会广告教育专业委员会秘书处）

5. 2. 10　中国高等教育学会公共关系教育专业委员会

中国高等教育学会公共关系教育专业委员会(以下简称公关教育专委会)属于中国高等教育学会的二级分会，是中国高等教育学会的理事单位。该专业委员会具有承上启下的桥梁作用，既接受高教学会的领导，在高教学会章程及有关规范性文件的指导下开展工作，又要本着民主自治的原则，致力于发挥公关教育专委会在公关教育领域的教师联谊、学术交流、教学改革、会员服务、专业促进等方面的自我组织、自我服务功能，从而推动和促进高校公关教育事业的健康发展。公关教育专委会自 1995 年 5 月在西安成立，至今已经历了 22 个春秋。目前，公关教育专委会已发展成为会员遍及全国大部分高校，凝聚力、向心力日益增强，专家学者云集，科研成果荟萃，知名度、美誉度不断提升，对外影响力不断扩大，具有完善组织架构体系的学术团体。

1. 公关教育专委会组织机构建设

公关教育专委会作为公关专业教学领域的专业学术团体，按照专委会章程的规定，其理事会为五年一个任期。自1995年5月专委会成立以来，共产生了五届理事会。专委会换届工作，不仅涉及组织机构和组成人员的变更和调整，更重要的是涉及专委会理念、思路的传承。专委会在20多年的办会历程中，形成了该学会的办会理念、思路和工作方法、工作作风。公关教育专委会在办会过程中，逐步形成了“学以育人，同以致和”的办会理念，办会思路、工作方法和作风。在此办会理念下，做到每一次换届专委会工作有序过渡，继往开来。2017年产生的第五届理事会任期五年，即任期从2017年8月到2022年8月。现任理事会组织机构成员包括：正副理事长、监事、正副秘书长、常务理事和理事。理事长由对外经济贸易大学公共管理学院教授彭向刚担任；副理事长由王群(上海市文史研究馆正局级巡视员)、鲍善冰(山西大学马克思主义学院教授)、吴满意(电子科技大学教授、院长)、马志强(浙江传媒学院教授)、陈小桃(海南大学政治与公共管理学院教授)五位专业学者担任；监事由吉林农业大学经济管理学院教授邵喜武担任；秘书长由对外经济贸易大学公共管理学院教授张红担任；副秘书长由邵喜武(吉林农业大学经济管理学院教授)、徐曾阳(华中师范大学公共管理学院教授、副院长)、钱振林(南昌航空大学教授)、高永军(山东科技大学济南校区、党委副书记)、褚云茂(东华大学传播系、城市形象研究所教授)、蒋楠(中国计量大学教授)五位学者担任；此届理事会产生常务理事49名，理事103名。

此届专委会工作机构由专委会秘书处和各专业事务部构成。专业事务部包含公关教育教学和教师发展事务部、公关科研和专业建设事务部和公关咨询和社会服务拓展事务部。此届第二次理事长工作会议对本届理事会各个专业事务部负责人进行了明确，确定陈小桃、吴满意两位副理事长主抓公关教育教学和教师发展方面的工作；王群、马志强两位副理事长主抓公关科研和专业建设方面的工作；鲍善冰副理事长、邵喜武监事主抓公关咨询和社会服务拓展方面的工作。

2. 坚持学术立会，推动群众性教育教学和科学研究的开展

为了学习宣传贯彻党的十九大精神，加强高教公关专委会会员单位及会员之间的交流和联络，进一步促进新时代高校公共关系教育教学水平和人才培养质量的提升，中国高等教育学会公共关系教育专业委员会于2018年8月4—5日在山西大同大学召开了专委会第二十届学术年会。此届年会的主题为“质量与创新：新时代的高校公共关系教育”。

2018 年 8 月 4 日上午，举行了学术年会的开幕式。大会的承办方山西大同大学校副校长张策和公关教育专委会理事长彭向刚教授分别向大会致辞。大会的第二部分内容为此次学术年会的两个主报告。其一为鲍善冰副理事长以“党的十九大精神与高校公关教育”为主题，对党的十九大报告在公关教育中的指导意义进行了深刻的阐述。加深了专业教师对十九大精神的理解，特别是对在公关教育中如何贯彻十九大精神有了深刻的认识。其二是广州市锐丰音响科技有限公司的王锐祥董事长以“文化创意公司参与我国重要国家会议筹备工作经验介绍”为主题，阐述了公关对企业的重要价值，以及企业对公关人才和公关教育的迫切需要。与会教师对民族品牌崛起的艰难历程和公关教育的神圣使命感同身受，反响强烈。

根据会议的日程安排，学术年会的第三项内容为学术论坛和分组讨论。在马志强、陈小桃两位副理事长主持下，按照预先确定的论坛主题，包括新时代高校公共关系教育发展定位、高校公共关系类课程教学方法探索、适应新时代高质量发展的公关人才培养、学习贯彻习近平关于“好教师”的重要讲话等，结合各个高校相关专业课程建设的实际，对公共关系科研及教学相关论题展开了研讨。此次论坛共收到 16 位老师的发言题目或提纲，收到了 6 位老师提供的研究性论文。有 8 位相关教学、研究领域的学者作了大会发言。围绕发言内容，与会教师对如何搞好公关教学，以及公关学科建设中的问题进行了热烈的讨论。

彭向刚理事长在研讨结束前，对此次学术年会做了总结性发言。强调了公关课程在学生成长和就业方面的意义和搞好公关教育的重要性，并对 2019 年年会的准备工作及专委会相关工作情况，向与会的各位老师做了通报，并征求大家意见。

3. 规范办会，探索开展培训服务的新方式

为提升大学生综合素质和培养高水平的公共关系人才，多年来公关教育专委会一直在高校学生中开展公关专业知识培训工作，该项工作的开展，扩大了专委会的社会影响，并为专委会的各项专业教学科研活动的展开提供了资金支持。2018 年度根据中国高教学会有关开展高校学生培训的规范化要求，公关教育专委会于 2018 年秋季学期停止了此项培训和颁发结业证书的工作。专业培训作为高等教育学会分支机构的一项重要社会服务内容，需要在合规的基础上，开展此项服务性工作。根据专委会的现有条件，探索未来专委会将采用何种方式开展专业培训工作，使其即合规、又能发挥专委会这一专业学术组织的社会作用，是当前专委会工作的一项重要内容。

（中国高等教育学会公共关系教育专业委员会秘书处）

5.2.11　中国体育科学学会体育新闻传播专业委员会

中国体育科学学会体育新闻传播分会成立于2005年。虽然成立的时间并不长，但在体育科学学会的领导、分会全体同仁的努力下，体育新闻传播分会在推动我国体育新闻传播学术活动，促进我国体育新闻传播研究，服务于中国的体育事业和媒介事业，团结和凝聚国内体育新闻传播人才，开拓与境外有关方面进行学术交流等方面取得了显著的成果。

1. 学术活动

(1)“体育新闻传播研究与方法”暑期工作坊。为应对国内学者应对体育事业发展所带来的机遇和挑战，成都体育学院新闻系联合北京师范大学新闻传播学院和中国体育科学学会体育新闻传播分会，于2018年7月16日至20日在成都体育学院举办了“体育新闻传播研究与方法”暑期工作坊。

工作坊采用项目制，结合“专家讲授+分组讨论+学员报告+专家点评”的形式，在工作坊期间完成研究项目的设计和核心研究工作，最终形成学员报告。工作坊邀请了来自北京师范大学新闻传播学院、成都体育学院新闻系、四川大学文学与新闻学院的著名专家学者担任主讲教师、讲座专家和点评专家，还邀请到了《成都体育学院学报》提供学术支持，为优秀的学员报告提供发表平台。

(2)第十四届全国体育新闻传播学术研讨会。随着信息传播技术的飞速发展，媒体融合已从一种趋势变成一种现实，渗透在新闻传播的每一个环节，业界和学界的融合渗透日益加强，也就让新闻院校师生从事深层次新闻创作成为一种可能，通过创新创业来实现新闻人才的培养将逐渐成为新闻院系的新常态。在媒介融合的大背景下，高等院校如何将创新创业和新闻人才培养相结合，互生共荣，为社会培养更多更好的新闻人才，是时代赋予体育新闻工作者的一个重要课题。鉴于此，第十四届全国体育新闻传播学术研讨会于2018年11月9—11日在北京体育大学举行。此次大会共收到投稿论文157篇，其中获奖论文107篇，来自国家体育总局、北京冬奥组委、新华社等单位的领导、嘉宾，以及来自全国20余所院校的师生，围绕“新时代·新奥运·新视野——体育文化的历史传承与国际传播”这一大会主题进行成果分享与学术交流，研讨会还得到了北京体育大学期刊社、成都体育学院学报编辑部、人民体育出版社、《新闻与写作》杂志社的支持。

在大会主题报告环节，中国新闻史学会副会长、中国人民大学新闻学院副院长王润泽教授，中国体育科学学会副会长、成都体育学院郝勤教授，国家体育总局宣传司副司长曹康，北京冬奥组委新闻宣传部副部长徐济成分别作了题为《马克思唯物史观与中国新闻实践史研究》《体育新闻传播学：态势与趋势》《体育文化建设的过去，现在和未来》《改革大潮下的奥运会媒体运行趋势》的报告。此外，北京体育大学博士生导师毕雪梅教授、北京外国语大学魏伟教授、武汉体育学院付晓静教授和上海体育学院杨剑锋副教授，作为一等奖获奖教师代表作了大会专题发言，发言涉及奥运报道的媒介实践变迁、体育新闻的基本特性、体育传播产品转型、体育电子游戏研究等内容。

此次学术研讨会还开设了体育解说人才培养、体育微电影制作与传播、电子竞技与体育传播、体育传播与社会记忆四个工作坊，就各自关心的议题进行了深入探讨。

(3)第二届全国体育传播青年学者论坛。6 月 30 日，第二届中国体育传播青年学者论坛在武汉体育学院举行。此次论坛由武汉体育学院和中国体育科学学会体育新闻传播分会、《体育文化导刊》杂志联合主办，论坛主题为“体育传播与社会记忆”。

中国体育传播青年学者论坛由中国体育科学学会体育新闻传播分会组织发起，每两年举办一次，旨在为全国体育传播青年学者搭建交流思想、碰撞火花的学术平台。

此次论坛共吸引了全国各地 60 多名青年学者投稿，经挑选，来自中国传媒大学、上海对外经贸大学、北京体育大学、上海体育学院、成都体育学院、武汉体育学院的 9 篇论文的作者受邀参加论坛交流。这些论文共同回溯了体育传播对国家发展与社会进步中的重要影响。

2. 学科建设

根据学科发展需要，分会组织体育新闻传播领域的专家合作主编《体育新闻与传播》及《体育传媒与艺术》两个系列教材，该项工作已经启动。2018 年 11 月 9 日，体育新闻传播专业教材建设研讨会在北京体育大学举行，会议由北京体育大学毕雪梅主持。其中上海体育学院杜友君、成都体育学院潘虹燕、首都体育学院兰馨、南京体育学院李金宝、中国传媒大学出版社吴蕾及全国各体育院校参与专业教材撰写的教师参加了此次研讨。该研讨会就各体育院校相关教材的统一使用达成了一致。《体育新闻与传播》系列教材由分会秘书长、成都体育学院郭晴担任执行主编，《体育传媒与艺术》系列教材由分会副会长、上海体育学院新闻传播与外语学院院长杜友君教授担任执行主编。系列教材将由中国传媒大学出版社出版，将对体育新闻传播专业建设起到积极的促进作用。

3. 学生活动

2018 年 7 月 15 日，第六届全国大学生体育影像节由中国高等学院影视学会、中国体育科学学会体育新闻传播分会主办，上海体育学院体育新闻传播学院承办。此届影像节历时6个月，吸引了来自全国各地40多所院校近百名选手参赛，共收到251项作品，包括73部微电影作品和178组摄影作品。通过专家评审，此届影像节共评审出了摄影五大奖项和微电影最佳作品、优秀作品奖。来自全国的5位教师获得优秀指导老师，沈阳体育学院、南京体育学院获本届大学生影像节的优秀组织奖。全国大学生体育影像节获得了高校学子的广泛关注和支持，优秀的体育影像作品不断涌现，从摄影作品到微电影，参赛作品的拍摄手法越来越多变，所蕴含的意义也愈发深刻。

（中国体育科学学会体育新闻传播专业委员会秘书处）

5.3　各省新闻教育学会或教学指导委员会等组织介绍

5.3.1　河南省高等学校新闻传播学类专业教学指导委员会

河南省新闻传播学类专业教学指导委员会成立于2016年9月，是河南省教育厅聘任并领导的专家组织，具有非常设学术机构的性质，受教育厅委托开展高等学校新闻传播学类本科教育教学的研究、咨询、指导、评估、服务等工作，委员聘期为3年。现任委员会主任委员为张举玺，副主任委员为杨萌芽、尚恒志、郑素侠、穆乃堂，秘书长由郑素侠兼任。秘书处设在郑州大学新闻与传播学院。

自成立以来，河南省新闻传播学类专业教学指导委员会开展了两届新闻传播学类专业评估工作，先后对新闻学、广告学、广播电视学进行全省范围内的专业评估，对优化河南省新闻传播学类专业结构、合理配置办学资源、促进专业内涵式发展起到了显著的推动作用。2018年5月4—5日，河南省新闻传播学类专业教学指导委员会2018年会暨专业评估评审专家会议在黄淮学院召开，委员会秘书处作了《2017年度河南省新闻传播学类专业教学指导委员会工作报告》，并对全省23所高校的新闻传播学类专业评估工作进行了部署和安排。2018年11月16日，河南省新闻传播学类专业教学指导委员会承办“河南省高校提高新闻传播人才培养能力 实施卓越新闻传播人才培养计划研讨会”，与会委员共同研讨并制定了《河南省教育厅 中共河南省委宣传部关于提高河南省高校新闻传播人才培养能力 实施卓越新闻传播人才教育培养计划2.0实施方案》。该方案作为指导河南省高校新闻传播人才培养的指导性文件，下发至河南省各相关高校。

（河南省高等学校新闻传播学类专业教学指导委员会秘书处）

5.3.2　海南省新闻传播类专业教学工作指导委员会

2017 年 4 月 5 日，海南省教育厅下发了《关于成立 2017—2022 年高等学校教学指导委员会的通知》(琼教高〔2017〕50 号)。提出为了发挥高校、科研院所、行业企业专家学者对高等教育教学改革与建设的研究和指导作用，决定成立 2017—2022 年高等学校教学指导委员会。作为省教育厅领导的专家组织，教学指导委员会具有非常设学术机构的性质，受省教育厅的委托，开展高校新闻传播学类相关本科专业教学的研究、咨询、指导、评估、服务等工作。

教学指导委员会委员由省教育厅颁发聘书聘任，任期从 2017 年 4 月 5 日起至 2022 年 4 月 5 日止。新闻传播类专业教学指导委员会主任委员是海南师范大学新闻传播与影视学院卿志军教授，副主任委员是原海南热带海洋学院人文学院毕研韬教授，秘书长为海南师范大学新闻传播与影视学院胡凯副教授。委员有：海南大学人文传播学院传播系主任王海燕教授、海南大学戏剧文学系鞠斐教授、海口经济学院天择传媒学院徐景阳教授、海口经济学院李婧副教授、三亚学院孟翊教授。

2017 年 7 月 2 日，海南省新闻传播类专业教学工作指导委员会第一次年会暨马克思主义新闻观教育研讨会在海南师范大学召开。来自省内各高校新闻传播类院系的代表围绕在当前教育形势下如何把握正确的政治方向，担负起培育青年一代新闻工作者重任进行热烈研讨。各参会代表积极分享本院校新闻传播、影视专业办学经验，分享本学院马克思主义新闻观教育成功经验、教育案例，会议达成新闻传播类专业形成例会制度，院系间在新闻教育领域互帮互助的共识，并讨论 2017 年计划将举办全省新闻传播学类高校学子专业技能大赛，组织课题研究，并召开人才培养专题研讨会等工作计划。

海南省新闻传播类专业教学指导委员会于第二次年会 2018 年 12 月 20 日上午在海南师范大学新闻传播与影视学院召开。来自省内各个高校的新闻传播类专业负责人共 10 名教指委委员参加了会议。与会人员就各校在专业建设中的经验做了介绍，也探讨了一些共同的问题，如教师队伍建设、强化学生的实践能力培养等问题，就如何进一步开展教指委的工作提出了一些建议。会议最后针对海南新闻传播与影视创新人才培养联盟的协议进行了讨论。

2018 年 12 月 20 日，由海南省新闻传播类专业教指委、海南师范大学新闻传播与影视学院联合海南大湾区数娱科技有限公司举办了第三届中国互联网泛娱乐生态高峰论坛暨海南大学生新媒体作品大赛颁奖典礼。活动作为 2018 年海南“互联网+”创新创业节的专题活动之一。海南省工信厅、海口市文体局、海口市科工信局、海南省新闻工作者协会、南海网等单位负责人出席了活动。论坛包含颁奖仪式、主题分享、高峰对话三个部分，与会嘉宾分别就2018年泛娱乐产业的新趋势、海南如何借助泛娱乐产业实现弯道超车等话题进行了交流和探讨。主题分享环节，易友会会长黄铧、广州战锤网络科技有限公司CEO杨扬、云图学院CEO余辉天、广州大湾区数字娱乐科技有限公司副总经理吴第、广州黑米区块链科技有限公司COO吕日平分享了各自的行业经验，为论坛的嘉宾带来了互联网产业的前沿信息。在高峰对话环节中，海南爱哪哪网络科技有限公司董事长陈笑、海南日报报业集团新媒体部主任陈成智和海南师范大学新闻传播与影视学院卿志军教授针对“海南在进行自由贸易试验区和自由贸易港的建设中，泛娱乐产业将有哪些机遇和挑战?”等主题展开了讨论。

在此次活动中，教指委联合海南省新闻工作者协会、海南大湾区数娱科技有限公司共同举办了海南省大学生新媒体作品大赛，活动征集了150部(篇)作品，从其中评选了34部(篇)作品获奖，并颁发了奖金和证书。论坛期间，海南省新闻传播与影视人才培养创新联盟成立，与会领导为海南师范大学新闻传播与影视学院、海南大学人文传播学院传播系、海南热带海洋学院人文学院新闻学专业、三亚学院传媒与文化产业学院、海口经济学院天择传媒学院、南海网、海南大湾区数娱科技有限公司等颁发了联盟证书。

（海南省新闻传播类专业教学工作指导委员会秘书处）

第 6 章　教育家研究系列

6.1　教育家研究

6.1.1　丁树奇

图 6-1　丁树奇

丁树奇(1913—2017)，笔名江惔，贵州贵阳人(见图 6-1)。青年时代在家乡参加革命，编辑过《救国旬刊》等进步刊物。1940 年到达延安，先后任延安《解放日报》评论部编辑、资料室副主任，新华通讯社总社(太行)评论部秘书。中华人民共和国成立后担任新华通讯社总社国内部副主任，1954 年调往马列学院担任新闻教研室副主任，他主持编写的《中国报刊史教学大纲(草稿)》，确立了中国报刊革命史编写范式，影响深远。1957 年 10 月奉调至复旦大学新闻学系担任系主任，强调“更注重政治”的教育理念，进行教学改革，使新闻教育更贴近新闻工作实践。1958 年 10 月调任上海《解放日报》副总编辑，同时兼任复旦大学新闻学系主任，直到 1960 年 7 月正式卸任。1961 年调回北京，担任中华书局副总经理兼副总编辑，实际主持中华书局工作。2017 年在北京逝世。

1. 编辑革命刊物

在贵阳中学求学期间，丁树奇与同学秦天真、饶博生等开始同早年出省到上海参加革命的同志有了联系，接触到这些同志寄回或带回的《向导》《中国青年》《中国与世界》等进步刊物。这些刊物在他们中间广泛传阅，“中国向何处去”“要使国家富强应走什么道路”“中国青年的社会责任”等涉及世界观和人生观的问题，在他们中间经常展开讨论，其革命思想日渐觉醒。大革命失败以后，共产党人和革命者虽然遭受严酷镇压，但是中国共产党的政治主张和彻底革命精神，使他们深切同情和无限向往，产生了进一步追求革命的强烈愿望。①

1931年“九一八”事变发生后，丁树奇和秦天真、饶博生等一批爱国学生成立“贵州学生救国团”，创办《救国旬刊》，积极开展抗日救亡活动。丁树奇担任“贵州学生救国团”宣传部编审组组长，负责起草救国团的宣言、通电和编辑救国团的机关刊物《救国旬刊》。《救国旬刊》的发刊词就是丁树奇撰写的，“记得第一句话就是‘目前是伟大的革命的前夜’，接下去就是‘先进的亚洲已经掀起了革命的怒潮’”。其中“先进的亚洲”一词，出自列宁1913年5月发表于《真理报》上的一篇政论《落后的欧洲和先进的亚洲》，丁树奇是在《向导》周报上看到这篇政论的。② 丁树奇等人在《救国旬刊》上明确提出“打倒我们的敌人——日本帝国主义!”的口号，其进步言论遭到了当局的压制，《救国旬刊》只出了两期就被迫中止。

除《救国旬刊》外，丁树奇在贵州参加革命期间还编辑过《生活与批评》《十日旬刊》等刊物。1935年7月，中共贵州地下党组织遭到国民党反动派的破坏，为了恢复工作、继续斗争，党组织把没有暴露的同志分散，以进步学生为主体组成若干“读书小组”，读书小组的核心分子又组成研究会，“文学研究会”即是其一。读书小组大多有自己复写或油印的刊物。《生活与批评》系由文学研究会从读书小组刊物上选择部分文章刊出，作者均用笔名或代号。丁树奇当时已是中共地下党员，负责《生活与批评》文章的修改与编辑工作。《生活与批评》目前仅见第一号，出版于1938年1月。1938年5月，丁树奇、蒋仲仁等接办《十日旬刊》，该刊先前已经出了6期。在《十日旬刊》第七期上，丁树奇以“江惔”为笔名发表了《举起民族革命的火炬——纪念一九三八年的“五卅”》一文。他在文中疾呼：“我们在对日本帝国主义的神圣抗战中来纪念‘五卅’，我们更有的是战斗的热情，是抗战到底的决心，和对于最后胜利的自信。”《十日旬刊》后被国民党当局查封。

1940年，丁树奇从家乡贵阳撤退到延安，先后任延安《解放日报》评论部编辑、资料室副主任，新华通讯社总社(太行)评论部秘书。

2. 转向新闻教育

中华人民共和国成立后，丁树奇担任新华通讯社总社国内部副主任。1954年，他

① 秦天真．贵州地下党第一个支部的创建[M]//中共贵州省毕节地委党史办公室．地下党在黔西北的革命活动，1989：182.

② 丁树奇．关于贵州省学生救国团和〈救国旬刊〉的一封信[M]//中共贵阳市委党史研究委员会编《抗战胜利四十周年 贵阳党史资料专辑》(内部发行)，1985：22.

从新华社调往马列学院(1955 年改称中共中央直属高级党校)，担任新闻教研室副主任，胡乔木兼任该教研室主任。这是丁树奇由新闻实践转向新闻教育的开端。丁树奇此前丰富的报刊活动和革命经历，成为其在新闻教育中注重政治、注重实践的思想基础，指导着他的新闻教育活动。

在马列学院担任新闻教研室副主任期间，丁树奇的学术研究主要集中在中国报刊史领域。当时我国高校全面学习苏联经验，强调教材要完整，课程要有讲义和大纲。马列学院新闻教研室的重要任务之一就是编写中国报刊史教材。按照丁树奇的说法，这是“胡乔木交给的任务”①。编写教材首先要拟定大纲，丁树奇需要利用中宣部图书馆所藏的大量近代报刊资料。马列学院在颐和园附近，中宣部在城内沙滩，两地相距很远。为了工作方便，丁树奇就向中宣部借了一个房间，住了一个冬天，白天去中宣部图书馆查阅相关资料。

1956 年年初，在胡乔木的指导和丁树奇的主持下，中共中央直属高级党校新闻教研室编出了《中国报刊史教学大纲(草稿)》。这份教学大纲共 4 编 11 章，各章列有纲目。各编、章的标题是：

第 1 编　中国定期报刊的产生和发展
　第 1 章　中国早期的报刊
　第 2 章　中国近代形式报纸的产生
第 2 编　旧民主主义革命时期的中国新闻事业
　第 1 章　戊戌维新运动前后的中国新闻事业——进步政论报刊的兴起
　第 2 章　旧民主主义革命运动高涨时期的中国新闻事业
第 3 编　新民主主义革命时期的新闻事业(中国共产主义报刊的产生与发展)
　第 1 章　五四运动和中国共产党成立前的民主主义和社会主义报刊
　第 2 章　第一次国内革命战争时期的共产党报刊和其他进步报刊
　第 3 章　第二次国内革命战争时期的共产党报刊和其他进步报刊
　第 4 章　抗日战争时期的共产党报刊和其他进步报刊
　第 5 章　第三次国内革命战争时期的共产党报刊和其他进步报刊
第 4 编　中国共产党和人民的报刊为建成社会主义而奋斗
　第 1 章　国民经济恢复时期(1949—1952)党和人民的报刊

---

① 丁树奇．风雨同舟五十年[C]//陈舜英，王林平．大写的人：王康纪念文集．北京：新华出版社，2009：23.

第 2 章 国民经济建设的第一个五年计划开始后的党和人民报刊(1953—)

已故复旦大学新闻学院教授、著名新闻史专家丁淦林指出："这份教学大纲草稿，不仅成为中国新闻史教学的依据，而且是引导中国新闻史研究的纲要，它标志着中国新闻史研究进入了一个新的阶段。此前，在 20 世纪 20—40 年代，是中国新闻史研究的初创阶段，以戈公振、胡道静为代表，其特点是重视对新闻传媒发展的历史沿革研究，以新闻为本位，兼及广告、经营、新闻法规与新闻教育等有关方面。而以大纲草稿为代表的新阶段的特点是，重视新闻传媒的内容研究，以中国共产党的、革命的、进步的新闻传媒的历史为主体，以新闻传媒在政治斗争、思想斗争中的作用为基本内容。新阶段的研究，比初创阶段更为深入，前进了一大步。"①1959 年，中国人民大学新闻学系报刊史教研室油印出版了《中国现代报刊史讲义》(共 5 章)。这部讲义根据《中国报刊史教学大纲(草稿)》、由部分专家编写而成，其中第 3 章由丁树奇编写，第 1 章、第 5 章由丁树奇的同事李龙牧编写。《中国现代报刊史讲义》借鉴苏共中央党校编写的苏共报刊史体例，以中共党史为纲，其确立的中国报刊革命史范式影响深远。

这一时期，丁树奇还撰写了《中国共产党的第一个机关报——〈向导〉》论文，发表于 1957 年《新闻战线》创刊号。这篇论文以《向导》的报道和言论为基础，结合历史背景，分析了《向导》打倒帝国主义、打倒军阀的政治主张，以及同各种反动的和改良主义的思想进行坚决斗争的事实。

3. 出任复旦大学新闻学系主任

1957 年 10 月，中共中央直属高级党校新闻班停办，丁树奇被调往复旦大学新闻学系工作，一同调来的还有他的同事李龙牧和《人民日报》记者陆灏。这一工作变动完全是组织上的决定，他自己事先并不清楚。丁树奇后来回忆此事，说自己被调出中央机关，去"加强文教战线"了。② 丁树奇先是代理复旦大学新闻学系主任，主持系务，1958 年 3 月开始正式担任系主任，直到 1960 年 7 月卸任。复旦大学新闻学系原系主任是王中。1956 年 9 月，王中提出"破除迷信、坚定信心、组织力量、调动因素"的办系方针，尝试进行新闻教育改革。1957 年夏天"反右"斗争开始，王中在新闻界受到重点批判被

① 丁淦林．中国新闻史研究需要创新——从 1956 年的教学大纲草稿说起[J]．新闻大学，2007(1)：28-29.

② 丁树奇．风雨同舟五十年[C]//陈舜英、王林平．大写的人：王康纪念文集．北京：新华出版社，2009：25.

停止工作，后又被错划为“右派”，被撤去系主任职务。丁树奇在担任复旦大学新闻学系主任期间，强调“更注重政治”的教育理念，推动教学改革，实行“开门办学”，并参与编写了《中国新民主主义革命时期新闻事业史》教材。

(1)教育理念：“更注重政治”。1957 年秋季开学，中共复旦大学委员会按照中共中央和上海市委的部署，在校内开展整风运动和反右派斗争。同年 10 月 24 日，时任新闻学系党总支书记吕梁传达了学校整风大会的精神，新闻学系拟定了整改计划草案，包括：扭转系的政治方向；不断提高师资培养水平；改进领导作风，健全民主制度，加强系的行政工作；改进党的工作。丁树奇、李龙牧和陆灏奉调来到复旦大学新闻学系，即在扭转新闻学系的政治方向。1960 年毕业于复旦大学新闻学系的徐成淼在其 1958 年 1 月 2 日的日记中写道：“晚上听系主任丁树奇小结，新闻系今后将更注重政治。”①

1958 年 3 月，丁树奇、李龙牧、陆灏等主要系领导和新闻学系教师一起开会研究了怎样提高教学、做好整改工作的问题。随后出台了《关于培养新闻系学生的初步方案》，计划从 1959 年开始单独招生，对学生的政治和思想情况进行严格审查，并在录取后继续考察，如果出现不适合做新闻工作的倾向，就争取在一两年内转学他系。② 对学生的培养从以下几个主要方面同时展开：①劳动教育。除了统一参加农村和校内的义务劳动外，还计划去印刷厂劳动。②人生观教育和思想教育。③充实新闻学理论课程。根据该方案要求，新闻学系修订了新闻学专业的教育计划，并于 1959 年制订了新的教育计划。在新的教育计划中，培养目标从 1954 年的“有巩固基础与发展前途的新闻文字工作者”，调整为“具有共产主义觉悟、又红又专、体魄健全、全面发展的党的新闻工作者”。新的教育计划强调，由于新闻工作是政治性极强的工作，要通过政治理论课和新闻业务课的学习，每年两到三个月的劳动、基层报纸和省市报纸的实践及时事政策的学习，极大地提高了学生的政治水平。

丁树奇先前丰富的报刊活动和革命经历，是其“更注重政治”教育理念的思想源头。在调入复旦大学新闻学系前，丁树奇已经在马列学院新闻教研室从事了三年的新闻教育和学术研究，主持编写了《中国报刊史教学大纲(草稿)》。马列学院新闻班的教学与复旦大学新闻学系有很大不同，它的学员都是已经有一定的新闻实践经验的工作人员，甚至是老革命，给他们讲课重点不在于新闻业务知识，而是加强马列主义的理论修养。这样的教育模式，无疑也影响着丁树奇对复旦大学新闻学系“更注重政治”的教育目标设定。而 1957 年开始的反右派斗争，更是其“更注重政治”教育理念的现实要求与反映。

---

① 徐成淼．赤裸青春 我的复旦六年(1955—1961)[M]．郑州：大象出版社，2004：232.

② 复旦大学历史档案·新闻系档案，编号 32。

（2）教学改革：开门办学。为了进一步了解复旦大学新闻学系的教学情况，丁树奇旁听了新闻学系的主干课程，对于新闻学系的教学工作并不十分满意。结合自己的新闻工作经验，丁树奇认为当时的教学工作存在一些需要改进之处。他在新闻学系教学会议上曾明确表示需要加强两方面的工作。首先是加强学生的文字能力训练，这是作为一名记者最为基本的功力。其次是增强学生对于政策的理解和把握能力。同马列学院新闻班的学员相比，复旦大学新闻学系的学生没有新闻工作实践经验，也没有机会了解国家的重要政策，这就造成了新闻教学和实际新闻工作的脱节。在旁听报纸编辑课程的时候，丁树奇就发现讲课的老师并没有实践操作经验，对于报纸版面的安排仅仅是根据书本上的理论，同报社的实际操作存在严重的脱节。于是在教学安排中，丁树奇强调要开门办学，加强同新闻业务界的合作，邀请报社一线的工作人员来校参与教学，及时讲解当前重要的政策形势，让学生跟得上校外最新的形势变化。

丁树奇所倡导的开门办学，在 1959 年制订的新的教育计划中得到了充分体现。新教育计划在突出强调新闻学系学生的政治素质之外，还注重培养学生的实践能力。新教育计划规定新闻学专业学制为五年，其中三年半时间进行课堂学习，一年半时间从事新闻工作实践。在劳动、基层工作和办报中，要着重从新闻工作者应有的立场、观点、方法和作风、修养方面去考察和锻炼学生。在通过基层报纸工作的锻炼后，再以半年时间到省市报纸实习。在实习过程中引导学生就实习体会和省市报纸工作中的经验教训，进行专题总结，从理论上去说明和研究新闻工作中的实际问题，巩固和提高自己的实习收获，为毕业论文收集材料，酝酿主题。

曾任复旦大学新闻学院院长的陈桂兰回忆：“丁树奇教授担任系主任后，根据上级指示，带领师生深入工厂、农村基层锻炼，并出版教材和《中国报刊研究文集》等。”① 这是丁树奇教育理念和办学思路的一个重要体现。由于丁树奇不久就调往《解放日报》工作，1958 年之后政治运动更加频繁，他的一些教学改革设想没有完全实现。

（3）学术研究：编写《中国新民主主义革命时期新闻事业史》。丁树奇调入复旦大学新闻学系之后，继续其在马列学院就已经开始的中国报刊史研究。丁淦林教授回忆：“丁树奇是中共党校研究中国报刊史的主持人，李龙牧是《中国报刊史教学大纲（草稿）》的主要撰写人。他们带来了研究成果，并组织新闻系教师继续编写中国新闻事业史。陆灏是新闻写作的能手，来复旦后主持新闻业务研究。他们——当时人称‘三教授’，很快融入新闻系教师队伍之中，成为学术带头人。1959 年，新闻系教师编辑了《中国报刊

① 陈桂兰．复旦新闻教育七十年回眸［C］//中国新闻教育学会．中国新闻教育论文集［M］．北京：高等教育出版社，2001：81.

研究文集》、《中国报刊评论选》、《中国报刊通讯报告选》三部书，由上海人民出版社出版，还编写了《中国新民主主义革命时期新闻事业史》，出内部打印本。”①其中编写《中国新民主主义革命时期新闻事业史》，是丁树奇主要参与的一项工作。丁淦林教授对此有详细记述：“1958 年，丁树奇、李龙牧来复旦后，继续进行他们在中央党校已开始的中国新闻史研究，分工是：李龙牧撰写五四时期、抗日战争时期和解放战争时期各部分，并负责通稿；宁树藩撰写党成立和第一次国内革命战争时期部分；丁树奇撰写第二次国内革命战争部分，他是系主任，工作忙，由我协助他查找资料。”②《中国新民主主义革命时期新闻事业史》初稿于 1959 年完成，1961 年出版铅印本，作为校内使用的教材。

中国人民大学新闻学系出版的《中国现代报刊史讲义》，以及复旦大学新闻学系出版的《中国新民主主义革命时期新闻事业史》(1978 年修改后以《中国新闻事业史讲义——新民主主义革命时期》重新铅印出版)，“是我国首次以马列主义、毛泽东思想为指导的中国新闻史著作，第一次比较系统地评述了中国共产党新闻事业产生和发展的历史，是新中国成立后最早在大学新闻系使用的内部教材，为中国现代新闻史研究打下了良好的基础”③。这两部讲义和教材，都是以丁树奇 1956 年主持编写的《中国报刊史教学大纲(草稿)》为基础，同时他又是这两部讲义和教材的主要编写者。他为新中国的新闻事业史教学和教材编撰作出了重要贡献。

4. 重返新闻工作

1958 年 10 月，丁树奇调往解放日报社工作，担任《解放日报》副总编辑。不过他继续兼任着复旦大学新闻学系主任一职，直到 1960 年 7 月才正式卸任。调入解放日报社后，丁树奇保持着爱读书、爱买书的习惯。据复旦大学新闻学系毕业生、曾任《解放日报》总编辑的丁锡满回忆：“我的科班老师、系主任丁树奇，我的启蒙编辑谢天傲，我的顶头上司陆炳麟、邵以华，他们都是好学之士。丁树奇、谢天傲爱买书，出版社的新书预告总是先到他们那里。”④1961 年，丁树奇从上海调回北京工作，担任中华书局副

---

① 丁淦林．把学科建设放在重要位置上——回忆复旦新闻系(学院)的学术研究活动[J]．新闻大学，2009(3)：12.

② 丁淦林．上讲台与编教材[J]．新闻记者，2011(11)：73.

③ 徐培汀．20 世纪中国新闻学与传播学(新闻史学史卷)[M]．上海：复旦大学出版社，2001：176-177.

④ 丁锡满．青灯红笔伴终生[C]//周振甫，喻振飞．朝花作品精粹(1956—1996)．北京：汉语大词典出版社，1996：731.

总经理兼副总编辑，实际上主持中华书局的工作。1969年，他被当做“走资派”下放到湖北省咸宁市向阳湖镇“五七干校”劳动改造，4年后才又回到北京。1975年6月，由邓小平提议的国务院政治研究室成立，丁树奇调到该研究室工作。

2017年，丁树奇在北京逝世，享年104岁。

（贺才钊）

6.1.2　周新武

图 6-2　周新武

周新武（1916—2000），我国著名新闻工作者，新闻教育家，新中国广播电视事业和广播电视教育事业的开创者之一，上海人民广播事业的创始人（见图 6-2）。周新武一生为我国的新闻事业，特别是人民广播电视事业的创建和发展鞠躬尽瘁，对北京广播学院（现中国传媒大学）的建设和发展亦作出了突出贡献。中国传媒大学出版社于2002年1月出版的《周新武纪念文集》（叶昭垲、李尚智、赵玉明主编），书中收录了周新武的部分文章述著及相关纪念文章。

1. 生平

周新武原名周晓乐，出生于河南省息县城关镇的一个进步家庭。其父周柱臣早年间曾作为同盟会成员追随孙中山先生参加革命。周新武自幼聪明好学，小学毕业后以优异的成绩考取了开封省立第一中学。在进步的家庭环境熏陶和身为共产党员的老师的教育下，周新武逐渐受到了革命思想的启蒙，面对混乱的时局和患难中的国家，年轻的周新武产生了对自由和民主的强烈渴望。1930年，他参加了中国共产党领导的反帝同盟会和革命互济会，但却因散发革命宣传品而遭遇反动当局逮捕，判处两年监禁。出狱后他一边读书一边坚持革命斗争，1935年，周新武来到北平读书并在这里成为一名中国共产主义青年团团员。他先后参加了由中国共产党领导的“左联”和“一二·九”运动，并于1936年春正式成为一名中共党员，担任北平大同中学地下党支部书记，在北平、上海等多地的报刊上发表文章，传播先进的思想。

“七七事变”后，周新武回到河南，先后在开封和家乡息县担任要职，从事抗日救亡工作。在息县期间，周新武恢复了党组织，他还组织抗日武装，促进了息县抗日统一战线和救亡工作的发展。这期间他曾先后担任中共豫东南特委青年工作部部长、中共息县县委书记等职。1939 年，周新武被调往安徽，先后担任中共舒无地委、巢湖地委、无为地委书记，新四军七师政治部宣教部部长、中共华东局宣传部宣传科科长、华东新华广播电台管委会主任，中国人民解放军上海军管会新闻出版处处长兼上海人民广播电台台长。在艰苦的战争岁月中，周新武同党的新闻宣传事业，特别是新起步的人民广播事业结下了不解之缘。

中华人民共和国成立后，周新武历任华东、上海人民广播电台台长、华东新闻出版局局长、华东文教委员会副秘书长。1955 年周新武被调往北京，担任中央广播事业局副局长。在此期间，他于 1959—1966 年间兼任新成立的北京广播学院院长一职，成为这所为新中国广播电视事业培养人才的航船上的领航者。虽然担任广播学院院长一职只有短短的 7 年时间，但在此期间，周新武从教学行政到科研管理事必躬亲，为该院的发展作出了卓越贡献。

1982 年，周新武从工作岗位上退下来之后，仍然惦念着他热爱的广播电视事业，特别是为新中国广播电视的编史修志工作出谋划策。《中国人民广播回忆录》《华东人民之声》等著作和书籍的出版都凝结了他的心血与汗水。

晚年的周新武依然坚持读书看报，还经常参加学界业界的各种活动。2000 年 4 月 4 日，周新武因病在北京逝世，享年 85 岁。

2. 扎根广电 胸怀坦荡

自 1948 年从事党的广播工作以来，周新武将全身心投入到了这个百废待兴的事业当中。从上海到北京，在不同的工作岗位上，周新武兢兢业业，精心参与编制不同时期的广播电视发展计划。

面对中华人民共和国成立初期我国广播事业底子薄的实际状况，主管计划工作和经济管理工作的周新武经过调查研究和考察后，编制了各种计划，并在上报获得批准后全力执行。正是由于他的精心编制和组织，中央广播事业局的很多工程都被列入国家计划，有的甚至成为了国家大中型项目，这其中就包括广播中心、北京电视台（即今中央电视台）、广播科学研究所、北京广播学院以及全国各地的广播发射台等。

有了广播还远远不够，面对电视在全世界的逐渐普及，中央广播事业局也于 1957 年提出了赶超当时先进的世界广播电视技术、建设属于我国自己的电视台等目标。为了早日让中国百姓看上电视，周新武带领着技术团队开始了对黑白电视台的技术攻关。在当时一缺资金、二缺技术、三缺资料的情况下，科院团队凭借着自力更生和刻苦钻研的精神，硬生生地啃下了黑白电视台这块硬骨头，并于 1958 年 5 月 1 日第一次对黑白电视节目进行了实验性播出。

城市中通了广播、有了电视，周新武又将心思放到了农村广播电视的普及上。面对多数山区和边远地区广播电视的空白以及绝大多数农民没有广播收听工具的情况，周新武和同事们经常深入各县、乡了解调查农村广播建设情况以及存在的问题。他坐在农民的炕头、来到耕种的田间收听广播，听取农民对办好广播的建议。周新武对农村广播电视的关心体现在方方面面，甚至在别人看来与农村广播毫不相关的铁路列车广播也是他过问的对象。因为在他看来，列车的乘客中有很多农民，同时列车也经常经过农村地区，能够有效地对周边地区进行宣传。在一次外出调研中，周新武还曾亲自拿出随身携带的农村广播站学习资料送给列车播音员，鼓励他们改进播音技术。

除了工作中的兢兢业业、一丝不苟，周新武政治上的坦荡胸怀更是为同事们所称赞。在“三反”斗争中，华东新闻出版局局长兼《解放日报》总编辑恽逸群被开除党籍。面对当时的不利形势，当时作为副局长的周新武坚持原则，据理力争，表示不应开除恽逸群的党籍。后来，他又冒着极大的风险，怀着对党和人民的新闻事业高度负责的精神将恽逸群请回新闻出版局担任“新闻专员”。

工作中的敬业加上政治上的坚定使得周新武赢得了同志们的赞颂和敬佩。在他去世后，生前与他一起战斗工作过的同事和好友回忆起他，无不唏嘘怀念这位坚持立场，以身作则的好干部。

3. 管理广院 事必躬亲

1959—1966年，周新武在担任中央广播事业局副局长的同时，还兼任新成立的北京广播学院党委书记(至1963年)、院长一职。建设一所专门培养广播电视人才的学院无先例可循，在这样困难的局面下，周新武带领全院教职员工攻坚克难，一步一步将广播学院建设了起来。

教学是第一位的。周新武虽作为院长，但却并不高高在上。从教育方针的制定到教学计划的执行；从学生公共课的设置到专业课程的讲授，从对任课教师的聘请到学生反馈的倾听，他没有一事不关心，没有一事不过问。他还多次为全校师生做时事政策的报告，鼓励全校师生关心国家大事。他的报告贴近师生实际且通俗易懂，为师生们了解时事、把握政策提供了重要的指导。

作为培养广播电视人才的学院，语言类课程是广院的基础课程之一，可这样一门重要的学科却在广院成立之初面临着缺少教师的窘境。为了解决广播学院的语言教学问题，周新武亲自拜访中国语文学会秘书长倪海曙同志，希望其帮助解决广播学院的语言教师难题。经过他的努力，叶圣陶、吕叔湘、徐世荣、林焘、朱德熙等语言学家纷纷出面，有的亲自来校授课，有的则对广院的语言学课程建设提出了各种意见和建议。一时间，困扰学院已久的语言师资问题初步解决。

巩固教学后，周新武又将目光锁定在了科研成果上。在他看来，合格的高等院校，既要出人才，又要出科研成果。他曾亲自组织人员考察其他院校和科研单位的相关科研工作，并寻求合作。虽然在这期间学院经历了反右倾斗争的冲击，周新武院长本人亦未能幸免。但伴随着 3 个月后中央指示对反右倾进行甄别，刚一恢复工作的周新武又将精力全部注入了提升学院科研能力的努力上。

教育的核心是师生，他们也是周新武心中最惦念的人。对教师的意见和学生的反映，他一概有问必答并且尽快解决。一次，在学院中任教的一位非常崇拜茅盾先生的伊朗专家提出了希望能有机会见到茅盾先生的请求。周新武得知后，很快与茅盾先生取得了联系，并亲自安排时间和地点促成了两人的见面。伊朗专家在这次见面中不仅获得了与茅盾先生面对面交谈的机会，还与其合影留念，实现了自己的愿望，也更加感念广播学院对他的帮助。

还有一次，广播学院中的十几位外国专家想要利用假期的时间去上海南京等地参观，进而了解中国的风土人情，但却一直未能成行。周新武了解后，当即决定要落实此事，并派了随行领队和翻译。在外国专家临行前，周新武还将他写给之前在上海台工作时的老同事的亲笔信交给领队，嘱咐他到了上海联系当地电台台长，悉心接待这批外国专家。细致的安排让外国专家在参观期间得到了周到的招待，也更加深了他们对中国的了解和喜爱。

周新武将教师挂在心上，对学生则更是无微不至。20 世纪 60 年代初，广播学院图书馆藏书并不太多，特别是人文科学方面的书籍更是稀缺。周新武得知后，想尽各种办法解决问题。面对资金不多的实际困难，他联系到了自己曾在上海担任华东新闻出版局局长时结识的出版界老相识，硬是找到了一批旧书。其中众多的文史书籍、中外文学作品以及内部文件资料汇编都是广播学院所急需的，为学院师生的学习和科研解了燃眉之急。

对于与学院师生利益密切相关的事情，周新武从来都是抓住不放。在国民经济困难时期，1962 年全国教育事业规划会议调整高校规模，要求北京广播学院于 1964 年结束招生。在生死存亡的关头，1963 年 4 月，周新武向中央广播事业局提出保留北京广播学院，获得同意后与教育部上报国务院。同年 5 月，国务院下达恢复北京广播学院的通知，并允许继续招生。

1964 年，北京广播学院接到教育部任务，承担培训亚非拉语言干部的任务，可是面对师资和校舍方面的实际困难，北京广播学院一时无法解决。在向高教部的汇报过程中，教育部领导提出了帮忙解决校舍问题的想法。这一信息被周新武得知后，他当即指示学院相关人员继续与高教部领导联系，抓紧时间尽快落实学院的校舍问题，为师生提供适宜的学习环境。几经努力，北京广播学院终于获得了原石油中专学校在北京市东郊的一片校舍，而这片校舍正是如今定福庄东街1号中国传媒大学的所在地。

周新武对广播学院的建设倾注了全部的热情，即便是在离开院长岗位后，对于学院的需求也都是有求必应。1979年，北京广播学院首次招收了新闻学专业的硕士研究生。在1982年首批即将毕业的硕士生郭镇之将自己的论文题目定为《论旧上海民营广播电台的历史命运》。由于周新武在中华人民共和国成立后参与接管了上海的旧广播电台并指导了对民营广播电台的改造，因此他的指导教师赵玉明提出聘请周新武担任毕业论文答辩委员会主席。百忙之中的周新武慨然允诺并提出了详尽的意见。当时北京广播学院还没有新闻学方面的硕士学位授予权，因此周新武又以答辩委员的身份参加了在中国人民大学举办的学位论文答辩。最终，郭镇之以优异的成绩通过了两场答辩，成为北京广播学院培养的第一位硕士。时过境迁，郭镇之如今仍然活跃于新闻教育战线，成为桃李满天下的新闻学者。1994年，周新武为广院建院40周年题词，鼓励“办好北京广播学院，培育高质量的广播电视人才”。1995年，他题词称赞广院主办的《中国广播电视年鉴》是“历史的记录，经验的集结，交流的窗口”。

4. 编史修志 笔耕不辍

作为新中国广播电视事业的开创者和建设者，周新武见证了人民广播电视事业的从无到有，从弱到强。回想革命年代中那艰苦的条件和坚强的意志，如何将这些宝贵的经验和财富传承下去是周新武一直挂念于心的。正是因此，他对编写广播电视史极为重视。

1981年5月，为了更好地继承和发扬解放区广播的光荣传统，中央广播事业局发出了《关于征集人民广播回忆录的通知》。北京广播学院新闻系承担了这次回忆录的征集和编选工作。当老师们试探性地找到当时正在担任中央广播事业局副局长的周新武，提出请他担任顾问小组组长的时候，周新武欣然应允，并帮助解决了困扰回忆录征集编选的经费问题。几天后，他亲自主持召开了顾问会议，包括原延安(陕北)台编辑杨兆麟、原陕北台编辑部副主任胡若木和原陕北台播音组副组长丁一岚等老同志纷纷到会，共议组稿出版事宜。不仅如此，周新武还亲自带头撰写了有关华东新华台的回忆文章。

1983年5月，这部充满厚重历史积淀的《中国人民广播回忆录》出版发行。全书收录解放区广播回忆录40多篇，其中包括周新武撰写的《华东新华广播电台创办经过》一文。

由于年事已高，周新武逐渐从领导工作岗位上退了下来。但离休后的他仍念念不忘的就是继续指导《中国人民广播回忆录》第二、三、四集的征集、编选和出版工作，而他自己也亲力亲为，撰写了包括《上海人民广播第一声》《人民的声音响彻华东上空》《华东新华广播电台的客人》三篇回忆文章。

1983 年，他赴长春出席广院参与召开的第一次中国广播电视史座谈会；1986 年他亲临广院出席解放区广播史座谈会。在座谈会上，他积极发言为广播电视编史修志出谋划策。1987 年 6 月，周新武同志还陪同昔日好友、美籍华人、著名记者赵浩生先生来北京广播学院作学术报告。

在长期的革命斗争和建设中，周新武坚持几十年如一日把每天的工作记录在小本上，而这些珍贵的小本在几十年后则成为回忆我国广播电视事业发展的重要资料，也成为中国广播电视史的一个组成部分。在他的主持和倡导下，近 50 万字的《华东人民之声——华东新华广播电台、华东人民广播电台史实》一书于 1994 年问世，这部将近 600 页的著作将纵贯 1949 年前后两个时期的大解放区(行政区)广播电台的史实细致的编纂成册，而这其中更是有超过 100 多页的文章由周新武亲自撰写。《华东新华广播电台记事》《华东人民广播电台记事》等几篇史料翔实、记述充分的文章均是来源于周新武那一本本保存完好的日记。

编史修志是对历史的负责，更是对新中国广播电视事业的负责。周新武除了主持编写多部回忆录及著作，还一直担任着中国广播电视学会及其所属广播电视史研究委员会、《中国广播电视年鉴》和中国新闻教育学会等组织的顾问，他用极大的热忱和热情投身于指导中国广播电视史的研究工作。

5. 重视文字 倡导改革

文字和语言对于广播电视工作的重要意义毋庸置疑。在长期的广播电视工作和教育实践中，周新武对语言文字的质量要求非常严格。他很注重措词、用语，甚至连标点符号的正误都非常在意。也正是因此，中华人民共和国成立后当他看到传统的方块字逐渐成为进行教育和扫除文盲工作中的沉重负担时，便开始大力提倡文字改革运动。

在他看来，方块字虽然是我国文化宝库中的瑰宝，记载了丰富的文献典籍，在我国历史中有过伟大的贡献，但在中华人民共和国成立后的一段时期当中，因为其难认、难写、难记、难用而成为了普及和提高人民文化素质的障碍。因此，他主张普及和使用拼音文字，因为较之方块字，拼音文字的普及和使用优势更为明显：首先，它可以更好地配合识字运动和推广普通话运动；其次，还可以普及拼音知识；再次，它可以使包括电报、索引、翻译专用名词等许多工作在技术上得到改进；最后，它可以更加有利于国内不同民族间语言文化的互相学习以及对外交流交往。

不仅是倡导语言文字的改革，周新武还热情的推动普通话的普及工作。为此，他曾分别署名“李朴”和“奂英”先后多次在《光明日报》《语文知识》等报刊上发表文章，表达自己对文字改革和普通话推广的欢迎重视并提出各种意见和建议。

作为一位见证者和亲历者，周新武将自己的一生奉献给了党和人民的广播电视事业，无论在一线工作还是在广院教学，甚至在离休之后，他都将自己与广播电视牢牢地连在了一起。周新武同志逝世后，原中央广播事业局局长梅益为他题词：“我们在纪念周新武同志时将拥有铭记新武同志为新中国人民广播事业作出的重要贡献。他长期管理领导我国各省市广播电视和教育事业，大大发展了城镇工矿企业和农村广播网。他还筹建广播学院，为全国培养了千万的事业人员，巩固了事业发展的基础。我们尊敬他、怀念他、学习他，为我国人民广播事业的发展作出更大的贡献。”原中央广播事业局局长张香山为他题词：“新武同志是为开垦和培植广播园地而辛勤劳动的老园丁；是在重重惊涛骇浪中度过来的老共产党员。他的言行足以成为我们以及后来者的楷模。”原广电部首任部长吴冷西为他题词：“不愧为党为民之表率 开创广播教育之先河。”干一行爱一行，爱一行钻一行，把自己当做一根蜡烛，为人民付出全部的光和热，这就是人们之所以崇敬周新武的原因。

（冯　帆）

6.1.3　洪一龙

图 6-3　洪一龙

洪一龙(1924—2016)，是新闻业界极富盛誉的广告教育家、新闻学者(见图 6-3)。他一生致力于中国的新闻事业和广告事业，对中国新闻业和广告业的发展作出了巨大的贡献，奉献了毕生的智慧和精力，开创了中国广告业发展的新纪元。他历任中国记协新闻学院院长、中国新闻教育学会副会长、中国广告协会副会长兼学术委员会主任、全国新闻高级职称评委、全国新闻职改领导小组办公室主任等职。

截至 2018 年年底，全国拥有 378 个广告本科专业点，形成了本科—硕士—博士的完整人才培养体系。而这一切离不开一位老人对于中国广告界和广告教育事业的贡献，他就是参与起草中国第一个直接指导广告业文件的洪一龙。

1. 燕园孕育的新闻教育工作者

1924 年农历 5 月 14 日，洪一龙出生于宁波江北区洪塘镇。6 岁时就离开家乡，到上海读小学和中学。1945 年抗日战争胜利后，在时任《世界知识》杂志总编辑国际问题专家冯宾符同志介绍下，他开始了在上海美国新闻处的工作。工作两年后，1947 年，洪一龙考入燕京大学新闻系。当时的燕京大学被誉为国内最美丽和最有成就的大学之一，而燕大新闻系也因培养了萧乾、朱启平、黎秀石等一批民国名记者和名士而享誉彼时，驰名中外。

谈到在燕园读书的岁月，洪老回忆说："虽然当时燕京大学是教会学校，但在教学思想上，并不强调基督教教育，而是实行自由教学。"当时燕大的校训是"因真理，得自由，以服务"，在这样一所崇尚真理、追求自由的校园氛围的熏陶下，洪老迅速成长起来。毕业后的他，决定留在燕园任教，与此同时，他还积极参与迎接北京解放的宣传工作。

中华人民共和国成立后，燕京大学新闻系得到了快速发展，人才辈出。1951 年 2 月，教会大学性质的燕京大学由中央人民政府教育部正式接管。不久后，1952 年，当时的领导人参照苏联的教育模式对我国高等院校进行了大规模的调整，此次调整的重点是华北、华东两大行政区的高校。

在这次调整中，燕京大学被取消，原燕京大学新闻系并入北京大学中文系，改为编辑专业，此后又改为新闻专业，洪老从燕京大学转而执教于北京大学。1958 年，洪老被调往中共北京市委宣传部报刊处工作。1963 年，洪老又被调往中国人民大学执教并担任新闻系党总支书记等职务。

虽然执教生涯经历了数次的辗转，但洪老始终没有离开自己热爱的新闻教育事业，并在教学和工作的过程中辛勤耕耘，为祖国的新闻教育事业贡献自己的力量。①

2. 勇开新闻教育先河

"文革"期间，时任中国人民大学新闻系党总支书记的洪老遭受抄家、批斗等迫害。1976 年，在胡耀邦同志的主持下，平反"文革"时期冤假错案的工作开始启动，在"文革"中几乎瘫痪的中宣部也开始恢复。

1978 年，组织将洪老调至中共中央宣传部新闻局，并任命他担任新闻理论与新闻教育处处长，主要负责新闻教育的组织和新闻干部的培训等方面的工作。

---

① 谢振声．江北之骄[M]．哈尔滨：哈尔滨出版社，2003：80.

在工作的过程中，洪老在调查研究的基础上认为，“中国的新闻教育不能适应当时的社会需求，要有一个大的发展才行；同时，继续深入基层和用人单位了解情况，对新闻教育进行客观、翔实的调研分析，在掌握第一手资料的基础上，形成了发展中国新闻教育的观点”。在他的积极奔走下，新闻教育工作进一步得到了党和国家的重视。

除了在工作中积极推进中国新闻教育工作，从 1980 年起，洪老每年都会为《中国新闻年鉴》撰写新闻教育发展概况的文章，并在《中国大百科全书》上撰写与新闻教育有关的条目。

1983 年，全国高等院校中设立新闻专业的院校寥寥无几，只有中国人民大学、复旦大学、暨南大学和北京广播学院设立了新闻系。为了更好地加强新闻工作力量，同年 5 月，中宣部和教育部联合召开了全国新闻教育工作座谈会，商讨并部署新时期的新闻教育工作，这次会议是第一次也是迄今为止唯一一次新闻教育座谈会议。

在会议召开前，会议筹备组的同志对全国新闻教育的现状和新闻人才的需求进行了调查，并走访了 20 多位新闻界的有关负责人和有经验的老新闻工作者。

这次走访调查显示，我国新闻战线我国新闻战线已拥有一支近 26 万人的宏大队伍，但为这支队伍输送人才的新闻教育却发展很缓慢。长期以来，只有中国人民大学、复旦大学，暨南大学和北京广播学院设有新闻系，直到近年才陆续新建了一些新闻专业。①

截至开会时，全国设有新闻专业的高等院校 14 个，教师 364 人，在校本科生1482 人(仅占全国高校学生总数的 0. 12%)，研究生 103 人，进修生 220 人。中华人民共和国成立以来，共培养新闻专业毕业生 5200 多人，其中分配到新闻单位的约 3000 人。他们大多已成为新闻事业的骨干。但是，新闻专业的毕业中无论在数量上还是质量上都远远不能满足新闻事业发展的孺要。根据预测，到 20 世纪末，全国报纸、通讯社和广播电视系统因退休、凋离以及事业发展，共需补充新闻专业毕业生约 74000 人，加上新闻专业毕业生每年都要有五分之一左右被分配到出版宣传等部门，因此到 20 世纪末共需培养新闻专业毕业生 90000 人，每年平均 5000 多人。这就说明，我国新闻教育必须在保证质量的前提下有一个较快、较大的发展。②

在这次会议上，中共中央书记处书记、中宣部部长邓力群作了重要讲话。他指出，有计划、有步骤地培养一大批合格的人才充实扩大新闻队伍，已经成为新闻事业面临的一个极为重要的问题。他强调从事新闻工作的人员必须具有坚强的党性，党性不强的人不能从事新闻工作。因此，在提高教育质量方面，加强学生的思想政治教育，已成为刻

① 吴廷俊．中国新闻传播史(1978—2008)[M]．上海：复旦大学出版社，2011：589-590.
② 中国社会科学院新闻研究所．中国新闻年鉴[M]．北京：中国新闻出版社，1985：11.

不容缓的课题。

会议结束后，根据邓力群同志的讲话精神和会议讨论的意见，洪老起草了《关于加强新闻教育工作的意见》(以下简称为《意见》)。《意见》提出要加速发展新闻教育，有计划、有步骤地培养新闻干部，同时积极进行新闻教育改革，不断提高教学质量。

这份文件经由中央宣传部、教育部联合向各省、市、自治区党委宣传部、文教办、高教(教育)厅(局)、有关高等院校、中央各新闻单位下发。

针对《意见》的要求，厦门大学最早做出响应，在香港传播学家余也鲁教授的大力支持下创设新闻传播系，并下设三个专业，即传播学、国际新闻学和广告学，这是国内新闻院系命名中第一次使用“传播”字样，也是国内第一个设立广告专业的新闻院系。

1983 年，吉林大学、兰州大学、新疆大学、宁夏大学、武汉大学、华中工学院先后增设了新闻系或新闻专业。至此，全国设有新闻专业的院校共达 21 所，已提前实现了新闻教育发展规划提出的“1985 年前原各大行政区至少应有一所高等院校设置新闻专业”的要求。

在新闻教育改革方面，多数新闻院系也都按照新闻教育工作座谈会提出的意见制订或修订教学计划，加强基础理论、基础知识和基本技能的教学，贯彻理论联系实际的原则，并积极组织编写教材。

为了提升新闻专业教师的水平，洪老联合教育部高等教育司委托社会科学院新闻研究所举办新闻教师进修班，以提高新闻专业教师的水平。他还多次深入全国新闻传播院校调研、交流、沟通，为教师解决实际问题。如他参与起草了《新闻职称评定条例》，为不少高校教师的高级职称评定撰写评审材料。

1984 年，洪老起草了《新闻队伍建设规划设想》，这份文件由中央宣传部下发。文件不仅对新闻教育进行了进一步的强化，而且特别突出地强调了对在职新闻干部的培训，使一大批在职的新闻干部得到了很好的业务培训和专业教育。

同年，中国新闻教育学会成立。中国教育学会是首都 7 所高等院校新闻系(专业)根据 1983 年全国新闻教育工作座谈会的意见发起并筹备的。在成立后召开的第一次会议上，来自全国 30 所高等院校新闻系(专业)的代表参加了大会。大会讨论通过了《中国新闻教育学会章程》，并选举了学会理事，洪老当选为副会长。

在“七五”计划期间，洪老参与并组织了“七五”国家哲学社会科学重点研究项目《新闻事业与现代化建设》，任课题组副组长，并参与撰写“关于高层次新闻业务人才培养途径多样化的研究报告”。1990 年，他还担任副主编，参与编辑《新闻学大辞典》。①

---

① 中国社会科学院新闻研究所．中国新闻年鉴[M]．北京：人民日报出版社，1984：26.

3. 起草广告业发展的纲领性文件

洪老与广告业的缘分始于1979年。

1978年十一届三中全会在北京召开，国民经济百废待兴，市场经济的浪潮蜂拥而至。在这样的背景下，广告业也正处于一个重新发展的恢复期。1979年1月28日春节，在广告销声匿迹十年后，上海电视台宣布开始受理广告业务，并播放了一条参桂补酒的广告，这也是我国首条电视广告。在报刊领域，1979年1月，《天津日报》开始恢复刊登广告。

虽然报纸、电视媒体在恢复广告过程中发挥了重要的示范作用。但经历了十年“文革”时期的动荡，社会整体的思想仍被旧的“左”的思想所禁锢，认为广告是资产阶级的产物，是商家获取高额利润的“帮凶”，媒体上播发广告是“追捧资本主义”“卖国主义”的行为。甚至有读者直接打电话到中宣部投诉说：“我们花钱订报纸是为了看新闻，不是看广告。”在人大、政协会议上，也有代表对媒体刊播广告的行为提出质疑。

洪老后来回忆道：“当时中国刚刚改革开放，广告业也是刚刚兴起，压力很大，有人认为给外商做广告是卖国的，是资本主义的。”

面对此起彼伏的反对声音，时任中宣部长的胡耀邦同志找到当时新闻局负责同志说：“你们应该去调查，了解新闻媒介刊播广告的情况，提出意见，帮助解决问题。”

于是，洪老等人就到有关新闻单位、广告公司和工商局进行调查。在充分地调查和听取多方面意见的基础上，洪老参与起草了《关于报刊、广播、电视台刊登和播放外国商品广告的通知》，这是中华人民共和国成立以来第一份真正意义上对广告工作做出明确指示的文件。

在这份文件中，首先明确指出：“为了适应四化建设和对外贸易发展的需要，促进科学技术交流，增进我国人民对各国情况的了解和增加外汇收入，各报刊、广播、电视台在刊登和播放国内产品广告的同时，可开展外国商品广告业务。”这项规定为当时在刊播广告时谨小慎微的各大媒体打了一针镇静剂。从此在媒体上，不仅可以刊播广告，而且可以刊播外国商品的广告。

同时，文件肯定了当时承办外商广告的三种办法，各媒体单位从此对于刊登广告的问题不必再心怀疑虑，刊播广告这一工作也得以名正言顺地开展。

最后，文件还对刊播外商广告的收益做了特别规定：“为了照顾新闻单位的实际需要，国家计委已同意各报刊、广播、电视台广告收外汇收入，扣除外商佣金外，今、明两年收入的外汇暂不上交，全部归收汇单位。”

这在当时经济刚刚复苏的背景下，是十分难得的。在改革开放初期，国家的外汇收入很少，各地方的外汇收入全都要上交，绝对不能留做自用。

针对当时全国新闻单位普遍面临着两个重要的制约发展的问题：新闻纸供应不足和技术设备亟待改善。文件做出规定：“外汇收入用以进口纸张和改善技术设备。国家外汇管理局也已同意，各新闻单位只要经中央部委或省、市、自治区革委会批准，可在中国银行凭批准文件开立外汇额度账户，按银行规定办理使用外汇手续。”

这份文件于 1979 年 11 月 8 日由中宣部正式下发到中央宣传系统各单位党委、党组，中央及各省、市、自治区的报社、广播电台及电视台，同时抄送给国家计委、外贸部、国家外汇管理总局。

这不仅对我国广告事业的发展具有划时代意义，对广告学教育在高等学校的开展也具有里程碑意义。

作为这份文件起草者的洪老，在回忆起这段经历仍旧十分感慨：“所以说，广告业的兴盛发展绝对是和党的正确领导分不开的，而中宣部之所以能发出这样的文件又是和胡耀邦同志高瞻远瞩的领导思想分不开的。”

正是由于参与和起草了这份意义重大的文件，洪老开始与广告业结缘，从此他的身影也再也没有远离过广告界。①

4. 躬耕广告事业 30 年

在参与起草《关于报刊、广播、电视台刊登和播放外国商品广告的通知》后，洪老开始成为一名“广告人”。

1984 年，洪老参加由人民日报社、新华社等重要新闻媒体广告部负责人组成的中国广告代表团，奔赴日本考察日本广告业发展情况。

在考察之余，洪老还参加了第 37 届日本广告电通奖，日本广告电通奖创始于 1947 年，在国际广告界拥有很高的声誉，它见证了战后日本广告繁荣发展的过程。

回忆起参加这次活动的感受，洪老坦言：“非常震撼，同时也认识到广告语言对经济发展的重要作用和作为一名‘广告人’巨大的社会价值。”

源于这种认识，回国后，他多次应邀到有关高校作介绍和座谈，积极推动广告教育的发展和提高，并开始思考如何学习日本先进的广告工作经验，加强广告学术研究和优秀广告评选，促使我国广告业更健康地发展。

在当时的高校目录中，根本就没有广告学这个专业，人们心中更是认为“广告无学”“广告怎能登高等学府的大雅之堂”。当时，洪老在新闻局负责此项工作，他非常支

---

① 陈永．影响中国广告 30 年杰出人物 1978—2008[M]．现代广告杂志出版社，2008：288-294.

持筹建高校设立广告专业。经过他的多方联系、游说，终于批准试办广告专业。

1983 年，厦门大学广告学专业设立，这也是我国高等学校设立的第一个广告专业。厦门大学新闻传播系广告学专业的成立开启了中国广告教育的先河，为后来其他高校广告专业的成立起到了重要的示范。在厦大校系领导的重视和广大师生的努力下，厦大为新中国培育了第一批广告专业人才。现在活跃在广告界的精英，不少就是从厦大毕业的。

自 1983 年，厦门大学设立第一个广告学专业，再到 2002 年北京广播学院(现中国传媒大学)成立广告学院，不难看出，中国的广告教育事业在不断发展壮大。专业设置数量日益增多，学生规模不断扩大。

对此，洪老感到有喜有忧。他说："广告教育的迅猛发展固然是形势的需要，但我们绝不能以量取胜，先应该重视教学质量。一定要防止我们过去工作中常犯的一哄而起、一刀切的弊端。"

洪老指出，"广告教育要避免近亲繁殖。现在不少学校广告专业的老师大多是本校毕业后即留下来任教。这种近亲繁殖的模式不是好办法。广告是实践性很强的学科，那种从书本到书本、从理论到理论的教学模式是培养不出优秀的广告人才的。在引导学生进行专业知识学习的同时还应提供接触实践、参与实践的机会，鼓励学生走出校园，去广泛地参与社会实践活动"。

"学生在学校接受培养的时间是打基础的过程，而方向的选择则要靠个人。"洪老特别强调实习的重要性，他说："四年制的教育计划，学生最晚也要从大三开始实习，最好在前两年的寒暑假就去参加广告实践。通过实践，发现自己的欠缺，提高学习的自觉性。只有理论与实践紧密结合，广告教育才能真正突破瓶颈到达新的高度。"

洪老主张广告教育是终身教育。他说："毕竟毕业只是一纸文凭，众多的毕业生面临的最大问题是寻找定位。"他强调："年轻一代一定要打好基础、开阔视野。在新闻和广告专业领域，有一个广博的基础是很重要的。广告是一门新兴学科。要借鉴和吸收其他的学科以及国外先进的教育理念。对于西方国家高度发达的广告业的经验，我们不能排斥当然也不能照搬。要锻炼自己敏锐的洞察力和准确的判断力。只有当作为一名广告人应有的基本素质都具备的前提下，才能在工作岗位上通过锻炼成为高级的专业人才。"

除了积极投身于广告教育之外，洪老还积极推进国内广告业的发展。

1986 年，洪老被选为中国广告协会副会长；1987 年，中国广告协会学术委员会成立，洪老又被选为学术委员会主任。洪老在任期间，积极推动并多次主持广告学术研讨会。这是学术委员会的一项主要任务，每年针对不同的广告市场状况选定研讨主题，以促进广告理论建设，指导广告业务实践。

研讨会制度一直延续至今，30 多年来为中国广告学术研究的发展提供了巨大的推动力。同时，与研讨会并行，学术委员会还举办多种形式的干部培训活动。在全国各地开办短期培训班，聘请广告实践经验丰富的专家学者授课。今天广告业界不少业务骨干都是当年从培训班里走出来的学员。

在洪老担任中国广告协会学术委员会主任期间，他和一些广告前辈敏锐地感觉到，要规范国内广告创作市场，提升作品质量，必须要采取一种激励示范措施，于是"中国优秀广告作品评展"应运而生。这一活动从两年一次到每年举办一次，现已渐成体系，成为中国广告节的一个重要环节。

在中国广告协会主办的每年一度的中国广告节上，优秀广告作品展评是一项主要内容。现在，这一活动已经成为国内广告创作的风向标。

继推动中国优秀广告作品评展活动举办之后，洪老又连续担任了另外几个知名广告作品评奖活动的评委会主任，如"花都杯首届全国电视广告大奖赛""全国首届报纸优秀广告评选"及"广州日报杯优秀广告作品评奖"等。

其中以"广州日报杯优秀广告作品评奖"最为突出，这也是洪老参与最多的一项活动。1992 年，洪老协助《广州日报》创办一年一度的全国优秀报纸广告评选，从参赛条件、评奖流程的制定到评选标准的讨论，洪老都全程参与决策。自 1992 年第一期开始至今，"广州日报杯优秀广告作品评奖"已整整进行了 16 年，规模及影响越来越大，评奖范围也早已不再仅仅局限于《广州日报》一家媒体，已经发展成为全球华文报纸刊登的优秀广告作品评奖活动，它同台湾"中国时报奖"一样已经成为一个品牌，激励全国以及海内外所有华文报纸广告创作者不断提升创作水平。

当被问到"为什么国内的广告创意鲜有在国际上获得大奖"这一问题时，洪老坦言，他并不觉得因为国内的广告创意鲜有在国际上获奖，我们就该对国内广告创作水平提出质疑。广告创作跟电影创作等大多数艺术创作一样，没必要非要得一个怎样的奖才算是优秀作品。而且，国际奖项的评选有政治、文化背景等多种因素在里面，因此不能以是否获奖为判断作品优劣的标准。何况，现在国内形形色色的评奖活动越来越多，一哄而起，大有泛滥的趋势。

洪老认为："真正达到广告创作的巅峰时刻，是没有奖项概念的时刻，因为在这样的创作面前，无论什么奖项都会黯然失色。"

也许因为是新闻工作出身的缘故，洪老更看重广告在意识形态层面的影响。他说："广告的作用除了促进社会经济发展之外，还应该对促进全民素质提高以及社会公德进步上起积极作用。广告作为一种意识形态应该承担起相应的社会责任，推动社会文明进步。我们有时都太急功近利，太浮躁了，忽略了很多东西，尤其是对下一代的关怀不够。从这一点上来讲广告人的责任感和使命感应该提高。现在很多小孩子开口便是广告语，更多的是一些会产生负面影响的广告语，这将会影响他的思维模式。”

让洪老感到欣慰的是，现在已经有不少广告评奖活动专门设立了“公益广告”一项，而且公益广告也很受群众的欢迎。

谈到中国广告业的前景，洪老认为：“我们的广告公司现在难以形成一股合力。”他很希望中国不久之后能出现几个特别优秀、权威、实力雄厚的大广告公司，这样我们就拥有了前往世界广告舞台的通行证。从这个角度讲，美国的奥美、日本的电通都值得我们认真学。只有从根本上完善体制，寻找到一条符合自身市场条件的发展道路，才是中国广告业的正道。

当然，洪老对我国未来的广告市场丝毫不感到悲观。他分析说：“这是市场的原因。市场发展尚未成熟，我们仍处在社会主义初级阶段。”但他坚信：“中国文化底蕴那么深厚，我们没有理由搞不好。广告业未来将来会迎来一个辉煌的时期。”

洪老很赞赏由“梅高”“黑马”等广告公司创设的“中国元素国际创意大奖”。这个奖项的设立旨在世界范围内发起并倡导中国元素的推广应用。洪老认为：“这是中国广告创作的正确方向，只有将本土文化赋予国际化的视野，才可能做出真正的好广告。”

广告业在恢复初期的一系列作品评奖活动构成了我国广告作品评价体系，这在我国广告业发展的初期阶段，对广告创作水平的提升起到了至关重要的作用。洪老在这个环节中功不可没。正是在以洪老为代表的广告前辈的辛勤耕耘下，才造就了今日广告业的欣欣向荣的盛景。

对于自己对广告业发展所作出的贡献，洪老一直谦虚地说：“过去，只是因为工作岗位的关系，使我有机会参与了广告业的一些工作，实在谈不上有什么突出贡献，而且我始终还是广告学的门外汉。现在广告业发展得这么快，科学技术日新月异，更让我感到跟不上形势发展。长江后浪推前浪，这是社会发展的规律，我们老一辈早就应该退出历史舞台了。”①

5. 心态年轻的“90 后”

退休后的洪老，仍旧坚持“活到老，学到老，改造到老”。他和老伴一起参加老年大学，学习书法和绘画。在他的书房中，挂着他自己书写的那幅“知足是人生常乐，无

---

①　陈永. 影响中国广告 30 年杰出人物 1978—2008[M]. 现代广告杂志出版社，2008：288-294.

为得天地自然”的横幅。

2014 年，洪老 90 岁生日，国内一些广告业界、学界的大佬们联合为他举办了一个热闹的生日聚会。在生日聚会上，他向与会者分享了自己长寿的秘诀：“我今年 90 岁了，人生经历了三个阶段，一是抗战、内战时期，搞了一些地下活动；二是中华人民共和国成立后经历了各种运动，批斗、游街、抄家、进牛棚，但是挺过来了；三是改革开放以后，这是最好的年代，特别是在耀邦同志的领导下干了一些实事。我从未想到会活到 90 岁，但为什么 90 岁了还有许多人喜欢我，后来发现我有一个优点，那就是长寿，90 岁！肯定是老大了。”

“谈到长寿我有心得和大家分享，美国的哈佛医学院做过关于长寿决定因素的调查，发现除遗传等因素外，人缘和性格是决定寿命的重要因素，这两条我都占了。”

“第一说人缘，人是社会动物，人与人之间的关系很重要，我是有人缘的。我有甜蜜的爱情，杰出的老伴儿给了我无微不至的关怀；我有浓浓的亲情，家庭和谐子女孝顺；我有真诚的友情，朋友之间互相关爱，志趣相投。第二说性格，90 岁了，没有被这个信息化的时代淘汰，我有 E-mail，发短信，保持着与世界的互通，现在还在学习更新的移动通信方式。我的性格总结起来就是‘心理年龄比生理年龄年轻’。”①

但谈起本行，洪老却相当谦虚。“有这样一段话对我很有启发：‘做人要知足，做事要不知足，做学问要知不足。’这是心态、是性格，更是对人生积极的态度，所以在我 90 岁生日时惊动各位朋友内心很忐忑，我实在没有为广告业作出多大贡献，我既没有广告理论研究，也没有广告实践，我自认为‘愧为广告人’，所以我感谢！感动！感愧！”

2016 年 2 月 26 日，洪老在北京逝世，终年 92 岁。临别前，洪老曾书写过一封临别公开信，他对自己总结说：“我有幸在燕京大学新闻系学习，毕业后又长期从事新闻教育和管理工作，并尽到了努力。我对自己能在这不平凡的时代里度过平凡的一生感到满足。”②

（苗　露　邓绍根）

① 洪一龙：九十抒怀，我的缘与情[EB/OL].[2014-08-08]. http://www.admaimai.com/Interview/Detail/591.html.

② 中国新闻界奠基人洪一龙逝世，临别公开信：让子孙后代生活在民主和法治的社会中[EB/OL].[2016-02-28]. 中国社会学，https://chuansongme.com/n/2594689.

6.1.4　郑贞铭

1. 生平述要①

郑贞铭，1936年7月3日(农历五月十五)生于福建省福州市林森县(今闽侯县)，1946年随父母到台湾地区。郑贞铭教授是台湾地区新闻传播教育具有重要地位的开路奠基人，被称为“台湾新闻教父”，并致力于两岸新闻传播教育交流事业30年(见图6-4)。2018年2月19日正月初四下午16点56分，郑贞铭先生于台北安然离世，享年82岁。

图6-4　郑贞铭

1955年以第一志愿第二名考取台湾政治大学新闻系，1959年以第一名的成绩考取台湾政治大学新闻研究所攻读硕士学位，成为台湾地区第一批完整从大学到研究生阶段经历了正规科班新闻教育的学子之一。郑贞铭的硕士毕业论文，是我国台湾地区历史上第一篇“新闻传播教育”领域的学位论文。

此后，郑贞铭历任“中央日报报社”采访组副主任、国际新闻版副主编、资料组副主任；台湾中国文化大学新闻系所教授、主任、所长、社会科学学院院长；并曾任《香港时报》董事长等职。晚年获授中国文化大学对本校学者的最高荣誉——名誉文学博士。

(1)长期执掌台湾中国文化大学新闻教育。台湾中国文化大学的新闻传播教育，曾长期与台湾政治大学、台湾世新大学的新闻传播教育形成三足鼎立之势，该校新闻传播教育的名声斐然，主要有赖于数十年执掌中国文化大学新闻传播教育的郑贞铭的努力和推动。

郑贞铭是台湾中国文化大学新闻传播教育的代表人物，他被后任中国文化大学新闻系主任徐振兴称为文化大学新闻系的“镇系之宝”，被中国文化大学新闻系改制为新闻暨传播学院后的首任院长王洪钧称为文化大学新闻教育的“灵魂人物”，台湾地区著名新闻学者徐佳士也将郑贞铭推为文化大学新闻系的“实际创办人”。

1963年8月，中国文化大学彼时还叫“中国文化学院”，新闻系创系之初，郑贞铭应恩师谢然之的邀请加入该系，担任执行秘书和讲师。1969年，年仅33岁的他出任该

---

① 本文第一部分的一些内容，参见丁士轩所撰《郑贞铭先生生平概述》(未刊版)，并征得作者同意引用。

校新闻系主任，成为台湾地区最年轻的大学系主任。

1989 年，在他的大力推动下，中国文化大学成立新闻暨传播学院，下设新闻、广告、大众传播与资讯传播四个学系，还有新闻研究所与资讯传播研究所两大研究所。这一该院的格局一直基本延续至今。

郑贞铭在退休之后，依然坚持为中国文化大学新闻暨传播学院本科生授课，一直坚持到近 80 岁。每周的一至两天，他都只身从远在基隆的寓所，乘小区摆渡车约 40 分钟至台北东端的地铁站，转乘地铁近 20 站，然后转乘公交车约 30 分钟从阳明山下至山上的中国文化大学授课；授课之后再如此返回寓所。

(2) 台湾地区新闻传播教育的代表性人物。1998 年，郑贞铭与曾虚白、成舍我、马星野、徐佳士同时获台北扶轮社颁赠“新闻教育特殊贡献奖”，同年在纽约获世界中文传媒协会颁发的“新闻教育终身成就奖”。

2011 年，郑贞铭获美国纽约圣若望大学颁发的“新闻教育特殊贡献奖”，同年获北美华人记者协会颁发的“新闻教育终身成就奖”。另获香港传播文教联会颁发的“两岸交流特殊贡献奖”等奖项。

郑贞铭教授一生著述颇丰，著有《新闻原理》《新闻学与大众传播学》《新闻采访的理论与实际》《世界百年报人》等 30 余种学术著作，一些书籍是台湾地区最早的新闻传播领域专著或教材，影响了两岸新闻传播业者、学者的知识结构和专业成长。

郑贞铭教授的学生遍布台湾新闻传播学界、业界。目前在台湾学界和业界卓有成绩的新闻传播界人士，有相当数量曾是郑贞铭教授直接教授过的学子，郑贞铭也被尊称为“台湾新闻界永远的老师”。

(3) 文学与传记领域的成就。除新闻传播教育的成就之外，郑贞铭在文学创作方面也有相当成就，曾获台湾“中国文艺协会”“五四文艺散文奖”、香港地区文教传播联会“传记文学奖”。

在 2000 年前后出版多卷本巨著《百年报人》之后，于 2015 年 1 月 11 日出版《百年大师》(上、下册)，迅速并长期占据台湾诚品书店畅销书榜单前列，该书通过描绘百年来两岸顶级大师的生平和思想，汇聚大师精髓，导引青年精神，引发了台湾地区的热烈反响。

随后，郑贞铭教授策划并撰写“百年系列”书籍，介绍过去百年两岸政治、经济、社会、文化、艺术等领域的大师级人物，启迪当代人的思想问寻和价值追寻；2017 年 12 月 16 日“百年系列”的首部作品《百年风云》(上下册) 出版，知人论世，臧否历史，寻找智慧。

遗憾的是，“百年系列”策划中的 5 部作品，只出版了这一部，郑贞铭教授便去世了。后续撰写、编辑和出版任务，转由郑贞铭教授两岸的学子，以及郑教授家人完成。

(4)两岸新闻传播学术和教育交流的先行者。郑贞铭是最早参与两岸新闻传播学术交流的台湾知名新闻学者之一，复旦大学新闻学院孟建教授尊其为两岸新闻传播学术交流的先行者。

1994年春，两岸正式开放交流后不久，他就应当时广播电影电视部之邀，赴大陆进行为期十天的正式访问。1999年10月，郑贞铭教授率领台湾大学、政治大学、文化大学、辅仁大学等8校的18位研究生到清华大学、北京大学、中国人民大学、北京师范大学等高校参访，这次交流是开启两岸传媒青年学子交流史的标志之一。

此后，郑贞铭教授每年都赴大陆讲学或交流，足迹遍布绝大多数省份的近百所新闻传播院系。郑贞铭教授还是上海交通大学、南京大学、北京师范大学、山东大学、湖南大学、中南大学、福建师范大学等校客座教授。

2010年，郑贞铭先生做心脏搭桥手术，此后饱受手术后遗症和愈来愈严重的眼疾的困扰，但他仍坚持往返两岸作文化交流，举办“大师讲座”近百场，现场直接听众数万人，包括小学生、中学生、大学生、硕士生、博士生、教师、社会青年、企事业单位领导员工等。2016年6月，80岁高龄的郑贞铭先生生前最后一次在大陆举行的大规模“大师讲座”中，曾12天内在山东省的山东大学、中国海洋大学、青岛大学等8所学校讲授“追寻大师精神”和“我的新闻学大梦”专题，期间精神矍铄，思路清晰，辛劳程度也可见一斑。

2.“六不”新闻传播教育观①

郑贞铭著名的“六不教育”的观念，对当下新闻传播教育越发走向孤立、功利、速成、廉价、僵化、技术的现象进行了矫正与反驳。

第一，新闻传播教育不是孤立教育。郑贞铭教授的新闻传播教育观是“全人教育”。20世纪70年代，郑教授曾专程赴哈佛大学考察世界顶级名校的教育状况，他特别注意到该校在一战中曾有11000人次的师生参加战争，他感慨哈佛大学不仅是知性的、理性的、感性的，也是血性的。哈佛大学曾提出“多元智能理论”，认为上佳的教育是多元的，需综合培养学生的逻辑与理性、法律与道德、艺术与文学、体育与健康水准，提高自我认识、对外沟通的能力。

回到台湾地区之后郑贞铭教授邀请台湾大学、政治大学等台湾顶级学府在社会学、

---

① 本文第二至五部分的一些内容，参见刘俊．文化·传媒·青年：台湾传媒教育开路人郑贞铭的教育观[J]．现代传播(中国传媒大学学报)，2012(6)：123-126.

经济学、心理学、法学、文学、史学等领域的顶尖教授编列了一份新闻系科学生必读书目，并在新生入校时赠送给学生，以作提示。郑贞铭教授将文化大学新闻传播专业 60% 的课程设定为非新闻传播学领域的人文社会及语言课程。对于语言，他将中英文比作鸟之两翼：如果一翼受损尚且能飞，既不能高翔，也不能远翔，只能勉强做“单语文盲”；如果两翼都损，那就只能在地面爬行。为此，郑贞铭教授经常邀请密苏里大学新闻学院的老师前来讲授全英文的新闻传播史与传播理论课程。

第二，新闻传播教育不是功利教育。教育功利化是全世界的矛盾，新闻传播教育由于与实践紧密联合，这一矛盾就更加突出。但大学终究是人类精华之所在，除了让人才能有现实发展外，还要对人类前路的探寻负责。大学应适度地成为象牙塔，将热络的社会推出到一定距离外，才能冷静地观照社会的发展。若大学和社会完全重合，教育便没有了存在的意义，人类只能回归到蒙蛮状态。所以学校教授的东西与现实的状况有距离是必然的，也是一定会产生的。如果我们认定理性是对的，即便它与现实不符，大学也不能妥协。

就新闻传播教育而言，学子往往抱怨职业理想与现实不符，但如果连职业理想都没有，那么现实与理想永远没有相符的可能。新闻传播教育铺陈的职业理想需要学子放在心底，一旦有了施展理想的机会与空间，我们不至于忘记当初的、应有的理想是怎样的。当手中的权力越来越大的时候，应该努力让现实与理想不断趋近。

郑贞铭教授认为年轻人先后成长于经济腾飞的背景下，享有优越的物质生活，但在当下年轻人身上却出现了种种精神困境：有自尊无自重，逃避思考理想，道德勇气衰退，追求及时行乐的文化、拜金主义的文化、无序无理的文化、盲目非理性模仿复制的文化。在社会的功利氛围里，当下的教育就更需警惕功利化的复加，而应成为一种矫正的力量。

第三，新闻传播教育不是“速成教育”。郑贞铭教授认为一个优秀的传媒业者应该勇敢、机智、忍耐、有恒、乐观、主动，富有好奇心、进取心和想象力，思维敏捷且极具适应能力，所有这些综合素质都不是“速成”的结果。真正的教育家考虑的是学生的终身幸福，是“一辈子”而非“一阵子”。

技术性的训练可以让学生在相关技术方法上迅速得到提升，短视的观点则将新闻传播教育多归结为技艺行业。在这一问题上，学校的办学指向非常重要：新闻传播教育不应一切面向实务，最终的指向不应只是扛机器、码文字，而更应具有精神高度。郑贞铭教授非常认同罗家伦教授的观点：“学校的好坏，也系于一种风气。风气一经养成，则在这风气感召下的人，自然感到一种环境的压力，就是道德的压力，使善者日趋于善，恶者不敢为恶。潜移默化，一到同风。”①

除了对学校氛围的重视，郑贞铭教授还特别注重师者自身的把持。他经常引用胡适的一句表述：“利息在人间”，即对青年的培养不能像期待经济利息那样指望学子对师者有速成的回报，而是应当不求回报，因为教育的“利息”是为人间撒播。

第四，新闻传播教育不是廉价教育。新闻传播教育不是聘请几位老师就能撑起牌匾的，台湾开设新闻传播学专业的高校已达120多所，但许多学校师资、设备与图书的配置不尽如人意。新闻传播学院本应如医学院一样，是一个耗资巨大的教育领域。密苏里大学办有品级极高的报纸，为学生提供了实习的场所；哥伦比亚大学的新闻学刊之所以对世界有巨大影响力，其重要的支撑便是耗资聘请一流学者，进行一流研究。

新闻传播教育非廉价特性还指向教师对青年人的热情成本。新闻传播、影视艺术系所常常邀请业界人士兼任教师，而来去匆匆的业界人士往往很少和学生交流与互动，这是不利于教育目标达成的。“老师的冷漠是学生心中永远的痛”，这是郑贞铭教授的一位学生针对这一现象的伤感。这句话让郑教授经年铭记：当学生对老师失去热情与信心，新闻传播教育的效果便走向归零；新闻传播教育在花费资金成本邀请业界大家的同时，也必须对任课教师热情成本的付出不可不察。

第五，新闻传播教育不是僵化教育。传媒与人类发展同行，甚至要引领人类发展前行的脚步；新闻传播教育更不应僵化，要有即时的检讨与改进。在新媒体时代，新技术、新内容、新形式不断融合，促使我们反观传统的新闻传播教育。“新闻传播学门的知识将因资讯科技处理知识和资讯的方式，而有所改变。譬如写作理论，编辑、版面处理原理、视听讯号的处理、广告讯息的设计原理都将面临革命性的巨变。其他如传播理论，新闻学、广告学等，亦可能因超文件、多媒体的资讯处理方式不同于过去，而被修正、淘汰。同样，人类解读资讯的传统理论亦将会有新的诠释。”②

除了专业领域的非僵化外，郑教授还经常用左宗棠的三句话来告诫青年传媒学子，即“发上等愿，往高处立，向宽处行”。“上”“高”“宽”的动态追寻要求青年学子从人格观和价值观的基础层面培养开始，便需对新闻传播教育僵化因素进行矫正。

第六，新闻传播教育不是技术教育。“新闻传播教育自然需要教导学生操作媒体的基本技术……新闻传播教育的理想，不仅在使学生学会操作技术，最重要的是要他善用媒体，了解媒体的传播力，善尽职责，为社会良心做见证。驾驭技术，而不为技术所驾

① 郑贞铭．我的新闻教育大梦[M]．台北“中国时报”，2011-05-23/24，“人间副刊”连载。

② 郑贞铭．传播科技与新闻理念[J]．国际新闻界，2002(1)：58.

驭。这也就是我们需要尊称报人、编辑人，而不愿被称为报匠、编辑匠的原因。”①

如何使新闻传播教育摆脱单纯的技术教育阴霾？郑贞铭教授非常认同世界大学发展史上的三个主流思想：一是英国提出的“博雅教育”，即一个大学生首先要学会培养自己的风度、气质和为人处世的原则。二是柏林大学校长提出的“替人类创造学问，创造知识，为学术添砖加瓦”。三是美国加州大学提出的“受过高等教育的幸运儿要懂得以知识为社会服务”。新闻传播教育也必然要以上述三大思想为支撑，这三大思想没有一个将教育仅仅局限于人的技术培养，而是将教育的目标设定在人格、人类、人性的高度。一所理想的大学，一种理想的新闻传播教育，一定是博雅教育、学术研究和服务社会思想的融合。一个理想的传媒学子将这三个目标了然于心，也就明白了自己的道路。

在“六不教育”的基础上，对于青年学子的教育问题，郑贞铭教授还有一些其他的思考和践行。“小小的教室是大大的世界，大大的世界是小小的教室”是郑贞铭教授印在名片上的一句话，这是他对年轻人姿态的重要体现。前半句意指：在小小的教室中老师可以和青年学子一起吐纳无疆的世界风景、无边的人类思考、无垠的延展追寻；后半句意指：大千世界都是老师和青年学子的教室，在大大的世界中需要用小小的教室里所得到的知识，所培育的气质，所理悟的道德来接人待物、行走天下。

3. 郑贞铭的“五有”新闻传播教育观

作为中国文化大学新闻传播教育的当家人，郑贞铭教授每年给新生上的第一堂课，便是带领所有新生从文化大学所在的阳明山远涉至台北孔庙，举行祭孔大典。典礼上郑贞铭教授诵读了古文写就的祭祀文，并按规程带领全体学生数次进香；典礼后他与每位新生面谈，鼓励学生培养自己、报效社会。

新闻传播教育要向中国传统文化寻求源泉是郑贞铭教授重要的教育观。仁爱与兼爱互补的爱人观，兼济天下的责任观，无止学境的问道观，悲天悯人的待人观，君子不惟器的学养观……这些元素虽非中华传统文化所独有，但着实塑养了数千年的中国人集体性格与社会文化心理，是中华文明数千年不间断通达至今的重要因素。

正是结合这些中国传统人格观，郑贞铭教授强调新闻传播教育培养出来的人才，需要具有“五个有”：心中有爱，肩头有担，腹中有墨，目中有人，手中有艺。

第一，“心中有爱”是教诲学子存有爱人之心。

传媒事业的特性要求新闻传播教育从人才培养的一开始就必须在学子心中打下一层善意的底色：传播的基本作用是促进人与人的沟通，这是一种关乎爱与善意的责任，而

---

① 郑贞铭．新闻教育的基本理念[J]．新闻大学，1994(3)：54.

不是制造误会、挑唆仇恨的枉举。如果从教育的一开始便灌输学生如何设计陷阱、报道误会、营造对立，那么传媒人才日后便会不可收拾地利用媒介“仿真”出一个糟糕的社会，最终导致社会的真正糟糕。

第二，“肩头有担”是教诲学子存有担当之心。传媒人才要肩担道义，秉持道德良知、专业信条，而非谋求私利、人云亦云。记者是社会的守望者、领航人，但是守望与领航，必会遭遇各种复杂利益与凶险未知，肩头无担很难支撑新闻人不惧主客观威胁与挑战而不懈前行。

第三，“腹中有墨”是教诲学子存有问道之心。对传媒人才而言，理悟力与判断力的培养尤为重要。新闻传播教育不是“训练”，而是“教育”，理悟力与判断力的培养就隐于这“教育”中，即在对人才进行全方位的熏陶中生成。郑贞铭教授在主持中国文化大学新闻传播学教育时，将新闻专业的专业课程仅限定为40%，而将30%的课程设定为法律、政治、经济、社会、心理、文化、艺术等人文社会学科领域的课程，另有30%的中英文语言课程。如果没有经过“全人”教育的熏陶并达到“腹中有墨”，那么传媒人才对国家和社会的守望视野反会成为国家和社会的潜在的危险。

第四，“目中有人”是教诲学子存有悯人之心。传媒人才要有对他人的同理心，有对社会的悲悯心。对他人的同理心指的是对任何人都需尊重，戒凭手中的报道权故意伤害他人，以博名利；对社会的悲悯心是指与社会同行的姿态，对社会的批评不能以泄愤心理来进行，传媒人才对高端精英价值观与普通民众价值观的弥合要作出应有的贡献。

第五，“手中有艺”是教诲学子存有不惟器之心。传媒学子在技术学习的过程中，重点在于“Know Why”(懂得操作的缘由)而非仅仅“Know How”(懂得操作的步骤)。行文、编版、拍摄、剪辑都是新闻涵化，深刻影响着受众对世界的价值认知。个中技巧蕴含深层规律与缘由，需要学子不断探知，而不仅满足于工器技艺的浅表持有。更为重要的是，了解技艺的深层次理念，才可以在不断变化的客观环境中迸发创新的思维。

除了“五有”理念，对“有教无类”思想的秉承也是郑贞铭教授重要的教育坚守。“只认教室，不认校门”是他几十年教学生涯的践行：凡是对传媒领域感兴趣、愿意接受新闻传播教育的青年，只要有所需求，郑贞铭教授都会应邀前往讲授，不辨名校与非名校。作为“传道、授业、解惑”的师者，所传道业，所解之惑，只与世间真理相关，而世间真理绝无地域、门户之分，由此教育也便无地域、门户之分，这是师者的大道。

郑贞铭教授认为，新闻传播教育向中国传统文化寻找源泉的做法，虽非万灵丹，但在维系传媒道德与传媒尊严上，却有可预期的功效与时代意义。传承是历史绵延不绝的根源，传承思想不但在于保守前人的智慧遗产，在现代更具有积极的意义——对于中华文化的承先启后、继往开来。① 郑贞铭教授写作其巨著《百年报人》的缘由，也正是希望更多的青年人从典范传媒人中受到启发，多加传承。

4. 郑贞铭的“四类”新闻传播教育观

《我的新闻教育大梦》一文是郑贞铭教授对毕生教育理想的总结，在文中他曾言——创办台湾中国文化大学的张其昀曾手谕笔者说：我们要能察求实、明辨是非、知怀疑之要，而不流于虚无；知信仰之要，而不流于独断；知批评之要，而不流于愤世嫉俗的犬儒之义。有如是之风格，方能成为捍卫国家之斗士。言论家必须豁然大公、不拘于无常、不囿于私见、不立异以高鸣，不哗众以求宠，发言务求正确、不做荒诞之词。②

这一段话既是郑贞铭教授对新闻传播教育的期待，也是他对当下传媒业的期望。郑贞铭教授把当下传媒业存在的主要问题概括为“资讯发达，知识贫乏”：随着科技的发展，大众传媒在提供越来越丰富、越来越及时的资讯的同时，也将受众弃置于平面化、碎片式信息的汪洋里；而信息不等于知识，更未必是智慧。

“资讯爆炸使得人们因资讯超载而被它所淹没，让人们不知如何选择、如何分辨而产生‘资讯焦虑症’。因资讯贫富的差距，又可能产生‘富者愈富，贫者愈贫’的现象。今天传媒所给予阅听人的时常只是资讯，而资讯所提供的抵是初步资料，如何根据资料透过新闻从业人员自身经验的累积，并加以观察、分析、辨别形成知识，更进一步在思考中力加反省，使大家的人格日趋成熟与圆满，这才是真正有益于社会与人类的智慧。”③

媒体本身沦为商品，又进一步将受众变成商品。在消费社会、商业文化的氛围中，文人办报的坚守被逐渐消解。提及这一问题，郑贞铭教授常会引用一句对梁启超作品的评价——人人心中所有，人人笔下所无——以说明梁启超对国家发展、文化振兴、民智开启的贡献与关切。郑贞铭教授认为技术发展本没有错，而且这种发展符合人类前进的趋势；但在技术涌动的态势下，需要有更多的传媒不仅提供信息，更应如梁启超一样，凭借深厚的学识学养和高超的表述能力，肩负国家、文化、民智层面的责任。

由此，郑贞铭教授从新闻传播史中提炼了四类对传媒业进步作出重要贡献的人物和机构，这一提炼是对当下传媒业所存问题的深切反思与期望。

---

① 姚同发．郑贞铭：搭建两岸传媒交流的桥梁[J]．黄埔，2011(4)：54-56.

② 郑贞铭．我的新闻教育大梦[N]．台北“中国时报”，2011-05-23/24，“人间副刊”连载。

③ 郑贞铭．电视人的知识与智慧——为台湾电视发展招魂[J]．新闻前哨，2007(11)：27.

第一类是“开路先锋”。例如普利策创办了哥伦比亚大学新闻学院，该院奠定了世界早期新闻教育的水准，为全美乃至世界各大媒体培养了人才，而“普利策新闻奖”更是世界新闻人心中的标杆、内驱和约束。普利策的人生深刻地影响了传媒机构、传媒业者和传媒学界未来的发展走势，为后人提供了一个可甄辨别的样本，我们对任何领域的拓荒人物都需要有足够的重视与敬畏。

第二类是“机构典范”。马克·吐温曾言：“给地球各个角落带来光明的只有两个——天上的太阳和地上的美联社。”郑贞铭教授对这句话的看重主要是从新闻专业主义角度出发：美联社将事实与观点分开、力求公正平衡的宗旨，美联社对社会的守望、对政府的监督，都让世界传媒业从早年间蓬勃发展的一开始就与服务人类相连接。这是传媒业在世界范围内能够顺畅发展至今，并且受人尊敬、让人期待的重要原因。

第三类是“记者典范”。如果说美联社赋予新闻机构存在的合理性，那么“水门事件”中的鲍勃·伍德沃德和卡尔·伯恩斯坦则为记者这个职业树立了价值。勇于担当，永远是新闻工作者最基本的职业精神。“基于‘道德是处理自发的行为’，哲人柏拉图在《理想国》一书中所揭橥的四种道德——智慧、勇气、自制与公正，正是新闻从业人员自律的道德规范。”①

第四类是“学理典范”。如果没有如传播学集大成者施拉姆、密苏里大学新闻学院创始人沃特·威廉等学者的思辨与建构，传播学与新闻学还会长久地被人们视为“工器之物”“无学之业”。在学界被嘲笑的领域，多半不会在其他场界得到尊重。

基于对新闻传播业发展成果的珍视，郑贞铭教授希望以新闻传播教育为基础来保障此领域未来的发展，而新闻传播教育最基本的姿态是面向青年人，由此郑贞铭教授提出了新闻传播教育应该是“六不教育”“五有教育”。“今天的传播媒体在社会教育，在下一代青少年文化形成的过程中，尽的责任太少。西方有一本很有名的著作《人的现代化》，其中写道，一个国家的现代化，最重要的并不是物质或者制度层面的现代化，而是国民的现代化。如果有高素质、高水准的现代化国民，那么其他的都不是问题。所以中国必须注重青少年文化的培养。”②

5. 结语

中国大陆新闻传播学教育在快速发展的同时，需要辨别借鉴中国台湾这一汉语新闻

---

① 郑贞铭．传播教育的哲学基础[J]．东南传播，2007(12)：9.

② 蒲荔子，孙琦，李立辉．郑贞铭告诫年轻学子：资讯并不等同于知识[N]．南方日报，2010-04-11，A11.

传播教育发达地区的经验，以期兼听则明、趋利避害。两岸学者对中国传播学大系的构建，也需要以互相了解、互相参照为基础，方能共同分享、共同努力。传媒事业以沟通为业，新闻传播教育作为传媒事业发展的基础，不能成为阻断文化、传媒与青年互通的壁垒。当然，由于历史原因，50 年间两岸处于不同的政治、经济、社会文化的发展环境，我们在借鉴彼岸观念的时候也需保持独立性思考。

郑贞铭教授还有不少对新闻传播教育理解的表述，如："对青年永不失望""受称赞是学生不可剥夺的人格权""教人与教书同等重要""教书是采矿的过程——采人才之矿""无爱不成师：爱是一种了解、包容、关怀、责任；爱是给予，永远都不会失去"，等等。"媒体不仅是商业，也是文化，它必须为社会大众提供高度特殊文化的知识服务，新闻事业与新闻教育绝对是一体两面，新闻教育是新闻事业的活水源头，而新闻事业理念的价值与坚持，也尽在其中。"①这是郑贞铭教授《我的新闻教育大梦》一文的结尾。本节亦以此段作结，望郑贞铭教授在新闻传播教育观念方面的探索与践行，能成为可供大陆业者、学人批判思考与辨别借鉴的样本。

（刘　俊）

6.2　口　述　史

6.2.1　邓长苏：红土地上新闻教育事业的先行者

图 6-5　邓长苏

邓长苏(1936—　)，男，江西南昌人，中共党员，教授(见图 6-5)。1955 年考入北京大学中文系新闻专业学习。1959 年毕业于中国人民大学新闻系，成为新闻系首届四年制的毕业生。是年，分配至江西大学新闻系任教。曾任江西大学(现南昌大学)新闻系主任，南昌大学学术委员会委员，硕士生导师，中国新闻教育学会理事，全国新闻自学考试指导委员会委员，教育部新闻学科教学指导委员会委员，江西省新闻工作者协会常务理事。先后讲授过"新闻学概论""马克思主义新闻思想""新闻采访写作""通讯写作""名记者研究"等

① 郑贞铭．我的新闻教育大梦[N]．台北"中国时报"，2011-05-23/24，"人间副刊"连载。

课程，撰写了《新闻理论教程》《中外新闻作品研究》《为社会众生写真》等著作，发表了《中国通讯源流浅探》《试论报刊科普宣传》《试论毛泽东新闻思想的中国特点》《市场经济与新闻教育改革》等论文，并参与了中宣部主持的全国马克思主义理论建设系统工程中《新闻学概论》一书的编写工作。邓长荪同志辛勤耕耘于新闻教育园地40余年，为江西新闻教育事业的发展和新闻人才的培养作出了重要贡献。

耄耋之年，仍思维清晰，精神矍铄；退休十余载，仍心系杏坛。2018年仲春时节，我们走访了这位老人并与之促膝交谈，儒雅和蔼的清瘦面容，中气十足的敏捷对答……这便是他带给笔者的最新印象。

1. 峥嵘岁月，坎坷求学宏志终如愿

邓长荪，出生在上个世纪30年代江西省南昌县的一个农民家庭，当时的中华大地正处在风雨欲来的危亡关头。

1939年，“日本人占领南昌，我当时大概2岁多，就随着家人‘逃难’到新喻(现江西新余市)。新喻民风淳朴，对我们这些无家可归的‘难民’，充满善意和同情。于是我家就在那里定居下来了，先在农村，后搬到县城”。这一待就是13年。直到中华人民共和国成立后，1952年，不满16岁的邓长荪通过初升高考试顺利成为南昌二中的一名学生，才得以回到故园。

1955年，他考入北京大学中文系新闻专业，开始了影响他一生轨迹的大学生活。“我在南昌二中读高中时，较偏重文史课程，作文写得较好，老师经常在课堂上念。毕业后，高考填志愿时，颇为自信地填了北京大学中国语言文学系。当时是按系录取，北京大学中文系设文学、新闻、汉语三个专业，入校后分专业时，我分在新闻专业。学什么专业，反正服从组织分配，自己没有多想。”1958年北京大学新闻专业与中国人民大学新闻系合并，全专业师生整体转入中国人民大学新闻系，他也随之到中国人民大学新闻系就读。

四年的大学生活，邓长荪博览群书，努力从各方面充实自己，并勤于动手练笔，写过诗歌、散文、短篇小说，发表过剧本。“刚进北大的时候，做新闻工作的兴致是非常高的。想通过对新闻事件的记录和思考，增加社会阅历、为将来搞文艺创作做准备。那时候我们动手练笔的积极性比现在的年轻人要高，也没有说非要你怎么样，比较自由。当时的学生也比较自觉；否则光有自由没有自觉的话，也是不能想象的。”

1959年毕业服从分配，他回到故乡，成为江西大学新闻系的一名青年教师。“我们那时候的想法很简单，就是到哪里都是干革命工作，分配到哪里就去哪里，根本不讲价钱。”虽然他对毕业分配的时候未能从事新闻实践工作，而是直接当了一名大学教师感到稍许遗憾，但是对当初的分配从未有怨言。“我们那个时代，国家分配你干什么就干什么，做什么其实都一样。中华人民共和国成立不是很久，大家都摩拳擦掌、跃跃欲试，特别想为国家做点事情，觉得到哪里都是做革命工作，都是为国家作贡献。”

1966 年，“文革”以迅雷不及掩耳之势席卷中华大地，这期间江西大学新闻系教育被迫中断，邓长苏也几经磨难。1968 年，他被下放到九江瑞昌县农村，插队落户，接受贫下中农再教育，不久被借调到县广播站当编辑。在后来谈到自己“文革”期间的经历时，他动情地说：“比起我的很多同事，我是幸运的，虽然触及灵魂但没有触及皮肉，也没有荒废所学，在那个动乱的年代还一定程度上从事了自己喜爱的新闻工作。”

1973 年，“文革”的很多弊端日益暴露，国家开始认识到教育的重要性，并在全国范围内逐步恢复地方高校教学，选调一部分教师“复勾”（笔者注，指恢复因下放而中断的与原单位的联系，把下放的教师调回学校重新任用）。自此，邓长苏得以重返工作岗位，专注于他一生热爱的新闻教育事业。

2. 点燃火种，曲折的新闻教育初创时期

江西的高等教育相对比较落后，至 1958 年，全省仅有江西师范学院、江西农学院和江西医学院三所全日制本科高校。为了适应江西政治、经济、文化和科技发展的迫切需要，省委省政府决定创办江西大学和江西工业学院。

江西大学是 1958 年 5 月正式创办的，随着它的创立，理工医农文史哲的高度教育系科体系，在江西初步形成。

江西大学成立时，由时任省委书记杨尚奎兼任校长，省委文教部长吕良兼任党委书记，共设社会科学、中文、新闻、数学、物理、化学六个系，学制四年，首届招生四百人。新闻系由副校长于生兼任系主任，首届招生 61 人。由此，中华人民共和国成立后，继复旦大学新闻系和中国人民大学新闻系之后的第三个本科院校新闻系，出现在江西这块红色革命土地上。

刚创办时的新闻系包括行政教辅人员一共才七八个人。1959 年 8 月，邓长苏和其他三位同学从中国人民大学新闻系毕业，统一分配至原江西大学新闻系任教，开始了艰苦而漫长的执教生涯。

（1）简陋的环境和艰苦的条件。由于大跃进时期，仓促上马办学，初创时江西大学的办学条件很差，软硬件相当欠缺。校园环境简陋，除了教室就是食堂、宿舍，还有一个面积不大的阅览室和运动场，几乎都是黄泥巴路。“当时学校的食堂，就是大水塔底下搭了一个简易的棚子，下雨天就没法进去了。后来为了劳动建校，师生就在青山湖旁边垒窑烧窑，在校园开土种菜，那时的青山湖校区远没有现在这么美丽，只有几栋红砖房子和黄泥巴路啊。”虽然辛苦，但师生们都很开心，一片红红火火。

（2）单薄的师资和简易的教材。办学初期，新闻系从事一线教学工作的是1958年从复旦来的三个老师和1959年从中国人民大学来的四个老师，此外，还从新闻单位调来了几位同志。相关教学设备仅有二十几台照相机，一种是120的反光照相机（一卷黑白胶卷可以拍12张照片），另一种是苏联的高尔基135照相机（一卷黑白胶卷可以照35张相片）。“从教材上来说，不仅当时江西大学新闻系没有，全国其他学校也相当欠缺。当时上课用的教材，基本上是照搬复旦和人大发给学生的讲义。”

（3）坚定踏实的理论教学。当时，兼任江西大学新闻系主任的于生同志，是从根据地走过来的老新闻工作者，来江西前，曾在北京新华社工作，任采编部副主任，后来又任新华社江苏分社社长，办过《胶东大众报》，有着丰富的新闻工作经验。他对新闻教育的某些做法，是颇具开创性的。

（4）开门办报的实践教学。于生认为，新闻工作是一项实践性强的工作，与现实生活有着最密切、最直接、最广泛的联系。校园里培养不出优秀记者，黑板上学不会采访写作。因此，他提出新闻教学要校内校外相结合，课堂教学与实践锻炼相结合，四年学习期间，除一个学期的毕业实习外，还有2~3次开门办学活动，进行社会调查和采写编实践，向社会学习，向实际学习，向群众学习。

“1960年秋，根据系里安排，新闻系58级和59级学生，由老师带领，分赴南昌丰城、临川等县进行为期两个月的开门办学。白天与社员一起劳动，协助社队搞一些宣传活动，如出黑板报、刷标语等，晚上和雨天学习讨论，有条件的地方可以办基层小报。”

（5）初期新闻教学实践经验的探索。从1958年创办至1965年，江西大学新闻系共培养四届本科毕业生，220余人。

办学初期，在于生老主任的带领下，根据中国新闻工作的性质和江西老革命根据地的具体情况，新闻系的师生努力开展各项教学实践和改革。他们认识到，新闻工作是政治性极强的工作，新闻事业是党的耳目喉舌。从某种意义上说，新闻工作者就是实际工作者。其次，新闻工作与现实生活有着紧密的联系，它不同于文学、哲学，不可以靠躲在屋子里创作思考，必须走出去，正所谓“纸上得来终觉浅，绝知此事要躬行”。

因此，在日常的教学工作中主要紧抓了这几项工作：

第一，注重学生政治方向、政治立场和政治素质的树立和培养。在教学内容上除了设置四年一贯制的“毛选课”（学—议—写—评四个阶段）；还专门开设时事与政策课，请同学代表发言点评；组织开展读报、评报活动等；邀请省委宣传部和省市新闻单位领导讲课。

第二，重视新闻实践教育，培养学生动手能力。主要做法是，将课堂教学与社会实践相结合。强调开门办学(请进来，走出去，进工厂、到田头)、三结合办报(指老师，学生，贫下中农三者共同办报)和开展社会调查。1960 年，师生们就写出了长篇调查报告《蒋巷公社史》。同时还安排了较多的新闻实习，如半年的毕业实习，三年级两个月的实习，寒暑假实习等。

第三，注重加强学生的劳动锻炼，培养艰苦朴素的作风。如通过开门办学、访贫问苦、社会劳动(南钢修铁路等)、一种三养(“三年困难时期提出的自己动手自力更生战胜困难的口号。‘一种’，主要是种菜；‘三养’，指养猪养羊养鸡养鸭养鹅均可，但不养牛。我本人就养过羊和鹅。”)和烧砖烧瓦，自挑行李去单位报到等形式，来锻炼学生吃苦耐劳的精神和意志。

第四，注重师资队伍建设的两个结合。一是新闻院系毕业生与来自新闻单位的同志相结合；二是请进来与走出去相结合。力求改变师资队伍的知识结构，提高新闻理论知识水平和动手能力。“‘文革’前，江西大学新闻系专业教师最多时为 19 人，其中高校毕业生 14 人(中国人民大学 4 人、复旦大学 58、60、61 届各三人共 9 人、莫斯科大学 1 人)，另外，还分别从吉林分社采编部、内蒙古电影制片厂、江西人民广播电台、《赣南日报》和《余干日报》等新闻单位调来 5 人。此外，经常聘请来讲课的人就更多了。”

3. 保留火种，被迫中断后新闻教育的过渡阶段

1958 年后，全国地方除当时的江西大学有新闻专业以外，还有几个大学也办了新闻专业，如杭州大学、广西大学、辽宁大学，但是因各种原因都没有维持下去。“后来经历了三年困难时期到‘文革’前夕，基本上都停掉了，就剩下我们江西大学新闻系，一直到‘文革’爆发，才停办。在‘文革’前全国就只有三个新闻系，即中国人民大学新闻系、复旦大学新闻系和江西大学新闻系，其他的几个办学很短，都没有继续下去。”

“1965 年‘文化大革命’开始的前夕，新闻系撤销了，创办我们新闻系的老同志于生，在‘文化大革命’中因批斗而死，老师们也先后下放，没有办下去了，整个学校都关了。”

直到 1973 年被解散的大学陆续恢复，江西大学也得以复办，“文革”时下放到各地的老师返校。“复勾时，我们(指的是原有的邓长荪、果毅、程沄和彭国平等)也跟着回来了。不久，又从江西日报社调入 2 人，北京大学新闻专业工农兵学员毕业生分来 2 人。但是撤销了系以后我们老师没法上课，为了留住这些老师，不让他们流失，我们就跟学校领导甚至跟省委宣传部、江西日报社都做了很多工作，于是学校就同意在中文系设立一个新闻教研室(起初叫组，后来叫室)，为中文系其他专业的学生讲授新闻写作

等课程，主要就是希望留住这些教学人员，不要把这些基本的火种给熄灭了。”

为了延续薪火，邓长苏和同事们克服各种困难，开展各种形式的办学活动。主要通过举办各种进修班、短训班，以培训地市在职新闻干部为主，为恢复新闻系做好两手准备工作，一是师资，二是设备，同时又为当时江西的地方新闻宣传队伍提供了培训和服务。

“这样做也是根据当时的教学情况，我们当时还没恢复系，专业都还没有成立。但是为了仅有的几个新闻专业教师不走掉，必须让他们有事可做啊，光坐着或者打杂，人家肯定不愿意。但是四年制的专业一下办不起来，只有通过办这个班让大家能够安下心待下去。这是第一个目的。因为这些老师走容易，再调回来就难了。第二，当时江西的新闻从业人员，好多是从基层调上来的，他们实践能力比较强、政治觉悟比较高，但是文化程度相应还是低了些，你让他写深度报道没办法写，通过办这个培训班多多少少可以为这些同志提供一些新闻专业方面的理论知识，对他们的发展是有好处的。第三，为了与省、地、市各新闻单位增强联系、搞好关系，将来学生实习就业都有渠道。第四，就是想通过自己办学，能够搞一点创收，慢慢地购买新闻教育必需的设备，添置一些算一些。”

从 1973 年下半年开始，江西大学新闻系开办新闻干部进修班，分别于 1973 年、1975 年、1977 年、1978 年先后办了四期，学制一年，共培训各级在职新闻干部 160 余人，学员由单位推荐。结业后仍回原单位工作。“1979 年我们开办了电视进修班，共招 20 人，1980 年 2 月毕业后这 20 人大多进入江西电视台工作。为此后江西广播电视新闻事业的发展提供了有力的人才支撑。”

直到 1982 年，江西大学四年制本科新闻专业才得以恢复并于同年招生 38 人，但那个时候还叫做江西大学中文系新闻专业。新闻专业恢复招生后，学校成立了江西大学新闻系复办筹备小组，由王永珍、刘运祺分任正副组长。1984 年 4 月，经过教育部审批、江西省教育厅正式发文同意恢复江西大学新闻系。“1984 年，中宣部专门召开了一个全国新闻教育工作会议，研究在改革开放的形势下，中国的高等新闻教育事业怎么发展的问题。当时全国院校的指导思想都是根据会议的精神制定，从这么一个指导思想出发，学制、课程的设置、教学方案，基本上都是统一的。江西大学和其他所有的高校一样都是遵循那个指导思想。当时的形势发展很快，江西大学当年恢复新闻系办学，第二年全国就增长了三十多个新闻系和新闻专业，最多的时候，全国达到了五百多个新闻专业点。”

至此，因“文革”被迫中断 8 年的江西新闻教育事业迎来了一个新的春天。

4. 薪火相传，红土地新闻教育事业的赓续发展

1984 年新闻系复办后，时年 48 岁的邓长荪和刘仁圣、卢启元、彭国平、谷沛民等同事，先后进入系领导班子。起初，他担任系里的常务副主任，主持教学行政工作，一年后任系主任（见图 6-6）。那时的他踌躇满志，每天都带着一个小工作笔记本，记录着新闻系今后发展的工作思路、存在的问题，需要解决的师生困难等。他认为："新闻学是有着鲜明的政治性和强烈的实践性的学科。新闻教育必须根据我国新闻工作的性质和新闻学的上述特点，治学、治教、治系（院），培养对国家、民族、人民的前途命运高度关注，对社会使命和职业责任勇敢担当，对忠于事实、忠于真理的职业道德和操守自觉坚守，对新闻工作永不停歇地探索和创新的社会主义新闻工作者。""在改革开放形势下，新闻教育事业如何适应市场经济发展的需要，为经济建设服务，更是复办后的新闻系所面临的新的重大课题。"为了解决这个问题，他提出了办系办学要确立四个观念，并在此观念的指引下扎扎实实地开展了一系列教学实践、业务交往和学术交流等活动。

图 6-6　1984 年新闻系复办时的邓长荪

（1）树立目标观念。"新闻教育机构有两大任务，一是培养新闻人才，二是研究新闻学理，前者是主要的。新闻工作者是新闻信息的传播者，具有广泛的社会性、鲜明的政治性、工作的时效性、广泛的社会影响、与社会生活紧密联系等职业特征，同时承担相应的社会责任。所以新闻院系必须围绕这些特点做好新闻教学工作。当时我们是这样想的，也是这样做的。"

在当时的社会经济发展环境下，邓长荪认为："市场经济条件下的优秀人才，应当有良好的思想政治素质，正确的理想、信念和价值观念；有宽厚扎实的基础、较强的专业知识和业务技能；有开拓、竞争、进取的精神和较强的创造性、主动性；有迅速适应市场变化和职业转换的能力等。"明确了办学目标和培养目标，才有底气扩大办学规模，提升办学层次。新闻系复办后，先后又开办了新闻摄影、广播电视新闻、广告学三个专业。

1984 年创办了摄影专科专业，1992 年创办了广播电视新闻学专科专业，1993 年创办了广告学专科专业，1996 年广播新闻学本科开始招生。

从 1984 年复系到 1994 年 10 年间，江西大学（1993 年与江西工业大学合并，改称南昌大学）新闻系办学规模不断扩大，先后设立四个专业——新闻、广电、广告、新闻摄

影及本科函授；设有四个教研室一个所——史论、业务、广电、广告、新传研究所；三个科室——办公室、资料室、实验室（摄影实验室、影视演播室、广告制作实验室），其中资料室有图书2万余册，中文期刊40余种，报纸110余种；到1994年，全系教职工共48人，其中正高4人，副高15人，讲师17人；形成了职称结构较合理、专业覆盖面较全，能适应新闻学科各方面教学需要的师资队伍。

（2）树立系统观念。“新闻教育机构要良性稳健的发展和完善，它的专业设置、课程设置、师资队伍、教材建设都要系统配套。”

1984年3月，新闻系在中断20年之后正式恢复招生，同年秋季开始招收本专科生；1984年9月，与中国摄影家协会合作开办摄影专修科招生面向全国招生，成为继中国人民大学新闻系之后另一个新闻摄影高等人才培养基地。“1984年和1985年，我们面向全国连续招了两期两年制的新闻摄影专修科，共169人，在全国新闻教育界造成了较大的影响，也取得了较好的社会效益和经济效益。”1986年，新闻系复办后的首届本专科毕业生共193人走上工作岗位。江西大学新闻系从创办到1986年，28年来共培养本专科及各类进修班新闻学员620余人。

在师资队伍建设方面，通过本科教学、办各种各样的专修班进修班以及加强开展科研活动，不断提高教师新闻理论知识水平、教学水平和动手能力。

在扩充专业、增强师资的同时，必须自力更生增添教学设备。1986年新闻系利用办学创收建起有36个小间的摄影暗室，添置了一批教学器具。“当时我们为什么要这样考虑呢，因为当时江西经济是比较落后的，经济落后你教育不可能很先进。复办后一直好几年，全年整个系的教学行政经费仅两万多块钱。教职工出差、日常的行政开支、办公开支都在这两万块钱里头。没有经济力量，你想增添设备，就根本不可能。我们从无到有，搞了一个差不多两百多平方米的暗室，可以同时容纳五十多个学生在暗室进行操作，那里的设备啊什么的，照相机啊、放大机啊，都是我们自己添置的。”

（3）树立开放观念。“我们当时想，应该让自己的老师走出去，外校的专家、业界的精英请进来；多和兄弟院校、业务单位联系，参观交流，开放性办学。”

首先，立足江西，放眼全国。积极参与全国新闻院校的教学研究活动，1994年9月，邓长荪在参加北京广播学院建校40周年广播电视人才培养研讨会上就“市场经济与广播电视新闻教育改革”议题发表了自己的看法：“全方位开放的社会主义市场经济，要求高等教育也具有开放性，广播电视新闻教育尤应如此，要面向世界、面向社会，加强国际、省际、校际之间的联系和交流，加强与用人单位和企业的联系和协作，要积极创造条件，让学生广泛接触社会，了解国情、民情、社情，了解改革开放的新形势、新发展，拓宽视野、增长见闻、培养社会活动能力。”

1984 年，江西大学新闻系成为全国新闻教育学会的理事单位。1997 年后，陆续承办了全国新闻自学考试指导委员会、全国新闻院系主任联席会；同时还与省记协和新闻学会联合承办了全省新闻自学考试等。

其次，在加强与各兄弟院系的联系交流的同时，邀请香港中文大学余也鲁教授来系访问讲学，并设立余也鲁新闻教育奖学金，奖励优秀的学生和教师。“余也鲁是香港中文大学传理学系主任，著名传播学家施拉姆的学生。他是江西奉新人，改革开放后对家乡新闻教育事业颇为关注。这大概是彼此交往的机缘吧。他主要为我们做了三件好事：一是捐赠了一批图书资料(大概有七大箱，主要是传播学方面的)。这在当时新闻学书刊颇为缺乏的情况下，无异于雪中送炭。二是设立奖学金，鼓舞和激励了学生的学习积极性。三是牵线搭桥，为我系提供一年一位去夏威夷大学进修的名额。促进了我系的对外联系和交往。这些工作，对我系日后的建设和发展起了很好的作用。”此外还有陈香梅女士也专门为新闻系设立个人的奖学金，既奖励学生，也奖励老师。当时，新闻系的副主任彭国平老师，利用他的专长和人脉，与全国摄影家协会合作开办摄影专修班，面向全国招生，为新闻系走向全国打开了新局面，也为与国外同行合作打开了新局面。在国际交流方面，与日本东京工艺大学合作，延请当时日本著名的摄影家田中益男前来授课交流，成为当时学校一大亮点。

国内业界和学界邀请了何微(新华社)、丁淦林、余致浚、游云谷、蒋齐生(摄影)等教授名家来系讲课。“我们当时和省市各级新闻单位都建立了比较好的业务关系。当时有一位从黑龙江调到江西来担任省委常委兼宣传部长的张克迅同志，对江西大学新闻系还是比较支持的，在这方面给了我们很多帮助。”

(4)树立效益观念。即在突出培养人才的社会效益的同时，注重产学研的结合，提高经济效益，为新闻系的后续发展积累力量。复系后的 10 年间，新闻系教师共出著作 54 部，发表论文 430 余篇，2 名教师获省优秀教学成果一、二等奖。

当时非统招的学生是没有教育经费的，而办短训班、进修班要收费，这样可以增加一点创收，创收所得基本用来购买实验器材设备和图书资料了。

高等院校的新闻教育的根本任务是培养合格的新闻人才，人才的数量和质量，是衡量一个教育单位为国家和社会作出贡献的依据。

从 1984 年复系到 1994 年 10 年间，新闻系共招本科生 14 届，共近 700 人；专科、专修班、进修班、成人教育共约 2000 人。毕业生遍布除台湾以外的全国各省市自治区。分配在中央、省、地市级单位占 91%，县级占 2.7%，其他非新闻宣传部门占 6.3%。在本科生中，仅新华社、人民日报社等中央主要新闻单位有 47 人，担任副厅以上领导职务 40 余人。

1993 年，江西大学和江西工业大学合并成立南昌大学，成为江西省唯一一所“211”

高校。江西大学新闻系改名南昌大学新闻系，进入飞跃发展时期。南昌大学成立后，全校组建 10 个学院，新闻系成为人文学院下辖的新闻与传播学系。邓长荪继续担任新闻系主任。1999 年南昌大学新闻系获批成为硕士学位授予单位，开始招收新闻学专业硕士研究生。邓长荪受聘为硕士生导师，带完了首届两个硕士生后，于 2001 年光荣退休。

作为新闻教育的老前辈，他鼓励年轻教师要"勤学博采，探索创新，求真务实，立德树人。要让江西新闻教育之火越烧越旺，用自己的辛勤劳动和汗水，谱写出教育育人的新的时代华章。"

作为一名老教师，他希望新闻学院的学生能"不忘初心，勇于担当，薪火相传，砥砺前行"。"我读书的时候我们老师就强调，你要干新闻工作啊，就要把新闻工作当成一项事业，而不要单纯地把它看成职业。为了事业你可以一辈子投身于其中。比如电视剧《太行赤子》里那个河北农学院的教授李国宝，他确实把他植树育林当成事业，鞠躬尽瘁，死而后已。如果当成职业，你会把它当成谋生的手段，可以随时变换，哪里工资高、哪里报酬高就到哪里去，现在这种情况很普遍。但真的要成就一番事业，你对你从事的工作必须要有一种出自内心的热爱和全力以赴的决心，这是一种很难达到的很高的境界。看看我们国家，那些真正的科学家，为了做一个东西，几十年埋名隐姓，离亲别友，不求名不求利。为了什么？就为了一生的事业。邓稼先，人家是"两弹元勋"，后来杨振宁回国问他，你为中国的科学作出那么大的贡献，国家给了你什么奖励？他说，国家一共奖励了我 20 块钱。原子弹爆炸的时候，奖励了我 10 块钱，氢弹爆炸的时侯也奖励了我 10 块钱。还有那个水稻专家袁隆平，也是这样的。所以我想新闻工作是个艰苦的工作，要想在新闻工作方面成就一番事业，做出一些成绩来，确实应该树立这么一种指导思想。"

5. 后记

采访中，为了回忆过去这段经历，确保很多细节和事实的完整准确，邓老特意搬出了保存了几十年的 20 多本大大小小、蓝色或褐色的工作簿，上面记录着每一年的工作部署、会议内容、同事交谈、学生走访调研等的心得笔记，事无巨细，甚至还能看到某一级学生考试进入前 10%和排在后 5%的名单，发黄的纸张上那一行行苍劲有力的字迹见证着他 10 多年来带领新闻系教职工锐意进取的实践举措，也为南昌大学新闻与传播系的发展带来了实实在在看得见的变化：办学规模扩大，管理体制加强，师资队伍改观，教学质量提高，学生获誉成才，对外交流加强，两个效益显著。

笔者拜师邓老师门下 20 余年，每一次与邓老交谈，无论在何时何地，都能感受到时代与岁月在他身上沉淀出来的谦逊的人生气度、严谨的学术思想与宽容大度的胸怀。问及邓老对于他自己的评价，老先生很轻描淡写地用他一贯慢条斯理的语速说"很一般”，并一直强调对自己的贡献不能用突出、卓越之类的溢美之词。他认为当年江西大学新闻系的发展之所以取得良好的社会评价，是基于以下四个原因：“第一是于生、王永珍等老同志老领导对我们的教育扶持，对我们的传帮带。第二，我们这个系的班子比较团结，无论是年纪大一点的还是年纪小一点的，确确实实大家都想把这个新闻系办好。为什么呢？就是大家都觉得既然我们挑起了这个新闻系的担子，不应当辜负当年‘文革’前三个新闻系之一的这么一个名声。尽我们的力量，尽江西的条件把这个新闻系办好，这是我们共同的理念。第三是众多新闻单位对我们的支持，因为我们的毕业生比较多，从省里面的日报社、电台、电视台以及各地市一级的新闻单位领导和记者，大多是江西大学新闻系毕业的，所以，这个事情比较好办。请他们来讲讲课也好，安排我们学生实习也好，不成问题。而且，那个时候确实很多新闻单位把怎样安排、接收新闻系的学生实习作为他们自己分内的一项工作。不像现在，你实习还得交什么实习费，没那么啰嗦的。后来新闻记者每个月要计件，一个月写了多少稿子。你要知道一个学生带一个实习生也可能会影响他自己写稿、采访。所以说，我们和新闻单位的关系比较好，新闻单位支持我们，这是第三个原因。第四就是我们的毕业生，总的说来，毕业生的质量还说得过去，用人单位反映还是比较好的。这几个因素交叉在一起，特别是第三、第四点吧。所以说这应是新闻系这么多年办学的优势。”

（口述　邓长苏　　采写　王倩　黎军　　资料整理　符怀珊　邓燕）

6.2.2　白润生：筚路蓝缕　以启山林——少数民族新闻传播教育家白润生教授访谈录

白润生，又名白凯文，1939 年生于北京，祖籍河北雄县，中国少数民族新闻传播教育家与研究专家(见图 6-7)。曾任教育部新闻学学科第二届教学指导委员会委员，国家民委少数民族语言文字出版、翻译专业高级职称评定委员会委员，中国高等教育学会新闻学与传播学专业委员会第五届理事会理事。现任中央民族大学教授，中国新闻史学会特邀理事，少数民族新闻传播史研究委员会名誉会长。

图 6-7　白润生

白润生说过：“中国新闻史是中华民族新闻史，没有少数民族新闻事业和办报活动的历史，中国新闻学就不可能是一部完整的、科学的、系统而全面的历史。”①他不仅是少数民族新闻传播研究的开创者，也是中国新闻传播学科民族化、科学化的重要推进者。此次访谈通过实录问答之方式，勾勒白润生在少数民族新闻传播教育、研究、学科建设等领域的三重身份。

1. 少数民族新闻传播教育的领路人

问：您曾说过，您上中学的时候就憧憬教师这个职业，一直想当人类灵魂的工程师，您是如何走上教师这条道路的？

答：我自中学起就确立了成为人民教师的理想，有两个方面的原因。客观原因是当时上师范学校不收学费。我的家庭生活很困难，虽然祖上在北京开过“双盛”和“玉局”，但可能应了那句俗语“富不过三代”，到我父亲这一代已经一贫如洗了。在上大学之前我基本没有吃过早点。上师范学校不仅不收学费，还给我这样的贫困生发助学金和一年四季的衣服。我大学的助学金除了买书以外，还要补贴家用。可以说，是党和国家给了我上学的机会。

主观原因是我上学时受老师们影响很大。北京十一中是我的母校，它是中华人民共和国成立后，人民政府为解决劳苦大众子女读书问题，在金鱼池一带，为崇文区创立的第一所中学。我的班主任臧怀传先生了解了我的家庭情况后，不仅为我申请减免费和助学金，还发动同学们从政治和生活上给了我很多帮助。高一新生班是一个充满阳光的班集体。至今我还记得入学第一天，在我的课桌里放有一摞新班集体送给我的笔记本和作业纸。当时拿到手上，我心潮起伏，热泪盈眶，暗下决心一定要好好学习，绝不辜负老师和同学的期望。

此外，20 世纪 50 年代，北京市普通中学里云集着一批学术功底扎实、富有教学经验的优秀教师。他们把教学与科研紧密结合在一起，努力提高教学质量的精神，让我至今难以忘怀。中学老师教书育人的崇高精神感染了我，从那时起我就渴望成为一名人民教师。

问：您是中文系毕业的，又当过中学教师，是什么契机让您成为一名大学教师，转入了当时并不算热门的新闻学教育领域？

答：1962 年，我从北京师范学院毕业以后，被分配到新建校的北京 107 中学担任初中一年级的语文老师和班主任。在 16 年中学的教学生涯中，我曾以古典文学教材为

① 傅宁．民族化·现代化·全球化——白润生教授谈民族新闻学的现代化[J]．新闻论坛，2012(5)：6.

研究对象，整理编写了《文言虚字》《古典文学作品选讲》等。中学的基础课教学为我后来在高等学校从事教学与科研积累了经验。1978年经同事推荐，我被调到工人日报社担任编辑。报社每天早8点上班，部门首先评论当天新出版的报纸，包括版面的编辑、栏目的设置、新闻报道文章的篇章结构、标题的制作、语言是否通顺、标点正确与否、图片和照片位置是否合适是否清晰，等等。每个人可对当天的报纸进行点评，自由发表意见，同时可以个人或集体的名义，把意见张贴在楼道的一面墙上。那时，我每天搬一把椅子坐在那里记录学习，并把我的学习记录一直保存到现在。这一评报活动，使我受益匪浅。这可能是我到中央民族大学后敢于登上"新闻写作"等课程讲台的一个原因吧。

由于我的一位同事的先生在中央民族大学任教，对我在中学讲课、做学问的情况也有所了解，因此推荐我去那里教课。1979年，我正式调入中央民族大学汉语系任教。1983年9月，发生了一件改变我教师生涯的事，我有幸到中国人民大学新闻系的教师进修班进修了一年，主要进修中国新闻事业史方向，师从方汉奇、陈业劭两位教授。虽然我之前在报社工作过，但对新闻理论、新闻史却是两眼一抹黑。为了学好新闻学，我经常请教方汉奇、甘惜分等老师。在他们的帮助下，我才算一步步踏进了新闻学研究领域。当时我已经45岁了，有人说我搞新闻学是半路出家，我说我是"末路出家"才对。总之，我是懵懵懂懂走进新闻学的教学和研究领域的。

问：有人形容中央民族大学新闻学专业刚建立时的状态是"一穷二白"，请问您为此作了哪些贡献？

答：1984年，经过国家原教委的批准，中央民族大学开始创办新闻学专业。当时什么都没有，最主要的问题是缺乏师资。起初只有一个教研室主任（她是系校领导特意从国际广播电台请来的）和一名任课教师（也就是我）。为了发展这个专业，我们到处招兵买马。但由于种种原因，没有一个人留了下来，教师队伍始终不稳定，所以我基本教遍了传统新闻学的课程。

我从中国人民大学进修回来后，教授新闻事业概论。后来我们又相继开设了中国新闻史、新闻采访学、新闻写作学、广告学等课程。中央民族大学新闻学专业从创建起，就始终把学科建设与人才培养结合起来，始终以为少数民族地区培养新闻人才为宗旨和任务，并在教学过程中注重对教学内容的改革和创新，在新闻学的教学中又逐步添加了少数民族新闻相关的内容，并确立了将"少数民族新闻传播研究"作为一个特色方向辐射到教学和科研当中。

"一穷二白"的状态其实一直持续到2001年左右。当时我们申请硕士学位点，至少得有三名师资。经过商量，少数民族新闻史方向由我牵头，少数民族广播电视方向由张芝明老师牵头，新闻理论方向由当时准备调入我校的董炜老师带头。跟跟跄跄地落实了三个方向的带头人，勉强填写了申请材料，才申请下来硕士点，可以说是非常不容易了。2001 年后，中央民族大学逐年有新老师加入，新闻传播的师资队伍才渐渐完善起来。最近这几年，中央民族大学的老师们正齐心协力朝着申请博士点努力，我也会一直注视着他们。

问：您曾提到，在新闻专业刚成立的时候就意识到在抓好教学工作的同时，也要积极推进科研工作，您如何看待科研与教学之间的关系？

答：我认为，教学与科研首先是相辅相成、相互促进的关系。这种认识是上师范学院的时候，潜移默化形成的。上大学期间，教古典文学的廖仲安先生给我的印象很深。当时他已在《文艺报》上发表《谈杜诗》一文，这是新中国第一篇评介杜甫的文章。在北京师范学院任教期间，他发表了近 60 篇在学界有广泛影响的论文。当时的授课模式除教师讲课外，还有助教晚自习辅导。我常跟人说，现在大学里好像没有助教，教师到任后就主讲一门甚至几门课程，给人的印象似乎讲一门课很容易，实则不然。我后来的教学经历证实了，我常常是参加一次会议写一篇文章，教一门课写一本书。我写书不仅因为教学过程中缺乏教材，而且我认为作为教师，要学会独立思考，要有自己的东西。做行政工作主要是“求同”，要一丝不苟地贯彻上级政策和指示，而在大学教书主要是“求异”，也就是你要有自己的独到之处。

1983 年出版的《写作趣闻录》是我的第一本书，也是我讲授写作学课程的参考书；1985 年出版的《报告文学简论》是选修课“报告文学概论”的教材；1995 年出版的《新闻界趣闻录》是新闻事业概论课程的参考书；1994 年出版的《中国少数民族文字报刊史纲》和 1996 年出版的《民族报刊研究文集》是为“少数民族报刊研究”方向的硕士生们写的课程教材；1998 年出版的《中国新闻通史纲要》则是为民族院校、民族地区高校写的一本中国新闻史教材。以《中国少数民族文字报刊史纲》(下称《史纲》)为例，这本书原是我为研究生准备的教案，对我带好研究生很有帮助；此后，我在充分总结历年的教学实践后，对《史纲》的内容也进行了全面修订与补充，即后来出版的《中国少数民族新闻传播通史》(专著)和《中国少数民族新闻传播史》(教材)。可以说，研究成果是我从事教学的积累和沉淀，同时我也在教学中不断提高了自己的科研水平。

问：您是讲授中国少数民族新闻史的第一人，也是招收此方向研究生的第一人，您是如何开展研究生教学的？有什么心得？

答：首届“少数民族报刊研究方向”的硕士生是 1989 年 9 月入学的。2012 年 7 月我送走了三位关门弟子，算起来总共带了 60 名研究生。他们其中有土家族、布依族、回族、彝族、瑶族、蒙古族、哈萨克族、满族、汉族等，绝大部分来自少数民族地区。在教学过程中，我主要有这样一些体会。

首先，坚守民族特色。我之前说，本科生的培养要与少数民族的发展需要紧密相连，研究生的培养更要如此。他们的培养方案决不能照搬其他院校新闻专业的现成经验，而是要走出自己的路，办出自己的特色。当时，中央民族大学新闻学硕士的课程除了国内大多新闻院系已开设的主干课程外，还开有民族特色选修课和专业课，如中国少数民族新闻史、中国少数民族新闻学概论、民族摄影学、影视民族学等。课程涵盖了理论、史论、实务各个方面，直接体现了民族新闻教育的特点，带动了民族新闻传播研究的开展。

其次，改进教学方法。21 世纪初，我给研究生开了一门"中国当代新闻史专题研究选讲"。这门课最初共分改革开放以来中国新闻事业的经验、少数民族新闻的发展、范长江专题研究等专题。专题不是很多，但有点有面，有史有论，有述有评。授课方式分几个类型：有的专题由老师独讲，然后大家分组讨论、推举代表就此做专题发言、形成论题；有的专题则由老师主讲，并让部分感兴趣的同学上台助讲；有的专题则完全由同学们独立完成讲授、讨论、总结成文。最为重要的是，每一堂课上，同学们都可以自由发表看法，并对他人(包括老师)的发言提问、质疑或点评。这样的方式极大调动了学习的积极性。每学期的选题都有所调整，但每一届研究生都对这门课程评价很高。总之，我的出发点是教会学生一种研究学问的精神和思维方式，而这是研究生学习阶段最需要的。

最后，加强社会实践。新闻学本身就是一门应用性很强的学科，培养少数民族新闻工作者更要在新闻实践和社会调查中锻炼他们的能力。20 世纪末至 21 世纪初，中央民族大学新闻学专业为学生提供了一系列实践平台，且非常重视研究生长达两三个月的实习和社会调查。比如，1993 级新闻班与中国人民大学新闻学院联合创办了《闻新报》，该报自编、自采、自办发行。此外还组织和鼓励学生在校内报刊和校外新闻单位进行短期实习。目前，我带的研究生中已经有很多人奋战在新闻工作的第一线了。他们是民族新闻事业的新生力量，为少数民族地区的新闻事业作出了不少贡献，受到各新闻单位的欢迎，成为那里的骨干、领军人物。事实证明，这样的办学方向和方法是很有效果的。

2. 少数民族新闻传播史研究的奠基人

问：您是如何关注到少数民族新闻史研究的空白点的？是因为进入了中央民族大学任教的关系吗？

答：我是进入中央民族大学以后才关注少数民族新闻史研究的。1984 年我刚开始教授本科生，讲的是新闻事业概论。1985 年新闻学专业才开设新闻史课程，但当时我还没有备好课，就让中国人民大学的谷长岭老师代课。在教学过程中我发现来中央民族大学念书的大部分是少数民族的学生，他们将来还要回到少数民族地区工作，可是我发现新闻专业开设的课程中没有一门是关于少数民族的，我读过的新闻史书中也没有哪本写到少数民族，我觉得这是不完整、不科学的。不懂得本民族的历史是一个很大的缺憾，中国新闻史应该是中华民族新闻史，所以我有了研究少数民族新闻史的构想。

1988 年，我发表的《先秦时期兄弟民族的新闻与新闻传播》一文，被“中国人民大学报刊复印资料”《新闻学》1988 年第 1 期全文转载，引起了学术界对少数民族新闻史的关注，可以算是我正式踏入少数民族新闻史研究领域的第一篇论文。

问：《中国少数民族文字报刊史纲》称得上国内最早关注少数民族新闻史的著作，也是您的代表作，请问您是如何收集资料并编撰出这本著作的？

答：20 世纪 80 年代以后，国内开始有人对少数民族新闻史进行探讨，比如马树勋先生。但当时大多数研究仅限于一两个地区或民族，不系统、不深入。我的研究可以说是在前人的基础上做了一些系统化的工作。这本书原是我为中央民族大学当代民族报刊史方向第一届硕士研究生准备的教案。我 48 岁才评上副教授，后来要带“当代民族报刊研究方向”的研究生，怎么带、怎么教，我也一直在思考。上课的时候我和我的两个研究生说“我没东西可讲，最多给你们讲讲《新疆日报》《内蒙古日报》”。话虽这么说，但我总不能什么准备都没有。我和我的两个研究生就开始了书稿的筹划，我拟大纲，他们誊写，就这么写出一本《中国少数民族文字报刊史纲》。

说起如何收集资料，我认为当时应该更像是在乞讨。1985 年以后，我向少数民族地区发了上千份问卷，但是回收率不足三分之一。一个原因是少数民族多在边远地区，几经战乱和“文革”，散失很多资料；另外一个原因是有的少数民族群众意识不到资料的珍贵。即使如此，我也收获很大。此外，还有一些办法是自己去民族地区开会的时候去“淘”、向少数民族学者、学生请教“索取”。把收集到的资料一一整理好之后，翻译是另一个难题。这些年我不知请教过多少少数民族学者、学生，真可谓数不胜数。

问：您是中国新闻史学会特邀理事，请您谈谈您和中国新闻史学会之间的故事吧。

答：我是中国新闻史学会最早的会员之一。2018 年 6 月 24 日，在中央民族大学召开的“少数民族新闻传播史研究新范式、新方法研讨会”上，我意外收到了一件珍贵的礼物，即 1989 年 9 月 20 日由我填写《中国新闻史学会会员登记表》，并有时任学会会长方汉奇签署的交纳会费的情况。登记表上的编号“16”说明我是第 16 名会员。其实，早在 1986 年 7 月长春 14 所高等院校合编《中国新闻史》(古近代部分)定稿会议上，应邀出席会议的方汉奇教授就提出了创建中国新闻史学会的倡议，并指定中国新闻学院的张涛教授为秘书长协助筹办工作。参加这次会议的 14 所院校的教师为学会的创办作出了贡献。依我看，我们都应是第一批会员，即学会成立前的老会员。

我对学会的工作一直十分热心，凡有活动都积极参加。譬如，1995—2007 年，我总共参加了 10 届世界华文传媒与华夏文明国际学术研讨会，可以称得上是“十全十美”(张昆语)。有时参会经历也很坎坷，记得 2007 年我前往台湾参加第五届研讨会，民委向国台办申报时，把我经澳门写成了由香港入台，多亏了澳门大学林玉凤教授的鼎力相助才能准时参会。我把这段经历写进了《我与林玉凤教授及其新作——兼谈人品与作品》一文。2013 年夏，在哈尔滨举办的第八届研讨会期间，时任国家社科基金重点项目“中华民国新闻史”主持人的倪延年教授邀请我参加其研究团队，对我的“中国新闻史就是中华民族新闻史”这一观点表示了赞同，也对我的科研成果和教学工作表示了认可。

中国新闻史学会到今年成立已 30 年了，历经五届产生了四任会长。方汉奇先生连任两届，为学会作出了开创性的贡献。赵玉明先生任会长时组织大家到国内知名大学交流，给我印象较深的是 2006 年在福州参加纪念“林白水就义”80 周年研讨会，我宣读论文《林白水与当代媒体的平民化》，提出少数民族尤其是少数民族文字报纸是如何向少数民族同胞讲述老百姓自己的故事、吹响平民化的号角的。而程曼丽会长把学术会议扩展到境外，她带领我们去了新加坡、菲律宾等国家。此外，她和史学会为创办少数民族新闻传播史研究委员会费尽心思。她谦恭和蔼，认真负责的精神给我留下深刻印象。陈昌凤会长的办会理念是“全球视野、中国学派”。她借鉴国际经验，使学会在国内外影响与日俱增。每次年会都有上千人参加，真可谓“名家荟萃、才俊齐聚”。可惜的是，本人年事已高，思维迟钝，做不到参加一次会议提交一篇论文的自我约束。

问：您的大部分著作是在 60 岁之后出版的，您是如何保持精力在这个领域一直做下去的？

答：我的大部分著作是在 60 岁以后出版的，这点并不奇怪。因为我进入高等学校的时候已 40 岁了，跟现在年轻人无法比。再有在中国人民大学进修的时候我已 45 岁，就如太阳慢慢该下山了，“末路出家”呀！但当时我刚刚当上讲师。我们是被“文革”耽误的一代。粉碎“四人帮”后大家都憋着一股劲，要把耽误的时间夺回来。我更是铆足了劲儿往前冲。

中国少数民族新闻史的研究是典型的“边缘”研究。可以说，直到今天这一领域还有不少材料需要挖掘，还有很多工作要做。2017 年年底，方老师告诉我，北京集报界的朋友发现了一份《京报》的蒙古文版(实际是满文版)，让我考证是何年何月出版发行的。我拜访了好多蒙古文和满文专家，到现在也没有弄清楚这份报纸是哪年出版的。

为了发展少数民族新闻教育，退休后我还得埋头苦干。2010 年，《中国少数民族新闻传播通史》获得第二届国家民委社会科学成果二等奖；2011 年，《中国少数民族新闻传播史》获得北京高等教育精品教材奖；2013 年，我主持社科基金项目成果之一《当代中国少数民族新闻事业调查报告》又荣获了第六届高等学校科学研究优秀成果奖三等奖。这些成果要是在职时获得，也许能评上二三级教授。退休了我只能当分母，不可能做分子了。我的想法很简单，就是不图名不图利，只图在这个领域能多学点，多做点，不辜负吴高福等教授曾对我说过的那句话："一定要扛稳少数民族新闻研究这面旗帜，要把它扛到底!"

问：您对目前的少数民族新闻传播历史和理论研究有何建议？

答：少数民族新闻研究越来越受到大家的关注，成果种类丰富，数量多。在互联网时代如何认识中国少数民族新闻传播史研究的意义，如何更好地将这一研究与国家层面的战略构想结合起来，是当前学术研究领域的一个重大课题。

首先，在新的形势下，少数民族新闻研究领域面临新的问题，必须有新的面貌。赵玉明教授说过，无论研究什么新闻史都要"学习新理论，登上新时代""抓住新机遇，提出新课题""运用新技术，挖掘新话题""探索新思路，提炼新总结""倡导新评述，开创新水平"。赵老师所提出的建议对研究少数民族新闻史，开创新局面很有帮助。

其次，要加强对史料的整理。研究少数民族新闻史，大量的史料文献和具体翔实的数据是必不可少的。少数民族地区还有很多宝藏等着我们去挖掘，只要静下心来对这些史料仔细研究，少数民族新闻史研究一定会取得新的成果。诚如方汉奇先生所言，我们要"多打深井""多做个案研究"。

最后，少数民族新闻研究要坚持正确的研究方向，要坚决贯彻党的民族区域自治和民族团结政策，尊重少数民族文化及其发展规律。坚持马克思主义的民族观、文化观、新闻观，坚持"三个离不开"(汉族离不开少数民族，少数民族离不开汉族，少数民族离不开少数民族)。

此外，研究少数民族新闻传播史，不仅要揭示少数民族新闻事业的发展规律，更要为现实问题服务。比如，跨境民族融通问题、民族身份认同与国家认同的良性建构等，都是我们需要关注的问题。除了研究不同民族具有差异化的新闻传播轨迹和特征之外，还需要站在"中华民族共同体"的角度把新闻传播与中华民族解放、复兴的历史结合在一起开展研究，同时关于民族新闻传播思想史、社会史的研究，将这些议题的研究提上日程。

3. 少数民族新闻传播学科建设的守望人

问：在采访中，您一直提到"少数民族新闻传播学科"这一概念，为什么？

答：推进少数民族新闻传播学科的独立和科学化发展，是我的愿望，也是我的梦想。1997 年，新闻传播学在教育部学科目录里从中文学科中分离出来，按一级学科建设，下设二级学科新闻学、传播学。在新形势下，少数民族新闻传播学有了长足的发展，也应该成为新闻学、传播学中的一个分支。

少数民族新闻教育始于 20 世纪 30 年代，由在新疆、西藏等地区兴办的新闻训练班开始。1953 年，内蒙古蒙文专科学校开始培养从事蒙古文翻译、编辑、记者工作的实用人才，是少数民族新闻专科教育的开端。比较正规的民族新闻教育始于 1961 年中央民族学院(现中央民族大学)的新闻研究班和 1975 年内蒙古大学蒙古语言文学系的新闻班，之后便是 1984 年经原国家教委批准，在当时的中央民族学院创办四年制的新闻专业。20 世纪 80 年代，根据国家教育主管部门的意见，一大批民族院校陆续创办了新闻学、广告学、传播学等专业，迎来了少数民族新闻教育的春天。21 世纪以来，所有的民族院校都设立了新闻学专业，办学层次、质量不断提高。

我曾在《中国新闻史学会少数民族新闻传播史研究委员会成立大会上的讲话》中提道："进入 20 世纪 90 年代后，少数民族新闻传播研究成果逐渐增多，占领了更大的研究空间，内容也更加丰富。"史学方面有林青主编的《中国少数民族广播电视发展史》、周德仓撰写的《西藏新闻传播史》《中国藏文报刊发展史》等，实务方面有牛丽红撰写的《新闻报道中的西北民族问题研究》等，理论研究有白克信、蒙应的《民族新闻学导论》、张小平的《民族宣传散论》等。少数民族新闻传播队伍中既有经验丰富的老师，也有朝气蓬勃的新人。组建少数民族新闻传播史研究委员会是学术发展和这支队伍中每个成员的迫切需要，把这支队伍组织起来，形成团队，少数民族新闻传播研究就能不断发展。民族新闻传播学研究的成果和队伍的壮大，足以证明它可以成为新闻传播学中一门独立的学科。但也要承认，民族新闻传播学的学科建设之路依然任重而道远。

问：您一直跟各个民族地区的新闻传播院校保持着友好关系，请问您对它们的学科建设提供过哪些帮助？

答：我们常说的民族院校，我认为应该包括两部分，一是国家民委所属的 15 所高校，当前直属院校有 6 所(中央民族大学、中南民族大学、西南民族大学、西北民族大学、北方民族大学、大连民族大学)，另有 9 所如广西民族大学、西藏民族大学等由地方管理；二是民族地区的高等院校，比如新疆大学、广西大学、宁夏大学、延边大学等等。可以说，创办民族院校是我国民族工作和教育事业的一项创举。

我编写的《中国少数民族文字报刊史纲》出版后在民族地区、民族院校引起了广泛关注。20 世纪末，我每次外出开会都有不少人提到这本书。后来我又出版了其他著作，越来越多的单位邀请我参加学术活动，共同切磋如何发展少数民族新闻研究。比如，《湘西团结报》领导邀请我参加该报 60 周年的庆典活动、吉首大学邀请我为新闻专业师生举行"民族地区高校新闻传播学学科建设及本科专业特色办学思路"的讲座等。2007

年，西北民族大学邀请我和复旦大学、中国人民大学、上海交通大学的学者共同研讨少数民族新闻教育的未来发展和独立办学的意义。在会上，各位学者共同阐述了这样的观点：早在世纪之交，教育部门经过调查认为新闻传播学附设在其他学科之中有许多弊端，不便于新闻传播学的发展，建议有条件的院校独立办新闻专业。我们应当积极创造条件，认真落实教育部这一建议。西北民族大学主管校长认真听取了大家的意见。经学校党委研究，2008 年该校将新闻专业从文学院中独立出来，成立了新闻传播学院。

此外，由于经常到民族地区调研、讲学，与少数民族新闻传播研究的老师交流研究，我跟不少学者成为好朋友，他们对我的帮助很大。我也毫不保留地介绍新闻专业办学的得失、少数民族新闻传播研究和教育教学中的体会和教训，同时也为他们排忧解难，为他们的新作作序、写评论，鼓励他们在少数民族新闻教育和新闻传播研究中不断取得新成果，作出新贡献。

问：您认为应如何推动民族新闻传播学科的进一步发展？

答：朝着独立学科的目标前进这一说法，是已故著名中国新闻史学家丁淦林教授所提出的。他在《中国少数民族新闻传播史》的序中写道："就我所知道的情况而言，中国少数民族新闻传播史研究，近年来的进展主要有以下一些方面：一是研究材料更多更新，一些很难找到的材料也被挖掘出来了；二是研究的范围更宽更广，从以报刊为主转向各类新闻传媒并重，还兼顾新闻教育、新闻传媒经营管理以及著名新闻人物评介等；三是研究对象从以汉语文传媒为主逐渐转向少数民族语文传媒与汉语文传媒并重，加强对少数民族语文传媒研究努力做到客观、真实、全面地描绘我国少数民族新闻传播的历史画卷；四是探索建立新的理论架构，这是具有重要意义的一个方面。"最后，他更是写到，少数民族新闻传播的研究者们"正朝着建设成熟的独立学科的目标前进"。

但距离独立学科的目标还有多远？看两个实例就知道了。前几年，我接到一个从厦门大学打来的电话，说 2018 年我们有一名民族新闻方向的博士研究生毕业；2011 年 7 月底、8 月初，我去兰州大学参加《中国的西北角》出版 75 周年纪念研讨会暨首届范长江研究高峰论坛，刚下飞机，在机场大厅就遇到复旦大学刘海贵教授和他的博士生庄金玉。当天晚上接受庄金玉的采访，她说："刘海贵导师让我撰写一篇关于民族新闻学的论文，今天特意来请教。"这两个事例说明，在学科建设上，民族院校、民族地区院校相差甚远，我们还没有一所院校具有博士学位授予权。我们必须要有民族新闻传播研究方向的博士点，以培养少数民族新闻传播学高层次人才。

申报博士点、培养高层次人才，必须有知名的学者、专家，并且要形成团队。我们现在的专家数量太少，更谈不上形成团队，让人不禁有后继乏人的担心。一位中国传媒大学的知名教授曾建议说，可先把民族新闻学作为民族学的二级学科来培养博士生，为在全国创建第一个民族新闻传播学博士点做好铺垫和准备。现在我讲这些话的目的，就是希望我们能够根据自身条件，不断提高办学层次，推动民族新闻传播学科朝着独立、规范、学术的方向发展！

（访问 毛湛文 冯帆 口述 白润生）

6.2.3 郑保卫：矢志保卫中国新闻学的马克思主义学者

郑保卫(1945—)，生于山东，现任中国人民大学新闻学院教授、博士生导师，中国人民大学马克思主义理论研究和建设工程新闻学科首席专家；2017年受聘为广西大学特聘君武荣誉教授、广西大学新闻与传播学院院长、广西马克思主义新闻观研究与实践基地主任(见图6-8)。自2002年4月起至2015年1月，担任教育部国家重点研究基地中国人民大学新闻与社会发展研究中心主任。其主要社会兼职有教育部社会科学委员会委员兼新闻传播学科召集人、全国新闻学研究会会长、中央马克思主义理论研究和建设工程新闻学科专家、中国少数民族地区信息传播与社会发展论坛理事长、中国气候传播项目中心主任。郑保卫为享受国务院政府特殊津贴专家。多年来，郑保卫教授致力于中国新闻学和马克思主义新闻观研究，在学术圈里被称为“保卫新闻学学者”。

图6-8 郑保卫

郑保卫，这位生于黄河之滨，长于闽西山区的革命后人，自确立新闻理想的少年时代开始，“一路都在追梦，一路都在坚持”。从“事遂人愿”考取中国人民大学新闻系本科，到毕业8年后“柳暗花明”重返母校攻读新闻理论硕士，再到“矢志不渝”踏上新闻教学与科研之路；从兢兢业业参与创建国际政治学院新闻系，到满腔热情执教初创不久的中国新闻学院，再到几近耳顺之年重返中国人民大学迎来学术生涯新高峰；从几十年如一日潜心钻研马克思主义新闻思想，到独立潮头开辟中国气候传播研究新疆域，再到古稀之年南下邕城出任广西大学新闻与传播学院院长，郑保卫坦言自己一直都“奔走在新闻追梦的路上”。而对于一位年逾古稀的学者来说，支撑这一路“追梦”的力量，既有对理想百折不挠的坚守，也有对命运永不止步的倔强；既有对际遇乐天知命的珍惜，也有对未来时不我待的使命；既有对家国社会舍我其谁的责任担当，更有一种难以言尽的时代情怀与精神信仰。郑保卫的学术精神与教育思想正如同他的人生故事，一经展卷，虽平实质朴，却隽永悠长。

1. “我出生在苦难的战争年代”

“1945 年农历二月初五，我出生在山东省高青县的一个小村庄里。我的家乡距离黄河只有十几里地，在旧中国，那里不是涝就是旱，老百姓的日子很不好过，当时许多穷苦人都投奔了革命，我的父亲也参加了八路军。我的孩童时代是在苦难的战争环境中度过的。”郑保卫回忆说：“在我们家乡的郑氏家族中，我是‘保’字辈的，当时已经参加八路军的父亲给我取名‘保卫’，是希望我将来能够加入到保卫民族、保卫国家的战斗中去。好在我出生不到半年，日本人就投降了，家乡人民都沉浸在抗战胜利的喜悦中。然而好景不长，国民党很快又挑起了内战。在我的记忆中，那时父亲依然在外打仗，母亲和家乡的父老乡亲都投入了支援前线的工作中。这些经历使我从小就痛恨战争，向往和平。”

在谈及父母亲对自己的最大影响时，郑保卫说，“父亲教给我更多的是政治思想方面的教育，比如要有革命事业心和责任感，干工作要有政治头脑和政治眼光，要多为党和人民的事业做工作。父亲在晚年还戴着老花镜一笔一画地给我写信，叮嘱我在工作中一定要把握好政治方向，那时的我已经担任了中国新闻学院研究生部的主任。而母亲给我的更多的是道德品质方面的教育，即教我如何待人和处事。她总是叮咛我要有爱心，要讲诚信，要懂得感恩，要学会宽容，等等。父母亲对我的这些教育可以说影响了我的一生。几十年来，我始终不忘用这些教诲来对照和检验自己的言行，尽可能不辜负他们的期待，做一个有远大理想、有良好道德、有宽容心态、有敬业精神，愿意自觉为国家、为人民服务的人”。

1952 年，7 岁的郑保卫跟随母亲离开山东老家，前往福建寻找随军南下并留在永安工作的父亲。“我和母亲随着父亲的工作调动先后在永安、漳平、永定、龙岩等地生活，我也依次在这些地方从小学一年级一直读到高中毕业，整整 12 年时间，由童年到少年，再到青年，这是我一生中最难忘的一段时光，它给我留下了太多美好的记忆！也正因为此，我总是自豪地把福建作为自己的第二故乡。”说到此，郑保卫的话语中充满留恋与感怀。

家庭与乡情的影响涵养了郑保卫忠诚坦荡的品格，颠沛辗转的成长岁月锤炼了郑保卫达观耐劳的意志，这位从齐鲁农家走出来的少年很快便迎来了他人生的第一个转折点，并从此开始了对一份情怀的执着追求。

2.“当记者一直是我孜孜追求的理想”

“当记者一直是我孜孜追求的理想。记得 1961 年初中毕业那年，中考作文的题目是“我的理想”，我写的就是想当记者。在作文中，我阐述的理由有两条：一是我喜欢走南闯北，喜欢旅行，所以新闻工作很适合我；二是新闻工作可以为老百姓说话，为社会与民众伸张正义。后来那篇作文得分很高，在那时的我看来，分数本身就是对理想的一种肯定。”郑保卫记忆犹新，“上高中后，我负责全校的黑板报工作，这不仅使我的写作水平大有长进，还积累了一些宣传工作经验，培养了对做新闻宣传工作的感情”。他感慨道，“1964 年是我人生的第一个转折点，那年我从福建省漳平一中高中毕业。在选报高考志愿时，我填写的第一志愿就是中国人民大学新闻系。在经历了苦苦的等待以后，我终于接到了录取通知书，如愿以偿考上了梦寐以求的中国人民大学新闻系。从此，我开始跨入新闻专业之门，踏上了长达半个世纪的新闻追梦之路”。

幸运的是，1965 年，新华社投资 20 万元与人民大学共同创办新闻摄影专业，郑保卫和徐光春、赵伟等 20 名同学成为中国人民大学新闻系历史上第一批新闻摄影专业的学生。郑保卫不无自豪地回忆起了当年与同学们挎着相机在校园里四处拍照的大学时光。然而，随后突如其来的“文革”却一下子改变了他们原本平静的学习生涯。“当时按照学校与新华社达成的协议，我们 20 个人是作为新华社代培生培养的，毕业后本可以安排进入新华社工作，正当我们憧憬着成为新华社摄影记者的美好未来时，‘文化大革命’爆发了。这使我们的大学生活忽然间脱离了原先的正常轨道，同学们稀里糊涂地就被卷入了‘革命’之中。”

在闹哄哄的“文革”中，转眼间到了该毕业的 1969 年(当时为五年学制)，然而等待这些急盼早日离校工作的毕业生们的却是推迟毕业的通知，他们被要求同 1970 届(即“文革”前招收的最后一届 1965 级学生)一起留校继续搞“斗、批、改”。“总算熬到了 1970 年，可令我们失望的是，这时毕业分配已经不能按正常程序进行。根据那时的规定，凡中央直属单位一律不接收大学毕业生。留北京，进新华社或其他新闻单位是不可能了，同学们都分到了外地，我被分到了辽宁大连。而当时辽宁省又有‘文理科毕业生必须当教师’的规定，于是我被分配到了大连市第 56 中学当教师。没想到这一干就是八年”，谈及这段经历，郑保卫心情复杂。“这期间，我教过语文、政治，当过共青团书记，最后还做了副校长，被评为区、市优秀教育工作者。但即使这样，在我内心深处对新闻的热爱与追求却始终没有改变。当时我经常在校内外拍一些照片，还在学校举办过摄影作品展览。另外，有时我也为新闻媒体写些稿件，有的稿件还被《人民日报》、中央人民广播电台等中央媒体刊发和播出。我一直盼望着有一天能有机会重新实现我的新闻理想。”

幸运的是，不久，已过而立之年的郑保卫便再次迎来了他人生的转折。“粉碎‘四人帮’后，母校的老师给我提供了一个信息：自1973年中国人民大学新闻系停办后，成建制地并入北京大学中文系之后建立起来的新闻专业要开始招收研究生了。听到这个消息，我激动得好几天没睡好觉，我想抓住这个机会，于是开始了考研准备。”难能可贵的是，1978年，不忘初衷、执着求索的郑保卫不仅如愿以偿金榜题名，并且正好赶上了当年中国人民大学复校，北京大学中文系新闻专业重新回归中国人民大学新闻系，他因而又成为中国人民大学复校后招收的首届108名研究生中的一员。时隔八年，郑保卫再次“筑梦人大”，并由此开启了一段全新的人生篇章。

回顾这一段经历，郑保卫无限感慨，“那一年，我和童兵、贾培信、林良旗、俞家庆、谷长岭、张涛、冯迈8人有幸被录取，而我和童兵又一起成为甘惜分老师的研究生，研究方向是‘马克思恩格斯新闻理论与实践研究’。没想到的是，这竟然成了我们后来几十年始终不渝的专业方向和事业追求”。郑保卫回忆道，读研期间，甘老师给他的第一项任务就是通读《马克思恩格斯全集》，当时已经出版的《马克思恩格斯全集》共39卷，他天天去图书馆阅读，后来又到中央编译局去读已经译好但尚未出版的后11卷。在阅读了50卷的马恩全集，做了几千张卡片之后，他与同门整理出版了一部40万字的《马克思恩格斯报刊活动年表》，这也是中国第一本以年表形式介绍马恩报刊活动和新闻观点的著作。回想起在马克思恩格斯新闻理论与实践研究道路上的一直相伴相随的恩师甘惜分，郑保卫满怀深情地说，“我真庆幸在自己的人生经历中能够遇到这样一位亦师亦友的老师，庆幸自己能够同他保持这么长的友谊，能够不断听到他的教诲”。

1981年10月，郑保卫在顺利完成了学位论文答辩之后，又面临毕业分配的几种选择：“一是去中央机关从政；二是到新闻媒体做业务；三是到新闻院校搞教学和科研。经过反复考虑，我最终选择了第三条路。之所以做这样的选择，也和甘惜分老师的建议有着很大关系。他对我说，你都30多岁了，学的又是新闻理论，再去当记者已经没有多大意义，还是搞新闻理论教学和研究好。我自己也想，当记者只是去实现个人的新闻理想，当教师则可以帮助成百上千的学生去圆他们的‘新闻梦’。因此，我最后选择了到大学教书，迈上了新闻教育的讲台。”回顾起这一番抉择，他推心置腹，也掷地有声。

3.“四所新闻院校的工作经历是我独有的人生财富”

自1981年正式走上新闻教学与科研之路，至今郑保卫已经度过了近40个辛劳寒暑，“这几十年我一直在从事新闻教学与科研工作，这是我一生中最有价值的经历。因为它是我朝着中学时代所确立的新闻理想奋力前行、逐步圆梦的重要时期。从1981年研究生毕业到国际政治学院新闻系当老师开始，到 1986 年任教于中国新闻学院，再到 2002 年调回母校中国人民大学新闻学院，最后在 2017 年年底受聘广西大学新闻与传播学院院长，我在这四所培养目标和办学特色各异的新闻院校所得到的锻炼和收获也不一样。这些经历是我独有的人生财富"。

郑保卫介绍道，"国际政治学院是公安部 1978 年创办的第一所正规普通高校。其新闻系的办学方向很明确，就是要培养适合公安系统新闻宣传工作需要的新闻人才。我到国际政治学院时，新闻系还在初创时期，教学和日常工作困难很多。我们几个新分去的研究生，同从全国各地新闻单位调入的教师一起开始了艰苦的创业过程。写教案、改作业、请老师、带实习，许多工作大家都主动承担。在全系老师和同学的共同努力下，短短几年时间，新闻系各项工作都取得了明显进展，而且在社会上获得了很好的声誉和影响，毕业生在公安口和新闻界都很受欢迎。我本人在 1984 年年初被任命为新闻系副主任，后来又主持系里工作，同系里的老师和同学们克服各种困难，一起创业、奋斗，结下了深厚的情谊。然而因为种种原因，1986 年学校决定新闻系停止招生，而这时新华社新创办的中国新闻学院希望我能过去工作，经双方协商，这年年底我离开已经更名为中国人民警官大学的原单位正式调入了中国新闻学院"。

郑保卫继续聊道，"中国新闻学院也是个新成立的学校，由于其背靠新华社这棵'大树'，有其独有的办学优势。学院院长由新华社社长穆青亲自兼任，他为学院确立的办学方针是'坚持理论联系实际，培养德才兼备人才'，这就使得学校的发展能够始终坚持正确的方向。新华社在人、财、物方面都给了学校有力的支持。到中国新闻学院任教，对我个人业务和理论素养的提高帮助很大，特别是这期间学校安排我到新华社国内部当记者，使我对如何从宏观上认识新闻工作，如何把握正确的舆论导向，如何实现新闻宣传工作的改革与创新，有了许多实际感受和体会，增长了很多知识和经验。这对我后来从事新闻理论教学和进行马克思主义新闻思想研究都大有裨益"。郑保卫说，"1992 年，我担任了学校研究生部负责人，从此，投入了很多精力进行教学管理和学生工作。然而令人惋惜的是，这样一个有着鲜明特色和明显优势，正处在发展高峰期，在国内已经很有影响，在国际上也有了一定知名度的学校，1998 年新华社却决定停办。到 2002 年，中国新闻学院终于结束了她短暂但让人留恋的历史"。郑保卫谈道，"在中国新闻学院工作的 16 年，是迄今为止我工作时间最长的一个时段。我很珍惜这段经历，因为它给了我很多锻炼机会，增强了我的宏观意识和大局观念，为我后来的发展积累了很多经验和资源。特别是使我对一家新闻媒体如何自办新闻院校、其优势和特点是什么、问题和困难又在哪里等问题，有了很多切身的感受和体会"。

2002 年春天，在中国新闻学院正式停办后，57 岁的郑保卫作为引进人才从新华社调入了中国人民大学，由此开始了他学术人生的另一个重要阶段。“学校聘我担任教育部人文社会科学重点研究基地——中国人民大学新闻与社会发展研究中心的主任，为我提供了一个难得的科研平台，使我得以登上国内新闻学术的高地。”郑保卫满怀珍惜地介绍道，“这些年，我借助这个平台，组织校内外的专家、学者，围绕新闻学术研究如何为促进学科建设、传媒改革和国家经济社会发展提供咨询服务和舆论支持这一中心任务开展科研工作，取得了许多研究成果，不但扩大了新闻学的学术影响，也提升了新闻学的学科地位，促进了新闻学的学科发展。我想，我之所以能够在人大取得一些成绩和进步，个人的努力是一个方面，而更重要的中国人民大学新闻学院这个平台本身的地位和影响力，这是其他高校所不具备的综合优势”。

然而更令人敬佩的是，2017 年 12 月 27 日，已逾古稀之年的郑保卫从广西大学校长的手中接过聘书，正式出任这座南疆知名学府的新闻与传播学院院长。在本该享受天伦之乐颐养天年之时却勇挑重担挂帅出征，郑保卫这样坦陈他的赤子情怀：“我来广西工作，一是‘民族情结’使然，在多年来主持全国民族新闻论坛的过程中，我发现离开民族地区的经济社会发展，国家整体发展战略、和谐社会建设和中国梦等目标都不可能最终实现。因此，我愿意在自己的晚年为振兴民族地区新闻教育再做些力所能及的工作。二是对广西大学的特殊情谊。20 多年来，我与广西大学新闻与传播学院有较多的交流与合作，学校为我的工作曾经提供过很多支持和帮助，我也希望能够借此机会做些回报。”受聘一年多来，他带领学院领导班子和全体老师进一步理清思路、明确定位、整合资源，突出特色，在学科建设、教学改革、人才培养、队伍建设，特别是在推进马克思主义新闻观理论研究和教学实践方面做了许多工作。他指导搭建的东盟传媒与中国—东盟区域传播研究和气候与健康传播研究也取得积极进展，学院的面貌发生了可喜的变化。

回忆过往人生，写满的是郑保卫半个多世纪新闻追梦的历程，他说，当自己把个人的学术追求融入全国人民实现国家富强、民族复兴、人民幸福的中国梦，以及人类发展的理想追求中时，便会感到自己的个人梦想变得更加踏实、厚重、有分量！

4.“我愿为保卫和创新中国新闻学尽些心力”

在郑保卫近 40 年的教学科研生涯中，执教中国人民大学是他厚积薄发、学术人生达致一个更高境界的开始。正是在这十余年间，郑保卫的学术成果和学术影响力开始快速呈现，在追梦的道路上，谱写了一段段精彩的华章，为保卫和创新中国新闻学做了许多贡献。

“这些年在科研方面，我先后承担了‘中国共产党 80 年新闻思想研究’‘新形势下提高舆论引导能力研究’‘中国新闻传播法制建设研究’‘新闻学学术规范研究’‘中国特色社会主义新闻理论概念体系研究’‘马克思主义新闻观研究’等一系列国家社科基金及省部级重大课题，先后出版专著、编著、译著和教材20余部，发表论文数百篇，内容涉及新闻学与传播学基础理论、马克思主义新闻理论与实践、传媒改革、新闻教育、新闻法制、新闻伦理、民族地区新闻传播、气候传播等多个领域，一些论文获国家和省部级奖，在学界和社会上产生了一定影响。我主编的《新闻学导论》《当代新闻理论》《新闻理论新编》《新闻法制学概论》等著作和教材，被多所新闻院校选定为教学用书，产生了较好的社会效益。我主讲的新闻理论课先后被评为北京市和国家精品课程。”

“特别是在马克思主义新闻思想研究方面，我作为中央马克思主义理论研究和建设工程新闻学教材编写专家组成员和中国人民大学马克思主义理论研究和建设工程新闻学科首席专家，参与编辑和主编了多部教材，出版了《马克思恩格斯报刊活动与新闻思想研究》《马克思主义新闻经典论著导读》《马克思主义新闻思想研究》和《中国共产党领导人新闻实践与新闻思想研究》等著作。我主编的《中国共产党新闻思想史》一书，系统梳理了中国共产党80多年来新闻思想形成与发展的过程，全面总结了党的新闻工作的历史经验和教训，填补了该领域的研究空白，受到学界的积极评价。此书2007年荣获第5届吴玉章人文社科优秀奖。2014年，我又受聘中宣部、教育部和国家社科基金特别委托项目‘马克思主义新闻观研究’的首席专家，并担任主编，主持全国马克思主义新闻观教材《马克思主义新闻观十二讲》的编写工作。”此书已于2019年3月由高等教育出版社出版。

这些年，郑保卫一直在为推动新闻学学科建设与发展，提升马克思主义新闻理论研究与教学水平，为加快构建中国特色社会主义新闻学学科体系与教材体系尽心尽力。总之，他要用自己的研究成果证明中国社会主义新闻学是科学理论，中国社会主义新闻工作有自己的规律可循，以此来回击“新闻无学论”长期来对中国新闻学的冲击。他多年的努力得到了大家的认可，在学术圈里，他被称为“保卫新闻学学者”。

而让许多人没有想到的是，一直被称为“保卫新闻学学者”的郑保卫，却在执着坚守传统新闻学领地的同时，开始了与国际传播学前沿接轨的尝试。正是他，在2010年组建了中国(也是发展中国家)第一个气候传播研究机构——中国气候传播项目中心，并把研究团队引向了国际前沿。“近年来我主持的气候变化与气候传播项目，从新闻与传播的角度介入气候变化研究，在中国开辟了一个全新的学术研究领域。我们从跟踪研究哥本哈根联合国气候变化大会期间政府、媒体、NGO的传播效果开始，形成了一系列成果。自2010年起，我们先后在墨西哥的坎昆、南非的德班、巴西的里约热内卢、卡塔尔的多哈、波兰的华沙、秘鲁的利马、法国的巴黎、摩洛哥的马拉喀什、德国的波恩和波兰的卡拉维兹举办过多场国际气候传播边会，就气候变化与气候传播，以及可持续发展战略及策略传播等问题展开研讨，并出版了中国第一部气候传播专著《气候传播理论与实践》(中英文对照)，在国际舞台上表达中国学者和民间社会的立场，发出中国的声音，受到了国际和国内该领域专家的认同和肯定，产生了重要的学术影响。2013年，我们还与美国耶鲁大学在北京共同主办了世界上首届规模最大的‘气候传播国际会议’，把气候传播研究推向了国际前沿，起到了引领作用。2014年，我受中欧社会论坛的委托，作为中方总指导和主持人，同中山大学的团队一起起草了《中欧社会应对气候变化共识文本》。此文本已在2014年年底巴黎气候变化大会上获得通过，并提交给了利马20届联合国气候变化大会，希望为2015年巴黎第21届联合国气候变化大会的成功举办发挥一些积极作用。”到广西大学任职后，郑保卫又于2018年3月创建了广西大学气候与健康传播研究中心，在国内率先将气候与健康问题融通起来，开辟了一个全新的研究领域。说到这些，郑保卫如数家珍，不掩兴奋。值得一提的是，2018年11月，郑保卫第9次作为观察员受邀出席联合国气候大会，在波兰卡拉维兹第24届联合国气候大会气候传播边会上，这位被媒体誉为“中国气候传播民间旗手”的长者，就如何做好气候传播的理论探索与社会推广问题发表演讲，再次向全世界展现了自己作为一个学者的中国立场和世界关怀。

不仅如此，这些年作为中国少数民族地区信息传播与社会发展论坛的理事长(首任理事长为中国人民大学新闻学院赵启正院长)的郑保卫，对民族地区新闻事业的发展也倾注了许多心力。“2009年我同新闻学院的同事一道，联合全国十几个少数民族地区新闻院校的老师一起，搭建起了全国少数民族地区新闻传播研究的平台，通过举办研讨会(已先后在人民大学、西藏民院、云南大学、广西大学、内蒙古大学、陕西师大、西南民族大学、宁夏大学和新疆大学举办了9届)、出版《中国少数民族地区信息传播与社会发展论丛》和编撰《中国少数民族地区新闻传播发展报告》等活动，在我国少数民族地区产生了积极影响，为组建中国民族新闻传播研究团队，和形成中国民族新闻传播研究学派进行了有益的探索。”

此外，郑保卫还谈到，近些年来他作为教育部社会科学委员会语言文学、新闻传播学和艺术学学部副秘书长兼新闻传播学科召集人和全国新闻学研究会会长，在维护新闻学学科地位，促进新闻学学科发展，以及在促进新闻教学、学术研究、人才培养、队伍建设，推动传媒改革、新闻法制与伦理规范等方面所做的一些工作。他对自己所提出的一些具有建设性的建议和意见受到有关部门和学界的关注与好评，感到格外欣慰。

近些年来，他还承担了中宣部、国务院新闻办、国家广电总局、国家新闻出版总署、中国记协等单位委托的多项科研项目，如《媒体格局变化及传媒竞争力研究》《北京奥运会舆情分析与宣传报道对策研究》《全国广播电视系统职业道德和行业作风状况及对策研究》《新闻传播硕士专业学位设置论证》《中国新闻从业人员资质及准入标准研究》等，所作的调查报告及研究结论为中央有关部门提供了决策参考和理论支持。而作为教育部社会科学委员会委员兼新闻传播学科召集人，郑保卫还受教育部委托主持了《教育部社会科学委员会新闻传播学"十二五"战略规划研究报告》的撰写工作，倡导并创建了"中国新闻学传播学论坛"，为全国新闻学与传播学学科建设与发展搭建起了全国性的研究平台，组建起了全国性的学术共同体。

可以说，这些年郑保卫极其忙碌，而这份忙碌的背后却是一份乐此不疲的使命与担承。他热爱他的事业，忠诚于他的理想，当回顾往事时，他心中丝毫没有劬劳的怨尤，有的只是愈发轻盈的憧憬与期待。

5. "我们是承上启下继往开来的一代人"

当谈及如何评价同时代学者的学术使命与学术贡献时，郑保卫的回答真诚且厚重。

"我们这些 40 年代出生的人，大多经历过旧中国的苦难，对民族解放和人民革命的历史与传统有着更深的体验和认知。而作为学者，我们大多是在粉碎'四人帮'以后才得以进入高校和研究机构工作的，是 40 年改革开放的参与者和见证者，因此属于承上启下、继往开来的一代人。作为这一代新闻学者，我们比较了解新中国新闻业和新闻学发展的历史过程，知道其中所经历的曲折和磨难、所积累的经验和教训、所留下的资源和财富。因此，我们会更加深刻地体会到作为一个新闻学者所应承担的学术使命与责任，会更加自觉地从对历史经验的回顾中去总结和传承以往新闻业和新闻学科发展中所形成的理论与传统，也会更加自觉地从对历史教训的反思中去分析和革除以往那些阻碍新闻业和新闻学科发展的障碍和弊端。回看历史，在改革开放之初，立于新闻改革前沿，走在新闻改革前列，或者说领新闻改革风气之先的主力，正是这个年龄段的一些学者。我们当时所作的努力和所取得的成果，对新闻界拨乱反正、正本清源、改革创新发挥了重要作用，这就是我们这一代人为中国新闻业和新闻学的创新发展所作的历史性贡献。"

如其所言，正是在这样的学术使命和历史背景下，2008 年 11 月，隶属中国高等教育学会新闻学与传播学专业委员会的新闻学研究会在中国人民大学成立，郑保卫在会上被推举为会长。研究会以"交流新闻教学经验、促进新闻学科建设、推动新闻学术发展，为中国新闻学教育和学术研究的繁荣与发展作出积极贡献"作为其宗旨，并决定每年举办一次"中国新闻学年会"，以针对我国新闻学学科建设回顾成绩、总结经验、展望未来。2017 年 11 月，第十届中国新闻学年会如期在西南政法大学新闻传播学院召开，会上来自全国各高校的新闻学者们一致认为，经过十年的发展，全国新闻学研究会已经成为了我国新闻传播学界的一个知名学术共同体，在全国新闻院校老师中享有了较好的声誉和影响力。而这其中，十年来不遗余力不辍躬耕的会长郑保卫可谓功不可没。在这次大会上，郑保卫发表了《使命与担当：保卫、创新、发展中国新闻学》的年会主题发言，他谈道，“之所以确定这样一个主题，就是希望借助这届年会总结新闻学研究会成立以来，在保卫、创新和发展新闻学方面所取得的成绩和经验，以及存在的问题和教训，同时探讨今后如何进一步保卫、创新和发展中国新闻学的问题”。2018 年，第 9 期《新华文摘》全文转载了郑保卫发表在《新闻与写作》期刊上的《中国新闻学百年回望与思考》一文，他从中国百年新闻学发展的历史轨迹中提出了当下中国新闻学发展的时代使命，就是要以马克思主义和习近平新时代中国特色社会主义思想为指导，加快构建中国特色社会主义新闻学科学体系。对此，郑保卫不仅有着殷殷期待、拳拳之心的愿望，更有着时不我待，身体力行的行动。

郑保卫也坦言，“要谈我们这一代新闻学者的遗憾，我想最大的遗憾还是年龄和阅历给我们带来的局限。当新媒体、新技术以令人难以预计甚至无法想象的速度出现，并且给整个媒体格局和新闻传播带来颠覆性变化的时候，能不能尽快地适应并掌握这些新事物、新知识、新技术，从思维方式、工作方式到生活方式都迅即做出调整，而且作为思想者还能不能继续发挥学术引领作用，对我们这一代新闻学者来说是一个严峻的考验。由于年龄偏大，阅历受限，我们这一代新闻学者相对于一些年轻学者来说，对某些新事物、新变化往往更加缺乏思想准备和应对能力，其学术视野、知识储备、技术水平等都存在明显的差距。因此，只有更加勤奋、更加努力、更加谦虚地学习新理论、新知识和新技术，才能跟得上时代的步伐，才不会成为落伍者”。

“这一代新闻学者所表现出的集体特征，我想应该是具有高度的学术使命感和学术责任感，有继承传统的鲜明意识，也有改革创新的强烈愿望，在关键时刻，他们能够更好地把握新闻学术研究的正确方向，更加深刻地揭示当前新闻现象的本质特征，因而他们应该是我国新闻学术队伍中的中坚力量。当然，这代人还需要不断学习、不断充电、不断提高，尽可能跟上时代步伐，做到不掉队、不落伍，同时要注意做好‘传帮带’，辅助年轻一代学者尽快成长、成才，”郑保卫情之切切。

他继续说道，“就我个人来说，我觉得作为这一代新闻学者中的一员，大家身上的集体特征我大体都有，无论是正向的还是负向的。当然，由于每个人的经历、阅历都不太一样，生活环境和工作环境也不尽相同，所以也总是会表现出自己的个性特征。我想我的个性特征主要表现在：考虑问题会更理性和宏观些；建设性意识会更强些；学术观点会更稳定些，这和我本身是搞新闻理论研究的有关。这几十年来我积累了较为扎实的马克思主义新闻理论基础，又在新华社工作过十几年，特别是还在新华社国内部当过记者，因此会更加习惯于从国家层面来思考问题，从党的新闻工作的历史传统来认识问题。当然，我也愿意接受新事物、新知识、新技术，愿意思考一些前沿的理论热点问题。我有一个这些年来一直坚持的理念或是原则，即'该坚持的原则要坚持，该解放的思想要解放'，就是说我会理直气壮地坚持那些我认为应该坚持的新闻工作和新闻学术研究的传统和原则；我也会毫不迟疑地以完全开放的姿态接受一切新事物、新理念、新知识和新技术，绝不把传统当成包袱阻碍自己前进。例如我提出的'保卫新闻学、发展新闻学'，前者指的是新闻学要坚持原则、维护传统，后者则强调新闻学要与时俱进，不断创新。另外，这些年我投入很多精力所作的气候传播研究就是一个全新的学术和实践领域，是需要用新的思维和方法来驾驭的"。言及于此，他自信却淡然。

这就是古稀之年的郑保卫驻足回望时的赤子心路。面对理想与事业，他竭心尽力，热情而虔诚；面对亲人与师长，他满怀珍惜，敬畏亦感恩；面对自己，他不激不随，客观且理性。"总之，不忘传统，不断创新，努力尽责，完成使命，这就是我们这代新闻学者始终要坚持的。"郑保卫悦色和颜，风轻云淡。

（口述　郑保卫　　整理　陈　娜）

6.2.4　李希光：把中国新闻教育推向世界大舞台——清华大学教授李希光访谈录

李希光：1959 年 10 月生。1976—1978 年，江苏煤矿工人；1978—1982 年，在南京大学外文系学习；1982—1985，中国科学院理论物理所研究实习员；1985—1988 年，中国社会科学院研究生院研究生；1988—1999 年，任新华社记者、主任记者、高级记者；1990—1993 年，联合国教科文组织丝绸之路项目青年学者；1995 年，任《华盛顿邮报》科学记者；1999 年，任哈佛大学新闻政治与公共政策中心研究员；2006 年，任清华新闻学院常务副院长(见图 6-9)。

图 6-9　李希光与母亲

1. 建一所有国际化视野的新闻学院

问：您担任清华大学新闻学院常务副院长期间，不仅创建了全球财经新闻硕士全英语项目、国际新闻全英语硕士项目和全球传播方向(博士)，您还在十分艰难的条件下，到处奔走，为学院募集了丰厚的资金，建立了好几个现代化的实验室，并把学院内外装修一新。您能讲一下这方面的故事吗？

李：1999年7月初，我从哈佛一回来，汪道涵即向清华大学校长王大中推荐我到清华创建国际传播研究中心。几天后，王大中校长、胡显章副书记在清华大学甲所请我和美国宾州州立大学的刘康教授(清华大学新闻学院副院长史安斌读博时的导师)吃晚饭，面议筹建清华大学国际传播中心和清华大学新闻学院的设想。清华大学校务委员会于1999年7月15日决定成立校级文科重点研究机构并调我来清华。新华社社长郭超人在我的商调函上批了这样一行字："祝李希光同志在清华大学取得更大的成就。"清华大学为这个中心设定的建设目标很清楚：建议与参与国内政策的形成；参与设定全球性议程的形成；创造能转变为政策的新思想；为政策建议提出政策论点和论据；具备出思想的人才、经费、与政府的沟通渠道、变思想和建议为政策的机制。汪道涵后来称清华大学国际传播研究中心是为党和国家重要决策和实施作出重要贡献的"中国唯一的国际舆论研究机构"。中心成立之初，没有科研经费，当时清华大学党委副书记陈希同志从个人特别经费中拨给了4万元，胡显章副书记也从个人特别经费中拨款2万元。

2005年初冬，刚刚从国务院新闻办主任退下来的赵启正来到上海瑞金医院看望90岁的汪道涵先生。汪老的病榻之侧沿墙放着几个不及人高，但宽阔的书架，放着三四百本书。汪老说："你看我已是'四管齐下'了(导尿、输液等)。"他让护士从书架上取下三本灰色的厚书给赵启正看，是一套新出版的中译本《近代数学》。汪老说："我已看了复变函数一章，温故而知新嘛!"汪老接着问赵启正，清华大学的新闻教育办得怎么样了。汪老对赵启正说："一定要有战略眼光，你一定要继续不遗余力地支持清华大学新闻教育，特别是支持清华国际传播中心的发展和壮大。"汪道涵是赵启正的老领导，曾任上海市长、海峡两岸关系协会会长。这是赵启正最后一次与汪道涵先生的谈话，一个月之后，汪老病逝了。

2006年12月的一天，清华大学公示，我被任命为清华大学新闻学院院长。那天夜里，我的电子邮箱里收到了两封贺电，一封是我的老朋友、在北京的法国商人杜蒙；另一封来自华盛顿的美国国际记者中心总裁乔伊斯。杜蒙是宏盟集团中国大区总裁，30年前，他在中国创业时，我曾帮助他翻译公关稿和给他推荐人才。他在邮件里表示，希望见我一面，谈一下他的公司与清华未来的合作。乔伊斯曾是美国《商业周刊》的记者，我记不清是否见过她。她在邮件里邀请我去华盛顿访问，谈一下她的中心未来与清华的合作。

我上任新闻学院院长面临的最大问题就是没有一分钱办学经费。学校只是把一座上个世纪民国时期的老楼交给了我。至于楼房修、内部装修和实验室建设，全部要由我去找钱。

我决定把挑战变为机遇。我第二天晚上就把杜蒙请到清华大学甲所，花了 27 元请他吃了晚餐。我要他至少捐赠 500 万元装修学院的大楼。我们谈得很投机，当天晚上，他在请示了宏盟集团全球总裁后，电子邮件通知我，他和他的全球老板将很快来清华捐款。

几个月后，我带着几个自认为对中国培养外宣人才有利，而不会被美国非政府组织政治利用的国际项目方案来到了位于白宫墙外的国际记者中心，期待利用其影响力，募集办学资金。根据中国外宣人才培养和国际化办学的需要，我设计了全球财经新闻硕士项目。我利用美国国际记者中心在美国的关系，在《外交事务》杂志总编詹姆斯 · 霍格的陪同下，从美林集团、美国银行、彭博社等挨家挨户地拜访。最后，美林集团和美国银行提供三个美国退休记者在清华教书的工资、彭博社出资建立一个财经新闻实验室。我还单独找了环球贸易公司老板，这个老板为我们捐赠了环球资源厅，十多年来，那里是学院召开重要会议的地方。

在我创建全球财经新闻专业后，这个专业在国际上有一定的影响。目前这个专业招收的外国留学生已经超过中国学生数量。有人对此提出批评。批评者说，你是为外国培养人才？还是为中国培养人才？中国的大学怎么可以招的外国学生比中国学生还多？我的解释，这是在更高层次上为中国对外传播培养人才。从发展来看，这批外国留学生首先对自己的认同是清华校友，他一生中最宝贵的学历来自中国的清华。无论走到哪里，他都会说，我是清华毕业的。就像今天很多人以哈佛学历为荣一样，以在美国这段经历为荣，对中国的对美政策有着不可低估的影响。学历是一个国家最大的软实力，其影响力不可估量。

2008 年冬天，一个寒风刺骨的早晨。环球资源厅挤满了人，来自海内外的新闻教育工作者正在热烈地讨论中国及全球新闻教育改革的话题。"我们以比较高的分数考入了新闻学院，但是到了学校之后和其他的文科生，如学习法律、经济、哲学这些专业的相比，我们的书比较容易读，老师不讲也看得懂，觉得自己的智慧或者学习潜力没有办法发挥。"这是新闻专业的大一学生对中国人民大学新闻学院院长赵启正教授的诉说。当赵启正在清华大学眉头紧锁地讲完这个小故事的时候，坐在台下后排旁听的学生们深有同感地点着头，而在座的来自全国 31 所新闻学院的院长和系主任们表情凝重。"孩子们的话童言无忌，不能说她们说错了，或者不应该提出这样的质疑。这反映了现在的大学老师们存在着改革的必要性。”

清华大学 2008 年冬天举行的全球新闻教育改革与学科发展研讨会吸引了一批海内外有影响的新闻教育工作者和新闻工作者。大家都在为了修改我从巴黎联合国教科文总部带回来的《新闻学院课程模板》争论不休。

中国新闻教育工作者和新闻工作者积极参与联合国教科文组织的工作，不仅是对中国自身的新闻教育和学科发展的贡献，同时也是对中国软实力建设的贡献。

中国的新闻学院院长们不顾寒冬聚到一起，这也反映了中国的奥运精神不是一句口号。这反映了我们中国人不仅在经济上要作为世界的火车头，我们在新闻学建设方面，在新闻教育方面也准备做世界的火车头。在清华的会议上，与会专家学者对联合国新闻学科大纲的讨论和提出的建议是万里长征的第一步，但是，作为世界经济强国的文化最终会成为世界先进文化走在各个民族、各个国家的前面。在全球性的新闻媒体转型和改革中，包括中国和美国的传统主流媒体都面临着严重的发展问题。这对于中国的新闻教育者来说，是一个改革和创新的机会，也是改革和创新全球新闻教育体系的绝好时机。

清华大学历史虽然只有一百年，但是清华大学有史以来非常重视新闻教育。清华大学最早的教授梁启超就是现代意义上中国第一位新闻记者，他创办了中国的第一份报纸，提出了新闻学四条平衡性原则。由于担忧媒体偏见和记者缺乏职业道德，梁启超提出了判断报纸良否的标准。梁启超认为，一张好的报纸“一曰宗旨定而高，二曰思想新而正，三曰材料富而当，四曰报事确而速”。清华大学国际传播研究中心虽然成立于 1999 年，新闻学院建院在 2002 年，但是清华大学的领导们非常重视新闻教育。每次我去工字厅开会，最明显的东西就跟办好新闻教育有关。抬头向上望去，工字厅办公室横梁上的匾上写着“为人民服务”五个大字。这是 1945 年毛泽东为中国新闻界的优秀代表《大公报》的题词。我相信，只要清华大学的领导和教师本着为人民服务这样一个崇高的思想，清华大学的新闻教育者为全球新闻教育和中国新闻教育改革就会作出贡献。

问：请问李老师，新闻学的“学”究竟在哪里？

李：清华大学新闻与传播学院建院之初，到底叫新闻学院还是传播学院，学院的几个领导争论不休。大家最后妥协叫新闻与传播学院。传播学是属于社会科学，因为它更多的是研究方法、统计、市场调查；而新闻学是人文学科，新闻学需要的是广博的跨学科的知识。一名优秀记者，本科最好不学新闻，他可以是学医学的、环境的、汽车的、历史哲学、文学的。从根子上，新闻是个人化的，更多的是通过一种博览群书来习得。无论是新闻学这一套书还是传播学那一套书籍，将来无论做编辑，还是做记者，他的案头肯定不会再摆放新闻传播学书籍。他如果是环境行业的编辑记者，案头可能全是环境的科普、政策、法律书刊杂志；他如果做卫生编辑记者，他的案头可能全是医学卫生和健康方面的书刊杂志。新闻学院的学生从走进新闻行业的第一天起，他在新闻学院学的那些书就不再有用了。新闻学院好像是块敲门砖，上完这门课考试及格了就可以了。

作为社会科学的传播学不一样，传播学更多地讲研究和调查方法。但是作为文科的新闻学难就难在这儿，它更多的是靠一种悟性，靠一种智慧的判断。你说是直观的，其实也不是。新闻人的基础是更多的阅读、更广博的知识、更清晰准确的思维、更流畅的文字表达、更多的一手调研。2018 年的一天，我给大一学生上初级新闻写作课，上课之前，我让学生们点评一些中外主流媒体，包括中国的《人民日报》、俄罗斯的卫星电视、英国的 BBC。这三家代表了不同的立场。他们在点评《人民日报》的时候，一上来就批评《人民日报》说，《人民日报》头版刊登的三条新华社消息没内容、没新闻，三条消息都是关于习主席的外事活动的，一条是习主席会见白俄罗斯总统，一条是习主席会见塞尔维亚总统，一条是习主席会见吉尔吉斯斯坦总统。

学生点评这三条消息说，没有新闻价值，不值得报道。但是，我跟学生们讲，说这是三条非常有新闻价值的消息。

问：我们国家新闻与传播学院在校的本科生、硕士生和博士生 20 多万人。但是，我们迄今没有培养出几个在国际上叫得出名字的大记者。这跟我们的新闻与传播学教育有关吗？

李：1998 年深秋，我去哈佛前，专程去上海看望汪道涵。汪老与我讨论西方媒体操纵西藏报道时，提到了哈佛大学所鼓吹的软实力这个新概念。汪老说，我们要用当年研制两弹一星的精神来重视国际新闻尖端人才的培养，要使中国新闻界在国际传播领域能与西方传媒界平等对阵。20 年过去了，国际政治经济格局、国内外媒介景观、国内舆论市场都在发生巨大变化。面对当前国际传播的严峻形势，我日益感到当年汪老提出的中国急需国际新闻尖端人才的紧迫性。我一直认为，中国国际传播能力建设目标是提高软实力的竞争力。软实力基本要素有两点：观念的竞争和故事的竞争。观念的竞争指，思想意识形态、价值观、学术理论界的竞争，更多的是理性思维方面的竞争，是学者之间、智库和大学研究机构之间的竞争。例如，新闻学院最基础的课程是新闻采访写作课。这门课教大家如何提高故事的竞争力。故事的竞争就是看谁的故事讲得好，讲得有人愿意听，传播速度快、传播面也广。故事具体而言，是指文字、图像、情绪、感性方面的传播力，它传播的是一种形象思维或者是感性思维。

软实力的竞争最表面的是人们每天接触的网络。网络传播两方面内容，故事和思想。网络媒体的信息源来自于两方面，一方面是来自于传统媒体，一方面是来自于思想库、研究机构或者大学。我在教学和科研中，更多的是强调作为思想库的大学是思想政策和观念的策源地，强调理论的创作。作为大学的新闻教育，培养的是故事的叙述者，是讲故事的人，是形象思维者，通过故事承载观念和思想。例如，通过采访一个好的人物，对一个新闻事件的深入报道，对一个社会问题的深入揭示，通过这个故事的讲述，来传播和承载中国的核心价值观。近年来，在一些重大事件发生后，中国官方媒体总是批驳西方媒体相关报道。为什么要批驳西方记者采访的这些新闻呢？主要是因为他们的故事讲得有力量，具有强大的渗透力。的确在很多报道中，西方媒体充满了偏见和事实性错误。但是，我们不得不承认，中国媒体去批驳西方记者的涉华报道，主要原因还是他们故事讲得好、有感染力。如果西方记者讲的故事苍白无力，整篇都是空话、套话，中国媒体也用不着去批驳，因为那样的新闻报道在国际上是没有市场的。而大量中国媒体和记者在重大事件的新闻报道中，故事讲得太差，或者说不会讲故事。

为什么中国记者不会讲故事？写的东西没人爱听、爱看呢？说到底是当前中国新闻教育太缺乏优秀的新闻采访与写作课的专业教授。中国有上千所新闻传播院系。但是，哪一家经过中国新闻界资深记者和总编们的认证？几年前，我曾提出，在中国记协设立一个中国新闻教育资格认证委员会。这个委员会成员由资深新闻工作者组成。新闻教育不是新闻学院的理论家们每天唱卡拉 OK，自己给自己打分，自己认定自己的资格。

新闻记者不是不需要任何门槛，而是一个高门槛、高智慧的职业。我们要给新闻学一个清晰的定位，即新闻学是用一种人文的、人性的和人道主义的视角，培养讲故事的匠人和艺人。已故哥伦比亚大学新闻学教授凯瑞在给新闻学定义时说，新闻学是一种描写的艺术。我对这句话的理解是，这就像物理学家在实验室，通过实验结果，描述宇宙，描述基本粒子，是对现实的一种描写。作为记者，更是报道现实世界的方方面面，比如报道国际问题、经济问题、农业问题、健康医学、环境生态等。为此，相应领域的记者，既要掌握高超的新闻报道与写作技能，还要知晓相关领域的知识。

我一直希望大学新闻学院的考核和引进，要走一条与传播学教授考核标准完全不同的道路。我问哥伦比亚大学国际新闻讲席教授托平，学校对你有无写核心期刊论文的要求？他听不懂我在说什么。他说，“我除了上课，就是抽空在家里写纪实文学或小说”。哥伦比亚大学新闻学院院长尼克勒斯·雷曼只有本科学历，他不写学术论文，而是在《纽约客》上发表专栏文章。我问已故斯坦福大学新闻系主任 Bill Woo：“你每年要写几篇核心刊物论文？”他说，“从来没写过。我是教专栏文章写作的，我抽空给报纸写点专栏文章”。我问迈阿密大学新闻学院副院长、纪录片教授桑杰夫：“你们学校对你进行学术论文考核吗？”“我们学校只希望我多拍摄出有影响的好片子。”桑杰夫的纪录片《水》获得了国际大奖。《华盛顿邮报》医学记者布朗是马里兰大学医学院博士，他一周在报社上 4 天班，另一天在一家医院出门诊，给人看病。他说：“这样做是确保我作为卫生记者能时刻跟上医药界的最新发展。”在日新月异的媒介发展中，作为新闻教育工作者更应该置身于新闻一线中。

2. 中国新闻教育改革的方向何在?

问：您担任清华大学新闻与传播学院常务副院长时，参与了联合国教科文组织新闻教育改革方案的拟定，还提出了中国新闻教育的改革方案。能否介绍一下这个改革方案的具体内容?

李：联合国教科文组织的新闻教育改革方案涉及本科和研究生两个方面。本科学其他专业，然后去读一个两年制的新闻学硕士或是一个新闻学双学位。或者，本科是四年或者是三年的新闻专业，到了硕士阶段去改学其他专业。例如，新闻学院的本科学生在硕士读一个医学或者是读一个环境专业。但这是不可能的，因为中国文理分得太厉害。学校在未来改革的时候，文理不要分得那么厉害，但是难度比较大。新闻是文科，如果从清华历史上的校友看，不用学新闻都可以成为杰出的新闻记者和舆论工作者。中国共产党历史上那些优秀的新闻工作者，如胡乔木、于光远、龚育之、何祚庥等，他们或是清华物理系毕业的，或是清华化学系毕业的，都没学过新闻传播学(那个时候还没有传播学)，但是他们的人文功底非常好，历史、哲学、文学，无所不精。从新闻教育模式来讲，当前世界上大概有四种模式：美国模式、法国模式、英国和德国模式、拉美模式。

法国原来没有新闻学院。近年来，法国的大学开始办新闻学院，但办学资格要由法国记协来认证。就像医生律师一样，由行业协会进行资格认证，其中包括道德自律、行业自律。由法国各大媒体总编辑和资深记者组成的法国记协理事会对申请开办新闻学院的大学进行资格认证。这些理事会经过考察觉得课程设置、师资力量达到了新闻媒体需要，就给它发办学资格认证书。英国只有传播学院，没有新闻学院。传播和新闻是两个不同的学科。英国新闻人才是由新闻媒体自办的新闻学院来培养，就像早年新华社办的中国新闻学院那样。英国有路透新闻学院、BBC新闻学院。近年来，牛津大学发现不办新闻学院是教育资源的浪费。牛津大学干脆把路透新闻学院并入，由牛津大学和路透新闻学院共同开办了牛津大学路透新闻学院。德国的大学也不办新闻学院，也是由媒体办新闻学院，如德新社办的新闻学院。美国一流大学的新闻学院和一流大学的传播学院是分开办的。如哥伦比亚新闻学院、密苏里大学新闻学院都是新闻教育，不是传播教育。最好的大学既不办新闻学院，也不办传播学院，比如哈佛大学、耶鲁大学。但是哈佛大学在肯尼迪政府学院下面设立了Shorenstein新闻政治与公共政策研究中心，既作为研究单位，也承担教学任务。顾名思义，这个中心的名字表明哈佛更强调新闻与权力的关系，强调新闻主要是满足人们对政府和公共政策的了解，研究重点领域是关于政府是如何获得媒体的支持，政府如何把媒体的反对声音变成拥护它的声音。耶鲁大学由于法学院强大，在法学院里面设立了一个新闻法律硕士专业，但是对入学要求很严，要求必须有五年以上的记者实践经验，方可读法律新闻专业。当前的中国新闻与传播教育更接近拉丁美洲模式。拉丁美洲有一千多所新闻与传播学院。跟中国一样，拉美国家把新闻学院和传播学院搅在一块儿办。新闻和传播作为两个不同的专业方向都有其存在的价值。传播主要是关于媒介研究方法、统计和市场调查。新闻学是一种创作的艺术和讲故事的艺术。

这个教学模板针对本科生和研究生分开来制定教学大纲。在四年制本科学位的教学大纲里，第一年第一学期的课程包括初级新闻写作、逻辑、证据和采访调研；国内与国际制度比较、通识教育、文科理科选修课。第二学期继续上初级新闻写作课，同时还有文科理科课程。第三学期新闻采访与写作上升到新闻报道、广播新闻采访写作(包括电台、电视)、文科理科课程。第三学期将学习多媒体网络写作，继续文科、理科课程。第三学年和第四学年之间有一个实习，至少有四周时间。如果有可能把学生安排在全国国家性媒体，学生的工作经验应该得到具体新闻工作者的指导和评价。最后一年继续学习新闻采访与写作。在学习行业新闻报道课程时，要求学生选择一个方向进行学习。理想的情况是，第三年课程将把特定的学科知识与新闻报道技能结合起来，所选择的学科应该与新闻报道专题相对应，或者报道行业相对应。增加新闻的选修课，开设研讨课，让学生做一些作业。用毕业设计取代毕业论文。毕业设计更多的是新闻作品。清华大学新闻学院已经开始鼓励学生用新闻作品取代学术论文。无论是本科还是研究生都可以用新闻作品来取代研究生的毕业论文。

我认为，硕士课程分两类。一类针对没有或者有极少新闻专业背景的学生，第二类针对新闻学学士至少有五年新闻工作经历的学生。拥有良好的文科理科或其他学科第一学位的学生，几乎没有新闻教学背景或者经验的，在两年硕士学习当中第一年集中精力学新闻知识和新闻报道写作以及新闻编辑与制作，鼓励这些学生去新闻媒体参观，在一线记者举办的座谈研讨当中学习。这些学生本科可能是医学院、法学院、经管学院、体育学院的学生或者是工科计算机通信学院的学生，来到这儿第一年学习新闻学的课程，第二年学习行业新闻报道。对于那些本科是学习新闻的而不是来自其他学院的学生，这些人在提高新闻知识和技能的同时应该集中精力在第一学年充实在某一文科或者理科或者跨学科专业的知识。对他们的教学目标是进入专业新闻领域的行业报道，如能源报道、军事报道、体育报道、医学报道等做准备。联合国的新闻学课程模板规定，硕士生本科不是学新闻的，新闻课程达到70%，文科理课程30%；本科有新闻背景的硕士研究生新闻课程30%，文理科课程高达60%。模板强调实践而且强调新闻报道的行业化。所谓新闻报道的行业化是指，新闻学院毕业后上班第一天，让他到医院采访报道一个手术，当天上班当天就能出报道。

新闻学院开设的必修课要求本科生和硕士生都要上。其中包括：初级新闻写作、高级新闻采访和写作、广播报道和写作、多媒体网络新闻、媒介法规、新闻伦理、媒介与社会、报纸专题研讨课、广播专题研讨课、杂志专题研讨课、本科毕业作业、硕士毕业作业、新闻评论、新闻采访调研方法、行业新闻报道(硕士)、专业实习。此外，还有一大堆选修课，如冲突报道、灾难新闻报道、发展新闻报道、国际新闻报道、政治新闻报道、多样性新闻报道、弱势群体报道、公共卫生报道、环境问题报道、教育报道、社会运动报道、体育报道、财经报道、科学报道、文化与文艺报道、视觉图像新闻报道、新闻摄影报道、新闻编辑、杂志设计、新闻评论、特稿纪实写作、媒介管理、媒介经济学。每周要求学生完成多篇写作作业，每天都要写，老师每周都要批改作业，学生每天要有讨论环节交流心得，相互批改作业，学生在不断的写作中提高自己的写作能力。

3.“学在路上”的新闻学

问：李老师，您在清华大学教书20年里，大力倡导并推进“学在路上”“在战争中学习战争”的教育理念，鼓励学生在真实的天地中掌握新闻学的核心本领。请您介绍一下“大篷车课堂”。

李：这个课堂借用了古代商人和朝圣者的“大篷车”概念，由我与Miles Young教授(现任牛津大学New College院长)共同指导了这个“充满思想火花的大车店”。“大篷车课堂”旨在通过去亚洲边地旅行、阅读并撰写其风土人情来鼓励跨文化对话。自1999年以来，写在路上的“大篷车课堂”每年平均带着20多名学生在亚洲边地，如丝绸之路的沙漠、草原和海上三大路线读书、采访、写作，进行地理、历史、人文、政治、经济等跨学科知识的学习和调研。“写在丝绸之路上的大篷车课堂”每年暑假或寒假都带学生去北亚、西域或喜马拉雅雪山读书、采访、上课和写作。2018年年初，清华大学把“写在丝绸之路上的大篷车课堂”定为清华大学首批挑战性课堂。每个选课的学生要学完两周的路上课程，并提交不少于一万字的旅行笔记和旅行日记。

20年来，“大篷车课堂”出征20余次，沿着两大路线行走：“走向塞外漠北和高加索的草原丝绸之路”“走向西域和藏区的佛教丝绸之路”。

在2017年暑期阿尔泰山大篷车课堂教学中，我引导学生们沿着10条主题线路采访和搜集一手资料，这些路线包括：阿尔泰游牧路线；阿尔泰岩画、鹿石及石人像走廊；成吉思汗西征路线、长春真人丘处机西行路线；藏传佛教传播阿尔泰山和西伯利亚路线；康熙大帝西征路线与彼得大帝东征路线；俄罗斯通向中国的古代道路——丘亚大道；俄罗斯环绕中国西疆和北疆的现代公路和铁路线路；与阿尔泰山四国相关的一带一路项目与廊道；萨满教路线、呼麦路线；西伯利亚母亲河溯源路线。这 10 条路线就像一棵花果树的树枝，你把沿线采集的素材根据上述主题，分别挂上不同的树枝。最后哪根树枝果实累累，哪根树枝将成为你这趟旅行的写作主线和主题。我要求学生每天随时随地记笔记，每天晚上还要整理一篇不少于 900 字的日记。我作为主讲的教师，以身作则，每趟旅行跟学生一样时时刻刻在记笔记和写日记。在这趟两周的阿尔泰山旅行中，我写了 6 万字的日记。30 年来，我沿途记录了 100 多万字的古丝绸之路笔记，拍摄了近 20 万张古丝绸之路照片。大篷车课堂是独辟蹊径，走一条中国古人的道路，学习法显和玄奘开拓的众生平等的行记写作，鼓励新一代大学生复兴中国古代学者严谨的学风，走入边陲，迈进域外周边大山去写作。

已故美国著名新闻教育家、斯坦福大学传播系 William Woo 教授有这样一段话："李希光的课程对于我来说一直是重要的。我在斯坦福大学自己开设的课上，引进了清华在教学上的许多原理。清华这种'动手式教学法'超过了我所知道的美国任何新闻学课程。我相信，新闻学密切联系实际的教学和新闻道德是培养中国和美国新一代职业记者得正确工具。我在长时间的思考后才得出上面结论。"英国著名新闻教育家、西敏斯特大学新闻教授 Hugo de Burgh 是这样评价的："2007 年春天，我跟随李希光的新生研讨课'走在路上的叙事艺术'去西藏上课。我惊叹地发现，李希光的教学方法是中国和欧洲古老哲学家教学方法与富有魅力的实用技能的美好结合。我们都知道，最好的学习是在实践中学，这也正是今天的大多数课程采用了实习作为最重要的环节。新闻学的学生需要的是对职业的激情，而今天世界上大多数大学无法做到这一点。清华选择西藏、内蒙古草原、新疆绿洲、黄土高原古城、中俄边境作为上课的地点，实在是一个伟大的创意。在西藏这样一神奇的土地上，学生们会充满了激情去采访那些工作和生活在这块土地的人民。这种路上的课堂，白天采访，晚上上课。在寻找采访有故事的人和与采访对象交谈中，每一小组同学都有一个辅导老师跟随现场指点。这是一种精心组织策划的实践教学活动。晚上上课的教室也是精心选择充满了当地民间特色的环境，如在古老的茶馆和咖啡屋上课、讨论。在整个旅行教学中，比如在北京去往拉萨的 96 个小时的火车上，老师坐在学生身旁，与他们一同观察周围的世界，随时随地指导他们写日记、做采访笔记。这场实践教学活动下来，学生将完成他们记者生涯第一篇作品，而这部作品是在一位在你身旁时刻激励你的老师指导下完成的。清华大学新闻学院的教学法是现代教育的一个光辉典范。我相信，清华大学新闻学院的教学方法一定会得到亚里士多德和孔夫子的认同。"

（李希光 口述 苏婧 记录）

6.2.5　张昆：一个好的新闻学院，总有一个优秀的院长——访华中科技大学张昆教授

图 6-10　张昆

张昆(1962—　)，华中科技大学学术委员会副主任、新闻与信息传播学院教授、博士生导师、国家传播战略研究院院长(见图 6-10)；国务院政府特殊津贴获得者，国务院学位委员会学科评议组新闻传播学组成员，国务院学位委员会新闻与传播学科专业指导委员会委员，中国新闻史学会副会长，中国新闻史学会新闻传播教育研究委员会会长，中国传播学会副会长，中国新闻传播教育学会副会长。曾任武汉大学新闻学院院长，华中科技大学新闻与信息传播学院院长。2006—2010 年，任教育部新闻学科教学指导委员会副主任，是国家社会科学基金重大项目“跨文化传播中的国家形象建构研究”首席专家。1999 年入选教育部跨世纪优秀人才，2016 年入选湖北省名师工作室主持人，2017 年入选全国新闻出版行业领军人才、国家文化名家与“四个一批”国家级人才和国家“万人计划”哲学社会科学领军人才。长期从事新闻传播史、政治传播学、新闻传播教育研究。其主讲的“外国新闻传播史”入选国家级精品课程(2009)、国家精品资源共享课(2016)，其主讲的“传播的历程”入选教育部国家视频公开课(2011)。出版教材和专著 22 部，发表学术论文 240 余篇。曾获国家级教学成果奖两项、教育部人文社会科学成果奖一项、中国高等教育学会高等教育科学研究成果奖一项、宝钢基金优秀教师奖两项、湖北省社会科学成果奖五项。在其主持华中科技大学新闻与信息传播学院院务 12 年间，殚精竭虑，精耕细作，为华中科技大学新闻传播教育的异军突起作出了杰出贡献。

在《我们需要什么样的新闻学院院长?》一文中，张昆直言：“一个好的新闻学院的背后，总有一个优秀的院长。”在他看来：“一个优秀的新闻学院院长，不一定出自高官，不一定是德高望重的学者，不一定是来自业界的领袖，也不一定长袖善舞，但是他一定要有政治意识、大局意识，一定要有大爱情怀，要有教育理想、新闻精神，富有责任敢于担当，要有一定的道德和人格魅力，要有牺牲精神，愿意为教育、为社会、为文明、为学生和老师尽心尽力服务。只要他愿意付出，愿意奉献，坚持执着，就有可能做

好一个院长。”这篇“相当于是经验总结”的文章，让清华大学李彬教授“颇有同感”，并专门撰文“借题发挥”。

2018年4月24日，张昆卸任华中科技大学新闻与信息传播学院院长职务。他的卸任感言饱含深情：“经过这不平凡的12年，我从44岁来到了56岁，从满头青丝到华发丛生。这是我生命年轮中最重要的阶段。这一阶段能够融入华中科技大学新闻与信息传播学院的历史，成为推动学校新闻教育大巨轮前行的一分子，是我人生最大的幸运。”在担任华中科技大学新闻与信息传播学院院长12年间，张昆践行着他对新闻学院院长的理解，让学院在华中科技大学人文社科领域异军突起，让新闻传播教育的“华科大模式”逐步成形，成为中国新闻传播教育一支不容忽视的力量。

2017年，张昆入选全国新闻出版行业领军人才、国家文化名家与“四个一批”国家级人才和国家万人计划哲学社会科学领军人才，这似乎是对他35年教师生涯和20年院长生涯的一次集中褒奖。事实上，回顾张昆“不服输、能吃苦、能忍耐”的57岁人生，重读《我们需要什么样的新闻学院院长?》一文，我们或许可以更加真切感受到：正是他身上所具有的大局意识、大爱情怀、人格魅力和奉献精神，推动着张昆成为华中科技大学乃至中国新闻传播教育的领军者。

1.“他关于学科发展建设的思路很清楚”

2006年7月26日，受华中科技大学时任校长李培根院士的邀请，张昆调任新闻与信息传播学院院长。在《三思新闻教育》一书的序言中，李培根回忆了他与张昆的“初次见面”。“那是2006年的某一天，我们在学校行政楼里的一个略显破败的小会议室里见面。初次见面，就给我留下深刻的印象，他关于学科发展、建设的思路很清楚。更难得的是他很朴实，对待遇、对学校将提供的条件等都没有过多的要求，骨子里透着一份难得的自信，其后的故事便是华中科技大学新闻与信息传播学院快速而平稳的发展。”

这份朴实与自信来源于张昆“18岁以前早期的人生经历”。张昆1962年10月出生于湖北省云梦县城关镇。“我出生的时候，我的父亲51岁，我的母亲42岁。我上面有两个姐姐，我们家是一个典型的农村家庭。我的父亲没有干农活，他在县城中医院帮忙养猪，养猪不给报酬给猪粪，父亲把猪粪拖到生产队换工分。”张昆回忆说，这个家庭虽然并不富裕，但是非常温馨、有人情味，父母亲对他爱得非常细致。“但8岁时父亲去世以后，情况就完全不一样了。从9岁开始我就在河岸上捡猪粪，在生产队干活挣工分，那个时候是上半天学。”1976年，14岁的张昆初中毕业，暑假时生产队安排他去建筑工地干小工。一天，正在“抛砖”的张昆从三楼的脚手架上掉了下去，四楼的跳板和人全都压在了他身上，张昆陷入昏迷醒来之后却毫发无损。“他们都以为我死掉了。真是一个奇迹。”第一次讲起这个故事，张昆感叹“人的命运非常奇妙”。那时的张昆差点辍学，初中老师家访劝说他继续上了高中。经历挫折、饱尝苦难，塑造了张昆“不服输、能吃苦、能忍耐”的性格。“如果没有早期的这些经历，我不会有这种屡败屡战旺盛的斗志。我有时候对我的孩子讲‘能量守恒’，吃的苦也好享的福也好大约是恒定的。早年享福多了，我估计中年晚年可能麻烦就比较多一点；早年吃的苦多一点，中年晚年可能就比较顺一点。”

1980 年，张昆考上了武汉大学，因为高考成绩中历史分最高，他选择了历史系。上世纪 80 年代，武汉大学历史系大师云集，学术氛围与研究风气令人神往。历史系老师不仅给学生授课，还指导学生读书和做研究。“在历史系我遇到了一些好老师，自己读历史也很有感觉。我上吴于廑先生的一门世界史课程，有一次讨论发言给老先生留下比较深的印象，后来他主动通过助手邀请我报考他的硕士。”1983 年，张昆准备报考武汉大学历史专业研究生。正好那一年武汉大学创办新闻系，从中文系、历史系、经济系、哲学系中挑选 6 名优秀毕业生任教，张昆名列其中。当时国内大学广泛开展近代史教育，“武汉人民广播电台与武汉大学历史系合作，搞了一个中国近代史系列讲座，我当时是历史系学生会学习部长，作为学生主编牵头负责。节目天天播，每天播两次，很有影响。后来有人知道，历史系还有学生在电台做节目，就让我去了新闻系。所以我还没有毕业的时候，就参与了武汉大学新闻系的筹建”。张昆到新闻系报到后，系领导没有马上安排他的教学工作，而是动员他报考中国人民大学新闻系的研究生，虽然仓促应考，但他功底厚实，以优异的成绩被录取为中国人民大学 1984 级研究生。

在中国人民大学读研期间，张昆开始寻找自己的学术定位。他认为“我对新闻史有优势”，所以把学习重心放在新闻史上，形成了早期的第一次“转轨”。“在中国人民大学读书的时候，我比较在意听历史方面的课程，我们第一届研究生班有十多人，当时方汉奇、甘惜分、张隆栋、郑兴东、秦珪这些最好的老师都给我们上过课，所以学到不少东西，打下了很好的基础。”1986 年，张昆回到武汉大学新闻系正式任教。“因为各种原因耽误了三年”，张昆在 1991 年评上讲师，1993 年破格晋升副教授、1997 年破格晋升教授。1998 年 9 月，张昆开始在职攻读武汉大学政治学博士。“当时学校不放我去外地读博士，正好我对武汉大学政治学院老院长刘德厚教授非常敬仰，就报考了他的博士。为了能够把政治学和新闻学结合起来，我选择了‘大众媒介的政治社会化功能’这个题目。”2003 年，张昆博士毕业，同年《大众媒介的政治社会化功能》一书出版，这本著作后来获得了湖北省社会科学优秀成果奖。

李培根院士认为，张昆之所以会对学科发展、建设的思路很清楚，“当然源于他的学术视野以及在武汉大学的行政历练”。其时，在调任华中科技大学之前，张昆在武汉大学已有8年的院长副院长的经历。1995年武汉大学新闻系更名为新闻学院，33岁的张昆任新闻系主任。1998年9月28日，张昆被任命为武汉大学新闻学院院长。“我做了半年多的院长，当时有一个宏大的构想，想启动改革，学校也非常支持，学校投了360万元建实验室，鼓励老师们拿项目写文章，要争取博士点。”1999年4月，武汉大学学科调整，新闻学院与图书情报学院合并，成立大众传播与知识信息管理学院，资深的图书情报学院原院长马费城教授担任院长，张昆改任第一副院长负责新闻传播学科。2000年12月四校合并后，武汉大学成立新闻与传播学院，张昆继续担任第一副院长。在武汉大学的20年，张昆积累了不少经验，也有不少教训，从而练成了他的处世智慧。“所以我做事不过头，趋向于中庸。一些改革政策，干活的人得到了利益，没干活的人也不要有太大损失，寻求增量改革。既要改革，又要留有余地。以前处事总想冲一冲，却没有或很少考虑到人情、面子这些东西。”在张昆眼中，武汉大学的这段经历对他而言是一笔难得的财富。“我比较幸运，别人在院长副院长的位置上可能也就能干4年、6年、8年，我一干干了20年，让我的积累能够持续发生作用。前期在武汉大学的历练中，也有一些思考但没有实践，到华中科技大学来了以后有机会把它变成了现实。”

2.“新闻学院历史不长但做到了异军突起”

2019年3月7日，华中科技大学校长李元元在新闻学院调研时说：“新闻学院历史不长，人数不多，但师资队伍素质较高，对学校发展贡献较大，做到了在华中大人文社科领域的异军突起。”同武汉大学新闻系一样，华中科技大学大新闻系也创办于1983年，至今不过36年。在2017年教育部第四轮学科评估中，华中科技大学新闻传播学科排名A等，与复旦大学新闻传播学科并列全国第三。从张昆的口述中，我们或许可以窥见华中科技大学新闻学科“异军突起”的密码。

“我到这儿来的时候，我的前任吴廷俊院长做得是很不错的，他很有事业心，很有学科意识。”在张昆看来，华中科技大学新闻学当时就有一个比较好的基础，有新闻与传播学一级学科博士点；学院的学风淳朴，教师之间也比较团结，在国内教育界同行中有较好的口碑。“但是还是有一些问题。首先是队伍结构青黄不接，一些资深教授成就斐然，在学界业界有很高的声望，但青年教师中露出头角者很少。教师队伍是一个哑铃型结构，老中青之间中间坍陷，人才严重断层。其次是本科人才培养方面做得不够，学生主要靠自己解决实习问题，虽然学院也提供实习平台，但起点比较低。另外就是缺乏科研平台，教师做科研主要靠单打独斗，学院的科研项目特别是国家级项目比较少。”

张昆上任院长之后，华中科技大学新闻与信息传播学院陆续推出了一系列举措。在师资队伍建设方面：坚决执行“杜绝近亲繁殖”的政策、对教师实行分类管理、实施教师薪酬改革、推出冠名教授席位、鼓励青年教师当导师等。“打造一支开放的、有活力的、有创造力的、优秀的教师队伍，是学院发展的重中之重。从 2007 年开始，我们自己的博士不直接留校，引进的教师全部来自校外。我们也欢迎自己培养的博士，但要先出去工作或者进博士后流动站，表现好再引进回来。这是一个很重要的政策，让现在学院的人际关系非常简单。”“我们对教师实习分类管理，不同岗位的老师会对应不同的考核方式。在岗位设置上，将教师岗位分为科研岗、教学岗和教学科研并重岗，实行差异化评价，鼓励多元发展，让不同专长的教师都有自己的发展空间。”

“我们推行了教师薪酬改革。按照保底不封顶的原则，允许老师跨挡升级，干得好的可以大踏步往前走。副教授的教学科研成果只要达到了教授的标准，就可以拿教授标准的职务津贴，优秀的讲师也可以拿副教授标准的津贴。在现有的教师 13 级中，有些老师可以一次直接跨 3 级。同时，对老教师也有保护措施，在职务津贴方面实行保底，以维护他们的个体尊严和物质利益。”“我们设置冠名教授席位。给予每人每年 10 万元或 5 万元的津贴，这对老师们的激励很大。除了经济方面的意义，更重要的还是精神上的鼓励，一种成就感和荣誉感。”

“我们鼓励青年教师当研究生导师。一般而言，当了副教授才能当硕士生导师，当了教授才能当博士生导师。凡是我们招聘的博士都要达到副教授的水平，进来了就能当硕士生导师。每年有一个名额让副教授担任博士生导师。这一点对年轻人的鼓励是很大的。”“我们在人才队伍建设方面花了很多功夫，通过引进人才、自我培养、激活机制、活跃氛围，形成了一种有效的合作竞争机制。教师队伍在保持动态平衡的基础上，增加到了目前的 40 人，队伍的整体结构发生了变化，变成了橄榄球形结构。”

在人才培养上，华中科技大学新闻与信息传播学院也打出了一系列“组合拳”。“首先要求教师把心思放在本科教育上。建立学院专业实践教学协调小组，在北上广深等几十家主流媒体设立实践基地，指导老师每年都要到实践基地去沟通协商并看望学生。同时我们把专业老师当班主任作为一种制度。我们重视推进各种创新团队，红树林团队、V-fun 团队、loading 团队等一批学生创新团队陆续崛起。在全国高校中成立第一个评论学社，‘新闻评论人才培养创新体系的建构与实施’项目先后获评湖北省教学成果一等奖、国家级教学成果奖二等奖。”“在研究生招生上我们控制规模，另外控制单一老师的招生规模。我们的博导基本上是一个人带一个博士。我们把指标拿出来以后，就可以让年轻人来带，导师队伍也就做大了。”

“在科研方面，我们重视平台建设。先是建了媒介技术与传播发展研究中心这个省级文科基地，后来又以国家重大项目为孵化器，建立了国家战略传播研究院、中国故事创意传播研究中心等平台。我们加强学术方向的凝练，形成新闻传播史论、网络与新媒体、战略传播三个学术方向。我们组织学术团队，以集体的力量申报项目。这些努力效果十分显著。仅 2011 年学院就成功地申请了国家社会科学基金课题六项，其中重大课题一项，重点一项。课题拿到了，有了经费，又占领了学科前沿，锻炼了队伍。同时我们以科研为支点促进社会服务。我们人数不多，但在项目、论文和专著方面，一直是科研大户，是历次学科评估的亮点。"

为了提升学院的精气神，华中科技大学新闻学院推出了院训、院歌、院徽、院碑，组织专家编纂了自己的院史。"学院文化是学院竞争的重要软实力。华中科技大学新闻学院学科评估的成绩不错，我认为软实力方面起到了很大作用。在开学典礼上，我们让学生佩戴院徽、唱院歌、朗读院训释文，这些活动下来以后，很多同学泪流满面。院训、院歌和院碑等只是外在的东西，内在的文化精神已经渗入到师生的灵魂深处，大家对专业和学院比较认同，对传媒行业心存敬畏。"

"学者治院，开放办学；以人为本，教学相长；文工交叉，应用见长。"张昆用这三句话来总结华中科技大学新闻与信息传播学院的特色。不过在他看来，华中科技大学新闻传播学科虽然在评估中被评为了 A，但与中国人民大学、复旦大学等老牌新闻学院在历史积淀、文化传统等方面仍有很大差距。"学科评估让师生对学院的认同感、对专业的认同感更加强烈，我们也越来越有底气。但受发展的阶段性制约，学院在国际化方面做得不够，国际认知度和认可度还有待提升。华中科技大学的新闻传播学要想成为一流学科，未来还有很多路要走，需要加强已有优势，并补上短板。想要真正和排位相符，还得花很长时间扎扎实实打基础。"

在卸任后的一次采访中，张昆给自己打了"85 分，也就是良好"。不过，在之后的年终考评中，全院老师却给了他 92 分，位居学院第一。这或许是对张昆 12 年院长生涯的最好评价，"再苦再累也值得"。

3. "他无时无刻不在思考新闻教育中的问题"

在《三思新闻教育》一书的序言中，武汉大学原校长刘道玉先生这样评价张昆："张昆教授是一个思考型的学者，他无时无刻不在思考我国新闻传播教育中的问题，可以说他满脑子装的都是问题。例如，他曾提出：新闻传播教育应当坚持什么样的培养模式？应该构建什么样的课程体系？应当怎样认识和理解学生在教育过程中的地位？应当如何发挥学生的积极性、主动性和创造性？我国新闻传播教育中存在诸多问题的症结何在？如此等等。"在张昆看来，思考教育问题，是每一个教师的义务，更是院长的职责。35 年来，他发表了 30 篇新闻传播教育论文，出版了《新闻教育改革论》和《三思新闻教育》两本专著。

仅就“新闻学院院长”这个敏感话题，张昆就发表了《新闻传播学院院长的多重角色》《我们需要什么样的新闻学院院长?》《新闻学院院长的四大要务》和《新闻学院院长的战略思维》四篇论文。在张昆看来，新闻学院院长作为学科或专业的总负责人，是承上启下的枢纽；承担着“师资建设、学生培养、条件改善、氛围营造”四大要务；要达成发展目标，回应社会的期待，必须具备战略思维的能力。“院长这个活确实不容易做。他像双面胶一样承受上下内外挤压的这种角色。他所承受的痛苦是外人无法体会的。在外人看来院长挺风光。近年来，越来越多的人想做院长，来源也越来越多样化。不同的院长、不同的角色、不同的身份，在院长的位置上有的干得很好，有的干得不怎么好，有的荒腔走板。反正我马上要卸任了，也是希望让大家知道我对这些问题的看法。这些都是我真心的流露，我没有任何一句假话。”“院长的工作千头万绪，既要面对上下，又要接触里外，服务老师和学生，兼顾教学和科研，所以要有超越常人的意志品质，坚韧不拔、迎难而上。当院长时要把学院工作放在第一位，其他的放在第二位。院长的职务涉及学院上下、学校内外、老师学生，不仅要做好学院的事情，还要做好自己的本职工作，所以要有出色的统筹协调能力。由于院长是学院的代表，要跟学校各单位以及社会各方面保持密切联系，自然就有了社会活动家的特征，所以必须拥有广泛的人脉才行，这样才能从学校、社会争取到更多的资源，补充学院所需。”

张昆承认新闻教育面临着问题，但对未来表示乐观。“从人的社会属性、从社会的本质来看，新闻教育、信息传播还是有它未来成长的空间。技术形态不一样，信息传播的方式不一样，但基本职能都是为了实现人类的沟通。信息化程度越高，社交媒体越发展，普通人参与传播的程度越深，越会提升专业传媒人或专业媒体的重要性。可信赖的、高素质的、有洞察力的、有判断力的新闻人、评论员和主持人等会显得更加重要。信息文化产业在整个国民经济中所占比重越大，人从复杂的体力劳动中解放出来了，精神生活或精神自由的空间也会越大，人们信息消费的要求也会增强，而我们的新闻传播教育，可以拓展的空间也就越大。当然，为了使学生有更好的社会适应性，我们的专业设置、课程体系和教学内容等要不断改革，要顺应时代需求。”

作为教师，如何处理教学、科研和服务社会之间的关系?在张昆看来，新闻学院的好老师必然是好学者。“作为老师教书是根本。传道授业解惑，让学生成为人。从我们专业的角度讲，是要培养有思想、有深度的职业传媒人。要通过言传身教，来实现这个目的。但是这种教，应该有深度的教。这种深度，也就需要老师自己去探索去研究。所以一个好的老师必然是一个好的学者。这一点是大学教育与中学教育最大的不同。中学老师可能不会在知识创新上花太大的功夫，更多地重视教学的艺术、方法和投入。大学既有成熟的、经典的知识，也要有面向未知领域的、创新的知识。所以，大学老师应该在某一方面有比较深入的研究。教哪一门课程，就要成为哪个领域比较前沿的学者。能够看到这个领域大家普遍关注的重要问题，能够通过研究找到解决这些问题的钥匙。这些研究会成为教学新内容的重要来源，所以教学和科研是同等重要的。一些工具性的课程譬如语言、编程之类，可能不那么需要科研。但专业性的课程，还是需要好学者来讲授。教学、科研和服务社会应该是和谐共生的。学者用知识服务业界，也就把产学研打通了。当然研究方向不一样，不能要求每个老师都去搞社会服务。所以我们才会实施岗位分类管理。教学岗的老师教学评价必须进前25%，这个要求是很高的。”

张昆是新闻教育的思考者也是践行者，是备受学生欢迎的好老师。“教学对老师而言是立身之本。教育就是要起到春风化雨、唤醒灵魂的作用。我们的学生尤其是重点大学的学生，真的是百里挑一。这些学生把希望和命运都交给学校。学校怎么教导、引领和栽培，关系到他们的前途和命运。教师被赋予最光辉的职业这样的称号，虽然不是很富裕，但待遇还是不错的。所以我们要珍惜这个职业，要敬畏这个职业。我以前年轻的时候，不大体会到学生、不太会心疼学生。等自己的孩子上学以后，特别期待老师会对自己的孩子青眼相加。在我看来，如果能像对待自己的孩子一样对待学生，一定会成为最好的老师。”“这么多年来，每年推荐本科生到外面去保研，只要是学生来找我，我都给他们写推荐信。不光写推荐信，我还想学生去找老师不能空手，每次都让学生把我写的书带过去。每年要送出几十上百本。我看到这些学生，就像看到自己的孩子一样。老师看到自己学生的成就，就像看到自己孩子的成就，同样也会感到自豪。”

2018年，张昆获得了华中科技大学伯乐奖。他说：“新闻院系实际上是一个人才工场，没有学生，学院、老师就失去了存在的依据。我们要真正把学生当成自己的孩子，全力以赴地去栽培他们。”“爱生如子”，“以学生为中心”，这是张昆对教师角色的理解。

4.“我的梦想是推出一个全球民意指数”

在张昆看来，新闻学院院长在教学和科研上都应该成为表率。“在院长这个位置上，压力是很大的，不光自己的教学科研要不错，还要推动学院工作。院长和知识分子打交道，这跟企业和政府不一样。行政机关权力和权威是统一的，在高校里权力和权威是分开的。你当院长、处长是有行政权，但大家服不服你？这就要看你的道德文章，看你的人格魅力。所以在高校当院长，你要想讲的话有人听，要把想做的事情变成现实，还得自己增强说服力。这个说服力是，你要别人干的事，你自己也要能干，而且要干得好。你自己的本科教学才打60分，你凭什么对别人的教学指手画脚？你没有这个资格。学科建设重在科研。你自己在科研上面一塌糊涂，你凭什么去号召老师们凝练方向、申报课题？所以院长要把事情干好，实现自己的愿景，必须要自己先做好。你不这样做，别人不会服你。所以我也重视教学，重视科研。学院第一门国家精品课程是我讲的，第一门视频公开课也是我讲的。大家都不报，那就我来报。我们的院长副院长都拿国家项目，都发 A 刊文章。在我们学院，只有学者才能做管理者。有些人当了院长就不写论文了，不上课了，我认为不会是个好院长。”

“认识自己”和“应用导向”是张昆做科研的两个原则。“在研究方向的确定上，首先要认识自己。我是谁，我从哪儿来，到哪儿去。这是一个重要的前提。我的方向选择都是这样的，我能不能干，能干才能选择。我在进入学界的时候，国家百废待兴，很多现实问题都有待解决。大家都有一种强烈的责任感、使命感。所以我做的主要是问题导向，对策性的、应用性的研究。有一点现实的作用，有一种实践的价值，能发挥自己的优势，又能体现知识的价值。最开始我做新闻史，后来随着改革开放的深入，很自然就转到了国际传播、国家形象、政治传播这个议题上。当院长又让我必须来思考传媒教育问题，所以我在教育方面也写了不少东西。我的四个国家社科基金项目，前后有三个是跟国家形象、对外传播有关的。陈陈相因，重在积累。所以，做研究要在一个领域持续地坚持下去。”

张昆建议年轻老师要根据自身情况选择研究方向。“现在年轻老师的压力很大，尤其是父辈没有给他留下很厚实家底的年轻老师，他要在大城市生存发展，非常艰难。买房、生孩子，像天文数字一般的投入。这种情况下，你要让他来做学问、拿项目、出论文，是非常难的。很难保证让他们把精力都放在学术上面来。所以对年轻人，我们要鼓励支持他们，让他们能够安居乐业。当下中国到了一个新的节点上，不仅要有强大的经济、强大的文化，也要有领先的学术。所以在这个时候，大家未必要重复我走过的路。我更加鼓励年轻人来做一些纯学术的、基础理论的课题。这些课题的学术价值可能会更久远、更厚重。当然，我也鼓励大家去做应用的、对策性的研究。尤其是像现在的媒体转型、媒体融合，全媒体时代传播的过程发生了变化，来跟踪这种变化，来探讨新时代的传播现象，从实操的层面来研究这些问题，也是非常重要的需求。这类研究因为有现实的需求，当然它会有生命力，也会得到更多的支持、机会、资源，也可能更容易持续下去。有的人在理论研究方面可能有深厚的潜力，有的人他的学术基础、知识结构，可能更加适合做一些应用的、实证的研究，不必强求划一。”

作为中国新闻史学会新闻传播教育研究委员会的会长，张昆还担任《中国新闻传播教育年鉴》的主编。他说，“学会为什么要编这个年鉴。这也是一个紧迫的需求。整个中国新闻教育界，几百所高校，七八千位老师，二十多万名学生，没有一本能够反映基本经验、整体状况、宏观数据的动态的权威性工具书，这是不行的。应该有一个平台和载体为他们服务。这个事情做好了，是积功德的事情。年鉴是一个很好的载体，将来

10本20本摆在一起蔚为大观，可以提升学科地位，为我们记录历史创造条件。所以我把年鉴、学会看得非常重。新闻学院的院长只管一个学院的事情，但年鉴的事情是服务全国新闻教育界的。其他的事情我可以不做，但这个事情我要做好，为全国新闻院系的教师、学生和学科建设服务”。

展望未来，张昆还有很多事情要做，还有“下一个梦想”。“按照华中科技大学的标准，我还可以干到65岁。张明新院长希望我再为院里做点事情。所以把2013年成立的国家传播战略协同创新中心改成了国家传播战略研究院。每年有一个国家传播战略高峰论坛，2019年要开第七届，同时要出一本蓝皮书(每年一本)。还有一个大型民调——《2018年中美两国民众的世界观念调查报告》。这个报告比较受到认可，英国《经济学人》也有引用。今年准备用中英文同时发布。2019年，我们将在中国、美国、南非、埃及、尼日利亚、坦桑尼亚、埃塞尔比亚等国同时进行调查。另外，我们想推出一个城市品牌排行榜。这个工作量比较大，学校支持我们就做。我最大的梦想是能希望能够推出一个全球民意指数，真正地进行全球民意调查，像英国的BBC、美国的盖勒普和皮尤中心一样做全球民调。对于我们国家来讲，这是一个非常紧迫的需求。我们要实现中国梦，和平崛起，承担大国责任，必须要了解世界舆情。欧美国家是否接纳？一带一路沿线国家的民众认不认可？是我们国家决策的前提。我们不能停留在官方意志上。我们需要有科学的调查数据。这是一项大的系统工程，我还没有找到可靠的财政支持，每年要200万元。谁支持，就由谁来冠名。现在我们在致力于调查方法的科学化，一旦有了相应的投入，就马上全面铺开。”“新闻传播教育史研究委员会的会长还要做一届，年鉴再做四五本，我就功德圆满了。”可以看出在未来几年内，张昆仍将扮演会长和院长这两个角色。不过这个院长，已经从新闻学院院长，变成了国家传播战略研究院院长。

卸任院长之后，不少学校向张昆伸出了橄榄枝，但他都婉拒了。“从去年到现在，其实有很多的选择。有比华中科技大学更牛的学校邀请，有重点高校让我去做副校长管文科，但我婉拒了这些善意的邀请。为什么？我在华中科技大学12年，一直陪伴着新闻传播学科，日久生情，有些割舍不掉。另外，现在学院主政年轻领导都很不错，他们希望有一个比较好的过渡。长期以来，也许是我自作多情，外面一直把我当成了华中科技大学的代言人、一个形象代表。如果卸任以后，很快就发生异动，对学院的稳定可能影响不好。如果是我个人的原因，我感觉没办法向历史交代。所以即使有单位提供了非常好的条件，我还是婉拒了这些邀请。”

卸任院长之后的张昆，常常和夫人一起去看电影，在微信朋友圈晒恩爱。他说，“我的运气比较好，家庭和谐稳定，让我能把精力都放在工作上”。以前因为工作忙，张昆对儿子实行军事化的管理，“饭要5分钟吃完，不听话就要挨打”；在儿子10岁之后，他又几乎不管家里的事情。现在的张昆对家人满怀愧疚，只要放假就要和夫人在一起。“关心一下健康，享受一下家庭的生活。回归这个家庭，弥补一下欠账。过去的的确确很对不起他们，现在希望能弥补过去的过失。”入则恳恳以尽忠，出则谦谦以自悔，这句话出自元代张养浩的《为政忠告》。在张昆这位新闻传播领军者、教育家身上，我们也能看到这种境界。

（口述：张昆　　访谈：刘义昆　李振华）

第7章　名师风采

7.1　郑兴东：一位有“高度”的新闻传播家

在人才辈出的人民大学新闻学院，有一群特别的“80后”和“90后”，他们是新中国成立后新闻传播学科最早的开拓者和建设者，为学科发展和人才的培养作出了卓越的贡献，他们所著的教材和论文是学科发展的奠基之石；他们门下的学生有的是业界的领军人物，有的是学界的大咖级人物。以研究报纸编辑学见长的郑兴东老师就是这样一位特别的“80后”。

图7-1　郑兴东

郑兴东老师1932年出生于浙江建德，1953年从复旦大学新闻系毕业后开启了他的教学生涯。除1953—1958年、1973—1978年两度在北京大学中文系新闻专业任教外，其余时间皆在中国人民大学任教。① 看过去的老照片，身高1米82的郑兴东老师在人群中总是那么显眼，波浪微卷有点“潮”的发型、英俊潇洒的面庞、高大挺拔的身材，用今天年轻人的话说就是妥妥的“男神”级人物。即使步入老年，满头银发，依旧是玉树临风的学者风范。郑老师带的第一位博士赵先权接受采访时说：“我导师是玉树临风的谦谦君子，是那个年代新闻系男生和女生共同的偶像。”曾在中国人民大学任教的著名网络传播研究学者彭兰老师，在一则带有郑兴东老师照片的微博下面评论道：“郑老师是一位有‘高度’的老师，说的不只是身高。”的确，“高”是郑兴东老师一个突出的特点，但是体现他“高度”的可绝不仅仅是身高（见图7-1）。

---

① 新白．新闻传播学家——郑兴东［J］．中国人民大学学报，1999(6)：120-121.

7.1.1 有“高度”的学者——新闻传播学会“终身成就奖”得主

1. 新闻编辑学的“大家”

可能很多学生听到郑兴东老师的名字，第一反应是《报纸编辑学教程》这本书。的确，以郑老师为第一作者的《报纸编辑学教程》影响非常大，是一本非常经典的教科书，至今仍然是很多学校的教学用书。而该书较早的版本《报纸编辑学》①还获得过国家教委高校优秀教材一等奖。1992 年又获得第二届吴玉章奖金新闻学科一等奖。吴玉章奖金在当时是面向全国的哲学社会科学方面最高规格的奖金，每四年才评选一次，其含金量之高不言而喻。鉴于郑兴东老师在新闻传播学领域的诸多贡献。2017 年，他获得了第三届新闻传播学会“终身成就奖”。

报纸编辑学是郑兴东老师最深耕的领域，和他的同事陈仁风老师同为该领域的开拓者。谈及为何会走上新闻学研究道路时，郑老师特别强调“机缘巧合”四个字。他说小时候有尝试过给县城里的报纸投稿，后来受到编辑赏识，竟成为长期的撰稿者，因此对报纸产生了兴趣。高考后，被三个高校录取，但因为复旦大学新闻系放榜最早，也不知道是否有被其他学校录取，就选择了复旦大学新闻系。在校期间在《工人日报》《人民日报》等多家报社实习，积攒了丰富的实践经验。毕业时，本来更想要去报社当记者的郑老师，被分配到了北京大学，主要担任报纸编辑课程的教师，教什么就要钻研什么，由此开始了他的编辑学研究。

早在 1962 年，郑老师就撰写过《版面形式美初探》一文，探讨如何改进报纸版面的问题。1981 年撰写《试论版面语言》一文，把对版面的研究提升到了一个理论高度。这是国内第一篇提出“版面语言”概念，并且对其发展历史和如何运用进行详细阐述的论文，可以说是具有开创性意义的。从大环境看，1980 年前后正是“新闻无学论”盛行的年代。② 当时在很多人的观念里新闻不是一门科学，负责管理新闻工作的领导、报纸的编辑和读者都不怎么关注重视新闻理论。从具体的实践看，长期以来，对于报刊更关注其内容，及新闻、评论、图片的问题，却极少关注到版面的作用，更不可能提出一个与

---

① 根据《报纸编辑学教程》的序言中介绍：1988 年，中国人民大学出版社出版的是《报纸编辑学》(修订本)，《报纸编辑学教程》是在这本书的基础上修改、补充而成。《报纸编辑学教程》的第一版在 2001 年出版。而郑兴东老师以第一作者身份主编的编辑学教材最早可以追溯到 1982 年出版的《报纸编辑学》讲义。

② 陈力丹．不能忘却的 1978—1985 年我国新闻传播学过刊[M]．北京：人民日报出版社，2009：210-211.

此相关的理论来指导实践。

郑老师在这篇《试论版面语言》中认为，阅读始于注意，版面在吸引读者注意中起到至关重要的作用。版面语言是一种独特的语言，“版面不是让读者随便去看去理解它所提供的内容，而是以自己的声音去引导读者思考，去启发读者的感情。它或直陈，或暗示，或用辛辣的对比，或用热烈的渲染，有所爱憎，有所褒贬。它可以加强或者削弱新闻、评论图片等声音的力量，甚至赋予它们新的内容、新的思想”①。郑老师接着又对“版面语言”的构成进行了剖析，认为它由铅字、线条、色彩等版面语言的基本材料，和版面的布局结构这两大部分所构成。如此，就将一个看似抽象的概念具体化了，也增强了它在实务中的可操作性。文中还列举《申报》《纽约时报》《人民日报》等报纸的具体案例，详尽阐述了版面语言的发展历史和在实际工作中如何运用好版面语言的问题。整篇文章既具有开创性的理论意义，又具有很强的实践指导意义。

在教材方面，除去前面提到的《报纸编辑学》。郑老师还出版过一系列配套的参考辅助书籍，此处简单介绍比较重要的几本。由于20世纪80年代有关报纸编辑工作的材料分散在各种报刊书籍之中，不方便查阅，因此郑老师萌生了把这些材料聚集起来的想法。② 于是在1987年出版了《中外报纸编辑参考资料》，里面收录了44篇有关报纸编辑工作的材料，其中有7篇是外国的材料，分别来自苏联、日本、英国和美国四个国家。不能不说，这在当时是比较有国际化视野的。

1990年出版《不要这样写——对百篇新闻写法的商榷》，点评新闻的缺陷而不是优点，这是比较有新意的。郑老师在前言中说自己出此书的初衷有两个，第一个是学习新闻写作不仅要学习范文，还要学习有缺陷的新闻作品，汲取教训。学习新闻编辑也要训练一种既要能看到稿件优点又能看到稿件缺点的能力。第二个是更高层面的目的——为新闻改革尽一份力，通过对稿件的分析，改变实践中过分强调新闻的“说话”功能、宣传功能的现象，使新闻业同行树立读者观念和改进写作技巧。③ 真可谓用心良苦。

1993年出版的《好新闻后面 编辑耕耘录》则是“一本具体反映编辑劳动与创造的书”④。他同两位研究生贾奋勇、谭诚训利用实习和调查的机会，南下上海、浙江，北上吉林、黑龙江，先后走访了数百位报社编辑，编写而成。里面有很多关于编辑如何选

---

① 郑兴东．试论版面语言［M］．中国人民大学新闻系《新闻学论集》编辑．新闻学论集（第一辑）．北京：中国人民大学出版社，1980：49.

② 郑兴东，陈仁凤．中外报纸编辑参考资料［M］．北京：中国人民大学出版社，1987：1.

③ 郑兴东，陈仁凤．不要这样写——对百篇新闻写法的商榷［M］．北京：中国人民大学出版社，1990.

④ 郑兴东．好新闻后面　编辑耕耘录［M］．北京：新华出版社，1993.

稿编稿的故事，在学习资源丰富程度远不如今天的年代，这本书是一部非常生动形象的教材。

比较不为人所知的是，郑老师不仅研究编辑，自己还曾长期承担过编辑工作。在改革开放后，中国人民大学新闻系出过在当时影响比较大的学术刊物《新闻学论集》，一共19辑。在1980年到1992年间，甘惜分老师和郑兴东老师是主要编辑者。郑老师更年轻所以在具体工作上承担得更多。①

要知道，当编辑不简单，就像郑老师在《好新闻后面 编辑耕耘录》序言里总结的：编辑是一个默默奉献的群体，具有发现价值、发现人才、修饰、整合稿件的重要作用。② 更何况是在经费、人员、稿源都存在问题的情况下，办《新闻学论集》坚持了十几年，更是不容易。

2. 新闻传播学的学术奠基人

在中国人民大学复校40周年成就展中，郑兴东老师与甘惜分、方汉奇、张隆栋和何梓华等教师一同被列为新闻传播学科的学术奠基人。作为学术奠基人，郑老师在新闻学方面的研究可不限于报刊编辑，还有新闻学的基本理论。在他担任过主编的《新闻学论集》中，就发过三篇与新闻价值相关的论著。这是1978年以后最早讨论“新闻价值”问题的论文。

第一篇是1980年的《论新闻价值》，开宗明义“新闻价值”是选择和衡量新闻的标准，包括及时、新意、重要三个要素。第二篇是1981年的《再论新闻价值》，文中区分了“新闻价值”与新闻产生的“效果”这对易混淆的概念，并且详尽阐述了新闻价值如何确定、新闻价值与传播者的关系的问题。第三篇是1986年的《新闻价值相关论》，对新闻价值进行了更深入的分析，讨论的是新闻价值相关的现象，即一个事实的新闻价值在传播系统中与其他事实的新闻价值相关的问题。他在这篇文章中精辟地总结了新闻价值扩展所具有的两种表现形式。第一种是链状的扩展，表现为一个事物所蕴含的新闻价值，一经传播，会引发出这个事物发展过程中其他变动的新闻价值，这正是连续性报道的依据。第二种是辐射状的扩展，表现为一个事件的新闻价值对它的相关联的其他事件

---

① 陈力丹．不能忘却的1978—1985年我国新闻传播学过刊[M]．北京：人民日报出版社，2009：210-211.

② 郑兴东．好新闻后面 编辑耕耘录[M]．北京：新华出版社，1993.

的新闻价值的引发。① 反观30多年后，在媒介技术发达得多的今天，网络上层出不穷的把某一事件或话题与热点新闻硬拉上关系，以牟取更多关注的“蹭热点”行为，不正是利用了这一原理吗？由此亦可见，虽然郑老师当时是以报纸为主要研究对象的，但他从中凝练出的理论在纸媒衰落的今天依旧极具参考价值。

如果说新闻学研究是郑老师的一座学术高峰，那么传播学则是他的第二座高峰。中国传播学的起点始于1978年②，郑兴东老师属于较早接触和研究传播学的学者。

1981年，郑兴东老师和陈仁风老师撰写了1万5千多字的长文《传播方式的探讨》，运用了三种分类方式，按信息流向将传播方式分为单向传播、回应传播和相向传播；根据控制的方法分成集中传播与分散传播；根据信息内容联系的不同，分成组合传播与非组合传播。这种划分在当时是极其细致和新颖的。

郑老师在传播学领域也有一部影响力很大的教材——《受众心理与传媒引导》。这本由郑老师利用教学空余时间撰写的教材于1999年4月出第一版，2003年获第三届中国高校人文社会科学研究优秀成果二等奖，后又被教育部推荐为新闻与传播学研究生教学用书。彭兰老师接受采访时，对这本书的评价是“理念非常前沿”。彼时的传播学研究以大众传播学为主，主要研究的对象是报纸、广播、电视，多是从传播者的角度去考虑问题，鲜有人注意和研究受众。而这本书恰恰探究的是受众的心理，开篇就对受众做了详细的分析，从社会角色、受传行为、受传自觉程度和受传动机四个维度进行分类；还独辟一章专门论述受众的逆反心理。实际上，这本书也可以说是对新闻编辑学研究的延展。郑老师认为，就编辑谈编辑是不能够深入的，因为都是经验性的东西。要深入研究，就要有一个更开阔的视野。因此他自学心理学、美学、语言学和社会学等知识，把这些融会贯通到自己的研究之中。

3. 高瞻远瞩的学科领军人

大概郑老师是在学术上占位高，所以能看得长远。作为新闻学院元老级的人物，面对日新月异、变化万千的新闻传播业态，他对问题的洞察与思考不仅能够做到与时俱进，而且能有超越时代的前瞻性。

著名的新闻学研究者蔡雯教授，也是郑老师培养的博士生。蔡雯老师读博士正是郑

---

① 郑兴东．新闻价值相关论［M］．中国人民大学新闻系《新闻学论集》编辑．新闻学论集（第十一辑）．北京：光明日报出版社，2011：89.

② 胡翼青，张婧研．中国传播学40年：基于学科化进程的反思［J］．国际新闻界，2018，40（1）：72-89.

老师的建议，他很赞赏蔡雯的已有研究成果，鼓励她继续花时间系统地去研究宏观编辑业务，填补这一领域的一些空白。于是当时已经工作九年的她才决定到中国人民大学攻读博士学位。①

蔡雯老师的毕业论文《新闻传播的策划与组织——宏观新闻编辑研究》在2002年时获得全国优秀博士学位论文奖，这也是新闻传播学科在全国优秀博士论文评选中获奖的第一篇论文。在采访中谈及郑老师对这篇论文选题和写作的影响时，她说："这个论文讨论的是一个比较有争议的选题，因为当时媒体的生态与今天不同，大家还没有意识到新闻传播策划的重要性，而一些软文、有偿新闻让人们感觉背后的策划是有不可告人的目的的，是违反新闻客观性原则的事，是一个社会问题，所以有些学者认为不应该在新闻学中研究什么'策划'。郑老师认为正是有争议，才更应该研究，他坚决支持，这才使论文能写下去。"

彭兰老师在采访中也讲到一个故事："郑老师一直关注新媒体发展的动向，并且经常有深刻见解，十多年前，在一次博士论文的开题会上，他针对那位博士生研究的媒介融合的问题提出，既要关注融合，也要关注分化，正是在他的观点的启发下，我后来写了一篇《媒介融合的'合'与'分'》的论文。直到今天，媒介融合中的分化，也仍是媒介融合进程中值得深入思考与探索的问题。"

郑老师的前瞻性还体现在教学实践和师资力量培养中。据彭兰老师回忆，她1991年硕士毕业后能幸运留在新闻学院任教，就与郑兴东老师有关。当时学院看到了新技术对传媒业的影响，决定在教学中引入新的内容与技术手段，以编辑教研室为主建设了激光照排实验室，开设激光照排这方面的课程，本科有计算机软件专业背景的她便成为了意向人选。而郑兴东老师当时是编辑教研室主任，正是对开设激光照排课程和她的留校起到了重要作用的人。

彭兰老师还提道："对于我在事业上的发展，郑老师也考虑得很长远，他认为我不能只讲激光照排这样的课程，也要能胜任报纸编辑课程的教学，于是，留校后，我听了一个学期陈仁风老师的报纸编辑课程，从教学内容到方法方面进行全面学习。虽然后来我担任这个课的教学任务不多，但那个阶段的学习，不仅使我在新闻业务上有更多的提升，也使我能始终把技术与内容两个方面结合起来进行思考、研究，这也为我之后的研究提供了更好的铺垫。"

---

① 蔡雯：变换的是角色，不变的是坚守[EB/OL]．[2015-10-15]．新闻周报，https：//mp.weixin.qq.com/s/Ff3DqCEQeWnfnfuyBKOhpg.

7.1.2　有“高度”的师者——为人师表，“事业和人生的典范”

1. 严谨又开明的严师——“望之俨然，即之也温，听其言也厉”

在《论语》中，子夏说过这样一句话：“君子有三变：望之俨然，即之也温，听其言也厉。”翻译成大白话大概就是，君子会使人感到有三种变化：远远望去庄严可畏，接近他时却温和可亲，听他说话则严谨不苟。

用这句话来形容郑老师非常合适。郑老师相貌端正、风度翩翩，再加上又是赫赫有名的大学问家，自带气场，令人敬畏。现在中国传媒大学的刘宏教授在接受采访时就说：“在硕士论文答辩时郑老师是答辩的老师之一，当时特别紧张，一直觉得郑老师水平高，当时我特别缺乏自信。”

但是郑老师其实对自己的学生温和可亲，据赵先权老师说，郑老师常会和学生在林园家中的书房进行无主题的聊天，师母则端茶倒水、嘘寒问暖，算是一种增进师生感情特别的传播方式。蔡雯老师接受采访时也说道：“1997 年至 2000 年我在读博士学位时，教师们都没有自己独立的办公室，学生都是去老师家接受指导，所以我经也一样，常去郑老师林园的家探讨问题，有时到了饭点，郑老师和师母会留我一起吃饭，很亲切很温暖。”

从毕业论文后记提供的信息来看，郑老师所带的学生对他评价的关键词是“严谨”，几乎所有学生都用到了这个词。的确，即便没有接触过郑老师的人，通过阅读其编著的教材、撰写的论文，也能感受到他严谨细致的作风。郑老师写的论文往往是万字长文，论述系统、逻辑严密，古今中外的典故信手拈来，内容又直白通俗，紧紧贴合业界实践，因而其观点能让人感觉有很强的说服力。

郑老师严谨的作风不仅体现在做学问上，更体现在对学生学业的要求上。2008 届毕业生张景云在毕业论文后记中写道：“每当我去请教时，简单的寒暄后，您总是很快转入正题，虽然只面对一个学生，也像在课堂上讲课一样，时而点拨，时而探讨。您的严格要求，叫我不敢有一丝放松和懈怠。当我想早些提交论文，‘逃离’写作的‘困境’时，您毫不松口，要求我再下功夫。如果您当时‘放’了我，论文肯定是另外的样子。在师母病重期间，您还抽出晚上的时间看稿子。虽已 76 岁高龄，稿子中的标点、字句逻辑不通之处居然都逃不过您的眼睛，您用笔轻轻勾勒，还将意见密密麻麻地写在一张纸上，待与我交谈时备忘。师母仙逝后，您忍着悲痛询问写作情况，国庆长假的第一个早晨，您就约我去谈论文中的问题，您对学生的爱是一种‘大爱’。”

也许正是因为郑老师有着严谨的风范，所以对不断发展的学术更抱有一种开明开放的胸怀。现在已经成为中国人民大学新闻学院教授的 2005 届毕业生宋建武老师，在毕业论文后记中就写道：“每次到郑老师的书房面聆教诲，都会看到他那里添了新书。在一般人眼里，其中许多是原本以为研究报纸编辑学著名的郑老师‘用不着’的，如营销学和经济学的著作。郑老师还总是非常关切地与我讨论业界的最新发展，其中每每有运用新学科的方法而产生的真知灼见。我想，正是这种根据实践的发展，不断学习新知识，开拓新领域，研究新问题的治学态度和作风，使他不断进取，在新闻传播学的多个领域取得突出成就。”

其实，对于郑老师这样的学者而言，严谨或许只是一种习惯，但是对学术的严谨、对学生的严格的背后，又何尝不是一种爱岗敬业、一种有责任担当的体现呢？

2. 爱徒如子——“每到导师家，都有一种回家的感觉”

尽管郑老师对学生学业上要求严格，是位“严师”，但他非常关爱学生。郑兴东老师的开山弟子赵先权，是中央电视台招录的第一位全日制新闻学博士生，现在已是中央广播电视总台高级编辑，在接受采访时感慨道：“没有郑老师的培养，没有他的举荐，就没有我的今天。他是我的恩师。”

入学之后，赵先权作为一个有家庭的全日制博士，收入不高，生活比较困难，郑老师就根据他是青年教师出身的特点，让他一边读书研究，一边兼课勤工俭学，联系和安排他到北京电影学院、中国记协新闻学院、中国人民大学新闻学院，给本科生兼课。在临近毕业时，赵先权希望能到中央电视台工作，郑老师又写亲笔信向台长杨伟光推荐自己的学生。真的可以说，郑老师的在学术外的关怀也是无微不至的。

郑老师夫妻恩爱、家庭和睦，不仅羡煞旁人，也无形中在家庭生活方面给学生树立了学习榜样。在彭兰老师印象中，郑老师他和夫人非常恩爱。当年，他和他夫人胡赛珍老师经常并肩在校园里散步，成为学院师生的美谈。

对莘莘学子来说，毕业论文的后记无疑是对学生时代最深刻或最美好记忆的记录。郑老师门下的学生在毕业论文后记中，除了提到郑老师本人外，绝大多数都有提郑老师的夫人胡赛珍老师，2001 届毕业生屈小平写道：“导师渊博的知识和包容的人格，对我影响极深。师母待我如同自己的孩子，每到导师家，都有一种回家的感觉。”2008 届毕业生张景云写道：“每次去参加辅导，您总是笑容可掬，端茶倒水，问寒问暖。在与郑老师交谈时，时而听到优雅的钢琴曲，如沐春风。在我的一生中，再没有时光在那种特别的气氛中度过，典雅，深沉，悠扬那可能是‘净化’最好的阐释。”

或许，对于郑门弟子而言，郑老师在中国人民大学林园的家就像他们的家，郑老师像严父，胡老师像慈母。导师的传授给他们的，不仅仅是专业知识，还有为人处世与道德风范。彭兰老师作为郑老师曾经的同事，评价郑老师是“事业和人生的典范”也是不为过的。

郑老师除了是教授和博导外，还有过很多的头衔：教育部高校新闻学科教学指导委员会委员，中国新闻教育学会常务理事、秘书长，中国人民大学学术委员会委员、副秘书长。他编著的教材和撰写的论文也得过很多的奖项，为新闻传播学科更是培育了无数人才。早在2002年，他的学生曹鹏就在一篇文章中写道："事实上，单是郑门弟子聚到一起，也足以构成一次有一定层次的新闻界活动，因为除了鄙人才疏学浅无所成就以外，其他的同学不乏教授、名编、名记与学术权威、媒介机构CEO，称得上一时才俊，每次聚会都够格道一句'座中多是精英'。"①

但是，功成名就的郑老师却非常淡泊、朴实和低调，80大寿之后更加淡泊从容，鲜有参加公开活动，也基本没有专门的聚会了。唐朝诗人储光羲在《咏山泉》中说："转来深涧满，分出小池平。恬澹无人见，年年长自清。"大抵如此吧！

在采访中，不止一位老师提到，郑兴东老师严谨的治学态度、开阔的胸怀、对名利的淡泊、对晚辈的爱护和提携，不光郑老师一人所有，也是很多中国人民大学新闻学院前辈教师的共同特点。也许，这些品格和风度正是新闻学院的"80后"和"90后"老师们留给晚辈的和学术成就一样珍贵的精神财富。

（罗诗婷　邓绍根）

7.2　程曼丽：桃李不言而成蹊的学界实干家

"桃李不言，下自成蹊。"这是学生们在程曼丽老师60岁生日的聚会上，提及频率最高的一句话。这句话既是对她的科研生涯和学术成果的精练描述，也是人们对她的行事风格和思想品格达成的共识(见图7-2)。

图7-2　程曼丽

中国人民大学新闻系，是中华人民共和国成立后党和政府领导创办的第一家新闻教育机构。1982年，程老师在这里获得学士学位；1986年，她在这里获得硕士学位，留校

① 曹鹏．报学馆札记(四)[J]．新闻传播，2002(5)：36-37.

任教。1995年，她在职读博，师从中国新闻史学界泰斗方汉奇教授。2002年9月调入北京大学新闻与传播学院前，她在这个孕育了中国新闻传播学界诸多领军人物的园子里，度过了学术生涯中最重要的时光。

“才情敏给、冰雪聪明、淹博多识、好学深思，在学术上时有新的创获。”这是方先生对她的评价。1997年，在程老师40岁生日之际，方先生写了一封庆生信。方先生在信中表达了对学生的关爱，也提了三个期望：顺利完成学位论文，以优异教成绩拿到博士学位；在教学和科研上不断精进，做出切切实实的成绩来；在两至三年内成为教授，在三至五年内成为博导。“程曼丽是很努力很争气的，我在给她的信里提的几点希望，不到五年全都实现了。”①

1998年，获博士学位；同年，基于博士论文修改而成的专著《〈蜜蜂华报〉研究》在澳门基金会的支持下出版。这本专著先后获得北京市第六届哲学社会科学优秀成果二等奖、第四届吴玉章人文社会科学优秀奖。1999年，晋升教授，同年被遴选为博士生导师。

1999年年底，在她获评博导资格后，方先生又写了一封信：

“记得不久前，在你40岁生日的时候，我曾经祝愿你早日成为教授和博导，当时的预测是两年左右的时间，现在，这一预测已经成为现实了。新闻史研究领域，终于有了另一位博导级的学者，这门学科的梯队壮大了，后继有人了，我的孤军作战的尴尬局面，也随之结束了。仅仅两年多一点时间，就上了两个台阶，很不容易。这里面，有机遇(政策上对中青年的倾斜)的成分，但主要还是由于你个人的勤奋和努力。”②

7.2.1 守正：扛起新闻史研究的大旗

《〈蜜蜂华报〉研究》是程曼丽老师学术成果中的第一座里程碑。这枚学术果实凸显了她在新闻史研究中的执着精神和投入状态。澳门基金会的吴志良博士在为这本书作序的时候写道：“这份研究竟是由一位在《蜜蜂华报》合订复印本出版之后才开始学葡文的华人学者完成的。”③为了完成博士论文，程老师用三个月的时间突击学习葡萄牙文的美谈，在新闻院校的师生中广为流传，成为学术励志的标杆。

《蜜蜂华报》是1822年9月12日在澳门创刊出版的葡文周报，1823年12月26日停

---

① 辛华，张春平．方汉奇点评高足(上)[J]．传媒，2002(9)：24.

② 翁昌寿，刘波．程曼丽：坐看一幕幕生动的历史剧[EB/OL]．[2004-02-09]．人民网，http：//www.people.com.cn/GB/14677/22114/31734/31735/2327288.html.

③ 吴志良博士为繁体字版《〈蜜蜂华报〉研究》写的序，引自程曼丽．《蜜蜂华报》研究[M]．北京：清华大学出版社，2015：12.

刊，一共出版了 67 期。这份报纸在中国新闻事业史上占有重要地位：它是第一份在中国内地出版的近代化报纸；第一份在中国内地出版的外文报纸；也是澳门历史上的第一份报纸。戈公振在《中国报学史》中曾提及这份报纸，但内容只有三十几个字。由于语言障碍，此前的新闻史研究者都未能细读该报，留下了一个空白急需填补。

研究《蜜蜂华报》是方汉奇先生的一个心愿。他对自己不懂葡文，无法着手开展研究，一直深感遗憾。面对令他“披卷摩挲，大喜过望”的《蜜蜂华报》复印合订本，方先生希望能够找到合适的人选来完成这项工作。几经试探，他确定了人选：程曼丽。

“如果不是导师方汉奇先生的期许与勉励，我的生活永远不会与它(《蜜蜂华报》)发生交织。”①程老师觉得自己有责任承担起这项工作，填补新闻史研究中的一个空白，了却导师的夙愿。她也知道要完成这项研究的难度是很大的。有关《蜜蜂华报》的情况，中葡历史文献中都很少记载，就连该报出版前后在澳门定居的传教士所写的相关专著中，也没有提到。

导师的期许与勉励，是促成研究的动力。研究者自身的投入与坚持，是啃下这块硬骨头、完成研究的关键。为研究这份报纸，程老师跑了不少图书馆，翻阅了大量尘封的旧籍。“有时几天下来找不到一点相关资料，一旦发现有，就欣喜若狂。”②在撰写论文的过程中，她总是抱着地球仪，琢磨消息会通过哪些陆路和水路达到编辑手中；琢磨消息没传到的时候，编辑会采用哪些方式填补版面。新闻史研究是艰辛的，甚至是孤独的，她却能“苦中作乐”，进入一种半痴半狂的状态。“因为全身心投入论文中，没有什么人可以交流，每当思有所获，总是自得其乐，论文接近尾声时尤其如此。”③

《海外华文传媒研究》是程老师学术成果中的第二座里程碑。海外华文传媒既是中国新闻史的研究对象，也是外国新闻史的重要内容。1998 年年底，中国新闻社前社长王士谷先生带着这个研究课题，到中国人民大学寻求合作。方汉奇先生向他推荐了程曼丽。程老师当时在教授外国新闻史，又攻读了中新史方向的博士，在海外华文传媒研究方面具有知识结构和学术视野的双重优势。

王士谷老师通过各种途径收集资料，家中堆满了不同时期海外华文报刊的报样。程老师也利用出国机会遍寻当地的华文报刊，有时报样占了行李箱一半的位置。“开始还

---

① 程曼丽 .《蜜蜂华报》研究[M](简体字版前言). 北京：清华大学出版社，2015：21.

② 程曼丽教授写给学生的邮件，引自李杰琼 . 半殖民主义语境中的“断裂”报格：北方小型报先驱《实报》与报人管翼贤[M]. 北京：中国社会科学出版社，2015：231.

③ 程曼丽 .《蜜蜂华报》研究[M](简体字版前言). 北京：清华大学出版社，2015：23.

觉得繁琐，后来渐渐与这些旧报纸建立了很深的感情。”①

2000年，王士谷先生病逝。程老师继承老先生的遗志，继续收集资料，推进研究。2001年，《海外华文传媒研究》出版。作为中国国家“九五”哲学社会科学课题项目的成果，这本专著获得了专家好评，被认为填补了国内近十年来无人做海外华文传媒通史研究的空白。同年8月，在甘肃兰州召开的世界华文传媒与华夏文明学术研讨会上，这本专著引起了与会的海内外报社经营者和传媒学者的广泛关注。方汉奇先生评价此书“是迄今为止，以全景式的手法，历史地全面地论述介绍和研究海外华文传媒的第一部专著”②。

现在看来，从中国人民大学调入北京大学，仿佛有种历史的使命感牵引着她。1918年10月14日成立的“北京大学新闻学研究会”，是中国第一个系统讲授并集体研究新闻学的团体，被公认为中国新闻学教育和新闻学研究的开端。毛泽东也参加了新闻学研究会的学习，获得听讲半年证书，这为他在中国革命各个时期卓越的新闻实践和理论研究打下了基础。

2006年，程老师被任命为北京大学新闻与传播学院副院长，主管本科生和研究生教学。她在认真调研、深入思考的基础上，根据学科发展及学生培养的需要，积极推动课程体系的调整与再建设。她还站在新闻传播学学科发展的高度，对学院的学科布局提出开创性建议——恢复成立北京大学新闻学研究会。在她看来，“作为新闻学研究会的诞生地——北京大学有责任，也有信心重新扛起历史留下的这面大旗，挑起历史的重任，将中国新闻学教育和研究推进向一个新的阶段”③。

2008年4月15日，北京大学新闻学研究会恢复成立。次年6月，北京大学新闻与传播学院当选为中国新闻史学会新一届会长单位，程曼丽当选为新任会长。中国新闻史学会是我国新闻传播学领域唯一的全国一级学术团体，此前先后由方汉奇教授、赵玉明教授担任会长。饱含着学界前辈的期许和学界同仁的信赖，历史留下的大旗交到了程老师手上，而且一下子就是两面。

扩大学会的国际化交流，实现学会会刊《新闻春秋》获得国内统一连续出版物刊号、成为规范出版发行的学术期刊，举办五届新闻史论师资特训班、毕业学员累计100人，坚持组织七届新闻史论青年论坛，出版“北京大学新闻学学术文库”。十余年里如一日，

---

① 张素平．程曼丽：致力海外华文传媒通史的新探索[EB/OL]．[2001-09-15]．中国新闻网首发，http：//news. sina. com. cn/c/2001-09-15/357952. html.

② 巴人．程曼丽著《海外华文传媒研究》出版[J]．新闻与传播研究，2002(1)：89.

③ 程曼丽谈北大新闻学研究会：扛起历史留下的这面旗[EB/OL]．[2018-04-10]．人民网，http：//media. people. com. cn/GB/40606/7104297. html.

她遵守承诺，践行理想，深耕推动新闻史研究的发展，致力搭建一个全国性的学术研究平台，以开放的姿态吸引全国有志于从事史论研究的学者参加。此举得到卓南生、汪琪、彭家发、赵月枝等海内外知名学者的支持。2018 年，华中科技大学新闻与信息传播学院的吴廷俊教授由衷感慨，复会后的北京大学新闻学研究会“十年岁月不寻常”，为中国的新闻史研究播下了学术种子。

7.2.2　开拓：以对策性研究服务社会

尽管学术成果得到学界、业界的交口称赞，严谨治学的态度受到青年学子的推崇仰慕，但程老师行事十分低调，很少听她亲口表示对自己哪方面感到“满意”。“如果硬要找一个称得上‘满意’的方面，我觉得是善于跳出书本，用历史的眼光考察和分析当下问题，并将理论研究的着力点放在现实事件中，以取得现实的效用。”①这是她在接受媒体采访时唯一承认的“强项”。

“历史和现实没有截然的分离点，历史延续到今天就成了现实。”②程老师在讲授外国新闻史的时候，一方面介绍各国媒体由古至今发展、演进的过程，另一方面也关注各国媒体在现时代呈现出的特点和规律。这恰好与国际传播领域关心的议题有所重合。成为博士生导师后，她在外国新闻传播史的基础上，开辟“国际传播”的招生方向，也是水到渠成的事情。调入北京大学后，她较多地参与了国务院新闻办、港澳办、奥组委等机构的合作研究项目，在史论研究的基础上增强了现实观照。

2006 年，是程老师调入北京大学的第四个年头。她撰写的《国际传播学教程》在这一年的春天出版。该书先后被列为北京大学新闻与传播学院的精品教材、北京大学精品教材和北京市精品教材。在高校的人都知道，写教材是费力不讨好的事情。程老师却用写学术专著的态度认真对待，好比完成了又一部博士论文。魏永征教授在评价这本书时，高度赞扬了书中提出的国际传播“二次编码”理论，认为这个创见，不仅是理论创新，同时能够与中国对外传播的“赤字”问题对接起来，给实践以指导。③

程老师意识到，这些研究结果带有一定的决策参考价值，不仅有可能直接影响新闻管理部门的工作思路，甚至对改善中国政府和国家形象将起到一定的作用。她不止一次

---

① 商伟．“北大优秀共产党员标兵风采之五”——程曼丽：亦端亦扬成方家［EB/OL］．［2018-06-25］．北京大学新闻网，http：//pkunews. pku. edu. cn/2008zt/2008-06/25/content_124030. htm.

② 翁昌寿，刘波．程曼丽：坐看一幕幕生动的历史剧［EB/OL］．［2004-02-09］．人民网，http：//www. people. com. cn/GB/14677/22114/31734/31735/2327288. html.

③ 魏永征．对外传播的“赤字”和“二次编码”论——读程曼丽新著《国际传播学教程》［J］．新闻记者，2007(1)：68.

地坦陈自己作为研究者的“初心”：“对策性研究能够把研究成果转化为影响决策的现实力量，具有实际的效能，如果在这方面我能够发挥一定的作用，我会感到很欣慰。”①

2003年“非典”(SARS)期间，她立足新闻传播学者的客观视角，通过细致的实证分析，直言卫生系统的信息发布在“非典”流行初期存在信息屏蔽、信息失真、舆论误导等问题，这导致4月20日以后政府处于双重危机的困境中，即“非典”疫情扩散带来的危机和传播信任危机。② 这份研究报告后来被做成卫生部内参，送到了部领导面前。在卫生部的座谈会上，她也毫不避讳地向部领导指出卫生系统在信息发布中暴露的诸多问题。“非典”结束后，程老师被聘为国家突发公共卫生事件专家咨询委员会委员和卫生部新闻传播顾问。这是程老师学术生涯中又一个流传甚广的美谈。她却把研究开始的缘由描述得十分简单：当时不便出门，自己不习惯闲着，便开始对卫生部的信息传播活动进行跟踪分析。她谦虚且淡然地表示：“当初只是在做一件具体的事情并力求把它做好，没有想到这件事将来是不是会被人关注，或者能够获得什么回报。我想，如果在做一件事情之前，先衡量名利得失，先想到有没有回报，这件事情是不可能做好的。”③

无心插柳柳成荫。2003年是程老师学术生涯中的一个新起点。在苏联新闻事业研究、外国新闻史研究、中国新闻史研究、国际传播研究的基础上，她将研究方向逐渐聚焦于“政府信息传播研究”。她受国务院新闻办委托，多次应邀参加中央、各部委、各级地方政府新闻发言人和主管新闻宣传官员的培训。在此过程中，她与各级新闻发言人结下了深厚友谊。2018年，由国务院新闻办主办的“2018中国新闻发言人论坛”在北京大学举行，百余名来自中央部门、地方党委政府和中央企业的新闻发言人聚首燕园，恰是对这份情谊与信任的写照。

在这个时期，她还被聘为国家外文局对外传播研究中心的高级研究员，与该中心合作进行“国家形象构建研究”“对外传播效果测评体系研究”等课题的规划。课题成果中的结论部分曾上报中央有关部门作为决策参考建议。

与政府相关部门的合作，拓展了程老师的研究视野，也为她的深入研究提供了平台和机会，促使她的学术思考更加接地气，也更具前瞻性。她先后提出“新闻发言人亮相是政府信息传播系统建立的开端”“新闻发布是‘一把手’工程”“网络舆情研判将成为政

① 翁昌寿，刘波．程曼丽：坐看一幕幕生动的历史剧[EB/OL]．[2004-02-09]．人民网，http：//www.people.com.cn/GB/14677/22114/31734/31735/2327288.html.

② 程曼丽．论“非典”时期的政府传播[EB/OL]．[2007-04-17]．人民网，http：//media.people.com.cn/GB/1/5626141.html.

③ 郭琳，侯琼．巾帼学人之程曼丽：采菊东篱下 悠然见南山[EB/OL]．[2006-09-24]．北京大学新闻与传播学院网站，http：//sjc.pku.edu.cn/Browse.aspx？id=427.

府面临的新课题”等富有启发的观点，为促进我国新闻发言人制度的建设和发展做出切实贡献。她立足“向世界讲好中国故事”的战略高度，针对政府信息发布在国际传播领域的问题，笔耕不辍地深入思考“如何提高我国媒体的国际传播力”“反思中国对外话语的落地问题”。

2015 年，《关于加强中国特色新型智库建设的意见》发布，“智库”成为舆论关注的热词。这一年，经中央领导批示的一家高校智库——北京大学国家战略传播研究院成立，程老师出任研究院院长。她在接受媒体采访时直言，研究院一方面通过提供服务于社会发展和国家战略的应用性成果，履行“建言献策”的职责，同时期望为传播学在中国的发展，特别是创设有中国特色的战略传播学科体系，尽一份心力。另一方面希望通过积极举办各种对外交流活动，为政府、企业以及科研教育机构搭建有效的合作、对话平台。①

回望过去 16 年的研究历程，程老师没有将自己囿于象牙塔，满足于“指点江山”的空谈，而是用实际行动和丰硕成果对“眼底未名水，胸中黄河月”这句歌词做出了丰富的注解，将“读万卷书，行万里路”有机融合。

7.2.3　传承：以躬身示范感染身边人

程老师习惯于用温柔包裹坚韧，用谦和回应赞美。面对外界称许的各种成绩和流传的各种美谈，程老师恬淡地说：“没有值得夸耀的，做研究谁都要那么做的。”2008 年被评为北京大学“优秀共产党员标兵”时，程老师真挚地说：“我一直在想：我只是做了应当做的事，为什么会被选为‘标兵’呢？”

她觉得自己属于随遇而安的那种人，“遇到什么事总是习惯往后退”。纵观她的学术成长历程，她总是“机缘巧合”地“被选择”。每每“被选择”后，她总能被前辈们的热情所感染，以更大的热情投入其中。在别人看来她“做什么都能做得很漂亮”。她却谦和地将这个结果归因为“干一行爱一行”，把自己定位为一个“做事的人”。

她觉得自己很幸运，刚一留校，就留在了一个大师云集的教研室里——这里有方汉奇、张隆栋、傅显明、陈业劭、张之华、郑超然、王泰玄。“我是读着他们的书完成了本科和研究生学业的，对他们每个人崇敬有加。”

和自己的老师们做了同事，既让她感到荣幸，又让她感到压力重重。第一次参加教研室例会，时任学院副院长郑超然老师严肃地对她说：“咱们教研室所有的老师都是苦

---

①　王眉．从战略层面为我国国际传播建言——专访北京大学国家战略传播研究院院长程曼丽[J]．对外传播，2015(3)：31.

干出来的。”这句话对她产生了深远影响。① 她说看着老师们安贫乐道、兢兢业业地从事着教学、科研工作，自己也不敢有丝毫懈怠。她学着老师们的样子，收集报样，制作卡片，走上了学术研究的道路。

2002年，她从中国人民大学转入北京大学，何梓华老师再三叮嘱她，如何适应环境，如何将自己的专业方向与北京大学学科发展融合，如何在北京大学的新闻传播专业建设上发挥作用。“现在想起来，挺温暖的。”

成为方汉奇先生的博士生，程老师认为这是她一生中的幸事。在她学业、事业发展中的每一个阶段，方先生都会以口头或书面的形式提出一些警示和忠告。她从“姿态宜谦不宜满”“必须以加倍的努力和成绩来取得认可和信任”这样的语句中受益匪浅。

撰写博士论文时，她总是把《中国新闻事业通史》摆在桌子的左上角，翻开封皮。那上面有方先生的照片，目光深邃。儿子问：“妈妈，这是谁？”她说：“这是妈妈的老师。”儿子又问：“为什么要看老师的照片呢？”她说：“老师看着妈妈，妈妈就不敢偷懒。”

师辈敢啃学术“硬骨头”的治学态度，甘坐学术“冷板凳”的学术风骨，乐于提携后进、勉励后辈的育人精神，言传身教，潜移默化，经由她传习了下来。通过翻阅博士毕业生的学位论文后记，可以发现程老师在学生眼中，既是严师，也是益友：该批评时，态度严厉；大多数时候，宽容、温柔、善良。

对外经贸大学英语学院副教授冯悦说：“想起提交开题报告时被导师程曼丽教授批评的惭愧。正是把压力化动力，使我鼓起勇气延期一年毕业，一字一句地手抄十年的报纸！”②

北京外国语大学新闻与传播学院副教授郑保国说：“感谢我的恩师程曼丽教授。在她的引导下，我走入了新闻史的研究领域，逐渐明确了自己的研究方向。在北京大学新闻与传播学院攻读博士学位期间，程老师总能在我感觉迷茫的时候给以拨云见日般的指导，让我有信念坚持走下来。她从不曾对我说过重话，却往往三言两语点中要害，使我顿悟。”③

北京大学新闻与传播学院副教授王维佳说：“感谢程曼丽教授在我博士学习期间给

---

① 翁昌寿，刘波．程曼丽：坐看一幕幕生动的历史剧[EB/OL]．[2004-02-09]．人民网，http：//www.people.com.cn/GB/14677/22114/31734/31735/2327288.html.

② 冯悦．日本在华官方报：英文《华北正报》(1913—1930)研究[M]．北京：新华出版社，2008：240.

③ 郑保国．《密勒氏评论报》：美国在华专业报人与报格(1917—1953)[M]．北京：北京大学出版社，2018：302.

予我的关怀、指导和各种锻炼机会，她的宽容、鼓励和耐心帮助我顺利度过了四年的学习时光。”①

私底下，学生们会亲切地称呼她“曼丽姐姐”，为她的学识和风度深深吸引。20 世纪 80 年代到 90 年代初，程老师曾在苏联圣彼得堡大学新闻系进修。彼时，她常去剧院、音乐厅欣赏一流团体的演出，还多次去埃尔米达日宫欣赏大师们的画作。在艺术之邦的经历，为她温婉的气质增添了诗意。

程老师是不端架子的人，与她交往，让人如沐春风。写这篇文章的时候，我在微信上问她：“怎么才能把您写得跟其他老师不一样呢？”当时，她正在收拾行李，第二天要启程随考察团参访“一带一路”沿线国家。“你可以写，我是做豆浆最好喝的研究者。”程老师用她一贯平和诚挚的口吻，半开玩笑半认真地回复我。

（李杰琼）

7.3　李瞻：星斗其文　赤子其人

说起李瞻先生，总会让熟悉他的人联想到谷穗。成熟的谷穗因果实饱满、内蕴丰富而低头向着大地，恰如李瞻先生的品格与胸怀：平和谦逊，不事张扬，低调做人，踏实做事。印度诗人泰戈尔说过：“当我们是大为谦卑的时候，便是我们最近于伟大的时候。”李瞻实践了泰戈尔的诗句，用谦卑写就了自己的伟大（见图 7-3）。

图 7-3　李瞻

李瞻先生是山东寿光人，生于 1925 年 8 月 8 日，早年就读于山东省立 15 联中、国立第 22 中和南京政治大学政治系，1956 年入台湾政治大学新闻研究所学习，毕业后留校任教。除了短期在美国进修外，一直在台湾政治大学服务。曾任政治大学讲师、副教授、教授、新闻所所长；台湾教育主管部门、新闻主管部门、“中国新闻学会”等机构顾问；台湾中正文化中心评议委员，

① 王维佳．作为劳动的传播：中国新闻记者劳动状况研究［M］．北京：中国传媒大学出版社，2011：334.

台湾“文建会”委员，金钟奖、金马奖与金鼎奖评审委员；中华学术文教基金会董事长、吉星福文教基金会董事长、曾虚白先生新闻奖基金会执行委员等职。李瞻先生在许多领域为社会贡献了自己的力量和智慧，而新闻传播学教育与研究是其中最重要的一个方面。

“办新闻教育一定要有理想，如果没有理想就失去了教育的意义，也对不起那些对新闻事业心怀壮志的莘莘学子。”①李瞻先生致力于新闻教育事业，取得了令人瞩目的成绩。1982 年创办亚洲第一所新闻学博士班；近 30 年热心于两岸新闻传播学术交流，邀请大陆学者到台湾访问，到大陆多个学校讲学、赠书、设立奖学金。他本人先后出版过几十部专著，其中包括影响深远的《世界新闻史》《比较新闻学》和《新闻道德》等。

7.3.1 博学：著书立说，树立新闻学的学术地位

李瞻先生是台湾政治大学新闻研究所的第一届学生，当时令李瞻头疼的一个问题是“无(新闻学术)书可读”。他跑遍台北所有的书局，希望找到新闻学术书籍，但是最终找到多是新闻从业人员的感悟和回忆录，这让他感觉到新闻教育有很大的空白需要填补。② 这正是李瞻先生著书立说的重要缘由。

因为学习成绩优异，李瞻先生 1956 年从新闻研究所毕业后留校任教。同年，联合国教科文组织在法国斯特拉斯堡大学成立“国际高级新闻教育中心”，并于 1959 年出版发行《新闻教育评论季刊》，其中对各国新闻教育进行了系统介绍。李瞻先生订阅了该杂志英文版，对世界上主要国家的新闻教育有了基本的了解，这为其撰写成名作——《世界新闻史》奠定了初步的基础。

搜集史料是撰写新闻史的基础工作。为搜集新闻史料，李瞻寻找机会频繁访问日本、美国和其他国家，参观世界著名媒体与新闻学院。在赴美访问之前，李瞻先生给自己定的两大目标之一，便是“搜集各国新闻史史料，决定完成一部以追求新闻自由为主轴的《世界新闻史》”③。在美期间，李瞻先生广泛阅读新闻学经典著作，每至深夜，仅

---

① 杨倩蓉．李瞻催生新闻博士班[EB/OL]．[2010-11-10]．台湾政治大学传播学院官网，https://comm. nccu. edu. tw/zh_tw/member/link18/retired_teachers/李瞻%E3%80%80催生新闻博士班-41226891.

② 杨倩蓉．李瞻催生新闻博士班[EB/OL]．[2010-11-10]．台湾政治大学传播学院官网，https://comm. nccu. edu. tw/zh_tw/member/link18/retired_teachers/李瞻%E3%80%80催生新闻博士班-41226891.

③ 李瞻．大时代见证：万里孤鸿[M]．台北：三民书局，2005：218.

在南伊利诺伊大学的 9 个月时间，共计购买书籍与复印资料达 6 箱之多。① 最终从美国带回足足 12 箱新闻史参考资料。② 这可以看得出李瞻先生做事目标明确，同时不辞辛苦，勤勉于学。

从 1959 年开始有想法，李瞻先生耗时 8 年时间完成了《世界新闻史》的写作，详细记录了各国新闻事业发展。该书的出版不仅显示了李瞻先生的学术能力，还树立了新闻学在台湾学术圈的地位。此书出版的第二年，台湾教育主管部门颁发最高学术奖金与金质学术奖章给李瞻先生，正式承认新闻学是一门学术。③ 这是新闻学术著作首次获得该奖励。

此后，李瞻先生笔耕不辍，杰作频出，尽显博学的一面。发表学术论文百余篇外，先后撰写了《新闻道德》《太空传播的发展及其影响》《比较新闻学》等几十部著作，其中《比较新闻学》于 1972 年获得中山文化学术奖。另外，李瞻先生受邀为三民书局、黎明文化公司与“台湾商务印书馆”主编新闻传播学丛书几十部。这些研究成果数量多、涉及范围广，概括起来主要有新闻史、新闻学理论、政策与制度研究、新闻道德研究四个方面，这与其研究初衷是相一致的。这些成果充实了台湾新闻教育的内容，开创了台湾新闻传播学术研究的风气，最为重要的是，改变了过去台湾新闻传播学科学生无书可读的现象。④

“办新闻教育的人，受新闻教育的人，都有共同的感觉：新闻学术还是一片荒原……是需要有心人来开拓的，而开拓的第一步，要搜集新闻学有关的资料，加以整理，然后再建立新闻学的理论体系。李瞻先生便是一位可敬的拓荒者。”⑤新闻耆老、台湾政治大学新闻教育创始人马星野如此评价李瞻先生。

7.3.2　担当：建博士班，完善新闻学的教育体系

1971 年，李瞻先生受邀赴新加坡参加第一届亚洲传播会议，会后到包括日本、印

---

① 李瞻．大时代见证：万里孤鸿[M]．台北：三民书局，2005：219.

② 杨倩蓉．李瞻 催生新闻博士班[EB/OL]．[2010-11-10]．台湾政治大学传播学院官网，https://comm.nccu.edu.tw/zh_tw/member/link18/retired_teachers/李瞻%E3%80%80催生新闻博士班-41226891.

③ 杨倩蓉．李瞻 催生新闻博士班[EB/OL]．[2010-11-10]．台湾政治大学传播学院官网，https://comm.nccu.edu.tw/zh_tw/member/link18/retired_teachers/李瞻%E3%80%80催生新闻博士班-41226891.

④ 李瞻．大时代见证：万里孤鸿[M]．台北：三民书局，2005：243-246.

⑤ 李瞻．世界新闻史[M]．台北：三民书局，1966：3.

度、韩国、马来西亚等地考察新闻教育与新闻事业。参观之后，李瞻认为，亚洲一定要成立新闻学博士班，让新闻教育建立完整的教育体系。在几次访问美国期间，李瞻先生多次萌生此种想法："我参观了美国三十几所大学新闻学院，四家广播公司，三家新闻杂志，参观以后最大的感想就是，我们的新闻教育还没有一个完整的体系，而美国密苏里大学早在1934年就成立世界上第一所新闻学博士班了。"①可见，创立博士新闻班是李瞻先生多年的愿望。

1981年，李瞻先生接任台湾政治大学新闻研究所所长，开始着手博士新闻班的申办工作。李瞻先生首先向学校校长提出增设博士班与传播学院的建议，获得支持。1982年，台湾政治大学新闻学博士班由台湾教育主管部门特许正式成立。这也是亚洲第一所新闻学博士班，从此，亚洲教育开始培养最高层次的新闻学人才，新闻教育开始形成完整的体系。

博士新闻班成立后，李瞻先生采取了一系列措施，以提高博士生的素质，效果明显。主要措施有：

(1)敦聘优良师资。引进了一批从美国、英国等西方国家博士毕业的教授，建立坚强的师资阵容，开展新闻传播学术的系统研究，进而成立传播学院。

(2)延聘客座教授。新闻所自创立以来，为促进国际文化交流，特聘请客座教授。博士班成立后，继续延聘客座教授。

(3)制定研究重点与课程内容。新闻所博士班研究重点为：①高级传播理论与研究方法；②"国家"传播政策研究；③国际传播与国际政治；④资讯科学；⑤外文与外语训练。课程内容主要涉及高级传播理论、传播研究方法、传播政策问题和国际传播问题等。

(4)推广新闻人员在职进修。请专家进行讲座授课，结业后颁发结业证书，并将讲座授课内容，集印成《新闻理论与实务》专书，分发每位学员，赢得了极大的赞誉。

(5)编辑新闻学丛书(上文已提到相关著书情况)。

(6)充实《新闻学研究》的内容。该刊物为台湾地区第一份新闻传播学术性期刊，主要刊登学术创作、研究生特优毕业论文摘要与世界新闻传播名著译介。

(7)加强英语训练。"我在政大主持新闻系期间很注重学生的英语水平培养，因为硕士生和博士生的英文水平相对都比不上海外的留学生，会影响他们在国际上的发展。"

---

① 杨倩蓉. 李瞻 催生新闻博士班[EB/OL]. [2010-11-10]. 台湾政治大学传播学院官网, https://comm.nccu.edu.tw/zh_tw/member/link18/retired_teachers/李瞻%E3%80%80催生新闻博士班-41226891.

他为此聘请美籍教授杨边琳博士，专门指导博士班学生高级英语会话与写作，每周培训六小时，他认为“这样(学生)参加国际会议就没问题了”。①

(8)开创电脑新闻传播教学研究。为迎接电脑教学研究的新时代，与培养研究生之专长，并协助顺利就业起见，李瞻先生特从出版《新闻学研究》之结余经费中，购买6部电脑成立电脑室，增开与电脑相关的新闻传播课，规定每位研究生必须精通电脑技术。②

这些措施的实施，使新闻学博士班沐浴在浓厚的学术氛围中，也获得宝贵的学习机会。上述措施对今天的新闻教育亦有一定的启发和借鉴意义。

2008年9月20日，台湾政治大学新闻系举办博士新闻班成立25岁庆生活动。李瞻先生回忆，当年提出创办博士班时，曾有他校教师忧心博士班毕业学生会不会失业？但李瞻表示，美国顶尖学府均有新闻学系博士班，假如台湾也能成立相关系所，才能证明传播知识已在台湾生根，并且获得学术体系认可。③ 博士班设立以来，每个学生不仅能够顺利毕业，而且毕业后都能找到不错的工作，现如今多数已担任新闻传播院系的负责人。④ 博士新闻班毕业生所取得的成绩打消了他人的忧虑，证明了李瞻先生的远见。

7.3.3 情怀：心怀大陆，促进两岸新闻学术交流

同为山东人的台湾大学前校长孙震如此形容这位老友兼同乡：李瞻兄像“居庙堂之高而忧其民，处江湖之远则忧其君”“进亦忧退亦忧”的范仲淹。⑤

1982年，李瞻向台湾当局建议开放大陆探亲，举行两岸政治谈判，以示追求和平之决心，后被逐步采纳实行。李瞻开始与大陆新闻学者进行书信往还，为两岸新闻学界的进一步交流提供了可能。七年之后，两岸新闻学术交流开始了破冰之旅。1989年9月1日，台湾新闻院校教授访问团应中国人民大学新闻学院的邀请，来到久违的北京进行访问。该访问团里的学者来自台湾最优秀的新闻院校，其中就包括政治大学李瞻教

---

① 郭平．新闻传播学的治学与教学——专访台湾政治大学新闻研究所李瞻教授[J]．国际新闻界，2009(1)：22.

② 李瞻．政大新闻研究所博士班成立20周年回顾与前瞻[C]//陈培爱．新闻春秋：第三届世界华文传媒与华夏文明传播国际学术研讨会论文集．厦门：厦门大学出版社，2004：428-434.

③ 博士班二十五周年 所友回娘家庆团圆[EB/OL]．[2010-11-10]．台湾政治大学传播学院官网，http://tx.liberal.ntu.edu.tw/TxFB/MoreAboutTX/.

④ 郭平．新闻传播学的治学与教学——专访台湾政治大学新闻研究所李瞻教授[J]．国际新闻界，2009(1)：21.

⑤ 杨倩蓉．李瞻 催生新闻博士班[EB/OL]．[2010-11-10]．台湾政治大学传播学院官网，https://comm.nccu.edu.tw/zh_tw/member/link18/retired_teachers/.

授。也正是在这次访问中，时任中国新闻学院院长周立方、中国人民大学新闻学院院长何梓华与资深教授甘惜分、方汉奇等，共同邀请李瞻先生到北京参加两岸新闻教育会议。此后，李瞻先生多次到大陆访问交流，参加新闻学术会议，举行新闻学术报告，参观大陆新闻媒体和新闻教育机构。李瞻到大陆参加的与新闻传播相关的主要会议见表7-1。

表7-1　　李瞻先生受大陆邀请参加的部分新闻传播学术会议①

时间	会议主题	主办方	地点
1989. 9	两岸新闻教育学术研讨会	中国人民大学	北京
1995. 10	华中理工大学国际学术研讨会	华中理工大学等	武汉
1997. 4	第五次全国传播学术研讨会	北京社科院与浙江大学	杭州
1999. 11	复旦大学新闻学院创立70周年纪念大会	复旦大学	上海
2001. 8	兰州大学华文传播国际学术研讨会	兰州大学与新加坡理工大学	兰州
2002. 4	清华大学新闻传播学院成立典礼	清华大学	北京
2002. 10	媒体经济与传媒集团化学术研讨会	中国人民大学	北京
2002. 11	中国新闻改革暨新闻史学术会议	暨南大学	广州
2003. 10	厦门大学传播学术研讨会	厦门大学	厦门

在上述会议中，李瞻先生都做了主题演讲，为大陆新闻传播学研究带来了新的思路和知识。除参加会议外，李瞻先生还到大陆多个学校讲学，关心学校教育，开拓学生视野。早在1995年10月李瞻先生便曾于武汉大学为研究生讲学，并赴中国人民大学访问。由于家乡情怀使然，山东高校的发展一直挂在李瞻先生心里，每有邀请，必欣然接受。2005年4月、2008年4月分别于山东大学讲学，主题为"商业电视与公共电视之比较研究""新闻传播教育之课程配置"。2009年更是到山东大学进行了为期两周的集中讲学，为讲学方便，李先生专门撰写了6篇论文，一共6万多字，前来听课的学生人手一份。因为资料丰富、观点新颖，学生受益匪浅。至今，李瞻先生足迹遍布几乎所有的大陆知名新闻院校、系所，以及许多相关政府、媒体机构，且李瞻先生在大陆讲学从未收取报酬。

① 李瞻．两岸学术交流20年(1989—2009)[J]．东亚研究，2010(1)：164-184.

另一方面，在李瞻先生的积极努力下，大陆学者到台湾进行访问交流的愿望得以实现。1993 年 6 月 25 日，台湾政治大学传播学院召开“中文传播暨教学国际研讨会”，35 位大陆新闻传播学者被邀参会，这是台湾开放大陆探亲后，大陆新闻传播学者首次到台湾进行学术交流。早在 1989 年那次“破冰”的人民大学会议之后，李瞻教授便积极促成大陆学者首次访台事宜，并于 1990 年与“中国新闻学会”共同向大陆学界发出邀请。首次访台计划虽有波折，但在李瞻教授等两岸学者的积极推进之下，大陆学者首次大规模访台最终得以于 1993 年成行。

在这次政治大学会议期间，有这样一个故事：该会议在桃园机场的过境宾馆召开，其间，几位大陆学者向李瞻教授提出想到台北“故宫博物院”看看，并希望得到久闻而未见的李瞻教授专著。李瞻教授爽快相应，以个人名义邀请大陆学者们游览台北。当晚回家，李瞻教授立即租了一辆新式中巴车，以备第二天陪同大陆学者们游览台北“故宫博物院”、中国文化大学新闻学院、阳明山公园、政治大学国关中心等，并向每位大陆学者赠送了他的专著《世界新闻史》《比较新闻学》《新闻道德》《比较电视制度》《国际传播》，这些大陆学者包括何梓华、甘惜分、方汉奇、沈如钢、孙旭培、宁树藩、李进才、吴高福、樊凡等。

通过此次访台，大陆学者对台湾新闻教育感受颇深，如赵玉明教授所言，台湾新闻教育事业比较发达，公私立学校并存，经费充足。新闻系科设置齐全，教学设备先进，师资大多具有博士学位。有新闻院系还有自己的报纸、广播电台、电视台，有的还编印《新闻学研究》《广播与电视》《广告学研究》等专业刊物。这些都值得我们借鉴。①

此后，李瞻先生多次促成大陆学者赴台学习交流。1995 年 5 月，吉星福伉俪文教基金会②资助武汉大学新闻学院院长吴高福教授和李卓钧教授到台湾政治大学学习研究一个月。1996 年 6 月，台湾大学新闻研究所召开“两岸及香港新闻实务研讨会”，邀请大陆新闻学者 12 人，该名单是由李瞻先生推荐给台湾大学的，包括陈桂兰、郑保卫、郑超然等学者，均为新闻教育负责人。③ 上述到台湾访问的学者都曾受到李瞻先生的热情接待。

7.3.4　奉献：身体力行，助力大陆新闻传播学教育

通过在大陆的参观交流，李瞻先生对大陆新闻教育有了新的认知，当时他发现大陆

---

① 赵虹．有益的交流[N]．光明日报，1993-7-25.

② 吉星福伉俪文教基金会，1985 年在台湾成立，李瞻曾任董事兼执行长、董事长。

③ 李瞻．大时代见证：万里孤鸿[M]．台北：三民书局，2005：335-352.

院校普遍经费短绌，购置图书资料困难。为了帮助大陆新闻教育发展，李瞻先生以个人或者吉星福伉俪文教基金会的名义向多所高等院校捐赠新闻专业图书。最初由李瞻先生个人购买图书，赠送给相识的教师。1995 年 5 月因吴高福和李卓钧两位教授到台湾政治大学学习，赠送武汉大学新闻传播类图书 114 册。

1996 年 9 月，捐赠中国人民大学新闻传播类图书 114 册。1996 年 10 月，开始向大陆高校集中地、大规模地赠书，向中国人民大学、北京广播学院、新华社中国新闻学院、中国社会科学院新闻研究所、复旦大学、上海外国语大学、武汉大学、华中理工大学、南京大学、杭州大学、厦门大学、暨南大学、广州师范学院、山东大学、兰州大学、四川联合大学、上海交通大学等 17 所高等院校捐赠图书共计 5865 册，每所学校均为 345 册，书籍内容包括新闻传播、广播电视、广告与公共关系等 6 类。这些图书先集中运抵上海，由复旦大学新闻学院签收后再转送各校。

2002 年、2003 年分两批向北京大学、清华大学、青岛大学、烟台大学、新疆大学、潍坊科技学院、山东建筑工程学院等院校捐赠书籍 2688 册。连同其捐赠大陆个人和团体的书籍，截至 2003 年共计捐赠新闻传播图书 9120 册。① 另外，1998 年李瞻教授还筹资捐赠大陆重点大学法学院《法学业书》50 套，每套 11 本，共计 550 册。

迄今为止，接受过李瞻先生赠书的大陆高校和科研机构至少为 25 所(处)，其中不少书是李瞻先生根据大陆高校和科研机构的实际需求，自筹资金购买的。李瞻先生在一次讲话中说，这些书都是“基于中国人的立场，维护中国人的利益，非常理性和平。希望大陆的朋友也选择性地看看这些新书，思考这些论文的内容，也买些具有现代思潮的外国新书，虚心阅读，深深思考，比较利弊得失”②。这些图书在一定程度上缓解了大陆高校新闻传播专业书籍短缺的问题，带来了新知识，促进了大陆新闻传播教育的发展。

除了捐书外，为奖励优秀学子，帮助他们顺利完成学业，李瞻先生带头慷慨解囊，在多个学校设立奖学金，尤其是山东高校。1992 年李瞻先生随同台湾“齐鲁文经协会”到山东参观访问，返台后决定在山东省内的一些重点大学设立奖学金，以回馈家乡，报效桑梓。李瞻先生亲自担任奖学金筹募小组联络人。该奖学金奖助对象为山东大学、青岛大学、烟台大学等 10 所高校，每年奖励 160 名学生，每名 100 美元。③ 李瞻先生的家乡在山东省潍坊市，他曾多次到潍坊科技学院作学术报告，先后 4 次在潍坊科技学院设

① 李瞻. 大时代见证：万里孤鸿[M]. 台北：三民书局，2005：304-349.

② 李瞻. 两岸学术交流 20 年(1989—2009)[J]. 东亚研究，2010(1)：188.

③ 李瞻. 大时代见证：万里孤鸿[M]. 台北：三民书局，2005：303-304.

立奖学金。①

除了新闻教育外，李瞻先生还做了许多令人敬佩的事情。为了记录山东人在台湾的奋斗史，让世人了解山东人在台湾作了哪些贡献，李瞻先生担任主编，耗时 8 年时光，编写了 17 本共计 600 万字的《山东人在台湾》。该书出版后立即捐赠台湾、山东及世界各地的重要图书馆。为了写好此书，李瞻先生刻苦耐劳，花了大量的心血，以至于损害了自己的身体：眼力下降，之前没生过病的他，在写书期间病了三场，最后腿都走不动了。② 1969 年根据世界 34 个国家的媒介道德规范，拟定了台湾地区《报业与电视道德规范》。1972 年又分别起草了台湾地区的《报业道德规范》与《电视道德规范》。1974 年根据美国"普利策新闻奖"奖励办法，拟定台湾"新闻报道奖""公共服务奖"和"新闻学术奖"的奖励办法。1992 年主编《英汉大众传播大辞典》。2010 年设立"新闻研究论文奖"，奖助新闻学硕士生和博士生毕业论文。李瞻先生还先后成立了"台湾中华学术文教基金会"、吉星福伉俪文教基金会，并任董事长，为社会谋福利等。李瞻先生的努力和奉献在国际上赢得了肯定，1997 年获美国传记文学研究院国际传播学术成就金牌奖；1998 年名列世界名人录；1999 年名列英国剑桥 IBC 国际名人大辞典；2000 年名列英国剑桥 IBC20 世纪世界 2000 杰出知识分子名人录等。这些荣誉都实至名归。

李瞻先生现在年事已高，但他为两岸新闻交流服务之心未曾懈怠。尽管已经不便飞往大陆，但只要听说有大陆学者赴台，李瞻必定设法宴请叙谈；只要是大陆学者与新闻教育与学术有关的愿望，必定全力以赴助其实现；只要是有利于两岸新闻交流的美事，必定殚精竭虑设法玉成。这就是李瞻，一个寓伟大于平凡的人，一个把善行的水滴汇成河流的人，一个拥有赤子之心与奉献精神的人。

（甘险峰　赵　鹏）

7.4　李金铨：国际传播视野与文化中国情怀

在华人传播学界，"李金铨"的名字不仅是一个学者的身体符号，通常它还指代一种传播学现象，这种现象背后蕴藏着丰富的学术生产经验和故事(见图 7-4)。2004 年笔

① 台湾知名学者李瞻教授为我院师生作学术报告[EB/OL].[2009-06-23].潍坊科技学院官网，http://www.wfust.edu.cn/info/1019/1834.htm.

② 李瞻.见证大时代——山东人在台湾[J].山东图书馆季刊，2008(4)：117-120.

图 7-4 李金铨

者参加在云南丽江举行的传播学年会，会议论文集开篇收录的就是李金铨教授的论文《视点和沟通》。在此之前鄙人孤陋寡闻没有听过李老师的名字，更未曾与李老师谋过面，但他的这篇论文却深深地吸引、打动了我。这篇论文勾勒出美国传播学研究现状，并在多元文化视野中指出了中国传媒研究的方向。这篇论文对我有相当程度的启蒙意义，此后多年我在教学中不断研读和使用它。后来有幸成为“多闻雅集”队伍中的一员，得以多次近距离感受李老师的个人魅力。李金铨老师并不拥有最优质的研究和教学资源，但他凭借自身超凡的个人魅力和慷慨的情感付出，为大陆、台湾和香港很多青年学者提供了切实的帮助，点燃了很多青年学者的教学和研究热情。李老师曾将他领衔创立的台湾“中华传播学会”比喻成“无形的文化脐带”，其实他本人就是一根“无形的文化脐带”。在 40 年的教学与研究生涯中，他通过非正式“社会化”交往团结了一大批传播学者，在“体制性建设”之外构建了一个民间的无形学院。这个无形的学院不仅沟通了中西、联系了内地与港澳台地区，而且生产出一种全新的学术关系和社群关系。

李金铨老师对中国古代典籍和思想知之甚多，更能书写厚重的文章。离开台湾后，他在太平洋两岸不断迁徙“游牧”，广泛涉猎政治学、社会学、心理学和传播学等学科知识，不断感受美国和香港不同大学的学术取向和文化氛围。这种跨文化的成长环境虽然使李老师心胸和视野更加开阔，但他却没有丧失文化上的自主性和独特性，仍然坚持观照中华文化和第三世界发展。“我在中国文化的熏陶之下长大，又接受西方社会科学的专业训练，常常思索如何才能彼此融会贯通。”①在李老师的学术生涯中，他始终坚持“以世界为经，以历史为纬”的原则，不断在西方学术脉络与华人社会的现实之间自由切换。

7.4.1 兼容并蓄的研究和教学态度

李金铨老师在学术上的兼收并蓄和在为人上的宽厚包容，使李老师成为华人学者的一个重要向心力。第一，李老师的知识结构是开放的。在夏威夷大学读书时，李老师就广泛涉猎传播学方面的名著，并有机会近距离接触从书本中“跳”出来的作者。在密歇

① 李金铨．传播研究的时空脉络［J］．开放时代，2017(3)：210.

根大学读博士时，导师克莱恩“凭着魅力居然凝聚起一批世界著名的政治学家、社会学家和心理学家，成立跨学科的传播研究博士课程”①。密歇根大学提供的学术环境和李老师个人的知识取向，使他“有六成的课程选自政治系和社会系的交叉界面”②。第二，李老师看待问题的视角是多元的。李老师认为：“我的视野从来都不是局限在传播学，我是从传播学看政治、经济、文化，也是从政治、经济、文化看传播。”③跨学科的视野提升了李老师看问题的高度，也延伸了看问题的角度，进而能够见人所未见，闻人所未闻，实现学术上的创新和突破。近年他将社会学知识运用于新闻史研究中，从而为中国新闻史研究开辟了一条新的道路。第三，李老师对各种学术的看法是包容的。李老师认为社会科学没有绝对的对与错，不同的学者往往从不同的观点和角度看问题。“从阅读和思考中我逐渐摸索出‘条件性’的重要，主张不要把理论说死，不要绝对化，而是看在哪一种‘条件’下什么理论比较合适。”④“我向往的是圆融境界，看问题不愿意绝对化，我强调的是条件性、具体性、互补性和辩证性。”⑤第四，李老师反对在研究方法上的绝对化。李老师认为世间没有绝对的单一的真实(reality，或现实)；社会科学成果仅是各种学术社群从远近高低的视角，建构出的“成岭”或“成峰”的多元真实(multiple realities)。“绝对主义只承认一种正确的解释，而极端的相对主义则接受各种标准不一的解释，犹如俗话说的‘捡到篮里就是菜’，过犹不及，这两种立场应为智者所不取。”⑥

李老师在学术研究上主张兼容并蓄，对待学术研究强调“条件性”的重要，注重运用韦伯式的现象学方法研究传播学问题。李金铨老师在美国接受过严格的社会科学研究方法的训练，但他并不主张将实证方法视为唯一通道。他认为：“极端的实证方法忽视‘文化性’，把文化特殊性(specificity)扭曲为抽象的普遍性(generality)，强加西方的世界观于全世界，成为普遍的时间标准。”⑦他曾经评价自己的导师克莱恩是“认知的实证化约主义者”，“仿佛整个世界可以化约为用数字表达的认知结构”，对克莱恩甚至对罗杰斯等人的研究颇有微词，认为它体现的“是极端实证主义者的傲慢与偏见”。⑧ 当李金

---

① 李金铨．传播纵横：学术生涯五十年[J]．新闻记者，2018(7)：21.
② 李金铨．传播纵横：学术生涯五十年[J]．新闻记者，2018(7)：21.
③ 李金铨．以历史为经 以世界为维——中国国际传播研究的想象力[J]．国际传播，2016(1)：53.
④ 李金铨．传播纵横：学术生涯五十年[J]．新闻记者，2018(7)：22.
⑤ 李金铨，於渊渊．传播研究的“跨界”、“搭桥”与“交光互影”——与李金铨教授谈方法论[J]．新闻记者，2018(7)：48.
⑥ 李金铨．传播研究的时空脉络[J]．开放时代，2017(3)：214.
⑦ 李金铨．在地经验，全球视野：国际传播研究的文化性[J]．开放时代，2014(2)：134.
⑧ 李金铨．传播纵横：学术生涯五十年[J]．新闻记者，2018(7)：23.

铨老师接受过完整的实证主义训练后，他逐渐发现绝对的实证主义以科学为名过于操作化、技术化，“不敢问大问题的，只敢躲在一个小问题里寻找安全感”①；实证主义的垄断导致美国传播学研究“画地自限”，许多人纠缠于自己发现的琐碎的“小问题”，“形成学界各说各话的局面，没有从容交流对话的基础”②。

李金铨老师的内心不是褊狭的、渺小的，而是宽厚的、强大的，在李老师的学术研究中，更加重视对文化的尊重、对人的尊重。和李老师聊天，他总能在细小的故事中寻找到重大的文化主题、生命主题。李老师主张用韦伯式的现象学方法去研究传播学问题，他认为：“人间事物不止因果关系，还牵涉意义的问题；而文化意义千头万绪，复杂万端，不但不能简单化约，还应该用浓彩重墨，细致地刻画并剥解其层层的意义，使这些丰富意义结构井然有序地呈现出来。”③对于优秀社会科学成果的标准，李金铨老师是这样定义的：“我喜欢的社会科学著作，要见其大，又能见其小，结构上要言不烦、提纲挈领、层次分明、因果严谨；但在分析上，每个主题又转折多致、柳暗花明、意义丰富。”④需要指出的是，李金铨老师反对脱离逻辑论证，反对用政治话语和道德标准来发议论的研究。“我对‘进步的’、‘反动的’这些词语特别反胃，貌似进步的可能是很反动的，貌似反动的可能是进步的。”⑤李老师的学术研究态度同样贯穿到他的教学活动中。李老师在明尼苏达大学主要开设媒介社会学和国际传播两门课，而这两门课都是学科交叉的结果。媒介社会学课程李老师连续教了二十多年，重点聚焦社会理论和媒介研究，它既“回溯芝加哥学派的指导思想实践主义、结构功能论，又探讨政治经济学和文化研究内外派别的异同，旁及各种知识论和方法论”⑥。李老师为研究生开设的国际传播课程则以讨论为主，“从国际政治和区域研究找了大量的阅读材料，再联系到传媒研究”⑦。近年，李金铨老师将他的研究经验和研究方法整理成多篇文章发表，同时他还在中国很多高校开设研究方法讲座，如南京大学、复旦大学、武汉大学、华中科大、浙江大学、南京师范大学、安徽大学、云南大学等。李老师的学术研究成果、学术研究态度正在影响很多中青年教师和年轻学生，他在传播学研究方法上所做的大力宣讲和传

---

① 李金铨，於渊渊．传播研究的“跨界”、“搭桥”与“交光互影”——与李金铨教授谈方法论[J]．新闻记者，2018(7)：44.

② 李金铨．在地经验，全球视野：国际传播研究的文化性[J]．开放时代，2014(2)：139.

③ 李金铨．在地经验，全球视野：国际传播研究的文化性[J]．开放时代，2014(2)：139.

④ 李金铨．传播研究的时空脉络[J]．开放时代，2017(3)：222.

⑤ 李金铨．社会科学丰富新闻史研究的问题意识[J]．新闻春秋，2015(1)：87.

⑥ 李金铨．传播纵横：学术生涯五十年[J]．新闻记者，2018(7)：30.

⑦ 李金铨．传播纵横：学术生涯五十年[J]．新闻记者，2018(7)：30.

播，正在被更多的学者认同和接受。

7.4.2　文化中国的研究和教学情怀

中国是中国文化的大本营，李金铨老师那一代台湾学者跟大陆学者一样，接受中国传统文化教育，因此在他们那一代人的内心深处有一个很强的“文化中国”的情怀。一些海外华人学者试图用后现代、后殖民主义解构自己的“中国性”。李老师则认为“身份认同是个人的事，但‘中国性’不是随个人意志解构得了的”①。他对中国文化典籍中的名句能够信手拈来。文化中国因为回避了现实政治，它能够成为华人学者学术交流的精神基础和理论源泉，当然它也伴随着李金铨老师一生的学术研究和教学活动。

李金铨老师心目中的“文化中国”不是封闭的，而是面向全球的一种开放性学术情怀。他在谈到中国学者在从事国际传播研究时，“一方面应该以世界的格局看中国和中国文化，另一方面应当从中国文化的特殊性彰显理论的普遍性。仅仅局限于中国的特殊经验，没有凝聚为普遍性的理论，只有中国人孤芳自赏，无法和其他学术社群对话沟通”②。启蒙运动之后西方人文社会科学逐渐走向科学化的路线，虽然人文社会科学无法达到自然科学那样的精细和准确，但西方人文社会科学的理论性、系统性和逻辑性都值得我们去学习。显然，现代中国大学中人文社会科学的各个专业，均要大量引进西方人文社会学知识，才能形成现代大学的专业教学体系。李金铨老师认为学习西方传播学、社会科学是中国传播学发展的一条必经之路，只是在学习的过程中“要深刻反省它对母社会、母文化哪些是适合的，哪些是不适合的”③。要不断提醒自己“一方面追求专业的严谨规范，一方面谨防落入过度专业化而划地自限的陷阱，以致异化为技术化、碎片化、孤岛化的窠臼”④。李老师的国际传播始终坚持“国际视野，在地经验”，他认为我们的学术关系的主要旨趣应该是：“我们如何从优吸收西方学术，而不沦为它们的‘翻版’，又如何超越西方文化中心主义?”⑤

李老师对中国的历史和现实问题保持着高度的学术敏感。在密歇根读博士期间他就告诫自己，“走自己的路，做自己的事，永远不要丧失文化特色”⑥。博士毕业后李老师

---

① 李金铨．社会科学丰富新闻史研究的问题意识[J]．新闻春秋，2015(1)：88.

② 李金铨．以历史为经 以世界为维——中国国际传播研究的想象力[J]．国际传播，2016(1)：48.

③ 李金铨．无形的“多闻学府”与传播的问题意识[J]．新闻记者，2015(7)：16.

④ 李金铨．传播研究的时空脉络[J]．开放时代，2017(3)：211.

⑤ 李金铨．传播研究的时空脉络[J]．开放时代，2017(3)：215.

⑥ 李金铨．传播纵横：学术生涯五十年[J]．新闻记者，2018(7)：23.

到香港中文大学任教，感受当年的新亚书院“洋溢着士大夫花果飘零的气氛”①。“四人帮”的垮台、“文革”的结束、邓小平的复出、香港回归提上日程等一系列重大历史事件，使他对中国研究、中国传媒研究产生了浓厚的兴趣。李老师频繁行走在全国各地，和很多华人学者保持着深厚的友谊，这使他既没有太多的制度性空间的限制，又拥有内外两种看问题的视角，因此他对中国社会变迁的解读非常生动、深刻，很多被大陆学者忽视的历史细节在李老师的视野中显示出重大的意义。

在李老师的40年教学与研究生涯中，他不断谋求华人学者在全球传播学中的地位，努力提升“中国传媒研究”的国际影响力。1989年李老师有机会获得《中国时报》的资助，在明尼苏达大学成立“时报社会与媒介研究中心”，该中心的一项重要工作就是推动美国的“中国传媒研究”。此后的10多年内，时报中心出版了4本主题连贯的丛书：《中国的声音：政治与新闻的交光互影》(1990)、《中国的传媒、传媒的中国》(1994)、《钱、权力与媒介：文化中国的科层控制与传播形态》(2000)、《中国传媒，全球脉络》(2003)。李老师评价：“这四本书对于美国的中国传媒研究具有指标作用”②，它“为中国传媒研究在英文世界建立基本文献，更是提高他在学界的普遍认受性，一般学者再也不能嗤之以鼻了”③；当年在英国求学的黄煜教授在读到第一本书时，也“大有惊艳和触电的感觉”④。1990年国际传播学会在明尼亚波里斯召开年会，当年在李金铨老师的召集下与会的华裔学者成立了国际中华传播学会，而这个学会如今已经成为华裔学者的无形文化脐带，成为全球华人学者学术交流的最重要国际平台。2002年进入香港城市大学以后，这时内地的政治环境、社会环境已经发生重大变化，李老师得以经常与内地高校进行学术交流。在“城大”期间李金铨老师对中国新闻史研究产生了兴趣，他将社会学知识、社会学方法引进新闻史研究，使中国新闻史研究在方法上和理论上都有了重大的突破。他策划了两本学术论集《文人论证：知识分子与报刊》(2008)和《报人报国：中国新闻史的另一种读法》(2013)，同样成为中国新闻史研究学术创新的重要推动力。

近年李金铨老师对内地高校传播学教育和研究支持很多，他不断教育年轻教师和研究生在学术研究中要具有严谨活泼的学习习惯，批判独立的学术意识和科学规范的研究方法。他劝导博士生“做学问一方面要好玩，有乐趣，不要成天紧绷神经；另一方面，

---

① 李金铨．传播纵横：学术生涯五十年[J]．新闻记者，2018(7)：28.
② 李金铨．传播纵横：学术生涯五十年[J]．新闻记者，2018(7)：32.
③ 李金铨．传播纵横：学术生涯五十年[J]．新闻记者，2018(7)：33.
④ 李金铨．传播纵横：学术生涯五十年[J]．新闻记者，2018(7)：32.

又要态度严谨，步步为营，不能脱离逻辑和证据”①。要“告诉学生多分析、少议论”②。他鼓励年轻老师对西方理论保持警惕，不要对西方的理论顶礼膜拜、盲目套用，但也不能固步自封，闭门造车。他主张将中国的直觉智慧与西方社会科学融会贯通。“中国的人文传统注重直觉的智慧，经常寥寥数语下一结论，充满了洞见，令人豁然开朗，却不太交代推理的具体过程。”③直觉智慧的缺陷在于“有些话说得太精简，往往话中有话，意在言外，甚至互相矛盾，亦未可知”④。“现代社会科学是靠概念、逻辑和证据三部分有机的结合，每篇文章有论旨、有推理、有证据，不仅要知其然，还要知其所以然。”⑤李老师不断告诫年轻老师要强化学术训练，不断培养敏锐而深刻的学术洞察力，最终有能力将自身良好的学术直觉转化为社会科学的语言与思维方式。

7.4.3　言传身教的研究与教学品德

2018年李金铨老师在香港城市大学荣休，香港中文大学苏钥机、陈韬文编印了《相知结缘感恩情》纪念册(见图7-5)，该书以中大结缘、城大岁月、明大旅途三个板块，汇集了三校众多师友对李金铨老师的感恩与想念。李老师一直以他的学生为骄傲，如李少南、陈韬文、苏钥机、冯应谦、李立峰等，但他与学生的关系不是冷冰冰的师徒关系，而是一种体现出关怀与帮助的朋友关系。李老师甚至将学生们看成是“千里马”，并表示“与‘千里马’有教学相长之乐”。⑥

图7-5　香港中文大学编印的李金铨老师荣休纪念册

内地很多前辈和专家的学术活动频繁，他们能够静下心来、放下身段与后生们坦诚交流的并不多。李金铨老师对待年轻学人却没有大家的架子，他能够毫不吝啬地把大量的时间馈赠给年轻人，而且不是居高临下的教训，更多的时候是朋友似的真诚交流。2018

① 李金铨，於渊渊．传播研究的“跨界”、“搭桥”与“交光互影”——与李金铨教授谈方法论[J]．新闻记者，2018(7)：50.

② 李金铨．社会科学丰富新闻史研究的问题意识[J]．新闻春秋，2015(1)：87.

③ 李金铨．传播研究的时空脉络[J]．开放时代，2017(3)：210.

④ 李金铨．传播研究的时空脉络[J]．开放时代，2017(3)：210.

⑤ 李金铨．传播研究的时空脉络[J]．开放时代，2017(3)：210.

⑥ 李金铨．传播纵横：学术生涯五十年[J]．新闻记者，2018(7)：28.

年四川大学黄顺铭主编了《遇见 CC：致我们的燃灯者》一书，纪念李金铨老师在香港城市大学荣休。该书收录了 112 位“多友”和 3 位“多友之友”①的纪念文章，大家纷纷将李老师看成是燃灯者、引路人。到香港城市大学访学给内地青年学者提供了一次体验传播学国际化的机会，而李金铨老师在“多友”身上投入的时间和精力，使内地青年学者或多或少地改变了自己的学术观、人生观。李老师在日常交流中所形成的第二课堂比第一课堂更精彩、更有效。纪念册中各位多友回顾的真情故事能够装满几箩筐，而且每个故事、每段文字都感人至深。

在所有“多友”的记忆中“游学”“爬山”是最重要的记忆意象，200 多位“多友”几乎每一位都能说出与李老师爬山的经历。李老师不习惯总是坐而论道，他总愿在亦师亦友的氛围中，与年轻学者、学生探讨学术和人生。李老师说：“我认为学术有公共性，不是在学苑内关起门自娱。”②2010 年笔者有幸成为第六期“多友”，4 月在城大我们 10 位“多友”两次与李老师爬山。4 月 10 日李老师安排了一个“计划内”登港岛的项目，一天的行程，李老师给我们讲解他的学术成长过程，不厌其烦地解答多友们提出的各种学术问题。每到一个景点，他还帮我们讲解景点背后的故事，指导多友挑选购买“定制”商品。野外爬山经历，李老师似乎成了学术上的新闻发言人，他要回答我们无数的理论的、现实的、生活的问题。正是在“答记者问”中，我了解了很多传播学背后的人物和故事，当李老师谈到他对很多中国问题的见解和研究时，我也常常因为自身的无知而羞愧与脸红。

李老师在人生的每个阶段总能凭借自身的热情和魅力团结一批师友，同时他也对每个师友、学生都给予充分的情感关怀，真诚以待，绝无半点虚假。正是这种“非正式社会化交往”为李金铨老师的教学与学术赢得了充分的发展空间，也使他能够将自身所拥有的资源毫无保留地与来自各路的学者分享。

1. 非正式“社会化”交往与学术教学活动

李金铨老师不主张将学术弄得过于沉闷，他主张在生活交往中实现学术交流。李老师说：“原来学术与生命是不应该割裂的，而是彼此活在一个同心圆内，由内向外扩张，连成一脉，个人的心路历程不断与社会结构有机互动。”③在求学、从教的过程中，李老

---

① “多友”“多友之友”，李老师诙谐的说法，众朋友的意思。

② 李金铨，於渊渊．传播研究的“跨界”、“搭桥”与“交光互影”——与李金铨教授谈方法论[J]．新闻记者，2018(7)：45.

③ 李金铨．传播研究的时空脉络[J]．开放时代，2017(3)：209.

师还注重学术教学之外的社会交往。在美国求学期间，李金铨老师与施拉姆、罗杰斯、克莱恩 、卡茨等传播学大家建立了师友关系，并且能够经常在生活场景中与这些大家交往。在夏威夷大学时，李老师陪罗杰斯驾车作环岛旅行，并能够与之在夏威夷海滩散步。在密歇根大学时，导师"克莱恩常常招呼学生去他家烤肉、喝啤酒，吃他烘焙的法国面包"①。在香港中文大学时，李老师" 和施拉姆重叠两个多月，还寄宿过他家"②。和这些传播学名家深度交往，能够更加深入地感受大家的学术风范，也能够深入了解他们知识生产的背后故事。与传播学大家们的交往交流，使李老师感叹"成功的学者没有一个是不用功的"③。

在香港中文大学任教期间，李老师对中国媒介和香港回归的研究产生了浓厚的兴趣。香港中文大学有个面馆"云起轩"，当年李老师和同事们经常霸占面馆门口的第一张桌子，李老师送给这张桌子一个雅号"天下第一桌"。当年李老师和中大同事们每顿饭都要摆两个多钟头的"龙门阵"，而且文人之间的聊天总能触及学问的边边角角。"举凡西方汉学、中国政局、儒法之争、审判'四人帮'、资治通鉴、宋代书院、西学东渐、李约瑟问题、哈贝马斯、后现代、分析哲学、自由主义、朱熹、胡适、钱穆、陈寅恪、冯友兰、费正清、费孝通、殷海光、金瓶梅、壮族、地方志，简直形形色色，无所不包。"④李老师将面馆的"龙门阵"比喻成"云起轩大学"，同事之间天南地北地神侃使他获得了"一个无形的通识学位"。

2. "多闻雅集"与民间学术社群的影响力

2004—2005 年，李金铨老师在香港城市大学媒体与传播系主持创立了中国内地青年传播学者到访项目，到 2019 年已经有 200 多位来自内地各地高校的学者受邀到香港城市大学访学。2006 年李金铨老师从《论语》中取"友直、友谅、友多闻"之意，将访问学者之间的非正式"社会化"交往命名为"多闻雅集"，象征由博学多闻的新闻人组成的无形学院，此后参与城大访学活动的学者在各种场合互称"多友"。"多闻雅集"是民间化的情感联系，而李金铨老师对"多闻雅集""多友"的巨大的时间投入和情感投入，才使"多闻雅集"成为华人传播学者圈内引人瞩目的学术共同体。李老师在"多友"面前从不吝啬时间，只要大家提出要求，他总会挤出宝贵的时间任大家"打扰"。

---

① 李金铨 . 传播纵横：学术生涯五十年[J]. 新闻记者，2018(7)：22.
② 李金铨 . 传播纵横：学术生涯五十年[J]. 新闻记者，2018(7)：27.
③ 李金铨 . 传播纵横：学术生涯五十年[J]. 新闻记者，2018(7)：27.
④ 李金铨 . 传播纵横：学术生涯五十年[J]. 新闻记者，2018(7)：29.

“多闻雅集”目前已经成为国内民间化的学术社群，目前这个社群有三个主要的学术平台：多闻论坛、中华青年传播学者论坛和多闻雅集微信群。每年清明节前后举办的多闻论坛是一个学术小平台，参加人数一般限定在四十人以内，“力求与众不同，不落入枯念文章的俗套，也避免讨论无聊琐碎的题目”①。李老师在香港城市大学召开的两届“中国近现代报刊的自由理念与实践”会议，会议主题策划鲜明，会议论文根基扎实，论文交流互动务实。“开会时，每篇论文讨论40分钟，作者10分钟，只讲重点，客套话都免了；接着我安排与会的两位学者当评议人，各10分钟，不要客套，完全单刀直入，讲问题；剩下十分钟，开放讨论。”②因此多闻论坛沿袭了李老师一贯的办会风格，每届论坛均在多友中精选几篇“引子论文”，论文宣读后努力使发言人与对话人形成充分的对话。南京大学多友策划首届论坛时最早提出概念是“靶子论文”，南京大学“多友”郑欣曾披露改成“引子论文”的原因：“为了让发言人有更强大的心理准备面对学术同行的质疑与商榷，我们也将太过刺激人的‘靶子论文’换成了比较缓和的‘引子论文’。一是为了抚慰即将被炮轰的多友的心，二来主要是为了呼应多闻论坛的主旨：深度小型化的专题交流。”③暑假举行的“中华青年传播学者论坛”则是“多友”的大聚会，既有学术交流的快乐，也有生活交流的温馨。现在每年暑期学术活动，“多二代”积极参与，成为跨越代际的交流场域。网络时代，人类交往突破了时空限制，真正实现了“天涯若比邻”；“多闻雅集”微信圈已经成为多友们每天生活的社区。更重要的是，“多闻雅集”微信圈是历时的，穿过时间的长河，多友们会越来越像虚拟的部族，“多圈”也越来越成为“多友”的精神田野。正是在虚拟的微信圈中，“多友”们用手指创造了多友的学术社群、生活社群。

（骆正林）

---

① 李金铨．无形的“多闻学府”与传播的问题意识[J]．新闻记者，2015(7)：15.

② 李金铨，燕舞．“我这代台湾人对于历史多少是有兴趣的”[EB/OL]．[2013-11-11]．凤凰网，http://finance.ifeng.com/a/20131101/10993407_0.shtml#0-tsina-1-35311-397232819ff9a47a7b7e80a40613cfe1.

③ 李金铨．传播纵横：历史脉络与全球视野[M]．桂林：广西师范大学出版社，2018：571.

第8章　教授名录(100名)

陈　瑛

陈瑛，女，出生于1960年5月，湖北武汉人，湖北美术学院学士，武汉大学硕士，华中科技大学博士，长期从事动画及广告设计本科教学，图像动画与广告传播硕士研究生生培养以及数字品牌文化传播方面的科研工作，现任武汉大学新闻与传播学院教授、武汉大学动漫产业发展研究中心主任、北京师范大学文化产业系特聘教授、意大利国际艺术与教育联盟(中国)艺术家、中国工艺美术家协会理事、中国五金设计委员会委员、数字品牌文化传播策划专家、全国3D大赛总决赛评审委员会专家、中央电视台栏目评审专家、湖北动漫协会副秘书长、武汉市美术协会会员、武汉动漫协会常务理事。

曾多次主持和参与国家级、湖北省重大人文社会科学研究项目，出版《动画的视觉传播》《CI策划与设计》《广告策划与设计》《平面构成》等专著7部，多次参加“公共危机与跨文化传播国际学术会议”“中国(国际)休闲发展论坛”等国内外学术会议并作主题发言，在核心期刊发表《日本动画的后现代性研究》《论数字媒体传播中的编辑惯例》等与动画设计、品牌策划相关论文20余篇。作为专业画家，多次参加由意大利国际艺术与教育联盟、中共武汉市委宣传部、湖北省文联等单位主办的各类主题画展。

邓若伊

邓若伊，女，博士，重庆工商大学新闻传播学教授、硕士生导师。中国新闻史学会传媒教育实践基地秘书长，重庆市社会科学普及专家。主持国家社科基金项目“网络舆论传播与演化机制研究”，重庆市社科规划重点项目“重庆市区县融媒体中心建设研究”等国家级、省部级项目10项，主研30余项。已发表论文47篇，其中权威期刊10篇，CSSCI期刊和核心期刊论文24篇。出版专著6部。获得国家广电总局人文社会科学优秀科学研究项目成果一等奖、重庆市人民政府第九次社会科学优秀成果奖三等奖、首届中国传媒经济与管理学会科研成果专著二等奖、南充市人民政府第十次社会科学优秀成果奖三等奖等。

邓绍根

邓绍根，男，1974 年出生，江西省赣州石城人，中国人民大学新闻学院教授、博士生导师，中国人民大学马克思主义新闻观研究中心主任、中国新闻史学会联席秘书长。长期从事中国新闻传播史论研究，主持国家及省部级课题 9 项，参与重大课题 3 项；先后在《新闻与传播研究》《国际新闻界》《现代传播》等新闻传播学术刊物发表论文 100 余篇，其中论文《论民国新闻界对国际新闻自由运动的响应及其影响和结局》(《新闻与传播研究》2013 年第 9 期)荣获“2012—2013 年广东省哲学人文社会科学优秀成果论文类一等奖”；参与的教改项目“马克思主义新闻观指导下新闻人才培养‘六结合’模式的创建与实践”先后获得“2017 年广东省教学成果奖一等奖”和“2018 年国家级教学成果奖二等奖”；出版有《新闻学在北大》(增订本)、《中国新闻学的筚路蓝缕：北京大学新闻学研究会》《美国在华早期新闻传播史 1827—1872》等著作 8 部，其中《中国新闻学的筚路蓝缕：北京大学新闻学研究会》(清华大学出版社 2015 年)获得“第七届吴玉章人文社会科学青年奖”。

董天策

董天策，男，重庆永川人，文学博士，现任重庆大学新闻学院院长、教授、博士生导师，兼任中国新闻史学会网络传播研究委员会会长，中国新闻文化促进会传播学分会副会长，中国记协中国新闻奖评委，重庆市记协常务理事。曾先后在电子科技大学、四川大学、暨南大学任教。2007 年获广东省“南粤优秀教师”称号，2008 年入选教育部“新世纪优秀人才支持计划”、新闻出版总署“全国新闻出版行业领军人才”，2019 年入选第三批重庆市学术技术带头人。

主要从事新闻传播理论、媒介文化与媒介批评、网络与新媒体等领域的研究，先后主持教育部重大课题攻关项目、国家社科基金项目等各种课题 10 余项，在《新闻与传播研究》等刊物发表论文 260 多篇，出版《传播学导论》《新闻传播学论稿》等 7 部论著，获教育部人文社科成果奖 2 项、广东省社科成果奖 2 项、重庆市社科成果奖 1 项。

2005—2011 年先后任暨南大学新闻与传播学院副院长、常务副院长(主持日常工作)，先后领衔申报成功广东省重点学科、博士后流动站、教育部首批特色专业、国家级实验教学示范中心、一级学科博士点等学科专业平台，2012 年评为暨南大学二级教授。

2012 年 12 月应重庆大学邀请任新闻学院院长，先后领衔创设新闻法学(依托法学)、社会治理与公共传播(依托公共管理)两个博士学科方向，带领新闻学专业入选重庆市特色专业(2015)、新闻传播与影视艺术入选重庆市特色专业学科群(2017)、新闻传播学成为重庆市重点学科(2017)，主持的虚拟仿真实验教学项目获得国家虚拟仿真实验教学项目(2018)。

段 勃

段勃，男，1972年4月出生，河南省新乡市人，教授，文学博士，硕士研究生导师。现任河南师范大学文学院副院长，兼任中国新闻史学会新闻传播教育史研究委员会理事，中国新闻传播教育分会广播电视学专业委员会常务理事，中国高校影视学会实验教学专业委员会理事。曾经获得河南省优秀青年社科专家，河南省教育厅学术技术带头人、河南省高等教育教学工作先进个人等荣誉称号。

长期从事调查性报道以及中国新闻舆论监督历史等方面的教学与研究。

教学方面：主持国家精品在线开放课程“新闻采访学”，主讲的“新闻学概论”被教育部评为马克思主义理论研究和建设工程重点教材相应课程“精彩一课”。主持河南省高等教育教学改革重点项目以及河南省教师教育改革重点项目，获得河南省教学成果一等奖1项，二等奖1项，是河南省专业综合改革试点——广播电视学的专业负责人。

科研方面：主持完成2项国家社科基金项目，主持1项河南省高等学校哲学社会科学应用研究重大项目，主持完成其他省厅级科研项目近10项。撰写学术著作3部，在CSSCI以及中文核心期刊发表学术论文50余篇。相关成果获得河南省教育厅人文社会科学研究成果一等奖、河南省教育科学研究优秀成果一等奖等奖项。

方 琦

方琦，男，1955年12月21日出生，西南财经大学人文学院新闻系教授，硕士生导师。曾任西南财经大学人文学院新闻与传播研究所所长。

主要研究领域：财经新闻实务、新闻传媒产业、信用征信。

主要社会兼职：四川省政府特聘四川省社会信用体系建设指导专家、中国东西部传媒经济研究学会会员、中国新闻史学会会员。

1982年1月毕业于贵州师范大学中文系汉语言文学专业，获文学学士。1985年调入西南财经大学校报担任编辑。1990—1996年，先后任四川有线电视台经济信息栏目、四川电视台经济信息栏目兼职记者、《四川经济日报》星期刊主编、《今日快讯报》副总编。1997—2001年在西南财经大学211工程办公室主管211工程建设工作，1999年被评为副研究员。2002年至今，先后在西南财经大学语言文化学院、人文学院任教。2009年晋升教授。

参与完成1项国家级课题，主持完成4项省级课题，主持完成4项校重点课题，出版专著2部、教材3部，其中，有3项成果被省人大和省政府采纳。在《社会科学研究》《当代传播》《新闻战线》《理论观察》《新闻前哨》《上海金融》《金融理论与实践》《金融论坛》等核心期刊发表学术论文15篇。

宫京成

宫京成，男，生于1977年8月，山东即墨人，现任宁夏大学新闻传播学院副教授、副院长。文艺学(文化与传媒)硕士学位点负责人，新闻与传播专业硕士点研究生导师。

2000年宁夏大学新闻学本科毕业留校任教，后在兰州大学、清华大学攻读新闻传播学硕士、博士学位。2007年、2010年分别受国家留学基金委资助赴英国南安普顿索伦特大学、英国里丁大学作高级访问学者。2012年任宁夏大学人文学院副院长，2014年负责在原宁夏大学人文学院新闻系基础上组建宁夏大学新闻传播学院。自2012年起作为主要负责人开展宁夏高校第一个新闻与传播专业硕士学位点建设、申报工作。2012开始招收文艺学(文化与传媒)硕士研究生，是宁夏高校第一个开展新闻传播类研究生教学与培养的教师。主要从事马克思主义新闻学、媒介文化教学与研究工作。2006年获得宁夏大学首届青年教师教学基本功比赛文科组一等奖。主持并完成教育部人文社会科学项目1项、国家社科基金项目1项，公开发表学术论文30余篇，出版专著1部。

郭　可

郭可，女，上海外国语大学新闻传播学院院长，二级教授、博士生导师。现为中国国际舆情研究中心主任、2018—2022年教育部新闻传播学类专业教学指导委员会委员、国务院新闻办对外传播学术委员会委员、全球传播与公共外交协会副会长。

先后获得杭州大学英语专业学士学位、上海外国语大学国际新闻学士学位，堪萨斯州立大学新闻学硕士学位和复旦大学传播学博士学位。

从事国际传播学、对外传播学、国际新闻报道、新闻传播比较研究、国际新闻教育等方面的研究。出版了《国际传播学导论》和《当代对外传播》二部专著，其学术成果还包括60多篇学术论文(包括10多篇英语论文)和五部译著，担任《西方新闻传播学经典文库》(共28本)、《全球青少年媒体消费比较研究》主编和《全球传媒报告》的副主编。

目前正在从事一项重大国家社科基金“多语种涉华国际舆情案例数据库建设研究”项目和一项我国国际新闻报道的国家项目研究，研究重点为国际舆情生成机制以及和多语种专题数据库建设；其政策性咨询研究成果为中办、中宣部、国新办、外交部和中央级外宣媒体以及上海市宣传部等部门提供了有价值的借鉴。

郭　晴

郭晴，女，出生于1972年，四川乐山人，传播学硕士。成都体育学院二级教授、博士生导师，中国体育科学学会体育新闻传播分会秘书长，四川省学术技术带头人，四川省“体育传播高水平团队”负责人，国家社科基金评审专家，多家学术期刊审稿人。

从事体育传播研究20年。主持国家社科基金项目3项、多项国家体育总局重大咨询项目及省部级课题；作为主研人员参与了3项国家社科基金项目，担任国务院“中国国家发展第十三个五年规划”中的“体育文化与宣传工作十三五规划”主研人员(2016)，担任“体育发展十三五规划”子项目“体育宣传十三五规划”(2015)负责人，《体育新闻与传播系列教材》主编(2018)、《大百科全书·体育卷》(体育新闻传播学科)(2016)副主编、《体育新闻与传播系列丛书》(2012)副主编。在SSCI、CSSCI发表学术论文40余篇，出版专著4本，研究成果多次被各大刊物转载。担任国家体育总局宣传司顾问，多次参与涉外舆情及全国体育宣传工作调研、培训和横向课题的研究。主持国家体育总局“北京奥运会境外舆情报告”(2008)、“北京奥运会体育宣传报告”(2009)、“体育宣传手册”(2010)、“伦敦奥运会境外舆情报告”(2012)、“中国足协2017年年度舆情报告”(2017)等项目。研究成果曾获得四川省第六届高等教育教学成果奖二等奖、四川省哲学社会科学研究成果奖三等奖，连续多年获得中国体育学会体育新闻传播学术会议一等奖。

哈筱盈

哈筱盈(Louisa Ha)，女，1964年4月出生于香港，美籍华人。毕业于香港中文大学新闻传播系，获学士与硕士学位，美国密歇根州立大学大众传播学博士。美国俄亥俄州博林格林州立大学(Bowling Green State University)媒介与传播学院教授，博士生导师，“新媒体研究部”创始人。

现任世界历史最悠久的新闻学期刊《新闻与大众传播学季刊》(*Journalism and Mass Communication Quarterly*)主编 。博士论文获得美国广告研究基金会Lysaker特别表扬奖，成为第一位获得此奖项的华人学者。1996年创建世界首个国际广告资源中心网站，2006年获得美国新闻教育与大众传播学会Barry Sherman媒介管理教育奖。发表评审期刊论文60多篇，出版英文专著有《网播全球：新兴媒体的经营模式》(获2007年美国新闻教育与大众传播学会杰出媒介管理贡献著作大奖，清华大学出版社出版)、《YouTube：网络视频的观众与业务》，最新著作为《亚洲妇女领袖》。学术研究方向为媒介管理、媒介科技、在线广告、社交媒体与移动媒体、国际传播与受众研究。现任多个

SSCI期刊编委，还担任香港及美国政府科学研究基金会评委。

韩传喜

韩传喜，1972年生，安徽霍邱人，毕业于北京师范大学，文学博士。现任东北财经大学人文与传播学院院长，教授，硕士研究生导师。兼任辽宁省鲁迅研究会副会长、辽宁省作家协会特邀评论家、辽宁省高校新闻传播学类专业教学指导委员会委员、辽宁省教育类专业学位研究生教育指导委员会新闻与传播分委员会召集人、中国新闻史学会新闻传播教育史研究委员会理事、国家社科基金同行评审专家、辽宁省社科基金评审专家、《哈尔滨工业大学学报》(社会科学版)编委，担任多个核心期刊的通讯评审专家。曾作为媒体与高校互聘卓越新闻人才到《大连日报》挂职一年。

为本科生和研究生讲授主要课程：中国现当代文学、戏剧传播、媒介批评。主要研究领域为中国现当代文学、戏剧影视文化与媒介批评。

主持或参与国家级、省部级项目10余项。在《人民日报》《光明日报》发表理论文章6篇，在《北京社会科学》《文艺争鸣》《当代作家评论》《小说评论》《扬子江评论》《求是学刊》《学术交流》《现代中国文化与文学》等刊物发表文章近百篇，另在《文艺报》《中国艺术报》《辽宁日报》《大连日报》等发表评论文章30多篇。多篇文章被《新华文摘》等转载或摘编。

2009年，被评为北京师范大学优秀博士毕业研究生(学术优秀型)。荣获辽宁省优秀教学成果一等奖(2013)、第九届辽宁文学奖·文学评论奖(2017)、《当代作家评论》优秀论文奖(2018)、东北财经大学优秀硕士论文指导教师(2018)等多个奖项。

韩　洪

韩洪，笔名韩鸿，1969年11月生，教授，博士。电子科技大学政治与公共管理学院副院长，教育部新世纪优秀人才，四川省学术与技术带头人，电子科技大学“百人计划”入选者，中国高校影视学会民族影视专委会副理事长，四川省广电学会副会长，四川省广播影视高等教育学会副会长。从事传媒实务11年，先后就职于重庆有线电视台、成都商报社、四川电视台，2004年起执教于电子科技大学，主要研究方向为广播电视学、发展传播学。

出版专著《民间的书写：中国大众影像生产研究》《参与式影像与参与式传播：当代中国参与式影像研究》《藏语卫视与藏区发展：策略、机制与模式》等。

2015年，主持国家社科基金一般项目“增强我国藏区媒体对境外藏胞传播的针对性和影响力研究”；2011年，主持国家社科基金西藏项目“藏语卫视促进藏区长治久安的策略与机制研究”等。

在《新闻与传播研究》《文艺研究》等刊物上发表论文有：《参与式传播：发展传播学的范式转换及其中国价值》《方言影视的文化解析》《论新媒体背景下的公民共享新闻学》《影像的大众生产与意义解读》等。

获第十一届、十二届全国广播电视学术论文奖一等奖，第十三届、十七届四川省哲学社会科学优秀成果奖三等奖等。

韩志强

韩志强，出生于1969年11月。山西祁县人，法学硕士。山西大学新闻学院教授、硕士研究生导师。曾在2013—2015年挂职于山西广播电视总台并担任广告经营管理中心副主任和山西卫视副总监。现担任山西大学新闻学院广告系主任。兼任教育部本科教学审核评估中心评估专家、中国高教学会广告教育专业委员会常务理事兼副秘书长、中国广告协会学术委员会常委、山西省广告协会副会长、山西省版权协会副会长、《广告研究》杂志编委等多项职务。

长期从事新闻传播与广告教育，致力于广告创意、品牌战略、文化产业的研究。主持国家社科基金项目、教育部古籍整理项目、中国高等教育学会2017年度广告教育与研究专项课题的重点课题项目各一项；发表专业学术论文20余篇。指导学生获得由教育部指导的“全国大学生广告艺术大赛”中“中国大学生好创意——策划案(电视现场)决赛”一等奖两项，其中一项被“娃哈哈集团”买断使用权。获大广赛“全国优秀指导教师”称号两次，全国十佳指导教师一次。由于对大广赛的历史发展及价值有着深刻的认识和研究，撰写了中国第一部关于大广赛的文献专著《如实道来》，该书被学界和业界广告专家评价给予了高度的评价，并因该书的价值和意义，2017年韩志强获得全国唯一“广告教育特殊贡献奖”。

2017年，荣获中国广告协会学术委员会表彰的“中国广告学术发展杰出贡献人物”；2018年，荣获高等教育协会表彰的“广告艺术教育杰出贡献人物”荣誉。

郝永华

郝永华，1979年3月出生，中南民族大学文学与新闻传播学院教授，新闻系主任，新闻与传播硕士专业学位授权点负责人，2018年入选“国家民委中青年英才”培养计划。1997—2007年，先后获得湖北大学文学学士、硕士学位和上海师范大学文学博士学位。2009—2013年，在武汉大学新闻与传播学院博士后流动站从事科研工作。2012年6月，从湖北工程学院调入中南民族大学任教。主要学术兼职有：中国新闻史学会网络传播史研究委员会理事、应用新闻传播学研究委员会理事，中国应急管理学会舆情专业委员会委员。

主要研究方向为新闻传播理论，近年聚焦于框架理论、符号互动论和建构主义等领域的基础研究。

主持国家社科基金项目“新媒体背景下主流媒体新闻报道的框架效果研究”(2017)、教育部人文社科青年项目“我国网民集体行动框架的实证研究”(2013)、湖北省社科基金“湖北省内容创业自媒体调查研究”(2018)等 6 项省部级项目以及主流媒体委托的横向项目 3 项。在《新闻与传播研究》《国际新闻界》《新闻大学》《现代传播》等刊物发表论文 20 余篇，论文《风险事件的框架竞争与意义建构——基于“毒胶囊事件”新浪微博数据的研究》被评为武汉市(第 15 次)社会科学优秀成果奖。参与(排序第 2)完成的教学项目“专业素质链与实践项目链相契合的新闻学专业实践教学体系改革研究”获第八届湖北省高等学校教学成果奖二等奖(2018)。

何　纯

何纯，1955 年 9 月出生于湖南临澧。湘潭大学文学与新闻学院教授、博士生导师。曾任校学术委员会委员、院学术委员会副主席、新闻传播学学科负责人、新闻传播学一级学科硕士点负责人、新闻与传播专业学位硕士点负责人。

在新闻业界从事记者、编辑及管理工作十年有余，曾获中国广播电视奖(报刊类)一等奖、湖南省“五个一工程”奖等。2002 年以来，从事新闻传播教育，致力于新闻传播理论尤其是新闻叙事学研究。主持国家社会科学基金项目“新闻叙事学视域下舆论引导研究”、湖南省社会科学基金项目“新闻叙事学研究”等课题 4 项。独自出版《新闻叙事学》《意义的建构与扩散——新闻叙事学视域下舆论引导研究》《当代传媒新闻写作教程》等著作，主编有《大学基础写作教程》《写作学基础》《百年新闻标题经典评析》等。在 CSSCI 源刊发表《关于新闻叙事学研究的构想》《传媒舆论引导与生活方式——多元的文化认同与文化实践》等论文多篇。主讲新闻理论研究、新闻叙事学专题研究、新闻写作、广播电视新闻采访等课程。

何志平

何志平，出生于 1973 年 12 月。湖北黄梅人，文学硕士。海南师范大学新闻传播与影视学院教授，海南省意识形态与舆论研究基地副主任。

曾任职于湖北知音传媒集团、湖北长江传媒集团，兼任湖北省新闻工作者协会理事、湖北省网络文化协会常务理事等企业及社会职务。曾获中国新闻奖、湖北发展研究奖。2017 年 9 月入职高校任教。目前主要从事网络传播研究。近两年来，在《现代传播》《湖北社会科学》《理论月刊》等核心期刊等发表论文 5 篇。近五年来，主持省部级项目 4 项。

胡易容

胡易容，1978 年 8 月出生，广西全州人，四川大学新闻传播学博士，清华大学新闻与传播学院博士后出站，现任四川大学文学与新闻学院（新闻学院）副院长、教授、博士生导师。学术兼职包括：瑞典隆德大学认知符号学研究中心客座研究员、清华大学国家形象传播研究中心特聘专家、中国新闻史学会传播符号学研究会常务副会长、广西高校重点人文社科研究基地“政府数字传播与文化软实力基地”常务副主任、四川大学传媒校友会秘书长。主要研究领域为：传播符号学理论、品牌形象战略设计、中华文化符号创新传播。面向各层次学生开设“传播符号学”“符号形象学”“图像叙述与修辞”等课程。

近年主持的项目主要包括：国家社科基金重大专项课题“‘巴蜀图语’符号谱系整理分析与数字人文传播研究”、国家社科基金重大招标项目子课题“符号学原理与当今中国文化发展”、国家社科基金后期项目“图像符号学”等。出版有《图像符号学：传媒景观世界的图式把握》《传媒符号学》《符号学—传媒学辞典》等著作五部；担任《传播符号学·国际视野系列丛书》执行主编，与陆正兰教授合作主编《中国符号学丛书》。近年来，在《新闻与传播研究》《国际新闻界》等刊物公开发表学术论文 50 余篇。先后获四川省社会科学优秀成果三等奖、第四届中国大学出版社图书奖“优秀学术著作”二等奖。指导学生参加全国大学生广告艺术大赛等赛事，先后获奖 80 余项；获大广赛优秀指导教师、全国美育大赛优秀指导教师等荣誉称号。

胡正强

胡正强，出生于 1965 年 2 月，江苏省睢宁县人，文学（新闻学）博士。南京理工大学设计艺术与传媒学院教授，硕士生导师。中国新闻史学会会员、中国新闻史学会新闻传播教育史研究会常务理事、中国新闻史学会地方新闻史研究会常务理事、国家社科基金通讯评委、《淮北师范大学学报（哲学社会科学版）》校外审稿专家、《南京理工大学学报（哲学社会科学版）》编委。

1989—2000 年，从事报刊编辑工作。2000 年 7 月至今，从事新闻教育工作，致力于中国新闻传播史、中国媒介批评史、漫画新闻史的研究。2005 年晋升为教授。先后主持国家社会科学基金项目 1 项、教育部人文社会科学基金 2 项、江苏省哲学社会科学基金 1 项。出版《中国现代报刊活动家思想评传》《中国现代媒介批评研究》《中国媒介批评的历史考察》《中国近现代漫画新闻史》(上、下)等学术专著，合作出版《高教研究期刊编辑工作理论与实践》《当代新闻传播的多维透视》《新闻作品分析》《媒介批评学》等论著、教材。在《新闻与传播研究》《国际新闻界》等刊物上发表论文 200 余篇，研究成果曾获最高人民法院第十六届学术讨论会优秀成果二等奖、江苏省高校第八届哲学社会科学研究优秀成果三等奖、徐州市第七届哲学社会科学优秀成果三等奖、中国“首届媒介批评有奖征文”一等奖。主讲新闻学概论、中外新闻传播史、马克思主义新闻思想研究、媒介批评理论与方法、论文写作等课程。

江龙军

江龙军，出生于 1968 年 3 月。湖北团风人，理学学士。湖北大学新闻传播学院教授、硕士生导师，新闻传播学院广播电视系主任。兼任中国新闻史学会视听传播研究委员会常务理事、湖北省电视艺术家协会理事、武汉市电视艺术家协会常务理事。

长期从事新闻传播教育，主讲电视摄像与采访、电视编辑与制作、电视传播方法研究等课程。致力于广播电视学的研究，主持湖北省科技厅人文社科课题多项，在《中国电视》《现代传播》《中国广播电视学刊》等刊物上发表论文 40 余篇。研究成果曾经获得湖北省新闻工作者协会优秀论文奖。参与的教学改革项目获得湖北省普通高等学校教学成果奖。

姜智彬

姜智彬，出生于 1968 年 8 月。安徽淮南人，管理科学与工程博士，新闻传播学博士后。上海外国语大学传播学教授、“国际广告与品牌传播”“信息管理与数字营销”方向博士生导师。曾任上海外国语大学新闻传播学院院长、传媒学院院长，现任上海外国语大学教务处处长。兼任教育部审核评估专家、中国广告教育研究会副会长、中国新闻史学会广告与传媒发展研究会副会长、中国广告协会学术委员会常务理事。

长期从事广告学、传播学领域教学与科研，主持国家社科基金项目“人工智能重构下的广告运作流程研究”，主持上海社科基金项目“媒体服务供给的公共治理研究”及其他上海市级课题多项。出版专著和教材 10 余部，发表核心期刊论文 20 余篇。获国家教学成果一等奖 1 项、国家教学成果二等奖 1 项，上海市教学成果特等奖 1 项，上海市教学成果一等奖 1 项。

焦素娥

焦素娥，女，出生于1962年11月，河南西平人。1983年毕业于郑州大学中文系，现为信阳师范学院传媒学院院长、教授、硕士生导师，戏剧与影视学重点学科带头人，河南省写作学会副会长，信阳市影视家协会副主席。

主要承担写作学、新闻学、影视艺术学等课程的教学与研究工作。研究方向为影视理论与批评。先后主持完成了"中国电影观念和理论的演变与发展""20世纪中国电影思潮""全球语境下的中国影像文化研究""高等院校公共艺术课程教学与教材建设研究""大众传媒背景下高校审美教育有效模式研究"以及"中日动画艺术类型与风格比较研究""主流媒介范式变迁与国家形象的文化建构""新媒体环境下河南城市形象的文化建构与传播策略研究"等国家级、省部级科研项目10余项，在《中国电视》《电影文学》等杂志上发表学术论文40多篇，出版学术著作4部。其中，《影像审美：理论与实践》2005年获河南省教学成果一等奖，《光影图景——影视艺术论稿》2009年获河南省教学成果二等奖。主讲课程"影视艺术学"2014年获批为省级精品视频公开课。

先后获得信阳师范学院"优秀班主任""优秀教师""优秀教育工作者""十佳教师""教学名师"，河南省"文明教师"、河南省高等院校"十佳师德标兵"、河南省教育系统"三育人"先进个人、河南省"优秀教师"等荣誉称号。2012年被评为河南省"教学名师"。

焦中明

焦中明，1962年出生，赣南师范大学新闻与传播学院院长、教授、硕士生导师，江西省高等学校教学名师、江西省高校中青年学科带头人。多年来，一直从事教育技术传播与应用、网络技术和教育科学研究方法的教学、科研和管理工作。主要研究方向：教育技术在教育中的传播应用研究、农村基础教育评估研究等。

先后主持完成了全国教育科学规划课题、教育部人文社会科学研究项目、江西省社会科学规划等10多项省部级以上科研课题，完成了江西省教育教学改革课题"传媒类本科生'一技之长、一专多能'人才培养改革的理论与实践研究"，获2项江西省优秀教学成果二等奖。近几年来，在《电化教育研究》《中国电化教育》等学术期刊发表学术论文10余篇，出版学术专著和教材《现代教育技术应用》等3部。主持完成的多媒体课件获江西省高等院校优秀多媒体教学课件一等奖。主持了2门省级精品课程和1门省级研究生优质课程。担任赣南师范大学新闻与传播学院院长期间，不断凝练学科方向，提升师资水平，学院先后取得了艺术类专业硕士、新闻传播学一级学科硕士授予权资格，在专业建设、学科建设、科研方向凝练、实验室建设等方面取得了良好成绩，学院的办学条件得到改善，办学水平获得提高。

鞠惠冰

鞠惠冰，出生于 1974 年 11 月，山东省威海市人，哲学博士。吉林大学新闻与传播学院教授、博士生导师、副院长。2006 年 1—3 月“电通·中国广告人才培养基金项目”第一期电通留学研修员。2013 年 10 月—2014 年 10 月，日本冈山大学访问学者。主要社会兼职：全国大学生广告艺术大赛吉林赛区组委会副秘书长。

主要从事传播学理论与实践、广告文化等研究。主持国家社会科学基金项目、中国博士后科学基金项目等多项研究课题。出版学术专著《广告创意哲学关键词》《消费文化研究》《广告文化解码》等。在《读书》《现代传播》等期刊上发表论文数十篇。

李海容

李海容，美国密歇根州立大学教授、商业与社会分析中心研究员、亚洲研究中心研究员。近年来主持多项基金资助的研究项目，先后发表百余篇书章、期刊文章和年会论文，被四篇索引分析文章列为高产作者。研究成果发表于广告、传播、营销三个领域多种期刊，包括 *Journal of Advertising*，*Journal of Advertising Research*，*International Journal of Advertising*，*Journal of Current Issues and Research in Advertising*，*Journalism and Mass Communication Quarterly*，*New Media and Society*，*Journal of Computer-Mediated Communication*，*Journal of Consumer Psychology*，*Psychology and Marketing*，*Journal of Interactive Marketing*，*Journal of International Business Studies*。主编《泛媒时代：媒介创新与未来》和《亚洲城市品牌塑造：战略与实践》等专著。2000 年创办美国《互动广告学刊》并任主编，现任美国和英国三家广告学刊编委以及全球多家学术期刊评审专家。曾任 2017 年美国《广告学刊》大数据特刊客座编辑，美国广告学会 2017 年计算广告论坛主席和 2014 年大数据论坛主席、香港城市大学访问教授、泛媒研究院院长、清华大学新闻与传播学院高级访问学者、美国广告学会 2009 年北京亚太会议联席主席、美国联邦贸易委员会移动商务论坛演讲嘉宾、美国广告学会出版委员会主席、新加坡南洋理工大学富布莱特学者，为多家跨国公司、中美企业以及行业组织做过相关领域的研究、咨询与培训。主讲课程包括“互动广告战略”“媒介创新”“网站分析”“程序化购买”。

李惠民

李惠民，出生于1961年9月，陕西汉中人，文学硕士，兰州大学新闻与传播学院教授、硕士生导师。曾经担任新闻与传播学院负责科研、研究生和学科发展副院长10年。现任中国新闻史学会新闻传播教育史研究委员会副会长、常务理事，《中国新闻传播教育年鉴》编委。

主要教学与研究方向：新闻业务，宣传舆论，媒介发展咨询策划，发展传播学、认知传播学研究。主要成果有《西部欠发达地区大众传播事业发展与社会进步》《西部农村地区互联网发展实证研究》。先后发表专业学术论文30余篇，参与国家社科项目4项、教育部社科项目5项，主持省级社科项目1项，参与研究专著4部。

长期从事企业文化品牌、营销与传播工作，为本地上市企业佛慈集团完成《佛慈企业文化建设与发展战略规划》。长期担任政府文化工程顾问和媒介经营发展顾问，担任中宣部舆情局、省委宣传部、省委网信办舆论调查与舆情研判专家，多项舆情研判报告获得有关部门领导批示与采用。

李　克

李克，1958年出生，现为山东大学新闻传播学院教授、博士生导师，山东大学品牌与传播研究所所长，山东大学新闻传播博士点视觉艺术传播方向带头人，山东大学“十三五”省级重点学科设计艺术学学科带头人。

长久以来，李克教授秉持“跨学科、系统化、国际化”的科研和教学理念，以视觉传播为中心，将设计学、品牌学与传播学有机结合，形成了独具特色的理论框架与知识体系，承担并完成多项国家及省部级社科规划项目课题研究，刊发CSSCI期刊论文30余篇，出版学术著作及教材多部。多次参加国际大赛和高层学术论坛，并作主题演讲，并受邀担任多项知名国际国内赛事评委。

主要社会兼职有：原教育部高等院校艺术类教学指导委员会委员，中国广告协会学术委员会委员，《中国品牌年鉴》编委，山东高校美术与设计联盟主席，山东省品牌与传播研究基地主任、首席专家，山东省品牌建设促进会常务理事、专家委员会顾问，美国迪贝艺术家协会美术与设计分会副主席，国际商业美术设计师协会(ICADA)山东专家委员会副主任委员。

李雪峰

李雪峰，女，1963年12月出生，山西榆社人。山西大学新闻学院教授、硕士研究生导师。

从 1998 年山西大学中文系设立广告学专业开始，一直担任专业基础课老师。主要为本科生、研究生讲授广告学原理、广告文案写作、媒介研究等课程。

长期从事广告文化批评研究，主要针对“广告景观”“广告乌托邦”“广告神话”等学术方向，进行学理反思。参与或主持国家级、省级项目 40 余项，其中主持项目 8 项。发表论文 50 余篇，其中 CSSCI 刊论文 26 篇；有 6 篇文章共 7 次被《新华文摘》等转载或转摘；获得山西省人文社科优秀成果二等奖 1 次，纪念奖 1 次；山西省“百部工程奖”三等奖 1 次。

林爱珺

林爱珺，女，1968 年 10 月出生于广东，北京大学法学硕士，复旦大学新闻学博士，美国宾夕法尼亚大学访问学者，香港中文大学访问学者。现任暨南大学新闻与传播学院教授、博士生导师，新闻系主任，国际学院副院长。兼任中国新闻史学会舆论学研究会副会长、中国新闻史学会传媒法规与伦理研究会副会长；中央电视台节目评审专家、广东省法制宣传教育专家、广州市政府决策咨询专家。2012 年获第六届吴玉章人文社会科学优秀成果奖；2013 年，被评为全国新闻出版行业第三批领军人才；2018 年获广东新闻奖三等奖。

长期从事传媒法与新闻伦理、风险沟通与应急管理研究；主持完成国家社科基金课题“重大突发公共事件依法报道的新闻机制研究”、教育部课题“传媒与知情权”，主持国家社科重点课题“十八大以来新闻舆论在治国理政中的作用机制研究”，担任国家社科基金重大课题子课题“大数据环境下的社会舆情内在机理研究”负责人，担任国家社科基金重大招标课题“人工智能时代的新闻伦理与法规”首席专家。出版专著《知情权的法律保障》《舆论监督与法律保障》《舆情信息工作指南》，参与著作有《新闻法规与职业道德》《中国传媒的活动空间》《科学发展观与媒介化社会的建构》等，发表《关于新闻法学研究的思考》《中国共产党新闻法制建设的宏观考察》《自由传播为原则，限制传播为例外》《政府应急管理中的风险沟通》《新闻舆论在中国共产党治国理政中的历史定位与时代价值》等论文 130 多篇。

林　喦

林喦，1972 年 2 月出生，教授、文学博士、艺术学博士后。渤海大学新闻与传播学院教授，新闻传播学硕士生导师。从事新闻专业的教学和研究工作。历任渤海大学新闻与传播学院院长、学报编辑部主任、文科学报主编、影视艺术研究中心主任、宣传统战部部长、党委组织部长。中国高等教育学会新闻与传播学专业委员会理事、中国电视教育学会理事、中国文艺评论家协会会员、辽宁省作家协会会员、辽宁省新闻专业教学指导委员会副主任，锦州市文艺评论家协会主席、第十三、第十四届锦州市政协委员。曾获得”辽宁省普通高等学校优秀青年骨干教师“称号，辽宁省教育厅一批次人才，主持各级课题10项，出版专著4部，发表学术论文近120篇。主持省级精品视频课“新闻学概论”。多次获得省、国级奖项。获辽宁省新闻出版广电局省期刊编辑优秀作品一等奖2次，二等奖1次。2017年6月获辽宁省优秀思想政治该作者荣誉称号。2012年编剧、导演电影《蚂蚁的爱情》，指导学生创作微电影多部并获得多项大奖。

为本科生讲授“新闻学概论”“主持风格研究”“电视栏目风格研究”等课程。为研究生讲授“新闻理论研究”“新闻史专题研究”“新媒体经济研究”“新闻传播学研究方法”等课程。带领团队于2010年成功申办新闻传播学硕士一级授权点。

刘　畅

刘畅，出生于1953年10月，山东烟台人。现为南开大学文学院中国语言文学系、传播学系教授，博士生导师。先后就读于天津师范大学中文系、南开大学中文系、南开大学历史学院，学习汉语言文学、中国文学理论批评史、中国古代政治思想史，获文学学士、文学硕士、历史学博士学位。

主要从事新闻传播学理论、中国古代文学思想史、古代政治思想史研究。有专著《多元视角下的新闻传播理论新探》《心君同构：中国古代政治思想史的一种原型范畴分析》《史料还原与思辨索原》《中国文学思想史 · 宋代文学思想史》。发表专业学术论文70余篇，代表论文有：《开展异态传播现象研究的构想》《不确定新闻与不可靠叙述》《从传播学的几个发现看创新思维素养》《微博问政、治理转型与“零碎社会工程”》《从“新闻心理”到“心理新闻”》《作为“他者”的第五种权力》等。

另在《光明日报》《中国青年报》《读书》《书屋》《散文》《今晚报》等发表随笔、评论、散文、杂文300余篇。曾应美国哈佛大学东亚语言文明系、英国爱丁堡大学苏格兰汉学研究中心、美国迈阿密大学新闻传播学院之邀，前往调研、访问、讲学。2010—2011年，在韩国水原大学中文系任教一年。

刘寒娥

刘寒娥，女，教授，内蒙古大学文学与新闻传播学院新闻系主任。主要研究方向为媒介融合研究、新闻传播业务研究。

主持国家社科规划项目“边疆民族地区舆情分析与媒体舆论引导机制研究”及内蒙

古社科规划项目 2 项。发表专业论文 30 余篇，出版专著《内蒙古报业发展研究》。系列论文《融合新闻理念对新闻报道方式的影响》获内蒙古自治区第二届哲学社会科学优秀成果政府奖二等奖；专著《内蒙古报业发展研究》获内蒙古自治区第三届哲学社会科学优秀成果政府奖二等奖。教学项目“媒介融合时代新闻传播学专业实践教学模式的改革与创新”获内蒙古自治区高等学校科学研究优秀成果奖二等奖。主持省级精品课“新闻采访与写作”，主持内蒙古大学研究生“新闻报道与策划”课程改革项目。讲授“新闻采写理论研究与实践”“新闻报道与策划”“融媒体新闻采制”等课程。

刘　洪

刘洪，出生于 1963 年 1 月。河北阜城县人，文学博士。美国佐治亚西南州立大学访问学者。广西大学新闻传播学院常务副院长、硕士生导师，兼任中国新闻史学会常务理事。先后历经“教师—记者—社长(总编)—教师”四个不同的岗位，在“做新闻，管新闻，学新闻，研新闻”方面努力前行。

“做新闻”时先后获过 16 个各级别、各类型的新闻奖项；“管新闻”期间将一家行业报做得有声有色；“研新闻”尝试搭建一个全新的图像观测、识别平台——“像 · 非像”体系。先后发表中、英文论文 30 多篇，出版学术专著《像 · 非像——视像传播机理研究》。主持完成了省部级社科两项。先后获第十届广西社会科奖、2017 广西高等教育自治区级教学成果一等奖等。目前主持广西壮族自治区社科项目“因特网+南疆(广西)古迹传播”等课题。

刘　洁

刘洁，女，出生于 1968 年 1 月。湖北武汉人，管理学博士。华中科技大学新闻与信息传播学院教授、博士生导师。曾任华中科技大学新闻与信息传播学院新闻系主任、华中科技大学人文社科处处长、中国高等教育学会新闻学与传播学专业委员会全国新闻学研究会副会长；兼任湖北省科技新闻学会法人代表及秘书长、教育部重点文科基地复旦大学信息与传播研究中心研究员。

长期从事新闻传播教育，致力于新闻理论、媒介管理的研究。担任国家社会科学基金重点课题“提升新时代中国特色社会主义新闻学国际话语权研究”负责人、全国特色专业建设项目负责人。主持“中国媒介生态补偿机制研究”“空间转向与新闻传播学理论重建”“正确引导社会舆论进一步密切党群关系”“江汉区文明行为促进工作规划、测评体系及志愿者管理创新研究”等科研项目。参与全国马克思理论研究与建设工程项目，担任全国统编教材《新闻学概论》写作组成员。参与中宣部、教育部特别委托项目“马克思主义新闻观研究”，担任《马克思主义新闻观十二讲》写作组成员。参与撰写《中国新闻传播史(1978—2008)》。

合作专著《现代新闻传播学》(程世寿、刘洁)，该书获湖北省优秀新闻论著一等奖。出版专著《主导 · 协作 · 博弈——当代媒介产业与政府关系》，该书获武汉市优秀社会科学成果一等奖。

刘鸣筝

刘鸣筝，女，出生于1980年2月，九三学社社员，现任吉林大学新闻与传播学院教授、博士生导师、副院长。2002年毕业于复旦大学新闻学院，并进入吉林大学新闻系任教。

现主要从事国际传播、公共外交、新媒体传播研究，擅长定量研究方法，主持国家社会科学基金、吉林省社会科学基金、吉林省委宣传部、吉林省科技厅、吉林省教育厅等多项课题，在《新闻大学》《现代传播》《史学集刊》等期刊发表论文多篇，被吉林省副省长、吉林省政府发展研究中心等采纳研究报告10余篇，研究成果多次获得吉林省社会科学优秀成果奖。

入选高等学校与新闻单位从业人员互聘“千人计划”，兼任吉林省新闻传播教学指导委员会秘书长。

刘绍芹

刘绍芹，女，1964年4月出生，三级教授，省级教学名师，现任山东青年政治学院文化传播学院院长。

从教32年来，主要从事新闻传播、文化传播等方向的教学与研究，先后主持山东省高水平应用型立项建设广播电视学专业群、中国地域文化传播研究中心、省级广播电视实验教学示范中心等项目建设。兼任广播电视学省级特色专业、省级精品课程、省级教学团队等教学质量工程项目的负责人。

主持完成了国家社科基金特别委托项目“中国节日影像志——昌邑烧大牛”、山东省社科规划办重点课题“乡村振兴战略视域下农村文化传播力提升关键问题研究与实践探索”“政府公信力话语权的建构——基于社会管理创新背景下公共危机传播策略研究”、山东省文化厅十三五重大课题“十三五时期利用数字技术推动我省文化发展研究”、山东省教育厅“融媒体时代新闻传播人才培养模式的改革与实践”等省级以上课题，出版了《重大决策社会稳定风险评估工作导论》《破解危机》等10余部著作。先后发表《危机传播管理中政府公信力话语权的建构》等论文40余篇，曾获山东省社会科学优秀成果三等奖。

教改项目“基于三大核心能力培养的融媒传播人才实践教学体系构建与创新”“融媒体时代新闻传播人才培养模式的改革与实践”分别于 2018 年、2014 年获山东省级教学成果一等奖、二等奖；教改项目“新闻传播人才立体化实践教学的改革与创新”获 2014 年全国新闻学与传播学教学创新奖等。

刘　涛

刘涛，出生于 1981 年 12 月，甘肃西峰人，文学博士。暨南大学新闻与传播学院副院长、教授、博士生导师，学校学术委员会委员，国家社科基金重大项目首席专家。主要从事环境传播、视觉修辞学研究。2007—2008 年在美国田纳西大学从事访问学者研究。入选国家“万人计划”青年拔尖人才，教育部“长江学者”青年学者。获得教育部霍英东青年教师基金、教育部霍英东青年教师奖、广东省“五一”劳动奖章。主要社会兼职为《中国教育报》签约评论员，中国新闻史学会视听传播研究委员会副会长兼秘书长。

担任广东省融合新闻教学团队负责人，曾提出并实践融合新闻人才培养的“四维融合”模式。获 2018 年国家教学成果奖二等奖、第三届全国高校青年教师教学竞赛一等奖、教育部霍英东青年教师奖二等奖，学校“学生心目中我最喜爱的教师”。在科研上，主持国家社科基金重大项目“视觉修辞的理论、方法与应用研究”，深切关注中国生态环境问题，在国内较早开展环境传播研究，积极推动视觉修辞的理论与方法研究。著作《环境传播：话语、修辞与政治》获教育部第七届高校科学研究优秀成果奖(人文社科)二等奖、广东省哲学社科优秀成果奖一等奖。2017 年，获中国新闻传播学学会杰出青年奖。曾任央视《新闻调查》策划/编导，制作节目 20 余期。目前担任《中国教育报》专栏评论作者，聚焦社会公共议题，为转型中国注入理性声音，独立撰写作品三次获中国新闻奖，其中两次获中国新闻奖一等奖。

刘西平

刘西平，1968 年生，江西庐山市人，南昌大学新闻与传播学院广告系教授，硕士生导师。

主要研究领域：网络传播和广告传播。主持国家社科基金一项：“新广告法与我国网络广告长效机制研究”(在研)；主持并完成省部级课题六项，其中教育部人文社科项目一项，江西省社科规划项目和江西省教育厅人文社科项目等项目 5 项。在《当代传播》《编辑之友》《电子政务》等 CSSCI 来源期刊和《中国记者》《传媒》等中文核心等学术刊物上发表论文数十篇。出版论著《中国网络问政长效机制研究》和《广告文案写作》。在广告传播、报刊经营与管理、网络传播等研究领域形成了相对成熟的学术观点。近年来，先后指导研究生和本科生参加中国大学生广告艺术节、中时报广告金犊奖大赛和上海国际大学生广告节等专业竞赛，先后获得20余项国家级奖项，其中金奖一项；获邀担任第十六届中国大学生广告艺术节“学院奖”评委。在广告实务方面，先后合作的品牌有凤凰光学、碧云米业、中华白凤液和中国移动(江西)等。

刘　勇

刘勇，出生于1978年1月。安徽池州人，新闻学博士。安徽大学新闻传播学院教授，博士研究生导师。现任安徽大学新闻传播学院副院长，安徽省人文社科重点研究基地——安徽大学舆情与区域形象研究中心主任、研究员。兼任中国新闻史学会应用新闻传播学研究委员会常务理事、安徽省普通本科高校新闻传播学类专业合作委员会秘书长、郑州大学新华社—穆青研究中心研究员、安徽省地方文献信息研究会理事、合肥市首批突发事件应急专家组成员。

主要研究方向为应用新闻传播学，并在传媒实务、新闻文体史、危机传播、舆情管理等方面投入较多精力。主持国家社科基金、教育部人文社会科学基金、安徽省哲学社会科学基金、安徽省教育厅人文社科课题多项，出版《中国报纸新闻文体嬗变(1978—2008)》《网络新闻学：新媒体的采访、写作与编辑》《媒介素养概论》等著作，合著或主编教材、论文集、报告集13部。在国内学术期刊上发表专业论文60余篇。所授课程“当代媒介素养”被评为“国家级精品视频公开课”、“新闻采访”被评为“安徽省精品资源共享课程”、“媒介作品评析”被评为“安徽大学应用性教学示范课程”。2018年，入选安徽大学首批优秀人才支持计划(俊才Ⅰ)。曾获中国新闻学研究会“优秀新闻学著作奖”、安徽省优秀教学成果奖特等奖、安徽省首批省级“教坛新秀”、安徽大学“最受学生喜爱的老师”等荣誉。

刘运峰

刘运峰，出生于1963年4月，河北束鹿(今辛集)人，法学博士。南开大学文学院教授、博士生导师，南开大学出版社社长、总编辑。兼任全国出版专业学位研究生教育指导委员会委员、中国新闻史学会学会编辑出版研究会副会长、中国鲁迅研究会理事、中国书法家协会会员、天津市书法家协会理事兼学术委员会副主任、天津市新闻工作者协会理事、天津市解放区文学研究会副会长等。

主要从事编辑出版学和编辑出版史、中国现代文学与传播、鲁迅著作版本比较等方面的教学和研究。主讲“编辑出版学”“中国编辑出版史”“编辑出版理论与实践”“中国现代文学版本比较研究”等课程，其中“编辑出版学”入选南开大学示范精品课并被评为“魅力课堂”，“编辑出版理论与实践”入选南开大学研究生精品课。2017 年，获南开大学魅力教师奖。参与国家社会科学基金重大项目“中华民族共有精神家园建设研究”，主持国家社会科学基金项目“《鲁迅全集》编辑出版研究”及天津市社会科学基金项目等，编辑出版《鲁迅佚文全集》《鲁迅序跋集》等，校注《鲁迅自选集》，结集出版的论文集有《鲁迅著作考辨》《版本 · 文本 · 故实——现代文学与传播论丛》，散文随笔集有《书林独语》《藏书——因鲁迅而展开》《马蹄湖边忆旧游——有关南开的人和事》。此外，出版有关书法研究方面的文集《中国书法赏珍》。2017 年，入选全国新闻出版行业领军人才。

罗　萍

罗萍，女，厦门大学新闻传播学院教授，广告学系主任。任政协厦门市思明区委员、民革厦门市委会妇工委副主任、中广协学术委员会委员、中国美术家协会福建分会会员、《现代广告》学术刊编委，以及全国广告大赛、全国海洋大赛、公益广告大赛等全国评委。

研究方向为广告艺术、广告视觉说服。在《中国广播电视学刊》《人民网理论频道》《人民论坛》《现代广告》等期刊发表论文 40 余篇，出版有《广告设计理论与方法》《广告设计概论》《广告设计四字诀》等著作；主持和参与教育部新世纪网建课题、中国高等教育学会广告教育专项课题、中国国际广播电台公益广告创作课题、福建省教育厅广告教育课题、厦门市政府户外广告课题等多项课题。主讲本科生课程“广告艺术设计”“广告艺术美学”，研究生课程“经典研读——广告视觉说服”。

曾获得中国高等教育学会“中国广告艺术教育杰出人物”奖、厦门市广告行业先进个人奖、福建省第七届高等教育教学成果厦大二等奖、教育部高教司全国优秀工作者、大广赛全国优秀指导老师企业特别奖、福建省优秀论文指导教师、美国萨拉索塔艺术中心奖学金，是首批入选福建省学校美育专家库专家。

罗　昕

罗昕，出生于 1973 年 10 月，江西吉安人，博士，暨南大学新闻与传播学院教授、博士研究生导师。兼任中国记协首届新媒体专业委员会委员，广东省委宣传部、广州市文化广电新闻出版局网络出版审读员，广州市委宣传部网络传播特聘专家，广东省数字出版转型专家库专家。

长期专注于互联网治理、网络舆情、媒体融合方面的研究。主持国家社科基金重点项目、国家社科基金后期资助项目、省部级哲学社科规划项目 10 余项。在《新闻与传播研究》《现代传播》《国际新闻界》等CSSCI期刊公开发表学术论文30余篇，相关论文被《新华文摘》等转载。研究成果曾经获得广东省政府哲学社会科学优秀成果奖三等奖、首届全国新闻学青年学者优秀学术成果奖等。主编《中国网络社会治理研究报告》(互联网治理蓝皮书)，出版专著或教材《美国网络中立规制研究》《中国互联网治理体系研究》《网络传播导论》《网络新闻实务》《新闻网站新媒体创新应用能力评价》等多部。调研报告曾获得中宣部舆情局、广东省委网信办、广州市委网信办、广东省市新闻出版部门、广州市委领导的多次采纳或批示。

马中红

马中红，女，出生于1962年12月。江苏苏州人，文学博士。苏州大学传媒学院教授、博士生导师。兼任苏州大学新媒介与青年文化研究中心主任、广告研究所所长。苏州市政府研究室特约研究员、苏州大学东吴智库特聘研究员、穗港澳青少年研究中心特聘研究员、中国人才研究会青年人才专业委员会常务理事、中国青少年研究中心“青年之声”专家团成员、中国公共关系学会理事、中国广告与传媒发展史研究委员会常务理事、中国青少年研究会国际青年研究专委会委员。

长期从事新闻传播教育，致力于新媒介青年文化、品牌传播、广告传播文化等研究方向。主持国家哲学社会科学基金、江苏省哲学社会科学基金课题多项。出版《被广告的女性》《无法忽视的另一种力量——新媒介青年亚文化研究》《COSPLAY，戏剧化的青春》《广告整体策划概论》等7部学术专著、教材，主编《青年亚文化研究年度报告》(2012—2016年，共5部)、《新媒介与青年亚文化研究》(第一辑，7种)，在国内外学术期刊上发表论文、报告50余篇。研究成果曾获江苏省哲学社会科学成果奖多项。主讲品牌传播理论与案例、新媒介与青年亚文化研究、广告策划、广告文案、媒介与性别等多门课程，主持的教改项目获江苏省研究生优秀课程。

潘文年

潘文年，出生于1969年6月。安徽无为人，管理学博士(编辑出版学专业)。浙江工商大学人文与传播学院副院长、教授、硕士生导师、西湖学者。曾任安徽大学新闻传播学院教授、系主任。兼任中国新闻史学会编辑出版分会常务理事、中国编辑学会电子网络编辑专业委员会常务理事、浙江省传播学会常务理事。主要研究方向为现代编辑与出版研究、出版国际传播、网络与新媒体。近年来在《中国出版》《中国编辑》《编辑之友》《出版科学》《现代传播》《国际新闻界》等专业核心期刊上发表论文50多篇，其中多篇被“中国人民大学报刊复印资料”和《中国出版年鉴》全文转载，合译著作2部，相关研究成果获国家新闻出版广电总局出版管理司主办的主题征文优秀奖及其他奖项。主持国家社科基金项目两项(2007 年度国家社科基金项目“中国图书走向世界‘三位一体’策略体系研究”，2015 年度国家社科基金项目“中国出版业‘走出去’政策措施优化研究”)，2017 年度国家社科基金艺术学重大项目子课题一项(“引擎优化：我国文化‘走出去’政策体系优化研究”)，教育部人文社科项目一项(“‘美丽中国’理念下的‘美丽出版’：内涵、路径、策略及价值研究”)，新闻出版与广电总局项目一项(“我国大众类图书进入西方主流市场现状、问题及对策研究”)，参与省部级、国家级项目 6 项。

潘祥辉

潘祥辉，出生于 1977 年 11 月，江西黎川人，传播学博士，历史学博士后，南京大学新闻传播学院教授、博士生导师。华夏文化促进会传播研究专业委员会(简称“华夏传播研究会”)副会长，国家社科基金评审专家。主要致力于媒介社会学、政治传播学、华夏本土传播学及“日常生活”中的传播学研究。已主持国家社科基金项目 2 项，教育部社科基金项目及省部级课题 6 项，在《传播与社会学刊》《新闻学研究》《新闻与传播研究》《国际新闻界》《现代传播》《人文杂志》《探索与争鸣》《浙江学刊》《浙江社会科学》《南京社会科学》等刊物上发表学术论文 70 余篇，出版有《媒介演化论——历史制度主义视野下的中国媒介制度变迁研究》《组织再造：媒介社会学的中国视角》及《华夏传播新探——一种跨文化比较视角》等学术专著，10 余篇研究论文被《新华文摘》《中国社会科学文摘》及“中国人民大学报刊复印资料”等全文转载。

近年来，对传播学的跨学科研究兴趣浓厚，致力于将传统考据学方法引入传播学领域，探索了“传播考古学”研究。在学术界首创“传播失灵理论”(Communication failure theory)，提出了苏联解体的“传播失灵说”，以期解释“五四运动”的“观众成本说”以及传播史上的“青铜时代”等命题。2010 年和 2014 年曾两度赴香港中文大学访学，2011 年赴香港城市大学访学，2019 年赴德国弗赖堡大学访学。2011 年曾在浙江日报报业集团、新华社浙江省分社挂职锻炼。现为学术网站“爱思想网”及“传媒学术网”专栏学者。

乔俊杰

乔俊杰，女，出生于 1965 年 6 月。河南睢县人，文学博士。河南工业大学新闻与传播学院教授、硕士生导师。河南工业大学文化与传播研究所所长。曾任埃及国家学术评审专家。兼任中国修辞学会会员、河南省文字学会理事、孔子学院总部汉考国际《国际汉语教师证书》面试官。

长期从事新闻传播专业基础教育，致力于语言文化传播的研究。主持河南省社会科学基金课题多项。出版《现代汉语修辞义研究》《〈文选注〉修辞训诂研究》《〈说文解字〉元语言研究》等学术专著，参与撰写文化专著《中州文化世家》《语文素质教育》，参编《现代汉语教程》《新编古代汉语》等教材 3 部，在国内外学术期刊上发表论文、报告 50 余篇。

研究成果曾经获得“河南省哲学社会科学优秀成果”一等奖 1 项，河南省教育厅优秀成果奖多项，科技创新人才资助项目 1 项。

主讲“新闻传播学研究方法”“新闻发言人教程”“现代汉语”“语言学概论”“应用语言学”“中国传统文化”“中国概况”“HSK 教程”等课程，是校级高质量课程“新闻传播学研究方法”、校级精品课“现代汉语”的主讲教授。在教学上，荣获“河南省高等学校教学技能大赛”一等奖和“河南省教学标兵”的荣誉称号。

作为教师，荣获河南省政府授予的“河南省优秀教师”、河南省教育厅授予的“河南省高校学术技术带头人”等荣誉称号。

邱秉常

邱秉常，博士、教授、硕士研究生导师，青岛大学新闻与传播学院院长。主要社会兼职有：中国高等院校影视学会动画与数字媒体艺术专业委员会副主任委员、中国高等院校影视学会理事、山东省电影家协会理事、山东省电影家协会微电影工作委员会理事、青岛市影视艺术家协会副主席、青岛市文艺评论家协会副主席。

主要从事数字媒体、影视传播、动画教学与研究。近年来，先后主持完成国家社科基金艺术学项目“数字动漫艺术的视觉传播”、山东省社科规划项目“加快我省动漫产业发展研究”、山东省艺术科学重点项目“欧美影视动画之变迁”；现主持全国艺术专业学位研究生教育指导委员会项目“我国艺术专业学位研究生教育结构区域发展研究”，教育部产学合作协同创新项目 4 项，山东省本科高校教学改革研究重点项目 1 项。出版《数字动画艺术的真实性研究》《影视动画特技・特效》等专著 3 部。在《现代传播》《山东社会科学》《中国电视字幕・特效》等核心期刊发表论文 20 余篇。曾获得山东省“泰山文艺奖”、山东省艺术科学优秀成果奖以及青岛市社科优秀成果奖等多项。参与拍摄和创作院线数字电影、电视台纪录片 10 部。指导学生创作的微电影、纪录片、动画片获省部级以上奖多项。

邱红峰

邱红峰，1972 年 5 月生。浙江舟山人，哲学博士。厦门大学新闻传播学院教授、博士生导师。在复旦大学国际政治系获得法学学士学位，在悉尼大学获得文学硕士、哲学博士学位。加入学术研究队伍之前，在全国性与地方媒体有过多年的一线记者经历。

现主要从事环境传播、健康传播、风险传播，以及传播与社会等方向的研究。受教育部与福建省社科课题资助，2013 年开始在化工园区、核电站、矿区等高风险区域进行田野调查，致力于传播学的应用研究。受福建省软科学项目资助，2016 年着手网络约会的健康风险研究。受福建省社科重点课题资助，2018 年开始网络时代的意识形态风险研究。出版了专著《环境风险社会放大的传播治理》。论文发表于 *Health Communication*、*Chinese Journal of Communication*、《新闻与传播研究》《国际新闻界》等国内外学术期刊。主讲“媒体关系”“新闻综合实务”“环境传播”等课程；入选福建省高校新世纪优秀人才支持计划。

任志明

任志明，出生于 1967 年 12 月。甘肃民乐人，文学博士，新闻传播学博士后。西北师范大学教授，硕士研究生导师，民族影视艺术研究中心主任。曾任甘肃电视台主任记者、制片人。甘肃省首批“双创”导师，被 FHI、CHARTS 等国际组织聘为高级顾问、媒介专家。兼任甘肃省科技界摄影协会常务理事，中国民俗摄影协会会长助理。

长期从事影视艺术教育，致力于影视传媒创意与策划研究、民族影视艺术研究、影视人类学与纪录片创作研究。主编《中国传媒研究前沿系列报告》和《百部中国民族志纪录片研究总览》等 12 册。在复旦大学从事博士后研究期间，获得中国博士后科学基金第五批特别资助。

策划、拍摄了大量纪录片、专题片及电视栏目节目。其中电视新闻《甘肃河西走廊遭受特大沙尘暴袭击》、电视纪录片《黑风暴刚刚掠过》、电视艺术片《草原裕固风情》、电视系列片《绿色的足迹》等在中央电视台等电视频道播出。担任总导演的丝绸之路“非遗”系列人类学纪录片《花儿呀两莲叶》、丝绸之路地域文化系列纪录片《月圆腾格里》，以及“中国少数民族影像志”系列纪录片在甘肃电视台播出。获全国优秀电视节目一、二等奖；全国“金童奖”“骏马奖”，甘肃省广播电视节目一、二等奖，甘肃省“五·四新闻奖”电视类节目一等奖，甘肃省高校社科成果奖三等奖。2015 年，获得“科讯杯”国际大学生影视大赛组委会颁发的首届“特别贡献奖”。

荣　荣

荣荣，女，出生于 1977 年 12 月，法学博士，毕业于南开大学周恩来政府管理学院社会心理学专业。天津师范大学新闻传播学院教授，副院长，新闻传播学专业硕士带头人，天津市高校学科领军人才，中国高校影视学会实验教学专业委员会理事，天津市社会心理学会理事。曾在天津市社会科学界联合会及天津日报集团挂职。主要从事社会化媒体、传播心理、危机传播等方向研究。主持国家社会科学基金、教育部人文社会科学基金、天津市社会科学基金、天津市教委重点项目等多项研究。专著《社会问题报道与受众心理引导研究》获天津市社会科学成果三等奖、参与项目《天津市高校新闻学教育资源共享机制探索研究》获中国新闻学与传播学教学改革创新项目(第一参加人)。主讲新闻编辑学、新闻传播学理论，曾获天津市教学基本功竞赛三等奖。

阮　卫

阮卫，女，1964年4月出生，重庆忠县人，武汉大学中国语言文学学士、传播学硕士，江汉大学人文学院新闻传播学系教授。

主要从事广告传播、广告文化、数字营销传播研究。先后出版著作3部：《广告文案案例评析》《广告文化透视》《现代广告文案写作》；参编《广告法规与管理》《广告经营与管理》《广告学(二)》《广告创意与表现》《诗粹》等著作；在《国际新闻界》《武汉大学学报》《西南大学学报》《学习与实践》《新闻界》《湖北社会科学》等期刊上发表学术论文近30篇。

1995年从文学转向广告学，是江汉大学广告学专业的主要开创者，在专业建设、学科发展方面做了诸多探索。经过近25年的努力，江汉大学广告学专业逐渐形成自身的特色，即立足于武汉，培养适应社会需求的复合型应用人才。

沈正赋

沈正赋，出生于1965年10月。安徽合肥人，文学硕士。安徽师范大学新闻与传播学院副院长、教授、博士生导师。兼任中国新闻教育学会理事、全国新闻学研究会理事、中国高校影视学会常务理事、中国高校影视学会广播专业委员会副主任委员、安徽省新闻工作者协会常务理事、安徽省广播电视协会常务理事等。

长期从事新闻传播理论与实务、马克思主义新闻观研究。主持国家社科基金重大项目子项目、安徽省哲学社会科学规划项目、安徽省教育厅社科项目等多项。出版学术专著《解读传媒——传媒生态和新闻生态研究》《突发公共事件报道研究》《对话新闻——新闻采写理论与实践》，省级规划教材《新闻采访学基础：理论与方法》等，在《新闻与传播研究》《现代传播》《新闻大学》《中国出版》《编辑之友》《新闻记者》《当代传播》《新闻界》《内蒙古社会科学》《学术界》《安徽师范大学学报(人文社会科学版)》等学术期刊上发表论文130余篇，多篇论文被《新华文摘》《红旗文摘》、“中国人民大学报刊复印资料”、《新闻与传播》全文转载。《突发公共事件报道研究》获安徽省社会科学文学艺术出版奖。

苏士梅

苏士梅，女，出生于 1968 年 7 月。河南开封人，历史学博士。河南大学新闻与传播学院教授，传播学硕士生导师、传播学学科带头人。曾任河南大学新闻与传播学院广告系主任、河南大学传媒研究所副所长。兼任中国新闻史学会广告与传媒发展史研究委员会常务理事、河南省广告传媒业商会高校专家委员会主任委员、河南省高等学校教师资格教育教学技能测试专家。

长期从事新闻传播教育，致力于广告史、广告伦理与广告文化的研究。主持或参与国家社会科学基金项目、教育部社会科学基金项目、河南省哲学社会科学规划项目、河南省社科普及规划和河南省教育厅人文社科项目多项，出版《中国近现代商业广告史》《唐代诚信思想研究》《〈贞观政要〉注说》《广告伦理学》等学术专著、教材 6 部，在国内外学术期刊上发表论文 20 余篇。研究成果曾经获得河南省社会科学优秀成果二等奖、河南省教育厅人文社会科学一等奖、河南省教育科学研究优秀成果一等奖多项。主讲“中外广告史”“广告文化专题研究”“中国文化史”等课程。

孙卫华

孙卫华，女，出生于 1975 年 4 月。山西平遥人，文学博士，政治学博士后。天津师范大学新闻传播学院教授，博士生导师。天津师范大学舆情与社会治理中心副主任，天津市委网信办舆情研究员，“今日头条”特约问答专家。

长期从事新闻传播教育，致力于媒介文化、政治传播学的研究。主持国家社会科学基金项目、天津市社会科学基金项目、中国博士后一等资助项目、中国博士后特等资助项目，天津市中青年骨干创新人才课题等多项，参与 10 余项。出版《社会分层与电视分众》《网络与网络公民文化——基于批判与建构的视角》专著 2 部。在国内外学术期刊上发表论文、报告 70 余篇，多篇学术论文被“中国人民大学报刊复印资料”转载和引用。先后荣获天津市社科优秀成果奖三等奖、校级“教学名师”“优秀教师”等奖项。主讲“传播学概论”“新媒体传播研究”“大众媒介与流行文化”等课程。

陶格图

陶格图，1970 年 9 月出生，蒙古族，博士、教授，内蒙古师范大学新闻传播学院院长。主持国家课题“蒙古文网络舆情监测关键技术研究”“高古斯台罕乌拉—敖包祭祀”(国家重大课题子课题)2 项，内蒙古自治区社科规划课题“对外宣传联动机制的建设与内蒙古软实力传播研究”“内蒙古民族文化数字化影像库建设”等6项，内蒙古政府重大招标课题“蒙古语言文字数字化学习平台建设”“蒙古族新闻传播史”等2项。出版专著《科尔沁民歌传播研究》，出版全国八省区蒙古文教材《实践中的马克思主义新闻观》。发表论文《大众传播对蒙古族传统思想的影响》《蒙古族传统信息传播方式之一 烙印》等30余篇。《科尔沁民民歌传播研究》荣获内蒙古自治区第三届哲学社会科学优秀成果政府二等奖；《蒙语媒体及其受众研究》等系列论文、《蒙古族民歌〈嘎达梅林〉的传播形式研究》等系列论文，荣获学校科研成果人文社会科学三等奖。讲授“新闻学概论”“马克思主义新闻观”等本科课程及“传播学研究”“国际传播”“影视人类学”等研究生课程。

汪　磊

汪磊，1962年8月生，现任广西大学新闻与传播学院广播电视与新媒体系主任，教授。

主要从事影视文化传播、新闻发布会和视觉文化研究与实践，担任广西壮族自治区党委宣传部公益广告比赛评委，自治区广播电视局节目评审专家，数十次担任国内、外各类微电影、纪录片评委。英国威斯敏斯特大学访问学者。2014年在泰国三所大学做“中国当代影视文化”讲座。

历任柳州有线电视台副台长、柳州市政府新闻办副主任、广西大学广播电视中心主任。现主要从事影视节目的理论研究、教学和实践工作，先后有多部电视作品在国外电视台播出，代表作品有音乐电视片《养生河池》、短纪录片《柳州琴童》(“金桥奖”中国政府奖、在美国等十余个电视台播出)、新闻纪录片《抗洪抢险保畅通》，其中《柳州奇石》获中华荟萃纪录片奖，电视专题片《柳州山歌》等电视作品曾在国外播出。

广西地方志办公室特聘专家，大型地方影像志《广西之最》100集、《广西古建筑志》60集、《广西名胜志》80集等地方影像志的主创人员。

主编《电视节目制作教程》和《实用新闻发布学》等教材，主持国家级课题“抗战时期广西新闻出版事业研究”子课题——“抗战时期广西广播事业研究”；主持教育部社科项目“西南少数民族纪录片的文化传承与传播研究”、广西哲学社科项目“马克思主义影视化传播研究”等。发表论文20余篇。

王翠荣

王翠荣，女，1972年3月生人，教授，新闻传播学博士。现为哈尔滨商业大学基础科学学院副院长、硕士生导师。中国新闻史学会新闻传播教育史专业委员会会员，地方新闻史学会会员。

主要研究方向：新闻史论、网络传播。主持 2017 年度国家社会科学基金项目“七七事变前东北新闻界对日本新闻侵略的抵制研究”，主持完成黑龙江省哲学社会科学基金项目 2 项，参与教育部及省厅级项目多项，出版学术专著 1 部，在《国际新闻界》《新闻战线》《民国档案》《新闻知识》《新闻爱好者》《学术交流》等学术期刊上发表论文 40 余篇。研究成果获黑龙江省第十五届社会科学优秀科研成果奖佳作奖 1 项，黑龙江省第十六届社会科学优秀科研成果奖三等奖 1 项，黑龙江省第四届文学学科优秀科研成果二等奖 1 项。

王桂清

王桂清，女，1963 年生，教授，文学硕士，哈尔滨商业大学新闻学专业创始人。主要研究方向为经济新闻。主持并完成黑龙江省哲学社会科学基金项目“我省经济新闻报道存在的问题与对策研究”及“我省经济新闻新闻报道如何为龙江地方经济建设服务”2 项课题。曾获黑龙江省第十三届社会科学优秀成果奖三等奖。

王红叶

王红叶，女，出生于 1971 年 3 月。陕西勉县人，文学硕士。山西传媒学院教授，山西大学硕士生导师。现任山西传媒学院副院长，兼任教育部戏剧与影视学类专业教学指导委员会委员、中国高等院校影视学会纪录片专业委员会副主任委员。

长期从事戏剧影视教育，致力于电影学、广播电视艺术学等研究。主持山西省哲学社会科学基金、山西省人文社科重点研究基地等课题多项。独自出版《电视专题》《电视专题片制作》等专著，参编《传媒导论》等教材多部，发表学术期刊论文数十篇。担任导演、制作的多部电视片在中央电视台播出，参与策划的影片《路边野餐》在院线播出，并斩获国内外电影节 30 余项大奖。主讲“纪录片创作”“电视专题”等课程，是精品课程“电视专题”的负责人，先后获得山西省广播影视奖、山西省教学成果奖、山西省教科文卫体系统创新成果奖和山西省“模范教师”荣誉称号。

王金礼

王金礼，安徽霍邱人，文学(新闻学专业)博士。福建师范大学传播学院教授，中国新闻史学会新闻传播思想史研究专业委员会副秘书长。1988 年毕业于安徽省霍邱师范学校，2010 年武汉大学新闻与传播学院博士研究生毕业后，任教于四川外语学院(后更名为四川外国语大学)新闻传播学院。2018 年 6 月调入福建师范大学，同年入选福建省闽江学者奖励计划，获聘闽江学者特聘教授。

主要从事媒介伦理、传播思想史等基础性理论研究，主持国家社会科学规划项目与重庆市社会科学规划项目各一项，代表性学术成果有专著《新闻德性论：原则框架》、译著《美国传播研究的开端：亲身回忆》及论文《重塑传播研究的知识边界》《作为知识的新闻》《确定性的迷思》《元传播》等。

王俊荣

王俊荣，出生于1961年3月，陕西乾县人，新闻学博士，高级摄影师。西北政法大学新闻传播学院三级教授、西北政法大学新闻传播学一级学科带头人、西北政法大学社会政策与社会舆情评价协同创新研究中心(陕西省哲学社会科学重点研究基地)副主任、硕士研究生导师组组长。曾长期担任西北政法大学新闻传播学院副院长(期间主持工作3年)。主要社会兼职有国际传播学会(ICA)会员、日本国吉田秀雄纪念事业财团客座研究员、中国法学会会员、陕西省写作学会副会长、陕西省传媒法治研究会副会长、陕西省广播电视电影协会特邀专家、陕西省语言学会副秘书长等。

长期从事新闻传播教育，致力于法治新闻与传媒法、新闻传播实务、舆论学的研究。主持省厅级课题3项，参与国家社科基金项目和教育部重点攻关项目2项。主编和副主编学术论著9部，在《现代传播》《新闻记者》《当代传播》和《湖北社会科学》等学术期刊上发表论文40余篇。研究成果曾获省、校多项奖励。主讲媒介法规与职业道德、法治新闻理论与实务、媒介批评等课程，是国家级新闻学专业综合改革试点项目负责人，陕西省法治新闻教学团队带头人。

王　溥

王溥，湖北英山人，经济学博士。华中科技大学新闻与信息传播学院教授、博士生导师。曾任《湖北日报》评论理论部负责人、《楚天都市报》常务副总编辑、《楚天金报》总编辑。兼任中国传媒经营与管理研究委员会副会长。2015年1月，调入华中科技大学。

长期从事新闻传播实践工作，具有较丰富的实务经验，组织策划和参与写作的报道累计获得国家级和省部级一等奖以上奖励20余项。致力于新闻内容生产和传媒经济教学与研究。出版《经济新闻的生命力》《激越三十年》等著作，迄今在国内外学术期刊上发表论文20余篇。

王　勇

王勇，出生于1968年9月，湖南省隆回县人，文学博士(传播学专业)。昆明理工大学艺术与传媒学院副院长、教授、硕士生导师，昆明理工大学南亚东南亚新闻传播研究院院长，云南省南亚东南亚网络文化研究中心副主任，全国艺术专业学位研究生教育指导委员会专家(广播电视领域)，云南省新闻传播学科教学指导委员会副主任，泰国兰实大学传媒学院客座教授，《昆明理工大学学报(社会科学版)》编委，曾做过媒体编辑记者，担任过湘潭大学广告学系主任。

主持完成或在研包括国家社科基金项目在内的纵向科研项目16项；出版有独著《大众传媒与社会越轨行为》，合著《廉政文化传播概论》《东南亚国家新闻史》等；在《国际新闻界》《中国出版》《新闻记者》等学术期刊发表学术论文100多篇。

为本科生讲授“传播学概论”“新闻编辑学”“中外新闻传播史”“媒介经营与管理”等课程，为研究生开设“广播电视艺术学科前沿与研究方法”“媒介经营与管理专题研究”“新闻策划与深度报道研究”等课程；曾获云南省哲学社会科学优秀成果三等奖、云南省广播电视学术论文一等奖、全国美育成果展评先进工作者、优秀指导教师、中国大学生广告艺术节学院奖优秀指导教师、全国大学生广告艺术大赛云南赛区优秀指导教师、昆明理工大学红云园丁奖、伍达观教育基金先进教师奖等奖励。

王玉琦

王玉琦，1969年生，江西余干人，文学博士，应用经济学博士后，新闻学专业教授、硕士生导师；主要从事新媒体、媒介经营管理及文化传播研究。1987年8月毕业于江西省万年师范学校，1996年7月获南开大学文学硕士学位，同年至江西财经大学新闻传播系任教，1999年在复旦大学新闻学院进修，主修新闻学专业。2002年破格晋升副教授。2005年7月获南开大学博士学位。2006年破格晋升教授。曾任江西财经大学新闻传播系经济新闻教研室副主任、江西财经大学艺术与传播学院新闻与传播系主任，江西财经大学研究生院副院长，江西财经大学人文学院副院长。

在《现代传播》《新闻大学》《编辑学刊》《当代传播》《中国广播电视学刊》《电视研究》等刊物发表学术论文50余篇，其中CSSCI来源期刊20余篇，并有多篇被“中国人民大学报刊复印资料”等刊物全文转载或摘要。主持国家社科基金项目“互联网‘圈子’视阈下的危机传播机理与治理研究”，主持省部级课题6项，已出版专著、教材多部。

魏 然

魏然，出生于1962年9月。河南开封人，于1995年在美国印第安纳大学取得大众传播学博士学位。现任美国南卡罗来纳大学新闻与大众传播学院讲座教授(首位海外华人传播学讲座教授)、博士生导师。曾在香港中文大学新闻与传播学院担任助理教授，新加坡南洋理工大学传播与信息学院高级访问学者，曾经在英国牛津大学、国立新加坡大学做访问学者。2009年受聘为教育部长江学者讲座教授。2014年，入选天津“千人计划”，被授予“天津特聘专家”。

曾担任海外学术团体国际中华传播学会(*Chinese Communcation Asociation*)会长(2011—2013年)，现任国际传播学会(ICA)二级分会——传播科技学会(CAT)会长。曾经担任美国SSCI期刊《大众传播与社会》(*Mass Communication & Society*)主编(华人传播学者中首个主编)，新加坡《亚洲传传播学报》和香港《华人传播学报》特约主编，以及九份国际顶尖传播类学术刊物编委会委员。

研究专长为新媒体、传播效果研究以及国际广告策略。他是国际上手机媒体研究的知名专家，著有《媒介效果与社会变迁》《移动传播与亚洲公共传播》等专著、教材七本。此外，发表近一百篇论文。多次获得美国新闻与大众传播学科杰出论文奖，包括2012年度《国际行销评论》期刊论文奖。2014年至今，入选Elsevier中国英文发表引用最高的学者(社会科学类)行列。教学领域在传播研究、媒体管理、广告学、传播科技、量化研究方法论等，受邀多次在国内外大学做学术讲座。

翁泽仁

翁泽仁，女，1971年10月生，苗族，贵州贵阳人。俄罗斯莫斯科大学新闻系博士，贵州大学文学与传媒学院新闻传播系教授。研究方向为新闻社会学、少数民族传播及国际传播。在《俄罗斯研究》《俄罗斯东欧中亚研究》《贵州民族研究》《世界民族》《世界宗教文化》等10多家刊物上发表论文30余篇，代表性专著有《当代俄罗斯东正教媒体世俗化成因及影响研究》等。新闻教育理念为：“善观察、勤思考、多动手。”

吴果中

吴果中，女，出生于1969年9月。湖南安化人，新闻传播学专业博士。湖南师范大学新闻与传播学院新闻学系主任，教授、博士生导师。中国新闻史学会理事、地方新闻史研究会副会长。湖南师范大学教学名师，湖南省青年骨干教师培养对象。曾以编辑部副主任一职在《湖南日报》“新湖南”中心挂职锻炼，湖南师范大学与湖南日报集团新媒体中心共建的“新湖南”媒介工作室负责人。

长期从事中外新闻传播史论、传播与文化等领域研究，尤其在画报与视觉文化方面形成了自己的研究特色。主持国家社科重点课题1项(“中国当代画报研究”)、国家社科一般课题1项(“中国近现代画报研究”)，主持省社科课题4项、省教育厅重点课题与一般课题共3项；主持过湖南省高校“十二五”规划(新闻学)专业综合改革试点项目；

作为重要成员参与国家社科课题及部级重点课题 4 项。出版有学术专著《〈良友〉画报与上海都市文化》《左图右史与画中有话：中国近现代画报研究》，参编教材《传播学基础》《报刊消息与通讯典型案例评析》。在《新闻与传播研究》《国际新闻界》《现代传播》等专业核心刊物发表学术论文 50 余篇，多篇被“中国人民大学报刊复印报刊资料”和《新华文摘》等转载 10 余次。曾获湖南省第九届哲学社会科学优秀成果三等奖、首届方汉奇奖、张德琇优秀论文奖和校教学优秀奖。

夏雨禾

夏雨禾，出生于 1972 年 10 月。浙江苍南人，法学博士。温州大学人文学院教授、硕士生导师。曾任温州大学人文学院副院长。兼任温州市互联网网络研究会副会长、温州市电视艺术家协会副主席。

目前从事新闻传播学、传播社会学和新媒体研究。主持国家社科基金、教育部人文社会科学基金多项。出版《突发事件中的微博舆论：阐释框架与实证研究》《微博空间的生产实践：理论建构与实证研究》《改革开放以来〈人民日报〉“三农”议程设置研究》等专著，在《新闻与传播研究》《文艺研究》等学术期刊发表论文多篇。研究成果曾获浙江省社会科学成果奖、浙江省社科联优秀成果奖等多个奖项。

谢明辉

谢明辉，女，出生于 1967 年 10 月，山东济南人，宁夏大学新闻传播学院教授，新闻与传播(MJC)硕士生导师，国家级普通话测试员。目前担任中国高等院校影视学会广播专业委员会理事、中央人民广播电台节目评估听评专家、宁夏好新闻审核委员会委员、宁夏新闻系列职称高评会委员和宁夏广播电视台节目评估专家。曾为复旦大学(2004. 2—2005. 2)和美国密苏里州立大学(2017. 9—2018. 7)访问学者。

1990—1996 年，任石嘴山人民广播电台记者，10 余篇新闻作品获得中国广播奖二等奖和宁夏好新闻一、二、三等奖。1996 年 4 月调入宁夏大学从事新闻教学工作，2015 年 9 月被评聘为宁夏大学新闻传播学院教授。从教 20 多年来，先后主讲“广播新闻学”“新闻评论学”“主持人节目研究”“新闻采访与写作”“媒介文化研究”“广播电视概论”等课程，多次获得宁夏大学教学优秀奖、本科毕业论文优秀指导老师奖和教学质量奖。

主要研究方向为新闻实务传播和媒介文化传播。2010 年至今，主持和参与多项省部级社科项目，独立撰写出版专著一部，参与撰写出版学术著作一部，参与《宁夏社会科学年鉴》首卷和第二卷的撰写工作，发表学术论文十余篇，指导多项国家级、自治区级及校级大学生创意创新项目，多次荣获国家民委社科成果奖和中国广播电视协会、中国广播电影电视联合会学术论文奖。

熊国荣

熊国荣，1974年出生。暨南大学新闻学硕士，四川大学文艺与传媒专业博士，中国人民大学新闻学院访问学者。现为赣南师范大学教授，赣南师范大学新闻传播研究所所长，新闻传播学一级学科硕士点负责人，媒介文化传播硕士点负责人，中国认知传播学会理事，赣南师范大学“红色文化传播研究创新团队”负责人，教育部人文社科重点研究基地——中国共产党革命精神与文化资源研究中心研究员，四川大学新闻传播研究所、符号学—传媒学研究所特约研究员。

自2009年以来一直从事高校新闻传播教育，主讲课程主要有“马列新闻原著选读”“中国新闻事业史”“新闻学概论”“传播学研究方法”等。主要研究领域是新闻传播史论、电视剧批评。出版专著《中国电视剧创作方法的批评维度》，参编《中国早期电视剧史略》，在《国际新闻界》《现代传播》《当代传播》《中国电视》《中国广播电视学刊》《新闻记者》等刊物发表论文30余篇，主要代表作有《版面安排及调整：从〈红色中华〉到延安〈解放日报〉》《中共党报典型报道源考》《1958—1980年中国电视剧理论研究的研究》等。主持完成国家社科基金课题“中国电视剧创作方法的批评维度”以及多项省部级课题。

徐　红

徐红，女，1966年出生。武汉大学法学学士、华中师范大学教育学硕士、华中科技大学传播学博士。中南民族大学文学与新闻传播学院教授、硕士生导师、广告学系主任。2003—2011年曾任武汉纺织大学广告系教授、硕士生导师、广告学系主任。2010年1—3月，通过教育部留学基金委与日本电通公司选拔录取为“中国教育部·电通广告人才培养基金项目”研修员，到日本电通公司研修访学。2017年4—6月，到日本广岛大学研究访学。

主要致力于儿童广告心理学、老年广告心理学和气候传播领域的研究。在《新闻与传播研究》《新闻大学》《新闻战线》《当代传播》《现代广告》《中国广告》《心理科学》等刊物上发表论文50余篇。主持2016年国家社科基金一般项目“基于公众低碳态度与行为的政府气候传播机制研究”、2012年国家社会科学基金重大项目“中华优秀传统文化传承体系研究”子项目——“数字化技术传承中华优秀传统文化研究”、2007年教育部与日本电通公司“电通·中国广告人才培养基金项目”——“‘三合一’多元集成式广告人才培养模式研究”、2009年国家教育部人文社科研究一般项目“基于关爱的老年手机受众数字鸿沟透视”、2009 年湖北省软科学项目“鄂西生态文化旅游圈的品牌传播策略研究”、2005 年湖北省教育厅项目“电视广告影响下的儿童消费态度研究”、2002 年湖北省教育科学规划项目“网络文化对大学生思想道德的影响及网络德育研究”。

徐开彬

徐开彬，出生于 1972 年 1 月，湖北监利人，四川大学英语语言文学硕士、美国阿拉巴马大学传播学硕士、美国科罗拉多大学传播学博士。2003 年赴美留学、工作，2015 年回国。现任武汉大学新闻与传播学院教授、博士生导师，教育部人文社会科学重点研究基地武汉大学媒体发展研究中心研究员，武汉大学珞珈特聘教授，湖北省楚天学者特聘教授。曾先后任四川大学外国语学院任讲师、美国天普大学媒体与传播学院任助理教授、香港浸会大学传理学院任副教授。兼任美国传播学会(NCA)附属学术期刊 *Journal of International and Intercultural Communication* 编委会编委、《新闻与传播评论》编委会编委、国家留学基金管理委员会评审专家。

在 *Communication Monographs*, *Management Communication Quarterly*, *Journal of Business Ethics*, *International Journal of Communication*, *Health Communication* 等十多家国际学术期刊及《新闻与传播研究》《国际新闻界》《新闻大学》《现代传播》《新闻与传播评论》《武汉大学学报(哲学社会科学版)》等国内学术期刊发表过论文。

讲授过组织传播、领导传播、群体传播、健康传播、跨文化传播、修辞批评、定性研究方法、定量研究方法等课程。研究兴趣包括组织传播、健康传播、跨文化传播及修辞批评。目前主持教育部人文社会科学重点研究基地重大课题“一带一路战略构想与跨文化传播”。

阳美燕

阳美燕，女，出生于 1973 年 4 月 8 日。湖南衡阳人，文学博士。湖南大学新闻传播与影视艺术学院教授、院长助理、湖南大学舆情研究所所长。教育部新世纪优秀人才。为中国新闻史学会地方新闻史研究会常务理事、党报党刊研究会常务理事。

从事新闻传播史、网络舆情与新媒体研究。主持国家社科基金、湖南省社科基金、湖南省软科学项目、日本住友基金会“日本相关问题研究项目”多项。出版学术专著《日本在华首家政论报纸〈汉报〉(1896—1900)研究》，在国内外学术期刊上发表论文 30 余篇。研究成果曾获教育部高等学校科学研究(人文社科类)成果奖、湖南省哲学社会科学优秀成果奖。主讲中国新闻传播史、新闻学原理等课程。

杨保军

杨保军，生于1962年10月，陕西富平人，文学博士(新闻学)，博士后。教育部长江学者奖励计划特聘教授，中国人民大学二级教授，博士生导师，中国人民大学杰出学者特聘教授(A岗)；《国际新闻界》副主编；中国人民大学新闻与社会发展研究中心学术委员会委员；马克思主义理论研究和建设工程重大项目、国家社科基金重大课题“增强国际传播能力建设，讲好中国故事”首席专家；中国人民大学新闻学院学术委员会副主任。曾入选教育部“新世纪优秀人才支持计划”，曾两次出任中国人民大学新闻学院副院长，曾长期担任新闻学院史论教研室、史论教研部主任。

2001年开始从事高等教育工作，研究领域为新闻理论，主要学术著作有《新闻事实论》《新闻价值论》《新闻真实论》《新闻活动论》《新闻精神论》《新闻本体论》《新闻道德论》《新闻观念论》《新闻主体论》。中国知网收入论文200多篇。出版有本科教材《新闻理论教程》、研究生教材《新闻理论研究引论》。主讲本科课程“新闻理论”“新生研讨课”、研究生课程“新闻理论研究”“新闻传播理论基础”、博士生课程“研究指导课”等。

曾获“全国百篇优秀博士学位论文奖”，第四届、第五届、第六届中国高校人文社会科学研究优秀成果奖三等奖、二等奖、三等奖，中国大学出版社图书奖首届优秀教材奖一等奖，第七届吴玉章人文社会科学优秀奖。

杨光宗

杨光宗，出生于1964年5月，湖北建始人。湖北民族大学文学与传媒学院党委书记、教授、硕士生导师。曾任湖北民族大学文学与传媒学院院长，湖北民族大学学报主编。兼任中国高校民族影视学会理事，湖北省高等教育学会新闻传播教育专业委员会副会长、湖北省散文学会副会长，湖北省文艺理论家协会理事。

长期从事文艺与传媒研究、编辑出版学、民族文化传播研究，主持国家、省社会科学研究课题10余项，在国内外学术期刊上发表论文80余篇。主持策划编辑的《土家族研究丛书》(共16本)获湖北省民委成果一等奖及恩施土家族苗族自治州“五个一”工程奖，被著名楚史学家张正明先生誉为“土家学构成云蒸霞蔚的体系的标志”。入选湖北省委宣传部文化宣传“七个一百”人才，曾获湖北省首届优秀期刊编辑，湖北期刊优秀社长，全国社科学报优秀主编，恩施土家族苗族自治州具有突出贡献专家，研究成果曾获国家教委优秀论文奖、湖北省政府社会科学成果奖三等奖、恩施土家族苗族自治州社会科学优秀成果特等奖等。主讲编辑出版学、文学传播学等课程。

杨金花

杨金花，女，出生于1970年11月。河北唐山人，文学博士。河北大学新闻传播学院编辑出版系教授、编辑出版学学科带头人。

1997—2011年在河北大学出版社从事编辑及编辑业务管理工作，2012至今在河北大学新闻传播学院从事编辑出版教学科研工作。主讲“出版学概论”“图书编辑学”“出版业研究”“编辑理论研究”等课程，研究方向为编辑出版理论与实务、阅读推广。

主持省部级课题5项，在研项目为教育部人文社会科学规划项目“数字时代图书选题决策模式研究”。专著《毛诗正义研究——以诗学为中心》获河北省社科二等奖。撰写论文20余篇，代表性论文有：《从樊登读书会看知识付费商应对质疑的宣传策略》《基于扎根理论的樊登读书会用户留言研究》《善读书与善推广：樊登读书会运营模式探析》《传统出版企业知识服务转型路径探析》《网络书店推荐系统的负效应与对策》《心智解读理论在读者定位中的应用》《大数据在图书选题判断中的应用》《图书选题论证中存在的偏见、弊端及对策研究》《图书分类在图书营销、选题论证实践中的应用》《经典传播与出版时机的选择》等。

杨晓峰

杨晓峰，1965年2月出生，甘肃通渭人，文学硕士。兰州财经大学商务传媒学院院长、教授、硕士生导师，校学术委员会委员。现为甘肃省重点学科“新闻传播学”学科带头人，甘肃省高等学校实验教学示范中心——“传媒艺术实验教学中心”主任。曾在基层从事近十年的宣传报道工作。兼任中国教育技术协会影视传媒专业委员会常务理事等社会职务。

主要从事媒介文化和媒介经营与管理的研究工作。专著《文化传播中的中国音乐电视》甘肃省第十届社会科学优秀成果三等奖；专著《消费主义与媒介文化》获甘肃省高校社科成果三等奖。在国内学术期刊发表论文30余篇，其中CSSCI期刊论文10余篇。主持完成甘肃省社科规划项目“甘肃省多媒体融合发展的政策选择研究”；参与国家社会科学基金项目“‘一带一路’战略驱动下西北民族地区特色文化产业创新发展研究”。主讲兰州财经大学精品课程“传播学概论”。曾当选兰州财经大学“我最喜爱的十佳教师”。

姚德权

姚德权，1963年10月出生，湖南安乡人，法学博士、管理科学与工程博士后。湖南大学新闻传播与影视艺术学院教授、博士生导师，《财经理论与实践》主编。兼湖南省期刊协会常务理事、湖南省高校学报研究会常务理事、中国期刊协会理事等。

主要研究传媒投融资与传媒规制、公司治理与绩效评价等。教育部新世纪优秀人才支持计划人选，主持国家社科基金重点项目、国家社科基金项目、中国博士后基金项目、国家广电总局社科重点项目、教育部人文社科规划项目、高校博士点专项基金项目、湖南省自然科学基金项目、湖南省社会科学基金项目、湖南省软科学一般与重点项目等课题研究。在《中国软科学》《新闻与传播研究》《现代传播》《财贸研究》《国际经贸探索》等刊物发表论文 120 多篇，被《新华文摘》《经济学文摘》等摘录 40 篇次。曾获湖南省哲学社会科学优秀成果二等奖 3 项、三等奖 2 项，湖南省首届社科基金课题成果二等奖、湖南省第九届、第十一届、第十二届自然科学优秀论文一等奖等。

余 红

余红，女，出生于 1970 年 8 月。湖北武汉人，文学博士。华中科技大学新闻与信息传播学院传播系主任，教授，博士生导师。香港城市大学和美国纽约州立大学访问学者。

长期从事网络舆情与传播效果研究。主持国家社科基金规划课题“互联网时代网络舆论发生机制研究”，教育部规划课题“基于数据挖掘方法的网络时政论坛舆论领袖研究”“互联网时代风险感知的媒介作用机制与风险沟通”，教育部留学回国人员启动基金项目“网络舆论领袖身份建构研究：印象管理的视角”，湖北省新闻宣传与舆论引导重大调研课题项目“多媒体背景下敏感热点舆情生成、传播与舆论引导研究”。在《社会学研究》《新闻与传播研究》等权威学术期刊发表论文 40 多篇，著有《新媒体用户分析》《网络时政论坛舆论领袖研究》《互联网时代网络舆论发生机制研究》《传播科技与社会》和《新媒体社会责任蓝皮书》等。主讲“传播研究方法”“传播效果研究”“新媒体与社会”“新媒体用户分析”等课程，以及慕课“新媒体用户分析”。

喻 健

喻健，又名喻子涵，1965 年出生，土家族，贵州沿河人，硕士研究生。曾任《铜仁日报》副总编、主任编辑，贵州民族大学党委宣传部副部长、校报总编，现为贵州民族大学三级教授、贵州民族大学学术带头人、中国现当代文学和新闻传播学硕士研究生双职导师、民族文化产业发展研究中心主任、多彩贵州文化协同创新中心管委会主任，贵州省哲学社会科学学术带头人，湖州师范学院中国散文诗研究中心特聘研究员，贵州省新闻阅评员。系中国作家协会会员、中国少数民族文学学会会员，贵州省文联委员、贵州省作家协会副主席、贵州省诗人协会副主席、贵州省民族文化学会常务理事。

1997 年获第五届全国民族文学创作“骏马奖”，2007 年获“中国当代优秀散文诗作家”奖，2013 年获贵州省第十次哲学社会科学优秀成果奖三等奖，2014 年分别获第五届“中国散文诗大奖”和第二届“贵州专业文艺奖”特等奖。另外，还获得全国少数民族新闻奖、中国地市报新闻奖、贵州新闻奖、贵州省写作学会学术论文奖、各级刊物征文和评奖机构竞赛奖、高校教学成果奖等一、二、三等奖 40 余项。

袁　艳

袁艳，女，出生于 1969 年 11 月。湖北荆州人，英国威斯特敏斯特大学传播学博士。华中科技大学新闻与信息传播学院教授、博士生导师，兼任复旦大学信息与传播研究中心研究员。具有 8 年海外学习研究经历，长期致力于媒介地理学和媒介文化研究，开设“媒介地理学”全英文课程。出版英文专著 *A Different Place in the Making: Everyday Practice of Rural Migrants in Chinese Urban Villages*，译著《媒介与传播地理学》；有多篇学术论文在 *Media, Culture & Society*、《新闻与传播研究》《传播与社会学刊》等期刊发表。曾获第十一届湖北省社科优秀成果二等奖和首届新闻传播学期刊优秀论文奖。另有多篇论文被国际传播学会年会、国际地理媒介大会等国际会议录用。主持过 1 项国家社科基金项目、1 项教育部基本科研业务费项目、1 项湖北省社科基金项目和华中科技大学教学研究项目。

曾任湖北日报传媒集团特聘楚天传媒晨辉学者，以及 *Asian Journal of Communication*、*IAMCR*、《新闻与传播研究》等期刊的评审。

进入学界前曾担任中央电视台《东方时空》出镜记者和湖北电视台《焦点透视》栏目主持人和编导，曾被评为湖北省“十佳青年记者”。

张军军

张军军，女，1978 年 8 月 1 日，吉林松原人，新闻传播学硕士，教授、高级记者、主任播音员。现任海南大学人文传播学院新闻传播学、影视文学专业教授、硕士生导师。兼任海南南海文化研究院、海南历史文化研究会等多个社会团体职务。《天堂海南岛》等几十部主创电视作品获国家、省级奖项及个人荣誉称号，在新闻传播、影视创作、频道规划等领域有较丰富的学术及实践成果。

主持“南海更路簿的跨文化研究与国际传播”等国家级、部省级科研项目 30 多项，出版专著 9 部、发表论文 29 篇、完成立体文化资源库 6 个。采用产学研的研创模式，抢救性采集古往今来的海南人文资源，通过影像、文字、图片等多元化的视觉表达与传播手段对海南的历史文脉、南海海洋文化、地理环境等加以纪录、研创及国际化传播，形成跨年代、跨学科、跨领域的综合性交叉学科比较研究与传播，创立了首个《海南文化记忆基因库》。

张丽萍

张丽萍，女，博士，教授，内蒙古大学文学与新闻传播学院副院长。兼任中国新闻史学会少数民族新闻史研究委员会副会长，中国新闻史学会中国教育史研究委员会常务理事，内蒙古自治区新闻工作者协会第六届理事会常务理事。

讲授本科生课程“中外新闻传播史”及研究生课程“中国新闻传播思想史研究”等。主要研究领域为中国新闻史及内蒙古新闻史。主持国家社科基金项目“抗战时期边疆民族地区报刊的舆论动员与国家认同建构研究”“民国时期内蒙古地区国共两党报刊研究”、教育部社科基金项目“内蒙古民国报刊史研究”、国家新闻出版广电总局项目“蒙古语广播电视跨境传播的创新策略研究”、内蒙古社科规划重大项目“内蒙古新闻舆论传播方式创新研究”，以及内蒙古自治区社科规划一般项目 2 项、内蒙古文史哲基地项目 1 项。在《国际新闻界》《现代传播》《新闻记者》等核心期刊发表论文 20 余篇。专著《内蒙古民国报刊史研究》2017 年获内蒙古自治区社科优秀成果政府奖一等奖；《文人论政与中国近现代报刊》等多项成果三次获得内蒙古自治区社科优秀成果政府奖二等奖，一次获得三等奖。

2001 年获内蒙古大学第四届青年教师课堂教学技能大赛文科组一等奖。主持完成的教学成果“新闻学专业政产学研协同育人模式研究”2018 年获内蒙古自治区教学成果政府奖一等奖，同年获得宝钢优秀教师奖。

张利洁

张利洁，女，出生于 1968 年 9 月。陕西扶风人，法学博士。兰州大学新闻与传播学院教授，硕士生导师，兰州大学传播学研究所所长，兰州大学中国期刊研究中心主任。

长期从事新闻传播教育，致力于编辑出版与文化产业、文化传播、版权贸易、数字出版与版权等领域的研究。主持教育部人文社会科学基金 1 项，甘肃省社会科学基金 2 项，兰州大学中央高校基本金、兰州大学一带一路专项基金课题多项。出版专著《东乡族贫困与反贫困问题研究》，在《编辑之友》《科技与出版》《甘肃社会科学》《出版科学》《中国出版》等学术期刊上发表论文 30 余篇。论文《从读者定位审视三农图书的选题策划》获第二届中华优秀出版物(论文)奖、《农家书屋可持续发展因素探讨》获甘肃省纪念改革开放三十年出版科研论文二等奖。多年来一直指导本科生进行国家级、校级创新创业项目的研究，2016 年获兰州大学创新创业项目优秀指导教师二等奖。

张　敏

张敏，博士，上海会展研究院执行院长，上海大学教授、博士生导师，上海会展协会副会长兼教育专业委员会主任，中国会展经济研究会理事。曾任中国 2010 年上海世博会咨询专家、中国国际进口博览会特聘专家；主持国家会展中心可行性研究及其十三五规划，中国上海国际艺术节三年提升行动系列调研，国家社科基金规划课题全球化背景下国际会展业发展比较研究，政府委托重大课题中国国际进口博览会组织实施方案及相关调研，上海市决策咨询重点课题进口博览会带动溢出效应研究，上海市决策咨询重点课题上海建设国际会展之都研究，上海市人大立法委会展业立法深化研究，浦东、西安、无锡、安庆、宁夏等地会展业发展规划及相关研究。

发表论文 200 余篇，出版著作多部，主编有《会展蓝皮书：中外会展业动态评估研究报告》《会展人丛书》《中国会展研究 30 年论文集》等。获世博会咨询专家荣誉(2010)、中国会展经济研究会优秀著作一等奖、影响中国会展十大理论人物称号(2009、2011、2013、2015)等。

张名章

张名章，出生于 1974 年 4 月，湖南邵阳人，昆明理工大学艺术与传媒学院教授，硕士生导师，云南省新闻工作者协会与新闻学会理事，云南省新闻奖评委，《云南传媒・影响力》杂志特邀编委。

长期从事新闻传播实务与理论研究工作。先后在《衡阳晚报》《南宁日报》《光明日报》工作，发表各类新闻作品 50 多万字。2004 年进入昆明理工大学工作，主持完成国家课题、云南省哲学社会科学规划课题、云南省教育厅课题各一项，在《新闻与传播研究》《中国出版》《中国编辑》等核心期刊上发表学术论文 20 多篇，主编教指委规划教材《网络新闻编辑》一部，出版《网络传播探论》专著一部，获得云南省哲学社会科学优秀成果奖 1 项。

张淑华

张淑华，女，生于 1968 年 7 月。河南新密市人，新闻学博士。现为郑州大学新闻与传播学院教授、副院长、博士生导师，河南省第九批重点学科带头人。2008 年博士毕业于华中科技大学新闻与信息传播学院，2010—2014 年在中国传媒大学传播研究院在职从事博士后工作，2013 年、2014 年分别在河南省政府研究室、焦裕禄干部学院挂职一年。为国家社科项目、教育部社科项目通讯评审专家，河南省新闻与传播专业硕士教育指导委员会委员，中国舆论学会常务理事，中国网络传播学会理事。对新媒体传播、公共传播特别是公共政策传播有长期而浓厚的研究兴趣。主持国家社科项目“新媒体时代政策传播的路径和效能研究”、教育部人文社科项目“扩音效应及其生成机制：网络环境下社会性突发事件传播规律研究”等各类项目10余项；出版《迁徙与重构——舆论场研究二十年》《社会性突发事件的网络“扩音效应”研究》《网络民意与公共决策：权利和权力的对话》等著作5部；在《新闻与传播研究》《新闻大学》《现代传播》等刊物上发表学术论文30余篇，多篇论文被“中国人民大学报刊复印资料”全文转载。教学成果获省级特等奖1项、科研成果获省级二等奖2项、厅级奖励多项。曾获河南省“五一”劳动奖章、河南省教学标兵、河南省文明教师、河南省“四个一批”理论类人才、河南省高等学校哲学社会科学优秀学者、河南省高等学校哲学社会科学年度人物、河南省高等学校哲学社会科学创新团队首席专家等多项荣誉。

张淑燕

张淑燕，女，1969年5月出生于吉林市，祖籍黑龙江省肇东市。东北师范大学大学传媒科学学院教授、硕士生导师、法学博士。主要社会兼职：吉林省传播学会常务理事、吉林省广告协会常务理事、吉林省学位委员会第四届学科评议组文学学科评议组成员，全国大学广告艺术大赛吉林赛区评委、中国大学生广告艺术节学院奖评委。

1991年留校工作，2000年开始从事广告学教学、科研及实践工作。曾担任广告学系副主任、主任；东北师范大学传媒科学学院第五届、第六届教授委员会委员。现为新闻传播学学科带头人、吉林省特色高水平学科东北师范大学新闻传播学科首席负责人。先后主持教育部人文社科项目、吉林省社科项目及与专业相关横向科研课题4项；在《新闻界》《广告研究》等专业期刊上发表广告监管、广告文化、广告批评等方面学术论文50篇；出版教材《实用广告文案写作教程》，参编学术专著2部；主持教学研究项目3项。

张瑜烨

张瑜烨，出生于1970年1月。湖北红安人，武汉大学新闻与传播学院媒介经营与管理博士。湖北大学新闻传播学院教授，湖北大学校学术委员会委员、科学研究专门委员会副主任委员，硕士生导师，新闻系主任，新闻学专业负责人。兼任中国新闻史学会传媒经济与管理学会常务理事、全国新闻学会常务理事。湖北省新闻传播与舆论引导研究中心研究员，“荆楚网”《东湖评论》大学生网络评论实训基地指导专家，曾挂职湖北广播电视台长江云新媒体中心高级主管。

长期从事新闻传播学教育，主讲“新闻评论”“媒介经营与管理”“媒介产业与发展研究”等课程，研究方向为传媒与社会发展，传媒经济与管理，新闻评论等。国家社会科学基金项目 1 项，省部级课题 9 项，教育部重大课题子课题 3 项，湖北省教育厅重点课题 1 项，获得湖北大学教学成果特等奖、获湖北省高等学校教学成果一等奖。出版学术专著《媒介融合与报业体制变革》《长江中游区域发展与大众传媒》2 部，其中专著《长江中游区域发展与大众传媒》获得 2018 年武汉市第十六次社会科学优秀成果优秀奖。在国内学术期刊发表论文 50 余篇，其中《现代传播》《当代传播》等 CSSCI 文章 20 余篇，部分文章被“中国人民大学报刊复印资料”等全文转载。指导本科毕业生多次获得湖北省优秀本科学位论文优秀奖，辅导学生多次获得全国大学生网络评论大赛奖项。

张　羽

张羽，1961 年 9 月生，陕西周至人，西北大学新闻传播学院教授、硕士研究生导师。曾任西北大学新闻传播学院新闻系主任、副院长等职。兼任西北大学第七届学术委员会委员、陕西省报刊评论学会副会长、中国高等教育学会新闻学与传播学专业委员会理事、陕西省政府新闻发布工作专家组成员、陕西省广播电视学会特邀常务理事、西安市广播电视学会理事会特邀理事。

长期从事新闻传播教育，致力于新闻传播业务、网络与新媒体传播的研究，主持教育部人文社会科学基金、国家出版基金子项目、陕西省社会科学基金课题多项，出版《当代新闻写作学》等学术专著、教材 5 部，在学术期刊上发表论文 40 多篇。研究成果获得陕西高等学校人文社会科学成果奖，陕西新闻奖新闻论文一等奖等。主持的教学改革项目获得西北大学教学成果二等奖，主讲的“新闻写作”课程获得西北大学教案展评一等奖。两次获得“505”基金优秀教师奖；获全国自学考试工作先进个人称号。

张　芸

张芸，女，博士，教授，内蒙古师范大学新闻传播学院副院长。研究方向为影视传播、民族影视学。主持国家社科基金特别项目“北部边疆历史与现状研究”和年度课题“提升内蒙古文化软实力标准研究”、教育部社科项目“内蒙古民族电影民族认同与国家认同建构整合研究”以及内蒙古社科规划项目“内蒙古民族电影产业发展对策研究”“内蒙古民族影视文化与民族文化大区建设研究”等。出版专著《中国西部电影嬗变研究 1984—2012》《内蒙古电影口述史》，发表影视方面论文 20 余篇，参编有《影视艺术导论》《中国电视剧名剧鉴赏辞典》等教材。

张　允

张允，女，出生于 1973 年 5 月。山东烟台人，新疆大学新闻与传播学院教授，博士生导师，教育部新闻传播学专业教学指导委员会委员。曾任新疆大学党委宣传部副部长，《新疆大学学报》主编，现任新疆大学新闻与传播学院院长、新疆大学新疆形象传播研究中心主任。

长期从事新闻传播教育，致力于传播效果、媒介经营管理研究。“以亚洲均势为例试析均势博弈中的媒体”获第九届自治区哲学社会科学奖一等奖(排名第 1)，“基于构建和谐民族关系的新疆主流媒体舆论引导能力研究”获第十届自治区哲学社会科学奖一等奖(排名第 1)。著作《新疆民语广播发展研究》获第八届全国广播电视学术著作二等奖。先后主持国家社科项目(“哈萨克语主流媒体对新疆边境牧区受众的国家认同舆论引导能力研究”)、教育部社科项目(“新疆各民族与中亚各民族交往、交流研究”)等 20 余项课题，在《现代传播》《当代电影》等核心期刊发表论文 40 余篇，主创纪录片获中组部红星一等奖。担任过中国新闻奖评委、新疆新闻奖评委，为新疆新闻事业发展起到了一定的指导作用。曾获自治区天山英才、“四个一批”人才、哲学社会科学领军人才等称号，是国务院政府特殊津贴获得者。

张　卓

张卓，女，出生于 1975 年 12 月。湖北人，传播学博士。武汉大学新闻与传播学院教授、博士生导师。武汉大学视听传播研究中心主任，武汉大学媒体发展研究中心研究员，武汉大学首批“珞珈青年学者”。曾任美国密苏里大学以及我国台湾政治大学访问学者。

长期从事新闻传播教育，致力于广播电视、视听传播和媒介效果的研究。主持国家社会科学基金、教育部人文社会科学基金、国家广播电影电视总局社科研究、湖北省教育科学重点课题等多个科研项目，是国家重点研发计划“基于数据分析的国家文化构造与国民文化传播研究”、国家科技支撑计划“荆州大遗址楚文化数字化保护及传播技术集成示范”的重要参与人。出版有《主持人形象塑造》《福克斯与 CNN 竞争内幕》《亚洲电视新景观》《影视编导》《当代电视研究前沿译丛》《荆楚文化的可视化传播与价值拓展》等多部专著、译著和教材。在国内外学术期刊上发表论文 50 余篇。研究成果曾经获得湖北新闻奖、武汉大学优秀教学研究论文奖多项。主讲“视听作品评析”“纪录片研究”等课程。作为主编和撰稿，参与过多部电视系列片和短视频的创意和制作，并荣获省级电视奖项。

赵树旺

赵树旺，出生于 1972 年 7 月，河北辛集人，博士，河北大学新闻传播学院教授、硕士生导师。美国太平洋大学访问学者。现代出版杂志社特约编辑。长期从事新闻传播教育，主要研究方向为新媒体、数字出版与国际传播。主持国家社会科学基金项目"'一带一路'战略背景下中国出版走出去研究"，主持和参与其他科研项目 13 项。出版《中国数字出版内容国际传播研究》《数字出版：国际化变革与发展》《编辑出版学专业英语》《新闻传播学专业英语》《传播学研究方法——讨论与评价》(译著)、《美国社交媒体的冲击与影响》《美英报刊新闻作品选读》等 7 部著作。在《出版发行研究》《现代出版》等期刊发表论文 50 篇，其中一篇被《新华文摘》摘编，5 篇被"中国人民大学报刊复印报刊资料"《出版业》全文转载。曾荣获河北省社科优秀成果奖三等奖和保定市社科优秀成果奖二等奖。

赵双阁

赵双阁，出生于 1973 年 6 月。河北邢台人，新闻学博士，法学博士后。河北经贸大学文化与传播学院三级教授、新闻学专业硕士生导师组组长、新闻系主任，校级新闻传播教学科研团队负责人，河北省品牌特色专业新闻学专业负责人，河北省媒介融合发展研究中心主任，河北经贸大学法学院民商法学术带头人。兼任中国新闻史学会舆论学研究委员会理事，中国新闻史学会媒介法规与伦理研究委员会理事，中南财经政法大学知识产权研究中心兼职研究员，第三十二、第三十三、第三十四届河北新闻奖审核委员会委员，新闻奖终审评委专家，河北电视台总编室评议专家。

长期从事新闻传播、法学教育研究并致力于媒介法、新闻理论研究。近年来，主持国家社会科学基金项目、全国博士后一等资助项目、河北省社会科学基金课题多项。出版《三网融合背景下中国广播组织权制度反思与重构》《政治文明视阈下舆论监督法治建设研究》《法治视阈下大众传媒与政治文明建设研究》《传媒产业的法律规制研究》等学术专著，在《国际新闻界》《新闻与传播评论》《现代传播》《上海交通大学学报(哲学社会科学版)》《武汉大学学报(社会科学版)》等期刊上发表 40 余篇。曾获中国新闻史学会媒介法规与伦理研究委员会首届"媒介法规与伦理优秀学术成果奖"，入选第五批《中国社会科学博士后文库》并荣获中国《优秀博士后学术成果》证书，荣获第十四届河北省社会科学优秀成果三等奖、河北新闻奖(2006)二等奖。

赵月枝

赵月枝，女，1965年1月出生于浙江省缙云县，传播学博士。加拿大西门菲莎大学传播学院全球传播政治经济学加拿大国家特聘教授，清华大学新闻与传播学院特聘教授、浙江省千人计划专家。1984年毕业于北京广播学院，1989年和1996年分别获加拿大西门菲莎大学传播学硕士和博士学位。1997—2000年任美国加州大学圣迭哥分校传播系助理教授，2000年开始在西门菲莎大学传播学院任教。2004年获该校加拿大特聘教授职位，同时获加拿大国家创新基金在该校建立全球媒介监测与分析实验室并任实验室主任至今。2009—2010年、2011—2013年间曾任西门菲莎大学传播学院副院长。2009年受聘中国传媒大学教育部长江学者讲座教授，2013年创建中国传媒大学传播政治经济学研究所并任所长，同年出任加拿大西门菲莎大学和中国传媒大学合办的国际传播双硕士学位项目加方创办主任。2014年在浙江省创建缙云河阳乡村研究院并任执行院长。

主要研究领域为传播理论与社会理论、跨文化传播政治经济学、传播政策与媒体治理、文化产业、传播技术与社会变迁，以及文化、传播与城乡协调发展。个人专著包括《传播与社会》、*Media*, *Market*, *and Democracy in China*, *Communication in China*，合著和编著有 *Sustaining Democracy? Democratizing Global Media*, *Global Communications*。曾担任 *Global Media and Communication* 创刊主编（之一）、*International Journal of Communication* 等十多种中外学术刊物编委。2013年和2014年先后获 Union for Democratic Communication 达拉斯·斯迈思奖（Dallas Smythe Award）和 International Communication Association 埃德温·贝克奖(The C. Edwin Baker Award)。

赵云泽

赵云泽，出生于1978年6月。内蒙古人，博士。中国人民大学新闻学院教授、博士生导师、副院长，中国人民大学“青年杰出学者”；中国新闻史学会常务理事、中国新闻史学会党报党刊研究委员会副会长，《新闻春秋》杂志副主编，《国际新闻界》杂志栏目主持 。

长期从事中国新闻史、新媒体、网络舆论、品牌传播等方向研究，已出版的中英文著作有 *A History of Journalism and Communication In China*、《作为政治的传播》《中国社会转型焦虑与互联网伦理》《偏见与想象——外国人对中国形象建构机制分析》《中国时尚杂志的历史衍变》《当代西方战争宣传史解读》6部，出版教材有《跨媒体传播基础教程》《中国新闻传播史》(合著)、《中外新闻史》(合著)等多部。并有50多篇中、英文学术论文发表于国内外重要学术期刊。主持国家社科基金、北京市社科基金重点项目、教育部社科基金等多项课题。曾获“中国人民大学先进工作者”荣誉称号、全国新闻学青年学者优秀学术成果奖、国家普通高校教学成果奖二等奖等奖项。

周树华

周树华，出生于 1962 年 10 月。广东广州人。印第安纳大学新闻学硕士、大众传播学博士，暨南大学英语语言文学学士，海南大学农学学士。现为美国密苏里大学新闻学院 Leonard H. Goldenson 讲席教授。国际中华传播学会会长（2017—2019），亚太传播联盟(ACPC)副主席(2018—2021)；国际传播学会(ICA)终身会员，美国华人社科教授协会终身会员，美国华人院校长协会会员。*Computer in Human Behavior* 和《传媒与社会》两刊编辑，多种 SSCI 期刊编委。曾任广东电视台新闻部记者、播音，英语新闻组组长(1988—1993)；2007 年被广东电视艺术家协会评为“广东百佳主持人”之一。2000 年获印第安纳大学新闻学院大众传播学博士后在阿拉巴马大学历任助理教授、副教授、教授，副院长。其间，曾任新加坡南洋理工大学传播与信息学院资深研究员、访问教授。

主要研究方向为媒介信息认知、媒介心理、媒介内容、形式和效应、国际传播和视觉传播。出版《传媒镜鉴：国外权威解读新闻传播教育》、*Research Methods in Communication*、《媒介效果与社会变迁》3 本学术专著和教材。此外，在《传媒心理学》《新闻与大众传播季刊》《传播研究》《大众传播与社会》《广告期刊》《广播与电子媒介》《亚洲传播学刊》等学术期刊发表近百篇论文。2013 年获国际中华传播协会杰出贡献奖，2016 年获阿拉巴马大学传播与信息学院 Reese Phifer 教授奖。

朱春阳

朱春阳，出生于 1972 年 6 月，河南平舆人。2004 年 7 月毕业于复旦大学新闻学院，获得传播学(媒介管理学方向)博士学位。现为复旦大学新闻学院教授(校聘关键岗位)、博士生导师，复旦大学媒介管理研究所所长，媒介管理学学科带头人，《新闻大学》常务副主编。先后入选教育部青年长江学者(2017)、中宣部文化名家暨“四个一批”人才(2017)、上海市曙光学者(2012)等，兼任中国新闻史学会传媒经济与管理研究委员会副会长、国际华莱坞研究会副会长等。

主要研究方向为媒介管理学和政府公共传播，致力于电视剧、电影、动画与出版四个行业的区域政策比较研究；关注新媒体经济的发展与演变，尤其是新媒体对传统媒体发展路径与制度演进的影响机制研究；同时，对新媒体时代的政府公共传播、企业危机传播等领域也有持续的关注和研究。先后主持国家级、省部级项目 20 余项，目前担任国家社科基金艺术学重大项目“中国文化走出去提质增效研究”(2017年)首席专家，并作为项目执行人负责完成国家社科基金重大项目“我国文化走出去工程政策体系优化研究”(2012年)。

先后出版专著《传媒营销管理》《现代传媒产品创新理论与策略》《现代传媒集团成长理论与策略》《新媒体时代的政府公共传播》等；发表论文150余篇，多篇被《新华文摘》、“中国人民大学书报刊复印资料”全文转载；相关研究成果获得4项省部级优秀成果奖。

朱　天

朱天，1963年1月9日生，重庆市人，博士、教授、新闻学博士生导师。在四川大学获历史学学士、新闻学硕士、文学博士学位，1984年毕业留校工作至今。现任四川大学研究生院副院长、四川大学传媒研究中心主任。入选第五届全国广播电视“百优理论人才”。

主要学术职务有：中国高校影视学会第五届理事会理事兼影视产业与管理专业委员会副会长、中国电视艺术家协会中华传统文化影像传播委员会副主任、中广联西部学术研究基地副主任委员兼秘书长等。

主要研究方向为广电新闻理论及实务、广电媒介经营管理、新媒体与社会发展等。主持及参与各层级科研课题20余项，主持的主要项目有“媒介融合背景下西部地区广播电视公共服务体系建设研究”“地方电视媒体舆论导向艺术研究”“城市化进程中的对农电视传播研究”等；独立及合作撰写学术专著、教材10余部，代表著作有《观念、制度、话语——1990年代中国电视新闻改革研究的三个视域》《新媒体与传媒产业生态》等；发表研究论文百余篇，主要论文有《新世纪以来我国对农电视传播研究探析》《对西部电视理论研究现象的观察与辨析》《试论媒介融合中的“加减之道”——从时代华纳与美国在线“世纪婚姻”的终结说起》《解读电视“民生新闻”现象》等。主要获奖作品有《观念、制度、话语——1990年代中国电视新闻改革研究的三个视域》《城市电视媒体与城市品牌塑造——成都城市形象的电视传播研究》等。

邹火明

邹火明，笔名弓月，出生于1964年1月，湖北洪湖人。长江大学艺术与传媒学院党委书记、教授、硕士生导师。获评“湖北省新世纪高层次人才”“湖北省跨世纪学术骨干”。兼任湖北省国际友人研究会副秘书长、荆州市新闻工作者协会副主席、荆州市新闻出版审读组组长、中国高等教育学会新闻传播教育专业委员会理事。

长期从事新闻与文学教育以及新闻报道与文学创作活动，致力于新闻理论、文学理论的研究。主持省部级研究课题 10 余项，出版《邓小平新闻宣传理论研究》《毛泽东 邓小平 江泽民新闻宣传理论研究》《职业大震荡》等学术专著。在《光明日报》《文艺报》《文学自由谈》《江汉论坛》等报刊上发表论文 90 余篇。发表诗歌、随笔、新闻 200 余篇(首)。教学成果曾经获得国家级教学优秀成果二等奖，荆州市社会科学成果奖一、二、三等奖，湖北省第二届、第五届教育科学研究优秀成果二等奖。主讲“新闻学概论”“传播学概论”“文艺学概论”等课程，主持建设“传播学概论”“媒介素养教育”等精品课程。

第9章　校(院)长论衡

9.1　新任校(院)长施政方略

9.1.1　廖祥忠：未来传媒——我们的思考与教育的责任

当今，传媒正在发生大变革、大转型、大融合，社会正在遭遇不确定性、复杂性、模糊性。这样的时代特性，传导到传媒业态，表现为传统媒体急剧变革、新兴媒体异军突起、媒体融合向纵深推进；传导到传媒教育形态，表现为既有传媒教育日渐滞后、传媒人才需求多元复合、新式传媒教育范式亟待建构。在高校“双一流”建设背景下，未来传媒业态如何发展、传媒教育形态如何创新，已成为传媒业界和学界念兹在兹的核心话题。作为一种应然状态，传媒业态与传媒教育形态应相互促进、彼此助益，传媒教育应引领传媒业态发展。但回顾中外传媒教育史及媒介发展史，我们不难发现，传媒教育很多时候滞后于传媒发展，传媒发展反而倒逼传媒教育创新，继而通过传媒教育与研究，去规范引领传媒业态发展，当下尤其如此。作为一所正在迈向中国一流乃至世界一流的综合性传媒教育的大学的校长，依据时代发展做出理性思思考，是义不容辞的使命担当(见图9-1)。

图9-1　中国传媒大学校长廖祥忠

1. 未来传媒发展态势

在信息传播技术日新月异的当下，人所使用的符号和工具，通常以媒介继而以传媒的形态出现。如今，互联网已经深深嵌入并架构我们的生活。未来，以5G甚至6G无线通信技术为核心的高速移动互联网，以及大数据、云计算、物联网、虚拟现实、人工智能等智能技术的发展，将强力驱动媒介形态变革、传媒业态重构。

(1)智能科学与高速移动互联网迭代融合主导传媒发展。2019 年是 5G 技术元年，大规模商用序幕已经开启。可以预测，以 5G 技术、IPv6 为核心的高速移动互联网，将极大拓展互联网的基础能力，并将进一步促进大数据、云计算、物联网、虚拟现实、人工智能等智能技术的应用。我们正迎来一个传媒技术和媒介形态发展的井喷期。同时，随着脑科学的发展，未来人类信息通信技术发展的极致，应是破译自然人脑的秘密，将脑机交互技术与媒介技术融合，实现对自然人智能的模拟和再造，实现人脑实体之间超时空的信息传输。如此，生命体之间通过密码即可实现知识、思想的信息交换，未来的人脑或"智脑"将发展成为信息发送和接收的终端。最终迎来万物皆媒、人机合一、自我进化的智媒时代。

(2)媒介形态从融合走向智能。基于高速移动互联网的未来传媒发展态势将呈现出三种形态：一是泛媒体；二是沉浸媒体；三是智媒体。5G 技术和人工智能技术的叠加和普及，将促使信息技术和传媒技术进一步融合，媒体融合向纵深发展，真正意义上的"大众传播"开始出现。从这个意义上说，目前大行其道的融媒体、全媒体和智能融媒体，是传统媒体和网络媒体走向未来的过渡阶段和必然路径。媒体融合是过程，不是结果，最终将迈向智能融媒体，迎来真正的"大众传播"时代。智能融媒体将具有三个典型特征：现实高清、虚拟现实和超级智能。

(3)媒介即社会、社会即媒介。自报刊出现后，传媒形态发展经历了四个阶段：传统媒体时代、融媒体时代、智能融媒体时代和智能媒体时代。在最新的智能媒体时代，智能技术全面贯穿传媒内容生产、传播、消费和服务等全流程、全环节，社会实现了人人皆媒、物亦为媒，可谓媒介即社会。

同时，在科技驱动下，知识与信息越来越以智能化形态呈现，越来越向传媒迁移，我们正在经历着愈演愈烈的文化和社会的媒介化。正在到来的知识社会，更多将以高度媒介化的社会形态呈现——"媒介即社会、社会即媒介"。在高度网络化的媒介社会，传媒的力量将主要体现为"三个力"，即知识力、建构力和塑造力。传媒业将嵌入我们的生活方式和思维方式，进而改变社会结构，成为形塑社会形态的决定性因素，甚至成为整个社会结构的操作系统和原动力。

2. 传媒高等教育面临的巨大挑战

作为传媒教育工作者，我们必须觉察到，智媒时代正在来临，一个与现实社会平行的虚拟社会正在形成。这对本应在传媒发展变革中发挥基础性和先导性作用的传媒教育，提出巨大挑战。

（1）正在到来的智能融媒体，将挑战现有传媒伦理规范。伦理是社会关系的界定和规制。现在，媒介化的社会一定程度上已经让现有传媒伦理进退失据。然而，只要人类理性尚存，传媒力量无论如何释放和发挥，必须予以人性和伦理的规制引导。智能技术和传媒科技发展的非理性因素、虚拟社会交融引发的身份认同、“数据人”的隐私保护、传媒人的理性价值如何体现、“后真相”时代传媒如何超越情感追求真相等诸如此类问题，都需要以伦理来规范。

（2）正在到来的智能融媒体，将颠覆现有的传媒理论体系。传统传媒理论体系曾经有效诠释并规范传统媒体的发展。但是，随着传媒业态的大变革、大转型和大融合，既有传媒理论体系的诠释力和引领力日渐式微，必须基于传媒新业态进行根本性、系统性重构。应该指出，在这种重建中，社会的虚拟化甚至人类的符号化生存环境主要源于媒介化推动。因此，认识世界各领域，必先认识传媒未来建构的科学的传媒理论。

（3）正在到来的智能融媒体，将重构现有传媒学科专业体系及人才培养模式。随着现有传媒业态的消失，既有的传媒教育形态终将过去，新一轮传媒教育竞争的大幕已经拉开。原先根据传统媒体形态和生产制作流程设置的传媒类学科专业，将发生革命性变化。在可预见的未来，传统传媒教育的学科专业将根据智能传播作为元传播而重新进行结构设定。既有的按照传媒产业化工种和流程创设的专业体系将彻底洗牌，新式传媒教育学科及专业正在到来。新的传媒教育形态，必须具有适应智能传播需求的智能思维、数据思维和跨界整合能力；必须适应未来传媒业态和传媒教育形态融合发展，携手培养创新创业的良性生态关系。

总之，智媒时代期待新式传媒教育要能够引领传媒推动智能媒介化社会的建构和完善，引领传媒发挥知识力、消除知识鸿沟乃至智能鸿沟，促进知识平权化和技术赋能化，引领传媒发挥建构力。在未来的人类生产关系中，让人人可以创造、获取、使用和分享信息和知识，让个人、社会和国家都能充分发挥各自的潜力，实现可持续发展，应是未来传媒力量发挥的基本遵循，也是新式传媒教育范式追求的最终目的。

3. 未来传媒高等教育形态

面对传媒业态智能化发展的挑战，传媒教育已到了必须审时度势、精心谋划、重新布局、主动应对智媒时代的关节点。谁现在布局新式传媒教育范式获得成功，谁就能赢得未来传媒教育存在的合法性和主体性。未来传媒教育形态如何呈现、如何发展，应解决哪些主要问题？我认为，总体上来说，要探索建立与智媒时代相适应的智能传媒教育范式，传媒学科专业从纯文科和艺术学习走向文工交叉、艺工兼修，文艺工打通进而走多学科融合的新文科、新工科和新艺科的发展道路。

(1)智能传媒教育范式呼唤新的传媒理论体系。传媒教育界要紧紧抓住重大机遇,在智能媒体理论研究上快速跟进,研究智能媒体的新技术、新业态、新效果、新理论,实现理论范式从传统媒体理论范式向智能媒体理论范式转移;对智能媒体实践经验及其与社会互动的关系,进行理论化、抽象化、系统化、实证化思考,建立可以阐释并引领智能媒体发展的学科体系、学术体系和话语体系。这需要传媒理论学界在四个方面寻求突破:一是建立智能媒体的本体论;二是建立智能媒体的认识论;三是建立智能媒体的实践论;四是建立智能媒体学术研究的方法论。在这些基础上,构建系统创新的传媒理论体系,系统革新传媒教育课堂内容,凝练智媒时代的传媒教育理论教材体系。

(2)智能传媒教育范式呼唤新的传媒学科专业体系。基于"媒介即社会、社会即媒介"这一基本判断,智能传媒教育必须突破传统模式,重构媒介化知识疆域和学科领域重构学科专业体系,在文科与工科、科学与艺术、人工智能与人类创造性等方面实现交融复合,走新文科、新工科和新艺科融合发展之路。

智能传媒教育范式下的传媒学科专业设置,需要打破仅限于传媒行业内部的学科交叉,发展基于"传媒+"之上的交叉新兴学科专业。其优先方向有二:一是与政治学、社会学、管理学、经济学和法学等社会学科门类的交叉;二是与大数据技术、脑科学技术、网络信息安全、人工智能等新工科和新理科的交叉。就当下来说,应优先关注高速移动互联网背景下大数据、人工智能及虚拟现实催生的传媒新业态,明晰新业态背景下的学科建设走向,增强传媒人才培养与媒介化社会需求的匹配度及契合度,根据传媒新业态进行学科体系设置上的供给侧结构性改革。要加强人工智能方面的新兴交叉学科专业建设,追踪这一领域的新成果、新趋势、新动向。立足新兴交叉学科的培育,在优化原先新闻传播学科的基础上,设置数据科学、脑科学与智能媒体、计算语言学、计算传播学等学科,瞄准 VR 新闻和 AI 新闻等领域;在优化传媒艺术学科的基础上,设置艺术与技术、艺术与科学、艺术与传播等学科,关注 AI 艺术创作和 VR 艺术呈现等领域,力求传统优势学科与新兴交叉学科协同配合、融合发展,导引传媒教育从传统范式向智能范式转移。

传媒融合不仅表现为传媒形态的融合、组织架构的集中式融合,也表现为传媒从业者媒介素养和技能的去中心化的融合,且这是更本真、更深层次的媒体融合。因此,新式传媒教育在专业设置上,要把交叉融合的理念注入到所有的专业中,加快对课程内容的革新调整,主动应对未来融合社会的挑战。

(3)智能传媒教育范式呼唤新的传媒人才培养模式。智能传媒教育范式的合法性和自主性建构,最终要体现在人才培养模式上。这就要求传媒人才培养新模式在学理建构上，以人文价值理性为引领；在对接社会需求上，以国家和业态发展为导向，才能解决现有传媒人才培养模式无法提供新式传媒人才急需的智能思维、数据思维和跨界整合能力，无法构建传媒业态和传媒教育形态携手培养创新创业的良性生态关系等显著问题。

为此，传媒人才培养新模式必须做到：第一，注重人文精神的再造。人之所以为"万物之灵长"，即在于人能"观乎人文，化成天下"，在于人具有其他物种所没有的自觉之精神。智能媒介化社会不应是人的精神创造性和超越性被遮蔽的社会，人只有依靠人的理性和智慧才能规制智能媒介化社会走向美好。因此，未来传媒教育应强化人本、人格、人文教育的融合，培养"弘道崇德、经世致用"的传媒人才，这样才能为智能媒介化社会发展提供创新的动力、成为先进思想与智慧创生的引擎。第二，协调好"博融"与"专精"的关系。直面传媒的融合化和智能化发展，要求智能传媒教育培养既"博融"又"专精"的传媒人才。第三，强化学界与业界对人才的融合培养。现今的传媒业态尤其是新兴媒体是以传媒实践为主兼顾传媒研究的复合体，不仅从事内容生产传播、关系建构分享，也从事技术研发和理论建构；而传媒教育形态在教学和科研服务社会、服务行业的导向下，也不再只是从事传媒人才培养和理论供给，也开始拓展自己的传媒产业。因此，智能传媒教育需要传媒业态和传媒教育形态彼此融合包容、合作共赢。传媒业态的最新实践需要系统化和理论化，将之吸收进传媒教育课程体系中，而传媒教育的最新理论和技术也需要放到传媒业态的最新实践中去检验和校正。

4. 传媒教育界的责任与作为

教育的终极目的应是发现人的价值、激活人的潜能和发展人的个性，促进人的充分、自由、全面和个性化发展，进而促进社会和谐可持续发展。在科技革新和知识形态演变的双轮驱动下，传媒行业与社会的边界变得越来越模糊，智能传媒教育的学科专业和其他领域的学科专业走向融合乃大势所趋。就目前而言，创新传媒教育形态，我们必须做到突破自我、超越传媒和勇于创新。

(1)突破自我、涅槃重生。当下传媒教育可从三个方面进行突破：一是专业设置突破自我，与智媒时代合拍；根据学科设置"传媒+"的基本遵循，关停并转一批过时专业、升级改造一批优势专业、重点建设一批朝阳专业、规划论证一批交叉专业。二是课程设置突破自我，与智媒时代同频。根据传媒新业态，社会智能化、媒介化，有计划、有步骤地革新现有课程结构和教学内容。三是教师结构突破自我，与智媒时代同向。师资结构有可能成为阻碍传媒教育范式转移的主要因素。现有师资必须敢于突破自我、革新自我，清零重整、加强学习、负重前行，才能涅槃重生。同时要引进数据科学、脑科学、人工智能等领域的师资；培养熟悉和掌握智能媒体理念和技术的博士和博士后，为深化智能传媒教育范式变革做好师资储备。

(2)超越传媒，融入社会。一是发展逻辑上的超越：处理好传媒业态和教育形态的关系。人类媒介发展史已证明，传媒业态发展遵循的是技术工具理性的逻辑，而传媒教育形态的发展，则遵循的是人文价值理性的逻辑。因此，传媒教育形态的演变必须因应传媒业态的变迁；否则传媒教育就成为无源之水、无根之木。但传媒教育形态发展遵循的逻辑，不应等同于传媒业态发展的逻辑，它必须坚守人文价值理性的逻辑，才能超越并引导传媒业态遵循的工具理性的逻辑。基于传媒但又超越传媒、面向社会，这正是传媒教育存在的价值所在、要义所在。

二是学科设置上的超越：处理好传媒行业和传媒学科的关系。传媒教育具有鲜明的实践性和时代性，要契合行业发展需求、引领行业发展。因此，这一超越的关键在于建立传媒业态和传媒教育形态的动态平衡机制，科学设置传媒学科专业体系。智能传媒教育的学科专业设置必须超越原先狭隘的行业属性，确立以“传媒”为核心、延展辐射到其他学科专业的发展思路，走新文科、新工科和新艺科的融合、交叉的学科专业建设之路。

(3)直面挑战、勇于创新。未来传媒业态对传媒教育提出的诸多挑战中，最为要者当为传媒伦理、智能思维、数据思维和跨界整合能力的培养，我们必须直面挑战、勇于创新。面对知识向传媒大迁移、传媒业态大变革、传媒力量大膨胀，传媒教育必须强化传媒伦理对传媒人才的自律作用，这是智能传媒教育落实“立德树人”根本任务的需要和保证。这一创新的着力点在于致力传媒人才智能思维、数据思维与跨界思维能力的育成。

智能思维本质上是一种“智能+”的认识论和方法论。智能思维体现在智学、智问、智思、智辩和智行。因而智能传媒教育上，就是要培养未来传媒人才怎样进行智能学习、怎样利用智能技术并思考其社会影响、怎样实现人机协同并用人性引导智能技术发展的能力。数据思维是指用大数据挖掘分析问题、呈现问题并解决问题的思维方式。数据将是未来信息最主要的存储形式和未来社会的主要生产要素。无论从宏观国家发展战略层面、中观产业发展层面，还是从微观传媒企业和个人发展层面，大数据都可能重塑其发展战略和转型方向，数据驱动将是数字经济发展的主要动力。因而在智能传媒教育上，就是要培养未来传媒人才获取数据、分析数据并根据数据进行判断且可视化呈现的能力。跨界思维是指用融合、交叉和跨界的视角和眼光分析问题、配置资源、解决问题的思维方式；是未来传媒人才基于社会高度网络化、融合化、复合化发展所急需的认识论和方法论。因而体现在智能传媒教育上，就是既要重视培养未来传媒人才的内容创新和内容置换能力，同时也要注重培养其平台建设和运营管理能力。

“风起于青萍之末，浪起于微澜之间。”智媒时代和智能传媒教育已御风踏浪而至，风雷激荡、浩浩荡荡。我们唯有秉持“用传媒的力量守护人的价值、用人的价值引导传媒的力量”理念，才能因应知识向传媒大迁移、传媒形态大变革、传媒力量大膨胀时代的到来。未来传媒教育绝非只是传媒教育界的事情，它与整个教育界都紧密相关。基于传媒业态和传媒教育形态既对立又统一的发展逻辑，因应未来传媒业态发展、创新传媒教育形态，传媒业界、学界乃至整个教育界应以融合之精神、开放之态度、历史之责任，携手合作、共同开创智能传媒教育的新形态，方才不负传媒作为社会发展原动力和社会结构变迁的决定性因素的智能媒介化时代的到来。

（廖祥忠）

9.1.2　李本乾：面向数字技术未来的具有中国特色新闻传播学科建设的探索与实践

上海交通大学媒体与传播学院更名于2017年，前身是创建于2002年的上海交通大学媒体与设计学院，与之相伴成长的交大新闻传播学科是一个只有17年历史的年轻学科。从上海交通大学绵延120年的建校历史看，新闻传播学科恰如“少年”；从上海交通大学理工科见长的学科特色看，新闻传播学科恰如“花儿”。“花儿少年”般的上海交通大学新闻传播学科自创建以来，始终坚持社会主义办学方向，勇于创新创意，矢志追求一流。在教育部第四轮学科评估中获评A-，荣膺全国前五，顺利进入校“双一流”学科建设序列，在2019年QS排名中，更是跻身世界百强(见图9-2)。

图9-2　上海交通大学媒体与传播学院院长李本乾教授

在经济全球化、世界多极化、社会信息化、文化多样化的今天，建设具有中国特色的新闻传播学科已成为新闻传播教育界深邃思考和长远谋划的时代命题。上海交通大学新闻传播学科长期以来的实践与探索主要基于两个基本面，或可共同探讨。

1. 坚持中国特色新闻传播学科办学方向

从我国新闻传播学科发展的历程来看，新闻传播学是一门始终与时代同频共振、同音共鸣的有用之学。我国的新闻传播学科是在改革开放的大潮大势中茁壮成长起来的，40 年来伴随时代的发展创造性地取得了令人瞩目的成就。由此观之，我们必须把新闻传播学科教育放在大的时代背景里，用深邃的历史思维、深远的时代眼光、深刻的发展定力去思考和实践。特别是在党的十九大报告中，习近平总书记提出要牢牢掌握意识形态工作领导权。在这样的时代背景下，新闻传播学科教育必须坚持和发展马克思主义新闻观，并且不能仅仅停留在马克思主义经典原著的教育上，更应该体现出马克思主义新闻观的时代性、前瞻性、指导性和实践性。

我们结合中国特色社会主义事业发展的历史趋势，充分发挥马克思主义新闻观指导新闻传播学科建设和发展的作用和价值，从三个方面着手建设交大的新闻传播学科：

一是明确办学理念、突出办学特色。上海交通大学新闻传播学科从创建以来，坚持以马克思主义新闻观的理论指导下，确立了“文理渗透、手脑并重”的办学理念，秉持“理论基础扎实、专业技术过硬、学科特色鲜明”的指导思想。学科坚持面向人类未来、国家未来、产业未来和学术前沿，通过打造新媒体技术与国家发展战略平台，围绕传播、影视和文管三大方向构建新媒体传播学科群，通过文理交叉、国际化和产学研三大抓手，在知识生产、作品创意、人才培养方面提高原始创新能力，以服务社会与国家。

二是引进国际师资、完善人才结构。干事创业，人才为先。新闻传播事业的薪火相传最关键的是建好一支高素质、高水平、高层次的新闻传播队伍。上海交通大学新闻传播学科始终紧盯育人目标，把人才培养摆在重中之重的位置。我们积极引进高层次师资队伍，包括国际传播学会会长 PETER 教授、ANG 教授、长江学者讲座教授魏然等在内的多位国内外知名学者担任兼职教授，一批深耕国际新闻传播教育前沿的外籍教师加盟，致力于“讲好中国故事”。与此同时，我们着力做好“引育并举”，在引进海外人才的同时，在院内、校内培育优秀的师资力量。我们以此为基础，培养具有历史感、时代感、使命感和马克思主义新闻观的新闻传播人才。

三是打造战略平台、推进学术创新。学术研究是学科发展的重要目标和具体呈现，上海交通大学新闻传播学科建设时间较短，但我们以问题为导向，打造了具有中国特色的社科创新基地平台，其中 2 个国家级平台、7 个省部级基地、3 个智库。我们还发布了《中国传媒国际竞争力研究报告》《中国社会舆情与危机管理》《中国文化产业发展报告》《都市文化发展报告》4 本蓝皮书，每年还向中央和各级党政部门提交决策咨询学术成果，并屡获中央领导同志和各级部门的批示和采纳。上海交通大学新闻传播学科正逐步构建具有鲜明特色的实务型学科发展优势。

2. 面向未来建设交大智能传播学科体系

当前，由于人工智能的跃进式发展，在很大程度上将大幅提升社会生产力和生产要素配置效率，必然推动全球政治、经济、社会发生根本性、历史性转变。麦肯锡认为人工智能至少在未来十年能够每年为 GDP 增长贡献 1.2%，这相当于第一次工业革命时期，蒸汽机驱动的经济增长的四倍。人工智能将全面赋能各行各业，推动经济社会各领域从数字化、网络化向智能化加速跃升转型。新闻传播经历了从纸与报到光与电再到屏与键的历程，在人工智能发展的大趋势下，必然要迈向大数据可视化、VR 技术等领域迈进。在我们看来，新闻传播教育一定要及时地、有效地运用人工智能和数字技术的最新成果来实现创新发展，这既是大势所趋，也是时代必然。新闻传播教育运用好人工智能和数字技术将会产生两方面的效益，一个是社会效益，一个是智能传播和数字媒体带来的经济效益。

在人工智能快速发展的背景下，各个国家对新闻传播教育都做了有益的探索。比如，包括美国、英国、荷兰等在内的西方知名大学的新闻传播学科都指向了数字、基础、跨学科、技术等关键词。令人欣喜的是，中国新闻传播教育跟西方发达国家的新闻传播教育在人工智能的技术革新背景下，并没有被拉下，而是处在同一个起跑线上，对我们来讲，是一个实现“换道超车”的历史机遇。面对这样的历史机遇，上海交通大学新闻传播学科制订了面向传播的发展计划。

一是提前布局智能传播研究领域。人工智能带来的不仅是传播渠道和传播手段的改变，而是重新定义学科背景、学科使命的结构性、根本性改变。从新闻传播的理论逻辑来看，人工智能所带来的也必将是颠覆性、超越性的改变。我们在马克思主义新闻观的指导下，中国科技新闻学会在上海交通大学媒体与传播设立智能传播专业委员会，有力地推进了跨界跨学科跨领域的交流合作，并在智能传播领域的基本理论、重大原则和发展方向上探索尝试提出可供形成共识的初步研究。

二是构筑智能传播发展生态。我们注重打造三个方面的联动优势：一个是文理交叉。上海交通大学是一所理工科专长的高等学府，理工学科在世界范围内都享有盛誉，因而有着发展智能传播的天然禀赋。我们继续发挥上海交通大学的多学科优势，持之以恒地推进文理交叉，设置相应的课程，以理工思维推进传播技术的突破。另一个是内外联动。我们加强与国际传播学会（ICA）的合作，2018 年我们组织了以“智能传播：机遇与挑战”的新媒体国际论坛，提升中国新闻传播学科在世界上的影响力和话语权。再一个是上下联动。我们积极推动和中共上海市委宣传部、上海报业集团的共建，搭建行之有效的组织保障体系。

三是建构智能传播的课程体系。我们探索在智能传播专业委员会的基础上，联动各方面、多学科的资源，成立智能传播研究院，并筹办学术期刊，为智能传播的跨越式发展提供重要支撑。我们将在研究和教学体系中把对人工智能技术的运用体现出来，让科研成果和培养人才与当前的智能传播语境更好衔接。我们面向人工智能技术未来，系统建构智能传播学科体系，培养学生在智能传播方面的思考。此外，我们还将建立健全奖励、经费、平台等各方面机制，为智能传播科学研究提供有效支持。

坚定做好时代发展前沿的守望者和引领者是新闻传播学科的使命，而推动新闻传播学科为国家社会经济发展和人类文明进步作出更大贡献则是我们每一位新闻传播事业参与者的重要使命。上海交通大学新闻与传播学科立足交大、立足上海，以国际化、文理交叉、产学研为推动力，以期在文化校园、美好中国、文化中国、传播中国中贡献出自己的力量，推动学科发展成为一棵“参天大树”。“千里之行，始于足下。”我们期待与大家齐心协力，风雨与共，共同推动具有中国特色新闻传播事业迈上崭新的台阶，开创辉煌的未来。

（李本乾）

9.1.3　尹韵公：而今竭力再起步

于我而言，恃在社科系统混迹多年，可以不谦虚地自称老将；然去年忝列“潇湘学者”，入行高教系统，惶然收敛，悄做新兵(见图 9-3)。从一个系统滑向另一个系统，顿感天地之别：社科院真的是太舒适了，高校的院长真的是太累乏了！

图 9-3　尹韵公教授

湖南师范大学新闻与传播学院在历任院长田中阳、廖志坤、蔡骐等人的精心培植和细心积累下，十余年砥砺前行，面貌已是壮观优雅，科研成果丰硕，队伍整齐华美，是当仁不让的湖南省新闻学界“老大”。它拿下湖南省第一张新闻学界博士点的入场券，不过是它的初试锋芒而已！当我战战兢兢地移往院长职位时，忍不住扪心自问：你是不是偷摘桃子的可恶嫌犯?!

说实话，最初我心仪的是北方某高校。但是，湖南人的真诚和包容感动了我，湖南人的率真性格更是强化了我的用户黏性。校长在与我谈话时，居然没有向我提任何要求，只说你愿做多少就做多少，愿待多长时间就待多长时间。这太让人意外了，我倏然神定：就浪遏飞舟、北去湘江吧！

湖南师范大学新闻与传播学院的老师们，与之交往甚多，经年已久。有的同出师门，也有同道良友；有的已达到温不改华、寒不改叶的程度。虽是书山新人，但恍如春风沐浴般地和谐相处，让我一下子就找到了温馨甜蜜的味觉。

当然，对我这个已年过60的转行者来说，要说工作没有难度，那肯定是不现实的。有难度，那是正常的；没难度，才是反常的。凡是有人群的地方，都不免会有这样的磕磕碰碰或那样的拉拉扯扯，世界上哪有没矛盾的地方，就看你怎样对待和处理。我给自己的定位是：既是主人，又是客人。说是主人，就是履行好院长职责，主抓科研和学科建设；说是客人，因我人事和党组织关系均在北京，不是全职调入，含有客者意味。这种断然不能用尴尬来形容的身份地位，时时刻刻都在提醒我：要努力把握好主人和客人之间的平衡点；既要做事，又不能越权；既要工作，又不能越位；竭尽全力地为湖南师范大学新闻与传播学院付出自己的所有，以不负他们给予的待遇和寄予的厚望。

从2018年3月正式履职以来，经过一年时间，我大致已经摸清了高校运行的基本状况，就像农民必须弄清四季栽种规律一样，哪个月该做什么？哪个月该完成什么？哪个月应评职称？哪个月该组织考试？如此等等。有了这番磨炼，我才能感触地说：高校的院长们真不容易呀！不仅要抓科研，还要管教学，更担心学生出事！学生出事，院长不宁，这几乎成为高校管理的铁律。如今的高校氛围，与我大学时的20世纪70年代末期相比，是不可同日而语了。时代前进的快速步伐，明显地超过了我们这代人自然年龄的增长速度。

我以如履薄冰的谨慎和勇走前列的冲劲，应对新职。如果说，有什么勉强拿得出手的东西的话，可以把这样几件“丑媳妇见公婆”的事情唠叨出来：

一是成立了国内首家“内参研究中心”。内参机制是中国特色传媒体制的重要组成部分，我虽然发过几篇相关论文，社会反响也还凑合，但总觉得可挖掘的东西还有不少。内参是个宝，我们应当全面而深刻地认识它、把握它，让从事专业学习的学子们了解它、运用它，让国外的同行们知晓它、看懂它。不过，由于地域原因，似乎长沙不如北京研究内参来得方便，且出成果相对来说也似乎更难一些。但这项工作的价值和魅力强大，值得我们被勾引而去尽力探索和追求。

二是率先开设了“习近平新闻舆论工作重要论述解读”课程。由我领衔，组织14位教授、副教授为新生授课。我的想法是：以往我们的专业课是“新闻学概论”，其中包含马克思主义新闻观，而马克思主义新闻观里又包含习近平新闻舆论工作重要论述；现在我们把它整个颠倒过来做，以讲授习近平新闻舆论工作重要论述带动马克思主义新闻观学习，再以马克思新闻观带动“新闻学概论”课程的学习；重点是突出新时代习近平思想、突出马克思主义中国化在新闻领域的最新成果。同时，作为部校共建学院，湖南省委宣传部高度重视课程开设和积极评价课程效果，《湖南日报》为此发布消息，称新闻与传播院开设的这一课程是“全国率先”。中宣部新闻局一位副局长闻此后，称赞我们的做法“确实有开创性，这也是马克思新闻观教学的创新之举”。我们打算继续做下去，逐渐把它打造成富有特色的“精品课程”。

三是创立了全国首家“县级融媒体建设研究中心”。2018 年 8 月 21 日，习近平总书记在全国宣传部长会议上提出：要扎实抓好县级融媒体中心建设，更好地引导群众、服务群众。我当时闻之一震，立马意识到：这个重大举措将重新改写中国的传媒版图。当我接到国家社科规划办的重大委托项目时，迅即决定把“县级融媒体中心建设”列为子课题之一。尔后，在 2019 年 2 月中旬的校长办公会议上。我陈述了创设“县级融媒体建设研究中心”的若干理由，学校很快同意和批准了我们的申请。就这样，在各方有力推动下，全国首家县级融媒体建设研究中心诞生了。从中宣部到省委宣传部，再到有关专家学者和业界高手，无不赞誉我们抢道先行，干了一件大好事。我深想：无论对学界还是业界，县级融媒体中心建设都是新事物新探索新任务。如何建，怎样建，建什么模式，都将是长期研究的问题。我们中心的宗旨就是为之提供智力支持和理论支撑。很有可能，县级融媒体的发展建设，甚至将会给新闻教育带来革命性变化。

湖南师范大学新闻与传播学院队伍壮、人员优、能力强，但缺乏特色。我很愿意同这里的老师们一道共同打造几个独具特色的学术方向和学科强项，对比其他左邻右舍，我很有压力：学院“50 后”“60 后”相对突出，博士点申请成功主要依赖于他们的业绩；而“70 后”“80 后”比起有些兄弟院校，略显薄弱，必须以时不我待的紧迫感奋起前行，否则有掉队之虞！分管副校长在与我的一次闲聊时，要我争十、冲一，即力争下轮学科评估争取 B +，有条件冲 A-。这是不可能完成的任务吗？天知道！

全国所有新闻院校中，没有几个像我这样“50 后”的长者还在担任院长的。我不能恋栈，不能厚脸皮，我是过渡人物，未来必定属于“70 后”“80 后”。我们要有胸怀，赶紧寻贤、让贤。只要能给后来者留下几件像样的东西，于心足矣，于愿乐矣！

湖南师范大学与湖南大学的交汇处有一处著名景点，这就是享誉海内的岳麓书院，我曾数次朝拜这个千年书院，一边漫步细察，一边静静品味湖湘文化的历史涵蕴。近现代中国史中，岳麓书院曾经为我们这个民族的精神成长提供了不少富有价值的思想养料。近现代的一些伟人、巨人和名人，也正是从这里汲取了丰富的力量源泉，开启了他们不凡人生的伟大航程。岳麓书院让我不后悔我的选择，岳麓书院让我感到决定来湖南师范大学是我一生中最正确的选择之一。到湖南师范大学供职，不仅仅是为了自己的学术，也不仅仅是为了学院的学科发展，仅是零距离地品尝湖湘文化，就是一种美妙无比的特别享受。文人的最高快乐，不就是寻觅到了一处灵魂自在的安妥之所吗？

北方的干燥给可恨的雾霾天气安排了肆虐的空间，而南方的湿润则给空气带来了阵阵清新。我喜欢长沙丝丝如线的小雨，不用打伞，带着浑身珍珠般的露点闲逛溜达，觉得异常惬意。比起北京寒冬时节惨不忍睹的外景，长沙岳麓始终不变的漫山葱郁真是赏心悦目。感谢湖南师范大学领导为我安排的公寓，我的“窝居”就在风景秀美的岳王亭景区靠山一侧，夜晚枕着岳麓松涛安然入睡，阳台对着金碧灿烂岳王亭掩映下的一池绿水。若论校园风景，恐怕全国高校里没有几个比得上湖南师范大学的。

“雄关漫道真如铁，而今迈步从头越。”这是毛泽东在遵义会议后攻取娄山关而抒发的豪迈气势。我辈凡人，只能欣赏之余胆怯模仿，取了本文这个俗不可耐的题目。

（尹韵公）

9.1.4　严三九：凝心聚力建设世界一流新闻传播学院

一流的学科应该同时符合五个标准：一流的学术队伍、一流的科研成果、一流的学生质量、一流的学术声誉以及一流的社会服务。

我们将以此五个标准为准绳，充分利用上海市委宣传部、中国社科院新闻传播研究所与上海大学双共建的综合优势，为实现我们的总目标——“服务于上海建设卓越全球城市的总体规划和中华民族伟大复兴的中国梦，把上海大学新闻传播学院建设成为立足上海、服务国家、放眼全球、特色显著、引领前沿的世界一流新闻传播学院”，而凝心聚力、不断进取(见图 9-4)。

图 9-4　严三九教授

在明确换道超车战略、合作共建战略、产学研联盟战略和全面国际化战略等四大战略的基础上，我们拟从如下五个方面的战略举措入手，提升内涵、强化特色，全面深入、务实高效地开展学院的各项工作，并以此就教于方家。

1. 聚焦人才培养与科学研究，打造国内唯一的“双共建”新闻传播学院

依托中国社会科学院和上海市共建的上海研究院，上海大学与中国社会科学院新闻与传播研究所联合共建“世界传媒研究中心”；相应地，由中国社会科学院新闻与传播研究所同上海大学联合共建上海大学新闻传播学院。我们将与中国社会科学院新闻所共享并拓展办学资源，通过联合培养人才、联合建设高端智库、参与中国社科院新闻所国家级刊物建设、联合举办全球传播论坛、联合组建科研团队、联合打造全国主流媒体实习平台、联合设立新闻传播领域“南方干部培训基地”、联合培养青年教师等共建途径，将共建落到实处。

本着共同建设、共同支持、共同管理、共同指导的基本原则，2017 年 12 月 18 日，上海市委宣传部宣布，与上海大学共建上海大学新闻传播学院，双方履行了签约仪式。现双方正在逐步推进实施许多具体举措，包括：成立“讲好中国故事创新与实践中心”“上海舆情监测与分析中心”“上海媒体驻高校记者总站”“上海新闻宣传系统干部培训基地”“上海融合媒体研究与创新中心”“上海新闻工作者之家”；编辑出版学术刊物《上海新闻界》；实施“人才引进与培训计划”“国际新闻前沿跟踪计划”等。

这一充分盘活各方资源，所校、部校共建学院的探索，是上海大学新闻传播学院发展的重大机遇，可力促上海大学新闻传播学科进入国内第一梯队。

2. 借智聚力，推进学院人才培养、科学研究、国际化等各项工作健康快速发展

由国内外知名学者组成国际学术咨询委员会。聘任美国西北大学新闻学院院长 Bradley J. Hamm 为外方主席，聘任复旦大学资深教授、国务院新闻传播学科评议组前召集人童兵为中方主席。国际学术咨询委员会职能包括：为核心打造国际学术网络，推动学术研究的前沿化、高端化，逐步推进学科的国际学术评鉴工作，强化学科发展的前瞻性和可持续发展。

由具有国际影响力的学者、管理人员组成发展战略咨询委员会，已聘任唐绪军担任主任委员。战略发展委员会职能包括：把握新闻传播发展方向，为学院制定愿景、中长期发展规划提供智力支持，提供学院建设发展决策咨询，以使学院的发展更好更全面地瞄准学术前沿、对接国家和地方重大战略需求。

由国内外新闻传播业界专家组成业界专家委员会，拟聘请原国务院新闻办主任赵启正为主任委员，拟聘请上海报业集团党委书记、社长裘新为副主任委员，上海广播电视台台长高韵斐副主任委员兼秘书长。业界专家委员会职能包括：建立与业界的紧密合作关系，着眼长远，培养具有全球竞争力的创新型复合人才，提升业界地位和影响力。

3. 依托上海全球人工智能媒体研究院和上海人工智能媒体创新实验中心，凝练独家优势，聚焦三大研究方向

上海大学新闻传播学院将采取“换道超车”战略，抢占“智能媒体与传播”研究的战略蓝海，联合国际知名高校、国内知名传媒机构，成立“上海全球人工智能媒体研究院”。通过与哥伦比亚大学新闻学院等国际知名新闻传播学院合作，重点布局智能媒体的四个前沿研究领域——“人工智能时代的受众细分和预测受众参与、智能语音助手与新闻消费、人工智能与社交媒体新闻推广、人工智能与政治传播”；通过与新华社、四川封面传媒、财新网、今日头条等传媒机构合作，重点布局智能媒体的四个应用环节，包括“信息采集、新闻编辑制作、新闻认知体验和内容推送”等，力争成为国内顶尖、世界一流的智能媒体研究重镇。

上海人工智能媒体创新实验中心将完全变革现有的教学科研和社会服务模式，可将产学研用紧密联系在一起，充分发挥媒体创新实验室的先进性和辐射性。例如，通过公共服务门户的搭建，将分步建设智能媒体教学平台、媒体学科支撑平台、创新创意平台和项目实训服务平台等平台。其中，基础实验平台服务本科教学，高端实验平台支撑科学研究，并能将高端实验平台的科研成果转化为教学资源，进一步促进本科教学的提升。

依托上述重点平台，学院将重点布局智能媒体与全球传播、智能媒体与社会发展、智能媒体创意营销三个研究方向。智能媒体代表传媒未来发展的趋势。人工智能与传媒的融合是十九大报告的重要内容；国家经济社会发展与政治建设需要大力发挥人工智能作用；国家“一带一路”建设需要进行全球化传播；全球化传播是上海建设具有全球影响力科创中心和全球卓越城市的需求。在社会媒体化与媒体社会化的历史性条件中，智能媒体与社会发展问题至关重要。在当代社会与数字传播互动发展大趋势下，建构中国特色媒介社会发展理论，着力打造新兴传播与社会发展智库建设，直接服务国家与上海社会创新发展战略需求。智能媒体创意营销，将拓展创意研究领域，在继续巩固和发展广告和会展创意策划的传统优势外，推动与前端新兴技术和新媒体融合等新兴方向的发展；并且也将拓展创意应用领域，在国家“一带一路”倡议和上海市急需的国际文化大都市、国际会展之都战略领域积极布点，同时，更加直接地参与长三角一体化和长江经济带区域经济社会建设。

4. 在国内率先创办院内三级学院——国际智能媒体学院，提升上海乃至全国智能媒体人才的竞争力

在国内和上海市委宣传部共建国际智能媒体学院，学院将为上海、国家培养大批适应和引领全媒体时代发展需求的卓越智能媒体传播人才，提升上海乃至全国智能媒体人才的竞争。力争三年时间内，将国际智能媒体学院建设成为全国一流的智能媒体学院。具体建设内可以表述为“八个一”：

建设国内第一个以智能媒体为主导的新媒体传播人才培养体系和具有国际水准的示范基地。

建设第一个上海大学生智能媒体创新创业示范区。

建立国内第一个上海大学生智能媒体“产学研”协同基地，与国内外一流新媒体公司开展实质性合作，如腾讯、澎湃等。

创办国内第一场高校学生智能媒体学生领袖峰会暨上海首届大学生国际新媒体大赛。

建立第一个国家智能媒体专家智库和咨询决策基地。

建设国内第一个智能媒体产学研柔性人才合作平台。

建立第一个全国媒智能体干部教育培训基地(含全球媒体智能人才培训)。

建立第一个上海国际媒智能体产业园区(环上海大学延长路校区布局和规划)。

5. 与上海电影学院、上海美术学院相互支撑，共同打造媒体学科群

随着数字科技、网络科技等信息科技的发展，传媒、电影、美术、设计等学科都体现出较强的跨领域、交融性特征。新媒体正在改变人们各类信息和文化产品的承载和传播方式，新闻传播学院尤其是其中的国际新媒体学院，将为上海电影学院、上海美术学院提供艺术载体研究和应用方面的跨学科支撑。而新闻传播学院同样离不开上海电影学院、上海美术学院的支撑，人机交互是新媒体的主要特征之一，需要美术学院设计学科的支撑；上海电影学院也能为新媒体内容的开发和研究提供有力的支撑。因此，新闻传播学院需要与上海电影学院、上海美术学院相互支撑，开展深度的合作，共同打造媒体学科群。

未来，新闻传播学院将依照《教育部　中共中央宣传部关于提高高校新闻传播人才培养能力实施卓越新闻传播人才教育培养计划 2.0 的意见》，配强师资队伍，夯实学科建设与科研工作，努力培养造就一大批适应智能媒体和媒体深度融合创新发展、能够讲好中国故事、传播中国声音的优秀新闻传播后备人才，把学院建设成为服务于上海建设全球城市的总体规划，立足上海、放眼全球、特色显著、引领前沿的世界一流新闻传播学院！

(严三九)

9.1.5　张明新：推进多学科融合　建设面向未来的一流新闻传播学科

华中科技大学是中华人民共和国成立后创办的一所国家教育部直属重点综合性大学，在短短 60 多年迅速崛起，被誉为我国高等教育事业发展的缩影。新闻传播学科则是华中科技大学人文社会科学发展的缩影——作为学校第一个人文社科专业，也是国内理工类院校中第一个新闻传播专业，至今历史不足 36 年，却是华中科技大学和我国内地新闻传播院系中最具创新性和生命力、发展速度最快的学科。在 2017 年教育部第四次学科评估中，华中科技大学新闻传播学科在全国同类学科中名列第三，处于学科层级的 A 档，位于一流学科行列(见图 9-5)。

图 9-5　华中科技大学新闻与信息传播学院院长张明新教授

一个卓越学科的创建、进步和繁荣，无疑是艰苦卓绝的，受制于多重变量的影响。纵观华中科技大学新闻传播学科的发展历程，一个决定性的因素，是在遵从学科建设规律前提下，根据所能倚靠和调动的学科资源，确定了拥有自身特色的发展思路，并注重在时代变革中不断改革创新。在人类历史长河中，36 年时间只是短短一瞬，但对于新闻传播学科来说，则已经历数轮迭代升级。如今，新一代信息技术正推动全球性的科技革命，颠覆现有的产业格局和社会分工形态，塑造全新的交往方式和传播业态。对此，我们需要审时度势，积极回应，调整思路，奋发作为，积极建设面向未来的一流新闻传播学科。

1. 历史传统与既有资源

华中科技大学的新闻传播学科始于 1983 年。当时学校(时为“华中工学院”)的决策者认为，在全球性科技革命浪潮中，新闻传播在人类活动中的地位将大大加强，对于新闻从业者来说，媒介技术、思维和素养的提升，是必然趋势和要求。在当时，我国仅有十多所大学拥有新闻传播专业，几乎完全按照人文学科或者“人文+社会科学”的思路来培养学生。华中科技大学的决策者们以面向现代化、面向世界、面向未来的创新精神，突破既有的新闻教育模式，勇敢开创了一种在理工类院校中发展新闻传播教育的范式。正如本学科的创系系主任汪新源教授所说，我们确立的“文工交叉，应用见长”发展思路，可谓独树一帜，是在以理工科为主导的高校中发展新闻传播教育、建设新闻传播学科的典范。

这种"文工交叉，应用见长"的学科发展理念，是走新闻传播科技与新闻传播文化相结合的道路，实行人文学科、社会科学与自然科学、技术科学的交叉融合。落实在学科建设的实践，这种理念贯彻在学科方向规划、队伍建设、人才培养、科学研究、平台建设等诸多方面。在学科发展的早期，人才培养是核心所在。以人才培养而论，则首推培养的目标设计。本学科设立的造就"全能型""高素质""复合型"人才培养宗旨，1983年至今，历任系主任和院长不断将其加以传承、发扬和创新，深受业界学界认同。

在"文工交叉，应用见长"理念的指导下，30 多年来，本学科在诸多方面获得了长足发展，形成了自身特色，建构了学科优势。

首先，在学科方向上，通过持续多年的积累和凝练，形成了新闻传播史论、新媒体和战略传播三大支柱性特色方向，是为"一体两翼"。其中，新闻传播史论方向自本学科创建之初即已形成，新媒体和战略传播方向则分别形成于 20 世纪 90 年代中期和 10 余年前。

其次，在队伍建设上，本学科的师资虽规模不大，迄今仅有 39 名全职教研人员，但知识复合、结构较好，1/3 自业界引进，1/3 来自新闻传播学科，其余 1/3 来自其他学科。这支队伍拥有强大的动力、活力和产能，能打硬仗胜仗。

再次，在人才培养上，本学科形成了从本科到硕士、博士和博士后的全程式新闻传播高级人才培养链，布局清晰，建制完整，拥有 5 个本科专业，6 个硕士专业，5 个博士专业，一个新闻传播学一级学科博士后流动站。其中，新闻学和广播电视学相继被评为国家级特色专业。

最后，在科学研究上，本学科坚守"多元包容、推陈出新"理念，突出学科交叉融合，强调特色发展，积极回应行业和实践关切，建成国家传播战略研究院、中国故事创意传播研究中心等多个面向基础研究和国家重大战略需求的科研平台。就现实观之，本学科已成为国内顶尖的新闻传播研究重镇，不论在基础理论还是应用研究方面，拥有良好的学术声誉和广泛的社会影响。

2. 学科建设发展的基本思路

当今是一个新闻业和传播业大变革、大转折的时代，新闻传播业正在经历人类历史上"百年未有之大变局"，新闻传播活动的行动逻辑及其背后的理论预设、核心知识都需要重新思考和建构，新闻传播教育亦需据此做出及时调整。其中，三种关键性的因素需要引起特别关注。

其一是信息科技革命。对当前新闻传播业的转型来说，技术是第一推动力。大数据、云计算、区块链、物联网、人工智能等技术，持续带来翻天覆地的变革，不断颠覆、刷新和重构人们的生活与想象。信息的采集、生产、表达和传播，遵循和以往不同的法则，依托不同的平台，产生了不同的效果。体现在当前国家层面的新闻实践中，主要是新型主流媒体建设和媒体融合的深入推进。

其二是国际化浪潮。当前的中国，正在越来越走近世界舞台中央，“讲好中国故事”“传播好中国声音”、让中国文化“走出去”和提升文化软实力，成为国家层面的重大战略。新闻传播学科要拥抱这种时代潮流，以“关怀人类、联通中外、沟通世界”的自信、担当和气魄，传播、传承和创新中华文化，加强中外文明互通互鉴。

其三是媒体业跨界发展。在当前“万物皆媒”的时代，媒体的概念在放大，已经越来越体现出网络化、数据化、移动化、智能化趋势。媒体行业的边界在极大拓展，正在进一步与金融、服务、政务、娱乐、财经、电商等行业产生更加紧密的联系。在这个泛传播、泛媒体、泛内容的时代，新闻传播活动在社会系统中的价值更加凸显，新闻传播业态正在加速蝶变。

不论是技术革命、国际化浪潮，还是行业跨界发展，这三大因素的总体影响，可归纳为一点，即新闻传播学是越来越面向未来、越来越开放和包容的学科，它在加速融入更加广阔的世界，越来越彰显自身的存在和价值。这可被视为新闻传播学科建设发展的时代背景，或者说是外部环境。

对任何一个具体的新闻传播学科个体而言，其发展方向、思路和具体措施的制定，除要考虑上述外部环境因素，同时还要考虑另外两个制约因素。第一因素是内部环境，即该学科所处的地域和学术及专业环境。不同的空间地域，为一个学科的发展提供的经济、社会和文化条件，当然是迥异的；同时，一个学科必然在某个大学内开创、生存和发展，所倚靠的学术和专业条件也有差异。第二因素是该学科的自身传统和既有的资源，是其发展的原始起点所在，学科方向的规划，必然首先要考虑到这个初始条件。

基于以上认识，本学科确立了如下基本的发展思路：面向未来、学科融合、主流意识、国际视野。所谓“面向未来”，是要积极回应信息科技革命、全球化发展和媒体行业跨界交融的现实和趋势，直面挑战、抓住机遇、深化发展；所谓“学科融合”，是进一步深化“文工交叉，应用见长”的理念，积极倡导和实践“多学科融合”的发展思路；所谓“主流意识”，即扎根中国大地，怀有家国情怀和使命担当，培养忠于党和人民、推动国家发展和社会进步的优秀人才；所谓“国际视野”，是要有立足中国、以我为主、联通中外、关怀人类、沟通世界的担当、勇气和魄力，推动中华文化传播和中外文化交流。

其中，“多学科融合”是本学科的特色、也是优势所在——在发扬历史传统、发挥既有资源基础上，在学科建设的每个方面，采取以新闻传播学科为主、深度有机融合多个相关学科的发展战略，坚持开放创新、追求卓越，确立自身的核心竞争力，迈向中国特色、世界一流的新闻传播学科。

如果说三大外部环境因素为“多学科融合”的发展思路提供了理论想象，那么，华中科技大学的学术和专业优势这个内部环境因素，以及本学科的自身传统和既有资源，则为“多学科融合”的学科建设实践提供了实际可能性与合理性。华中科技大学拥有强大的理工科、医科和人文社科优势。在新的时代条件下，以面向未来、多元包容和开放创新的姿态，通过内在逻辑和行动路径的重构，本学科将能全方位、深度有机融合多学科的知识、理论、方法和技术，在学科方向规划、队伍建设、人才培养、科学研究、社会服务等方面，大力实施和实现改革创新，勇立科技革命和传播变革潮头，进一步发挥引领作用。

这里所说的“多学科”，涉及信息学科、经济管理学科、医学与环境学科、社会科学学科，以及人文学科。以信息学科为例，通过与计算机、电信、自动控制与人工智能等学科专业在人才培养方面的融合，提升学生的科学素养和技术思维，促进新媒体专业建设，特别是促进新媒体产品创新方向人才培养；在科学研究方面与信息学科的融合，有助于扩展本学科的研究领域，充实科研力量，提高学术产能。人才培养与科学研究能力的扩展，将为提升社会服务能力打下坚实基础；而为实现上述目的，本学科有必要在队伍建设上切实贯彻与信息学科相融合的思路。因此，“多学科融合”的理念和实践，是环环相扣的。

3. 实施路径与关键措施

在“多学科融合”发展思路下，本学科建设的实施路径与关键措施，包括学科方向规划、队伍建设、人才培养、科学研究、国际化战略等方面的创新改革。

第一，学科内涵充实与方向凝练。本学科虽已确立了三大支柱性学科方向，但在科技进步、全球化发展和业态变迁环境中，学科内涵有待深化和充实，学科边界需进一步拓展，交叉融合的新领域有待开掘。在新闻传播史论方向，需要融入政治学、文化学、社会学等学科，在更广阔的学科视域中观照人类新闻传播活动，进行理论创新，丰富学科内涵；在新媒体方向，要与学校的信息科学、光电、医学与环境等优势学科有机融合，突破既有的学科边界，发掘培育新的学科增长点；在战略传播方向，要与国际政治、公共管理、外国语言文学等学科加强融合，面向国家重大战略需求，建设具有国际影响力的特色新型智库。

第二，师资队伍的适度扩充与结构优化。目前，本学科师资队伍方向明确，充满活力，战斗力强，但规模偏小，海外人才不多，领军人物少，结构需要优化。为此，本学科将积极打造一支规模适度、结构良好、富有潜力的融合型队伍。首先，在未来3~4年，每年引进3~5位拥有潜力的教师，其中一半为海外背景，最终将规模增加到55人左右。其次，在学科来源上，吸引优秀的其他学科人才加入，增加来自政治学、心理学、计算机、管理学、医学、环境科学、历史学、社会学师资，提升多样性，增强队伍活力和创造力。再次，探索制度创新，深入挖掘潜力。积极招聘博士后、专职科研人员，增设访问教授、访问研究员，改革教师聘用及薪酬制度，推进预聘、长聘试点，推行分类指导的薪酬收入分配体系。最后，聘任领军人才，实施讲席教授制度，提升本学科师资的话语权。

第三，建构多学科融合的人才培养体系。本学科将回应时代变革，聚焦国家战略，面向未来，抓住机遇，建构多学科融合的人才培养体系。最根本者，是调整人才培养的目标，以培养高素质、复合型和创新性的媒体与传播人才为宗旨，包括：复合型新闻人才、创意内容传播人才、媒介研发与运营人才、高成长性的跨界人才。我们的考虑是，必须跳出传统的重点关注新闻内容生产的人才培养逻辑，面向信息传播全要素、全过程，关注媒介平台与技术、多样化内容和与媒体密切关联的行业。

在此目标下，从五个方面加以实施：(1)建设融合型专业方向。打破传统的以媒介形态分立为标准的专业布局，以媒介融合和演进趋势为标准，重构全媒体新闻报道、全媒体新闻评论、新媒体创新与运营、创意与营销传播、主持与表达、健康与环境传播等专业方向。(2)出版融合型系列教材。以专业方向为单位，编撰出版系列教材，注意融入技术变革新趋势，加大跨学科知识、理论和技能的教材比例。(3)构建融合型课程体系。基于各专业方向人才培养需要，优化学科基础课、专业核心课、专业选修课、实验课程设置；重要课程组建课程组，跨学科课程由跨学科师资承担，业务课程打通业界学界。(4)建设融合型实验教学平台。以技能养成和创新引领为目标，打造融合型实验平台，建设校园内外联通共享的教学平台，实施开放型、全程性的体验式实践教学。(5)打造融合型实践培养体系。在既有业界实习外，形成利于多学科实践创新的育人氛围，与其他专业实践相结合，建设多学科融合的实践培养体系，开展跨学科实践创新活动。

第四，以学科融合促进科研创新。强调学科交叉是本学科的特色所在。在知识汇流、学科融合的当今，进一步以融合思维促进科研创新。首先，面向国家重大战略需求规划重要的研究活动。以多学科融合的思路重点攻关，孵化和争取大项目，介入国家和社会发展实践。其次，建设多学科融合的科研平台。联合学校相关优势学科，以我为主，集中力量建设国家传播战略研究院、智能媒体与传播科学研究中心等跨学科科研平台，彰显成果的社会和政策影响力。再次，建设富有潜力的研究团队。以跨学科的思路建设富有潜力的研究团队，如“媒介与文明”团队、智能媒体与传播科学学术团队，以推进基础研究的理论创新、拓展多学科融合研究的学术领域，培育学术精品。

第五，大力推进国际化发展战略。在当今时代，全球化加速向纵深发展，中国在国际事务中扮演的角色日益重要。本学科将顺应历史潮流，以“立足中国、借鉴国外，挖掘历史、把握当代，关怀人类、面向未来”为指引，持续稳步推进“一院一校计划”“国际科研联合平台培育计划”“教师海外教学访问计划”“高端留学生培养计划”，积极推出多样化的智库产品和跨文化交流活动，继续建设“世界华文传媒与中华文化传播国际学术会议”和“公关与广告国际学术论坛国际会议”等高端学术交流平台，营造国际影响力，加强中外文化交流互鉴，提升学院的整体实力和综合水平。

在技术进步、全球化发展和行业变革的当今时代，人类的新闻传播实践处于革命性的转折点上，对于新闻传播学科的建设发展而言，这是伟大的、激动人心的时代机遇。华中科技大学新闻传播学科将以“面向未来、学科融合、主流意识、国际视野”为发展思路，推进多学科融合，坚守自身的追求与品格，彰显特色、矢志一流，为建设世界一流的新闻传播学科，为传承和创新中华文化与文明、构建人类命运共同体作出应有的积极贡献！

（张明新）

9.1.6 侯迎忠：广东外语外贸大学新闻传播学科建设发展思路与设想

广东外语外贸大学新闻传播学科始于1997年的国际新闻专业，2005年成立新闻与传播学院。学院依托学校外语优势、多学科资源和国际化办学特色，秉持专业+外语的学科发展理念，以国际新闻传播人才培养为导向，致力于打造华南地区领先、国内一流、有一定国际影响力的“全媒体与国际传播”教学科研重镇（见图9-6）。经过20多年的发展，现已形成以新闻学、广告学、播音主持艺术、网络与新媒体四个本科专业为基础，以新闻传播学一级学科硕士点和新闻与传播专业硕士学位授权点为支撑的学科体系。学院拥有广州市人文

图9-6 侯迎忠教授

社科重点研究基地“广州国际城市创新传播研究中心”、校级重点研究基地“马克思主义新闻观与中国话语体系研究中心”“政府传播与国际舆情研究中心”，以及校级科研创新团队“城市形象国际传播研究”等科研平台。组建了“国际新闻”“公共传播与国际舆情”“跨文化传播与国际传播”“城市传播与国际品牌”四个院级科研创新团队，以及“多语种国际调查中心”“政府传播与危机管理咨询实训中心”“全媒体创新实验中心”“全媒体创新创业中心”等教学科研平台。

学院现有专任教师46名，其中教授14人、副教授11人、专职外教4人、博士及博士后29人、在读博士6人，具有境外访学经历者占70%以上，能从事全英双语教学者占30%以上。建院以来，学院教师共承担国家社科基金和国家自科基金项目14项、省部级项目30余项、政府及企事业单位重大委托项目数十项，出版专著40余部，译著20余部，编写各类教材10余部，发表高水平论文数百篇，获得省社科成果一等奖三项。承办大型政府培训项目近20个，承担各级各类政府决策咨询项目40多项，纵横向项目到账经费近1000万元。学院被省教育厅确立为省级人才培养模式创新试验区，以及“卓越新闻传播人才教育”综合改革试点单位，新闻学专业被确立为省级特色专业。2017年9月，学院获准成为广东省第二家部校共建新闻学院，并由省委宣传部挂牌设立“广东省国际传播青年人才培养基地”。

站在新时代的潮头，承前启后，继往开来，广东外语外贸大学新闻与传播学院将认真学习领会习近平新时代中国特色社会主义思想精髓，深化以马克思主义新闻观为统领的国际新闻传播教育改革与人才培养机制创新，大力推进部校共建和“卓越新闻传播人才培养2.0计划”，努力打造国际新闻传播人才培养基地。

学院的总体发展思路在于：以学科建设与学科评估为方向指引，以部校共建规划实施为契机，以师资队伍、科研团队以及基础设施建设为抓手，以人才培养理念与模式创新为突破，以党建思政工作为保障，努力推动学院内涵式发展、跨越式发展，全面提升人才培养质量和学科发展水平，着力构建“全媒体与国际新闻传播”政媒产学研学科支撑平台。

在师资队伍建设方面，适应全媒体融合发展要求，完善教师参与教学工作激励机制，鼓励教师境内外进修访学交流和媒体双向挂职，着力提升专任教师教学能力和科研水平。同时，大力引进有较强学术影响力的国际新闻传播学科带头人和中青年学术骨干，以及有新媒体技术、交互设计技能和丰富业界经验的实践型教师。

创新人才培养模式，发挥区位优势，服务国家战略需求，实施“粤港澳大湾区区域品牌与国际传播”人才培养计划，探索全媒体与国际传播本科教育、多语种+国际新闻传播硕士教育培养模式改革与创新。在培养环节上，以导师制为抓手，完善导师指导学生激励机制，激发学生对本专业的归属感，培育自主学习和研究性学习能力，让专业+外语+全媒体技能成为国际新闻传播人才的标配。

教学实践与国际合作，突出实践教学和国际化办学特色，拓展与境外高校交流合作，及本科、硕士合作办学，提升国际化办学特色和水平。借助境外交换、双学位项目，境外暑期课程班，专业与实践教学系列工作坊等形式，培养全面掌握全媒体与国际传播理论知识与实践技能的专门人才。同时，加强与传媒业界合作，借助融合媒体工作坊、数据新闻工作坊、广告训练营、全媒体影像工作坊、多屏视频直播工作坊等实践教学形式，紧贴新媒体时代发展需求，培养全面掌握全媒体与国际传播实践技能的专门人才。

科学研究与社会服务，加强团队建设，完善激励机制，强化学术交流，推进对外合作，完善社会服务。建设好市、校两级重点基地、校院两级科研创新团队，围绕学院重点方向集中开展科研攻关。加强与省内外各级政府部门，以及中央、省级媒体，境内外文化传播机构的深度合作，整合校友资源，扩大学院在国内外的学术影响力。

基础设施建设，建设和维护好大数据与国际舆情发布中心、国际调查中心、多语种国际舆情分析系统，建设和提升全媒体创新实验中心、融合媒体实验中心、虚拟仿真实验中心等实践教学设施，以及科研项目申报与成果转化数据库，为学院实践教学及科研创新提供平台和数据资料支撑。

习近平总书记指出："要加快推动媒体融合发展，构建全媒体传播格局。"面对新时代和全媒体发展的双重机遇，广东外语外贸大学新闻与传播学院将进一步凝练国际化办学特色，围绕人才培养创新，专注学科内涵式发展，努力争创科研一流业绩，培养国际新闻传播一流人才，为繁荣我国新闻传播教育事业不懈奋斗。

（侯迎忠）

9.2　卸任院长为政回眸

9.2.1　张昆：幸运　感恩　期待——张昆院长卸任感言

各位领导、各位同仁：大家好！

今天对我、对我们新闻学院而言，都是一个重要的历史节点。现在我正式卸下了院长的职务，如释重负，一身轻松；而新的学院管理团队从此上路，一个新的时代将由此开始(见图 9-7)。

图 9-7　华中科技大学新闻与信息传播学院行政班子交接

12 年前，我从吴廷俊教授的手中接下院长的职务，学校朱玉泉书记的嘱托、根叔校长勉励与期待，言犹在耳，仿佛就在昨天。

12 年来，我们新闻学院在学校领导的关怀下，在业界、学界朋友的支持下，坚持“敢于竞争，善于转化”的优良传统，秉持“文工交叉，应用领先；与时俱进，开放办学”的理念，党政合体，上下齐心，精诚团结，努力奋斗，书写了属于我们这一代“华科大新闻人”的精彩。

12 年前，我们学院只有 28 位教师，如今我们专职教师已有 40 位；此前我们的教师队伍是一个哑铃型结构，老中青之间呈现中间坍陷，如今橄榄球型的师资结构，使得我们的中青年学者特别优秀、实力雄厚。由于老师们的耕耘和栽培，华中科技大学新闻学院的学生健康成长，随着红树林团队、V-fun 团队、loading 团队等学生创新团队的崛起，我们学院的学生得到了学界、业界的普遍喝彩。

12 年前，我们学院申请国家级科研项目，每年最多只有一项，在研的不过数项，如今我们早已实现了国家重大课题的突破，平均每年三项国家课题进账；此前，学院师生发表论文，屈指可数，刊物的级别也比较低，如今华中科技大学新闻学院是国内 A 刊论文发表大户，其绝对数量稳居国内前四。

12 年前，我们学院的老师们苦于没有自己的安身立命之所，没有自己的大楼、没有自己的工作室，如今，装饰一新的新闻学院大楼已经耸立在大家的面前。新闻学院几代人的梦想终于实现。我们可以自豪地说，华中科技大学新闻学院不仅有大师，也有自己的大楼。

12 年前，制约我们发展的主要是物质瓶颈。当时我们的主要的任务是筹措办学资源，以加强学院的硬实力。今天，我们不仅克服了物质瓶颈，而且建设和繁荣了我们的学院文化，我们编修了令人自豪的院史、唱响了我们的院歌。“秉中持正，求新博闻”的院训成了全体师生的座右铭。在专业精神和教育情怀的基础上，强化了我们的学院认同和学科认同。我们的软实力令教育界同行羡慕。

12 年前，我们刚刚经历了第一次一级学科评估，华中科技大学新闻传播学科的百分位是 40%；9 年前，第二次评估，我们的百分位上升到 20%；6 年前第三次评估，我们的百分位上升到 10%。2018 年年底，第四次一级学科评估，华中科技大学新闻传播学科的百分位上升到 5%以内，与复旦大学新闻传播学科并列全国第三。

诸如此类的蝶变，还有许多，我想用不着在此一一列举，这也足以激发起我们的光荣感、自豪感。这是我们学院、我们大家自己创造的历史。作为一名华中科技大学的新闻人，我为此深感骄傲！

经过这不平凡的 12 年，我从 44 岁来到了 56 岁，从满头青丝到华发丛生。这是我生命年轮中最重要的阶段。这一阶段能够融入华中科技大学新闻学院的历史，成为推动华中科技大学巨轮前行的一分子，是我人生最大的幸运。

回首这 12 年的点点滴滴，我唯有感恩。

在这里我首先要感谢根叔校长、朱玉泉书记对我的信任，当年他们任命我为新闻学院院长时，没有任何条件、没有任何指标，只有满满的信任，以及没有保留的支持。

我要感谢我的前辈、前任院长吴廷俊教授、程世寿教授、汪新源教授，正是在他们创下的基业上，我们才取得了今天的成功。

我要感谢前后两届班子的同僚。特别要感谢三任党委书记：唐燕红、陈刚和詹健，我们的合作非常愉快，学院机器的运作十分流畅；我要感谢石长顺教授、舒咏平教授，在我的第一届班子里，他们是兄长，他们的支持让我感受到了真情无价；我要感谢现任班子的三位副院长：钟瑛教授、何志武教授、陈先红教授，李磊副书记和作为院长助理的张明新教授、唐海江教授、郭小平教授。在这里我还要特别感谢学院党政办公室主任王维真老师，她在这一岗位上为我们服务了 12 年。还有学工组、资料室、实验室的老师们。我们不能忘记他们的付出和贡献。

当然，我还应该感谢的是学院全体老师的信任、包容和理解。新闻学院是一个命运共同体，是全体教职工和学生的精神家园。我们在一起工作、生活，难免会出现磕磕碰碰。但是老师们还是给了我最大的支持。一年一度的考核，大家每一张肯定票里所包含的友谊和深情，我永远不会忘记。

我们新闻学院全体同仁还要牢记一个重要的事实，那就是我们的每一个进步、每一个成就，都离不开新闻业界、新闻教育界同行、前辈的支持、提携。在新闻教育行业，我们开始晚、起点低，正是因为这些老大哥们的帮助和指点，我们才少走了不少弯路，而达到今天的位置！

在这里，我要由衷地感谢以上一切提携过、支持过我，帮助过、支持过华中科技大学新闻学院的前辈、领导、老师和同仁们。你们不仅是我人生中的贵人，也是华中科技大学新闻传播学科发展历史上的功臣。

除了感恩，还有负疚和惭愧！这主要是对我的家人而言的。在妻子和儿子的眼里，我是一个典型的负责任的"公家人"。我自己评价自己，作为"公家人"我可以得到七八十分，作为丈夫和父亲，我却很难及格。可是在这 12 年间，我得到了家人完全的理解和无条件的支持。

回首 12 年，我满怀自豪，但也有遗憾。12 年前，我就任新闻学院院长时，暗自立下了四个宏愿：建立一支富有活力的强大的学术团队、一个高水平的学科平台、一栋属于新闻学院的大楼和一座新闻博物馆。这是我一直以来的内在动力。如今，前三个愿望已经实现，只有新闻博物馆没有建成。我希望并相信，下一代新闻学院的管理团队会带领我们实现这一愿望。

今天，在我卸任新闻学院院长职务的同时，我们学院新的管理团队正式诞生。这是一个年轻的充满着希望、充满着想象力的团队。我信任并且愿意全力地支持他们，也期待全体老师在新院长的带领下，勇敢地迈进属于我们的新时代。

我的使命已经完成，但我的心和大家在一起跳动。我会为学院新的管理团队、为我们伟大的新闻学院喝彩，加油！

祝福华中科技大学，祝福新闻与信息传播学院！

（张　昆）

9.2.2　杨魁：谋事在人——打造国际传播华南重镇

受张昆兄盛情之约，要我为 2019 年的《中国新闻传播教育年鉴》写一个"院长离任感言"（见图 9-8）。其间，张兄多次催要"作业"，但我一直确因深感惶恐而无从着笔。其实，这个惶恐主要来自于，本人自觉才疏学浅无所成就，并且，尽管近年来广东外语外贸大学新闻学院的发展有所进步和起色，但和许多兄弟院校相比还存在很大的差距，所以不敢班门弄斧，贻笑大方。在此只能就自己担任院长工作中的一些体会和感受与大家分享，以就教于各位新闻教育界的前辈、专家、同仁和朋友。

图 9-8　杨魁教授

广东外语外贸大学新闻学院比较年轻，2005 年建院，其前身是 1997 年开设的“国际新闻方向”。2009 年，在首任院长郭光华教授的盛情邀请和真情感召下，我从兰州大学来到了刚刚建院四年的广东外语外贸大学新闻与传播学院。应当说，我能够下决心来广外，除了郭光华院长儒雅而真诚的人格魅力和新闻学院温馨和谐的良好氛围，以及当时已经聚集了一支令人充满想象的青年才俊吸引着我之外，我更多的是向往着能够在一个全新的环境心无旁骛地教书和做些学术研究。记得郭光华院长第一次去兰州就希望我能够到广东外语外贸大学后和他搭班子，当时就被我婉言谢绝了，因为我深知做院领导的不易和艰辛。此后的四五年间，光华院长给予我充分的理解、包容和信任，使我享受到久违了的心理宁静与精神自足。当然这期间，我也努力在学科建设、硕士点申报、科学研究等方面为学院尽一份应有之力，参与并见证了学院的稳步发展。

2014 年是广东外语外贸大学的中层班子换届之年，也是广东外语外贸大学新闻学院发展的关键时期，我在缺乏充分思想准备的情况下，于 2014 年 11 月 21 日正式接任郭光华院长，担任广东外语外贸大学新闻与传播学院院长。于是乎，顿感责任重大，压力山大！那么，作为院长如何带领班子成员迅速地将这种巨大的压力转化成强大的动力？如何调动全院上下同欲地迎接自身发展中面临的各种内外部严峻的挑战？经过群策群力和四年的不断实践，我们在不断回答上述学院发展基本问题和解压的过程中，更加清晰地领悟到，广东外语外贸大学新闻与传播学院之所以能够在较短的时间取得快速发展和长足进步，主要得益于我们在以下三个方面的认识在不断提高，实践在不断地完善。

1. 态度决定一切，要勇于担当、敢于责任

其实，我的体会是，要当好院长没有什么秘诀，首要的就是必须对学院的发展具有高度的责任心和使命感，真正做到要勇于担当、敢于责任。就是说，必须始终以学院事业的发展为重，要舍弃小我谋大我，全身心地投入到学院的各项事业发展和工作中去，来不得半点私心杂念，只有这样才能真正得到大家的认可与支持，也才会有强大的领导力。而在实际的工作中，又必须将全体教职工的需求和利益放在第一位，做到急大家之所急，谋大家之所想，充分依靠和团结大家，从而才能够保证把学院发展中的每一件事情落到实处。我相信，态度决定一切，无私则勇，无欲则刚。比如，本人任院长期间先后为学院争取到数以百万元计的各类项目经费，全部都用在了学院的学科建设、基础设施改善和老师们的科学研究等方面。

2. 谋事在人，思路决定出路

新世纪以来，中国高校的新闻传播教育快速发展，各类教学点就就达上千家，广东外语外贸大学新闻与传播学院无论从办学历史、教师队伍、科研水平还是综合实力上来看，都与国内一流学院与学科之间存在很大的差距。这是不争的事实！与此同时，还要面对媒介技术变革给新闻传播教育带来的巨大威胁和挑战。那么，广东外语外贸大学新闻与传播学院的发展出路何在？我们相信，谋事在人，思路决定出路。于是，上任伊始，通过战略研讨会等方式调动班子成员和全体教师共同思考和群策群力，谋划了学院发展的路径，规划了学院发展的蓝图。

首先，明确了学院发展的指导思想：以教育部关于繁荣哲学社会科学规划精神为指引，以广东省建设高水平大学的总体思路以及学校高水平大学重点学科建设项目为依托，以争取广东省委宣传部和广东外语外贸大学共建新闻学院项目为抓手，牢牢把握广东外语外贸大学关于建设国际化高水平大学的奋斗目标，"凸显国际化"发展特色，结合新闻与传播学院的实际制定切实可行的发展规划与蓝图。

其次，确定了学院未来发展的基本思路：以"全媒体、国际化、有特色、入主流"为基本原则，以建设国际化特色鲜明的高水平新闻传播学科为目标，着力构建"全媒体国际传播学科体系"，打造"国际传播，华南重镇"，要使学科建设上台阶，教学科研出精品，人才培养创特色，社会服务树品牌。

再次，制定了战略目标：秉持建设国际化高水平的新闻传播学科发展理念，以"国际传播，华南重镇"为战略目标，以"全媒体国际新闻传播"为学科发展重点，以政-媒-产学研一体化协同创新和融合发展为战略举措，努力将学院打造成为华南地区领先、国内一流、有国际影响力的全媒体国际传播教研重镇，构建集人才培养、科学研究、决策咨询服务的政-媒-产-学-研一体化的高端智库型平台。

最后，凝练了学科方向：在着力构建"全媒体国际传播学科体系"的同时，重点聚焦国际新闻、跨文化传播与国际传播、公共传播与国际舆情、城市传播与国际品牌传播四个学科方向，创新人才培养模式，搭建学科平台，培养人才团队，产出高水平研究成果，提升社会服务能力，打造广外国际传播学科品牌。

3. 以特色谋取地位，打造国际传播华南重镇

几年来，我们始终以学科建设为龙头，紧紧围绕以特色谋取地位，全力打造全媒体国际传播学科体系这一总体目标，积极整合校内外资源，着力补短板、强特色，使广外新闻学院在学科建设、人才队伍、科学研究及社会服务等方面取得了长足的进步：

继新闻与传播专业硕士和文化传播与媒介学术型硕士两个硕士点成功招生，2017年又成功获得新闻学与传播学一级学科硕士授权点，目前正在根据部校共建新闻学院要求及学校的安排论证和申报“国际传播和跨文化传播研究”自设二级学科博士点。

2016 年 4 月，成功获批广州市人文社科重点研究基地“广州城市创新传播研究中心”。

2017 年 9 月，经广东省委宣传部批准，新闻与传播学院成功进入广东省委宣传部与广东外语外贸大学共建新闻学院的行列，成为广东省委宣传部与高校共建的两所新闻学院之一。根据共建方案，将在九大方面给予重点支持，每年支持经费 650 万元，第一期五年中各类综合配套投入近 5000 万元。

几年来，引进“云山讲座教授”7 名、“云山青年学者”2 名、教授 2 名、副教授 4 名、国内外知名高校年轻博士 7 名；初步形成以 13 名教授(其中 2 名博士生导师、11 名学硕导师)、11 名副教授、27 名博士/博士后为骨干的教师梯队。教师队伍的教学科研能力显著提升。

近年来，每年新增国家社科基金项目和自科项目 3 项、省部级项目 2 项以上；各类横向委托项目 30 余项。发表高水平论文近百篇，超出建院前 9 年的总和。

2017 年成功获得广东省委宣传部批准，将“广东省国际传播后备人才培养基地”落户广东外语外贸大学新闻与传播学院，承担广东省国际传播后备人才培养的重要使命，每年获得 150 万元经费支持。

同时，社会服务能力也有了显著提升。积极开拓省内外党政部门和企事业单位的教育培训项目，共承接广东省、广州市、海南省、贵州省、新疆维吾尔自治区等 20 多个班次，1300 多人次，总经费近 300 万元。

积极探索和构建政-媒-产学研一体化协同创新与融合发展平台，实施“两个融合”+“两个协同”工程：即以全媒体技术融合创新为基础，实现新闻传播专业、队伍、机构、机制等的创新，并以国际化为目标导向，通过跨学科(外语、国际经贸、信息技术等)交叉融合，实现国际传播人才培养与科研创新的“两个融合”；以协作共赢为原则，建立健全海内外著名高校、科研院所协作网，实现卓越国际新闻传播人才培养和科学研究的全要素国际化，以国家及地区战略需求为导向，构建政-媒-产学研一体化集人才培养、科研与服务为一体的智库型平台的“两个协同”。

几年来，在院长任上，经历过艰辛和挑战，有时候甚至觉得很沮丧，但更多的是从奋斗的激情中，以及每一个进步带来的喜悦中所获得的激励！几年院长，我不敢说有所成就，只能说的确有很大的收获。感谢校领导对我的信任和支持！感谢张昆、黄旦、尹韵公、段京肃、唐润华、陈龙兄和孙玮等教授对我的不弃之情和倾情帮助！感谢国内各位学界业界朋友和同仁的关心与支持！感谢我的搭档黄秀娟书记、侯迎忠院长、朱颖教授及班子所有成员的全力配合与支持！还要特别感谢我的夫人董雅丽教授，感谢她的理解、宽容与支持！

（杨　魁）

9.2.3　孙瑞祥：思路决定出路　格局决定结局

值此天津师范大学新闻传播教育60周年之际，作为与天津师大新闻传播教育相守36载的专业教师和教育管理者，亲身经历其发展变迁，甘苦自知(见图9-9)。

图9-9　孙瑞祥教授

天津师范大学是新中国最早创办新闻学专业的高校之一。1959年，受中共天津市委宣传部委托，天津师范学院(今天津师范大学前身)创办了中国第一个由师范院校设立的新闻学专业，也是天津地区首家新闻学专业，具有开创性意义。2003年成立新闻传播学院，天津新闻传播教育由此步入新阶段。

历经60年的涵养积淀，天津师范大学新闻传播教育规模从小到大、师资队伍从弱到强、专业布局从单一到综合，形成了本科专业门类比较齐全、本硕博教育、继续教育各层次全覆盖的新闻传播教育架构。正逐步发展成为天津新闻传播人才培养核心基地和新闻传播教育研究示范中心，在天津新闻传播教育领域发挥着引领与辐射作用。

作为一所地方性院校，我们的办学条件和资源都是有限的。但思路决定出路，格局决定结局。多年来，我们励精图治、久久为功，坚持特色立院、质量兴院、人才强院发展战略，取得了一些成绩。

1. 以学科建设为先导领航事业发展

2003年新闻传播学院建院之初，学校就提出了新闻传播学科两大发展目标，一是晋升为天津市重点学科，二是取得一级学科博士学位授予权。目标既定，唯有奋斗。

我们采取的一个重要举措就是广揽人才，内培与外引相结合，聚焦优势特色领域，搭建学术共同体。经过不懈努力，我们在战略文化与政治传播、中国新闻学术史、网络舆情与应急传播、党报党刊研究、天津地方新闻史、传播伦理与新闻规制、媒介艺术批评、口述史研究等领域，形成了一大批国家级、省部级重点项目，产生了一大批较有影响的研究成果，逐渐形成研究优势与特色，为学科建设奠定了较为坚实的基础。

奋斗经年，终有回报。2016 年，我们的新闻传播学科成功晋升为天津市重点学科，2018 年建院 15 周年之际，我们又成功获批新闻传播学一级学科博士学位授予权，建院之初的两个既定目标得以实现。特别是博士学位授予权的获批，标志着我校新闻传播教育水平入列全国同学科专业第一方阵，实现了天津地区新闻传播博士教育零的突破，为天津新闻传播教育 60 周年献上了一份厚礼，实在是一件令人欣慰的喜事。

2. 以专业建设为基础夯实教育教学

学院共有新闻学、广告学、广播电视学、播音与主持艺术、广播电视编导、摄影 6 个本科专业，普通类专业与艺术类专业并存。突出重点，发展特色，分类指导，是我们专业建设的基本思路。多年来，我们本着“以特色兴专业、以人才强专业、以科研提升专业”宗旨，不断加强专业建设与课程建设，取得显著成效。

经过多年培育，学院新闻学专业成为教育部批准的国家级特色专业、天津市品牌专业和天津市“十三五”优势特色专业。广告学专业获批天津市品牌专业和天津市“十三五”应用型专业。播音与主持艺术专业列为天津市战略性新兴产业相关专业。广播电视学、广播电视编导、摄影三个专业建设也都各具特色。

在我看来，强化教育教学管理，基础在专业建设，重点在课程建设，关键在师资队伍建设。在课程建设方面，近年来我们从媒体融合大趋势中获得改革动力，积极探索“专业培养+个性成才”的培养模式，重视交叉学科与前沿性课程设置。构建了以马克思主义新闻观教育为统领、通识课程与新闻传播史论法规课程为基础、新闻策采写编评摄导录播能力培训为核心、“专业采风”与学科竞赛实践教学为特色、“部校共建”实践基地和大学生自主创新工作坊为载体、新媒体应用技术为引领的课程体系。

作为天津首家“部校共建”单位，我们强化马克思主义新闻观教育，在 20 余门主干课程中组织实施马新观教育“七个一工程”(编写一套案例库、设计一套教学大纲、完善一章讲义、布置一次高质量作业、申请一个教改立项、使用一套“马新观”推荐教材、编写一套“马新观”教材)，把马新观教育贯穿于专业教学全过程，收到了良好的效果。

3. 以实践育人为核心培养卓越人才

“部校共建、院媒协同、实践育人”是我们学院的办学特色与育人路径。多年来，我们致力于新闻传播教育教学改革实践，注重对学生创新意识、探索精神、实践能力的培养，以部校共建为依托，办学水平不断提升。

在实践育人环节，一方面，充分利用部校共建机制下“天津市高校新闻传播学专业教学实践基地”，精心组织实习活动。另一方面，不断强化实践课程建设。全院80%以上的专业课程配置了实训课时，有五个专业开设了“专业采风”特色课程，以真题真做的“任务教学法”提升学生专业技能，充分体现“实践、实战、实用”三实精神。

近年来，我们不断完善新闻传播国家级实验教学示范中心建设，充分利用国内高校第一家中国广告历史文化博物馆的资源优势，注重提升大学生自主创新工作坊的实践教学效能。在此基础上，我们利用部校共建资金先后建成VR实验室、3D动新闻实验室、舆情分析实验室、播音实验室、模拟新闻发布实验室等实践平台。

校内外多类型实践教学平台的建立与完善，为实践育人提供了坚实的物质技术保障，实践教学成果丰富多彩。近年来，学院学生参加国际性和全国性各类专业竞赛累计获奖400余项，其中获得国际性和全国性等级奖195项。学生在创新创业实践活动中取得的突出成绩，受到了国务院领导的充分肯定，其创新创业实践杰出代表还受到国务院领导的亲切接见。人民网、《天津日报》等多家媒体多次报道我们的办学成果，《中国新闻出版广电报》一年内连续两次刊发长篇报道介绍我们的办学经验。

回顾自己与新闻传播学的结缘，感慨良多。1982年我从复旦大学新闻学系毕业，分配到天津师范大学从事新闻传播教育至今。4年的新闻学子，36年的新闻“先生”，整整40年没有离开新闻传播教育领域。36年间，我从一名专业教师到担任新闻学系主任、广告学系主任、副院长、院长，在不断学习和迎接挑战中，我逐步加深了对新闻传播教育规律的认识，对教育管理工作也有了一些粗浅体会，在此就教于方家。

我认为，当下中国新闻传播教育面临诸多挑战，首先要处理好思变求新与强基固本的关系。在我看来，中国新闻传播教育与新闻传播事业发展具有内在同一性，新闻传播教育既要适应新闻传播行业发展的当下需求，更要引领新闻传播事业发展的未来走向。新闻传播教育既要思变求新，又要强基固本，在变革中有定力，在坚持中有创新。之所以强调这一点，是因为当下中国新闻传播教育在市场和技术双重裹挟下，存在某种方向感的迷失。只有把持好变与不变的辩证关系，中国特色新闻传播教育事业才能够行稳致远。

必须清醒地认识到，传播技术在变，但新闻传播教育作为职业教育和大学教育的双重属性没有变。前者培养职业人才，后者塑造完善人格。新闻传播生态格局在变，但传媒人“铁肩担道义，妙手著文章”的职业精神与职业理想没有变，为公平正义鼓与呼、为人间美好歌与赞、为世界和平祈与祷的职业追求没有变。

我认为，全媒体背景下的传播流程在变，用户体验在变，职场对传媒人的业务技能要求在变，新闻传播教育模式与方法手段必须随之而改变，这是显而易见的。同时也必须看到，社会对传媒人的职业角色期待没有变，“学思并重、知行统一”的教学理念和教育规律没有变。所有这些，都应该成为我们思考新闻传播教育未来的基本逻辑与出发点。

在我看来，大学精神之要义，就在于培养学生独立思考之素养、家国情怀之责任、批判质疑之勇气、创新实践之意识、破解问题之能力。要实现这一目标，我认为必须牢牢把握新闻传播教育教学五大关键环节，即专业理论、社会实践、博雅教育、媒介技术和传播伦理，这是培养高素质全媒化复合型专家型新闻传播后备人才的时代要求。

在实践能力培养方面，我是有切身体会的。我从小就有一种“记者情结”，当年高考填报志愿我把新闻学专业作为首选并如愿以偿。长期以来，我在课堂教学的同时坚持社会实践。我有十余年新闻记者和广告公司兼职从业经历，在一家全国性报纸担任天津记者站站长，在《天津日报》担任特约记者，累计发表新闻作品一百余万字，获得过省级新闻作品一等奖。经验告诉我，新闻学子必须勤于实践，在实践中不断锤炼自己的脚力、眼力、脑力、笔力。我把丰富的社会实践成果转化为课堂教学资源，收到了很好的效果。我主持的专业课程获批天津市精品课程，我还荣膺市级教学名师称号。

谈到卸任院长职务后的感想，我最大的欣慰，就是看到学院发展实现了新跨越，看到一代青年教师迅速成长挑起大梁。记得当年我在院长就职演讲时做了“拿、推、托”三个手势。拿，就是“拿来主义”，要继承发扬学院的好传统；推，就是以身作则，依靠集体力量推动学院事业发展；托，就是托举年轻人，为他们的成长进步铺路搭台。应该说，在全院师生共同努力和学院领导班子通力合作下，这一目标心愿得以实现。

如今，天津新闻传播教育风风雨雨走过 60 年，新起点必将铸就新辉煌。

（孙瑞祥）

第 10 章　新闻传播教育史钩沉

10.1　在探索中逐步转型的新闻传播学专业——我担任新闻学科教指委主任的 7 年间(2006 年 3 月—2013 年 3 月)

2006 年，我接到教育部的书面通知，任命我为第三届教育部新闻学科教学指导委员会主任委员。第三届新闻学科教指委除 1 名主任委员，还有 5 名副主任委员、35 名委员。教指委是教育部的决策咨询机构，本届新闻学科教指委在教育部高教司直接领导下，按照教育部指派的任务开展工作。

2006—2013 年，在我担任教指委的 7 年间①，正值中国传媒业发生巨变时期。传统媒体尤其报业由盛而衰，从顶峰直线下跌，而网络和新媒体狂飙突进，风靡全球。博客、微博、微信、平台媒体、媒体平台，变化之剧，叹为观止。面对传媒业巨变，新闻传播学何去何从，成为本届教指委中心议题。每年一次教委会全体会议以及教指委主持、参与的研讨会，中心话题就是新闻传播学的转型。各种大大小小的会议，议论、讨论甚至面红耳赤的争论，都离不开转型这一话题。

我们在不断探索中寻找新闻传播学转型之路。在探索过程中，本届教指委主要做了以下工作。

10.1.1　对全国、世界主要国家的新闻传播学教学作了两次全面调查

本届教指委的工作是从全面调查全国新闻传播学现状开始。1989 年 9 月在广西大学召开的全国新闻学专业负责人会议上，教育部高教司一名负责人就提出：新闻学专业增长过快，毕业生已经饱和，已成为学科长线。而当时全国高校设立的新闻学专业才 40 家，在校生 6000 名左右。虽然这个说法在会上未能得到大家认同，但也说明新闻学

---

① 任命书上写 2006—2010 年，但第四届教指委到 2013 年才正式宣布。

专业的增长速度已引发教育部高层的担忧。然而到 90 年代，新闻学专业迎来爆发式扩张，进入新世纪，扩张势头不减。但到底全国有多少新闻学专业、多少学生、多少教师、毕业生的出路以及课程设置的基本情况等一系列基本数据，从上到下也说不清。为此，按照教育部指示精神，我们从 2006 年 6 月开始，对新闻传播学专业现状做了次全国性调查。在 2006 年 8 月给教育部的报告《全国新闻传播学专业现状、问题和政策建议》开头部分就陈述了此项调查的过程。

向 60 所高校新闻传播学院系发出问卷调查表，以此摸清本专业的基本状况。

召开两次专门座谈会，邀请 15 所高校新闻院系负责人与会，开展较为深入的探讨。

走访 8 所高校新闻专业院系、12 家媒体，分别与他们作个别访谈。在此之前，本专业教指委已走访 60 余家媒体，调查本专业学生的就业、工作状况并听取传媒负责人对本专业学生的反映和要求。

调查过程说明此次调查做得很扎实。但此次调查只是面上的情况调查，而各地办学经验、各院系特色、教师状况等大家关心的问题都未涉及。于是，又有了第二次调查。这次调查历时一年，到 2009 年 5 月正式完成《中外新闻传播教育观状况趋势调查报告》，由两份独立报告组成。报告一：全国新闻传播教育现状及趋势调查，包括 7 个部分：基本概况；教学特色及改革；有特色的科研领域；特色论坛(会议)；人才引进及培训；未来发展思路；毕业生就业情况。报告二：海外部分国家和地区新闻传播教育特色调查，搜集了美国、英国、日本以及中国香港、台湾地区的新闻传播教育特色并附上 8 所大学的新闻传播学院课程设置。

这两份调查报告对全国新闻传播学现状作了全方位扫描，让大家一目了然，大大增进了各院系的交流。

10.1.2　新闻传播学学科发展战略报告的提出

上述调查报告真正的作用是在 2008 年年底向教育部提交的“中国新闻传播学学科发展战略报告”。教指委在全国性调查过程中，就设想提出新闻传播学专业未来发展，为此而展开了一系列前期工作，在教指委提交给教育部报告的前言部分里就陈述了此份报告的前期工作。

为完成本次战略报告，本届教指委做了以下调研。

第一，以省、市、自治区为单位，对全国高校的新闻传播学各专业做了一次问卷式普查。

第二，以教指委委员为召集人，在各省、市、区召开了高校新闻传播学专业负责人会议，座谈、讨论本学科现状，研究面临的问题，建立合作机制。然后由各位委员写出本学科发展的意见书。

第三，本届教指委主任、副主任、委员有目的地走访了10来家媒体，与相关负责人探讨新闻传播学学科的发展。

第四，在2008年教指委的年度会议上，就本学科的发展进行专题讨论。

第五，就学科存在的问题以及改革设想，对30家本学科院系负责人进行了问卷调查。

第六，在报告正式提交教育部前，发给全体教指委委员征询修改。

我特别感谢当时教指委委员们所提供的新闻传播学专业发展战略许多精辟见解。我手头还留存着南京大学杜俊飞教授听写的《新闻传播教育向何处去？——专家意见测量与变革路径分析》，各位委员对此份报告都作了极为详细的补充意见。正是在各位委员的努力下，2008年年底，我们向教育部提交了《全国新闻传播学专业的现状、问题及政策建议》，全文近两万字，分为5大部分：本专业发展历程和当前形势；新闻教育成绩斐然；新闻教育处在转型之中；当前新闻传播学科急需解决的问题；改革的设想和建议。

这份报告的价值和亮点主要有：第一次明确提出根据传媒业发展的新趋势新闻教育需要转型，并明确提出“在中国人民大学新闻传播学院试办一个媒体融合专业”，积累经验，向全国推广；明确提出“尽快制定并出台本学科5个专业的专业设置标准”。

10.1.3 专业规范的制定和专业目录的编制

随着高校快速发展，教育部下属的各部委要求制定专业规范的呼声日益高涨。大家都希望通过专业规范来约束各学科发展以提高教学质量。到2009年4月，教育部终于下达了制定专业规范的通知。按教育部通知，新闻传播学有5个专业，即新闻学、广播电视新闻学、广告学、传播学、编辑出版学。接到通知，我们立即召开教指委副主任会议来讨论具体落实，当时分工情况是：新闻学由中国人民大学新闻传播学院负责、广播电视新闻学由中国传媒大学电视与新闻学院负责、广告学由厦门大学新闻与传播学院负责、传播学由复旦大学新闻学院负责、编辑出版学由四川大学文学与新闻学院负责。但分工容易制订难，其中最难统一的是各专业的核心课程和实验室设备。在2009年夏召开的教指委全体委员会议上，就各专业核心课程各方争论不休。这不但因为各院系尤其几家著名院系各自形成的传统核心课程，更主要的是面对传媒业的巨变，未来课程设置如何能够适应传媒业人才需求。我在此次会议的总结发言中指出：“传媒业正在转型。在新技术推动下，单一媒体转向多媒体或融合媒体。我们毕业生存在结构性过剩，那么我们必须调整教学结构。在调整之前，我们必须明确两点：一是我们的立足点：新闻本位还是传播本位，是培养新闻人才还是传播人才；二是新闻人才的知识结构和能力重塑。”

2009 年 10 月，我和高岗等各专业规范的制定单位的执笔者在厦门大学召开为期三天的定稿会，并在当月上报教育部。据说，在各学科的专业规范制定中，我们专业是第一个完成的。

专业规范制定完成不久，教育部高教司下达了《关于征求本科专业目录修订工作意见和建议的通知》(2010 年 3 月 29 日)，这是对教育部 1993 年版《普通高等学校本科专业目录》作新的修订。在这份通知的“需修订专业一览表”新闻传播学类一栏里列出 6 个专业：新闻学、广播电视新闻学、广告学、编辑出版学、传播学、媒体创意。这涉及原专业去留和新专业设置，比专业规范更具影响力。

接到通知，我马上转发到全体教指委委员，至 4 月 16 日收到 22 名委员的反馈。可以达成共识的是：新闻学、广播电视新闻学、广告学、传播学要继续设立，只是广播电视新闻学希望改为广播电视学，传播学改为应用传播学或公共传播学。媒体创意都一致反对设立。有争议的是：编辑出版学要不要继续设？还有一个争议是：“新媒体”专业设不设？赞成反对各半，反对者也并非不同意开设新媒体，只是想把新媒体划入“传播学”中，不单独开设。4 月 26 日，综合各方意见，我们最后确定上报设立 7 个专业：新闻学、广播电视学、广告学、编辑出版学、传播学、国际新闻、传媒经济与管理。到 9 月 15 日，教育部召开专业目录修订工作会议，我和丁俊杰是新闻传播学专业两名与会者。会上教育部领导明确表示，高校专业太多了，只能缩不能增，而适合新时期需求的，可以新增一二个专业，作为“特设专业”。我和丁俊杰合计新闻传播学设 6 个专业：新闻学、广播电视学、广告学、编辑出版学、应用传播学、网络与新媒体。9 月 17 日向全体委员发出意见征求稿，10 月 12 日收到 32 名委员反馈意见，基本同意了开设 6 个专业。10 月 16 日，我们在中国传媒大学召开主任、副主任会议，确定上报本专业目录修订建议。10 月 20 日，我和丁俊杰共同署名上报教育部。

2011 年 11 月下旬，教育部再次召开全体专家会议，讨论各教指委送审稿。这次讨论会上，新闻传播学归文学学科，文学组要求把编辑出版学专业归入文学专业。于是，新闻传播学就以 5 个专业上报教育部，进入教育部《本科专业目录 2011 年版》。

10.1.4　“公共传播”的提出和推广

新闻学教学从 1918 年北京大学设立新闻研究会开始，就把培养媒体记者编辑人才作为教学目标。但进入新世纪以后，随着传统媒体逐步萎缩，毕业后去新闻媒体工作的学生逐年下降。根据我们 2008 年的调查，一批全国著名高校新闻传播学专业去媒体工作的毕业生不到30%，其中复旦大学新闻学院2007年去媒体不到15%，而去企业达到50%。那些省(市)级地方院校尤其独立学院、民办学院的新闻传播学专业去媒体不到10%。这样一来，把新闻传播学专业培养目标定格为造就记者编辑人才已名不副实。但如何具体拟定本专业培养目标却异常困难，在历次教指委全体委员会上，说到这一问题总会引发不小争论。

2009年10月，我和高岗在厦门大学为新闻传播学专业规范定稿会上，再次就各专业培养目标引发讨论。高岗突然提出一个新概念：公共传播——为社会培养公共传播人才。我不知道高岗是深思熟虑还是临时突发奇想。这一概念立即得到与会者一致认同。因为这一概念既体现新闻传播学专业特色，又有时代感，很切合社会的人才需要。"公共传播"的内涵很丰富，包括了媒体记者编辑，也包括在企事业单位、行政单位等各行各业从事宣传工作的人员。我非常赞赏这一概念，并且到处鼓吹。为推广这一新概念，我接连召开三次会议。

我在浙江宁波万里学院"全国地方院校新闻传播学专业发展研讨会"，来自全国12个省、市、自治区29家院系负责人与会，现场推广万里学院经验。万里学院新闻传播学院把培养目标定位为"为基层输送新闻宣传人才"，学生培养定位为"高素质应用型人才"，突出动手、实践环节，5年来，毕业生一次签约率达到98%。与会者对此反应热烈，并在今后办学方向、培养目标、调整课程结构达成共识。

在上海财经大学召开全国财经新闻方向的新闻院系研讨会，讨论如何为全国财经媒体、金融机构培养从事财经新闻宣传人才，全国有10家院系参加，似乎是"一家人"在一起，有许多共同话题，讨论会上争先恐后，场面非常热烈。

在上海外国语大学召开国际新闻方向的新闻院系研讨会，有12家院系负责人到会，就国际新闻、外宣人才的培养展开热烈讨论。

10.1.5　组织三届"大广赛"

全国大学生广告艺术大赛是2004年由教育部批准并由教育部高教司主办的"大学生比赛项目"。高教司明文规定，新闻学科教指委主任兼任组织委员会主任。在我担任组委会主任期间，连续举办了3届"大广赛"即2007年"创意我飞扬"、2009年"创意我最牛"、2011年"创意我绽放"。大广赛的规模一届比一届大，参赛内容一届比一届丰富，在广告界、在社会上引发广泛关注。2012年南京举办全球青年奥运会，邀请大广赛组委会去参加竞标，经过精心筹备，大广赛一举中标，获得青奥会标识、吉祥物和场馆的设计权。从表10-1中，可以基本看清大广赛的盛况。

表 10-1　　全国大学生广告艺术大赛前几届参赛情况

	第二届 2007	第三届 2009	第四届 2011	南京青奥会 2012
主题口号	创意我飞扬	创意我更牛	创意我绽放	分享青春 共筑未来
参赛院校	628 所	861 所	868 所	903 所
参赛人次	12 万	18 万	50 万	15 万
全国参赛作品数	31611 组	41086 组	55526 组	25607 组
获奖作品数	356 组	2076 组	2252 组	2298 组
参与企业数	9 家	10 家	11 家	1 家

我名义上是组委会主任，但具体工作并不参与，只是做沟通、协调工作，和高教司沟通、和各部门协调，真正推动大广赛正常、有序运作的是我们教指委委员、大广赛副主任兼秘书长刘瑞武。她曾是《人民日报》广告部主任，后来主动退下来做大广赛，一切繁重的组织工作由她一手承担。后期，中国传媒大学丁俊杰老师参与实际领导工作，大大提升了大广赛的质量。

在担任新闻学科教指委主任委员的 6 年间，最让我刻骨铭心的不仅仅是我们做过多少事，更主要是教指委委员会每次开会相聚的日子，是我们一起做事的过程。每次开全体委员会，会上争先恐后发言、讨论，人人神采飞扬；每次任务一下达，大家都及时反馈，献计献策，毫无保留地贡献自己的智慧。一家有事，大家都群策群力相助，我们的教指委称得上是团结战斗的集体，是具有家庭式氛围的群体。

（撰写本文时，有些有书面记录，有些只是回忆，回忆部分可能时间或细节有误，请批评指正——李良荣）

10.2　百年学院千年树

1988 年 11 月，中国传媒大学广告专业诞生。时至今日，30 年整，广告专业迈入而立之年。从成立之初仅能容纳五六个人的小小教研室，发展成为全国唯一一所以“广告”命名的独立二级学院，这在全世界范围的教育体系中，也实属少见。本文是对广告专业而立之年的献礼，也是对笔者近 30 年来执教广告专业的办学理念的一次梳理。

从1990年年底回国至今，我历任广告专业教研室、广告学系以及后来成立的广告学院的负责人，参与了这个专业建设的整个过程。4年前就在我卸任广告学院院长的时候，有学生记者问我对于学院有何期许，我回答，30年弹指挥间不算什么，我们要做的是百年学院。目睹许多大学分分合合、专业生生死死，何来的底气敢做百年的期许呢？这个时候我想起了围绕学院周边生长的三棵树。我借用三棵树的故事，讲述专业成长的历程和未来。

10.2.1　生命之椿

突如其来的热力管爆裂，椿树一夜间败叶枯枝满地黄，大学和园林局判断，椿树已死，马上准备“后事”：砍树挖坑。就在伐树的前夜，椿树萌发绿芽，死而复生……

在我的博客有上述的一段话。椿树就在学院小广场的顶头，学院与中国广告博物馆的标志旁边。我把它称为“生命之椿”（见图10-1）。

图10-1　“生命之椿”

我常思考，树有生命，那么，学院也具有生命吗？不同的人就有不同的答案。很多人认为，学院是教学与科研的组织机构、为某种目的而进行资源配置与整合的集合体；也有人认为，它是一个具有某种级别的行政符号，与官场运作一脉相承，讲究级别且有“学科”为差异化区隔。这些认识符合当下环境，但是，忽略了一个至关重要的问题，作为一个知识生产的学术共同体，它是具有自身生命的。无视或者忽略专业或学院与生俱来的具备内在的生命力，常常是大学失败的根本原因。

我认为，凡专业出世，就具备自身生命，在知识生产和学术研究当中逐步成长。

这个生命共同体具有三个核心特征：

其一，任何专业都是由小到大，经过生存、发展、创新的阶段，这是生命的过程；

其二，专业都是由弱到强，从最初的引进、模仿，到模仿与创新并举，最终拥有全新的专业体系；

其三，专业是可持续的，持续的结果源于坚持。

1. 生命的定义之一：由小到大

与大多数高校开办广告专业的初衷相类似——为了扩展专业边界，在新闻传播专业下设新专业，作为缓解其专业老化危机的“出口”，广告专业应运而生。在行政命令之下，从无到有诞生容易，生存发展成为大问题。

事实上，在打造专业设计之前，应当明确大学与专业的本质是什么？

工业革命以前的大学，或多或少与宗教王权有着天然的亲缘关系，着力倡导精英教育，其人文系统中闻名于世的哲学、美学、逻辑学等，是为纯粹“象牙塔”的学术装置。工业革命以后，出现了现代意义的大学。现代工业制度使社会分工更加完备，知识成为重要的社会动力，由此产生知识的工业化生产，并产生了与工业化生产分工体系相适应的知识专业分工。专业分工的产生与社会紧密相连，没有知识体系的专业分工将无法持续。由此，真正意义上的专业教育，其核心功能是固化专业地位，精细专业分工，为社会提供新的发展动力和空间。

那么，现代意义的大学究竟是什么？我认为是一座知识工厂。大学作为社会的知识装置，知识的承传和知识的创新是其核心使命。所谓大学的知识装置，它所承传和创新的主要就是专业知识，这是装置的内核。知识的成长，向两个纬度延伸，一是向下，成为社会综合知识的基础，这部分常常体现在中学教育或者社会素质教育领域；二是向上，构成学术的象牙塔，以知识的传承功能为主。

承传与创新作为大学知识工厂的两大核心功能，有着自身的发展轨迹。当一个社会呈现稳定的状态时，承传功能占据重要比重，规范、范式在这一时期成为主流；而当社会急剧变动的时候，知识的更新速度加快，社会对知识创新的要求比起承传就显得更为重要。因此，大学的两个核心功能如同钟摆，随社会需要不断调整变化。时而以承传为主，时而以创新为主，有时两者相互平衡。

只有明确了大学与专业的本质才能有的放矢打造专业设计。事实上，专业如同企业一样，必然经历生存、发展与创新的不同阶段，要面对不同的课题。

在广告学系设计之初，我们就在全力布局生命体成长的生态之路。我们进行了相对完备的师资搭建，初步完善出课程体系，打造基础教学资源设备，以解决生存问题。在平稳度过生存期后，专业发展迎来关键时刻。因为任何专业的发展绝不是规模的简单扩大和成熟课程体系的模仿复制，必须有明确的专业定位。大学是一座知识工厂，承担知识承传和知识创新两大社会功能，对于广告专业而言，它处于专业分工明确、传播产业变化剧烈的社会分工状态，这个时候知识承传就变得相对次要，而知识创新就变得尤为重要。考虑到广告和社会专业的巨大关联性，如何打造匹配学生就业的专业设置？如何实现专业长远发展？我认为，应用性是广告专业的核心生命所在，广告专业要成长成为知识创新的社会装置。明确了定位，另一个至关重要的问题便显现出来，即富有个性和独创生命力的广告专业该用什么引领专业创新发展？答案是科研。长久以来，科研都是广告学院的专业基因，更是助力专业生命由小到大的关键。

进入发展创新阶段的广告专业，以科研为引导，稳定师资，扩大规模，搭建传帮带的科研梯队，陆续上线联动科研实践的实验室等组织机构，迈向运用科研创新引领专业发展的实践探索道路。具体而言，就是运用科研创新引领教学和经营。以科研立身，努力站在专业最前沿，成为专业知识的创新装置。科研课题为教学提供内容和实践机会，与此同时丰富了经营领域并成为新的收入来源；教学满足科研成果转化，提供长足反馈，与科研形成积极互动；经营为科研和教学提供支持。由此，科研、教学与经营三者构成一个完整的关系体系。当传授和训练相对稳定，重心向科研倾斜，知识创新越来越成为带动专业发展的力量源泉。所以科研不是教师的个人喜好，更不是为申报重点专业应审所需的一纸材料，而是真正指导广告专业收获长远专业地位，源源不断产出对社会生产具有重大影响和帮助的知识动力源泉。

2. 生命的定义之二：由弱到强

专业是有生命的，它由小到大，成长变化。广告专业同新闻和传播专业一样，属于在“西学东渐”的历史背景下，由国外引入中国的“舶来品”。因此，在专业初创期，理论体系和操作体系都在不同程度上对外国进行模仿与借鉴。这一阶段是全盘引进国外广告专业发展模式的模仿阶段。时间到了 20 世纪 90 年代后半期，我们逐步进入模仿和创新的过渡阶段，一半模仿国外的专业体系，一半参照本地情况进行修正和局部创新。2000 年以后，尤其是广告学院的成立，标志着我们创造出全新的专业发展体系，形成了适合中国本土专业发展的新型理论与操作模式。时至今日，作为广告教育大国的美国和日本同行也很难想象中国传媒大学广告学院日新月异的发展与创新：课程体系变化之快、将广告博物馆作为知识传输与交换的联动平台、承接中国广告四十年等史诗级课题项目……到了这个阶段，专业才真正由羸弱走向强大。

经过专业大发展，我们成为国内创建广告学硕士、博士培养体系最早，学科建设最完整的高等教育机构，并于 2002 年 9 月成立了中国唯一一所广告学院。如今，广告学院已经成长为国内领先的，科研设备齐全，拥有数只高度专业化的科研团队，产、学、研齐头并进同步发展的大型专业学院。广告学院下设四个系及多个研究机构，师资力量雄厚，培养出一批又一批活跃在广告、传媒领域的精英人才，并在消费者研究、广告史研究、媒介产业研究、广告主研究等诸多领域取得了丰硕成果，对理论界与业界产生了深远影响。

总结专业发展经验，2008 年我撰文《关于学科建设的若干思考》，提出判断应用型学科的三个核心问题：专业设计是不是与产业实践紧密相连？专业位置是不是置身产业发展的前沿？专业研究是不是回应产业的理论需求？对于这三个问题的回答，是评判一个专业的地位与长远发展态势的关键指标。广告学院身体力行，以科研为引领，保持创新发展，助力专业长存。

3. 生命的定义之三：只有持续才有生命

如何让专业永葆生命力？生命的特点在于持续，专业的持续源于坚持。

我们组织开展了中国最早的消费者调查研究。自 1995 年起，成立 IMI 市场信息研究所，连续推出《IMI 消费行为与生活形态年鉴》多卷。从北京、上海、广州三座城市的街头拦截调查，扩展至全国 21 座城市的消费数据库搭建，建立健全的消费者研究体系，这件事我们持续了 24 年。

1996 年，成立 IAI 国际广告研究所。自 2000 年起至今，连续出版《IAI 中国广告作品年鉴》多卷，为中国本土优秀广告作品留下永久的珍藏，这件事我们持续了 21 年。

我们开始了国内最早、最系统的广告主调查研究活动。2002 年创建广告主研究所，每年以生态调研的形式，进行广告主、媒介、广告公司三方的全国范围内调研活动，如今已经进入第 18 个年头。

2001 年 11 月，在无经费、无刊号、无经验的情况下，广告专业师生创办了《媒介》杂志。如今自办发行的《媒介》杂志已经创刊 17 年，行业影响力持续加剧，并于创刊 15 周年的时候在中国广告博物馆策划成果展出。

此外，我们追踪媒介产业的步伐持续了 20 余年的研究；自 2005 年起，设计成立中国广告博物馆，并于 2016 年落成实体馆建设；内容银行理论与实践探索进入第 10 年；系列推出中国广告 20 年、中国广告 30 年的纸质与影像作品，如今中国广告 40 年已经进入项目收尾阶段。

10 年、20 年……形成了广告学院坚持不懈的行事风格，并通过项目累积沉淀出专业知识平台。

10.2.2 独立之榆

在学校广告博物馆实体馆建造的过程中，有棵榆树伫立于馆址中，于是出现了各种意见。意见一：把榆树伐掉，可以节省百万装修费用，还可以多出三百平方米的建筑；意见二：四面围墙中庭有树，实际就是一个“困”字，不吉利，所以，还是要伐树。但我选择保留，在“困”字当中加了一点，寓意赋予生命体独立自主的精神。

独立人格的培养是现代教育的应有之义，是个人生存发展的重要品质，也是专业生命体的个性内核。专业由小变大、由弱变强，必须独立自主。

最近，大学风风火火搞学部制建设，我对这一制度建设持怀疑和反对态度。为何反对？究其根本，学部制危害了一个专业的独立性，制度设计若不合理，将耽误专业发展进程。专业是一个生命体，有其自身的成长路径和独立性，其发展不该受到上层组织系统带来的消极对冲影响。

1. 独立自主一：经济独立才有自主

马克思《资本论》中明确提出，经济基础决定上层建筑。经济独立是一切独立思想与独立行为的源泉。经济独立锻造人格独立，人格独立成就思想独立，思想独立完成学术独立。专业发展，首先考虑经济独立。

如何建立自己的科研体系？不同的大学资源条件是不一样的。在专业建设的过程中，如何寻获足够的可以持续的资源是非常重要的问题。一般的大学，获取资源通常也有两个手法：一是教学，二是科研。由于受到体制上的限制，目前使用教学手段获取资源的空间越来越窄，而且付出与所得严重不对称。最好的获取资源的方法是科研，用专业的知识与社会交易，科研的质量越高，获取的资源越大。

专业开办之初，我们也是通过项目制获取一定的社会资源，不过，那个时候的所谓科研，层次相对不高，基本是与广告业务单位同步走，利用调查、策划、创意等领域的专业优势，获得广告经营单位的资助。新世纪以来，产业规模和业务层次发生了巨大的变化，对于科研的要求也完全不同，需要有行业的领先、体系性的知识创新，单打独斗的大师做法已经失去了舞台。

用优质的科研创新换取优质的学术资源，最具代表性的事例当属广告学院新世纪以来所进行的“家庭信息平台系列研究”项目。随产业化和集团化的研究，广告学院的媒介研究团队新世纪以来重点关注广电的数字化进程。2005年在“信息平台研究”取得突破，研究团队分两个领域继续深入。其一，学术研究继续进行“家庭信息平台”“个人信息平台”以及“社区信息平台”的研究，学理归纳聚焦于“信息平台论”。其二，在产业实践方面，研究团队与杭州华数合作。2007年组建了中国有线数字电视数据信息中心（CCData），以海量数据为基础，对数字电视平台相关数据进行实时监测，研发和掌握了全球最新的海量数据信息处理技术。

用优质的科研获取优质的资源，再用优质的资源扩大深入优质的科研，可实现良性循环。

2. 独立自主二：行动独立才有自由

2014年9月20日，中国广告博物馆开馆暨新馆落成。从概念到实体馆，经历了近10年。

2005 年 11 月，中国广告博物馆发起人大会召开，标志着广告博物馆筹备工作正式启动。中国广告博物馆的诞生过程，一波三折。没钱，自己筹；没人，自己学；没有空间，自己找。十年的坎坷、十年的摸索，从梆子村的“中南海农民”到高碑店 718 厂区的“海鲜市场改造”，再到南磨房乡广告产业园区地库“3000 平方米共建”的“社会合作”磨合，终于理解国际歌所唱，“要创造人类幸福全靠我们自己”。经过重重困难，最终在 2013 年申报广告博物馆的计划获得成功，中国广告博物馆自此拥有了实体馆址。虽然场地是一间 700 平方米的阶梯教室，小而破旧，但我们创造性地运用钢架结构设计将场馆扩充至 2400 平方米，并用高高的玻璃幕墙作为媒介工具，一座“水晶宫”就这样拔地而起。一楼有回廊、学术报告厅，二楼为展厅，三楼有阳光厅、天光展室，还有象征独立自主的老榆树伫立于中庭，寓意基业长青……终于在发起人会议召开至第十届的 2014 年，实体馆落成。

不同于传统意义上的博物馆，中国广告博物馆是一座互联网思维的博物馆。它集教、学、产、研、用为一体，成为一个良性广告生态体系，更是广告学院的循环型知识平台。目前，已经通过形式多样的大型活动展出，收获了极高的社会关注度，广告博物馆中重要科研项目陆续启动，丰富博物馆的循环知识平台打造。

中国广告博物馆从概念到落成，是白纸描图、平地起高楼的创造性过程，成为广告学院行动独立的丰碑。只有独立行动，才能获取自由。

3. 独立自主三：思想独立才能敢想敢干敢说

“内容银行”理论与实践，是广告学院独立思想的最重要代表。

什么是内容银行？2008 年，我借鉴银行、证券交易所等金融行业的经验，首次提出内容银行的概念。所谓“内容银行”是在媒体融合背景下，基于海量内容所建立起来的开放式的内容交易的系统平台。通过建立统一的交易标准，搭建内容存储、支取、增值的机制与平台，加速内容交易、流通、自主增值，实现内容安全与高效管理，推动内容产业升级。这一概念是为回应内容产业发展过程中出现的困惑：如何进行内容管理、评估内容价值、打造内容交易体系的探索。内容银行从概念提出到完成理论搭建，再到实验平台建设，历经了 10 年的时间。

内容银行的提出充满挑战。既要有深厚的人文背景又要有坚实的金融知识，与计算机技术大数据处理技术密切相关。内容银行的概念一经提出，迅速受到了业界的热烈欢迎，研究团队马上投身于产业实践：边开发边研究边实践。2013 年《内容银行——数字内容产业的核心》著作出版，对内容银行理论进行了系统探讨。此后，《媒介》杂志通过两期内容银行专题，与业界交流理论研究进展。这项研究持续深耕，我们团队发表了多篇学术论文，并承担多项国家科技支撑计划课题，进一步夯实了理论基础，延展了研究厚度，且于2015年设立中国传媒大学内容银行重点实验室。在实践领域，2012年广州广电集团率先在新台址的“国际媒体港”导入内容银行概念，随后，上海、陕西、天津等地成立诸如“版权银行”“文化银行”等机构。2017年腾讯在广州宣布，导入自媒体的内容银行。2018年，中国首家内容交易服务平台——圆融内容交易服务中心上线运营，宣告内容银行从内容评估进入内容交易领域。

思想独立，才能保持敏锐的思考力，时时站在产业最前沿，接受产业的挑战。

10.2.3　共创之槐

四个不同派别的“风水师”达成共识，学院门前的槐树是一棵“神树”，它能产生和谐共振。我把它改为“和谐共创树”(见图10-2)，寓意作为“和谐共创”的生命体，需要平台功能与合作文化。

图10-2　“和谐共创树”

知识如同山峰一样，是需要不断向上攀登的独立知识体系。广告学院的平台机制力求打造无限、循环、永续的知识平台。以人为本，流通互联，和谐共创。这是百年学院的目标。

1. 共创和谐一：必须建立平台机制

前两年，学界吵吵嚷嚷喊出打造“一流大学”的口号，实际上，社会真正关心的是，什么是一流知识？一流知识是无限、循环、永续的，是一个知识的平台。大学者，不是“大楼”之大学，也不是“大师”之大学，应该是承传与创新融合的现代知识装置，是通过教育与科研形成的一个无限生产、无限传输、无限展示的知识体系。大学的核心功能就是营造知识平台，实现平台专业知识的无限、循环、永续发展。

在专业由小到大、由弱到强的成长过程中，科研平台与科研梯队的搭建至关重要。广告学院发展至今，已经形成了IMI市场信息研究所、IAI国际广告研究所、媒介研究所、广告主研究所、首都传媒研究基地、中国广告博物馆等十余研究机构，“内容银行”“新媒体数据分析与应用”“公关关系效果”等十余个实验室，“市场与消费者”“作品与品牌”“媒介研究”“企业与广告生态”“历史与博物馆”等七大研究群，引领科研与专业发展。

2. 共创和谐二：必须营造合作文化

对于以科研为依托的广告专业而言，课题的立项至关重要。项目必须有其自身的课题独立性，有组织计划和项目实施，最终实现成果转化。独立的课题立项，要从学术性、经营性、持续性等方面选择适合的科研课题，必须有项目小组作为组织体系去完成，这个组织体系是一个平台，不是个人；项目实施的过程需团队作业，共同完成项目实现成果转化，成果形式可以是数据库、专项报告、书籍或者教材。因此，科研的动力源泉就是项目小组，与此同时，在科研作业的过程中完成人的训练和培养。

项目小组间各自独立，有不同的研究课题，采用不同的研究方法，甚至小组带头人的带人思路也不尽相同；但遇到重大项目课题，应彼此通力合作，互相配合，学习借鉴。

2016 年年底，全院启动“中国广告四十年”专题项目研究。专题涵盖“中国品牌四十年”“中国媒介四十年”“中国广告公司四十年”以及“中国消费者四十年”四大板块。由四个专题项目组承担不同板块内容。项目小组每周一次分享项目进展，交流研究经验，相互批评指正。目前，“中国广告四十年”的四个专题项目组已经完成资料文献的搜集整理工作，进入视频拍摄和成书收尾的阶段，并着手开展围绕中国广告四十年的策展活动。营造合作文化才能和谐共生，凝聚合力，打造出卓越的平台机制。

成员之间有合作，项目之间有传承。广告学院一直致力于中国广告历史的梳理与积累。在几件重大广告历史课题中，锻炼出项目小组间团结一致的合作关系。在中国广告发展历程的每一个标志性历史节点上，我们都通过项目成果的形式在社会上推出一系列重磅广告力作：拍摄了《中国广告二十年》《中国广告三十年》大型文献纪录片，同期纪念中国广告二十年与中国广告三十年，出版《中国广告猛进史 1979—2003》《中国广告图史》等具有扎实研究基础的图书作品。广告专业的科研实力在一次次重大项目实践中锻造而成。

无论是消费者的研究、广告作品的梳理、媒介产业的研究、广告主的研究，还是“中国广告四十年”研究，我们希望通过多样的研究活动，形成专业知识的崇山峻岭，用平台将其内化，实现知识在平台上的交流、循环、共生，最终打造出广告专业的喜马拉雅山。

10.2.4　结语：学院百年　广告千秋

十年树木，百年树人。

对于一个学术生命体而言，专业的发展具有特别的难度。它要经历从小到大，由弱至强的发展阶段，每一步走不好，都将沦为平庸；要尝试独立思考与行动，自给自足提供经济养料；要创造崭新的生存体系，探索最艰苦的学术研究道路，其间还要承受种种质疑……但心向伟大，不惧艰辛。

在日新月异的复杂传播环境中，面对专业化的市场和人才培养需求，广告学院将明确自身知识创新装置的社会功能，肩负承传与创新的社会使命，不懈努力，为社会培养更多拥有独立思想的专业人才。过去的成绩早已成为历史，广告学院永葆生命力的秘诀，就是生生不息、埋头苦干的实干精神，敢想敢说敢干的文化烙印使我们更加懂得坚持的意义。每努力一步，距离百年学院的美好愿景就更近一步。

（黄升民）

10.3　在中国广告教育的荒原上开拓

在网络上有许多关于我的溢美之词，如“中国广告教育第一人”“中国广告界泰斗”等。但真正让我心安的评价是“参与我国第一个广告学专业的建立”，并把广告教育作为终生事业，一辈子从未离开过这个行业。2018年是中国改革开放40周年，2019年是中国广告业恢复发展40周年(见图10-3)。

图10-3　陈培爱教授

40年筚路蓝缕，40年风雨兼程。改革开放成就了中国广告发生的巨大变化和丰硕成果，中国广告从一个侧面充分展现了改革开放的伟大意义。在40年的伟大变革中，广告的功能从单一商业价值到多元的社会价值，是巨大的变迁和价值的升华。由于广告兼具经济和文化的双重属性，广告业的发展水平已经成为衡量一个国家或地区市场经济发展程度、科技进步水平、综合经济实力和社会文化质量的重要标志。中国的广告教育诞生在这片希望的土地上，注定有她旺盛的生命力。

10.3.1　广告是厦门大学开创性专业

近年来，我在中国广告业重要的行业协会里，获得几项重要奖项，如 2016 年 11 月入选中国商务广告协会主办的“第二届中国广告名人堂 ”；2017 年 9 月入选《广告人》杂志社主办的 ADMEN 国际大奖“功勋人物”；2017 年 11 月在中国广告协会学术委员会成立 30 周年大会上，荣获“中国广告学术发展终身贡献人物”；2019 年 1 月中国广告发展 40 年纪念大会在北京国家会议中心召开，荣获中国广告协会颁发的中国广告 40 年 “广告学人代表人物”；2019 年 4 月荣获由《中国广告》杂志社主办的“2019 改革开放与广告业恢复 40 年卓越媒体、广告与品牌奖”十大杰出贡献人物奖。在这些奖项的背后，凝聚着厦门大学广告人艰辛的奋斗历程。

我们应该清楚地记住这个具有历史意义的一天。1983 年 6 月 30 日，我国第一个广告学专业在厦门大学新闻传播系创办，其意义不言而喻，它使我国广告专业人才培养和广告理论研究开始走上规范和科学的发展轨道。当时的《文汇报》曾有过报道，说：“厦门大学新闻传播系开设的广告学专业，是我国高等院校中首创的新专业。”

我在厦门大学中文系毕业后留校任教，当时的研究方向是现代文学。新闻传播系创办时，由于工作需要，组织上把我从中文系调到筹建中的新闻传播系，并交给我负责广告学专业的新任务。应该说自“受命之日”起，就“寝不安席，食不甘味”。当时自己 30 出头，还处于懵懂状态，其实并不是很主动地去接受这个工作，只是为了完成组织交给的任务。现在想来当时还真有点糊涂，书生意气，但这条路总算走过来了。

广告学专业不仅是厦大自己原创的本科专业，而且也是全国高校中首创的新专业。它无论在厦大还是在全国都具有开创性意义。

在这里可以透露一个小秘密，至 2019 年，厦门大学自建校以来共有 100 个左右本科专业，但真正属于本校自己原创的专业只有三个，一是 1983 年创办的厦门大学广告学专业；二是潘懋元教授领衔的中国高等教育学，他在 50 年代就倡议建立高等教育学新学科，1984 年国务院学位委员会将高等教育学正式列为独立的二级学科；三是林惠祥教授创立的人类学专业，经批准，1984 年厦门大学在人类博物馆的基础上，设立人类学系和人类学研究所，并增设当时唯一的人类学专业。在这里，足见广告学专业在校内外的地位。

有人问起当时为何要建立广告学专业？至今回忆起来，很多细节仍历历在目。实际上，厦门大学的广告学专业从 1982 年便开始筹办，除了校内老师的共同促进，还有外因的推动：传播学大师施拉姆的学生余也鲁教授，把新颖的西方传播学理论引入香港中文大学后，生发了将其从弹丸之地传播到更广阔土壤的愿望。几经选择，最终落定厦门。作为传播学中非常重要的组成部分，广告学跟新闻学、广播电视学和编辑出版学同属一个范畴。厦门大学广告学专业的创立，极大填补了传播学理论在研究过程中的完整性。起初，在选择中国内地的广告学第一土壤时，学者们把目光更多地投向了北京和上海这样市场广阔、媒体丰富且影响力更大的城市，这些优势厦门并不具备。然而，1981年，中国宣布了建立四大经济特区，彼时深圳只是个小渔村，珠海和汕头一片荒芜，只有厦门经济尚好，且拥有四大特区中唯一的重点大学——厦门大学，重任从此加之于肩。果然，这些超前的理论和概念与1922年便成立了新闻学科的厦门大学很快交融。于是，在改革开放的浪尖上，新闻传播专业得以在厦大重新复苏，走向兴盛。

另一个动因，要归于改革开放的大潮。1978年中国改革开放兴起，1979年广告业开始恢复。可以明显感受到市场上商品竞争的力度加剧，很多企业开始推广自己的产品，计划经济的运行模式日渐式微。产品在不断扩大销量的过程中，不断涌现的竞争使其进一步想要树立自身品牌，广告传播便成为企业塑造品牌的一种手段。在这一点上，中国和西方是类似的。

顺势而为，高层次广告人才培养自然而然提到了议事日程上来。

10.3.2　打造广告教育品牌

《中国广告》杂志曾这样评论厦大广告学专业："第一个吃螃蟹的人，当然从未吃过螃蟹，也不知蟹味，但什么都不能阻止他们去做这件事。"对我和我的团队来说，创建属于中国自己的广告学专业和思想体系，可谓白手起家，从零起步，点点滴滴都始于一砖一瓦的构想。自此，我们开始用心专心打造中国高等教育的第一个广告学专业。

开办初期遇到了很多困难。当时没有广告专业教师、没有课程设置模式、没有专业教材，除了一番热情，其他一片空白，而且第二年就开始招收本科生。广告学教育面临巨大的压力，作为教研室主任的我压力更大。那应该是最为困难的时候，我们只好"一路摸索着走过来"。当时广告教研室连我只有两个教师，而那位新教师刚分配进来就外出进修，我确实感到担子很重。在广告教育模式确立以后，厦门大学广告教育并不是马上就顺风顺水地展开，开办初期连上课的教材都没有。为了能够摸索出一套适合中国式广告教育的课程，我开始了"南征北讨"的调研过程。当时马不停蹄跑遍了国内的大型图书馆——从北京到上海，从福州到广州再到杭州……本就是无米之炊，外加内地的资料少之又少，一圈跑下来，有时稍有收获，便激动不已，并遍访当时已小有知名度的广告界人士及有关广告单位，由此获取大量第一手资料。又从港台地区引进了一些与广告相关的资料。就这样，边上课边梳理出符合中国实际的教案，在一无师资、二无课程模式、三无教材的情境下“白纸作画，开疆拓土”。到 20 世纪 90 年代初，厦门大学广告学专业推出了中国第一套广告学教材——《21 世纪广告丛书》，为中国广告教育的大发展奠定了扎实基础，储备了充足条件。

1992 年，邓小平发表南方谈话，成为影响历史进程的重要节点，对广告也不例外。我认为，“谈话”进一步促进了中国的改革开放，中国经济呈现蓬勃之势，市场规律愈发成熟，品牌竞争也愈发激烈。品牌开始显现出巨大的威力，而广告也得到越来越广泛的应用。适逢中国高校内部的体制改革，作为一门交叉学科，广告在社会实践和应用中愈发频繁，广告学得到了更多的关注。

如果按时间划分，中国的广告教育大致历经四个阶段：1983—1992 年，广告学在中国生存立足阶段，筹备最基本的教学资源、教学模式和人才培养；1993—2005 年，邓小平发表南方谈话后，中国市场经济日趋成熟，中国广告教育蓬勃发展，设立广告学专业的高校从一两所到上百所，先发展、再规范，实现了速度和数量扩大的广告学教育体系；2006—2011 年，中国加入 WTO，进入世界经济框架中，高校更加注重广告教育的质而非量，从量到质的提升体现了一种规律；2012 年之后，中国广告业更加重视技术的引入，广告教育在中国历经从站稳脚跟到批次发展、逐步提升，再到融入国家战略的漫漫路途。

厦门大学之后，1989 年中国传媒大学也设立广告学专业，而大规模的广告学专业构建则是在 1992 年、1993 年之后完成的。彼时，武汉大学、华中科技大学等很多高校开设了广告学专业，其中不少前往厦门大学“取经”，我们亦毫无保留地分享了自己投石问路的经验。我们还为一些刚刚开设广告学专业的高校提供无偿的师资力量培训和思维滋养。随着广告专业学生数量剧增，广告教育逐渐进入蓬勃发展的繁盛期。

10. 3. 3 打造坚实的学术殿堂

为了得到学术上的更快提高，1986 年 9 月至 1987 年 1 月，我来到香港中文大学进修传播学、广告学、公共关系学。从 1984 年到 1987 年，融合港台有限的广告书籍及自己对广告的初步认识，终于捧出了粗浅的《广告原理与方法》这本影响多代广告人的具有中国特色的广告学教材，让厦门大学有了第一本自己的教材，稍解了燃眉之急。

首先从解决教材入手，培养一支高水平的教师队伍。随着厦门大学广告学专业实现了中国境内广告教育零的突破后，20 世纪 90 年代全国各高校的广告教育发展如雨后春笋，但是缺乏统一而权威的广告学专业教材。有鉴于此，我们在有了第一本自己的教材之后，我又带头主编了《21 世纪广告丛书》，一共 10 本，包括《广告原理与方法》《如何成为杰出的广告文案撰稿人》《广告策划与策划书撰写》《印刷广告艺术》《广告调研技巧》《广告攻心术》《企业CI战略》《商标广告策略》《广告经营管理术》《公关关系的基本原理与实务》。该丛书比较完整地涵盖了广告的各个领域，充分地指导了广告实践。这是我国学者出版的第一套广告学系列教材，为培养适应中国市场的广告人才作出了贡献。这套丛书由厦门大学出版社推出，成为国内目前为数极少的有影响的广告学丛书之一，并成为厦门大学出版社的畅销书，其中多数著作已再版发行，为厦门大学广告学专业树立在全国的学科地位奠定了基础。

厦门大学广告学专业通过不懈的努力，在全国同类学科中脱颖而出。1997年，中国广告协会学术委员会组成专门课题组，对全国广告教育单位进行历时一年多的调查，其结果显示，厦门大学广告学专业在广告业界和广告教育界的知名度和美誉度，均名列所有同类院校前茅。1998年，新闻传播系广告学教研室集体获得了厦门大学最高奖“南强奖”一等奖。2003年，我协助教育部主编国家“十五”规划广告学系列教材15本。此后几年，厦门大学广告著作已从厦大出版社走向全国各出版单位，分别在中国对外经济贸易出版社、中国经济出版社、中国商业出版社、中国物价出版社、中国财政经济出版社、中央广播电视出版社、北京大学出版社、复旦大学出版社、高等教育出版社等处出版。此外，在上海东方出版中心我们也出版了一套广告学丛书。

厦门大学团队1983年开创了“广告学人才培养模式”，30多年来沿着“量的发展—质的提升—国际接轨”的路子发展，对我国近百所高校的广告教育产生了巨大的影响及借鉴作用，由我牵头的此项成果于2005年10月获得“福建省本科教学优秀成果一等奖”及国家级奖项“国家本科教学优秀成果二等奖”。我个人的广告学概论、广告策划两门课程获得福建省精品课程奖，广告理论研究课程获得省优质硕士课程奖；学院在当年获得以广告学科为主导的“传播学博士点”。2006年，我申报的“广告传播研究”课题获得国家社科基金课题；个人获得福建省第二届教学名师奖。2013年，我又申报成功国家社科重点课题“中国广告教育三十年研究：1983—2013”，加上1994年我获得的广告学科第一个国家社科基金课题“我国电视广告社会效益及其改进对策研究”，以及2010年获得的“中国近代广告史研究（1840—1949）”等，我总共获得包括重点课题在内的四项国家级课题。我认为，社会的认可也是衡量成功的重要标志。

厦门大学作为当时中国高校中首创的广告业专业，在30多年的发展历程中为中国的广告教育，为中国广告理论的提升以及中国广告业发展作出了突出贡献。30多年来，厦门大学广告学专业以《21世纪广告丛书》为核心，建立了一套较完整的人才培养模式，受到了教育部的认可，向广告界输送了一大批栋梁之才，为起飞中的中国广告业添砖加瓦。在广告理论方面，提出了以传播学的理论来贯穿广告的整体思路，不仅开创了新的课程模式，也开创了基于传播学研究广告理论的先河。

10.3.4　用大爱浇灌莘莘学子

学校的产品是学生，对学生的评价有学校与社会两种标准。我认为不能完全桎梏于学校教育学生的标准，而要站在社会、广告业界的高度来培养广告人。以科学的发展观开展广告教育，使广告教育与广告业界协调地发展，与社会协调地发展。以学生的整体素质提升为主要培养目标，以专业特色与优势为重点，培养广告业界需要的人才。

为了做到广告的理论与应用这两个教育领域、两项教育功能的彻底深入，培养出真正合格、符合市场需求的人才，再通过这一批批理论功底与实践应用都极为扎实的人才来壮大广告教育的主体，真正实现良性、快速的增长，厦门大学打破传统的广告专业教育模式(广告教育应该由广告院校来完成)，建立起全新的大广告教育观念。所谓“大广告教育理论”，就是充分利用社会资源，实现广告教育的合理分工——由高等院校侧重于理论研究教育，由广告公司与企业完成应用与实践教育——融合理论与应用教育，为中国培养合格的广告人才。我认为广告作为应用型学科，广告教育不仅是高等院校也是专业广告公司和企业的责任。专业广告公司及企业与高等院校一样，也肩负广告教育的责任。

2001 年，我们倡议主办了一个中国广告学院奖，面向全国各地高校学生征集作品，为广告专业学生社会实践提供平台。几年下来，大赛越来越热闹，参赛作品越来越多，影响越来越大，成为全国高校广告学学生的“奥斯卡”，无形中也让厦门大学成为中国广告教育活动的中心。后来中国广告协会要求主办这项大赛，当时我认为这是一件好事，可以把大赛推向一个高度。这件事虽然有些老师心疼了很久，可我看得很明白，我们心中装的应是全国的广告学教育!

近 40 年来，我们培育出一批又一批的学生，一年复一年，一届复一届。不知不觉间，学生几乎遍布中国的每一个角落，可谓桃李满天下！许多知名企业的品牌负责人、著名媒体广告负责人、著名广告公司咨询公司的领军人物都是我们的学生！近年来，毕业的博士生有不少人已成为教授或博士生导师。

学生在社会上的表现，是任何一个高校水平的体现。从这些学生身上，我从来坚信厦大广告学专业虽然起源于原创，但秉承厦大教育理念，学生的培养是扎实的，有雄厚的发展后劲。我们用大爱，用赞许与鼓励，用默默的行动不断地推动学生们，成就了中国广告教育事业的一片天！

10.3.5　四十年广告教育的思考

1. 教育的本质

教育部1998年12月24日制定的《面向21世纪教育振兴行动计划》中指出，高等教育要“瞄准国家创新体系的目标，培养造就一批高水平的具有创新能力的人才”。广告学是研究广告事业发展及其规律的科学，是一门应用性很强且不断创新的学科，是高等教育中有发展前景的应用型学科之一。广告教育应突出开拓创新精神，教给学生获取知识的能力与方法。2001年由厦门大学新闻传播系首创的“首届中国广告协会学院奖”的成功举办，令人强烈地感到青年学生广告创新意识有明显的提高。广告教育要把学生的能力培养放到主导地位，使培养的学生由知识型转变为能力型。

2. 领导的责任

我在1997年正式走上新闻传播系的领导岗位，1999年担任人文学院副院长，兼任新闻传播系系主任。当时人文学院有中文、历史、哲学、社会学及新闻传播5个系，我除了院里分管的工作外，主要负责新闻传播系的全盘工作，一直到2008年从行政领导岗位上退下来，前后在位有11年时间。在高校双肩挑的干部，任务是比较重的。但是，我的大部分论文与著作，都是这期间完成的。要问我如何有效地处理工作与生活的关系，我的体会是：一是不为权力所累，二是要求别人做的自己先做到，三是科学处理工作与生活的关系。

3. 高校的发展

高校要发展，我认为离不开三个意识：第一，树立竞争意识。提到高校办学要有竞争只有引入竞争机制，高校办学才有源源不断的动力。

第二，树立差异意识。1983年我们创办新闻传播系时，确定了三个专业：即新闻学、广播电视学和广告学。当时“新闻学”的老大哥是中国人民大学和复旦大学，广播电视学的领头羊是北京广播学院，我们就避开了“红海”，而选择了广告学这片独有的“蓝海”，把主要精力投入广告学专业，从而在竞争中脱颖而出。

第三，树立品牌意识。创办专业容易，但要办出口碑，形成品牌效应很难。我们下决心把广告学专业办成品牌专业，以此带动其他两个专业的发展。2005年，我们成功申报传播学博士点，主要是依靠广告学专业的学科影响。

（陈培爱）

10.4　两岸新闻传播教育界的早期交流——1996 年大陆新闻学教授代表团访台花絮

眼下两岸新闻传播教育和新闻传播业界的交往已成常态，无论是在理论研究的层面还是在实践操作和学生教育的层面都有了形式多样的礼尚往来。两岸的新闻传播教育界和新闻传播实业界都能够从对方的研究和经验中得到有益的启示，交往日益加深。但是在 20 多年前，在两岸关系极为不正常的情况下，两岸学界的交流在艰难的环境中静悄悄地展开了。

从时间上讲，台湾学者先于大陆学者开始了两岸的交流，从 20 世纪 80 年代初期他们就通过香港作为中转平台开始了与大陆学者的交往。但大陆学者直接进入台湾则是进入 90 年代后的事情。大陆新闻传播教育界的学者第一次进入台湾的交流应该是 1995 年开始的，由何梓华、裴显生、刘树田等教授组成的大陆新闻学教授代表团完成了大陆新闻学者访台的“破冰之旅”。本人则于 1996 年 9 月间参加了第二批大陆新闻学教授代表团访问台湾。本文记述的就是这次访台之旅。

10.4.1　此行的由来

我们这次台湾之行缘于 1994 年在兰州的一次会议。当时在戴元光教授担任主任的兰州大学西北文化研究中心发起组织下举行了一次两岸学者参加的“丝绸之路文化研讨会”，会议邀请了台湾政治大学的施哲雄、邱坤玄、吴荣镇三位教授和几位研究生参加。在兰州两天的研讨结束后，安排与会人员参加了丝绸之路文化的现场考察。在历时五天的活动中沿丝绸之路先后考察了武威、张掖、酒泉、嘉峪关、安西、敦煌、西宁(塔尔寺)和青海湖等地。两岸学者和师生互相熟识、倾心交流，建立了深厚的友谊。分别时，台湾的教授们提出两年后在台湾再次相聚，得到了大家的热烈响应。于是就有了 1996 年的台湾之行。

此次访台，来自全国各地的学者先在北京集中，于 1996 年 9 月 10 日教师节那天由首都机场出发开始，到 9 月 21 日集体返回广州白云机场团队解散，历时 12 天。参加的学者有：复旦大学丁淦林(团长)，中国人民大学童兵、倪宁、刘凤泰(时任教育部高教司文科处处长，因政策方面的原因，他是以中国人民大学教授的身份赴台的)，北京广播学院曹璐、雷跃捷，武汉大学吴高福，西北大学葛岩，杭州大学黄旦，兰州大学戴元光、段京肃 12 人。所有人都是第一次访问台湾，所以充满了新鲜和好奇，除了计划中的学术交流外，也是近距离观察、感受台湾社会的过程。我要记述的便是此次访问过程中的一些花絮性事件。

10.4.2　途经香港

那时大陆和台湾之间还没有实现“三通”，必须先到香港再转飞台湾，于是此次的访台之旅便从认识香港开始。其实我们中的多数人也是第一次到香港，同样充满了新鲜与好奇。此时离香港回归还有一年时间，算是见识了殖民统治下的社会。说实在的，第一次到香港，我的感觉很不好。下机入关，大陆人需经过“人民入境处”办理手续，觉得怪怪的，难道其他那些人不是“人民”？第一次接触香港的公务人员，并没有见到影视片中那些彬彬有礼的漂亮小姐，服务态度及办事效率与内地并无差别。办完香港的入关手续后，还要到台湾设在香港的“中华旅行社”办理入台的签证手续，领取相关旅行证件。

走在香港的街头，感觉是个高楼大厦的世界，空间极小，令人感到压抑。车多路窄，但管理有序，车速很快，很少堵车。车辆行人各自按章行走。入住酒店，两人间加一床住三个人，每晚 700 港币，感觉真贵。大家分头在街上闲逛，顺便找饭吃。发现所有的东西价格明显高于内地，以我们当时的收入是难以承受的。格外关注的是香港的媒体，因为是第一次置身于资本主义制度下的媒体环境中，买报纸杂志，逛书店，各种信息令人目不暇接。遗憾的是宾馆里的电视看不到普通话的频道，除了粤语频道便是英语、日语等频道，只是打开看看热闹。那时还不是人人有手机，想给家里打电话报平安，可是看看宾馆的国际长途收费标准是以 6 秒钟为单位计费，基价 40 港币，市内电话的起价也要 4.5 港币，便打消了念头。

令人感慨的是宾馆对面不远处的启德机场，几乎每分钟就有一个架次的起落，繁忙程度不言而喻。我和倪宁教授坐在窗前一直欣赏到后半夜，一直在感叹香港的发达。没有料到的是仅仅十年后，内地的许多机场也变成了那样。无论是在银行兑换货币还是在商店购物，服务人员很少有人讲普通话，通行的只是英语和粤语。众多细节留给人的都是殖民的色彩，初次到香港留下的印象便是如此。

10.4.3　初识台湾

对台湾的认识是从登上班机开始的。刚刚感受过香港气息的我们一登上台湾的飞机马上有了不同的感觉，使用英语欢迎乘客的空姐一听我们说话的口音，马上换以标准的普通话与我们对话，让我们感到似乎回到了家。毕竟两岸一家，语言拉近了彼此的距离，感觉理直气壮多了，全不像在香港时随时要保持对外抗拒之心理。飞机上各种读物极多，信息应接不暇。空姐的服务周到有礼，早餐非常丰盛。

东道主台湾政治大学东亚研究所施哲雄所长竟然在机舱口和廊桥连接处迎接我们，原来在东亚所攻读在职博士研究生的一位先生在机场供职，所以施所长便得以近水楼台了。也是因为这一关系，我们一行人的入关手续办理极为便捷，远没有在香港进出时的繁琐。乘坐大巴进城，感觉沿途风光很美。路边的屋顶上矗立着许多亮闪闪的不锈钢圆桶，不知为何物，经询问方得知是太阳能热水器，东道主顺便介绍了台湾缺少资源，所以非常重视对天然能源的利用和能源节约。接待工作全部由东亚所的研究生负责，在车上便发放了每个人的住房钥匙和会议材料，还专门为大陆新闻教授代表团设计印制了精美的欢迎卡，这些细致入微的小节都令我们觉得贴心，想到了那句话“细节决定成败”。

台湾政治大学校园很美，建筑各具特色。可能是因为地皮较小，校园显得拥挤。全体人员均入住大学行政楼八楼的客房，每人一套房间，宽畅而整洁，设备齐全。我们这些小字辈还是第一次享受如此待遇，有点受宠若惊的感觉。稍事休息后，全体出席校长主持的欢迎宴会，其风格同大陆熟悉的宴会并无差别。餐厅装饰风格同大陆完全一样，菜盘很大，口味很好。东亚所邱坤玄教授(兼任台湾政治大学对外交流处处长)、施哲雄所长夫妇、台湾政治大学社科院院长(此次交流活动的台方团长)、俄罗斯研究所赵教授等台方学者出席作陪。席间宾主频频举杯，相谈甚欢。席间每人发了可以拨打国际长途的电话卡一张、雨伞一把——又是细节。

10.4.4　访问台湾媒体

此次交流的重要内容之一是参观访问台湾媒体。所以到达当天午餐后便赶往第一站台湾的“中国广播公司”。公司的陈副总裁和几位部主任先后为大家介绍了公司的运行情况和公司的主要节目构成，我们仔细地考察了几处播音现场，并随意地同正在制作节目的工作人员进行了交流。重点了解的是台湾开放报禁后的广播发展情况。

离开“中国广播公司”后接着访问的是著名的“联合报系”，同发行人王小姐进行了正式的会谈。

9 月 13 日下午研讨会间，老朋友中时晚报社社长林圣芬先生来看望大家，并邀请大陆全体代表访问中时报系。当天晚间我们便到了中时报社。报社的规模同联合报社差不多，下辖《“中国时报”》《工商时报》《中时晚报》三家报纸和《中时周报》等三家杂志。编采过程已经全部电脑化，300 多人的工作大平台我是第一次见到，令人大开眼界。报社大陆新闻中心的剪报资料极为丰富，分类细致，使用方便。在政经室我第一次看到了电话调查系统，有 20 多位工作人员使用电话从事社会调查，问卷随时回收并统计，当晚便提供给记者编辑使用，第二天的报纸上就有了数据新闻，我自己心里感叹不已，也成为后来我推动在两所大学设立电话调查系统的最初起因。

9月14日中午，曹璐教授的朋友、台湾警察广播电台总台长请大陆全体教授参观。又是第一次到了非常特殊的专业媒体。台湾警察广播电台是一家公益媒体，以民众服务为第一要务，不经营广告，虽然经费紧张但台里同仁工作都非常努力，很受民众的欢迎和支持。全岛各地的交通、治安情况，包括失物寻找和招领等信息都可以随时同电台联系，两位热线电话员忙得不亦乐乎。总台有三套节目，下辖七家电台，辐射全岛。台里的设备和资料等也都十分先进，能够随时为听众提供各种所需的服务。

虽然对几家媒体的参访都是走马观花，但毕竟有了一些感性认识，这对我们参与会议的讨论都发挥了积极作用。

10.4.5　"陆委会"副主任宴请

到达台湾的第二天，发生了一件计划外的事情。施所长通知我们，台湾当局"陆委会"副主任高孔廉先生有意宴请大陆教授，希望大家务必光临。这是事先双方商定的议程中没有的，因为我们是以民间交流的宗旨访台，没有与官方接触的授权和安排，这令我们大家感到意外和不知所措。团长和团内的几位有领导身份的教授紧急磋商后请示了上级，最后得到的指示是：可以吃饭，但不要谈话。并同施所长方面沟通，宴会期间不谈涉及公务的话题，很快得到他们的同意。当晚我们到了四星级的"未来大酒店"，高副主任在宴会厅门口迎接，"陆委会"鲍秘书、陈小姐作陪。大家的脸上都充满了笑容，有点夸张地大谈两岸风情、生活习惯以及一些逸闻趣事，双方都小心翼翼地恪守着"不谈公务"的约定。

其实在出发之前的预备会上，关于到台以后的注意事项有关方面是有交代的，比如在台期间所拍的照片上不得出现"青天白日旗"等，我们还是严格遵守的。

10.4.6　访问文化大学

9月12日主人安排的是文化之旅，项目紧凑，时间匆匆。早上七点下楼乘车前往阳明山公园。在车上用早点，感到既意外又新鲜。在大陆那时候断然不会请客人在汽车上吃饭的，显得很不隆重，当然今天我们也习以为常了。阳明山是台北的制高点之一，也是台北最大的高山公园。让我们感到新奇的是偌大的公园却不收门票，任游人随意进出。园内环境幽静，满山绿油油树木花草衬托着蓝天白云，十分漂亮。园内各种服务设施齐全，几乎看不到服务管理人员，但一切都井井有条。此公园最有名的是山顶的硫黄喷气孔，接近山顶时远远就看见蒸气冲天，近看从一个个岩石小孔中喷出带有浓烈硫黄味的高温蒸汽。据介绍地下的水温高达 98°。据说用这种蒸汽熏蒸有利身体健康并可医治一些疾病，但时间匆匆，我们谁也没有机会尝试。

上午 10 点赶到离阳明山不远的台湾中国文化大学新闻传播学院，受到马院长和沈主任的热情接待。学院内设有新闻系、大众传播系、广告系、印刷传播系和新闻研究所。私立的文化大学经费少于公立大学，同当时的大陆学校一样院长系主任也要四处找经费。招生时学生的考试成绩低于公立大学，因此教师和学生在教与学过程中显得更加努力。但学生的学习条件很不错，无论是硬件还是软件在当时都堪称一流。当时在大陆学校中还比较少见和稀奇的电脑、摄像机、高档照相机等设备和实验室十分充足，学生在课内学习时可以达到每人一台(件)，其配置可以和专业广播电视机构达到技术手段的同步。所以学院内师生结合课程学习便可以制作广播电视新闻节目提供给电台和电视台，台湾的上百家电视台也急于四处寻找新闻作品，双方各取所需，学生们便有了以实战方式开展学习的条件和机会。除此之外，系内还有自办的报纸和杂志，除散发社区区民阅读外还寄往众多新闻单位供他们使用，最终也成为推销学生的一种有效方法。这一点给我们留下了深刻的印象，以后我在教学管理中一直提倡和坚持的“实战化教学”最初的样板就是从这里学到的。

随后的几天中先后参观了台湾政治大学、成功大学和一所公立小学，感受很深的是台湾对教育、对教师的重视和尊重。教师、特别是公立学校的教师社会地位很高，很受学生和社会公众的尊重，而教师的职业责任心很强，职业自豪感同样很强，这对保证教育质量是至关重要的。

10.4.7　台南迷路

当时两岸关系还比较紧张，大家互相之间缺乏了解。以我为例，当得知我要去台湾时父母亲充满了担心。父亲是老党员，同国民党打过仗，台湾是他们这一代人眼中的“敌占区”，一个共产党的后代本人也是共产党员的人突然要去“敌占区”，当然引起了他们的不安与忧虑，电话中母亲曾经含蓄地劝我可不可以别去。所以到台湾后的当天及其后的每一天我都设法给他们打一个电话报平安。那时没有手机，要在街头寻找公用电话，好在从台湾打回大陆的电话并不贵，施所长发给我们每人一张 100 台币的电话卡基本满足了我每天打一个简短“国际长途”的需要。后来我发现并不是我一个人的状况是这样，大家也同样不断地给家中报平安。其实从打踏上台湾的土地开始，我们感受到的基本上都是浓浓的同胞之情，无论是在台北还是在台湾岛的其他地方，无论是男女老少，凡是知道我们来自大陆的同胞都对我们表示了极大的热情和关心。印象最深的是在台南的迷路。

9 月 15 日晚上我们到达台南，下榻于台南水利会休假中心。台南是当年郑成功到达台湾的登陆之地，也是台湾最早开发的城市，只是后来被台北的发展压了风头。所以城市没有台北繁华，老城的特色明显。城市的生活水平和台北没有大的差别，但生活节奏显然要慢一些，商店打烊的时间明显早于台北。晚饭后我和黄旦教授相约外出给家中打电话，天色已晚，路上基本上没有什么行人，商店也都关门了。我们一边找电话一边小心翼翼地回忆所走的路线，但最终还是迷路了。想找人问问，可是路上看不到行人，我们都有些紧张和焦急。终于看到了街边的一人家门口有人在小桌边吃饭，赶紧上前打问。老少几位对于我们所说的“台南水利会”也不是很清楚，但几位热心地帮我们分析、参谋，最后给我们确定了一个大致的方向。感谢后我们按照这个方向走去，不久又看到一家正在关门的小店，赶紧又上前打问。对方似乎是一对姐妹，听清了我们的问题后，清楚地告诉了我们要去地方的路线。告别后我们两人沿着她们指示的方向匆匆前行，走了一段后突然听到身后传来摩托车的声音并在我们身后刹车。回头一看还是那对姐妹，她们怕我们找不到地方便又追上来再次给我们说了一遍。见我们肯定地表示明白了，她们掉头回去了，原来并不是顺路说一声而是专门来帮助我们的。望着没入夜色中的摩托车影，我心中有无限的感慨，善良的人哪里都有。

此后的多年中，我同施哲雄所长等台湾朋友有过多次的接触，从他们那儿不断地得到一些来自外界的信息和帮助，首次的台湾之旅也成为我常常回忆的有趣经历。

（本文是依据我在台湾期间的日记整理的，没有同当时同行的其他老师核对过，如有不准确之处，由本人负责。限于篇幅，还有一些好玩的事情无法一一写出，容当后补。段京肃）

10.5 新闻传播类国家社科基金项目早期的回忆

近日，陶喜红同志在网上公布了《新闻传播类国家社科基金项目排序报告(1991—2017)》一文，为进一步研究新闻传播类国家社科基金提供了大量一手珍贵史料，但该文是从 1991 年写起的，实际上在此之前，国家社科基金项目业已启动。仅就个人所知的新闻传播史类项目及评审情况提供有关史实如下，以供研究参考。

据本人所知，新闻传播史类项目立项及评审始于 1986 年，第一个项目《新闻事业与现代化建设》，为“七五”期间(1986—1990 年)国家哲学社会科学重点研究项目。该项目由中宣部新闻局和国务院发展研究中心社会研究部牵头，课题领导小组成员有组长王福如(中宣部新闻局)，副组长岳颂东(国务院发展研究中心)、梁衡(新闻出版署)、洪一龙(中宣部新闻局)，成员有冯锡良、成一、刘爱芝、何梓华、赵永福、赵玉明、高恺、郭渭和范东生等。洪一龙和我作为组长和副组长主要分工负责该项目的子课题“关于高层次新闻业务人才培养途径多样化的研究报告”(以下简称“报告”)。1992年10月，该项目成果《新闻事业与中国现代化》一书由新华出版社出版。与此同时，国家社科“七五”另一个重点项目“应用学科高层次专门人才培养途径多样化研究”(主持者为国家教委国家教育发展研究中心，负责人为郝克明、蔡克勇)，也将“高层次新闻业务人才培养途径多样化研究”列入其中，中宣部新闻局、北京广播学院课题组承担了研究任务，组长洪一龙、副组长赵玉明，成果于1991年7月由人民教育出版社出版，其中收入了与前述“报告”大同小异，题为《高层次新闻业务人才培养途径多样化研究》。对此有兴趣者，可对比研究，限于篇幅，不再赘述具体内容。

1987年，新闻传播史类立项的有厦门大学台湾研究所陈碧笙申请的一般项目“台湾新闻事业史”；1988年立项的有中国人民大学新闻系方汉奇申请的重点项目“中国新闻事业通史”(资助7万元)；1990年立项的有北京广播学院赵玉明申请的一般项目“中国广播电视通史”(资助2万元)；1991年立项的有中国人民大学何梓华申请的重点项目“马克思主义新闻思想发展史”，复旦大学宁树藩申请的一般项目“中国地区比较新闻史”。以上各项，我均未参加评审。

1992年5月11—14日，我作为新闻学学科组成员首次参加在北京远望楼宾馆召开的国家社科基金项目规划评审会议。新闻学学科组共5人，由新闻总署王强华同志牵头。记得当时说国家社科基金全年为1000多万元(当时自然科学基金为每年1亿元)，重点项目平均6万元，一般项目平均1.7万元，青年项目平均8千元。与会共18个学科组，260多人参加。当年新闻传播史立项的课题有中国人民大学方汉奇申请的“中国新闻事业编年史”和复旦大学潘玉鹏申请的“东盟国家新闻事业历史和现状”。

为什么1992年才组建新闻学学科评审组而此前的评审组是临时召集的呢？有一种说法可供参考。记得当时我听说国家社科基金起初是由中国社会科学院分管的，大概是1991年起由中宣部分管，同时组建了国家社科基金办公室，所以才有1992年首次召开的国家社科基金项目规划评审会议。此后，一般每年春天召开一次评审会议，但未发聘书。1996年4月，全国哲学社会科学“九五”规划(1996—2000年)工作暨项目评审会议在北京召开。1998年召开评审会时，新闻学科组与会者首次获聘担任“国家哲学社会科学研究‘九五’规划新闻学学科规划小组(学科评审组)成员”。此时新闻学科组由中国社会科学院新闻研究所所长喻权域牵头，成员有中国记协徐心华，新闻所尹韵公、徐耀魁，新闻出版署杨牧之，新华社徐人仲和我共 7 人。此后又增补了中国人民大学何梓华等。

从 2010 年起，因年龄关系除偶尔参加评审会议外，主要应聘担任通讯评审工作，至 2017 年止。随后，我致函我校文科科研处并转规划办，推荐艾红红教授担任通讯评审工作。至此，我从 20 世纪 80 年代末持续近 30 年的我与国家社科评审工作告一段落。

由于本人主要从事新闻史、广电史的教研工作，因此在评审过程中特别关注新闻传播史类的课题。本文开头所提及的网上"报告"中有一段关于新闻广播史课题的评述，特转述如下，以留纪念。

任何一门学科离不开历史研究，新闻传播学概莫能外。新闻传播史、新闻传播理论和新闻传播实务成为早期新闻传播学学科重点关注的三个领域。1989 年 4 月，由著名新闻传播史学者方汉奇、宁树藩等教授倡导成立的中国新闻史学会是新闻传播学领域唯一的全国一级学术团体。多年来，新闻传播史研究蔚然成风，其优良传统一直延续至今，为中国新闻传播学科的发展提供了强有力的学理支撑。

1991—2017 年，新闻传播史方面的国家社科基金项目共有 193 项，其中重大项目 7 项，重点项目 11 项，一般项目 110 项，青年项目 38 项，后期资助项目 11 项，西部项目 15 项，中华学术外译项目 1 项。这些项目主要研究全国或者部分区域的新闻传播史、外国新闻传播史等方面，有通史、编年史、断代史等，研究领域和视野较为宽广，题材丰富多彩。

27 年来，新闻传播史的研究在内容、视角和方法上均有一定的拓展，主要表现在以下几个方面：第一，学者们的研究视野不断拓宽，不仅仅关注新闻事业本身的发展，还关注了与新闻事业相关的其他话题。第二，过去的新闻传播史研究主要关注的是文字内容，渐渐地有一些学者注意到了声音、图像方面的史学研究。第三，有部分学者尝试用新的方法来研究新闻传播史，比如一些学者运用口述史方法来研究新闻史，使新闻传播史料的获取途径更加多样。

（赵玉明）

10.6　北平新闻专科学校的开学典礼

1933 年 4 月 14 日，北平《世界日报》刊发了新闻专科学校开学典礼上的嘉宾致词。两位出席典礼并致词的嘉宾，一为时任北京大学校长蒋梦麟，一为著名学者、时为北京大学国文系教授的刘半农。这两份嘉宾致词，均未见载于二人生前出版的文集之中，亦未见收录于二人逝世之后的各类选集，可称为“佚文”。

无论是从研究蒋、刘二人生平事迹及学术思想着眼，还是从研究新闻专科学校校史乃至近现代新闻传播与教育史着手，这篇 80 余年前的旧报文献都独具历史价值，弥足珍贵。为此，笔者不揣陋简，酌加整理，转录全文如下：

新闻专科学校开学典礼

蒋梦麟等演词汇志

新闻专科学校，于本月八日开学，当时在该校训话者有蒋梦麟、徐诵明、陈石泉、刘复、李麟玉、管翼贤等多人。演词大意，已略志前报，兹经原君景信，将演词全文，分别整理，因与新闻教育及新闻事业，多具相当见解，特为刊布如左。

蒋梦麟演词

各位同学，到这个学校来求学，想必都是要学作一个优秀的新闻记者。但是要想成功(为)一个真正的新闻记者，在知识方面，须常识丰富，像政治上、经济上、地理上的许多专名词和中外要人的名字，都应记清楚，逐日发生的大事都须记清楚。不然，在采访新闻上就要发生很大的困难，因为采访一件新闻，如果不了解，就很容易把消息弄错误。在技术方面，作新闻记者，要有眼快耳快手快的工夫，三样缺一都不成。眼快是为的察言观色，因为有许多人说话，总不愿把事实的全部分很痛快的告诉新闻记者，那么他说的话是真的是假的？那(哪)一部分真？那(哪)一部分假？他隐藏起来不说的又有那些部分等等，都是要凭你作新闻记者的敏锐眼光去观察。有了敏锐的眼光，还须有两只犀利的耳朵，和一双快捷的手腕，把所听的话很清晰敏捷的记下来，不让有半句错误、半句遗漏。一个人是否可以成个好记者，这三快是有很重大关系的。还有，一个好的精干的采访记者，还须有聪明的头脑和眼光去顾虑到说话者的环境和地位。记得十几年前，有一次一个极能干的记者，跑来向我采访一个重要新闻。因为我们的感情很不坏，我就把那个重要的新闻全都告诉了他，我说了以后，就对他说，这件事我若不把全部内容告诉你，你一定不明白，那么，这条新闻你一定写不好，但是你知道了真相，却不能把真相全行披露。有许多地方，应当保守秘密。他说好，一定听我的话，果然，第二天我看见报，事件的内容，说得很明白，从头至尾，清清楚楚，但是不应该发表的他都略去了。而且看报的人，绝对也不知道是我所告诉。像这样精干的新闻记者，人家有了重要的新闻，当然就一定喜欢去告诉他。以上是我个人的一点经验，乘(趁)着参加贵校开学典礼来随便谈谈。至于这个学校从根本办起，我们认为很对，这校将来必能训练出一般(班)手脑并用的优秀的新闻记者，给国家社会一种伟大的供(贡)献，那就是我们惟一的希望。

刘半农演词

略谓：成校长是我的老朋友，今天是他的分号新开张，我特来贺喜，说几句吉利话。以前我们也在新闻界玩过票，就是在成校长手下作过小伙计。大家都是一家人，说话用不着客气。新闻专科学校在中国还是第一家。校中从基础训练做起，是最好，最妥安的办法。最近几年来，我自己因为要做些研究工作，常找大学毕业学生来帮忙。可是，真能帮忙的虽然不少，而我感觉到失败的，也是常事。因为大学毕业生虽然有知识，他要搭起架子来，可有点受不了。个人受不了不算什么，事业就无从进行了。这并不是要骂大学毕业生，也许我恰巧碰到了几位不大相宜的。但因此我可以断定成校长这种从根本作起的办法很好。我相信把高小毕业的学生训练三年，把新闻上所需要的基本知识技能传给他，将来在新闻事业上，一定比随便找一个大学毕业生来帮忙有用的多。成校长方才说，用大学毕业生训练作改革中国新闻事业的基本人材(才)殊不相宜，最好是自己办学校，自己来从基础上作起，从高小毕业的小兄弟训练起，这真是成校长的卓见，佩服得很。此外我还有点小意见要说，现在的新闻纸，对于社会新闻的态度，似乎应当改变。我们常常拿了报纸不能给小孩子看，这岂不是太难了吗？这一点要请各位办报的记者和新闻学校特别注意。新闻记者责任在于有闻必录，可是那些太不像话，有害无益的消息，虽然不能不记，笔下总该有点分寸，应该常常保守庄严的态度，不应采用游戏的态度，更不应推波助澜，以自己的(按：“自己”疑误，应为“别人”)痛苦作为快乐。现在的国难，好比人家砍去了我们一支臂膀、一条腿，甚而至于要砍我们的头，我们知道这是我们的痛苦。但社会上的不幸，如放火杀人、奸淫拐窃之类，也好比是我们的身上生的疥疮，我们也应当感觉痛苦，不应当感到快乐。新闻记者，对于这种事件，不应用开玩笑的态度记出来，就是要骂，也要如父母的骂孩子，所谓哀矜而勿喜。这是我个人的意见，各位新闻记者，和新闻专科学校，可以拿来作个参考。新闻事业要站在领导社会的地位，对于社会的影响很大。各位同学今天是学生，以后就是社会的导师，对这一点也应加以注意。还有一点，中国人现在有一个根本的大毛病，就是懒惰。一般人已经懒惰到不可救药了，我们如果再不对这个懒惰下总攻击令，中国的一切就都没办法。一切的主义，一切的政策，就都没有实现的可能。这个学校将作成一个合作机关，手脑并用，分工合作，是对懒惰的最好方法。希望各位同学，在学校里把懒惰的毛病除去了，毕业以后，抱着不懒的精神，跑到社会上去，把你们这种伟大的精神扩大到全国民众，使全国民众都成了不懒惰与健全的国民，中国一切事情，才能够有办法。

上述近 2000 字的报道，所刊载的蒋梦麟演讲内容摘要 700 余字，刘半农演讲内容摘要则有 1000 余字。应当说，蒋、刘二人将他们对中国新闻传媒的现状及发展意见，均扼要表述了出来。只不过，蒋的演讲侧重点表达了对保护新闻当事人隐私及新闻报道相关技巧方面的意见，而刘的演讲涵括内容则更丰富 一些，涉及新闻人才培养模式、新闻记者公德意识以及新闻传媒对民众的集体启蒙之功用等(见图 10-4)。

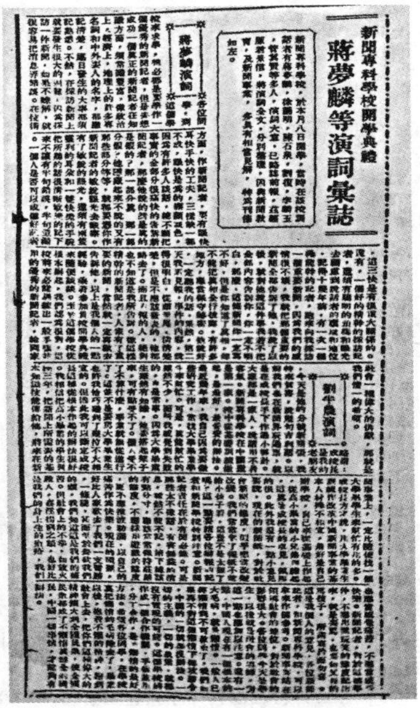
新聞專科學校開學典禮
蔣夢麟等演詞彙誌
蔣夢麟演詞
劉半農演詞

图 10-4　蒋梦麟讲演稿

值得一提的是，刘半农在演讲伊始就提到“在成校长手下作过小伙计”云云，这里提到的“成校长”，即北平世界日报社社长成舍我；而刘自称“小伙计”，实指其曾在《世界日报》办过副刊一事。当时，鲁迅、周作人、钱玄同等都曾为副刊供过稿，足见《世界日报》在北平文教界及整个文化圈的影响力。说到这里，还得约略介绍一下由世界日报社创办的，“在中国还是第一家”的新闻专科学校。

新闻专科学校于 1933 年 2 月创办于北平，由北平世界日报社社长成舍我任校长。先是开办初级职业班，招收学生 40 名，培养印刷工人。1935 年 9 月，又办高级职业班，培养报业管理人员。在这一办学背景之下，由《世界日报》社出面，邀请一直保持密切合作的北平各大学院校知名学者前往讲学，除了上述北京大学校长蒋梦麟、北京大学国文系教授刘半农之外，后来还邀请过周作人、冯友兰等为高级职业班讲演，且这些讲演内容亦均未见于个人文集及选集之中，均属“佚文”，对于研究这些学者的生平事迹以及新闻专科学校发展史，皆有重要价值。

（肖伊绯　整理）

第11章 他山之石

11.1 美国哥伦比亚大学新闻学院课程体系现状概览

众所周知，哥伦比亚大学是一所成立于1754年的美国著名私立研究型大学，1912年，由美国报业巨头约瑟夫·普利策(Joseph Pulitzer)生前捐助的新闻学院在几经波折后最终成立。5年后的1917年，哥伦比亚大学新闻学院正式颁授了第一届普利策奖，直至20世纪七八十年代，该奖项俨然新闻界的“诺贝尔奖”始终备受关注。

作为美国常青藤盟校中唯一一所新闻院系，哥伦比亚大学新闻学院虽然不是美国新闻教育史上最早设立的院系，但是其“风头”却不亚于比其更悠久的密苏里大学新闻学院。两所百年新闻学院经过历史的积淀和不懈的探索，如今已形成了各自的新闻教育教学体系与新闻人才培养模式，并以其卓越的育人成就堪称世界新闻教育领域的翘楚。

需要指出的是，哥伦比亚大学新闻学院只招收研究生，主要以培养应用型新闻人才，尤其是新闻行业的领军人才为其教育目标。本节以该院课程体系为主要着眼点，着重介绍其当下的课程模块设置，以期为我国新闻教育提供一些切实的参考与借鉴。

11.1.1 哥伦比亚大学新闻学院人才培养目标及其特色

哥伦比亚大学新闻学院的宣传册首页印着这样一段话：“100多年(并且还在继续)以来，哥伦比亚大学一直引领着新闻业的未来。如果你相信知识就是力量，并且充满好奇、心胸开阔、喜欢写作，如果你向往快节奏和令人兴奋的生活，如果你对世界的热情以及对真理的追求正在让你对全世界每天发生的事情怀有独特且与日俱增的兴趣，如果从事新闻事业正是你的强烈愿望，那么请到哥伦比亚大学来寻找你的答案。”①新闻学院

---

① 原文：For 100 years (and counting), Columbia has led the way to journalism’s future. You believe that knowledge is power. You are curious, open-minded, and like to write. You seek a life that is fast-paced and exciting. Your passion about the world and commitment to the truth have given you the determination to make a difference and raise awareness of what’s happening around the world each day. If journalism is your calling, answer it at Columbia.

进而阐释道："哥伦比亚不仅教会学生他们所不知道的知识，并且还教会他们为这个不断变化着的世界去发现和创造知识。哥伦比亚大学的新闻人将学习如何发现、如何分析以及如何解释我们这个时代的故事，他们将书写着历史记录的第一个脚本。在哥伦比亚大学和犹如万花筒般大都市的纽约，你将成为一位真正的世界公民，并将拥有来自这所校园、这座城市以及来自全球各地的朋友。"①

一直以来，哥伦比亚大学新闻学院始终在延续和传承这一教育目标与特色，即凭借侧重业务训练的教学模式，逐渐形成了以培养新闻记者和新闻编辑而著称的人才培养特色。也正因为如此，时至今日，哥伦比亚大学新闻学院在面向全世界招收优秀学子的时候可以自信地喊出这样的话语："无论你是谁，无论你想要报道什么，也无论你想如何报道，哥伦比亚大学新闻学院总有一类精心设计的学术课程能带你抵达你想要抵达的彼岸。"②

11.1.2 哥伦比亚大学新闻学院学位课程体系现状

哥伦比亚大学新闻学院目前的学位课程体系共由五大类型构成，分别是理学硕士(Master of Science)、数据新闻理学硕士(Master of Science in Data Journalism)、文学硕士(Master of Arts)、双学位硕士(Dual Degree Programs)，以及传播学博士(Doctor of Philosophy in Communications)。下文将对五大课程体系具体构成进行逐一介绍。

1. 理学硕士(Master of Science)

理学硕士学位是新闻学院的基础课程。具体而言，课程主要由以下教学模块构成：

(1)书面文字撰写：为期7周的教学模块，在这个模块中，学生将学习如何为受众撰写引人入胜的故事或脚本，他们也可以选择聚焦新闻报道、专题写作、长篇叙事等领域的专题课程。

---

① 源自哥伦比亚大学新闻学院官方网站课程项目专栏 journalism. columbia. edu/programs。(原文：Columbia doesn't just teach students what they don't know—it discovers and creates knowledge for our changing world. Columbia journalists learn how to uncover, analyze, and explain the stories of our time—and to create the first draft of history. At Columbia and in the kaleidoscopic metropolis that is New York City, you truly became a citizen of the world—with friends and connections on campus, across the city, and around the globe.)

② 源自哥伦比亚大学新闻学院官方网站课程项目专栏 journalism. columbia. edu/programs。(原文：No matter who you are, what you want to cover, or how you want to report on it, one of Columbia Journalism School's carefully designed academic programs will take you anywhere you want to go.)

(2)影像与声音：为期 7 周的教学模块，学生可以选择音频、数据、摄影或视频课程，提升其技术能力以及发掘自身讲故事的潜力。

(3)调查报道：为期 7 周的教学模块，教导学生如何像调查记者一样学会挖掘记录、互联网取证，以及对新闻事件当事人或相关机构进行彻底的背景搜索。

(4)新闻原理：专注于讲授新闻法、新闻伦理、新闻史以及影响新闻媒体的商业力量的相关课程。

(5)两个为期 15 周的春季研讨会和制作课程：让学生有机会深入了解他们感兴趣的领域，包括专著撰写、广播新闻、新闻摄影、数字出版，或者是类似于商业新闻、冲突报告、教育写作等专业领域。

(6)硕士研修项目：学生在个人学业顾问的指导下，学会像记者一样去追求对某一主题的深入探索。硕士研修项目可以涉及多种媒介形态，如印刷品、图片、音频、视频、数据等。

值得一提的是，根据学生的不同需求和求学状态，这一类型的课程体系还提供全日制和非全日制两种弹性学制。其中，全日制课程要求在 9 个半月内完成学业，非全日制课程则需要耗时约两年，需承担更多的经济成本。

2. 数据新闻理学硕士(Master of Science in Data Journalism)

哥伦比亚大学新闻学院认为，处于信息爆炸的时代，数据新闻对于传媒行业的重要性已是不争的事实，21 世纪的故事性报道、解释性报道、调查性报道等都需要发掘、收集并分析数据。因此，新闻学院为对这些技能感兴趣的学生提供数据新闻理学硕士学位课程。

该课程主要聚焦数据挖掘、数据分析处理、新闻数据可视化等技术，只开设为期三个学期的全日制课程(各学期开学时间分别是每年的 5 月、8 月、11 月)，学生无需具备数据或计算经验即可选择该课程。具体而言，学生在每年 5 月中旬开始他们的课程，第一个学期即夏季学期，主要参加基础计算和数据课程以及新闻报道基础课程。在第二个学期即秋季学期，他们将继续通过核心课程、新闻报道高阶课程、数据写作课程，以及数据、计算、创新研讨会来提升他们的新闻技能。在第三个学期即春季学期，学生们着手开展硕士研修项目，这是一个实质性的数据驱动新闻项目，学生们必须在春季学期完成。此外，学生们还将参与理学硕士的相关课程，完成一系列新闻原理课程。在春季学期，他们将与理学硕士生一同参与两个为期 15 周的研讨会和制作课程，其中一个必须聚焦数据，而另一个可以是任何主题或媒介。

3. 文学硕士(Master of Arts)

相比前两个学位课程类型而言，文学硕士课程主要致力于培养那些已经掌握了相对丰富新闻工作经验的群体，为他们进一步提供学科领域更深入的专业知识，帮助他们更好地向公众解释复杂的问题。因此，与前面两个硕士项目不同，文学硕士课程专为具有3~15年新闻从业经验的记者设计。文学硕士学位只开设为期9个月的全日制课程，在9个月的课程体系里，每位学生在秋季和春季学期都会参加一个他所擅长报道领域的短期研讨会。研讨会旨在探讨如何构建关键性话语背景并增强语境理解。每个学期，研讨会都由一位经验丰富并擅长该报道领域的新闻学教授主持，并邀请来自哥伦比亚大学及其他地区的专家出任客座教授，例如"科学研讨会"就可能会与医学研究人员进行一次课堂交流。具体而言，该课程包括如下教学模块：

(1)证据与推论：讲授一种严格的"新闻从业方法"(A Disciplined "Journalistic Method")，该方法将用于测试假设并确保记者撰写的新闻报道能够明确证明其观点。学生通过学术研究和深入访谈来提升其处理数据的能力，他们还将学会如何把趣闻逸事(Anecdote)和叙事技巧(Narrative)与他们写作中的大局相结合。

(2)原理课程：掌握调查研究的技能是提升新闻报道业务水平的关键，文学硕士的原理课程将着意于提高学生对报道问题展开调查研究的实际应用能力。通过该门课程的讲授，学生将系统学习如何梳理公共记录，如何进行互联网取证以及对个人和相关机构进行全面背景搜索的最佳方法。通过课程，他们将了解数据新闻中的前沿概念以及如何将其运用于报道领域的科学流程。

(3)三门院外选修课：学生可以在哥伦比亚大学除新闻学院以外的任意学院注册最多三门研究生课程，前提是所选课程将与他们的报道领域相关并且将可能有助于加深他们对所报道领域的理解，同时每位学生的个人课程选择都必须得到老师的批准。

(4)硕士毕业论文撰写：每位学生都将完成一份足以让他们撰写出一篇长篇报道的学位论文。通过这篇学位论文的撰写，学生将有机会深入探讨某一个主题，并以一种复杂的方式将他们的全部所学集大成。

4. 双学位硕士(Dual Degree Programs)

新闻学院通过哥伦比亚大学和国外其他高校提供多个双学位课程，详情如下：

(1)新闻学与计算机科学双学位(Journalism & Computer Science)：新闻学院和工程与应用科学学院共同提供新闻学与计算机科学理学硕士双学位课程。该项目旨在通过4个学期的课程，培养具备数字媒体技术和新闻制作技能的新一代专业人员。

(2)新闻学与国际公共事务双学位(Journalism & International Public Affairs)：新闻学院和国际公共事务学院共同提供该课程。该学位课程至少需要两年时间全部完成，学生第一年可以选择在两学院中的任何一个学院度过。国际公共事务学院共有 30 个学分的课程，包括国际事务、经济学、统计学和一些区域性研究。新闻学院共有至少 37 个学分的课程要求。

(3)新闻学与法学双学位(Journalism & Law)：新闻学院和法学院之间的联合课程，允许学生通过至少利用 7 个学期同时获得法学博士和新闻学理学硕士学位。这其中，由法学院所授予的博士学位，要求他们在新闻学院选修的课程学分至多不能超过 12 个。

(4)新闻学与商学双学位(Journalism & Business)：新闻学院和商学院共同提供 5 个学期的课程以授予新闻学理学硕士学位和工商管理硕士学位。该课程专为对媒介经营管理以及商务沟通感兴趣的学生而设计，需要完成商学院的 17 门课程以及新闻学院理学硕士连续两个学期的课程。

(5)新闻学与宗教学双学位(Journalism & Religion)：该学位项目要求通过两年的课程学习以获得两个硕士学位，一个是来自新闻学院的理学硕士学位，另一个是来自宗教系的文学硕士学位。在第一年，要求学生完成新闻学院的课程，包括宗教报道研讨会或类似课程。宗教学课程将在第二年完成，学生必须完成以下宗教系核心课程中的两项：宗教研究中的理论和方法；亚洲宗教简介；西方宗教简介。

(6)国际项目(International Program)：哥伦比亚大学新闻学院还与巴黎政治学院(Science Po Paris)的新闻学院和南非约翰内斯堡的威特沃特斯兰德大学(University of Witwatersrand)拥有合作伙伴关系并允许学生在纽约市和国外学习，同时获得双方院校的学位。

5. 传播学博士(Doctor of Philosophy in Communications)

哥伦比亚大学新闻学院的传播学博士学位提供多学科研究方法来研究人与媒体在文化、社会、政治、历史、经济和技术背景下的关系。在跨学科教师咨询委员会的指导下，学生将根据哥伦比亚大学的人文学科、社会科学、实践科学、艺术和其他专业学校的研究生课程资源来制定其具体课程。该学位项目的目标是将哥伦比亚大学新闻学院悠久的人文主义传统与现有的人文学科课程结合起来，以增强对媒体与新闻工作的理解。学生毕业论文主题主要包括“假新闻”和政治文化；普通人出现在新闻中的经历；摄影姿态的演变；数字媒体时代的事实核查与客观性；媒体、动员和政治运动等。截至目前，已有近一半的毕业生在各高校担任全职终身教职或终身教职，而其他毕业生则主要从事政府、企业、咨询、研究、政策、金融及法律等领域的工作。

要获取博士学位，每位博士候选人必须展示出对整个传播学领域的总体了解，并通过对历史、社会学、宗教、商业、国际事务等相关学科的研究和课程学习，对传播学某一特定领域掌握更深的知识。而申请博士学位的关键还在于必须完成一篇原创性的研究论文并通过答辩。在学位论文的研究和撰写阶段，每位学生需要得到三位老师的指导，其中有一位作为主要指导顾问。学位论文的开题报告通常是在第二年课程期间获得三位指导老师的通过，并且不能少于 20 页的整体篇幅。每篇开题报告还要求包含如下部分：对论点以及研究思路的明确陈述；简要的文献综述以及本选题的研究价值；对信息来源（无论是公开发表的还是私人口述的）和研究方法的描述；一份说明已完成、预期完成以及需外出研究、调查统计或其他要执行任务的工作计划，并附有预估时间表；指导顾问可能要求的任何其他事项。

6. 理学硕士与文学硕士学位的区别

从课程体系来看，哥伦比亚大学新闻学院的硕士学位主要分为理学硕士和文学硕士两大类，究竟是选择理学硕士（含数据新闻理学硕士），还是选择文学硕士，往往成为有志于在哥伦比亚大学新闻学院求学的莘莘学子相对关注的问题。但实际上，这两种硕士学位类型都有着各自鲜明的教学方向与人才培养目标，所适应的人才类型也有区别。为此，有必要对它们之间的课程差异化做一个简单的区分。

这其中，理学硕士学位项目是新闻学院的基石。它通过讲授如何报道和撰写从短篇新闻到复杂叙事的专题报道，为有抱负和有经验的记者提供学习新闻技能、艺术和伦理的机会。通过对该课程的学习，学生将获得一套核心的复杂新闻采集技能，这些技能将侧重于面对面采访、以采访为基础的新闻报道，以及其他获取和评估信息的方式。课程设置包括即时新闻写作、交互式图形绘制、视频和数据采集技能等多媒体课程内容。

与理学硕士学位的培养目标有所不同的是，为期九个月的文学硕士课程更适合那些能够证明自己已经掌握高效的新闻报道和清晰的新闻写作能力等新闻工作基本技能的学生。与侧重于讲授报道和写作的理学硕士课程不同，文学硕士课程为那些渴望沉浸在特定报道领域并期待能够接受到世界上最有成就的资深记者对其进行学业指导的学生而设计的。

11.1.3 哥伦比亚大学新闻学院专业发展课程体系现状

除了研究生学位课程，哥伦比亚大学新闻学院还面向社会开办一周至数周的专业发展课程。目前主要有十大类课程，分别为音频与播客(一种类似于广播节目的可供下载的音频文件)、视频、调查报道、数据采集、出版、领导力、高中生与本科生课程、定制培训、Stavros Niarchos 基金会奖学金计划、谷歌新闻倡议的新闻编辑室领导力计划十大课程体系。① 有关这十大类型的专业发展课程情况，依次简述如下：

1. 音频与播客课程(Audio & Podcasts)

音频是一种形态亲密、形式创新的故事叙述载体。该课程主要讲授如何使用声音和叙事结构来创建引人注目的广播音频或播客内容，并如何通过合作伙伴或独立完成对内容的公开发布。

2. 视频制作课程(Video)

视觉元素通常能以一种更有力的方式传播故事并吸引受众。该课程主要讲授如何构思并制作引人入胜的视频故事。根据不同的社会需求，新闻学院为这一主题设置了三种课程选择：

(1)视频故事：学生将通过为期 6 周的暑期课程学会批判性地思考如何制作一个好的视频故事——什么使它具有新闻价值、什么使视频成为传达故事的适当媒介，以及如何使用最新技术来制作视频故事等。

(2)多媒体故事：这是一个为期 5 天的密集型强化课程，主要讲授基础知识，如何使用现场设备讲述故事并吸引受众。指导团队将带领参与者通过 5 天的拍摄、音频、灯光、后期制作和编辑方面的培训，帮助他们掌握最佳技术。该课程是专门为没有从业经验的人士而设计的。

(3)哥伦比亚新闻视频研讨会：这是一个为期 3 周的课程，讲授如何通过视频构思、研究和报道故事的基本原理。学生将学习如何使用和处理相机，如何正确地组织框架和阐明主题及背景，如何构建故事以及如何使用后期制作软件。该课程的学员同样无需具备任何新闻从业经验。

3. 调查报道课程(Investigative Reporting)

该课程主要传授最新报道技术并旨在提升调查报道技能，涵盖了调查报道的基础知

① 源自哥伦比亚大学新闻学院官方网站专业发展专栏 journalism. columbia. edu/professional-development（十大类课程英文原文为：Audio & Podcasts，Video，Investigative Reporting，Data，Publishing，Leadership，Courses for High School & College Students，Custom Training，The Stavros Niarchos Foundation Scholarship Program，Google News Initiative Newsroom Leadership Program）。

识。学员将学会如何识别故事，如何使用数据来形成故事的支柱以及开展长期性深度报道的多种方式。

4. 数据采集课程(Data)

该课程主要讲授如何使用大数据技能来调查想要讲述的故事，为所有类型的记者和故事叙述者提供将数据转化为叙事所需的计算机技能。这一课程有两种课时可供选择：为期14周的密集型夏令营，或者提供更高端数据采集实训的时长两学期的课程。

5. 出版课程(Publishing)

哥伦比亚出版课程被广泛认为是希望近期从事书籍、杂志或数字媒体出版行业的大学毕业生的最佳预备课程，为期共6周。该课程的毕业生可以在全国各大杂志、网站和出版社担任编辑、文学经纪人、出版商、设计师、公关人员等。该课程学制紧凑、实用性强的特点使学员能够在刚入职时即派上用场，同时为学员提供对行业的全面了解，这也将远远超出传统实习可以学到的知识。

6. 领导力课程(Leadership)

新闻学院为快节奏的新闻机构量身定制核心管理及思想领导力技能的高管教育课程。该课程将帮助学员拓宽视野，吸引新的受众，制定有弹性的管理策略并实现持久的革新。

7. 高中生与本科生课程(Courses for High School & College Students)

该课程是专门为高中生和本科生在哥伦比亚大学获得学分而设计的精选课程，所有课程内容均安排在夏季学期。

(1)对于当前的高中生主要有三种课程选择：数据新闻入门课程向学生讲授在新闻背景下如何进行复杂数据采集和简单编码的基本操作。学生不仅可以获得科学的数据采集技能，还可以获得在数字中找到叙述所需的批判性思维的能力。数字时代的视频新闻课程主要介绍用视频讲故事的基础技能，例如如何使用手机和Adobe Premier Pro进行拍摄和编辑。

播客密集培训是一个为期一周的基础课程，讲授如何利用听觉感观撰写故事并录制音频广播的技巧。

(2)对于当前的本科生主要有三种课程选择：视频讲故事入门课程讲授如何批判性地思考什么是一个好的视频故事，具体要求与前述“视频制作课程”的“视频故事”相类似。音频新闻入门课程让学生有机会使用专业技术了解音频制作的基本知识。播客和广播是媒体中发展最快的两个类别，该课程将帮助学生为此做好入门准备。战争报道课程由获得普利策奖的《纽约时报》记者和美国海军陆战队资深人士领衔讲授。学生将通过阅读美国历史上对不同时期的不同战争和冲突的新闻报道，来思考新闻道德伦理和新闻法律问题，对于从事记者行业和获取报道信源的风险有所了解，并进一步理解此类报道对公众话语所可能产生的影响。

8. 定制培训课程(Custom Training)

哥伦比亚大学新闻学院还针对不断变化的媒介组织和媒介市场需求开设定制培训，以保证学员在职场竞争中掌握所必需的业务技能和明确其各自的职业发展目标。

9. Stavros Niarchos 基金会奖学金计划课程(The Stavros Niarchos Foundation Scholarship Program)

作为全球领先的私募基金和国际慈善组织之一，Stavros Niarchos 基金会(SNF)与哥伦比亚大学新闻学院于 2017 年做出为期三年的合作决定，为希腊记者或在国外担任临时工作的新闻记者提供奖学金以支持其参加哥伦比亚大学新闻学院的暑期课程。2019 年，该基金会已选出 18 位获奖者接受资助。

10. 谷歌新闻倡议的新闻编辑室领导力计划课程(Google News Initiative Newsroom Leadership Program)

在当今快速发展的媒体领域，每位记者都必须像出版商一样思考，尤其是对新兴的新闻编辑室的领导者们而言。因此，哥伦比亚大学新闻学院的这套课程专为有潜力担任更大角色并运营其媒介组织的新闻编辑室领导者而设计，主要教编辑室领导者如何建立起起他们的企业家精神。该课程旨在提高亚太地区新兴新闻编辑领导者的领导技能和灵活的决策能力，特别关注应用技术、以受众为中心的行为、设计思维、数据应用，并通过课程帮助学员理解前沿的商业模式和编辑创新手段。学员在课程中将获得切实的技能和知识，以使他们日后在新闻编辑室面对受众能做出更好的战略决策。

哥伦比亚大学在一百多年的教育历程中始终顺应媒介发展趋势、紧跟媒介社会需求，对新闻教育教学模式进行着孜孜以求的探索，并且在教学课程、教学方式、人才培养目标等方面一直在进行着卓有成效的改革创新。尽管纵观世界新闻教育格局和各国新闻教育现状，哥伦比亚大学新闻学院的教学模式和课程体系设置并不是放诸四海而皆准的模板，但仍不可否认哥伦比亚大学的先进经验的确以高质量的人才培养成果为世界范围内的新闻教育改革提供了可资借鉴的生动范例。

（陈　娜）

11.2 美国威斯康星新闻传播教育模式的历史、现状及其启示

在新闻传播学科教育史中，由被誉为美国“新闻学之父”之一的布莱耶所创建的、强调以社会科学教育、通识教育为主，并为新闻传播学科体制的奠定、学术地位、社会地位的确立发挥过重要作用、在学界产生过重要影响①的“威斯康星模式”，作为一种不同于密苏里偏重职业培训、哥伦比亚崇尚精英教育的新闻(传播)模式，值得其他国家新闻传播学界研究、学习。

在中国新闻(传播)教育的“婴幼年”时期，以北京平民大学新闻学系为代表的高校就曾受其影响过，但后来由于历史与政治等多方面的原因，致使中国先后选择了“密苏里模式”“苏联模式”②，而“威斯康星模式”则在中国逐渐被遗忘和忽视，直到近年来学界逐渐认识到“通识教育是全媒体时代融合新闻学人才培养的必由之路”，并达成一定的共识，“威斯康星模式”才又开始被重新重视。③ 但事实上，“威斯康星模式”不只以通识教育闻名于世，其社会科学教育传统、专业和课程体系设置、培养方案设计等都十分富有特色。

11.2.1 “老爸”布莱耶与威斯康星新闻(传播)教育模式的缔造及其传续

谈起威斯康星大学的新闻(传播)教育及其著名的“威斯康星模式”，“老爸”布莱耶

① 一是布莱耶所创建的“威斯康星模式”自证了新闻学科的合法性，即为新闻学能够在高校中生存下来奠定了基础；二是威斯康星新闻教育在早期不仅为美国培养了一大批新闻教育人才，其中许多新闻学院的院长是威斯康星培养的，而且其课程及培养模式也成为新闻学科的“基本鉴定标准”；三是在传播学科奠定的过程中，布莱耶及其弟子们发挥了非常重要的促进作用，甚至在某种程度上，可以说是布莱耶及其弟子们与施拉姆一道合力奠定了传播学科的体制；四是在布莱耶之后，“威斯康星模式”不断与时俱进，开拓创新，继续领跑新闻传播教育。参见[美]罗杰斯．传播学史：一种传记式的方法[M]．殷晓蓉译．上海：上海译文出版社，2012：19-23，479-482；威斯康星大学新闻与大众传播学院网站，https：//journalism. wisc. edu/about/history/。

② 陈昌凤．中美新闻教育传承与流变[M]．北京：中国广播电视出版社，2006：62-63；骆正林．我国新闻学教育模式的历史选择与当代创新[J]．现代传播(中国传媒大学学报)，2017(8)：145.

③ 陈立新．威斯康星模式与中国初期新闻教育——兼论新闻价值理论之渊源[J]．国际新闻界，2013(6)：139.

(Willard Grosvenor Bleyer)是一个绕不过去的人物。正如威斯康星大学新闻与大众传播学院的网站上所介绍的那样，威斯康星大学的新闻教育始于1904年布莱耶开设的一门“法律和新闻出版”课程。其后，在布莱耶的努力下，威斯康星大学先后于1912年建立新闻系，1927年建立新闻学院。因此，可以说威斯康星大学的新闻教育和“威斯康星模式”，是由布莱耶一手缔造出来的。所谓“威斯康星模式”，简单来讲，是指威斯康星大学在新闻教育过程中所形成或践行的一种强调以社会科学为基础的通识教育与新闻专业训练并重的培养理念、方案及模式。

威斯康星新闻传播教育模式，之所以能够在当时与由美国另一位“新闻学之父”威廉斯率先于1908年建立的世界上第一所新闻学院密苏里学院及其新闻教育模式比肩，甚至“后来居上”成为当时新闻传播教育的标杆和模式输出的“母体”，而且在其后漫长的历史中，也能继续引领新闻传播学科的发展，是因为除了其新闻传播教育深厚而优良的传统外，威斯康星的历任新闻院长们及其培养出来的弟子们能够在继承传统的基础上，把握时代脉搏，不断与时俱进，开拓创新。如20世纪40年代布莱耶当初指导的一大批研究生与施拉姆一起共同促成了大众传播研究在新闻教育领域的建制化①；威斯康星大学新闻与大众传播学院的第二任院长格兰特·赫德(Grant Milnor Hyde)于20世纪30年代和40年代为新闻传播学子增设了实习环节，强调了课堂以外的专业经验，并授以学分。他的努力给学生带来了大量的实践机会，这一做法一直沿用至今；Ralph O. Nafziger院长于1949年担任院长后开始增强学院的学术研究能力。在他的带领和努力下，威斯康星大学新闻与大众传播学院寻求并获得了美国第一个大众传播博士项目，并于1953年授予了第一个博士学位(到1973年，威斯康星新闻传播教育在大众传播方面的博士学位比其他任何学校都多)；从20世纪50年代初开始威斯康星新闻教育就不断调整专业培养课程，先后增设了广告、公共关系等战略传播课程和广播电视新闻专业等课程，并于1970年正式将学院重新命名为新闻与大众传播学院(School of Journalism and Mass Communication，以下简称SJMC)；20世纪90年代成立了一个主要由校友组成的访客委员会，他们与学院、教职工进行协商，并提供有关课程和服务的见解；2000年秋季威斯康星大学新闻与大众传播学院又紧紧抓住数字技术发展的浪潮，在数字技术对传播行业的巨大影响被社会和学界充分重视之前，就推出了新的课程。

11.2.2 “威斯康星模式”的人才培养目标、专业方向及课程设置

在一个多世纪里，威斯康星大学新闻与大众传播学院经过不断的实践与探索，现已

---

① 伍静. 中美传播学早期的建制史与反思[M]. 济南：山东人民出版社，2011：28.

形成了具有优良新闻传播教育传统的培养目标和体系，包括定位明确、方向清晰的人才培养目标和健全、完善的集本硕博于一体的专业及课程设置。

1. 人才培养目标

在本科生培养目标方面，威斯康星大学新闻与大众传播学院在继承布莱耶新闻教育传统的基础上，力图通过提供无与伦比的技能培训、理论学习和现实实践，把学生培养成雇主渴望雇用的毕业生：能干的实践者、批判性的思考者、经验丰富的问题解决者和创新者。具体而言，主要是通过两个方向——报道（信息传播）和战略沟通（说服传播），为学生提供广泛的传播领域概述以及与他们的职业抱负相关的技能基础，使他们在开始职业生涯时更具竞争力，并更适应各种职业的发展，努力把学生培养成全面的专业人士和努力工作、学习快速的公民。而且在几乎是实践和理论均衡组合的顶级课程或研究生课程的支持下，帮助学生学习社会、文化、行为、健康、政治以及公民生活的所有领域的技能与知识。

在硕士研究生培养方面，其目标主要是吸引有兴趣对大众传播进行深入研究的学生，为未来作为大学教师、研究人员或专业的新闻传播实践者做准备。

研究型硕士专注于发展大众传播研究的技能，通常是为了博士课程的衔接做准备。课程应适当地加入传播理论与数据挖掘技术，提供相关的背景和培训，扎实地掌握传播理论与方法，这些都将在学生的硕士论文中体现出来。在最后的考核中，学生的论文答辩需在一个三人认证委员会面前进行口头答辩。

而专业型硕士的设计方案主要旨在给未来的硕士生提供新闻学实践技能的培训。作为其专业发展的一部分，学生需超越传统新闻的“5W”，并探索在多个平台讲故事的能力；作为他们制作的当代新闻的一部分，学生们制作的故事需反映他们对周围地方、国家和国际世界的好奇心，提出问题后将他们学到的课程传授给他们的社区。“精致的新闻，负责任的新闻，21世纪的新闻”，这是贯穿始终的教学理念。

在博士研究生培养方面，其培养目标主要是为了增强其学术研究能力。具体而言，包括为撰写论文和从事该领域的研究而需要的理论知识背景和方法培训等。

2. 专业方向及课程设置

威斯康星大学新闻与大众传播学院在本科生、研究生与博士生的专业及课程设计方面，秉承着其一贯坚持实践与理论并重的传统，现如今在与时俱进，不断创新的基础上，形成了自己富有特色的课程培养体系。

(1)本科生专业方向及课程设置。在本科生专业和课程设计上，新闻与大众传播学院在其30个学分的本科课程中提供两个方向(轨道)：新闻报道(信息传播)和战略沟通(说服传播)。无论是新闻报道方向的学生，还是战略沟通方向的学生，都必须学习大众传播简说史(J201)、大众传播实践(J202)这两门必修课程，而且至少完成三门传播理论或主干课程(见表11-1)。

表11-1　　威斯康星大学新闻与大众传播学院本科教育方向与课程设置

<table>
<tr><th colspan="2">课程性质</th><th>课程代码</th><th>课程</th><th>学分</th><th colspan="3">选课要求</th></tr>
<tr><td colspan="2" rowspan="2">介绍性课程</td><td>J201</td><td>大众传播简说史</td><td>4</td><td colspan="3">必选
(该课程是基于讲座的课程也符合B组要求)</td></tr>
<tr><td>J202</td><td>大众传播实践</td><td>6</td><td colspan="3">必选</td></tr>
<tr><td rowspan="2">选择方向</td><td>报道</td><td>J335</td><td>报道的原则和实践</td><td>4</td><td colspan="3" rowspan="2">2选1</td></tr>
<tr><td>战略沟通</td><td>J345</td><td>战略沟通的原则和实践</td><td>4</td></tr>
<tr><td rowspan="12">高级课程</td><td rowspan="4">报道</td><td>J401</td><td>深度报道</td><td>4</td><td colspan="2" rowspan="4">4选1</td><td rowspan="7">或7选1</td></tr>
<tr><td>J404</td><td>当代事务的解释报道</td><td>4</td></tr>
<tr><td>J405</td><td>创意非虚构类报道</td><td>4</td></tr>
<tr><td>J415</td><td>科学与环境新闻报道</td><td>4</td></tr>
<tr><td rowspan="3">报道或战略沟通</td><td>J411</td><td>多媒体图像报道</td><td>4</td><td rowspan="3">3选1</td><td rowspan="8">或8选1</td></tr>
<tr><td>J417</td><td>杂志出版</td><td>4</td></tr>
<tr><td>J419</td><td>网络和广播电子新闻</td><td>4</td></tr>
<tr><td rowspan="5">战略沟通</td><td>J445</td><td>媒体创意信息传播</td><td>4</td><td rowspan="5">5选1</td><td rowspan="5"></td></tr>
<tr><td>J447</td><td>媒体战略规划</td><td>4</td></tr>
<tr><td>J449</td><td>账户计划和战略</td><td>4</td></tr>
<tr><td>J463</td><td>数字媒体战略</td><td>4</td></tr>
<tr><td>J464</td><td>公共关系战略</td><td>4</td></tr>
<tr><td colspan="2">专　题</td><td>J475</td><td>高级概念和技能专题</td><td>1-4</td><td colspan="3">选修</td></tr>
</table>

续表

课程性质		课程代码	课程	学分	选课要求
理论课程	B组	J559	大众传播法	4	学生必须至少参加三门课程，探索与大众传媒和传播相关的理论和主题。至少一门课程必须是B组课程，一门课程必须是C组课程
		J560	大众传播史	4	
		J561	大众传播与社会	4	
		J565	大众传播的效果	4	
	C组	J614	传播与公共舆论	4	
		J616	大众传媒与青年	3	
		J617	信息时代的健康传播	3	
		J618	大众传播与政治行为	4	
		J620	国际交流	4	
		J621	发展中国家的大众传播	4	
		J646	大众传媒和消费者	4	
		J658	传播研究方法	4	
		J662	大众传媒和少数民族	4	
		J666	大众传播中的专业责任	3	
		J669	新闻学的文学方面	3	
		J675	政府与大众传媒专题	3	
		J676	大众传播专题	1-4	

除此之外，威斯康星大学新闻与大众传播学院还拥有令人眼花缭乱的校园媒体实习机会，包括富有竞争力的 Daily Cardinal 和 Badger Herald 学生报纸、WSUM 学生电台。另外，由威斯康星州联盟理事会和学校自己的杂志 *Curb* 资助的至少 8 本学生经营的杂志和期刊，使学生们能够练习所学的技能。威斯康星新闻与大众传播学院充满活力，在校园以及州议会大厦内及周边地区拥有非常丰富的实习机会，在地理上，多样化的学生群体的声誉远远超出了麦迪逊和威斯康星州的边界，使其在全国和全世界的实习中具有竞争力。

(2)研究生专业方向及课程设置。威斯康星大学新闻与大众传播学院的硕士研究生培养分为研究型硕士与专业型硕士两个方向。研究型硕士在专业课程方面，必须完成30个学分(课程编号为300及以上)。其中，学生必须在威斯康星大学麦迪逊分校获得至少16学分；所有研究生课程成绩必须保持不低于3.25GPA；新闻和大众传播中的至少两门800或900级课程；最低要修12个新闻与大众传播专业研究生学分；最低6个新闻与大众传播专业之外的研究生学分；课程编号为700及以上的成绩必须在50%及以上才达到研究生毕业水平，300～699级的课程有可能被也有可能不被视为毕业标准。如果选择了699级以下的课程，则需要查阅相关的更多信息和咨询研究生顾问（见表11-2）。

表11-2　**威斯康星大学新闻与大众传播学院硕士研究生教育方向与课程设置**

研究型硕士课程	专业型课程	
	核心技能课程	新闻概念课程
· 560 大众传播史（与历史相交）：4学分 · 561 大众传播与社会：4学分 · 563 大众传播法：4学分 · 564 大众媒体和消费者：4学分 · 565 大众传播的影响：4学分 · 566 传播与舆论：4学分 · 616 大众媒体和青年：3学分 · 617 信息时代的健康传播：3学分 · 618 大众传媒和政治行为：3学分 · 620 国际交流：3学分 · 650 欧洲 & 北美的书籍和印刷文化史：3学分 · 658 研究方法：3学分 · 662 大众媒体和少数民族：3学分 · 664 传播社交网络：3学分 · 669 新闻阅读与写作：3学分 · 670 社会变革技术：3学分 · 675 政府和大众媒体专题：3学分 · 676 大众传播专题：3学分 · 677 数据分析和可视化：3学分 · 678 新兴媒体的法律和道德维度：3学分 · 801 大众传播和个人：3学分 · 802 大众传播与社会：3学分 · 803 大众传播与文化：3学分 · 808 大众传播史：3学分	· 401 深入报道：4学分 · 404 当代事务解释：4学分 · 405 创意非虚构类：4学分 · 411 多媒体设计：4学分 · 417 杂志出版：4学分 · 420 调查性新闻：4学分 · 425 视频新闻：4学分 · 426 社区报道：4学分 · 445 广告系列消息：4学分 · 447 战略媒体规划：4学分 · 449 账户规划和战略：4学分 · 453 媒体关系实践：4学分 · 455 新兴媒体和新闻：4学分 · 456 长视频：4学分 · 463 数字媒体战略：4学分 · 464 公共关系战略：4学分 · 470 战略沟通活动：4学分 · 475 高级概念和技能主题：4学分	· 560 大众传播史（与历史相交）：4学分 · 561 大众传播与社会：4学分 · 563 大众传播法：4学分 · 564 大众媒体和消费者：4学分 · 565 大众传播的影响：4学分 · 566 传播与舆论：4学分 · 616 大众媒体和青年：3学分 · 617 信息时代的健康传播：3学分 · 618 大众传媒和政治行为：3学分 · 620 国际交流：3学分 · 650 欧洲和北美的书籍和印刷文化史：3学分 · 658 研究方法：3学分 · 662 大众媒体和少数民族：3学分 · 664 沟通社交网络：3学分 · 666 大众传播专业责任：3学分 · 669 新闻学的文学方面：3学分 · 670 社会变革技术：3学分 · 675 政府和大众媒体专题：3学分

续表

研究型硕士课程	专业型课程	
·811 研究概念化与设计：3 学分 ·812 定性研究方法：3 学分 ·820 大众传播法：3 学分 ·821 健康传播：3 学分 ·822 全球传播：3 学分 ·823 科学与环境交流：3 学分 ·824 种族，民族和媒体：3 学分 ·825 道德与沟通：3 学分 ·826 新闻理论：3 学分 ·829 政治传播：3 学分 ·831 娱乐媒体心理学：3 学分 ·832 传播与公共生活：3 学分 ·833 技术与社会：3 学分 ·834 传播与社会理论：3 学分 ·835 新媒体的历史：3 学分 ·其他 SJMC 研究生课程，符合学生专业的课程		·676 大众传播专题：3 学分 ·677 数据分析和可视化：3 学分 ·678 新兴媒体的法律和道德维度：3 学分 ·801 大众传播和个人：3 学分 ·802 大众传播与社会：3 学分 ·803 大众传播与文化：3 学分 ·808 大众传播史：3 学分 ·811 研究概念化与设计：3 学分 ·812 定性方法：3 学分 ·820 大众传播法：3 学分 ·821 健康传播：3 学分 ·822 全球传播：3 学分 ·823 科学与环境交流：3 学分 ·824 种族，民族和媒体：3 学分 ·825 道德与沟通：3 学分 ·826 新闻理论：3 学分 ·829 政治传播：3 学分 ·831 娱乐媒体心理学：3 学分 ·832 传播与公共生活：3 学分 ·833 技术与社会：3 学分 ·834 传播与社会理论：3 学分 ·835 新兴媒体的历史：3 学分

专业型硕士在专业课程方面，必须完成 30 个学分。这些学分包括至少 12 个核心技能学分①，至少 7 个新闻学概念学分②，以及至少 6 学分的学校以外的选修课；所有研

① 每位专业型硕士必须获得 12 个核心技能学分。学生总学分可能需要超过 12 学分。在与学生顾问协商后，学生可以在本环节中获得 8 学分，如果他们已经接受了必要的培训，则可以免上 J335；否则，唯一需要的课程是 J335。

② 每个专业型硕士生必须至少学习 7 个学分的概念课程，强调新闻与主要社会机构和公众之间的关系。该课程将根据学生的专业进行选择。概念课程包括以下 500 级和 600 级课程，以及 800 级研究生研讨会。

究生课程成绩必须保持不低于3.25GPA；课程编号为700级或以上的成绩必须在50%及以上才达到研究生毕业水平，300~699级的课程有可能被也有可能不被视为毕业标准。如果选择了699级以下的课程，则需要查阅相关的更多信息和咨询研究生顾问，具体课程情况可参见表11-2。并且，威斯康星大学新闻与大众传播学院非常鼓励他们的学生充分利用学校和大学的资源和他们的时间，以充分发展专业，增长技能。

(3)博士研究生专业方向及课程设置。威斯康星大学新闻与大众传播学院的博士培养，主要是通过与生命科学传播学系合办的大众传播博士课程。该博士课程设置于1950年，由生命科学传播系(LSC)和新闻与大众传播学院(SJMC)联合管理。自那以后，威斯康星州在培养博士和大众传播研究方面一直处于领先地位。尽管注册人数随时间略有不同，但该项目的博士生通常在70~90人之间。

按照学校与学院相关的培养方案及规定，威斯康星大学的大众传播博士在理论与方法/统计学课程上最少修满65学分，具体包括作为硕士研究生(或在其他大学)所修的课程，只要这些课程符合学位课程的重点，学生成绩低于B的课程不计入这65学分，但计入累计GPA；所有研究生课程成绩必须保持不低于3.50累积平均绩点。虽然新闻与大众传播学院没有具体的课程，但生命科学传播系需要开设以下课程：理论课(强烈建议开设LSC720)、研究方法课、统计类课程(见表11-3)。

表11-3　**威斯康星大学新闻与大众传播学院博士研究生教育方向与课程设置**

生命科学传播系(LSC)和新闻与大众传播学院(SJMC)合办的大众传播博士研究方向	生命科学传播系(LSC)和新闻与大众传播学院(SJMC)合办的大众传播博士课程
该项目提供了几个国际公认的卓越研究和教学领域：	LSC 1 合作教育/生命科学传播合作：1学分
	LSC 100 科学与故事：3学分
·公民与政治沟通	LSC 111 科技新闻写作：3学分
·健康与环境通讯	LSC 212 科学传播简介：3学分
·传媒机构的历史	LSC 250 传播业的研究方法：3学分
·信息技术	LSC 251 科学、媒体和社会：3学分
·社交网络和数字媒体	LSC 270 生命科学产业的传播：3学分
·媒介传播的过程和效果	LSC 289 荣誉独立研究：1~2学分
·媒体的法律与道德	LSC 299 独立研究：1~3学分
·国际和跨文化交流	LSC 314 数字视频制作简介：3学分

续表

生命科学传播系（LSC）和新闻与大众传播学院（SJMC）合办的大众传播博士研究方向	生命科学传播系（LSC）和新闻与大众传播学院（SJMC）合办的大众传播博士课程
·公众舆论	LSC 320 特写：3 学分
·科学与风险传播	LSC 332 印刷和电子媒体设计：3 学分
·社会营销	LSC 350 可视化科学与技术：3 学分
·新闻研究	LSC 360 信息无线电：3 学分
·媒体生态	LSC 375 特别主题：1~4 学分
·种族和媒体	LSC 399 协调实习/合作教育：1~8 学分
学生与导师和委员会紧密合作，从各院系的课程中学习，制订学习计划，为各自专业领域的独立原创研究做准备	LSC 400 海外生命科学传播研究：1~6 学分
	LSC 430 科学传播叙事：3 学分
	LSC 431 生命科学中的广告：3 学分
	LSC 432 生命科学的社会媒体：3 学分
	LSC 435 综合营销传播的理论与实践：3 学分
	LSC 440 当代通信技术及其社会影响：3 学分
	LSC/AMER IND 444 美国本土环境问题和媒体：3 学分
	LSC 450 科学的记录摄影：3 学分
	LSC 477 NAMA 项目：农业市场营销战略和实施：2 学分
	LSC 515 科学、健康和环境中的社会营销活动：3 学分
	LSC 532 用于科学的网页设计：3 学分
	LSC 560 科学写作：3 学分
	LSC 614 高级视频制作：3 学分
	LSC 617 信息时代的健康传播：3 学分
	LSC 625 风险传播：3 学分
	LSC 640 科学技术交流中的案例研究：3 学分
	LSC 660 传播研究中的数据分析：3 学分
	LSC 681 高级荣誉论文：2~4 学分
	LSC 682 高级荣誉论文：2~4 学分
	LSC 699 特殊问题研究：1~4 学分
	LSC 700 生命科学传播研讨：1 学分
	LSC 720 传播理论与研究简介：3 学分
	LSC/JOURN 811 大众传播研究的概念化与设计：2~3 学分

续表

生命科学传播系（LSC）和新闻与大众传播学院（SJMC）合办的大众传播博士研究方向	生命科学传播系（LSC）和新闻与大众传播学院（SJMC）合办的大众传播博士课程
	LSC/ENVIR ST/JOURN 823 科学与环境传播：3 学分 LSC/JOURN 825 道德与传播：3 学分 LSC/JOURN 826 新闻理论：3 学分 LSC/COM ARTS/JOURN 831 娱乐媒体的心理学：3 学分 LSC/JOURN 833 技术与社会：3 学分 LSC/JOURN 834 传播与社会理论：3 学分 LSC 875 特别主题：1~4 学分 LSC/JOURN 880 大众传播的主题：3 学分 LSC/JOURN 901 大众传播中的焦点：1 学分 LSC 902 公众对生命科学问题的看法：3 学分 LSC 990 研究：1~12 学分 LSC 999 独立研究：1~3 学分

原则上，博士所选课程、研讨会和方法类课程等需要学生和导师共同商定，且这种选择要符合学生在增进大众传播方面的知识和提高研究能力的需要。因为在大众传播领域有几个相关的学科，而且这些学科采用不同的方法收集、测试和提出研究证据。因此，威斯康星大学新闻与大众传播学院的大多数学生专攻其中一门或至多两门学科，在新闻与大众传播学院和生命科学传播系举办的研讨会中结合课程，与相关部门开展互补工作。除了交流课程，学生还必须在几个系和项目之外的地方上课。学生必须证明他们有毕业后为撰写论文和从事该领域的研究而需要的理论知识背景和方法培训。根据2001 年 5 月由国际传播协会年会发表的“传播学院教育评价”研究，威斯康星大学麦迪逊分校新闻传播学院的博士水平位于同等 27 家学院之首。①

11.2.3 “威斯康星模式”对中国新闻传播教育发展的启示

“他山之石，可以攻玉”，通过梳理威斯康星新闻传播教育模式的历史与现状，我们可以发现，相较于“密苏里模式”“哥伦比亚模式”“苏联模式”等，“威斯康星模式”确

---

① 吴信训．国际新闻传播名校教育镜鉴[M]．上海：上海三联书店，2010：122-123.

实有其独到之处。故其人才培养传统和模式十分值得借鉴、学习。

1. 学习其坚持人文与社会科学并重的新闻传播教育传统

威斯康星新闻传播教育模式自布莱耶起，就已建立起坚持人文与社会科学并重的新闻传播教育传统，一直传续至今，现已成为其鲜明的新闻传播教育特色。这种新闻传播人才的培养模式不仅在布莱耶当年建立时“独领风骚”，在今天更是如此。因为随着大数据和计算机技术的发展，新闻传播学科的量化或者说社会科学化取向越来越明显的情况下，布莱耶当年树立起的坚持人文与社会科学并重的新闻传播教育传统，在今天更能显示出其价值。详而言之，即与目前新闻传播学界或者说整个人文社会科学中盛行的一味地强调量化与社会科学化研究取向不同的是，威斯康星的新闻教育模式坚持人文与社会科学并重。因此，这种新闻传播教育模式在一定程度上有益于扭转学界片面强调量化的倾向。

2. 学习其坚持本科生与研究生的专业化培养的方式

新闻传播学科作为一个类属于人文社会科学的学科，决定了培养模式要兼具人文性与实践性于一身。因此其学生的培养最好要进行专业化培养。具体而言，即面向社会从事新闻工作的学生，需要在增强其人文素养的同时尽量培养其在采写编评、公关、广告策划等方面的实践能力；而面向高校从事研究、教学的学生，则要更加侧重于增强其理论功底与从事研究、写作的能力。目前各大高校，面对社会对高素质新闻传播人才日益增长的需求，虽然都意识到了新闻传播人才应该这样来培养，但仍在探索调整过程中。

3. 学习其博士与其他院系联合培养的模式

在博士培养方面，虽然目前中国的新闻传播教育也探索出联合培养模式，但是其联合培养模式，主要是与国外其他高校进行联合培养，其主体主要是有财力与有条件的双一流高校的新闻传播院系，其方式也主要是“3+1”或“2+1”，即在中国学习两年或三年，在国外学习一年，最后取得中国博士学位或者含有国外大学的双学位。这种联合培养的优势自不待言，但其弊端也是很明显：①并不是所有的高校都有这样的平台供其联合。②到国外学习，一般要经过一个适应语言的过程，这个过程短则两三个月，长则半年。因此，一年的学习时间其实真正算下来已所剩无几了。③并不是所有的学生都有兴趣、时间、财力参加与国外大学的联合培养学习项目。因此，如若一般高校的新闻传播院系想完善其博士培养模式，培养出高质量的博士；如若一些新闻传播院系的学生想在其时间、金钱、地点等都合适的情况下参加联合培养，拓展学术视野，增强学术能力，其实，威斯康星大学新闻传播教育模式提供的这种校内博士联合培养的方式，就是一种不错的替代性选择。

（董　浩　庄　曦）

11.3　美国麻省理工学院的媒介教育与研究

2015—2016年，笔者在麻省理工学院(MIT)访学，虽然艰辛但收获颇丰。本节非见闻杂记，乃是一份学理思考。思考一：MIT是如何通过学科归属、专业及其课程设置、科研、教学等方面体现其对新闻传播学的理解的？思考二：MIT对国内新闻传播学的学科创新提供了哪些启示？

11.3.1　MIT有关新闻传播学的学科概貌

MIT中，没有任何一个院系与研究机构名称中包含"Journalism"字样，MIT倒是有含"Communication"字样的研究中心，但内涵与外延与国内新闻传播学科意义上的Communication基本无关。也就是说，MIT既没有独立设置的新闻传播学院也没有新闻系或传播系，也谈不上类似于国内的广播电视系、广告系、新媒体系等更细方向的专业划分。这一事实一方面与MIT学科与专业整体布局有关，就学院(School)层面，MIT全校仅分作五大学院，分别为建筑与规划学院，工程学院，人文、艺术与社会科学学院，斯隆管理学院，理学院；另一方面，应与MIT的学校定位及其对新闻与传播的理解更为相关，MIT可能并不认为新闻与传播具有科学意义上的学科合法性。

作为一座世界顶尖研究型综合大学，MIT素以高科技知识殿堂与研发基地著称，体现于新闻与传播学的安置上，MIT选择以"媒介(Media)"而非新闻或传播为重心。这显然是容易理解的。Media是信息载体、是技术，而以创新科技连接人与时空，是MIT一以贯之的方向。在MIT的院系及研究机构设置目录中，共有两个机构是以Media命名的，一个是隶属于建筑与规划学院(SA+P)的"Media Lab"，另外一个是隶属于人文、艺术与社会科学学院(SHASS)的"比较媒介研究与写作系"(Comparative Media Studies/Writing，以下简称CMS/W)。MIT相关于新闻传播学的教学与研究基本都生发于这两个名字含Media字样的机构。

在分别对Media Lab和CMS/W作具体描述与分析之前，首先说明下这两个机构本身存在的关联和两个机构各自对Media这个概念的处理差异。Media Lab和CMS/W有实实在在的关联，首先，CMS/W 系的不少学生参与到 Media Lab 的项目组和研究中心，另外，两个机构有一个与新闻传播学相关、归属于 Media Lab、名为公民媒体（Civic Media）的合作研究中心。下文会对该研究中心作专门介绍。关于 Media Lab 和 CMS/W 的差异，大致可从对 Media 概念的理解与处理体现出来。尽管两个机构名称中都包含 Media 字样，但 Media Lab 之 Media，远超出传统新闻传播学范畴内的媒介认知，表达的是“万物皆媒”的观念。因此，Media Lab 将大量非传统新闻传播学范畴内的媒介作为研究对象，且研究重点是媒介技术的应用与开发。相较而言，CMS/W 的学科方向则相对接近于主流新闻传播学的路径，既关注媒介技术创新，也不偏废媒介信息传播。不过较之国内新闻传播学，无论是课程设置、教学方式还是学生专业或研究兴趣，CMS/W 都更具创新性和视野的开阔性。以下我们将分别介绍 Media Lab、CMS/W 及其合作机构公民媒体研究中心。

11.3.2 Media Lab 及其对国内新闻传播学的启示

国内新闻传播学界对 Media Lab 并不陌生，这或许跟那栋华人设计师贝聿铭设计的大楼 Wiesner Building 有关，也或许跟 20 世纪 90 年代 Media Lab 创始人尼葛洛庞帝的《数字化生存》在国内的出版及其热销热评更为相关。不过，多数人并不知道 Media Lab 有一个学科方向的名称——媒介艺术与科学（Media Arts and Sciences）。这个名称基本体现了 Media Lab 对于媒介的理念，我将这种理念概括为：其一，媒介既是艺术也是科学；其二，媒介的创新程度取决于科学与人文艺术的融合程度。

目前 Media Lab 的负责人是伊藤，据说是一位行事风格不同于创始人尼葛洛庞帝的大学未毕业的日裔多领域企业家与科学家。企业家和科学家合一的身份恰好与 Media Lab 的运行方向与机制是一致的。与其说 Media Lab 是一个学术科研机构，不如说是一个科研公司、一个具有世界一流科研能力和组织运营能力并终究以关怀人类生存命运为使命的科研孵化与经纪公司。Media Lab 在全世界有多个合作级别很高的会员公司（Member Companies），这些公司的会员资格通过赞助、项目资助与合作等方式取得。会员公司能获得包括知识转移、商业合作、知识产权优享、学生招募等各个级别的权益。

Media Lab 目前有 26 个研究团队负责的 450 多个在研项目，从治疗神经系统疾病的数字技术，到世界上第一个“智能”动力踝足假肢，其研究兴趣集中于可以从根本上改善人类生存方式但未被提出的研究问题。这里需要对世界上第一个“智能”动力踝足假肢的创造者稍作并非多余的介绍，以利于我们更为直观地理解 Media Lab 的理念和运作方式。这位创造者是被《时代杂志》誉为“仿生时代领导者”的赫尔，他是 Media Lab 26 个研究团队之一生物机电一体化项目的负责人，他因多项开创性研究成果获得过多个世界级研究奖项，而他的研究方向与所有研究成果很大程度上源于他是一位截肢者。这位从小立志成为世界最伟大登山运动员的科学家，在一次登山过程中因为严重冻伤而失去了膝盖以下双肢。这一事故直接导致他选择之前从未考虑过的读大学道路，而后用科技实力造福于自己和整个人类。无论是赫尔，还是大学未毕业的伊藤，这些不同寻常的科学家是组成 Media Lab 风格的重要元素。

限于篇幅，这里有针对性地选择 Media Lab 中与社交网络、大数据、社会互动(包括人机互动)、传播媒介等主题相关的团队与研究部门作简要介绍与分析。主要包括：个体机器人(Personal Robots)、病毒传播(Viral Communication)、可扩展合作(Lab for Scalable Cooperation，LSM)、人类动力学(Human Dynamics)、共同学习(Collective Learning)、社交机器实验室(Social Machines)6 个研究团队，并重点介绍公民媒体(Civic Media)研究中心。

个体机器人团队的使命是创造具有“生命”存在能力的机器人生物。传统的新闻传播学研究人的传播，而在人工智能从弱阶段向强人工智能发展的当下，人类与机器的互动已然成为新的传播范畴，传播学将其纳入自身研究领域是迫切的和明智的。这可以扩展传播学学科边界，更重要的是未来的人类传播研究必然与人工智能发生关系，而研究人机传播恰恰是为了更有效地实现人类传播功能。在个体机器人团队中有一个名为“评估人体与社交机器人的关系”的研究项目较能体现未来传播学可能的“人机传播”研究方向。这个项目主要聚焦于探索儿童与陪护机器人的关系随着时间的推移如何发展，寻求并验证表征和衡量这种关系变化的方法，以利于儿童与机器人长期的良性互动。

病毒传播团队的口号是“创建随用户创造性而发展的可扩展技术”。这个研究团队较多关注个体节点的传播及其相关技术，比如非金融区块链技术等。以下通过简单介绍该团队一个研究项目以窥其研究内容与方式之一斑。这是一个名为“选举 ARG”的实验项目，这个项目针对美国中期选举时公民投票率低的问题设计开发了一款游戏，游戏采用积分激励的方式鼓励人们去影响他们的朋友参与投票。ARG 是一种依托于真实世界故事的交替式虚拟现实互动游戏，“选举 ARG”研究项目试图测试这种游戏机制是否可以激励游戏玩家影响他们的玩伴以解决真实世界里选举投票率低的问题。这个研究项目对于国内新闻传播学的启示主要体现于：采用虚拟现实技术，打通真实与虚拟界限，整合出服务于真实而重要的社会命题的传播路径。

可扩展合作团队的主要研究命题是研究、设计和评估社交媒体与人工智能这两种技术手段如何重构人类交往与合作能力，这与前面两个团队的理念与研究兴趣基本一致。该团队研究项目之一“PlusMinus(正负)”研究社交媒体与人工智能相关技术对社会中最易受伤害的群体可能产生的负面影响，这个研究可服务于相关技术的设计与评估，从而实现技术的更为公平积极的社会影响效果。可扩展合作团队及其研究项目对于国内新闻传播学创新的启示，主要在于大数据与新闻传播学学科创新的关系方面。在培育数据分析等工具性使用能力的同时，我们更应关注这些功能技术手段如何才能真正服务社会弱势人群并尽可能体现人文价值。我们关注数据，不能限于技术关注，而应更多地关注数据后面的社会伦理。

人类动力学是一个关于计算社会科学的创新团队。该团队拥有一个现实共享数据平台，提供可供下载的名为 Reality Mining 的数据集，后者主要是团队采用特定数字设备合法采集的人们在公共场合留下的、源于手机或其他数字媒介的、常常被称为数字面包屑的数据集成。该团队收集和分析数据的能力极强，通过自采集数据甚至可以创建一个城市中每个人互动节奏的可视图。总体来说，人类动力学团队的研究领域集中于社交媒体对商业、公共健康、社会治理等多方面的影响。该团队有一个名为"不平等图集"的与马德里卡洛斯三世大学数学系合作的研究项目。这一项目使用城市中不同区域访客的位置数据用以估算他们的收入，得出不同区位访客收入不平等结论，且通过制定区位不平等矩阵以获知不同区位访客收入不平等的程度。人类动力学团队学科视野极其开阔，他们倡导的计算社会科学研究，包括数据技术、计算机科学、社交媒体应用、数学等学科在内的、旨在更科学更细微呈现社会不平等的跨学科领域，是新闻传播学发展值得借鉴的一个创新方向。

共同学习团队的研究聚焦各类社会群体的知识学习和积累方式，并创建多种促进群体共同学习和数据分析民主化的工具。共同学习团队的口号是"将数据转化为知识"，可见其研发同样基于大数据。这个团队以开发数据可视化大型引擎而闻名，这些引擎工具实现了将数据转化为知识和故事的功能。

社交机器实验室是一个典型的跨学科实验室，这个实验室研究成员的学科背景包括机器学习+人工智能、交互设计、认知科学、儿童发展+学习、新闻、营销、法律等。他们使用自然语言处理、网络科学、机器学习和用户体验设计来分析和建造工具，以促进人类网络中更深层次的学习和理解。考察 LSM 对 Twitter 上真实和虚假谣言传播的建模项目，这一研究对国内新闻传播学创新的启示在于：大数据分析若仅依靠软件自带的普遍性功能，而不能通过编写有针对性的代码及建立有价值的分析模型。这种数据分析基本只能限于描述性而无法实现探索性和解释性的功能。要实现这种更深入的研究功能，跨学科思维和相关人员配备是必不可少的。

Media Lab 所有研究机构中与主流新闻传播学关联最为紧密的是公民媒体中心（Center of Civic Media）。

按公民媒体中心基本研究状况，与其说该中心研究既有公民媒体，不如说是探索能服务于公民的各类媒介的开发和使用可能性。中心网站上没有明确界定公民媒体概念，也许他们是将所有能为各类共同体和公民提供公共信息服务的载体都归为公民媒体。这个中心的使命就是设计和开发适用于不同共同体需求的信息与知识载体或工具，帮助共同体收集和共享信息，并将这些信息与社会行动联系起来。而在设计开发之前，中心会与共同体紧密合作，了解共同体的需求及其自身信息系统的优势，之后多采用协作设计开发原则与共同体一同进行开发。

关于公民媒体中心的研究使命，通过设想一个可供国内借鉴的技术使用场景来更为形象地阐释。想象我们每一个城市都可以设计开发这样一个公民媒体，这个媒体的运营主体可以是政府也可以是非政府组织或有赞助人的私营公司，这一媒体收集城市公共设施中随时随地可能出现的各种问题的信息，比如，某一十字路口红绿灯时间设置的不合理、某条公路中已影响过往车辆行驶的一块路面的残损状况等。这些信息由过往市民采用移动终端实时实地上传到该媒体平台的方式集成。城市相关行政机构可以通过这种方式收集相关信息以更高效务实地服务于城市管理。

限于篇幅，本节不再对公民媒体中心具体研究项目作介绍，以下重点介绍该中心设计开发并可用于全世界研究者和社会行动者免费使用的公民媒介使用与研究工具 Media Cloud。

Media Cloud 是公民媒体中心较早时期开发的、与哈佛大学法学院伯克曼互联网与社会研究中心的合作项目。这是一个完全免费的、开源的、开放的研究媒体生态系统的数据平台，用于存储、检索、可视化和分析在线新闻。目前该工具汇总了全世界 100 多个国家、5 万多个包含西班牙语、法语、印地语、中文、日语等 20 多种语言在内的新闻来源数据。同时，为了对媒体生态系统进行更为深入的分析，Media Cloud 还可以选择收集超链接、Facebook 共享和 Twitter 共享等数据。

实际上，Media Cloud 的基本工作原理并不复杂，它的价值更多地在于其为全世界提供的完全免费和开源的平台与工具，其核心引擎及其相关源代码在 GitHub 上都能找到。并且，该团队承诺实现尽可能多的数据共享，用户开源访问拥有他们所有数据并可将其下载到自己的 PC 端。尽管由于版权限制，他们无法提供实际的新闻内容，但提供给用户可以自查内容的完整的 url 列表。此外，用户还可以通过 Sources 工具建议该项目组添加目前不包含在现有数据库中的一个或多个数据源。

以上通过六个研究团队和一个研究中心的具体论述，呈现了 Media Lab 与新闻传播学科研创新相关的内容。关于教学或专业人才培养方面，Media Lab 不承担本科生培养项目，只招收和培养媒体艺术与科学（MAS）方向的硕士和博士。每年约接收 50 名研究生候选人，学术背景从计算机科学到心理学、建筑学到神经科学、机械工程到材料科学等。这样的招生模式和取向与国内新闻传播学的培养目标与方式差异很大。在当下媒介环境中，新闻传播学的人才培养若不打破原有学科边界，仍固守传统媒体年代的培养理念，必然会与社会相应人才需求产生巨大落差，从而影响整个学科发展的命运。

11.3.3　CMS/W 及其对国内新闻传播学的启示

除了 Media Lab，CMS/W 系是 MIT 另外一个可为新闻传播学创新发展提供启示的部门。CMS/W 与 Media Lab 有较多人才培养与科研项目的交叉合作部分，比如前述中的公民媒体中心就是两者的合作科研机构。限于篇幅，以下同样基于为国内新闻传播学学科创新提供启示这一前提，有选择地介绍 CMS/W 的学位培养和课程设置两方面的内容。

1. 学位培养

CMS/W 提供学士学位与硕士学位的培养方向，目前没有博士学位招生计划。在学位授予方面，CMS/W 和国内新闻传播学的学士和硕士培养最大的差异是前者只提供理学学士和理学硕士学位，不同于后者的绝大多数面向文学硕士的培养机制。具体来说，CMS/W 的学士学位有 6 个专业方向，分别为比较媒介研究、创意写作、科学写作、数字媒介、人文与工程、人文与科学；CMS/W 的硕士学位有两个专业方向，分别为比较媒介研究和科学写作。

无论是本科还是研究生教育，CMS/W 的培养目标如他们的对外宣言——培养能够理解媒体变化动态的“思想者”，并将他们的见解应用于当代问题，即致力于了解媒体技术及其用途如何丰富区域、美国和全球的个人生活，致力于开发创新媒介以满足 21 世纪不同共同体的需求。这些“思想者”可能是媒体从业者、学者、艺术家或其他。在培养“思想者”的方式上，CMS/W 强调无论是本科生还是研究生教育都围绕实验室和团队合作组织课程，参与媒体实践，与 MIT 的各类项目进行合作以整合各个层面的知识与人才，将教育成果应用和扩展到工业、艺术和公共领域，另外，需在学习研究和实践过程中深刻理解媒介研究的核心并不是纯粹的技术问题，而是社会和文化与技术的互动问题。

2. 课程设置

如 CMS/W 系名所示，该系总体包含比较媒介研究和写作两个学术方向，每个学位专业方向的课程设置都囊括于这两个大方向。需要说明的是，CMS/W 这两个方向的课程同时面向本科生和研究生，但后者(Graduate Version)需要完成额外的学术任务。由于写作方向的多数课程与当前国内主流的新闻传播学方向关联度不够紧密，本节仅介绍(但也不面面俱到)比较媒介方向的课程组合相关内容。

CMS/W 比较媒介方向的一些基础课程与国内相关专业课程相似，比如媒介研究导论、媒介理论与方法、视觉设计等，但绝大多数课程与国内新闻传播学的课程设计有很大差异。依据 CMS/W 最新教学大纲中的课程组合内容，笔者将对当下国内新闻传播学创新发展有借鉴意义的课程归为四类，分别为艺术、人文与数字技术；教育与技术；社会变革与技术；美国与全球历史、文化与媒介。限于篇幅，以下仅介绍第一类和第二类。

(1)艺术、人文与数字技术。"数字人文"是 MIT 人文艺术与社会科学学院的重要学术方向。CMS/W 有多门课程与这个主题直接相关。如，"幻像媒介：基于计算机的艺术理论与实践"、虚拟现实与沉浸式媒体制作；媒体产业与系统：游戏的艺术、科学与商业；艺术与人文中的应用媒介技术；数据叙事；数字人文：主题、技巧与技术；设计交互：媒体与移动技术；艺术与人文学科的探索性编程、技术与体验等。同样限于篇幅，以下仅介绍个人认为最具代表性的几门课程。

①艺术与人文学科的探索性编程。该课程涵盖编程的基础知识以及编程实践，探讨计算化思考方式、计算化与媒体的互动，以及如何将计算化理解为文化的一部分。②艺术与人文中的应用媒介技术。该课程引导学生使用新媒体技术设计和开发新的路径用以创造艺术和人文学科的新内容。学生们通过团队合作，从移动数据、公民媒体、数字人文和游戏原型等多种方法中选择一种来创建新的媒介，从而探索及理解当代媒体技术的快速扩展。学生需要阅读艺术与人文的经典读物、当代批评、设计作品等方面的内容。③数字人文：主题、技巧与技术。该课程探讨在新兴的数字人文领域中使用计算方法的理论和实践，通过考察既有相关研究，结合为学术、教育和公共需求而进行的实际项目，发展对数字人文核心概念的理解，如数据表征、数字档案、信息可视化和用户交互等。④技术与体验。该课程介绍技术的"内在历史"，即技术如何从社会学、心理学和人类学的角度影响人类经验的亲密方面。课程具体主题各不相同，包括互联网如何改变我们对时间、空间、隐私和社会参与的体验；娱乐媒体如何影响注意力、创造力、美学和情感；可穿戴和纺织技术的创新如何重塑历史和身份观念；药物如何重塑身份、情绪、痛苦和快乐等。

(2)教育与技术。"教育技术"一度在国内归属于新闻传播学学科，但后来大多划归教育学。这一变迁使得传播学与媒介研究基本失去了人类传播现象中至关重要的教育传播主题研究的合法性与必要性。而 CMS/W 立足于传播学与媒介技术学科视野，安排了大量关于教育理论与实践、技术与技巧的课程。在全世界一流学府的传播与媒体专业培养方向中，教育主题占了很重的分量，这也跟MIT提供的一个从幼儿园到高中毕业的"K-12资源"的重要的教育实践方向有关。

关于教育与技术相关课程，首先，大纲中包含两门教育概论课，名称分别为"教育概论：展望与回顾教育"和"教育概论：理解与评估教育"。这是对从幼儿园到高中毕业整个阶段的数学和科学教与学的两门导论课程。两门课程各有侧重，前者更偏向教育与媒体技术的一般历史与现状，如教育与媒体、教育改革、教育的历史，模拟、游戏与数字鸿沟等，后者则更多偏重教学中的专业性技术与技巧，如学生的概念理解偏差、形成性评估、标准化测试、多元智能与教育技术等。两门课程都要求学生通过每周到学校参观、课堂讨论、精选读物、参与活动以获得实践经验，进而对历史与现实中塑造教育目标和管理教育过程的各种力量，以及教学的挑战与机会等，有审慎和广泛的理解。

其次，大纲中包含三门名称均为"教育理论与实践"的课程。"教育理论与实践(一)"专注于中学教学所需的核心技能和知识，主题包括课堂管理、学生行为和动机、课程设计、教育改革和教学专业。"教育理论与实践(二)"专注于与学生学习相关的理论和心理学，主题包括教育理论、教育心理学和学习理论。学生在指定的学校负责两个或两个以上班级的全日制教学。课程的重点是汇报和解决问题。"教育理论与实践(三)"的主题是教育心理学、学习理论、技术使用及其对提升学生学习有效性的评估。

再次，大纲中有专门关于教育类新媒体产品的研究设计与开发的课程，如，"教育技术""学习类游戏的设计与开发"等。"教育技术"课程是指使用媒介和技术为学校、工作场所和非正式环境开发新的学习体验形式。学生通过参与一系列项目提升对学习科学性、教学设计、开发和评估等方面的理解与技能。该课程的学习与研究主题中包括为大规模在线公开课程开发新媒体和活动，为专业和人文领域的从业者创造实践空间，以及在复杂的学习环境中开发新的评估方法等。"学习类游戏的设计与开发"课程主张让学生沉浸在构建和测试自己的数字游戏和棋盘游戏的过程中，以便更好地理解如何从游戏中学习这一主题。课程探讨与基于计算机(桌面和手持)和非基于计算机的媒体相关的研究和开发问题，以及课堂中的游戏设计和使用问题。在游戏开发过程中，学生可以检查人们从游戏中学到了什么以及如何从中学习(包括产品的实地测试)，以及在教育环境中如何实现游戏。

11.3.4 结论

综观Media Lab 6个研究团队、一个研究中心和CMS/W系的研究领域与焦点、人才培养方向与方式等方面信息，其能为国内新闻传播学的创新发展带来的启示大致如下：

1. 极端强调科研与教学中的多学科、跨学科，甚至反学科视野

Media Lab 自述其超越已知的界限和学科，倡导独特的反学科(Antidisciplinary)文化，鼓励看似不同研究领域的非常规合作，这些对研究人员的跨学科思维与多学科知识结构提出了极高的要求。事实上，Media Lab 的多数科学家和研究人员具有跨越多个学科领域的知识构成与学科背景。而 CMS/W 同样也时时强调"跨学科(Interdisciplinary)"的重要性和相关要求。一直以来，国内新闻传播学忽视跨学科视野，尤其是与自然科学的交融更为缺乏。在新媒体日新月异的今日，这一现状亟待改善，通过跨学科创新以深化新闻传播学的学科合法性。

2. 重视大数据开发的人文价值

从前文对 Media Lab 和 CMS/W 论述中我们可以发现，这两个机构几乎所有研究项目都与大数据开发相关。我们甚至可以说，所有研究项目的想象力、创新性与人文关怀正是大数据本身蕴含的想象力、创新性与人文关怀。国内新闻传播学的大数据分析主要用于舆情研究，更多的大数据价值与意义有待开发，而这种开发则基于对人文社会科学的学术洞察力、深切的人文关怀和开阔的问题视野。

3. 创新性工具的研发与使用之于科研与教学的价值

无论是 Media Lab 还是 CMS/W，无论是科研项目还是教学中的实践应用部分，研究开发并使用创新工具是 MIT 的突出特征。工具创新及其创新思维本身带来了研究与教学的创新。国内新闻传播学需尽快培养这种创新思维，整合跨学科力量有条件地实现工具创新。

4. 创新科研与团队合作

当代科技研究，无论是自然科学还是社会科学，单打独斗有很大的局限性，真正能对社会产生影响的社会科学研究成果常常需要团队的有机合作。MIT 的媒介研究几乎都采用来自于多个学科背景成员的团队合作模式。这一点同样与国内很多新闻传播学研究者及其研究方向有很大差异。新闻传播学总体作为一门应用性社会科学，无论是理论研究还是应用研究，都需要注重社会影响效果，包括观念影响效果和技术工具或实物的影响效果。

5. 科技的底色是人文

这一启示不仅来自于 Media Lab 和 CMS/W，更来自于整个 MIT 与这个世界的关联。

同时，这一启示也不仅针对国内新闻传播学，对所有科技的创新研发都具启示意义。人文之于科技的意义，除了前者是后者的目的这一终极目标，就具体研究言，人文也是科技创新的源泉。MIT大量研究项目的创意正是涌现于自觉的人文关怀的价值立场。

（金萍华）

11.4 美国伊利诺伊大学的传媒教育①

伊利诺伊大学是美国新闻传播教育的发源地之一，经过长期的发展变革，形成了一套成熟又鲜明的新闻教育模式，学科体系健全，培养模式成熟，办学特色鲜明，教育保障完善，并根据媒介环境的变化进行与时俱进的变革，值得我们参考和借鉴。本节基于亲身调研和实地体验，结合档案资料，探析伊利诺伊大学传媒学院的新闻传播教育模式，以期对中国新闻传播教育有所启发。

11.4.1 悠久的历史和鲜明的办学目标

伊利诺伊大学传媒学院是首批由新闻和大众传播教育认证委员会（ACEJMC）认证的项目之一，目前也是被认证的新闻和大众传播的119个教育项目之一。伊利诺伊大学新闻传播教育历史悠久，早在1902年，英语系就开设了新闻写作课程，这是其新闻教育的滥觞。20世纪20年代初，尽管没有正式提供新闻专业的学位，但已经自称新闻专业。1927年4月，伊利诺伊州立法机关通过一项法案，成立了伊利诺伊大学新闻学院，其中包括广播部（WILL，现在称为伊利诺伊公共媒体）。1946年，被誉为广告教育之父查尔斯·桑德奇（Charles H. Sandage）来到伊利诺伊大学，创办广告教育。1947年，后来被誉为传播学集大成者的威尔伯·施拉姆，从爱荷华大学来到伊利诺伊大学，创建了世界上第一个传播研究所。自此，传播学成为一个新的、有价值的学术领域。后来伊利诺伊大学吸纳了一批著名学者在此任教，如传播政治经济学的奠基人斯麦兹和席勒、法兰克福学派代表人物阿多诺、电视研究学者乔治·格伯纳等。1950年，在新闻史专家弗雷德里克·西伯特（Fredrick W. Siebert）的领导下，新闻学院更名为新闻与传播学院（School），下设新闻学、广告学和广播学系。1957年，更名为新闻与传播学院

① 本节源自江西省教育科学规划课题“大学生新媒介素养教育的实证研究：理论、实践和评估”（16YB013）。

(College)。1959 年，广告系成立。1963 年，传播研究所脱离研究生院进入新闻与传播学院；1968 年，更名为传播学院。1984 年，在著名学者詹姆斯·凯里(James W. Carey)院长的领导下，开设了媒体研究专业。1992 年，广告教育家金·罗佐尔(Kim Rotzoll)接替凯里担任院长。2008 年，为了与文理学院的传播系区分开来，学院更名为传媒学院，从两年制学院改为四年制学院。2009 年，媒体和电影研究系成立，2010 年，为了纪念广告系的创始人，广告系更名为查尔斯·H. 桑德奇广告系。2011 年，媒体学院与农业、消费者和环境科学学院联合成立农业传播项目，形成了现在传媒学院的格局。

伊利诺伊大学传媒学院一直以“大学应该培养未来的领导者”为目标，是 1945 年美国新闻与大众传播教育协会(AEJMC)第一批认证的新闻教育项目学院，它按照其认证原则开展新闻教育，恪守专业人士设定的行业标准，并把认真对待和维护这些标准视为媒体学院的一项重大责任。为了实现培养学生成为成功专业人员的共同目标，传媒学院与教师、员工、校友和雇主密切合作，遵循合作、创新和创造力的原则，以及传统的传播价值观，为学生提供知识和经验，指导学生发展核心能力和与时俱进的媒体技能。传媒学院相信媒体能够改变世界，认可媒体在民主社会中的中心地位，认为媒体能够促成充满活力的参与式文化，促进开明的公共决策；公平、准确、平衡和情境。传媒学院以学生为中心开展教育和学术研究，通过敏锐的媒体教育、尖端学术和专业的协同作用来满足日益紧密联系的全球社会的不断变化的需求，在教育中提供广告学、新闻学、媒体和电影研究的前沿的、变革性的经验。传媒学院的课程力图满足现实世界的需要，让学生能够为传播领域的富有成效的职业生涯做好准备，培养新一代从事广告、农业通信、传播研究、新闻学、媒体和电影研究以及公共媒体方面工作的领导者，培养帮助我们理解和适应不可预测和不断变化的媒体环境的人。传媒学院代表社会中的所有群体，开展人类探索和发明、实验和教育的工作，为下一代提供技能和知识，让他们了解我们周围的世界，吸取过去的教训，并推动人类前进。

伊利诺伊大学传媒学院取得了良好的办学效果，其排名在美国一直位居前 10 名，广告学专业一直位居全美前 4 名，传播研究所的博士项目位居前 5 名(据学院官方网站介绍)。学院毕业生有的在谷歌、Facebook、奥美等高科技公司和广告公司担任客户经理和战略师，从事公共关系、账户管理、企业沟通、市场研究和客户营销等工作；有的在报纸、杂志、电视和广播、网络等新旧媒体担任多媒体记者、创意文案撰稿人、制片、编辑和作家、网页设计师、政治顾问、演讲作家。许多行业领军人物从传媒学院获得了硕士或博士学位，毕业后获得了各种行业奖项，如普利策奖、艾美奖、皮博迪奖、水晶柱奖、专业新闻工作者协会第一名奖、道琼斯编辑实习奖学金、美国广告联盟“最有希望的多元文化学生”等荣誉，专业素养和职业技能得到了业界和学界的广泛认可。

11.4.2　丰富的办学项目和教学内容

在长期的办学过程中，伊大传媒学院在坚持传统教育理念的前提下顺应时代变革和行业发展进行与时俱进的革新，创办了丰富多样的办学项目、专业、学位点、课程内容，形成独具特色的新闻传播学教育模式和课程体系。传媒学院一直在促进课程、学术、教师和学生的多样化，既提供理论、历史和方法方面的基础课程，也允许个人灵活选择兴趣领域，力图让学生理解民族和文化的多样性以及大众传播在全球社会中的意义和影响。在多样性理念的指引下，传媒学院开设了丰富多元的项目和课程。传媒学院下设4个系所，建立了系统规范的广告、新闻、传媒和电影研究、农业传播的学士、硕士、博士学位课程。为了培养跨学科的人才，适应其他专业学生学习新闻传播知识的需求，开设有公关、新闻、传媒辅修专业和多种认证项目，使学生能够在一个领域或子领域获得额外的知识。传媒学院还结合伊利诺伊州的地域特色和本校的优势学科，开设了农业传播项目和短期认证课程。在课程设置发挥教学科研优势，经验课程和批判课程共存，体现主流经验研究之外的批判视野，课程贴近实践，但不依附于实践，保持新闻传播教育和科研的独立性。课程内容主题分散而多元，体现出鲜明的跨学科倾向；重视专业课程、前沿性课程，保持对行业发展的密切关注，讨论课程比重大，努力提高学生的自主学习能力。课程采取三位数编码，500以下为本科生课程，“1”开头是大一课程，基本上是导论课和通识课，如适应媒体学院、国外媒介研究。“2”开头为大二的课程，基本上专业基础课，“3”和“4”开头为高阶课程。500以上的为研究生和博士生课程。在教学方式上，强调师生之间和同学之间相互启发，课程大多数在媒体实验室或会议室的小型教学，在课堂学生与教授、同学之间进行讨论，并建立有终身性的联系。

1. 广告学教育

广告教育是伊利诺伊大学传媒学院的特色专业，直至今日仍然崇尚创办者“桑迪奇之路”，认为行业未来的愿景是建立在理论和基础课程之上，课程内容强调“广告的原因”，而不仅仅是“如何做”。广告系的课程提供行业必不可少的理论、研究和战略决策技能。学生既要了解广博的广告形式，又可以选择感兴趣的领域。广告系的学术反映了广告行业的多元文化影响，对广告中的性别和文化的理解，以及少数群体的内隐态度和范型。广告系采取循序渐进的培养方案。第一年接触广告业的结构、语言、机遇与挑战，第二年学习广告行业的工具和手段，第三年应用行业工具解决现实世界的广告问题，第四年识别和深入探索一个专业化的领域。

广告系与商学院开设有特色硕士学位项目——战略品牌传播硕士（MS Strategic

Brand Communication)，目的是教导学生在商业化的社会利用先进的新兴媒体和技术传播品牌信息，为学生提供当今的数字世界中推动增长所需的市场营销和广告知识。该学位由商学院工商管理系和传媒学院广告系联合创办，课程内容结合传统商业、市场营销和广告硕士学位的内容，以提升学生在不断变化的全球多媒体环境中战略引领、开发创新和综合解决方案的能力，让学生有效管理不同行业的品牌信息和内容，应对新技术、新兴媒体和市场趋势，精通商业管理、领导和协调成功团队，成为整合营销和广告传播的全球品牌领导者。该学位要求学生完成32个学时的课程——16个小时在广告/媒体系，16个小时在工商管理系。该项目还提供了非学位学习项目，包括三个认证证书和课程项目。广告系还与伊利诺伊大学法学院和吉斯商学院提供双硕士学位课程。

广告系还开设了公关辅修项目(Minor in Public Relations)。公共关系在美国和全球都是一个不断发展的领域，提供了大量工作岗位需求，广告系也相应地开设了公共关系辅修项目。该项目主要帮助组织运用传播策略来发展和维持与利益相关者、内外公众，如员工、记者和博客作者、投资者和捐助者之间的地理和虚拟关系。公关辅修得到了大学的充分认可，其课程会列在正式的大学成绩单上。公共关系辅修要求学生必须完成3门公共关系和新闻基础课程(9学分)：新闻业、公共关系导论、公关策略，并完成下列公共关系或媒体写作课程(3或4学分)：公共关系写作、跨平台新闻采写、传播公共政策。学生必须完成两门公共关系或说服方面的高级主题课程(6学分)，如广告和社会、专题、说服消费者反应、媒体和你、危机交流、专题、劝说策略、宣传和现代社会、健康传播活动。最新的“公共关系高级主题”的专题课程是：体育和公共关系。

另外，广告系设有媒体销售证书项目，旨在培养从事媒体营销行业工作的人才。该项目接受伊利诺伊大学的所有本科生申请，不限专业。被录取的学生将完成15学分的媒体销售课程，完成后将获得媒体销售证书。开设的课程有：媒体销售导论、销售管理、高级媒介销售、说服写作、实习/个人研究。

体育传媒是当今最流行、最活跃、发展最快的产业之一。媒体技术的变革正在改变我们思考和参与体育的方式，新媒体创新营造了运动员、球迷、联赛、城市、活动和广告之间的新关系。体育媒体证书要求完成15学时的学习，必修课程包括：体育媒体、技术和文化、体育新闻学、体育公关。且在如下课程中选修两门：创意和信息经济、流行文化、媒体业务的主题、现代社会的体育、案例研究、体育管理、运动媒体行业沉浸、体育媒体实习。该项目还包括一系列高级主题课程，为学生体育媒体行业工作奠定了实用基础。

广告系也招收博士研究生，挂靠在传播研究所内，按照传播研究所博士学位的要求进行培养。

2. 传媒与电影研究系

传媒与电影研究系(以下简称传媒系)将媒体研究和电影研究组结合成一个充满活力的专业，来应对当代全球形势的挑战。传媒系围绕当代业界最核心的问题开展探索和教育，如媒体和电影如何促进我们对世界的理解？学生如何为媒体的创作作出贡献？传媒系认为批判性的媒体素养技能以及对电影和媒体历史的理解有助于培养更加明智和积极的公民，致力于帮助学生熟练地认知今天和未来不断变化的媒体前景，为学生提供灵活的技能。传媒系的跨学科课程强调合作、创造性地解决问题，教育学生了解所使用媒体以及制作自己的复杂媒体，力图让学生毕业时具有历史、理解和分析技能，成为媒体行业和在许多行业中灵活和有竞争力的劳动力。

传媒系的学士学位项目的核心课程包括：当代电影、创意与信息经济、媒体历史、大众文化、媒体的社会层面。还需要在如下主题领域选择2个附加课程：电影研究，媒介工业与文化，差异和权力，科学、技术与可视化，全球媒体与电影，体育媒体，媒体制作、设计与研究。四年级时选择一门400级专业课程，还需要选修5个学时的传媒学院的课程和9个学时的其他学院的课程。电影系开设有研究生辅修专业，要求修完两门课程：电影历史地理学、电影理论。还可选修一些课程，如流行电视电影介绍、纪录片导论、世界电影调查、世界电影、电影文化、电影理论与批评、电影节等。

传媒系设有媒体制作的认证项目，汇集了媒体和电影研究系的优势以及全校媒体专家的专业知识，为学生提供了媒体制作人所需的理论、经验和技能，旨在帮助学生发展媒体工作知识和技能，使学生学习如何运用电影、电视和新媒体的知识和鉴赏力来制作媒体内容。学生既要了解数字工作流程中视频制作的技术和责任，还要参与和媒体制作相关的学术讨论，如：知识产权、版权和合理使用，媒体的产业组织，媒体制造商的结构权力，数字分发，窄播和市场细分，受众研究，跨媒体叙事等。必修课程包括：电视和流行电影介绍，当代媒体素养，研究电影/媒体制作、高级媒体/电影研究，高级媒体实习或个人研究项目。还包括一些媒体制作技巧的选修课：智能手机影院，个人摄影，新媒体、社会和文化，内容创建、专题—基本视频制作和视频故事，互动和沉浸式媒体的合作，视频制作等。

传媒系也招收博士研究生，在传播研究所内按照传播研究所博士学位的要求进行培养。

3. 新闻学教育

新闻系延续美国新闻学教育的传统，相信新闻的重要性和力量，以及公正、准确和负责任地实践新闻的必要性，传授在这个世界上成功的新闻技能和基本价值观，为下一代的记者传递火炬。新闻学士学位课程开设4门核心课程包括：新闻学概论、跨平台新闻采写、多媒体报道、媒体法，共16个学时。另外，在美国新闻业、新闻经典著作中选择一门，共3个学时。在以下课程中选择4门：公共事务报道、新闻编辑、音频新闻、视频报道与讲故事、多媒体编辑与设计、视频故事制作，共16个学时。在媒体与舆论、新闻学研究方法中选择一门。还需选修传媒学院课程51~52学时，传媒学院外的课程72~73学时，如计算机导论、微观经济原理、宏观经济原理、心理学导论、写作和研究、社会学导论、统计学等。课程编号为200或以上的至少为20小时，其中9门必须在编号为300或以上的高阶课程。

（1）新闻辅修。新闻工作技巧在许多职业中都有用武之地，如分析数据、新闻采访、评估信源、编写内容等。新闻辅修课程旨在帮助学生探索新闻业在民主社会中的作用，并评估新闻业如何履行其社会责任来参与、启迪和赋予公民权利。新闻辅修课程可使学生能够参与不断变化的媒体传播和消费世界，提升新闻技能。新闻辅修需要至少修完18学时，至少6门是高级（300或400）级课程。4门必修课程是：新闻报道、美国新闻史、新闻伦理与多样性、媒体法。在以下课程中应选修两门：跨平台新闻收集、媒体和你、体育新闻报道、编辑出版、媒体和舆论、新闻研究方法、新闻学经典著作、危机传播、宣传和新闻媒体、国际报告、科学新闻、沉浸新闻、调查新闻等。

（2）新闻硕士教育。新闻硕士学位通过动态和实践的系列课程，为毕业生为迅速变化的传统媒体和数字媒体做好准备。学院安排了享有盛誉、经验丰富的从业者和学者，在调查和沉浸式新闻、新闻策划、科学写作、社会媒体、道德和数据分析以及可视化等领域提供了广泛的学术和技能指导。新闻系提供两种研究生学位：新闻科学硕士（Master of Science，M. S.）和新闻专业硕士（Master of Journalism，M. J.）。M. S. 提供独立的学位或与学士学位相结合；M. J. 则只与新闻学士学位结合。这两个学位的关键区别是广度与深度：想选修尽可能广泛的专业技能课程的学生应该选择M. J.，而想在新闻学特定领域专攻的学生或者想选修更多理论课程的学生应该选择M. S.。M. S. 比M. J. 需要更多的学分和更多的理论课程。两种学位的录取都重视新闻理想，招收对新闻工作表现出浓厚兴趣的学术，奖学金和资助只适用于部分新闻科学硕士生。专业硕士学生不得享受助学金或其他学费豁免待遇。

4. 传播研究所的博士教育

传播研究所是传播学集大成者施拉姆建立的不同于与传统学术部门的跨学科研究机构，一直坚持着核心的传统：在日益全球化世界中批判性地阐释知识，开展集中、多学科的研究计划，探讨强大而未被充分理解的社会和技术力量，创造有生命力的、可持续的学术。该研究所被视为跨学科传播项目的领导者和典范，一直处于传播研究的前沿。该研究所广泛汲取社会科学和人文学科，在研究方向上开拓了新的方向，成为一些著名的媒体和传播学者的家园，吸引了世界各地的大学毕业生和访问学者。毕业生在新闻行业、政府、非营利机构和非政府组织中都有所作为。传播研究所以跨越既定学科的界限，借鉴人文、社会科学研究和文化解释传统以及批判性探究精神的整体知识遗产，塑造卓越的想象力和严谨的学术标准为培养宗旨。传播研究所的研究主题广泛，如广告和消费者研究，文化研究，民主、社会公正和媒体，全球/国际传播，媒体伦理，新技术和新兴媒体，媒体的政治经济学，种族、种族和性别，科学和医学的社会和文化研究，女性主义媒体研究等。博士生的主干课程包括：传播研究方法、传媒与社会、政治传播、传播伦理与法制。阅读和讨论课占的比重大，包括：传播学前沿专题、传播学经典导读、研讨会、跨文化传播、传播政治经济学和文化研究、传播技术哲学、传媒与民主、媒介与社会等。

在申请方面，任何具有学士学位或硕士学位并具有人文、社会科学或自然科学方面的丰富背景的学生都有资格申请博士学位，不需要资格考试。所有申请入学的学生必须提交入学申请书以及证书费用、所有本科和研究生课程的成绩单和所获成绩、三封推荐信和研究生成绩单。博士学位至少需要 96 小时学分：64 个课程时和 32 个论文学时。至少 64 个学时在校园的课程上获得。学生必须完成 8 个学时的研究方法课程，在定量和定性方法中任选一种。除了媒体学院教授的方法学课程之外，鼓励学生在其他学院选修定量或非定量方法的相关课程。学生在项目评估委员会的成员和教职员工的指导下设计课程计划，并提交给学院项目评估委员会批准。博士论文 32 学时，要求博士候选人在在传播和媒体研究领域写作一篇原创的专题论文来证明独立研究的能力。学生与导师协商时，在一个由四名教员组成的委员会进行初步面试。课程完成后，学生进行笔试，获得每个考官的书面答复后，再提交开题报告，学生们进行 2 小时的开题答辩，然后开始撰写论文。论文完成后提交委员会进行最终的答辩，学生必须解释论文并回答问题，使委员会满意后获得博士学位。

5. 农业传播项目

伊利诺伊州是农业大省，伊利诺伊大学拥有全美最大的农学院，提供全美国最好的农学教育。在农业领域，具有科技专长的传播者短缺，需求持续走高。伊大传媒学院结合地域特色和学科优势，创办了农业传播项目。该项目毕业生的就业率高达百分之百，平均能拿到三个工作机会，或者进入竞争激烈的研究生项目。自 1961 年以来，伊利诺伊大学农业传播项目是美国唯一一个将农业和环境科学与新闻、广告、营销、多媒体传播等学科交叉的教育项目，该项目由农业、消费和环境科学学院(ACES，简称农学院)和传媒学院联合创办。农业传播项目提出“科学智慧+沟通悟性”的口号，关注食品、农业、可再生能源和环境的传播。学生从传媒学院的教师那里学习传播专业的原则和实践的同时，获得世界一流的农业方面的专业知识和技能，重点是食品、农业、能源和环境，使他们能够将农学的主题领域与传播技能和理论结合起来，并讨论当前趋势以及农业领域面临的问题。

农业传播项目的学术需要学习至少126学时，包括：通识教育要求、农业传播的要求、食品和环境系统要求、媒体学院的要求四个部分。除了大学通识教育的要求外，学生需要学习农业传播的核心课程，如农业与环境传播概论、农业与粮食传播、农业和环境摄影、农业传播的视觉原理、销售和说服传播、新兴媒体、公关信息宣传、环境传播、论文研究、环境社会运动传播。为了获得学位，必须完成食品和环境系统辅修课程，以及新闻学或广告学的专业课程。学生需要在食品和环境系统专业获得辅修学分，该专业提供技术科目，要求学生能够确地讲述有关食品、农业、能源和环境的故事。农业传播项目为学生提供各种交流和实习机会，如农产品市场营销年会、全国市场营销比赛、农业商业教育基金会等活动，使学生能够与遍及美国和加拿大的营销专业人士建立联系，并获得经验，帮助学生为职业做好准备。

农业传播项目还提供农业和环境传播认证证书，需要完成12~13个学时，帮助学生提高在生产、加工、营销、销售、消费、营养和健康领域所需的战略规划和沟通机能，更深入地了解食物、农业、生物可再生能源和环境。证书要求的必修课有：农业传播、公共信息宣传，并在以下课程中选择两门：农业与环境摄影、农业传播者的视觉原理、农业销售与说服传播、新兴媒体、环境传播、环境社会运动中的传播。该证书不会出现在官方成绩单上，只列出课程，能为简历锦上添花。

11.4.3　多彩的课外学习和活动

在实用主义传统的指引下，西方新闻教育历来重视实践的体验和操练，除了丰富校园和课堂教学外，伊利诺伊大学传媒学院还提供了丰富多彩的课堂外学习机会。几乎每个项目都会有国内外实践要求和机会。学生可以利用校内和校外的一些机会来拓展他们的课堂体验。在校园内和学院内部，学生可以通过多种方式参与和专业与职业目标相关的俱乐部、社团，参与研究和专业活动，在课堂之外获得宝贵的职业和生活经验。这些活动包括参加学术和专业会议、媒体峰会、线上活动、职业博览会，以及其他领导力研讨会和集会。这些活动大部分是由捐赠者、赞助商和基金会提供的，如美国报业编辑协会(ASNE)、全国农业营销协会(NAMA)、美国广告联盟(AAF)、伊利诺伊公共关系协会(Illinos PRA)、农业传播领导委员会(AGCM)等。许多学生通过特定的课程、荣誉学院和海外留学办公室获得出国学习的机会，了解最新的实践发展动态，接受权威从业人员的指导。

传媒学院所提供的国内外学习交流计划，被称为“媒体和广告沉浸”课程项目。该课程项目允许学生花一个学期的时间在国内外游学，在国内访问波特兰、洛杉矶、旧金山、亚特兰大、奥斯汀、纽约、波士顿和芝加哥，从行业领袖、校友以及企业组织那里直接了解职业机会。还需要一个学期在国外留学和旅游获得毕业所需的学分，包括西班牙、爱尔兰、奥地利、中国、英国、澳大利亚、瑞典等。还有国外短程学习集会，如参加法国罗谢尔纪录片电影节。在体育传播项目中，学生将访问一些著名的体育公司，如耐克、阿迪达斯、安德玛、哥伦比亚运动装、英特尔、莫达中心/波特兰开拓者、俄勒冈设计实验室、惠普、绿色体育联盟等，会见业界专业人士以及新兴的体育服装公司、体育场、动作体育场馆、广告代理，从各个角度了解体育和娱乐媒体的实践经验。

为了满足一些在职人员继续教育和提升的需求，传媒学院还为职业专业人士定制了在线课程，让职业人士获得职业发展中所必需的关键的战略性专业知识，在15个月内获得硕士学位而不中断职业生涯。

为了扩大影响力，传媒学院还面向社会，尤其是其他专业的学生开设了多个专业性的国内和全球媒体项目，比如360体育娱乐营，项目目标是强调有关体育文化、媒体和商务的理论和研究在现实世界的应用，以帮助学生作为媒体专业人员进入体育行业。课程内容涵盖了当前的行业状况和新兴趋势，了解与媒体在体育产业中的作用有关的组织、动态、关系和做法，了解体育传媒行业的发展趋势，建立与职业发展有关的技能和能力，体育媒体和体育媒体职业的未来方向，展示多媒体演示，培养对与媒体和体育产业有关的技能。

11.4.4　完善的激励和保障系统

美国高等教育有着成熟的保障体系，传媒学院结合专业特色建立了完善的激励和保障体系，既保障了新闻教育有条不紊的展开，也提升了自身影响力和吸引力。

1. 伊利诺伊新闻事业终身成就奖

为了扩大传媒学院的影响力，鼓励优秀的学生申请，传媒学院成立了伊利诺伊终身新闻成就奖，授予对公共新闻事业作出贡献、代表美国新闻事业最高和最佳成就的个人；该奖项以该领域最优秀的标准，把公众利益和公众意识放在首位。每一位获奖者都以其专业知识、个性和贡献，在业界打上了不可磨灭的烙印。获奖者将获得10000美元奖金，并在伊利诺伊年度晚宴上颁奖。直至今日，获奖者包括哥伦比亚广播公司“60分钟”的传奇记者迈克·华莱士、报道“水门事件”的《华盛顿邮报》执行编辑Ben Bradlee、电影评论家Roger Ebert等人。

2. 学生服务系统

为了保障学生学习计划的科学性和合理性，传媒学院设有学习顾问制度。学习顾问，一般由年长的学生担任，帮助学生浏览学术景观，确保学生的进步，最大化提升本科学习体验。传媒学院的顾问称为媒体顾问(Media Mentors)，从每年秋季和春季第五周的课程开始，媒体顾问会见传媒学院的学生，为即将到来的学期注册做准备，并提供一些建议。传媒学院大一新生在注册下一学期之前，必须先与学术顾问会面，未完成强制性咨询预约的学生将无法注册，选修传媒学院课程的其他学院的学生应该和他们学院的顾问交流。传媒学院还设有职业指导，帮助学生为实习、职业或申请研究生院做好准备。学生与媒体顾问通过电子邮件安排好见面时间，在规定的时间规定地点准时赴约，准备好谈论下学期的课程，并在顾问的指导下根据自己感兴趣的课程和要求，开展一些研究。

传媒学院采取灵活的教育机制，允许大学生在学习期间自由转专业，申请从每个学期的第四周开始。法律咨询服务(PLAS)向所有本科生提供指导，帮助他们了解法律职业，申请法学院，并准备攻读法学研究生。校园咨询与学术服务中心(CACAS)帮助学术规划未来，寻找机会，如工作兼职、实习和全职工作。

伊利诺伊大学设立有学位审核报告系统，这是一个课程资源管理器，每个学生可以访问每天更新的个性化学位进度报告，显示学位要求，可供选择的课程和已经选择的课程，让学生对自己的学习进度一目了然。

传媒学院为困难学生会助学金、助学金和学费和免税费等各种金融支持，帮助学生完成学业。

3. 规范的融资系统

为了长远的规划和发展，传媒学院2013年成立了领导委员会，为媒体学院提供筹款、宣传和管理方面的领导，协助实现学院战略目标。学院与才华横溢、充满活力的行业专业人士合作，以实现学院的近期和长期目标。

在美国的教育体制内，私人资助对于确保公立大学进步和创新至关重要。尤其是近年来，私人投资在联邦和州资金不确定的情况下变得越来越重要。国家支持的显著减少加上学费上涨使得私人捐助更加重要。为了适应媒体景观的不断变化，传媒学院必须灵活创新、迅速响应。接受捐赠是传媒学院基金的主要来源，它可以帮助招募和留住最好的教师和学生；传媒学院也通过捐赠基金建立学院的基础设施，支持教职员工、学生和学术项目。捐赠可以通过直接赠送、遗嘱遗赠或终身收入赠送(如慈善赠品年金或慈善剩余信托)。捐赠的金额要求不一，命名奖学金需 2.5 万美元，命名研究生奖学金需 25 万美元，命名的实践教授和研究教授需 50 万美元，命名主席需 200 万美元，命名院长需 500 万美元。讲座教授资格使学院在招聘和留住该领域最有才华的教职员工；实践教授资金则把行业专业人士带到学院和课堂上，进行短期和长期的教学。

传媒学院还建立了战略计划“为成功创造机会”，目标是大力招募和留住最优秀的学生和教师。传媒学院的校友联合成立了针对困难学生的挑战奖学金，招募和留住最优秀和最聪明的学生。斯克里普斯·霍华德基金会则为媒体销售证书项目的学生提供实习机会，开发他们的职业潜力。传媒学院还会资助创新研究，卓越的创新和研究资金将支持前沿性的课程、研究、行业合作和学生活动，促进与产业的跨学科合作和伙伴关系，并允许学院在新兴媒体领域作为创新和研究的领导者进一步脱颖而出。

传媒学院重视把实践经验融入课程的机会，接受社会力量和个人的帮助。在广告、新闻业、媒体销售、公共关系等行业的机构可以赞助实习项目，分享实习机会、工作场所的浸入式旅行和/或职业发展研讨会，为学生寻找尽可能多的“真实世界”体验，帮助学生以有意义的方式参与行业。学院也欢迎任何人在家或工作场所主持/参加一项活动。任何人都可以通过与一个班级或学生小组进行客座讲座或非正式交谈来分享专业知识，让学生听到校友的职业道路和成功。传媒学院每年都会举办活动，让校友与在校学生、未来的学生、教职员工建立联系。传媒学院还创造机会让学生与捐助者见面，推展学生社交，建立职业网络。

学院通过邮件、出版物、社交媒体等各种传播渠道与校友、社会机构保持密切联系，让学院分享校友和学生的新闻和故事，传媒学院在 Twitter 和 facebook 等社交媒体实时更新最新资讯和动态，发布重要议程教职员工、校友的获奖、升职、去世、变故等重大新闻事件，重视通过各种渠道推介毕业生，会将学生的基本情况发布在网络上，接受业界遴选。

11.4.5 结语

伊利诺伊大学传媒学院是美国传媒教育的范本，其办学属性、办学规模和条件、办法目标、培养方案更值得我们学习。伊利诺伊大学传媒学院在悠久的办学历史和长期的办学实践中，坚持一以贯之的办学传统，综合运用各种办学资源，结合专业特色和优势学科，创新办学模式，创办了丰富多样的教学项目和课程；并根据时代语境和新闻传播实践的变迁进行与时俱进的变革，体现了传统和现代、一体与多元、理论与实践、知识和技能的统一，彰显了鲜明的地域和学科特色，取得了良好办学效果，值得国内的新闻传播教育借鉴。

（陈世华）

11.5　美国南加州大学安嫩伯格传播与新闻学院的教学与研究

11.5.1　历史和基本信息

南加州大学安嫩伯格传播与新闻学院（USC Anennberg School for Communication and Journalism）位于美国西海岸加利福尼亚州洛杉矶市中心，1971 年由美国外交大使沃尔特·H. 安嫩伯格（Walter H. Annenberg）资助建成，是全美顶级传媒专业院校，在 QS 世界大学传媒与媒体研究（Communication & Media Studie）专业院校排名中连续多年位列前茅。该院下设传播学院和新闻学院两个分院，拥有 2000 多名来自世界各地的学生。全院有近百名全职教职员和 120 多名兼职教师，其中高级职称教师的比例超过 70%。

安嫩伯格传播与新闻学院提供涵盖本硕博各阶段的多专业学位教育，并向业内人士提供继续教育服务。该院本科学位教育有传播学、新闻学和公共关系三个专业；硕士学位教育有全球传播/媒介、传播管理、数字社交媒体、新闻学、公共外交、专业新闻学、战略公共关系、传播数据科学等专业；博士学位教育为传播学专业。除此之外，该院还有为数众多的研究机构和项目，包括：安嫩伯格创新实验室、诺曼李尔研究中心等，堪称美国乃至全球传媒教育及研究重镇。

11.5.2　教学理念

多学科、国际化，是安嫩伯格新闻传播教育的两大特色。学院培养学生秉承理念：领导力、创新、服务和创业精神，并充分利用自身处于洛杉矶这一全球媒体重镇的优势资源和本校先进网络化资源，为学生提供广泛课程和丰富的实训项目。该院本科教育尤为重视应用型教学，与业界联系与合作十分紧密，致力于培养学生专业技能和丰富学生专业实践活动；其研究生项目则更侧重于培养学生学术思维和研究能力。

安嫩伯格传播与新闻学院与社会广泛而紧密的联系为该院学生提供了强有力的社会

发展/就业服务保障。NPR、NBC、LA Times、《赫芬顿邮报》(*Huffington Post*)等众多知名媒体常年为安嫩伯格的学生提供实习岗位和计划，一些优秀学生毕业时直接从实习生转为媒体正式职员。在谈到自己在安嫩伯格学院求学最珍贵的收获是什么时，许多毕业生不约而同提到了“批判性思维”“扎实的写作”“对新闻准确的判断力”“丰富的专业实践经历”。

11.5.3 学位专业

安嫩伯格传播与新闻学院本科设有传播学、新闻学和公共关系三个主修专业，另外还设有多种辅修专业。辅修专业(每个专业由5~6门课程组成)堪称名目繁多，有广告学、传播政策与法律、传播技术实践与平台、文化、媒介与娱乐；正义、表达与倡导；媒介经济与企业管理；新媒体与社会；专业沟通与管理沟通；公共关系；体育媒介产业；体育媒介研究等十几个专业。学院鼓励学生主修两个专业从而获得双学位，或者是加修一个辅修专业来补充主修专业。一般只要规划合理，学生都能在4年内实现上述目标。此外，学院还为本科生配备专门的学业指导老师，每学期学生都必须和自己的学业指导老师至少面谈一次，对自己的学业事宜和专业选择等进行商讨。

安嫩伯格各类专业在整体设计上都十分注重“科学性”和“系统性”，并同时力求彰显“特色”和“个性”。我们以“传播学专业”(本科)为例，详细介绍其专业培养理念、课程体系设计特色。

1. 培养目标

其培养目标包括全面学习从基础性到最前沿的传播学理论，广泛探索社会的、文化的、修辞的和组织的传播过程，从而了解并能够对教育、政治、市场管理、政府、非政府组织各个领域的传播进行有效管理。

要求学生能够：①运用多种学术方法从事本学科的调查和研究，能够描述和解释传播学的主要原理、视角、议题和理论。②展示自己对于传播学学习的社会科学研究方法和质化/文化研究方法。③了解与媒介接触有关的一系列媒介效果，能分析和评估中介化消息，批判性地加以运用，从而能够更好地参与多样化的新闻传播。④有效地理解和生产口头、书面、虚拟和中介化传播，使得传播主体所使用的公共话语能够适应多元语境下的各种不同受众。

2. 课程体系

一般除了在学习6门课程和外语、写作等公共基础课程之外，还要求修完24学分的传播学核心课程(包括基础理论课程、研究方法课程和实践体验课程三部分)和24学分的相关选修课程。

(1)核心课程(24学分)。

第一部分：理论和基础课程(12学分)。要想学习传播基本理论和原理，为高阶专业学习打下基础，学生需要分别从三个课程模块中任选一个科目学习：模块一，传播互动及其影响。包括传播和社会科学、传播与大众媒介。模块二，传播、市民生活与文化。包括传播与文化、修辞与公共领域。模块三，传播经济与技术。包括传播与媒介经济、传播与技术。

第二部分：传播实践方法(8学分)。培养学生在信息解读、表达、辩论和实证论证方面的批判性思维、工具应用和相关研究方法。要求修满8学分，每个模块任选1门。模块一，逻辑论证的设计和实施。包括公共演说、论证和倡议。模块二，经验论证设计、实施和证据诠释。包括传播的实证研究、理解社会科学研究。

第三部分：体验课(4学分)。体验课旨在提高学生数字媒介素养，理解现代传播争议的脉络，观照信息生产和加工方式的变迁。在以下两门课程中任选一门：数字时代的新闻与媒介引导；媒介和传播概况。

(2)选修课程(24学分)。选修科目多达100多门，其课程体系架构既有前瞻性，又体现多元化甚至鼓励小众化。开设的很多科目令人耳目一新：如“劝服”“人际传播”“小群体和团队传播”“健康传播”“修辞学”“公共参与”“新媒介文化”“意识形态与宣传”“传播伦理”“娱乐、市场与文化”“视觉传播”“漫画叙事”“传播的个案研究法”等。

3. 课程设计“聚类”思维

总体课程设计的思路是围绕四个不同学习领域——“传播与文化”“娱乐、传播与社会”“媒介、法律和政治”“组织传播和人际传播”来组织安排相应的科目“群”。这几个领域也是传播学科的重点和学院教师的专长所在。

以“媒介、法律和政治”为例，该领域主要针对那些职业兴趣在政府和公共服务、政治和法律咨询等方向的学生，学习和考察公共领域的传播过程，以及如何胜任对这些领域实践的全面参与。科目群聚焦于：政治和法律过程中的劝服功能，个人、机构和社会运动的技术采纳对公共事务的影响，政治运动的历史、设计、实施和评价，舆论作用，公共传播的伦理问题等。

11.5.4 实训和技能培养

1. 基础设施和实践型师资

安嫩伯格传播与新闻学院的实训大楼 Wallis Annenberg Hall 是该院专业技术人才的孵化器。该建筑于2014年建成投入使用，总面积8000多平方米，以“分享”和“透明”为整个建筑的设计理念，力图与数字时代新闻传播业愿景相契合。走进 Wallis Annenberg Hall，跃入眼帘的就是一面巨大的数字媒体墙，实时展播着该院学生们制作的节目。另外，这栋实训楼里还有一个近2000平方米的聚合式媒体中心(Media Center)。基于学院自有媒体云，实训楼建立了整合性多媒体系统，能够与各种项目来源——课堂、媒体中心工作站和个人手提电脑等实现无缝对接，学生可以直接对项目进行各种操作，向学院的电台、电视台和网站等各媒体上传节目。

位于 Wallis Annenberg Hall 三楼的 The Digital Lounge，主要向学生提供工作坊(Workshops)、活动和项目、后台支持、Adobe 认证课程和各种音频、视频、网页以及互动应用工具等，旨在塑造一种 DIY 文化，提高学生自主学习能力和创造力。

学院设置了多个专业实践教师岗(Professional Practice Faculty Members)。仅 Media Center 就有近十名实践指导老师(Faculty Adviser)和十几名教练(Couch)。指导教师在专业技能上都各有所长，分别负责指导学生的长视频、视频、音频、网页，数字媒体、公共关系等的生产和实践；实训教练们则每天轮班制负责文本、音视频、数字化内容制作和公关等的实践训练。

2. 媒体平台

以 Media Center 为中心，学院设立了一系列的媒体平台，如网站（USC Annenburg Media. com)、电台(ARN，Annenberg Radio News)、电视台(ATVN，Annenberg Television Network)、Neon 数字杂志等。这些媒体平台既相互独立、各具特色，又彼此相交、共享资源，形成了一个整合式传播系统。学院在提供强大的技术和实践师资保障前提下，将这些媒体平台全部交由学生自己运作，使其成为真正的“学生媒体”。

网站由 Washington Post 的技术团队为学院网站提供技术支持。作为全媒体的统一平台和渠道，负责将所有学生媒体产品聚合起来，并对外输送和传播。其报道范围并不囿于校园之内，也涉及洛杉矶本地、全国乃至世界各地；报道内容也不仅限于新闻，而是广泛涉猎政治、社区、体育、娱乐等各领域；渠道方面，则深度融合了手机、社交媒体、数字视频、网页、电视、音频等。

电视台开设了从周一到周四下午 6 点面向 USC 校内师生员工的直播节目。该节目报道内容涵盖校园、本地、全国、国际报道，包括天气、体育等各方面。节目从导、采、写、编、制作到播出等所有环节全部由学生负责完成。

Neon 数字杂志平台是 2017 年创建的跨平台电子杂志。该平台聚焦于青年文化，追求风趣、好玩、适合于社交媒体的风格，致力于生产高品质、有深度的内容，探讨日常生活中有关技术、社会、艺术批评和政治等各种问题。

Annenberg Media 不同于前述集中面向传统大众传播的媒体形式，它是一个面向社交媒体传播的新锐平台。这个平台建立于在两门专业课程——“广播与数字新闻学”和“移动与新兴平台新闻学”的支撑之上，致力于研究和生产“分享式”新闻视频。工作团队的师生自称为“JEDI team”，JEDI 正是代表新兴数字创新新闻学(Journalism and Emerging Digital Innovation)。

JEDI 的指导老师不仅带领学生们从事社交媒体平台的病毒式视频(Viral Video)开发和生产，也通过这些实践探索和反思社会化媒体传播新的规律和特点，使实践学习和理论学习相得益彰。例如有两名学生就曾经根据来源于自己日常生活的小创意，制作了一段“爆红款”短视频：通过一个说西班牙语的学生和一个说阿拉伯语的学生的对话，演示这两种不同语言之间神奇的相似性。视频播出后，几天之内就被各种各样的社交媒体竞相转发和分享，引发了病毒式传播(Go Viral)。仅 YouTube 观看人次就达 50 万，Facebook 上更是高达 1500 万。该视频还引发了链式反应，许多人观看视频后也连带点开了学院其他媒体平台。

这个视频引发的“现象级”传播现象也引起了 JEDI 团队师生们对“数字内容”的进一步思考，发现社交媒体的数字化内容虽然有其新的特点——篇幅短小、主题简单、参与性强、与各种媒介渠道“无缝”对接等，但其实仍然包含着传统意义上“好新闻”的很多基本原则，比如即具有知识性，又切中人们好奇心和文化共鸣等。通过这种基于实践结果的理论再思考，平台实现了“教、学、做”的有机统一。

3. 实践教学方式

我们以 JOVRNALISM 为例，管窥安嫩伯格“创客马拉松”(Hackathon)式的实践教学模式。

JOVRNALISM 目前是由该院的专业实践教授(Professor of Professional Practice)、自称“疯狂新闻科学家”的 Robert Hernandez 领导的一门品牌课程——“虚拟现实新闻学”(Virtual Reality and Journalism)的名称，迄今为止，这门课程及其项目团队已经运行 5 年，专注于研究和开发 VR(虚拟现实技术)在新闻领域的应用。目前安嫩伯格虚拟现实技术的应用不仅走在全美新闻院校前列，甚至在整个新闻业界也堪称翘楚。用他们自己的话来说，现在任何有关虚拟现实的重要峰会，该院都占有重要一席。

JOVRNALISM 品牌的特色主要体现在以下两个方面：

一是实践指导老师拥有极为丰富的业界资历、技术背景和创新能力。如现任指导老师 Robert Hernandez，曾在《西雅图时报》工作过 7 年，担任开发部主任职务，带领工程师和设计师团队为公司员工以及目标受众创建新技术工具和应用程序。还担任过萨尔瓦多的最大日报《新闻报》网站的网页设计师和顾问，以及《旧金山纪事报》等的网站策划、编辑等，其作品还多次登上视频网站 Imgur 首页。不同于其他“学院派”(Academic)师资，他属于典型的“黑客学院派”(Hackademic)。

二是与业界权威媒体开展实质性合作，并拥有自身核心竞争力和引领价值。JOVRNALISM 所进行的沉浸式虚拟现实新闻项目实践，不仅领先学界，甚至引领虚拟现实新闻业界。例如 2016 年春假期间，应 ProPublica(拉丁语“为了人民”，美国一家以数据新闻生产著称的非盈利性在线新闻网站，多次获得普利策奖)的副总主编 Scott Klein 邀请，Robert Hernandez 带领他的学生团队去往得克萨斯休斯敦拍摄了一部沉浸式虚拟现实新闻作品 *Hell and High Water*，对休斯敦城市未来承受飓风灾害的脆弱性进行了预见性报道，旨在提高当地人们对于飓风灾难的风险感知。该片由 ProPublica 和 the Texas Tribune(得克萨斯论坛)两家知名媒体联合出品，而 JOVRNALISM 团队在其中发挥了无可替代的作用，他们负责采用虚拟现实的专业设备和技术进行现场拍摄，制造出让观众直接沉浸到灾害场景的独特体验效果。Hernandez 和他的 JOVRNALISM 课堂因此获得了 2016 教育协会新闻和大众传播视觉传播类创新项目奖。通过这样与业界直接合作，提供用虚拟现实技术“讲故事”(Storytelling)的解决方案，学生们的日常校内所学得到了现实检验。

JOVRNALISM 团队的实践作品不仅经常被 New York Times、NBC、NPR、ProPublica、USA Today 等全国性新闻业巨头广为采用，而且也在安卓和苹果应用上广为传播。JOVRNALISM 向学生提供的虚拟现实新闻专业知识和实践训练，也为他们的就业开拓了空间。有的学生毕业后进入了国际知名虚拟现实内容巨头公司，还有的被《纽约时报》等大型媒体录用为虚拟现实视频记者。

11.5.5　学生实习和就业

洛杉矶号称全球娱乐与媒体的“创意之都”，不仅是全球电影工业摇篮的好莱坞所在地，也是北美除纽约之外的第二大媒介市场。它不仅是许多国际传媒巨鳄如沃特迪斯尼(Walt Disney Company)、四大唱片公司之一的环球音乐集团(Universal Music Group)等总部所在地，而且全美最著名的广播电视网 Fox、ABC、CBS、NBC 和公共广播公司 PBS 等也都或发端于此或在此设有独立媒体机构。除此之外，洛杉矶本地媒体也很发达，既有公共电视台 KCET 和《洛杉矶时报》这样的知名媒体机构，又有为数众多的行业媒体、社区媒体和跨语种媒体。这些都为安嫩伯格传播与新闻学院提供了丰富而独特的行业资源。

每年安嫩伯格职业发展办公室都基于从 linkedin 获取的相关数据，以及全院教职员和导师等多方数据补充，对毕业期满一年的学生做就业调查。以 2016 年为例，当年毕业的本科生就业率为 98%、研究生就业率为 99%，高于美国大学 97.5%的平均就业率。其中，本科就业率：广播电视和数字新闻专业 94%，印刷和数字新闻专业 100%，公共关系学 100%，传播学 98%。硕士研究生就业率：新闻学 97%，战略公关关系 100%；传播管理 99%；线上传播管理 100%；数字社交媒体 93%；全球传播 93%；公共外交 92%；专业新闻学 100%。

11.5.6　研究活动

1. 研究机构

安嫩伯格网络研究中心（Annenberg Networks Network）：主要研究社交网络和计算机社会科学。

安嫩伯格国际传播研究网络（Annenberg Research Network on International Communication）：从事有关国际传播事务的研究。

约翰逊传播领导力中心（The Johnson Communication Leadership Center）：向本科生提供奖学金，研究非裔美国人的传媒角色。

传播领导力与政策中心（The Center on Communication Leadership & Policy）：帮助学者、学生和业界人士进行研究、组织课程、项目和座谈会。

数字未来中心（The Center for the Digital Future）：研究传媒技术和大众传播对个体、社区和国家的影响，研究项目包括数字未来调查等。

美中研究所（USCI，The USC U.S.-China Institute）：通过政策研究为研究生和本科生提供训练训练课程，为教师、新闻记者和官员等职业发展项目等，引导公众讨论不断变化的、多维的中美关系。此外，还关注公共事件、生产纪录片电影和发行杂志。USCI 是 USC 校长马克斯・尼卡斯（Max Nikias）于 2006 年创立的，2011 年秋季并入安嫩伯格学院，其项目涉及公共外交、中国新媒体和经济报道等。

触觉实验室(The Haptics Lab)：由整合媒介系统中心(国家科学基金工程研究中心)支持，致力于人机交互与触觉相结合的科学研究。

变形项目(The Metamorphosis Project)：深度研究全球化影响下的城市社区变迁、新传播技术和人口多样性。

诺曼李尔中心(The Norman Lear Center)：进行跨学科研究和公共政策研究，探讨娱乐、商业和社会聚合的意义。

战略公共关系中心(Strategic Public Relations Center)：通过学术研究和与业界合作，推进公共关系的研究、实践和价值。

2. 期刊(IJoC、ITID、CSSC、IJPC Journal)

(1)IJoC(*International Journal of Communication*)。全球顶级传播学术期刊。曼纽尔·卡斯特(Manuel Castells)和拉里·格罗斯(Larry Gros)是该刊的创刊编辑(Founding Editors)，Arlene Luck 为执行编辑(Managing Editor)。据 Google 学术最新统计，IJoC 的 H 指数为 34，在全球人文文学艺术类杂志中位居第 5，在传播类杂志中排名第 7。

(2)ITID(*Information Technologies & International Development*)。该刊是一本信息和传播技术的跨学科全球开放访问的季刊，致力于创建一个关注信息传播技术和发展的重要问题的跨学科、无国界的知识社群。创刊编辑为 Ernest J. Wilson III and Michael L. Best，Arlene Luck 为执行编辑。除了刊登基于同行评议的原创性论文，ITID 还刊登针对已发文章的评论、读者投书栏、报告，以及会议与研讨会总结、书评、研究综述等。

(3)CSSC(*Case Studies in Strategic Communication*)。该刊主编是 Daren C. Brabham，为同行评议制在线出版物；致力于为战略传播领域教师、学者和从业人员建立一个持续更新的案例资源库。

(4)IJPC Journal(*The Image of the Journalist in Popular Culture Journal*)。该刊为同行评议制在线出版物，Joe Saltzman 教授为创刊编辑之一。旨在通过对文献和出版物等的研究，调查和分析长期以来被忽视的新闻记者在电影、电视、广播、小说、商业广告、流行文化、卡通、漫画、甚至音乐、艺术、幽默、视频游戏等流行文化各个方面的冲突性形象，以揭示流行文化如何影响公众对新闻记者的感知，同时也为探讨新闻历史以及大众与新闻媒体关系提供新的视角。

(王 庆)

11.6　英国林肯大学的传媒人才培养理念与实践

11.6.1　英国林肯大学总体情况

英国林肯大学(University of Lincoln)位于英国东部、伦敦以北，东米德兰的林肯郡，距离伦敦227公里。林肯的历史可以追溯至罗马时代的Lindum Colonia小镇，被称为英国最美丽、最安逸的城市之一。这里是牛顿的故乡。

林肯大学主校区坐落在林肯市中心的西南，紧邻天然湖泊Brayford Pool。林肯大学的历史最早可以追溯至1861年创立的赫尔艺术学院(Hull School of Art)。1976年，赫尔艺术学院、赫尔技术学院(1893)、恩兹利罗马天主教教师培训学院(1905)、赫尔河畔京斯顿教育学院(1913)和赫尔中央商学院(1930)五家机构合并，成立赫尔高等教育学院；1983年改名为亨伯赛德高等教育学院；1992年获得大学地位后，先后更名为亨伯赛德大学、林肯郡和亨伯赛德大学。2001年1月改名为林肯大学。

目前，林肯大学主要包括4个学部17个学院，分别是艺术学部(下辖电影与媒体学院、英语与新闻学院等5个学院)、自然科学学部(下辖计算机科学等6个学院和一个国家食品生产中心)、社会科学学部(下辖教育学院等6个学院)以及国际商学部。

林肯大学现有教职工1500多人，拥有研究中心和研究团队40多个。现有在校生13000人，来自世界一百多个国家。大学独创“学生即制作人”(Students as Producers)的教学理念，坚持学生从实践中学习新知、产生新观点、新理念、新思想，鼓励教师与学生合作开展研究活动。在2017年WhatUni学生选择奖中，林肯大学位列全英前十；在2018年全国学生调查中(共127个机构)，林肯大学排名第7。林肯大学以最高标准的创新教学而闻名，在卓越教学框架(TEF)中获得金奖。同时，林肯大学重视对学生就业技能的培养，鼓励学生的创业实践，毕业生就业情况较好，本科生就业率为93%，研究生就业率为71%。

11.6.2　英国林肯大学电影与媒体学院

电影与媒体学院(School of Film and Media，LSFM)现有教职工88人。学院院长是艾玛·瓦茨博士；布莱恩·温斯顿(Bryan Winston)教授是英国电影、电视与媒体研究协会的创始主席，是《英国新闻评论》的编委会成员，也是北京师范大学的客座教授。

学院的学科层次结构完整，提供从本科阶段到博士阶段的电影与媒体专业教育。

本科阶段的专业包括动画、音频制作、电影电视、媒体制作、媒体研究和摄影；研究生阶段的专业包括数字媒体、媒体与文化研究（研究型硕士/博士）、媒体研究（研究型硕士/博士）、媒体与影视制作、摄影等。其中，媒体制作专业在2014年全英排名第一。

学院现有在校生约1000人。为贯彻林肯大学“学生即制作人”的培养理念，学院建有一个媒体与广播电视制作中心，还拥有一流的具有行业标准的媒体专业设备与设施，包括LED照明系统，两个高清电视工作室，3个广播工作室，15个视频制作工作室，一个24声道高清数码多轨音频录制室、摄影工作室、数码工作室、5.1环绕音效配音剧院、多媒体设计与数字化生产工作室，以及Canon C100、Sony FS100摄像机、整套影院级声响系统Pro-Tools等丰富的采编后期制作设备等。更值得一提的是，林肯地区的社区广播Siren FM即坐落于学院所在的MHT大楼一层，是全英首家坐落于大学校园的社区广播。该电台在2013、2014年度获评为东米德兰年度电台，为学院学生的广播实践提供了得天独厚的优势。

学院与英国传媒教育界与业界均保持着密切接触。合作伙伴包括英国广播公司、松下、微软、英国电影电视艺术学院、英国电影学院等，为学生的实习和就业提供了便利。同时，学院还与NHS、Interflora、林肯郡合作社、西门子、Visit Lincoln等社会企业和组织机构合作，为学生提供协作实践项目、工作经验和工作报酬。

学院经常聘请业界专家讲学，其中既包括英国广播公司Channel 4、独立电视台、天空电视台的记者、制片人，也包括独立媒体人和富于创新的实践者，还包括学院的毕业生。英国电影学院奖得主、英国广播公司原Radio1制作人Trevor Dann，影视纪录片制片人Nick Gray教授，撰稿人、广播电视人Chris Riley博士，电影学者和评论家Neil Sinyard教授，以及华纳兄弟公司前负责人Rick Senat等都是学院的客座教授或客座研究员。

11.6.3 “学生即制作人”培养理念在教学科研中的实践

总的来看，“学生即制作人”这一培养理念贯穿了英国林肯大学传媒教育的始终。

1. 教学方面

第一，在课程模块设置上，坚持理论与实践相结合。既有大量强调操作性的实务课程，如音频广播制作等，也有极具现实介入性和强烈批判精神的课程，如文化研究等，体现了社会学思路的教育体系（见表11-4）。对于实践性强的媒体制作类课程，理论学时占比75%，实践学时占比25%。在实施教学过程中，教师重视与业界互动，坚持将创新性思维训练和专业技术素质的培养与媒体、创意、文化产业实践紧密联系起来，贯穿于电影制作、电视制作、音频广播、数字摄影、动画、脚本写作、媒体设计等多门本科与研究生课程中。同时，保持聚焦媒体技术前沿，及时帮助学生掌握 SMOKE 编辑软件、虚拟现实、Adobe 云等。学院学生均可免费获得 Adobe ACA 证书。

第二，在学生培养上，鼓励学生独立学习的能力。通常，一个小时的课程学习需要两至三个小时的自主学习作为辅助；强调大量阅读专业书籍，帮助学生研究性、创造性学习习惯的养成；鼓励新的想法、新的质疑态度，重视发展学生的批判、分析能力和创意创新机巧(见表 11-5)。

第三，在教学模式上，呈现出立体复合的特点。教学环节一般由讲授、讨论、面对面或邮件形式的辅导、工作坊、实习、自主学习、研究等组成。在教学实施过程，注重小组教学、项目任务和独立学习相结合。其中，小组讨论环节是重点。在教师的引导下，学生成为主角。在预先阅读文献的基础上，与小组成员完成汇报，并提出自己的观察与观点。讨论课的表现是课程评估的重要组成部分；工作坊的目的在于创造性地发展学生的媒介技能。

表 11-4　**英国林肯大学新闻传媒类主要本科课程设置情况**

课程名称	课程模块		
	第一级	第二级	第三级
新闻学	7 门核心课程： 基本新闻学 1 基本法 新闻学概论 新闻理论与分析 新闻制作 1 记者政治 速记	4 门核心课程： 基本新闻学 2 新闻制作 2：新闻日 新闻制作 2：项目 法律、道德和监管 研究方法 速记 4 门选修课程： 新闻工作者的道德和国际人权 新闻史 新闻与社会 新闻国际交流	4 门核心课程： 新闻学独立研究 新闻制作 3：主要项目 新闻制作 3：次要项目 新闻制作 3：专业实践 7 门选修课程： 高级法庭报道 比较媒体历史 国际媒体政策 屏幕上的记者 和平与冲突报道 政治新闻 专业新闻

续表

<table>
<tr><td rowspan="2">课程名称</td><td colspan="3">课程模块</td></tr>
<tr><td>第一级</td><td>第二级</td><td>第三级</td></tr>
<tr><td>新闻与公共关系</td><td>6 门核心课程：
有效的文案和设计
基本新闻学 1
基本法
传播学
新闻学概论
公共关系学</td><td>4 门核心课程：
基本新闻学 2
组织沟通中的公共关系
公共关系组织和人员
研究方法
6 门选修课程：
社区参与
新闻工作者的道德和国际人权
活动管理
新闻史
新闻与社会
法律、道德和监管</td><td>1 门核心课程：
独立研究(公共关系)
13 门选修课程：
品牌和声誉
比较媒体历史
公共关系的创造力
数字传播
内部沟通
国际媒体政策
新闻学独立研究
屏幕上的记者
和平与冲突报道
政治新闻
专业实习
战略性企业公共关系
价值观、问题和危机管理咨询</td></tr>
<tr><td>创意写作</td><td>7 门核心课程：
批判性与创造性实践
基本新闻学 1
基本法
新闻学概论
叙事写作
诗歌写作
组合写作</td><td>4 门核心课程：
基本新闻学 2
法律、道德和监管
研究方法
写作与创意产业
7 门选修课程：
新闻工作者的道德和国际人权
新闻史
新闻与社会
非小说工作坊
诗歌工作坊
脚本工作坊
短篇小说写作</td><td>1 门核心课程：
政治新闻
12 门选修课程：
比较媒体历史
独立研究：创意写作
国际媒体政策
新闻独立研究
屏幕上的记者
和平与冲突报道
专业实习
科幻小说
专业新闻
心理惊悚片与犯罪小说
儿童与青少年文学写作
历史小说写作</td></tr>
</table>

续表

课程名称	课程模块		
	第一级	第二级	第三级
杂志新闻	6门核心课程： 基本新闻学1 基本法 新闻学概论 新闻制作1 杂志采访和写作1 杂志业务	7门核心课程： 基本新闻学2 新闻制作2：项目 法律、道德和监管 杂志采访与写作2 公共关系组织和人员 研究方法 数字杂志	5门核心课程： 公共关系的创造力 新闻学独立研究 新闻制作3：主要项目 新闻制作3：专业实践(杂志) 专业新闻
电影与电视研究	5门核心课程： 移动图像文本分析 电影和电视历史1 电影和电视历史2 电影和电视理论 制作计划 脚本、编剧与实现	2门核心课程： 电影电视行业分析1 女性与电影：明星，流派和观众； 19门选修课程，主要包括： 英国电视剧 儿童电影和电视 纪录片 东亚电影研究 学术英语(媒介) 电影制作项目 电影、电视与创意视觉 全球化与当代文化 公共服务广播 脚本和编剧项目等	1门核心课程： 媒体独立研究； 15门选修课程，主要包括： 压力之下的电影和电视 电影/电视制作项目 电影中的英雄与反派 20世纪80年代的好莱坞电影 电影和电视科幻小说 动画电影中的身份 屏幕上的记者 文学，电影和性别 MACE 实习(24周)等

续表

课程名称	课程模块		
	第一级	第二级	第三级
媒体制作	8 门核心课程： 设计和视觉传播、数字媒体 1 媒介批判 1 媒介批判 2 摄影 制作计划 广播与声音 脚本、编剧与实现	1 门核心课程： 传媒业分析 24 门选修课程，主要包括： 数字媒体项目 游戏文化 全球化与当代文化 好莱坞音乐剧 工作室项目 语境中的摄影和设计 摄影项目 脚本和编剧项目 社会、美学与数字媒体 电视与屏幕娱乐等	4 门核心课程： 创意产业 主要项目和展览 主要项目或投资组合 媒体独立研究 2 门选修课程： 社区教育和指导 创意产业案例研
媒体研究	7 门核心课程： 当代媒体实践：1 当代媒体实践：2 数字文化概况 媒体研究著作阅读：1 媒体研究著作阅读：2 媒介理论 中介真相	6 门核心课程： 听觉文化 当代媒体实践：3 游戏文化 研究和写作 技术、机构与身份 可视化 21 世纪 4 门选修课程： 大众文化中的恐怖 媒体艺术 听力练习 社会、美学与数字媒体	4 门核心课程： 当代媒体实践：4 媒体和控制 媒体推测 媒体研究论文 5 门选修课程： 生物媒体 生态媒体 电影中的英雄与反派 文学、电影和性别 媒体考古学

表 11-5　　英国林肯大学新闻传媒类主要课程培养目标与方式

课程名称	培养目标与方式
新闻学	该课程鼓励学生将新闻理论付诸实践，并有机会根据专业标准制作新闻内容，同时探索行业的道德和法律规范。学生可在具有行业标准的新闻编辑室工作，包括平面印刷、电脑设计、数字广播和电视工作室等，有助于学生培养记者的技能和直觉，从发现独家新闻到深入的特色创意。该课程由学者、研究人员和执业记者讲授
新闻与公共关系	该课程将新闻写作技巧，从发现故事到采访和写作，与公共关系的核心技能相结合，譬如角度选择、运用良好的判断力以及确保故事能够传达给正确的受众等。学生有机会锻炼分析技巧和解决问题的能力，以及新闻和公共关系职业所需的跨学科技能
创意写作	该课程专注于开发各种形式和风格的作品写作实践，旨在为学生的专业写作或出版事业做好准备。学生有机会向专业作者学习。可出版作品包括小说、短篇小说和获奖短篇小说
杂志新闻	该课程为学生提供了探索充满活力、充满挑战和多样化的杂志行业的机会，同时开展在数字和印刷方面的实践工作。学生可以学习如何在不同的媒体平台上应用它们。鼓励他们开发自己感兴趣的领域，并将其付诸实践，用于学术和实践工作。该课程由媒体专业人士讲授。林肯当地媒体以及学院学生报和新闻网站可作为学生实践的平台
电影与电视研究	该课程是一门理论导向的批判性研究课程，可使学生加深对该学科的关键问题和关键概念的理解。该课程主要由研究人员讲授，涉及主题包括纪录片、儿童电影和电视、差异表现等。实践类课程模块由媒体专业人员负责，可为学生提供行业标准设施和设备
媒体制作	该课程为学生提供了当今创意产业众多平台的综合体验，学生有机会培养极具竞争优势的专业技能。该课程将理论与实践相结合，由经验丰富的行业人和校内教师共同讲授。实践模块探索多个领域的技术和工艺，如电影制作、数字媒体设计、声音，多机位工作室、影像创作、社交媒体输出、播客、游戏、剧本和编剧，以及快速发展的增强和虚拟现实等媒体
媒体研究	该课程鼓励学生成为21世纪媒体变革的研究者。21世纪的媒体正在全球范围内以复杂的方式与经济、社会、文化、心理、技术和环境领域相结合。该课程旨在教会学生如何创新性地批判与思考不断变化的世界，以及媒体在其中的作用

第四，在教学内容上，增加了就业技能培养的比重。从大一新生开始，即传授学生如何“生产加工原材料”，如何建立一个有效的专业组合，以便为未来就业做好准备。定期组织职业生涯规划讲座，旨在教会学生如何具备成功就业所需的技能和经验，指导学生如何在竞争激烈的媒体行业中立足。可以认为，学院在赋予学生就业技能、帮助学

生掌握可转换技能、使学生对社会和新知有适应性和转换能力方面的做法可圈可点。

第五，课程考核方式多样。本科阶段可以是论文、个人或小组汇报、作品、报告、日记、博客、评论等；研究生阶段的毕业论文可以是学术论文，或是实践作品，如纪录片等。对于本科阶段的学生，毕业时会组织专业汇报展示。另外，根据林肯大学对课程成绩评估方面的要求，教师需在15个工作日内给学生做出评估反馈。

2. 科研方面

第一，学院教师的科研兴趣主要集中在：电影与暴力、文化研究、数字媒体与数字文化、媒介技术史、拉美电影、媒介生态、媒介教育、本土身份与本土电影、大众电影、公共广播与广播政策、广播电视研究、动画、纪录片、多媒体、摄影、拍摄与脚本等。

第二，文化研究是其重要的研究传统。从其欧陆文化研究中，可以看出欧陆学派的人文关怀和实践品格，赋予了学院传媒教育鲜明的批评理念和务实取向。

第三，坚持跨学科研究取向。学院科研以媒介、文化、影视研究，媒介实务领域内跨学科研究著称，且富有批判性和历史观的分析维度。

第四，注重知识转化与社会合作项目的开发。与Interflora合作的第一个知识转化合作项目即获综合媒体营销项目奖。

第五，注重对学生批判性、理论性或实践性研究能力的养成。在整个培养体系中，贯穿着对学生的批判思维、质疑态度、科学方法的训练和团队合作能力的思路。批判性学术思维训练贯穿从本科到博士各阶段。学术训练从本科生即开始，他们被明确要求能初步运用调查研究方法，就某一个微观问题展开独立研究。博士生还有机会获得政府或各种组织的基金资助。

第六，注重对新入学的研究生进行研究方法上的系统训练。通过一系列研究方法讲座以及培训使用与开展研究有关的数据库(工具)，有效帮助研究生尽快进入学术研究状态，培养严谨的学术研究态度。

（尚恒志　杨丽雅）

下篇　成果与政策

第12章　学科与专业建设

12.1　新闻传播学科领域的一流学科建设

12.1.1　新闻传播学一流学科建设总体概况

2017年9月20日，教育部、财政部、国家发展改革委公布“世界一流大学和一流学科建设高校及建设学科名单”。一流大学建设高校为42所，其中，北京大学、中国人民大学、清华大学等36所高校为A类，东北大学、郑州大学、湖南大学、云南大学、西北农林科技大学、新疆大学这6所高校为B类。北京交通大学、北京工业大学、中国科学院大学等95所高校为“一流学科建设高校”。此次仅有中国人民大学和中国传媒大学两所高校的新闻传播学入选一流学科建设名单。

2017年12月，教育部学位与研究生教育发展中心公布了第四轮学科评估结果。由于第四轮学科评估与双一流、博士点直接关联，因此对新闻传播学一流学科建设产生了深远影响。按照教育部的统一要求，“一流大学建设高校”和“一流学科建设高校”均在2018年初先后出台“一流大学建设高校建设方案”或“一流学科建设高校建设方案”。基于学科评估排名的先后，不同高校的新闻传播学科遭遇了“冰火两重天”的待遇。我们选择学科评估排名B+以上的16所高校进行分析，以俯瞰新闻传播学科在“双一流”建设中的位置及顶层设计与建设目标。这16所高校具体情况为：

A+：中国人民大学、中国传媒大学

A：复旦大学、华中科技大学

A-：清华大学、上海交通大学、武汉大学、暨南大学

B+：北京大学、华东师范大学、上海大学、南京大学、南京师范大学、浙江大学、厦门大学、四川大学

中国人民大学的新闻传播学排名A+，因此《中国人民大学一流大学建设高校建设方案》三次提及了“新闻传播学”。中国人民大学在“学科建设总体规划”中提出：打造学科“珠峰”，进入世界一流。集中优势资源，加大支持力度，促进马克思主义理论、理论经济学、应用经济学、法学、政治学、社会学、新闻传播学、统计学、工商管理、公共管理等优势学科继续保持国内领先地位，争取到2020年进入世界一流，在2037年建校百年之际处于世界一流前列，形成相关学科领域的“人大学派”。

中国人民大学新闻学院专门出台《新闻传播学一流学科建设规划》，提出核心目标：建设具有世界一流水平、服务国家和社会发展重大需求的“国家新闻传播教学科研创新引领平台”。21世纪中期的建设目标为：通过持续、深化综合改革，于中华人民共和国成立一百周年之际，中国人民大学新闻传播学科将实现学科发展理念、治理结构、管理机制、服务流程的全面优化，在人才培养、科学研究、社会服务、文化传承、国际交流诸领域达到世界一流水平。

中国传媒大学这次列入“双一流”建设学科名单的分别是新闻传播学、戏剧与影视学。因此在《中国传媒大学一流学科建设高校建设方案》中，有一半的内容涉及新闻传播学一流学科建设。中国传媒大学在学校办学定位中提出：作为一所行业特色型大学，中国传媒大学致力于培养信息传播领域高层次人才，为党和国家的传媒事业以及经济社会发展作贡献，为落实科教兴国、人才强国、创新驱动发展、乡村振兴、区域协调发展、可持续发展、军民融合发展七大战略提供人才支撑和学科支撑，确保“奋进之笔”取得成效。培养目标为“以社会主义核心价值观为指导，培养具有强烈社会责任感和国际视野，基础扎实、实践能力和创新能力强的传媒领域精英人才”。学科结构为“以新闻传播学、戏剧与影视学、信息与通信工程为重点，文、工、艺、管、经、法、理等多学科协调发展”。

中国传媒大学新闻传播学部专门出台有《新闻传播学一流学科建设方案》，其中提出：将始终以马克思主义新闻观为指导，立足新闻传播重大理论问题和实践问题，秉持“大传播、全媒体”理念，以顺应传统媒体和新兴媒体融合转型、服务传媒与社会发展、提升国家传播能力为宗旨，致力建设具有中国特色、中国风格、中国气派，国内领先、国际一流的新闻传播学科。

《复旦大学一流大学建设总体方案》中多处涉及新闻传播学。其中提出，学校将重点建设包括新闻传播学在内的27个“拟建设一流学科”。另外，以全国重点马克思主义学院建设为载体，整合学校各学科优势研究资源，加强“马克思主义理论与实践”学科群建设，在马克思主义哲学、经济学、政治学、新闻学、文艺学、历史学等领域，建立起马克思主义研究系统，促进哲学社会科学融合发展。以社会结构变迁、公共政策与管理、媒介发展和信息传播、法制建设与道德教化为重点，组织国家治理体系和治理能力现代化多学科共同公关。推动语言学、逻辑学、心理学、传播学与脑科学融合，形成人文社科的人工智能研究体系，构建现代语言学和心理认知实验室。

《华中科技大学一流大学建设方案》提出，根据学校学科优势特色、发展基础、发展条件和发展潜力，现阶段重点建设 11 个学科群。其中"管理与传播学学科群"依托公共管理、新闻传播学、管理科学与工程等学科的优势特色方向，在政府治理与公共政策、运营管理与优化决策、媒介发展与政治传播、智慧社会与治理创新、非传统安全与风险管控等重点方向培育新的学术领域和学科增长点。

《清华大学一流大学建设方案》提出，学校以 4 个学科领域为基本分类，进一步突出优势学科，融合相关学科的特色与潜力，形成"公共政策与管理学科群"等 20 个相互支撑、协同发展的学科群。"公共政策与管理学科群"包括公共管理、教育学和新闻传播学 3 个学科。

《上海交通大学一流大学建设方案》提出，加快航空宇航科学与技术、食品科学与工程、中国语言文学、新闻传播学和设计学的博士点建设。

《暨南大学一流学科建设高校建设方案》提出，重点建设文学新闻、经济管理、光电信息、生态环境、华侨华人等攀峰学科群，力争 2~4 个支撑学科达到国内一流水平，1~2 个支撑学科进入世界一流行列。

《南京师范大学一流学科建设高校建设方案》提出，2018 年入选世界一流培育学科立项建设的是新闻传播学等 10 个学科。学校根据立项建设学科在国际国内第三方评价中的排名变化情况，及学科在人才培养、科学研究、团队建设、国际化等方面的标志性成果，动态调整学校世界一流培育学科名单，统筹使用学科建设经费。

《浙江大学一流大学建设方案》提出，以七大学部为基本架构，构筑文、理、工、信、农、医协同发展的学科板块结构。人文学科板块：遵循人文学科自身发展规律，进一步整合资源、凝练方向，强化人文学科对世界一流大学建设的基础性、支撑性作用，巩固和提高现有优势，使哲学、中国语言文学、外国语言文学、新闻传播学、考古学、中国史、世界史 7 大一级学科的总体水平进入全国高校前列，若干特色优势领域达到国际领先水平。

《厦门大学一流大学建设方案》提出，规划建设 11 个交叉融合的学科群，凝练一批重点研究方向、领域和需要解决的重大问题。"一带一路、两岸关系和平发展学科群"建设主要依托应用经济学、政治学、新闻传播学等一级学科，涉及法学、历史学、外国语言文学、海洋科学等多学科力量。

《四川大学一流大学建设方案》提出，构建以世界一流大学为目标的学科体系，形成优势特色学科、交叉融合学科、前沿探索学科、面向未来学科和超前部署学科“4+1”学科发展布局，打造出一批世界领先的一流学科。

整体来看，中国传媒大学因为是新闻传播学和戏剧与影视学一流学科建设高校，所以新闻传播学在整个“一流学科建设高校建设方案”中占据了主要位置；中国人民大学的新闻传播学因为是A+，顺利入选该校10个优势学科建设规划；复旦大学的新闻传播学成为该校27个“拟建设一流学科”之一；华中科技大学的新闻传播学入选“管理与传播学学科群”，成为该校重点建设的11个学科群之一；清华大学的新闻传播学入选“公共政策与管理学科群”，成为重点建设的20个学科群之一；上海交通大学的新闻传播学成为该校5个加快建设的博士点之一；暨南大学的新闻传播学则作为“文学新闻”，成为该校5个攀峰学科群之一；浙江大学的新闻传播学入选人文学科板块，成为重点建设学科；厦门大学的新闻传播学入选“一带一路、两岸关系和平发展学科群”，成为规划建设的11个交叉融合的学科群之一；四川大学的新闻传播学也在“中国语言文学与中华文化全球传播”这个重点建设学科中占有一席之地。

除了上述高校，像武汉大学、北京大学、华东师范大学、上海大学、南京大学等高校的“双一流”建设方案中并未直接提及新闻传播学。不过，在更为具体的一流学科群的建设方案中，新闻传播学也可能跻身其中。譬如，武汉大学的新闻传播学就参与了“图书情报与数据科学”的学科建设，成为武汉大学重点建设的10个世界一流学科之一（见表12-1）。

表12-1　　**部分高校“双一流”建设方案中涉及新闻传播学科的内容**

名称	“双一流”建设方案中直接涉及新闻传播学科的主要内容
中国人民大学	集中优势资源，加大支持力度，促进新闻传播学等10个优势学科继续保持国内领先地位，争取到2020年进入世界一流
中国传媒大学	以新闻传播学、戏剧与影视学、信息与通信工程为重点，文、工、艺、管、经、法、理等多学科协调发展
复旦大学	学校将重点建设包括新闻传播学在内的27个“拟建设一流学科”
华中科技大学	现阶段重点建设“管理与传播学学科群”等11个学科群
清华大学	形成“公共政策与管理学科群”等20个相互支撑、协同发展的学科群。“公共政策与管理学科群”包括新闻传播学
上海交通大学	加快新闻传播学等5个学科的博士点建设

续表

名称	“双一流”建设方案中直接涉及新闻传播学科的主要内容
武汉大学	未提及
暨南大学	重点建设文学新闻等 5 个攀峰学科群
北京大学	未提及
华东师范大学	未提及
上海大学	未提及
南京大学	未提及
南京师范大学	新闻传播学入选 2018 年学校世界一流培育学科立项建设
浙江大学	人文学科板块，使新闻传播学等 7 大一级学科的总体水平进入全国高校前列，若干特色优势领域达到国际领先水平
厦门大学	“一带一路、两岸关系和平发展学科群”建设主要依托新闻传播学等 3 个一级学科
四川大学	“中国语言文学与中华文化全球传播”为重点建设学科

2019 年 2 月，上述 16 所高校相继发布《“双一流”建设 2018 年度进展报告》，新闻传播学一流学科建设的相关进展也被一些高校写入了报告，同样体现出新闻传播学在这些学校“双一流”建设中的重要地位。

中国人民大学在其进展报告中两次提及新闻传播学科。在“特色引领，鼓励学科育人创新”中提到，新闻学院构建的“中国特色新闻传播人才的生态型培养体系构建”获得 2018 年高等教育国家级教学成果奖二等奖；在“服务国家，培育‘一带一路’高端人才”中提到，新闻学院开设“一带一路全英文硕士”项目，首批 17 名学生为来自“一带一路”沿线国家和地区代表性媒体的骨干人员。

中国传媒大学在其进展报告中明确指出，2018 年，学校继续优化顶层设计，调整学科布局，进一步完善了以一流学科为核心的传媒领域“小综合”学科架构，总计包括博士学位授权一级学科点 8 个，硕士学位授权一级学科点 19 个，专业硕士学位授权点 10 个，交叉学科点 4 个。

复旦大学在其进展报告中提出，课程思政体系获得突破性进展，新闻学等 3 个示范专业已探索出各具专业特色的建设路径；清华大学在其进展报告提出，继续落实文科建设“双高”计划，重点支持中国特色新闻学等 3 个创新方向建设；南京师范大学在其进展报告中提出，与江苏省委宣传部共建马克思主义学院、新闻与传播学院，取得良好效果。

12.1.2　浙江大学传媒与国际文化学院“双一流”建设规划

浙江大学传媒与国际文化学院专门出台《“双一流”建设规划》，其中提出，学院建设的总体目标是，到2020年左右，在教学质量、科研水平和社会服务方面成为国内领先的传媒学院。到2030年左右，汇聚国内外领军人才和杰出青年，成为国内领先、国际知名的传媒学院。到21世纪中叶，实现造就学术大师、培养领袖人才、建构重大理论目标，使学院成为世界一流的传媒学院。到2020年左右，教育部学科评估进入A类梯队，QS学科排名全球前100。到2030年左右，教育部学科评估进入A梯队，QS学科排名全球前80。到21世纪中叶，教育部学科评估进入A+梯队，QS学科排名全球前50。

1. 建设思路

学院遵循“创新驱动、以人为本、交叉取胜、主流引领”的发展思路，紧扣我国传媒领域的重大问题与国家需求，瞄准国际发展前沿，利用综合交叉优势，形成一支对传媒与社会文化具有深入研究力、影响力乃至领导力的高水平学术梯队，力争使学院成为中国乃至世界传媒创新创业人才培养的摇篮。汇聚优质办学资源，合理选择发展路径，充分激发学院内生动力和发展活力，突出学科交融与协同创新，推动教书育人与产业发展、社会需求和科技前沿紧密衔接，深化政产学研用相融合，培养一流人才，产出一流成果，贡献一流思想，作出一流贡献，使学科总体水平位居国内领先地位、跻身国际先进行列。

2. 科学研究

(1)持续提升高质量科学研究成果数量。持续增加在SSCI、A&HCI年度发表论文和权威刊物数量，鼓励发表CSSCI期刊论文，并继续予以扶植。在学术成果上力争有更大的突破，快速形成国际影响力。高等学校科学研究优秀成果奖(人文社会科学一等、二等、三等)和省哲学社会科学优秀成果及其他省部级社科成果奖励一等奖、二等奖争取获得8项成果。决策咨询年度获省部级以上领导批示力争有更大突破。

(2)稳步推进一流学科伙伴提升计划。重点打造“浙大—宾大—威斯康星”铁三角，办好三校合作的英文季刊*Communication and the Public*，以及围绕该刊组织的“传播与公共性国际学术研讨会”和三校合办的“国际前沿传播理论与研究方法”高级研修班。积极参与浙大—柏林自由大学联合学院在海宁国际校区的立项和建设工作，整合学院国际汉语教育等相关专业资源，与柏林自由大学共建面向留学生的“中国学”本科专业。继续拓展与 UCLA 戏剧电影电视学院的合作。与此同时，继续办好《中国传媒报告》《马克思主义美学研究》和 *China Media Research* 三份学术刊物。

(3)继续加强国内外学术交流。鼓励各学科积极举办各种学术会议和论坛，集中力量每年举办三次左右国际性或全国性学术会议，邀请国内外顶级专家汇聚浙大，碰撞思想。继续探索小规模专题学术研讨会或工作坊，吸引某专题领域最杰出或最有潜力学者深度参与，通过前期论文修改、论坛激烈评议、后期精心打磨，显著提升学术交流的质量和成效，促进学术精品更多涌现。坚持举办已经形成品牌的“浙大传播大讲堂”“卓越传媒人大讲堂”，同时启动“代表作学术午餐会”“未完成研究工作坊”“薪传读书会”等日常学术交流活动，进一步优化学术交流环境。

(4)积极推进高水平学科团队建设。瞄准国家重大战略需求或基础理论重大突破，整合学院内外各相关学科资源，重点打造大数据与网络舆情、公共传播与社会思想、全球传播与公共外交、美学与文化产业、策略传播与品牌形象 5 个研究团队，大力引进和培育各领域的领军人物和学科骨干，建设集理论研究、应用研究、政策研究于一体的一流创新团队，孵化一批国家级和省部级重大研究项目，形成若干重大研究成果，为国家和地方经济社会发展作出实质性贡献。

3. 师资队伍建设

(1)打造国际一流创新团队。汇聚一批学术大师和权威学者，大力引进与培育长江学者、求是特聘教授及文科领军人才等高层次人才，引进与培育国家“万人计划”青年拔尖人才、长江学者青年项目、文科百人计划研究员等优秀青年人才，填补外籍教师引进的空白。(2)突破用人制度限制。改善现有教师构成，推动新闻教学和新闻实践结合。提供资金和政策支持，积极筹划引进有丰富实践经验的媒体业界人才全职到学院工作。推动学院与浙江广电集团、浙江日报集团间的人员互聘交流工作制度化、常态化。进一步优化师资队伍结构，完善现有的“浙江大学卓越记者驻校计划”，每年继续聘请 5 名资深媒体工作者到浙江大学学习和进修一到两个学期，一方面为这些卓越媒体人士提供专门指导，另一方面也安排其短期参与学院现有的业务性课程教学，组织和指导学生课外实践活动。(3)汇聚校内外各种资源。通过设立 5~10 位讲席教授席位，为每位讲席教授提供优厚津贴、科研助理和项目支持，吸引海内外顶尖学者加盟学院。实施“薪传计划”，为青年教师配备资深教授导师，在教学、科研、社会服务等方面提供支持，通过新老互动、薪火相传，使优秀青年教师尽快成长、脱颖而出。进一步优化考核机制，减轻青年教师教学负担，为青年教师创造更加宽松的成长环境。

4. 学科建设

将“全球传播”作为重点建设的优势特色学科方向。学院将以这一特色学科方向为突破口，发挥现有优势，整合相关资源，解决重大问题，产出一流成果，带动新闻传播学整个一级学科的发展，为浙江大学文科整体声誉提升贡献力量。具体分为国际传播能力研究、影视文化产业研究和媒体融合发展研究三个重点学科群和平台。

12.1.3　中国传媒大学“双一流”建设2018年度进展报告

2019年1月，中国传媒大学发布《“双一流”建设2018年度进展报告》，其中很大一部涉及新闻传播学一流学科建设，以下为内容节选。

1. 拔尖创新人才培养方面

2018年，学校进一步优化人才培养规模结构，本科生和研究生规模发展稳定，远程与继续教育发展迅速，品牌效应凸显；国际学生规模稳中有增，学历生层次结构得到了进一步优化。拔尖创新人才的培养取得了丰硕的成果，2017—2018年，学校共获得国家教学成果一等奖一项，北京市教育教学成果奖7项(其中一等奖2项，二等奖5项)。此外，学校参与其他高校的成果也获得北京市教学成果一等奖。

2. 高素质教师队伍建设方面

2018年，学校成立人才工作办公室，统筹规划和推动学校人才队伍建设。结合学校学科发展和人才队伍现状，建立各学院高层次人才招聘工作联系人制度，提升学院积极性和主动性，畅通高层次人才招聘工作机制。建立师资博士后制度，强化过程监督，确保培养质量；积极拓展与各工作站的合作，加强联合培养博士后管理，培育师资后备力量。创新教师入职培训模式，依托北京师范大学的优质教育资源，举办中青年教师专业发展培训班。完成国家“千人计划”专家、教育部“长江学者奖励计划”特聘教授的聘任工作；启动实施“特殊人才专项行动计划”，建立特殊人才津贴标准，给予高层次人才和青年拔尖人才以特殊津贴支持。首批奖励长江学者特聘教授、万人计划领军人才和教学名师、百千万人才工程国家级人选、中宣部“四个一批”人才和学校“资深教授”共8人。设立“青年拔尖人才”培育项目，对接国家人才计划青年项目，与资深教授、“白杨学者”项目形成有效梯次衔接，完善人才队伍培育。

3. 科学研究和社会服务方面

(1)科学研究成果丰硕。2018 年，学校人文学科共获批国家级项目 20 项。其中，国家社科基金共获批 17 项，国家艺术基金项目获批 3 项，人文社科共获批省部级项目 37 项；理工科共获批省部级以上项目 9 项。学校论文发表近三年总计 3490 篇，其中 SCI 论文 46 篇，SSCI 论文 7 篇，CSSCI 检索论文 1103 篇，EI 论文 314 篇。人文社科共出版专著 221 项，译著 87 项，编著 110 项，教材 100 项，文集 29 项，工具书 15 项，研究报告 85 项；理工科共出版专著 8 项，译著 1 项，编著 6 项，教材 14 项，发明专利 63 项，软件 63 项，实用新型专利 4 项，研究报告 32 项。新增两个省部级重点实验室——国家广电总局智能媒体微服务技术与应用实验室、内容银行重点实验室；新增国家体育总局体育产业研究基地、教育部中外人文交流宣传研究中心等多个省部级研究基地。

(2)智库建设取得新成果。学校在推进中国特色新型国家传播智库建设方面卓有成效；北京市习近平新时代中国特色社会主义思想研究中心把中国传媒大学列为首批研究基地；外国语言文化学院获教育部批准成立三个“一带一路”国别和区域研究中心，成为学校学科建设新的增长点；经管学部发起成立的中国传媒大学雄安新区发展研究院，引起社会极大关注。

(3)以服务首都为核心，稳步推进社会服务工作。响应在京高校服务国家战略，推动高校学科整体水平提升，增强学科服务国家战略和区域经济社会发展的能力，加快北京高校一流大学一流学科建设。学校与北京市委宣传部签署了共建新闻传播学部框架协议；与北京电影学院、北京市第二外国语学院协手共建一流学科，组织开展高精尖学科建设工作，更好地服务于北京“四个中心”城市战略定位和世界一流和谐宜居之都建设。与京东集团正式建立战略合作关系，揭牌成立“中传—京东大数据联合实验”；与吉林省委宣传部、招商局集团、陕西广播电视台、广东广播电视台、360 人工智能研究院、阿里云研究中心等单位签署了全面战略合作协议。

(4)政府和企业高端培训质量和评价继续名列全国高校前茅。承办了全国教育系统领导干部媒介素养专题培训班，吉林省网信系统培训班，全国民政系统新闻宣传工作培训班，南水北调系统新闻发布与舆情应对培训班，北京市民政局新闻宣传工作培训班，中国科协宣传干部高级研修班，发改委、中宣部重点 VIP 培训项目，地方国企培训班，中国科协宣传干部高级研修班，北京市科协宣传干部媒介素养培训班等多个行业内培训项目。另外，“公益传播与风险管理高级工作坊”“万达创新加速器 TED 演讲能力提升工作坊”等高端工作坊，形成了良好的口碑和品牌，为学校赢得了荣誉。

4. 传承创新优秀文化方面

(1)践行社会主义核心价值观，加强大学文化建设。深入学习贯彻习近平新时代中国特色社会主义思想和全国“两会”前后总书记系列重要讲话，各学院开展了丰富多彩的学习活动，取得了较好的阶段性成效。播音主持艺术学院通过“辩与论”公开课和主题调研等形式，将专业教学与思政工作紧密相结合起来；新闻传播学部发挥学科特色与优势，为中央网信办设计制作“民族团结一家亲”等系列动漫表情包。积极完成市委教工委宣教处等上级部门交代的工作任务，如开展习近平总书记考察北京大学重要讲话精神学习宣传、开展纪念马克思诞辰200周年宣传、开展“远离毒品，珍爱生命”主题教育宣传、开展改革开放40周年宣传、开展系列公益宣传等，推出了一批成果。

(2)用有声语言艺术弘扬中华经典文化。由教育部主管，教育部关心下一代工作委员会、中国传媒大学主办的第20届齐越朗诵艺术节暨全国大学生朗诵大会于2018年7月举办。齐越朗诵艺术节创办于1997年，已成为全国高校朗诵艺术展示交流的重要平台。第20届朗诵大会以“新时代，再出发”为主题，在校大学生、媒体一线校友和朗诵艺术家们同台共诵中华经典，同抒爱国情怀，用有声语言的独特魅力铸就了中华文化的新辉煌。

(3)举办国际大学生动画节，提升学校国际影响力。2018年10月，第十三届中国(北京)国际大学生动画节成功举办。来自中、美、法13位全球顶尖动漫及游戏界专家担任此届大赛的评审，评选了“最佳动画短片奖”“最佳故事漫画奖”“最佳游戏作品奖”“最佳交互设计奖”等奖项。此届动画节涌现出大量来自世界各地，风格多样的参赛作品，有着极高的专业水准及艺术素养。

(4)承办“社会主义核心价值观动漫短片创作活动”，传承民族精神与传统文化。受国家广电总局委托，学校承办了国家广电总局“第二届社会主义核心价值观动漫短片创作活动”，共收到来自76所高校、61家动画企业的332个作品创意，涵括了26个省市、自治区。5月，由来自中宣部、广电总局、高校、业界的专家组成终审评委会，对作品进行了评审，最终30部优秀作品脱颖而出。

(5)加强校园网络文化建设，发挥积极舆论导向作用。在教育部首届“全国高校名站名栏”评选活动中，学校白杨网获评全国高校优秀网站，首页“今日推荐”获评全国高校优秀栏目。学校总体思想舆论氛围积极向上，教学科研秩序良好，安全稳定总体形势良好。2018年通过校园“两网”(白杨网、英文网)、“两微”(微信、微博)等平台发布了师生原创或参与创作的大批高质量作品。白杨网首页视频栏目的品牌效应持续发挥，年内发布精品视频、动漫、微电影等作品160余部，20余部作品点击量超过3000次，最高单篇作品点击量超过 4.5 万次。“今日推荐”名栏效应继续彰显，2018 年推荐发布各类作品 250 余篇，90%以上为师生原创作品，单篇最高阅读量超过 7000 次。

5. 国际合作交流方面

学校通过优化管理、重点支持等举措，进一步提高了学校国际交流合作的水平，激发了教学科研人员开展国际学术交流与合作的积极性。出国/境访问中，教师成为出国/境人员的主体，参加国际会议成为出国/境访问的主要类别。学校还通过加强学生对外交流管理，为学生提供了更多的奖学金支持渠道和国际组织实践机会，在校生赴国(境)外交流学习的人数、层次、国别、学校、项目等得到进一步优化。

(刘义昆　杨丽媛)

12.2　部校共建新闻学院新进展

12.2.1　部校共建新闻学院进展情况

2001 年 12 月，上海市委宣传部与复旦大学签署共建新闻学院协议，开启了部校共建新闻学院的先河。2013 年 6 月，教育部、中宣部联合发文《关于加强高校新闻传播院系师资队伍建设实施卓越新闻传播人才教育培养计划》(教高〔2013〕7 号)，提出要积极探索高校与宣传部门、新闻单位联合培养新闻传播人才的新模式。当年 12 月，中宣部、教育部印发《关于地方党委宣传部门与高等学校共建新闻学院的意见》(中宣发〔2013〕34 号)，要求“每个省(区、市)党委宣传部门都应和高等学校重点共建一个新闻学院”，“原则上中央主要新闻单位也应与高等学校共建一个新闻学院”，正式启动全国范围内的部校共建新闻学院工作。作为新闻传播人才培养模式的一项重大改革，部校共建对新闻传播教育产生了深刻影响。

1. 部校共建卓越新闻人才培养工作有序推进

部校共建为众多新闻学院提供了重要的政策支持、资金支持，为新闻学院的人才培养、科学研究、师资队伍、社会服务等各项工作提供了改革和发展的新契机。2018 年，部校共建新闻人才培养工作有序推进并取得了卓著的成效。2018 年高等教育国家级教学成果奖中，新闻传播学类4个获奖项目中的3个均与部校共建成果有关，它们分别是获得一等奖的中国传媒大学的“实践中的马克思主义新闻观”，获得二等奖的中国人民大学的“中国特色新闻传播人才的生态型培养体系构建”和暨南大学的“马克思主义新闻观指导下新闻人才培养‘六结合’模式的创建与实践”。上述高校乘着部校共建的东风，在培养卓越新闻传播人才方面开展了卓有成效的探索与实践，为其他新闻学院提供了模式和借鉴。

2018年10月8日，教育部、中宣部联合下发《教育部　中共中央宣传部关于提高高校新闻传播人才培养能力实施卓越新闻传播人才教育培养计划2.0的意见》(教高〔2018〕7号)，指出高校应建设一批马克思主义新闻观研究宣传教育基地，打造一批中国特色、世界水平的一流新闻传播专业点，形成遵循新闻传播规律和人才成长规律的全媒化复合型专家型新闻传播人才培养体系，培养造就一大批适应媒体深度融合和行业创新发展，能够讲好中国故事、传播中国声音的优秀新闻传播后备人才。文件对“推动部校共建新闻学院新发展”作了进一步的部署：

(1)进一步深化部校共建新闻学院工作，在教师队伍专业能力、理论体系构建能力、重点任务统筹能力和强化工作保障能力上下功夫，打造新闻传播协同育人“先锋队”和“示范区”。

(2)将部校共建新闻学院工作作为加强高校思想政治工作、落实意识形态工作责任制的重要内容，加强督导检查和经费保障，确保取得实效。

(3)建立共建新闻学院工作联络员制度，各省(区、市)党委宣传部门和教育部门定期会商、及时总结，并向主管部门报送最新工作进展。

(4)统筹建立全国优秀新闻传播学专家库，强化共建新闻学院师资保障，促进提升全国高校特别是偏远地区教学水平。

(5)选择一批优秀教师纳入新闻阅评员队伍，加强新闻宣传一线实践。支持实力较强的共建新闻学院率先推出一批高质量新闻理论研究成果，充分发挥示范性、引领性和创新性作用。

在强有力的政策支持和推动下，各地宣传部门与高校陆续召开深化部校共建新闻学院工作推进会议，扩大部校共建高校规模，深化部校共建内容，总结和研讨部校共建的经验、成就和下一步努力的方向。如：2017年12月18日，上海市委宣传部举行“深化部校共建新闻学院工作推进会暨签约仪式”，启动新一轮的部校共建部署，与上海交通大学、同济大学、华东师范大学以及上海大学4所高校同时开展共建。其中，上海交通大学的共建由上海报业集团对接，同济大学、华东师范大学的共建由上海广播电视台对接。上海大学与市委宣传部签约，直接共建上海大学新闻传播学院。2018 年 9 月 29 日，浙江省委宣传部召开“全省部校共建新闻学院工作座谈会”，对 2014—2018 年部校共建新闻学院的工作进行了总结和评价，并与浙江大学签订了新一轮共建协议。2018 年 12 月 21 日，江苏省委宣传部与南京大学共建新闻传播学院的重要成果——紫金楼正式启用，为南京大学培养卓越新闻人才提供了更为优越的教学和实验场所。

2. 新增部校共建新闻学院情况

截至 2018 年年底，全国已经有 70 余所高校与地方省委宣传部或中央、地方媒体签署共建协议，有序开展了部校共建新闻传播人才的培养工作。2018 年，新增部校共建新闻学院共 8 所，具体名单如表 12-2 所示：

表 12-2　**新增部校共建新闻学院名单**

省份（自治区、直辖市）	共建高校	共建学院	共建目标
天津市（天津市委宣传部）	天津外国语大学	新闻与外语学院	①以马克思主义新闻观为统领，着力培育新闻后备人才，以学校交流为驱动，全面提升共建影响；以组织共建为基础，使共建工作落实落细。②着重在 3 个方面下功夫，一是牢记职责使命，夯实人才基础；二是把握共建核心，办出专业特色；三是创新合作形式，提高共建成效。③提升新闻学院办学水平，扎实开展马克思主义新闻观教育，培养造就更多党和人民放心的优秀新闻人才
	天津体育学院	体育文化学院	
山西省（山西省委宣传部）	大同大学	文学学院	①培养造就一大批具有家国情怀、国际视野的高素质全媒化复合型专家型新闻传播后备人才；②把新闻学院建设成为马克思主义新闻学研究、新闻教育和新闻人才培养的高水平基地
	山西财经大学	文化传播学院	①培养新闻舆论后备人才，着力打造具有财经特色的新闻学院；②共建精品课程、骨干队伍、培训基地、实践基地、研究智库
云南省（云南广播电视台）	昆明理工大学	艺术与传媒学院	推动和加强马克思主义新闻观教育，提高新闻人才培养质量，培养党和人民信赖的新闻人才

续表

省份（自治区、直辖市）	共建高校	共建学院	共建目标
沈阳市（沈阳市委宣传部）	沈阳师范大学	新闻与传播学院	①创新新闻传播人才培养机制，把新闻与传播学院建成卓越新闻传播人才的培养基地、宣传思想战线工作者和新闻传播人才的培训基地、服务辽沈地区乃至全国社会政治经济与文化发展的智库平台；②进一步创新合作形式，盘活用足辽沈地区新闻与传播资源，充分吸收业界内专家学者和新闻传播从业者对在校学生的教学和实践指导，为学生提升专业素养提供充足信息资源，为学生实践、实习和就业创业提供有效平台
	沈阳城市学院	新闻与传播学院	
漳州市（漳州市委宣传部）	闽南师范大学	新闻传播学院	①提升学科建设和队伍建设水平，着力培养一批有正确政治立场、扎实专业基础、良好责任担当的优秀新闻传播人才；②坚持“优势互补、双向互动、协同创新”的原则，全面落实部校共建各项工作，努力把新闻传播学院建设成为卓越新闻传播人才的培养基地、漳州市新闻宣传系统在职干部和从业人员的培训基地和服务漳州经济社会发展与文化发展特别是新闻事业发展的智库平台

12.2.2　部校共建新闻学院典型经验推介

1. 南京大学：以“政产学研合作”深化部校共建①

江苏省委宣传部与南京大学共建新闻学院始于2014年4月，南京大学以“政产学研合作”深化部校共建，“教”“研”先行，多方资源联动，取得了显著的成效。

“教”“研”先行：将富有部校共建特色的“国情教育”系列课程纳入必修课教学体系，

① 杜骏飞．以“政产学研合作”深化部校共建——南京大学新闻传播学院的基本经验[J]．新闻与写作，2017(10)：26-30.

开设 6 门以“实践中的马克思主义新闻观”为指导思想、由传媒精英任教业务选修课程、打造融知识传授与价值引导于一体的“嵌入式课堂”，系统开展了在校学生“思想教育和专业教育相结合”的培养工作。创办“新潮”自媒体平台、“新视界网络电视台”等一批学生教学实践平台，与已有的学生记者团、学生报刊进行联动，以全媒体形式覆盖校园。常设学术论坛——“博士之家学术午餐会”“硕士之家分享会”和鼓楼校区读书会，营造了学院良好的学术氛围。

资源联动：以紫金传媒研究院为平台，搭建新闻传播学界和业界密切交流、互利共赢的平台，一方面为南京大学新闻传播学院师生在北京开展教学、科研、实习提供服务；另一方面，也为传媒界人士参与南京大学新闻传播学院的教学、科研、培训提供便利。整合社会学院、新闻传播学院、信息管理学院、政府管理学院等学科力量，并与省内各大传媒集团协同创新，创建“江苏紫金传媒智库”。该智库下设 4 个相互渗透、密切协作的学部：舆论与社会心态研究中心、互联网与传媒发展研究中心、风险与公共危机研究中心及中国智库研究与评价中心。着力打通学界与业界联系，及时了解民情民生和公众社会心态的变迁，向政府提供战略咨询。

2. 郑州大学：以“重走穆青路”培养“勿忘人民”的新闻人才

河南省委宣传部与郑州大学共建新闻学院始于 2014 年 12 月。郑州大学依托与新华社共建的“穆青研究中心”，由研究中心教师带领新闻学子持续开展“重走穆青路”大型采访调研活动，培养“勿忘人民”的卓越新闻人才。“重走穆青路”的路线先从河南的开封、兰考、杞县、宁陵、周口、扶沟等地，接着到穆青正式加入革命队伍的山西临汾、岚县，再到他开始新闻生涯的革命圣地延安，深入三省 10 多个市、县，行程约 3000 公里。教师与新闻学子实地调查穆青当年工作和战斗过的地方，走访有关当事人，搜集教学和研究资料。新闻学子在“重走穆青路”中感受到祖国的巨大变化，学习了穆青当年深入基层、扎根百姓的采访作风。2014 年 8 月、2017 年 5 月，郑州大学穆青研究中心分别联合重庆大学、暨南大学新闻学院师生一起开展“重走穆青路”教学实践活动，与兄弟院校一起追寻穆青足迹，弘扬穆青精神。2018 年 11 月，“穆青新闻实验班”学子“重走穆青路”赴河南兰考寻访焦裕禄足迹的活动，由中共中央宣传部推荐，作为部校共建新闻学院成果入选“伟大的变革——庆祝改革开放 40 周年大型展览”并在国家博物馆展出。

3. 青海师范大学：开展“部校共建”社会实践大篷车活动

青海师范大学新闻学院成立于 2015 年 7 月，是青海省唯一的一所“部校共建”新闻学院。新闻学院在完善校内校外实践平台的基础上，积极争取实践机会，拓展实践空间，并采取以项目创品牌、以活动促实践的方式，打造系统的实践教学体系。社会实践大篷车活动由教师带领新闻学子行走省内各区采风，选取典型地区开展采访调研，以“边行走、边采写、边感悟”的方式，品味青海魅力，传播风俗淳朴、人民可爱、历史悠久、文化多元的大美而厚重的青海。

2018 年，社会实践大篷车活动选拔了来自全国各地的 18 名新闻传播学子，以“漫着花儿走青海，绿水青山我守候”的革命浪漫主义情怀，途经门源、大通、西海镇、德令哈、格尔木、共和等地，最高海拔 4500 米，行程 3000 余公里。在为期 11 天的采风活动中，新闻传播学子就民生保障、生态保护、文化传承等议题开展采访和调研，用心灵体会马克思主义新闻观，用眼睛记录青海神壮美的风光，用脚步丈量守护者艰辛的历程，用心去触摸人与自然和谐相处的柔美画卷。社会实践大篷车活动将专业学习和社会实践有机结合起来，实践了“近距离、接地气、沾露水”的新闻实践，这是对马克思主义新闻观的具体践行，也是高校新闻传播教育方式的一次有益探索。

（郑素侠）

12.3 本科专业建设概览

2018 年有 3 所大学的新闻传播院系进行了专业调整，包括青海师范大学新闻学院、河南工业大学新闻与传播学院以及鲁东大学影视传媒系。这些院系或根据教育部的培养目标将相关专业进行重新整合，或根据学部共建要求申请新专业，或重新恢复相关专业。这种调整正是其立足本地、辐射全国，努力培养具备马克思主义新闻观和适应互联网新时代新变化的、具有创新思维和技术能力的优势人才的充分体现。

12.3.1 专业调整背景

青海师范大学新闻学院成立于 2015 年，是青海省唯一一所部校共建的新闻学院。基于青海省委宣传部的大力扶持及学院独特的发展历史，该院在制定各个专业培养目标时，充分考虑了与媒体行业和国内一流大学接轨。从 2016 年开始，新闻学专业、播音与主持艺术专业实现了每年稳定招生。2018 年 10 月，青海师范大学接受了教育部审核评估，同年 3—9 月，青海师范大学要求各个学科结合《普通高等学校本科专业类教学质量国家标准》修订人才培养方案，在此要求下，学院重修修订了新闻学、播音与主持艺术、网络与新媒体三个专业的人才培养方案，对三个专业课程设置进行了重新整合。学院在整合优化课程的同时，还新增了马克思主义新闻观、数据新闻研究等课程，以突出部校共建、校企合作、贴近行业前沿的办学思路，着重强调面向所有介质和平台，培养互联网背景下新型新闻传播的复合型、应用型人才。

河南工业大学新闻与传播学院广告学专业教育开始于 2001 年，2002 年开始广播电视新闻学(2013 年根据修订的《普通高等学校本科专业目录》调整为“广播电视学”)专业教育，2008 年开始播音与主持艺术专业教育，2013 年开始网络与新媒体专业教育，目前是河南省同时拥有新闻传播学一级硕士学位授予权和新闻与传播专业硕士授予权的三所院校之一。为进一步完善学科专业布局，满足部校共建新闻传播学院的基本条件，学院于 2018 年申请获批了新闻学本科专业，2019 年将开始招生。目前学院已拥有广告学、广播电视学、播音与主持艺术、网络与新媒体四个本科专业。

2006 年，鲁东大学在艺术学院设立广告学专业，并于当年起通过艺术加试招收全日制本科生。2013 年教育部规范学科招生后，广告学专业停止招生，专业则暂时保留。2016 年，鲁东大学与烟台市委宣传部签订协议，共建新闻传播学院，对学科整合也提出了新的要求。为此，鲁东大学在整合广播电视编导、传播学等学科基础上，决定恢复广告学招生。经整合后，鲁东大学影视传媒系包括了传播学、广告学、广播电视编导等专业，同时在广播电视编导专业中设置了数字出版等方向，为未来学科专业整合留下了更大的发展空间，也在整合学科资源推动部校共建中发挥了重要作用，为学校新闻与传播专业硕士学位的申请与批准奠定了基础。

12. 3. 2　专业调整过程

青海师范大学新闻学院在原有新闻学、播音与主持艺术两个专业基础上，在 2017 年申报并获批了网络与新媒体专业，2018 年开始了首届招生。网络与新媒体专业的成功申报和招生源于新闻学科的发展机遇。2017 年 3 月 20 日，教育部学校规划建设发展中心颁布了《关于“高校数字媒体产教融合创新应用示范基地”项目首批合作院校入选情况的通知》，公布了第一批入选“高校数字媒体产教融合创新应用示范基地”的学校名单，青海师范大学位列其中。为更好地适应产教融合发展，青海师范大学新闻学院积极申报了网络与新媒体专业，从而实现了与凤凰教育集团校企联合培养的育人新模式。根据校企合作协议，网络与新媒体专业采用“2+1. 5+0. 5”的人才培养模式，学生前两年由青海师范大学新闻学院培养，主要涉及新闻理论课程的学习，大三全年、大四第一学期由凤凰教育集团提供行业师资团队和行业实习基地，对学生进行实践课程培养，从而实现学校理论与企业实践相结合的育人新模式。除学校开设的公共基础平台课如英语、计算机应用、马克思主义教育、体育等，学院根据新闻传播大类的培养需要，开设了多门学科基础课，如新闻学概论、新闻写作、新闻采访和传播学概论、中外新闻传播史、媒介伦理法规、媒介经营与管理等。在此基础上，学院结合部校共建的发展契机，新增了马克思主义新闻观等课程。企业所承担课程则主要分为三个板块，即数据新闻版块、网络视频制作板块和网页设计与网站维护，课程包含数据采集与分析、剪辑软件的发展与应用、数字影像格式与常见编码、移动端产品的设计、移动端设计发展趋势、HTML+CSS 静态页布局等课程。

河南工业大学广泛调查研究省内外工科背景院校新闻传播人才的培养方案、课程体系、教学内容和课程设置，以及先进的教学方法、教学途径、教学计划、评价体系等，针对河南省新闻传播教育及中原地区经济建设对人才知识结构的需求现状，与广告公司、媒体、企业等各类用人单位共同研究，确立了培养目标定位。在此基础上，结合我国政治经济社会发展，河南省经济社会发展的迫切需要以及学校的专业结构布局，对增设新闻学专业进行了充分论证。2016—2017 年，学院为适应社会的发展和传媒业变革的趋势，全面调整了人才培养方案，确立了努力培养适应现代社会发展需要的，具有创新精神的复合应用型现代传媒人才的目标定位。按照“厚基础、重特色、强实战、博前沿”的原则，构建了“基于传统，强化影视与新媒体”的课程体系，通过“基础课+方向模块课程包”的方式，搭建了不同课程平台。四个本科专业都开设有新闻学专业所需“采写编评摄录编”等传统课程，更有“网微信端数创策”等新兴特色课程，具有较强的师资力量、实验场所和办学条件，为增设新闻学专业提供了有力支撑，实现了对学生综合素质和专业能力的培养，完善了“一个中心，两个结合，三个层次”的多形式综合实践教学体系。

2017—2018 年，鲁东大学在调整广告学专业的过程中，艺术学院原招生学生在艺术学院毕业，5 名专任教师调入文学院。2018 年，学校恢复第一届广告学专业招生，当年共招收本科生 40 人，2019 年将继续招收广告学专业本科生 40 人。到目前，广告学专业学生共 40 人，专任教师 6 人。

12.3.3　专业培养目标

青海师范大学新闻学院学院自网络与新媒体专业开始招生以来，根据学科发展和企业需要，该专业的培养方案进行了数次调整，课程设置围绕应用型新闻人才的基本素质展开，主要包括新闻理论课程和企业要求的实践课程。该专业的培养目标是，立足青海、面向西北、辐射全国，培养新闻素养良好，具有马克思主义新闻观，具备新闻与传播基础理论知识，具有新媒体创意思维和技术能力，能够在各类媒体和宣传机构从事新闻采编、网络运营与推广、媒体设计与制作等工作的复合型、应用型人才。

河南工业大学新闻与传播学院充分分析了学校历史、传统与优势，以及省内外有关高校的特点，结合媒体与社会发展的新要求，立足中原文化的厚重积淀，确立了具有明显特色的新闻传播类人才培养目标与定位。新闻学专业旨在培养德、智、体、美全面发展，坚持马克思主义新闻观，坚持正确政治立场和方向，新闻专业素养深厚，掌握新闻学、新媒体传播等基础知识、理论和技能，具备宽广的社会科学视野和良好的职业伦理素养，能够有效地完成新闻采写编评、新媒体内容制作和媒体市场运营工作，并能为社会舆论和国家发展贡献理性智慧的，具有创新精神的复合应用型新闻传播专业人才。学院要求学生学习并掌握新闻学、传播学、网络新媒体的基本理论和基本知识，接受新闻传播实践的训练，具备利用多种传播媒介从事新闻创作与传播活动的能力。

鲁东大学广告学专业的培养目标是希望学生适应 21 世纪社会、经济和文化发展需要，德、智、体、美诸方面全面发展；系统掌握现代广告学的基本理论、基础知识和基本技能；熟悉现代经营管理与市场营销的基础知识；熟悉国家的广告法规和与之相关的其他法规；具有广博的文化与科学知识，能在广告公司、新闻媒体、市场调查及信息咨询行业、企事业单位从事广告经营管理、广告策划创意、设计制作、市场营销策划、市场调查分析等工作。

12. 3. 4　未来展望

青海师范大学网络与新媒体专业的校企合作办学模式还在积极探索中，2018 年首届学生目前正处在大一第二学期，处于学习专业理论课阶段。但就目前全国新闻行业发展的大趋势来看，网络与新媒体专业毕业生缺口大，就业前景良好，同时，全新的人才培养模式也为学生增强了就业竞争力。

河南工业大学新闻与传播学院遵循教育教学规律，围绕目标定位，突出办学特色，继承和发扬教改成果，按照“厚基础、宽口径、重特色、强实战，高素质”的要求，建立适应融合时代传媒人才市场需求的人才培养方案与培养模式。学院将进一步完善平台+模块化的课程体系，实现复合型人才培养，设立通识教育课程平台、学科教育课程平台、专业课程平台、实践教学平台，每个平台设置两个模块，学生在不同年级、不同课程平台模块中选择课程；学院将继续加强实践教学改革，实现应用型人才培养，改革实验教学内容体系，形成富有理工特色的“一个核心两个结合三个层次四个模块五方面内容”的实验教学内容；积极搭建各种实战平台，包含以实战能力为主的专业竞赛平台，以创新能力为主的“产学研一体化”科研小组平台，以综合素质为主的一、二课堂有效结合的“传之梦”平台。

鲁东大学广告学专业希望通过校企合作共建，产学研共同发展，着力培养应用型人才，解决教学与实践“脱节”的问题。2016—2017 年，鲁东大学考察了多家校企合作办学单位，且重点考察了具有影视制作能力且能够以实践为教学主导的影视传媒公司。具体的校企合作包涵以下几个方面：与企业深度合作，共建校内与校外的广告学专业“教学实训基地”；邀请广告行业资深人士和管理人员、营销人员来校交流，开设讲座、举办座谈会、传递资讯，邀请他们担任学生的“企业班主任”；促使广告学专业教师深入企业“挂职锻炼”。

此外，鲁东大学坚持国际化发展思路，发展国际合作项目，建立国际学术交流长效机制，目前文学院已经与日本、韩国和美国高校的相关专业建立了一定程度的合作关系，广告学专业也将参与到国际交流队伍中，可以与美国和韩国的广告院校、国际广告公司建立广泛的交流与合作，为教师的互访、学生的联合培养、专业实习、项目合作搭建一个理想的平台。

（龚彦方　徐鸿晟　尚恒志　等）

第 13 章　本科人才培养

13.1　课 程 建 设

2019 年 1 月底，教育部公布了 2018 年国家精品在线开放课程认定结果，801 门课程被认定为 2018 年国家精品在线开放课程。目前，这些课程在爱课程网、智慧树、超星尔雅、学堂在线等全国性课程共享平台陆续上线。经筛选，共有 14 门本科新闻传播学类课程被认定为国家精品课程。

13.1.1　整体概述

2018 年，新闻传播学类共有 14 门本科课程被认定为国家精品课程。

从分布学校看，这 14 门课程来自 12 所高校，复旦大学和宁波大学各占两门。

从传播平台看，爱课程占据 5 门，智慧树占据 4 门，北京高校优质课程研究会、重庆高校在线开放课程平台、学堂在线、好大学在线、优课联盟各占 1 门。

从内容看，此次获评的 14 门课程涉及内容丰富，其中视觉影像相关课程占 6 门，新闻传播相关占 5 门，广告相关占 3 门，具体体现为：

视觉影像相关。“影像技术”（课程负责人周勇）、“影视制作入门”（课程负责人梁军健）、“摄影基础”（课程负责人牛学）、“摄影基础”（课程负责人张秋雯）、“纪录片创作“（课程负责人李天福、韩永青）、“视觉素养导论”（课程负责人黎荔）。

广告相关。“‘爱上广告’——广告艺术鉴赏”（课程负责人余洋）、“好玩的广告学”（课程负责人汤志耘）、“消费者行为学”（课程负责人王丽）。

新闻传播相关。“人际传播能力”（课程负责人胡春阳）、“媒介批评”（课程负责人姚君喜）、“新媒体与社会性别”（课程负责人曹晋）、“新闻采访学”（课程负责人段勃）、“新闻伦理与法规”（课程负责人江作苏）（见表 13-1）。

表 13-1　　**2018 年新闻传播学类国家精品在线开放课程**

序号	课程名称	课程负责人	课程团队其他主要成员	主要建设单位	主要开课平台
1	影像技术	周　勇	/	中国人民大学	北京高校优质课程研究会
2	影视制作入门	梁君健	雷建军　黄　添 胡雅文　陈凯宁	清华大学	学堂在线
3	人际传播能力	胡春阳	/	复旦大学	智慧树
4	新媒体与社会性别	曹　晋	/	复旦大学	智慧树
5	媒介批评	姚君喜	邵国松　李晓静 阎　峰　禹卫华	上海交通大学	好大学在线
6	“爱上广告”——广告艺术鉴赏	余　洋	杨振和　黄婷婷 杨祥民　陆姗姗	南京邮电大学	爱课程（中国大学 MOOC）
7	好玩的广告学	汤志耘	贺雪飞　王　丽 庞菊爱　赵书松	宁波大学	爱课程（中国大学 MOOC）
8	消费者行为学	王　丽	张斌宁　朱恒慧	宁波大学	优课联盟
9	新闻采访学	段　勃	李占伟　张仕勇 张海艳　陈　娟	河南师范大学	爱课程（中国大学 MOOC）
10	新闻伦理与法规	江作苏	陈　科　李　理 张勇军　甘丽华	华中师范大学	爱课程（中国大学 MOOC）
11	摄影基础	牛　学	杜　平　李　由 贾连成　沈祥胜	武汉工商学院	智慧树
12	纪录片创作	李天福 韩永青	李芹燕　杨家兴 李　微	重庆文理学院	重庆高校在线开放课程平台
13	摄影基础	张秋雯	郝云超	电子科技大学	爱课程（中国大学 MOOC）
14	视觉素养导论	黎　荔	/	西安交通大学	智慧树

13.1.2　2018 年国家精品在线开放课程具体情况

2018 年，新闻传播学类国家精品在线开放课程共计 14 门，具体情况见表 13-2 所示。

表 13-2　　**2018 年新闻传播类国家精品在线开放课程具体情况**

开设院系	课程名称	课程负责人及教学团队简介	课程概述	教学大纲
中国人民大学新闻学院	影像技术①	周勇，中国人民大学新闻学院教授，博士生导师，现任新闻学院院长助理、广播电视系主任、视听传播研究中心主任	课程分为摄影技术、理论与实务三大部分。课程采取讲授、实践、讲评结合的方式 学习要求：对作为一种语言工具的摄影有深入了解，从视觉文化的角度理解摄影，并且要不断展开拍摄实践和进行作品点评和分析 课程目标：提高学生的视觉素养，掌握照相机的基本使用方法，理解新闻摄影理论的相关内容，了解当下媒体新闻摄影工作的状况，能够完成一般题材的采访拍摄，并对优秀的新闻摄影作品有基本判断和认识	该课程 48 学时，3 学分。课程共 10 章：第 1 章课程介绍；第 2 章理解影像；第 3 章电视画面拍摄；第 4 章电视画面拍摄——景别；第 5 章电视画面拍摄——运动；第 6 章电视画面拍摄——角度及其他；第 7 章电视画面剪辑理论——蒙太奇；第 8 章电视画面剪辑的基本技巧；第 9 章电视节目中的声音；第 10 章期末考试
清华大学新闻与传播学院	影视制作入门②	梁君健，清华大学新闻与传播学院副教授，美国南卡罗来纳大学人类学系访问学者 课程团队：雷建军、黄添、胡雅文、陈凯宁	课程的核心内容是学习摄像机和编辑系统的使用，学习摄影构图和电视编辑的规律，要求学生熟悉和掌握视听语言，在此基础上进一步学习电视新闻、纪录片、微电影等各种视频形态的制作。期间通过 WORKSHOP、作品分析等方式，让学生亲身感受和亲自制作视频作品，鼓励学生以作品参加海内外的各种评奖	该课程共 8 章：第 1 章导论：影视制作的奥秘；第 2 章使用摄像机；第 3 章视频消息；第 4 章影视剪辑；第 5 章影视编剧；第 6 章视听语言；第 7 章叙事性非虚构电视节目制作 1；第 8 章叙事性非虚构电视节目制作 2

① http：//www. livedu. com. cn/ispace4. 0/moocxjkc/toKcView. do？ kcid = 258&bmrs = 8156。

② http：//www. xuetangx. com/courses/search？ query = 。

续表

开设院系	课程名称	课程负责人及教学团队简介	课程概述	教学大纲
复旦大学新闻学院	人际传播能力①	胡春阳，复旦大学新闻学院教授，教育部人文社会科学重点研究基地“信息与传播研究中心”研究员 课程团队：王怡红	人际传播是西方社会重要的知识领域，而我们尚付阙如。决定我们生命质量与幸福程度的不是我们的成就，而是传播能力；而国民对这种能力却是门外汉，因此，人际传播能力理应成为国民通识素质。混合式课程的“人际传播能力”能够在最大范围，以最快速度和更深刻方式推动人际传播知识普及以及能力提升	该课程 2 学分，32 学时。共分为 8 章：第 1 章从 IQ-EQ-CQ——传播筑造我们生命的品质；第 2 章第一种能力——知己并传播积极的自我；第 3 章第二种能力——知彼并积极看待他人；第 4 章第三种能力——清楚、恰当地说话；第 5 章第四种能力——非语言传播；第 6 章第五种能力——有效管理人际冲突；第 7 章人际关系发展机制；第 8 章第六种能力——因关系而异的传播
复旦大学新闻学院	新媒体与社会性别②	曹晋，复旦大学新闻学院教授，博士生导师，国际出版研究中心副主任。上海市“曙光”学者、美国哈佛燕京学者、富布赖特学者、加州伯克利大学 BBRG 研究学者	在媒介社会化和社会媒介化的今天，媒介与社会权力关系紧密交织在一起。在这样的背景之下，有必要讨论新媒介与社会性别之间的关系。本课程从新媒体的刻板形象、制度分析和受众分析角度，介绍传播民族志和交叉分析法，最终描摹出新媒体与社会性别权力建构的种种图绘。通过“绿茶婊”“女汉子”“直男癌”等网络热词，直击当代中国社会性别不平等现状，并以学术化方式进行深入解读	该课程 2 学分，38 课时。共 6 个部分，具体包括：绪论：新媒体与社会性别文化；第 1 章“新媒体与社会性别研究”领域的理论建构；第 2 章刻板形象、制度批判与受众分析；第 3 章媒介与社会性别研究中的质化方法；第 4 章抗争的途径：妇女与另类媒体；第 5 章新媒体与社会性别文化的当代分析

① http：//coursehome. zhihuishu. com/courseHome/2038691#teachTeam。

② http：//coursehome. zhihuishu. com/courseHome/2038701#teachTeam。

续表

开设院系	课程名称	课程负责人及教学团队简介	课程概述	教学大纲
上海交通大学媒体与设计学院	媒介批评①	姚喜君，上海交通大学媒体与设计学院教授，博士生导师。上海交通大学首届“晨星”青年学者奖励计划SMC奖励获得者，上海交通大学“中国视觉形象传播研究中心”主任，上海交通大学通识教育核心课程建设专家 课程团队：邵国松、李晓静、阎峰、禹卫华	今天，各类不同的媒介占领了我们大量的生活空间。媒介已深深地影响了我们的生活，它成为了人的延伸。新媒体的出现，使得人类文明一次次迈上新的台阶。面对我们生活的全面媒介化，是喜还是悲？是利还是弊？媒介如何影响了我们的社会、文化和生活，这是尚需我们进入思考和追问的问题，对此，“媒介批评”课程，也许会给我们提供一些思路和作出解释	该课程共分为7章：第1章基本问题；第2章研究问题与方法；第3章媒介、文化与社会；第4章作为大众文化的媒介；第5章大众传媒批评；第6章媒介叙事理论解构主义、读者反映论与媒介；第7章女性主义媒介批评
南京邮电大学传媒与艺术学院	“爱上广告”——广告艺术鉴赏②	余洋，南京邮电大学传媒与艺术学院副教授，从事广告艺术、视觉传达设计教学与实践多年；开设大学生文化素质教育课程“广告艺术鉴赏”12年 课程团队：杨振和、黄婷婷、杨祥民、陆姗姗	“‘爱上广告’——广告艺术鉴赏”是一门广告艺术通识教育课程，在这门课中，学生可以用艺术家的眼光来欣赏广告，感受创意之美和视觉之美。同时，主讲人会把广告原理融入课程，为学生构建一个从感性到理性的广告艺术认知网络。更为重要的是，学生将在课程中去认识人类的创造力、可爱与幽默的天性	该课程共分为7讲：第1讲创意广告与广告诉求；第2讲广告创意与联想；第3讲艺术广告与广告中的艺术；第4讲广告形式与媒介(一)；第5讲广告形式与媒介(二)；第6讲广告的声音与文案；第7讲中国广告与世界广告

① https：//www. cnmooc. org/portal/course/10/11739. mooc。

② http：//www. icourse163. org/course/NJUPT-1001753421？tid＝1206067207。

续表

开设院系	课程名称	课程负责人及教学团队简介	课程概述	教学大纲
宁波大学人文与传媒学院	好玩的广告学①	汤志耘，宁波大学人文与传媒学院副教授，全国首届高校微课大赛浙江赛区二等奖、浙江省高校教师教学技能大赛优秀奖等多项教学奖项 课程团队：贺雪飞、王丽、庞菊爱、赵书松	课程定位于通俗语言讲解专业知识、多样化展现行业面貌，给专业受众以系统理论、给非专业受众以有益启发。通过学习，帮助学生了解广告基础知识和核心理论，并能将之运用于广告实例的分析与解读；帮助学生思考经典理论在新媒介环境下的变动与发展；使学生具备广告思维和营销意识，在专业领域和工作生活中，能成为更理性的消费者和更有趣的人	该课程共分为 9 章：第 1 章广告概述；第 2 章广告和其他学科的关系；第 3 章 广告经典理论的演进；第 4 章广告主体；第 5 章广告创意；第 6 章广告媒介；第 7 章广告客体；第 8 章广告的跨文化传播；第 9 章广告的新变化
宁波大学	消费者行为学②	王丽，心理学博士，宁波大学人文与传媒学院教授，美国密苏里大学新闻学院访问学者。主要从事传播受众心理、消费者行为的研究 课程团队：张斌宁、朱恒慧	通过该课程的学习，了解消费者行为的基本理论和最新研究进展，掌握消费者行为分析的思路与方法，具有综合运用知识解决实际问题的能力，能分析评价营销传播的案例，根据市场数据为产品做用户画像，并提出合理的营销策略建议	该课程 2 个学分，共 28 学时。共分为 12 讲：第 1 讲消费者行为对市场营销的意义；第 2 讲理解消费者行为；第 3 讲研究消费者行为；第 4 讲消费者的需要和动机；第 5 讲消费者的感觉和知觉；第 6 讲消费者的学习、记忆和品牌忠诚；第 7 讲消费者态度的形成与改变；第 8 讲消费者的个性、自我概念和生活方式；第 9 讲消费者文化与亚文化；第 10 讲群体消费心理；第 11 讲消费者决策过程；第 12 讲消费决策的风险偏好与判断偏差

① http：//www.icourse163.org/course/NBU-1002477002？tid=1206091279。
② http：//www.uooc.net.cn/course/477687326。

续表

开设院系	课程名称	课程负责人及教学团队简介	课程概述	教学大纲
河南师范大学文学院	新闻采访学①	段勃，教授，新闻学博士，河南省优秀青年社科专家，河南省教育厅学术技术带头人 课程团队：李占伟、张仕勇、张海艳、陈娟	课程主要讲述新闻采访的概念和特点，新闻记者应该具备的基本素养，从新闻采访的流程分别介绍新闻线索的撷取、新闻策划、新闻采访的基本方法、采访活动中新闻信息的记录与核实、最后探讨媒介变局下新闻采访活动的机遇和挑战。课程兼具理论性、实用性、时新性于一体，既可以为未来专业新闻工作者提供方法上的指导，又可以激发普通人对新闻事业的兴趣，培养他们的媒介素养	该课程共分为 10 章：第 1 章绪论；第 2 章新闻记者；第 3 章新闻线索；第 4 章采前准备；第 5 章采访策划；第 6 章搜集资料；第 7 章访问座谈；第 8 章直接观察；第 9 章隐性采访；第 10 章记录核实
华中师范大学新闻传播学院	新闻伦理与法规②	江作苏，院长、华中师范大学新闻传播学院教授、博士生导师；高级记者；武汉大学客座教授。“长江韬奋奖”获得者，首届“全国百佳新闻工作者”，获国务院特殊津贴 课程团队：陈科、李理、张勇军、甘丽华	本课程将带领学生探寻新闻职业的道德共识，也会分析新闻伦理争议的源头，同时在中国新闻传播法的框架下审视新闻传播活动过程中各类主体的法律关系。对于新媒体所带来的一系列新问题，也会有极大的启发	该课程共分为 11 讲：第 1 讲导论；第 2 讲虚假新闻；第 3 讲低俗新闻；第 4 讲有偿新闻与冷漠新闻；第 5 讲媒介审判；第 6 讲广告伦理；第 7 讲名誉权侵害问题；第 8 讲隐私权侵害问题；第 9 讲消息来源保护；第 10 讲著作权保；第 11 讲全球新闻伦理困境与解决参考模式

① http：//www. icourse163. org/course/HENANNU-1002123015？ tid = 1206096220。
② http：//www. icourse163. org/course/CCNU-1002085010。

续表

开设院系	课程名称	课程负责人及教学团队简介	课程概述	教学大纲
武汉工商学院	摄影基础①	牛学，武汉工商学院副教授，国家一级摄影师，文化部创业创意人才库成员，教育部青年骨干教师访问学者，中国摄影家协会会员，湖北省高校摄影学会理事，湖北省青年岗位能手 课程团队：贾连成、沈祥胜、杜平、李由	摄影已经成为现代人必备的技能之一。通过这门课程系统化的学习摄影，了解摄影的发展历程，掌握相机的使用和拍摄技巧，提升审美能力与艺术经验。通过摄影基础课程来感知影像艺术、掌握摄影技巧、解读摄影经典、发现生活之美	该课程 2 个学分，28 学时。共分为 10 章：第 1 章摄影简史；第 2 章相机；第 3 章镜头与附件；第 4 章聚焦；第 5 章曝光；第 6 章数字技术；第 7 章摄影构图；第 8 章摄影流派；第 9 章行摄藏地；第 10 章摄影欣赏
重庆文理学院	纪录片创作②	李天福，重庆文理学院文化与传媒学院院长，教授，四川美术学院硕士研究生导师；韩永青，重庆文理学院文化与传媒学院副教授，芬兰坦佩雷大学访问学者 课程团队：李芹燕、杨家兴、李微	该课程是一门主要面向广播电视编导、广播电视学等专业开设的专业核心课程，课程在讲述纪录片范畴与属性基础上，依次讲述选题与策划、拍摄与采访、叙事与剪辑、解说词写作等技能点。学生作为专业核心课程学习时，需要充分结合线下翻转课堂学习；学生作为公共选修课程学习时，鼓励将在线开放课程学习与自主学习结合起来	该课程学习总学时应不少于 128 学时。课程共 5 讲：第 1 讲纪录片范畴与属性；第 2 讲纪录片选题与策划；第 3 讲纪录片拍摄与采访；第 4 讲纪录片叙事与剪辑；第 5 讲纪录片解说词写作

① http：//coursehome. zhihuishu. com/courseHome/2038760#teachTeam。

② http：//www. cqooc. net/course/online/detail？ id=334564757。

续表

开设院系	课程名称	课程负责人及教学团队简介	课程概述	教学大纲
电子科技大学	摄影基础①	张秋雯，电子科技大学讲师，主要从事摄影教学与实践 课程团队：郝云超	课程将带学生一起分享和学习基础的摄影内容及技巧，结合实战拍摄使学生掌握拍摄要点，提高应用能力。本视频课程共十周内容，以趣味、易懂、实用为主要目标，每周既有实景讲解内容，也有相应的补充技术知识，内容涵盖曝光、构图、用光、风景、静物、人像等，使同学们能直观了解不同场景的拍摄要点和注意事项	该课程共 10 讲：第 1 讲一起走进摄影世界；第 2 讲生活随笔——记录平凡生活中的唯一瞬间；第 3 讲青海之行——练练构图，培养你的摄影眼；第 4 讲牛背山云海——拍拍大场景，自拍延时片段；第 5 讲丹巴晨景——跟随光线，渲染照片氛围；第 6 讲一座茶馆——捕捉光与影下的生活；第 7 讲手机摄影——用手机怎样拍会更好；第 8 讲谈谈后期——数码暗房为照片增色；第 9 讲棚拍静物——让你的照片更有味道；第 10 讲人像摄影——人造光源与光线控制
西安交通大学人文社会科学学院	视觉素养导论②	黎荔，文学博士，副教授，西安交通大学人文学院副院长，西安交通大学国家大学生文化素质教育基地办公室副主任，西安交通大学文化创意产业研究中心研究员	视觉素养是人们正确识别、理解、运用、创造、享受视觉材料，同时整合其他视觉经验发展出的一组视觉能力。该课程对“视觉”的一系列现象、行为、活动进行深度的、全方位的扫描，进行多维度的比较分析，为其排列系谱、构建秩序，并探究其内部结构与学理根基，使人们能够清晰地阅读其景观	该课程共分为 6 章：第 1 章视觉素养与 21 世纪生存能力；第 2 章色彩构成；第 3 章平面构成；第 4 章立体构成；第 5 章影视运作的语言系统；第 6 章视觉化生存

① http：//www. icourse163. org/course/UESTC-1001958013。

② http：//coursehome. zhihuishu. com/courseHome/2039558#teachTeam。

13.1.3 国家精品在线开放课程建设的方向

当前我国新闻传播类专业学生招生人数和就业人数急剧增长，但主流媒体就业率偏低，就业满意度不高。对此，如何以融合发展理念重新确立新闻传播学人才培养目标，利用好新闻传播类国家精品资源共享课这一平台，是需要不断探索的问题。

1. 授课内容要与时俱进

在新的互联网传播环境下，很多过去的新闻传播研究成果需要做出适当的调整。举例来说，过去的新闻伦理与法规主要是针对传统媒体，但新媒体环境下，社交媒体(微博、微信等)为公众提供了开阔的发声平台，在未来的发展中，公众参与行为势必会增多，互联网伦理与法规方面需要将该变化考虑在内。所以，未来有关新闻理论、新闻史学、新闻业务的传统授课内容应该与时俱进，增强与传媒行业领域的关联度及与传媒最新发展态势的契合度。网络新媒体、数据新闻、媒介融合、人机交互等新领域应成为新闻传播学科知识体系的核心内容。

2. 授课方式应多样互动化

国家精品资源共享课、精品视频公开课、中国大学慕课(MOOC)、超星尔雅网络课程等为知识共享提供了很好的平台，但如果只是单纯地讲解知识点，学生的兴趣及参与度无法提高。未来可以将实时交互的机会整合到在线课程中，也就是模拟传统课堂中的即兴对话，让学生表达想法并引发新的见解。可以使用类似网络会议的功能创建各种同步交互机会，交互的类型可以是小组讨论、全班讨论或学习小组等。教师可通过设置课堂成员的权限来把握和促进这些互动。

3. 加大新闻传播类优质课数目

2018年，国家精品在线开放课程共801门，新闻传播类只有14门，这说明新闻传播类的学科建设还有待加强，需要增强教师的授课水平，不断提高学科创新能力，培养一批教学经验丰富、教学特色鲜明的教师队伍。只有师资团队雄厚，才能确保精品课程在同类课程中的影响力和示范性，为精品教学资源的共建共享提供强劲助力。

(龚彦方 原 凤)

13.2　实践基地与实验室建设

按照教育部整体部署，2018 年新闻传播类实验中心工作主要以虚拟仿真实验室建设和虚拟仿真实验教学项目评审为核心，同时包括实验教学示范中心考核与实验室安全管理。

13.2.1　2018 年新闻传播学实验中心与实验教学项目建设概览

1. 教育部相关文件与 2018 年实验室建设的主要工作要求

(1)国家级实验教学示范中心年度考核。2018 年，教育部办公厅发布《关于开展 2018 年度国家级实验教学示范中心年度考核的通知》(教高厅〔2018〕79 号)。教育部对实验教学示范中心的考核要求总体包含 5 个方面：①培养学生实践能力、创新能力和提高教学质量是建设实验教学示范中心的宗旨；②要达到提高学生能力和教学质量的要求，必须以实验教学改革为核心；③作为国家级的实验教学示范中心，发挥示范辐射的作用必须以实验资源开放、共享为基础；④高素质实验教学队伍和完备的实验条件是示范中心的基本保障；⑤要创新管理机制，以获得全面提高实验教学水平和实验室使用效益的结果。

(2)高校实验室安全工作考察。2018 年 12 月 20 日，教育部发布了《关于提交高校教学实验室安全工作年度报告的通知》(教高厅〔2018〕82 号)，文件对高校实验室安全工作的考察要求主要包括如下几个方面：①在学校统一领导下，构建由学校、二级单位、教学实验室组成的三级联动的教学实验室安全管理责任体系；②根据师生特点，积极创新安全宣传教育形式，建立教学实验室的安全准入制度，对进入实验室的师生必须进行安全技能和操作规范培训；③高校要根据学校基础条件和教学实验室的专业门类特性，不断完善教学实验室全生命周期安全运行机制，开展专项检查；④教学实验室安全工作全生命周期的信息化管理和信息共享，促进信息技术与安全工作的深度融合；⑤统筹制定教学实验室安全应急预案，提升教学实验室安全应急能力。该通知还明确指出，各省级教育行政部门、有关部门(单位)教育司(局)应按年度向教育部报送所属高校教学实验室安全工作情况，教育部直属高校、部省合建高等学校按年度直接报送。

(3)虚拟仿真实验教学项目建设。2018 年 6 月 5 日，教育部发布《关于公布首批国家虚拟仿真实验教学项目认定结果的通知》(教高函〔2018〕6号)，通知中称：在各省级教育行政部门推荐基础上，经综合评议和公示，决定认定105个虚拟仿真实验教学项目为首批国家虚拟仿真实验教学项目。第一批项目不包括新闻传播学类。

文件中对该项目的建设要求和评定方式进行了说明："国家虚拟仿真实验教学项目是推进现代信息技术融入实验教学项目、拓展实验教学内容广度和深度、延伸实验教学时间和空间、提升实验教学质量和水平的重要举措。要突出以学生为中心的实验教学理念、准确适宜的实验教学内容、创新多样的教学方式方法、先进可靠的实验研发技术、稳定安全的开放运行模式、敬业专业的实验教学队伍、持续改进的实验评价体系和显著示范的实验教学效果。我部将按照先建设应用、后评价认定、持续监测评估的方式，按建设规划分年度认定国家虚拟仿真实验教学项目。"

2018年7月31日，教育部办公厅发布《关于开展2018年度国家虚拟仿真实验教学项目认定工作的通知》(教高厅函〔2018〕45号)，启动2018年度国家虚拟仿真实验教学项目认定工作。在认定范围与数量的说明中称，2018年度开展认定的分类范围包括23个类别，认定计划为260个，新闻传播学首次进入认定范围，这标志着新闻传播学从原定于2019年开始的文学类认定工作中脱离，被单独提前至2018年进行。

2018年12月5日，教育部高等教育司发布《关于加强国家虚拟仿真实验教学项目持续服务和管理有关工作的通知》(教高司函〔2018〕56号)，文件就加强国家虚拟仿真实验教学项目持续服务和管理工作提出了几点要求：①持续改进项目内容与评价机制；②持续开放服务，要求相关高校要确保国家虚拟仿真实验教学项目在认定后1年内面向高校和社会免费开放并提供教学服务，1年后至3年内免费开放的服务内容不少于50%，3年后免费开放的服务内容不少于30%；③持续加强管理，要求相关高校要加强对国家虚拟仿真实验教学项目对外联通和服务情况的监管，对每半年联通测试出现10次以上不能联通或免费开放服务内容未达标的实验教学项目，及时推动其进行整改。同时，文件中规定："高校和建设团队在享有'国家虚拟仿真实验教学项目'称号的同时，应根据互惠互利协议许可'国家虚拟仿真实验教学项目共享平台'通过互联网免费传播基本资源，不得以'国家虚拟仿真实验教学项目'名义进行商业使用。同时，为尊重和保护高校及教师的知识产权，有关单位对符合出版标准的拓展资源按照出版协议进行知识产权保护，明确各方权利和义务，依法依规保障各方权益。"

2. 国家虚拟仿真实验教学项目认定

根据教育部发布的《关于开展2018年度国家虚拟仿真实验教学项目认定工作的通知》(教高厅函〔2018〕45号)，新闻传播学类首次启动国家虚拟仿真实验教学项目认定工作。根据文件要求，新闻传播类共包含闻学、广播电视学、广告学、传播学、编辑出版学、网络与新媒体、数字出版、时尚传播等建设专业获方向，拟立项 10 项。

经各省、市、自治区审核申报，共有 20 所学校 21 个项目进入教育部最终评审，这 21 个项目主要集中在新闻学(8 个)、传播学(8 个)、广播电视学(3 个)、网络与新媒体(2 个)这 4 个领域中，具体情况如表 13-3(排名不分先后)所示。

表 13-3　　新闻传播学类国家虚拟仿真教学项目申请情况表

名称	对应专业	学校	负责人	简介	网络评分
影视场面调度虚拟仿真实验	广播电视学	闽南师范大学	陈磊松	项目用于广播电视学专业课程的实验训练，仿真影视场景，按影视场面调度原理和剧本要求，进行场景设计、演员(人物)调度、镜头调度、照明设计，不同学生可以得到不同的实验结果。该项目可实现更丰富的影视场景类型，缩短实验时间，提高实验效果。通过实验可使学生掌握影视文学剧本可视化表达和影视场面调度的基本方法，培养学生在复杂环境中的驾驭能力和团队协作意识，提高学生创新能力和人文素养，为后续拍摄创作奠定基础	4.8
数字电视演播室技术	传播学	中国传媒大学	刘剑波	通过虚拟仿真实验，让学生提前熟悉演播室的各项功能、布局和操作，初步掌握演播室设备如摄像机的测试方法，有效提升数字电视演播室技术课程的效率。项目包含两个模块：演播室模块利用 3D 模型开发，虚拟再现了新闻演播室、综艺演播室的各种场景，在漫游的同时可在控制面板进行相关设备的基本操作。视频测量模块是利用专业视频测量仪器对视频信号进行测量，可以完成摄像机的性能测试	3.5
交互式 VR 新闻实践	新闻学	新疆大学	金玉萍	项目把 VR 技术应用于新闻制作，将虚拟仿真技术引入教学，实现虚拟环境中的新闻现场体验，并通过文字、语音、图片等交互行为拓展新闻信息。虚拟仿真实验平台使学生突破了实践场所限制，降低了对实验设备的技术标准要求	3.9

续表

名称	对应专业	学校	负责人	简介	网络评分
灾难事件融合报道虚拟仿真实验	广播电视学	重庆大学	董天策	把虚拟仿真技术应用于新闻传播教学，将采访报道中不适合学生进入的现场——各种灾难事件如泥石流、火灾和地震等特殊场景，通过虚拟仿真技术营造栩栩如生的虚拟仿真场景，让学生在线学习、人机互动、进行融合报道实验，增强自主体验，提升专业能力	4.8
融媒体内容生产与传播综合仿真实验	新闻学	广东财经大学	马持节	项目依托云平台、多媒体人机交互、数据库和网络通信等技术，建构仿真采编平台系统、大数据平台系统、仿真移动平台系统、传播力效果分析系统以及新媒体内容发布管理系统，高度还原新媒体时代传媒企业务实操环境，提供与企业流程相同的模拟参数，让学生可在虚拟仿真环境中开展关于融媒体内容生产与传播的学习和实操演练	4.1
高校融媒体运营虚拟仿真项目	新闻学	河北经贸大学	张金桐	项目坚持“能实不虚”“虚实结合”的原则，具有热点交互功能的虚拟仿真实验教学特色。师生通过虚拟云平台可进入仿真的融媒体新闻生产播出平台，组队进行实验，模拟高校新闻生产播出各环节，各司其职，通力合作。学生可在虚拟场景中获得沉浸式的实验操作体验，结合新闻中心的实体环境进行实训，以培养其融媒体创新思维，与先进技术接轨	4.7
体育赛事现场报道虚拟仿真系统	新闻学	广州体育学院	王晓东	利用虚拟仿真技术，实现体育赛事虚拟仿真现场报道的教学系统。该系统对体育赛事现场报道主持、采访、编辑、解说等全流程进行虚拟仿真演示教学，共有 4 个子实验共 12 学时的实验课程。项目配备 LivestudioV3D 无限版 4K 有轨虚拟演播室系统等设备及软件系统，总价值近 600 万元	3.0

续表

名称	对应专业	学校	负责人	简介	网络评分
融媒体新闻制作流程虚拟仿真项目	广播电视学	河北经贸大学	杨　磊	项目需要学生对多项新闻传播知识进行综合运用，知识点涉及：新闻采访、写作、视频剪辑、融媒体编辑、数据分析、融媒体新闻发布等。通过该项目的实施，实现各独立知识点的相互融合，形成学生融媒体综合制作技能，最终实现融媒体新闻生产流程的真实模拟，培养学生融媒体新闻报道技巧，提升其融媒体新闻制作水平	4.6
灾难事件现场报道虚拟仿真实验	广播电视学	天津工业大学	王　熙	项目利用虚拟仿真技术与视频合成技术，提供了一个近似于实际生产的灾难事件现场报道训练方案。在实验中，学生可以“走进”灾难事件现场，完成从采写录编到内容发布的全流程报道训练。该项目解决了传统教学无法对学生进行灾难事件现场报道训练的难题，使学生能够通过参与真实的灾难事件报道，熟悉报道流程，掌握报道要点，提升在时间压力和灾难情境下的采写能力、报道能力、应变能力与镜前表现力	4.8
儿童科普知识虚拟仿真展览馆	网络与新媒体	重庆第二师范学院	严　亚	项目依托于学院三大项目(高校数字媒体产教融合创新应用示范基地、央地共建项目、德国复兴银行贷款项目)，拥有校内外专业的师资团队和技术团队，致力于打造以 6～12 岁学龄儿童为目标受众，开发、构建沉浸感、交互性和构想性的儿童科普知识虚拟仿真展览馆，为加强儿童安全教育、提高儿童安全意识、预防儿童意外伤害事故的发生提供教育引导以及技术支持	4.7
在线视频制作与发布虚拟仿真专业实验教学	网络与新媒体	浙江大学	韦　路	项目旨在让学生能在云平台、人工智能、大数据、快速动画、虚拟现实等新技术的辅助下，体验完整的在线视频制作与发布的高效工作流程，亲身参与到选题策划、素材准备、脚本可视化、非线性编辑、智能系统化包装、云编辑部、虚拟发布与传播效果分析等各个环节，掌握媒体融合的综合技能	4.7

续表

名称	对应专业	学校	负责人	简介	网络评分
企业形象广告空间体验与传播策划 VR 实验	传播学	杭州电子科技大学	王毅刚	项目旨在让学生无须掌握复杂的三维制作软件，借助自主研发的 VR 实验平台，将抽象的字面文案快速、高效地设计可视的、体现企业形象的三维虚拟展厅。通过交互操作结合超强沉浸感的用户体验，不断优化场景，提高广告展示设计的传播效果	4.7
中国优秀文化 VR 定格动画影像创作实践	广播电视学	云南师范大学	孟　伟	该实验项目以中国优秀文化为主题，结合传统动画制作流程和 VR 交互影像开发技术的特点进行设计。利用快速动画制作的手段、动作捕获、三维扫描技术使传媒类的学生快速掌握传统定格动画制作技巧及 VR 交互影像内容的制作方法，并以团队的形式进行跨学科合作，用作品呈现多元的 VR 影像表现形式，以时尚创意的传播中国优秀文化	3.1
“基于多角色扮演的新闻发布交互式演练”虚拟仿真实验教学项目	新闻学	山东大学	倪　万	项目采用三维虚拟仿真结合多人联机形式，学生可在不同时间、不同地点登录。实验内容包括：实验准备，主要进行基本知识学习和会前准备工作知识的测验；实验演练，主要进行新闻发布会多角色扮演虚拟演练；实验评价，主要进行新闻发布实验结果评价	4.7
融媒体演播室制播虚拟仿真实验	新闻学	深圳大学	王晓华	通过虚拟化演播室节目制播关键技能进行以虚补实、虚实结合、以虚拓实型的虚拟仿真实验教学，让学生学习演播室节目制播的“设备操作、场景设计、角色主播”三个关键环节上的基础知识、基本技能，掌握所涉及软件硬件的基本操作和使用，学会演播室节目制播的基本流程，完成一部 3~5 分钟的在融媒体虚拟仿真环境下演播室节目的创意与制作	4.4

续表

名称	对应专业	学校	负责人	简介	网络评分
多讯道导播虚拟仿真实验	广播电视学	浙江传媒学院	胡一梁	项目依托“浙传云”，对导播实验教学进行系统设计，通过三维动画虚拟仿真演播室、软件定义导播台虚拟实体导播系统、实拍高品质多机位素材虚拟多机位信号，虚拟仿真了在重装备、高复杂、低并发演播环境中进行业务学习、操作训练、导播作品创作实践过程，在任何一台安装了导播APP多媒体终端就能进行虚实结合导播实验教学，满足了高并发、重技能、多场景导播实验教学要求	4.7
基于大数据技术的媒介融合实训项目	新闻学	郑州大学	郑素侠	项目运用大数据技术抓取有价值的数据，克服海量信息对有价值新闻源的干扰；基于大数据的抓取、挖掘、统计、分析和可视化呈现技术，对新闻事实做出全面而准确的判断，并可预测新闻事件的发展趋势和走向。在实验教学中，教师和学生无需亲历新闻发生的现场，即可模拟、体验并完成新闻线索的收集、新闻稿的写作和新闻发布等流程	4.1
突发事件电视新闻现场报道虚拟仿真实验教学	广播电视学	中南财经政法大学	高　婷	实验项目通过虚拟仿真实验进行虚拟现场再现与三维情景还原，并辅以互动、研讨式教学，以自主、合作、探究的学习方法培养学生在重大突发事件电视现场报道中的新闻意识、新闻抓取与处理能力。项目未来可供课内外教学、自学、媒体企业人员培训	3.0
突发事件现场报道的虚拟仿真实验	新闻学	湖南师范大学	肖燕雄	主要针对爆炸性火灾事件、突发公共卫生事件、群体性冲突事件、地震事件等四种突发事件进行场景设计，完成虚拟仿真实验。该申报提供的是第一种事件的全程报道虚拟实验。通过实验，强化基本实验技能的训练，突出综合实践和创新能力的培养	4.7

续表

名称	对应专业	学校	负责人	简介	网络评分
演播室新闻摄像技术虚拟实验教学项目	广播电视学	山西传媒学院	郭卫东	项目采用三维仿真实验针对摄像机的相关演播室应用场景进行训练，集合教学、练习、考核于一体，实验场景和器材均采用3D建模技术制作，可全角度观察，操作细节清晰、仿真度高。实验包含多台摄像机（大型室内专用摄像机），提供摄像理论知识讲解、器材的讲解和训练、室内转播等项目的教学，以图文、动画、交互操作、考核等多种形式进行训练，从理论到应用，多方面提高学生的摄像能力	4.7
地震灾难应急报道	传播学	首都经济贸易大学	王　冲	该项目可获得以下训练：帮助学生建立起符合规范的灾难报道观；掌握灾难报道的基本流程、基本原则和方法；体悟灾难报道的伦理规范；提高应对突发灾难的心理素质；了解地震的相关知识	4.7

13.2.2　新闻传播类国家级实验教学示范中心建设情况

根据教育部办公厅发布《关于开展2018年度国家级实验教学示范中心年度考核的通知》（教高厅〔2018〕79号）的要求，部分新闻传播类国家级实验教学示范中心将年度考核报告上网公示。此部分内容依据2018年部分公示的年度报告和部分实验中心发布的公开信息整理而成。

1. 复旦大学新闻传播学国家级实验教学示范中心

复旦大学新闻传播学国家级实验教学示范中心秉承“好学力行”的传统，2018年在原有基础上扩大规模，力行改革，在人才建设、创新成果与社会服务方面都有新的突破。

（1）人才建设。学院打造了包括复新传媒、新闻前线、记录中国这三大实践平台的第二课堂。2018年，中心进一步强化新闻理论和新闻业务的训练，加强实验课程与现实的新闻生产无缝对接，促进第二课程与第一课堂的深度融合。

同时，学院本科教育积极探索新的课程模式，目前，实践类课程分为：媒介融合类、视觉传播类、数据分析类、广告营销类，共开设 36 门相关课程。

2018 年度，复旦大学实验项目资源总数为 36 个，年度开设实验项目数 775 个。其中，学生全国总决赛以上项目获奖 20 人，学生发表论文数为 6 篇，取得了令人瞩目的成绩。

(2)创新成果。2018 年，中心有 6 个舆情调研报告被中宣部采纳，为中央和地方政府的决策提供了科学依据。教师队伍的科研成果也较为丰硕，中心教师省部级以上科研项目(课题)18 项，参加国内国际学术会议的论文数为 25 篇，专著、译著等 8 部。承担省部级以上科研任务共计 18 项，在国内外发表论文共计 96 篇，国内会议论文数 25 篇，国际会议论文数 14 篇，国内一般刊物发表论文数 89 篇，省部委奖数 12 项，其他奖数 7 项。

(3)社会开放与社会服务。中心网址年度访问总量 134505 人次，信息化资源总量 199336Mb，信息化资源年度达到更新量 49336Mb，起到了较为有效的宣传作用。

2018 年，中心承办了全球性会议“范式探索与创新，时代变革中的新闻传播人才培养，2018 全球新闻传播院长论坛”与区域性会议“2018 外滩新媒体峰会”，影响深远。中心师生参与大型会议共 42 场，承办培训 3 场，开放程度在高校示范中心中走在前列。

2018 年，示范中心持续扩大示范辐射效应，不仅重视与媒体的合作与交流，在原有基础上，又增加与 SMG、今日头条、彭博等多家媒体的合作关系，而且还扩大与其他高校的合作与交流，每年接待大批国内外高校、社会团体的参观人数，2018 年已接待 927 人次。

中心在辐射校园的同时，也向社会发挥辐射作用。如，开展“数据新闻工作坊”“智媒青年领袖培训”等活动，是全国高校教师、媒体从业人员的业务培训实践基地。

2. 武汉大学国家级实验教学示范中心

(1)学术会议。2018 年 11 月 9—10 日，中心协助学院主办 2018 湖北新闻传播教育年会暨新时代的新闻传播人才培养论坛，邀请专家学者近 200 人前来参会；2018 年 11 月 21 日，中心协办了 2018 全省高校本科教育工作会议，接受了来自全省近百所学校的校长前来参观和了解中心的硬件建设和实验教学理念。

(2)实验教学工作。2018 年，中心继续面向全院本科生、研究生、留学生开放，实际服务学生超过 4 万学时，服务 20 门本科单列实验课程，支撑超百部媒介作品，据不完全统计，获得各级奖项超过 500 项。

2018 版本科教学培养方案修订过程中，学院继续加大实验学分比重，并设立了以专业为依托的大实验平台课，促进学生综合实践能力的培养。同时，中心不断鼓励中心专兼职实验教师开展实验教学研究，申报实验教学改革项目。2018 年，共有教改项目 27 项，总经费投入 109 万元。其中省级教改项目 1 项，校级教改项目 6 项，部校共建项目 20 项，该年度新立项 10 项。

2017 年 12 月，中心成立实验教学指导委员会并于 2018 年 1 月初召开了第一次全体会议，预计将在 2019 年初召开第二次会议，主要讨论实验教学队伍建设、实验教学体系建设、中心未来发展方向等。

此外，中心还继续推进实验教学改革，鼓励教师在实验课程上做出创新和拓展：2018—2019 上学期，陆续开展了广播电视系的“视频作品大赛”、广告系的“广告模拟竞标大赛”和传播系的“网页创作实践”等，取得了良好成效。

(3)人才队伍建设。2018 年，中心派出一线管理人员先后前往清华大学、北京大学、中国人民大学、浙江传媒学院等地取经学习。该年度中心每位专职教师均曾经外出学习培训。

2018 版本科教学方案投入教学使用，所有实验室专职教师至少承担一门实验课程，并在科研、教学方面与学院理论教师享有同等待遇，该举措提高了专职实验教师的教学热情，对提升实验教学质量、提高学生实践操作能力都有很好的帮助。

(4)科研工作。2018 年，中心专兼职教师发表学术论文 109 篇、其中 CSSCI 收录 76 篇，国内会议论文 10 篇、国际会议论文 5 篇。出版教材及著作 5 本，申请专利 1 项。

(5)示范辐射工作。2018 年，中心与学院发展办公室开展各种培训 7 次，接收访问学者 13 人次，辐射范围和行业越来越广泛接待来访参观超过 800 人次。

(6)基础设施等建设。2018 年，高清演播厅投入实验教学使用；学院在此基础上又投入“双一流”经费近两百万元用于购买广播电视实验教学设备，现已投入使用。

2018 年，中心制定了《实验中心网站建设规划》《实验中心智能化管理规划方案》《实验中心虚拟仿真项目建设规划》等一系列改革方案，并已经制定了中心智能管理平台建设方案，现已进入招投标程序，预计 2019 年上半年完成项目建设和验收。

3. 安徽大学新闻传播学实验教学中心

(1)人才培养工作。中心目前开设 19 门实验课程，201 个实验项目。年接纳学生数为 937 人，完成实验教学任务 71062 学时/年。2018 年，中心有 16 人次在各类竞赛中获奖，3 篇学生采写的报道发表在《中国青年报》。

2018 年，中心申报的“构建内涵式发展实验教学平台 培养高素质传媒人才”获得安徽省教学成果奖二等奖。

目前中心承担“安徽省级高等教育振兴计划子项目”和“安徽省卓越新闻传播人才教

育培养 2.0”研究，2018 年 1 月，“数据新闻”课程入选教育部第二批产学合作协同育人项目。

2018 年中心和国云数据合作共建数据新闻课程，以提升全媒体人才培养水平。2018 年，全媒体运营与设计实验室建设完成，全真模拟全媒体项目的设计、执行和运营全过程，并孵化全媒体创新创业项目，让学生“沉浸”于实践之中。

(2)科研工作。2018 年，中心教师承担科研项目 5 项，项目经费 69 万元。发表学术论文 21 篇，其中学生发表发表论文数 5 篇。研究报告 6 份，国内会议论文数 1 篇，国内一般刊物发表论文 12 篇。

2018 年，中心承担了“八里河景区形象设计与传播”“马鞍山市博望区形象宣传”“安徽省新闻发言人第三方评估体系设计与实施”“安徽人的地域认同研究”“安徽省政务新媒体发展研究”等任务。

(3)人才队伍建设。实验中心专职教师由 7 人组成，其中正高 1 人，中级 4 人；兼职教师 11 人，其中正高 2 人，副高 2 人。中心聘请更多的业界精英走进实验中心，开展教学实践活动。

2018 年 8 月，国家广播电视总局公布“2017 年度优秀国产纪录片及创作人才扶持项目”，潘扬老师任导演的纪录片《黄山短尾猴》获优秀国产纪录片及创作人才扶持项目优秀导演作品。

(4)信息化建设。利用北大方正融媒体采编平台，整合实验室教学和课程资源，构建了一个小型内容生产“中央厨房”；开发了人文素质教育网络教学平台、专业课程网络教学平台和实践教学网络平台；开发了真知网 APP 手机版安卓和苹果系统应用客户端，为学生的移动学习实践提供了平台。

(5)社会合作。与艾迪普共建“融合媒体实验室”，着重在视频内容可视化方面进行合作；与苏州国云数据合作共建“大数据联合实验室”，与喜马拉雅共建“学生实习基地”。

4. 中南财经政法大学传媒与艺术实验中心

(1)人才培养。2018 年，中心承担了 18 门实验课程教学任务，47 个实验项目；共签订实习基地建设协议 2 份，所在学校年度经费投入达 10 万元；学生在国家级、省级媒体发表千余篇稿件，发表论文 32 篇。

中心积极支持学生参与省部级各类竞赛，该年度学生获省部级奖项共 62 项；举办各种校级竞赛，如第十四届影像中南 DV 摄影大赛、“青年大学习”征文比赛、“百生讲坛”演讲比赛等各类比赛。2018 年 9 月，中心申报的虚拟仿真实验教学项目获省部级教学改革项目。

（2）科学研究情况。中心承担了"'一带一路'沿线国家的华文文学与华语传媒的共生态研究""明清戏曲图像的整理与研究——以戏曲史为本位"等6项科研课题，其中国家社科基金项目1项，教育部人文社科基金青年项目1项，教育部规划项目2项，湖北省社科项目2项。

2018年，中心共发表国内外期刊论文18篇，其中国外刊物4篇，国内重要刊物14篇；出版中文专著1册。此外，中心还发表国内会议论文15篇，国际会议论文7篇，国内一般刊物论文20篇。荣获省部委奖项3项，其他奖项2项。

（3）学术会议情况。2018年，中心承办两场大型会议，即9月16日的"当代艺术雅集暨书画交流会议"、12月8日的"2018湖北省比较文学学会年会"暨"华语文学的传播与跨学科研究"学术研讨会。

此外，2018年5月至2018年12月，中心还承办了"映像中南竞赛"，参赛人数达638位。

5. 其他实验教学示范中心情况

（1）中国传媒大学广播电视与新媒体实验教学中心。2018年1月5—7日，中国传媒大学举行了国家级实验教学示范中心传媒学科组2017年度总结会暨"媒体融合时代与实践实验教学"主题研讨会，近50所高校教师代表参加。

（2）南京大学国家级传媒实验教学示范中心。2018年1月10—12日，南京大学传媒实验教学示范中心举办为期两天半的"媒介技术工坊"培训活动，授课内容包括html/css/javascript/的基础知识。

（3）河北师范大学新闻与传播综合实验中心。2018年7月15日，中心召开了以"融合·实践·创新"为主题的河北高校新闻与传播教学创新研讨会。同日，河北高校中首个多功能融合媒体实验教学中心——河北师范大学融合媒体共享平台也在河北师范大学新闻传播学院开通。媒体融合共享平台一期工程总投资300多万元，使用面积近315平方米。

（4）陕西师范大学数字传媒技术实验教学中心。国家级实验教学示范中心2018年度传媒学科组第二次工作会议暨虚拟仿真项目建设与实践实验教学规范化建设研讨会在陕西师范大学召开。

（5）河南大学新闻与传播实验教学中心。2018年12月8日，媒体融合背景下卓越新闻传播人才培养暨实习实践基地建设和发展座谈会召开，此次会议由河南大学新闻与传播学院、新闻与传播国家级实验教学示范中心（河南大学）主办，60余名专家学者参会。

(6)浙江师范大学信息传播实验教学中心。2018 年 3 月开始，中心启动了创客教育实验室建设工作，6 月 1 日已完成线路改造、设备安装、调试、试运行等工作。创客教育实验室配置了多套教学设备，在技术应用上突出开放性、智能性和集成化，为教育技术学专业的多门课程提供实验教学服务。

（倪　万）

13.3　新闻院系学生媒体

13.3.1　校园媒体：从宣传工具到专业媒体

作为我国新闻媒体的一个组成部分，高校校园媒体是高校思想政治和校园文化建设的重要载体，在构建校园文化、引导校园舆论方面发挥了巨大作用。与其他媒体一样，高校媒体的发展同样也经历了一个由传统媒体向网络媒体演变的过程。

校报是高校媒体发展历程中最为悠久的一种传播媒介，最早的校报可追溯到晚清。1895 年，北洋大学堂创办了《北洋公学》，这被认为是中国最早的校刊，《北洋公学》即为现今《天津大学报》的前身。1910 年，《南开周报》创办，即现今《南开大学报》的前身。①

在高校校报发展史上，北京大学的《北京大学日刊》具有重要意义。1917 年 11 月 16 日，在蔡元培校长的倡导下，《北京大学日刊》创办。初始的《北京大学日刊》一星期 6 期，周一停刊，寒暑假期间适当减少发刊量。该刊开始属于公报性质，曾声明不登载讨论当时政治和宗教问题的稿件，主要用于发布学校的规章法令、校内各学科的科目设置、演讲预告和集会通知等。但随着思想交流的日趋活跃，从 1918 年 2 月 9 日第 68 期起，《北京大学日刊》开始由记事公报型向学术类拓展。由于北京大学在当时中国思想界、教育界、文化界的重要影响力，《北京大学日刊》也成为高校校报研究中不可缺少的史料。②

① 何畅 . 新媒体环境下中国高校校园媒体融合发展研究[D]. 湖南大学，2016.

② 中国高校传媒联盟秘书处 . 2010 中国高校媒体发展报告[R]. 北京：中国高校传媒联盟，2011 年 1 月.

中华人民共和国成立前，全国仅有25份校报，中华人民共和国成立后新刊加快创建，达到80多份。1949年10月1日，中国人民解放军第四军医大学创办了《四医大通讯》，这是中华人民共和国成立后最早的校报。这一时期，除了校报以外，高校校园媒体类型逐渐丰富，电台、电视台等媒体相继出现并缓慢发展。

校园广播大约出现在20世纪50年代至80年代。大多数校园广播源于有线广播。20世纪70年代初期，很多学校特别是大专院校纷纷开办校园广播站，当时的目的只有两个：一是丰富校园内的文化生活，二是召开全校性广播会议。90年代后，随着多媒体教学技术的改进，有线广播电视网络和无线调频广播在校园内出现。进入新世纪后，校园广播发展异常迅速，各高校建设了多媒体教学系统和数字广播系统，这些设备像雨后春笋一般在校园内展开，成了多媒体教育的重要手段。①

在高校广播发展历史中，中国传媒大学广播台算是其中的佼佼者。中国传媒大学广播台成立于1958年，除学校停办期间外，广播台一直在正常运行。最初的广播站设在一间只有几平方米大小的小平房内，设备很简单，覆盖的范围也很小，但就是在那间平房里，走出了李修平、张政、杨柳、孙晓梅、贺红梅、李咏、崔永元、文清、海霞等播音主持界的重量级人物。

随着大众媒体的发展，20世纪80年代校园里出现了电视台。最早建立校园电视台的有北京大学电视台(创办于1989年)、清华大学电视台(始办于1990年)，校园电视台有的名称是“学生电视台”，有的名称是“校园电视台”。以清华大学校园电视台为例，当时的电视台是清华大学宣传部所属的校内新闻宣传机构，其分别通过教工区和学生区2套闭路电视系统，通过新闻报道、专题节目、实况录播等形式向全校师生员工宣传和报道学校重大事件、政策措施、校园生活及制作播放各种教育、文化、生活类节目。清华电视台开设和定期播出的新闻栏目有《清华见闻》《新闻快递》《媒体清华》；其他栏目有《清园春华》《健康大讲堂》《校园》《纵横谈》《大家讲坛》等；还有系列专题如《清华科技》《清华人》等。近年来，清华电视台还先后摄制了多种版本的清华大学宣传片及“就业启航系列专题”“清华名师系列”“老一辈教育家系列”等节目，并在中央电视台、中国教育电视台等媒体上播出。

1998年3月，国家新闻出版总署下发《关于设立高校校报类报纸刊号系列的通知》，高校校报获得了国内统一刊号，高校校园媒体也在政策支持下进入新的时期并迅速发展。90年代中期开始，随着互联网技术的普及，校园网络媒体开始逐步出现。在校报、校园电台、电视台的基础上，各大高校开始建立校园网及论坛BBS，开启了高校校园媒

① 冯彦武．网络时代高校媒体资源的整合研究[D]．华南理工大学，2012.

体发展的新篇章。

北京大学新闻网于 2001 年 1 月 1 日正式开通运行，清华大学新闻网于 2001 年 2 月 27 日开通，这两所学校是较早开通新闻网的学校。校园新闻网主要以发布学校新闻信息为主，在宣传学校发展建设成就、向校内师生及社会各界传递学校工作信息方面发挥了重要作用。①

互联网的出现和普及迅速被广大师生接受和认可。2002 年 6 月，教育部印发了《普通高等学校本科教学工作水平评估方案(试行)》，将校园网建设列入评估体系，在一级指标“教学条件与利用”中，要求校园网“建设水平高，运行良好，在本科教学中发挥了重要作用”，此举有力地推动了校园网的建设。截至 2003 年 4 月，1408 所普通高校中，有 944 所高校建立了网站，所占比例为 67%。

随着新媒体技术的不断发展和演进，高校除了门户网站建设外，还向社交媒体、移动 APP 等领域拓展。在学校层面：校园媒体有大学校报、校广播电台、校电视台，还有大学新闻网站、社交媒体账户和移动 APP，这些通常都由学校宣传部主管。近年来，不少高校将这些校级媒体整合在学校官方门户网站上，如复旦大学、华南农业大学，也有学校在官网上设立新闻网站，如清华新闻、人大新闻、北京大学新闻网、武汉大学新闻网、华中科技大学新闻网、浙江大学求是新闻网、中山大学新闻网、广西大学雨无声网站等等。一些大学的新闻网站还提供英文版，如中山大学新闻网。在院系层面：除了院系网站外，很多院系依托社交媒体平台，在微博、微信公众号、百家号等社交媒体上开设账号，围绕教学、科研、学生活动、大学生活、社会热点等发布信息内容，这些账号通常由院系老师指导学生运营，也是学生在校内实习实践的平台。以上两个层面的校园媒体，从性质上讲都属一个类别，即学校和院系的官方媒体，以宣传报道学校或院系工作，以及校园活动为主，通常是正面的消息类报道。

此外，在校园里还有一类非常活跃的学生媒体，这些媒体有相对固定的指导老师、相对固定的特色定位，所关注的不仅仅是校园生活，还包括校园外部的社会，这些校园媒体努力向专业媒体看齐，对深度报道、事实核查、数据新闻、学术前沿探索、新闻评论、网络直播等均有不同侧重，它们持续不断地生产内容，形成了各自鲜明的特色。这类媒体往往由新闻传播院系师生创办，在内容创作上向专业媒体看齐，在校内外也有较大影响力(见 13. 3. 2 部分高校校园媒体介绍)。

为促进校园媒体发展，鼓励大学生投身媒体实践，近年来不少高校及媒体机构组织了针对校园媒体以及校园学生作品的各类比赛，主要比赛有：大学校园学报新闻奖、大

---

① 戚家坦．高校校园媒体思想政治教育功能及其提升研究[D]．湖南大学，2013.

学校园学报新闻奖、“视友杯”中国高校电视奖、红枫大学生记者节等。

校园媒体为学生搭建了校内实践平台，一些新闻传播院系还将校园媒体实践纳入课程或实践学分。中山大学传播与设计学院将校园媒体“谷河传媒”课程化，纳入新闻学专业核心课程“融合报道实践”；清华大学新闻与传播学院开设“清新时报工作坊”课程，指导学生运营《清新时报》；南京大学新闻传播学院将校园媒体实践列入必修学分，学生可任选一个校园媒体参与至少一年实践，形成一定数量的专业作品后方可申请学分，学院还为每个校园媒体分配 1 名指导老师，指导老师负责把控选题方向、组织学生讨论、帮学生修改作品等。

最近几年，随着专业媒体向平台化方向发展，一些优秀校园媒体开始陆续入驻专业媒体平台。与微信公众号、头条号、百家号等社交媒体平台所不同的是，专业媒体平台号设有把关人，对外来内容进行选题和质量把关，依托专业媒体的公信力，校园媒体可以产生更大的社会影响力。其中最典型的是澎湃开设的湃客号，湃客号设有镜相(深度新闻报道)、有数(数据新闻)、众声(评论)、眼光(影像故事)系列，对于优质内容给予流量推荐，对优秀作品创作者则给予扶持。此外，校园媒体的一些优秀报道也被财新传媒、封面新闻、界面新闻、腾讯谷雨新闻实验室等转载推荐。

从早期的报刊电台电视台，到现在网站、社交媒体账号、自媒体号、移动 APP，从单一形式到百花齐放，不难发现，校园媒体的发展始终与技术推动下的媒体变革同步前行，其内容不仅突破了原来宣传为主的局限，而且开始向垂直纵深方向拓展。

(白 净 张 群)

13.3.2 高校校园媒体及奖项

1. 部分高校校园媒体概述

(1)107 调查(北京外国语大学)。

内容概述：“107 调查”由北京外国语大学国际新闻与传播学院管理，2005 年 5 月创立，已出版至第 55 期。“107 调查”报纸内容以社会深度调查为主，不但捕捉校内热点，而且紧跟社会议题。2012 年开通微信公众平台，设有以新闻评论、舆情解读为主要内容的世相栏目和以社会文化现象为主要内容的短纪录片栏目。

媒体形式：报纸、微信公众号、微博、澎湃新闻镜相栏目湃客号。

参与人员：每学期参与学生约为 25 人，指导老师 1 人。

所获荣誉：在 2016 校园学报新闻奖中包揽最佳文化艺术新闻报道前三甲，荣获最佳新闻写作亚军；2017 校园学报新闻奖中荣获最佳文化艺术新闻报道冠军、最佳新闻写作季军；三次获得红枫大学生记者节“十佳校园媒体”称号，多篇作品获奖；2018 年 5 月，获首届大学生校园媒体大赛“十佳优秀校园媒体”，一篇作品获优秀作品奖；作品《成名、裸聊，网络童星招募背后》在澎湃新闻发起的“湃客·镜相”非虚构写作排行榜中获得全网第四名。

(2)东街 1 号 LIVE(中国传媒大学)。

内容概述：“东街 1 号 LIVE”成立于 2017 年，是在中传电视台出镜记者班基础上组建的小屏移动直播团队。2018 年起，除直播外，还同时开展短视频内容创作。其宗旨是用最接地气的视角，关注校园、放眼社会，力争做有态度、有温度、有格局、有担当的移动端直播 PGC 产品的提供者。2017 年 4 月至 2019 年 2 月，团队共完成直播近 50 场。

媒体形式：入驻“央视新闻移动网”“中国日报网”“凤凰网风直播”“新浪微博”“腾讯新闻”“北京时间”“今日头条”“南方+”等多家一线媒体直播平台。

参与人员：现有学生 25 人，指导老师 2 人。

(3)传媒新观察(上海大学)。

内容概述：“传媒新观察”创办于 2007 年，最初为报纸形式，现以新媒体形式发布内容，其隶属于上海大学新闻传播学院，以“全景关注传媒社会，深度透析世相本质”为宗旨，内容以深度报道见长。“传媒新观察”设有采编中心、视频中心、新媒体中心，在网站、微信、微博五个渠道平台，实行线上、线下内容生产，向师生和社会各界传递最新消息。

媒体形式：网站、微信公众号、微博。

参与人员：学生 46 人，指导老师 2 人。

所获荣誉：中国(上海)高校传媒联盟五星级校园媒体；创客实验室高校传媒联盟成员；2018 校园学报新闻奖；最佳校园新闻报道(中文版)季军。

(4)复数实验室(复旦大学)

内容概述：“复数实验室”(Fudan Data Lab)创办于 2018 年 7 月，隶属于复旦大学新闻学院。“复数实验室”依托学院本科生核心课程“数据分析与信息可视化”与研究生课程“数据新闻与可视化”建立，以“复旦新闻学子讲述数据故事”为定位，致力于为公众提供高质量的数据新闻、可视化作品以及数据内容产品，以数为据、以可视化为形，透过数据分析与挖掘，讲述大数据时代的社会生活。“复数实验室”在澎湃新闻湃客频道和腾讯新闻均开设了固定栏目，不定期发布学生原创的数据内容作品，作品主题涵盖教育、医疗、交通、住房、社会、文化等多元领域。

媒体形式：湃客号、企鹅号。

参与人员：每年修读数据课程的学生均参与建设，指导老师3人。

所获荣誉：2018新概念融媒体作品大赛优秀奖；澎湃新闻湃客频道数据驱动内容榜单第二名；腾讯新闻知数计划月度获奖作品。

(5)谷河传媒(中山大学)。

内容概述："谷河传媒"成立于2015年11月，是中山大学传播与设计学院打造的校园全媒体平台，主要包括社区新闻部、深度报道部、时政评论部、财经新闻部、文化娱乐部、学术新闻部、视觉设计部等部门。"谷河传媒"由本科生及研究生负责运营，遵循的编辑方针包括：社区视角(主要立足中大东校区和大学城来做原创报道，在服务社区的过程中去认知复杂社会)、青年视角(主要立足青年人的视角来做报道，服务青年、启蒙青年、发展青年，体现其青年媒体特色)、专业视角(从新闻传播、公共传播、财经传播等视角来做报道，提高读者的新媒体素养)。微信平台"布谷岛"成立以来，凭借"巴黎恐怖袭击"系列报道、大学城贝岗村系列社区报道等获得了业界、学界的广泛关注。相关报道被财新网、彭博《商业周刊》中文版、界面新闻、"上海观察"等专业媒体转载。

媒体形式：微信公众号"布谷岛"。

参与人员：平均每年参与学生60人(本硕)，主要指导老师2人。

所获荣誉：2016—2018年，连续三年获得校园学报新闻奖；2017年7月，在校媒·全国高校新媒体评选中获得十佳原创内容奖；第五届红枫大学生记者节"十佳校园媒体"称号；《关注丨"山竹"48小时：逆风救援的深圳"马帮"》一文获得2018年铁塔记者节"新闻采写大赛奖"三等奖。

(6)家书工作室(南京大学)。

内容概述："家书工作室"创立于2016年，隶属于南京大学新闻传播学院，定期在主流音频平台上播出的《家书》节目，其话题以大学生群体关心的热点社会事件为主，以观点碰撞点燃讨论热情，推进亲子交流。截至目前，仅"蜻蜓FM"的总收听量已接近2200万人次。家书工作室以"改善中国成年人亲子关系"为目标，以音频和图文为载体，旨在网络化时代探索对话性新闻模式。工作室内部分为主编团、内容生产部门、制作部门、外联部门和公众号团队五大分支，并与江苏广电、荔枝新闻等平台进行了合作交流。作为南京大学双创平台国家级创新创业项目之一，"家书工作室"在音频新闻内容生产的同时，还进行了“别再说懂我”微信公众号的运营，设计了多款文创产品并于 2018 年出版《南大家书——父母不可不知的 95 后心声》一书。

媒体形式：蜻蜓 FM(音频节目)、微信公众号。

参与人员：学生 63 人，指导老师 1 人。

所获荣誉：2017 年南京大学社会实践十佳团队；2017—2018 年度南京大学双创平台项目；2018 年度国家级创业训练计划项目；2018 年第一届大学生校园媒体大赛优秀校媒奖、优秀作品奖。

(7) NJU 核真录(南京大学)。

内容概述：“NJU 核真录”创办于 2017 年 10 月，隶属于南京大学新闻传播学院，是高校首家以专做事实核查为目标的校园媒体。“NJU 核真录”坚持新闻专业精神，致力于像专业媒体一样去做校媒，探索在自媒体时代，新闻工作者如何鉴别、分析、判断真假新闻，提高媒体的公信力。全部文章由学生自行采访、写作完成。编辑部主要成员由南京大学就读的本科生和研究生组成。其拥有采编部、研究中心、可视化新闻中心、新闻质量评估中心四大业务部门，在微信、微博、澎湃湃客等平台上发布作品。其特色在于，以事实核查为核心，探索媒介质量评估体系，发布由学生独立完成的媒介研究调查报告。

媒体形式：微信公众号、微博、湃客号、网站。

参与人员：学生 44 人，指导老师 1 人。

所获荣誉：2018 校园学报新闻奖最佳新闻报道(中文组)冠军；2018 年大学生校园媒体大赛优秀作品奖——深度报道类；澎湃湃客有数工作室数据驱动内容榜单第三名。

(8)《清新时报》(清华大学)。

内容概述：《清新时报》成立于 2002 年，是清华大学新闻传播学院学生的专业实践平台，由学生自主选题、采写、编辑、排版、发行。自创办以来，《清新时报》一直坚持“校园真媒体”的理念，秉承“校园观察家”的定位。除报纸外，还创办了“清华大学清新时报”微信公众号、清新论坛等。

媒体形式：报纸、微信公众号、微博。

参与人员：102 人。

所获荣誉：第四届红枫大学生记者节十佳校园媒体奖；第五届红枫大学生记者节校园媒体先锋奖；曾获校园学报新闻奖最佳文化艺术新闻报道冠军、最佳学报设计亚军、最佳文化艺术新闻报道亚军、最佳校园新闻报道季军等。

(9) RUC 新闻坊(中国人民大学)。

内容概述：“RUC 新闻坊”创办于 2015 年 6 月 21 日，每周更新两次，分为编译和原创两类。创办至今共发稿约 586 条。“RUC 新闻坊”始终报道新闻学界、业界前沿资讯，筛选总结精品内容和优秀作品。其中，《如何看待此次疫苗事件？我们为你梳理和解读舆情丨特别策划》《江歌案的舆论焦点与反思：后真相时代的新闻标本 丨 特别策划》受到社会广泛关注，《游戏化思维在新闻中的应用》《解析 DJA 年度最佳数据可视化奖〈汉密尔顿算法〉丨 专题》等报道致力于探索国际前沿资讯，沟通学界与业界。

媒体形式：微信公众号、澎湃湃客号。

参与人员：采编运营团队超过 40 人，指导老师 1 人。

所获荣誉：首届大学生校园媒体大赛十佳校园媒体；《江歌案的舆论焦点与反思：后真相时代的新闻标本》获首届大学生校园媒体大赛深度报道类优秀作品奖；《胶水里游泳：外卖骑手的流动人生》在湃客 2019 年 1 月非虚构写作排行榜排名第五；《藏在食物背后的恐惧：进食障碍群体调查》在湃客 2018 年 8 月数据驱动内容排行榜排名第一。

(10)武大新视点(武汉大学)。

内容概述：“武大新视点”创办于 1999 年，隶属于武汉大学新闻与传播学院，最初为报纸形式。从 1999 年到 2019 年，“武大新视点”经历过几次重要变革，从一份学院的宣传刊物变成深度报道的聚集地。其宗旨是“以理性消解偏见，用逻辑重现真实”，关注具有新闻价值和公共利益的选题，以深度报道见长，同时提供前沿的观点和理性的思考。“武大新视点”设有调查组、评论组、图片组、可视化组、新媒体组，除了传统的文字报道，也探索形式多元的新闻产品，如数据新闻、视频新闻等。

媒体形式：微信公众号、知乎专栏。

参与人员：36 人。

所获荣誉：首届大学生校园媒体大赛十佳校园媒体；红枫大学生记者节十佳校园媒体、通讯类一等奖、评论类二等奖、信息图类二等奖；2017 校园学报新闻奖最佳新闻特写(中文版)冠军；2018 校园学报新闻奖最佳新闻特写(中文版)亚军。

(11)相遇在济(同济大学)。

内容概述：“相遇在济”隶属于同济大学艺术与传媒学院，2017 年创办，以“讲述同济故事，分享同济情感，传递同济精神”为宗旨，记录校园生活和科研探索，展现当代大学生的精神风貌。其特色内容是融媒体微视频人物志节目《济遇》，截至 2018 年，已完成四季共 49 集节目的制作，单集点击量过万次，累计浏览量十余万次，部分作品经上海教育电视台播出，取得了良好的社会反响。

媒体形式：微信公众号。

参与人员：学生 50 人，指导老师 1 人。

所获荣誉：2018 年首届大学生校园媒体大赛优秀校媒奖、优秀作品奖；2018 年第十一届上海大学生电视节最佳栏目片提名奖；2017 年第十届上海大学生电视节最佳栏目片入围奖；2017 年“知行杯”上海市大学生社会实践项目大赛一等奖。

(12)羊村传播(重庆大学)。

内容概述：“羊村传播”创办于 2015 年，由重庆大学新闻学院师生团队运营，致力于将严肃的学术趣味化、高深的理论通俗化，不断将国际和国内的学术前沿普及给大众。全部文章由学生自行采访、创作完成。编辑部主要成员由重庆大学就读的本科生和研究生组成。“羊村传播”秉持“传递新鲜有趣的学术发现”，聚焦传播学国外权威期刊和学术研究，传递国际前沿的学术研究动态，整合国内学术活动和热点事件研究，以“羊村”视角向社会传递态度和思考。

媒体形式：微信公众号、网站、头条号。

参与人员：学生 27 人，指导老师 1 人。

荣誉：腾讯全媒派“最全学术公号推荐”。

2. 部分校园媒体奖项

(1)大学校园学报新闻奖。由《中国日报》香港版在 2012 年创办，每年评选一次，旨在鼓励大学生积极参与校园新闻报道，锻炼新闻写作及多媒体制作技巧，学以致用，回馈社会。学报新闻奖的奖项设置分中文、英文两类，包括“最佳新闻报道”“最佳新闻写作”“最佳新闻摄影图片”“最佳新闻视频”等 28 个奖项。

(2)红枫大学生记者节。红枫大学生记者节前身是始创于 2005 年的湖南省大学生记者节，2014 年更名为“红枫大学生记者节”，每年举办一次，内容包含新闻作品大赛、传媒论坛、长沙采风暨“微记录”大赛、校园媒体峰会、媒体人大讲堂等多种特色主题活动。奖项设置包括图文类奖项、音视频奖项、新媒体类奖项、十佳校媒和十佳记者。

(3)大学生校园媒体大赛。2017 年由南京大学发起并得到百度公司支持，旨在通过评奖激励杰出青年学子投身传媒变革大潮，培养未来媒体的担当者和创新者。大赛所颁奖项以我国影音教育先驱孙明经先生命名。大赛设立三个奖项类别：优秀校媒奖、优秀指导老师奖、优秀作品奖，优秀作品奖分为深度报道类、人物通讯类、副刊作品类和音视频类。

(4)“视友杯”中国高校电视奖。中国高校电视奖 2010 年启动，由中国教育电视台牵头，高校电视专业委员会组织实施，每年举办一次，是高校视频领域的最高奖项。奖项旨在为高校电视媒体同行搭建交流学习的平台，共同分享研讨校园电视创作的实践经验，促进电视创作多出精品。奖项包括新闻类、专题类、纪录片类、教学类、综艺类、形象类、微电影类、主持人类、论文类，每个奖项设一、二、三等奖。除此之外，还设有先进集体奖和单项类奖项，单项类包含最佳摄影奖、最佳导演奖、最佳创意奖、最佳改编奖、最佳剪辑奖、最佳原创奖。

（白 净）

13.4 创新创业团队建设

13.4.1 高校大学生创新创业建设综述

随着这些年我国高校规模的不断扩大，毕业生数量逐年攀升。据统计，2016—2018年，高校毕业生总人数分别达到765万、795万、820万，每一年都再创历史新高，每一年都成是“最难就业季”。近些年，毕业生的就业选择慢慢呈现出多元分化的趋势，许多毕业生不局限于签约就业，创业成为一种新的选择。

创业活动是经济发展的基本推动力之一，不仅提供了相当比例的就业机会，还在社会发展中起着创新发动机的作用，而创业教育可以弥补创业经验的不足，系统性地发展创业技能。为此，美国一些教育机构和学者很早就开始探索创业教育，并从学术意义上研究创业活动。1947年，哈佛大学商学院教授迈赖斯·迈斯(Myles Mace)为学生开设了新课程“新创企业管理”，这被认为是美国最早的创业教育。经过60多年的发展，美国、英国等西方发达国家的高校已经成为创业教育的主体。

创业教育源于日趋活跃的创业活动。经济社会的发展对创新创业人才的需求更加迫切，创业教育也会顺应这种现实需求而不断演进。1983年，美国麻省理工大学院举办第一届创业大赛，此后，创业大赛开始盛行。1989年，联合国教科文组织召开“面向21世纪教育国际研讨会”，第一次提出了“创新创业教育”这种教育模式。1998年5月，清华大学和上海一家杂志社联合几所高校，成功举办了第一届“清华创业计划大赛”，首次将创业计划大赛引入了国内大学校园。1999年，由共青团中央、中国科协、全国学联主办，清华大学承办的首届“挑战杯”中国大学生创业计划竞赛在全国高校掀起了一轮创新、创业热潮，120余所高校的近400件作品参赛，“大学生创新创业”一时成为热门概念并逐渐获得学界关注，有关创业计划竞赛辅导、创业课程设置及创业人才培养越来越多地出现在高校教学活动中，我国的创新创业教育也由此起步。

2002年4月，教育部开始启动创新创业教育试点工作，先后在清华大学、北京航空航天大学等9所高校进行试点。以此为分水岭，我国各高校陆续推行创新创业教育。

2015 年两会上，李克强总理在政府工作报告中指出要把“大众创业、万众创新”打造成推动中国经济继续前行的“双引擎”之一。不久，国务院办公厅就出台了《关于深化高等学校创新创业教育改革的实施意见》。整个 2015 年，中央政府出台的关于高校创业政策文件达到十项之多。同年，由教育部主办的首届中国“互联网+”大学生创新创业大赛正式启动。2016 年，国务院办公厅对高校创新创业教育改革做了全面部署，教育部认真贯彻落实，23 个省份和 101 所中央高校完成了创新创业教育方案编制并公布了 50 所全国创新创业典型经验高校名单。

目前，中国高校已逐步形成了若干具有代表性的创业生态系统模式，包括：以高校为核心、辐射所在区域，涵盖政府、企业、资本、社区(园区)等创新创业主体的创业生态系统；基于高校创新创业活动构建的国家级大赛平台；投资人和投资机构服务大学生创业建立的“自组织系统”等。此外，平台型企业与高校的深度战略合作、基于人才战略需求的创新创业实践型人才培养，以及“企业大学”与高校面向社会的创新创业办学等举措都使中国高校创新创业教育呈现出百花齐放的景象。

作为高校一部分的新闻传播学院也不例外。随着新媒体的壮大，传统媒体的新闻业务受到了严重冲击，而传媒业在技术、产品、创意、算法和传播等各环节中不断创新，内容生产从单元走向多元，供给对象走向分众化和个性化定制，产品呈现从固态走向液态，发布时空变为零时差零距离等，新闻传播领域正呈现出移动化、视觉化、产品化、智能化和社会化等特点。新媒体的发展掀起了传媒产业革命的新一轮浪潮，技术赋能更是让每个人都有机会成为“自媒体”。然而，如果所有新闻院系都以传统媒体需求为导向，势必造成毕业生供过于求的局面，因此，引进创新创业教育模式受到许多高校新闻传播学院的关注。

由于媒介技术的快速发展以及大数据、人工智能对新闻传播业的影响，不少西方新闻传播学院开始进行跨学科的课程设置，将新闻传播学与计算机科学、信息科学等理工学科结合。它们对媒体就业市场的需求非常敏锐，一些院校很早就开设了媒体创业的相关课程，比如早在 2009 年，哥伦比亚大学新闻学院就开设了一门讲授新闻业商业模式的必修课。

国内高校在新闻传播类课程教学改革中，以创新创业能力提升为导向，形成了高校决策层面、教师、创业实践平台之间的互动关系。三个主体具有明确的角色定位，决策层面给予政策引导和资金支持，教师则是培养学生创新创业能力的关键，创业实践平台确保学生的创新创业能力培养落到实处。在新媒体赋能的背景下，借助三方主体的合力，新闻传播学院涌现了许多能够创新传统媒体商业模式或者自主创办新媒体项目的大学生创业团队。

13. 4. 2　高校大学生创新创业团队与特色列表

本节选取 2018 年国内 12 所高校的新闻传播学院，对这些学院出现的大学生创新创业团队和项目进行梳理，重点介绍具有代表性的大学生创新创业团队，分析其特色，希望能从这些团队中总结经验，为高校创新创业教育建设和改革提供启发。

通过查阅官网、相关新闻报道，我们汇总了全国部分典型高校新闻传播学院创新创业团队与特色，详见表 13-4。

表 13-4　　**部分典型高校新闻传播学院创新创业团队建设特色**

学校	创新创业特色	大学生创新创业团队或项目
中国人民大学新闻学院	以“大学生创业训练计划”与“大学生创新实验计划”为主，以项目为目标进行创新创业培训，创业项目受众定位精准明确	“读个小故事 APP”
		“一号哨位”
中国传媒大学新闻传播学部	与企业、集团合作，整合校内外资源，校企联合推动学生进行创新创业和专创融合	“氢气工厂”
		“思高乐传媒”
		“北京仙鸟悦歌文化传媒”
		“小鸿儒 · 中华文化启蒙体验营”
		“下课后的小旅行”
		“传媒圈招聘”
		“接你回家”
清华大学新闻与传播学院	依托三创教育平台，对接文化产业，推出文创产品	“页贝校园”
		“小板栗传媒”
		清华文创营：“传统文化的产业活化与创意传播”
		“信息艺术设计”交叉学科研究生培养项目
复旦大学新闻学院	发挥老牌新闻学院优势，深耕内容产业，在媒体融合的基础上，不断推动内容创新创业教育和实践的发展	复新传媒
		一点学院
		复旦—网易内容创新实验室
		“企业家思维”私享课

续表

学校	创新创业特色	大学生创新创业团队或项目
中山大学 传播与设计学院	打造媒体品牌，不断推出优秀的新媒体作品，依托设计优势，创新内容形式，并在大赛中屡获大奖	“‘一带一路’建设下海外华文媒向世界讲好中国故事，传播好中国声音的路径和方法研究”
		“肥胖会导致网络游戏成瘾吗：一项对大学入学新生的追踪研究”
		“谷河传媒”
		L. E. A. F. 计划
		“所见：互动 VR 短视频社交平台”
		VR 纪录片《日出乌蒙山》
		VR 纪录片《银匠村》
华中科技大学 新闻与信息传播学院	充分发挥学校互联网科技的优势，以“科技+内容”为特色，打造品牌创意团队	“泛娱乐化趋势下网络纪录片人文表达研究”
		“文化类综艺节目创新策略与文化内涵分析”
		“严肃游戏——探寻游戏的社会价值”
		“当今时代人们情感生活变化研究”
		“微信小程序“巴士帮帮”开发设计研究”
		“YPD 文创产品研发”
		“‘精准扶贫’背景下农民大众媒介使用习惯研究——以陕西省汉中市佛坪县为例”
		“教育部—电通创新人才训练营”
		V-fun 第二视觉影视创新团队
		红树林策划创意团队
武汉大学 新闻与传播学院	以品牌创意和营销创业为主	“e 咖”创业课堂
		六力“双创实验室”
		“新新传媒季”
		“最美食材内容电商创新项目”
浙江大学传媒与国际文化学院	发挥学校计算机专业优势，依托杭州互联网氛围，具有融媒体的特色	“StepBeats-运动创作音乐 AI 平台”
		《老底子杭州人》
		《一匠一心》
		《杭州院子——我们和世界做邻居》
		《心・丝——杭州丝绸故事》
		“大数据+网络舆情创新团队”
		“二更网络科技”战略合作
		“2018 浙大—牛津媒体创业创新工作坊”

续表

学校	创新创业特色	大学生创新创业团队或项目
南京大学新闻传播学院	在校园媒体、创意营销、影视传播三方面优势明显	《新天地》
		《南大创意传播》
		未来编辑部
		黑土麦田扶贫创客
		“火山村荔枝”
		“三十七度影音工作室”
		“媒体创新创业进课堂”
		“创由新生 · 南大宝藏文化创意作品征集大赛”
		《大学英雄》
		“卓翎未来人才培养服务中心”
深圳大学传播学院	依托软件与广告两方面的优势，以新媒体创业为主，创业成果在 2017 年后数量有所下降	《新新报》
		“左岸右转”
		乐奇足球 APP
		陀螺传媒
		“灵犀传媒”
暨南大学新闻与传播学院	创新创业教育机制健全，模式创新，氛围浓厚，涌现出许多具有不同特色的创业成果	空乘教育品牌
		“黎贝卡创业异想金”
		“四洲紫菜生活馆”
		“民谣故事”
		薪传时光影业公司
		“易生活”
		“从‘计生红旗县’到中国最‘老’县的思考——江苏省如东县人口生态何以恢复”
		“古‘围’今用——从始兴围楼探传统建筑传承与保护的创新之路”
		“安心孕”

续表

学校	创新创业特色	大学生创新创业团队或项目
湖南大学新闻传播与影视艺术学院	贴近当地社会现实和人民生活，具有明显的地方特色	“幸福助力淘宝村”
		“‘约影’——大学生约拍平台”
		“游鲜生——生鲜电商助力精准扶贫”
		“靠谱儿”戏剧工作坊
		“造血与超越：借助地理标志实现精准扶贫研究”
		“基于新媒体的精准扶贫新模式开发研究”
		“皮影艺术与现代设计理念融合研究——以望城皮影为例”
		“大学生性观念及其传播方式的调查研究——以湖南省大学生为例”
		“地理标志产品低效运作困境的多维对策”
		“融媒体背景下湘绣品牌的重塑与推广”
		“用户思维下基于社交平台的公共参与意识变化研究”
		“敢为先”全媒体大学生创新创业训练基地

13.4.3　高校新闻与传播学院大学生创新创业概况

1. 中国人民大学新闻学院

自 2002 年被教育部确定为全国 9 所创新创业教育试点院校之一以来，中国人民大学一直积极开展创新创业教育工作，依托文化科技园设立大学生创业园，并由其子公司人大文化科技企业孵化器运营管理。经过多年运作，已基本建成全流程、全方位、全链条、立体化的创业孵化服务体系；设立创新创业教育和科学研究组织——中国人民大学创业学院，组织“创业之星”大赛、创业教育国际论坛、创业沙龙等各类品牌活动，并在校内组织和校外企业运营了多处众创空间、孵化器；实施“大学生创新性实验计划”和“大学创业训练计划”等。

2018 年，该院学生廖思琦的“读个小故事 APP”入选 2018 年人大在校学生科技创新创业科研项目，并获“华夏银行杯”2018北京文化创意大赛北京赛区“年度投资价值奖”。“读个小故事APP”为父母提供精选、适宜朗读的儿童绘本故事并协助父母进行在线录制，其音频编辑功能能帮助父母把故事文本变成精彩的有声童话。目前APP上已经拥有13万用户，每天大概一千个用户自发上传视频。“读个小故事APP”还与很多早教中心、幼儿园、妇幼保健院等机构展开合作，让越来越多的父母和孩子可以接触到这一温暖的产品。

“读个小故事APP”入选了2018年中国人民大学“大学生创业训练计划”并正式立项。截至目前，该计划已经结项6期，共有110个团队参与训练。经过精心设计的创业讲座、模拟路演、创业沙龙、企业游学等系列创业教育课程培训，13个团队进入了实践环节，入住文化科技园，成为中关村大学生创业的典型代表项目。

同期入选“大学生创业训练计划”的还有该院研究生周晓辉创办的“一号哨位”，该项目在2017年获得荣获“京东杯”中国人民大学第八届学生“创业之星”大赛“最具创业潜能奖”。2014年8月31日，周晓辉从军队退伍回校后，创办了“一号哨位”微信公众平台，它是面向百万现役军人、退役军人以及军人家属和爱军人士的新媒体矩阵。将近3年时间里，“一号哨位”的粉丝从零增长到如今30万+的用户订阅，日均点击量在30万+，在军事类新媒体中排名前列。2016年1月20日，该微信公众平台斩获了新媒体指数、Newmedia联盟颁发的“2015最具影响力新媒体”奖。与“一号哨位”同期创立的还有“三剑客”微信公众平台，目前有26万+订阅用户。2016年，周晓辉成立了一号哨位信息科技有限公司，以一号哨位和三剑客微信公众平台为内容生产基地，在今日头条、新浪微博、企鹅媒体平台、网易新媒体平台、QQ公众平台入驻，在这些平台已积累超过十万用户，形成了以微信公众平台为核心的新媒体矩阵。

除“大学生创业训练计划”外，2018年中国人民大学“大学生创新实验计划”的项目数量高达212项，其中新闻学院占据了14项，包括国家级项目6项，北京市级项目5项，校级项目3项。这些项目涉及隐私权、亚文化、文创产业、手机游戏、社交媒体等时下新媒体议题，同时也关注农民工、流动儿童等弱势群体和社会现象。

2. 中国传媒大学新闻传播学部

中国传媒大学的创新创业教育起步较晚。据官网记载，最早在2014年，中国传媒大学举办“经纬杯”第三届大学生创业大赛并掀起了一股创业热潮。2015年，中国传媒大学积极响应党的十八大对创新创业人才培养的重要部署，编制印发了《中国传媒大学深化创新创业教育改革实施方案》，着手建立完整的创新创业教育体系，设立创新创业专项基金。随后各式各样的创业论坛、创业讲座、创业课程、创业比赛相继有序开展，许多优秀项目涌现并有着中国传媒大学的特色。

2015 年，中国传媒大学与天洋·超级蜂巢进行战略合作，天洋控股集团向中国传媒大学捐赠 5000 万元人民币，为期五年，每年 1000 万元，用于定向支持学校师生的创新性研究和自主创业项目。截至 2017 年，学校已有 11 家中传学子创立的公司入驻学校与天洋集团合作的“超级蜂巢”。

新闻传播学部 2011 级学生王浩博创立的“氢气工厂”便是较早进入“超级蜂巢”的项目之一。“氢气工厂”是一家专业的视频动画制作公司。2015 年，在就业指导中心的帮助下，王浩博团队入驻超级蜂巢进行孵化，而超级蜂巢项目除给予资金支持外，还给予他们半年免费孵化(两间约 25 平方米的房间免费使用半年)，并且到期后第二个半年场地使用费减半的优惠支持。同年，“氢气工厂”获得了“北京地区高校大学生优秀创业团队”。

2017 年，已入驻超级蜂巢的“北京仙鸟悦歌文化传媒有限公司”取得了“天洋杯”大学生创新创业大赛创业实践组一等奖，其创始人朱波也是新闻传播学部 2014 级硕士生。2016 年，在超级蜂巢的孵化下，朱波带领其团队成立了“北京仙鸟悦歌文化传媒有限公司”，致力于服务地产、金融、法律、医疗等垂直领域高端企业客户，专注于品牌形象整体打造、推广等业务，主要内容包括企业宣传片、微电影、广告片、纪录片、新媒体创意段视频摄制、平面设计等。2017 年，该团队获得“北京地区高校大学生优秀创业团队”。

在 2017 年“天洋杯”大学生创新创业大赛决赛中，除创业实践组外，还有 25 支团队争夺创新创意组，包括致力于传播中国文化的“小鸿儒·中华文化启蒙体验营”；打造属于自己的原创类旅行品牌的“下课后的小旅行”；致力于向传媒学子提供招聘讯息的“传媒圈招聘”微信公众平台；关注每年大一新生入学问题而打造出的“接你回家”App，等等。

2014 年，以郭泽德为核心的四名博士创办了思高乐(scholar)广告传媒有限公司，致力于打造学术类新媒体传播矩阵，该团队获得了“2016 年北京地区高校大学生优秀创业团队”一等奖并得到学校“创新创业专项基金”20 万元的经费支持。截至 2018 年，公司旗下已经拥有“学术中国”“质化研究”“知深”“出版排行榜”等微信平台，还有学术中国、知深两个网站。其中，“学术中国”是唯一进入微信 500 强的学术类微信平台。

3. 清华大学新闻与传播学院

清华大学开创了国内创业的历史传统。1988 年，清华大学首次将创业计划大赛引入了国内大学校园并大力开展制度化和常态化的创新创业实践活动。这些年来，清华大学各职能部门通力合作，通过调动各院系，广泛联系校友会、基金会、校企集团等外部性资源，深化与地方政府的合作交流，突破性地构建起覆盖启蒙、训练、实战、落地的全过程创业教育体系、多元合作的创新创业生态系统。目前已建立了创客空间（iCenter）、创新实验室（x-lab）、学生未来兴趣团队、“创+”创业孵化平台等多个三创教育平台，并推出了“校长杯”创新挑战赛、清华创客马拉松、清华创客日等赛事和活动。

清华大学的创新创业主要依托于清华 x-lab，它以经济管理学院为依托，由经济管理学院、新闻与传播学院等 16 个院系共建，并与清华科技园、清华控股和清华企业家协会、盛景网联、中关村发展集团、同方股份、启迪协信建立了战略合作伙伴关系。清华 x-lab 是一个公益性的开放平台，持续接收来自清华大学的学生、校友和老师的创意创新创业不同阶段的项目。截至 2018 年 10 月底，已有超过 3 万人次的青年学生参与了清华 x-lab 组织的各类讲座、比赛、交流、实践活动，1300 多个来自清华在校生和校友的创意创新创业项目加入。

在清华 x-lab 中，与新闻传播有关的创业项目非常少。在传媒领域比较成熟的大学生创新创业团队主要有“页贝校园”团队和小板栗传媒。“页贝校园”是面向大学校园的信息发布平台，主要目的是为了搭建起各大高校大学生之间以及商家和学生社团交流的平台，内容主要包括校园资讯和校园活动两大部分，目前线下和运营的微信公众号已经覆盖 500 所高校，1000 多家社团，受众大学生达 150 多万。“小板栗传媒”则是一家专业制作网络视频，深耕自媒体的新创公司，通过 MCN（Multi-Channel-Network）新模式，在财经、生活、娱乐、影视、母婴等垂直细分行业签约行业精英、意见领袖或正面形象网红，打造高知、优质信息内容。

清华大学创新创业的另一个突出特点是依托文化产业。2018 年，新闻与传播学院联合文化创意发展研究院举办了第二届清华文创营。第二届清华文创营以“传统文化的产业活化与创意传播”为主题，帮助学员掌握文化创意发展的基本规律，在了解文创相关行业及领域发展趋势的基础上，探索传统文化的产业活化和创意传播模式。开营前，文创营就发布了课程作业——以家乡为线索的传统文化活化商业计划书，这份计划书每晚由专门的文创创业导师辅导并在最后一天进行汇报。训练营举行了以“文创理念与文创产业”“文创赋能语境下的创意孵化”“中国传统文化的保护与传承”“传统文化的产业活化与创意传播”“创新与创业—传统文化的现代化与国际”等为议题的 9 场专题讲座，邀请业界领军人物、专家学者进行分享，并带领学员前往前门非遗街区、虚拟现实实验室、彼岸天（北京）文化有限公司等文化街区、文创机构和优秀文创企业进行参访交流。

在课程改革创新上，新闻与传播学院充分发挥学科交叉的优势。2009 年，清华大学启动“信息艺术设计” 交叉学科研究生培养项目，在美术学院的“一个平台”上设立跨学科的共同课，由美术学院、计算机系、新闻与传播学院共同建设，三个学院还分别设立专业选修课，形成共性与个性培养结合的课程体系。此外，还与国内外一流企业密切合作，采用项目驱动和团队协作的实践模式让创意落地。经过 8 年的建设，“信息艺术设计”交叉学科研究生项目已形成完整的交叉学科教学体系，学生作品在教育部中美青年创客大赛总决赛获得冠、亚和季军，月球探测载荷创意设计方案获得“优秀创意奖”。

4. 复旦大学新闻学院

1984 年末，复旦大学学生潘皓波和他的同学们借了两张桌子、十把椅子和一个 2282 分机电话，在宿舍 1 号楼创办了一个开发中心并面向全校设立勤工助学岗位，吸引学生共同加入创业行列，这是复旦大学的首次大学生创新创业，这个开发中心成为后来的“光华公司”，如今已是学生创业实践的重要平台。2014 年，复旦大学又成立了“光华创新学院”，给予学生针对性的指导。2015 年 12 月，复旦大学成立了创新创业学院并陆续推出“望道”“科创行动”“曦源”“登辉”等项目。“科创行动”累计资助科创项目 500 余个，资助金额约 500 万元，参与学生超过 1000 人次，一些优秀项目在结项后直接转化为“挑战杯”参赛项目。校园之外，复旦大学可供学生科技创业的孵化园区有国家级复旦科技园、复旦科技园众创空间、国家级复旦软件园、国家级复旦科技园创业中心、复旦枫林科技园等。

复旦大学新闻学院与《新民晚报》(新民网)携手为学生搭建了“复新传媒”(复旦大学上海新媒体实验中心)这样的学生创新创业实践育人平台。在上海市大学生文化创作与传播中心、复旦大学新闻传播学实验教学中心等单位支持下，“复新传媒”已成为集内容生产(电视栏目制作、电影、公益广告拍摄、文字杂志采编)、传播渠道搭建(新媒体互动、门户网站)、大型活动策划执行(首届复旦大学生电影季)等业务于一体的全媒体集团。

2017 年 12 月 21 日，“一点学院 · 百校万人计划”落地复旦大学，一点学院是一点资讯为自媒体人、新媒体运营者、高校学生等人群提供的内容孵化平台。2018 年 10 月，复旦大学新闻学院、复旦大学上海新媒体实验中心又与网易传媒联合建立了复旦—网易内容创新实验室。新闻学院立足于传媒学界、业界的资源互通与优势互补，充分发挥复旦大学教学科研优势，同时利用一点资讯、网易新闻等在新媒体领域的实践经验及平台资源，将学界研究、学生创意、实践教学、平台优势进行整合，打造国内新媒体研究与实践的前沿基地。

5. 中山大学传播与设计学院

中山大学创新创业教育以精英教育与大众教育相结合。在大众教育层面，中山大学充分体现创业教育的元素，公共必修课中设立了就业创业指导课程，公共选修课则开设了创业教育类通识课程，包括创业基础、商业计划书撰写与项目策划、税务筹划与新创企业经营等多门创新创业类通识教育课。在精英教育层面，建立“中山大学创业学院”，以“工商管理”专业为依托，以辅修/双专业/双学位专业修读模式，每年向全校招收30~60名有志于创办企业的学生修读。

在创新创业实践上，中山大学建立了包括“国家级大学生创新创业训练计划”“广东省大学生创新创业训练计划”“中山大学大学生创新训练计划”“中山大学实验室开放基金项目”等多层次多平台的创新实践能力训练体系；积极举办和参加各类创新创业竞赛，组织学生参与团中央主举办的“挑战杯”大赛、“花旗杯”金融软件科技应用大赛等全国性创业比赛。

2018年，传播与设计学院的创新创业项目较少，只有“‘一带一路’建设下海外华文媒向世界讲好中国故事，传播好中国声音的路径和方法研究”和“肥胖会导致网络游戏成瘾吗：一项对大学入学新生的追踪研究”两个项目入选该校2018年大学生创新训练计划项目，前者被拟推荐至国家级创新项目，后者则被拟推荐至省级创新项目。

尽管如此，该院学生仍在许多比赛中取得了亮眼的成绩。2018年11月2日，由学院师生共同创办、学生团队独自运营的“谷河传媒”赴港参加“2018校园学报新闻奖颁奖典礼”并喜获佳绩，这是谷河传媒第三次参加评选并获得佳绩，其作品《“好人”迟暮，公益捞尸队还能捞多久?》获得最佳新闻报道(中文组)季军；《震区，那些远道而来的人》获得最佳新闻特写(中文组)季军；《从中大77级中文系走出的传媒名人》获得最佳校园新闻报道(中文组)亚军。

2017年，该院学生斩获了多项国内外大赛大奖。在第六届中国大学生公共关系策划创业大赛总决赛上，学院platane团队凭借L. E. A. F. 计划荣获银牌；在第五届全国大学生经济新闻作品大赛中，该院学生的参赛作品获新闻报道类大奖；在第九届国际用户体验设计大赛总决赛中，record AR团队凭借作品《所见：互动VR短视频社交平台》(摩象科技命题)一举摘得最佳创意奖；在第二届中国VR/AR创作大赛“金铎奖”中，学生作品《日出乌蒙山》《银匠村》获最佳VR纪录片奖。

6. 华中科技大学新闻与信息传播学院

在“双创”浪潮中，华中科技大学在校生及校友的表现一直非常抢眼，微信之父张小龙、罗辑思维创始人罗振宇、海康威视创始人陈宗年、PPTV创始人姚欣、淘米科技创始人汪海兵等均为华中科技大学创新创业领军人物。创新创业已经成为华中科技大学的一张新名片。

在课程体系上，华中科技大学设置创新创业学分，建立并实施了最长可休学 4 年创业的学籍管理制度。在实践平台上，学校全部的科研平台都向本科生开放，大学生创新基地与大学科技园有机衔接，目前已有 24 个大学生科技创新基地。在资金投入上，学校每年投入 1000 万元支持双创项目，参与各类双创项目的学生高达 70%，双创成绩硕果累累。

华中科技大学是目前唯一一所先后承办过“创青春”和“互联网+”这两个全国最高级别的大学生创新创业大赛的高校。2014 年，学校承办首届“创青春”全国大学生创新创业大赛，成功捧得“冠军杯”；2016 年承办第二届“互联网+”全国大学生创新创业大赛，获得金奖数居全国第一。据不完全统计，近三年由华中科技大学学生或校友创业设立的公司每年都在 100 家以上，其创业项目吸引的风投已超过百亿人民币。2018 年，腾讯发布的“高校创新创业排行榜”中，学校创业者数量居全国第七，收益榜高居全国第一。

依托于华中科技大学优越的创新创业环境，新闻与信息传播学院涌现了许多优秀的大学生创新创业项目。2018 年，学院 6 个项目入选了“华中科技大学 2018 年大学生创新创业训练计划校级项目”。2016 级学生范嘉雯的“‘精准扶贫’背景下农民大众媒介使用习惯研究——以陕西省汉中市佛坪县为例”被拟推荐至国家级大学生创新创业训练计划项目。

2018 年 7 月，学校 6 位学生在学院教师李华君、范雯宇的指导下，荣获“第四届教育部—电通创新人才训练营”全场创新奖。“教育部—电通创新人才训练营”主要针对大学生创新创业教育，由教育部与株式会社电通主办，主办方株式会社电通是日本最大的广告与传播集团。

2018 年 9 月，新闻学院 V-fun 第二视觉影视创新团队入选 2018 年校示范性学生创新团队，该创新团队每年都会在全校范围征集剧本和剧组拍摄毕业电影，至今已拍摄 8 部作品，成为华中科技大学校园十大文化品牌之一。

学院的另一个招牌团队是红树林策划创意团队，该团队成立于 2002 年，学院教授陈先红是其创始人。自团队建立以来，其成员屡次在中国大学生公共关系策划大赛、全国大学生广告艺术大赛中摘得金、银奖，其策划方案成为 4A 公司的内部培训案例。红树林还是该校文科团队获得自主创新研究课题最多的团队之一。红树林分为创意设计实验室、公关策划实验室以及外宣部三个部门。团队核心成员共有三十多个人，来自新闻、人文、机械、管理、建规等各个学院。2017 年年底，红树林策划创意团队与该院分团委、学生会共同承办了“讲好熊猫故事”创意设计大赛并被给予较高评价。

7. 武汉大学新闻与传播学院

小米科技的雷军、一号店的于刚、人人网的陈一舟等许多 IT 行业科技创新的领军人物扛起了武汉大学创新创业的大旗。武汉大学在课程体系上，除了一般的创新创业课程外，学校还实行“创新学分”制度，支持学生通过有创新意义的智力劳动成果或其他优秀成果申请学分，创业获奖或创办企业最高可获得 10 个学分。在资金方面，除了设立专项基金，学校还积极争取校外资源，设立 1.5 亿元的大学生创业扶持基金。在创新创业平台上，除了校内的孵化基地和产业园，学校还积极与地方政府、社会企业建立联动互补机制，先后签订校地、校企合作协议 450 余份，比如 2013 年武汉市发起全国首个鼓励和扶持大学生创业的“青桐计划”，武汉大学积极响应并参与。

新闻与传播学院打造了“e 咖”创业课堂，该课堂每学期举办两次，邀请业界知名专家、媒体人作为创业导师进行讲学。2018 年 5 月，课堂邀请了微思敦移动营销 CEO 张先锋作为主讲人。

2016 年，学院与六力文化合作成立“双创实验室”，该项目是由桑迪六力联合全国百所高校发起的大学生创新创业公益平台。实验室在学院落户后举办了许多与医药品牌有关的创新创业实践活动。2016 年 6 月，六力双创实验室与兰州佛慈制药承办了首届“佛慈逍遥杯”全国大学生微视频创意大赛，鼓励学生通过“秒拍”“我拍秀”等平台创作独特的创意内容；同年 12 月，六力双创实验室主办了“谁是创客明星？”——首届大学生“美地谷”双创体验中国行活动；2017 年 11 月，六力双创实验室联合中国非处方药物协会与中国中药协会举办了“首届品牌中药文化全国高校行”活动，举办了“品牌中药文化”大学生广告创意大赛。

除了双创实验室，学院还以新新传媒季作为学院第二课堂重要载体。2018 年，新新传媒季已经举办到了第三届，其活动涵盖了第十八届全国大学生新闻先生新闻小姐大赛、首届汉字梦文化传播创意大赛、第一届公益广告大赛、“新新 · 传说”主题沙龙、“新新 · 足迹”媒体素质拓展营等板块，将专业特点与学生活动相结合，将第一课堂与第二课堂紧密联动，不断丰富活动形式和内容，让更多学生在竞赛和实践中施展才华。

在“创青春汇得行”2018 年湖北省大学生创业大赛中，学院学生申报的“最美食材内容电商创新项目”荣获创业计划竞赛金奖，多名学生参加的项目也分获创业实践挑战赛、公益创业赛金奖。此次创业大赛共包含创业计划竞赛、创业实践挑战赛、公益创业赛等 3 个类别，武汉大学申报的 12 个项目全部荣获金奖，创造了学校自 2000 年大赛举办以来的最好成绩。

8. 浙江大学传媒与国际文化学院

浙江大学的创业教育起步于 20 世纪 90 年代末。2016 年 10 月，PitchBook 发布了 2006 年 1—8 月之间“独角兽”公司创始人本科阶段学校排名，浙江大学排名全球第 9。同年 11 月，胡润百富校友榜发布，浙江大学以 38 人的总数排名全国第一。2017 年 1 月，浙江大学被教育部认定为“全国首批深化创新创业教育改革示范高校”，7 月，浙江大学入选国家双创示范基地。截至目前，浙江大学涌现出大批青年创业人才，创造了“快的打车”“蘑菇街”等国内知名品牌。

2018 年 11 月，该院学生李晨啸带着其团队和作品“StepBeats——运动创作音乐 AI 平台”，再次夺得“创青春”浙大双创杯全国大学生创业大赛金奖，此前 StepBeats 应用曾获第三届“互联网+”大学生创新创业大赛金奖、中国高校计算机大赛移动应用创新赛一等奖。“StepBeats-运动创作音乐 AI 平台”也成功入选该校创新创业学院 2018 年大学生创业项目并立项启动。同时入选的还有该院学生徐婷的“中国农村记录者”新闻媒体 App《穗》项目创意企划书、金天的“艺林”定制画 & 软装交易平台 APP。

2017 年，在第一届“讲好中国故事”创意传播大赛中，该院有 6 件作品入围，4 件获得等级奖项，获奖总量在同类高校中排名第一。这也是该院与杭州城市品牌促进会战略合作以来首次参与全国赛事，这种“校+企”“校+媒”团队的创新参赛模式让学生得到了更多的锻炼和学习。

学生取得的出色成绩与该院推进创新创业教育体系的转型分不开。2017 年，该院建立了“大数据+网络舆情创新团队”，并与腾讯集团、浙江日报报业集团、烽火科技集团等单位建立了战略合作伙伴关系。在“短视频”方面，该院与杭州二更网络科技公司达成战略合作，合作内容涵盖：在校内开设一门选修课，课程包括内容创作、美学、营销、运营等多方面；二更对学生开放实习实践平台并提供十万元奖学金，同时建立公司高层对话机制，定期与学生沟通联络，支持学生的创意灵感。此外，二更将派驻首席导演参与落实该院宣传片的策划、拍摄。该院还规划建设传媒影视科技实验室以及学生海外影视培训项目。该院 16 名学生在赵瑜教授的带领下赴牛津大学参加“2018 浙大—牛津媒体创业创新工作坊”，该工作坊以数字转型背景下的媒体创业创新能力培养为主题，邀请了牛津大学赛德商学院、牛津大学路透新闻研究中心的教授针对相关内容进行授课，并组织参观了英国每日电讯报集团。

9. 南京大学新闻传播学院

南京大学将创新创业教育融入了其特色的“三三制”本科人才培养方案中。“三三制”是指“三阶段培养”和“三种选择发展途径”。“三阶段培养”主要指大类培养阶段、专业培养阶段和多元培养阶段；“三种选择发展途径”是指本专业发展、跨专业发展、就业创业发展。经过近十年的探索和实践，南京大学初步构建“五四三”双创体系，即创新创业课程、讲堂、训练、竞赛、成果孵化的“五位一体”教学体系，创新、创意、创造、创业“四创融合”的成果转化、孵化平台，校校协同、校地协同、校企协同的“三个协同”服务支持体系。这种成熟的创新教育体系为新闻传播学院提供了坚实的保障。

该院创新创业最重要的特色体现在其拥有丰富的大学生媒体实践平台，包括“南大新传”“新记者”“新天地”“新潮”“大学英雄”以及由杜骏飞教授创办的“杜课”等，这些由师生共同创办的媒体组成了新媒体矩阵，是新传学子的“第二课堂”，为学生提供了历练的平台。

该院涌现过许多创新创业的优秀人物，例如：该院未来编辑部教师侯印国是微文网董事、合伙人、微信平台“侯印国老湿”主编，2015 年入选南京市科技创业领军人才计划，其创业项目获顺融资本百万级天使轮投资及阿里、360 高层跟投。2012 年，学院学生陈统奎开始在家乡推行生态村建设计划，帮助农民用自然农法种植荔枝，通过电商平台销售，两年后推出“火山村荔枝”品牌，短短三年，销售额累计突破一千万元。2017 年 2 月 11 日，央视《新闻调查》播出了聚焦毕业生去向的节目《毕业了》，这期节目对该院学生马雨薇、孙冠琳和周尚谕以及她们的创业项目“三十七度影音工作室”进行了报道，该工作室是一个以宣传片制摄为核心业务，自制影视制摄周边，并为影视爱好者提供培训服务的文创工作室，现已注册为三十七度文化传播有限公司。

该院还推出“媒体创新创业进课堂”，课程为双周讲座形式，邀请西雅图中文电台创办者兼台长苏小元、“中国三明治”创始人李梓新等业界人士与学生面对面，围绕媒体创新创业领域的各种典型案例进行分析探讨。2018 年 5 月，该院还与南京大学博物馆共同主办了“创由新生 · 南大宝藏文化创意作品征集大赛”，学院副教授、硕士生导师、院长助理兼文创事务主任李晓愚老师展开了一场主题为《当博物馆开始“卖萌”：穿越古今的文创策略》的演讲，以激励学生发挥想象力，创作出具有创意、有新意、有温度的文创产品。

2018 年 11 月 28 日，在“你好，新时代！”青年创意微视频大赛颁奖典礼上，该院硕士生徐文娟的作品《鲁安东：他提出南京长江大桥记忆计划》获“最佳学生作品奖”三等奖，该作品同时也是大学生双创项目《大学英雄》的作品之一。《大学英雄》是该院发起的短视频媒体，它聚焦于大学师生，力图在充满娱乐色彩的“网红”世界中呈现理性的力量和精英的价值。2017 年，《大学英雄》获得了度腾讯卓越运营奖(高校类)。

在 2018 年“创青春”江苏省大学生创业大赛中，该院学生组成的“卓翎未来人才培养服务中心”是学校唯一晋级决赛的公益创业项目团队，该团队在比赛中摘得银奖。“卓翎未来创业项目”旨在为本科待就业群体、就业隐性弱势群体提供个性化精准服务，该项目也被评定为“2018 年研究生创业训练计划优秀项目”，视同本科生国家级项目。

10. 深圳大学传播学院

深圳大学在被评为全国深化创新创业教育改革示范高校后，继续发挥“拓荒牛”的精神，打造创新创业教育“升级版”。该校搭建深港大学生创新创业基地、专业型创客部落、创业者联盟、创业学院等“梦想加油站”，每年投入超 1000 万元支持学生创新创业。目前，创业园已孵化 271 家企业，其中 5 家市值过亿元。“升级版”创新创业教育意图打造深大创新创业圈层，在校内有创新创业教育活动、创客空间；校外有创业基地、创业园，建立学校和社会的联系；在学校周边，形成了毕业生创新创业的生态圈。

深圳大学传播学院专业实践教学优势突出，拥有由 24 个实验室、器材室构成的涵盖传统媒体与融合媒体各领域的国家级传媒类实验教学示范中心，建立了 60 多个专业实习基地及大学生创意孵化园。该院学生多次获得“全国大学生广告艺术大赛”“中国大学生文科计算机设计大赛”“中国广告协会学院奖”“时报金犊奖”等奖项。据统计，1999—2016 年，学生获得省级以上各类学科专业竞赛奖项共计 1100 多项。

在深大创新创业圈层的哺育下，传播学院也涌现出许多创新创业的优秀人物。2009 年，该院 6 个“80 后”成立了深圳市左岸右转文化传播有限公司，该公司是一家以新媒体原创电影、新媒体原创情景剧、原创 MV、网络营销策划、影视广告制作为主营业务的企业，是深圳大学第一届学生创业园重点扶持项目。2011 年，该院学生邱秋带领团队开发了一款基于足球爱好者打造的乐奇足球 APP。2014 年，邱秋带着项目登上央视《创业英雄汇》，12 分钟内获得了 8000 万元的投资意向，还被俞敏洪评价为“头狼”。2013 年年底，该院学生余文锋创立陀螺传媒公司，形成涵盖游戏、电竞、泛娱乐、区块链、VR/AR、AI 的资讯及产业服务的矩阵，成为行业领先的知名游戏产业媒体。2016 年，90 后杨春林一手创办了深圳市灵犀文化传媒科技有限公司(简称“灵犀传媒”)，在全国近百个高校设有大学生合作代理团队，为腾讯、百事可乐、联想等知名企业提供专业服务。2018 年 4 月，灵犀传媒正式投资“深大传媒”，主营营销传播，杨春林出任深大传媒 CEO。

11. 暨南大学新闻与传播学院

暨南大学曾连续六次登上全国大学生创新创业年会的领奖台，足见该校对于创新创业的重视。该校组织实施了“卓越未来”创新人才孵化项目，开展人才培养模式创新和协同育人实践，建设“WE 创空间”“WE 创港澳台侨青年众创空间”等大学生众创平台，组织开展“赢在创新”本科生创新大赛等活动，探索优才优育和个性化培养模式，先后在公共管理学院、应急管理学院、新闻与传播学院等院系设立“暨南大学学生科技创新训练营示范点”。

作为中国新闻教育的华南重镇，新闻与传播学院有着优秀的历史传承，为国家及海外华人地区培养了一大批传媒精英。学院创建并实践了新闻人才培养的“六结合”模式——“部校共建—校媒协同—师生发展—内外联培—思政创新—评建创优”。2018 年，“六结合”模式创建与实践(案例/项目)在广东教育创新案例评审活动中获评广东教育创新十大优秀案例。

在学校的帮助下，该院也涌现出许多创新创业的优秀人物。梁翠盈是该院 2013 级学生，她创办了北美最大电子竞技联赛，覆盖超 10 万留学生。同时，她还担任 POA 空乘教育品牌总监，创办了珠三角地区首家空乘教育品牌。2015 年，该院硕士生孙维在番禺校区田径场旁开启了他的第一个创业项目——四洲紫菜生活馆，得到暨南大学、老师和校董给予的场地、资金等支持；四洲紫菜生活馆创立两年以来，不仅为番禺校区创造了 200 多人次的工作岗位，还为全校区近一万名师生提供着优质便利的校园服务。博士生王悦创立了音乐自媒体“民谣故事”，目前已成为拥有 10W+粉丝的微信大号，“民谣故事”也转型为音乐服务提供商，学校则在其发展的关键时刻伸出了橄榄枝，在暨南大学本部富力教学大楼的 15 层的“WE 创港澳台侨青年众创空间”里，“民谣故事”有了自己的一席之地。同样在“WE 创港澳台侨青年众创空间”里的还有薪传时光影业公司，其创始人陈嘉瑞和连统是该院 2013 级学生。公司成立后，学校免费为学生创业团队提供众创空间办公场地、水电和网络，同时，学校也为学生创业团队开设创业训练营。

创业大赛也为学院学子提供了实践的平台。在 2010 年第七届“挑战杯”中国大学生创业计划竞赛中，该院李鑫团队的“易生活有限责任公司创业计划书”脱颖而出，获得铜奖；2017 年，该院两个项目入围第十四届“挑战杯”广东大学生课外学术科技作品竞赛终审决赛。其中，2014 级新闻学专业袁晓露、杨雪莉等人负责的项目“从‘计生红旗县’到中国最‘老’县的思考——江苏省如东县人口生态何以恢复”荣获特等奖并顺利进入国赛，张岚老师指导的“古‘围’今用——从始兴围楼探传统建筑传承与保护的创新之路”荣获一等奖；2018 年 11 月，在 One Show 中华青年创意奖颁奖典礼上，该院学子斩获了 1 枚客户选择奖，5 银 3 铜和 5 枚佳作奖，暨南大学获奖数量居全国高校之首，夺得全场唯一的“College of the year”(年度最佳创意高校)称号。

新闻传播学还在与其他学科的碰撞下结出了优秀的创业成果。比如，国际学院“安心孕”学生创业团队项目获 2017 年加拿大国际发明创新大赛金奖。团队六名成员分别来自基础医学院、国际学院、信息科学技术学院、经济学院、新闻与传播学院，他们在学科互补中碰撞出了火花，也取得了优秀的成绩。

12. 湖南大学新闻传播与影视艺术学院

新闻传播与影视艺术学院将专业特色融入到 SIT(大学生创新实验计划)创新训练项目和“挑战杯”“互联网+”“创青春”“大学生广告大赛”等赛事中。多年来，该院学生获得国家级、省级奖项 300 余项，创办了“晶霓创意货柜”文案工作室、长沙合伙人文化传播有限公司等，涌现出“互联网+文创产业+大学生创业”的创新创业典型。

该院尤其重视“互联网+”比赛对学生实践和动手能力的培养。2018 年 3 月，学院举办了“互联网+”创新创业大赛分享会，以提高学生对创新创业的认识。2018 年 10 月 13 日，在第四届中国“互联网+”大学生创新创业大赛总决赛上，湖南大学勇夺 1 金 2 银 2 铜，这是湖南大学首次在该项大赛的全国总决赛斩获金奖，也创造了湖南大学的最好成绩。该院 16 级本科生杜子璇、王馨、王田锐与其他学院合作的项目“游鲜生——生鲜电商助力精准扶贫”斩获大赛“青年红色筑梦之旅”赛道金奖(全国仅 15 项)。

2018 年 11 月 6 日，“创业腾飞，长沙有为”——长沙市创客星城校园行在湖南大学新影学院举行，该院毕业生创业代表杨阿龙现场向学生分享了创新创业经验，其本人创办了湖南本土最具影响力的话剧团体“靠谱儿”戏剧工作坊，创业长达 8 年之久。

该院还定期举办 SIT 分享会。SIT 是指大学生创新创业训练计划项目或科研项目，其内容包括创新训练项目、创业训练项目和创业实践项目三类。2017 年，该院有 5 个项目入选了年度本科生创新实验计划国家级项目。其中，“造血与超越：借助地理标志实现精准扶贫研究”与“基于新媒体的精准扶贫新模式开发研究”都聚焦于“精准扶贫”；“皮影艺术与现代设计理念融合研究——以望城皮影为例”聚焦于传统文化，“大学生性观念及其传播方式的调查研究——以湖南省大学生为例”则关注性观念与性教育，而“地理标志产品低效运作困境的多维对策”则以“地理标志”为核心。

除了国家级项目，另有“融媒体背景下湘绣品牌的重塑与推广”与“用户思维下基于社交平台的公共参与意识变化研究”入选创新实验计划省级项目。

大量的创新创业项目涌现并非偶然，这些项目都来自湖南大学“敢为先”全媒体大学生创新创业训练基地。基地依托于新影学院、设计艺术学院、信息科学与工程学院，

2016年正式挂牌建立，以彭祝斌教授、向志强教授、李正良教授等13位高校老师为领头人，其主要的工作内容是社会服务、学科竞赛、自主创业等。2016年，该基地被评为“年度湖南大学优秀双创基地”。

13.4.4　总结

高校的创新创业教育体系主要分为四部分：第一是推出创新创业教育课程，包括通识课程、必修课程、选修课程以及其他第二课堂等；第二是建立创业学院，推出创业平台、孵化基地、双创示范基地等；第三是举办各类创新创业大赛，举办各式各样的创业实践活动；第四是创新创业计划项目，包括国家级、省级、市级、校级等项目。

新闻传播学院创新创业特色主要是建立在学校的专业优势、当地产业优势、地方特色等基础上，注重开展校企合作，充分发挥新媒体与“互联网+”的优势。从以上学院的特色可以看出，高校传媒领域的创新创业具有以下特点：第一，较注重打造媒体品牌，发挥品牌效应；第二，内容贴合当地用户需求，充分体现当地特色；第三，充分发挥新媒介的优势，比如VR、AR、短视频等传播新形式；第四，结合本校强势专业和专业特色，充分发挥学科交叉的优势。

虽然高校对大学生创新创业提供的教育培训、政策支持、硬件设备和软件服务越来越健全和完备，然而2017年以后，大学生创新创业项目和成果的数量较过去有所下降。互联网+最初的红利期、白热化竞争阶段已经过去，巨头垄断流量时期来临，而新的科技比如VR、AR、人工智能、区块链等转化为商业应用和大范围普及的过程依然缓慢。因而，“互联网+”对媒体来说既是机遇也是挑战，行业对专业人才的要求会越来越高，为此新闻传播学院不仅要提高学生的专业知识和技能，还应培养具有创新创业精神等综合素养的复合应用型人才。

（赵　泓　何代洁）

13.5　高等教育国家级教学成果奖获奖项目

2018年，教育部公布了高等教育国家级教学成果奖，新闻传播学类共有4项获奖，具体情况如表13-5所示。

表 13-5　**2018 年新闻传播学类国家级教学成果奖名单**

奖项	完成单位	完成人	成果名称
一等奖	中国传媒大学	高晓虹　王晓红　涂凌波　曾祥敏　赵希婧　冷　爽	实践中的马克思主义新闻观
二等奖	中国人民大学	胡百精　周　勇　张辉锋　王润泽　刘海龙　许向东　高贵武　王　菲　赵云泽	中国特色新闻传播人才的生态型培养体系构建
二等奖	华中科技大学	赵振宇　张　昆　顾建明　何志武　刘义昆　牛　静	新闻评论人才培养创新体系的构建与实施
二等奖	暨南大学、中共广东省委宣传部、南方报业传媒集团	林如鹏　支庭荣　刘　涛　张晋升　邓绍根　杨先顺　范以锦　刘红兵	马克思主义新闻观指导下新闻人才培养“六结合”模式的创建与实践

13.5.1　中国传媒大学——实践中的马克思主义新闻观

党的十九大报告指出，马克思主义在意识形态领域的指导地位更加鲜明。迈入新时代，加强以马克思主义为指导的哲学社会科学工作，是提升国家软实力的重要组成部分，立足新闻院校的马克思主义新闻观教育则是其中的关键环节。

近几年来，中国传媒大学紧紧围绕党和国家的中心工作，结合中国国情和媒体发展，不断引领、深化面向马克思主义新闻观的教育实践活动，推动、发展立足马克思主义新闻观的教学培养工作，逐渐形成了立足国家战略的教育机制创新、跨学科优势互补的教育路径创新和和产学研相结合的教育平台创新，为提高新闻传播事业的引导力、影响力和公信力提供了强有力的人才支撑。

1. 探索马克思主义新闻观的育人理念

中国传媒大学深入认识马克思主义新闻观的深刻内涵，将其运用于教学、研究及人才培养中，立足教学实践，不断丰富马克思主义新闻观的时代意义。

(1)坚持党性原则，培养“四个意识”与爱国情怀。中国传媒大学以马克思主义新闻观为统领，将其贯穿在人才培养的全过程，立足中宣部、教育部组织的国情教育讲座，中国记协发起的“好记者讲好故事”以及中宣部新闻局在该校召开的“党代表通道”学术研讨会等一系列活动，运用马克思主义的理论和方法，指导学生提高新闻实践的能力和水平，进一步强化新闻传播人才的政治意识、大局意识、核心意识、看齐意识(见图 13-1、图 13-2)。

图 13-1　中国传媒大学新闻传播学部承办中宣部、教育部组织的国情教育讲座

图 13-2　中宣部新闻局在中国传媒大学新闻传播学部召开“党代表通道”学术研讨会

此外，在马克思主义新闻观的指导下，该校着重培养学生的爱国情怀，围绕国情、社情，开展形势与政策教育，从理论和实践两个层面，引导学生全面了解党和政府的方针政策，准确把脉社会经济的发展趋势，使之了解历史、认识当下，能够站在国家和民族的立场上，自觉、自愿、自主、自信地传播党的时代强音。

(2)坚持实事求是，拓展交叉学科教学与研究。在多平台、多渠道、多媒介的新时期，中国传媒大学秉承“实事求是”的原则，将其渗透在教学研究中，做到以科学为支撑、用事实说话。

2015 年，中国传媒大学正式筹建国家突发事件舆情应对研究中心。该中心旨在创新思维，以“数据”为支撑、用“数据”说话，揭示信息传播的形成原因、内在联系和发展趋向，凸显“实事求是”的科学精神。中心团队多次作为专家组成员参与中宣部新闻局组织的舆情研究、舆论引导等相关工作，在密切合作中建立了深层互信，也开辟了新闻传播教育服务国家战略的新领域、新方向。

(3) 理论与实践相结合，产出融合传播作品。中国传媒大学注重开展基于马克思主义新闻观的理论研究与实践活动，善于以理论为指导，从实践中追根溯源、厘清本质、把握规律。

近几年来，中国传媒大学将理论与实践相结合，产出了一大批创新成果。比如，大型纪录片《走进和田》荣获第十三届精神文明建设“五个一工程”奖，师生联合创作的新闻纪录片《逝》获得了第 24 节届中国新闻奖三等奖。

此外，在新媒体领域，围绕有关民族团结的网络事件和新闻报道，学生团队制作了“民族一家亲”表情包，被中宣部新闻局以《新闻工作专报》报送中央政治局常委。在该期《新闻工作专报》中，特别点名写到：中国传媒大学制作 H5 新媒体页面，推出“民族团结表情包”，新闻局协调腾讯微信全力推送。

在中国传媒大学，学生立足新媒体实践，已经成为宣传马克思主义新闻观的主力军。在纪念长征胜利 80 周年之际，学生设计了“长征路上小红军”表情包，全网发送量突破千万。此后，这一团队又围绕习近平总书记的讲话精神，将“撸起袖子加油干”“打铁还需自身硬”等名言做成“学习锦句”表情包。2018 年，针对“三月三皇帝大典”“狗年生肖”等主题，团队成员制作了“轩辕黄帝有熊氏”“道格雷”等表情包，弘扬传统文化，受到了网友的欢迎。

为贯彻落实党的十九大报告提出“满足人民过上美好生活的新期待，必须提供丰富精神食粮”和“发展残疾人事业，加强残疾康复服务”的要求，中国传媒大学组织师生参与“光明影院”项目，旨在为视障人群讲述优秀影片、提供电影公益服务，为国家残疾人事业发展和首都精神文明建设作出积极贡献。

2. 推进马克思主义新闻观的教材建设

中国传媒大学注重马克思主义新闻观的教材建设，旨在借助教材，运用正确的理论和方法，指导学生基于中国国情和媒介发展思考新闻传播专业问题。

(1) 探索具有本土意义的理论教材。近几年间，教育部多次强调，要加强马克思主义新闻观教育，加快编写重点教材，着力推动马克思主义新闻观进教材、进课堂、进头脑。

中国传媒大学依托高晓虹教授主持的中宣部马克思主义理论研究和建设工程重大项目“中国特色社会主义新闻传播理论的构建”、国家社会科学基金重大项目“中国特色国际新闻传播人才的培养模式与创新研究”等科研项目，尝试将马克思主义普遍原理与中国新闻传播的现实情况相结合，努力探索本土化理论教材的思想体系与编写方法，丰富马克思主义新闻观的理论宝藏。

(2)编写具有示范意义的案例教材。面向新时期的大学生，中国传媒大学借用形象生动的新闻案例，将理论学习与创作实践相结合，引发学生的兴趣和热情，培育学生的忠诚度和黏着度。

2015 年年初，中宣部、教育部组织编写的《实践中的马克思主义新闻观》案例教材由高等教育出版社出版发行，中国传媒大学高晓虹教授担任主编(见图 13-3)。

这部教材由中宣部、教育部领衔组织编写工作，集聚了全国十几所高校新闻传播院系的知名学者、业界资深专家的智慧和经验，精心选取了近 60 个新闻报道案例，深入浅出地阐释了马克思主义新闻观的基本内涵和主要观点。案例教材内容丰富、形式多元，不仅囊括了大量文字介绍和点评分析，还配有丰富的网络及新媒体链接资源，引发了社会热议和好评，并获得了国家社科基金立项。

(3)打造具有创新意义的数字教材。在新媒体环境下，中国传媒大学引入新技术和新方法，拓展传统教材的二维空间，策划、编写了介绍马克思主义新闻观的数字教材，具有创新意义。

比如，依托师生团队，打造了《第 25 届“中国新闻奖”获奖作品新媒体展示手册》《第 26 届“中国新闻奖”获奖作品新媒体展示手册》《中国广播影视大奖 2013—2014 年度广播电视节目奖获奖作品新媒体展示手册》《第四届“好记者讲好故事”活动新媒体展示手册》，通过新媒体与传统媒体相结合的方式，将践行马克思主义新闻观的精品力作引入课堂、推向社会。

图 13-3　《实践中的马克思主义新闻观》

2017 年 11 月 8 日，庆祝中国记协成立 80 周年大会暨第 27 届中国新闻奖颁奖报告会在京召开，习近平总书记为此次会议发来贺电，中共中央政治局常委王沪宁、国务院副总理刘延东、中宣部部长黄坤明出席会议。上述两本手册以及《第四届“好记者讲好故事”活动新媒体展示手册》作为重要资料在会上予以展示。

3. 完善马克思主义新闻观的教学体系

在立足马克思主义新闻观的新闻传播教育中，中国传媒大学注重教导学生坚定政治信念、强化理论基础、掌握科学方法、面向前沿实践。

(1)基于课堂教学，强化巩固马克思主义新闻观。习近平总书记指出，中国共产党人要坚持“四个自信”，这是对中国特色马克思主义新闻观的具体阐释，也成为中国传媒大学的教学指引。

在日常教学中，该校从 2016 年开始开设“马克思主义新闻观实践案例分析”课程，在全国各大新闻院校中率先打造了马新观课程体系。

此外，该校连续多年邀请主流媒体优秀新闻工作者走进校园，开展以马克思主义新闻观为基础的“当代传媒前沿系列讲座”。系列讲座以习近平总书记所提出的“四个自信”为纲，基于中国国情和当代实践，不断强化马克思主义新闻观的统领地位，向学生传承具有中国特色的马克思主义新闻思想。

(2)组织调查实践，努力践行马克思主义新闻观。中国传媒大学将与新闻专业紧密结合的调查实践打造成为培育、践行马克思主义新闻思想的主阵地，使之成为贯穿大学四年的教学体系。

近几年间，中国传媒大学先后带领学生赴延安、井冈山、贵州、重庆革命老区开展国情教育和新闻实践，深入兰考等地调研国家精准扶贫与新农村建设，探访 G20 杭州城市发展与公共服务，等等，并将调研成果以多媒体形式进行报道。

(3)开展双向互聘，不断发展马克思主义新闻观教育。迈入新时代，中国传媒大学开辟新平台，创造性地开展马克思主义新闻观教育活动，使之符合当代大学生的认知特点。

近几年来，按照中宣部有关高校与新闻单位从业人员互聘“千人计划”的具体要求，中国传媒大学新闻传播学部连续三年派出老师前往新华社、中央电视台等媒体进行挂职锻炼；聘请《中国日报》、中央电视台等主流媒体的“千人计划”业界导师进课堂、上讲台，点燃了学生为国家发声、为人民服务的新闻理想。

4. 培育传播马克思主义新闻观的优秀人才

习近平总书记指出，媒体竞争的关键是人才竞争，媒体优势的核心在于人才优势。面对新形势、新任务，中国传媒大学培养了一批坚守马克思主义新闻观、适应全球传播的优秀后备人才，他们担负着新时期新闻传播事业的重要使命。

（1）培养立足全球舞台的国际化人才。2009年，为加强中国国际传播能力建设，中宣部、教育部在三所院校启动“国际新闻传播后备人才培养”专项工程。2010年12月，中央领导同志来到中国传媒大学，对国际新闻传播后备人才培养工作进行专项调研。7年来，该校以“坚守国家立场、发出中国声音”作为人才培养目标，以马克思主义新闻观为指导，向国家输送了500多名国际新闻传播人才，活跃在全球传播舞台。

（2）培养适应融合发展的多媒体人才。如今，新技术和新平台已经改变了传统意义的媒介格局，在中国传媒大学，基于马克思主义新闻观的人才培养不断延伸、优化传统教育体系和教学内容。

近几年来，“H5”和无人机成为媒介前沿的技术热词，也逐渐走进新闻院校的学习视野。中国传媒大学新闻传播学部的老师们身体力行，组成了一支新闻传播专业教师“飞行队”，集体学习无人机航拍技术。如今，这一技术又被引入课堂，编入新媒体教学体系，使学校教育跟上行业发展的脚步。

在2017年首都两会期间，学生团队运用“H5”技术全程参与两会报道，带领网友走进“两会”现场，聚焦前沿内容、关注政府声音。这是首次采用融合传播方式开展重大时政报道，受到中宣部阅评组的高度评价，被誉为政治传播的创新之作。

（3）培养面向未来传播的复合型人才。中国传媒大学充分认识到，新的媒介环境给新闻传播教育提出了“一专多能”的要求，“新闻+”的人才理念呼之欲出。因此，在教学培养中，我们注重“因材施教”，指导学生努力适应现代传媒要求，成为“术业有专攻”的应用型、专家型新闻传播人才，以胜任宣传马克思主义新闻观、弘扬核心价值的新任务。

综上所述，总结“实践中的马克思主义新闻观”所取得的创新成果，该校学人认为，迈入新时代，要将学科建设与党和国家的工作重点相结合，将人才培养与时代发展相结合，将教育教学与国际前沿、社会需求相结合，才能造就坚守、践行、传承马克思主义新闻观的高级人才，开创马克思主义新闻观教育的崭新局面。

13.5.2　中国人民大学——中国特色新闻传播人才的生态型培养体系构建

1. 成果背景：国情、党情、媒情的迫切需求

当前，鉴于国际、国内新的历史形势，中国共产党的重大历史使命以及传媒业转型带来的巨大冲击等关键性因素，以及习总书记有关新闻舆论人才培养所提出的重要要求，迫切需要培养扎根中国大地、呼应国家重大战略需求、面向行业现实与未来的中国特色高端创新型新闻传播人才，而要培养这样的人才，绝不仅仅是在操作、手段层面的

“细枝末节”的创新，而是中国特色新闻传播人才培养体系的全面再造。

2. 成果思路：构建生态型培养体系

(1)理念创新：从枝节调整到系统性创新，构建培养体系生态圈。中国特色的新闻传播人才生态型培养体系，不是教学、科研、体制机制改革的各自为政型创新，而是学院全部资源的系统性整合创新。要处理好传统与现实、理论与实践、管理与服务、学院与社会、中国特色与国际经验、教学与科研、知识讲授与人格培养等改革中的重要关系，形成紧密结合的生态圈。

(2)制度设计：优化治理结构，改善运行机制，调整资源配置模式。在当前国际、国内、行业形势下构建生态型培养体系需要有大幅度变革，其制度保障不可或缺。鉴于前述理念，必须在体制机制层面进行一系列系统性创新，才能保障变革工作推得动、走得实，简言之，其要旨在构建成熟、完备、高效、开放的管理体系。

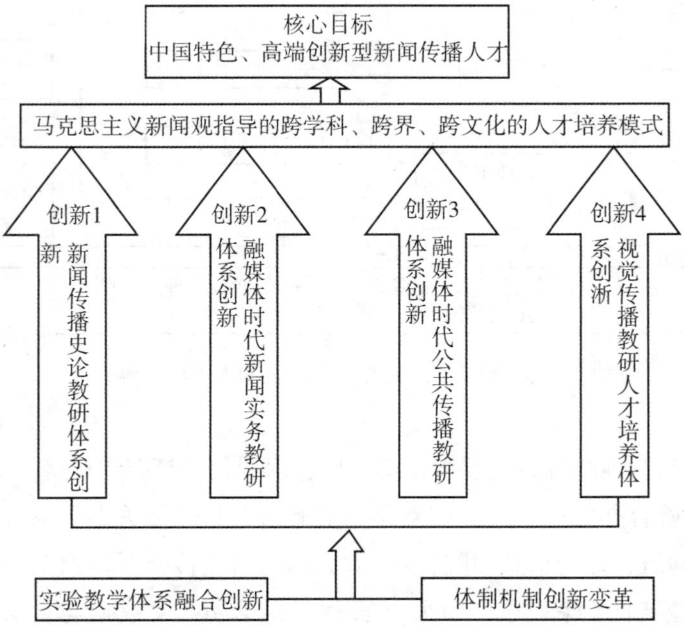

图 13-4　“目标-模式-主体-支撑”四位一体生态型培养体系

3. 成果内容：“目标-模式-主体-支撑”四位一体生态型培养体系

在路径创新方面，中国人民大学新闻学院经过近八年的探索和尝试，建设成了一整套的生态型人才培养体系，即“目标-模式-主体-支撑”四位一体的生态型培养体系(见图13-4)。目标即培养中国特色高端创新型新闻传播人才的核心目标，模式即马克思主义新闻观指导的跨学科、跨界、跨文化的人才培养模式，主体即形成了新闻传播史论、新闻实务、公共传播和视觉传播四个教学科研子创新体系，支撑是指实验教学体系的融合创新和学院体制机制的变革。这四大方面构成了良性循环的生态系统。

(1)探索马克思主义新闻观指导下的跨学科、跨界、跨文化培养模式(见图13-5)：

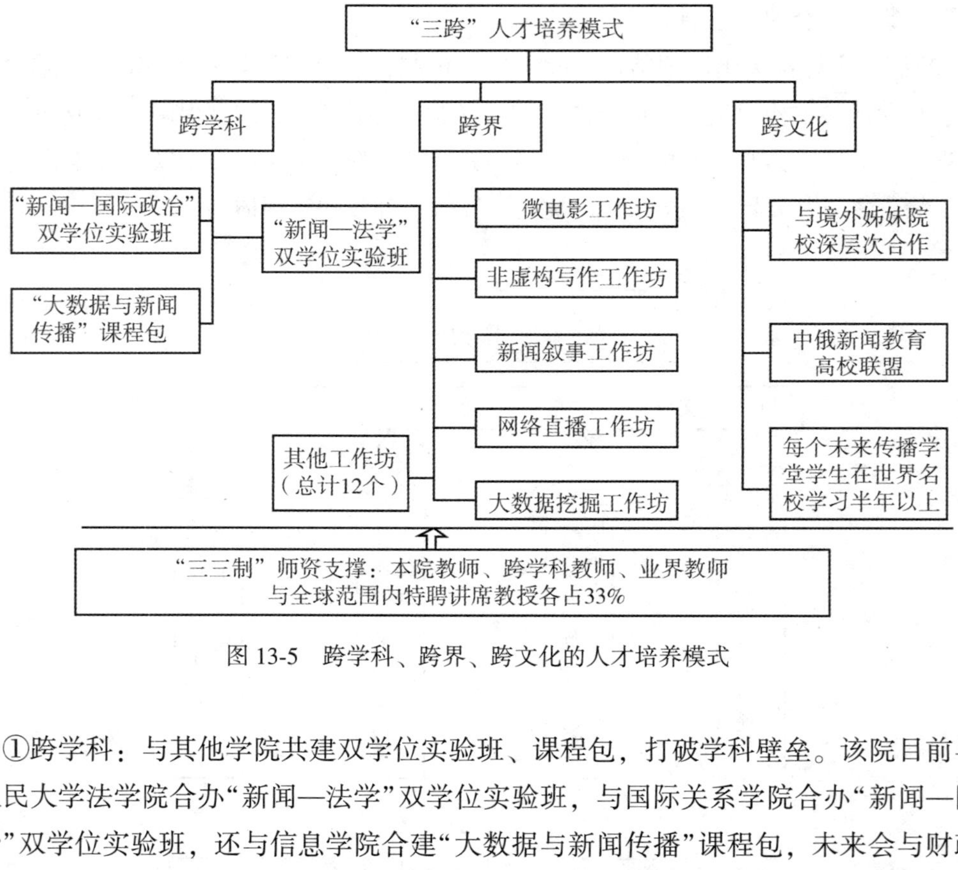

图13-5　跨学科、跨界、跨文化的人才培养模式

①跨学科：与其他学院共建双学位实验班、课程包，打破学科壁垒。该院目前与中国人民大学法学院合办“新闻—法学”双学位实验班，与国际关系学院合办“新闻—国际政治”双学位实验班，还与信息学院合建“大数据与新闻传播”课程包，未来会与财政金融学院合办“财经新闻”课程包，与公共管理学院合办“大数据与社会治理”课程包，等等。

②跨界：以业界讲座、开设工作坊、共建实践基地为龙头，整合学业两界资源，化育“大传播”人才。学院努力构建跨界的教学培养体系，其核心主要有三：一是联系业界精英开设系列专题讲座。二是成立一系列工作坊。学院先后联合业界一线从业人员开设跨媒体创意设计、融媒体视觉呈现、网络直播、微信运营、微电影、广告创意等10

余个工作坊，从理论与实务紧密结合的角度培养人才。三是共建实践基地，联系传媒等机构给同学提供广泛、多元、高效的实践岗位。

③跨文化：以学生培养为导向，“走出去”和“引进来”。该院一直与美国密苏里大学、宾夕法尼亚大学，俄罗斯莫斯科大学、圣彼得堡大学等姊妹院校新闻传播类院系保持紧密联系，并持续开发新的合作院校与合作项目。在 2016 年 7 月，该院牵头成立中俄新闻教育高校联盟，整合俄罗斯数十家一流新闻院校与媒体；该院于 2016 年 7 月启动未来传播学堂人才培养项目，每年派出 20～30 名学生赴美国哥伦比亚大学等海外院校学习半年以上。

④师资队伍构成“三三制”。除通识课外，该院其他课程的师资分别来自本院教师、跨学科教师、业界教师与全球范围内特聘讲席教授，比例是各占 33%左右。

(2)新闻传播史论教研体系创新：以点带面，坚持马克思主义新闻观指导，创新史论教学方式(见图 13-6)。

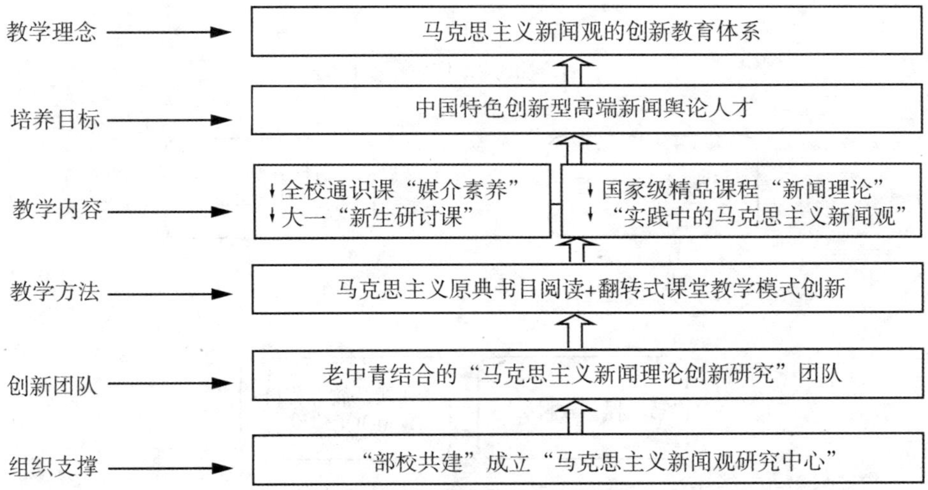

图 13-6　新闻传播史论教研体系创新

①团队、组织和经费保障：成立“马克思主义新闻理论教学与科研创新团队”和“马克思主义新闻观研究中心”。为践行马克思主义新闻观的指导思想，该院成立了以郑保卫、陈力丹、杨保军、周建明、周俊、张金玺、王斌为主要成员的“马克思主义新闻理论教学与科研创新团队”，该团队属于老中青三代新闻理论教学梯队；由这一团队主导，该院与北京市委宣传部在“部校共建”框架下成立了国内新闻院校层次最高的“马克思主义新闻观研究中心”，北京市委宣传部每年拨款数百万专门用于马克思主义新闻观的教学与科研。

②教学内容和教材建设：覆盖各个年级和加强马克思主义新闻观教材编写。该院马新观教研团队开设的本科“新闻理论”课程，被评为国家级精品课程；承担的全校通识课“媒介素养”及大一“新生研讨课”受到学生广泛欢迎和高度评价。另外，近5年该院出版或再版了至少5部新闻理论方面的教材，其中杨保军教授的《新闻理论教程》获中国大学出版社优秀教材一等奖；同时，教研团队还参与主编了《实践中的马克思主义新闻观》。

③教学方式创新：马克思主义新闻观元典读书和“翻转式课堂”教学模式。该院在新闻理论基础课内设置1学分的马克思主义新闻观元典读书笔记作业；新闻史教学团队创新史论教学模式，实践“翻转式课堂”，从以往的“以教为主”，转变为同学们的“学与讲为主”。这些创新，使同学们对知识的掌握更为深刻、系统。

(3)融媒体时代新闻实务培养体系创新：以实践技能与就业为导向，构建新闻业务闭环培养体系(见图13-7)。

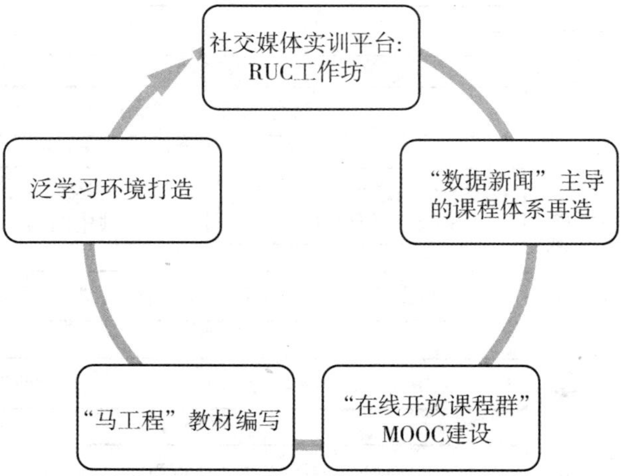

图13-7　新闻业务闭环培养体系

①“数据新闻”主导的课程体系再造，使之与业界实践紧密衔接。大数据催生了数据新闻，该院新闻实务教育顺势而为，相继开设“数据新闻可视化”和“数据新闻基础”课程并出版了相对应的两本教材，并在“数据新闻可视化”课中增加了实验课内容，还邀请业界精英全程参与新闻实务课的设计和讲授，取得了良好的教学效果。

②教学资源创新：“在线开放课程群”建设和马工程教材编写：该院专业必修课“新闻编辑”获得高等教育“十三五”重大攻关项目“在线开放课程群”的立项，现正投入网上开放资源(中国大学MOOC)的建设。同时，蔡雯教授为第一首席专家的中宣部“马工

程”教材《新闻编辑》已出版，并在全国高校中推行使用。同时，由该院涂光晋、张征教授担任首席专家的“马工程”教材《新闻评论》《新闻采写》也将完稿。

③开展实训教学：创办微信公号“RUC 新闻坊”，拓展融媒体实践平台。该院新闻业务教学团队创办微信公号“@ RUC 新闻坊”，招募各个年级的本科生作为采编人员，从选题策划到内容生产再到最终的产品推送均由学生独立完成，目前该公号粉丝已近 3 万人，在国内新闻传播院校已产生很大影响力。

④在地在线结合，建立泛学习环境。新闻实务教学团队注重新技术在教学中的应用，利用云空间建立了移动学习资源，实现了资源共享的最优化；借助微信群等新技术，不断完善在地、在线教学工作，为新闻实务学习营造了泛学习环境。

(4)融媒体时代的公共传播培养体系：整合广告与公共关系为公共传播模块，建设好“未来传播学堂”人才培养特区(见图 13-8)。

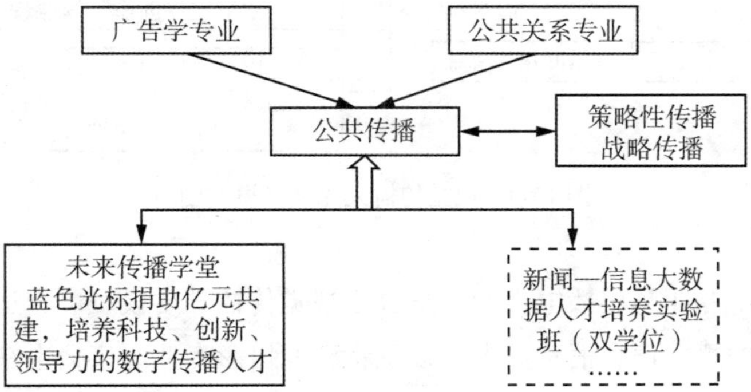

图 13-8　融媒体时代的公共传播培养体系创新

①将广告学与公共关系整合为公共传播教学模块。为适应传播形势变化，该院按照服务对象的共性，将广告与公共关系专业整合为公共传播教学模块，致力于为政府、企业等培养新媒体时代的公共传播人才；增设“数字营销”等课程，聘请业界领军人物授课，推送学生进入业界平台学习、实践。

②做好存量，扩展增量：建设人才培养特区，开设“大数据传播”课程包。公共传播教学团队与中国最大的营销传播机构蓝色光标共同成立未来传播学堂，围绕“科技、创意、领导力”三个核心，开发创新型课程，培养适应数字时代要求、拥有复合型知识结构、掌握全面专业技能和具备卓越发展潜质的公共传播人才。在此基础上，该团队与信息学院合建“大数据与新闻传播”课程包，未来还会和计算机、信息科学等学科继续拓展此方面的课程。

③开设策略性传播课程，提升毕业生传播策划的实操能力。该教学团队除联合业界

教师开设“策略性传播”等专业基础课，还为提升学生的学习兴趣与课堂参与度，将中国大学生公关关系策划大赛引入教学，将来自企业现实需求的竞赛题目设置为课堂作业，整个课堂围绕现实项目策划整个流程展开。该课堂学生在 2015 年及以后年度中国大学生公关关系策划大赛中获得了金奖等佳绩。

(5)视觉传播人才培养模式创新：满足不同层次需求，以赛带教(见图 13-9)。

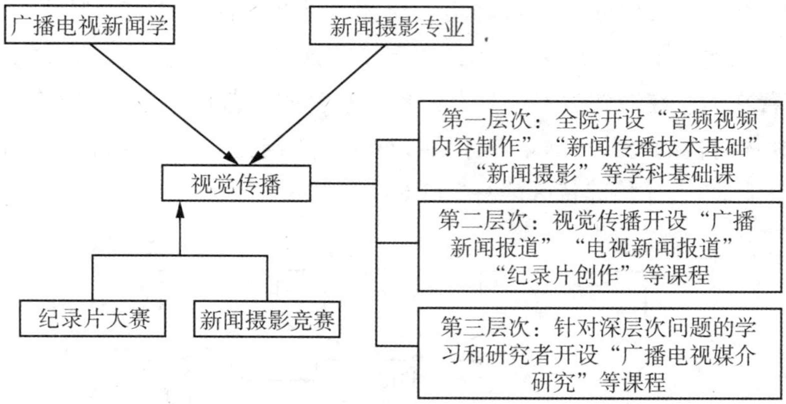

图 13-9　视觉传播人才培养模式创新

①将新闻摄影专业与广播电视专业整合成视觉传播教学模块。为适应业界视角表达需求和用户读图的感性信息消费需求，该院将新闻摄影专业与广播电视专业整合成视觉传播教学模块，将动静视角表达进行有机整合，形成了全新的教学团队和教学模块。针对视觉传播课程体系改革，出版《出镜报道与新闻主持》等教材，其中《新闻摄影教程》获得教育部普通高等教育精品教材称号。

②设置不同层次课程满足不同年级学生需求。第一层次，在全院范围内开设“音视频内容制作”“新闻传播技术基础”等专业基础课程；第二层次，对广播电视专业学生进行专业素养训练，开设“广播新闻报道”“电视新闻报道”“纪录片创作”等课程；第三层次，为深层次的学习需要，推出“出镜报道与新闻主持”课程包，开设“口语表达基础”“屏幕形象塑造”“现场出镜报道”“新闻节目主持”等实操课程。

③以赛带教，通过纪录片大赛和新闻摄影大赛激励学生自主创作。根据视觉传播专业实践性强的特点，“纪录片创作”课程专门辟出 1 个学分用于创作，并组织业内专家对学生作品进行评奖；借助实验室资源，举办新闻摄影大赛，并积极推向国内乃至国外赛事，并多次获奖。

(6)实验教学体系融合支撑：真正实现共通、共融、共享，为学生动手技能培养提供保障。

①跨媒体工作间：实现了功能区划、设备管理的全面共通。改变以往大型的、功能单一的实验室设计，以小型的、多功能的跨媒体工作间取代，包括新闻传播案例库、数据可视化、以眼动和脑电为基础的传播学效果研究、网络舆情研究、马克思主义新闻观数字化平台等；数字化实验管理平台保证了实验设备与设施在全院的统一管理，使用效率得以提高，各类设备的使用机会可以有效满足全院所有师生。

②工作坊+学生竞赛：实现了多媒体实验教学的共融。以“跨媒体传播实验”课程为基点，结合媒体等各类社会资源，每学年设立 7~8 个工作坊，并连续举办 8 届学生多媒体作品竞赛。学生以工作坊为平台，在大学生广告大赛、全国大学生新媒体创意大赛中多次获奖，北京电视台、《新京报》、优酷网、网易等媒体单位也将其视为重要的作品素材来源。

③虚拟仿真实验平台：实现了实验教学资源的共享。虚拟仿真实验平台第一期业已完成，为报纸版面设计实验项目的全校共享提供了技术支持；建设中的二期以视觉传播与数据可视化为重点，要完成数据新闻的在线工具平台定制与开发，并对摄影教学场地与设备完成虚拟仿真设计。

(7)体制机制变革：制度支撑与后勤保障。

该院进一步完善党政联席会、学术委员会、教职工大会等的决策和运行机制；强化学科领军人物的培养和引进机制；进一步整合本科层次的“新闻—国际政治”专业方向和研究生层次的“国际新闻传播硕士”方向，拟在成熟时组建国际传播系；在融通学科大类资源、推行宽口径人才培养的基础上，拟面向行业实践灵活设置若干专业方向，如新闻学专业的数据新闻方向，广电专业出镜记者方向，传播学专业新媒体方向、公共传播方向等。

4. 成果应用及效果

(1)人才培养质量显著提升，毕业去向多元广泛。随着生态型培养体系以及“跨学科、跨界、跨文化”的人才培养理念与操作的完善和成熟，为毕业生就业与未来发展提供了广泛可能性。自 2012 年以来，该院毕业生中有就业需求的就业率为 100%，就业去向更加多元；而除了就业外，另有 60%左右毕业生获得了保研和境外、国外读研深造的资格。

(2)教学工作成果丰硕。自 2010 年以来，该院已建设国家级精品课 4 门，省级精品课 4 门，校级精品课 10 门；成果主要完成人获国家级教学成果奖 1 项，校级教学成果一等奖 3 项、二等奖 3 项；基于本成果申请国家级课题 3 项、省级课题 2 项。在新闻传播类核心期刊上发表相关论文10余篇；出版体现本成果内涵的教材10余部。这些成果均以不同形式对我国新闻传播学科的教育教学工作产生了重大影响。目前，学院开设的国家级、省级精品课程全部在网上开放供全国使用，另有全国10余所院校同行借鉴了该院的精品课程建设经验。

(3)培育出优秀师资队伍。近十年来，学院教师中1人获国家级教学名师称号，4人获北京市教学名师称号，7人获宝钢优秀教师奖，8人次获校十大教学标兵，9人获校教学优秀奖，2人在北京市以及学校青年教师教学基本功大赛中获得优异成绩等，从这些指标看，教师队伍整体实力强劲，专业水平与教学能力都属国内一流。

(4)促进院校之间交流，加强相互学习与借鉴。学院先后通过会议、专家讲座、走访交流等形式对成果相关内容进行介绍，得到了国内国际兄弟院系的充分认可和高度评价，先后有30余所国内外兄弟院系到该院学习和交流。

13.5.3　华中科技大学——新闻评论人才培养创新体系的构建与实施

在中国新闻史进程中，由于新闻评论的独特影响力，它一直被视为媒体的灵魂与旗帜。在媒体融合、技术赋权、矛盾转化的新时代，新闻评论的重要性进一步凸显，社会对评论人才需求不断增大。但新闻评论人才培养却呈现出与时代脱节、与实践脱节的总体特征。华中科技大学新闻与信息传播学院认清中国社会发展及新闻教育发展的新形势，提出新闻评论是“一项需要普及和提高的公民素质”的新理念，重点在新闻评论人才培养上进行探索与突破，从而抓住了新闻教育发展的先机。通过长期实践探索与理论总结，率先在国内构建了新闻评论人才培养创新体系，因而被媒体誉为中国“新闻评论的黄埔军校”，该成果也成为各大高校瞩目或效仿的目标。

1. 成果内容及主要解决的教学问题

1983年，华中工学院(2000年更名为华中科技大学)朱九思院长创办新闻专业，提出“理论联系实际”的办学方针，延续这一理念，华中科技大学新闻与信息传播学院于2001年开始探索新闻评论特色教育。17年来，为各类媒体输送了大量新闻评论人才。学生就业平台包括新华社、人民日报社、中央电视台、凤凰卫视、《中国青年报》、新浪、百度等各类媒体。如《中国青年报》评论部，从主任、副主任到主要骨干评论员，都有华中科技大学的学生。

新闻评论人才培养创新体系由三大板块组成：一是将新闻评论打造成为新闻学院的精品特色课，以提升学院本科生新闻评论素养的整体水平；二是率先在全国开办新闻评论特色班，旨在为新闻单位培养合格的新闻评论员、评论节目主持人和深度报道记者；

三是在全国高校中成立第一个新闻评论社团，继而发展为“评论学社”面向全校招收学员，以全面提升学生的新闻评论素养。全国 326 个新闻专业本科教学点，绝大多数只开设一门评论课；2553 所大学大多只有大学生记者团，该院构建的新闻评论人才培养创新体系，属于全国首创(见图 13-10)。

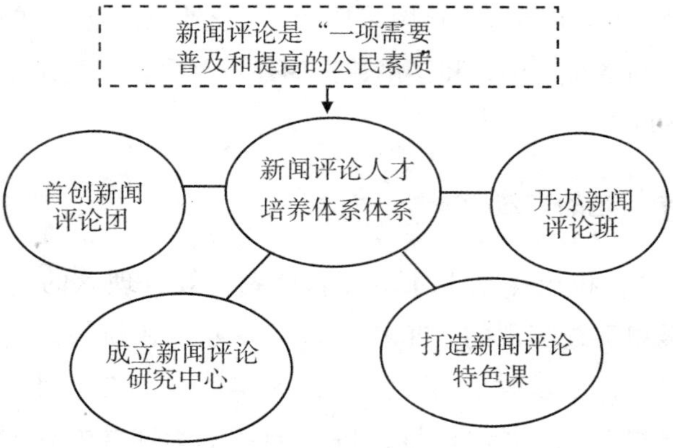

图 13-10　新闻评论人才培养体系图

2008 年以来，该院组建“新闻评论人才培养创新体系的构建与实施”项目组，以更新教育观念、改革人才培养体制为思路，将多年的实践经验进一步制度化、规范化和理论化。该成果以传播内容为类别培养新闻人才，创新了教育理念；构建新闻评论人才培养创新体系，改革了培养体制；实现了教学与研究的协同推进，提高了人才培养水平；在其他高校与媒体实现了推广与转化。

该院新闻评论人才培养体系主要解决了以下教学问题：

(1)媒体融合时代新闻教育与媒体实践脱节的问题。互联网导致的传播革命使媒体融合不断深入，原有以报纸、广播、电视等媒介种类划分专业的做法，已经无法适应媒体融合的现实需要，新闻教育“与时代脱节、与实践脱节”等问题屡受批判。新闻评论作为一种传播内容，不仅存在于传统的报纸、广播和电视，在微博和微信等新媒体平台上也广泛存在，以传播内容(新闻评论)为类别培养人才，是解决新闻教育与媒体实践脱节问题的有益尝试。

(2)新闻评论“作为一种写作技能”的观念局限问题。在以往的新闻教育中，新闻评论只是作为一种新闻业务中的写作技能。这弱化了新闻评论的重要性。从“公民素质”层面来进行新闻评论人才培养，注重锤炼和提升学生的思想境界，不仅提升了新闻评论教学的地位，也提高了新闻评论人才培养的水平。

（3）新闻评论教学内容欠缺与学生受益面不足的问题。以往的新闻评论在新闻教育中分量轻、力量弱，存在调动资源不足、提供知识不足和学生受益面不足等问题。新闻评论往往只有一门课程、只配备一名师资，不利于学生能力的全面提升。

（4）新闻评论理论教学与实践脱节的问题。新闻评论教学要么只讲理论缺乏实践，要么主要依赖学生自己摸索，这使得学生往往“眼高手低”或者视野狭窄，从而引发“大学能不能培养新闻评论员”的质疑。该院采取“校内校外双向互动”的教学模式，通过社会调查与评论实践、网络舆情调查和案例数据库建设等手段，解决了学生的理论素养和实践能力同步提升的问题。

2. 创新解决教学问题的方法

（1）创新教育理念，积极探索人才培养新体系。教育理念的创新与培养体系的完善，是通过不断探索和实践实现的。2001 年该院发起组建新闻评论团和实行特长生导师制，开创高校新闻评论教学改革的先河。2005 年秋季，该院列入招生计划开办新闻评论特色班，为全国首家。新闻评论特色班在大一下学期转专业时面向全校（包括该院）学生进行招生。在主动探索和不断实践中，通过理论总结与顶层设计，创新了教育理念。

（2）全面提升新闻评论的地位，改革教学模式与课程设置。在新闻评论特色班采取“校内校外双向互动”的教学模式：在校内开设了一门主课加八门专题课的“1+8”课程体系，包括新闻评论学概论、新闻评论的思想与思维、中外新闻评论比较、广播电视与新媒体评论、新闻评论佳作评析、社会认识发现、经济评论、法制评论、文艺评论等；在校外开设有暑期实践课程：社会调查与评论实践（128 课时）。

（3）完善教学手段，建设案例数据库、网络舆情实验室。在新闻评论经典作品案例数据库方面，收集百年来有影响的评论作品 1000 篇，收集 27 届中国新闻奖大部分的获奖评论作品，收集普利策获奖评论作品 300 多篇，并要求学生能进行英汉对照阅读。另外还建设有新闻伦理案例数据库，建立了课程网站，开通了微信公号。网络舆情实验室还可组织学生对热点事件进行全国性的舆情调查。

（4）强调实践技能，规范新闻评论教学过程与考核方式。项目组带领学生在暑期深入社会进行调查研究，形成专题报告并发表评论，并通过媒体平台发表。学院还联系媒体，进入评论生产实践，督促学生关注调查媒体评论发展和变化，并将之纳入成绩考核体系。学院每年完成一篇对上一年度中国新闻评论概况的调查报告，从 2008 年至今在《新闻战线》上发表。

评论课安排每周两次学生参与互动的环节，一次是“每周时评荟”，点评上周发生的重大新闻及评论，训练和提高学生对新闻事件的即时点评能力和对已发评论的鉴赏能力。一次是“学习与思考”，组织学生利用电话调查舆情进行专题讨论，要求学生对近期的学术成果进行分析。大部分课程要求学生发表作品，并纳入案例数据库，同时发布在课程网站与微信公号上(见图 13-11)。

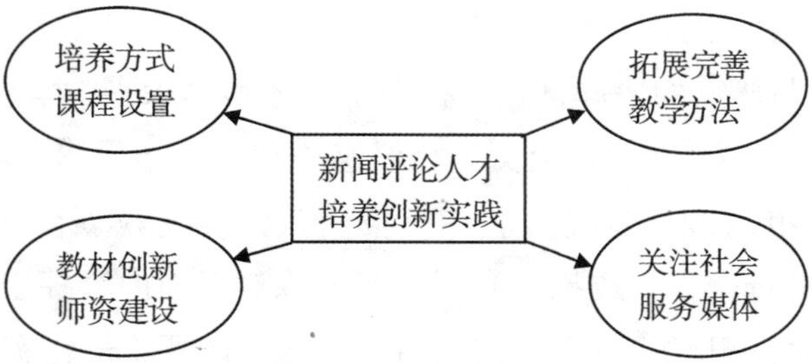

图 13-11　新闻评论人才培养创新实践图

(5)关注媒体发展，重组新闻评论教学师资队伍。项目组相关课程除了院内老师讲授外，还邀请马克思主义学院和文学院老师加盟，形成了多学科 10 位老师组成的课程与讲座团队。还从业界引进专业教师，一些没有业界经历的教师被派往媒体进行实训，如项目组成员顾建明曾在《光明日报》评论部任一室主编挂职一年。2006 年以来，先后邀请复旦大学黄芝晓、中国人民大学涂光晋、武汉大学强月新、《湖北日报》胡思勇、凤凰卫视何亮亮、《光明日报》包霄林担任兼职教授。2014 年、2016 年，又聘任中央电视台王石川、《经济日报》齐东向及湖北广播电视台漆文等 16 位资深媒体人为专业导师。自此，新闻评论特色班形成了专业教师、业界导师和新闻评论员三位一体的师资配备。

3. 努力拓展创新点

(1)以传播内容为类别培养新闻人才，创新了教育理念。在新闻评论班创办之初，项目组就提出新闻评论是一项需要普及和提高的公民素质，对职业新闻评论人才提出了更高要求。项目组据此构建了新闻评论人才培养的“三大板块”：新闻与信息传播学院的精品特色课、新闻评论特色班、面向全校招收学员的评论学社。人才培养理念的创新与拓展，从根本上解决了仅仅把新闻评论作为写作技能进行教学的局限问题，解决了教学内容与师资队伍的投入不足问题。改变原有以媒介种类划分专业的做法，转向以传播内容为类别，是对传统新闻教育理念的突破，可为新时代的新闻教育提供启示。

(2)构建新闻评论人才培养创新体系，改革培养体制。以“三大板块”为核心，对教学模式、课程体系、教材建设、师资配备、教学手段、实践教学、考核方式等环节进行了系统性革新。在课程体系方面，开设了“1+8”的课程体系。《现代新闻评论》入选“十一五”国家规划教材，“社会进程中的公民表达”入选国家视频精品公开课。在师资配备方面，从业界引进师资、从业界聘请兼职教师、选派教师到业界挂职和吸引业界资深人士到学院挂职的做法在全国新闻传播院系中别具特色。在实践教学方面，通过课堂练习与课余实训、暑期社会调查、学院统一的实验教学和媒体实习等环节，使学生的复合能力实训贯穿于整个大学时期。

(3)实现了教学与研究的协同推进，提高了人才培养水平。学校成立“华中科技大学新闻评论研究中心”，通过发表论文、会议座谈和现场指导等方式，与《人民日报》《中国青年报》《杂文报》《湖北日报》《长江日报》《武汉晚报》《新闻战线》《新闻与写作》《嘉兴日报》等媒体进行合作，或推出专栏专版、或对版面内容提出建议、或帮助组建新闻评论部。自2007年开始，帮助《嘉兴日报》组建新闻评论部，实施“评论记者”工作机制，中国记协为此召开两次专题会议。先后举办七届新闻评论高层论坛，为学界与业界提供了沟通的平台，促进了人才培养与教学成果的理论化。据强月新、刘莲莲在《新世纪以来国内新闻评论研究的回顾与展望》(《武汉大学学报》2013年第6期)一文中的调查，华中科技大学团队发表的新闻评论论文位居全国第一。

4. 成果的推广应用效果

图13-12　《新闻评论研究与人才培养》一书出版

(1)人才培养理念的推广价值显现。项目组先后在《现代传播》《新闻记者》等学术期刊发表论文介绍新闻评论教育的“华科大模式”，并出版《新闻评论研究与人才培养》一书推广人才培养理念与经验。新华社、《人民日报》《光明日报》《中国教育报》《中国广电新闻出版报》等媒体多次对华中科技大学新闻与信息传播学院新闻评论特色教育进行专门报道(见图13-12)。

2017年2月18日，湖北省教育厅邀请来自复旦大学、中国人民大学、北京大学、清华大学和武汉大学新闻学院的院长、教授们组成鉴定委员会。专家们认为：项目组的研究工作理念先进、思路清晰，研究成果内容丰富、创新性强、特色鲜明，学生受益面广，社会影响力大，具有辐射作用和良好的推广前景。人才培养理念和经验吸引了20多所新闻院系的同行前来参观交流，如兰州大学、中山大学、湖南大学、华南理工大学等。郑州大学与江西师范大学已分别在2015年和2016年开办新闻评论特色班，主要组织者均为学院毕业的新闻评论方向的博士生。学院跨学科跨业界师资队伍建设的做法在全国形成了较好的口碑，为一些著名新闻院系所借鉴。

(2)人才培养体系的实施效果明显。人才培养体系的构建与实施，进一步完善了课程体系、师资队伍、教材建设、实践教学等。在课程体系方面，项目组承担1门国家精品资源共享课程(“外国新闻传播史”)、2门国家视频精品公开课(“社会进程中的公民表达”“传播的历程”)，建设3门省级精品课程(“新闻评论”“电视专题与专栏”“外国新闻传播史”)。在师资配备方面，项目组一位成员是国家“万人计划”领军人才，三位成员是教学名师，专业教师、业界导师和新闻评论员三位一体的师资配备已经形成。教材建设方面，出版3本国家“十一五”规划教材(《现代新闻评论》《新闻报道策划》《电视专题与专栏》)，主编2本马克思主义理论工程重点教材(《中国新闻史》《新闻评论》)。另出版(《三思新闻教育》《新闻教育改革论》)专著两部，发表教学论文数十篇。在实践教学方面，网络舆情实验室、案例数据库不断完善与丰富。

新闻评论课程全面覆盖学院本科生，普遍提高了本科生的思想素质与实践能力。近五年评论学社面向全校招收200多名学员，成为校园文化建设的重要组成部分。近五年新闻评论特色班招收学生100多名，65%的学生成为新闻评论员、评论节目主持人、深度报道记者，他们选择升学或在中央省市门户网站等媒体工作。学院培养出几十位优秀的专业评论人才，多人获得中国新闻奖。比如，《中国青年报》编委、社评部主任曹林，已跻身国内最有影响力的评论家之列。中央电视台新闻评论部马璐璐，《经济日报》评论员欧阳优，《南方日报》评论部副主任周虎城，《河南日报》评论部主笔薛世军，《湖北日报》评论部主笔肖擎，《长江日报》评论部主笔肖畅，《深圳特区报》理论评论部主笔邓辉林、张强，《新京报》评论员佘宗明等，都是知名的评论员。在学生获奖方面，张松超、贾宸琰、张宇获得范敬宜新闻教育奖“新闻学子奖”。“培养中国特色社会主义新闻评论员——华中科技大学评论学社创新评论人才培养之路”获2016年高校校园文化建设优秀成果一等奖。

13.5.4　暨南大学——马克思主义新闻观指导下新闻人才培养六结合模式的创建与实践

1. 主要解决的教学问题

新闻舆论工作处于党和国家意识形态工作的最前沿，肩负十分重要的职责使命。近年来，马克思主义新闻观教育与新闻传播专业教育之间在一定程度上存在“两张皮”的问题。表现在四个方面：(1)“了解不了解”，即如何坚定树立马克思主义新闻观在知识体系中应有的主导地位和引领作用；(2)“管用不管用”，即如何理论联系实际，教育启发学生运用马克思主义的立场观点和方法来有效认识、分析和研究解决国内国际的现实问题；(3)“接受不接受”，即如何培养学生在学习中、在实践中、在走向社会的过程中对马克思主义新闻观的自觉接受和积极认同；(4)“满意不满意”，即在校生、毕业生和用人单位对于马克思主义新闻观教育的成效是否给予肯定性评价(见图 13-13)。

暨南大学新闻学专业是全国最早的三家新闻学专业之一。自 1946 年创办以来，特别是 1978 年复办以来，与传媒界联系紧密，已为海内外培养了 6000 多名专业人才，这些毕业生大多数成为我国内地(大陆)以及港澳台地区新闻界的重要力量。1978 年，广东省委宣传部指定《南方日报》等媒体支持办学，80 年代与《南方日报》合办新闻专业函授班和新闻干部在职进修班，长期以来一直支持暨南大学新闻人才培养工作，为校地合作、校媒合作打下了基础。

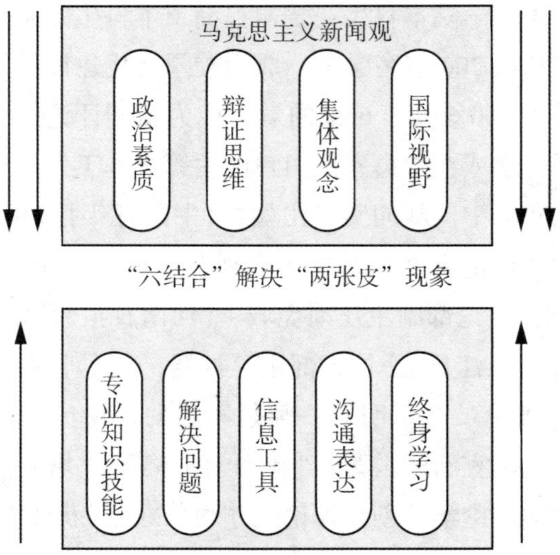

图 13-13　马克思主义新闻观教育的状况与教学改革思路

2008 年以来，暨南大学新闻与传播学院以中宣部教育部《关于地方党委宣传部门与高等学校共建新闻学院的意见》(2013)等指示和文件精神为依据，充分发挥作为教育部首批特色专业、国家级综合改革试点专业，以及暨南大学—南方报业传媒集团国家级大学生校外实践教育基地、国家级实验教学示范中心的条件和优势，创建马克思主义新闻观指导下新闻人才培养的“六结合”模式。师生获习近平总书记批示 3 件、中宣部表彰 9 项，获中国新闻奖一等奖、全国大学生暑期社会实践一等奖等荣誉 200 多项，受到同行的高度评价，为我国同类高校新闻传播院系的人才培养改革起到了示范及推动作用。

2. 指导思想

暨南大学新闻与传播学院对于马克思主义观指导下新闻人才培养模式的创建，坚持马克思主义“一元主导”的根本地位，坚持“立德树人、协同育人”理念。立德树人是新闻人才培养的着眼点，摆在首位的是强化师生的政治思想素质，实现价值引领。协同育人是新闻人才培养的立足点，通过搭建各类平台构筑稳健的协同网络，为人才培养“六结合”提供坚实的支撑。

3. 实施方案

暨南大学新闻与传播学院按照“提出问题、调查研究、制定目标、创建模式、搭建平台、建章立制、操作实施”的技术路线，依次开展前期准备、方案制定和贯彻实施工作。前期酝酿和方案制定于 2008 年 3 月至 2009 年 12 月完成，项目实践检验自 2010 年 1 月开始。

(1)开展需求调研。广泛调研中央和地方媒体从业人员职业满意度现状、下一阶段人才需求，以及其他高校新闻院系人才培养的经验，查找差距，提出思路，制定目标。

(2)研讨和创建“六结合”模式的具体方案。在内部研讨、集思广益、局部探索的基础上，提出马克思主义新闻观指导下新闻人才培养的九条标准，创建“六结合”模式并付诸实施。

(3)突出重点，全面优化专业课程与教学内容体系，加强“马克思主义新闻观”教学，要求专业课教师率先垂范，辩证地看待西方新闻观，自觉巩固马克思主义的主导地位。

(4)优化平台，持续搭建和优化主题(专业)训练营、主题社会实践、主题创新创业活动、主题教育等系列平台，并相应建立课内课外、实训实践、创新创业、思政保障等系列规章制度。

(5)组织到位，始终以学生为中心，在院、系、教研室、课题组、采访队及党团组织的领导下，将境内境外学生联合培养和增强思想政治工作纳入“六结合”，保证各类型学生的教育质量。

(6)定期评估，在实践检验过程中定期评估，引入第三方机制，以评促建，以评促优。2017 年 12 月，新闻学专业与广告学专业一起接受了本科专业认证(第三级)中俄联合认证。

4.“六结合”模式的内在逻辑及具体实践

(1)“六结合”模式的内在逻辑。“六结合”模式融“部校共建—校媒协同—师生发展—内外联培—思政创新—评建创优”六大要素和机制于一体。它起始于国家级特色专业建设，依托于中共广东省委宣传部长期以来对暨南大学的指导支持，并得益于“部校共建”的极大推动。

“六结合”模式的内在逻辑是着力解决当下马克思主义新闻教育工作面临的四大问题：“了解不了解”“管用不管用”“接受不接受”“满意不满意”。通过加强知识传授、加强行为塑造、加强控制调节、加强反馈促进等“四维”抓手，予以有针对性地解决。

(2)“六结合”模式的主要内容(见图 13-14)。“六结合”是一种双层结构，除了六大类要素的相互结合外，在每一类要素的内部，亦力求每一组子要素的彼此结合，力求发挥所有教学资源的综合效应。

①部校共建——专业教育与马克思主义新闻观相结合。广东省委宣传部对于“部校共建”工作高度重视，成立了由省委、省政府、省教育厅、省主要媒体和暨南大学共同组成的院务委员会，对马克思主义新闻观教育提出明确要求，并拨出 4000 万元专项经费用于专业建设和人才培养。暨南大学新闻与传播学院充分利用部校共建机制，将专业课程与马克思主义新闻观有机结合起来。

马克思主义新闻观教育重点突出以下内容：一是教材建设。该院骨干教师组成“习近平新闻舆论重要论述研究课题组”，中宣部副部长、时任广东省委宣传部部长慎海雄担任主编，于 2017 年初完成了教材编写工作。二是课程建设。在新闻学以及广播电视学、网络与新媒体、播音主持艺术等专业开设“马克思主义新闻观”必修课。三是理论研究。公开发表习近平新闻舆论重要论述研究系列成果 12 件，其中 1 件发表于《光明日报》理论版，获人民网、党建网、南方网等广泛转载。

②校媒协同——主题训练营与大型社会实践相结合。该院与中央、粤港澳主流媒体紧密结合，在人才培养方面开展了全方位的合作。

一是训练营。包括：第一，准记者南方训练营，创办于 2007 年，每期邀请 10 位一线媒体人对大二学生集训，紧接着分配到南方报业传媒集团实习，实施跟踪管理，持续至今。2010 年，该训练营被评为“全国新闻学与传播学教学创新项目”。第二，移动新媒体训练营，创办于 2012 年，与《南方都市报》、北大方正等媒体、企业合作，至 2017 年 6 月举办 7 期。第三，传媒领袖讲习班，创办于 2008 年，持续至今。2016 年，该训练营被评为“全国新闻学与传播学教学创新项目”。

二是主题(暑期)社会实践创新体系。主要分四个系列：“我行我动”系列；“我是记

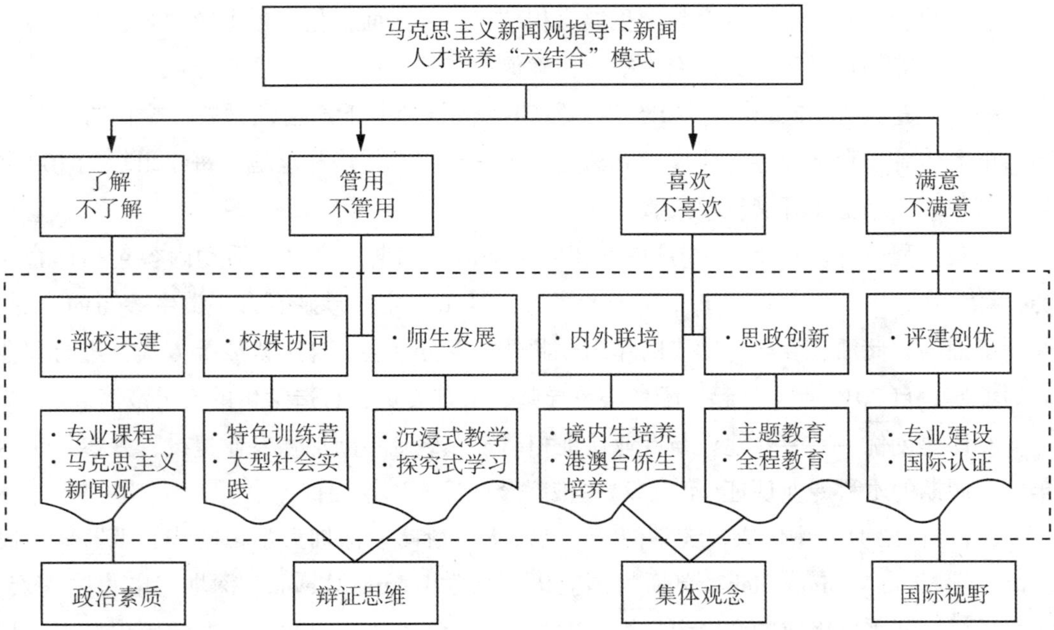

图 13-14　马克思主义新闻观指导下新闻人才培养"六结合"模式及其内容示意图

者"系列；"寻梦中国"系列；"全球调查"系列。师生广泛参与，以暑期为主，开展大规模深度采访和调研活动。例如，2017 年 5 月 15 日，《中国教育报》头版刊载《拨亮心中的那盏精神明灯——郑州大学和暨南大学师生"重走穆青路"》一文，报道了师生在追访穆青足迹中对老一代新闻人的新闻理想和职业风范的领悟。

③师生发展——沉浸式教学与探究式学习相结合。师生联手开展沉浸式教学、探究式学习，坚持问题导向、研究导向，坚持情境化、场景化、实效化，在课内课外实现教与学的相互促进。

一是沉浸式教学。教师发起组织社会实践、主题教育和科研活动，学生以小组作业的方式，深度参与。师生出版作品集 78 部。

二是探究式学习。学生主动邀请教师指导，开展创新创业和学术科技竞赛活动，获挑战杯省级奖 12 项、全国奖 4 项。2017 年 11 月，《从"计生红旗县"到中国最"老"县的思考》获第十五届"挑战杯"全国大学生课外学术科技作品竞赛二等奖。

④内外联培——境内学生培养与境外学生培养相结合。该院的港澳台侨生占本科生的 42%。根据两类学生的不同特点，对于采写编等业务主干课实行境内境外合班教学，对于通识课实行分流，因材施教。境内境外生的联合培养，促进了境外学生对中华文化

的认同，促进了侨务工作的开展，同时也拓宽了境内学生的多元文化视野。

⑤思政创新——主题教育与全程教育相结合。一方面强化红色主题教育，另一方面重视人才培养的全过程，到位而不缺位，确保一个都不掉队。

一是主题教育。2014 年、2015 年，暨南大学与延安干部培训学院、全国青少年井冈山革命传统教育基地签订协议设立马克思主义新闻人才培养基地，每年组织约 100 名学生前往两个基地，开展沉浸式教学。

二是全程教育。每年 4—5 月举办新闻传播节，为期一个月，活动内容包括体育竞赛、辩论赛、主持人大赛、平面广告大赛等，紧扣专业、彰显能力，学生参与面广泛，起到了铺路、储油、导航、助飞的作用。此外，以分享会、外脑挑战等方式，进行职业规划辅导。自 2013 年 4 月起，配备心灵导师、心理委员，打造学生的心灵港湾。

⑥评建创优——专业建设与专业认证相结合。该院不断加强专业建设，并参加了六年一个周期的本科专业认证(第三级)中俄联合认证，以评促优。

2017 年 12 月，中国人民大学倪宁、武汉大学姚曦、深圳大学王晓华、俄罗斯人民友谊大学 VictorVadimirovich、莫斯科国立语言大学 Innara Alievna、深圳广电集团梅宏、北京日报社刘顺发组成的专家组反馈了意见：“暨南大学新闻学专业办学历史悠久，积淀深厚……师资队伍综合素质较高；人才培养的支持条件较优越；质量保障体系运行具有成效；毕业生和用人单位满意度较高。”教育部评估中心和俄罗斯国家公共认证中心颁发了中俄联合国际认证现场考察证书。

5. 成果应用取得的成绩

在实践检验阶段，“六结合”模式取得了一系列应用成果，实现了人才培养模式的再造。此外，比较突出的成绩有：

第一，校媒协同采访援疆援藏和“一带一路”等国家政策。师生组织 20 多批次的社会实践团队，进行援疆援藏、揭梦三沙、暨情井冈、美墨行、走进广交会、走进巴基斯坦、走进印尼、走进非洲等系列大型主题活动，把“以行求解”“成长成才”落到实处。

第二，师生共建特色智库促进成果转化。以“舆情”为特色研究方向，建成广州市人文社科重点研究基地，进而建成中宣部舆情直报点。提交报告并获习近平总书记批示 3 件，其他中央政治局常委批示 3 件，中宣部采纳 30 多件。

第三，内外联培服务港澳台侨，维系港澳台稳定。2005 年，成立香港新闻传媒同学会，联系香港新闻界校友 400 多人，其中 20 多人是报道中国内地新闻的负责人。2015 年，成立新闻与传播学院(澳门)同学会，联系 70%的澳门新闻传媒人。

第四，国际化办学服务国家“走出去”战略。2014 年，开设国际新闻(全英文)专业，每年聘请 2 名欧美高校教师授课，教师赴五大洲进修及学术交流，并与乔治梅森大学等多所高校在学生交换、学术研究等方面密切合作。

6. 成果创新点

“六结合”模式创新点有三个方面：第一，细化了马克思主义新闻观指导下新闻专业人才的九条培养标准。第二，确立了马克思主义新闻观指导下新闻人才培养的“四维”抓手。第三，创建了马克思主义新闻观指导下新闻人才培养过程的双层“六结合”模式。

“六结合”模式以整体思维，推进了教学内容、教学过程、教学平台以及社会实践、创新创业、思想政治工作和专业建设工作的全方位创新。

7.“六结合”模式的影响及推广情况

(1)举办习近平新闻舆论重要论述宣传宣讲活动 30 多场。“习近平新闻舆论重要论述研究课题组”教师在广东省多个培训班、研修班上面向新闻界、教育界业务骨干宣讲，在广州、深圳、佛山、珠海等地主流媒体进行讲授，多次获得中宣部领导的表扬。教师在赴广西大学等 12 家高校交流时，以及在中国人民大学等高校举办的多场马克思主义新闻观学术研讨会上，进行了经验介绍和成果推广。

(2)获校级以上奖励 200 多项。师生持续开展“六结合”教学创新活动。其中，赴新疆喀什、海南三沙等国内 30 多个省市自治区边疆、海洋与基层，以及英国等 13 个国家，开展主题教育、社会实践和全球调查，创作了大量坚持正确导向的新闻报道和社会实践作品。获校级(不含)以上奖励 200 多项，其中标志性奖励荣誉 73 项。

(3)获媒体报道 2000 多次。师生教学、创作、实践、思政、评建和国际化成果获媒体报道 2000 多次。《人民日报》《光明日报》《中国教育报》《河南日报》《南方日报》等报纸，中央电视台、广东人民广播电台等电子媒体，人民网、新华网等网络媒体纷纷报道，各级领导多次实地考察并予以肯定。

(4)接待国内外同行经验交流 40 多批次。2012 年以来，中国传媒大学、浙江大学、复旦大学、华东师范大学、中国社会科学院、美国西北大学、墨西哥加利福尼亚国际大学、瑞典乌普萨拉大学、英国 BBC、德国媒体代表团、澳大利亚沃克新闻奖记者团、美国新闻与大众传播教育认证理事会(ACEJMC)等 40 多个单位 240 多人次来访，就新闻人才培养模式进行了深度交流。

(何志武)

13.6 中国新闻学与传播学教学改革创新项目

13.6.1 整体概述

2018年11月17日，中国高等教育学会新闻学与传播学专业委员会第八届理事会第一次全体会议暨“智媒时代的新闻教育创新学术论坛”在暨南大学举行，此次会议对10项“中国新闻学与传播学教学改革创新项目”进行了表彰，具体情况见表13-6所示。

中国新闻学与传播学教学改革创新项目由中国高等教育学会新闻学与传播学专业委员会和教育部高等学校新闻学学科教学指导委员会联合设置。从2010年开始，每两年评选一次，每次表彰10个项目。参选的项目需要在教学模式、课程体系、教学方法、实验教学等方面有所改革创新，并有三年以上连续实践、取得研究成果并获得实际收效。该奖项的设置旨在推进中国新闻传播教育的创新与改革，进一步提高教学质量，优化教学成果，培养高质量的新闻传播人才。

表13-6 **2018年新闻学与传播学教学改革创新项目**

学校	项目名称	启动时间	主持人	教学团队
广东财经大学人文与传播学院	毕业实习I(校内仿真综合实习)	2005年	马持节	莫继严 陈 迹 邹蔚苓 张明羽 李 镓
广西大学新闻传播学院	创设优秀实验育人环境 培养全媒化新闻传播人才	2014年	刘 洪	唐 兴 程 华 覃 哲 吴雪华 丁 骋 汪 磊 陈东霞 江 宇
湖南理工学院新闻传播学院	基于数字营销传播的广告学专业“课程群+工作坊”课程体系的构建与实践	2014年	罗洪程	王文锋 柳 溪 刘姿均 杨 珊 李 明 邱文中
湖南师范大学新闻与传播学院	以“两翼四肱”落实“一体双翼”——湖南师范大学新闻学实验班人才培养模式研究与实践	2015年	肖燕雄	吴果中 王文利 燕道成
暨南大学新闻与传播学院	延安井冈山校外协作基地马克思主义新闻观主题教育活动	2015年	张晋升	林如鹏 支庭荣 杨先顺 姚淑兰 林爱珺 陈伟军 王玉玮

续表

学校	项目名称	启动时间	主持人	教学团队
清华大学新闻与传播学院	新闻与传播国际化教学改革与创新项目	2007 年	杭　敏	陈昌凤　胡　钰　史安斌　周庆安　卢　嘉
天津师范大学、天津工业大学、天津外国语大学、天津体育学院、南开大学等	天津市高校新闻学教育资源共享机制探索研究	2012 年	刘卫东	荣　荣　李秀云　刘运峰　王　熙　李　鹏　马兰州
武汉大学新闻与传播学院	新闻传播类大学生校外实践教育基地建设研究	2008 年	周茂君	强月新　冉　华　叶晓华　洪杰文
浙江工业大学	媒介融合和部校共建背景下卓越新闻传播人才教学模式的改革与实践	2014 年	王哲平	邵　鹏　周　琼　彭远方　吕月米
中国传媒大学播音主持艺术学院	书生意气 知行合一——关于全国政协重点提案的辩与论公开课	2015 年	鲁景超	郑维林　李洪岩　丁龙江　张路斯　宋晓阳　李凤辉　熊征宇　张　鹂　康　健　徐　力　杨蔚蔚　赵　琳

13.6.2　具体介绍

1. 广东财经大学人文与传播学院："毕业实习 I(校内仿真综合实习)"

广东财经大学新闻传播类专业(新闻学、编辑出版学)的毕业实习，依托学校"经济与管理实验教学中心"(国家级实验教学示范中心、国家级虚拟仿真实验教学中心)，分设"毕业实习 I(校内仿真实习)"和"毕业实习 II(校外基地实习)"两门课，与"学年论文""毕业论文""珠三角社会调查""财大新闻频道综合实训"等课程一并列入专业教学计划"综合应用模块"规范实施，两门实习课程有机衔接，形成了新闻传播类专业毕业实习教学体系。其中，"毕业实习 I(校内仿真实习)"最具专业本色和学校特色，教学成效显著。

"毕业实习 I(校内仿真实习)"课程，全面融入学校"经济与管理实验教学中心"实验教学全流程，力求通过优质平台资源，推进专业实验实践教学模式的改革与创新，继而在全新的教育理念引领下、全新的实验实践教学软硬平台支持下，全新的跨学科、跨专业教学模式改革方案实施中，推进复合型、应用型、创新型新闻传播人才培养，提升育人质量。

该课程由具备新闻传播学科背景的学院院长牵头负责，由新闻传播系主任负责组织教学团队实施教学，现有稳定的团队成员 6 人，有规范的国家级教材《企业仿真综合运作》，有规范的课程教学规划或实验进程方案。

该课程的教学，旨在中心搭建的经济管理类专业虚拟仿真实验教学环境中，构建虚拟“新闻中心”“传媒集团”“出版集团”“广告公司”等媒介机构，以虚拟仿真的经济运行主体(企业)的经济行为为对象，开展全媒体内容生产、新闻报道、资讯服务、品牌传播、舆情观测和危机应对等专业活动。媒介机构中的成员按照当下媒介机构实体运作规律，设置各层级的专业岗位，并按照岗位要求在同批次参加中心实习教学的各专业学生中选聘。中心为各虚拟主体(政府机构、企业、媒介机构、法务咨询等)配以货币资本等条件，并模拟设置 3~5 年的国际经济环境，在企业进入运营状态时，虚拟的政府机构、媒介机构等同时进入各自工作流程。在长达 30 天的虚拟仿真实习教学中，新闻传播类专业分组成立的各类虚拟媒介机构，以全媒体手段在各自专业领域执行着各自的业务。

“毕业实习 I(校内仿真实习)”课程教学已有相关规范文档如下：

(1)《广财传媒集团虚拟仿真综合实践指导方案》。实践目的与要求：通过构建实践平台模拟新闻媒体运作的仿真环境，让学生运用已经掌握的新闻传播相关知识，直接参与新闻中心的运作和经营流程，模拟新闻媒体内部的经营决策、操作新闻业务，让学生全方位体验和实践新闻中心的管理理念和工作流程，检验学生的知识框架的掌握和综合能力的运用，提高学生的动手能力、解决实际问题的能力、沟通能力和协调能力，使学生积累间接的工作经验，为毕业后的实际工作打下坚实的基础。

(2)实践内容：了解新闻媒体内部经营运作模式与工作流程；组建新闻媒体；组织、策划新闻报道；开展新闻采访、摄影、写作、制作、发布、经营等业务；为企业提供媒介策划与媒介购买服务；宣传与舆论监督。

(3)实践项目：全媒体内容生产、全介质信息传播、全方位媒资经营。

(4)实践流程：虚拟媒介机构全媒体、全流程、全岗位虚拟仿真综合实习运作流程；虚拟媒介机构新闻传播业务虚拟仿真综合运作流程。

(5)实践成果：全媒体新闻传播系列作品(文字、图片、音频、视频)；虚拟媒介机构(报、刊、台、网、微、端)综合经营实习报告。

(6)实践考核：包括考核指标与评价方法，具体分为平时成绩考核项目与评分标准、实验成绩考核项目与评分标准、期末成绩考核项目与评分标准。

新闻传播专业毕业生在仿真实践机构需要模拟经营三年，为了使各个机构经营进度保持一致，需要实习指导部控制仿真实习运行进度，控制实际时间与虚拟时间的一致性。

2. 广西大学新闻传播学院：创设优秀实验育人环境　培养全媒化新闻传播人才

该项目启动于 2014 年。当年，广西壮族自治区党委宣传部与广西大学签约共建新闻传播学院，建起了 2.3 万平方米的新闻学院大楼，筹集 3000 多万建设了 10 个新闻传播专业基础教学实验室和实训中心。

(1)打造与主流媒体接轨的实验教学硬环境。2009 年，学院成立自治区级传媒实验教学示范中心，建设内容涵盖了当前媒介融合时代全媒体采编的几乎所有领域，供学生学习、实验用电脑共计 150 多台，多媒体实验室座位 130 多个，每百名学生拥有教学计算机 20.8 台，配多媒体教室和语音室座位 18 个。各种实验设备及实验环境在国内新闻院校处于领先地位，各实验室参考自治区主流媒体的采编标准建设，某些设备场所甚至优于自治区主流媒体。

学院积极引进业界资源，与其开展协同育人的工作，开辟了校媒合作、校企合作两大类校内实践基地，为学生提供了与业界实践高度关联的空间环境。

①校媒合作——锻造学生新闻采编的核心能力。2016 年，与人民网建立广西首个“校”“媒”共建新媒体实验室——“广西新媒体实验室”，由学院提供场地和基本硬件设施，人民网负责新媒体实验技术、平台支持和新媒体应用开发。由人民网员工与学院教师共同指导，学生负责人民网“中央厨房”、舆情监测、“两微一端”、微电商 4 个产品项目的日常运营。截至目前，学院学生共为人民网写作新闻稿件近千篇。依托舆情实验室，学生编写并提交上级宣传部门舆情报告 150 份。

从 2010 年起，参与广西东盟博览会的稿件采写。每年中国—东盟博览会举办期间，学生团队为其出版《东盟快报》。从 2017 年开始，学院与广西东盟博览局合作，《东盟快报》编辑部直接设在学院。博览会期间，每期印刷出版报纸 3000 份。

另外，广西大学广电中心也设在新闻学院大楼之内，每周录制两期时长为 20 分钟的“校园新闻”，共录制了 787 期节目。

学院创办了《新传媒》报纸、学院网站、官方微信、官方微博等。

②校企合作——培养学生创新经营看家本领。2016 年 6 月，学院与南宁市 6 家广告设立公司签订合约，在学院设立“创客摇篮”校内协同育人实践基地。在基地内，由学院提供场地，广告公司出资，按广告公司装修风格建成两个实验室，分别命名为“老鹰巢”“小鹰巢”。“老鹰巢”用于接待广告客户及创意讨论，广告公司轮流派出专业人员驻

点。“小鹰巢”为学生进行广告创作与制作场所。广告公司接单之后，与学生一道开展广告业务。

(2)营造“守正出新、求真传美”的实验教学软环境。除了硬环境的建设外，学院很重视“软环境”的建设：

①寄语师生——树守正出新的治学环境。2017年年底，学校聘请国内著名新闻学者、博士生导师郑保卫教授担任新闻传播学院院长，他在上任之初，就分别向教师和学生提出了“志高、心静、学深、业精”和“厚学、重习、铸魂、励志”的寄语。随后，学院又拟定了“守正出新、求真传美”的院训。

②“马新观”教育——营造成风化人的思想环境。近年来，学院把马克思主义新闻观作为必修课和看家本领，通过“课堂教学、活动引领、新闻实践”，让马克思主义新闻观入脑入心、成风化人。

第一，课程全程化：马克思主义新闻观教学四年不断线。对不同年级的学生实行递进式的教育机制，每个学年都有重点地开设有关马新观的课程或讲座，让马克思主义新闻观教育贯穿学生学习的全过程。第二，活动学分化：持续开展“开放式读书教学活动”。从2014年起，学院开展了“开放式读书活动”，将该活动作为必修课列入各专业教学计划，每学期0.5分。第三，实践全员化：践行马克思主义新闻观。大一安排认识实习，增强专业认同；大二安排共建专项实习，到共建媒体实习增强专业直观感受；大三安排校内专业实习，熟悉新闻业务；大四安排毕业实习，提升专业技能。

③以生为本——建科学人本的管理环境。为了配合“五有”新闻领军人才的培养目标，学院制定了一系列管理机制，以促进学生的个性化成长与全面发展。

第一，“以专立身，以通结群”，帮助学生个性成长。学院将“以专立身，以通结群”作为学生个人成长的目标，实行“2+2”大类招生制度，并在大一引导学生做好四年学习规划，旨在帮助其既拥有广博的人文素养、全面技能和协同合作的素质，又拥有术业专攻，可安身立命的专门业务能力。第二，实验实训开放制度。建立了较为开放且较为完备的实验室及校内实践基地管理制度，各实验室在完成教学任务之余向学生开放，并且实行“以赛促教”的机制，学生参加各种专业赛事的获奖率大幅提高。第三，以兴趣为核心的社会实践机制。在新版的教学计划中，设立了“社会实践”项目并配备了学分，在社会实践过程中，将实践内容分成社会调查、深度报道、新媒体传播、广告策划等多个门类，学生根据个人兴趣结成团队，在指导教师的带领下统一到边境、少数民族地区开展暑期实践。

3. 湖南理工学院新闻传播学院：基于数字营销传播的广告学专业“课程群+工作坊”课程体系的构建与实践

(1)项目建设进程：

2014 年 3 月，学院启动新版专业人才培养方案的修订工作，聘请多家省内外企事业单位的专业人员进行多次论证，全面优化了新版专业培养方案，更加贴近业界需求。

2015 年 3 月，建成创意传播工作坊，在广告学专业中招募 23 名学生试点新版人才培养方案，试行“课程群+工作坊”专业课程体系与人才培养方式。

2016 年 3 月，在全专业推广“课程群+工作坊”专业课程体系与人才培养方式，正式形成基于数字营销传播的广告学专业“课程群+工作坊”课程体系，全面纳入 2016 版专业人才培养方案。

2016 年 5 月，围绕“课程群+工作坊”课程体系组织形成教学团队，每个课程群由 6 名专业教师和 3~5 名业界兼任教师构成。

2016 年 10 月，基于数字营销传播的广告学专业“课程群+工作坊”课程体系中的所有课程质量标准制定、编辑完成，成为专业教学的纲领性文件。

2016 年，改革后的广告学专业课程获校级精品研讨课程 1 门，校级优秀网络课程 1 门，校级教师微课大赛一等奖 1 门、三等奖 1 门。

(2)课程体系建构与运行。在课程体系重构上，突破传统广告学的界限，将广告与艺术、技术、实践结合，走多学科交叉的培养路径(跨文学、艺术学、管理学与工学)，将多个学科的专业课程纳入人才培养体系；流程化管理广告信息内容获取、信息内容集成、信息内容监控、信息内容分发等资讯生产与传播全过程，形成了学科基础课体系、专业基础课程体系、专业素养课程体系、专业前置技能课程体系、专业“课程群+工作坊”课程体系和专业实践教学体系。

学院立足大广告的视角，围绕广告作品五大元素构成(文本、图片、视频、动画、互动)，从广告作品的品牌策划(内容)，到广告作品的视听传达(表现)，再到广告作品的全媒体营销传播(媒介)，按照广告产业链的环节，形成三个“课程群+工作坊”融入式课程群，即视听传达、品牌策划、全媒体传播三个课程群，每个课程群对应一个工作坊。三个“课程群+工作坊”分别在三个不同学期进行(见表 13-7)。

表 13-7　　广告学专业“课程群+工作坊”课程一览表

课程群+工作坊名称	主要课程
视听传达	摄影、电脑图文设计、音视频采集与制作、平面广告设计、影视广告设计、互动广告设计、动画广告设计
品牌策划	广告策划、广告创意、广告文案写作、公共关系学、CIS 设计、广告效果研究
全媒体传播	网页制作与网站建设、网络营销、社会化媒体运营、媒体分发、全媒体传播、电子商务

每个课程群的所有任课教师组成课程群组，成为一个项目组，实行项目管理体制。课程群理论部分以专题讲座形式进行，实训则分组进行，课内实训由任课老师组织完成，综合实训课程群所有教师全部参与实训指导，综合实训时间必须保证在 6 周以上。每个课程群由一个主持人统领，一个群组集中在一个学期内完成。以核心课程群为重点，带动该专业网络课程、特色教材、课程标准、教学资源建设，以校内工作坊为依托，推动校内校外实训一体化、产学研一体化、创新培训与创业孵化一体化。

品牌策划课程群的课程设定“发端业界，着重应用”。基于近年对广告行业就业状况调查，结合本校专业人才培养实际，将本专业应用型人才培养的核心能力设定在品牌策划领域，其六门课程的确立基于广告行业工作开展的三个阶段：行业前端为广告策划（规划部分）；行业重心为广告产业运营，课程体现为 CIS 设计（理念部分）、公共关系学（规划部分）；行业落点为广告接触管理与广告作品设计，课程体现为 CIS 设计（表现部分）、广告策划（实施部分）、公共关系学（实施部分）、广告创意、广告文案写作、广告效果研究。该课程群基于全媒体传播平台的品牌策划实训，使学生能够深入掌握品牌策划关键流程，提升品牌策划综合思维及实践素养，培养学生在整合营销传播和媒介背景下有效实施广告策划、创意、制作、发布的能力。

视觉传达课程群由摄影、电脑图文设计、音视频采集与制作、平面广告设计、影视广告设计、动画广告设计、互动广告设计等课程组成，涵盖了融合媒体背景下广告视听传达业务的关键知识单元。其实务性很强，实践部分从理论课中剥离出来形成了视听传达工作坊。该课程群在教学体系上将理论专题和实验实训项目进行全面整合，以达到培养学生采集与制作视听广告的综合实践创新能力的目的。

全媒体传播课程群由网页制作与网站建设、网络营销、社会化媒体运营、媒体分发、全媒体传播、电子商务 6 门课程组成，旨在打破实践教学中不同媒体业务间的壁垒，将专业理论知识构建和专业能力培养进行融会贯通。该课程群根据媒介融合时代对广告从业人才的需求，将理论专题和实验实训项目进行全面整合，以专业基础实验能力、专业综合实验能力和实践创新能力为层次，循序渐进，以培养学生通过全媒体传播平台进行内容生产、传播分发及运营推广的综合实践创新能力。

4. 湖南师范大学新闻与传播学院：以“两翼四肱”落实“一体双翼”——湖南师范大学新闻学实验班人才培养模式研究与实践

新闻学实验班的创办是以部校共建为契机，积极推进人才培养模式改革，培养具有坚定马克思主义新闻观的新闻传播人才的有力举措。该实验班的专业方向名称是新闻学专业融媒体新闻学方向。

(1)办班原因和目的。新闻学实验班开办的外因是部校共建新闻与传播学院，教育厅对新闻学专业综合改革的支持，以及传媒界对于新闻传播人才的普遍不满意现状和新闻学毕业生上手快后劲不足的现实通病；内因是新闻传播专业不同于其他本科专业的特殊性质。新闻传播学专业特殊，是以外在技能、技巧、形式为主要学习对象的专业，其涉及内容非常广泛。于是，探索新闻传播学专业人才如何学习和储备多学科知识的内容成为一个恒常的话题。

新闻学实验班的办班目的就是要尝试解决媒介融合环境里多专业整合培养与实际应用中发挥一己所长的关系问题，解决新闻传播实践过程中分析与处理新闻事件的知识视野问题。新闻学实验班尝试以专业整合和媒介融合的思维，统领新闻学、广播电视学、网络与新媒体三个专业，探索按照专业大类进行培养的人才培养模式，使其成为“一专多能”的新闻传播高级人才，并逐步将实验班的教学理念和方案辐射到普通班，探索在新闻学、广播电视学、网络与新媒体三个专业中实行大类招生、大类培养的人才培养模式。

(2)人才培养模式改革。新闻学实验班的人才培养模式概括说来就是：“两翼四肱坐实一体双翼”模式，即，一个“一体双翼”外化为两个“一翼双肱”。

“一体双翼”中的“一体”是：新闻传播能力为“体”；“双翼”分别是：知识为一“翼”，实践为另一“翼”。即，能力的培养需要知识和实践的带动。

“一翼双肱”之一是：“知识”为“翼”，“多学科综合知识”为一“肱”，“政治、经济、社会学三学科知识选一”为另一“肱”。

“一翼双肱”之二是：“实践”为“翼”，“全媒体业务综合实践”为一“肱”，“调查报道、新闻评论、可视化新闻三业务实践方向选一”为另一“肱”。

实验班具体以两种途径来落实“一体双翼”模式：一是实行学科平台和业务方向双导师制，二是以提出问题、解决问题和全程实战的教学方式发挥学生的主体作用。

具体操作路径是：①实行学科平台导师、业务深化导师双导师责任制。即，依托三个特定学科，依靠出身于相关学科背景的平台导师加强学生的指导性阅读，初步形成知识体系和思想；从新闻评论、调查报道、可视化新闻三个专业方向深化学生的专业技能，以业务导师制度落实分类培养的任务。②减少、合并纯知识的内容，课程内容从纯粹的知识讲授演变为知识学习、技能学习和经验分享相结合的内容。将业务课程的一般性知识外的技能性内容以进阶型课程的形式作出特别安排。将实践教学从人才培养的末端环节提升到贯穿人才培养的全过程。③加强英语教学的应用功能和学术功能。在第一学年通过了大学英语六级考试的学生，第二学年的大学英语课程改为英语原典阅读及英语读书报告写作。④大胆探索教学方法和考核方式的改革，教学方法从以讲授为主，优化为以讨论、研习、点评案例为主。如，专业基础课引进翻转课堂、MOOC、研讨式教学等教学方法，业务实践课课程以作坊式教学为主，教师以伴随式和渗入式方式介入学生的动手环节；课程考试、考核将改变传统的一次考试定成绩、以背诵讲义打天下的做法，尝试以论文、面试与口试、实践作品、案例分析、研究心得、诊断报告等多种形式检查学生的学习效果。

(3)人才培养方案设计。大学一年级：以学科平台教育为主。每个学生在三个学科平台中选择一个平台的课程进行学习(一年级基本上不安排新闻传播专业课)。学生在学科导师指导下阅读学科平台内的20本著作，写读书报告，研讨、交流，以形成比较完备的学科知识结构。学习方法有：教师授课、自主阅读、辅导答疑、系列讲座、别院旁听等。

大学二年级：阅读文、史、哲、经、法、社、政、艺等学科学术名著20本。

大学二、三年级：学习12门专业知识课程、8门专业技能普通课程以及3门专业技能深化课程。专业知识课程主要采用研讨式教学方法，专业技能普通课程主要采用伴随式教学方法，专业技能深化课程主要采用作坊式教学方法。

大学四年级：①做毕业论文。毕业论文形式可以是学术论文、调查报道、深度报道、系列言论、舆情分析等。②完成全媒体业务综合实践。学生根据指定材料或事件能够采制报刊新闻、广播电视新闻、新媒体新闻等多种形式的新闻作品。

大一至大四年级：全程进行专业见习、实习、项目调研或专业竞赛。大学四年里，校内媒体全程见习；专业实习安排在四年级第一学期；项目调研或专业竞赛要在大四见成效，并最终获得4个学分。

这种“‘两翼四肱’落实‘一体双翼’”模式的实施，有赖于负责任的、多学科背景的师资的储备，也有赖于爱学习的、文化基础很好的学生的配合。

5. 暨南大学新闻与传播学院：延安井冈山校外协作基地马克思主义新闻观主题教育活动

(1)项目概况。项目自 2014 年起策划并组织了“马克思主义新闻观实践培养”探索，2015 年正式与全国青少年井冈山传统革命教育基地、延安干部培训学院签订实习基地协议，2018 年又新增 1 个主题教育实习基地——林州市红旗渠文化教育培训中心。2015 年至今，学院每年组织选拔 40 余名优秀学生前往延安，70 余名前往井冈山，分别进行为期一周以上的课程培训、情景教学和实践调研活动。2018 年，学院组织 40 名师生首赴林州红旗渠文化教育培训中心进行理论学习和课题调研。

项目以立德树人理念为指导，已成为学院系统性培养马克思主义新闻人才的重要依托。通过开展情景教学，现场开设“近现代新闻史”“马克思主义新闻观”等短期课程，重点培养学生的理想和信念，使学生在项目基地的学习和社会调查中坚定了信念，增长调研了才干。2015—2018 年，项目已在延安、井冈山共开展 8 期，每年投入资金 50 万，师生参与共计 500 余人次，课题调研 55 个，累计形成 55 份调研报告，合计 100 万余字，形成微视频 28 部，各级媒体报道 120 余次，获得国家及省级各类奖励表彰 20 余次。

(2)项目组织：

①指导思想。项目以马克思主义新闻观为指导，以习近平新闻思想为方向，结合高水平大学建设的重要战略布局和学院新闻人才培养的目标，制订了详细的培养方案，形成了良性的学习循环，探索并完善了多维结合，多维互动，多维受益的人才培养实践模式。

②项目实施。项目由暨南大学新闻与传播学院历任及现任领导组成工作小组，包括林如鹏、支庭荣、杨先顺、张晋升、姚淑兰等统筹安排，精心组织。工作小组多次召开专项会议，部署工作，并在前期多次前往培训基地进行考察，解决了课题适用性差、落地难，调研地对接难等问题，提出“以育人为目标，突出学生的实践主体地位；强调学生自主性，科学选题、择优组队；加强机制创新，注重将组织建设、社会实践和专业教学相结合”的要求，每年投入 50 万的专项资金用于活动开展。

③授课专家学者。项目自 2015 年正式启动以来，已在延安、井冈山开展共 8 期，红旗渠开展 1 期，聘请了学院专任教师和井冈山革命教育基地、延安干部培训学院、红旗渠文化教育培训中心等相关单位的专家围绕马克思主义新闻观进行讲学。

(3)项目特色与创新点：

①注重顶层设计，明确课程目标。项目以立德树人理念为指导，紧紧围绕“马克思

主义新闻观”的主题，采用专题讲座、现场情景教学及互动式体验教育相结合的方式培养学生的理想和信念，还设置红色文化考察和深入调研两个环节来增长学生的调研才干。

②突破传统教学模式，探索新颖教学方法。项目由全院学生跨专业、跨年级自由组队，根据时政、民生热点选题，提供完整可行的立项申报书，成立专家指导团队；依据“按需设项、据项组团、双向受益”的原则，进行探讨、筛选与审核，择优立项。充分利用大学生暑期阶段，“走出去”将小课堂扩展到大社会，把书本知识延伸到社会实际，通过理论学习、亲身体验、团队调研等方式，让学生学以致用。

③课程体系完善，理论实践紧密结合。项目主要依托全国青少年井冈山传统革命教育基地、延安干部培训学院两大教育基地，结合学科特色和当地资源，经过深入探索，形成了一套完善的课程体系，既包括理论学习，也有现场教学，还有体验互动。

④严格考核标准，提升科研水平。项目规定了严格的考核标准，在每期课程之后，立项团队要在指导教师带领下，利用暑期时间，分析数据，深度挖掘，不断完善课程作业，形成调研报告。新学期初，项目组会聘请专家教授组成评审小组，现场听取立项团队汇报并提出修改意见，立项团队在达到专家的要求后，才正式通过考核。

⑤易于推广实施，影响力广泛。项目以马克思主义新闻观为主题，结合学院学科特色，创新人才培养模式，取得了丰硕的成果。成果转化率高、效果突出，得到各级媒体的广泛关注，中央电视台、人民网、《中国青年报》等媒体纷纷对活动进行报道。

6. 清华大学新闻与传播学院：新闻与传播国际化教学改革与创新项目

(1)项目内容及主要解决的教学问题。近年来，中国经济的飞速发展带动了国家综合实力和国际地位的不断提升。然而与之相比，我国媒体的国际影响力以及在国际舆论场中的话语权却仍然薄弱。如何提高我们的国际传播能力，培养具有国际素养的新闻与传播专业性人才，成为我们在新闻传播教育中所面临的重要问题。

清华大学新闻与传播学院成立以来，引进了一批具有国际背景的新闻传播学界与业界人才。2006 年秋季开始，学院设立了“英语采编”方向的硕士项目；2007 年秋季，学院成立了中国内地(大陆)第一个新闻传播全英文硕士项目“全球财经新闻”；2009 年学院设立了为国家培养专业外宣人才的国际新闻专业。以此为契机，学院开展了一系列新闻传播国际化、专业化全英文教育教学改革探索。

在这一系列国际化教学改革探索中，面对和解决的主要问题包括：

①教学特色定位与核心竞争力方面：如何定位我们的新闻传播国际化教学特色，打造我们在新闻教育中的国际竞争力？

②新媒体素养与跨学科知识建构方面：如何合理地设计课程体系，提升学生媒介融合情境下的国际传播素养，使被培养者成为掌握全媒体技术与跨学科知识的全方位新闻人才？

③中外融通与全英文专业化教育规范方面：如何将全英文国际化教育与学院的其他课程设计充分融合，使中外学生充分沟通协作，形成新闻传播全英文专业化教育的领先规范与模式，打造真正国际一流的新闻与传播学院？

从 2007 年以来，学院针对以上三个方面的问题进行了一系列教学改革与探索，积极引入国际教育资源与业界专家资源，形成了以“财经新闻”教育为专业核心、以“全媒体素养”培养为教学特点、以“中外融通、国际一流”为发展方向的新闻传播全英文特色国际化教学模式。

(2)成果解决教学问题的方法：

①形成专业化的教学特色定位与核心竞争力。在培养新闻与传播国际人才的探索中，学院将建设与发展全英文特色国际化与专业化教学课程作为实施重点，那么，如何定位特色教学方向呢？为此，学院进行了认真的调研与分析：首先，中国经济的快速崛起与发展吸引了全世界的关注，市场急需既了解中国社会与经济发展，又接受过新闻传播专业培训的高素质人才，以理性、客观与专业的态度向世界传播中国经济发展的全方位信息；其次，财经报道与经济信息传播是新闻传播领域中快速发展的核心领域，专业人才匮乏；再者，中国新闻教育的国际化需要寻找一个合适的入口，以专业性与前沿性的议题吸引中外学生关注，使中国成为受到国际学生欢迎以及国际社会认可的学习新闻与传播专业知识的前沿阵地。

基于以上考虑，学院在国际化教学中，将财经新闻教育设为全英文国际化教学的专业特色。从 2007 年开始，设立了中国内地(大陆)第一个全英文财经新闻硕士项目“全球财经新闻项目”。由于教学定位明确，专业特色显著，项目从一开始就吸引了大批中外学生。至今为止，这一英文特色项目已招收了来自美、英、德等 50 多个国家的 150 多名国际学生，培养出一批财经新闻专业人才，活跃于国际财经报道与传播领域的主流阵地，形成了我们在国际化教学与人才培养中的核心竞争力。

②新媒体素养与跨学科知识建构。如何合理地设计课程体系，提升学生媒介融合情境下的国际传播素养是教学改革探索中所面对的第二个核心问题。这需要培养学生具有跨学科的媒体技术应用能力，也需要及时了解国际新闻报道发展的最新趋势，不断更新课程设计，迅速追踪市场动态，掌握多媒体报道的新技术。为此，学院邀请了国内外业界专家与学院教师团队合作，开发了一系列全英文新媒体报道课程、系列讲座与实践工作坊。

例如：从2009年开始，学院就追踪国外数据新闻发展的新趋势，开设了“Data Mining and Analysis”的创新课程，利用彭博数据终端实验室，提供数据挖掘与分析方面的专业教育，这是国内开设的第一个新闻数据分析英文课程。

③设计中外融通协作的教育模式，建设新闻传播全英文专业教育规范。如何实现真正的中外融通是教学改革过程中面对的第三个核心问题。为此，学院进行了“中外学生融合”以及“中外教师协作”的教学组织设计。全英文教学的学生构成中既包括国际学生也包括中国学生。在教学团队设计中，由学院中国教师与外聘国际教师共同协作，组成中外教学课组，合作开设了“财经新闻英文专业”及“国际传播专业”等系列课程。在教学中，中外教师不断沟通，互相借鉴，出版完成了“财经新闻系列教材”和“数据新闻操作手册”等系列专业教材与成果。

到目前为止，学院在本科、硕士层面上开设了33门英语(双语)专业课程，设置了12门全英文讲授的专业英语课程，内容涵盖财经新闻、国际传播等各个领域。学院还专门为本科生每学期开设阶梯式英语课程，使本科四年英语训练不断线，形成完整的全英文教学体系，极大地提升了学生的英文专业报道水平与国际传播能力。

7. 天津师范大学、天津工业大学、天津外国语大学、南开大学、天津体育学院：天津市高校新闻学教育资源共享机制探索研究

(1)项目开展情况与成果简介。该项目成果集中探讨天津市高校新闻学资源优化配置与共享的现状与问题。在对全市五所高校新闻学专业进行全面调查的基础上，分别从新闻学教育资源配置与共享制度建设、优秀课程资源配置与共享方案、新闻学专业教学实验设备资源配置与共享、新闻传播学学术档案资源共享和新闻学专业优秀教师资源共享机制等方面进行了深入的探索与研究。在上述成果条件成熟时，加以实施。

课题项目组成员包括天津师范大学、天津工业大学、天津体育学院、天津外国语大学等4所地方高校，以及天津师范大学津沽学院(独立学院)和南开大学等高校20余位一线教学与科研人员，历时4年时间，在广泛调查研究的基础上，各研究人员通力合作，共同完成了5篇调研报告，发表10篇新闻传播教学改革论文。该课题研究项目采取“教改研究与教改实践”同步进行的创新思路，在研究中试行，在试行与实践中探索总结经验，取得了教育教学改革的良好效果。

新闻教育文化资源中蕴含着丰富的社会价值，这些价值包括人才资源价值、信息资源价值、设备与技术资源价值等。新闻教育文化资源的优化配置与否，直接关系到教育教学质量、教育教学水平的提高，对推动新闻教育教学健康发展具有决定性作用。

(2)成果主要内容：

①调研综合报告。综合报告与分报告合计 88890 字，除总报告外，另外 5 个部分分别是“天津市高校新闻学教育资源共享制度与模式研究”“天津市高校新闻学优秀课程资源共享研究”“天津市高校新闻学实验教学资源共享方案研究”“天津市高校新闻专业学术资源共享方案研究”和“天津市新闻学专业优秀教师资源共享机制研究”。

该报告立足《国家中长期教育改革和发展规划纲要(2010—2020 年)》的高度与视角，全面审视和梳理了国内外教育资源共享机制与模式，对天津市新闻学专业优秀课程、精品课程建设与共享、实验教学资源共享、优秀教师资源共享以及学术资源建设与共享等丰富内容进行了较为详尽的分析研究，提出了构建天津市高校新闻学教育资源共享制度和模式的原则、评估计划、制度执行与反馈调整机制、管理与监控机制等理论与实践问题。对天津市高校新闻学专业教育资源共享工作中可能遇到的问题、工作难点、推进策略、经验总结与示范推广等，做了详尽的分析。

②教改研究论文。在上述研究过程中，课题组成员及相关学校老师先后发表了 10 篇新闻学教学改革论文。

③教材初稿。项目组成员及其所属高校教师已经完成《新闻传播学原理》教材初稿编写工作，已交出版社审阅待出版。

④建立六所高校院系合作机制。以该项目研究为契机，由天津师范大学、南开大学、天津工业大学、天津外国语大学、天津师范大学津沽学院和天津体育学院等高校共同签署了《天津市高校新闻传播教育资源共享协议书》，并从 2014 年开始实施，已经取得了良好效果。

(3)特色及创新点：

第一，该项目采取“教改研究与教改实践”同步进行的创新思路，“在研究中试行，在试行与实践中探索”并总结经验，在条件成熟时加以实施。

第二，该项目涉及 5 所高校 6 个院系研究人员，密切配合，协同创新，各高校新闻学专业资源的调查整理工作有一定难度，需要多方紧密配合，最终形成若干合作协议，并在 5 所院系教育教学中开始应用，收到了良好效果。这不仅是此项研究的难点和重点，同时也是该项目研究的另一特色和创新。

第三，项目部分成果已开始在教学中加以实施。如共同编写马克思主义新闻思想教材，申报天津市新闻传播学教学研究创新团队，等等。

8. 武汉大学新闻与传播学院：新闻传播类大学生校外实践教育基地建设研究

校外实践教育基地对新闻传播学科各专业的重要性毋庸置疑，它担负着对在校本科生三个层面检验的重任：一是对在校本科生课堂专业学习的检验，二是对其所学知识实际应用的检验，三是对其适应社会的综合素质与能力的全面检验。大学生校外实践教育基地是在校本科生实现由学校到社会跨越，实现由准新闻人、准传媒人到新闻人、传媒人蜕变的关键。

武汉大学新闻与传播学院秉承“大实践观”的人才培养理念，从2004年开始，通过与主流报刊社、广播电台、电视台、门户网站和著名的广告代理公司签署正式协议的方式，共建30多家稳固的大学生校外实践教育基地，建立了校外实践教育基地管理制度，在大学生校外实践教育基地建设上做了一些有益的探索。

(1)学校与新闻传播业界共建高规格、全方位、多层次、零距离的校外实践教育基地。学院在全国较早由学校或学院出面，与北京、上海、武汉、长沙、广州和深圳六地的主流报刊社、广播电台、电视台、门户网站和著名的广告代理公司签署正式协议，共建稳固的“高规格”校外实践教学基地，统一与有组织地进行校外实践教育。截至2016年3月，学院已与中央人民广播电台、中央电视台、新华社、人民日报社、经济日报社、中国青年报社、环球日报社、环球人物杂志社、新京报社、中国企业家杂志社、腾讯、新浪、网易、搜狐、搜房网、凤凰网、大楚网、南方报业传媒集团、广东广播电视总台、广州日报报业集团、羊城晚报报业集团、深圳特区报报业集团、深圳广电集团、湖南电广传媒集团、湖北日报传媒集团、湖北长江广电集团、长江日报报业集团、武汉广播电视台、广东省广告公司等30多家国家级、省级媒体、门户网站和著名的广告代理公司签订了正式的实践教育合作协议。2013年5月，武汉大学—湖北日报传媒集团新闻传播学类文科实践教育基地被教育部批准为部属高校国家大学生校外实践教育基地(经费200万元)，同年该基地又被批准为湖北省文科第一家高校省级示范实习实训基地(经费100万元)。学院每年根据教学计划和校外实践教育教学大纲的要求，派遣在校本科生到这些校外实践教育基地参加专业实践教育活动，后者则根据企业岗位实际情况和实践教育内容，安排学生上岗，并指派相关人员给予全程指导。

(2)形成学校与校外实践教育基地的联动机制。武汉大学—湖北日报传媒集团新闻传播学类文科实践教育基地设立了由学校和报业集团分管领导组成的基地管理委员会，委员会下设文科实践教育基地办公室。该办公室由学院和湖北日报传媒集团总编办组成，负责实践教育基地的日常运行与管理，具体事务与协调工作由学院实践教学指导小组负责。这样，在基地的运行与管理上，学校与校外实践教育基地管理层、人事部门和具体业务部门形成多层次联动机制，确保了基地各项工作的顺利进行。

(3)基地倾力搭建“双师”互动平台和深度参与学校人才培养。学院与新闻传播业界在共建基地的过程中，搭建起“双师”互动平台。一方面学校专任教师与基地指导教师在交往过程中拉近了距离，密切了关系，互相取长补短；另一方面通过“请进来、走出去”的办法，经常邀请业界精英到学院与专任教师和在校学生面对面，畅谈业界前沿和从业甘苦。这样，从基地平台走出的互动“双师”能更好地服务和指导学生校外实践教育活动。具体来说，每年春季(2—6 月份)、暑期(7—8 月份)，基地将接纳一定数量的在校本科生(以武汉大学新闻传播各专业为主)进行校外实践教育；其实践教育的内容包括编辑岗，记者岗，广告经管岗、广告创意策划岗、网站编辑岗、网页制作岗等。

(4)用制度约束、规范管理对校外实践教学进行全程控制与跟踪。在校外实践教育基地的建设过程中，学院十分重视用制度约束和规范管理，对校外实践教学进行全程控制与跟踪，先后发布《新闻与传播学院实践教学指导小组工作条例》《新闻与传播学院实践教学指导小组工作职责》《新闻与传播学院专业实习纪律规定》《关于做好各年级专业实习总结工作的通知》《新闻与传播学院专业实习总结、成绩评定及表彰》《新闻与传播学院专业实习成绩评定办法》等文件，处处体现制度与规范意识。

(5)以高峰论坛、基地建设座谈会实现学院与业界的深度互动、沟通，聚焦基地建设。为了推动校外实践教育基地建设，学院分别在 2008 年、2012 年和 2015 年成功举办了三届“实践教学与新闻传播人才培养创新”高峰论坛。从 2009 年开始，学院实践教学指导小组多次在北京、武汉、长沙、广州召开基地建设座谈会，实现了学院与业界的深度互动、沟通，聚焦基地建设，真正将“共建”落到实处。

9. 浙江工业大学：媒介融合和部校共建背景下卓越新闻传播人才教学模式的改革与实践

(1)成果简介及主要解决的教学问题。基于媒介融合和部校共建的现实要求，浙江工业大学新闻传播学专业依托杭州市委宣传部与浙江工业大学部校共建新闻传播学科的战略合作协议，以及浙江工业大学“卓越新闻人才培养的创新与实践”人才培养模式改革项目，以创新模式为载体，以提高能力为重点，以符合专业认证标准为导向，着力培养学生的社会责任感、创新精神、实践能力和国际视野，以提升新闻传播专业学生的首岗胜任能力和职业发展潜力。为此，需要在如下方面发力，寻找教学改革的方向：

①向教改要出路。一是明确培养目标。培养“有思想的新闻人，负责任的媒体人”，其行为活动能体现工具价值与理性价值、职业角色与社会角色的内在统一。二是制定人才标准。学院着重提升全媒体新闻信息采集、整合、策划处理实务能力和创造性解决媒介行业实际问题能力。三是优化学分配置。科学设定本科专业的总学分要求，合理配置必修课与选修课、理论课与实践课之间的学分比例。四是强化实践创新。充分整合、挖掘和利用传媒基地及实践类课程资源，尽可能多地设置多类型、多层次、交叉型的技能训练和实践项目。

②向课程要质量。以需求、结构、内容、条件、实施等要素考察课程质量。一是需求，即课程的期望值和有益程度。二是结构，即课程之间的组合关系。三是内容，即课程指向的知识和技能。四是条件，即实施课程所需要的支持要素。五是实施，即师生角色的投入状态。

③向学科要支撑。学科与专业的关联性和支撑度直接影响专业建设的质量，强化学科和科研对专业教育的支撑和引领是高校新闻传播学科建设的重要使命：一是方向引领；二是科研反哺；三是平台聚合。

④向社会要资源。时下，新闻传播教育急需的社会资源主要包括：智力资源、课程资源、实训资源。

(2)成果解决教学问题的方法：

①在立德树人的价值塑造中突出马克思主义新闻观的统领。2016 年暑假期间，人文学院新闻传播学科的全体在岗教师参加了为期 5 天的全省高校马克思主义新闻观研讨班学习；学院还选派老师参加复旦大学新闻学院举办的“马克思主义新闻观教育”培训。从 2016 年秋季学期开始，增设“马克思主义新闻思想”专业基础课程，并纳入正式的人才培养教学计划。广播电视新闻系教师集体撰写的教材《马克思主义新闻思想》获校教务处立项资助。

②在专业课程体系的锻造中贯穿学科渗透和媒介融合的先进理念。着重围绕以下三个方面的内容考虑：一是全媒体时代的专业新闻产制与传播研究。二是 Web. X. 0 环境下的公民新闻研究。三是媒介融合与区域性传媒集团改革研究。

③在学生专业技能的培养中凸显媒介融合的基本要求。在“融合新闻生产”的课堂讲授中，要求学生作为一线记者须是全能型记者。每天既要进行例行的采访工作，根据采访所得资料给网站写专栏文章，给电视台发去最新报道，甚至编制一个相应的电视节目，还要给第二天出版的报纸写篇新闻稿。

④在教材/专著的撰写中充实媒介融合的相关内容。学院相继出版了《媒介融合语境下的新闻生产》《媒介记忆理论——人类一切记忆研究的核心与纽带》《IT 时代隐私观念与隐私权保护研究》《新媒体与社会舆情》等专著、教材。在保证相关课程教材基本框架的规范性、科学性前提下，尽可能地充实媒介融合的前沿理论成果。

⑤在实验平台的构筑中营建媒介融合的基础环境。创建了满足学生科研和实践创新的“学生视觉创新工作坊”(Workshop)；以培养具有媒介融合理念的创新型人才为宗旨，整合各专业的资源，成立了新闻采编工作室、微电影创意空间、“点空间”创意工作室、纪录片工作室、人文日新社、蓝青文学、“梦工场”话剧社；组建现代音视频实验室、信息传播综合实验室、学生视觉创新工作站系统、影视创意实验室等实验室 11 个。

(3)成果的创新点：

①双向互聘开启了校媒合作的“旋转门”，充分发挥了受聘人员优势，推动了课程设置的优化和实践教学能力的强化，由此学生的实习空间和活动半径与纵深进一步扩大。

②媒体融合进课堂开始从“姿态性融合”转向实质性融合。在对学生进行全能型记者训练的实验课程中，要求学生必须学会完成文字与影音新闻，并且完成信息图标与相关新闻链接等。同时，还要求学生学会进行融合各种媒介进行多媒体报道，根据不同媒介的特性制作新闻。

③在纪录片创作、融合新闻生产、注意力经济研究取得了一批有特色的创新成果。萧寒执导的纪录片《喜马拉雅天梯》《我在故宫修文物》《一百年太久了》或进入全国院线放映，或在央视纪录片频道播出，成为“现象级”影片；学生暑期创作的纪录片获中国高校影视学会优秀奖。

10. 中国传媒大学：书生意气　知行合一——关于全国政协重点提案的辩与论公开课

(1)项目背景。中国传媒大学播音主持艺术学院是全国培养广播电视播音员、主持人的高等学府，播音员、主持人是新闻传播过程中的重要环节，需要过硬的业务本领，还需要可靠的思想政治意识。因此，响应并贯彻落实习近平总书记系列重要讲话精神，立足全媒体时代发展的新形势，培养富有社会责任感、接地气、有担当、有情怀的“顶天立地”的新闻传播人才，使学生成为政策主张的传播者、时代风云的记录者、社会进步的推动者、公平正义的守望者便成为学院教学改革创新的挑战。

在此背景下，学院教学团队积极探索符合学院专业特点的思想政治教育与专业教学相融合的新型教学模式。

(2)项目设计。新闻传播工作要求工作者既能理解政府方针和社会形势，又能熟悉基层的工作境况和生活情形，并能通过细致的思考，将大的方针和形势与具体的境况、情形相结合，发挥沟通桥梁的作用。为使学生更加深入地了解党和国家的政策与国情，了解校园外社会的真实面貌和环境，提升学生思辨水平，作为全国政协委员、提案委委员的鲁景超院长提出，可以将全国政协的一些重点提案或议题作为切入口，将全国政协提案与最具活力的未来媒体人联结起来，以打通青年学子参政议政的渠道；同时结合提案内容，推动学生下基层调研，通过实地观察和体验，培养接地气、有担当的新闻人才。

除学提案、下基层外，课程还加入了提案相关指定书目的课后阅读，提案相关提案人、学者、业界权威的外请讲座以及通过讨论、辩论、互动式提问对学习成果进行公开展示等环节，突破教室的局限，同广阔的校园外社会接轨，使教学内容更加丰富、形式更加多样。

(3)聚焦主题，大胆创新，成功完成第一届“辩与论公开课”。2015年7月，全国政协就“农村土地确权登记和相关法律问题与对策”召开专门座谈会。鲁景超院长敏锐地抓住时机，将“农村土地确权”重大政策主题纳入课程改革，作为学提案、下基层、读书目、听讲座、做展示等环节围绕的中心。

在随后的3个多月里，学院近百名参与课程的学生在十多名教师指导下，组建了“辩论训练营”，围绕“农村土地确权”进行了深入的学习和探讨。其间，学生阅读了大量指定的、与农村土地确权相关的专业书籍和文献资料，先后听取了全国政协、农业部、国土资源部和教育部有关领导和专业人士开设的十多场专题讲座，分成6个调研小组分赴黑龙江阿城，河北平泉、唐山，以及北京昌平、大兴和通州等地农村进行实地调研，深入了解农村土地问题。

经过周密的前期准备，2015年12月8日，在第一届“书生意气聚焦三农——关于‘农村土地确权与流转’全国政协重点提案的辩与论公开课”上，首批参加课程的学生对学习调研成果进行了生动呈现。时任全国政协提案委员会副主任王国卿，全国政协文史和学习委员会办公室主任刘晓冰，中央统战部无党派人士、党委知识分子工作局局长王永庆，农业部经济体制与经营管理司司长张红宇，国土资源部耕地保护司司长刘国洪以及中广联、中央人民广播电台、中国教育电视台、北京人民广播电台的领导到现场观摩学生们的展示，并给予高度评价。

(4)总结经验，打造品牌，继续举办第二届、第三届“辩与论公开课”。2016年，“精准扶贫”成为第二届课程的主题。课程期间，同学们阅读了大量相关经济学著述和相关文献；全国政协、国务院扶贫办、中国扶贫基金会的相关领导、业界导师为同学们授课；10月底，由鲁景超院长和郑维林书记带队，参与课程的同学被分成四组分别前往云南大理州漾濞县，河北张家口市万全区、崇礼区和沽源县等地进行调研。2016年12月8日，学生们带着之前学习、调研的成果参加了第二届“书生意气 知行合一——关于全国政协重点议题‘精准扶贫’的辩与论公开课”的公开呈现。

2017年，课程仍将关注点集中在农村。第三届课程以全国政协重点提案“古村落保护”为主题。在阅读了农村文化建设及古建筑保护等相关著述和文献后，学生被分为6组，分赴湖南、云南、贵州、山东、山西、北京等地的古村落进行实地调研。在此过程中，学生们将农村的土地、经济、文化等问题融汇起来，对当代中国农村的现状有了更为深刻的认识。2017年12月9日，第三届“书生意气 知行合一——全国政协重点提案的辩与论公开课”围绕古村落保护进行了学习调研成果的公开呈现。

在课程改革的三年中，学院携手中央部委、学校、地方政府等多部门，持续紧扣“农村”主题，将学生思想政治素养和业务素养的教育效果最大化。在此过程中，课堂上的专业教学被置于校园外大社会的环境中，思想政治教育贯穿其间，学生既开始关注政府重大决策，又对农村基层生活有所体验，更使专业水平有所提升。政府、农村、学校携手开辟了当代大学生思想政治教育与专业教育相融合的新模式。

（何志武　庄德莹）

13.7 “电通·创新人才训练营”开展情况

日本电通公司自 1996 年起便与中国教育部共同实施在中国广告教育与人才培养领域的活动。在“大众创业、万众创新”背景下，为提高我国高校广告传媒专业的创新能力和人才培养质量，教育部与日本电通公司于 2015 年开始举办“电通·创新人才训练营”。训练营每年举办一届，旨在通过对广告创意领域的前沿理论与实际案例的集中讲解与实践，拓展学生视野、提升专业技能、激发创新意识，全面提升我国广告传媒领域创新人才培养能力。本节简要梳理“电通·创新人才训练营”的开展情况，并着重介绍 2018 年第四届训练营的开展情况。

13.7.1 往届训练营开展情况

“电通·创新人才训练营”自 2015 年首次举办以来，已成功举办四届，分别由中国传媒大学、上海外国语大学、深圳大学、安徽大学和同济大学承办。

首届“电通·创新人才训练营”于 2015 年 7 月 18 日至 20 日在中国传媒大学举行，此届训练营由日本电通公司选派的授课讲师和中国 10 所高校的师生组成，采取 72 小时制强化培训的方式，通过授课、小组演练与小组展示三个环节，最终评选出优胜奖和创新奖。

第二届“电通·创新人才训练营” 于 2016 年 10 月 13 日至 16 日在苏州举行，此次电通创新人才训练营共有 72 位的高校师生参与，训练营为各高校广告学子带来了全新的设计与商业视角。

2017 年的第三届训练营在前两届的基础上进一步扩大范围、深化内容，扩展为企划阶段和实践阶段两大部分。2017 年 4 月 6—7 日在深圳大学传播学院正式启动的第一阶段教师训练营是以培训班的形式进行，旨在使参加活动的指导教师深刻理解何为创新、如何培养与指导创新型广告创意人才，并能更好地指导本年度参加电通创新人才训练营的学生队伍，参训对象为国内 40 多所高校年轻教师。于 2017 年 9 月 26—28 日在苏州举行的第二阶段由日本电通公司选派的授课讲师和在 40 多所高校中通过企划案选拔出的中国 8 所高校的师生组成，采取 72 小时制强化培训的方式，通过授课、小组演练与小组展示三个环节，最终评选出优胜奖和创新奖。

13.7.2　2018 年训练营开展情况

日本电通公司在中国开展的广告教育相关活动，一直在不断改革创新，“创新人才训练营”也不例外。2018 年的“第四届电通 · 创新人才训练营”改变了 2017 年按时间先后的第一阶段和第二阶段的模式，而是分成平行的第一期和第二期分别开展。2018 年度的活动由教育部国际合作与交流司、日本电通公司主办，国家留学基金委共同主办。

1. 第一期训练营

“第四届电通 · 创新人才训练营”第一期于 2018 年 7 月 16 日—2018 年 7 月 20 日在苏州举行，由安徽大学和苏州独墅湖科教创新区管理委员会承办。有 19 所大学的 147 名师生参加，这 19 所大学分别是中国传媒大学、复旦大学、华中科技大学、厦门大学、北方工业大学、广州大学、广州美术学院、湖南师范大学、华南理工大学、上海大学、上海外国语大学、深圳大学、四川外国语大学、西北大学、浙江传媒学院、中国美术学院、中南民族大学、中央民族大学、安徽大学，分 A 组和 B 组两个小组分别参加了训练营活动。

在“第四届电通创新人才训练营”中，电通公司森口哲平老师领衔的电通 XDS 团队成员坂本雄祐、松浦夏树、樋口裕二、段希子为中国大学生讲授“分解”“结合”“逆转”“任性国王”等具体的创意方法，结合趣味性的教学道具，将创意方法转化为互动游戏，引导同学们完成从体验设计到商业创新的训练，通过“封闭式强化训练”和“限时创新设计比稿”，最终中央民族大学代表队以“箱信 Box Believe”作品获得 A 组最佳创新奖，湖南师范大学代表队以“Easy Eating”作品获得 B 组“最佳创新奖”。

2. 第二期训练营

“第四届电通 · 创新人才训练营”第二期于 2018 年 9 月 17—21 日在苏州举行，由同济大学和苏州独墅湖科教创新区管理委员会联合承办。来自同济大学、清华大学、华东理工大学、中山大学、北京工业大学、中国人民大学、中国政法大学、西交利物浦大学、浙江工业大学、东北大学、黑龙江大学、北京工商大学、苏州大学、上海师范大学、东北师范大学、四川大学、华东师范大学共 17 所大学的代表队参加，分 C 组和 D 组两组分别参加了训练营。

在讲授环节，XDS 团队成员森口哲平、松浦夏树、坂本雄祐、岩下智、樋口裕二、阿部友纪、工藤尚弥通过 PIE(由庄家设定关键词，多位玩家参与推理，把对象进行要素分解)、HEX(不同要素重新组合激发新的创意)、Plos Minus(从反向进行考虑，培养逆向思维的能力)、Tyrant(打破常规可能会产生新的创意)等有趣的互动游戏，结合趣味性的教学道具，让每一个人都能成为创意工厂。次日，讲师们与参加训练营的各高校学生分别进行了两次以上的讨论与交流，帮助同学们深化和成熟了创新方案。经展示环节的比拼，最终清华大学和中山大学分别获得 C 组和 D 组的“最佳创新奖”。

3. 电通专家的评语

森口等 XDS 团队成员表示，作为 XDS 团队给中国的大学生授课是从六年前开始的。四年前开始举办了我们的培训营，第一届在北京。在给学生们做辅导的过程中，发现中国的大学生们都很积极地提问，非常热情。中国的学生都很有自己的主见，会对对方的意见刨根问底，提出很多的“为什么”，去了解对方的想法。中国的孩子们都很可爱，有什么事都会找老师去问。与日本的学生不太一样的是，中国的学生都非常尊敬老师，老师像是一种绝对的、权威的存在。中国的学生都很认真很优秀，但感觉中国的学生会过于认真地思考一些社会问题，如果能够更多地去追求一些有趣的东西，或许能做到更开放、更自由，获得一些新的突破。

据森口介绍，在日本他们并没有以学生为对象举办这样的创新营，是完全为中国学生创造的创新营。这次带来的一些创新相关的书籍，也是特地翻译成中文在中国出版的，在日本并没有出版。几年前他们在深圳大学做客座教授时，有一个团队拿出了一个不错的创意，甚至已经超出了他们的授课范围。他们在深圳期间与这个学生团队一起不断地打磨他们的创意，提高他们的精度，最后形成了一个很好的策划。在坂本老师的安排之下，将这支团队介绍给了佳能中国的副总经理，在佳能中国的副总经理面前做展示，并得到了很高的评价。四年前在北京举办第一届创新营的时候，当时获得优秀奖的是北京工商大学做的“无人机雨伞”，那个团队也是非常优秀和积极，不断地完善自己的策划。他们团队的成员每个人都有自己的专长，在团队中各司其职、各尽所能，就像 XDS 团队一样。

2018 年是《中日和平友好条约》缔结 40 周年。值此重要时刻，在苏州迎来第四届第二期电通创新人才训练营。电通在日本国内外积极开展体现企业的社会责任的各种公益活动，而与中国教育部的这一合作项目，是最具代表性、成效最大、意义最深、参与人数最多的一项活动。这次活动对中日两国广告教育界、传播教育界和设计教育界的创新人才培养起到了显著的推动作用。

（赵新利）

第 14 章　新闻传播教育改革前沿

14.1　华中科技大学新闻与信息传播学院的改革探索

华中科技大学新闻传播学科创建于 1983 年，是该校的第一个人文社科专业，是我国内地(大陆)理工类院校中第一个新闻传播学专业，也是最早的 6 个一级学科博士学位授予权单位之一。该学科在教育部前三轮学科评估中均位居前列，在第四轮学科评估中与复旦大学新闻传播学科并列第三，居所有参评单位前 5%。学院已形成了完整的新闻传播类高级人才培养链，拥有 5 个本科专业、6 个硕士专业、5 个博士专业和新闻传播学一级学科博士后流动站。该学科秉承“文工交叉，应用见长”的发展思路，坚守“多元包容、推陈出新”的治学理念，努力建设成为世界一流的新闻传播学科。

近年来，该学科致力于在学科建设、人才培养、队伍建设、科学研究、社会服务等方面改革创新，推出了一些新的举措，取得了一定的成绩。

14.1.1　学科建设的改革探索

在传统上，该学科有两个战略性学科方向：新闻传播史论和新媒体。在该学科于 20 世纪 80 年代初创办之时，即将新闻传播史论作为战略方向。该方向下的教学和研究工作，主要包括马克思主义新闻观与思想体系、新闻基础理论、中外新闻史、传播思想史、传播理论、新闻传播学研究方法等领域；在建制上则包括新闻学系和新闻学专业(含新闻评论方向)、广播电视学系和广播电视学专业(另有播音与主持艺术专业)、新闻评论研究中心、马克思主义新闻观教研平台。

新媒体方向于 20 世纪 90 年代中期开始成为战略性学科方向，该方向的教学和研究包括：信息传播新技术、新媒体内容生产与文化、新媒体管理、广播电视与数字媒体、新媒体广告与品牌传播等领域；在建制上包括传播科技教研室、电子出版研究所、传播学系、广播电视与新媒体研究院、媒介技术与传播发展研究中心(湖北省重点文科基地)、华彩新媒体联合实验室、智能媒体与传播科学研究中心等。

近年来，依托于品牌传播研究所、广告学系、广播电视学系、公共传播研究所、国家传播战略研究院、中国故事创意传播研究中心等平台，该学科在政治传播、新闻事业改革与现代传播体系建设、对外传播与公共外交、国家公共关系、国家传播战略、中国特色网络文化建设等诸领域进行探索，陆续获批系列国家课题，发表了系列高水平论文，出版了系列学术专著，对人才培养起到积极作用，促进了学院的社会服务工作，提升了学科的影响力。在此基础上，学院重新凝练了一个新的战略性学科方向：战略传播。

该学科在此方向的创新举措，主要有以下两个方面。其一，围绕重大重点现实课题开展规划。近些年来，伴随着媒体生态格局的快速演变、社会转型的加速、国际化进程的深入，特别是中国越来越走近世界舞台中央，国家层面传播与文化战略议题的重要性日益凸显。基于此背景，学院积极规划，引导老师们针对相关重要现实课题进行申报。近些年来，先后获批国家社科重大、重点和国家自然科学面上项目 10 多项，比如“互联网管理与中国特色网络文化建设”“跨文化传播中的中国国家形象建构研究”“讲好中国故事与提升中国国际话语权和文化软实力研究”“应对突发事件舆论引导系统构建”“构建和发展现代传播电视传播体系研究”“中国国家形象建构中自主品牌传播困境与对策研究”“老龄化的风险议题、媒介话语转型与‘积极老龄化’社会建设研究”“移动社交网络中政府形象传播机理及治理研究”等。此外，还有国家社科一般、青年、后期和教育部社科基金 20 多项。宏观层面的统筹、引导和规划起到了积极效果。

其二，推进平台建设和队伍建设。考虑到不少教师在从事国家层面的传播战略研究，2013 年，学院积极推进国家“2011 协同创新中心”申报。当年 10 月初，由华中科技大学(具体由学院负责)牵头，中国人民大学、复旦大学、国家外文局、解放军南京政治学院、湖北广播电视台、湖北日报传媒集团参与的“国家传播战略协同创新中心”正式挂牌成立。中心成立后，从事了大量研究工作；根据实际工作的需要，于 2018 年 1 月更名为“国家传播战略研究院”。2015 年 11 月，华中科技大学(具体由学院负责)与湖北睛彩视讯科技有限公司成立“华彩新媒体联合实验室”，聚焦新媒体产业，探索新媒体创新和实践，推进新媒体产业升级与繁荣。2018 年，学院牵头成立“中国故事创意传播研究中心”，并在 2019 年 4 月与中国外文局达成战略合作，以推进中国文化“走出去”，提升中国文化软实力。围绕这些平台，学院组织了精干的研究队伍，他们在实际的研究工作中得到了锻炼和成长。

14.1.2　队伍建设的改革探索

学科发展的根本因素是人的因素，因此，队伍建设是学科建设的重中之重。该学科一直以面向未来的前瞻性，在控制规模、确保精英化发展的前提下，持续注重从学界和业界引进优秀人才，加强对青年人才的培养，尤其注重在新闻业与传播业转型变革的背景下，对人才队伍结构进行调整和优化。

第一，引进优秀人才。学院主要负责人定期碰头，专门研讨优秀人才引进问题。该学科注重加强对两种人才的引进，其一是在学界已取得一定成绩、拥有较大发展潜力的中青年学者，他们的加盟能在一定程度上激活现有生态，增强队伍的活力。近几年来，相继引进了唐海江、张明新等教授，他们在加盟后，在教学科研等方面都做出了有目共睹的成绩。其二是业界的优秀人才。学院一贯重视引进业界优秀人才，学院的前身新闻学系的创系系主任汪新源教授，即从《湖北日报》理论部主任任上引进而来。此后，学院引进了大量来自业界的精英，他们在教学科研岗位上都取得了不凡的成绩，如程世寿教授、赵振宇教授、石长顺教授等。近年来，学院从业界引进了王溥教授等人，优化、充实了学科队伍。

第二，加强青年人才培养。学院注重对年轻教师的培养，为他们的成长提供机会。在年轻教师引进后首聘期的第一个聘期，对其教学课时量不做要求，给他们足够的时间去适应新的岗位，但在年终分配上，给他们按照同职称级别的平均额度发放，以确保其收入所得。在博士生导师和硕士生导师遴选上，学院也注重给能力突出的年轻教师发展空间。对于年轻的副教授，在博士生数量富余的前提下，每一两年遴选 1~2 位年轻副教授为博导；对于年轻的讲师，只要其拥有博士学位，拥有学院规定的学术成果，则遴选其为硕导。

第三，注重优化队伍结构。2017 年以前，学院教师的规模一直不大，保持在 35 人左右。但随着学院学生规模的扩大，专业类型的增多，以及课程体系的创新改革，势必要进一步优化师资队伍。近年来，学院持续引进各年龄段的学界业界人才。2017—2018 年引进 6 人，2019—2021 年，拟每年引进 5 人，最终将师资规模扩充到 55 人左右。在引进过程中，看重应聘者的学术训练和专业背景，特别注意引进社会学、政治学、心理学、管理学、信息科学、医学等领域的人才，以提高师资队伍的多元化程度，提升活力。

14.1.3　人才培养的改革探索

该学科秉承“严谨、求实、厚学、拓新”的学风，致力于培养既有扎实人文社科功底、又掌握现代化传播技能的复合型现代新闻与信息传播人才。各层次的专业人才培养都体现了综合素质与专业水平、理论功底与业务技能、实践精神与创新思维的均衡发展。近几年来，该学科在本科生和研究生培养中，分别进行了一系列改革，取得了显著效果。

1. 本科生课程体系重构

当前，学科交叉和媒介融合是大趋势，是新闻业与传播业发展的时代语境。在新闻传播高等教育中，从媒介类型的角度来划分专业，明显已不再适宜。基于这种理念，学院在近些年的人才培养中，强调融通思维，不断弱化媒介形态的界限，以帮助学生优化知识结构。学院的做法是将学科交叉融合的理念贯彻落实在人才培养计划的课程设置上，形成以"通识课程组群+专业课程模块"为核心的、相对稳定的课程体系。

通识课程组群包括学校教务处统一设计的大通识平台课程群，以及学院层面设立的小通识平台课程群。其中，大通识平台课程群主要包括：哲学导论、社会学概论、经济学原理、法学导论、政治学原理、中国古代文学等人文社科课程，还包括微积分、计算机基础、VB 语言程序设计等技术类课程；另有 6 学分的自然科学类选修课程。通识课的开设，目的在于培养学生广博的基础知识，开阔其视野，提升其思维深度。

小通识平台课程群是学院各专业共享的必修课+专业互通选修课。目前，学院拥有新闻学、广播电视学、传播学、广告学、播音与主持艺术五个专业，其中，新闻学专业还拥有新闻评论特色方向。在必修课方面，除播音与主持艺术外，其他各专业的概论课都进入小平台，算上本学科的基础课，构成小平台必修课程群。其中的课程主要包括新闻学理论、广播电视概论、广告学概论、传播学理论、中外新闻史、新闻采访与写作、传播研究方法、媒介管理、传媒伦理与法制等。这些是四个专业的学生都必须学习的课程，旨在帮助学生构建基础性的专业知识框架。在专业互通选修课方面，为打破各专业界限，突破知识和技术藩篱，四个专业分别选出几门核心课程进入小通识平台，供院内各专业学生互选。

专业课程模块是学院五个专业的核心方向课。由于知识要求不同，每个专业方向的课程各异。在具有共性的课程体系之上，各专业的特色方向课程模块建构的是各专业之间的个性差异。

2. 研究生培养改革创新

近年来，该学科亦注重在研究生培养方面的改革创新，主要体现在招生方面。首先是学术型硕士招生改革。从 2014 年起，该学科四个学术型硕士专业（新闻学、传播学、广播电视与数字媒体、广告与媒介经济）的招生方式，全部改为保送，不再实行以考试的方式招录。

其次，博士研究生的招生改革。从 2016 年起，该学科五个博士专业（新闻学、传播学、广播电视与数字媒体、广告与媒介经济、公共关系）的招生，全部改为“申请考核制”方式。此前学院的博士生招生，全都采用“笔试→面试”方式。实行申请考核制后，各博士专业招生的具体流程是：申请人提出申请并寄送材料→学院组织专家组审核材料遴选面试者→面试者来学校参加笔试和面试→择优录取。相对于传统的笔试→面试的招生方式，申请考核制更加注重申请人的综合能力，尤其是未来从事科学研究的潜力，使得招收到的学生更能适合本学科的博士生培养要求。同时，由于有专家组的集体把关和招考程序的公开公正，能确保招生过程的科学性和规范性。

再次，非全日制的新闻与传播专业硕士招生培养。从 2018 年起，该学科开始招收新闻与传播专业的非全日制硕士研究生。由于该学科一直注重提升研究生的培养质量，故在 2018 年首次招收新闻与传播专业非全日制研究生时，报考人数就非常多，最终录取了 94 名学生。此前，该学科的新闻与传播专业硕士生（全日制）招生，一直保持在约 25 人的规模。从 2018 年起，该专业的全日制和非全日制学生的规模增长到 110 人左右。

14. 1. 4　文化建设的改革探索

一直以来，该学科注重文化建设，致力于构筑良好的文化氛围，提升师生的专业认同和团队精神，确保队伍的稳定与可持续发展。学院的第一任院长吴廷俊教授曾经说：“我以为，养成良好风气，这既是我们学院的发展之魂，也是我们学院的特色。”第二任院长张昆教授也讲：学院文化是学科建设的重要抓手，要把环境和氛围的改善提升到战略高度，从弘扬历史传统、丰富精神文化、引领学习风尚、提升行为文明等角度来建设学院文化。

在我国的新闻传播学界，学院是学院文化建设的首倡者和践行者。在 36 年的发展进程中，该学科形成了敢为人先、勇于革新、勤于耕耘、乐于奉献的文化底色，构建了积极向上、风清气正、健康和谐、生动活泼的文化氛围，建设了以学院史稿（注：指申凡教授所著《华中科技大学新闻传播教育史稿》，2013 年）、文化长廊、院训、院徽、院歌、院名石等为依托的文化载体。2018 年，值该学科创建 35 周年之际，学院以学术立院为宗旨，举行了一系列学术纪念活动。同时，以在职的和曾在学院工作过的 50 多位教师的回忆录为基础，在张昆教授的主持下，编辑出版了《三十五年回眸：喻家山下的新闻传播教育情缘》，这是近来该学科文化建设的最新成果。

继续传承和努力营造推进学院可持续发展的文化生态，是学院工作的重中之重。

2018 年 4 月，现任院长张明新教授在上任就职演说中，即明确表示，今后要将文化建设纳入学院工作的战略高度：“深入挖掘学院的历史传统、加快完善制度体系、进一步丰富文化载体、继续改善办学条件、不断提高教师待遇，建设有温度、有情怀、有规范、有理想的学院文化生态，强化师生的专业认同和心理归属，以激励我们奋力向前、臻于至善。”

（华中科技大学新闻与信息传播学院）

14.2　上海交通大学新闻传播教育的改革举措

上海交通大学媒体与传播学院的教育理念，是在马克思主义新闻观指导下，顺应新媒体时代新闻与传播教育与产业发展趋势，在借助我校强大工科学科资源的基础上，通过文理交叉、国际化和产学研结合等措施，旨在培养有志于为新时代中国特色社会主义新闻传播事业作出卓越贡献的新闻传播人才。近年来，学院已形成了如下教育特色和办学优势：文理交叉的办学特色；手脑并重的教学模式；国际化合作办学水平；产学研协同发展道路。

以下从人才培养、教学改革、学科建设等方面来概述该院的新闻传播教育改革举措。

14.2.1　人才培养的改革举措

该院的人才培养目标，是培养具有牢固的马克思主义新闻观，具备崇高的职业精神、扎实的专业理论、文理交叉跨学科理论素养、宽广的国际化视野，以及具有一定的科学研究方法、数据分析能力和新媒体业务技能的专业人才。

1. 招生选拔

在招生方面，以硕士招生为例，该院主要采取了如下革新举措：(1)通过自主招生(含推荐免试、夏令营招生等)、全国统考、单独考试、留学生招生等选拔途径，多渠道、全方位地为学院招收优质生源。(2)推行跨国别、跨学校、跨学科的“三跨择优”招生方式。以跨国别招生为例，该学位点从 2014 年开始招收全英文留学生项目硕士生，近三年来的生源国别包括美国、英国、比利时、荷兰、克罗地亚、马来西亚、巴基斯坦、吉尔吉斯斯坦等，累计招收全英文留学硕士生 40 名，2018 年招录全英文硕士生 65

名。留学生生源素质高、国际化办学成效显著是学院的一大特色。(3)紧密结合新媒体业界实践，单独选拔媒体行业和互联网科技公司的优质一线人才。通过单考招生渠道，学院近年招录了来自科技公司、媒体行业、政府机构、事业单位等不同行业的优质业界人才。他们的学科背景多元，一线经验丰富，充分体现了学院在招生和人才选拔上的新思路。

2. 课程设置

(1)依托上海交通大学工科优势，在本/硕/博全阶段创建新媒体定位、跨学科合作的特色教学体系。在本/硕/博课程体系中均设立了新媒体史论、新媒体实践、新媒体管理三大课程模块：与上海交通大学电信学院、网络技术中心合作讲授计算传播、社交媒体、网络舆情等课程；与网络空间学院、产业研究院合作讲授新媒体时代的受众研究、传播效果等课程；与安泰学院、百视通公司合作讲授新媒体广告与整合营销、新媒体创意经济等课程；与上海交通大学未来媒体网络协同创新中心合作，发展媒体实务研讨与实践、数据新闻等课程。相较于国内其他新闻传播院校，学院还推出了部分创新性、前沿性课程，包括社交媒体研究、智能媒体与脑和学习、文化创意产业、人机传播、新媒体广告策划等，深受学生的青睐。

(2)推进全英文教学，拓宽国际化视野。2014 年 5 月开始启动新媒体研究全英文硕士项目，由全英文教学的新媒体史论、研究方法等基础理论课，与跨文化传播、品牌传播、多媒体报道等专业前沿课构成，授课教师均为“海归”，具有丰富的国际化授课经验。此外，近五年来，学院还以“东森讲坛”的形式开办了近 80 次国际化的前沿学术讲座。

(3)将课程设置与专业实践有机统一，创建了具有影响力的系列校园传媒实践平台，造就了学生具有国际影响的专业能力。该专业学生已建成大学生全媒体中心、广播台 InRadio、《兴学报》、南洋通讯社等媒体平台。原中央政治局常委李长春、原教育部副部长李卫红曾先后莅临大学生全媒体中心视察。该中心在 2016 年由教育部思政司指导、教育部中国大学生在线理事会主办的“全国高校百佳网站”评选活动中入围十佳媒体类网站。在国际舞台上，该专业 2010 级陈莺迁导演的纪录片《Waack 4 me》曾摘得 2016 年好莱坞电影节最佳学生纪录片奖和最佳文化纪录片奖。已成为凤凰卫视驻美记者的陈莺迁在 2017 年美国大选日，作为凤凰全球前线记者，在纽约直播室作全天现场报道，好评如潮。

(4)力抓优秀教材建设，初步形成特色体系。近三年来，学院共出版 18 种新闻与传播领域的教材，包括多个方向，总体呈现出以新媒体为主体、以多种传播研究为特色的教材建设特色，多次在上海市和国家获得优秀教材奖项和立项。

3. 毕业考核

在毕业设计考核上(以硕士为例)，学院建立了严格的把关制度。一是学分和中期考核管理制度，学生在前三个学期需完成34学分的课程学习，并不低于3个绩点，不存在“挂科”，之后方能进入中期考核环节，否则延期。二是期刊论文发表制度，学生在第五学期前需完成至少1篇期刊论文的发表，方能进入毕业论文答辩环节，否则延期或被淘汰。三是毕业论文三审制及一票否决制，在硕士毕业论文的开题、预答辩和终答辩三个环节，均实行会议评审、复审和终审三次把关制度，并在终审环节实行一票否决，终审不通过者需延期一年，同时缩减导师下一年度的招生指标。由于对学生的毕业考核实施了严格的把关程序，2013—2017年，学院累计授予学术型硕士学位219人，并获得1项上海市优秀硕士学位论文奖。

14.2.2 教学管理的改革举措

在对教师的教学和科研管理方面，学院从导师制度建设、课程建设和教材建设等方面实施了一系列措施，以确保教师在教书育人过程中坚守马新观、革新教学模式、产出优质教学成果。

1. 导师制度建设

针对本科生、硕士生和博士生，学院都建立了明确的学业导师制度，并制定了相应管理规则，体现在：(1)学术例会制度，导师每周接待学生学业答疑的时间不低于4小时。(2)期刊论文发表制度，每位导师指导自己的在读研究生发表论文不低于2篇，否则将影响学生毕业时间及其导师本人下一年度的招生指标。(3)毕业论文三审制及一票否决制。在全体学生毕业论文的开题、预答辩和终答辩三个环节，均实行会议评审、复审和终审三次把关制度，并在终审环节实行一票否决，以提升导师对学生指导的投入度。(4)强调职业及学术伦理规范，如出现师德师风问题，实行教授一票否决制，以促进学风和导师职业道德建设。

2. 课程建设

学院在教师的课堂建设和管理上，倡导教师以政治参与感、社会使命感来从事新媒体课程教学和科研工作，并将学术成果融入课程教学和育人过程，而不是“躲进小楼成一统”地做教学科研。一方面，重点抓教师的意识形态建设工作，注重对教师的党性原则和师德师风教育。另一方面，结合学院文工交叉的特色，在新的时代、以新的媒体形式，来弘扬社会主义核心价值观和马克思主义新闻观。

比如，学院积极派教师赴京参加“教育部第九期马克思主义理论研究和建设工程重点教材任课示范培训班”，参与“马工程教材”和课堂建设。在课堂教学中一贯秉持以社会主义核心价值观为教学理念。学校教务处近期的听课报告显示，学院的新闻传播教育“在新闻学教学中既尊重新闻规律，又注重党性、人民性”。

近 5 年来，学院已建设了 2 门“国家精品在线开放课程”、8 门“上海市精品课程”和“上海市教委重点课程”；开设了 16 门上海交通大学一类课程和“通识教育核心课程”，其中 2 门已在 Coursera 平台选课。

3. 教材建设

学院坚持以优质的教材建设来统领教师们的教书育人活动。近 5 年已出版际传播学、新闻实务与新媒体艺术等 18 本新闻与传播教材，17 次获上海市和国家获得优秀教材奖项和立项。在过去 5 年中，学院教学类获奖丰厚，包括上海市教学成果奖、宝钢教育奖、上海市教育系统“三八红旗手”、上海交通大学“校长奖”、上海交通大学“十佳教师”等各种奖励 33 项。2 名教授入选教育部长江学者讲座教授，1 名教授入选上海市东方学者，5 名教师入选上海浦江人才计划。

在教材建设经验方面，学院一贯倡导教师把对马新观的研究成果和最新的媒介业务前沿，融入本硕博贯通的教材撰写中。谢金文教授在撰写本科生教材《新闻学导论》的过程中，专程赴京参加中宣部、教育部联合组织的马克思主义新闻观培训学习，并在回沪后组织研究生共同进行马克思主义新闻观文献阅读等相关研究工作，并将马克思主义新闻观和哲学观融入最终的教材文稿中。他在其研究生教材《新闻学三维新论》的序言《关于新闻学的若干基本问题》中，也专门就马克思主义新闻观展开了评述。

14.2.3　学科建设的改革举措

在学科建设方面，学院结合中共中央构建新时代中国特色社会主义新闻教育体系的指示，经过 5 年的教学科研实践，形成了以马新观为育人理念、以新媒体为专业特色、以培养学习型/研究型/创新型特色传媒人才和国际化人才为目标的学科发展模式。在 2018 年的 QS 学科排名中，学院进入全球百强，且在近五年中稳居全国前四。在教育部第四轮学科评估中，该学科点进入全国前五。在上海软科发布的 2018 年中国最好学科排名中，该学科点进入全国前三。学院的学科建设经验有如下方面：

1. 坚守马新观主导的育人理念，打造具有大国责任感的中国传媒人才

学院一贯用马克思主义新闻观对学生进行价值观和人生观导航，注重培养学生的职业伦理和道德，重点教授学生在国际舞台上运用新媒体讲述中国故事和传播中国文化的能力。引导学生以大国责任感投身社会主义精神文明建设，大力开展在国内外有影响力的、传播中国文化、提升中国形象的新闻传播活动。

比如，由 2012 级硕士生马仁义担纲的上海交大研究生会微博平台，于 2014 年 5 月开始连续两年主办了“全球华语大学生短诗大赛”，推出了大赛的新媒体直播模式，在全球范围传播中国文化，吸引了全球包括哈佛、牛津、港大、台大等知名大学在内的 2000 多所高校近 3 万名学子参与，获奖诗歌仅在微博平台就得到 5 亿次阅读量，也受到中宣部、共青团中央等机构的高度赞赏，成为国内知名的诗歌大赛品牌。《人民日报》《新民晚报》《文汇报》等主流媒体对大赛给予了持续关注和全面报道，引发 100 多家网络媒体的大量转载。获奖作品中的 52 篇已由上海交通大学出版社结集出版。

2. 以新媒体和文工交叉为办学特色，在国内同行中拥有良好口碑

依托上海交通大学强大的工科背景以及媒体与传播学院“文”“工”结合的跨学科平台，聚焦本专业新媒体传播定位。率先搭建在国内同行中新媒体系列课程体系：新媒体史论、新媒体实践、新媒体管理三大模块，贯穿于本硕博全阶段。在学术研究层面，学院已与电信学院、网络技术中心、新媒体公司等跨界合作，探索数据新闻、网络舆情、计算传播、融媒体实务、智能媒体等前沿创新课程的特色教学计划和人才培养方向。学院教师基本以新媒体为主攻科研方向、以学科交叉为科研特色。

比如，充分发挥上海交通大学文理交叉的新媒体专业特色和优势，搭建了新媒体技术与知识传播服务平台，持续为政府以及企业、媒体及高等院校等机构提供智力支持，有效推进着政府及业界的决策与规划。学院已建立 7 个国家级/省部级研究基地，居全国前三。学科已建立起以中国传媒竞争力、舆情研究及新媒体文化产业为核心的三大智库。近五年内，智库首席专家李本乾、刘士林、胡惠林等教授提出了十余项决策咨询建议，获得国家发改委、国务院、中央政治局常委等部门的采纳，习近平、李克强、张高丽等国家领导人给予了批示。研究成果得到了国务院、文化部、国台办、教育部、国新办等部门的感谢和好评，近 10 份决策建议被刊登于全国社科规划办的《成果要报》上。

3. 依托上海，以国际化办学为学科建设的另一特色

学院 70%以上的教师具有海外学习背景，能够与时俱进地把握学科发展的国际趋势。在 SSCI 和 SCI 论文的发表上，学院在同行中也名列前茅。

4. 以学/研/创并举为育人目标和科研定位，为社会各界培养具有学习、研究和双创能力的中国新闻传播人才

在育人过程中，学院秉持教学与实践并重、学习与研究并重、跨界协同创新的培养模式。具体有如下举措：将课堂学习和学术研究进行有机整合，前者重在培养学生的基础理论知识，后者强调提升学生的实践研究技能；研创联动，共同提升学生的互联网思维能力和创新意识；建设联合实训基地，培育学生的新媒体研究和创新兴趣与能力。

（上海交通大学媒体与传播学院）

14.3　中山大学传播与设计学院关于教育改革的思考和实践①

当前，互联网已催生传媒业的深刻变革，媒介与政治、经济、社会、技术和文化之间的关系开始重构。大学的传播学院是继续为传统媒体培养职业新闻记者，还是为正在兴起的大传播业输送公共传播者？新闻教育者是将互联网当成一种强化专业精神的超越力量，还是将网络视为对原有规范性新闻教育进行结构性再造的机会？新闻院校是采取全面渗透的革新方式、以互联网为核心来改造现有的课程体系，还是采取改良姿态、在已有经典课程之外增设互联网课程？这些问题都摆在新闻传播教育者的面前。结合中外新闻传播学教育面临的挑战、机遇和变革，笔者以为，发展新闻传播学教育，探索新媒体传播人才培养的新模式、主要可以从以下三个方面入手。

14.3.1　面对新技术的挑战，通过实验教学、文理交融来创新教育模式

中山大学传播与设计学院在 2013 年院庆 10 周年时，将办学理念凝练成“人文新媒体、融创传播学”，其中的“人文新媒体”强调的就是用人文理念来引领新媒体时代的新闻传播教育，培养具有新媒体采集、编辑、设计能力的新型传播人才。回到新闻传播专业人才培养的“德”与“才”，其德在于培养探求真相的勇气、公共传播的意识和服务社会的精神，其才在于培养新媒体环境下社会洞察的水平、社会学习的能力和信息获取、

---

① 张志安．立足新闻传播，面向公共传播——关于新闻传播教育改革的思考[J]．青年记者，2015(34)：62-63，本节据此文修订而成。

判断、生成的能力。从新媒体尤其互联网营造的“网络化社会”语境看，新媒体采编和传播技能的培养，不应该只满足过去的实践教学、实训教学，而应该引入更多的实验教学。

“融创传播学”则强调了新媒体语境下传播学科人才培养的跨学科特点。新媒体采编、传播、设计人才的培养，兼具文理学科特点，需要运用包括新闻传播学、心理学、政治学、计算机、设计学等在内的多学科知识，需要学生对新媒体受众的需求、新媒体传播的规律和新媒体设计的潮流有更科学的把握。为此，注重文理交融的跨学科知识体系、强调实验教学的小班化培养模式，是当务之急。

当前，中山大学传播与设计学院正在大力发展实验教学，初步规划了“融合媒体+受众研究+交互设计”三大模块。其中，融合媒体模块建设以音频实验室、电视演播厅、纪实摄影实验室、融媒采编实验室为主，旨在培养学生立足公共服务、采集公共信息、实现公共传播、建立公共对话的能力；受众研究模块以大数据传播实验室、受众行为和心理实验室为支撑，旨在培养学生运用社会调查法、实验法、大数据挖掘等方法科学把握新媒体用户行为规律的能力；交互设计模块以视频编辑室、媒体交互设计中心为核心，旨在培养学生坚持批判思维、提高审美品位、追求交互创新、实现视觉表达的能力。

14.3.2 面对新的传媒格局，立足新闻传播业、服务公共传播业来培养人才

立足新闻传播业、服务公共传播业来培养人才是必由之路。过去，传统新闻院校主要面向报社、电台、电视台、杂志社、新闻网站等专业媒体培养职业化的新闻传播人才；而今天，传统媒体自身面临生存危机、转型压力，对新闻职业人才的需求大量锐减。与此同时，伴随着自媒体、企业微博、政务微信等机构媒体的兴起，专业化生产和社会化生产的协同构建了新的传播生态。在新的传播生态中，传播主体日益多元化，可以是个人、媒体，也可以是政府、企业；传播权力去中心化，专业媒体所掌握的话语权和影响力正在衰落，受众的话语权得到极大的提升；传播模式涌现新的特点，传播者和接受者之间的“互动”和“对话”成为新的生产机制和特征。

从这个角度看，对新闻教育而言，与其把目标只瞄准“好记者”，不如更加注重“好公民”的培养，培养出具有较高信息素养和传播能力的“好公民”，其中一部分人才再增加专业实践、自然就会成为专业的“好记者”。恰如北京大学胡泳教授最近在一篇访谈中所说：“新闻教育最大的问题是原来它服务的这市场是十分直接的，就是服务于新闻行业……新闻教育面对最大的问题是怎么将单纯地为新闻行业服务转向为社会服务。”

“事实上来说，核心不在于传统媒体还是新媒体……学生在大学最主要的目标应是学习如何学习知识及获取知识的能力。”①

笔者曾在一篇论文中提出，新闻传播教育要实现从新闻传播向公共传播的范式转型，主要基于三个层面来进行探讨②：一是从学科建制化和教育“拼贴化”的角度看，有必要运用传播学的学科体系来重构新闻学的理论、研究及教学；二是从面向行业而培养和面向社会培养的角度看，面向社会培养公共传播人才，而非只是面向机构培养职业新闻人才，这是未来新闻传播教育改革的重要转向；三是从规范性理论和经验性理论的角度看，以传播学的“经验性理论”来改造新闻学的“规范性理论”可以成为教育改革的良好契机。

“立足新闻传播业”强调的是对事实、信息、真相的不变追求，以及对公开、透明、服务的精神坚守。“服务公共传播业”倡导不再囿于为专业媒体培养人才，而鼓励为正在兴起的、更加广泛的、多元主体的公共传播业培养人才。变化的是人才培养所面向的行业边界和社会需求，不变的是人才培养中的公共服务精神。

近年来，中山大学传播与设计学院立足媒介融合和传媒变革的新环境，面向社会和行业对新闻传播人才的新需求，立足公共传播人才培养模式的探索和创新进行了一系列富有成效的教学改革，逐步形成了媒介融合环境下公共传播人才培养模式，这项成果还获得了广东省教学改革优秀一等奖。

在教学理念上，该院立足新闻传播、面向公共传播，把人才培养的目标从主流媒体需要的新闻专业人才，拓展到政府、企业、社会组织等多元主体需要的公共传播人才。此外，该院从专业设置、课程体系、教学方式上积极探索，通过一系列教改机制和措施取得了丰富成果，包括：专业缩减过程中更加突出厚基础、宽口径的特色，培养方案中注重通识课程群、融合新闻课程群、新媒体交互设计课程群、应用传播和视觉传播课程群建设，在“实验、实训、实践”教学过程中注重文理交叉型实验室的建设和特色实践平台的打造。

比较可贵的是，该院在本科人才培养过程中能突出人文精神的培养，体现社会主流价值观、公共服务理念和新媒体传播技术特色，强调对新媒体传播技术、融合传播实践能力和人文社会科学知识的强化，同时在改革探索中形成了开放协同的教学特色、业界

---

① 康思嘉，高涛，杜肖，胡泳．胡泳：做最坏的打算，做最好的努力．来源：微信公众号名．胡泳(beingdigital)，时间：2015 年 7 月 6 日。

② 张志安．从新闻传播到公共传播：关于新闻传播教育范式转型的思考[J]．暨南学报(哲学社会科学版)，2016(3)：77-84.

和学界相结合的培养机制、新媒体公共传播教学所需的软硬件支撑条件。

14.3.3　面对改革正进入纵深期的时代语境，帮助学生建立历史感、理解复杂性、激发责任感

在传统新闻教育中，塑造核心价值观、激发社会责任感的主要途径是经典教育和榜样教育。经典教育，即阅读和讲授马克思主义新闻观，通过阅读重要文献、解读经典思想，帮助学生建立责任感和大局观，把新闻传播事业定位为服务于党和国家、服务于经济发展、服务于社会进步的“新闻宣传工作者”；榜样教育，即通过阅读中外著名新闻工作者的经典作品、了解其职业生涯和生命轨迹，从而在偶像学习、感染和模仿中激发学生创造优秀作品、满足公众需求的信念。

无论经典教育或榜样教育，都比较注重“规范性理论”，将新闻传播业更多地视为国家和社会发展的工具，强调按照一定的理念、规范和准则来进行学习和实践，培养得更多的是“政治认同”。如今，面临更加纵深的改革阶段、日益多元的社会心态、更加复杂的发展挑战，新闻传播教育要在“规范性理论”之外更加强化“经验性理论”，通过帮助学生“知过去、看当下、望未来”，在培养其反思精神和创新思维的基础上建立家国情怀。

新闻传播教育改革要在帮助学生建立历史感、理解复杂性、激发责任感的过程中去培养其“家国情怀”。历史感是偏向时间的，复杂性是偏向空间的，在历史和现实的坐标中建立的“时空观”，恰恰是社会科学研究和实践的思维要求。培养学生的历史感，有利于增进他们对中国传统文化的了解，强化对从“救国”到“兴国”再到“强国”之中国道路选择的认同；培养学生对现实复杂性的认知，有利于他们强化社会判断能力、提高社会调查水平，懂得传播更真实、全面、理性的真相。如果能够把社会科学的“经验性理论”，跟传统新闻教育贯彻的“规范性理论”结合在一起，可以进一步激发学生的社会责任感。

总之，未来新闻传播教育改革的核心目标就在于：提升社会洞察、建立价值共识、懂得行动倡导、服务公共传播，在新媒体交往建构的全新景观、改革进入纵深期的时代语境中，去坚持情怀、担当责任。

（张志安）

14.4　武汉体育学院新闻传播学院办学特色

武汉体育学院新闻传播学院从 2001 年开始专业办学，2006 年 7 月独立建立院系，2013 年被批准为湖北高校首批省级试点改革学院。现有新闻学、播音主持艺术、广播电视编导和视觉传达设计四个本科专业，以及新闻传播学、新闻与传播、艺术三个硕士学位授权点，本硕在校生规模达 1500 人。同时依托所在学校的体育学学科优势，招收体育社会学(媒体体育方向)博士研究生和体育新闻传播学硕士研究生。

14.4.1　人才培养特色鲜明

武汉体育学院的体育学(一级学科)是湖北省属高校学科排名进入全国 A 类的唯一学科。随着体育产业越来越发达，健康传播越来越受到人们关注，该校突出体育特色，积极培养优秀的体育新闻传播人才。新闻传播学院建院以来，尤其是 2012 年后，实现了跨越式发展，在学科建设、人才培养、学生质量等方面实现了质的飞跃。

1. 以成果为导向 厚实学生基础

2018 年新闻传播学院坚持“OBE”理念，完成了新一轮的人才培养方案的修订，紧紧抓住学生这一教学主体，突出强调学生成果导向，厚实学生的学科基础，扎牢学生的学习篱笆，赢得了老师和学生的满意。

用成果导向教育是国际流行的新趋势，它关注的中心是学生学习成果的质量，重视质量保证和质量提升，强调学生的通用能力建设，着力点在教学、课程和专业设计。

新闻传播学院的人才培养方案从“反向”设计着手，从期望学生达到的最终学习成果开始，向后确定老师课堂内容，确立“支持”学生学习成果达成的教学体系。上述在培养方案中具体表现为“三种对齐”：

其一是建构性对齐，即教学方法、评价方法与理想学习成果对齐。开掘课堂教学方法，优化教学方案设计，从教学手段上进行改革，将教学方法、评价机制与理想学习对接，开发出了一批优秀的教学成果，例如，数位教师荣获校级教师基本功大赛一等奖。

其二是结构性对齐，即课程学习成果与专业的学习成果对齐。人才培养的对象是学生，人才培养的目的是为了提高学生质量，课程学习与成果相一致，大大推动了学生的学习热情，学生的课堂参与度极大提高，学生的考试成绩也有了质的飞跃。

其三是目的性对齐，即学生知识、能力、角色与最终学习成果对齐。学以致用，学有所长，学有所成，是本科教育的核心和重点。在人才培养中，新闻传播学院始终以学生的学成为导向，设计课程，优化课程结构和比例，强化融媒体、体育新闻传播等特色课程，强调学生的动手能力，培养学生的搜集信息的能力，实践理论知识，塑造了积极向上的人生观、价值观和世界观。

2. 以强将带精兵 突出体育特色

武汉体育学院新闻传播学院充分发挥体育院校的体育资源优势，使新闻传播专业本色与体育特色相融。目前，全国大多数体育类新闻传播学院只开设一门“大学体育”公共基础课，而该院在专业基础课平台中实施“1+4”课程模式，即 1 门体育理论课“现代体育与社会进步”，4 门体育术科课“田径”“足球”“篮球”“网球”，皆为目前社会的主流运动项目。此外，学院还开设了“体育解说评论”“体育节目主持”“体育节目赏析”“体育广告”“体育场馆设计”等选修课，突出体育专长。

新闻传播学院坚持打造“双师型”教师队伍，在为专业硕士每人配备一名校内导师的同时，还配备一名业界导师，以“强将”带“精兵”。近年来，新闻传播学院利用多种渠道优化师资结构，如注重引进具有业界经验的教师，近 3 年从各大媒体引进了多名优秀人才，拥有业界经验的教师占到专业教师总数的 1/3，使得教学有了充分的师资保障。学院还聘请优秀业界人士担任客座教授或兼职硕导，目前已聘请著名体育解说评论员宋世雄、央视体育频道解说员洪钢、著名篮球评论员徐济成等，定期或不定期来校讲学并指导学生开展媒体实践。

“走出去，请进来”，“不为我所有，但为我所用”，是新闻传播学院发展的另一大特色。学院参与宣传部门“双跨工程”，有计划地选送青年教师到湖北广播电视台、省市级报社、地方网媒等新闻单位挂职锻炼，参与媒体实践，同时，接纳媒体骨干来学院挂职，实现学界与业界的无缝对接。

3. 以实践为抓手 提升业务水平

新闻学是一门操作性很强的学科，体育新闻传播尤甚，实践是教学中的重要环节，学生到业界实习实践是融入业界最好的方式。

绝大多数新闻传播学院的人才培养方案只安排一次毕业实习，而武体新闻传播学院有 3 次列入学时学分计划的实习实践，分别是一年级暑期的社会调查、二年级暑期的中期实习、三年级暑期至四年级秋季的毕业实习。许多学生在实习中受益，如新闻学专业 2012 级学生高杏在新华社湖北分社实习期间，积累了大量素材，在老师指导下撰写论文《新华社客户端“现场新闻”的采编发策略研究》，在知名学术期刊发表，研究结果被新华社新闻信息中心采纳。

武体新闻传播学院还积极与业界前沿相衔接，与市场需求接轨。该院与新华社合作，进行大型赛事媒体运行与新闻服务实践，其师生团队先后参加了广州亚运会、深圳大运会、南京亚青会、南宁体操世锦赛、鄂尔多斯全国少数民族传统体育运动会等大型赛事；与湖北体育频道、武汉体育频道等地方主流媒体合作，进行体育赛事报道，先后参加伦敦奥运会、武汉网球公开赛、武汉马拉松等大型赛事的采编报道与解说评论等工作，大大提高了师生的全媒体业务技能。

为扩大实践平台，在专业教师的带领下，学院学生还创建自办媒体，打造了一个广覆盖的校内全媒体平台。新闻传播学院目前拥有院报《新传人》、新传官网以及"武体映画""武体广告"等微信订阅号，成为培养学生实践动手能力的重要平台。此外，新闻传播学院还拥有两个节目中心，即体育脱口秀《挑刺体坛》和健身养生节目《健康跟我来》，这两档节目已在优酷土豆、腾讯、湖北移动频道等媒体上线，其影响力已从校内扩展到校外，渐成品牌。

14.4.2　教育改革渐入佳境

1. 引才入院 激活存量

新闻学院的发展离不开人才建设，新闻传播学又是一个理论和实践并重的学科。"学院派"教师，理论水平高，但是业务能力不足；"经验派"教师业务水平高，但是理论能力不强。因此，经过多年探索，新闻传播学院建立了"双线引才"机制。从媒体行业引入业务能力强，专业经验丰富，职称高的业务骨干，充实教学一线，补齐业务短板。从"双一流"院校、学科引入理论水平高的博士、博士后，夯实理论基础。2018 年，新闻传播学院分别引入业务骨干 1 名，学术骨干 3 人，都取得了良好的成绩。

在引进人才的同时，新闻传播学院还注重激活存量。该院师资力量雄厚，现有教授 6 人，博士生导师 2 人，副教授十余人，具有博士学位或博士在读的教师 20 多人。其中，"楚天学者"特聘教授 1 人，"楚天学者"讲座教授 1 人，"楚天学子"1 人，"东湖学者"特聘教授 1 人，"东湖学子"特聘教师 5 人。同时，聘请了新华社徐济成、陈越，中央电视台宋世雄、师旭平、沙桐、洪钢，湖北广播电视台向培风、吴江，《湖北日报》陈力峰，华视传媒集团董事局主席李利民等业界知名人士作为客座教授。

2. 创新教学 师生受益

学院充分利用学校的优势和特色，改变灌输式、填鸭式教学，针对学生的特点采取参与互动式教学方法，翻转课堂和微课堂教学被广泛应用。诸多优秀学子在课堂教学中得到了锻炼，理论和实践能力都得到了大幅度提升，一批学生因此而受益。

2018 年 11 月 16 日，在福建平潭举行的“第十届海峡两岸电视主持人大赛”全国总决赛上，新闻传播学院 2016 级播音学生张琛荣获金奖，这是武汉体育学院乃至湖北地区选手首次在这项国家级赛事中获金奖。此前，该院 2014 级学生李明子荣获凤凰卫视 2017 年“中华小姐”环球大赛总冠军。

2018 年，郭威、张帆、刘圳展等已成为中央电视台、腾讯等主流媒体的主力记者和体育解说员评论员；张路宽、陈泽原荣获全国计算机设计大赛微电影一等奖，视觉传达设计专业学生频频荣获全国大学生广告大赛二三等奖。

此外，新闻传播学院 2018 届毕业生国内读研和国外留学人数高达 66 人，升学率接近 20%，为历年最高，十数人考取武汉大学、华中科技大学等国内知名的一流院校，27 人出国出境留学。

武体新闻传播学院近年来声名鹊起，一些国外学者慕名而来，学院还招收了来自国际知名大学的博士生和博士后。2018 年，张德胜教授招收来自埃及本哈大学的 Ahmed Nabil Omer Ramada(艾哈迈德・纳比尔・奥马尔・拉马丹)开展博士后合作研究。

3. 搭建平台 量产成果

2018 年新闻传播学院，创设了“东湖读吧”读书会。该院创办读书会的目的就是推动形成老师和学生一起读书的氛围。读书会不局限于学院和学校的老师，还不断邀请校外的专家学者来授读，通过开办读书会的形式，不仅提高了老师的阅读兴趣和能力，更为强调“学以致用”，教师在科研中遇到的问题和困惑，能在读书会上得到较好的碰撞与启发。

新闻传播学院坚持开展高水平的学术沙龙活动，常年聘请外校学术领军人物任职讲座教授，充分发挥讲座教授的学术优势，定期讨论学术问题，形成了青年骨干教师积极参与的良好氛围。每期沙龙重点探讨学术论文和科研项目申报，由讲座教授训练青年教师学术能力，从选题到写作再到发表进行全程高效指导，大大提升了青年教师的学术创新能力和科研能力。在学术沙龙的带动下，一批青年教师脱颖而出，十数篇学术论文发表在《国际新闻界》《现代传播》《新闻大学》《体育科学》《上海体育学院学报》等国内权威期刊之上，2 个国家级项目获得立项，5 个省部级项目获批，一批优秀论文荣获国家级、省部级和各级学会大奖。2016 年，荣获第五届全国教育科学研究优秀成果奖三等奖，填补了学校空白；2018 年又实现了湖北省社科奖的突破。目前，2 项国家级项目顺利结项，一批省部级重大招标课题、项目完成结项工作。

14.4.3　学科建设引领未来

新闻传播学院十分重视学科建设。新闻传播学一级学科现为湖北省省级重点培育学科，同时也是“楚天学者”特聘教授设岗学科。现拥有一个新闻传播学“湖北名师工作室”和一个省级中青年科技创新团队，拥有体育人文社会学二级学科博士点和体育新闻传播学二级学科硕士点，同时拥有新闻与传播专业学位硕士点，承担了全校第一个博士后科研合作研究项目。先后承担了十余项国家社科基金项目以及数十项省部级科研项目，建立了全国第一家媒体体育研究中心，现有在校研究生逾百人。

新闻传播学院本科专业建设卓有成效。现有新闻学、播音与主持艺术、广播电视编导、视觉传达设计 4 个本科专业，在校生逾千人。其中，新闻学和播音与主持艺术两个专业获立“省级高校本科专业综合改革试点项目”，“体育新闻学”为省级精品课程，“体育解说评论”与“现代体育与社会进步”为省级精品视频公开课。与美国密苏里大学、阿拉巴马大学，澳大利亚格里菲斯大学，英国普斯茅斯大学等高校的新闻传播院系建立了院际合作关系。

2018 年，新闻传播学院完成了新闻与传播专业硕士学位授权点的评估工作，顺利通过了国家合格评估。与此同时，该专业二年级学生张希祉荣获亚洲大学生摄影大赛特等奖，央视对此做了 15 分钟的专题报道。张希祉“陪母抗癌”的故事在腾讯视频点击量超过数百万，感动了成千上万的读者和观众。

（张德胜　王创业）

14.5　广东外语外贸大学新闻传播学科的创新与发展

广东外语外贸大学是一所具有鲜明国际化特色的省属重点大学，是华南地区国际新闻传播教学科研、人才培养的重要基地。学校自 1997 年开设国际新闻专业，2005 年成立新闻与传播学院，2017 年获批由广东省委宣传部与大学部校共建新闻学院暨广东省国际传播青年人才培养基地。近年来，学院依托学校外语优势、多学科资源和国际化办学特色，秉持专业+外语+全媒体的学科发展理念，以全媒体国际传播人才培养为导向，着力构建“中国话语体系国际传播学科支撑平台”，致力于在学科建设、人才培养、队伍建设、科学研究、国际交流等方面走特色创新发展之路，取得了一定的成绩。

14. 5. 1　学科建设

相较于国内多数新闻传播学科而言，广东外语外贸大学新闻传播学科起步较晚，基础较弱，学科平台较低，建院14年来的发展经历了本科专业逐步增加、硕士研究生教育从无到有的艰难过程。在这样的条件下，广外新闻传播学科只有走特色化、差异化发展道路才能在激烈的竞争中获得一席之地。为此，该学科在建院之初就提出"国际传播华南重镇"的发展思路，明确走国际化的特色之路。2006年创办广告学专业(国际广告方向)，2007年开办播音主持艺术专业(双语播音方向)，2015年网络新媒体专业开始招生，逐步明晰了构建"全媒体国际传播学科体系"的理念目标。形成了以新闻学、广告学、播音与主持艺术、网络与新媒体四个本科专业为基础，以新闻传播学一级学科硕士点和新闻与传播专业硕士学位授权点为支撑，以广东省国际传播青年人才培养基地和广州市重点研究基地"广州国际城市创新传播研究中心"为依托的学科发展体系。

2015年以来的五年是该学科取得关键进步和跨越式发展的五年，本科专业建设稳步推进，在校生规模达1000名左右，毕业生就业率持续维持100%。硕士研究生教育步入全面发展时期，研究生培养规模稳步提升，在校研究生由2015年的40名到2019年的145名。新闻传播学一级学科硕士点正式开始建设，下设新闻学、传播学、跨文化传播与国际传播三个二级学科；新闻与传播专业硕士势头良好，下设国际新闻、公共传播与危机管理、城市传播与文化创意三个方向，2019年又新增多语种+国际新闻传播创新班，着重培养服务"一带一路"倡议和粤港澳大湾区建设的高层次国际化专门人才。

14. 5. 2　队伍建设

学科的发展离不开高水平的师资队伍，经过多年的积累，特别是近五年来的大力引进，学院汇聚了一支拥有新闻传播学、语言学、社会学、政治学、经济学、管理学、艺术学、计算机科学等多学科背景的高素质、国际化、双师型教师团队。现有专职教师45名，其中教授14名、副教授11名，博士及博士后30名，在读博士6名，另聘有4名来自欧美的专职外教。五年来新引进14名教师(教授3名、副教授4名、博士7名)。有博士学位及有业界经历的双师型教师均超过50%，其中8位教师在美、英、法、日、澳大利亚、中国香港等地知名高校获得博士学位，75%的教师有境外访学交流经历，30%以上教师具备全英语教学能力，获得全英/双语授课资格认证，同时还聘有50余名专硕校外业界导师。

师资队伍建设是基础工程也是长期工程，不仅包含人才引进，还有现有人才的培养提升。该学科利用部校共建的支持，通过双向挂职、境外访学交流、境内培训学习等方式，整体提升现有师资水平。每年有 1~2 名教师到媒体挂职，4~5 名教师到境外访学，10 多名教师参加境内各类教学科研水平提升培训学习。

14.5.3　人才培养

习近平总书记指出要“加快推动媒体融合发展，构建全媒体传播格局”，这是新时代对于全媒体新闻传播人才培养的根本要求。该学科遵循“专业+外语+全媒体技能”的人才培养理念，探索全媒体与国际新闻传播复合型人才培养模式改革与创新。在具体实施过程中，积极落实部校共建规划，探索全英教学、实践教学、校媒联合培养、国际联合培养等人才培养模式。

一是开办全媒体国际传播本科创新班和多语种+国际新闻传播硕士创新班。全媒体国际传播本科创新班采用全英/双语教学方式，通过境内教学与境外学习实践相结合，实现境内外优质教学资源共享，立足于培养既精通外语，通晓国际规则，又熟练掌握全媒体专业知识与技能的国际新闻传播人才。多语种+国际新闻传播硕士创新班充分利用广外的外语优势和多语种资源，招收本科为非通用语种和英语专业的学生报读，采用全英+多语种教学方式、学界+业界+多语种导师共同指导、境内+境外学习实践等联合培养方式。

二是积极推进以实习实践和专题教学为导向的“工作坊”教学模式。如：广外—密苏里媒介融合与数据新闻工作坊、广外—阳狮广告训练营等实践教学方式。特别是网络新媒体系的“全媒体影像工作坊”，专业老师通过指导大学生创业项目，成立全媒体影像工作室，带领学生直播团队开展大型网络直播实践，培养了一支优秀的学生直播团队。通过系列工作坊专题教学改革，学院本科生的影视制作能力、数据新闻生产能力、广告实战能力与播音主持综合技能等得到显著提升。

三是开拓校媒联合、国际联合培养的实践教学新模式。学院与羊城晚报报业集团共建“广外—羊晚全媒体与国际传播研究院”，与人民网、新华网、南方网、中新社等 30 多家主流媒体建立实践基地与合作关系，着重围绕“卓越国际新闻传播人才培养、多语种国际舆情分析、全媒体创新实践教学、政府传播与危机管理咨询、品牌策划与区域形象塑造”等领域开展全方位的交流合作。在国际联合培养方面，在本科层面，与美国密苏里大学新闻学院、英国利兹大学，以及中国香港浸会大学等高校开拓本硕连读项目，为创新班学生打通升学深造渠道；在研究生层面，通过建立“广外—羊城晚报”“广外—新华网广东公司”“广外—中联办深圳培训调研中心”等省级研究生联合培养示范基地，每年选派 10 多名研究生进入基地实习和参与科研项目。每年还组织多支学生团队 100

多名学生赴境内外开展暑期社会调研和实践活动，让学生开阔眼界，提升能力。

14.5.4 科学研究

科研能力和水平是一个学科发展的根本动力，近五年来，学院通过凝练科研方向、组建科研团队、搭建科研平台、参与学术交流等举措，激励老师们积极承担高层次项目、产出高水平成果、形成社会影响力。

首先，组建学科团队。经过多年的学术积累和资源融合，学院逐步凝练出国际新闻、跨文化传播与国际传播、公共传播与国际舆情、城市传播与国际品牌传播等重点科研方向，在此基础上组建院级科研创新团队，围绕四个方向集中开展科研攻关。学院教师出版专著40余部，译著20余部，其中包括《对外报道与国际传播研究丛书》《新闻传播国际化教育系列教材》《全球化与国际传播研究丛书》三套共10多部国际化特色鲜明的专著和教材，发表论文数百篇。

其次，搭建学科平台。依托校内外科研平台资源，组成以广州市重点研究基地“广州国际城市创新传播研究中心”，校级重点研究基地“政府传播与国际舆情研究中心”“马克思主义新闻观与中国话语体系研究中心”，校级科研创新团队“中国国际传播能力研究”“城市形象国际传播研究”等为主体的科研矩阵，打造“中国话语体系国际传播”政-媒-产-学-研一体化高端智库型平台。

再次，承担研究项目。积极组织团队力量承担高层次科研项目和社会服务项目。学院教师自建院以来累计承担国家社科基金项目16项，省部级项目30多项，其中有11项国家项目、12项省部级项目是近五年获得的。学院还先后承担广东省委宣传部、广州市委宣传部、佛山市委宣传部等政府外宣机构有关国际舆情监测分析、网络舆情与风险治理、政府新闻发布效果评估等领域的决策咨询项目，以及新闻媒体、企业等重大委托项目50多项，各类项目到账经费近1000万元，提交的决策咨询报告被国务院新闻办及本地政府和媒体采用。

最后，开展学术交流。近五年来，学院围绕“马克思主义新闻观与中国话语体系国际传播”“全媒体与国际传播”“政府传播与国家形象建构”“国际舆论与海丝国际舆情”“华文传媒与华夏文明研究”“一带一路与国际城市创新发展”“数据新闻与媒介融合发展”“公共管理与网络舆情应对”“粤港澳大湾区与人文广州”等领域主办或承办大型国际学术研讨会12次，举办论文工作坊、决策咨询报告写作工作坊等交流活动，以及各类党政干部培训班，开展广泛的学术交流与社会服务。政府传播与危机管理咨询实训中心承接广东省级政府部门，以及广州、清远、江门、三亚、毕节、新疆等政府机构的干部培训活动，涉及舆情应对与处置、旅游管理、城市形象、城市规划、党建管理等内容，先后承办近 20 多次大型培训活动，培训干部 1000 余人，进一步形成了良好的品牌和社会影响力。

14.5.5　国际交流

学院充分利用广东外语外贸大学的国际化办学特色与国际交流优势，广泛拓展国际合作空间，与美国密苏里大学新闻学院、西弗吉尼亚大学，英国利兹大学、西敏斯特大学、中央兰开夏大学，澳大利亚昆士兰科技大学，以及中国香港浸会大学、台湾世新大学、义守大学等 10 余所知名大学建立了本科和硕士交换生、双学位合作项目。近五年来，共有 200 多名本科生、研究生通过交换生项目、双学位项目、访学、暑期课程班、境外深造等方式赴英、美、澳，以及中国香港、台湾等地高校学习交流，有 100 多名学生获得境外双学位或硕士学位。

承前启后、继往开来，广东外语外贸大学新闻传播学科历经 20 多年的磨炼，已经进入瞄准目标追赶先进的内涵式发展时期。这一时期也是新闻传播学科面临诸多机遇和挑战的时期，学院将以构建全媒体时代国际新闻传播学科体系为目标指引，以部校共建规划实施为契机，以师资队伍建设和基础设施建设为抓手，以人才培养、教学科研、社会服务等理念与模式创新为重点，以党建思政工作为保障，推动学院内涵式发展、跨越式发展，全面提升人才培养质量和学科发展水平。

（广东外语外贸大学新闻与传播学院）

第 15 章　研究生教育

2018 年全国新闻传播学研究生教育继续贯彻党的十九大实现高等教育内涵式发展的要求，在动态调整中平稳发展。

第一，加强了新闻传播学乃至所有学科导师队伍建设，努力造就一支有理想信念、道德情操、扎实学识、仁爱之心的研究生导师队伍，全面落实研究生导师立德树人职责。

2018 年 1 月 18 日，教育部学位管理与研究生教育司发布《教育部关于全面落实研究生导师立德树人职责的意见》(教研〔2018〕1 号)指出：研究生教育作为国民教育体系的顶端，是培养高层次专门人才的主要途径，是国家人才竞争的重要支柱，是建设创新型国家的核心要素。研究生导师是我国研究生培养的关键力量，肩负着培养国家高层次创新人才的使命与重任。该意见的指导思想为，高举中国特色社会主义伟大旗帜，以马克思列宁主义、毛泽东思想、邓小平理论、“三个代表”重要思想、科学发展观、习近平新时代中国特色社会主义思想为指导，增强中国特色社会主义道路自信、理论自信、制度自信、文化自信。全面贯彻党的教育方针，把立德树人作为研究生导师的首要职责，为实现“两个一百年”奋斗目标、实现中华民族伟大复兴的中国梦，培养德才兼备、全面发展的高层次专门人才。其总体要求为，落实导师是研究生培养第一责任人的要求，坚持社会主义办学方向，坚持教书和育人相统一，坚持言传和身教相统一，坚持潜心问道和关注社会相统一，坚持学术自由和学术规范相统一，以德立身、以德立学、以德施教。遵循研究生教育规律，创新研究生指导方式，潜心研究生培养，全过程育人、全方位育人，做研究生成长成才的指导者和引路人。强化研究生导师基本素质要求，包括政治素质过硬、师德师风高尚、业务素质精湛；明确研究生导师立德树人职责：提升研究生思想政治素质，培养研究生实践创新能力，增强研究生社会责任感，优化研究生培养条件，注重对研究生人文关怀。根据工作部署，各研究生培养单位(含部委属高校、地方高校和科研机构)对照上述意见要求，认真梳理本单位研究生导师立德树人职责落实情况，并撰写总结报告，于 9 月 30 日前按属地原则报送至省级教育主管部门。新闻传播学科研究生导师坚持贯彻教育部要求，积极落实了立德树人职责，没有出现师德师风问题。

第二，动态调整，调整新闻传播学硕士研究生和新闻与传播专业专硕及出版专业硕士点。2 月 27 日，国务院学位委员会发布《关于下达 2017 年审核增列的博士、硕士学位授权点名单的通知》(学位〔2018〕9 号)，公布了经国务院学位委员会第三十四次会议审议批准的 2017 年审核增列的博士、硕士学位授权点名单。其中新增新闻传播学一级学科博士学位授权点 8 个，已有二级学科新增新闻传播学一级学科博士学位授权点 2 个，新增新闻传播学一级学科硕士学位授权点 14 个，已有二级学科新增新闻传播学一级学科硕士授权点 10 个，新增新闻与传播专业学位(0552)授权点 55 个，新增出版专业学位(0553)授权点 9 个。3 月 26 日，经国务院学位委员会第三十四次会议审议批准，国务院学位委员会关于下达《2017 年审核增列的博士、硕士学位授权点名单的通知》，国务院学位办经公式后，正式对外公布了 2017 年审核增列的博士、硕士学位授权点名单。

第三，专项评估，动态监控，保障新闻传播学研究生培养质量提高。2 月 27 日，国务院学位委员会、教育部下达《关于 2017 年学位授权点专项评估结果及处理意见的通知》，评估结果为“合格”的学位授权点，可继续行使学位授权。3 月 19 日，国务院学位委员会、教育部《关于开展 2018 年学位授权点专项评估工作的通知》(学位〔2018〕8 号)，规定：2014 年获得授权且未调整的学位授权点和 2014 年学位授权点专项评估结果为“限期整改”的学位授权点(以下简称参评点)。其评估内容主要检查参评点研究生培养体系的完备性，包括师资队伍(队伍结构、导师水平)、人才培养(招生选拔、培养方案、课程教学、学术训练或实践教学、学位授予)和质量保证(制度建设、过程管理、学风教育)等。具体评估指标与内容，由学科评议组、教指委结合人才培养特点分别制定。其专项评估工作方案应包括评估方式、评估指标与内容、评估材料要求、评估程序，反馈评估意见和接受异议的时限、方式，处理异议的具体办法等。学位授予单位根据专项评估工作方案组织评估材料并提交有关学科评议组、教指委，同时上传全国学位与研究生教育质量信息平台。学科评议组、教指委根据专项评估工作方案，组织专家评阅参评点评估材料，对参评点进行表决。8 月 31 日前将此次专项评估报告(应包括参评点评估表决统计结果、评估意见、异议处理情况等)报国务院学位委员会办公室。此次专项评估工作，新闻传播学科涉及的院校有：山东大学的新闻传播学博士点、北京工商大学的新闻与传播专业硕士点、北京印刷学院的新闻与传播专业硕士点、首都体育大学的新闻与传播专业硕士点、北京体育大学的新闻与传播专业硕士点、中央民族大学的新闻与传播专业硕士点、天津外国语大学的新闻与传播专业硕士点、天津体育学院的新闻与传播专业硕士点、内蒙古师范大学的新闻与传播专业硕士点、大连理工大学的新闻与传播专业硕士点、沈阳师范大学的新闻与传播专业硕士点、东北财经大学的新闻与传播专业硕士点、沈阳体育学院的新闻与传播专业硕士点、长春工业大学的新闻与传播专业硕士点、吉林艺术学院的新闻与传播专业硕士点、上海体育学院的新闻与传播专业硕士点、浙江工业大学的新闻与传播专业硕士点、安徽师范大学的新闻与传播专业硕士点、南昌大学的出版硕士、江西财经大学的新闻与传播专业硕士点、烟台大学的新闻与传播专业硕士点、河南工业大学的新闻与传播专业硕士点、武汉理工大学的新闻与传播专业硕士点、湖北大学的新闻与传播专业硕士点、湖北民族学院环的新闻与传播专业硕士点、中南财经政法大学的新闻与传播专业硕士点、武汉体育学院的新闻与传播专业硕士点、中南民族大学的新闻与传播专业硕士点、湘潭大学的新闻与传播专业硕士点、中南大学的新闻与传播专业硕士点、中山大学的新闻与传播专业硕士点、华南理工大学的新闻与传播专业硕士点、华南师范大学的新闻与传播专业硕士点、广州体育学院的新闻与传播专业硕士点、广东外语外贸大学的新闻与传播专业硕士点、广西艺术学院的新闻与传播专业硕士点、海南大学的新闻与传播专业硕士点、海南师范大学的新闻与传播专业硕士点、西南大学的新闻与传播专业硕士点、四川外国语大学的新闻与传播专业硕士点、西华师范大学的新闻与传播专业硕士点、西南财经大学的新闻与传播专业硕士点、成都体育学院的新闻与传播专业硕士点、贵州民族大学的新闻与传播专业硕士点、云南财经大学的新闻与传播专业硕士点、西藏民族大学的新闻与传播专业硕士点、西安工业大学的新闻与传播专业硕士点、西安工程大学的新闻与传播专业硕士点、陕西师范大学的出版专业、西安外国语大学的新闻与传播专业硕士点、西北政法大学的新闻与传播专业硕士点、塔里木大学的新闻与传播专业硕士点、新疆财经大学的新闻与传播专业硕士点等。

第四，加强新闻传播学科评议组和专业学位研究生教育指导委员会作用，编写《研究生新闻传播学核心课程指南》(以下简称《指南》)。5 月，国务院学位委员会发布《关于进一步发挥国务院学位委员会学科评议组和专业学位研究生教育指导委员会作用的意见》(学位〔2018〕20 号)，规定：学科评议组和教指委应当以习近平新时代中国特色社会主义思想和党的十九大精神为指引，牢牢把握社会主义办学方向，坚持党的教育方针，落实立德树人根本任务，切实做到为人民服务、为中国共产党治国理政服务、为巩固和发展中国特色社会主义制度服务、为改革开放和社会主义现代化建设服务、为国家高层次人才培养和科技进步服务，培养社会主义建设者和接班人。强化职责作用：切实履职尽责，强化研究咨询职责，强化标准制定与审核评估职责，强化学科建设职责，积极参与重大改革，积极组织交流活动。同时，国务院学位委员会发布《关于委托国务院学位委员会学科评议组和全国专业学位研究生教育指导委员会编写〈研究生核心课程指南〉的通知》，提出了具体编写要求：①各评议组和教指委要以习近平新时代中国特色社会主义思想和党的十九大精神为指引，把握社会主义办学方向，坚持党的教育方针，落实立德树人根本任务，做好《指南》编写工作，保证编写质量。②《指南》中的核心课程主要包括基础理论课和专业课，体现了本一级学科或专业学位类别的基础理论和专门知识。研究生思想政治理论课和外语课，严格按照中宣部、教育部有关规定执行。③《指南》原则上按一级学科和专业学位类别编写，个别专业学位类别的领域之间差异较大的（如：艺术），也可按领域编写。④《指南》编写应以研究生成长成才为中心，注重思维方法和能力培养，全面考虑我国研究生课程建设的实际情况，合理借鉴国际研究生课程建设的先进经验，充分体现了中国特色的自我创新。⑤《指南》要符合本学科和专业学位类别研究生培养目标，学术学位《指南》应与《一级学科博士、硕士学位基本要求》《学位授予和人才培养一级学科简介》相衔接，《指南》须与《专业学位类别（领域）博士、硕士学位基本要求》和《指导性培养方案》相衔接。⑥各评议组召集人和教指委秘书长负责编写工作的具体实施，可根据实际对《编写提纲》做适当调整，但总体框架应保持相对一致。⑦《指南》要具有针对性、可执行性和指导性，能够切实起到指导课程教学的作用，还要为各单位发展特色留有空间。⑧《指南》编写时，要体现研究生课程教学的特点，既考虑课程的前沿性，又考虑课程的实践性，与本科生课程相统筹。⑨《指南》编写要广泛听取本学科或专业学位类别研究生培养单位、研究生导师和有关专家意见。专业学位《指南》的编写还应吸纳相关行业专家参与，广泛听取用人单位的意见，对社会需求进行深入调研，并与学术学位《指南》相区分。目前，新闻传播学科的《研究生核心课程指南》正在编写之中。

第五，中国社会科学院大学新闻传播学一级博士点得到加强。9 月 25 日，国务院学位委员会发布《关于中国社会科学院大学有关学位授权调整事宜的通知》（学位〔2018〕28 号），根据《教育部关于同意创办中国社会科学院大学的函》（教发函〔2017〕71 号），中国社会科学院大学以中国社会科学院研究生院为基础创办。为保持研究生招生、培养、学位授予、就业等工作的一致性，经研究，决定将中国社会科学院研究生院的学位授予权调整至中国社会科学院大学，中国社会科学院大学为博士学位授予单位，学位授权点名单见附件，中国社会科学院研究生院的学位授予单位资格不再保留。从 2019 年开始招收的研究生，由中国社会科学院大学授予学位。根据此通知精神，中国社会科学院大学获得新闻传播学一级博士授权点。

15.1　新闻传播一级学科博士点、硕士点，新闻与传播、出版专业硕士点汇总表

15.1.1　新闻传播学一级学科博士点(26)

2018 年，全国新闻传播一级学科博士点稍有调整，详如表 15-1 所示：

表 15-1　**2018 年全国新闻传播学一级学科博士点分布情况**

序号	单位名称	序号	单位名称
1	中国人民大学	14	山东大学
2	中国传媒大学	15	河北大学
3	复旦大学	16	中国社会科学院研究生院
4	武汉大学	17	南京师范大学
5	清华大学	18	国防大学
6	华中科技大学	19	天津师范大学
7	北京大学	20	上海交通大学
8	四川大学	21	安徽大学
9	浙江大学	22	南昌大学
10	暨南大学	23	郑州大学
11	厦门大学	24	湖南师范大学
12	上海大学	25	深圳大学
13	华东师范大学	26	西南政法大学

15.1.2　新闻传播学一级学科硕士点(125)

2018 年，全国新闻传播学一级学科硕士点较上年有所增加，如表 15-2 所示：

表 15-2　　**2018 年全国新闻传播学一级学科硕士点分布情况**

序号	学科代码及名称	授权单位名称	授权类别
1	0503 新闻传播学	安徽大学	硕一
2	0503 新闻传播学	安徽师范大学	硕一
3	0503 新闻传播学	北京大学	硕一
4	0503 新闻传播学	北京工商大学	硕一
5	0503 新闻传播学	北京交通大学	硕一
6	0503 新闻传播学	北京师范大学	硕一
7	0503 新闻传播学	北京外国语大学	硕一
8	0503 新闻传播学	北京印刷学院	硕一
9	0503 新闻传播学	北京邮电大学	硕一
10	0503 新闻传播学	北京语言大学	硕一
11	0503 新闻传播学	渤海大学	硕一
12	0503 新闻传播学	成都体育学院	硕一
13	0503 新闻传播学	大连理工大学	硕一
14	0503 新闻传播学	电子科技大学	硕一
15	0503 新闻传播学	东华大学	硕一
16	0503 新闻传播学	东北师范大学	硕一
17	0503 新闻传播学	福建师范大学	硕一
18	0503 新闻传播学	复旦大学	硕一
19	0503 新闻传播学	赣南师范大学	硕一
20	0503 新闻传播学	广西大学	硕一
21	0503 新闻传播学	广州大学	硕一
22	0503 新闻传播学	广东技术师范学院	硕一
23	0503 新闻传播学	广东外语外贸大学	硕一
24	0503 新闻传播学	广西师范学院	硕一
25	0503 新闻传播学	广西艺术学院	硕一
26	0503 新闻传播学	贵州大学	硕一
27	0503 新闻传播学	贵州民族大学	硕一
28	0503 新闻传播学	河北大学	硕一

续表

序号	学科代码及名称	授权单位名称	授权类别
29	0503 新闻传播学	河海大学	硕一
30	0503 新闻传播学	河南大学	硕一
31	0503 新闻传播学	河北经贸大学	硕一
32	0503 新闻传播学	黑龙江大学	硕一
33	0503 新闻传播学	湖北大学	硕一
34	0503 新闻传播学	湖南大学	硕一
35	0503 新闻传播学	湖南理工学院	硕一
36	0503 新闻传播学	湖南理工学院	硕一
37	0503 新闻传播学	湖南师范大学	硕一
38	0503 新闻传播学	华东师范大学	硕一
39	0503 新闻传播学	华东政法大学	硕一
40	0503 新闻传播学	华南理工大学	硕一
41	0503 新闻传播学	华中科技大学	硕一
42	0503 新闻传播学	华中农业大学	硕一
43	0503 新闻传播学	华中师范大学	硕一
44	0503 新闻传播学	吉林大学	硕一
45	0503 新闻传播学	吉林师范大学	硕一
46	0503 新闻传播学	暨南大学	硕一
47	0503 新闻传播学	江西财经大学	硕一
48	0503 新闻传播学	江西师范大学	硕一
49	0503 新闻传播学	兰州大学	硕一
50	0503 新闻传播学	辽宁大学	硕一
51	0503 新闻传播学	南昌大学	硕一
52	0503 新闻传播学	南京大学	硕一
53	0503 新闻传播学	南开大学	硕一
54	0503 新闻传播学	南京师范大学	硕一
55	0503 新闻传播学	南京政治学院	硕一
56	0503 新闻传播学	内蒙古大学	硕一

续表

序号	学科代码及名称	授权单位名称	授权类别
57	0503 新闻传播学	清华大学	硕一
58	0503 新闻传播学	厦门大学	硕一
59	0503 新闻传播学	山东大学	硕一
60	0503 新闻传播学	山西大学	硕一
61	0503 新闻传播学	山东师范大学	硕一
62	0503 新闻传播学	陕西师范大学	硕一
63	0503 新闻传播学	汕头大学	硕一
64	0503 新闻传播学	上海大学	硕一
65	0503 新闻传播学	上海财经大学	硕一
66	0503 新闻传播学	上海交通大学	硕一
67	0503 新闻传播学	上海理工大学	硕一
68	0503 新闻传播学	上海社会科学院	硕一
69	0503 新闻传播学	上海师范大学	硕一
70	0503 新闻传播学	上海体育学院	硕一
71	0503 新闻传播学	上海外国语大学	硕一
72	0503 新闻传播学	上海政法学院	硕一
73	0503 新闻传播学	深圳大学	硕一
74	0503 新闻传播学	四川大学	硕一
75	0503 新闻传播学	四川省社会科学院	硕一
76	0503 新闻传播学	四川外国语大学	硕一
77	0503 新闻传播学	苏州大学	硕一
78	0503 新闻传播学	天津师范大学	硕一
79	0503 新闻传播学	天津外国语大学	硕一
80	0503 新闻传播学	同济大学	硕一
81	0503 新闻传播学	武汉大学	硕一
82	0503 新闻传播学	武汉理工大学	硕一
83	0503 新闻传播学	武汉体育学院	硕一
84	0503 新闻传播学	西北大学	硕一

续表

序号	学科代码及名称	授权单位名称	授权类别
85	0503 新闻传播学	西南大学	硕一
86	0503 新闻传播学	西安交通大学	硕一
87	0503 新闻传播学	西安外国语大学	硕一
88	0503 新闻传播学	西北政法大学	硕一
89	0503 新闻传播学	西南交通大学	硕一
90	0503 新闻传播学	西南政法大学	硕一
91	0503 新闻传播学	湘潭大学	硕一
92	0503 新闻传播学	新疆大学	硕一
93	0503 新闻传播学	新疆财经大学	硕一
94	0503 新闻传播学	云南大学	硕一
95	0503 新闻传播学	云南师范大学	硕一
96	0503 新闻传播学	浙江大学	硕一
97	0503 新闻传播学	浙江工业大学	硕一
98	0503 新闻传播学	郑州大学	硕一
99	0503 新闻传播学	中南大学	硕一
100	0503 新闻传播学	中山大学	硕一
101	0503 新闻传播学	中国传媒大学	硕一
102	0503 新闻传播学	中国地质大学	硕一
103	0503 新闻传播学	中国科学技术大学	硕一
104	0503 新闻传播学	中国科学院大学	硕一
105	0503 新闻传播学	中国农业大学	硕一
106	0503 新闻传播学	中国社会科学院大学传媒学院	硕一
107	0503 新闻传播学	中国人民大学	硕一
108	0503 新闻传播学	中国社会科学院研究生院	硕一
109	0503 新闻传播学	中国政法大学	硕一
110	0503 新闻传播学	中南财经政法大学	硕一
111	0503 新闻传播学	中南民族大学	硕一
112	0503 新闻传播学	中央财经大学	硕一

续表

序号	学科代码及名称	授权单位名称	授权类别
113	0503 新闻传播学	中央民族大学	硕一
114	0503 新闻传播学	重庆大学	硕一
115	0503 新闻传播学	重庆工商大学	硕一
116	050302 传播学	成都理工大学	硕二
117	050302 传播学	华南师范大学	硕二
118	050302 传播学	南京理工大学	硕二
119	0503 新闻传播学	东北财经大学	硕二
120	0503 新闻传播学	海南师范大学	硕二
121	0503 新闻传播学	北京体育大学	硕二
122	0503 新闻传播学	华侨大学	硕二
123	0503 新闻传播学	青岛大学	硕二
124	0503 新闻传播学	河南工业大学	硕二
125	0503 新闻传播学	河北师范大学	硕二

15.1.3 新闻与传播学专业硕士点(165)

2018 年，全国新闻与传播学专业硕士点共计 165 个，具体如表 15-3 所示：

表 15-3　**2018 年全国新闻与传播学专业硕士点分布情况**

序号	院校代码	校名	所在地	备注
1	10001	北京大学	北京市	
2	10002	中国人民大学	北京市	
3	10003	清华大学	北京市	
4	10004	北京交通大学	北京市	2019 年新增
5	10011	北京工商大学	北京市	
6	10015	北京印刷学院	北京市	
7	10027	北京师范大学	北京市	
8	10029	首都体育学院	北京市	

续表

序号	院校代码	校名	所在地	备注
9	10030	北京外国语大学	北京市	2019 年新增
10	10033	中国传媒大学	北京市	
11	10034	中央财经大学	北京市	2019 年新增
12	10043	北京体育大学	北京市	
13	10052	中央民族大学	北京市	
14	10053	中国政法大学	北京市	2019 年新增
15	11232	北京信息科技大学	北京市	2019 年新增
16	11417	北京联合大学	北京市	2019 年新增
17	91001	国防大学	北京市	
18	10055	南开大学	天津市	
19	10065	天津师范大学	天津市	
20	10068	天津外国语大学	天津市	
21	10071	天津体育学院	天津市	
22	10075	河北大学	河北省	
23	10094	河北师范大学	河北省	
24	12784	河北传媒学院	河北省	
25	10108	山西大学	山西省	
26	10126	内蒙古大学	内蒙古自治区	
27	10135	内蒙古师范大学	内蒙古自治区	
28	10140	辽宁大学	辽宁省	
29	10141	大连理工大学	辽宁省	
30	10154	辽宁工业大学	辽宁省	2019 年新增
31	10165	辽宁师范大学	辽宁省	2019 年新增
32	10166	沈阳师范大学	辽宁省	
33	10173	东北财经大学	辽宁省	
34	10176	沈阳体育学院	辽宁省	
35	10183	吉林大学	吉林省	
36	10190	长春工业大学	吉林省	

续表

序号	院校代码	校名	所在地	备注
37	10200	东北师范大学	吉林省	
38	10203	吉林师范大学	吉林省	2019 年新增
39	10207	吉林财经大学	吉林省	2019 年新增
40	10209	吉林艺术学院	吉林省	
41	10212	黑龙江大学	黑龙江省	
42	10231	哈尔滨师范大学	黑龙江省	2019 年新增
43	10246	复旦大学	上海市	
44	10247	同济大学	上海市	2019 年新增
45	10248	上海交通大学	上海市	
46	10252	上海理工大学	上海市	2019 年新增
47	10255	东华大学	上海市	2019 年新增
48	10269	华东师范大学	上海市	
49	10270	上海师范大学	上海市	2019 年新增
50	10271	上海外国语大学	上海市	2019 年新增
51	10276	华东政法大学	上海市	2019 年新增
52	10277	上海体育学院	上海市	
53	10280	上海大学	上海市	
54	11835	上海政法学院	上海市	2019 年新增
55	10284	南京大学	江苏省	
56	10285	苏州大学	江苏省	
57	10287	南京航空航天大学	江苏省	2019 年新增
58	10298	南京林业大学	江苏省	2019 年新增
59	10319	南京师范大学	江苏省	
60	10320	江苏师范大学	江苏省	2019 年新增
61	10327	南京财经大学	江苏省	2019 年新增
62	11117	扬州大学	江苏省	2019 年新增
63	10335	浙江大学	浙江省	
64	10337	浙江工业大学	浙江省	

续表

序号	院校代码	校名	所在地	备注
65	10338	浙江理工大学	浙江省	2019年新增
66	10351	温州大学	浙江省	2019年新增
67	10353	浙江工商大学	浙江省	2019年新增
68	10646	宁波大学	浙江省	2019年新增
69	11647	浙江传媒学院	浙江省	
70	10357	安徽大学	安徽省	
71	10358	中国科学技术大学	安徽省	
72	10370	安徽师范大学	安徽省	
73	10372	安庆师范大学	安徽省	2019年新增
74	10373	淮北师范大学	安徽省	2019年新增
75	10378	安徽财经大学	安徽省	2019年新增
76	10384	厦门大学	福建省	
77	10385	华侨大学	福建省	
78	10394	福建师范大学	福建省	2019年新增
79	10402	闽南师范大学	福建省	2019年新增
80	10403	南昌大学	江西省	
81	10414	江西师范大学	江西省	
82	10421	江西财经大学	江西省	
83	10422	山东大学	山东省	
84	10427	中国海洋大学	山东省	2019年新增
85	10427	济南大学	山东省	2019年新增
86	10445	山东师范大学	山东省	
87	10451	鲁东大学	山东省	2019年新增
88	11065	青岛大学	山东省	
89	11066	烟台大学	山东省	
90	10459	郑州大学	河南省	
91	10463	河南工业大学	河南省	
92	10465	中原工学院	河南省	2019年新增

续表

序号	院校代码	校名	所在地	备注
93	10475	河南大学	河南省	
94	10484	河南财经政法大学	河南省	2019 年新增
95	10486	武汉大学	湖北省	
96	10487	华中科技大学	湖北省	
97	10495	武汉纺织大学	湖北省	2019 年新增
98	10497	武汉理工大学	湖北省	
99	10511	华中师范大学	湖北省	
100	10512	湖北大学	湖北省	
101	10517	湖北民族学院	湖北省	
102	10519	湖北文理学院	湖北省	2019 年新增
103	10520	中南财经政法大学	湖北省	
104	10522	武汉体育学院	湖北省	
105	10524	中南民族大学	湖北省	
106	10530	湘潭大学	湖南省	
107	10531	吉首大学	湖南省	2019 年新增
108	10532	湖南大学	湖南省	
109	10533	中南大学	湖南省	
110	10534	湖南科技大学	湖南省	2019 年新增
111	10536	长沙理工大学	湖南省	2019 年新增
112	10542	湖南师范大学	湖南省	
113	10543	湖南理工学院	湖南省	2019 年新增
114	10554	湖南商学院	湖南省	2019 年新增
115	10558	中山大学	广东省	
116	10559	暨南大学	广东省	
117	10560	汕头大学	广东省	2019 年新增
118	10561	华南理工大学	广东省	
119	10574	华南师范大学	广东省	
120	10585	广州体育学院	广东省	

续表

序号	院校代码	校名	所在地	备注
121	10590	深圳大学	广东省	2019 年新增
122	11846	广东外语外贸大学	广东省	
123	10593	广西大学	广西壮族自治区	
124	10603	广西师范学院	广西壮族自治区	2019 年新增
125	10607	广西艺术学院	广西壮族自治区	
126	10589	海南大学	海南省	
127	10658	海南师范大学	海南省	
128	10611	重庆大学	重庆市	
129	10618	重庆交通大学	重庆市	2019 年新增
130	10635	西南大学	重庆市	
131	10637	重庆师范大学	重庆市	2019 年新增
132	10650	四川外国语大学	重庆市	
133	10652	西南政法大学	重庆市	
134	11799	重庆工商大学	重庆市	2019 年新增
135	10610	四川大学	四川省	
136	10614	电子科技大学	四川省	
137	10638	西华师范大学	四川省	
138	10651	西南财经大学	四川省	
139	10653	成都体育学院	四川省	
140	11079	成都学院	四川省	2019 年新增
141	89101	四川省社会科学院	四川省	2019 年新增
142	10657	贵州大学	贵州省	2019 年新增
143	10672	贵州民族大学	贵州省	
144	10673	云南大学	云南省	
145	10681	云南师范大学	云南省	2019 年新增
146	10689	云南财经大学	云南省	
147	10691	云南民族大学	云南省	2019 年新增
148	10695	西藏民族大学	西藏自治区	

续表

序号	院校代码	校名	所在地	备注
149	10697	西北大学	陕西省	
150	10698	西安交通大学	陕西省	
151	10702	西安工业大学	陕西省	
152	10709	西安工程大学	陕西省	
153	10710	长安大学	陕西省	
154	10718	陕西师范大学	陕西省	
155	10724	西安外国语大学	陕西省	
156	10726	西北政法大学	陕西省	
157	11560	西安财经学院	陕西省	2019 年新增
158	10730	兰州大学	甘肃省	
159	10741	兰州财经大学	甘肃省	
160	11406	甘肃政法学院	甘肃省	2019 年新增
161	10476	青海师范大学	青海省	2019 年新增
162	10479	宁夏大学	宁夏回族自治区	2019 年新增
163	10755	新疆大学	新疆维吾尔自治区	
164	10757	塔里木大学	新疆维吾尔自治区	
165	10766	新疆财经大学	新疆维吾尔自治区	

15.1.4　出版专业硕士点

表 15-4　**2018 年全国出版专业硕士点分布情况**

序号	院校代码	校名	所在地	备注
1	10015	北京印刷学院	北京市	
2	10559	暨南大学	广东省	

续表

序号	院校代码	校名	所在地	备注
3	10319	南京师范大学	江苏省	
4	10140	辽宁大学	辽宁省	
5	10427	济南大学	山东省	
6	10574	华南师范大学	广东省	
7	10592	广东财经大学	广东省	
8	10602	广西师范大学	广西壮族自治区	
9	10674	昆明理工大学	云南省	
10	10691	云南民族大学	云南省	
11	10542	湖南师范大学	湖南省	
12	11902	南昌大学	江西省	
13	10285	苏州大学	江苏省	
14	10610	四川大学	四川省	
15	10475	河南大学	河南省	
16	10269	华东师范大学	上海市	
17	10718	陕西师范大学	陕西省	

15.2 新增新闻传播学一级学科博士点建设规划

15.2.1 安徽大学新闻传播学一级学科博士点建设规划

安徽大学新闻传播学学科将在未来五年内完成如下工作：

1. 强化各研究方向的特色彰显

新闻传播学是研究新闻活动、传播活动及其他人类传播现象的交叉学科。未来五年，该学科将着力在新闻学、传播学与媒介文化史三个研究方向的建设上下功夫。以“顶天立地，彰显特色，问题导向，现实关怀”为科研发展方针，深化基础研究与应用研究并重的科研发展思路。巩固新闻传播史论研究的传统优势，打造国内一流水平，培育国家社科基金重大项目；以舆情与区域形象研究中心的建设为抓手，以新型智库建设为重点，强化科研服务地方经济社会发展的能力。

新闻学方向始终面向新闻理论的重大问题，推进新闻学研究的中国化，“马克思主义新闻观与新闻舆论”是该方向重点关注的领域，围绕马克思主义新闻理论、当代媒体舆论引导格局、新闻传播法治等方面的研究已有丰富成果，在学术界产生了重要影响。

传播学方向重点关注“媒介文化与媒介话语转型”，聚焦新媒介环境下中国的传媒现象、媒介事件及媒介话语，从传统以“报学”为中心的理论体系，转向“网学”体系；从“线性”话语模式转向“网状”模式；从静态的“文本”分析转向动态的“实践”分析。在该领域走出了一条跨学科、有创新的研究路径。

媒介文化史方向重点研究“近现代中国报刊与舆论建构”，将传媒与社会舆论的嬗变结合起来，打通新闻传播史与文化史之间的隔膜；关注影响社会舆论变迁的各种媒介因素，构成一个舆论史研究整体。

2. 完善博士招生设计与课程设置，强化博士生的培养质量

(1)完善硕博连读、申请审核制博士招生与培养的制度设计，设置博士中期考核制度，强化对博士生中期学业水平考核。

(2)完善博士课程设计，强化专业选修和跨学科选修课程的设置，加大对博士生在研究方法、研究伦理方面的学术训练，鼓励博士生参与大型科研课题的研究，培养他们独立开展并完成科研课题的能力。

(3)着力培养博士生在人文素养、掌握新闻传播学科领域里的新闻学、传播学等分支学科的核心概念、基础理论、研究方法、国内国际研究前沿，尤其要强化博士生对于新传播革命、传媒技术变迁、传媒业的变革逻辑认知与理解。

(4)切实提升博士学位论文质量。按照“预开题—小组开题—中期考核—预答辩—答辩”的路径实行全流程管理。

(5)博士培养方案的修订。三年培养结束后，总结第一轮年博士生培养的经验与问题，理顺博士生培养各个环节的关系，做好博士生培养的规模、方案设计与修订、课程设置等工作。

3. 博导培育与引进

(1)集中力量在学院现有力量中培育学术中坚，丰富博士生导师队伍。

(2)引进国内外本学科顶尖的高层次人才1~2人。吸纳国外著名大学博士1~2人。延揽具有业界经验、计算机(数据挖掘)背景、舆情分析经验的博士及博士后1~2人。

(3)努力建立博士后流动站，为师资队伍培养和发现人才。

15.2.2 湖南师范大学新闻传播学一级学科博士点发展规划

湖南师范大学新闻传播学一级学科博士点于2017年获得授权，填补了湖南省新闻传播教育的空白。新闻传播学一级学科博士点包括新闻学、传播学、新媒体传播及编辑出版学4个学科方向。现从师资队伍、人才培养、科学研究、社会服务、文化传承创新、国际交流与合作等方面，简要介绍近3年博士点的发展规划：

1. 师资队伍建设

坚持引培并举、德才兼备的原则，致力建设新闻学、传播学、新媒体传播、编辑出版学4个学术团队，打造一支年龄结构、职称结构、学缘结构合理，研究水平和研究成果位居国内前列的师资队伍。依托国家、湖南省相关人才引培工程和学校实施的“世承人才计划”“潇湘学者计划”，积极引进国内外名校博士毕业生，培养学科带头人和中青年骨干。按照研究方向，有计划、有重点、有步骤、有层次地培养学科队伍。第一层次，重点打造3~4名在国内新闻传播学界有重大影响的学科带头人。第二层次，重点培养5~6名学科骨干。积极开展学院和湖南省主要新闻出版单位从业人员的互聘工作。

2. 人才培养

坚持立德树人这一根本任务，秉承湖南师范大学“仁、爱、精、勤”的优良传统，遵循“立足湖南、服务全国、强化特色、力争一流”的办学定位，努力培养具有坚实文化底蕴、高远理论视野、过硬专业技能和自主创新精神的新闻传播学高层次专门人才，即具有厚实的人文、社会科学知识和专业基础，熟悉新闻传播的历史和现状，掌握本学科的最新进展，适应网络与信息时代和产业化发展的要求，在某一专业领域或学科方向有深入研究，能独立从事学术研究和实践活动。计划每年招收博士生8~10人，大力支持博士生开展专题调研、组织学术沙龙、参加国内外重要的学术会议。按照《新闻传播学博士研究生培养方案》的要求，不断提高人才培养质量。

3. 科学研究

坚持问题导向，主动对接当前新媒体技术、媒体融合发展、舆情监测与管控、全民阅读等现实问题特别是事关全国全省新闻出版业改革发展全局性、战略性、前瞻性的问题，整合学术资源，加强习近平新闻舆论思想研究和内参研究，组织重大课题研究，推进理论创新。积极营造浓厚的学术氛围，定期开展与研究方向有关的学术活动，完善激励机制，全面激发教师、博士生科学研究与创新活力。在承担高级别科研项目，获得高级别奖项等方面有突破。获得国家社会科学基金重大项目或教育部重大攻关项目 1~2 项，国家社会科学基金重点项目 1~2 项，获省部级科学研究优秀成果奖 1~2 项，发表有重大学术影响的权威期刊、重要期刊论文和其他有重大学术影响的论文 20 篇以上，推出高质量的智库成果若干。

4. 社会服务

瞄准国家和省内经济社会发展面临的重大热点难点问题，以马克思主义新闻观为指导，提高博士点重大决策咨询能力和社会服务能力。建设新型智库，成立“县级融媒体建设研究中心”，以高质量的研究成果服务于党和政府治理工作的需要，提升博士点在服务党和国家经济社会发展方面的贡献度和话语权，为湖南新闻出版事业发展提供智力和理论支持。

5. 文化传承创新

深入研究中华优秀传统文化和中国特色社会主义文化的内涵，探索中华文化对外传播的规律，充分挖掘湖湘文化资源，发挥博士点在文化传承、文化传播与文化创新上的独特功能和作用。强化专业特色，利用学科优势，在中华文化对外传播、中华文化“走出去”、讲好中国故事，传播中国声音等方面发挥作用。

6. 国际交流与合作

争取中外合作办学取得突破，引进和融合国外优质教学科研资源，提升博士点国际化程度。健全和完善学术交流机制，扩大博士点影响。与国外知名高校科研团队开展合作，联合培养博士生。支持专任教师、博士生到国外或港澳台地区参加国际学术会议，开展学术交流。将国外优质教育资源有效融合到教学科研全过程，制订科学合理的计划，培养充分适应社会的卓越人才。

15.3　2018年毕业博士及博士论文题目

2018年，全国新闻传播学博士论文水平较高，内容紧跟时代，如表15-5所示：

表15-5　　新闻传播学博士生学位论文篇目

学校名称	姓　名	博士论文题目
中国人民大学新闻学院（40）	范　敏	热点事件公共讨论中的多元表达研究 ——基于批评话语分析的视角
	公克迪	互联网环境下的品牌传播策略研究：基于受众节点和网络人际关系系统的思考
	文武英	中国命运决战的舆论前奏——国共舆论斗争史(1941. 12—1943. 10)
	赵丽君	西方民意调查中的"中国国家形象"研究
	张　宁	社会化媒体时代的品牌接触行为研究——基于品牌关系视角
	刘波	微信谣言传播机制研究
	韦英平	出版业转型模式 ——面向用户个性化需求的场景知识服务
	陈立敏	角色重塑—新媒体生态下新闻从业者职业流动研究
	黄丽丽	媒介形态转型与受众观的变迁——传播学理论对受众的想象与建构
	郑沅教	新媒体与政治参与：以弹劾朴槿惠总统烛光集会为案例
	赵战花	中国新闻史学史研究
	朱立芳	改革开放以来中国主导新闻价值观念变迁研究
	王　硕	国家的国际传播研究
	谢建东	中国共产党主要领导人互联网思想研究
	张成良	关系视野中的媒介变迁
	陈　孟	网络语言现象研究

续表

学校名称	姓　名	博士论文题目
中国人民大学新闻学院（40）	王鲁亚	言论报道、情报调查、外交谈判——多元视角下的《朝日新闻》与近代中国（1894—1945）
	张　萌	中俄媒体合作与战略传播的耦合：内涵、动因、路径
	王梦宇	认知差异机制下的中国国家形象建构研究：理论框架与实践方案
	李永凤	内蒙古地区形象传播研究
	周　冲	大数据时代的删除权研究
	蒲信竹	新媒体时代重大突发事件风险沟通的话语研究
	方　惠	传播技术决定论的观念及论争
	单晓颖	全球网络空间秩序研究
	费杨生	论中国股市流言传播的"媒体效应"
	冯建华	网络信息治理的刑法边界
	童文杰	手机视频 APP 的传播机制研究
	黄琦翔	基于大数据技术的个性化广告效果评估模型研究
	虞国芳	记忆与认同："中国记忆"的影像建构——基于中国纪实影像生产的研究（1949—2017）
	姚　飞	互联网知识付费平台的用户分析与对策机制研究
	潘佳宝	抑郁症患者的信息寻求与疾病认知：健康传播视角下的实证研究与分析
	曹　璞	试论互联网企业参与下的电影生产场域权力变迁
	王　军	版权保护强度与传媒产业绩效间的关系研究
	曲　慧	秩序重构：流动现代性视域下的媒介消费研究
	王　田	影视公司价值评估模型的构建及其有效性分析
	潘亚楠	美国海外文化外交平台"美国空间"多维度研究
	骆静雨	20 世纪 80 年代中国成长电影中的男性形象研究
	胡岑岑	新世纪中国明星身体形象的建构
	李宝玉	广播与民族国家想象：中国早期广播社会文化史（1923—1937）
	赵　璇	基于大数据的视听信息传播效果评价指标体系研究

续表

学校名称	姓　名	博士论文题目
复旦大学新闻学院（17）	汪　敏	改革开放以来的中国畅销书生产研究
	何建华	《中国好声音》模式与文化全球化竞争
	沈　颖	Social CRM 的创新价值和理论意义
	李永智	媒介环境对教育的重塑：理念、体系、内容
	朴由敬	媒体融合环境下以历史的角度分析中韩两国的电视媒体平台与内容之间的竞争和博弈
	黄红英	中国国家领导人公共形象传播研究
	钱佳湧	技术与媒介的互构：晚清《申报》关于电报的认知与实践
	蔡润芳	技术、资本与数字劳动：数字平台的传播政治经济学研究
	单　凌	谁在记忆：媒介、创伤与“犹太难民在上海”
	王智丽	精致的操纵：后冷战时期美国的新宣传研究
	谢晨静	中国电视剧产业组织优化研究
	周　雅	广播媒介的记忆生产研究：以中央人民广播电台为例
	高存玲	“网络城市”中的都市报转型——以山东青岛半岛都市报为例
	易红发	媒体议程对个人议程的影响——基于 Twitter 的大数据文本挖掘
	唐荣堂	信仰、组织与沟通：中国共产党早期的政治传播(1921—1927)
	史春晖	红色经典的“新中国”想象(1949—1966)——基于媒介视角的研究
	黄文森	网络化媒体：社交网络中新闻扩散的结构与过程
中国传媒大学（117）	燕　频	赵玉明广播电视史学思想研究
	刘秀梅	《申报》77 年社会新闻报道研究(1872—1949)
	卞　娜	性别视角下的媒介暴力问题研究
	王　荣	环境传播议题建构研究：以《人民日报》“贴吧”“知乎”为例
	缑　赫	数字媒介使用对学龄前儿童社会情绪发展的影响研究
	张　超	音乐广播的符号学研究
	马缘园	文化政治学视阈下的网络舆情研究
	何　婧	小野秀雄新闻思想研究
	郭　政	广播发展创新研究：基于声音的认知心理学视角

续表

学校名称	姓　名	博士论文题目
中国传媒大学（117）	黄桂萍	媒介地理学视域下的广东纪录片发展研究
	包圆圆	互联网媒介功能演进：从信息传播到应用服务
	周笑盈	日本电视产业价值链发展研究——基于价值链“钻石模型”的视角
	杨　磊	移动传播研究
	万　莹	媒介进化与青少年社会化的关系探究——以社会化主体及内容为研究对象
	徐　锦	“国家-市场-社会”视角下中国纪录片产业研究
	刘　晴	纪录片非纪实性视觉语言体系研究
	孟繁静	中国电视体制和运行机制的发展变迁研究(1983—2018)
	刘小燕	国际新闻翻译研究
	刘亚娟	商业门户网站新闻伦理道德问题研究——基于田野观察的研究方法
	王　辉	数字时代著作权扩张与限制研究
	张凤杰	数字网络时代我国版权文化建设研究
	张国功	“人民出版”规范下的文学出版 ——人民文学出版社(1951—1966)研究
	EUAJARUSPHAN，ADIPON	Agricultural Information Transmission：A Perspective of Thailand Farmer's Media Usage
	王晓丹	中国网络文学平台的版权运营研究
	白洪谭	图构中东北非地区的阿拉伯媒体——一种跨文化传播政治经济学的思考
	王文岩	空间化·仪式化·媒介化：数字化表演艺术的跨文化传播研究
	周　琼	互联网群体传播对社会秩序的冲击
	赵　津	美国真人秀节目的内容生产与传播——以天桥骄子为例
	张雪静	媒介融合视域下跨屏受众行为及影响因素研究
	陈文沁	全球恐怖主义语境中媒体责诘国家现象研究——以英国报纸有关伦敦与巴黎恐袭事件报道为例
	李　贞	我国当前出版 IP 产业研究
	邓德花	《朝日新闻》在日本侵华战争中的活动及影响
	王　飚	国际传播转型中的中国企业海外投资传播战略研究
	杜海滨	当代美国新闻文化研究

续表

学校名称	姓　名	博士论文题目
中国传媒大学(117)	HAREEDY, IMAN	Towards A Theory of Public Diplomacy from The Perspective of Public Relations: A Comparative Public Diplomacy Data of 20 Arab Embassies In Beijing.
	NIEVA VALENTE, ORLANDO	The Preventive Journalism for Citizen Security in Television Media in Peru
	Cui, Fang Yuan	"There is nothing like Australia": tourism communication and nation branding strategies of Australia
	周培源	沟通与制衡：媒体融合背景下党报政治传播力的功能研究
	别君华	媒介智能化与网络社会的智能化——从媒介环境学理论视角出发
	叶　珲	屏幕与故土：二代英国华裔移民媒介使用研究
	廖梦夏	民族国家身份演变的媒介动力：反全球化语境中的英国脱欧研究
	秦　莹	全球消费市场中品牌关系的互动传播
	胡邦胜	新时代中国国际传播观研究
	薛诗怡	国际争端视域下的北极报道研究
	段　锐	国家政治仪式传播研究
	刘浩冰	改革开放以来民营书业的发展变迁研究——以传播政治经济学为视角的分析
	周书环	传播技术发展视角下英美国家淫秽色情规制标准的变迁
	罗永雄	新时期中国舆论研究的进路(1978—2017)
	VICTORIA ELIZABETH CANN	The Representation and Perception of China's Public Diplomacy in the Anglophone Caribbean
	MUHAMMAD YOUSAF	News Media Roles in Bridging Gap of Our Society: Consensus Function of Agenda-Setting
	SIMON MATINGWINA	Social media usage in political participation and its implications on national security: A case study of Zimbabwe
	PRADHUMNA POUDYAL	Public relations strategies for crisis management in Nepal: challenges and approaches

续表

学校名称	姓　名	博士论文题目
中国传媒大学(117)	徐红梅	中国电视剧台词特征及功能研究
	马　慧	安托南·阿尔托经典化研究
	侯　玥	网络广告创意变革与传播机制研究
	李文慧	中国早期戏剧形态研究
	邵清风	中国电视剧文化生态发展研究
	徐立虹	1980 年代以来美国电影理论的新发展及其对当代中国电影研究的启示
	刘　韬	数字交互体验新论：以智慧学习元认知体验的交互边界研究为例
	Hao，Yi Ren	健康管理游戏化：智能手机戒烟应用的游戏化设计
	俞丽伟	梅兰芳演出剧目的生成与递嬗
	刘慧姣	家族化管理与中国早期电影生态(1905—1937)
	包　磊	从存在到演化：中国系列电影研究
	纪晓楠	伤痕中的滑稽与崇高——韩国黑帮电影人物形象建构研究
	张　妮	中国电视综艺节目文化互动研究
	张亚丽	文化遗产数字化中的动画传播研究——以法海寺壁画色彩数字化为例
	蒋希娜	指向知识思维培养的学前严肃游戏设计研究
	李　鹏	潜意识作为灵感之源——今敏动画作品中的"角色潜意识影像"研究
	孙鸿妍	形式的生命——偶动画美学研究
	蒋莹莹	儿童动画产业品牌化经营研究
	冯　杨	文物数字产品的符号学系统建构研究
	郑海昊	数字图像行为基础理论构建研究
	苑笑颜	艺术史视阈下博物馆当代性意义研究
	张陆园	作为艺术媒介的屏幕演进研究
	吴　昊	寻"我"的审美历程——中国现实题材电视剧中的女性人物形象研究
	张　烨	重返纪录片本体：非虚构运动影像的空间生成
	苏米尔	VR 影像叙事：时空创设与审美研究
	赵　益	制片生态变革与电影创作发展——关于九十年代以来中国电影的一个研究视角

续表

学校名称	姓 名	博士论文题目
中国传媒大学（117）	张默然	启蒙教化、审美感性与意识形态的融合与分化——中国早期电影理论史（1897—1930）
	褚 儒	动作电影的身体表征
	王 博	新时期中国电影戏仿现象研究
	王 冠	电影叙事中的“突转”现象研究
	邬丽云	势场有限元法与灰色智能组合模型及其应用研究
	宋 卿	中文新闻信息抽取关键技术研究
	温宇俊	中文新闻推荐关键技术研究
	阳小珊	基于 NAND 闪存的固态盘可靠性测评方法研究
	方 超	间隙波导传输线理论与应用研究
	刘志强	基于剪切波变换域的遥感图像处理技术研究
	刘啸岚	织物参数提取和可穿戴天线研究
	聂 阳	基于压缩感知的 DRM 信道估计及导频优化研究
	石 拓	基于环境数据的犯罪空间分析模式及算法研究
	王 然	求解电磁场若干正反问题的势场方法研究
	潘 达	基于深度卷积网络的自然失真图像质量评价方法研究
	李 皓	“媒体云”环境下视频服务安全管控框架及关键技术研究
	蔡旭芬	面向不平衡数据流的在线学习与评价指标优化
	李晓明	面向视频传输的 SDN 网络调度与服务优化
	张 迪	序列大数据挖掘算法研究与应用
	冯东煜	对象存储系统小文件组织优化研究
	龚 超	电视出镜记者现场报道语体研究
	郝 琳	现代汉语若干否定格式的语用研究
	肖方平	金代《广集韵》辑佚与研究
	刘 鹏	《人民日报》语言发展研究
	刘 宇	电视娱乐节目主持语言互动性研究——以《快乐大本营》为例

续表

学校名称	姓　名	博士论文题目
中国传媒大学（117）	WONGWARO，WANTANEE	泰国学生学习汉语偏正关系关联词语偏误分析
	李明刚	华南地区新文学的发生
	宫春辉	“央视新闻”微信公众号新闻语篇的计量语体研究
	周冬梅	汉语作为第二语言的网络课程质量评价研究
	李　琰	面向海外新闻语篇特点研究
	张美涛	类型学视野下汉维连贯复句对应表达比较研究
	龙　飞	话语意义的可计算性研究
	朱　琛	大数据研究的审视与反思——中外传媒学术期刊的比较分析
	何　晨	中国消费电子业营销传播发展历程的研究（1978—2016）
	Zhang，Ting Ting	中国城市形象传播研究（1978—2016）
	付姝姣	互联网对中国电影产业的影响
	杜怿平	《文化产业中的粉丝情感：从情绪到资本》
	郭　鹏	互动营销论——基于搜索、社交、电商的视角
	王　水	品牌故事研究：以长寿企业为例
	葛欣航	国际背景下中国动漫产业政策及政策效果研究
	安　乐	中国文化众筹的融资模式及融资绩效影响因素的研究
	宋朝丽	国有博物馆藏品文创开发的产权初始分配研究
	崔艳天	城市文化空间创新活力机制研究
	王克明	传媒产业盈利模式演化研究
	孙　良	媒介融合视阈下的主持人媒介素养研究
	郑珊珊	新媒体环境下主持人出阿波角色的演变
	朱　瑞	我国涉农节目播音与主持发展研究
	李峻岭	融媒介生态下主持人传播的场景重构与价值重估
	王文君	大陆对台节目播音主持发展研究
	王　蒙	艺术期待的表现与认知问题研究

续表

学校名称	姓　名	博士论文题目
北京大学新闻与传播学院（17）	薛松岩	构建传播新秩序背景下的中国政府传播策略研究
	王素君	品牌危机传播管理的数字智能化转型研究：基于创意传播管理（CCM）理论
	李思闽	网络“海潮音”——北京龙泉寺的媒介实践分析
	翟秀凤	中国网络内容平台的商业机制和劳动控制研究
	郭　立	会展的国际传播力研究
	刘　源	清廷与蒙古藩部的周边文化传播研究
	钟棉棉	中国传统节庆文化周边的传播路径和对策研究
	唐　红	网络媒介的使用与塔什库尔干县塔吉克人身份建构研究
	周　慎	公共人的崛起——公共交往互动与社会有机团结研究
	石晨旭	中国本土广告公司发展研究（1992—2001）
	林　超	感知科幻电影：身体，技术与未来
	张　倩	二战后的中日历史话语与修辞比较研究
	柯一嘉	国民信息安全研究
	靳　戈	中国网络视频产业发展战略研究
	布玛丽亚木买买提	传播与维吾尔村落的变迁——南疆地区依克萨克村的民族志研究
	唐聖瀚	数字时代设计公司商业模式创新研究
	爱丽丝	欧美食品安全社交平台风险传播策略研究——以 EFSA 和 FDA 为例
清华大学新闻与传播学院（17）	柴　焱	电视用户跨屏视频使用行为研究
	李宏刚	国难时期的边疆动员——《新疆日报》抗战宣传研究
	王　晶	再中心化：社交媒体混合语境下的集体记忆建构
	郑维雄	华语影片国际传播能力建构
	金容敬	日本殖民朝鲜时期（1910—1945）在华朝鲜人报刊研究
	邱新有	乡村政策传播中的信息稳与信息博弈研究
	胡曙光	抗战时期《云南日报》的话语建构研究（1937—1945）
	史　林	科学媒体化：表征、感知及影响因素研究
	李海波	“业余路线”：延安时期新闻大众化运动研究

续表

学校名称	姓　名	博士论文题目
清华大学新闻与传播学院（17）	石　泽	内蒙古自治运动中的宣传研究(1945—1947)
	吐尔孙·艾拜	中国维吾尔语传媒研究
	朱小妮	主流媒体身份研究
	王连峰	智慧城市背景下的政府公共传播理念与实践路径研究
	宁丽丽	社交媒体用户劳动及其异化研究——基于微博的考察
	廖鲽尔	中国少数民族议题的全球传播：文本、事件与经历
	王宇琦	科学风险议题的媒介话语与政府回应
	郑　雷	中国新闻管理制度变革研究
中国社会科学院研究生院(2)	熊　颖	震裂锁链：民间妇女组织性别文本生产与传播研究
	孙彦然	当代中国的外国移民管理思想和体系建设——基于身份建构理论的中美经验对比研究
华中科技大学信息与新闻传播学院（15）	王波伟	社交媒体使用的数字不均与代际学习 ——基于家庭世代主体的实证考察
	陈佳丽	传播与流变：媒介视野下近代西方卫生知识与观念转型(1840—1937)
	丁　捷	“官”、“报”之间：清末新政中的《北洋官报》研究
	郭　缨	移动传播时代听觉回归研究
	陈文泰	国际社交网络中“政府实在”表征研究
	严小英	处于十字路口的印尼华人：新时代在中国崛起背景下的后苏哈托身份困境
	陈虹虹	集体记忆的媒介实践研究：以南京大屠杀纪实影像为中心
	李瑞芳	再现和竞争：健康风险新闻传播研究
	王创业	媒介化的死亡政治：权力规训与真理生产(1976—2016)
	栾　颖	视频社交：关系视域下网络直播的人际交往研究
	吴　丹	新媒介动员与集体抗争：基于武汉 H 小区拟建临终关怀医院的个案研究
	周高琴	社交媒体中的恐慌性谣言传播研究
	李秋华	新媒体品牌力的框架构建和实践探索
	舒　展	社会化媒体嵌入区域传播及影响——基于腾讯区域化的实证研究
	马雪怡	泰国国际广播新闻议题和话语分析—— 以 2015 年维吾尔偷渡事件为例

续表

学校名称	姓　名	博士论文题目
武汉大学新闻学院（39）	马　原	中国电视媒体的社交化转型研究
	蔺玉红	公民新媒体参与社会治理研究
	蔡鹏举	广州城市媒介形象的优化研究
	王　艳	书写、沟通、交往：老年人微信使用与自我赋能研究
	吴洪斌	媒介化社会中医患冲突的风险传播研究
	赵　伟	超越资本主义的激进想象—美国另类媒体对反全球化运动的构建研究
	彭　松	中国电视新闻话语的衍变—基于央视《新闻联播》的个案研究
	李　轲	“日常生活”下多终端使用行为研究
	徐福山	中国画的跨文化传播：认知图景、文化机制与创新路径
	郭　辉	媒介融合背景下地市媒体发展路径研究
	姜　涛	中国传媒产权制度的历史变迁与现实建构研究
	支英琨	“互联网+”背景下的都市报经营体系转型研究——以半岛都市报为例
	王　娟	我国报业平台化发展策略研究
	冯济海	当代中国汉地僧俗交往实践——一项围绕迦叶寺的研究
	王继周	生命的政治：媒介、视觉交往与都市空间——一项基于武汉市东湖绿道的传播人类学研究
	余　榕	微信平台的灾难新闻传播研究——以“2・15 海口大雾”事件为例
	李　京	雾霾议题传播的风险放大研究
	龚新琼	劳动节的媒体记忆研究——以《人民日报》为例（1950—2017）
	夏忠敏	中国网络直播产业研究——基于 SCP 范式
	杨　雪	中国 IP 影视产业国际竞争力提升研究
	熊　敏	“互联网+”背景下中国报业组织结构变革研究
	邓　敏	移动时代新型垂直媒体创新能力影响机制研究
	奚路阳	创意共享与品牌共创：消费者增权视角下的营销传播变革研究
	席　德	美国主流媒体与另类媒体：美国在巴基斯坦的无人机战争
	凌惠惠	中美社交媒体图片传播比较研究——以美国《Pinterest》网站和中国《色影无忌》网站的图片传播为例

续表

学校名称	姓　名	博士论文题目
武汉大学新闻学院(39)	胡海南	博弈论视域下报业广告经营研究
	陈　航	重大灾难事故政府新闻应急处置研究——以“东方之星”客轮翻沉事件为例
	李志雄	新媒体环境下大学形象自我呈现研究——基于戈夫曼的拟剧理论视角
	李宇峰	社会交往、空间使用与社会关系的重建——对昆明市城市老年移居者运动休闲活动的考察
	曹　艳	新型陌生人跨文化交往的情感体验研究——基于对 Couchsurfing 网站中国内地沙发主群体的调查
	杨金瑞	数字传播技术驱动下的多媒体新闻叙事重构
	王少南	我国媒体建构社会共识的现状与策略研究——以邻避议题传播为中心的考察
	黄伟迪	个体的组织化：中国新闻生产中的通讯员、线人与拍客
	李　婧	知识越多越信任？——互联网医疗知识传播与医患信任研究
	李小光	正义、冲突与责任：《人民日报》农村社会问题报道的框架分析(2004—2017)
	刘丽华	自然灾害微博舆情的社会计算模型建构研究——以情感分析和主题建模为基础
	袁　侃	中国电视法治公共领域的建构与演变——以央视涉法传播实践为例
	周亚齐	用户感知价值、社群社会资本对社群经济影响的实证研究
	陈瑜嘉	企业家媒介前台化行为对品牌资产的影响研究——消费者视角下的实证分析
暨南大学新闻与传播学院(11)	陈英程	旅美华侨华人抗争传播实践及其传播理念研究(1894—1916)
	郭亦乐	党报经济新闻报道框架研究——以《南方日报》为例
	李　苗	增强现实在营销传播领域的应用研究
	钟之静	新媒体语境下都市报品牌资产管理研究(基于受众视角)
	万木春	作为知识创新组织的当代中国广告企业生产力研究
	王　媛	社交媒体中口语传播的交互性研究
	张冉妮	新生代农民工新媒体使用特征与主观幸福感研究
	陈瑞华	身体“再文化化”：移动社交媒介交往形式研究
	王雪晔	农民工表演式抗争的图像政治研究
	梁海明	冲突与沟通：“一带一路”跨文化传播现状与策略研究
	公丕钰	竞合之间：参与传播视域下我国邻避冲突治理机制研究

续表

学校名称	姓　名	博士论文题目
厦门大学新闻传播学院（10）	侯凡跃	水墨画的审美心理机制与水墨广告的效果研究
	李　辉	詹姆斯·W. 凯瑞的传播思想研究：以公民共和主义民主为框架
	许丽华	从隔绝到交流：台湾报纸大陆新闻叙事研究——以 1981—2010 年《“中央日报”》、《“中国时报”》、《联合报》、《自由时报》为例
	王惠蓉	福建“海丝”文化产业发展研究——以“地方感”的建构为视角
	石　迪	社会网络视野下少数民族村民的移动媒介使用及影响研究——以河坝村为例
	黎　鲜	台湾《联合文学》杂志发展史研究（1984—2017）——以经营策略和编辑理念为中心
	Elizabeth Susanti Gunawan	中国品牌国际传播的修辞分析——基于品牌网站和全球广告研究
	陈路遥	1930 年代《玲珑》杂志强国强种的民族主义媒介表述
	韩锡鹏	先秦道家传播观念研究
	陈若萱	台湾无线电视媒介制度变迁研究（1951—2017）——历史制度主义的视角
四川大学文学与新闻学院（13）	张　诚	用户考量下地方传统媒体客户端的新闻生产优化：基于 S 省的实地研究
	王江蓬	新媒体生态下我国电视新闻栏目品牌的再构研究
	杨　珊	媒介技术视角下中国 UGC 内容生产方式变迁研究
	梁湘梓	作为媒介记忆的影像：中国历史人文纪录片记忆的呈现研究
	胡　畔	传播学视阈下的四川藏羌彝非遗研究
	王慧敏	组织传播在员工激励机制中的应用研究
	李　倩	社交媒体使用与女性大学生的自我展示研究
	舒三友	新媒介环境下职业新闻人复杂性思维方式研究
	王媛媛	场域变迁视角下我国社会主义意识形态传播困局和对策研究
	曹漪那	英美学界中国社交媒体研究
	帅志强	文化认同视域下妈祖图像的生产与传播研究——以湄洲妈祖祖庙为例
	刘一辰	文化批评视野中美剧在华传播历程研究
	陈云萍	中等城市文化产业与科技融合发展研究——以中国科技城绵阳为个案

续表

学校名称	姓　名	博士论文题目
浙江大学传媒与国际文化学院（8）	杨舒蕙	流动的边界：艺术世界中的边界实验
	黄柳菱	德龄家族的人生剧本传播研究
	胡晓梅	网络游戏中的自我认同建构 ——以青少年玩家为例
	王　蔚	社交媒体平台老年群体的健康信息行为研究
	周　颖	亚洲主张：全球传播背景下的亚洲传播理论研究
	方振武	媒介体制与社会信任：基于欧洲 12 国的比较研究
	龙　强	从宣传到霸权：社交媒体语境下党媒的传播调适
	唐　娟	农村留守儿童的网络使用与自我认同研究
南京师范大学新闻与传播学院（5）	牛耀红	网络公共空间与乡土公共性重建——基于一个西部农村的考察
	张　朋	民国新闻人陈独秀研究
	陈甜甜	环境传播中的媒介动员：以我国雾霾事件为例（2000—2017 年）
	王少磊	“互联网尺度”下的公共事件
	吴　翔	戈公振新闻思想演变研究
	刘　伟	马礼逊对华传播活动研究
国防大学（5）	刘明峥	“无媒介传播”
	张　涛	青年官兵媒介使用与军人身份认同研究
	张晋华	美国政治动员传播研究
	连小童	我军先进军事文化对外传播研究
	杜克丹	新时代下军事新闻舆论人才培养创新研究
上海大学新闻传播学院（6）	方　茜	印象派绘画在近现代中国传播研究（1905—1937）
	樊中华	城市空间：传播与社会信任
	狄　丹	中美新型大国关系视域下 APEC 会议沟通机制研究
	李艳松	施拉姆传播思想研究
	聂鑫焱	中国—东盟博览会沟通机制研究
	李　翔	沟通、交往与控制：中阿博览会合作机制研究

续表

学校名称	姓　名	博士论文题目
华东师范大学传播学院（5）	杨　会	从视觉节奏到生命律动：诗意纪录片研究
	陈树超	教育动画研究：本体、形式与功能
	张雯雯	中国当代公益广告话语变迁研究(1986—2016)
	邵　慧	媒介转型时期网络新闻伦理失范研究
	秦　静	国外纸媒涉华气候变化报道中的中国国家形象研究(2007—2017)
河北大学新闻传播学院（6）	王敬照	白洋淀生态报道研究(1972—2017)
	曹　磊	媒介现代化进程中的中华民族构建研究
	韩韶君	雾霾风险议题的主流媒体建构——以《河北日报》为中心
	Arif Muham-mad	International Media Coverage of China: A Comparative Analysis of AI-Jazeera English and BBC News(2013—2014)
	刘伟娜	《妇女杂志》女性形象传播研究
	都海虹	《北洋官报》研究
山东大学新闻传播学院(2)	徐　苒	城市品牌的受众感知及传播策略研究
	于　淼	中国城市社区网络空间公共性透视

15.4　2018年各个博士点、硕士点招生与毕业学生统计表

此处统计26所学校新闻传播学博士点、167个硕士点招生与毕业人数情况，部分学校数据暂未公开，如表15-6、表15-7所示。

表15-6　**2018年新闻传播学博士点招生与毕业学生统计表**

序号	单位名称	招生人数	毕业人数
1	中国人民大学	34	40
2	中国传媒大学	188	117
3	复旦大学	19	17

续表

序号	单位名称	招生人数	毕业人数
4	武汉大学	21	39
5	清华大学	32	17
6	华中科技大学	16	13
7	北京大学	9	17
8	四川大学	13	18
9	浙江大学	18	8
10	暨南大学	16	10
11	厦门大学	10	7
12	上海大学	19	6
13	华东师范大学	10	5
14	山东大学	4	2
15	河北大学	5	6
16	中国社会科学院研究生院	4	2
17	南京师范大学	6	6
18	国防大学	1	4
19	天津师范大学		
20	上海交通大学		
21	安徽大学		
22	南昌大学		
23	郑州大学		
24	湖南师范大学		
25	深圳大学		
26	西南政法大学		

（注：除了以上博士点，还有一些新闻院校进行了新闻传播学科的博士生培养，如南京大学新闻与传播学院，2018 年博士招生了 17 人，5 人毕业。孙文峥博士论文：《话语建构与主体实践：中国人学英语的传播社会学研究》；张龙博士论文：《风险传播视角下的新生代农民工城市适应研究》；申中华博士论文：《新疆阿克苏地区汉民人际传播网络建构与社会融入的扎根理论研究》；王志海博士论文：《从接纳到再生产——旅游传播中的创新扩散研究》；石锋博士论文：《都市报的衰落与“组织的失范”——〈新疆都市报〉田野研究》。中山大学传播与设计学院 2018 年招生了 4 名博士，4 名博士毕

业。吴梦园博士论文：《性别，身体与国家——民国两种女子运动身体及其语境考察(1912—1937)》；陈鹏博士论文：《"错位时刻"的话语交响：国有企业改革与政党国家话语形构(1995—2000)》；张艺博士论文：《审美与致用——中国现代化进程中美术革命的流变(1912—1937)》；刘琛博士论文：《Web2.0时代的流行文化：受众、生产与文本的变迁——以中国网络剧为例》)

表15-7　**2018年各硕士点招生与毕业学生统计表**

序号	授权单位名称	招生人数	毕业人数
1	安徽大学	110	109
2	安徽师范大学	42	41
3	北京大学	97	82
4	北京工商大学	50	37
5	北京交通大学	13	11
6	北京联合大学	0	0
7	北京师范大学	58	51
8	北京体育大学	38	31
9	北京外国语大学	24	22
10	北京信息科技大学		
11	北京印刷学院	23	29
12	北京邮电大学	14	17
13	北京语言大学		
14	渤海大学	16	39
15	成都理工大学		
16	成都体育学院		
17	成都学院		
18	大连理工大学	47	25
19	电子科技大学		
20	东华大学		
21	东北财经大学	43	30
22	东北师范大学	134	115
23	福建师范大学	18	18
24	复旦大学	118	101

续表

序号	授权单位名称	招生人数	毕业人数
25	甘肃政法学院		
26	赣南师范大学	2	3
27	广西大学	121	107
28	广州大学	12	19
29	广东财经大学		
30	广东技术师范学院		
31	广东外语外贸大学	71	42
32	广西师范学院		
33	广西艺术学院	31	15
34	贵州大学	10	11
35	贵州民族大学	60	20
36	国防大学	20	25
37	哈尔滨师范大学		
38	海南大学	19	11
39	海南师范大学		
40	河北大学	132	114
41	河海大学	11	12
42	河南大学	131	99
43	河北经贸大学		
44	河北师范大学		
45	河南财经政法大学		
46	河南工业大学	16	12
47	黑龙江大学	89	111
48	湖北大学	16	17
49	湖南大学	170	180
50	湖北大学	32	13
51	湖北民族大学	24	17
52	湖南科技大学		

续表

序号	授权单位名称	招生人数	毕业人数
53	湖南理工学院		
54	湖南商学院		
55	湖南师范大学	76	57
56	华侨大学	45	
57	华东师范大学	83	73
58	华东政法大学		
59	华南理工大学	83	66
60	华南师范大学	65	28
61	华中科技大学	186	87
62	华中农业大学		
63	华中师范大学	82	87
64	淮北师范大学		
65	吉林大学	87	101
66	吉林财经大学		
67	吉林师范大学	13	16
68	吉首大学		
69	济南大学		
70	暨南大学	226	220
71	江苏师范大学	56	41
72	江西财经大学	31	22
73	江西师范大学	57	36
74	昆明理工大学		
75	兰州大学	112	73
76	辽宁大学	100	84
77	辽宁工业大学		
78	辽宁师范大学		
79	鲁东大学		
80	闽南师范学院		

续表

序号	授权单位名称	招生人数	毕业人数
81	南昌大学	85	65
82	南京大学	145	78
83	南开大学		
84	南京财经大学	5	7
85	南京航空航天大学		
86	南京理工大学	8	9
87	南京林业大学		
88	南京师范大学	100	70
89	内蒙古大学	76	51
90	宁波大学	4	4
91	宁夏大学		
92	青岛大学	5	0
93	青海师范大学	26	3
94	清华大学	85	96
95	厦门大学	88	73
96	山东大学	123	46
97	山西大学	41	54
98	山东师范大学		
99	陕西师范大学	127	93
100	汕头大学	9	8
101	上海大学	151	128
102	上海财经大学		
103	上海交通大学		
104	上海理工大学		
105	上海社会科学院	7	5
106	上海师范大学	27	21
107	上海体育学院	35	31
108	上海外国语大学		

续表

序号	授权单位名称	招生人数	毕业人数
109	上海政法学院		
110	深圳大学	39	36
111	沈阳师范大学	11	
112	首都师范大学		
113	四川大学	138	123
114	四川省社会科学院	11	13
115	四川外国语大学	49	28
116	苏州大学	83	55
117	天津师范大学	53	46
118	天津外国语大学	15	10
119	同济大学	50	43
120	温州大学		
121	武汉大学	170	205
122	武汉纺织大学		
123	武汉理工大学		
124	武汉体育学院	18	14
125	西北大学	100	79
126	西南大学	66	72
127	西安财经学院		
128	西安交通大学	46	20
129	西安外国语大学		26
130	西北政法大学		
131	西藏民族大学	23	10
132	西南交通大学		
133	西南政法大学	83	75
134	湘潭大学	55	65
135	新疆大学	112	59
136	新疆财经大学	66	65

续表

序号	授权单位名称	招生人数	毕业人数
137	扬州大学		
138	云南大学	69	56
139	云南民族大学		
140	云南师范大学	27	20
141	长沙理工大学		
142	浙江大学	50	43
143	浙江工商大学		
144	浙江工业大学	22	22
145	浙江理工大学		
146	郑州大学	86	85
147	中南大学		
148	中山大学	119	84
149	中国传媒大学	1729	1348
150	中国地质大学	17	15
151	中国海洋大学		
152	中国科学技术大学	43	42
153	中国科学院大学		
154	中国农业大学	9	9
155	中国社会科学院大学传媒学院		35
156	中国人民大学	148	131
157	中国社会科学院研究生院	7	6
158	中国政法大学	42	43
159	中南财经政法大学	65	41
160	中南民族大学	59	58
161	中央财经大学	15	12
162	中央民族大学	45	61
163	中原工学院		
164	重庆大学	82	69

续表

序号	授权单位名称	招生人数	毕业人数
165	重庆工商大学	25	28
166	重庆交通大学		
167	重庆师范大学		

（邓绍根）

第 16 章　博士后流动站

为有利于博士后工作的开展，1985 年 7 月，国务院批准成立博士后科研流动站管理协调委员会(后更名为全国博士后管理委员会)。它由国务院人事、科技、教育、财政等有关部门的负责人和专家组成，负责对全国博士后工作中的重大问题进行研究和协调。1985 年以来，中国博士后事业从无到有，稳步发展。30 年来，在各方面高度重视和共同努力下，博士后制度从无到有、从小到大，走过了不平凡的历程，博士后群体已成为国家创新型人才中的骨干力量。目前，博士后科研流动站和工作站覆盖全部学科门类和经济社会发展主要领域，广大博士后活跃在经济发展、社会事业、科学研究、产业升级一线，作出了独特贡献。

第一，中国博士后事业大发展，培养了大量高质量的科研人才。

1985—2017 年，我国设立博士后流动站已达 3029 家，后经过调整合并变为 3009 家(历年设站数量发展情况见图 16-1)。

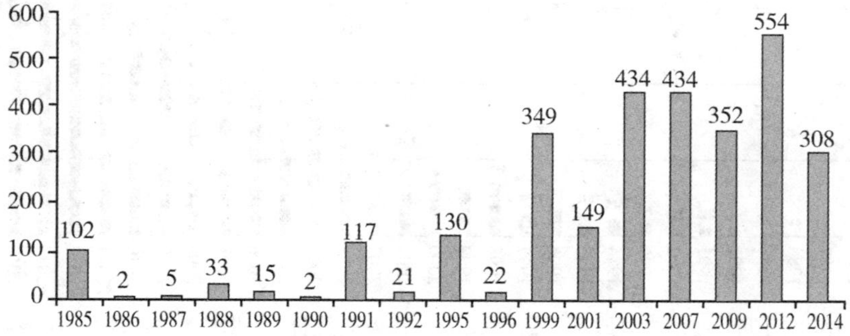

图 16-1　1985—2017 年全国博士后科研流动站设立情况(数据来自中国博士后网站)

注 1：1985—2017 年，共设立博立后流动站 3029 家，部分学科调整、合并后，现为 3009 家，覆盖了理、工、医、农等 13 个学科门类的全部 110 个一级学科。

注 2：全国博士后流动站单位数为 494 家，其中有高校有 350 家，占 70. 825%。

1985—2017 年，我国设立博士后科研工作站已达 3507 家，后经过调整合并变为

3329 家(历年设站数量发展情况见图 16-2)。

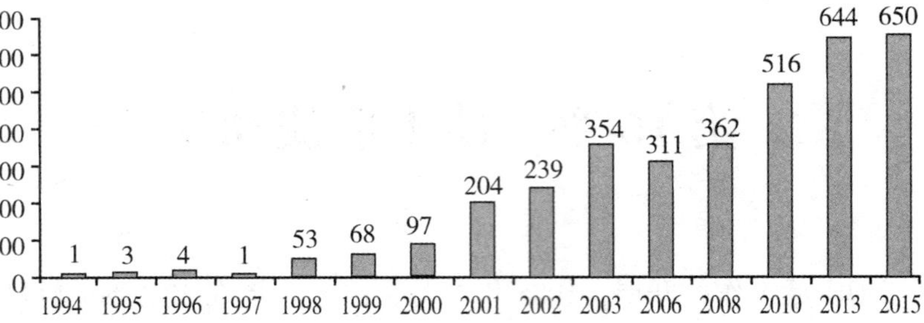

图 16-2　1985—2017 年全国博士后科研工作站设立情况(数据来自中国博士后网站)

注：截至 2017 年年底，全国博士后科研工作站已覆盖国民经济行业分类中所有 20 个行业领域。

1985—2017 年，我国博士后研究人员出站人员已达 110037 人(历年出站数量发展情况见图 16-3)。

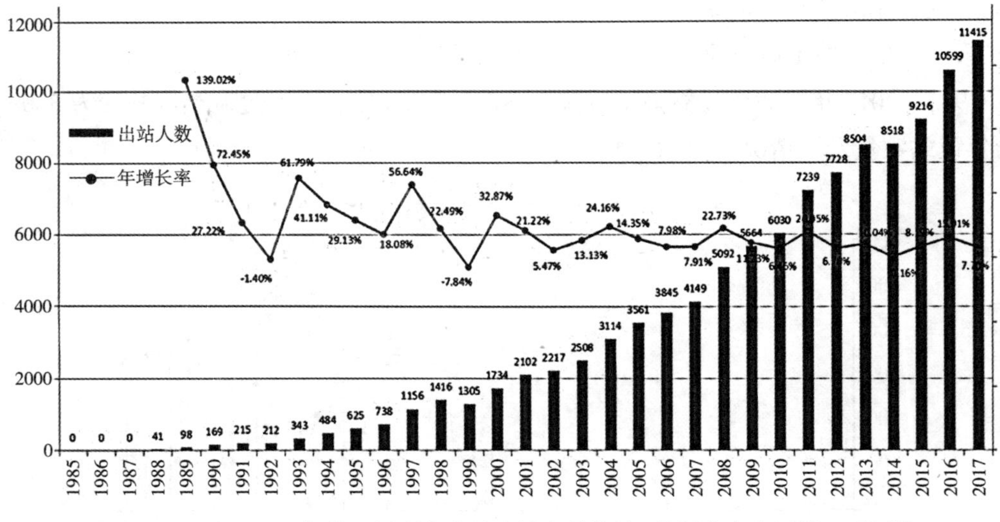

图 16-3　1985—2017 年博士后研究人员出站人数统计(数据来自中国博士后网站)

1985—2017 年，我国博士后研究人员进站人员已达 186279 人，截至 2017 年年底，在站博士后人员为 62314 人(历年进站人数情况见图 16-4)。

第二，新闻传播学博士后培养规模不大，流动站和工作站数量不多。

在中国博士后事业改革提高阶段，复旦大学新闻传播学博士后流动站是 1999 年 9

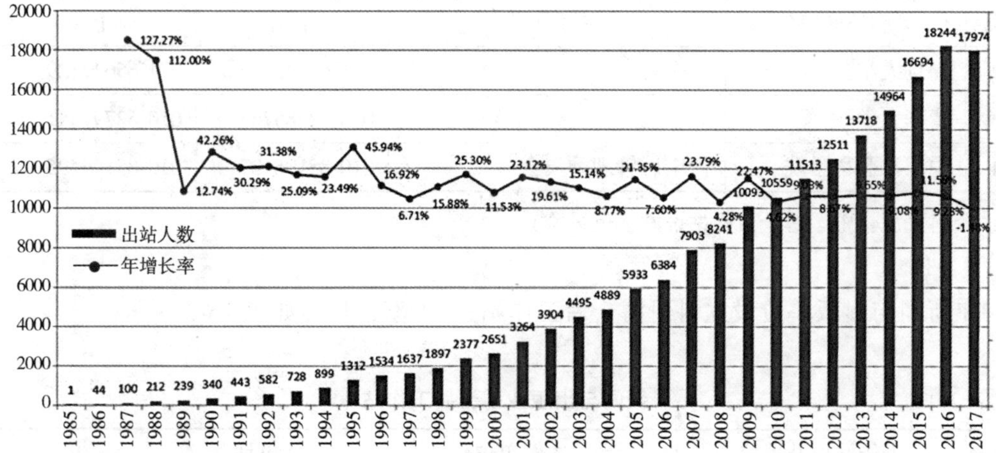

图 16-4　1985—2017 年博士后研究人员进站人数统计(数据来自中国博士后网站)

注 1：1985—2017 年，累计招收博士后研究人员 186279 人。

注 2：截至 2017 年年底，在站博士后人数为 62314 人。

月正式挂牌成立的，它拉开了中国新闻传播学博士后培养序幕。目前在中国博士后网站设站单位纵览查阅的新闻传播学科研流动站单位有 14 家(见表 16-1)。

表 16-1　　新闻传播学流动站单位

序号	流动站站单位	主管单位	电话	传真
1	华中科技大学	人事处	027-87557406	027-87542527
2	山东大学	人事部	0531-88366036	0531-88365388
3	上海大学	组织人事部	021-66132935	021-66132935
4	四川大学	人事处	028-85402040	028-85405915
5	武汉大学	人事处	027-68754011	027-68754011
6	厦门大学	人事处	0592-2187039	0592-2183984
7	浙江大学	人事处	0571-88981453	0571-88981976
8	中国传媒大学	人事处	010-65779185	010-65779225
9	中国人民大学	人才工作领导小组办公室	010-62513718	010-62513718
10	暨南大学	研究生院	020-85226933	020-85220048
11	北京大学	人事部	010-62751229	010-62751229

续表

序号	流动站站单位	主管单位	电话	传真
12	复旦大学	人事处	021-65643515	021-65642129
13	清华大学	人事处	010-62785765	010-62797551
14	中国社会科学院	博士后管理委员会	010-85196137	010-85196495

（资料来源：中国博士后网站设站单位纵览）

在新闻与出版单位设立科研博士后工作站达 11 家，具体如表 16-2 所示。

表 16-2　**新闻与出版业博士后工作站**

序号	工作站设站单位	主管单位	电话	传真
1	大众报业集团	大众报业集团人事劳资部	0531-85193352	0531-85193490
2	广州日报报业集团	人力资源部	020-81163210	020-81885729
3	湖南出版投资控股集团有限公司	产业研究院	0731-84405041	0731-84405057
4	江苏凤凰出版传媒集团有限公司	人力资源管理部	025-83658921	025-83658921
5	南方报业传媒集团	人事处	020-87373998-3306	020-87387517
6	南方出版传媒股份有限公司	人力资源部	020-37606721	020-37606721
7	宁波日报报业集团	新闻办公室	0574-87682926	0574-87682923
8	山东省广播电视总台	局博士后科研工作站	0531-85036027	0531-87931921
9	深圳报业集团	集团人力资源部\集团舆情与传播研究院	0755-83518593	0755-83904156
10	时代出版传媒股份有限公司	人力资源部	0551-3533151	0551-3533013
11	中国社会科学出版社	人事处	010-64073834	010-64073834

（资料来源：中国博士后网站设站单位纵览）

第三，新闻传播学科博士后获得中国博士后科学基金数量减少。

中国博士后科学基金由李政道先生倡议、邓小平同志决策于 1985 年，是国家专门为在站博士后研究人员设立的科研基金，旨在促进具有发展潜力和创新能力的优秀博士后研究人员在站期间开展创新研究，培养造就一支高层次创新型博士后人才队伍。中国博士后科学基金经费主要来源于中央财政拨款。截至2018年年底，资助金额总计45.6亿元，资助博士后研究人员8万余人次。我国实施博士后科学基金资助制度，是一项富有远见的战略决策，对实施人才强国战略、培养博士后创新人才和促进高层次人才队伍建设，具有独特的不可替代的重要作用。但是，对于新闻传播学学科来说，2018年仅29项获得资助，比2017年的37项少了8项，但特别资助多了1项。

2018年5月9日，中国博士后科学基金发布《关于公布中国博士后科学基金第63批面上资助获资助人员名单的通知》。该通知说，根据2018年度工作计划，中国博士后科学基金对第63批面上资助专家评审结果进行了公示。公示期间，有1位博士后研究人员提出退站，取消其资助资格。此批次实际资助博士后研究人员共3770人，其中一等资助1257人，每人8万元；二等资助2463人，每人5万元；“西部地区博士后人才资助计划”50人，每人5万元。中国博士后科学基金对北京大学赵秋运等3770位获资助人员名单予以公布，也公布了第63批面上资助“西部地区博士后人才资助计划”获资助人员名单。军队系统获资助人员名单另行公布。在资助名单中，新闻传播学科5人获得一等面上资助，8人获得二等面上资助(见表16-3)。

表16-3　**中国博士后科学基金第63批面上资助获资助人员名单**

序号	资助编号	省 份	设站单位名称	姓 名	博士后编号	一级学科	资助等级
1	2018M630012	北京市	北京大学	余树彬	197491	新闻传播学	1
2	2018M630096	北京市	北京师范大学	付 佳	202722	新闻传播学	1
3	2018M630097	北京市	北京师范大学	修利超	202041	新闻传播学	1
4	2018M630392	上海市	复旦大学	邢 祥	191898	新闻传播学	1
5	2018M631056	重庆市	重庆大学	杨 柳	198882	新闻传播学	1
6	2018M631655	北京市	中国人民大学	曹 昂	192806	新闻传播学	2
7	2018M631991	上海市	复旦大学	何秋红	192915	新闻传播学	2
8	2018M632073	上海市	华东政法大学	张梅芳	195390	新闻传学	2
9	2018M632091	上海市	上海交通大学	乔 睿	193917	新闻传播学	2
10	2018M632443	浙江省	浙江大学	王 润	204844	新闻传播学	2

续表

序号	资助编号	省 份	设站单位名称	姓 名	博士后编号	一级学科	资助等级
11	2018M632901	湖北省	武汉大学	章玉萍	187119	新闻传播学	2
12	2018M633071	广东省	南方出版传媒股份有限公司	段乐川	181952	新闻传播学	2
13	2018M633485	陕西省	西安交通大学	蒙胜军	180805	新闻传播学	2

6月12日，中国博士后科学基金公布了《关于公布中国博士后科学基金第11批特别资助获资助人员名单的通知》(中博基字〔2018〕11号)。该通知说，根据年度中国博士后科学基金资助工作计划，中国博士后科学基金第11批特别资助对北京大学王彬彬等1170名拟资助博士后研究人员进行了公示，其中1名博士后研究人员已出站，按规定不再予以资助。此批次资助博士后研究人员1169人，每人资助15万元。现对获资助人员名单予以公布，军队系统获资助人员名单另行公布。新闻传播学5人榜上有名(见表16-4)。

表16-4　　**中国博士后科学基金第11批特别资助获资助人员名单**

序号	资助编号	省份	设站单位名称	姓　名	博士后编号	一级学科
1	2018T110062	北京市	北京师范大学	杨　雅	174727	新闻传播学
2	2018T110330	上海市	复旦大学	李　乐	174223	新闻传播学
3	2018T110583	浙江省	浙江大学	Muhammad Khalil Khan	192737	新闻传播学
4	2018T110663	山东省	青岛大学	孙更新	166809	新闻传播学
5	2018T110788	湖北省	武汉大学	王　敏	188554	新闻传播学

11月20日，中国博士后科学基金公布了《关于公布中国博士后科学基金第64批面上资助获资助人员名单的通知》(中博基字〔2018〕19号)。该通知说：根据2018年度工作计划，中国博士后科学基金对第64批面上资助专家评审结果进行了公示。公示期间，有2位博士后研究人员已退站，不予资助。此批次共资助3904人，其中一等资助1056人，每人8万元；二等资助2848人，每人5万元；“西部地区博士后人才资助计划”50人，每人5万元。中国博士后科学基金对北京大学吴旭东等获资助人员名单予以公布，

也公布了第 64 批面上资助西部计划获资助人员名单。军队系统获资助人员名单另行公布。在资助名单中，新闻传播学科 2 人获得一等面上资助，9 人获得二等面上资助(见表 16-5)。

表 16-5 **中国博士后科学基金第 64 批面上资助获资助人员名单**

序号	资助编号	省 份	设站单位名称	姓 名	博士后编号	一级学科	资助等级
1	2018M640158	北京市	中国长江三峡集团有限公司	周培源	215618	新闻传播学	1
2	2018M640323	上海市	复旦大学	席志武	192914	新闻传播学	1
3	2018M641049	北京市	北京大学	胡杨涓	191050	新闻传播学	2
4	2018M641237	北京市	北京师范大学	师 景	199226	新闻传播学	2
5	2018M641312	北京市	清华大学	杨 扬	201280	新闻传播学	2
6	2018M641970	上海市	华东政法大学	秦朝森	208471	新闻传播学	2
7	2018M642985	湖南省	湖南师范大学	陈维超	203259	新闻传播学	2
8	2018M643060	广东省	华南理工大学	陈英程	212112	新闻传播学	2
9	2018M643386	重庆市	西南大学	沙 鹏	201972	新闻传播学	2
10	2018M643608	陕西省	西安交通大学	刘婵君	199548	新闻传播学	2
11	2018M643609	陕西省	西安交通大学	牛耀红	212026	新闻传播学	2

第四，中国新闻传播学博士后流动站入出站条件日趋严格，入站人数多，出站人数少。

2018 年，中国新闻传播学博士后流动站招收条件日趋严格。如中国社会科学院新闻与传播研究所根据全国博士后管理委员会和中国社会科学院博士后管理委员会的有关规定：①申请人为留学归国博士、应届博士毕业生和无人事劳动关系的具有博士学位人员等。②坚持正确的政治方向和学术导向，自觉遵守宪法、法律，无不良记录。③身体健康，年龄在 35 周岁以下，有较高的外语水平。④具有较强的科研能力和学术潜力，学术品质优良，能开拓创新。

再如 2018 年，中国人民大学新闻学院为促进中国人民大学新闻传播学科“双一流”建设，培养师资后备人才，推动学术创新，特面向海内外招聘杰出青年博士到该院从事博士后科研工作。其引进人员基本条件为：①年龄一般不超过 35 周岁。②近三年在国外(境外)综合实力世界排名前 100 名的高校，或者所在学科在世界排名前 100 名的高校获得博士学位。③至少已发表1篇SCI、SSCI或A&HCI收录的国际期刊论文(署名为通讯作者、第一作者或与导师合作的第二作者)引进人员资助标准为每人每年30万元人民币。此外，还可申请国家、学校和学院的其他科研经费；发表科研成果可获得相应奖励。

有些流动站虽然待遇优厚，但是进站人数并未增长。如暨南大学新闻传播学院博士后科研流动站规定：年龄在35周岁以下，获得博士学位不超过3年。人文社科类博士原则上至少发表1篇A类论文(署名第一作者或导师第一、博士第二作者)；自然科学类博士至少发表1篇A1类Ⅱ区以上论文(署名第一作者)。以上论文的发表均需提供暨南大学图书馆开具的论文期刊检索证明。外籍博士后须在世界排名前200名的高校(不含境内，排名以当年《泰晤士报高等教育副刊》为准)获得博士学位。基本工资分递进式Ⅰ、Ⅱ、Ⅲ三个层级。Ⅰ级20万元/年，Ⅱ级25万元/年，Ⅲ级35万元/年。博士后在站时间为两至三年。2018年5月1日起进站的博士后，以20万元/年为基数，发放工资，达到Ⅱ级或Ⅲ级科研要求，按相应层次工资发放，并自进站之日开始计算补发相应层级工资。博士后(包括工作站和基地博士后)在站期间获得高水平科研成果，符合奖励条件的，每项奖励5万元。住房补贴2000元/月。博士后根据科研实际需要，经学校组织专家评审，可带薪进行3~6个月的出国(境)访学，资助出国经费3万元/次，出境经费1万元/次。国际学术会议，经费1~3万元/次。招生博士后范围也扩大到新闻传播史论、新闻传播业务、国际传播、马克思主义新闻观、计算传播学、数字营销传播、视听传播、互联网与国家治理、风险沟通与危机管理、环境传播等研究方向师资力量雄厚，有10多位导师可招收博士后研究人员。但是2018年实际入站人数反而下降了1人(见表16-6)。

表16-6　　**2018中国新闻传播学博士后进站出站情况表**

序号	设站单位名称	在站人数	进站人数	出站人数
1	复旦大学	48	13	8
2	中国人民大学	11	5	3
3	中国传媒大学	47	12	11
4	清华大学	8	4	10
5	暨南大学	8	0	1
6	华中科技大学	6	3	1
7	上海大学	12	7	1

续表

序号	设站单位名称	在站人数	进站人数	出站人数
8	武汉大学	8	1	0
9	北京大学	4	1	2
10	厦门大学	2	1	0
11	中国社会科学院	1	1	2
12	四川大学	22		
13	山东大学	5	1	1
14	浙江大学	14	7	4
15	北京师范大学	11	6	3
16	中山大学	3	2	1
17	中国长江三峡集团有限公司	4	2	

（邓绍根）

第 17 章　获奖情况

17.1　中国新闻史学会“新闻传播学学会奖”

中国新闻史学会“新闻传播学学会奖”旨在通过评选、奖励新闻与传播学研究的优秀成果，凝聚学界力量，弘扬学术精神，激励学术新人的成长，促进中国新闻与传播学的深入开展。该学会奖由新闻与传播学界国家一级学会中国新闻史学会主办，由教育部高等学校新闻传播学类专业教学指导委员会合办。

中国新闻史学会第四届“新闻传播学学会奖”评选于 2017 年 12 月 15 日启动，发出征集通知，“新闻传播学学会奖”限于新闻学与传播学研究领域，所设奖项如下：

“优秀学术奖”：一等奖 2 件(新闻学与传播学相关成果 1 件，新闻与传播史专项成果 1 件)、二等奖 5 件(新闻学与传播学相关成果 4 件，新闻与传播史专项成果 1 件)、三等奖 10 件(新闻学与传播学相关成果 8 件，新闻与传播史专项 2 件)。评选 2016 年 1 月 1 日—2017 年 12 月 31 日发表于国内国际学术期刊的论文、国内外出版社出版的著作，每项奖项中同学科著作类作品不超过 1 件。“优秀学术奖”的评选对象是新闻学与传播学研究的论文、著作，将采用个人自荐(需新闻与传播学领域 2 位专家推荐)，或者中国新闻史学会常务理事或教指委委员推荐、二级学会推荐等方式共同产生候选人，由评审专家匿名评审，最后由评审委员会和专家组讨论确定。

“方汉奇奖”，即新闻与传播史专项成果奖。以中国新闻史学会创始人方汉奇先生命名的此奖项，目的是鼓励新闻与传播史的研究。新闻与传播史类研究成果，除可申请新闻学与传播学相关成果奖项外，同时可申请此专项奖。所设奖项以学术质量为评判标准，若申报成果数在评审后未达到获奖数量，奖项可空缺。

“卓越学术奖”：1 项。“卓越学术奖”的成果不设出版年限限制，限当代出版的新闻学与传播学类著作。“卓越学术奖”由会长、副会长提名产生候选人，由评审委员会和专家组讨论确定。

“杰出青年奖”：1位。评选40岁及以下有优秀研究成果、学术声誉良好、业绩突出的年轻学者(按2017年3月31日及之前生日为限计算年龄。需提交最近3年内的代表作3件)。“杰出青年奖”的评选对象是新闻学与传播学领域的青年学者，将由青年学者本人提出申请，并由3位学会常务理事或教指委委员推荐(推荐信)产生候选人，由评审委员会和专家组讨论确定。

“终身成就奖”：1~2位。奖励年龄在70岁及以上、从事新闻与传播教学研究30年以上，学术声誉良好、有优秀研究成果的学者(按2017年3月31日及之前生日为限计算年龄)。“终身成就奖”由会长、副会长提名产生候选人，由评审委员会和专家组讨论确定。

2018年2月28日征集截止；3月31日完成专家双盲式评审；4月8日在清华大学举行定评会；4月21日在长沙召开的常务理事会上审议通过。2017年4月27日—5月4日公示。10月27日，在杭州举办了隆重的第四届学会奖颁奖典礼。

中国新闻史学会第四届“新闻传播学学会奖”获奖名单如下：

1. 优秀学术奖·新闻学与传播学

一等奖

空缺

二等奖

沙垚(中国社会科学院新闻与传播研究所)：《吾土吾民：农民的文化表达与主体性》(中国社会科学出版社，2017年)。

洪宇(浙江大学传媒与国际文化学院)：*Networking China: The Digital Transformation of the Chinese Economy*(美国伊利诺伊大学出版社，2017年)。

刘新传(北京大学新闻与传播学院)、卢嘉(清华大学新闻与传播学院)、王海燕(清华大学新闻与传播学院)：When Health Information Meets Social Media: Exploring Virality on Sina Weibo(*Health Communication*，2017，Volume 32，Issue 10)。

彭兰(清华大学新闻与传播学院)：《未来传媒生态：消失的边界与重构的版图》(《现代传播》，2017年第1期)。

张伦(北京师范大学艺术与传媒学院数字媒体系)、郑路(清华大学社会科学学院)、彭泰权(密歇根州立大学传播系)：Structurally embedded news consumption on mobile news applications[*Elsevier*，*Information Processing and Management*，2017，53(5)]。

三等奖

黄华(福建师范大学传播学院)：《语言革命的社会指向：对中国近代史的一种传播

学考察》(广西师范大学出版社，2016年)。

刘晓伟(华南师范大学新闻传播系)：《戈公振与中国古代报纸起源研究路径的形成考辨》(《新闻与传播研究》，2016年第4期)。

罗斌(中国社会科学院大学)、宋素红(北京师范大学新闻传播学院)：《我国新闻传播诽谤诉讼的历史演进——基于证明责任分配角度的研究》(《新闻与传播研究》，2017年第1期)。

沈国麟(复旦大学新闻学院)：《善治安心：中国网络理政的理念与实践》(华夏出版社，2017年)。

孙信茹(云南大学新闻学院)：《微信的“书写”与“勾连”——对一个普米族村民微信群的考察》(《新闻与传播研究》，2016年第10期)。

王斌(中国人民大学新闻学院)：《社区传播论：新媒体赋权下的居民社区沟通机制》(中国人民大学出版社，2017年)。

徐翔(同济大学艺术与传媒学院)：《新浪社会新闻传播中的“情绪偏好”效应与特征研究——基于新浪社会新闻的网络挖掘与实证分析》(《国际新闻界》，2017年第4期)。

宗益祥(西北政法大学新闻传播学院)：《游戏人、Q方法与传播学：威廉·斯蒂芬森的传播游戏理论研究》(中国政法大学出版社，2017年)。

晏青、支庭荣(暨南大学新闻与传播学院)：《社交媒体礼仪：数字关系情境下的伦理方案与效果辨析》(《现代传播》，2017年第8期)。

钟智锦、林淑金、温仪、廖雯(中山大学传播与设计学院)：《内地网民情绪记忆中的香港澳门回归》(《新闻与传播研究》，2017年第1期)。

2. 优秀学术奖·方汉奇奖(新闻史专项)

一等奖

田建平(河北大学新闻传播学院)：《宋代出版史》(上下册)(人民出版社，2017年)。

二等奖

李文(陕西师范大学新闻与传播学院)：《陕甘宁边区新闻事业》(人民出版社，2017年)。

吴果中(湖南师范大学新闻与传播学院)：《左图右史与画中有话：中国近现代画报研究(1874—1949)》(北京大学出版社，2017年)。

三等奖

魏海岩、宋妍(辽宁大学新闻与传播学院)、刘诗萌(武汉大学新闻与传播学院)：《中国古代官报入史考》(《新闻与传播研究》，2017年第3期)。

虞文俊(扬州大学新闻与传媒学院)：《沙俄统治下“关东州”新闻事业及其管制——兼谈日俄战争中的新闻战》(《新闻与传播研究》，2016 年第 11 期)。

于凤静(长江师范学院传媒学院)：《当代东北地区少数民族新闻传播史研究》(中国社会科学出版社，2017 年)。

王咏梅(山东大学新闻与传播学院)、刘宪阁(郑州大学新闻与传播学院)：《从“四不”到“二不”——探析新记〈大公报〉办报方针表述改变的背后》(《新闻与传播研究》，2017 年第 2 期)。

3. 卓越学术奖

辜晓进(深圳大学传播学院)：

《走进美国大报》(南方日报出版社，2002 年 10 月第一版；台湾左岸文化出版社，2004 年 2 月繁体版；南方日报出版社，2004 年 11 月修订版)。

4. 杰出青年奖

常江(清华大学新闻与传播学院)

周裕琼(深圳大学传播学院)

5. 终身成就奖

吴高福(武汉大学新闻与传播学院)

邱沛篁(四川大学新闻与传播学院)

张大芝(原杭州大学新闻系)

6. 组委会特别成就奖

李瞻(台湾政治大学新闻研究所)

(邓绍根)

17.2 宝钢优秀教师奖

宝钢教育奖是由国有重要骨干企业宝钢集团有限公司独家出资设立，中央政府支持指导，专家咨询策划，高校积极参与的全国最具知名度的教育奖项之一，其以“奖掖优秀人才，力行尊师重教，推动产学合作，支持教育发展”为宗旨，每年评选一次。优秀教师奖奖励从事教育教学工作五年及以上，坚持工作在教学第一线，积极参与教育教学改革和教学基本建设，在教学内容、教材、方法、手段改革方面取得显著成果，注重因材施教与学生“五种能力”的培养，有与职称相应的学术水平和科研成果，并能够将学科前沿知识和科研成果融入教学实践中的在编教师。宝钢优秀教师奖奖金为 1 万元/人，年资助名额 200~300 名；宝钢优秀教师特等奖奖金为 10 万元/人，名额 10 名。2018 年 11 月宝钢优秀教师奖揭晓，其中宝钢优秀教师奖教师 245 名，宝钢优秀教师特 8 名，宝钢优秀教师特等奖提名奖 13 名。在新闻传播教育领域，2018 年度有两名教师获奖，他们是：中央民族大学文学与新闻传播学院赵丽芳教授，荣获“宝钢优秀教师特等奖提名奖；中国人民大学新闻学院张辉锋教授，荣获优秀教师奖。

（齐　辉）

17.3　第六届范敬宜新闻教育奖

范敬宜先生是我国声誉卓著的新闻工作者和卓有建树的新闻教育家。为继承和发扬范敬宜先生的新闻教育思想，推动中国新闻教育事业发展，人民日报社、经济日报社、国家外文局、辽宁日报传媒集团、大众报业集团、海南日报报业集团和清华大学新闻与传播学院等 7 家单位，于 2012 年共同发起倡议设立“范敬宜新闻教育基金”，并于 2013 年开始在全国开展范敬宜新闻教育奖的评选工作。

范敬宜新闻教育奖是目前国内唯一面向全国高校新闻学子、教师以及业界人士的教育奖，自 2013 年以来已经连续举办六届，共有 5 名学子、13 位教师、8 位业界人士荣获这项荣誉。范敬宜新闻教育奖坚持“面向主流，培养高手”的评选标准，坚持公平、公正、公开的评审原则，在新闻学界和业界树立了良好的公信力，产生了广泛而积极的社会影响。

2018 年 12 月 22 日上午，由清华大学新闻与传播学院与范敬宜新闻教育基金共同主办的第六届范敬宜新闻教育奖颁奖仪式暨第四届新闻传播学科高峰论坛在人民日报社举行。此届范敬宜新闻教育奖良师奖授予复旦大学教授孟建、浙江大学教授邵培仁，良友奖授予人民日报社原副总编辑梁衡，学子奖授予中国人民大学何天平等 10 位在校学子。人民日报社副总编辑张首映，清华大学党委副书记向波涛，经济日报社社长、总编辑张小影，中华全国新闻工作者协会党组书记、常务副主席胡孝汉，国家外文局副局长刘大为，辽宁报刊传媒集团总编辑刘玉玮，中央宣传部新闻局新闻管理处处长庄晓洁，范敬宜之子、中国矿业大学教授范迅，紫光集团副总裁叶铭，加多宝集团代表以及40多位新闻传播学界的知名学者与院校负责人出席观礼并为获奖者颁奖。

经资格审查、专家评审和范敬宜新闻教育基金理事会通过，第六范敬宜新闻教育奖获奖者名单如下(按姓氏拼音首字母音序排列)：

新闻学子奖(10名)：

何天平	男	中国人民大学	博士三年级
景嘉伊	女	清华大学	硕士三年级
孔德淇	男	南京大学	硕士二年级
李新新	女	武汉大学	硕士三年级
李玉楼	男	复旦大学	硕士二年级
卢功靖	男	华中科技大学	本科四年级
吕安琪	女	北京大学	硕士二年级
覃建行	男	暨南大学	硕士二年级
翁旭东	男	中国传媒大学	博士一年级
姚晓辉	男	厦门大学	硕士三年级

新闻教育良师奖(2名)：

孟　建	男	复旦大学	教授
邵培仁	男	浙江大学	教授

新闻教育良友奖(1名)：

梁　衡	男	人民日报社	编审

获奖者简介

(按获奖者姓氏音序排列)

新闻学子奖

何天平：中国人民大学新闻学院　博士研究生

以实践反哺学术，用评论深入行业。他是写出《〈最美的青春〉致敬塞罕坝》报道发表于《光明日报》头版的优秀记者，也是发表过29篇研究论文的青年学者，更是开设观察专栏、发表电视评论近20万字的行业观察者与评论者。作为广播电视学专业的博士研究生，何天平将媒体实践经验、学术前沿研究相结合，依托一篇又一篇评论文章，搭建起了学界与业界的桥梁，建立多方互动的新闻行业生态，期待他未来继续贡献力量。

景嘉伊：清华大学新闻与传播学院　硕士研究生

世界有多大，她想去看看。她做采访者，用脚步丈量世界，亲赴“一带一路”沿线15个国家调研；她做传播者，讲述中国故事，发表30篇“一带一路”相关新闻作品；她做组织者，力促民心相通，协助导师开设“全球胜任力”课程，带领学生进行跨学科、跨年级、跨国别、跨文化调研；她做建设者，在国际组织和国家级媒体实习，贡献青年学子的力量。景嘉伊用实际行动展现了青年一代的国际之路：投身“一带一路”伟大使命，做跨文化传播优秀使者。

孔德淇：南京大学新闻传播学院　硕士研究生

谁说校媒平台小，谁说校园无新闻？作为校园媒体的主编，孔德淇带领团队立足校园、关心社会，组建了网站、微博、微信三位一体的全媒体矩阵，持续产出的深度内容引发行业广泛传播。他主持的全国高校校园媒体发展情况调查，覆盖353所高校的573家校媒，成为国内有关校园媒体调查的权威报告。他跟随着大学生记者训练营，前往青海无人区、山西贫困区等基层采访，成果屡屡获奖。期待扎根校园的茁壮树苗，未来成为新闻行业的栋梁之材。

李新新：武汉大学新闻与传播学院　硕士研究生

她曾蒙受家庭巨变，但仍旧乐观坚强。阅读和写作带给她的力量，让她用笔尖的文字去帮助、去改变更多的人。作为新闻学子，李新新一直关注边缘群体的生存状况，调研采写了自闭症群体的系列报道。她将运营个人微信公众号的收入所得，全部捐给贵州等边远地区的孩子，亲自挑选文具、书籍、衣物匿名邮寄。她写出的报道，因为有悲悯而有厚度，因为有温度而有力量，“生活以痛吻我，而我报之以歌”，她做到了。

李玉楼：复旦大学新闻学院　硕士研究生

每采访一个行业，就要在这个行业中扎下根来，每采访一个事件，就要摸清每个细节的来龙去脉。“成为一名出色的专家型记者”是李玉楼的理想，因而每次报道中他都保持着不变的好奇心、求知欲、探索力。从人民日报社、澎湃新闻到《财经》杂志的实习经历，从农村儿童生存状态到欧洲汽车排放法规的报道写作，他始终保持着虚心好学、求实求真的态度，写出了有深度、高水平、专业化的新闻。愿这份初心始终不变，用专业的新闻态度继续叩问真相、砥砺前行。

卢功靖：华中科技大学新闻与信息传播学院　本科生

因为想在新闻之海中游得更远，所以投身之时就要潜得更深。在信息如洪流的时代中，卢功靖的潜心深度调查报道，将笔触深入传销窝点、贩卖儿童、租房陷阱、食品安全等具有价值的社会问题，敦促相关部门执法严查、完善管理，行使新闻记者探究真相和记录时代的使命。在信息洪流的舆论环境中重现真实，在迷雾重重的社会事件中拨云见日。妙手文章的背后，是铁肩担下的道义，是新闻报道的脊梁。

吕安琪：北京大学新闻与传播学院　硕士研究生

向往记者一职，是想成为挥斥方遒的笔杆子、维护公义的圣斗士、纵横天地的旅行家。但参与新闻实践才会发现，大事件、大场面并不是每天都有，田间地头、街头巷尾才是记者真正的“矿山”。从想当英雄般的大记者，到关注普通人的小故事，大小之间，吕安琪将自己的新闻理想落地、生根，在泥土里开出花来。记录为留守儿童画画的军官、为修鞋大妈送热饭的翻译家、为警犬举行葬礼的警队指导员……她关注着九百六十万平方公里土地上每一个值得记录的故事，愿与千千万万同胞一起，书写这个伟大的时代。

覃建行：暨南大学新闻与传播学院　硕士研究生

法治中国，有他“建行”。跑过法院，走过公安，从社会突发做起，从基层新闻写起，在一线的实践经历，让覃建行逐渐明确了自己在新闻之路上的兴趣与方向：做一名深耕法治领域的专业记者。他学习重大案件与法治建设报道的逻辑，参与重大法治议题的报道，以专业的态度和深入浅出的笔法，将富有争议的事件条分缕析，让社会公众了解中国的法治进程，获得新闻与法律行业的共同肯定，屡屡获得各类“好稿奖”的殊荣。专业态度投身法治新闻，助力中国法治进步。

翁旭东：中国传媒大学新闻传播学部电视学院　博士研究生

跑新闻、做记者，要吃得了苦，受得了累。在许多人向往安逸、逃离一线的今天，翁旭东为了拍摄反映兰考脱贫的专题片《兰考扶贫启示录》，与团队成员一起在贫困地区坚持驻扎、拍摄近一年，与村中群众同吃同住，以融入当地生活的姿态贴近现实。专业实习，他选择去肯尼亚的央视非洲分台，他深入当地最大的贫民窟深入采访，探索不为人知的非洲社会，赢得了国外记者的高度评价。前往最艰苦的地方，记录了最真实的世界，承担着新闻人的责任。

姚晓辉：厦门大学新闻传播学院硕士研究生

绿水青山就是金山银山，经济发展不忘生态保护。在媒体实习期间，姚晓辉从中国飞速发展的经济建设中，发现值得关注的环境与科学问题，并投身于这一领域的深度报道。他既关注工业发展带来的环境污染，也聚焦城镇化过程的环保问题，更追踪曝光与报道之后的后续解决。他的文字，是刀剑，挑破了城市光鲜外表下的环境问题；他的文字，亦是盾牌，守护了我们共同的绿色家园。

新闻教育良师奖

孟建：复旦大学新闻学院 教授

孟建教授从事新闻教育工作36年，在教育教学方面努力耕耘，在学术研究方面不断拓展，在服务国家方面奋力前行。在一线教学工作中，他始终将育人作为最高宗旨，教育引导学生热爱中国共产党，奉献伟大祖国；在教学的理念和方法上他不断探索创新，提出新闻传播实践人才培养“五不停”等新理念，实践“课堂讲授与基地实践并重”等新方法，推进了新闻传播教育的改革。孟建教授为党和国家的新闻教育事业培养了众多人才，他以自己的言传身教，担当起新闻教育事业的“良师”之名。

邵培仁：浙江大学传媒与国际文化学院 教授

邵培仁教授是我国传播学领域的先行者和开拓者之一，在学科建设、教育教学等方面为新闻传播学的发展作出重要贡献。他长期致力于传播理论、媒介管理与文化产业等领域的研究和教学，筚路蓝缕，勇于创新，其学术成果具有重要影响。他出版多本国家级规划教材，推出“金字塔式课程建设模型”等，教学成果多次获教育部和省优秀成果奖。他为人谦逊宽厚，提携后学，爱生如子，培养的学生中已有一大批成为媒体行业和学界的中坚力量。邵培仁教授与他的“良师”美名，是评委的选择，更是师生的众望。

新闻教育良友奖

梁衡：人民日报社 编审(原副总编辑)

无论是在(原)国家新闻出版总署管理出版，还是在人民日报社把关新闻，身居庙堂的梁衡总是心系校园中的莘莘学子。多年以来，他不但在中国人民大学新闻学院招收培养博士生，还以讲座、读书会等形式，传播主流新闻理念，鼓励青年成长成才。他倡导学生走出书斋、深入实际，在实践中反映时代脉搏和人民心声；引导学生不断研究、创新技巧，将正确的舆论导向与宣传艺术加以结合。精深的新闻理论、优美的散文创作、深入浅出的科普小品、针砭时弊的政论文章……各个领域的融会贯通，让梁衡对后辈职业道路的指点更具深度，也让他成为万千学子景仰的忘年益友。

（王健华 李 珊）

第18章　学生竞赛

18.1　第四届中国“互联网+”大学生创新创业大赛

第四届中国“互联网+”大学生创新创业大赛，以“勇立时代潮头敢闯会创 扎根中国大地书写人生华章”为主题，由教育部会同13个部委和福建省人民政府于2018年3月至10月举办。大赛共产生主赛道冠、亚、季军6名，金奖项目58个，银奖项目130个，铜奖项目465个，单项奖项目8个，优秀组织奖10个，先进集体奖22个。红旅赛道金奖项目18个、银奖项目42个、铜奖项目143个、优秀组织奖8个、先进集体奖24个。国际赛道金奖项目15个、银奖项目45个。限于篇幅，此处列出主赛道冠、亚、季军和金奖获奖名单(见表18-1)。

表18-1　**第四届中国“互联网+”大学生创新创业大赛参赛情况**

冠　军						
序号	参赛项目	省份	学校	负责人	参赛队员	指导教师
1	中云智车——未来商用无人车行业定义者	北京市	北京理工大学	关超文	倪　俊　邓雨轩　田汉青　李云霄　赵　越　潘　博　翟建坤　张雨甜　刘晓琳	胡纪滨
亚　军						
序号	参赛项目	省份	学校	负责人	参赛队员	指导教师
1	罗化新材料：全球激光荧光陶瓷的领航者	福建省	厦门大学	罗雪方	罗雪方　李淑星　郑　鹏　游世海　候自洋　刘秉钧　许艺蓉　王晋春　田子耕　陈文娟	解荣军　杜　超　高　星

续表

序号	参赛项目	省份	学校	负责人	参赛队员	指导教师
2	人工智能影视制作——聚力维度	北京市	北京邮电大学	赵天奇	蔡元发　邹光磊　谢京华　钟聪颖　段　盼	高　鹏　刘　丹

季　军

序号	参赛项目	省份	学校	负责人	参赛队员	指导教师
1	邦巍科技——全球高性能结构材料领跑者	浙江省	浙江大学	孙超杰	孙超杰　郑　滢　杨雪儿　黄博滔　吴宇星　陈志达　蒋德志　黄炎子　陈俊茹　朱昕茹　姜文静　林佩瑶　尹志鑫　方　缘　夏乐怡　韩梦琳	李庆华　高　峰　徐世烺
2	枭龙科技AR智能眼镜	北京市	北京理工大学	史晓刚	张　威　谢　辉　刘　威	徐　建
3	FlexCap	加拿大	University of Toronto		HaoTian Shi	

金　奖

序号	参赛项目	省份	学校	负责人	参赛队员	指导教师
1	悉之教育	北京市	清华大学	孙一乔	孙一乔　陈佑洁　侯煜欣	
2	农业秸秆生产高价值微藻饲料	北京市	清华大学	张天元	张天元　汪付星　童　心	
3	“飞天工兵”智能空中作业机器人	北京市	北京理工大学	刘子铭	白　凡　樊　伟　张一博　柳　磊　孙　博　马　罡　张宝文　徐　彬　谭耀东　王晓亮	项昌乐
4	atom-高速搬运机器人	天津市	天津大学	刘松涛	李艳华　应卫祥　闫　冰　李星渊　马晋芝	刘　岳　贺　莹
5	环境友好型氟硅离型防护材料	黑龙江省	哈尔滨工业大学	王　宇	王　宇　赵彦彪　郑晓强　王利鹏	李佳杰
6	智能搅拌摩擦焊接装备及技术产业化	黑龙江省	哈尔滨工业大学	万　龙	万　龙　黄体方　马国栋	苗勃然

续表

序号	参赛项目	省份	学校	负责人	参赛队员	指导教师
7	海洋智能“中”端	黑龙江省	哈尔滨工程大学	颜宏璐	颜宏璐 高 乐 潘辰宇 董彦璐 李 桃	刘淞佐 于云亮 刘 铁 朱小亮
8	千里电池：超高性能硅碳负极的产业化制备方案	上海市	复旦大学	张 宇	王晨旭 卢绮萱 姚卢寅 陈小凡 杨于驰 唐慧敏 江葳蕤 林子涵 徐小雅	杨 东
9	机器嗅觉芯片——VOCs纳米智能传感器	上海市	复旦大学	朱立远	杨宇辰 高正祺 刘松波 王一凡 郭子晨 杨建国 袁凯平	卢红亮 林 青
10	成像机器人：成为精准手术的超级眼睛	上海市	上海交通大学	奚 岩	陈绵毅 薛 明	
11	DWELT-全球精准室内位置服务领导者	上海市	同济大学	瞿昕宇	苏伟灯 颜栋梁 侯启桐 拱兴琳 秦 琪 李如昱 王周洋 张正清 马宏雷 游佳艺	刘儿兀 王 睿
12	上海STEM云中心	上海市	华东师范大学	张逸中	温伟浩 孙雨晶 张思源 黄杨奕 宋博文 符洪源	朱 丹
13	人工智能视频解决方案	江苏省	南京大学	武俊敏	刘 骏 胡 强 武祥吉 周 雷	汤 扬 高新房
14	麦克罗——全球抗菌高性能材料的引领者	江苏省	江南大学	杨 禄	冀博文 周 乾 于家学	刘学民 沈晓芳 杨宏华
15	航空航天制造大数据解决方案	江苏省	南京航空航天大学	赵智伟	陈耿祥 邓天池 华家玘 程英豪 胡雨亭 李卓慧	李迎光 郝小忠 刘长青
16	驭风矢量推进科技有限公司	江苏省	南京航空航天大学	黄 帅	聂维民 李 锐 张 丽 蒋晶晶 宋光韬 孙 颖 赵 博	徐惊雷 马 静 张瀚文

续表

序号	参赛项目	省份	学校	负责人	参赛队员	指导教师
17	无人机智能频谱监测仪	江苏省	南京航空航天大学	管　鑫	胡田钰　陈佳馨　宋璐瑶　吴光宇　李竟铭　王珏鸣　吴盛君　梁佳薇	吴启晖　张　卓　黄　洋
18	配网自动化智能终端	江苏省	江苏师范大学	唐宏飞	秦菲菲　蔡玉婷　张明礼　王振鹏　乔　畅　蒋　苏　杨书新　李　立　吴洛锴	胡福年　金　鑫　刘　战　耿　娜　杜增吉　刘丽君
19	90后女孩有点"田"	江苏省	扬州工业职业技术学院	丁蓉蓉	王　盛　曹梦蝶　夏万娟　杨　梓　白　凤	颜正英　沈王仙子　陈　婕
20	情系民生热豆腐——壹明唐现做现卖豆制品连锁运营	江苏省	常州轻工职业技术学院	闫朝恒	徐　鹏　黄　倩　张双振	李昆益　姬忠莉　徐　梅
21	"喝彩网"人工智能平面设计领军企业	浙江省	浙江大学	佟世天	佟世天　刘　光　陈　宇　陈　念　吴楚仪　柯成龙　盖志惠　毛江铭	吴维东　窦军生　邵　勇
22	炽云科技——全国车载光学显示技术引领者	浙江省	浙江大学	王云帆	王云帆　楼桢优　陈　田　于红运　郑炎钊　郭佩锟　赵若楠　黄飞杨　夏乐怡　应佳欣　姚跃君	郑臻荣
23	普罗米修斯——全球顶尖高性能组织再生解决方案	浙江省	浙江大学	庄心昊	庄心昊　邹嫱嫔　周飞飞　朱济人　严晓雅　楼碧颖　赵雨晴　朱禹臣　赵文俊　李天瑜	欧阳宏伟　吴世华
24	Mind Band——随心而动的音乐创作平台	浙江省	浙江大学	郑涵佳	郑涵佳　黄怡璠　吴宋若瑶　任宇凡　刘洪甫　张　卉　李　超　陈小雨　段　轲　曹颖萍　郑　俊　黄小倚	张克俊

续表

序号	参赛项目	省份	学校	负责人	参赛队员	指导教师
25	仓蓝水产——全球首次实现银鲳规模化养殖	浙江省	宁波大学	胡佳宝	兰清雯 杨羽桐 陈益 徐宁 叶梦燕 王丽艳 周楠楠 魏祎铭 胡梦菡	王亚军 徐善良 李政
26	墨子光电——国内变形镜系统行业开拓者	浙江省	宁波大学	彭泰然	彭泰然 陈可欣 傅森广 马千惠 钱峰 沈颖 单清皓 李文来 纪秋婉 闵文君	马剑强 项四通 洪松
27	星海赋能——打造中国孤独症家庭教育新模式	浙江省	温州医科大学	洛美辰	郑佳慧 肖剑 张今成 陈帅男 毛晓璐 伍逸清 余金泽 郑于林 胡逸青 黄开拓 胡子耀 陈莹	陈小英 管素叶 刘博京
28	光子芯片——开启AI时代的感知钥匙	浙江省	宁波大学科学技术学院	周照宇	陶郑洲 宣婧蓝 林张敏 丁沈栩 李珊珊 应玥尔 朱慧恬 楼子焕 王仁	蔡丹丰 赵杰 刘善文
29	派恩杰：柔性电子科技先行者	福建省	厦门大学	许子颉	许子颉 黄嘉妮 张鹏飞 李伟锋 李腾 李戌一 李桃 刘子敬 吴建城 缪雯娜 林佳璐	刘向阳 郭文熹 张晴
30	核芯生物—引领核酸快速检测"芯"时代	福建省	厦门大学	苏晓崧	苏晓崧 张诗 林乃珩 黄鑫 林世一 张建中 翁振宇 张雅 林燕玲 林艳霞 林冰 苏雅霖	葛胜祥 张东旭 张师音 闵小平 赵煜
31	诺康得：全球首创CECT-NK疗法战胜白血病	福建省	厦门大学	李柱	李柱 赵庆庆 汤宇心 薛乘风 苏博 磨小刚 刘雅萍	曾骥孟 黄木河 占群丽

续表

序号	参赛项目	省份	学校	负责人	参赛队员	指导教师
32	斯诺普利：一片走“心”的中国创新药	福建省	福州大学	林　敏	吴佳莹　林来宝　陈　婷 王　杰　黎必非　周雨杨 卢余盛　强　鹏　连群娜 陈　帆　吴颖豪　李飞杨 赵婷婷　林　茜　阮学敏 王负莞彬	贾　力 刘　旺 周　强 李广培 王嘉宏 林国兴
33	降糖贴剂：胰岛素无痛给药先行者	福建省	福州大学	张冰晨	邹俊捷　周文洁　汪　安 张慧琳　柯一峰　郭　燕 陈柏林　陈宇涵　战　鹏	邵敬伟 杨　虹 刘　旺 周　强
34	贵在互联	福建省	厦门大学嘉庚学院	苏令相	许鸿伟　陈楚杰　颜如玉 焦淑佳　郭书彤　储倩莹 伊博贤	
35	识光人——“中国芯”引领全球健康照明	江西省	南昌大学	赵贺琦	赵贺琦　王明康　刘江伟 欧阳珂　邵歆晨　卢晓凯 肖铭呈	江风益 吴　江 王光绪 罗荣萍 李姝瑶 王玉皞 马文军
36	芒果青年——中国领先的新一代校园品质后勤生活服务提供商	江西省	江西师范大学	姚智德	肖　锋　邱　宁　赵婷婷 郭　如　江韵格　陈　进 徐雅婷　蔡钰嵘　黄　卿 胡文彪	张曼云 谭菊华 蒋贤斌 徐　莉 赵　直
37	佳时特：智能化制造助力中国智造	江西省	华东交通大学	刘　华	丁　宁　任　熠　钟　奕 胡　雨　祝　柯	余得生 文　涛
38	北京多豆科技有限公司	山东省	山东大学	窦晓静	赵　宸　刘子硕　李颐蕾 柏璎格　任柏盈	刘冰冰 张　熙 南东周 马艳妮

续表

序号	参赛项目	省份	学校	负责人	参赛队员	指导教师
39	不空文化	山东省	山东财经大学	林　瑞	李静雯　邵曼婷　刘德昭　吕　阳　郭笑彤　褚子璇　白天煜　邵雪蕾	窦大海
40	痴油菌——地沟油制备高分子材料领导者	山东省	齐鲁工业大学	郭　骁	唐玲玲　薛　乐　修　翔　王艳茗　翁伟清　赵春燕　周　倩　宋子旻　林芳羽	汪俊卿　王瑞明　张金霞　徐　竞　刘学方
41	全球领先的智能工业机器人	湖北省	华中科技大学	李　淼	闫　琳　廖圣华　张　敏　张少华	丁雨葵
42	原创光芯：中国高端光芯片突围者	湖北省	华中科技大学	刘功海	陈泉安　赵龚媛　蒋　春　邓　宇	国伟华
43	齐悟大脑	广东省	华南理工大学	王　一	鲁哲宇　王　曦　曹志豪　李　华　李景嫦　钟　迪　张琼之	龚　振　黄　敏
44	迈新·二维膜——全球首创的高效分离提纯氢气的膜产品	广东省	华南理工大学	刘凝晖	叶礼铭　吴茵茵　丁　力　胡　婧　吴晓霜　谢逸轩　崔艺潆	魏嫣莹　龚　振
45	广州五六点教育信息科技有限公司	广东省	广州大学	王浩兵	胡国炜　王书旗	王满四　张延平
46	趣弹音乐——轻乐器在线教育服务平台	广西壮族自治区	广西师范大学	帅圳兴	周恒东　彭　宇　班兴华　杨　苓　刘　峰　罗煜川	蒙志明　孙中会　杨日星　黄娜娜　廖　芳
47	神经可视化脊柱微创手术导航系统	四川省	四川大学	谢天航	杨　莹　石　武　杨志强　普利明　胡美婧　唐婉旖　代伟华　盛厦庆　杨　阳　程俊鑫	王贤帝　聂鸿飞　曾建成　张　伟　宋跃明

续表

序号	参赛项目	省份	学校	负责人	参赛队员	指导教师
48	wowgo我行专业户外服务平台项目	四川省	四川大学	刘勇	吴云皓 郭玖思 张洪江 马文婧 邵俊 蔡宜然 卢雨菲 青婉怡	吴卓 何宇 袁一民 高子棋 曹麒麟
49	Doctor Can 肿瘤治库——全球首款大数据肿瘤治疗方案提供商	四川省	四川大学	蒋宇婷	王林 蔡武峰 姚怡君 周翔鸿 肖雨璇 金晶 徐修远 陶文娟	蒲丹 伍洋平 李为民 周圣涛
50	科宜高分子：世界先进热固树脂的领跑者	四川省	西南石油大学	邢云亮	熊然然 孟星 丁龙 高岳 高英菊 王翔宇 胡尧 张志伟 张帝	张磊 何显儒 庞敏 李媛媛 夏春芬
51	精移求精——压电智能驱动技术引领者	陕西省	西安交通大学	宋思扬	邵妍 雷俊琪 王源 肖瑞江 韩文文 刘开园 廖诚 胡方泽 嵇辉	徐明龙 田征 冯勃 邵恕宝 武彤晖 张丰 申胜平
52	极蜂智能数字对讲机	陕西省	西安电子科技大学	邵明绪	俞文静 谭伟晟 崔宗承 李凯文 安凯 石强 杨柳	谢楷
53	HoloScreen——空间立体显像仪	陕西省	西安电子科技大学	张文虎	付家瑄 李诗瑶 陈佳燕 王子彧 范敬媛 甘海林 曹羽成 李彦志 余文韬 马天	张文博 朱伟 尹鹏 赵岩松
54	蚁知未来	香港特别行政区	香港大学	刘毅文	李佩熹 杨柳	Gray Kochhar Lindgren

续表

序号	参赛项目	省份	学校	负责人	参赛队员	指导教师
55	Self-sanitising Door Handle	香港特别行政区	香港中文大学	黄深铭	郑嘉仪 李键邦	
56	图像商品防伪方案	香港特别行政区	香港科技大学	郭玮强	毛宇轩 胡兆旭	缪伟豪
57	SkyChip：国内毫米波传感器解决方案领导者	澳门特别行政区	澳门科技大学	安栩洁	林 薇 游舒婷 刘曼昕 刘中正 胡钰娟 龚雨萌 吴 昊 尹兴志 陶振昊 黄耀民 李成欣 陆 磊	李 密 邱 菱 祝 捷 邹 凤
58	智慧纤维防护网	台湾地区	台北医学大学	萧宇成	黄文贤 郭培圣	

（何志武）

18.2 全国大学生广告艺术大赛

全国大学生广告艺术大赛（简称“大广赛”）是由中国高等教育学会、教育部高等学校新闻传播学类专业教学指导委员会主办，全国大学生广告艺术大赛组委会组织，中国传媒大学、大广赛文化传播（北京）有限公司承办的全国高校文科大赛。大广赛是迄今为止全国规模最大的、覆盖面广、参加院校多、参加师生人数多，参赛作品水平高的国家级大学生赛事，并已成为广告及相关专业实践教学改革的试金石、检验平台。

大广赛自2005年开始，每两年举办一届，从2014年开始改为一年举办一届，遵循“促进教改、启迪智慧、强化能力、提高素质”的竞赛宗旨，到2018年已成功举办了10届大广赛和一届专题竞赛。2018年（第十届）大广赛以“创意我闪耀”为主题口号，平面、视频、动画、互动、广播、策划案、文案、公益等8种创作形式，覆盖全国29个赛区，31个省、市、自治区，共有1449所高校参赛，经初选后，共收到作品251656组（约50万件）。最终决出一等奖108组、二等奖329组、三等奖824组、优秀奖2835组及一组全场大奖。唯一全场大奖由广西大学新闻与传播学院学生张敏、刘婷婷获得。限于篇幅，此处列出第10届大广赛一等奖获奖名单（见表18-2~表18-9）。

表 18-2　　第 10 届(2018)全国大学生广告艺术大赛平面类一等奖名单

序号	参赛编号	作品名称	作者姓名	指导教师	所属院校
1	A01-11-013-0059	纳善言予鼓励	谢　帆 俞钰琦	汪永奇	浙江农林大学人文·茶文化学院
2	A01-16-127-0143	善言-凶器	张　钰	梁　磊	河南牧业经济学院
3	A01-19-008-0031	退一步，帮一把	张　钰	胡　莹	深圳大学传播学院
4	A01-19-008-0054	一撕善失	唐　铭	胡　莹	深圳大学传播学院
5	A01-20-022-0071	我多想为你遮风挡雨	赵梦涤 隗　来	周景秋	广西艺术学院影视与传媒学院
6	A01-20-042-0019	嘴巴的修行	韦　蒙 杨思媛	刘　畅	南宁职业技术学院艺术工程学院
7	A01-25-010-0023	别再发问候了，回家看看吧	朱文豪	陈　瑾	西北大学新闻传播学院
8	A02-01-040-0013	究竟有多薄	赵诗颖 林智云	王　鹏	北京工业大学艺术设计学院
9	A02-01-049-0001	thin	姜晓秋	李佳蔚	首都经济贸易大学文化与传播学院
10	A02-11-021-0004	杜蕾斯-薄而不见	汤紫雯 马芸莉	李朝胜	浙江工商大学艺术设计学院
11	A02-11-062-0001	别担心虽然我很薄但我依然还在	章星星	张　吟	温州职业技术学院时尚设计系
12	A02-12-002-0046	AIR 空气套	杨静雯	李永婕	合肥工业大学建筑与艺术学院
13	A02-15-040-0012	零距离的爱	杨恣颜	李志国	临沂大学美术学院
14	A02-19-030-0004	超乎你想象的薄	简志诚	姜蕾歌	仲恺农业工程学院何香凝艺术设计学院
15	A02-19-051-0018	至薄至带感	罗　龙	周启新	广东培正学院艺术设计系
16	A02-25-043-0133	“薄”爱	周茹雪	臧卫军	西京学院艺术学院
17	A02-26-003-0117	杜蕾斯-撕纸	王　娜 吴存彬	朱守会	兰州理工大学设计艺术学院
18	A03-04-018-0002	表里不一	王玉静	刘岩妍	太原工业学院设计艺术系

续表

序号	参赛编号	作品名称	作者姓名	指导教师	所属院校
19	A03-06-019-0009	辣椒篇闪电篇爱心篇	张一品	郑　童	沈阳化工大学工业与艺术设计系
20	A03-14-004-0018	触电的那种感觉	张淑婷	董　翔	江西理工大学文法学院
21	A03-16-004-0011	触电篇	刘天一 金　霜	朱丹君	河南科技大学艺术与设计学院
22	A03-19-092-0006	不一样的感觉	张佳汝	张武志	广东科学技术职业学院艺术设计学院
23	A04-09-013-0005	补锌补钙天生可爱	张悦芸	葛　越	上海理工大学出版印刷与艺术设计学院
24	A04-12-026-0166	萌翻奇思妙想	吴　靖	曲　强	阜阳师范学院美术学院
25	A04-18-011-0001	娃哈哈萌趣工厂	许惠玮	明　兰	南华大学设计与艺术学院
26	A04-18-013-0027	娃哈哈——钙多多锌多多	张颖寒	张弘韬	湖南工业大学国际学院
27	A04-20-012-0019	“锌”说三国“钙”世英雄	赵晶伟	黄嘉莹	广西科技大学艺术与文化传播学院
28	A05-02-013-0008	我们不一样	原浴粟	周梅婷	天津师范大学美术与设计学院
29	A05-11-007-0006	我有一个朋友系列	张以鈊	陈星海	浙江工业大学设计艺术学院
30	A05-12-026-0115	年轻潮色做自己	苏慧贤	章顺凯	阜阳师范学院美术学院
31	A05-14-010-0023	年轻潮色	邹冠南	邓　瑛	南昌航空大学艺术与设计学院
32	A06-01-040-0052	打包就像解压一样简单	赵　宇	王　鹏	北京工业大学艺术设计学院
33	A06-05-007-0024	装得下，世界就是你的	刘佩琦 王棋壹	刘翔宇	内蒙古师范大学国际现代设计艺术学院
34	A06-06-024-0104	轻松去旅行	张育林 韩东萌	王彬彬	辽宁工业大学文化传媒学院
35	A06-06-053-0023	我带世界走，爱华仕给旅途色彩	杨嘉兴	张　阳	鲁迅美术学院视觉传达设计学院
36	A06-15-013-0004	装起全世界	张　帝	曲国先	青岛科技大学艺术学院

续表

序号	参赛编号	作品名称	作者姓名	指导教师	所属院校
37	A06-15-031-0074	生活酷旅行，装起全世界	王　旭	孟光伟	齐鲁工业大学艺术学院
38	A06-18-057-0016	爱华仕箱包之二维码篇、条形码篇	汪家焱	袁维坤	湖南大众传媒职业技术学院视觉艺术学院
39	A06-19-064-0013	爱华仕吉祥物表情包	周观梅 王俊瑶	王旭玮	广东轻工职业技术学院艺术设计学院
40	A06-20-023-0230	畅游天下	谭会帅	吴承亮	贺州学院设计学院
41	A06-26-015-0050	小象(箱)	赵立鑫	潘　瑶	兰州财经大学陇桥学院艺术设计系
42	A07-07-016-0238	傲娇患者——猫	张晓云	李　慧	吉林师范大学新闻与传播学院
43	A07-11-019-0008	声声慢	周雅婷	毛勇梅	杭州师范大学美术学院
44	A07-12-026-0050	我们在世上流浪	伦梓强 孙婷如	李长福	阜阳师范学院美术学院
45	A07-13-007-0002	猫	朱美君	李宗妮	福建农林大学金山学院文学艺术系
46	A07-18-011-0007	百叶窗	陶思婷	何桑桑	南华大学设计与艺术学院
47	A07-19-132-0012	猫	曾月玲 刘颖诗	杨静静	广东青年职业学院艺术设计系
48	A07-20-010-0041	缝纫机	朱晋萱	陈艺峰	广西民族大学艺术学院
49	A08-15-015-0001	创意我创造	卢思媛	孙银银	青岛理工大学琴岛学院艺术系

表 18-3　**第 10 届(2018)全国大学生广告艺术大赛视频类影视广告一等奖名单**

序号	参赛编号	作品名称	作者姓名	指导教师	所属院校
1	Ba01-06-036-0001	亲子教育——拒绝语言暴力	雷丰鹏　赵　康 申艾妮　李　娜	卢　芳	辽宁师范大学影视艺术学院
2	Ba02-06-053-0002	至薄体验	何　天	赵　璐 修德旭	鲁迅美术学院视觉传达设计学院

续表

序号	参赛编号	作品名称	作者姓名	指导教师	所属院校
3	Ba02-09-004-0018	你快亲亲我	黄岱颖 黄凯琳	方红峰	同济大学传播与艺术学院
4	Ba02-18-019-0019	杜蕾斯——轻薄相触	范佳琦 李学莘 李凯 崔云彤 刘裴健	丁忠伟 单文盛	湖南师范大学新闻与传播学院
5	Ba03-01-026-0001	甜蜜触电 替你表白	李爽 农雅晴 黄文祯	杨明	中国政法大学新闻与传播学院
6	Ba03-11-044-0017	味觉电力 源源不断	郭贤君 谢洋华 刘红杏 熊婉桐 何逸妞	杨乃近	浙江传媒学院文化创意学院
7	Ba03-21-011-0022	藤娇，不一样的麻麻麻	胡伟 李籽萱 林锴豪	苏畅	成都理工大学传播科学与艺术学院
8	Ba04-04-037-0001	童话之旅——娃哈哈城堡篇	侯晓霞 王晨 赵金建 程梓旋	刘瑞志 刘竹青	晋中职业技术学院
9	Ba05-18-044-0010	上色	方亚丽 窦辛阳 夏声宇 姜春宇 李东锦	姚劲松	怀化学院中国语言文学系
10	Ba06-18-045-0009	生活酷旅行，装起全世界	沈建栋 纪国军 李婷 翟鑫鑫 陈丽勤	段宇辉 付刚	湖南文理学院美术学院

表18-4　**第10届(2018)全国大学生广告艺术大赛视频类微电影广告一等奖名单**

序号	参赛编号	作品名称	作者姓名	指导教师	所属院校
1	Bb01-01-047-0002	暴力没有旁观者	朱雨晴 杨霖 谭卫辉 孙萌 朱晓寒	周古月	北京工商大学艺术与传媒学院
2	Bb01-12-028-0004	一角钱的力量	张振喜 张丹丹 顾金豆	赵金海 许留军	淮南师范学院美术与设计学院
3	Bb01-15-025-0012	主人，请送我回家	朱景红	刘成新	曲阜师范大学传媒学院

续表

序号	参赛编号	作品名称	作者姓名	指导教师	所属院校
4	Bb02-20-016-0002	至薄欢隐 无所遁形	王　朝　梁　伟　李焕婷　蒙丽莹　卢雪丹	邹　舟　周化铁	广西师范学院新闻传播学院
5	Bb03-10-016-0001	触电的感觉，不需要搭讪	陈　洪　汪钰涵　玄梦卿　颜子娟　何昕然		苏州大学艺术学院
6	Bb03-10-052-0010	机器人女友	秦艺铭　邵宇佳　刘　卓　钱靖雯　陈　灯	谢朝清	淮海工学院文学院
7	Bb05-17-001-0003	解锁新视界	汤若琪　陈子悦　魏　鑫	王　晔	武汉大学新闻与传播学院
8	Bb06-11-027-0002	最酷的心侣行中国	周雨欣　胡媛淇	杨　华　徐　清	宁波大红鹰学院艺术与传媒学院
9	Bb07-02-006-0005	猫	孟　霖　木晓雨　杨　可	戴凌瑞	天津工业大学计算机科学与软件学院
10	Bb07-19-001-0001	海浪	叶　颖　谭紫璇　王　雪　许素敏　邱一耕	廖宏勇	中山大学传播与设计学院

表 18-5　　**第 10 届(2018)全国大学生广告艺术大赛动画类一等奖名单**

序号	参赛编号	作品名称	作者姓名	指导教师	所属院校
1	C01-09-050-0004	文明社区你我共建	秦兰秀　杨　瑞　刘晨蕾		上海工艺美术职业学院水晶石学院
2	C02-10-026-0001	在爱中做天王	杨帆骏	方仲玮	南京邮电大学教育科学与技术学院
3	C04-19-019-0001	哇哈哈小黄鸭	谭润瑜　陈婵莹　张金枚　朱嘉伟	李天昊	广州商学院信息技术与工程学院
4	C06-17-039-0010	旅行？就在爱华仕	郭洪媛	王　娟	武昌理工学院艺术学院

续表

序号	参赛编号	作品名称	作者姓名	指导教师	所属院校
5	C06-18-021-0006	木偶师与爱华仕	蔡俊杰　李浥侨　尹锦琳	肖玲玲　邓伍英	长沙学院艺术设计系
6	C07-11-021-0003	嗨饭秀 · 千年食谱颂	陈　磊　吴　瑞　谭广军　彭乐融	张丽洁　赵　侃	浙江工商大学艺术设计学院

表 18-6　**第10届(2018)全国大学生广告艺术大赛互动类一等奖名单**

序号	参赛编号	作品名称	作者姓名	指导教师	所属院校
1	D01-01-039-0004	这个世界一个都不能少	张学鹏	李　鑫　王丹妮	北京联合大学应用科技学院
2	D02-20-022-0001	我们的距离本该如此	梁凌嘉　刘　娜　毕　成	丁　洁　韦　维	广西艺术学院影视与传媒学院
3	D06-08-007-0003	爱华仕-黑洞篇	王戈威　袁　搏	宿丹华　王琳琳	哈尔滨理工大学艺术学院
4	D07-09-036-0001	有一种爱，叫做成为你的孩子	李葆怡　田　青　曾嘉琳	常方圆	上海出版印刷高等专科学校艺术设计系

表 18-7　**第10届(2018)全国大学生广告艺术大赛广播类一等奖名单**

序号	参赛编号	作品名称	作者姓名	指导教师	所属院校
1	E01-11-022-0001	孩子是成人的镜子	邱　萍　王楼燕　许　悦	黄　鹏	浙江工商大学杭州商学院人文学院
2	E01-19-055-0017	三秒可以做什么	潘绮淋　梁冬柔　陈慧淞	周　瑶　潘　力	吉林大学珠海学院中国语言文学系
3	E02-12-035-0028	薄物传情	黄雅君　周庆翔　朱菲菲	马怀强　祁　晨	铜陵学院文学与艺术传媒学院
4	E02-12-055-0001	隐、润、热	申林子　刘静静　付　惜	吕　锐　方　君	芜湖职业技术学院
5	E03-08-028-0002	第一次	陈　苍	包学敏	黑河学院人文传媒学院

续表

序号	参赛编号	作品名称	作者姓名	指导教师	所属院校
6	E03-19-026-0004	藤娇牛肉面？之火车篇	陈建全　蓝景然　谢莹莹	黄秋尘	肇庆学院文学院
7	E04-11-051-0001	咕噜	龚　瑜	戎　彦	浙江万里学院文化与传播学院
8	E05-10-032-0019	我的好色男友	刘　泱　李　璐　孙若楠	唐丽雯	南京林业大学人文社会科学学院
9	E06-06-036-0002	我都包了！	张严心　马　玥　苗　欣	张　燕	辽宁师范大学文学院
10	E06-12-038-0002	世界那么大，带父母去看看	罗　晓　陈　悦　李静雯	唐　元	合肥学院中国语言文学系
11	E06-14-014-0092	我不怕	王彦博　罗湘鄂　蒋纯云	丛艳华　蔡立媛	江西师范大学传播学院
12	E07-07-016-0002	你是我最愚蠢的一次浪漫	王忠岩　叶梦辉　陈萧宇	王　鹏　王晓楠	吉林师范大学新闻与传播学院

表 18-8　　**第 10 届（2018）全国大学生广告艺术大赛策划类一等奖名单**

序号	参赛编号	作品名称	作者姓名	指导教师	所属院校
1	F04-01-052-0011	黑白间，感受夜	张梦婕　郭时蔚　关　键　张经伟　邵荟伊	郭　瑾	北京印刷学院新闻出版学院
2	F07-15-018-0001	网易云音乐营销策划案	孙梦迪　谢琳怡　亓　稷　杨　康　许子晨	徐　苒　由磊明	山东建筑大学艺术学院
3	F02-17-004-0002	来点真的	李夏童　张天怡　田秀芳　蔡　璇　龚琦婷	钱　正　刘锦宏	武汉理工大学文法学院
4	F01-19-008-0005	拨通快乐	王怡琳　朱　然　何润怡　刘晓滢　邹家宜	华　薇	深圳大学传播学院

续表

序号	参赛编号	作品名称	作者姓名	指导教师	所属院校
5	F06-11-007-0004	“生活酷旅行，不做空箱派”	王诗霁 秦诣程 蒋默然 苏志涛 王 琦	姚利权	浙江工业大学人文学院
6	F03-09-018-0006	我是“麻辣柠”	徐 睿 孔忆琳 周晓曼	郑 欢	上海师范大学人文传播学院
7	F04-04-001-0002	元气奶奶	郭景微 寇 杰 袁梓云 袁铁飞 袁敏晶	韩志强 王 煜	山西大学新闻学院

表18-9 **第10届(2018)全国大学生广告艺术大赛文案类一等奖名单**

序号	参赛编号	作品名称	作者姓名	指导教师	所属院校
1	G01-12-035-0004	请给一个躲避的眼神	周晓庆 汪 浩	姚小烈	铜陵学院文学与艺术传媒学院
2	G02-01-039-0303	我们的秘密	王文琦	解 嵩	北京联合大学应用文理学院
3	G02-15-025-0002	杜蕾斯，努力为爱降低存在感	赵 敏		曲阜师范大学传媒学院
4	G02-20-001-0041	感觉不到它的存在	张 敏 刘婷婷	程 华	广西大学新闻传播学院
5	G03-09-018-0007	一秒爱上	刘欣淼		上海师范大学人文传播学院
6	G04-10-052-0012	“钙”世秘诀与“锌”型武器	周露佳 杨 洋	王 栋	淮海工学院艺术学院
7	G05-12-002-0001	自有年轻潮色	曲梦萦	陈 瑶	合肥工业大学建筑与艺术学院
8	G06-20-002-0114	爱华仕	麦远鹏	谭 键	广西大学行健文理学院人文学部
9	G07-14-013-0070	不将就	杨 波	杨雅婷	江西农业大学南昌商学院人文艺术系

（王 辉）

18.3 中国大学生计算机设计大赛

中国大学生计算机设计大赛是由教育部高等学校计算机类专业教学指导委员会、软件工程专业教学指导委员会、大学计算机课程教学指导委员会、文科计算机基础教学指导分委员会联合主办。2018 年(第 11 届)中国大学生计算机设计大赛共分 11 个组别，分别为软件应用与开发类、微课与教学辅助类、数字媒体设计(简称数媒设计)普通组、数媒设计专业组、数媒设计 1911 年前中华优秀传统文化元素组、数媒设计中华民族服饰手工艺品建筑组、数媒设计动漫游戏组、软件服务外包类、计算机音乐创作普通组、计算机音乐创作专业组、中国大学生人工智能大赛(简称人工智能)。共有 2567 件作品分获一、二、三等奖，其中一等奖作品 174 件。限于篇幅，此处列出一等奖获奖名单。如表 18-10 所示。

表 18-10 **第 11 届(2018)中国大学生计算机设计大赛一等奖获奖名单**

序号	大类	作品编号	作品名称	参赛学校	作者	指导教师
1	计算机音乐创作普通组	49444	Frisbeelove (feat. Cyano)	华东师范大学	姚　勐	戴李君
2	计算机音乐创作普通组	49591	黛帕	吉首大学	贺谭晶	苏蔚琦 杨　波
3	计算机音乐创作普通组	49829	劫尘欲渡	四川音乐学院	朱镕辉	张旭鲲
4	计算机音乐创作专业组	49855	她的初恋乐园	浙江音乐学院	张懿楠	李秋筱
5	计算机音乐创作专业组	49903	沉浸其声	武汉音乐学院	路　力	李云鹏
6	计算机音乐创作专业组	49955	躲藏一个我	中国传媒大学	李知锦	王　铉
7	人工智能	36829	基于人工智能的城市导盲系统	东南大学	李　响　顾　艺 孙刘毅	李骏扬 陈　伟

续表

序号	大类	作品编号	作品名称	参赛学校	作者	指导教师
8	人工智能	39123	基于条件生成式对抗网络(CGAN)的神奇画板——马良画板	合肥工业大学	白　瑞　林晨瑶 刘之恒	刘学亮 李小红
9	人工智能	41117	基于人体传播振动信号的智能手表虚拟交互键盘	深圳大学	邱铭辉　黄彦道 陈　林	王　璐 伍楷舜
10	人工智能	45415	基于视觉场景理解的随行管家	湖北经济学院	严　辉　周　静	唐建宇 叶雪军
11	人工智能	46289	侨侨——基于树莓派和知识图谱的侨情问答机器人	华侨大学	何媛媛　凡帅帅 周邦俊	王华珍
12	人工智能	46574	“君心我心”智能网球陪练机设计方案	昆明理工大学	印　宁　可志相 沈奥祥	邓强国 陈　榕
13	人工智能	46616	智能羽毛球教练机器人	华东师范大学	曹建华　张金洁 张浩然	朱晴婷 田应洪
14	人工智能	46960	基于人脸识别技术的寝室安全门锁	重庆大学	胡竣峰　马文超 刘超然	刘　礼
15	人工智能	49788	基于光斑投影与双目视觉的全时威胁智能识别系统设计方案	陆军边海防学院乌鲁木齐校区	丁明江　包旭文 王　宏	欧　微 程　岚
16	人工智能挑战项目	46447	挑战膀胱肿瘤的检测与标记	深圳大学	张伟烽　刘理伯 刘钟鑫	邱国平
17	人工智能挑战项目	47397	智能小车	中央民族大学	王　鑫　周旺生 辜　俊	李瑞翔 卢　勇

续表

序号	大类	作品编号	作品名称	参赛学校	作者	指导教师
18	软件服务外包	36960	基于单工位平台的注射剂微小异物检测系统	江苏科技大学(镇江)	卢郑兴 段 浩 张丽瑶 张 露 徐 倩	江登表 胡春龙
19	软件服务外包	39749	可快速构建的企业公众号互动平台	辽宁工业大学	李 帅 李宏增 高 爽 王双瞳 马 淞	张 巍 褚治广
20	软件服务外包	41475	智能贴心医疗	韶关学院	张 琴 罗其松 林志义	刘晓樑
21	软件服务外包	42564	驿动的心	长治医学院	邵叶凡 李 鑫 王勇盛	魏 晋 张建莉
22	软件服务外包	44752	互联网新闻分类	武汉理工大学	李 童 阳申湘 陈 睿 江 桥	孙玉芬
23	软件服务外包	44754	活体人脸识别核心技术研究与开发	武汉理工大学	李 韧 刘 正 赵海亮 王逸豪	彭德巍
24	软件服务外包	45908	互联网新闻分类系统	惠州学院	王 程 施伟淦 曾庆圳	刘 利 赵义霞
25	软件服务外包	46328	人工智能乐器陪练系统	北京科技大学	李潇睿 李湘宁 黄庙林 黄茵绮 王雨婷	万亚东 李 莉
26	软件服务外包	49205	气象环境与室内空气质量检测与告警移动终端	西北工业大学	杨天凯 郭堡熙 万哲雄 王思元 周楚谦	高 逦 杨广珺
27	软件应用与开发	36309	“匠出没”一站式无忧家居服务平台	肇庆学院	陈仕康 周龙华 单兆臻	熊芳敏 岑宇森
28	软件应用与开发	36520	辅助盲人出行的可穿戴设备	广东工业大学	郑臣河 叶志活 梁永康	谢光强 李 杨

续表

序号	大类	作品编号	作品名称	参赛学校	作者	指导教师
29	软件应用与开发	36655	智慧消防-新型智能消防物联网系统	江苏科技大学张家港	王露露　李　鑫　曹倚康	李雪宝　史凌祎
30	软件应用与开发	36807	yo-Pick	东南大学	周之恺　杜一鸣　张晓雯	熊润群　丁　彧
31	软件应用与开发	37245	ManyScan 漏洞扫描器 - 网络资产风险扫描平台	辽宁科技大学	宋　健	张秀梅　宫　玺
32	软件应用与开发	38186	无忧 APP——面向老年人的交流分享求助综合服务平台	辽宁师范大学	董雨　杜锦绣　汪　美	蔡　静　张大为
33	软件应用与开发	38975	基于深度学习的学生管理系统	南京邮电大学	沈云飞　汪　文　陶文慧	吉　峰
34	软件应用与开发	39611	基于 Android 的爱心义工招募软件	辽宁工业大学	李鉴恕　杨晓庆　何志强	褚治广　张　巍
35	软件应用与开发	40134	"Storm"智能轮椅看护系统	南京理工大学	韩飞宇　陈德毅　阙贵敏	马　勇
36	软件应用与开发	41737	基于分布式集群架构的在线五子棋微信小游戏	沈阳工业大学	刘昕禹　王艺潭　郝一陌	邵　中　王　涛
37	软件应用与开发	42191	Career4U——基于数据挖掘的岗位画像求职智能分析系统	中南财经政法大学	张　可　王赞博　石　茜	屈振新
38	软件应用与开发	43711	便携式灵敏协调测试系统	武汉体育学院	邹玥泠　付毅豪　许炳炳	胡　璞　张　娟
39	软件应用与开发	43897	高校智能定位签到系统	武汉理工大学	李钟航　杜俊健　冯佳明	江长斌

续表

序号	大类	作品编号	作品名称	参赛学校	作者	指导教师
40	软件应用与开发	44972	基于虚拟现实的雄安新区融媒体数字化传播平台设计	河北金融学院	韩朝红 刘志婷 李若楠	刘冲 杜光辉
41	软件应用与开发	45705	渔业养殖系统	赣南师范大学	朱维富 李先发 黄万兵	钟琦 尹华
42	软件应用与开发	45813	考研宝	北京科技大学	白宗平 段旭 秦海波	张敏 朱红
43	软件应用与开发	45820	炫云	北京科技大学	陈晓阳 倪芷暄 王炳策	武航星 宋晏
44	软件应用与开发	45826	基于数据的可视化单车胎压监控和稳定系统	北京科技大学	郑子仪 武健宇 高梦	武航星 宋晏
45	软件应用与开发	47213	EIB 校园	中国人民大学	吕芳锐 曾恬静 杨皖晴	陈旺 周小明
46	软件应用与开发	47215	基于 IPV6 的互动直播课堂	中国人民大学	肖若瑾 刘芮汐 刘专	焦敏 周小明
47	软件应用与开发	47266	智能安防小车	西南林业大学	吕红亮 徐海峰 沈阳	李俊萩 张晴晖
48	软件应用与开发	47334	基于二维码的农作物种子追溯管理系统	上海开放大学	苏铂	陈蕾蕾 黄河笑
49	软件应用与开发	47338	炸毛机器人	东华大学	马靖宇 高新博	刘晓强 黄雅萍
50	软件应用与开发	47340	Lite Yun——远程服务器管理系统	东华大学	张云玮 顾晓俊	姜霖霖
51	软件应用与开发	47739	泛舞：视频拍摄新方式	厦门大学	王中豪 张希鹏 兰贞	郭锋 林颖
52	软件应用与开发	48519	识菜帮	中北大学	王天锐 冯智勇 许景贤	秦品乐 于一

续表

序号	大类	作品编号	作品名称	参赛学校	作者	指导教师
53	软件应用与开发	48558	Cloudreve	重庆大学	刘子玄 安雨洁 李 靖	李芝兴
54	软件应用与开发	48748	菜鸟启航网	重庆大学城市科技学院	刘 威 王亚军	周 林
55	软件应用与开发	48773	增现宝-票据综合服务平台	上海财经大学	周晓峰 陶 显 谢玉章	韩冬梅 闵 敏
56	软件应用与开发	48774	faceSchool	上海财经大学	吕 港 张明亮 马典乐	韩冬梅
57	软件应用与开发	48791	无刷电机智能伺服驱动器	重庆工程学院	陈义天	丁允超 汪 忆
58	软件应用与开发	48899	基于 PYTHON 的学生数据分析平台	华东理工大学	黄凯宁 刘熠珺 徐秀琪	文欣秀
59	软件应用与开发	48942	起床吧 APP	安阳师范学院	杨成杰 薛旭枫 朱森林	于亚芳 牛红惠
60	软件应用与开发	48960	笔画桁架	同济大学	周育丞 郑 哲 李雪娇	丛培盛
61	软件应用与开发	49008	智能储物柜管理系统	解放军空军工程大学	缪 伟 黎棉建	陈继成 张晓丰
62	软件应用与开发	49213	基于眼电信号的语言输入系统	西安文理学院	李 暄 李依函 吴鹏信	李 浩 冯永亮
63	软件应用与开发	49265	基于 wifi 定位到站提醒与安全知识传播的多功能 app	上海工程技术大学	要会涛 李 昊 寇鑫雨	户 国 胡浩民
64	数媒设计类动漫游戏组	37893	以鹤之翼，扶摇青云	广州大学华软软件学院	占金鑫 钟方揆 李锐杰	唐增城 梁志敢
65	数媒设计类动漫游戏组	40779	小杰的一天	安徽大学江淮学院	吴之寅 李 冉 祖永茹	姚 瑶 权歆昕

续表

序号	大类	作品编号	作品名称	参赛学校	作者	指导教师
66	数媒设计动漫游戏组	42130	WAE	沈阳工学院	周　健　寇迪一 秦　博	郑成阳 寇大巍
67	数媒设计动漫游戏组	43067	Repair a Machine	湘潭大学	王成新　曾馨仪	卢　洁
68	数媒设计动漫游戏组	43618	忆生	沈阳城市建设学院	车　琳　丁思阳 张　帆	王　珏 高　旭
69	数媒设计动漫游戏组	44248	机械纳米	东北大学	邵　婧　吴止境 巨翔予	霍　楷
70	数媒设计动漫游戏组	44249	ENE	东北大学	仲崇朔　李搏洋 李婉旖	谢　青
71	数媒设计动漫游戏组	45669	灵龛计划	华中师范大学	肖　彤　张默林 张哲铭	王　翔
72	数媒设计动漫游戏组	45671	EVOLVE	华中师范大学	黎家良　靳岚潇	谭　政
73	数媒设计动漫游戏组	45835	Train the Train	北京科技大学	汝　灿　王　霄 张　超	武航星 宋　晏
74	数媒设计动漫游戏组	45836	Error_ AI	北京科技大学	魏　先　陈佳豪 罗元驰	汪红兵 屈　微
75	数媒设计动漫游戏组	45838	AI 未来演唱会	北京科技大学	刘小菱　王泽铭 陈丹妮	张　敏 朱　红
76	数媒设计动漫游戏组	46437	起源	福州外语外贸学院	陈毅华　张静怡	郑则凌
77	数媒设计动漫游戏组	47018	智能君	南阳师范学院	刘海金　梁少龙 张　琳	魏　琪
78	数媒设计动漫游戏组	47116	卡萨布兰卡	福建师范大学	辛泽沛	翁东翰
79	数媒设计动漫游戏组	47121	记忆碎片	浙江传媒学院	黄佳虹　黄思文 陈方君	张　帆 荆丽茜
80	数媒设计动漫游戏组	47259	未来世界，人工智能	云南财经大学中华职业学院	马友诚　邵兰清 宋水林	王元亮 刘昶孜

续表

序号	大类	作品编号	作品名称	参赛学校	作者	指导教师
81	数媒设计动漫游戏组	49180	基于 CardBoard 的 VR 未来智慧城市畅想	西北工业大学	李树吉 张宇鹏 吴海波	高 逦 邓正宏
82	数媒设计动漫游戏组	49440	寂静	四川师范大学	周乐舒	丁元硕
83	数媒设计普通组	36402	智能姬	广东外语外贸大学	徐 琦 王 帅 陈佳彬	刘江辉 黄伟波
84	数媒设计普通组	36854	智者见智	南京农业大学	杨 熠 申成吉 刘 畅	朱淑鑫
85	数媒设计普通组	37714	爱	安徽大学	彭 丽	杭 俊 丁石川
86	数媒设计普通组	38000	HELLO，未来！	辽宁师范大学	胡 琼	石中军
87	数媒设计普通组	44196	Hey，siri！	沈阳建筑大学	宋 镇 孙博文 于凤沐	片锦香 王守金
88	数媒设计普通组	44254	智行守护	东北大学	张宇鑫 徐田萌 林书燃	霍 楷 孙 博
89	数媒设计普通组	44256	预见救星	东北大学	袁 威 袁 辉 胥智彤	霍 楷
90	数媒设计普通组	46763	展望·未来	中国政法大学	石博元 陈彦百	陈 莲 周 果
91	数媒设计普通组	46842	风雨海关路	上海海关学院	杨 钊 陈 驰	曹晓洁 白辰瑶
92	数媒设计普通组	47258	人工智能下的未来医院	云南财经大学中华职业学院	肖 懿 李沁璇	王元亮
93	数媒设计普通组	47293	健康魔镜入门手册	杭州师范大学	胡玲洁 郝丹溪 汪 平	张 佳
94	数媒设计普通组	49161	共生	吉林华桥外国语学院	张禹超 刘美玉	韩智颖 孙开岩

续表

序号	大类	作品编号	作品名称	参赛学校	作者	指导教师
95	数媒设计 1911 年前中华民族文化元素组	37077	民族“魂舍”	辽宁科技学院	范丽娜　白　慧 赵春秀	王　毅
96	数媒设计 1911 年前中华民族文化元素组	37266	借鉴文人书画语言的寄畅园互动数字影像创作	江南大学	王爽如　郭正扬 黎素婷	昃跃峰 章　洁
97	数媒设计 1911 年前中华民族文化元素组	37554	九歌·云衣霓裳	大连海事大学	方　盛	熊　伟
98	数媒设计 1911 年前中华民族文化元素组	38607	英雄江山单刀会	运城学院	沈　卓　关海林 强成宇	廉侃超 闫俊辉
99	数媒设计 1911 年前中华民族文化元素组	39001	云南纳西族非物质文化遗产《神路图》信息交互设计	华中科技大学	冯浩彬　雷天帅 王　康	蔡新元 张　健
100	数媒设计 1911 年前中华民族文化元素组	39696	相约省“绘”	辽宁工业大学	郭　泽　鞠晓杰 王嘉玮	王小丽
101	数媒设计 1911 年前中华民族文化元素组	39703	触摸奉国	辽宁工业大学	王宇豪　高　望	赵　鹏 赵兵兵
102	数媒设计 1911 年前中华民族文化元素组	40260	湖陵古城，古建筑群复原	三江学院	刘晨载　白言星 陈雨佳	周志奇 金　杰
103	数媒设计 1911 年前中华民族文化元素组	42108	梦回唐朝	沈阳工学院	林书宇　张一然 王昱栋	刘　莹 付丽华
104	数媒设计 1911 年前中华民族文化元素组	43636	中国节日	沈阳城市建设学院	张　帆　马闻研 解　怡	田　地 陈禹竹

续表

序号	大类	作品编号	作品名称	参赛学校	作者	指导教师
105	数媒设计 1911 年前中华民族文化元素组	43891	画糖	武汉理工大学	陈家金 帅 青 张志阳	周 艳
106	数媒设计 1911 年前中华民族文化元素组	44224	年画新语之吉瑞精灵	东北大学	王宇蒙 杨璟赟 罗 雯	霍 楷 李宇峰
107	数媒设计 1911 年前中华民族文化元素组	44225	飞天礼赞	东北大学	魏 荣 张煜偲 王艳敏	霍 楷 周宏蕊
108	数媒设计 1911 年前中华民族文化元素组	45209	梦归平遥 晋善之美	中南民族大学	李 垚 王昕晨 高 祥	夏 晋 李 芾
109	数媒设计 1911 年前中华民族文化元素组	47311	彩虹山人——独龙毯	云南财经大学中华职业学院	徐 玥 王姝雅 周 英	王元亮 侯 明
110	数媒设计 1911 年前中华民族文化元素组	48696	窗语	宁波大学	刘德香 苗 苗 张 静	戴洪珠 陈柏华
111	数媒设计 1911 年前中华民族文化元素组	48750	民族丝巾荟萃	浙江工商大学	黄诗怡 陆彦汝 俞 畅	章逸超 张建春
112	数媒设计 1911 年前中华民族文化元素组	49106	千意-千层底	西北大学	王秦钰 谭嘉颖 蔡洪丽	董卫军
113	数媒设计 1911 年前中华民族文化元素组	49109	舞马的传说	西北大学	任呢喃	温 雅
114	数媒设计 1911 年前中华优秀传统文化组	37011	粉墨人生	南京大学金陵学院	颜高歌 曹丽琴 蔡明慧 秦 均	赵 娜 铁 锴

续表

序号	大类	作品编号	作品名称	参赛学校	作者	指导教师
115	数媒设计 1911 年前中华优秀传统文化组	38614	老屋	广州大学华软软件学院	王晓豪　李家豪 李　昀　赖湟颖 叶　哲	曹陆军
116	数媒设计 1911 年前中华优秀传统文化组	38988	篾匠	南京邮电大学	丁　佳　张梓骏 赵宇峰　楼　容 黄　田	卢　锋
117	数媒设计 1911 年前中华优秀传统文化组	38995	火木丹青	南京邮电大学	孙　璐　姜　丰 胡翰林　罗梦颖	卢　锋
118	数媒设计 1911 年前中华优秀传统文化组	39383	不熄的龙窑	安徽师范大学皖江学院	周　涛	沈玲玲 孙　亮
119	数媒设计 1911 年前中华优秀传统文化组	39687	兴讬春犁　俯首子牛	辽宁工业大学	黄敬恺　白喆元 陈菲菲　焦少朋	刘　耘
120	数媒设计 1911 年前中华优秀传统文化组	39690	九江巨龙　京东首关	辽宁工业大学	高嘉悦　刘　慧 贾雅鹏　徐梓健	刘　耘
121	数媒设计 1911 年前中华优秀传统文化组	41217	士可独行	陆军炮兵防空兵学院	周渊杰　樊明君 赵熙瑞	夏　良 王　欢
122	数媒设计 1911 年前中华优秀传统文化组	41786	拉魂腔	淮北师范大学	孔志维　周家仓 谢佳辰　张庆伟 陈永伟	王　涵 王志勇
123	数媒设计 1911 年前中华优秀传统文化组	42798	琉璃情 · 匠心韵	沈阳体育学院	伊凤娇　郭　洋	马　诺
124	数媒设计 1911 年前中华优秀传统文化组	44675	“隐藏的智慧”中国传统家具榫卯结构动态展示	沈阳理工大学	贺　翔　宋言泽 陈　思　张芳玉 陈文盛	刘　娜 孟昭宇

续表

序号	大类	作品编号	作品名称	参赛学校	作者	指导教师
125	数媒设计 1911 年前中华优秀传统文化组	44819	泰山皮影戏（专业组）	武汉体育学院	张路宽　陈泽原	黄　海
126	数媒设计 1911 年前中华优秀传统文化组	45167	指尖上的甜蜜之花	怀化学院	刘秋阳　何心悦 刘艺伟	高艳霞 石光辉
127	数媒设计 1911 年前中华优秀传统文化组	45168	纸艺传家	怀化学院	罗　欣　龚　舜 彭开成	高艳霞 石光辉
128	数媒设计 1911 年前中华优秀传统文化组	45235	绍道兆	中南民族大学	张羽芮　梁瑞婕 王　琨　徐聂甜子 李　庚	吴　涛 刘　琴
129	数媒设计 1911 年前中华优秀传统文化组	45242	蒹葭	中南民族大学	刘雅昕　安　琦 杨淦棋　黄天勤 段嘉铭	吴　涛 阎春来
130	数媒设计 1911 年前中华优秀传统文化组	46197	乌龙茶语	江西师范大学	宗红美　王　博 池文静　尚晨昊 李子婧	李海丽
131	数媒设计 1911 年前中华优秀传统文化组	46207	拉拉渡	吉首大学	吴桔杍　李　婕 陈碧姣　苗　杰 欧阳沁怡	杨　波 林　磊
132	数媒设计 1911 年前中华优秀传统文化组	46606	一字乾坤	梧州学院	凌子晴　李思慧 何业德	宫海晓 邸臻炜
133	数媒设计 1911 年前中华优秀传统文化组	48998	守望桐香	重庆大学城市科技学院	唐　蓓　郑　圆 陈　玥　李新悦 陈　果	余兰亭 高　瑜
134	数媒设计 1911 年前中华优秀传统文化组	49382	水墨动画《春江花月夜》	西京学院	沈　翱　马丁丁 陈恒波	魏玉晶 赵　耀

续表

序号	大类	作品编号	作品名称	参赛学校	作者	指导教师
135	数媒设计专业组	37716	AI 悬赏，触发未来	安徽大学	石修煜　武雪淳	王　锐
136	数媒设计专业组	37879	MT 智能机器人	广州大学华软软件学院	李如胜　张立威	袁　琛 韩丽红
137	数媒设计专业组	39668	去往奇幻世界	辽宁工业大学	王婧含　李芳竹 刘园元	杨天舒
138	数媒设计专业组	42086	逐光生态 智逸空间	沈阳工学院	罗　倩　李明旭 吴雨婷	赵　一 郭媛媛
139	数媒设计专业组	42393	交通智能机器人	沈阳化工大学	陈越键　于浩洋	李　霞 佟　建
140	数媒设计专业组	42498	未来教室	大连东软信息学院	金起名　苏　擎 章　颜	李婷婷 刘　石
141	数媒设计专业组	43106	Usan	大连艺术学院	王　岩　陆明欢 朴　昱	李　茜 戴金玲
142	数媒设计专业组	43639	小鬼当家	沈阳城市建设学院	战　呈　陈丽奇 杨　欢	杨越茗 吕从娜
143	数媒设计专业组	44233	人机情韵 智爱未来	东北大学	刘小荣　刘伊宁 宁宇时	霍　楷 李宇峰
144	数媒设计专业组	45633	“快乐”爆炸	华中师范大学	朱丽叶　黄惠青 钟蕙潞	欧阳泓杰
145	数媒设计专业组	45864	图书馆还书机器人	华中农业大学	刘佳佳　齐丽雅 孙　萍	田　芳 姚雅鹃
146	数媒设计专业组	46262	人工智能与家居	湖北工业大学	贾盼娟	李　平 汤留泉
147	数媒设计专业组	46576	布瑞思凯特球场机器人	昆明理工大学	张　纯　张沈超 刘兰馨	邓强国 杜文方
148	数媒设计专业组	47696	“智能”的生活，是你想要的吗？	闽南理工学院	邓思雨　郭辉煌	董庆伟
149	数媒设计专业组	49258	盲·见	西北工业大学明德学院	耿昊天　曹彦超 高　艳	舒粉利 董　建

续表

序号	大类	作品编号	作品名称	参赛学校	作者	指导教师
150	微课与教学辅助类	36621	悯农	海南师范大学	李帅佳 王 坤 杨 琳	罗志刚 龙海侠
151	微课与教学辅助类	36686	你知道动脉粥样硬化吗？	徐州医科大学	吕崇文 李小刚 梁峰宁	刘 伟 朱婷婷
152	微课与教学辅助类	36814	数学之美——永恒的π	东南大学	姚 越 常雅晴 陆逸慧	张天来 吴 霞
153	微课与教学辅助类	37578	虚拟化学实验室	北京理工大学珠海学院	钟奕涛	代俊雅
154	微课与教学辅助类	37632	三角形的内角和	淮阴师范学院	郭舜之 袁 荣 陈佳楠	杨绪辉
155	微课与教学辅助类	37815	科学之旅——浮力与阿基米德原理	安徽大学	凌 璐 郭玉欣 宋承坤	岳 山
156	微课与教学辅助类	37993	孟德尔第一定律	辽宁师范大学	姜程月 张 宁 陈梓伊	王 晶 曾祥民
157	微课与教学辅助类	38454	苏东坡的百味人生	南京农业大学	廖佳伦 王 翠 梁子澄	朱淑鑫 姜晓玥
158	微课与教学辅助类	39418	平易近人的数据结构——队与栈	石河子大学	林艺帆 陈庭伟 黄毅杰	康 娟
159	微课与教学辅助类	40028	大自然的语言	岭南师范学院	龙子翅 覃金英 李静怡	褚秋砚 徐建志
160	微课与教学辅助类	42041	旋转吧 UG—减速器运动仿真	沈阳工学院	李绪成 朱会杰	刘 冲
161	微课与教学辅助类	42046	会变脸的月亮	沈阳工学院	沈亚婷 刘云甲 石丰源	于斐玥 郭媛媛
162	微课与教学辅助类	42050	“回”味无穷	沈阳工学院	兴志宇 孙 晨 郝志宏	郭媛媛 于斐玥
163	微课与教学辅助类	43792	石壕吏	辽宁石油化工大学	徐程程 张 佳 王 硕	王宇彤 李艳杰

续表

序号	大类	作品编号	作品名称	参赛学校	作者	指导教师
164	微课与教学辅助类	43874	加密解密之旅	武汉理工大学	易苏情　韦　洁　盛德明	彭　强　刘　林
165	微课与教学辅助类	44259	逻辑门的奥秘	东北大学	吴杰宬　韩泽瑾　张泽旭	喻春阳
166	微课与教学辅助类	45224	分身术——带你玩转分身照片	中南民族大学	薛一博　余　虎　杨晓丹	魏晓燕　万力勇
167	微课与教学辅助类	45412	巧用 AE 遮罩做视频	江西师范大学	李　冰　袁声凤　江雨柔	何彤宇　刘晓艳
168	微课与教学辅助类	45653	虚拟现场导播教学系统	华中师范大学	张晓琳	欧阳泓杰　叶立志
169	微课与教学辅助类	45766	万物智联新生活——AI 时代的物联网	广西师范大学	黄秋文　罗婷亭　许闻达	朱艺华　尹本雄
170	微课与教学辅助类	45827	PPT 层次感设计解析	北京科技大学	周　靖　何　叶	屈　微　汪红兵
171	微课与教学辅助类	46527	VR 摄影棚	梧州学院	欧其健　潘俊如　庞日琳	吴飞燕　贺　杰
172	微课与教学辅助类	47023	智能骨科手术辅助系统	中国人民解放军海军军医大学	罗怡平　孔维诗　赵子辉	郑　奋
173	微课与教学辅助类	48902	HiStudent	华东理工大学	余飞越　徐皖婷　陈　诚	文欣秀
174	微课与教学辅助类	48982	判断两个三角形全等——角边角定理	河南师范大学	徐紫娟　吴雅欣　郑瑞丽	孙全党

（何志武）

18.4 中国大学生广告艺术节学院奖

18.4.1 项目概述

中国大学生广告艺术节学院奖(以下简称“大广节学院奖”)是全国性的大学生广告专业奖项，每年分为春、秋两季，号召全国各高校大学生为国内外知名企业进行命题式创意，为广告、市场营销、传播、艺术、设计、新媒体、动画等相关专业学生打造专业的大学生创意赛事，在中国传播与广告相关专业院校、学生中间具有广泛的影响力。近年来，大广节学院奖的品牌与影响力已经走出中国内地，创意作品不但频频受邀参加国际性的青年创业作品展，更有来自包括港、澳、台等地区及海外的院校参与比赛。

大广节学院奖始创于1999年，历经19年沿革，在全国各高等院校中深入人心，其影响已从高校延伸至广告行业，成为行业遴选人才、企业获取新鲜创意、品牌探索年轻化的重要途径。

截至2018年，大广节学院奖春秋两季覆盖了全国23个省、4个直辖市、4个自治区、2个特别行政区以及海外的共计1240多所高校的2578个院系，全年超过150万名师生参赛，并通过各大社交平台、网络媒体影响力触达近千万大学生。

2018年，大广节学院奖创意大讲堂走进全国30多个城市，50多所高校，举办了近70场巡讲活动，携手近40个知名企业品牌，邀请百名广告行业知名讲师，与超过5万名学子面对面解析命题，分享创意。全年共收获来自全国各高校参赛学生的41万件创意作品，再次创下同类赛事中参赛作品数量的新高(见图18-1)。

18.4.2 项目特色

中国大学生广告艺术节学院奖由启动仪式、命题发题、高校巡讲、作品收集、作品评选和颁奖盛典等几大活动组成，各项活动既独具特色，又串珠成链，共同构成了以大广节学院奖为中心的系列学生创意与实践活动，令学子们感受到无穷的广告魅力！

1. 以赛代学，具有深远的教学意义

(1)丰富教学资源，升级教学体系。对于教学层面，大广节学院奖的命题形式、优秀作品、传播内容都可成为优质的教学案例。特别是在传播学科的教学过程中，大广节学院奖为学科教育提供了业内一线的资源与经验，通过赛事，能使企业、媒介深入校

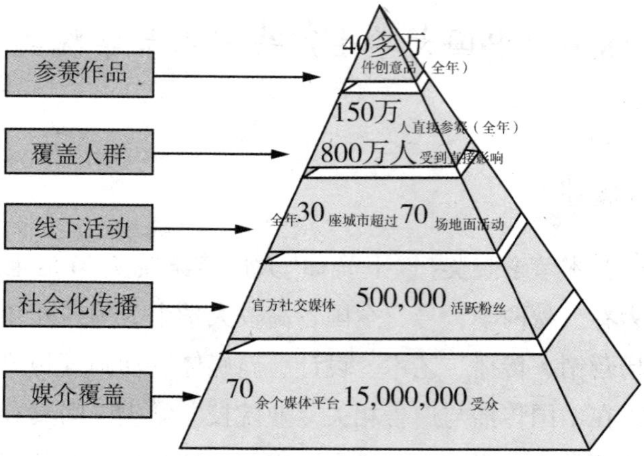

图 18-1　2018 年大广节学院奖参赛情况

园，走进课堂，将优质的传播内容直观的展现在大学生面前，这种将行业资源转化为教学资源的形式有助于学科的优化与进步，而作为成功案例，大赛的优质内容可以直接转化为书本内容，有利于教学升级。

（2）所学落到实处，丰富实战经验。能够在不脱离课堂的情况下学习到课堂之外的一线行业知识，为学生提供了一个更大的课堂，并完成一个从学习到实践再到学习的环节，最终让学生在获得实际经济利益的同时学习到更有用的知识，为将来就业乃至创业打下基础。

2. 促进就业，具有积极的社会价值

大广节学院奖顺应“大众创业、万众创新”的国家战略，利用赛事与校园有机集合将创意任务分配给创意群体，激发其创业热情，积极营造中国广告业中青年群体创新创意的社会氛围；促进创意和创业相融合，为众多有能力、有智慧、有创新精神的青年创业团队提供创业孵化阵地。

同时，大广节学院奖还为获奖学生、优秀指导教师量身打造了“创意创客联盟”“实学讲堂”“金牌指导教师实训营”等活动，让参赛师生与广告大师级人物面对面学习交流，了解广告行业一线动态，学习创意技巧，聆听创意理念，走进顶级广告传媒公司，体验一流广告创意人、创意团队，积累经验，开阔眼界。大广节学院奖还创立“职场训练营”，让优秀学生参与“创意优才培养计划”，在广告职场精英班中零距离接触行业精英并获得亲授，提前获取职场经验，为就业创业打下基础，受到了参与师生的一致好评。

18.4.3 阶段性成果

针对全国大学生开展的中国大学生广告艺术节学院奖，每年可收到学生创意作品40多万件。以2018年度两个赛季为例，大广节学院奖共收到来自40余个企业的赞助资金，共计向全国获奖的大学生发放奖金约200万元，向千位获奖师生发放了奖杯及获奖证书。

各项赛事坚持公平、公正、公开的原则，严格标准，以质论奖。坚持全程免收作品参赛费的基本原则，努力优化赛程和赛事设计。机构设置健全，确保大赛有序，公平、公正、公开进行。各项赛事设立统一领导小组，分别设立组委会、评审委员会、秘书处等。

各赛事通过赛事官方网站、官方微博和微信服务等方式持续发布奖项动态信息，并与社会公众进行沟通，发布相关赛事资讯及结果，同时通过电视、报刊、互联网等媒体的新闻传播，树立良好的赛事形象，开展生动活泼的赛事宣传活动(见表18-11)。

表18-11 **第16届大广节学院奖获奖名单(金奖及全场大奖部分)**

第16届学院奖(春季赛)部分获奖名单						
获得奖项	作者学校	作者	指导老师	作品类别	作品名称	命题企业
全场大奖	江苏师范大学	沈伟 宋重阳 鲁钦正 王伟琪 谢雯	薛媛 何靖	影视广告	美柚APP预见姨妈期	美柚App
营销策划全场大奖	江西师范大学	曾丽林 钟雯芸 应莹 黄维 刘文涓	祝胜军	营销策划	灰度认知	腾讯新闻
评委推荐大奖	天津财经大学珠江学院	张龙飞 兰光超 滕佳蓉 周洪波 苏亚琼	赵俊丽	微电影	爱自己，而后爱人	毓婷
金奖	浙江理工大学科技与艺术学院	牟晨媛	吴丹	广告文案	生活有嘻哈，流感有快克	快克药业
金奖	广东轻工职业技术学院	何沅桐	卢叙默	产品包装设计	RIO经典系列	锐澳酒业

续表

获得奖项	作者学校	作者	指导老师	作品类别	作品名称	命题企业
金奖	南昌大学	何伟桐　位　威　巢子怡　梁尹灏　刘光颖		影视广告	爱在茶里，你在心底	极白
金奖	江西科技学院	林　锐	张晓宇	设计类	小超熊系列	快克药业
金奖	广东技术师范学院	李泽彬　黄思铭	林　艳	平面广告	美食界日报-不畏火气	王老吉
金奖	安徽师范大学	吴晨安　赵程晨	杨晓芳	平面广告	夏日“鱼”你	海昌海洋公园
金奖	江西师范大学	熊瑶平		平面广告	家的“象”忘	圣象
金奖	重庆邮电大学	潘志伟　余　洋　朱庆远		影视广告	梅尼耶，感恩更懂你	盼盼食品
金奖	东北师范大学	郭培玉	刘　冰	平面广告	怎么少得了微醺	锐澳酒业
金奖	湖南城市学院	马　娜	王　勇	平面广告	杰士邦零感 系列广告	杰士邦
金奖	中山大学南方学院	李晓婷	罗　希	广告文案	对自己好点，别再等待了	京东
金奖	江西科技学院	揭姗姗	邓明慧	平面广告	东方养肤之道	美肤宝
金奖	重庆工程学院	余　港　蒋明均　何梦蝶　熊晓霞　魏　鑫	刘雅舒　刘亚倩	影视广告	零感解锁新姿势	杰士邦
金奖	黑龙江大学	钟　媛　张馨月　刘子瑜	韩　净	互联网推文	王安石，没想到你是这样的人……	太阳雨
金奖	吉林大学珠海学院	梁宝怡　温芷莹　冯巧莹　冯雯堃　蔡婷婷	潘　力　王艺锦　张子娟	营销策划	活出真我，头皮也要 free	滋源
金奖	湖南工业大学	季嘉琛　林丰毅　晚　月　李　毛	刘　芳　张方敏	影视广告	海昌知识课堂开课!	海昌海洋公园

续表

获得奖项	作者学校	作者	指导老师	作品类别	作品名称	命题企业
金奖	浙江工商大学杭州商学院	楼　霞　胡雪莹　雷艳琳　周佳梦　张潍麒	阎亭羽	营销策划	腹愁者联萌	美柚 App
金奖	四川外国语大学重庆南方翻译学院	胡潆月　张琼月	吴　云　厉昌晓	平面广告	发·现自然	滋源
金奖	泉州师范学院	赵梓慧　王欣雅　周子涵　倪　雯　王　森	彭锦逵	营销策划	女子力 MAX	毓婷
金奖	温州大学瓯江学院，华侨大学	周圣权　章浙文　戴梦丽	陈　畅　陈辉兴	微电影	与自己相处	锐澳酒业
金奖	中原工学院信息商务学院	王怡然　张笑迎　刘苑华	贾婷婷	影视广告	主播你在干嘛	恒安七度空间
金奖	福州大学厦门工艺美术学院	庞弋娜　王艺童　梁芷琪	李　双	H5 移动交互	猪猪女孩的精致测试	恒安七度空间
金奖	重庆工程学院	谢才刚　史小锐　夏　宇	杨明慧　吴林霖　李卡妮	平面广告	盼盼简单爱	盼盼食品
金奖	南京林业大学	张曼婷　黄姜宁　戴云飞　朱佳琦	罗峻峰	营销策划	7 Days in Tokyo	托纳
金奖	浙江农林大学	黄湖洁　邬佳颖　姚静怡　戴逸伦	汪永奇　李清华	营销策划	当春乃花生	花生好车
金奖	南京机电职业技术学院	孙　阳	何文晓	广告文案	责任	碧生源
金奖	合肥工业大学	吴　锐　张辰茜		卡通/形象设计	花生好车吉祥物设计	花生好车
金奖	四川大学锦城学院	高天阔	聂鑫鑫　彭芳燕	平面广告	6月18日，非购物车限行	京东

续表

获得奖项	作者学校	作者	指导老师	作品类别	作品名称	命题企业
金奖	广东食品药品职业学院	冯幸好	杨　帆	产品包装设计	星河熠	滋源
金奖	四川农业大学	吴　倩　卫冬梅　何梦儿	何　杰	产品包装设计	我的青春，我的选择！	王老吉
金奖	宁波大学	周芷漩　李俊帅　田玉红　豆　瑞	冯凯林	影视广告	变脸	美肤宝
金奖	武汉东湖学院	罗紫欣	胡　蕾	广告文案	“五”感	杰士邦
金奖	吉林动画学院	庞宝怡　刘　妍　刘昕怡	张继斌　李　飞	平面广告	当遇成毓	毓婷
金奖	青岛理工大学	满　玉　翟若鸿　房晓雪　胡诗晗		营销策划	就要这 young 黑	王老吉
金奖	江苏宿迁学院	李　瑶　芮馨敏　季佳慧　帅丽萍　蒋茜芮	王建彦	影视广告	滋源，拒绝油腻	滋源
金奖	福建师范大学	张　璐	张培枫	平面广告	极力表白	极白
金奖	四川民族学院	陈　芹	李　雨	产品包装设计	山水极白	极白
金奖	湖南工业大学	徐　惠　莫　宇　吕　勤　李牧原	张方敏　刘　芳	影视广告	人生第一辆车	花生好车
金奖	浙江财经大学东方学院	胡浩川　安　琪　张子辰　徐甜甜　刘炜誌	唐武峰	微电影	上帝工作室	法兰琳卡
金奖	武汉传媒学院	汪子翼　鲁　月　王思凡　徐志升　高　倩	刘阿男	微电影	家	圣象
金奖	四川大学	杨璐嘉　张悠悠		平面广告	不囿山隙，不止浮云	腾讯新闻
金奖	南昌大学	徐　杨　冷海燕　邓希妍　马尧恩　李　辉　肖明月	曾　光	营销策划	海得不一样	海昌海洋公园

续表

获得奖项	作者学校	作者	指导老师	作品类别	作品名称	命题企业
金奖	清华大学	李苗苗	马　泉	平面广告	100%纯棉的!	恒安七度空间
金奖	上海师范大学	林淑丽　范梦蓉　白雅汝	吴冰冰	营销策划	头号棉花成长记	恒安七度空间
金奖	四川农业大学	童　磊　周语轩	陈　坤	平面广告	托纳，一场关于世界的学习	托纳
金奖	黑龙江大学	庄淑仪　王昭远　倪　力　张晓涵　杨　畦	崔德群	微电影	快乐无国界　悦己不等待	京东
金奖	武汉纺织大学	彭　鼎　夏　琳　王子豪　周　雷　熊相宜		影视广告	百晓生	腾讯新闻
金奖	中原工学院信息商务学院	李霄霄　卢二丽　郑慧芹	贾婷婷	影视广告	快克帮你解决尴尬	快克药业
金奖	福建师范大学协和学院	郭湘盈　陈　星　陈海欣　吴燕铌　王婉玲　廖屹添	陈　丽	营销策划	盔甲里的温柔	盼盼食品
金奖	安徽新华学院	董　杰　潘　月　王　璐	李　理	平面广告	没事儿	太阳雨
金奖	南京林业大学	邓宝盈　孙文佳　朱可璇	陈相雨	影视广告	毕生缘	碧生源
金奖	浙江大学城市学院	金思琪　韩江东	骆小欢	平面广告	花生·遐想	花生好车
金奖	广东轻工职业技术学院	林历豪	张锦源	平面广告	感冒来袭 快克用起	快克药业
金奖	南昌大学	黄雨婷　喻　蓉　刘　敏　杨倩倩　江凯立　蔡梦婷	曾　光	营销策划	撩“汉”有方美肤宝品牌营销策划案	美肤宝

续表

获得奖项	作者学校	作者	指导老师	作品类别	作品名称	命题企业
金奖	福建师范大学协和学院	林高雅　郑诗曦　骆德灿　沈雁萍　林帏坤	陈　丽	营销策划	爱拼才会赢	圣象
金奖	山东大学	杨文锋　那文培　武中奇　黄钰莹	臧丽娜	营销策划	我，锐立独行	锐澳酒业
金奖	武汉东湖学院	余　丹　唐艺文　余　科	高　睿	产品设计	万花筒	圣象
金奖	浙江传媒学院	刘竞泽　乔张治文　方佳音　陆政全	李　楠	微电影	礼物	太阳雨
金奖	广东科学技术职业学院	谢海欣	张武志	平面广告	重要日子不尴尬	美柚 APP
金奖	唐山学院	岑越雯　王宏铭　冯　晔　崔彤彤　李修鑫　高雪萌	郑　红	营销策划	小极白，我们“泡”在一起	极白
金奖	淮海工学院	唐一铭　蔡敬雨　冯　震	王　栋	平面广告	玫然自得	法兰琳卡
金奖	四川农业大学	谢佩纹　傅自强　杨钰瑛	何　杰	产品包装设计	京东物料包装设计	京东
金奖	河北工业大学	王　艺　谌彦卉	曹艳芳　厉　戟	平面广告	say no	碧生源
金奖	四川农业大学	聂　倩　陈　铭　牛　彦	何　杰	产品包装设计	面膜表情包	法兰琳卡
金奖	暨南大学	蔡冰蕾		营销策划	法兰琳卡元气少女成长记	法兰琳卡
金奖	浙江大学城市学院	张雪迎　余紫烨　吴熊飞　贾清怡　赵　真	骆小欢	营销策划	新轻年说	碧生源
金奖	韩山师范学院	唐嘉浩　朱　悦	蔡梦虹	卡通/形象设计	海马“婷婷”	毓婷

续表

获得奖项	作者学校	作者	指导老师	作品类别	作品名称	命题企业
金奖	黑龙江大学	雷雯雄　魏鸿昌　李　锐	李连璧	短视频	把爱打包带回家	京东
金奖	吉林大学珠海学院	刘　璇	易　琛	九宫格模板设计	九宫格	艺豆

第16届学院奖(秋季赛)部分获奖名单

获得奖项	作者学校	作者	指导老师	作品类别	作品名称	命题企业
全场大奖	浙江传媒学院	彭　胡　郭　幸　冯晓浓　钱雪桐　王新宇	方　腾	微电影	一件毛衣的距离	恒源祥
营销策划全场大奖	湖南科技大学	杨智利　周　捷　谷慧璇	符红娟	营销策划	自黑计划4.0	莎普爱思药业
金奖	哈尔滨理工大学	马德强　赵洽妤　刘鹏飞	冯俏俏	影视广告	悬丝诊“棉”	恒安七度空间
金奖	内蒙古师范大学	张　琦	门小勇　雷　青	平面广告	被“棉”了	恒安七度空间
金奖	四川农业大学	周语轩　汪晓蕊　童　磊	朱　举	营销策划	元气实验室——七度空间活动策划案	恒安七度空间
金奖	浙江理工大学科技与艺术学院	周碧雯	于　洋	平面广告	关爱长辈，从关注他们的腰围开始	碧生源
金奖	辽宁大学	马嘉慧　伊茹汗　玛　努　宝勒日玛	魏宝涛　魏　炬	营销策划	M的四次方计划	碧生源
金奖	湖南科技学院	刘钰堃　彭　慧　于小莉	胡少婷　文　星	微电影	碧生源·身体的海域	碧生源
金奖	吉林艺术学院	田志媛	瞿颖健	平面广告	“修正”	修正药业

续表

获得奖项	作者学校	作者	指导老师	作品类别	作品名称	命题企业
金奖	湖南大学	朱晔蕾 黄晓娟 邵奇敏 黄敏仪 黄钧源		营销策划	出击！保卫巴蒂王国	修正药业
金奖	重庆工程学院	杜雨憶 秦培力 张馨文 陈 可 艾 渝	陈 欢 邓春晓 李 旗	微电影	师傅有毛病	修正药业
金奖	华南师范大学	杨建华 黄俊滔 黎一鸿	葛 玥	H5 移动交互	修正活颈操	修正药业
金奖	广东岭南职业技术学院	杨 程 黄芝华 徐月华 李依婷 李曼莹	熊雨田	营销策划	6？异世界	海昌海洋公园
金奖	湖南文理学院	杨佳晨 王允霖 张绪立 刘兰香	苏 杰 熊跃珍	平面广告	画里的世界	海昌海洋公园
金奖	清华大学	闫 晗	马 泉	影视广告	幻想城市	海昌海洋公园
金奖	重庆师范大学涉外商贸学院	黄丽琼	周 吉	平面广告	脂肪清理工	舒尔佳
金奖	山东旅游职业学院	李 君 田 野	韩晓菲	广告文案	“瘦”益一生	舒尔佳
金奖	南京林业大学	周 迪 肖年浩 王亚楠 李 都 陆怡婷	杨 杰	影视广告	你要对我负责	舒尔佳
金奖	云南艺术学院	王 琳 雷 凯 姜雨薇 李晓刚 宁晨博	黄 舜	微电影	“干”尬	莎普爱思药业
金奖	广东白云学院	梁乐思 黎燕捷 邓思淇	马文镰	平面广告	莎普爱思药业来罩你	莎普爱思药业
金奖	广东白云学院	罗紫珊	项德娟	设计类	拒绝负能量，只因我年轻	莎普爱思药业

续表

获得奖项	作者学校	作者	指导老师	作品类别	作品名称	命题企业
金奖	安徽财经大学	李宇航　孙雪洁	冯雅颖	广告文案	杰士邦广告文案	杰士邦
金奖	广州商学院	张镜滢　陈俊豪	罗　靖	平面广告	杰士邦真奇怪	杰士邦
金奖	山西传媒学院	蔡阳晨　刘昱岐　郭春宇　栗世雄　李子川		微电影	星球守护者	杰士邦
金奖	湖南科技大学	吴晓燕　罗春花　金思静　欧荣蕊	符红娟	营销策划	“二”货的重生	拍拍
金奖	中央民族大学	达仁·阿尔别克　蒋衍含	郭梅雨	平面广告	拒绝闲置，邂逅拍拍	拍拍
金奖	湖南师范大学	刘记新　胡婧萱　谭明楠　聂　俊	单文盛	微电影	奇妙的朋友	拍拍
金奖	中国传媒大学南广学院	冯　滢　薛焕平	邹　跃	平面广告	书中自有万般绪	当当
金奖	南京林业大学	李　越	陈相雨	广告文案	当当里的哲学	当当
金奖	苏州大学	俞鹏飞　李　双　徐祥丰　童菁怡　王　琪	崔小春	影视广告	书中自有任意门	当当
金奖	四川文化艺术学院	孙慧霄	郜怡欣	广告文案	几平米的仪式感	皇玛梦丽莎
金奖	南昌大学	刘　影　李成良　陈思羽	胡亚希	平面广告	一新一毅	皇玛梦丽莎
金奖	广西大学	胡慧旻　何佳欣	黄海珠	影视广告	爱你不止30年	皇玛梦丽莎
金奖	天津工业大学	张　茜		平面广告	“视”不可挡，创意就是快~	优视云集
金奖	黑龙江大学	汪米嘉　樊　硕　JIAWEN FAN	崔德群	影视广告	难产	优视云集

续表

获得奖项	作者学校	作者	指导老师	作品类别	作品名称	命题企业
金奖	吉林大学珠海学院	冯绮文　陈文敏 冯文薏　潘婉瑜 叶扬杰	潘　力 王艺锦 张子娟	营销策划	我和你有“毛”关系	恒源祥
金奖	江西科技学院	陈晓旋	熊　炎	平面广告	羊毛也是一种潮	恒源祥
金奖	四川音乐学院	李　洁	王曼蓓	平面广告	深层保湿，鱼你同在	伊贝诗
金奖	四川农业大学	刘　恋　黎　荣 郑紫楠	朱　举	营销策划	伊小贝的朋友圈	伊贝诗
金奖	南京林业大学	朱可璇　刘栩逍 孙文佳　邓宝盈 朱旭婷	黄霁风	影视广告	一秒、一分、一刻	伊贝诗

（袁　健）

第19章　科学研究

19.1　2018年新闻传播学类国家社科基金项目立项课题分析

本节以国家社科基金网站项目数据库①为依据，梳理了2018年新闻传播类国家社科基金项目立项情况，主要研究对象为国家社科基金重大项目、重点项目、一般项目、青年项目、西部项目(2004年设立)、后期资助项目(2004年设立)，研究样本为2018年国家社科基金数据库中新闻传播学类项目，不包含重大项目的子课题。需要说明的是：一是由于国家社科基金重大项目所占比重较大，较多学者建议对其进行重点分析，因此本节在计算过程中将其单独列出，不计入其他类别项目的统计中，但在分析研究趋势的时候，将重大项目与其他项目统计在一起，以便于更好地体现2018年新闻与传播学学科研究状况。二是本节研究样本仅以国家社科基金网站公布的“新闻与传播学”类项目为统计对象，如2018年中华文化外译项目(2010年设立)及成果文库中暂没有新闻传播类项目，其他学科项目、教育学项目和艺术类重大项目及十九大专项将不计入此次统计范围之内。

19.1.1　立项课题的描述性分析

2018年，国家社科基金项目共批准立项6556项(包括艺术学重大项目、十九大专项、教育学项目、中华学术外译项目、重大项目、重点项目、后期资助项目、西部项目、青年项目及一般项目10个类别)，其中新闻传播学学科共立项212项，包含6种项目类别，占2018年全国总立项数3.23%(见表19-1)，2017年，新闻传播学立项课题占全国总立项数的3.32%，两者相差不大。2017年新闻传播学共立项193项，包括7项重大项目和186项其他项目，2018年新闻传播学学科有16项重大项目及196项其他项目。

---

①　全国哲学社会科学工作办公室网站，http：//www.npopss-cn.gov.cn/GB/219469/index2.html。

与 2017 年相比，新闻传播类重大项目增长了 128.57%(见表 19-2)，说明当前新闻传播学学科在国家重大理论与现实问题研究中的参与度在不断提升。除此之外，西部项目、后期资助项目及一般项目立项数较 2017 年均呈增长趋势，而重点项目及青年项目立项数呈轻微下降趋势。近年来，新闻传播类后期资助项目呈提升趋势，说明该学科一些学者注重成果的积累，通过打磨有价值的成果获得项目，这样对于研究者凝练研究方向、聚焦学术问题有一定的帮助。在中华学术外译项目和成果文库中，新闻传播学学科所占的比例较小，因此，今后该学科要进一步打造学术精品，提升新闻传播学学术成果的跨学科影响力，推动经典学术成果的对外传播。

总体上来说，2018 年新闻传播学学科立项数较 2017 年上升了 9.84%，从立项题目及申报指南可发现，这一趋势的出现，一是因为目前中国特色社会主义进入新时代，国际形势复杂多变，新闻与传播在现实社会问题解决中扮演着越来越重要的角色，因此就需要学者们在学科体系、学术体系、话语体系建设方面不断创新，为现实决策提供较有参考价值的研究成果；二是从新闻传播学学科发展本身来看，该学科与其他学科的融合不断加深，在学科体系、业务操作及行业生态上产生了极大的变化，尤其是人工智能、大数据、互联网等科技对传播形态、传播业态及传播体系产生了巨大的影响，因而对此类问题的研究与日俱增(见表 19-1、表 19-2)。

表 19-1　　**2018 年新闻传播学学科与全国总立项数对比**

项目类别	新闻传播学立项数(项)	全国立项总数(项)	新闻传播学立项占比
艺术学重大项目	0	24	无
十九大专项	0	103	无
教育学项目	0	296	无
中华学术外译项目	0	185	无
重大项目	16	339	4.72%
重点项目	10	358	2.79%
后期资助项目	16	613	2.61%
西部项目	15	490	3.06%
青年项目	32	1001	3.20%
一般项目	123	3147	3.91%
总计	212	6556	3.23%

表 19-2 **2017—2018 年新闻传播学学科立项课题数量统计表**

项目类别	项目数量(项)		项目增长率
	2017 年	2018 年	
重大项目	7	16	128.57%
重点项目	12	10	-16.67%
青年项目	39	32	-17.95%
西部项目	11	15	36.36%
后期资助项目	10	16	60.00%
一般项目	110	123	11.82%
中华学术外译项目	4	0	-100.00%
成果文库	0	0	0%
总计	193	212	9.84%

从 2018 年项目类别分布来看，一般项目仍为最多，达到 123 项，占 2018 年新闻传播类国家社科基金项目总数的 62.76%(重大项目另算)，其次为青年项目，占立项总数 16.33%，两项合计共计 155 项，占总立项数 79.08%。其余依次为后期资助项目、西部项目及重点项目，共计 41 项，占总立项数 20.92%。如表 19-3 及图 19-1 所示：

表 19-3 **2018 年新闻与传播类国家社科基金项目各项目所占比重**

项目类别	数量(项)	占比
一般项目	123	62.76%
青年项目	32	16.33%
后期资助项目	16	8.16%
西部项目	15	7.65%
重点项目	10	5.10%
总计	196	100%

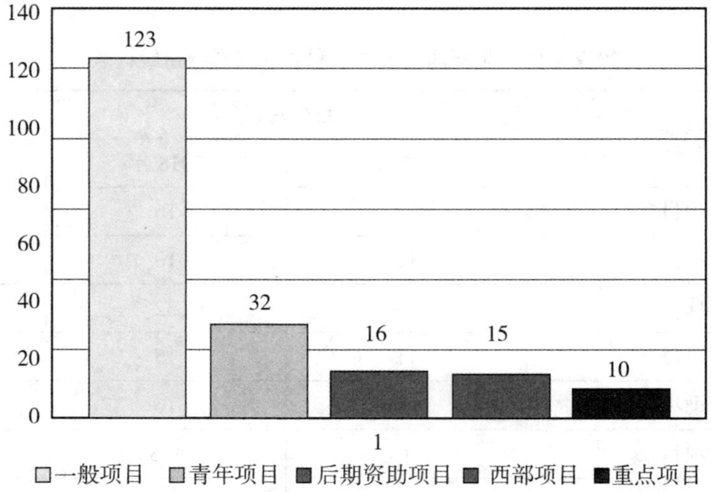

图 19-1 2018 年新闻与传播学国家社科项目类别分布图

19. 1. 2 项目所属区域、机构和负责人

1. 立项区域分布

从区域分布来看，2018 年北京、广东、湖北、江苏、陕西、福建及上海等地区立项总数达 109 项，合计占总立项数 55. 61%，属于第一梯队，相关数据参见表 19-4。值得注意的是往年位于第二梯队①的广东、陕西、福建等地区在 2018 年获得了更多资助。浙江、重庆、新疆、湖南、山东、四川、安徽、江西等地区位于第二梯队，共计立项 51 项，占总立项数 26. 02%。甘肃、广西、河南、河北、吉林、辽宁、云南、黑龙江、内蒙古、西藏等地区共立项 30 项，占立项总数 15. 31%，属于第三梯队。贵州、海南、宁夏、青海、陕西、天津等地区共计立项 6 项，占总立项数 3. 06%，属于第四梯队。从各省、直辖市所获资助项目及图 19-2 所反映趋势来看，国家社科基金项目立项数量仍存在区域聚集情况，如青海、山西、海南等地区立项数依然较为薄弱，但较为可喜的是 2018 年西部项目立项数较 2017 年增加了近 8 个百分点，使得这一格局有所松动。

① 陶喜红，党李丹．新闻传播类国家社科基金项目立项课题的统计分析(1991—2017)[M]//中国新闻史学会新闻传播教育史研究委员会．中国新闻传播教育年鉴(2018)．武汉：武汉大学出版社，2018：925-956.

表 19-4　　**2018 年国家社科基金新闻传播学立项课题区域分布统计表**

序号	地区	项目数(项)	占比(%)	序号	地区	项目数(项)	占比(%)
1	北京	27	13.78	17	广西	4	2.04
2	广东	17	8.67	18	河南	4	2.04
3	湖北	15	7.65	19	河北	3	1.53
4	江苏	14	7.14	20	吉林	3	1.53
5	陕西	13	6.63	21	辽宁	3	1.53
6	福建	12	6.12	22	云南	3	1.53
7	上海	11	5.61	23	黑龙江	2	1.02
8	浙江	8	4.08	24	内蒙古	2	1.02
9	重庆	8	4.08	25	西藏	2	1.02
10	新疆	7	3.57	26	贵州	1	0.51
11	湖南	6	3.06	27	海南	1	0.51
12	山东	6	3.06	28	宁夏	1	0.51
13	四川	6	3.06	29	青海	1	0.51
14	安徽	5	2.55	30	山西	1	0.51
15	江西	5	2.55	31	天津	1	0.51
16	甘肃	4	2.04				

图 19-2　2018 年国家社科基金新闻传播学立项课题区域分布图

2. 立项单位及其隶属系统

从立项单位来看，2018年新闻传播类国家社科项目承担单位共有126家，其中高校承担项目数量为188个，占总立项项目数约96%，其他单位如社科院承担3个项目，机关和军队各承担2个项目，兵团承担1个项目，合计8个项目，如表19-5所示。在高校立项课题中，“985”(含985平台)和“211”工程高校共立项94项，占比47.96%，与2018年一般高校所承担项目总数94项相同(占立项总数47.96%)。

表19-5 **2018年新闻与传播学国家社科各单位立项比重表**

单位类别	数量(项)	占比
机关	2	1.02%
军队+兵团	3	1.53%
社科院	3	1.53%
211和985高校	94	47.96%
一般高校	94	47.96%
总计	196	100.00%

在2018年新闻与传播学国家社科项目承担单位中，主持5项的仅有中国传媒大学一家(重大项目除外)，主持3项的有21家，主持2项的共有24家，主持1项的有80家，如表19-6所示。

表19-6 **2018年新闻与传播学类国家社科基金项目立项单位排序表**

单位	数量(项)	排名
中国传媒大学	5	1
广东外语外贸大学	3	2
广州大学	3	2
湖南师范大学	3	2
华中科技大学	3	2
华中师范大学	3	2
暨南大学	3	2

续表

单位	数量(项)	排名
南京大学	3	2
南京师范大学	3	2
厦门大学	3	2
山东大学	3	2
上海交通大学	3	2
深圳大学	3	2
武汉大学	3	2
西安交通大学	3	2
西北大学	3	2
西北政法大学	3	2
西南政法大学	3	2
新疆大学	3	2
浙江传媒学院	3	2
郑州大学	3	2
中国人民大学	3	2
安徽师范大学	2	23
北京印刷学院	2	23
福建师范大学	2	23
河北大学	2	23
湖北大学	2	23
华南理工大学	2	23
江西师范大学	2	23
昆明理工大学	2	23
闽南师范大学	2	23
南昌大学	2	23
内蒙古大学	2	23
清华大学	2	23
上海师范大学	2	23

续表

单位	数量(项)	排名
上海外国语大学	2	23
四川大学	2	23
四川师范大学	2	23
苏州大学	2	23
西安石油大学	2	23
西藏民族大学	2	23
新疆财经大学	2	23
扬州大学	2	23
中国社会科学院	2	23
中山大学	2	23
重庆大学	2	23
安徽大学	1	47
安徽省社会科学院	1	47
北京电影学院	1	47
北京航空航天大学	1	47
北京联合大学	1	47
北京师范大学	1	47
北京信息科技大学	1	47
北京语言大学	1	47
北京中医药大学	1	47
池州学院	1	47
大连理工大学	1	47
大连民族大学	1	47
大连外国语大学	1	47
东华大学	1	47
对外经济贸易大学	1	47
复旦大学	1	47
甘肃政法学院	1	47

续表

单位	数量(项)	排名
广西财经学院	1	47
广西大学	1	47
广西师范学院	1	47
贵州财经大学	1	47
桂林理工大学	1	47
国家新闻出版广电总局	1	47
国家信息中心	1	47
哈尔滨工业大学	1	47
海南大学	1	47
杭州电子科技大学	1	47
河南工业大学	1	47
黑河学院	1	47
衡阳师范学院	1	47
湖北经济学院	1	47
湖南大学	1	47
湖南文理学院	1	47
华东师范大学	1	47
华南师范大学	1	47
华侨大学	1	47
吉林大学	1	47
吉林师范大学	1	47
江苏第二师范学院	1	47
江苏师范大学	1	47
江西财经大学	1	47
解放军电视宣传中心	1	47
兰州大学	1	47
龙岩学院	1	47
鲁东大学	1	47

续表

单位	数量(项)	排名
闽江学院	1	47
南京航空航天大学	1	47
南通大学	1	47
宁波大学	1	47
宁夏大学	1	47
青岛大学	1	47
青海师范大学	1	47
泉州师范学院	1	47
厦门理工学院	1	47
山西师范大学	1	47
陕西师范大学	1	47
上海理工大学	1	47
石河子大学	1	47
四川外国语大学	1	47
天津师范大学	1	47
武汉工程大学	1	47
武汉理工大学	1	47
西安医学院	1	47
西北民族大学	1	47
西北师范大学	1	47
西南大学	1	47
西南交通大学	1	47
西南民族大学	1	47
延边大学	1	47
燕山大学	1	47
云南师范大学	1	47
浙江大学	1	47
浙江工业大学	1	47

续表

单位	数量(项)	排名
浙江理工大学	1	47
中国海洋大学	1	47
中国农业大学	1	47
中国人民武装警察部队工程大学	1	47
中南民族大学	1	47
中央民族大学	1	47
重庆工商大学	1	47

3. 项目负责人情况

2018 年，共有 196 位研究者获得国家社科基金项目(重大项目除外)，其中，副高级职称 86 人，占总人数的 43.88%，正高级职称 57 人，占比 29.08%，中级职称 53 人，占比 27.04%，如表 19-7 所示。近年来的数据显示，中级职称研究人员逐渐成为新闻传播类国家社科基金项目研究队伍中的新生力量。究其原因，一方面是因为国家社科基金项目对于青年项目的资助范围正在逐步扩大，另一方面是因为高校青年教师的学历层次高，知识创新能力较强，具有申报项目的积极性，他们正在成为新闻传播类国家社科基金项目的重要研究群体，为新闻传播学知识生产带来了活力。

表 19-7　**2018 年新闻与传播学国家社科基金项目主持人职称分布表**

职务	数量(人)	占比
副高级	86	43.88%
正高级	57	29.08%
中级	53	27.04%
总计	196	100.00%

19.1.3　重大项目立项分析

2018 年新闻传播学学科重大项目共立项 16 项，所立项目中新闻学方向的课题 3 项，传播学方向的课题 13 项，无广播电视、广告及出版发行方向相关课题。重大项目的 16

位首席专家均为正高职称，需要说明的是方兴东(浙江传媒学院)教授和李希光教授(清华大学/西南政法大学)各主持一项重大项目和一项一般项目。2018 年重大项目承担者均为高校教师，其中“985”(含 985 平台)和“211” 工程的高校专家共获得 13 个项目，一般高校获得 3 个项目。从高校分布区域来看，北京排名第一(5 项)，江苏和上海排第二(3 项)，广州第三(2 项)，其他如河南、吉林、浙江各获 1 项，北京的清华大学及广州的暨南大学各获 2 项重大项目，在高校中排名第一，如表 19-8 所示。

表 19-8　**2018 年新闻与传播学重大项目立项占比/排名表**

工作单位	重大项目立项数(项)	占比	排名
清华大学	2	12. 50%	1
暨南大学	2	12. 50%	1
中国人民大学	1	6. 25%	2
吉林大学	1	6. 25%	2
复旦大学	1	6. 25%	2
上海交通大学	1	6. 25%	2
苏州大学	1	6. 25%	2
郑州大学	1	6. 25%	2
华东政法大学	1	6. 25%	2
北京大学	1	6. 25%	2
南京师范大学	1	6. 25%	2
浙江传媒学院	1	6. 25%	2
北京外国语大学	1	6. 25%	2
南京中医药大学	1	6. 25%	2
总计	16	100%	

19. 1. 4　项目的主题内容

1. 学科方向分布

2018 年，从新闻传播学类国家社科基金项目的学科分布来讲，传播学依然占据较多学术资源，有 122 项，占该年总立项数的 62. 24%；新闻学有 37 项，占总立项数 18. 88%；值得注意的是，2018 年出版发行方向的项目增幅明显，从往年的排名垫底上升至第三，共获 18 项，占比 9. 18%；其次为广播电视学 10 项，占比 5. 10%；广告学 9 项，占比 4. 49%(见表 19-9)。

表 19-9　**2018 年新闻与传播国家社科项目主要研究方向**

学科名称	数量(项)	占比
传播学	122	62.24%
新闻学	37	18.88%
出版发行学	18	9.18%
广播电视学	10	5.10%
广告学	9	4.59%

2018 年，新闻传播类国家社科基金项目的学科方向分布呈现出如下特点：一是传播学方向依然是受重视的热点板块，其研究领域具有包容性和延展性，使得研究课题呈现出多样性。但与往年不同的是，2018 年研究课题的多样性并不意味着分散性，而是具有一定的集中性，这样更容易集中智慧解决实际问题，如网络传播、跨文化传播等课题就体现了这种集中性。二是新闻学方向注重对史料的研究，集中体现在民国前后、中华人民共和国成立前后、改革开放前后等几个重要阶段。三是出版发行方向多与科技、跨文化等关键词联结，成为研究中的新趋势。综合来看，2018 年新闻传播学国家社科基金项目多观照各类社会热点及重大趋势，体现了新闻传播学与社会现实紧密结合的基本特征。

2. 关键词分析

为了分析 2018 年新闻传播学类国家社科基金项目所关注的热点话题，我们先是通过人工切词的方法，将 212 个项目(含重大项目)中有一定含义及反映倾向的词归类(由于大多抓取关键词的软件及工具所抓取的词语多为 2 字词语，所以我们采用此办法)，然后借助 python 对这些关键词进行抓取，最终抓取到 593 个关键词，剔除一些不具有明确指向性词语，如“现实”“思想”“特征”等的同时，不计出现 1 次的词语后，最终保留了出现频次 2 次以上的 96 个有效关键词(见图 19-3 和表 19-10)。从表 19-10 中可以看出，2018 年新闻传播类国家社科基金项目关键词词频呈现出如下特征：

图 19-3　2018 新闻传播类国家社科基金项目词频图

一是传播依然是研究中所反映的重要趋势，各类传播现象受关注度高，如网络传播、文化传播、跨文化传播等。值得注意的是，健康传播等新话题开始受到学者们的关注。二是随着媒介技术的演技，“网络”“互联网”“新媒体”“大数据”等新词成为研究中的重要课题。三是研究中体现出的政治传播色彩较为浓厚，如“新时代”“一带一路”“人类命运共同体”等是2018年新闻传播学类立项项目的重要特色。四是“舆情治理”“舆论”依然是当下的热点研究方向。五是项目中体现出人文关怀的特点，如对女性、儿童、青少年、农村等群体的关注被较多纳入课题考察范围。由此说明，我国新闻传播学的研究环境受宏观政策的影响较大，研究话题贴近时事和人民生活。受社会变革尤其是科技变革的影响，学科研究也紧跟潮流，积极寻求创新应对之法。

表19-10　**2018年新闻传播类国家社科基金项目关键词**

序号	关键词	词频
1	传播	150
2	网络	73
3	文化	67
4	媒体	34
5	跨文化	34
6	网络传播	27
7	话语	23
8	互联网	21
9	媒介	20
10	舆情治理	20
11	(少数)民族	19
12	新时代	19
13	新媒体	17
14	大数据	17
15	出版	16
16	舆论	16
17	报刊研究	13
18	国际传播	12
19	一带一路	10

续表

序号	关键词	词频
20	传播效果	10
21	乡(农)村	9
22	民国时期	9
23	人工智能	9
24	健康传播	8
25	命运共同体	8
26	理论研究	7
27	产业	6
28	中国特色	6
29	全球(化)	9
30	新疆	6
31	认同	6
32	两岸(台湾)	6
33	交往	5
34	技术	5
35	融合	5
36	群体	5
37	社群	5
38	中华文化	5
39	安全	4
40	美国	4
41	电视	4
42	空间	4
43	政治	4
44	生态	4
45	艺术	4
46	移动	4
47	数字时代	4

续表

序号	关键词	词频
48	主流媒体	4
49	实证研究	4
50	社交	4
51	女性	3
52	政治传播	3
53	共识	3
54	青年	3
55	西北	3
56	儿童	3
57	政务	3
58	建国后	3
59	认知	3
60	丝绸之路	3
61	马克思主义	3
62	新闻学	3
63	党报	3
64	亚文化	3
65	图书	2
66	虚拟	2
67	营销	2
68	传媒	2
69	职业	2
70	责任	2
71	动员	2
72	习近平	2
73	精神	2
74	视频	2
75	视听	2

续表

序号	关键词	词频
76	领袖	2
77	资本	2
78	东盟	2
79	真相	2
80	改革开放	2
81	算法	2
82	数字化	2
83	亚洲	2
84	新闻发言人	2
85	西藏	2
86	文学	2
87	社会主义	2
88	时空	2
89	贫困	2
90	影像	2
91	价值观	2
92	彝族	2
93	抗战时期	2
94	共产党	2
95	意识形态	2
96	新闻业	2

3. 项目的研究主题

对比《国家社科基金项目 2018 年度课题指南》(以下简称“指南”)及 2018 年新闻传播类国家社科基金立项项目可以发现，“指南”具有较强的指导作用，两者契合度很高，较多学者或是对“指南”条目表述做出修改或是根据“指南”提供的研究范围、方向自行设计题目展开研究，如“指南”第 15 条目——国家治理与新闻生态研究，学者们就从国家网络治理、城市治理、乡村治理等多角度展开研究。此外，2018 年新闻传播学类国家社科项目研究还呈现出宏观政策与应用研究相结合、前沿科技与历史事件相关联、基础理论与研究方法并重等特点。

(1)政治使命："新时代""一带一路"与"人类命运共同体"。大众媒介系统与政治系统自国家概念开始以来就是相互依赖、相互影响的。"一方面，政党系统的有序运行有赖于大众媒介系统的参与，另一方面，大众媒介系统也在越来越大的程度上受到政治系统的制约。"①因此，我们可以说大众媒介系统是有一定政治使命的。十九大召开以来，我国进入中国特色社会主义新时代，诸多方面面临着关键性改变，围绕这些改变，大众媒介系统在参与政治活动中所扮演的角色必然越来越重要。2018 年，新闻传播类国家社科项目就多以十九大精神为指导，从"新时代""一带一路""人类命运共同体"等方面阐释新闻传播问题。

2018 年，以"新时代"为背景的新闻传播类社科基金项目有 19 项，其中主要涉及以下几个方面：一是对新闻理论发展及传播机制的探究，如中国特色社会主义新闻观念演进、话语转变等；二是注重对新时代媒体的示范引导作用的研究，如关注新媒体、主流媒体的传播力、引导力、业务转变及效果测量等研究；三是重视此背景下的对内对外传播，对内多集中研究乡村治理中的传播现象，对外则主要强调国家传播能力的构建。以"一带一路"为背景的项目达 12 项，这些项目多与对外传播相关，涉及话语及国家形象建构等议题。2018 年，"人类命运共同体"成为我国"十大流行语"之一，并写入宪法中，在这一年的课题中，新闻传播学学者们体现了全球意识与责任感，该类课题涉及项目近 10 项，探讨了全球传播、周边传播(如东盟、环喜马拉雅跨文化等)及两岸传播等问题。

(2)国际传播：形象传播与话语博弈。2018 年，"国际形势最显著的特点就是充满不确定性……在百年变局中，我国当然会遇到各种新的挑战和风险"②，面对诸多掣肘，中国体现出开放、合作、稳进、引领、担当、坚守的品质。这些特点在 2018 年新闻传播学国家社科基金立项项目中也可循踪迹，学者们将视线集中在国际传播上，共主持 38 个与该主题相关的项目，通过研究形象传播与话语博弈体现国家责任担当意识，同时体现了以重大现实问题为方向，提供具有参考价值的措施，该学科的问题意识和现实导向比较强。

2018 年立项课题体现出三个重要特点：第一是注重本土品牌的对外传播和形象建构，如传统中医药文化、本土电视内容、中国出版"走出去"等，这样既可以提升我国

---

① 张昆．大众媒介的政治社会化功能[M]．武汉：武汉大学出版社，2003：45.

② 王毅在 2018 年国际形势与中国外交研讨会开幕式上的演讲[EB/OL]．[2018-12-13]．人民网，http：//world. people. com. cn/n1/2018/1211/c1002-30460421. html.

文化的内在品质，又可以提升我国文化的国际影响力；第二是重视中国在多个国家的良好形象传播及话语博弈，如中韩、中美、中国与东盟国家等，通过研究复杂的国家关系，提高我国的国际形象对外传播的能力，建构合理的话语体系；第三是看重边疆少数民族地区与跨境国家的良好合作与传播，如强调新疆、北部湾、南海及西北边陲等少数民族地区的文化跨国传播现象，注重研究网络传播及文化安全等。无论是中美贸易的摩擦，还是缅甸问题的解决抑或是东北亚关系的回温，均与我们当下所面临的国际环境密切相关，我国学者在研究中不仅重视对外传播，更重视国际传播问题的变动。在国际关系视域中，国家形象传播和话语权的掌控将直接与国家利益的实现挂钩，尤其是在国际形势纷杂及国际话语竞争激烈的情况下，学者们所研究的问题具有重大的现实参考价值和学术思想价值。

(3)舆论舆情：引导、治理与调控。自1991年国家社科基金项目立项以来，新闻舆论引导和舆情治理一直是新闻传播学科研究的重点。从1991年至2017年，共有299项国家社科基金项目聚焦于新闻舆论理论及其现实问题，2018年该类课题共立项21项，学者们从引导、治理及调控等方面研究舆论的形成机制、现实问题和解决路径，此类研究将为新闻舆论引导实践提供了一定理论依据。

2018年，新闻舆论引导和舆情治理类课题聚焦于三大方向上：网络舆情治理、国际舆论应对及国内舆论调控。近些年伴随着网络技术的快速发展，一方面网络舆论空间不断扩大，影响力不断增强；另一方面大数据、人工智能技术在国内不断成熟，其所具备的大样本量、高速运算及数据多样性等特点，使得舆论引导有章可依。2018年我国学者将大数据列入网络舆情治理中，共计5个项目，为网络舆情治理提供了参考机制和解决策略。除此之外，学者们还从社交网络角度、新媒体及跨媒体平台等新技术角度入手，对网络舆情监测、治理等提出自己的看法。在国际舆论方面，学者们的研究视野不仅放在周边传播中的舆论交融现象，还关注“人类命运共同体”议题下的国际舆论走势，并力图站在国家的高度提出相关应对策略。在国内舆论相关议题中，学者们关注较多的问题是边疆少数民族舆情的转变；另外两岸关系舆论引导和重大安全事故中的舆论倾向演进等问题也受到学者们的重视。网络信息的快速更迭、传播速度的飞速运转及国际话语的频繁交锋，使得任何一起事件的发展再也无法密不透风，信息的快速发酵也必然促使人们意识到正确引导舆论的重要性，以及舆情治理的必要性，根据此类话题在现实中的意义，预计在以后的国家社科项目立项中，舆论引导相关课题将还会呈上升趋势。

(4)技术融合：人工智能、数字时代与网络传播。媒介与技术融合的不断深入，一方面改变着媒介产业的形态，另一方面也改变着传媒行业的生态，由此带来的两种转变不仅受学界的众多关注，更与业内的种种变动密切相关。2018年新闻传播学类国家社科基金项目在人工智能、数字时代及互联网方面立项达 50 余项，约占总立项数的 1/4。

数字化不仅是信息社会的基础，更是多媒体技术和软件技术、智能技术发展的基础，对当下信息变革起着重要的作用。我国学者立足于这一现实，对数字化时代的网络传播议题展开探讨，其中涉及中华文化对外传播的影响力和传播力、网络出版、集体记忆等议题，也有学者挖掘数字化传播特征及价值内涵，拓展基础基理论，扩大应用范围。从数字化到虚拟/增强现实(VR/AR)再到人工智能(AI)，在这些爆炸式的技术增长的同时，“媒体在内容生产到传播层面发生着全方位变革”①。2018 年立项项目中，我国学者积极关注这些问题，主要从新闻、广告、广播电视产业发展模式，内容生产、传播方式、认知改变及法律法规、伦理等方面展开全面探讨，共涉及 14 个立项项目。互联网自产生到现在已走过几十年的历程，总结其发展变化趋势、信息传播规律等有助于我们更好地开展舆论引导工作。2018 年，我国立项项目对网络传播探讨主要表现在两个方面：一是注重对其 50 年历史的梳理；二是重视研究其未来变化，包括全球化协同治理及时空重组等问题。新媒体作为互联网发展的重要成果，在我国已渐趋成熟，因此学者们也多对其所产生的影响力及效果进行研究。值得注意的是，研究者们不再像过去仅停留在理论探讨的层面，更多地关注新媒体在社会中的作用，如政务新媒体的服务作用及新媒体在乡村治理中的作用等。

(5)史料研究：民国时期、中华人民共和国成立后与改革开放。任何一门学科体系的建设，都离不开对其历史的研究，自 1991 年新闻传播学类国家社科项目立项以来，平均每年有 7 个新闻传播史方面项目，但 2018 年该学科历史类研究项目达 27 项，接近往年平均值的 4 倍。所涉及的时间段大致可分为民国时期前后、中华人民共和国成立前后及改革开放后这三个时期。

这些项目所涉及的研究内容包括新闻传播思想史、媒介发展史、媒介制度史及媒介业务史等。新闻思想史方面的研究项目包括：中国共产党的新闻思想史，文人论政观念，东北、山东等地方新闻史，两岸新闻思想交流史，清末至抗日战争胜利前日本在华新闻统治，美国新闻发展思想史等。媒介发展史方面的项目有：各类报刊史、互联网发展史及出版书籍史等，其中报刊研究史涉及 10 余项，报刊种类多样，从儿童报刊、画报到民族类刊物以及革命刊物等。学者们主要研究议题包括社会动员、社会认同、形象书写等。媒介业务方面的项目包括：对新闻业务的梳理、对广告流变形态的整理及对出版发行业务的探讨等。综合来看，2018 年，新闻传播史方面的项目更多地关注民国时

---

① 史安斌，王沛楠. 2019 全球新闻传播新趋势——基于五大热点话题的全球访谈[J]. 新闻记者，2019(2)：41.

期的新闻传播问题。

2018年，新闻传播类国家社科基金项目呈现出以下几个特点：一是传播学体现出与多学科融合的特征，如社会学、心理学、环境学、艺术学、生物学以及计算机学科等，其中与医学、生物学融合的健康传播以及与环境学融合的环境传播是往年课题中所不常见的亮点。二是在研究方法上体系出多样化、科学化的特征，如注重实证研究、口述史研究、实验研究、数学建模、调查研究等多种方法的使用。除此之外，传播学中的效果研究在2018年的立项项目中也受到了极大推崇，与效果研究相关的课题达8项，这说明新闻传播学学者越来越重视研究方法，学科发展也更加科学化。三是立项项目所体现出的人文关怀倾向较浓厚，如女性、青少年、儿童、农村等议题受到学者们的关注，如针对青年的各类议题项目就达5项。四是不仅着力于解决本国实际问题，更放眼全球，为构建"命运共同体"提供理论支撑，对全球舆论、传播及话语等问题展开探讨。学者们做到了坚持以重大现实问题为主攻方向，基础研究与应用研究并重，将国家社科基金项目作为新闻传播学学科理论建构的重要平台，通过多种方法完善学科体系，丰富该领域的学术思想。总体上来讲，当前新闻传播类国家社科基金项目以应用型研究为主，基础理论的研究仍较为欠缺，功能主义倾向仍较为突出。在今后的项目指南设计方面，应增加基础理论方面的议题，将更多的学术资源投入到学科基础理论建设方面。

（陶喜红　党李丹）

19.2　2018年我国新闻传播学四大名刊学术论文统计分析①

本节利用文献计量学、引文分析相关原理与方法，借助可视化文献分析软件CiteSpaceIII，对2018年新闻传播学A类期刊国内文献从研究机构、研究队伍、研究内容、关键论文等方面进行分析，以期揭示新闻传播学学科研究现状，探测发展趋势，从而较为全面地认识和把握2018年国内新闻传播学研究发展脉络。②

---

① 作者简介：廖声武，湖北大学新闻传播学院教授，博士；曹鹏，湖北大学新闻传播学院讲师，博士。

② Chaomei Chen. Hindsight, Insight, and Foresight: A Multi-Level Structural Variation Approach to the Study of a Scientific Field[J]. Technology Analysis and Strategic Management, 2013, 25(6): 619-640.

19.2.1　数据来源与处理

本节数据来源主要为“CNKI 中国引文数据库”，选取国内新闻传播学 A 类 4 种期刊作为数据来源，分别为《新闻与传播研究》《国际新闻界》《现代传播》和《新闻大学》。本节检索并统计了这 4 种期刊于 2018 年 CNKI 所刊载的论文(增刊、会议综述、主持人语、编译等除外)及引文数据，共获得 675 篇文献与 417 条引文数据。“CNKI 中国引文数据库”中检索表达式为：被引文献来源 =“2018—2018 新闻传播学 A 类期刊”；引证文献来源 =“2018—2019 新闻传播学学来源期刊”，论文发表时间 =“2018—2019”，论文被引年份 =“2018—2019”。检索时间为 2018 年 3 月 15 日。图 19-4 反映了 4 种期刊 2018 年发文量占比情况：《现代传播》共发文 365 篇，发文量占 2018 年全部发文总量的一半有余；《国际新闻界》发文 129 篇，《新闻大学》发文 97 篇，《新闻与传播研究》发文 84 篇。

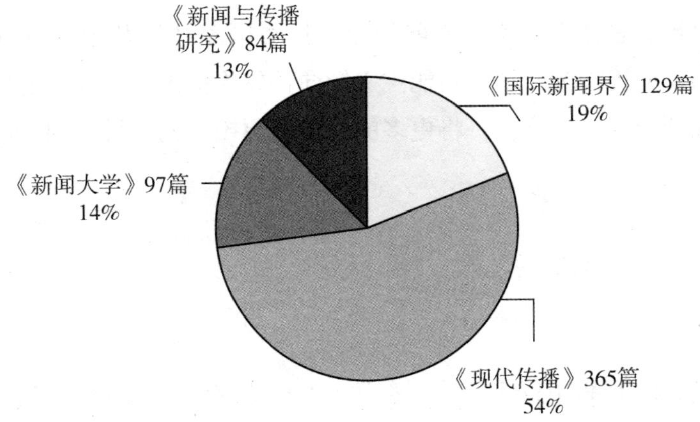

图 19-4　各刊载文量及占比

19.2.2　核心研究机构分析

2018 年，新闻传播学 4 家期刊论文的作者来自 217 家高校及科研机构，其中以论文第一作者所署第一机构出现的为 153 家。根据论文署名，对研究机构进行了归并，即不区分一级机构下设的不同二级机构。如中国传媒大学新闻传播学部、中国传媒大学艺术学部均作为统一的一个机构——中国传媒大学。2018 年，以论文第一作者所署机构名称统计，全年的机构发文清单如表 19-11 所示。

表 19-11 **2018年机构全年发文量总览(并列排名以汉语拼音首字母排序)**

排序	高校及科研机构	发文数量
1	中国传媒大学	76
2	中国人民大学	50
3	复旦大学	27
4	清华大学	25
5	北京师范大学	21
6	武汉大学	20
7	南京大学	18
8	华南理工大学	16
	暨南大学	16
9	深圳大学	15
10	华中科技大学	14
	浙江大学	14
	中国社会科学院	14
11	四川大学	13
12	上海交通大学	12
13	南京师范大学	11
	厦门大学	11
	中山大学	11
	重庆大学	11
14	北京大学	10
15	华东师范大学	7
	浙江传媒学院	7
16	广州大学	6
	陕西师范大学	6
	上海社会科学院	6
	上海外国语大学	6
17	安徽师范大学	5
	湖南大学	5

续表

排序	高校及科研机构	发文数量
17	湖南师范大学	5
	华中师范大学	5
	苏州大学	5
	新华社	5
	云南大学	5
18	福建师范大学	4
	广东外语外贸大学	4
	广西大学	4
	河北大学	4
	西安交通大学	4
	西南大学	4
	中国社会科学院大学	4
19	安徽大学	3
	北京电影学院	3
	北京外国语大学	3
	对外经济贸易大学	3
	河南大学	3
	华南师范大学	3
	闽南师范大学	3
	南昌大学	3
	山东大学	3
	山东师范大学	3
	山西大学	3
	上海大学上海电影学院	3
	首都经济贸易大学	3
	四川外国语大学	3
	武汉体育学院	3
	西安外国语大学	3

续表

排序	高校及科研机构	发文数量
19	西北师范大学	3
	西北政法大学	3
20	北京邮电大学	2
	湖北大学	2
	华东政法大学	2
	江西师范大学	2
	兰州大学	2
	辽宁大学	2
	南京航空航天大学	2
	人民日报社	2
	上海大学	2
	上海师范大学	2
	上海政法学院	2
	首都师范大学	2
	新疆大学	2
	扬州大学	2
	郑州大学	2
	中国科学技术大学	2
	中国政法大学	2
	中南民族大学	2
	中央电视台	2
	重庆工商大学	2
21	《国际新闻界》编辑部	1
	中国青年报社	1
	澳门大学	1
	澳门科技大学	1
	北方工业大学	1
	北京工商大学	1

续表

排序	高校及科研机构	发文数量
21	北京交通大学	1
	北京印刷学院	1
	大连外国语大学	1
	东北师范大学	1
	凤凰卫视	1
	福建农林大学	1
	福州大学	1
	广西艺术学院	1
	贵州大学	1
	贵州民族大学	1
	国防大学	1
	海南师范大学	1
	河南师范大学	1
	湖南农业大学	1
	华中农业大学	1
	淮北师范大学	1
	聊城大学	1
	美国宾夕法尼亚大学	1
	美国威斯康星大学-麦迪逊校区传播艺术系	1
	美国雪城大学	1
	南京理工大学	1
	内蒙古大学	1
	内蒙古民族大学	1
	宁波大学	1
	宁波工程学院	1
	青岛科技大学	1
	厦门理工学院	1
	山东财经大学	1

续表

排序	高校及科研机构	发文数量
21	山西师范大学	1
	汕头大学	1
	商丘师范学院	1
	上海理工大学	1
	沈阳师范大学	1
	十九大新闻中心	1
	四川美术学院	1
	四川师范大学	1
	天津师范大学	1
	同济大学	1
	西安邮电大学	1
	西北大学	1
	西北民族大学	1
	西华师范大学	1
	西京学院	1
	西南财经大学	1
	西南科技大学	1
	西南政法大学	1
	现代传播	1
	香港城市大学	1
	香港浸会大学	1
	香港中文大学	1
	湘潭大学	1
	烟台大学	1
	央视市场研究[CTR]	1
	英国牛津大学	1
	云南民族大学	1
	长安大学	1

续表

排序	高校及科研机构	发文数量
21	长江师范学院	1
	浙江师范大学	1
	中国电影家协会	1
	中国劳动关系学院	1
	中国农业大学	1
	中国气象局公共气象服务中心	1
	中国人民公安大学	1
	中国人民解放军航天员大队	1
	中国日报社	1
	中国社会科学杂志社	1
	中国文化大学	1
	中南大学	1
	重庆三峡学院	1

通过表 19-11 可知，2018 年我国新闻传播学主要研究机构有中国传媒大学、中国人民大学、复旦大学、清华大学、北京师范大学等。其中，中国传媒大学共有 76 篇论文刊发。此外通过统计到的数据还可以得知，中国社会科学院(不含中国社会科学院大学，14 篇)、上海社会科学院(6 篇)、新华社(5 篇)等非高校机构也都积极参与新闻传播学研究。2018 年，海外教学科研机构参与我国新闻传播研究交流的数量进一步增加，有来自美国、英国、加拿大、澳大利亚、日本等 9 个国家和地区的 22 所高校研究者发表了文章。其中，以第一作者单位发文的分别有美国宾夕法尼亚大学、威斯康星大学-麦迪逊校区、雪城大学，英国牛津大学，以及中国台湾中国文化大学、香港城市大学、香港浸会大学、香港中文大学、澳门大学、澳门科技大学共 10 家高校。

19. 2. 3　核心研究队伍分析

经过对所收集数据的统计，在 2018 年，共有 928 位作者(其中 585 位第一作者来自 153 家教学科研机构)共同构成了新闻传播学学术共同体。

一门学科的建设与发展离不开学科的领军人物。通过对研究论文的统计分析，基本上可以找出某一时期内某一学科的领军人物。高产作者，表明某一学者在某一时期内一直勤于思考、敏于学习、笔耕不辍，研究成果丰硕；高被引作者，表明某一学者在某一时期内的学术理论、学术观点、研究方法等得到学术同仁的肯定与借鉴，研究成果社会影响力大；学术团队的核心，表明某一学者在某一时期内注重学术团队的建设与交流，并在学术团队中成为中坚力量。如果一个作者既是高产作者，又是高被引作者，同时又是学术团队的核心，可以认为是新闻传播学研究队伍中的领军人物。

2018年，国内新闻传播学的高产作者如表19-12所示(以论文所署第一作者计算)。

表19-12 **2018年新闻传播学研究高产作者(相同情况下以汉语拼音首字母排序)**

排序	作者	发文量	所属高校及研究机构
1	郑保卫	5	中国人民大学新闻学院 广西大学马克思主义新闻观研究中心
2	彭　兰	4	清华大学新闻与传播学院
3	白红义	3	上海社会科学院新闻研究所
4	程曼丽	3	北京大学新闻与传播学院
5	顾　洁	3	中国传媒大学新闻传播学部
6	何　威	3	北京师范大学艺术与传媒学院
7	胡翼青	3	南京大学新闻传播学院
8	蒋建国	3	华南理工大学新闻与传播学院
9	李　彪	3	中国人民大学新闻学院
10	彭华新	3	深圳大学传播学院
11	沈正赋	3	安徽师范大学新闻与传播学院
12	史安斌	3	清华大学新闻与传播学院
13	汤景泰	3	暨南大学新闻与传播学院
14	王润泽	3	中国人民大学新闻学院
15	吴　飞	3	浙江大学传媒与国际文化学院
16	吴琳琳	3	厦门大学新闻传播学院
17	徐开彬	3	武汉大学新闻与传播学院
18	杨保军	3	中国人民大学新闻学院
19	喻国明	3	北京师范大学新闻传播学院
20	周　勇	3	中国人民大学新闻学院
21	白　贵	2	河北大学新闻传播学院

续表

排序	作者	发文量	所属高校及研究机构
22	蔡润芳	2	复旦大学新闻学院
23	操瑞青	2	南京师范大学新闻与传播学院
24	常　江	2	清华大学新闻与传播学院
25	陈　娟	2	华南理工大学新闻与传播学院
26	邓　敏	2	湖南大学新闻传播与影视艺术学院
27	杜骏飞	2	南京大学新闻传播学院
28	杜智涛	2	中国社会科学院大学媒体学院
29	段淳林	2	华南理工大学新闻与传播学院
30	段　鹏	2	中国传媒大学艺术学部
31	郭建斌	2	云南大学民族学与社会学学院
32	郭小安	2	重庆大学新闻学院
33	韩晓宁	2	中国人民大学新闻学院
34	胡百精	2	中国人民大学新闻学院
35	黄楚新	2	中国社会科学院新媒体研究中心
36	黄升民	2	中国传媒大学
37	刘　涛	2	暨南大学新闻与传播学院
38	卢家银	2	中山大学传播与设计学院
39	苗伟山	2	中国社会科学院新闻与传播研究所
40	牛耀红	2	西安交通大学新闻与新媒体学院
41	潘　霁	2	复旦大学新闻学院
42	齐　辉	2	重庆大学新闻学院
43	邵培仁	2	浙江大学传媒与国际文化学院
44	沈　浩	2	中国传媒大学新闻传播学部
45	舒咏平	2	华中科技大学新闻与信息传播学院
46	孙　玮	2	复旦大学新闻学院
47	唐海江	2	华中科技大学新闻与信息传播学院
48	陶建杰	2	中山大学传播与设计学院
49	王　敏	2	西南大学新闻传媒学院

续表

排序	作者	发文量	所属高校及研究机构
50	吴世文	2	武汉大学新闻与传播学院
51	吴予敏	2	深圳大学传播学院传媒与文化发展研究中心
52	徐蓉蓉	2	重庆大学法学院
53	闫 岩	2	武汉大学新闻与传播学院
54	燕道成	2	湖南师范大学新闻与传播学院
55	禹建强	2	北京师范大学新闻传播学院
56	张国良	2	上海交通大学媒体与传播学院
57	张辉锋	2	中国人民大学新闻学院
58	张 晶	2	中国传媒大学
59	张 垒	2	新华社新闻研究所
60	张涛甫	2	复旦大学新闻学院
61	赵玉明	2	中国传媒大学
62	周建青	2	华南理工大学公共管理学院
63	周裕琼	2	深圳大学传播学院
64	朱剑飞	2	华南理工大学新闻与传播学院
65	朱秀凌	2	闽南师范大学新闻传播学院

19.2.4 主要研究内容分析

关键词是作者对文章核心研究内容的精炼，学科领域里高频次出现的关键词和从数据样本中，对每一篇文献进行提取后分析出的名词短语可被视为该领域的研究热点。①高频关键词在一定程度上反映了学科研究重点，本节根据高频关键词来确定2018年新闻传播学的研究重点。对CNKI期刊论文关键词进行整理排序，将专指性不强的“传播”“传播学”“新闻”“媒体”等词汇排除后，列出排在前21位(词频≥6)的高频关键词，如图19-5所示。

为了更直观地展示高频词，探测学科领域研究重点，在CiteSpaceIII导入数据，其

① 赵蓉英，许丽敏．文献计量学发展演进与研究前沿的知识图谱探析[J]．中国新闻传播学报，2010，36(5)：60-68.

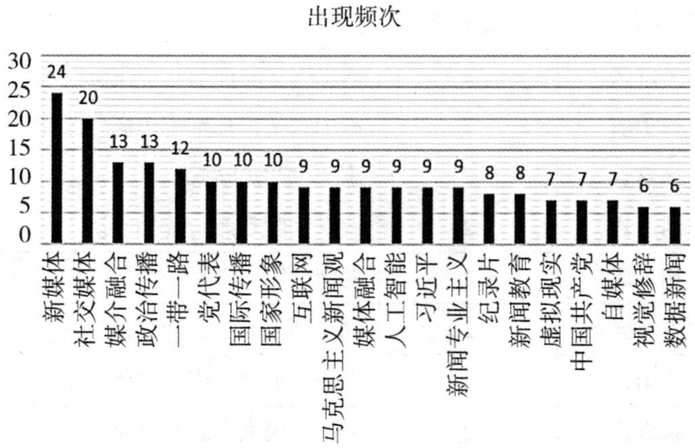

图 19-5　新闻传播学高频关键词(词频≥6)

他设置参数不变，节点类型选为关键词(Keyword)，运行程序，生成如图 19-6 所示的关键词共现知识图谱。

根据高频关键词网络共现做聚类分析，生成如图 19-7 所示知识图谱。可以发现，2018 年我国新闻传播学研究主要关注国家形象、可视化、互联网传播、媒体融合、马克思主义新闻观、新媒体、中国共产党、媒介记忆这 8 个领域。

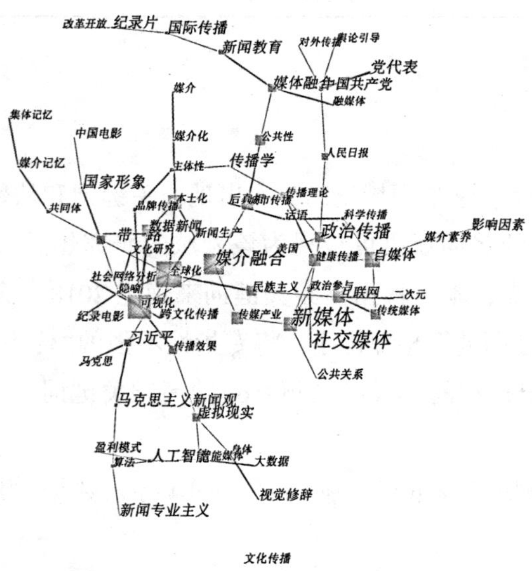

图 19-6　关键词共现知识图谱

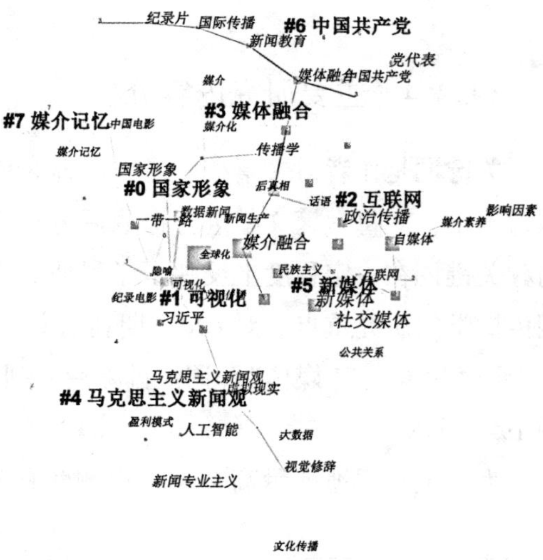

图 19-7　关键词聚类知识图谱

从图19-6和图19-7可以看出，国内众多新闻传播学研究人员的研究重心紧密围绕新媒体、社交媒体、媒介融合、自媒体及“一带一路”背景下的国际传播等研究领域。这表明2018年我国新闻传播学学科与时俱进、立足实践，形成了瞄准前沿、学以致用的研究特色。

19.2.5　关键研究论文分析

2018年，新闻传播学A类期刊共发表675篇关于新闻传播学的论文。

1. 高被引论文

基本科学指标数据库(Essential Science Indicators，ESI)设计了“高被引论文”这一指标，即指发表于近11年内各领域中被引用次数前1%的文章。高被引论文具有学科导航作用，对相关学科和领域也有一定的辐射功能，高被引论文揭示着学科研究方向，一定程度体现了学科研究热点。借鉴这一思路，本节依照共时百分比的计算方法来确定2018年新闻传播学顶尖论文，即把2018年至今被引频次前1%的论文作为顶尖论文。具体来说，根据CNKI引文数据库检索所得引文数据，对2018年新闻传播学A类期刊论文进行统计分析，将被引频次排在前1%的论文视为2018年的高被引论文。普莱斯认为在科学论文集合中，只有有限的论文被引用，而新发表而又被较多引用的论文更是极少数。引文网络中，这些被引频次高的小部分论文可视为学科的新的生长点，成为热门的科学前沿。

截至2019年3月15日，全部675篇文章中有217篇论文被引用，总引用次数为417次。经过计算，论文被引频次前1%基准线为4，整理共有26篇论文，生成如表19-13所示的2018年新闻传播学研究高被引论文列表。

表19-13　**2018年新闻传播学研究的高被引论文**

序号	排序	题名	被引	作者	来源	发表时间
1	1	“智媒”时代的消融与重塑——2017年新媒体研究综述	14	苏　涛 彭　兰	国际新闻界	2018/1/23
2	2	从“连接”到“场景”：互联网发展的重要进阶——试析微信小程序的价值逻辑与市场版图	11	喻国明 程思琪	新闻大学	2018/2/15

续表

序号	排序	题名	被引	作者	来源	发表时间
3	3	新闻游戏：概念、意义、功能和交互叙事规律研究	8	曾祥敏 方雪悦	现代传播	2018/1/15
4		无边界时代的专业性重塑	8	彭　兰	现代传播	2018/5/15
5		论习近平新闻思想	8	季为民 叶　俊	新闻与传播研究	2018/4/25
6	4	智能时代的新内容革命	7	彭　兰	国际新闻界	2018/6/23
7	5	十八大以来中国影视艺术发展纵览	6	胡智锋	现代传播	2018/1/15
8		2017 年中国媒体融合发展报告	6	黄楚新 彭韵佳	现代传播	2018/4/15
9		论习近平新时代网络强国思想	6	汤景泰 林如鹏	新闻与传播研究	2018/1/25
10		显现的实体抑或意义的空间：反思传播学的媒介观	6	胡翼青	国际新闻界	2018/2/23
11		传播中的身体问题与传播研究的未来	6	刘海龙	国际新闻界	2018/2/23
12	6	中国电影与国家形象传播——2017 年度中国电影北美地区传播调研报告	5	黄会林 孙子荀 王　超 杨卓凡	现代传播	2018/1/15
13		2017 年中国的传播学研究	5	方　惠 刘海龙	国际新闻界	2018/1/23
14		中国传播学 40 年：基于学科化进程的反思	5	胡翼青 张婧妍	国际新闻界	2018/1/23
15		新闻是人，新闻学是人学	5	杜骏飞	国际新闻界	2018/2/23
16		信息告知还是视觉吸引？——对中外四个数据新闻栏目可视化现状的比较研究	5	黄雅兰 仇筠茜	新闻大学	2018/2/15

续表

序号	排序	题名	被引	作者	来源	发表时间
17	7	“后真相”时代网络谣言的话语空间与传播场域研究——基于微信朋友圈4160条谣言的分析	5	李彪 喻国明	新闻大学	2018/4/15
18		意象论：意中之象与视觉修辞分析	5	刘涛	新闻大学	2018/8/15
19		中等收入群体在中国网络社会的角色与地位研究	4	郑雯 李良荣	现代传播	2018/1/15
20		2018年中国传媒的基本面与机会点	4	徐立军 王玉飞	现代传播	2018/1/15
21		从广告到传播：城市形象的沟通图景	4	张婷婷	现代传播	2018/2/15
22		传统媒体新闻工作者互联网工作性使用与职业角色认知研究——一项基于报纸和电视媒体的实证考察	4	张伟伟	现代传播	2018/3/15
23		“马克思主义新闻观”的概念起源及其话语变迁	4	叶俊	现代传播	2018/4/15
24		人工智能：重塑媒体融合新生态	4	沈浩 袁璐	现代传播	2018/7/15
25		马克思主义新闻观中国化的历史进程及其理论贡献	4	郑保卫	新闻与传播研究	2018/2/25
26		语境、演进、范式：网络研究的想象力	4	刘新传 魏然	新闻大学	2018/6/15

根据表19-13分析可知，2018年新闻传播学研究的26篇顶尖论文中，从作者分布来看，出现高被引文章集中于彭兰、喻国明、叶俊、刘海龙、胡翼青等知名学者的情况。从期刊来看，《现代传播》占11篇，占比为42.3%。

2. “热点”论文

本节用下载量来确定热点论文，具体来说，从 CNKI 中国引文数据库检索所得下载数据(截至 2019 年 3 月 15 日)，对 2018 年新闻传播学 A 类国内期刊论文进行统计分析，将被下载总量前 10 位的论文视为热点论文，生成如表 19-14 所示的新闻传播学研究热点论文。

表 19-14　**新闻传播学研究热点(高下载)论文**

排序	题名	下载	作者	来源	发表时间	被引
1	“智媒”时代的消融与重塑——2017 年新媒体研究综述	5886	苏　涛 彭　兰	国际新闻界	2018/1/23	14
2	“后真相”时代网络谣言的话语空间与传播场域研究——基于微信朋友圈 4160 条谣言的分析	5492	李　彪 喻国明	新闻大学	2018/4/15	5
3	从“连接”到“场景”：互联网发展的重要进阶——试析微信小程序的价值逻辑与市场版图	4315	喻国明 程思琪	新闻大学	2018/2/15	11
4	无边界时代的专业性重塑	3505	彭　兰	现代传播)	2018/5/15	8
5	智能时代的新内容革命	3063	彭　兰	国际新闻界	2018/6/23	7
6	“互联网下半场”中传媒经济研究的问题意识与技术进路——基于 2017 年中国传媒经济研究的文献分析	2528	赵　睿 喻国明	国际新闻界	2018/1/23	2
7	论习近平新时代网络强国思想	2489	汤景泰 林如鹏	新闻与传播研究	2018/1/25	6
8	2017 年中国的传播学研究	2481	方　惠 刘海龙	国际新闻界	2018/1/23	5
9	2017 年中国的新闻学研究	2284	陈　辉 刘海龙	国际新闻界	2018/1/23	
10	数字弱势群体的崛起：老年人微信采纳与使用影响因素研究	2154	周裕琼	新闻与传播研究	2018/7/25	2

19.2.6 结语

2018年，我国新闻传播学4家著名期刊所发表的文章，紧扣社会发展脉搏，跟踪实践中的现实问题，努力为业界发展“资智”，为学科建设服务，研究成果具有鲜明的时代特色。2018年恰逢传播学在中国发展40年，传播学在我国从零开始，迅速发展壮大，成为硕果骄人的显学。新闻学与传播学一道，正在新时代的号角声中脚踏实地为中国哲学社会科学繁荣发展贡献力量。

（廖声武　曹　鹏）

第 20 章　新闻传播教育研究与探讨

20.1　新闻传播教育论文及目录(2018)

20.1.1　重要论文全文转载(11 篇)①

(按姓氏拼音排序)

百年回眸：中国新闻传播教育史研究回顾与前瞻②

邓绍根　李兴博③

摘要：中国新闻传播教育史研究历经百年发展，逐渐成为新闻史学的重要组成部分。百年中国新闻传播教育史研究可分为萌芽起步、曲折前行、恢复发展和开拓创新等四个阶段，不同的阶段呈现出不同的研究特点。回顾百年中国新闻传播教育史研究，可以发现其研究边界不断拓展，研究深度不断增加，研究角度渐趋多样，研究成果不断涌现；反思中国新闻传播教育史研究，新理论、新史料、新方法、新视野等都是其可以拓展的研究空间。

关键词：新闻传播；中国新闻传播教育史；新闻传播教育；新闻史学

---

①　文章有稍许改动，且均省去了文后参考文献。

②　文章来源：邓绍根，李兴博．百年回眸中国新闻传播教育史研究回顾与前瞻[J]．兰州大学学报(社会科学版)，2018，46(4)：210-218.

③　作者简介：邓绍根：中国人民大学新闻学院，北京，100872；李兴博：暨南大学新闻与传播学院，广州，510632。

2018 年，是中国新闻传播教育的百年诞辰。一百年来，随着传播技术的不断更新，新闻传播教育迅猛发展，其内涵和外延日益拓展，从最初的报学发展到新闻学，延伸至广告、广播电视、出版、公共关系、新媒体等诸多领域，形成了一个新闻传播教育事业。中国新闻传播教育史研究历经萌芽起步、曲折前行、恢复发展和开拓创新等四个阶段，至今形成相当深厚的学术积淀，产出了一批高质量的学术成果。

一、筚路蓝缕：中国新闻传播教育史研究的萌芽与起步（1918—1949）

虽然中国第一个系统讲授新闻学课程并集体研究新闻学的团体——北京大学新闻学研究会于 1918 年成立，但中国新闻传播教育史研究却萌芽于 20 世纪初。随着中国新闻传播史研究的兴起，新闻传播教育史研究作为新闻史学的重要组成部分，开始受到重视，并逐渐起步。1927 年，戈公振出版著作《中国报学史》，设有“报业教育”专节，系统介绍了国内各高校新闻学系和新闻课程设置情况。此后，新闻传播教育发展历史和现状成为中国新闻事业史著作的重要内容之一。另外，还有少量专门讨论中国新闻传播教育发展情况的专文，成为研究民国时期新闻传播教育的珍贵史料。

总之，1918—1949 年是中国新闻传播教育史研究的萌芽与起步阶段。其研究特点有四：第一，该阶段中国新闻传播教育史研究以译介外国新闻传播教育情况和梳理中国新闻传播教育发展历史为主要内容，停留在表象研究阶段，缺乏对各新闻传播教育机构兴起及其规章课程制度的深层次的研究分析；第二，停留在报学教育研究阶段，很少涉猎刚刚兴起的广告教育和广播教育；第三，著述数量较少，大多包含在新闻事业史或报刊史中，并未独立出来；第四，出现新生力量，一些新闻学子将新闻传播教育作为毕业论文选题，推动了新闻传播教育研究的深入发展。

二、“墙内开花墙外香”：中国新闻传播教育史研究的曲折前行（1949—1978）

1949—1978 年，中国内地（大陆）的新闻传播教育史研究发展缓慢，没有一部专著问世。目前可查仅有燕京大学新闻学系于 1950 年编印出版的内部资料《燕京大学新闻学系概况》。论文则以罗列的《十年来的我国新闻教育》为代表。

1949—1978 年，台湾地区的新闻传播教育研究成果虽然数量不多，但质量颇高。1958 年，黄天鹏撰写《新闻教育四十年——中国新闻教育的创办与变迁》一文，分上下篇叙述了大陆和 1949 年后台湾新闻教育发展。1966 年，台湾政治大学新闻研究所长曾虚白主持编撰的《中国新闻史》则全面系统梳理了中国新闻传播教育发展历史。论文则有谢然之《论中美新闻教育之合作》、徐佳士《报业与新闻教育》，两文均载于《新闻学论集》。

这个时期台湾地区的新闻传播教育研究成果中，世界新闻传播教育史研究领域取得很大突破。1966年，李瞻主持编撰的《世界新闻史》，不仅全面概述了英法德意俄美等国的新闻传播教育历史，而且详细介绍了各国具有代表性的新闻教育机构。

1949—1978年，中国新闻传播教育史研究呈现出“墙内开花墙外香”特点。大陆受政治运动的影响，新闻传播教育史研究进展缓慢；台湾地区的研究成果却不断涌现，不仅将新闻传播教育史研究提升到一个新高度，而且拓展了新闻传播教育史研究的广度。一是表现在世界新闻传播教育史研究更加全面；二是将广播教育扩展到广播电视教育的研究上。

三、步入正轨：中国新闻传播教育史研究的恢复发展(1978—2000)

改革开放后，思想解放。随着新闻教育和新闻学术研究工作逐渐恢复，1978—2000年间，中国新闻传播教育史研究迅速步入正轨，恢复发展，成效显著。

(一)中国新闻传播教育史纵向研究逐渐系统深化

中国新闻传播教育史研究成为中国新闻通史类著作的重要内容和不可或缺的组成部分。如方汉奇主编的《中国新闻事业通史》，从民国以后的各个时段里均有章节论及新闻传播教育情况。论文方面，方汉奇《七十年来的中国新闻教育》一文全面总结了中国新闻教育70年历程，对不同时期新闻传播教育特点及存在问题进行了评价。广告教育历史研究得到深化。刘家林的《新编中外广告通史》，梳理了民国时期广告学教材，介绍了各学校开设广告学课程情况。

(二)中国新闻传播教育史横向研究取得突破，个案研究成果增长显著

1978—2000年，中国新闻传播教育史研究出现了一些针对特定机构、人物、地域的个案研究。新闻教育机构方面，如张风《华中新闻训练班回忆》(《新闻大学》1981年第1期)；新闻教育人物方面，如章玉梅《复旦新闻系第一任系主任——谢六逸》(《新闻大学》1982年第3期)；特定地域方面，如马光仁的《上海新闻史(1850—1949)》。20世纪80年代，新闻学术杂志刊登了诸多以参访和交流外国新闻教育为主的文章，如张保安《美国新闻教育散记》(《现代传播》1981年第2期)等。

1978—2000年台湾地区新闻传播教育史研究继续发展。1981年，徐佳士在《政大新闻教育的创始成长和现状》一文中回顾了政治大学新闻传播教育的历史，并分析了其现状和发展前景。(徐佳士，1981)

(三)编辑出版教育研究受到关注

一些文章介绍了中国编辑出版教育的发展历史和现状，还有一些文章分别介绍了法美日韩等国的编辑出版教育现状。学界还出现了专门书籍，对编辑学专业的建设、办学方向、培养目标和层次、专业设置等问题进行专题研究。

1978—2000 年，中国新闻传播教育史研究逐渐步入正轨，开始向纵深推进，个案研究成果增长显著，领域有所拓展。当然，这个时期的研究著述比较侧重对新闻传播教育历史过程的描述，缺乏对新闻教育阶段性规律和特点的总结，新闻教育思想和理念等更深层次的研究基本没有涉及。这个时期台湾新闻教育史的研究延续了以往发展势头。民国新闻传播教育史的研究继续增多，质量继续提高。

四、繁花似锦：中国新闻传播教育史研究的开拓创新(2000 年至今)

2000 年以来，随着新闻传播教育的新思维和新观念在国际化浪潮中大量涌入，中国新闻传播教育走向普及和多元阶段。中国新闻传播教育史研究受到学界高度重视，研究者锐意进取，新成果不断涌现，迈向开拓创新阶段，呈现出繁花似锦的盎然生机。

第一，中国新闻传播教育通史和断代史研究成果涌现。2003 年，李建新出版专著《中国新闻教育史论》。该书对中国新闻传播教育的历史发展，进行了全面深入的概括和总结。2016 年，徐晓明著作《中国近代新闻教育发展史研究(1912—1949)》较为细致地分析了 1949 年以前新闻教育的发展历程。

第二，新理论和新视野为中外新闻传播教育交流史研究注入新活力。1998 年，张咏将“教育模式”运用到其硕士论文《美苏新闻教育模式的引入及其对中国新闻教育的影响》中，梳理了两种新闻教育模式传入中国的过程，并提出中国新闻传播教育面临模式的重新选择。2013 年，林牧茵著作《移植与流变——密苏里大学新闻教育模式在中国(1921—1952)》研究了密苏里新闻教育模式传入中国的历程。外国新闻传播教育史研究成果不断涌现，如陈俊峰著作《学徒制影响下的学院制：英国大学新闻教育研究》分析了英国新闻教育的历史和现状。

第三，个案研究不断拓展。中国新闻传播教育史个案研究成果不仅数量上升，而且开掘了研究深度。如邓绍根著作《中国新闻学的筚路蓝缕——北京大学新闻学研究会》，客观分析了北京大学新闻学研究会在中国新闻教育史上筚路蓝缕、以启山林的历史地位。

第四，研究边界得到进一步拓展。广播电视学教育研究有了长足进步。赵玉明在《中国广播电视通史》一书中勾勒出 1978 年以后中国广播电视教育的发展历程；公共关系教育研究受到关注。2010 年，王晓乐论文《民国时期公共关系教育创建始末》，推断 1934 年燕京大学新闻学系开设的必修课程“实用宣传与公共关系”是中国公共关系教育的发端，将中国公共关系教育的引进时间提前了 50 余年(王晓乐，2010)；广告学教育研究受到重视。苏士梅的《中国近现代商业广告史》第九章“近现代广告教育”，大致描绘出广告教育发展的历史脉络；编辑出版教育研究向数字出版教育拓展。如郝振省主编的《2011—2012 中国数字出版产业年度报告》中分析中国数字出版教育的现状、新进展、存在问题和发展对策等问题。

第五，专门性中国新闻传播教育史研究组织成立，推动研究新发展。2008 年 10 月，中国新闻史学会新闻传播教育史研究委员会成立。2015 年以来，张昆会长组织了全国新闻传播院系一百多位教师，于 2016 年 11 月编撰出版《中国新闻传播教育年鉴(2016)》。

总之，2000 年以来，中国新闻传播教育史研究力量逐渐形成，出现了诸多长期致力于该领域研究的学者。该阶段的中国编辑出版教育研究向数字出版教育拓展，新闻传播教育史研究呈现出“个案研究多，总体性研究少”的态势，深入程度大大增加。许多个案研究采用“挖深井”的方法，或深入挖掘某个人物的新闻教育思想，或全面分析某个新闻教育机构的发展历程、剖析其办学特点，或梳理某个新闻教育史上的重要事件、阐释其意义影响。

五、中国新闻传播教育史研究的未来展望

(一)加强新史料挖掘和整理工作

中国新闻传播教育史料种类丰富，除了常见的各类资料外，教科书、讲义、学生论文之类均可以纳入其中，且要不断地挖掘新史料，弥补研究资料的缺失。2010 年，龙伟等编辑出版的《民国新闻教育史料选辑》，就是希望通过搜集整理那些似已湮灭的文字，帮助读者对民国新闻教育事业的发展状况有所了解。2017 年，李建新教授主持的国家社科基金一般项目“中国新闻传播教育 100 年的文献资料整理与史论理析”也将促进中国新闻传播教育史料整理和挖掘工作。

(二)改进研究方法

中国新闻传播教育研究者应积极将社会科学研究方法运用于中国新闻传播教育研究，才能取得新突破。如口述历史方法非常适用于中国新闻传播教育研究。2013 年，俞家庆出版《中国教育口述史》(第 2 辑)《罗列教授等亲历新闻教育往事回忆》，以罗列

的口述为主线，加上对甘惜分、方汉奇等中国人民大学新闻学院老教授的采访，清晰地展现了人大新闻教育的发展脉络。《中国新闻传播教育年鉴(2017)》开始设置“新闻传播教育史钩沉”栏目，邀请当代中国新闻传播教育史的见证人和亲历者，撰写回忆文章，再现历史真相。

比较研究方法也值得借鉴。通过对不同学校的新闻教育在师资、受教者、教育方针、教育内容等方面的比较研究，可以清晰地认识新闻传播教育不同流派之间的差异，并厘清各类外界因素如何影响新闻教育实践。

(三)提升理论思维，探索研究新角度，继续拓展新领域

目前中国新闻传播教育史研究者多以新闻史学者为主，比较关注教育机构和教育者研究，忽略了新闻传播教育过程和受教育者研究。

首先，中国新闻传播教育研究要遵循基本的教育规律。中国新闻传播教育作为教育活动的分支之一，也要遵循教育规律。教育规律表现在两个方面：一个是教育同社会发展的联系通常称为教育的外部规律；一个是教育同人的发展的联系，通常称为教育的内部规律。

其次，要按照教育的构成要素进行中国新闻传播教育史研究。中国新闻传播教育史研究应按照教育的构成要素，对新闻传播教育中的教育者，即学校师资，教育计划、教材的设计者和编写者，教育管理人员以及参加教育活动的其他人员进行研究；对受教育者，即新闻传播教育的各级各类学生(教育对象)、毕业生进行分析；对教育影响，即新闻传播教育过程中的教育内容(课程设置)、教育材料(教科书)、教育手段(教学设备)、教育方法及教育的组织形式等进行探讨。

再次，加强不同层次的中国新闻传播教育史研究。目前中国新闻传播职业教育研究比较薄弱；在专业教育中，中国新闻传播教育的硕士研究生教育史、博士研究生教育史及其博士后培养史研究相对比较薄弱。因此，中国新闻传播教育史研究，不仅应加强职业教育史，而且要加强硕士、博士及博士后培养史研究，构建一个完整学历的中国新闻传播教育史研究体系。

(四)拓宽中国新闻传播教育史研究的新视野

在萌芽起步阶段，中国新闻传播教育史研究在加强报学教育研究基础上，将广告教育研究系统化，探索广播教育；在曲折前行阶段，在加强新闻教育基础上，应深化大陆广播教育研究，将台湾地区的广告教育、广播电视教育研究系统化；在恢复发展阶段，在加强新闻教育和广告教育的基础上，应深化编辑出版教育和广播电视教育的研究；在

开拓创新阶段，应深化新闻学教育、传播学教育、广播电视学教育、广告学教育、编辑出版教育，加强网络与新媒体教育、公共关系教育、播音与主持艺术教育、国际新闻传播教育等研究，从而构建起全面立体的中国新闻传播教育史体系。

（五）搭建学术交流平台，培养中国新闻传播教育史研究专业化队伍

据2017年12月召开的教育部新闻传播学教育指导委员会暨国务院学位办学科评议组工作会议报告：全国有681所大学开设了1244个本科专业点，在校教师7000人。7000在校教师既是新闻传播教育工作者，也可以是新闻传播教育研究者。他们也应加强新闻传播教育研究，注重问题研讨，在自己新闻传播领域梳理新闻传播教育的历史。在各自新闻传播领域，搭建起学术平台，加强学术交流，提升中国新闻传播教育史研究专业化水平，推进中国新闻传播教育史研究向纵深发展。

改革开放40周年：中国新闻传播教育的坚守与创新①

高晓虹　赵希婧②

摘要：本文立足改革开放40年的历史进程，以新闻传播学科在国家级教学成果奖中的获奖成果作为切入点，总结不同时代新闻传播教育的目标、体系与方法。作者将理念探讨与案例分析相结合，通过梳理本学科的教学成果发现：新闻院校的教育教学、人才培养始终服务于国家战略和社会发展，既重视基础知识与技能训练，传承并发展学科特色，也能够立足全球化、信息化的新平台，打造适应媒体融合发展的教育教学体系，建构具有中国特色、对接国际一流的人才培养模式。笔者认为，迈入新时代，新闻传播教育要以教学为重点、以实践为依托，恪守立场、坚持创新，为构建中国新闻传播事业的新格局贡献力量。

关键词：新闻传播教育；国家教学成果奖；媒体融合；国际传播

2018年是中国改革开放40周年。今天，新闻传播已经超出了“信息传递”的单一范

---

① 文章来源：高晓虹，赵希婧改革开放40周年中国新闻传播教育的坚守与创新[J]．新闻与写作，2018(12)：18-24.

② 作者简介：高晓虹：中国传媒大学新闻传播学部学部长、教育部长江学者特聘教授，2018—2022年教育部高等学校新闻传播学类专业教学指导委员会主任委员；赵希婧：中国传媒大学新闻传播学部电视学院教师。

畴。在国际环境中，它关系到国家利益、国家形象、国家战略；置身中国社会，它承担着满足人们精神文化需求的新任务、新使命。

立足新闻传播领域，回首改革开放的发展历程，媒体融合深入推进、网信事业蓬勃发展、数字创意方兴未艾、国际传播开创新局。迈入新时代，如何以纪念改革开放 40 周年为契机，总结不同时代新闻传播教育的思考与成就、发展与创新，并为新时代的新闻传播教育指明方向、提供遵循"高等教育国家级教学成果奖"，不失为一个重要的突破口。

梳理累累硕果，我们看到，新闻传播领域的教学成果因时而动，因势而新，始终与时代同行、与前沿同步。在这一过程中，新闻传播教育既有坚守也有创新。一方面，它以马克思主义新闻观贯穿始终，与党和国家同呼吸、共命运，立足国家战略、担负时代使命，彰显了新闻传播学科的价值和追求；另一方面，在新闻传播领域，教育教学的主线、人才培养的重点，又与前沿发展保持同步，既重视"采写编评"等传统教学，也主动拥抱新媒体、学习新技术，努力将媒体融合的理念与实践植入课堂、融入培养；再一方面，随着我国综合国力与文化软实力的不断提升，新闻传播教育也逐渐走出国门、走向国际，参与国际竞争、融入国际合作，在交流经验、提升水平、实现共赢的过程中为国际社会贡献中国智慧和中国方案。

总之，在改革开放的历史进程中，新闻传播教育的发展轨迹清晰可见，既有对传统的秉承、对原则的坚守，也涌现出新的思考、新的经验。它努力满足国家发展和社会转型的现实需求，主动适应行业环境与实践前沿的格局变化，在不忘初心、勇于创新的过程中凝聚新成果、开启新篇章。

一、坚定党的信仰，坚守服务国家的育人原则

第一，立足正确的政治方向。

对于新闻院校而言，站稳立场、摆正方向，就要将马克思主义新闻观贯穿教育教学、人才培养，提升学生的政治意识、大局意识、核心意识、看齐意识，提高学生运用马克思主义的立场、方法解决问题的能力。在这一过程中，一方面，要做到传承与发展相结合。既要学习经典理论，也要植根中国土壤、直面当代实践。另一方面，要做到思想教育与专业教育相结合。

第二，激发深切的爱国情怀。

在新闻报道的背后，不仅有新闻信息，更有国家立场、国家形象和国家利益。对于记者而言，拥有爱国之情、强国之心，关切家国命运、国家福祉，才能从祖国的立场出发，描摹时代风云、书写浩然正气，真正做到"新闻无国界、记者有祖国"。

对于新闻院校而言，树立家国意识、强化家国认知、培养家国情怀，是一个深入浅出、循序渐进的过程，既要引领学生深入当代实践，也要让他们了解历史进程。在日常教学与人才培养中，意识的树立、认知的强化、情怀的培养，既见诸书本课堂，也贯穿于学生成长成才的全过程，既需要旗帜鲜明的教育，也需要润物无声的引导。

第三，肩负崇高的社会责任。

社会责任和社会担当是新闻传播事业的组成部分，也是新闻工作者职业良知的具体体现。在新闻院校，培养学生的爱心、善心、责任心、事业心，要关注时代发展、面向社会需求，将社会责任和使命教育融入专业教学、植入学生实践，凭借有创意、有温度的媒介产品，引领社会正义、弘扬社会正气，为建构更加美好的精神文化生活贡献力量。

二、传承学科特色，打牢新闻传播的专业功底

迈入新时代，传承马克思主义新闻观、建设有中国特色的新闻传播学科成为关注的重点。数十年来，尽管获奖成果反映了一定的时代特征，但教育的章法一以贯之，学科的特色始终鲜明。

第一，重视调查研究能力。

首先，要鼓励学生凭借调查研究获取一手信息。在日常教学中，要带领他们深入田野大地、扎根基层民生，在社会这所大课堂中，磨砺意志、陶冶情操，养成脚踏实地的好作风，锤炼调查研究的基本功。其次，要引导学生通过调查研究破除信息迷雾。必须坚持“有调查才有发言权”的专业精神，强化去伪存真的意识、鼓励伸张正义的品质，教育学生成为精于研判舆情、善于正面发声、敢于澄清事实、勇于回应关切的行家里手，为喧嚣的舆论场举旗定向。

第二，巩固采写编评基础。

长久以来，“采写编评”都是新闻传播教育的核心要素。扎实而深入的采访，高效而生动的写作，严密而流畅编辑，有立场、见深度的评论，始终是新闻工作的必备技能。2009 年，中国传媒大学提出了面向 21 世纪的传媒人才综合素质教学体系，将其概括成为“五条线”：理论线、创作线、观摩线、写作线、外语线。在发展的过程中，创作线从视听载体拓展到了多媒体平台，提升学生面向不同终端的采写编评能力；写作线从教室延伸到了新闻发生的现场，训练学生的现场采访能力、直播报道能力、定时成稿能力。

第三，提升传媒综合素质。

首先，要有健康的身心。身心健康，才能踏遍时代的沃土、深入广阔的天地，去

听、去看、去报道，肩负责任感和使命感，实现“脚下有泥、心中有光”的新闻理想。其次，要有健全的人格。既要充分自信，耐得住寂寞、经得住磨难、扛得住压力，乐观面对新闻工作的种种挑战，也要冷静自省，褪下媒体的光环、穿上记者的行装，以深入的采访了解事实，用扎实的报道赢得受众，不信“空穴来风”、不做“无冕之王”。此外，在新闻传播教育中，也有必要将洞察力、应变力以及化解危机、解决问题的能力融入人才培养。

三、顺应前沿趋势，打造媒体融合的教育体系

伴随信息技术的发展和应用，以互联网为核心的新媒体迅速崛起，“融合”成为教育教学、人才培养的关键词。

第一，学习互联网新技术。

既要重视技术，也不能忽视内容，要通过跨学科、跨平台的合作，以新技术促进内容生产，将正能量、高品质的媒介信息通过各类终端广泛传播。一方面，要紧跟前沿、求新求变。今天，跨越了报刊时代、广电时代，“大数据”已经和笔杆、镜头一样重要，不仅是学术资源、信息资源，也是新时代的执政资源。从党管媒体到党管数据，我们要善于获取数据、分析数据、运用数据，通过数据助力教育转型升级和社会治理创新。另一方面，要强基固本、不忘初心。在技术蓬勃发展的时代，我们更要认清信息传播的本质所在，意识到新技术是支撑、新平台是载体。在专业领域中，无论时代如何发展，信息传播的核心要义不会改、“内容为王”的媒体宗旨不会变。在教学科研中，苦练内功夯基础，乘势而为求突破，让技术发展服务于思想引领、内容呈现，才是应对新媒体时代新闻传播教育的关键所在。

第二，建设新型教学平台。

在《教育部　中共中央宣传部关于提高高校新闻传播人才培养能力实施卓越新闻传播人才教育培养计划 2.0 的意见》中，突出强调了“案例式、现场式、任务型”教学的意义和价值，鼓励立足多元化的平台、使用多样化的手段，培养新闻传播人才。这落实到日常教学与人才培养中，平台与手段的创新大有可为。比如，以教材创新为突破。教材是学习的范本。在新媒体环境下，引入新技术和新方法，拓展传统教材的二维空间，为知识分享提供更广阔、更便捷的平台，是新闻传播教育发展创新的重要基础。再有，以实验室建设为主体。从图片实验室、视听实验室到融合传播实验室，新闻传播学科的实验室功能始终与业界前沿保持同步。

第三，开展融合传播实践。

面对庞大的用户群，优化网上信息、创新网络产品，才能占领主流舆论阵地，把握

舆论引导的主导权。高校是青年人才的摇篮。以教学实践为平台，以大学生为主体，发挥青年人的想象力和创造力，打造优秀网络作品，营造健康清朗环境，是新闻传播教育的重要内容。首先，要坚持正确导向，服务国家重大战略。其次，要优化网络作品，弘扬优秀传统文化。在全球化环境下，传统文化的价值更加凸显，不仅代表了中国特色、中国风格、中国气派，也阐释了许许多多全球共通的价值理念。

四、立足国际舞台，构建国际一流的培养模式

改革开放40年，中国的国际传播力不断增强，以更加开放的姿态屹立世界。今天，随着我国综合国力的不断提升，国际传播事业既要在传播主体、传播路径上下功夫，也要壮大后备人才力量，让“中国之声”更加响亮。

第一，拓展国际传播视野。

在国际传播中，视野决定了思想的深度和内容的广度。依循改革开放40年的发展轨迹，我国新闻传播教育拓展国际视野、走上国际舞台，经历了若干发展阶段，也体现了历史的必然。最初，要做到知己知彼。在教育教学的起步阶段，要勇于走出国门，了解对象国的情况和特点，提升国际交流能力，掌握开展国际新闻传播的手段和方法。今天，要体现大国外交。党的十八大以来，在习近平总书记外交思想的指导下，我国逐渐走出了一条具有中国特色的大国外交之路。具体到新闻传播教育领域，我们要鼓励师生立足国际舞台，敢于亮相、善于发声，一方面，依托教学科研的最新成果，发出中国学者的声音，展示中国成就、阐释中国观点。另一方面，也要努力将中国方案推向世界，在理论研讨和行业实践中分享中国经历，为全球信息传播的共享共治贡献中国智慧，践行构建人类命运共同体的中国主张。

第二，增强后备人才力量。

在新闻院校，培养新时代国际新闻传播的“预备队”和“后备军”，要主动服务于国家改革开放战略和“一带一路”倡议，强化国情教育，拓展国际视野，建立完善“全媒体+国际+外语”的课程体系，全面提升国际新闻传播人才的培养质量。首先，要以“国情教育”为导向，树立大局观念。开展国际新闻传播教育，既要适应国际化趋势，更要坚守中国立场，引导学生做中国观点的传播者、中国立场的阐释者。其次，要以“外语学习”为突破，夯实语言基础。今天，新闻工作者不仅要会讲“外语”，还要深谙文化背景、讲求语言艺术、掌握沟通技巧，通过对象国易于理解的话语表达，将中国观点讲得清楚明白。进而，要以“媒体融合”为抓手，提升传播能力。最后，要以“交叉学科”为基础，打造新型人才。培养国际新闻传播人才，既要强化专业教育，也要为学生建立内政外交的知识框架，打造全媒型、专家型国际新闻工作者，在国际报道中发挥“一专多

能”的职业优势。

第三，吸引优秀海外人才。

就理念而言，一方面，人才培养要接轨国际，尊重不同国家、不同地域的思想信仰，用他们听得懂、易接受的话语方式，讲解中国的制度、政策和文化，让中国故事、中国特色深入人心。另一方面，教育教学更要立足中国，让国际学生身处中国、了解中国，通过多层次、多渠道的沟通与交流，向他们介绍一个立体多彩、可亲可爱的中国，促进理解、增强互信。就方法而言，应“加强文化交流，赢得文化尊重”；讲究潜移默化、润物无声。在面对国际学生时，要将生硬的说教、刻板的讲述转化为多走、多看、多观察的体验式教学，带领学生深入基层大地、走进百姓人家，近距离了解中国国情和百姓民生，使他们在未来的报道中自觉、自愿、自主、自信地讲好中国故事。

在改革开放 40 年的发展中，全球化进程逐步加快，信息技术飞速发展，媒体行业深刻变革，新闻传播学科的格局更加开放，环境更加多元。从锤炼专业基本功，到顺应媒体融合、走向国际化，从传承马克思主义新闻观到学习、贯彻新时代中国特色社会主义思想，国家级教学成果奖的获奖成果记录了学科发展的轨迹、梳理了教育教学的思考、总结了人才培养的规律。在这其中，既有对立场和原则的坚守，也有对理念与方法的创新，凝固了新闻传播教育领域的中国智慧、中国经验。迈入新时代，新闻传播教育要把学科建设与党和国家的工作重点相结合，把人才培养与时代发展相结合，把教育教学与国际前沿、社会需求相结合，坚守马克思主义新闻观，探索全媒化、复合型、专家型的人才培养体系，打造适应媒体深度融合、能够讲好中国故事、传播中国声音的优秀人才。

马克思主义新闻观教育的创新思路研究①

胡　钰　陆洪磊②

摘要：基于当代青年新闻观形成的基本规律，结合教育教学经验，论文对新时代马克思主义新闻观教育的创新与发展提出了若干认识。从教育目标上看，在价值塑造、理论建构和情感培养上进行创新；从教育内容上看，在宏大理论、现实问题、批判方法上

① 文章来源：胡钰，陆洪磊．马克思主义新闻观教育的创新思路研究[J]．新闻与传播研究，2018，25：(11)5-17，126.

② 作者简介：胡钰，清华大学新闻与传播学院教授、博士生导师；陆洪磊，清华大学新闻与传播学院博士生。

进行创新；从教育方式上看，在思维训练、专业实践、全球比较上进行创新；从教育评价上看，在学术体系、学生反馈、学院建设上进行创新。马克思主义新闻观教育要立足在中国特色新闻学构建的基础上，两者之间形成了良性互动关系。

关键词： 马克思主义新闻观教育创新新闻理论

对新闻舆论工作来说，马克思主义新闻观教育已成为当代中国新闻人才培养中极其重要的核心内容，其根本目标是培养新闻舆论工作者以马克思主义立场观点方法为指导来从事新闻工作。

在马克思主义新闻观教育中，高校居于基础性和关键性的环节。然而，目前我国高校的马克思主义新闻观教育普遍还存在不少问题。这些存在的问题都会导致马克思主义新闻观的教育效果受到影响。在教学实践中，理论的缺乏使得马克思主义新闻观的教学水平很大程度上取决于授课教师的个人经验与技巧，稳定性的教学效果很难保障。

中国的新闻教育早前借鉴过美国模式和苏联模式，而今到了创新和创造属于自己的新闻教育模式的时候。(骆正林，2017) 提出新时代下马克思主义新闻观教育的创新思路，办好马克思主义新闻观教育，对我国未来的新闻教育、掌握意识形态领导权有着重大的意义。

一、当代青年新闻工作者新闻观形成的基本规律

新闻工作自诞生之初便与政治连根结蒂。在西方近百年的专业主义新闻实践过程中，新闻中的政治符号被逐渐隐去，其本质仍是为西方政治制度所服务的。在这种被广泛默认的西方主流意识形态统治下，西方新闻传播学者往往无法跳脱自己固有意识形态来反思新闻观本身，也就难以接受其他的新闻观，特别是马克思主义新闻观存在的可能性。事实上，马克思主义新闻观在当代、在中国被提出来，正是有其独特的时代背景和特点，有其独特的“中国特色”。这种“中国特色”本身就是政治的一部分。

笔者对 13 名从事新闻工作的青年记者与编辑进行了深度访谈，访谈后，笔者通过扎根理论进行分析，总结出当代青年新闻工作者新闻观形成的若干规律。

研究发现，当代青年新闻工作者新闻观的形成主要依赖两个路径，分别为高校新闻教育和新闻职业实践。此外，个人因素和社会环境因素也会对个体新闻观的形成产生一定的影响。从时间上来看，青年新闻工作者的新闻观形成可以分为三个阶段，分别为塑造基础新闻观念的“教育塑造阶段”、新闻观念在新闻实践中不断调整的“实践调整阶段”，以及新闻观念趋于稳定后不断强化并最终形成成熟的新闻观的“自我定型阶段”。

新闻观形成过程如图 1 所示。

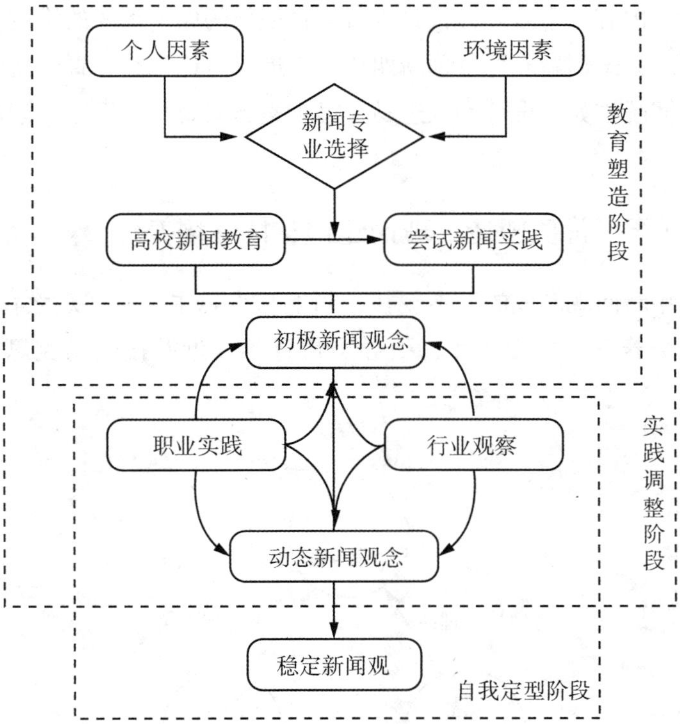

图 1　新闻观的形成过程

在进入高校新闻专业之前，个体就会对新闻以及新闻业产生一些懵懂的想法和观点。在进入高校接受系统的新闻教育之后，个体会形成一套初具雏形但未加整合的新闻观念，可称之为“初级新闻观念”。在入行早期，青年新闻工作者的“初级新闻观念”很容易在新闻实践过程中受到影响，在这个“实践调整阶段”中，新闻工作者主要通过参与新闻实践和积累行业观察，不断重塑和调整着自己的新闻认知。当个体的实践经验积累到一定程度，可以说该个体的新闻观念已经到达一种相对稳定或者饱和的状态。当个体的新闻观念已经自成体系，甚至可以演化为自己的潜意识，可以说，这些新闻观念的集合已经成为稳定的新闻观。这种稳定的新闻观是系统化和内在化的，可以强有力地指导新闻实践，且往往很难被推翻。

教育创新，一定要从教育规律着手。遵循当代青年新闻观形成的基本规律，是新闻院校开展马克思主义新闻观教育的基本要求。高校新闻教育作为新闻观产生的第一个阶段，发挥着重要的启蒙作用，对个体产生深入而持久的影响。随着个体参与新闻实践的不断深入，高校新闻教育塑造的新闻观念会发生变化，或被打破，或被保留，最终会演化为更加成熟、稳定、系统的新闻观。

教育的目标、内容、手段和评价是进行教育创新的四个重要的维度。下文将从目标创新、内容创新、方式创新和评价创新四个部分进行讨论，结合青年新闻观形成的基本规律，着重对新闻院校如何设计和推进马克思主义新闻观教育思路的创新，进行探讨和分析。

二、目标创新：价值塑造、理论建构、情感培养

根据当代青年新闻观形成的基本规律，当下马克思主义新闻观教育要从价值塑造、理论建构和情感培养三个方面入手，引导当代青年接近并接受马克思主义新闻观（见图2）。

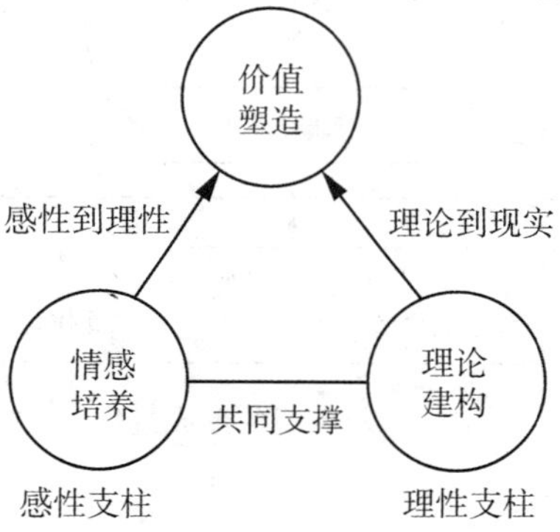

图2 马克思主义新闻观教育目标体系

价值塑造是马克思主义新闻观教育的根本性问题。在马克思主义新闻观教育中，应将新闻的政治性和专业性紧密结合起来，不可偏废。从人类近代新闻业诞生之初，新闻就与政治有着密不可分的关系。因此，马克思主义新闻观教育要引导受教育者辩证地看待西方的新闻专业主义。马克思主义新闻观教育的价值塑造，核心目标是培养学生认识到，新闻舆论工作的力量来自于“党性与人民性相统一”。（胡钰，2016）

理论建构是马克思主义新闻观教育的关键性问题。值得重视的是，中国共产党的新闻舆论实践是开展马克思主义新闻观教育、建构中国特色新闻理论的主要来源，其丰富的思想与理论内蕴需要不断挖掘、提炼。在新时代，以习近平关于新闻舆论工作的一系列重要论述为标志的新时代中国特色社会主义新闻舆论思想已经形成，成为当代马克思主义新闻观理论建构的思想指引。

情感培养是马克思主义新闻观教育的基础性问题。培养对马克思主义创始人的情

感认同，进而培养对马克思主义的情感认同，是开展马克思主义新闻观教育的有效起点。情感认同虽不能替代价值认同，但却能够让后者的实现更加自然、高效、稳固。事实上，对马克思主义的情感认同已经成为马克思主义新闻观的价值认同的坚实基础。

以上三个方面的目标共同构成了马克思主义新闻观教育目标体系。这三个目标是一个整体，彼此间有着紧密联系。从情感培养到价值塑造是一个由感性到理性的理解过程，从理论建构到价值塑造是一个由理论到现实的理解过程，而情感认同与理论认同共同构成支撑马克思主义新闻观的价值观认同的感性支柱与理性支柱。

三、内容创新：宏大理论、现实问题、批判方法

在马克思主义新闻观的教育内容上，既要讲马克思主义新闻思想，也要以跨学科的视野讲述马克思主义的历史理论、政治理论、社会理论、文化理论；既要讲理论性的认识，也要回答现实中青年学生普遍关心的热点问题；与此同时，要培养青年学生学会使用马克思主义的批判的思维方法。

重视宏大理论的学习。这种宏大理论学习主要包括：资本主义与社会主义发展的历史、马克思主义基本原理、传播政治经济学、马克思主义文化理论等。要让马克思主义新闻观教育的理论成效更具彻底性，可以从以下五个着力点出发：讲清楚马克思的形象和马克思主义的立场、观点、方法；讲清楚新闻与政治的关系；讲清楚中国共产党的新闻思想；讲清楚中国国情与问题意识；讲清楚全球传播与文化自信。(胡钰，2016)

关注现实问题的争论。在讲述马克思主义新闻观时，一方面，要对资本主义的新闻活动进行分析，特别是对当下的文化帝国主义、信息资本主义进行分析；另一方面，要对中国共产党新闻实践中对马克思主义新闻观中国化的探索进行分析，以历史的视野去看待现实的问题，对革命、建设、改革等不同阶段的新闻舆论现象进行分析。

学会批判方法的使用。在马克思主义新闻观的教育内容中，特别要重视对当代资本主义的批判性分析。这种批判是基于辩证唯物主义与历史唯物主义的方法，基于政治经济学、历史学、社会学等的跨学科基础，基于对国际形势和现实问题的把握。

四、方式创新：思维训练、专业实践、全球比较

马克思主义新闻观教育者需要积极开展理论教学创新，鼓励思辨，采用启发式、讨论式、辩论式的方式，让受教育者对理论问题“吃透”；同时也应当坚持学以致用，鼓励受教育者积极参加专业实践，在行业内部将理论“用透”。因此，马克思主义新闻观

教育方式的创新可以考虑从以下几个方面入手。

转变教学理念，强化全方位、渗透式的思维训练。马克思主义新闻观课程的思辨性较强，应该充分调动受教育者的课堂参与积极性，活用启发式、课堂讨论式、辩论式等多种教学手段，让思想充分地碰撞和交流，达到强化思辨性的教学目标。其次，转变现有的教学理念，真正做到将马克思主义新闻观融入所有专业课程中去，让马克思主义新闻观从“专设课程”的笼子里释放出来。

重视专业实践，践行马克思主义新闻观。笔者在对13位新闻工作者的访谈中发现，当前中国新闻院校接受业界的反馈较少，教学活动与业界实践缺乏长线、紧密、有效的互动。高校的学生如果希望参与新闻实践，多是通过自己申请新闻类媒体实习、参与学生媒体运营等，而高校对这类行为进行大规模有效引导不足，在实践环节的师资配备上也明显不足。因此，马克思主义新闻观的教育过程要更加重视专业实践。

开展跨文化比较，形成全球视野。马克思主义新闻观教育者应当在教学过程中注重培养学生的跨文化思维，引导学生形成开放格局与全球视野，培养体现文化多样性的思辨方式。实践表明，对当代青年学生来说，在开放的跨文化比较视野中，在国内外不同的新闻观与新闻实践的对比中，对马克思主义新闻观的内涵、意义与发展会有更深刻的理解和认同。

五、评价创新：学术体系、学生反馈、学院建设

良好的学术体系建构、健全的学生反馈机制和积极的新闻学院建设，是评价马克思主义新闻观教育效果的三个重要维度。

开展马克思主义新闻观教育，我们要考量：有没有一批高水平、有质量的教材可用？有没有一批以马克思主义为指导，基于中国特色的基本学术著作问世？有没有一批理论功底扎实，富有理论创新意识和能力，同时跨越老中青，可以实现良好传承的理论学者队伍？在马克思主义新闻观教育中突出学术建设，加强理论研究，以理论感较强的学术论著作为学科支撑，以富有理论创新意识和能力的理论队伍作为中坚，马克思主义新闻观的教育才有可能日趋深入。

人才培养的成果是评价马克思主义新闻观教育的直接衡量标准，也是有效改进这一教育的依据。然而，这些特征往往难以衡量。因此，建立一套完整、可持续的人才跟踪调查机制，对于评估人才培养成果有着重要的意义。开展毕业学生跟踪调查的目的，是通过对新闻职业队伍的观察，了解学生对马克思主义新闻观教育的反馈，为持续改进提供依据。国内各类高校开展的毕业生调查，都能为马克思主义新闻观教育的效果评价提

供借鉴。

目前“马克思主义新闻观”等观念类课程尚未形成统一、成熟的授课模式，教学效果受授课老师个人风格、素养影响较大；学生的收获停留在知识层面，未能深入，观念类课程对观念层面的影响还需不断提高。

六、结语：马克思主义新闻观教育创新的根本出路在于中国特色新闻学的发展

目前，国内新闻与传播学界对马克思主义新闻观的研究现状可以用“分支众多，百家争鸣”来形容，亟待建设统一的理论基础和理论框架。许多关于马克思主义新闻观的研究还处于表态性与表面性的阶段，对于复杂性的现实问题与深层次的理论问题缺乏规律性与学理性的研究。

本文认为，当前中国的马克思主义新闻观教育面临着理论研究落后于教学需要的突出矛盾。基于中国特色新闻舆论活动的系统性、学术性的话语体系、理论体系还不完备，还没有提炼出有学理性的新理论，概括出有规律性的新实践。这从根本上制约了马克思主义新闻观的教育水平。

从推动马克思主义新闻观教育的需求看，关键还是要打造具有中国特色和普遍意义的新闻学理论体系。这一理论体系的突出特点是主体性、原创性，根本依据是中国新闻实践。

中国的新闻实践和理论强调新闻舆论工作是极端重要的意识形态工作，新闻媒体要围绕国家发展大局开展工作，新闻自由是有明确边界的。在中国特色新闻学研究中，要运用历史唯物主义和辩证唯物主义的方法，对于中国新闻实践中的这些特点，从历史的维度、政治的维度、文化的维度、全球的维度给出理论性的阐释，对西方新闻实践与理论中的资本中心主义、媒介中心主义、西方中心主义等现象给予针对性的批判。

马克思主义新闻观教育要立足在中国特色新闻学构建的基础上。新闻媒体要成为社会进步的参与者、推动者，而不是旁观者、批判者。中国特色新闻学体现的是建设性的新闻观念、有机性的社会参与、正向性的社交心理、伦理性的算法体系和人文性的文化底蕴。

马克思主义新闻观教育的创新需要具备合目的性与合规律性的统一。在教育中，必须避免理论的苍白与“肌无力”，既要牢牢把握马克思主义的基本原理，也要紧紧抓住当代全球变化与中国发展的新情况新问题，提出新思想、新理念、新话语。有效的模式是：通过马克思主义新闻观教育来推动构建中国特色新闻学，通过构建中国特色新闻学来推动马克思主义新闻观教育。

挑战与变革：新闻学研究和教育的发展趋势①

雷跃捷 田晨旭②

摘要：新媒体的崛起和人工智能写作技术的使用不是给新闻工作、新闻学研究和新闻教育画上了一道休止符，而是给它们带来变革的契机和机遇。本文通过分析在媒体融合时代，新闻学研究及新闻教育面临的挑战与变革，指出新闻教育未来的发展趋势。

关键词：媒体融合；新闻学研究；新闻教育

当前，我国传媒业已经进入由新媒体为主导的媒体融合时代。新媒体所具有的“自媒体”和“社交媒体”的新形态，使得传统媒体和新闻教育的许多观念和业务，都面临着巨大的挑战。近来，人工智能进入新闻业后，将给新闻业带来哪些变革，更成为关注的焦点问题。新华社于 2017 年 12 月 26 日在成都发布中国第一个媒体人工智能平台——“媒体大脑”，向海内外媒体提供服务，探索大数据时代媒介形态和传播方式的未来。在成都举行的第五届中国新兴媒体产业融合发展大会上，新华社还发布了首条 MGC(机器生产内容)视频新闻，这条时长 2 分 08 秒的视频由“媒体大脑”中的“2410(智能媒体生产平台)”系统制作，计算耗时只有 10.3 秒。面对这样的严峻挑战，有人惊呼：“记者这个职业还有希望吗?”这些年高等院校新闻传播专业的毕业生到媒体，尤其是到传统媒体就职的比例持续走低，传统媒体的从业人员流失现象日趋严重的现象，也加重了人们对新闻业和新闻教育前景的担忧。如何看待这些问题?

一、新媒体崛起带来新的契机

笔者认为，新闻工作和新闻教育之所以会遇到危机，一方面是新媒体迅猛崛起，打破了过去由专业人员垄断新闻传播业务的旧模式，在新的传播技术的推动下，使得过去被动接受信息的受众，成为既是受众，又是传者的双重角色。这样，记者在传统媒体时代所发挥的报道新闻、传播信息、发表评论、引导舆论的重要作用受到了挑战。而真正深层次的原因，要从新闻学这门学科所存在的问题、从新闻教育所存在的问题等多方面

---

① 文章来源：雷跃捷，田晨旭．挑战与变革：新闻学研究和教育的发展趋势[J]．新闻与写作，2018(3)：30-33.

② 作者简介：雷跃捷，中国传媒大学传播研究院院长、教授、博士生导师；田晨旭，中国传媒大学新闻学院新闻学硕士研究生。

去寻找，最根本的是要从新媒体技术给传统新闻传播观念带来哪些冲击和改变等方面去寻找，这样才有可能找到应对这些危机和挑战的根本途径和方法。

随着媒体融合程度的进一步加快、加深，传播格局、传播模式、传播理念和传播业务将会进一步发生变革，过去一些传统的、简单的新闻业务，会有一部分交由用户和人工智能写作机器人去完成。而随之而来的一些精细的、深入的新闻传播业务，伴随着新媒体在开展新闻传播活动时而大量产生的舆情研判、舆情应对业务，以及由新媒体引发的舆论引导任务，将会成为专业新闻工作者所必须面对和处理的新业务。新媒体的崛起和人工智能写作技术的使用并不是给新闻工作、新闻学研究和新闻教育画上了一道休止符，而是给它们带来变革的契机和机遇，促使它们为适应新媒体和科技的发展而发生革命性的变革。

二、新闻学研究和新闻教育的两条路径

从新闻学研究和新闻教育的角度来观察，新媒体的发展，会给新闻学研究和教育带来这样的变革：新闻学研究和新闻教育会打破以往传统媒体时代以研究传统新闻学和培养传统媒体的专业新闻人才为目标的局面，将数据新闻、算法新闻、公共新闻、公民新闻、参与式新闻、大众新闻、社区新闻等方面的研究和教育与传统的专业新闻研究和教育有机结合起来。未来的新闻学研究和新闻教育将会沿着两条路径平行开展：

一条是以公众和专业新闻工作者为对象的媒介素养研究和教育。这条路径，在传统媒体时代已经开始。但是传统媒体时代的媒介素养，主要是教育公众（也是受众）如何判断媒体发布的信息，以免遭到有害信息的误导和伤害。而在媒体融合时代，公众不仅仅是受众，同时，他们也是传者，是用户。这样，媒介素养的研究和教育，就出现了反转的现象，媒介素养在教育公众免受错误信息的误导和伤害的同时，还要教育公众不要传播错误的、片面的、虚假的、有害的信息，以免贻害社会和自己。因此，媒介素养要把新媒体环境下诞生的公民新闻、公共新闻、大众新闻、参与式新闻作为研究和开展教育的重点。这样，面对新媒体的不断发展，"媒介素养的内涵也已经从原来的能力、技能拓展到了思想意识、伦理道德、思维方式、文化修养等各个层面"（卢峰、丁雪阳，2016），拓展到对公众如何接触和使用新媒体的专业素养方面了。

另一条则是以专业新闻工作为研究对象的新闻学研究。未来的新闻学研究不仅要研究体制内的新闻传播，更为重要的是要研究伴随着新媒体而产生的"公民新闻""公共新闻"和"众筹新闻""参与式新闻"等新闻传播的新主体、新形态以及媒体融合产生的新业态，这无疑将带来新闻学研究的巨大变革。2017 年 9 月在英国卡迪夫大学新闻媒体和文化学院举行的全球重要的新闻业研究大会——"新闻业的未来"第六届会议，有人做

了统计：在155篇参会论文中，涉及新媒体领域的占有33%，其他领域的占有34%，而在被列为其他领域的论题里，有公民新闻、用户参与式新闻、公共服务研究等新的研究领域出现。在研究新媒体的论文中，许多研究在讨论新的新闻形式和新闻实践（如数据新闻、事实核查、算法应用、虚拟现实、社交媒体和新闻研究、数字领域的新闻中间商研究等等，越来越多的研究开始关注原生数字媒体。另外，平台型媒介作为当下媒介生态结构化转型的一个缩影，也开始引起研究者们的兴趣和关注）。（中国人民大学新闻系微信公众号RCU新闻坊，2017）新闻学研究领域的这些变化，将会导致传统新闻学中的公信力、新闻价值、新闻真实性、新闻来源、新闻伦理和道德等基本概念和原理在内涵和外延上的变化或更新，而新的新闻传播形态和业态的发展，也将带来新闻学研究的新课题和新理念，在此基础上，诞生出新闻学的新概念、新范畴和新原理。

研究媒体融合时代新闻传播活动发生的新现象、出现的新问题，研究由这些新现象、新问题所带来的新课题、新理念、新概念、新范畴和新原理，是当下和未来新闻学创新和发展的源头活水，是新闻学研究走向深化的重要途径。新闻学研究尤其不能脱离对新闻传播实践的观察和研究，闭门造车，自说自话，对于新闻学研究有百害而无益。

新闻教育将随着新媒体的发展，在两条路径展开。

一条是媒介素养教育，这将面向整个社会公众开展，在继续开展传统媒体时代媒介素养教育的内容之外，还将增加新的内容，如公众的新闻信息传播的法制观念教育、新闻信息传播的伦理道德规范教育、新闻信息传播的基本业务素养教育等。另外，在媒介融合时代，新闻工作者也是媒介素养教育的对象："一是媒介素养知识有助于提高新闻人科学接触和使用媒介的技能；二是媒介素养能帮助新闻人理性认知自己的职业性质，完善他们的传媒知识结构，其中包含媒介的特质、媒介的社会功能、媒介文本、媒介技术和受众等方面知识；三是完备的知识结构是提高新闻人的职业道德、社会责任意识以及新闻报道专业技能的前提。因此，媒介素养是新闻人专业素养的一部分，新闻人的媒介素养是融合时代和谐媒介环境构建的必要因素之一。"（张开，2010）

另一条路径就是专业的新闻教育，或者称为新闻专业教育，这条路径的新闻教育正在和将要发生变革，这些变革包括：

（1）新闻报道将越来越专业、精细和深化，运用数字技术的大数据分析工具，大众传播正在通过人工智能算法向分众传播、小众传播方向分化，财经新闻、环境新闻、科技新闻、体育新闻、法制新闻、国际新闻等专业新闻报道，不仅要求记者编辑具有良好的新闻专业技能素养，同时还必须掌握所报道领域的专业知识和理论，这样才能适应媒体融合时代的频道众多，平台丰富，终端无限，用户需求多元，新闻报道业务日益扩大的新闻工作新趋势。如何培养这样的新闻后备人才，这是许多高校新闻院系，特别是一些先进的新闻院系正在考虑的问题。日本早稻田大学政治经济学部的新闻学院，于2012 年设立经济新闻和新闻学两个硕士和博士专业，而在新闻学专业里，主要侧重于科技新闻和环境新闻人才的培养，并致力于这些领域的学术研究。2017 年 10 月 20 日，在中国人民大学新闻学院举行的学科建设论证会上，中国人民大学新闻学院新上任的年轻领导班子，提出了关于“新闻传播人才培养的再定位”“跨学科联合人才培养与科学研究的可能路径”等命题，画出了“对内重构、打破专业壁垒；对外跨学科跨文化跨界”的新闻传播本科人才培养路线图。这些举措，无疑都是在媒体融合时代对新闻教育变革的正面回应。

(2)新闻用户对分析性新闻、解释性报道、预测性报道的需求越来越强烈，新闻工作者在从事这些新闻报道时所需要的学养和阅历要求也越来越高。

(3)以新媒体为主导的媒体融合时代已经到来，这给传统媒体时代的新闻传播业务带来了巨大的变革。这些变革涉及新闻传播的理念、模式、主体、对象、格局、机制、方式、渠道介质、体裁、形式、方法、文体、语态、经营、管理等诸多层面。过去传统媒体时代的新闻采编业务转型为今天的新闻生产业务。这种“新闻生产”的概念，已大不同于过去的新闻采编概念，它注重新闻的生产和流通两个紧密联系的环节。这种生产方式催生了“中央厨房”这种为适应大工业生产模式的新闻生产和分发流通的新机制，也催生了媒体矩阵传播的新概念和新实践。而具体到微观的新闻制作层面，就需要新闻专业人员根据报道的对象和内容，采取相应的报道方式、方法和相应的传播介质和媒体，运用媒体融合的思维方式，去加以构思、创意、制作、呈现和传播。这是当前和未来最需要的创新性的新闻传播思维，也就是所谓的“互联网思维”，或者说“媒体融合思维”。这将是新闻报道的一场思维方式的革命，能否过这一关，是关乎现在和未来是否还能把新闻业当做一门职业和专业来看待的严峻问题。

如何认识和掌握在媒体融合环境下的新闻生产的规律，如何认识和学会熟练地运用和驾驭各种不同介质的媒体和传播规律，并运用它们生产出新型的新闻产品，这是当下和未来新闻传播业面临的业务新课题。由这种传媒新业态催生的新闻传播新业务，普通的公众难以掌握，即便是当下的专业新闻工作者，如不努力学习和艰苦训练，也是难以胜任的。为培养能适应媒体融合时代的专业新闻传播人才，美国密苏里大学新闻学院最先开办了融合新闻专业，致力于从新闻专业本科学生中就开始培养媒体融合新闻专业人才。在学院 2017 版的本科培养计划里，所有的 6 个新闻专业方向可在 30 多个兴趣领域中选择学生自己感兴趣的课程，而融合新闻兴趣领域还会开设 3 门核心融合新闻专业课程来教授学生学习跨媒体新闻叙事、融合报道和融合编辑制作以及编辑报道与融合媒体营销。另外，融合新闻专业还按图片、广播、电视三大媒介，开设对应的三门融合新闻报道兴趣领域课程：融合图片新闻杂志写作、融合广播报道与制作、融合电视新闻编辑。

这样做旨在加强对学生开展适应媒体融合的新型新闻传播专业的技能训练。在我国，一些名牌新闻院校，也开设诸如“大数据新闻”“融媒体新闻报道”“数据可视化报道”“算法新闻与新闻伦理”等课程。所有这些努力，都表明国内外一些先进的新闻院校正在探索媒体融合时代新闻学专业的转型问题。

新闻业界和学界的这些积极的探索，从另一个方面说明新闻传媒业不仅是一门专业，而且也是一种专业性很强的职业，这是新闻传媒业充满魅力的原因所在，也是当下和未来新闻教育还将进一步繁荣和向更深层次发展的原因所在。

三、新闻学未来的发展趋势

当下的媒体融合趋势，不仅给新闻传播业带来新的发展机遇，也给新闻学研究和新闻教育带来巨大的挑战。媒体融合带来的传播内容和传播方式的融合，也带来了新闻学研究的大融合。新闻学和传播学的融合，和其他学科的融合，已经成为当下和未来新闻学学科建设和发展的趋势。我们看到，新闻学不是被传播学所取代，而是两个学科的进一步交叉融合，另外，新闻传播学越来越吸收其他学科，如社会学、统计学、政治学、文学、史学、哲学、经济学、法学、心理学和信息科学等学科的知识和理论，借鉴这些学科的研究方法，不断丰富和提升新闻传播学的学科水平。目前，新闻传播学已跻身我国双一流建设的一流学科行列，这无疑是一个可喜的现象。它给我国的新闻传播学学科建设提供了切实的奋斗目标和前景。我们建设国际一流的新闻传播学学科，不仅需要有国际化的视野和胸襟，更需要来自中国的经验和理论。

运用经济基础决定上层建筑的基本原理，对事物的发展变化进行分析和研究，这是马克思主义认识论的基本原则。按照这个基本原则，来看待和分析当下新闻业和新闻教育以及新闻学研究面临的问题和挑战，我们必须认识到这些问题和挑战，是基于传播技术的变革相应带来的新闻传播观念的变革，而新闻传播观念的变革将带来新闻教育和新闻学研究的变化。在媒体融合时代，新闻教育和新闻学研究需要继承和发扬传统媒体时代的优良传统和积累的正确的理论和有益的经验，但面对媒体融合的新形势，新闻教育和新闻学研究急需系统地更新教育理念、研究取向和研究范式，努力形成能适应和引领媒体融合时代新闻传媒业发展的新闻教育和新闻学研究，这是时代对我们的呼唤。

融通之道：解读新媒体环境下新闻传播教育的两大趋势①

刘明洋　袁晓川②

摘要：新兴媒介技术的发展与普及，带来了新闻传播渠道和媒介生态的深刻变革，进而给国内外新闻传播教育带来了巨大的冲击与挑战。本文从师资队伍构成、学科平台建设、课程体系、学位设置、科研成果等方面对国内外新闻传播学教育的最新现状进行研究，旨在把握新形势下新闻传播教育的理念与实践变化，以期为我国新闻传播学教育改革提供有益参考。研究表明，国内外新闻传播类院系积极探索“双师制”的教师聘用制度，坚持学术培养与职业训练并重的教学理念，推进学、媒融合的教学科研平台，稳步推进学界与媒体界的深入合作。多学科的背景也是新闻传播学师资队伍的一大特色，通过构建跨学科跨院系的学位项目及课程体系，实现多学科交叉。学界与业界的融合、文科与理科的融合已成为新媒体环境下新闻传播学教育发展的两大趋势。

关键词：新媒体；媒介融合；新闻传播教育；发展趋势

20 世纪末以来，国内外的新闻传播院系面临着巨大的理论冲击与实践挑战。尤其是近年来随着互联网、大数据技术、数据挖掘、虚拟现实技术等新兴信息技术广泛应用于新闻传播领域，媒体融合成为重要的发展趋势，新闻媒体行业人才需求发生了重大变化：一方面，传统的新闻传媒单位在招聘中，需要既懂技术又有新闻传播专长的复合型人才；另一方面，在新媒体行业，人才需求呈现编辑、运营、策划、设计等全能型特点。(蔡雯、翁之颢，2014、2016；张昆，2012) 面对数字化的转型与巨变的新闻传播环境，国内外新闻传播院校都在积极探索新的教育模式，力图在学科架构、师资队伍、课程体系和教学平台等多方面进行变革，以培养具有神圣的社会责任感、宽阔的国际视野、深厚的文化修养、科学的思维方法和精湛的专业技能的新闻工作者。(高钢，2007)

一、学界与业界的融合

新闻传播教学与研究跟不上数字化时代潮流，进而导致“重塑新闻学”成为国内外

---

① 文章来源：刘明洋，袁晓川．融通之道：解读新媒体环境下新闻传播教育的两大趋势[J]．国际新闻界，2018(9)：128-148.

② 作者简介：刘明洋，山东大学新闻传播学院教授、博士生导师；袁晓川，山东大学新闻传播学院副研究员。

学界焦点。当今移动互联与人工智能技术的广泛应用在新闻传播教育领域产生了深远的影响，使得教师结构、教学理念与学术平台建设等关键领域呈现出明显的学界与业界的融合态势。

(一)双师制：学术型教师与实践型教师的融合

从教师队伍构成看，受教师聘任的终身制制约，国内外新闻传播类院校的教师队伍均存在人才结构老化、知识更新不及时，跟不上业界发展等情况。(中国人民大学新闻学院新闻传播教育课题小组，2014；张迪，2014)欧美新闻传播院校通行的做法是同时聘请学术型和实践型教师，从而在师资队伍建设方面形成了"双师制"的传统。当然，实践型教师转为学术型教师的情况也非常普遍。此外，具有丰富从业经历，又受过良好学术训练的资深媒体人担任新闻传播院系教师的情况也不少见。

我国新闻传播院校一直未能解决重学术资历和学位、轻实践经验的问题，从而导致大量的业务素养高、实践能力强的业界优秀人才由于没有博士学位而难以转入高校的教学岗位，严重影响了新闻写作等实务类课程的教学水准。(蔡雯，2014)2017 年 4 月，我国教育部、财政部等五部门联合印发了《关于深化高等教育领域简政放权放管结合优化服务改革的若干意见》，我国新闻传播类院校可以借此政策出台之际，积极探索适合中国国情的"双师制"教师聘用制改革，一方面鼓励教师特别是年轻教师与业界开展多形式的教学及科研合作；另一方面则通过各种短期或长期的灵活的聘用形式将大量业界优秀人才引入课堂，实行分类聘用与管理，通过有效的人事、管理制度安排在学界和业界形成规模化、常态化的人才互动效应。

(二)学术培养与职业训练并重的教学理念

新闻传播学科的产生、发展与新闻传媒行业的形成具有密不可分的关系。事实上自新闻传播学教育产生以来，如何处理学术培养与职业训练间的关系就一直为社会各界所关注。秉持"学习新闻最好的方式是动手实践"理念的沃尔特·威廉姆斯教授确立了理论学习与实践学习并重的"密苏里方法(Missouri Method)"，并根据媒体形式的发展而不断扩充自身的实践教学手段，完善课程体系建设。"密苏里方法"在美国新闻传播类院校产生了深刻的影响。然而，"单一的职业训练早已无法满足社会和传播科技发展的需求"，香港的新闻传播学教育从早期注重采编和写作基本功的"学徒制"职业教育转变为理论与实务并重的专业教育。(王彦，2017)

近年来，国内新闻传播类院校通过新增专业或研究方向积极探索学术与职业双轨发展的思路。事实上，近年来我国高校新增的新闻传播类本科专业不少，"网络与新媒体”“数字媒体艺术”“数字出版”等专业的增设均反映了学界顺应数字与新媒体环境下传媒业发展的趋势，对接了行业需求。

为了适应新媒体环境下新闻传播学的教学科研需要，部分名校新闻传播院系还适时地将“新媒体”融入到学系或学院的建制当中。

（三）学、媒融合的教学科研平台

新闻传播院系与新闻传媒业合作的重要方式就是创建多形式的学、媒融合的教学科研平台。在数字新媒体时代，这种合作更为及时、广泛与深入。

早在 1999 年，美国得克萨斯大学奥斯汀分校传播学院联合美国《纽约时报》《芝加哥论坛报》等主流媒体的媒体人，于 2011 年创建了官方杂志——《在线新闻国际论坛官方杂志》，成为网络新闻学的重要国际学术论坛。（ISOJ，n. d.）

国内高校在学、媒融合的教学科研平台建设方面也取得了不俗的成绩。早期各新闻传播院校主要是在实践教学领域与各新媒体平台开展合作。近年来，双方的合作进入了教学、科研综合平台建设的更广泛领域。

创建新媒体研究院（所），一方面培养新媒体研究的专门人才，另一方面与新媒体平台开展深入的产学研合作，是国内新闻传播院校融入业界的另一种重要路径。

二、文科与理科的融合

（一）师资队伍

近年来，随着信息技术与新媒体的广泛应用，国内新闻传播类院校的师资队伍建设也不可避免受到技术导向的影响，计算机科学、大数据技术等研究方向的毕业生受到青睐。

多学科背景一直是新闻传播类院系师资队伍的一大特色。为了调研最新的师资队伍状况，笔者选取在 2015—2017 年间比较稳定地处于英国 QS 世界大学排行榜“传播与媒体研究”领域的 10 所院校，对这些院校全职学术型师资的学历背景进行调研，我们进一步统计后发现，大部分教师有不同学科交叉的学术经历。由此看出，在师资方面，单纯的计算机科学或信息科学背景的师资并不占据多数，但多学科交叉背景的师资在教学科研方面具备一定的优势。

我国新闻传播院校的专职师资以国内大型培养的学术型师资为主，其中科班出身的新闻传播学博士所占比例很高。近年来随着大数据、人工智能技术在新闻生产与传播领域的广泛应用，不少院校及时应对，招聘计算机、信息科学等专业的博士补充到师资队伍当中。但是，这些跨学科的年轻教师，讲课方式往往会与原来计算机专业学生讲课一样，使得以文科为主的新闻传播学生常常难以接受，而且部分跨学科的年轻教师所撰写的论文更适合原来学科的期刊，但又因为离开了之前的学科环境而不够前沿(祝建华，2013)。因此，如何使跨学科的人才更好地发挥其知识结构为新闻传播学专业的教学科研服务，产生积极的文理融合效应，是未来我国新闻传播院校师资队伍建设中的重大问题。

(二)学位设置与课程体系

随着媒介融合趋势在世界传媒环境中的深入，全球新闻传播院系都对自身的教学内容和培养模式进行重新审视。

美国的新闻传播教育体系完备，且非常注重突出自身的学科特色。不少院系开设了特色学位项目。近年来，由于媒体技术演进与实践变革促使新闻传播实践成为多学科的交汇之处，海外新闻传播院系要求本科生在新闻传播院系之外修读人文社科等方面课程(比例最高可占毕业所需总学分的三分之二)。(张迪，2014)此外，与计算机、信息科学等学科合作开展学位点建设也是新闻传播院系适应新媒体环境变化的重要手段。

与此同时，国内新闻传播院校也开始跨学科办学的探索与试点。自 2011 年开始，中国人民大学新闻学院与法学院、国际关系学院分别开设新闻学—法学实验班和新闻学—国际关系实验班。(蔡雯，2014)2012 年 9 月，复旦大学新闻学院推出本科生“2+2”培养模式。此外，在一些技术性课程建设方面，各高校也大胆引入社会力量。

(三)多学科融合的研究方法

在新媒体环境下，新闻传播学与计算机科学、信息科学等融合趋势非常明显，计算新闻学(Computation Journalism)、数据新闻学(Data Journalism)等交叉学科随即产生。近年来，各学科研究方法在新闻传播研究领域的深入应用极大提升了学科的研究内涵与质量。(Neijens，2017)为了进一步了解各学科与新闻传播学研究的内在关联，笔者于 2017 年 4 月 3 日，在 WoS(Web of Science)选择 SSCI、A&HCI 数据库，以“Communication”作为检索词进行主题检索，其中时间跨度限定为 1998—2017 年，文献类别限定为“Communication”，文献类型限定为 Article，选择 ESI 高水平论文，然后得到 81 篇论文。虽然这 81 篇论文均属于新闻传播学领域，但有 46 篇论文属于学科交叉研究，占总论文的 56.79%，其中与图书馆与信息科学的交叉程度最深，此外与社会学、经济与商学的关系也颇为密切。

国学术界对数字化、新媒体、媒介融合等关注程度颇高。不过，如何在未来的新闻传播学研究工作中发挥高校与媒体的互动作用，将对我国未来新闻传播学科的发展有不可估量的意义。

三、融通之道：未来景象与现实挑战

学界与业界的融合、文科与理科的融合，是新闻传播学教育近些年呈现出的发展趋势，也是未来的景象。但从实际来看，真正打通融合之道，让“融通”变得更加顺畅、有效，还面临着诸多现实挑战。

随着新兴媒介技术的发展，传统的新闻传播渠道和媒介生态正在发生深刻变革，进而导致业界对新闻传播专业人才需求发生重大变化。面对急剧变化的外部环境，新闻传播院系亟待更广泛地推进学界与业界的深度融合，在师资队伍、教学理念、专业设置、学科平台建设方面打造能快速响应业界变革的长效机制，并运用到新闻传播教育的实践之中。这是未来景象之一。围绕这一景象，需要的不只是观念的适应和一般性号召，而更需要扎实的行动措施。近年来，在学界与业界的融合趋势下，在“部校共建”的背景下，我国高校教师与新闻机构人员“双向互聘”的范围不断扩展，高校与各新媒体机构合作建立的研究所、实验室、在线教学平台以及设立的学术论坛等也层出不穷。但是，我们很少看到对于这些融合行动的激励和引导措施，也很少看到相应的效果监测和评估。问题也就很清楚了，从顶层设计的视角，如何对各高校融合创新的探索以科学的评估和激励？如何建立更加广泛的学界、业界人员流动与融合的常态化机制？如何保障这些学、媒融合平台的教育创新效果？如何将学界业界在课题研究、课堂教学、媒体实验、学生实践等方面的融合真正做到深度化、制度化、标准化？只有真正解决这些关键性的制度设计问题，才能避免学界与业界融合的各种表象化和功利化现象。

从文理学科交叉融合的角度来看，新闻传播学科较之于其他人文社会学科，可以走得更快、更深、更远。积极接纳多学科的理论及方法为新闻传播学科所用，营造开放、互通、多元的新闻传播学科生态，已经从认识层面进入实践层面。这种新的学科生态，必然在新闻传播教育领域得到体现和反映，教学结构、教学装备、教学方法以及学生来源、知识背景、职业去向都会发生变化。这是未来景象之二。与此景象相关的一个关键性挑战在于，与计算机、信息系统与工程、心理学等强势学科相比，新闻传播学科明显处于弱势，很难开展真正的平等合作，在通过跨学科提升新闻传播学教育与实践活动中，国内外仅有少数优势院校能够做得比较得心应手。（陈昌凤，2017）面对这一状况，要保证文理融合方向的健康发展，有如下几个方面的工作需要加强：其一，建立更加科学、完整且具有未来指导性的新闻传播学科规划，从学科结构、学科功能、学科范围、学科影响等方面，整体推动学科体系创新，丰富学科专业设置，提升新闻传播学科对其他学科的辐射力；其二，在学生培养、融合课程设置及实验室建设等方面建立科学的标准化的评价体系，使学科融合的标准与媒体发展相契合；其三，在引进非新闻传播学专业师资时，须切实考虑其所学专业与新闻传播学领域的相关度，并通过系统、有效的教学、科研活动，使之真正融入新闻传播学教育实践体系，最大限度地释放文理融合所带来的“化学效应”；其四，发挥新闻传播学科应用性强的特点，扩大新闻传播学科的开放度，提升新闻传播学科的社会影响，为交叉融合发展创造良好的学科环境和社会环境。

面对瞬息万变的媒介与技术环境，新闻传播教育需要在坚守中积极变革才能把握机遇、破解难题。有效融通学界业界、文科理科，基于两个融通，建构起面向现实需求和未来发展的新闻传播学教育体系，提升我国新闻传播教育的整体质量，需要继续创新与探索。

习近平对新闻人才培养的重要论述①

叶　俊　赵云泽②

摘要：新闻人才培养是做好党的新闻舆论工作的基础。在习近平关于新闻舆论工作的系列讲话中，可见其对新闻人才培养的重视。他从新闻舆论工作者的角色定位、角色规范、职责和使命、作风和文风等几个基本面，对新闻人才培养作出了论述。我们认为其中对于当下具有重要指导意义的核心点是培养“政治坚定、业务精湛”“全媒型专家型人才”等具体要求。习近平对新闻人才培养的指导思想创新之处在于，它第一次将融媒体时代的新闻人才培养方针给予明确定位，提出了具体的方法，同时有效推进了整个国家的融媒体发展战略。这不仅在意识形态上保证了国家安全，也在技术层面确保了新技术的发展空间和创新性、鲜活性。实践证明，在这一思想引领下，一批新兴主流媒体正在崛起，初步显现出良好的社会效益。

关键词：习近平；新闻人才；人才培养

媒体竞争关键是人才竞争，媒体优势核心是人才优势。而明确新闻工作者的角色定

① 文章来源：叶俊，赵云泽．习近平对新闻人才培养的重要论述[J]编辑之友，2018(11)：75-79.

② 作者简介：叶俊，中国社会科学院—上海市人民政府上海研究院专职研究员、中国社会科学院新闻与传播研究所助理研究员；赵云泽，中国人民大学新闻学院副院长、教授、博士生导师。

位，认清新闻工作者的角色规定和职责使命，树立优良的工作作风文风，从而创作更多人民群众喜闻乐见的新闻作品，是新闻人才培养的首要任务。那么，什么样的人才才是中国需要的新闻人才？习近平在关于新闻舆论工作的系列讲话中对此作出了论述。他提出了“政治坚定、业务精湛、作风优良、党和人民放心”这一新闻人才的总体要求及一系列明确的标准。(杜尚泽，2016)这些论述从角色定位、角色规范、职责和使命、作风文风等多角度呈现出习近关于新闻人才培养论述的系统性思想。

一、对新闻舆论工作者角色定位的阐述

新闻舆论工作对社会发展具有重要影响，新闻舆论工作者也因此被赋予很高的角色地位，寄予很强的角色期待，而新闻舆论工作者也会在他人的期待和期望中了解自己的角色，并探寻相应的行为模式，并据此产生新闻报道的具体行为。

在社会主义中国，新闻舆论工作向来被视为党、政府和人民的“耳目喉舌”。随着政治、经济、社会、文化环境的变化，习近平更进一步指出，广大新闻舆论工作者要做“党的政策主张的传播者、时代风云的记录者、社会进步的推动者、公平正义的守望者”。

这四个角色定位，是符合时代需求和人们对新闻舆论工作者的角色期待的。“党的政策主张的传播者”，继承了“耳目喉舌”的传统，但又加入了“传播”的元素，从而丰富了以往的“宣传”理念；“时代风云的记录者”体现了“报道事实、追寻真相”“今天的新闻是明天的历史”等新闻工作的历史责任；“社会进步的推动者”体现的是新闻舆论工作者的社会角色；“公平正义的守望者”体现的是新闻舆论工作者的职业责任。这是中国共产党领导人首次全面系统提出新闻工作者的角色体系，回应了社会环境、媒体环境和舆论环境发生巨大变化时期新闻舆论工作者的角色模糊问题，对于社会对新闻舆论工作者的认识和新闻舆论工作者自我认知都有指导性意义。

新闻舆论工作者树立这四个角色意识，就需要深入开展马克思主义新闻观教育，使他们在正确的新闻观指导下树立正确的角色观。作为党的新闻舆论工作者，就要树立马克思主义新闻观，并在马克思主义新闻观指导下从事新闻舆论工作。

新兴媒体的兴起，给新闻业带来了诸多挑战，同时也对新闻舆论工作者的业务能力提出了更高要求。在这种全新的媒体从业环境下，新闻舆论工作者应该成为什么样的人才？这是对新闻舆论工作的人才定位。

习近平对此也作出了论述。他提出，新闻舆论工作者要“努力成为全媒型、专家型人才”。“全媒型人才”的人才定位，是新的媒体环境下，对新闻舆论工作者的新要求。如今的新闻舆论工作涵盖了更多的技能，如摄影、摄像、视频剪辑、图片处理、数据分

析等，传统媒体时代只掌握采、写、编、评某一方面技能的人才，在新环境难以胜任岗位要求。“专家型人才”是对新闻舆论工作者的更高要求。面对复杂而多变的形势和事实，做好新闻舆论工作绝不是想当然、跑会议、简单采访可以完成的，而要对形势有全局的把握，对事实有深入的了解。

如何才能成为“全媒型人才”和“专家型人才”？这就要求新闻舆论工作者不断提高业务能力，要“勤学习、多锻炼”。同时，新闻舆论工作是实践性很强的工作，非书本知识可以解决，必须到实践中锻炼、磨炼，才能把知识化为新闻业务能力。

二、对新闻舆论工作者角色规范的阐述

新闻舆论工作者的角色规范，是社会根据需要而对其期待应达到的行为模式或行为标准。对于党的新闻舆论工作者而言，其角色规范首先是明确“党”的属性，这是新闻舆论工作者的“政治规范”。新闻舆论工作者不能仅把报道视野放在新闻事实本身上，而要从全局出发。

具体而言，就是要增强“四个意识”，即“政治意识、大局意识、核心意识、看齐意识”。对新闻舆论工作者而言，只有把握角色的坐标定位，才能从根本上认识其角色规范。

社会规范是新闻舆论工作者的第二个角色规范。对社会发展而言，新闻舆论工作主要功能体现为“报道新闻”和“舆论监督”的两大作用。如何做好舆论监督，承担起这一光荣的使命，习近平认为：“新闻媒体要直面工作中存在的问题，直面社会丑恶现象，激浊扬清、针砭时弊，同时发表批评性报道要事实准确、分析客观。”(杜尚泽，2016)

新闻舆论工作者第三个角色规范是专业规范。专业规范就是新闻舆论工作的职业道德和职业伦理。对新闻舆论工作而言，其两条最基本的规范是遵循新闻传播规律和保证新闻真实性。

在遵循新闻传播规律方面，他多次予以强调。那么，什么是新闻传播规律？习近平也给出了答案，就是“真实”这一新闻的根本。可见，习近平对真实性这一新闻传播规律的核心有了深刻认识。

新兴媒体的发展给新闻媒体和舆论引导带来了挑战，媒体融合成为推动媒体发展和提升舆论引导能力的顶层设计。在媒体融合方面，他强调，推进媒体融合发展，要“遵循新闻传播规律和新兴媒体发展规律”。这充分说明，习近平在看待新闻舆论工作和媒体发展时，是高度强调规律性的。

三、对新闻舆论工作者职责和使命的阐述

在新时代的条件下，党的新闻舆论工作者的职责和使命是什么？习近平就此提出，党的新闻舆论工作的职责和使命是：“高举旗帜、引领导向，围绕中心、服务大局，团结人民、鼓舞士气，成风化人、凝心聚力，澄清谬误、明辨是非，联接中外、沟通世界。”这被称为“48 字方针”，它分为六个层次，对新闻舆论工作的职责和使命作出了全面系统的概括。

第一层次“高举旗帜、引领导向”，是对新闻舆论工作的方向定位。对媒体而言，承担起社会责任，就要“高举旗帜、引领导向”。在“48 字方针”中，习近平把“高举旗帜、引领导向”放在首位，足以见其重要程度。可以说，高举旗帜是新闻舆论工作最基本的担当。“引领导向”，一方面要求媒体要坚持正确的政治方向，把政治方向摆在第一位，特别是在国内外舆论斗争中，更应始终绷紧政治方向这根弦；另一方面，媒体要坚持正确的舆论导向，在价值观念、社会风气、新闻事件中扮演重要的角色，引导人民群众走向正确的认知方向，不被误导。

第二层次“围绕中心、服务大局”，是对新闻舆论工作的工作定位。世界上无论哪一个国家，每一个时期总有其工作中心。这就要求媒体必须“围绕中心”开展工作，才能推动中心工作的发展。“围绕中心”要求媒体必须要有“大局意识”。习近平在讲话中把“围绕中心”与“服务大局”放在一起，有着深刻的含义。从这点看，围绕中心工作在正面宣传的实践中对宣传工作者是具有较高的政治素质要求的。

第三层次“团结人民、鼓舞士气”，是对新闻舆论工作的目标定位。一方面，新闻媒体要发挥作用，团结不同的党派、组织、利益集团，推动社会发展；另一方面，新闻媒体要成为党和人民之间的桥梁。当前我国正处于全面深化改革时期，可能会面对各种问题和挫折。这些问题和挫折需要及时的阐释，让人民群众及时了解原因，提供各种动力，鼓舞人民群众更加积极地投入到社会主义事业建设中去。因此，在“团结人民”之时，习近平同时强调了媒体应承担“鼓舞士气”的责任。“团结人民”是方法，“鼓舞士气”是目标，两者互相配合，共同推动社会发展。

第四层次“成风化人、凝心聚力”，是新闻舆论工作的工作路径之一。“成风”就是树新风、扬正风，引领社会新风尚，弘扬社会正能量。“化人”就是发挥新闻舆论的启迪、教化的社会功能，是“文以载道”的时代解读。要找准坐标定位，全面、系统、准确地宣传阐释党的政策主张，把党的正确主张变成人民群众的自觉行动，最大限度地凝聚思想共识、弘扬社会正气，为中心工作助力，为全局工作添彩。

第五层次“澄清谬误、明辨是非”，是新闻舆论工作的又一个工作路径。在坚持正

面宣传为主方针的同时，媒体应当勇于揭露错误做法、不良风气等，承担起“澄清谬误”的责任。面对一些复杂的事件，各种态度和观点都可能存在。这时就需要媒体能够“明辨是非”。如何澄清谬误、明辨是非？对媒体而言，就要善于用事实说话。积极地澄清谬误，帮助群众明辨是非，了解真相，把握正确立场和态度。承担“澄清谬误、明辨是非”的责任，另一层意思是要对社会发展的各种错误思潮予以澄清。

第六层次“联接中外、沟通世界”，是新闻舆论工作的全球视野。从世界全球化的发展趋势，以及我国外交战略的整体布局出发，习近平对我国对外宣传和国际传播问题极为关注。在“8·19”讲话中，他提出：“要精心做好对外宣传工作，创新对外宣传方式，着力打造融通中外的新概念新范畴新表述，讲好中国故事，传播好中国声音。”这些集中体现了他对对外宣传和国际传播问题的重视，也反衬出新闻舆论工作“联接中外、沟通世界”职责和使命的艰巨性。

四、对新闻舆论工作者作风文风的阐述

新闻舆论工作者的作风和文风是新闻职业道德、职业伦理、职业素养的重要内容。新闻舆论工作者该有什么样的作风文风呢？

良好的工作作风，就要“俯下身、沉下心”。“俯下身”要求新闻舆论工作者不能高高在上，要深入实际、深入生活、深入群众。“沉下心”要求记者遇到新闻事件特别是突发事件时，一定要静下心来，有冷静的、独立的判断，不能人云亦云，不能浮躁、浮夸，而要沉下心来，多思考，讲科学，摆事实。

良好的写作文风，就要“察实情、说实话、动真情”。（杜尚泽，2016）“察实情”是对新闻工作的基本要求，新闻工作如果不进行调查研究，就无法获得足够的信息，无法掌握事情的真相，不能全面反映新闻的本来面貌。“说实话”是对新闻工作者的态度和责任的要求，新闻工作不能“唯上”，而要“唯事实”，要反映政策落实过程中出现的问题，反映人民群众工作和生活中遇到的困难，要报道事实的真相。“动真情”要求新闻工作者具有高度的人文关怀精神，并把自身感情融入新闻采访中去，只有打动了自己，才可能打动受众，使新闻工作得到群众的认可和拥护。

良好的工作作风和写作文风最终体现在新闻作品上。对此，习近平强调，要“努力推出有思想、有温度、有品质的作品”。（杜尚泽，2016）“有思想”，就是要求新闻作品不能过于表面，不能追风，不能赶时髦，要有高度、有深度。“有温度”，就是要求新闻作品要体恤民情，反映人民疾苦，体现人文关怀。“有品质”，就是要求不断提高新闻作品的质量，对新闻报道的各个环节都要把好关。

当然，良好的作风和文风归根结底是良好的职业道德和职业素养。习近平指出，新

闻舆论工作者“要严格要求自己，加强道德修养，保持一身正气”。(杜尚泽，2016)这是对新闻舆论工作者明确提出加强道德修养的要求，而“一身正气”更对新闻舆论工作者予以了很高的期待。

五、结语

习近平对新闻人才培养的指导思想创新之处在于，它第一次将融媒体时代的新闻人才培养方针给予明确定位，提出了具体的方法，同时有效推进了整个国家的融媒体发展战略。这不仅在意识形态上保证了国家安全，也在技术层面确保了新技术的发展空间和创新性、鲜活性。实践证明，在这一思想引领下，一批新兴主流媒体正在崛起，初步显现出良好的社会效益。党的十九大报告明确提出，中国特色社会主义已进入新时代，并形成了习近平新时代中国特色社会主义思想。这对广大新闻舆论工作者提出了新的更高要求。新闻舆论工作者不仅要创新传播能力，提升新闻舆论传播力、引导力、影响力，更要从新闻人才培养这一基础性工作做起。习近平从角色定位、角色规范、职责使命、作风文风等角度全方位提出的新闻人才培养方针，是习近平新闻舆论思想也是习近平新时代中国特色社会主义思想的重要内容，对培养和打造一支优秀的党的新闻舆论工作者队伍具有重要的指导意义。

走出“密苏里模式”：台湾地区新闻传播教育的专业化趋向①

殷　琦②

摘要：新世纪以来，在台湾地区政经体制改革、社会变迁、高等教育制度变革以及传媒产业转型背景下，台湾地区新闻传播教育在办学结构、学科专业、课程设置与师资构成等方面都发生了诸多调整和变革，偏重职业技能训练的“密苏里模式”不再被奉为圭臬，与专业化相关的通识教育、学术发展与学科自主日益成为一种普遍性的要求。但在台湾地区市场持续扩张、技术操控力加强以及新闻传播学科自主性仍有待建立的语境下，台湾地区新闻传播教育的专业化发展仍面临着相当大的压力。

关键词：新闻传播教育；专业化；通识；学术性；密苏里模式

---

① 文章来源：殷琦．走出“密苏里模式”台湾地区新闻传播教育的专业化趋向[J]．现代传播(中国传媒大学学报)，2018(6)：159-162，168.

② 作者简介：殷琦，厦门大学新闻传播学院副教授、博士生导师。

一、问题的提出

自20世纪50年代台湾政工干部学校新闻系与台湾政治大学新闻研究所成立以来，台湾地区新闻传播教育已走过60余年的历程。因其在亚洲乃至世界范围内所处领先地位(蒋晓丽，2007)及独特发展路径，台湾地区新闻传播教育一直受到高度关注。但是，既有研究更多地聚焦于台湾地区新闻传播教育发展历程的梳理与回顾，对正处于行进过程中的台湾地区新闻传播教育发展状况与变革趋向却着墨不多。

近年来，在台湾地区日益迈向全球化、自由化与市场化，高等教育从精英制走向大众化，以及传媒产业面临着结构调整与数字转型的背景下，台湾地区新闻传播教育正发生着重大且深刻的变革：此前作为参照模板的偏重实践和职业训练的“密苏里模式”不再被奉为圭臬，专业化(Professionalization)正成为变革的重要取向。

相较于职业教育一般仅注重实务技能训练，专业教育涵盖内容更广，包括实务技能训练、专业精神培养和学术性的形成。(黄鹂，2005)新闻传播教育的专业化发展，既与新闻传播业的专业化趋向和社会期待有关，也与新闻传播学科在高等教育体系中的地位与声望获得相关。一方面，随着新闻传播业日益走向成熟，其与公共领域和民主社会发展关联密切，形成了相较其他职业更为复杂的知识体系与心智活动，专业化发展成为必然。新闻传播从业者不仅需要掌握专业技能，还需具有深厚的专业知识、人文和科学素养，以及自律的行为方式，这些都对新闻传播教育提出更高要求。另一方面，新闻传播教育却因其偏向职业训练在高等教育体系中长期受到质疑，专业化也就成为新闻传播学科获得独立地位与社会声望的必要途径。

在台湾地区新闻传播教育的新近发展中，与专业化相关的通识教育、学术发展与学科自主日益成为一种普遍性的要求。基于此，本文试图结合政策背景与现实语境对新世纪以来台湾地区新闻传播教育的新近发展状况进行梳理分析，并归结出其专业化探索的表现及影响因素，以期对台湾地区新闻传播教育发展趋向有更为深刻的理解。

二、专业化的探索：台湾地区新闻传播教育发展现状

1. 办学结构：走向大学化、高层次与研究型

新世纪以来，台湾地区高等教育日趋普及并走向市场化、开放化与高层次，其新闻传播教育规模不断扩张，并呈现出明显的大学化、高层次与研究型取向。

台湾地区新闻传播教育的大学化发展，首先得益于私立大学大量增设新闻传播院系。这与台湾地区高等教育的整体结构转型直接相关：新世纪以来，台湾地区教育部门

先后发布政策文件，推动私立大学发展并鼓励公立大学合并或转型。

其次，新闻传播职业技术教育的升格在其大学化发展中扮演了重要角色。近年来，一些新成立或升格成立的科技大学与技术学院，都设立了新闻传播类院系并提供四年制学士学位教育。因此，这些科技大学和技术学院与综合性大学之间的差异日渐模糊，呈现出明显的大学化与综合化取向。

再者，新闻传播研究生教育发展迅速，学术研究与高层次人才培养成为发展重点。这一方面源于台湾地区教育部门长期以发展学门完整与学术卓越的综合型或研究型大学为目标，投入大额经费资助大学科研及学术发展；另一方面，提供高层次新闻传播教育的院系也具有招生及学生就业优势。此外，在高等教育系统的等级结构中，研究型与专门化教育一般居于较高层次并具有较高声望，而普通教育出现于较低层次且声望较低。

2. 学科专业：传播学作为主流与多学科范式的引入

台湾当局分别于 1994 年与 2005 年修订了有关大学的若干规定，确定了大学自治和学术自由的原则，给予大学专业设置自主权。逐渐获得自主权的台湾地区新闻传播院系在学科专业方面呈现出诸多改变。

首先体现为在台湾地区新闻传播学科内部，传播学正不断扩张并成为主流。截至 2016 年，台湾地区开设传播类系所共 49 所，而传统新闻类系所仅 15 所，新闻类与传播类系所在数量上的巨大悬殊，显示出其学科发展重心转向传播学。

同时，台湾地区新闻传播学科发展还呈现出与其他学科相融合的态势。当前，台湾地区仅有 46. 3%的新闻传播系所设立于新闻传播学院，其余 53. 7%的新闻传播系所分布于人文社会、资讯、设计、管理等其他学院。台湾地区新闻传播院系在融汇多学科的过程中也不断发掘自身特色。

台湾地区新闻传播学对内不断发展传播学，对外不断吸纳其他学科的理论与方法，改善长期以来因偏重传授职业技能而导致的“新闻无学”的困境，提升新闻传播学科学术性及扩宽学生知识视野，这也为新闻传播教育专业化发展奠定了知识基础。

3. 课程设置：大传播理念、学程制与三脚模式成为潮流

相当长一段时期，以“密苏里模式”为模板的台湾地区新闻传播教育呈现出极其强烈的职业取向与实用特点，课程主要围绕新闻业务及新闻史展开。针对由此导致的知识系统过于浅薄且技术层面考量过重（钟蔚文、臧国仁、陈百龄，1996），以及教育在理想性、自主性和批判性上的失落等问题，建立“兼顾专业养成、学术成长、通识教育”的三脚模式成为台湾地区一些新闻传播院系改革的方向。

首先，“大传播教育”理念浮现。不仅传播理论、媒体伦理、媒体管理、传播技能等打通新闻、传播、广告等不同专业方向的学科通修类课程广受重视，专业课程的跨专业适用性也得到更多强调。同时，一些院系还通过制度创新来加强传播通才教育。

其次，实务与实践教学重心转向数字技术与新媒体，且理论性渐受强调。“在做中学”一直是台湾地区新闻传播教育的重要特色，在台湾地区新闻传播院系纷纷开设新媒体类实务课程，并将新媒体或全媒体实验室建设作为发展重点的同时，实务与理论的结合也成为其课程革新的重要方向。

再者，学程制日益流行。目前，台湾地区新闻传播院系主要采以两种学程：一种为学位学程，另一种为学分学程。这些学程往往以某一专业为主导，并整合不同院系的课程资源。这些院系采以学程制，目的在于回应更为多元的知识需求并给予学生更多的选择权与自主性，以发挥学生专业领域的专长并拓宽其知识视野。

总体而言，专业养成、学术成长与通识教育的结合成为台湾地区新闻传播院系课程变革的共同追求，而其动机都在于改变过去传统新闻教育中过于偏重职业训练的局面，转向兼顾职业技能、批判思维与人文素养的培养。

4. 师资构成：高学历化、国际化与趋向多元学科结构

在台湾地区推行大学自治和学术自由的改革潮流下，当前新闻传播院系教师的聘用与考核由院系自主运作，学校与教育主管部门一般不会干涉。因此，新闻传播院系师资构成也可反映出该院系的学科及教育取向。

通过对台湾政治大学、世新大学与铭传大学三所大学新闻传播学院的专任教师情况进行统计发现(政治大学传播学院、世新大学新闻传播学院、铭传大学传播学院官方网站，2017)，其师资特点首先体现为高学历化。

其次体现为国际化，在台湾政治大学传播学院有83.6%的专任教师最高学历获得于欧美大学，尤以美国所占比例最高。台湾世新大学新闻传播学院与台湾铭传大学传播学院的专任教师在国外获得学位人数虽不及台湾政治大学，但仍具有较高比例，获得美国大学学位的比例也远高于其他国家。

再者体现为学科的多元化，提供综合性新闻传播教育的台湾政治大学传播学院与台湾世新大学新闻传播学院仅60%左右的专任教师学科背景为大众传播学、新闻学、广播电视等新闻传播类专业，而且近年来，新聘教师的专业出身日益多元，涉及人类学、社会学、民俗学、心理学、管理学等多种学科。总体看来，这些院系都形成了学科交叉式师资结构。

现今，几乎所有的台湾地区新闻传播院系都要求专任教师具有相关领域博士学位，这既是新闻传播院系在提升学科地位及面临学科评估与排名压力下的一种必然选择，也是教师在当前以科研产出量为职称晋升主要依据下进入教育行业的必备条件。而专任师资的高学历化、国际化与趋向多元学科结构，也有助于台湾地区新闻传播教育引进国外及其他学科的先进理念、内容和方法，使教育更具理论性与学术性。

三、专业化的未来：台湾地区新闻传播教育的影响因素及变革趋向

发展迄今，台湾地区新闻传播教育呈现出对社会文化素养与学术性的日益关注与强调，但在市场持续扩张、技术变革加快乃至新闻传播学科自主性仍有待建立的语境下，专业化的发展也面临着相当大的压力与“去专业化”的隐忧。

1. 市场因素的影响与制约

“解严”后，台湾当局推行有限干预下经济体制的自由化(刘澈元、赵媛媛，2009)，随之出台了一系列高等教育改革举措，由此通过市场机制来增加台湾地区高等教育中的竞争性与选择性。与此同时，台湾地区传媒业规制也不断放松，市场竞争成为推动传媒产业发展的主导思维。

台湾地区新闻传播教育更多地考虑市场需求的同时也展现出功利化的倾向，一些新闻传播学院系在短期内有效提升学生就业竞争力的压力下，只能采取加大职业技能训练的比重、弱化通识教育与学术能力培养的策略。因此，市场理念过度宣扬难免将台湾地区新闻传播教育导向商品化、工具化与世俗化，使得专业化发展难以为继。

2. 新媒体技术的牵引与反控

数字技术、互联网技术等新媒体技术的快速崛起，在此背景下，技术对新闻传播教育的深刻影响已是无法回避。于是，技术推动新闻传播教育走向融合多元的同时，也使得与新媒体技术相关的知识与技能传授，成为新闻传播教育得以存续与发展的重要基础。

台湾地区新闻传播教育走向专业化过程中的诸多变革也正是基于对新媒体技术发展的回应：一方面，从学科、专业与课程建设来看，其教育重心逐渐由传统新闻学转向以信息、技术与沟通为核心的资讯传播、口语传播以及公共关系等传播学领域；另一方面，在培养目标与模式上强调培养掌握多学科知识与跨媒体技能的复合型人才，由此带来倡导跨专业跨学科学程制的流行。

然而，台湾地区的一些新闻传播学者也注意到技术可能引发的负面效应，如对技术的追逐使得传播教育零碎化、新媒体技术类课程的增加对其他课程的挤压效应、过于重视科技因素而忽视社会环境变迁的作用（苏蘅、吴岱芸、吴俊葵，2018），而这些问题同样也会对新闻传播教育的专业化发展带来威胁。因此，在重视技术影响的同时，更需积极审思与权衡技术与新闻传播教育之间的关系，以此来规避新媒体技术在不断发展演变获得自主性后，不断制约甚至反控新闻传播教育发展的风险。

3. 学科自主性的危机与重塑

在对美国模式与其他学科知识体系的双重依附下，台湾地区新闻传播学科面临着自主性危机，这直接影响着其学术地位提升及专业化发展。

一方面，台湾地区新闻传播教育深受美国影响，由于美国秉持实用主义理念的新闻与大众传播教育及研究，能迎合正力图运用媒体推动现代化建设与进行资本主义扩张的台湾地区发展转型需要，并且在掌握着经济霸权的美国仍不断将其制度与文化渗透到台湾地区的现实境况下，台湾地区新闻传播教育仍对美国模式具有明显依附性。这种依附性（阿特巴赫、蒋凯，2002）在加强台湾地区新闻传播教育与被视为“典范”的美国新闻传播教育之联系与互动的同时，也使得美国的社会准则、价值观、语言与科学知识，倚借其在教育和知识体系的“中心”地位，统领、挤压着置身“边缘”的台湾地区的新闻传播教育观念和实践。

另一方面，新闻传播教育的专业化与新闻传播学科知识体系的建立与学术化的发展密切相关，传播学的引入与扩张，被作为台湾地区新闻传播学科走向理论化与追求学术性的重要途径。但事实上，传播学自身的学科地位仍存在争议。在此情形下，若仅是被动吸纳其他学科理论与方法，新闻传播学科也将陷入对其他学科学术依附的危机与困境中。

因此，台湾地区新闻传播教育在学科建制与知识再生产的过程中，如何将西方经验与本地问题结合，如何在借鉴其他学科领域知识的同时又保有学科知识体系的独立性与自主性，成为其专业化发展中的重要课题。于是，台湾地区新闻传播教育专业化发展的继续深入，既有赖于台湾地区政治制度与经济体系的不断成熟，使得新闻传播教育乃至高等教育发展能够摒除过度的政治权力与经济势力干预；还有赖于台湾地区新闻传播学科共识的达成与学科地位的提升，以走出学科体系中的边缘化窘境，跳脱西方中心主义拘囿，获得更为独立、自主的发展空间。

我与早期新闻研究所的片断回忆①

赵玉明②

1978 年 3 月 6 日，《人民日报》刊登了一条报道中国社会科学院增设新闻研究所的消息，内称当年该所将招收新闻学(硕士)研究生。引起我注意的是指导小组成员有安岗、温济泽和罗列等(全文影印附后)。罗列、安岗是我先后在北京大学中文系新闻专业、中国人民大学新闻系就读时的新闻系(专业)的负责人，安岗还曾给我们上过课。温济泽原为中央广播局副局长，1958 年被错划为“右派”，下放劳动后于 1960 年春到北京广播学院新闻系工作，与我共事近 20 年。不久前，初步落实政策，温济泽调到新组建的中国社会科学院科研组织局任副局长。

过了一些日子，有一天忽然接到温济泽的电话，说约我有事要谈。见面寒暄几句后，他说：新闻研究所是根据胡乔木的指示办起来的，他作为科研组织局负责人参与主持筹建工作，经与三家中央主要新闻单位商定后，人民日报社、新华社同意派人参与筹建并招收研究生。人民日报社、新华社都有人办事，我是光杆司令，你能不能帮我做点事？我当时考虑北京广播学院新闻系 1977 级刚入学，教学任务不重。再则，温作为老广播，十多年来对我的广播史教学工作精心指导，使我获益良多。感恩图报，乃人之常情，我毫不迟疑地答应了。他告知具体招生工作将于 7 月开始。其后，我参与做了一些筹备工作，并与人民日报社、新华社参加招生工作的有关领导和同志戴邦、沈如刚等初步相识。

一次茅塞顿开的座谈会

在准备招生期间，3 月 14 日，温济泽主持召开了一次讨论有关制定新闻学发展八年规划(1978—1985)的座谈会。事前，他告我参加一下做好记录，同时也可就新闻学研究项目作个发言。

温济泽在会上首先发言说，胡乔木同志在 3 月 7 日的一次会上提出制定新闻学研究的八年规划，要求 17 日交出初稿，大体分为五个部分：前言，发展新闻学的必要性；重点项目；机构；队伍；措施。接着，他简要谈了胡乔木关于制定规划的意见，请大家

---

① 文章来源：赵玉明．我与早期新闻研究所的片断回忆[J]．新闻与传播研究，2018，25(S1)：21-25.

② 作者简介：赵玉明：中国新闻史学会原会长，中国传媒大学原副校长、教授。

发言。

蓝鸿文首先发言，比较全面系统地提出了北京大学有关的研究建议，在研究方面重点有三：第一，革命导师的新闻理论与实践，包括马克思、恩格斯奠基，列宁、斯大林、毛主席发展，着重研究毛主席的新闻理论与实践。第二，中国新闻事业的历史和现状，重点是新民主主义革命时期和社会主义时期。第三，外国新闻事业的历史和现状，包括美英法日、苏修、第三世界等。

在新闻学研究项目中，北京大学计划三年内由教师承担编写出一套包括中外新闻史论编采的教材。八年内组织编写新闻学有关专著和文选(如马列论报刊、马列新闻选、毛主席论报刊、毛主席新闻选等)

最后他提出了十点建议，其中有恢复出版《新闻战线》，开办剪报公司，组建新闻图书资料中心，进口国外新闻学资料，大学新闻系与研究所建立联系，招收研究生培养新生力量等。

安岗在发言中说，新闻学研究过去一直在搞，但阻力在是否新闻有学？现在明确了，新闻学是毛主席思想体系中的一个部分。乔木同志真正热心抓新闻学研究和新闻学教育。可以把编写新闻学教材放到大学新闻系来搞，新闻所的主攻方向可放在新闻学专著上。搞新闻学研究要有资料，要抢救“活”资料(指对年迈的新闻工作者抓紧访问)，可以把年纪大的同志适当集中起来，写点回忆性的东西。他还提到要把新闻学会、新闻协会一类社会组织恢复起来。

海稜在发言中说，关于党的通讯社的历史，新华社有责任，可以开座谈会，收集历史资料。新闻战线两条路线的问题怎么看？要研究。

他们三人发言后，我也作简短发言，建议新闻学研究中增加中外广播电视史和广播电视理论的研究。

由于上述主持人和三位发言人均已作古，我尽可能根据保存的记录整理如上，以留作历史资料。这次会上还提及当时全国新闻系有教师 105 人，学生 400 多人，我估计这是根据当时北京大学、复旦大学和北京广播学院三校新闻系(专业)的统计数字。

参加这次座谈会，使我茅塞顿开，跳出了只知道教一门课的框框，初步了解到了新闻学研究还需制定规划以及规划的基本内容和要求等。会后，我将记录整理上交。后来，我虽然未见到这个规划的正文，但是讨论中提到的不少事项都正在逐步实施之中。

招生前后

7 月 20 日，戴邦召集开会布置对初步笔试合格的考生进行口试的工作。口试分几个组进行，我参加温济泽主持的那个组，担任记录等事务工作。前来应试的大多是“文革”前毕业已工作多年的大学生和“文革”中毕业经过一段时期劳动后分配到基层工作的大学生，共同的特点是有比较丰富的新闻编采经验和实际工作能力，但在“文革”中又有不同的不幸遭遇。温济泽主持的口试，重点不是考问学生的专业知识，而是通过一对一的启发式交谈了解考生的政治和知识水平，以及语言表达能力。多数考生应答自如、声情并茂，显示出确是经过锻炼的一代青年。口试结束后，对参试考生成绩进行了分析，同时又安排了一次笔试，我未参与出题，但却到新华社和戴邦同志等一起参加了三天阅卷评分工作。8 月 9 日，安岗主持了在人民日报社内召开的录取工作会议，我也有幸参加，在考生名单中，我发现了一些熟悉的名字。当时计划录取 90 多人，后来实际报到上学的新闻所首届研究生 85 人，人民日报社和新华社的一批资深编辑、记者成为他们的指导教师。安岗、温济泽均招收了研究生，罗列因忙于参与人民大学复校工作未参与招收研究生。

在招生期间，中国社会科学院研究生院成立，新闻所招收的研究生归属研究生院新闻系管理。但当时研究生院尚无校址，所以所、系师生共用人民日报社院内的一座楼（记得是九号楼），但却是两套领导班子，新闻所首任所长是安岗，新闻系首任系主任由人民日报社秘书长谭立兼任。

温济泽当时虽主持参与筹备新闻所的工作并招收了研究生，但并未在所内任职。他此时被任命为上述刚组建的研究生院副院长。周扬虽为院长，但在病中，温济泽主持研究生院的筹建和日常工作，他除在新闻系指导四名研究生外，还在哲学系指导研究生。

今天看来，1978 年新闻所招收研究生，在新中国新闻教育的历史上是一次重大突破，与新闻所同时招收新闻专业研究生的还有刚复校的中国人民大学和复旦大学，但当年两校所招新闻专业研究生大约 10 人。第二年，新闻所继续招收 70 多名研究生，中国人民大学和复旦大学继续招生。同年北京广播学院也开始招收新闻专业研究生，但是三校合计也不过十多人。高校招收研究生人数少，主要是因“文革”中新闻专业教师队伍受到极大的摧残，不但现有人数少而且高级职称极少。教育部当时规定副教授及个别“老讲师”可以招收研究生，这就造成三校新闻专业无法多招研究生。

2018 年是我国新闻教育创办 100 周年，也是我国新闻学专业研究生教育开办 40 周年。新闻研究所的成立和招收研究生可以说是改革开放新时期中国新闻教育大发展的标志性起点。40 年来新闻学专业研究生教育有了极大的发展。在教育层次上从硕士研究生发展到博士生教育，从单一的新闻学科发展新闻传播学一级学科，目前已有 700 多所开办新闻传播本科教育的高校，开办研究生教育的院校和科研单位数以百计，其中新闻传播学一级学科博士点有 26 所高校，在职教师和在校学生人数远非 40 年前可比。

“半个研究生”

我参加的新闻所研究生的招生、阅卷、口试和录取工作完成，适逢暑假结束。在1978学年第一学期开学之际，我和温济泽说，广播学院开学了，新闻所的工作也告一段落了，今后你有事找我，一般就不再来了。温济泽说他在新闻所招了几个研究生，有些事情还要我帮着做一下。另外，他还建议新闻所开课后，我可以来听课，这对我也有所帮助。他这一句话，使我受益良多。这样，我就成了新闻所的“半个研究生”。此后两三年内，我做了一些辅导工作。听课我也坚持下来了，只要广播学院没有教学任务，我尽可能到新闻所听课，记得先后听了安岗、杜导正、李庄、冯健、胡绩伟、李普、戴邦、温济泽、杨兆麟、齐越和方汉奇等的讲课，他们大多每次讲半天，有的连讲两三次。讲课内容，概括起来，一是讲党的报刊和新闻事业的历史和光荣传统；二是关于实践是检验真理标准的大讨论的问题；三是揭批林彪、“四人帮”一伙对党的新闻事业的干扰和破坏；四是提出新时期新闻改革的一些设想和措施。讲课者大多是当年中央新闻单位的负责同志和资深编辑、记者，他们结合自身经历和体会，讲起来思想解放、内容充实、事例丰富，使我大开眼界，既弥补了当年大学学习期间学习的不足，又为我在广院新闻系讲课增添了新的动力和知识。当时，耳听笔记，竟然记录了四五本，保留至今，不时翻阅，仍有启示。在这期间，我还应邀为新闻所的研究生讲了一两次延安广播的历史和优良传统。受到新闻所招收研究生的启示，我向广播学院领导提出招收研究生的建议，此后，广播学院从1979年起也开始招收新闻专业研究生。我有幸成为首批硕士生导师。我指导的第一个硕士生郭镇之，她也曾在新闻所工作过。

在听课期间，与新闻所和新闻系的一些负责同志和有关老师联系甚多，有幸与他们一起参加了一些会议和研讨活动，如1979年1月8日，在新闻所听取了传达胡乔木同志关于不久前召开的党的十一届三中全会重大意义和社科院今后工作重点转移的报告。1981年7月23日，参加新闻所召开的中国新闻史座谈会，并在会上就开展中国广播史的调研工作作了发言。所有这些都对促进我解放思想、开拓思路，改进校内教学起了积极的推动作用。

为新闻研究所有关书刊供稿

1979年夏天，新闻研究所筹办出版《新闻研究资料》，这是一种以书代刊的形式出版的书刊，至1993年共出61辑。应筹办同志邀请为该刊撰写和推荐了一批有关广播史的文章，其中我写的有《外国人最早在我国办的广播电台》(第1辑)、《延安(陕北)新华广播电台发展概略》(与曹焕荣、哈艳秋合写第2辑)、《我国广播事业之发轫》(第12

辑)等。其中最具价值的是根据温济泽的建议，为更改中国人民广播创办纪念日，由我执笔写的《延安新华广播电台筹建和试播始末》的调查报告，刊于该刊第 4 辑(1980 年 8 月出版)，同期还刊登了温济泽所写同意上述调查报告并建议更改中国人民广播创办纪念日的《关于新华社和延安新华广播电台的诞生日期》一文。此外，我还先后推荐该刊先后刊登了郭镇之、陈尔泰、哈艳秋、袁军和喻山澜等人写的一批有关广播史的文章。

前述《中国新闻年鉴》首卷(1982 年)于 1983 年出版。当时，具体负责编纂年鉴的同志是新闻所的首届毕业的从事新闻史论的研究生。他们约请我为广播学院的资料负责人，负责提供有关稿件。当时新闻所资料室购进了一批港台出版的新闻传播学方面的书刊，因为大多是中文版的，恰好弥补了我外文图书无法阅读的缺憾。我集中一段时间翻阅这批书刊，顺手做了书摘目录。我稍加整理编辑成《港台出版的部分新闻书刊名录》一稿刊登于《中国新闻年鉴》的创刊号(1982 年)上，为内地(大陆)学者了解港台新闻传播研究提供了比较新颖、完整的信息。1983 年版刊登了温济泽、我和谢骏合写的《中国新闻学研究工作的发展概况》，后来我又应邀担任了《中国新闻年鉴》的编委，负责提供有关广播电视方面的部分稿件直至 1998 年。

80 年代初，新闻研究所副所长钱辛波等主编《各国广播电视法选辑》一书，我为该书提供了民国时期的广播法规和台湾地区有关广播电视规定的资料。该书于 1984 年由群众出版社出版。在此期间，我还与钱辛波等一起参与了《中国大百科全书》第一版新闻卷的编纂工作的有关会议。

此外，前述首都新闻学会成立后，秘书处设在新闻所。该会编印《新闻学会通讯》内部刊物。我也曾为该刊提供了有关稿件，如《积极开展中国广播史的调查研究工作》(1981 年第 19 期)及中国广播电视史座谈会在长春举行、解放区广播史讨论会在北京广播学院举行等消息。

余　音

20 世纪 70 年代末 80 年代初，作为“半个研究生”，新闻研究所成为我进修、提高的重要场所，给我留下了难忘的印象。此后，由于广播学院办学逐渐走向了正规，我在校内教学科研任务也逐步加重，不久又先后担任了新闻系和学校的领导工作，与新闻研究所的关系也逐步变成相关业务单位的正常联系。90 年代以后，记得还应邀参加过新闻所的高级职称评审会、推荐博士生导师的小组会等。1998 年，我担任国务院学位委员会新闻传播学学科评议组成员期间，参加审议通过了中国社会科学院研究生院成为新闻学博士点的事项。2002 年，还曾担任研究生院新闻系学位委员会委员(但未曾参加过有关会议)。这也可以说是与早期新闻所关系的余音了。但新闻所赐赠的从 1982 年起创刊至今的《中国新闻年鉴》一套我至今保留无缺，成为我从事新闻史教学科研的不可或缺的工具书。

学院文化：新闻传播人才的培养基①

张　昆②

摘要：新闻人才培养是一个系统工程，涉及诸多的要素，包括人力资源、物理空间、实验设施、实践基地，还有学院的整体氛围或学习环境。学院文化是新闻专业人才的培养基。它在提升学生的道德、塑造良好的情操、强化专业精神和责任意识、营造学习氛围及增强对学院、专业的认同感方面具有重要的影响。要建设好学院文化，必须统筹兼顾、综合施策：弘扬历史传统，丰富精神文化，引领学习风尚，提升行为文明。

关键词：学院文化；校园文化；新闻教育

新闻传播人才培养是新闻院系的基本职能，但人才培养是一个系统工程。这个系统工程涉及诸多的要素，不仅包括人力资源、物理空间、实验设施、实践基地，更重要的是还有学院的整体氛围或学习环境。长期以来，在新闻院系的建设和传媒专业人才培养方面，人们习惯于重视物质条件和硬件设施的改良，而在一定程度上忽视了学院的文化软环境或学习氛围的营造，以至于在人才培养方面难以达到预期目标。眼下当务之急，是改变观念，以学院文化建设为抓手，把环境和氛围的改善提升到战略的高度。

一、文化、校园文化与学院文化

在社会科学领域，大概没有比对文化的理解更加众说纷纭的了。广义的文化指的是人类在社会历史实践中所创造的物质财富和精神财富的总和，而狭义的文化则是指精神生产能力和精神产品。从本质上讲，文化是人类历史长期积淀的成果，是一种历史现象，它寄生于物质之中，又游离于物质之外；既存在于历史之中，又能够延续于今天与未来。文化的本质功能在于化成，即对人的教化。

人类的文化包罗万象。在特定地区或国家，除了主流文化或综合文化之外，还有非主流的次文化或亚文化。这种次文化或亚文化，不仅拥有与主流文化相同的文化精神，也有自己独特的价值与理念。校园文化就是一种典型的亚文化或次文化。校园文化（本

---

① 文章来源：张昆．学院文化新闻传播人才的培养基[J]．新闻记者，2018(2)：51-57.

② 作者简介：张昆，华中科技大学新闻与信息传播学院教授、博士生导师。

处的校园文化系指大学校园，下同) 以大学校园为空间边界，以学生和教职工为主体，以课外文化活动为核心，以服务人才培养为主要导向，以物质文化、制度文化、精神文化和行为文化为主要建设内容，以学术理想和校园文明为主要特征的一种群体文化。这种校园文化是社会总体文化的一部分，但又显示出自己独特的个性特征，对于在校大学生的培养具有十分重要的意义。

学院文化则是校园文化之下的二级次文化或亚文化现象。它是校园文化的重要组成部分，在共同的大学精神、学术氛围下，学院作为一个亚文化的主体，除了拥有校园主流文化的基因和脉络外，还具有自己学科、专业性的特色。学院文化在一定的程度上由校园文化所决定，但学院文化的发展和繁荣会在更大的程度上丰富校园文化的内涵，增强校园文化的活力。各学院学生的多样化的精彩表现，一方面取决于不同的课程体系、不同的师承及不同的实践历练 ；另一方面，不同的学院文化、专业精神的熏陶也有着重要的影响。新闻传播学院与其他注重基础研究的学院不同，它关注现实社会的变动，研究变动的信息如何传播，以致怎样引发社会的适应和变迁？还有一点是学院文化的包容性。一个学院是一个小的天地、小的宇宙。一个问题、一个现象，存在着不同的解释、不同的见解；一门学科，也会有不同的流派、不同的风格。新闻传播学科历史既短，又是学习、借鉴其他学科融合而成，所以在学缘、理念、方法等方面，异彩纷呈。这自然会影响到学院的文化精神，使得多元包容成为学院文化的重要内核。学院文化与校园文化在逻辑上属于种属关系，其结构和功能十分相似。虽然两者在空间与内涵上不尽相同，但在以文化成，文化育人方面，则是完全一致的。

在新闻传播专业人才培养方面，学院文化比起校园文化来其作用与影响更加直接。所以，为了培养一流的新闻传播专业人才，加强校园文化和学院文化建设是十分必要的。但是观察当下的新闻传播教育界，学院文化建设却正是新闻教育最大的短板。反思今天的新闻传播教育，有两个问题值得注意。其一，过于重视硬件投入，忽略了软件建设。重视大楼建设、设备的更新，在这方面不惜重金，以提高档次，却忽视了学院文化和专业精神的熏陶。其二，重视校园文化建设，注意大学共同的精神熔铸，而忽视了学院学科的文化建设。

二、学院文化是专业人才的培养基

学院文化是专业人才养成的培养基。不同的生物及其在不同的生长阶段都需要不同的培养基。人们可以根据不同的需要，在培养基中添加新的营养物质。用培养基来比喻学院文化，笔者认为是比较贴切的。因为两者都是人的主观意识的产物，都是经过人的努力营造出的适宜生长的一个小环境。这种环境对于学生的成长，具有非常重要的意义。

华中科技大学的哲学教授涂又光在人才培养方面提出了著名的“泡菜理论”。他把校园文化比喻为泡菜汤。好的校园环境如同一缸好汤，学生进了这个环境，好比泡菜原料投入汤料之中，就会潜移默化，时间一长就会产生化学反应，最终形成人格健全、身体强健、学富五车、能力卓越的高级专业人才。涂又光的泡菜理论主要是就学校文化、校园文化而言的。但是学院是学校的组成部分，是学校大系统的子系统。所以这个理论同样也适用于学院的文化建设。

一般而言，学院文化对学生成长的影响，主要是通过如下途径：

第一，提升学生的道德。大学教育不仅在于灌输知识，建构完善的知识与能力结构，更重要的是在于完善学生的人格，提升学生的道德水准。经过大学阶段的教育，经过学院文化的渗透和浸泡，学生不仅会成为一个有知识、有文化的人，更是一个道德高尚的人。不仅适应社会一般的道德规范，体现出大家普遍推崇的道德品质，如诚实、勤劳、公道、正直等，而且在自身专业所对应的行业领域，也有较高的道德素养，如真实、公正、平衡等。这是学生进入职场前的必要准备。

第二，塑造良好的情操。情操常被人们视为一种高级的感情。通常指几种情绪以某一事物为对象结合而成的一种复杂的、有组织的、比较稳定的情感倾向，如求知欲、爱国心、悲悯、慷慨等。对于一个职业传媒人而言，良好的情操更是不可缺少的。在浓郁的学院文化的浸润之中，未来的传媒人逐渐地养成了健康、积极、稳定的高级情感，从而为将来的职业生涯注入了正能量。

第三，强化专业精神和责任意识。学院文化的重要特色之一，就是学科与专业的特质。不同的学院有不同的专业特质，因而有不同的学院文化，经受学院文化培养基浸泡的莘莘学子，也会因此具备不同的专业精神和职业梦想。职业传媒人常被公众誉为“无冕之王”，是社会环境的守望者、党和人民的喉舌，因而承担了重要的历史使命。新闻传播事关社会稳定、文化传承和信息安全，所以职业传媒人责任重于泰山。

第四，营造学习氛围。每个人都处在不同的学习状态中，但是学习的绩效大不相同。这种绩效固然与个体的精神状态、学习的积极性直接相关，但最重要的影响因素还是学习的氛围。中国古人讲近朱者赤，近墨者黑。在某个特定的群体或特定的空间，大家彼此都喜爱学习，以学习为乐事，洋溢着爱学、乐学的氛围。在这种环境下，你即使想轻松些，想放松地玩一玩，都很难。

第五，增强对学院与专业的认同感。随着高校的扩招，各新闻院系的招生规模在持续地扩大，尤其是一般院校。同时，由于近年来网络媒体的崛起，传统媒体处于低迷甚至萎缩的状态，学生们对传媒行业的前景不再乐观，对传媒专业的认同度开始下降。在这个背景下，新闻院系招生面临着困难，第一志愿考生所占比例逐年下降。非第一志愿生或调剂生来到新闻学院，对专业的兴趣缺乏，学习动力不足，因而对学院的归属感较弱。于是学生普遍不稳定，一旦面临第二次专业选择，不少新闻学院面临着学生出走潮。

三、建设学院文化的路径

首先，弘扬历史传统。每个学院都有自己的由来，从无到有，由弱到强。在这个历史进程中，总有一些院长主任的奋斗业绩令人自豪，总有一些知名学者的学术成就令人骄傲，总有一些成功的学长令人钦佩。这本身就是一种激励学生前行的精神力量，一种强化归属感、认同感的催化剂。可以想象，中国人民大学新闻学院的学生每当听到或看到安岗主任、何梓华院长治院的理念，或者回味甘惜分教授、方汉奇教授、郑兴东教授的风采，或者在书本上读到自己的学长胡福明、陈锡天的光辉事迹时，他们会有什么样的感受；可以想象，复旦大学新闻学院的学生们每当听到陈望道、谢六逸、王中的名字时，或者在梳理学术历史的过程中，看到学院的老师或学长留下的痕迹时，他们的心情该是如何。当然，并不是所有的新闻院系都像中国人民大学、复旦大学新闻学院那样，有着如此悠久的历史和传统。但是即便年轻的新闻学院，哪怕刚刚草创，其筚路蓝缕、以启山林的经历，也足以鼓励学生们发愤图强。华中科技大学新闻教育创立于 1983 年，在 30 周年院庆时，学院请专家编纂了一本《华中科技大学新闻传播教育史稿》，洋洋 50 万字，在学生和校友中深受好评，教育界同行也给予了高度的评价。因为从这本书中，看到了学院的秉持初心、一路走来身的影姿态、路线轨迹，一种自豪感、光荣感油然而生。

其次，丰富精神文化。在这点上，院训院歌院徽的作用最为直接。一些有名的新闻学院，在学校校训的基础上，结合学科专业特色，制定了院训。院训犹如座右铭，将学院的宗旨、信条、理想融入其中。千回百转，反复吟诵之中，自然地嵌入学生灵魂的深处。如华中科技大学的校训是“明德厚学，求是创新”。在此基础上，华中科技大学新闻与信息传播学院制定了院训“秉中持正，求新博闻”。不仅彰显了学科与专业的特色，而且与校训一脉相承，彼此烘托。这八个字经原中国记协主席、北京大学新闻与传播学院院长邵华泽题写，其雄浑深厚的字体完全吻合院训的意涵。学院不仅将其篆刻于院徽之上，还在学院大楼旁竖立了一个高达 7.5 米的院名石碑，“秉中持正，求新博闻”在石碑上熠熠生辉，成为学校的一道景观。这个院训还被植入院歌之中。笔者多次经历华中科技大学新闻学院的开学典礼，学生们佩戴着院徽入场，有一个环节是朗诵院训释义，场面令人震撼。这实际上是一场灵魂的洗礼。经此过程，学生对专业的认同、对学院的归属感会大大强化。事实就是如此，在影响学生的诸多因素中，仪式、感性有时比理性更有力量。

其三，引领学习风尚。学生进入大学后主要的任务是读书，在读书的过程中，在思考的基础上接受新知。当前高校最大的问题，是学生被外界喧闹所吸引，红尘滚滚，物欲横流，难以静下心来。尤其是新闻传播类专业的学生，担心落后于传媒转型，同时期待着带薪的专业实践，还有各种校园社团活动，能够用于读书的时间少之又少。新闻院系应该考虑建立一种机制，引领学生读书，回归学术经典，与圣贤对话。可以通过编制阅读书目，通过班规院规和学分制度，塑造引领班风院风。清华大学、中国人民大学在这方面做得不错。中国人民大学陈力丹教授推荐的大学生必读书目，清华大学李彬教授发布的书目清单，在大学生中影响很大、深受欢迎。学生们在读书的过程中思考，在思考中理解，在理解中接受，而不是盲从。长此以往，学生的思想自然会变得深刻。读书活动应该不限于有字之书，还应该拓展阅读的范围，同时读好“无字之书”。当在书斋里读有字之书达到一定阶段时，就可以走出校门，带着问题，去阅读国家、社会这本无字之书。这种无字之书博大精深，浩渺无际，值得我们去深究。如果能够将有字之书与无字之书结合起来读，相互参详，就能够触类旁通、相得益彰。当读书、学习、思考成为学院的时尚，这所学院及其学院文化才可以说臻于化境，这才是真正的人才摇篮。

其四，提升行为文明。青年学生是国家的未来，尤其是大学生，一经毕业就可以直接进入职场，扮演建设者的角色，是国家、社会未来的支柱。事实上，当学生进入大学时，他们基本上都成年了，开始独立地享有公民权，对自己的行为承担法律责任。在大学期间，除了正常课程学习之外，还有众多的课外活动、社团活动、专业实习和社会实践活动。这些活动本身一方面是学生验证、活用课程知识的重要的途径；另一方面也是学生正式进入社会之前，以公民身份预先扮演社会角色，履行社会责任的重要平台。在参与这些活动时，要注意权利与义务的平衡。不可能只有权利没有义务，反之也是如此。同时也要理解自由与责任的协调。新闻院系对于校园内学生的学习、实践和社会活动，也应该明确行为的边界，一方面要鼓励学生大胆地创新、激发他们思维的张力，另一方面也要提醒学生不要忘记自己的责任和底线。一切行为都应该符合文明的常规，既有开拓创新的勇气，又有文质彬彬的优雅。这是社会对大学生的期待，也是学院文化在人才培养中重要的着力点。

学院文化建设是一个系统工程，涉及许多要素、众多节点，要做好这件事情，必须以战略的高度做好顶层设计、统筹安排。虽然学院文化主要是属于精神意识的范畴，在今天这个功利的时代，实在是不大容易引起人们的关注，但是由其决定的精神氛围、学习风气，在人才培养方面影响深远，所以新闻学院的领导，理应高度重视，切实把学院文化这篇文章做好。

不断提升部校共建新闻学院的质量和水平①

张晓锋②

推动地方党委宣传部门与高等学校共建新闻学院，是党的十八大以来新闻宣传工作创新发展的重要举措，也是创新新闻传播人才培养机制的重要举措。2018 年 10 月，教育部、中宣部联合发布《教育部　中共中央宣传部关于提高高校新闻传播人才培养能力实施卓越新闻传播人才教育培养计划 2.0 的意见》(以下简称《意见》)，将“推动部校共建新闻学院新发展”列为七项“改革任务和重点举措”之一，将进一步深化部校共建新闻学院工作。

一、部校共建新闻学院的基本态势

在我国新闻传播教育领域，共建实践实习基地由来已久。但真正将部校共建新闻学院推进到全国层次则始于 2013 年 12 月，根据《关于地方党委宣传部门与高等学校共建新闻学院的意见》(中宣发〔2013〕34 号)的精神，中宣部、教育部在上海召开现场会，在全国范围推广上海市委宣传部与复旦大学合作共建新闻学院的“部校共建模式”，确立北京、江苏、山东、安徽等首批 10 个省市率先开展共建试点，要求“每个省(区、市)党委宣传部门都应和高等学校重点共建一个新闻学院”，“原则上中央主要新闻单位也应与高等学院共建一个新闻学院”。此后部校共建在全国铺开，2015 年和 2016 年，中宣部、教育部先后在南京和郑州召开部校共建新闻学院工作推进会。

部校共建新闻学院在推动新闻教育改革与人才培养方面发挥了十分积极的推动作用。截至 2018 年 10 月，全国共有 122 家新闻学院实施了部校共建，大致呈现几个特点：一是覆盖面广。从区域分布来看，基本覆盖了 31 个省、市、自治区。二是形式多样。从共建机构来看，主要有宣传部门与高校共建的“部校共建”、新闻单位与高校共建的“媒体共建”、科研机构和高校共建的“院校共建”三种形式。三是成效显著。以 2018 年度获国家教学成果奖的项目为例，新闻传播学类四个项目中的三个与部校共建

---

① 文章来源：张晓锋．不断提升部校共建新闻学院的质量和水平[J]．当代传播，2018(6)：9-10.

② 作者简介：张晓锋，南京师范大学新闻与传播学院教授、博士生导师。

有关，分别是获得一等奖的中国传媒大学的“实践中的马克思主义新闻观”，获得二等奖的中国人民大学的“中国特色新闻传播人才的生态型培养体系构建”和暨南大学的“马克思主义新闻观指导下新闻人才培养‘六结合’模式的创建与实践”。

二、部校共建新闻学院的主要问题

部校共建为众多新闻学院的建设和发展获得了重要的政策支持、资金扶持，推动了各新闻学院人才培养、学科建设、科学研究、师资队伍和社会服务等的提升和改革，但同时部校共建工作仍然存在着一些问题，突出表现在几个方面：

一是阶段性活动强于持续性行动。各宣传部门和新闻单位与高校共建新闻学院的协议签署和启动仪式往往会有比较重要和影响的活动，部分共建新闻学院也有年度领导小组会议和院务会议予以指导和推进。但是，对于不少部校共建单位而言，日常性、持续性的共建行动仍然缺乏长效机制和制度保障，扎实深入的建设行动有待于进一步加强。

二是形式性互动强于有效性联动。部校共建要求建立起新闻媒体与院校的互聘机制，但是一些新闻院系的学界师资和新闻媒体的业界人员之间的互聘往往停留在形式层面，如短期的讲座或者沙龙，而缺乏深层次的参与和互动，彼此的深度参与意识不足，难以真正显示出“互聘”的实效和合作双赢效果，有效的联动机制有待于进一步加强。

三是外部性压力强于内生性动力。目前而言，众多高校仅将部校共建新闻学院作为获取外部资源的一个途径，而没有将之作为新闻传播专业建设和人才培养改革的重要内容。截至 2018 年 6 月，全国共有普通高等学校 2631 所(含独立学院 262 所)，这其中有 734 所高校设有新闻学、广播电视学、网络与新媒体等 1321 个本科专业点。(杨华杰，2018)也就是说，部校共建单位只占到设点高校的 16%。如何激发新闻学院参与新闻教育改革的动力和活力，是推进部校共建新闻学院的重要内涵之一。

三、部校共建新闻学院的实践要求

培养什么样的新闻人才、谁来培养新闻人才和怎样培养新闻人才，是当前部校共建和新闻教育改革必须面临的核心问题，迫切需要解决以下三个问题。

第一，坚守正确办学导向是提升部校共建新闻学院质量和水平的前提。坚守正确办学导向的核心是坚持马克思主义新闻观。《意见》在总体思路中明确指出：“全面落实立德树人根本任务，坚持马克思主义新闻观，用中国特色社会主义新闻理论教书育人，培养造就一大批具有家国情怀、国际视野的高素质全媒化复合型专家型新闻传播后备人才。”习近平总书记在 2016 年记者节前夕会见中国记协第九届理事会全体代表和中国新闻奖、长江韬奋奖获奖代表时发表重要讲话，勉励广大新闻工作者践行“四向四做”，做党和人民信赖的新闻工作者。能否做到“党和人民信赖”，关键在于坚持马克思主义新闻观，切实开展马克思主义新闻观教育和研究。

开展马克思主义新闻观教育，一要强化开拓性。马克思主义新闻观的形成是一个与时俱进，不断丰富、发展和完善的过程。《意见》指出：“习近平总书记关于新闻舆论工作的重要论述是马克思主义新闻观的新发展，是新时代高等学校新闻传播教育改革发展的根本遵循和行动指南。”我们不仅要研究和传承创立者和奠基者马克思、恩格斯的理论学说，也要关注毛泽东、邓小平等实现中国化和传承的理论体系，更要深入贯彻落实习近平总书记关于新闻舆论工作的重要论述，深刻领会以习近平同志为核心的党中央对于马克思主义新闻观的时代贡献和实践指向。二要突出灵活性。开展马克思主义新闻教育，既要突出理论引导，更要加强实践体悟。因此，要特别注重通过形式多样的教学方式，如马克思主义新闻观实践基地参访等主题教育活动和“好记者讲好故事”“国情系列”专题报道实践等，使新闻人才增加政治自觉和理想信念。三要增强实效性。马克思主义新闻观教育是一项长期任务，要制订详尽计划、明确有力措施、实施清晰步骤，全方位地开展马克思主义新闻观学习教育活动，努力做到“真学、真懂、真信、真用”，培养更多政治坚定、引领时代、业务精湛、作风优良的新闻传播人才。

第二，明确协同育人方向是提升部校共建新闻学院质量和水平的关键。明确协同育人方向的核心是构建协同育人机制，如何实现宣传部门和教育机构之间的优势互补，不断探索新闻传播教育与业界实践相互贯通、深度融合的路径，形成新闻传播人才培养的创新环境与实践体系。《意见》指出：“进一步深化部校共建新闻学院工作，在教师队伍专业能力、理论体系构建能力、重点任务统筹能力和强化工作保障能力上下功夫，打造新闻传播协同育人‘先锋队’和‘示范区’。”也就是说，部校共建新闻学院要将师资队伍建设、科学研究、人才培养等融为一体，发挥宣传部门的组织优势、媒体行业的实践优势的基础上，促进新闻传播人才培养的整体革新。

构建协同育人机制，一要强化开放性。在部校共建的格局中，努力优化各类教育资源配置，发挥部校共建的乘数效应，在宣传部门的支持和指导下，拓展新闻学院的办学资源，不断提升办学层次和水平。二要提高协同性。不断落实共建参与机构的共同参与、共同推进和共同承担，形成共建合力；不断要完善工作机制，根据学科水平和专业设置的实际情况探索和创新共建模式，合理统筹教育教学资源，激发共建活力。三要增强长效性。《意见》指出：“总结推广互聘交流‘千人计划’经验，构建学界业界优势互补、理论实践深度融合的长效机制，加大力度、拓宽广度、发掘深度，深入开展新一轮互聘。”探索与更多媒体建立长效合作机制，适度扩大规模，积极拓展范围，着力深化层次。

第三，把握行业发展动向是提升部校共建新闻学院质量和水平的重点。把握行业发展动向的核心是顺应媒体发展的融合态势。《意见》明确将“全媒化”作为新闻传播人才的主要标准之一，毫无疑问，这是顺应如火如荼的媒体融合态势的精准应对。2014 年 8 月，中央全面深化改革领导小组第四次会议审议通过了《关于推动传统媒体和新兴媒体融合发展的指导意见》；在 2018 年 8 月召开的全国宣传思想工作会议上，习近平总书记发表重要讲话指出，“要扎实抓好县级融媒体中心建设，更好引导群众、服务群众”。中央已经将县级融媒体建设上升为党和国家宣传思想工作的战略任务。因此，部校共建的重点是培养顺应媒体融合发展趋势的新闻传播专业人才。

顺应媒体融合态势，一要具有前瞻性。面对传媒行业“五千年未有之大变局”，唯有在教育理念、培养模式、教学体系、课程设置上体现出足够的前瞻性，真正引入传媒实践中的新理念、新手段、新平台，培养一种创新的思维，才有可能适应瞬息万变的传播情境变革和行业变化。二要强化人文性。大数据、云计算、人工智能已经成为媒体传播和舆情分析的重要手段，新闻传播教育也已经融入到这样一种生态之中。越是在技术变革的时代，越是需要打造厚实的人文基础，培养可持续发展的后劲和潜力，增强家国情怀，应对社会风险。三是培育服务性。习近平总书记强调，受众在哪里，宣传报道的触角就要伸向哪里。新时代新闻传播教育培养的人才既要会“看天气”“守正气”，更要“接地气”“有温度”“有品质”，需要掌握了解民情民意的扎实本领，更需要具有体察民情民意的深厚情感。

部校共建新闻学院发展迅速，成效显著，但依然任重道远，期待满满。

绕轴翻转：媒介融合时代广播电视教育的理念革新与范式转型①

张　卓　吴占勇②

摘要：在媒介融合时代，传统的倚重知识传授、辅以实习锻炼的广播电视人才培养模式已无法适应时代之需，广播电视教育理念变革迫在眉睫。美国斯坦福大学提出的“绕轴翻转”教育理念主张将“先知识后能力”翻转为“先能力后知识”，实现了教育理念从“知识检测”到“高峰体验”的重要转变，为我国广播电视教育提供了可资借鉴的参考

① 文章来源：张卓，吴占勇：绕轴翻转：媒介融合时代广播电视教育的理念革新与范式转型[J]. 现代传播(中国传媒大学学报)，2018，40(3)：158-162.

② 作者简介：张卓，武汉大学新闻与传播学院教授、博士生导师，武汉大学视听传播研究中心主任；吴占勇，武汉大学新闻与传播学院博士研究生。

样本。“绕轴翻转”在着力架构“以能力聚合知识”的核心理念体系时，紧紧围绕“能力”这一圆点做向心运动，既涵涉了复合能力、可迁移能力的跨学科知识学习，又凸显了其牵引知识运用的实践维度。美国密苏里大学新闻学院、中国台湾政治大学传播学院以及英国皇家霍洛威大学艺术系等院系的广播电视教育都在不同程度地实践着“绕轴翻转”的教育理念。依托“绕轴翻转”理念所形成的创建树状课程体系、学生生成内容驱动教学、联动地区媒体助力产学融合等教学流程再造方式，以及开拓专业媒体发布渠道、利用自媒体服务教学、建立动态能力评估机制等检视学生跨媒体生产能力的手段，为我国广播电视教育理念变革与范式转型提供了新的思考向度。

关键词：媒介融合；绕轴翻转；广播电视教育

一、问题的提出

在媒介融合的理念观照下，广播、电视等传统媒介的组织结构、生产方式以及传播形态都已遽然发生变革，不仅重塑了广播电视的生产传播理念，而且对广播电视的人才培养模式也提出了新的要求。传统的倚重知识传授、辅以实习锻炼的人才培养模式已无法适应媒介市场的需求，广播电视教育理念的滞后与当前我国广播电视教育的学科边界/专业归属的“模糊性”存在着密切关联。一方面，广播电视专业与新闻学交织共生；另一方面，新闻传播学与艺术学的交叉，致使广播电视学科归属复杂交错。

由此，在媒介融合时代，我们以“严格”的媒介形态(如电视、新媒体)为边界来清晰地划分学科形式的方式，是否需要变化？在这种意义上重思广播电视教育的理念变化及其生存路径显得尤为迫切。斯坦福大学在应对信息化浪潮时提出的“绕轴翻转”(Axis Flip)教育新理念提供了一种很好的参照样本。本文在深入阐述“绕轴翻转”的理念内涵基础上，对全球范围内践行这一理念的广播电视教育典例予以观照，并探索与反思“绕轴翻转”理念对我国广播电视教育所具有的启迪价值，从而为融媒体语境下我国广播电视教育的理念变革提供一种新的思考向度。

二、“绕轴翻转”的理念内涵及其全球探索

伴随信息数据的大量生产与应用，传统学科呈现出融合发展的态势，并以不可预测的速度分裂成新的学习领域。在此形势下，《斯坦福 2025》计划提出了全新的人才培养理念——绕轴翻转。该计划旨在将“先知识后能力”翻转为“先能力后知识”，实现学科知识与学生能力之地位的翻转，以此实现人才培养与市场需求的完美接洽。

(一)核心理念：以能力聚合知识

“绕轴翻转”并非简单调整知识与能力的先后顺序，而是站在信息化大生产重塑人类劳动结构的背景下，对人才形塑机制的创造性变革。

首先，以能力为圆心辐射跨学科知识。在对接信息市场的过程中，高等教育的人才培养必须具有复合型知识结构。复合型知识的学习并非意味“全知全能”，而是以生产实践中所需要的具体能力为导向，架构动态的、符合应用需求的知识结构。

其次，以复合能力牵引知识运用。数据在各个行业中的重要性日渐凸显，通用性的数据分析能力成为选择人才的基本条件。“绕轴翻转”要求学生面对具体问题时从“我知道多少”转变为“我怎么分析”，体现出对知识的灵活提取和综合运用。

再次，以能力的可迁移性取代知识学习的封闭性。在以知识传授为主导的传统教育中，学生的知识更新速度较慢，固化的知识结构难以跟上时代发展的步伐。相比单一学科的知识而言，“能力”这个基本要素则更加灵活，它们像砌砖墙一样可以被重新组合，并在个人一生中可能经历的种种工作语境中得到使用。

在广播电视与互联网深度结合的信息社会，厘清学科定位、思考能力结构、重构知识链条，成为融合媒体时代广播电视专业教育亟待解决的顶层设计问题。

(二)全球探索：“能力先行”的模式建构

世界范围内尚无体系化的“绕轴翻转”实践，然而在知识和能力中，选择能力先行的创新实践已在全球范围内得到了一定共识。

第一，以兴趣为导向的抽屉模式。密苏里大学新闻学院为本科生设置了六大类专业，并在这些专业类别下设置 36 个兴趣方向。学生不仅可以结合职业规划选择方向，而且还可以在特殊兴趣的内在驱动下选择“个人订制”，从而最大限度地满足广播电视教育的个性化需求。

第二，内容与经营并重的双轨模式。台湾政治大学传播学院自 2014 年以来，转变广播电视人才培养理念，日渐强化学生的多样化技能训练。学生在前两年的通识教育中训练媒体内容生产的基本技能，大三时以申请方式进入广播电视系，在“媒介创新与管理”和“影音企划与制作”两个主修学程中选择培养方向，根据主修方向重点培养核心业务能力。

第三，传媒与艺术的融合教育模式。一些高校开始以传媒艺术之名开设院系或专业，以“屏幕媒体”(Screen Media)代替“广播电视”，用融合思维拓展视听人才的培养路径。传媒与艺术的融合培养模式，能够使学生从根本上树立跨屏思维和新媒体内容制播思维，打造学生在融合时代的核心竞争力。

总体而言，上述三种模式均呈现出强烈的“能力导向”，依据行业能力需求制定培养方向，与斯坦福大学的“绕轴翻转”教育理念产生了高度契合。“绕轴翻转”理念下的广播电视教育应尝试在夯实学生通识素养和基础专业技能的基础上，明确个性化、前沿性的教育方向，培养具有跨学科知识和可迁移能力的复合型人才。

三、“课堂厨房”里的教学流程再造

斯坦福大学在提出“绕轴翻转”的同时，推出了与之配套的改革方案——目的性学习。这启示广播电视教育在实践中完成教学，为学生搭建富于生长性和系统性的学习情境。

“课堂厨房”要求老师既要讲授基础知识，也要为学生(和老师)提供通过实践来学习的空间，即践行“理解、实践和尝试”。(相德宝，2016)在此过程中，学生不仅要懂得搭配厨具、食材和烹饪的方法(理解)，还要在老师的指导中身体力行地烹饪(实践)，并在厨具、食材的创意搭配和方法组合中进行创新(尝试)。

对于广播电视教学而言，可以尝试从以下三个方面搭建“课堂厨房”。

(一)创建树状课程体系，提供自选能力菜单

媒介融合时代的广播电视人才需具备融合思维能力和跨屏制播能力。作为“树干”的必修课，旨在使学生树立融合思维和跨媒介生产意识，夯实学生媒介融合的基础素养。作为“树枝”的选修课，每条树枝对应一种能力要素，“树枝”课程囊括视听内容生产各个环节的能力培养，具有强烈的应用导向。

树状课程体系完全开放“树枝”部分，学生根据兴趣导向和职业规划，明确专业学习任务，自主“选菜下单”，制订能力学习计划。

(二)以学生生成内容驱动教学，实现课堂翻转

以学生生成内容(Student Generated Content，SGC)驱动教学，在某种意义上是“翻转课堂”在广播电视教育中的实践方式。

学生依据老师的教学要求，在课前完成内容创作。在课堂上，老师与学生共同就每一部作品展开全面分析和深入讨论，根据作品呈现出的问题和不足，寻找学生学习创作过程中的理念误区、操作不当和能力欠缺，老师在此基础上就每一个具体问题进行有针对性的解答和纠错，然后再根据问题的集中程度布置新的训练内容。

在以学生生成内容驱动教学的基础上，还可以建立“混合式评教机制”，由业界资

深人士、任课老师、学生组成混合式评价小组，针对学生作品进行研讨，并针对作品中反映出的教学问题进行反思。

（三）联动地区媒体，深度融合“学”与“产”

“威斯康星理念”认为大学要“根据自己的办校方针和大学文化，从所在地区实际情况和现实需要出发，服务当地社会、经济和文化建设”。（高有祥等，2016）密苏里大学新闻学院将这一理念在实践教学中发挥得淋漓尽致。

我国广播电视教育转型对“密苏里方法”的借鉴可以从两个方面逐步推进：一方面考虑将校园电台、电视台等相关视听媒体的运营权交由广播电视专业的教师和学生，由教学单位来完成校园媒体的内容生产和经营管理；另一方面可与当地专业媒体节目组合作，老师指导学生深入媒体生产一线为节目制作衍生内容，如宣传片、纪录片、创意短视频等，也可由学生为节目组策划新媒体营销方案、节目改版方案等。优秀内容通过节目官方渠道播发，成熟方案由节目组采纳使用等，这样既能引导学生在专业媒体情境中锻炼生产能力，又能为节目组提供更多的内容产品或创意。

四、从“知识检测”到“高峰体验”

斯坦福大学计划放弃现行的学习成绩单，转而采用独特的、动态的“能力指纹”（Skill-print）来检视学生个人竞争力。斯坦福大学成绩单改革背后，是对学生能力考核方式的重要改变。如何确保学生熟练掌握单项课程能力，又如何确保学生能够综合运用各项能力而不至于产生木桶效应？思考并回答这些问题，对培养广播电视专业学生在媒介融合时代的核心竞争力至关重要。

美国的新闻学院近 20 年来一直针对高年级本科生开设高峰体验课程，这是具有美国新闻教育特色的学生实践项目。在课程的最后阶段，要求学生综合利用所学知识解决模拟的或真实的问题，旨在将相对零散的知识内容整合成一个整体。（Durel，1993）高峰体验课程是对本科知识和能力学习的集中呈现，名为“体验”，实则是学生进入工作的角色，以专业媒体标准完成内容创作，独立解决媒体生产中可能面临的一切问题。

高峰体验课程的考核方式可认为是“绕轴翻转”理念下“能力指纹”的雏形，即不以书面的知识考试检验学习效果，而是在综合实践中检验专业能力。

高峰体验课程对我国广播电视教育改革的启示主要体现在：

第一，创新与专业媒体的合作方式，强化学生的主体作用，实现与真实媒体生产情境的无缝对接。目前制播分离已成为我国广播电视行业的发展常态，学校可通过与专业媒体合作等方式，为学生提供切实可用的发布平台，扭转学生在专业媒体实习中的从属地位。

第二，充分利用自媒体服务教学。让学生独立运营自媒体，不仅能够锻炼学生的内容生产能力，还能使其充分体验自媒体运营中的各个流程，激发他们以媒体管理者的意识组织内容制播，进而全方位熟悉媒体运作。学生在充分体验媒体运作的各个流程中，实现系统性的能力整合。

第三，建立动态的能力评估机制。改变以单一作品下定论的思维，从学生的多部作品创作轨迹中评估能力；改变以最终产品给成绩的做法，从学生在创作过程中的综合表现发现学生特质。

五、结语

在融合共生、多元交织的媒介版图上，广播电视产业的动态性变革“倒逼”教育理念的更新，由此，寻求契合时代背景、符合专业特色的新理念成为广播电视教育工作的重要任务。由美国斯坦福大学提出并在全球范围内获得一定共识的“绕轴翻转”理念，主张把“先知识后能力”翻转为“先能力后知识”，对我国的广播电视教育具有重要的借鉴意义。由此，我国广播电视教育的理念革新和范式转型应坚持“贯通课堂内外、作品驱动教学、仿拟媒体生产、能力适配行业”的宗旨，以不同形式激活学生的实践能力，实现知识和能力的“绕轴翻转”，使人才培养与行业发展紧密切合。围绕“知识”和“能力”的地位翻转，广播电视专业教育需从思维到实践上进行整体性的反思与转型。

当然，“绕轴翻转”作为具有颠覆性变革意义的教育理念，它本身也存在某些值得商榷的问题，比如对能力训练的过度强调，是否会造成学生对理论素养和人文精神的忽略？主张培养学生的复合能力和可迁移性能力，是否与信息化生产要求的专业细分化和人才竞争力核心化背道而驰？对广播电视教育实践性的强化是否会造成教学院系的硬件投入过高……因此，如何将“绕轴翻转”的新兴理念融入当代中国的广播电视教育实践中，还需各高校依据自身的现实条件和发展规划做出全盘考量。

不过，在媒介融合时代广播电视教育打破媒介固有形态的藩篱，培养学生的视听生产与经营管理的能力已是不争的事实。以能力聚合知识，为学生搭建课堂内外的实践创新平台，将人才培养目标与学生的职业理想、业界的现实需求紧密结合，才能使广播电视教育与媒介发展齐头并进，保持教育的生命活力。

20.1.2　观点摘要(20 篇)

1. 代芳芳．论全媒体时代国际新闻传播人才的创新培养[J]．新闻爱好者，2018(6)：91-94.

随着我国国际地位的逐步提高，中国在世界经济、政治舞台上发挥着越来越重要的作用。然而，目前我国的国际传播能力与发达国家仍然存在着差距，我们的对外传播力和国际话语权仍然相对较弱，纵观国际新闻，绝大部分新闻由世界个别发达国家的通讯社发布。为了给国家新闻传播能力建设提供基本保障，我们需要构建适应时代需要的国际传播人才培养体系，在新形势下探索具有中国特色的国际新闻人才创新培养之路，要把握国际新闻人才培养的特点，同时还要了解国际新闻传播人才培养的现状和困难。研究国际新闻传播的创新人才培养、为我国国际传播事业的可持续发展提供强有力的支撑。为此，我们要创新教育模式，在制度层面给予新闻界和教育界支持，共同制定培养方案、评价体系和实践教学体制。

2. 董小玉，姚金秋．新时代新闻学教材建设论纲[J]．中国出版，2018(14)：11-15.

进入新时代，新闻学教材编写必须适应全球经济一体化、思想多元化，新闻传播数字化、移动化等新变化。新时代对新闻传播人才培养提出了新要求，培养具有中国特色的国际传播人才，需要编写出适应新闻传媒行业变化和媒介化时代对人才培养新要求的教材。新时代新闻学教材建设要坚持马克思主义哲学立场、政治意识、文化观念的指导原则，突破新闻学教材面临的理论西化与本土化角力困境，立足"形式"与"内容"的二维视角，构建本土化特色新闻学科，突出新闻学教材的育人功能，完善教材准入评价体系。站在科学的角度分析时代背景，探索和创新我国新时代新闻学教材编写的策略与路径，对于新闻教育改革和学科建设具有举足轻重的意义。

3. 窦锋昌．从专业化到社会化：新闻学人才培养目标在新媒体时代的转向[J]．高教探索，2018(11)：41-45，70.

近年来，伴随着媒体环境的巨大变化，媒体机构的内涵和外延在新媒体时代发生了很大变化，原有的专业媒体机构之外，出现了大量的社会化媒体机构。媒体机构的用人需求出现了结构性转变，在人才"需求侧"发生改变之后，作为人才"供给侧"的新闻学教学改革显得尤为紧迫。新闻学教育中原先的课程设置、培养模式与当下的媒体实践和社会需求之间，正在出现巨大的裂缝。随着新闻教育近年来的大规模扩张，人才培养过程中出现了师资队伍、课程设置、软硬件保障等方面的局限，新闻学教育远远落后于媒介融合时代对媒体从业者的要求，而新闻学的人才培养目标需要重新定位。文章在实证调研的基础上，分析了新媒体时代新闻学教学中的"变"与"不变"，以及在此基础上，新闻学人才培养目标从"专业化"向"社会化"的转移。

4. 高有祥，张西静．大学与媒体协同育人朝向一流本科传媒教育之路[J]．现代传播(中国传媒大学学报)，2018，40(12)：163-166.

学界与业界协同育人是一流学科建设的成功经验。地方院校传媒教育应该瞄准"一流本科”作为追赶超越目标，将校媒协同育人机制作为建设路径，科学筹划组织架构、顶层设计、运行规则、制度体系、监督评估等机制建设工作，与业界共同制订人才培养方案，共建实训基地，共育“双师型”教师，实现互惠共赢、共同培养创新型传媒人才的目标。在国家层面“双一流”建设和省级层面一流本科建设中，应抓住关键时刻克服重复化、同质化、千校一面的尴尬状况，坚持以学科为基础，凝练学科发展方向，办出特色。应该坚定地为地方媒体和文化产业培养复合型应用型人才高校，结合“地方”特色，瞄准“一流学科”进行结构优化和调整，以“一流本科”为建设目标，树立“跟跑并跑到领跑”的追赶超越志向。

5. 郭小平．智能时代的视听传播人才培养[J]．青年记者，2018(25)：68-70.

在由“新闻”到“传播”再到“媒介”、由“媒介即人的延伸”到“媒介即联结”到新近“算法即新闻”的演变中，技术与文化的双重驱动促使社会对互联网进行再认知。作为一种教育内容与教育手段，人工智能对于新闻传播教学实践将会产生重要影响。我们要根据新型视听传播人才的需求，完成视觉文化与智能技术的双重驱动，在“电视时代”向“视频时代”的演进中，关注广电人才的培养，为我国广播电视媒体提供“复合型”人才。在大数据、人工智能、媒介融合与视觉文化日益彰显的今天，重新审视新闻传播院校视听传播人才培养改革，显得尤为迫切。

6. 韩立新，张秀丽．《传播学概论》①翻转课堂教学改革研究——基于微信公众平台[J]．青年记者，2018(12)：91-92.

翻转课堂是一种典型的“先学后教”的教学模式，满足了媒介融合环境下《传播学概论》的教学改革要求。传统的教学模式缺乏必要的互动，容易使学生产生懈怠情绪，但是在翻转课堂的教学模式中，极大地发挥了师生共同的主体性，故而“传播学概论”的翻转课堂教学改革能够大大提高课程的学习效果。微信公众平台的兴起为《传播学概论》翻转课堂教学应用提供了载体保证，在二者结合的基础上探索其教学理念、教学内容、教学方法和手段、考核机制等方面的改革，提出新教学模式的基本步骤和设计流程，既丰富了相关理论研究，提供了应用层面的改革案例，也为同类课程的教学改革提供了前车之鉴。

7. 胡易容．新闻传播教育的技术焦虑及其超越[J]．青年记者，2018(13)：62-63.

“新闻传播”应站在时代的前沿，新闻传播教育也要站在风口浪尖观潮时代、守望时代、引领时代。传播技术发展没有反复检验经验转化为知识的时间，技术革新经由就业市场将学生的强烈需求直接反馈到学校，并对教学内容、课程设计、培养方案提出了巨大的挑战。传媒机构对高校的专业认同度也在发生着微妙的变化，由资本和市场支持

① 书名号疑为误用，应为引号。

的业界往往先于高校成为新技术的实验中心。新闻传播教育面临如此被动的局面，新闻传播教育要从“三重维度”出发来应对当前传媒技术革新，直面其多元化需求，将学生培养成为掌握“现代传播技术”的新型复合人才，是现在全国乃至全球新闻传播教育工作者面前的共同任务。

8. 黎明洁，董宇璞．众媒时代应用新闻教育的新使命[J]．中国编辑，2018(1)：45-50.

众媒时代，每个公民既是新闻信息的接受者，也是传播活动的参与者。帮助生活在海量信息时代的人们掌握一种正确、科学的新闻生产和新闻消费方法，在技术和信息裹挟下依然能够保持理性，合理利用技术，是应用新闻教育需要承担的新使命，也是应用新闻教育走出价值失衡的有效途径。要实现应用新闻教育的新使命，必须以融合理念为指导，以培养高媒介素质公民为目标，应用新闻教育者的身份应该往“公共学术人”方向转变。在融合理念指导下的应用新闻教育应该贯通理论与实践、生产与消费、组织与个体、中方与西方、新闻生产采写编等各个环节，以教育的出发点建构新闻也要解构新闻；教育的对象和渠道应更宽广；公民的新闻消费能力和批判性思维的培养应当成为众媒时代应用新闻教育效果评估的重要指标。

9. 李建新．辨新闻　范新闻　不新闻——对新闻学教师的基本功和底线要求的思考[J]．出版发行研究，2018(12)：68-71.

在新闻传播教育飞速发展的今天，新闻学教师自身素养的提高刻不容缓。本文从“辨新闻：选择体察受众意”“范新闻：文章求入阅者心”“不新闻：不当之事切莫为”三个方面探讨了相关问题，从最实际和最基本的问题入手，以职业化的标准为圭臬，勾勒出新时代新闻传播教师的理想面目。在新闻传播教育快速发展的今天，“辨新闻、范新闻、不新闻”应该是新闻学教师的底线要求和必须要具备的基本功。我们要不断根除新闻传播教育中一切不利于发展的因素，新闻学教师应该具有新时代的责任与担当，不断提升自己的执教水平，不断地提高自己的业务能力，在业务方面用勤于修补的方式提高自己，以身垂范，以身作则。

10. 刘冰．融媒时代新闻教育变革与实践[J]．中国出版，2018(12)：14-19.

新媒体和互联网发展给新闻业带来了冲击，社群媒体改变了信息生产与传播模式，用户创造内容盛行，但这并不意味着新闻学教育的重要性在降低，反而新媒体时代业界对新闻学专业素质的要求变高了。融合新闻教育应该注重跨学科培养人才，明确设置相关专业或方向，因材施教，加强巩固新闻学专业的主导地位。要将新闻伦理教育扩展到非职业群体，注重新闻传播伦理的普适性。新闻教育具有明显的职业教育特征，应该秉承务实的教育观，重视新闻业务教学，加强新闻实践能力与理论研究能力的融合培养，掌握新媒体报道、融合新闻采集、编辑加工与融合呈现等业务技能，同时重视理论研究和教学能力。在融合新闻教学与研究过程中，需要强调实践体验、文献研究和案例研究方法的运用。

11. 刘萍．社会变迁与新闻传播教育转型——基于“人自身文化转型”的视域[J]．学术交流，2018(12)：182-187.

在互联网时代的宏观语境下，结合信息传播的时代特征和转型社会的文化困境，在理论理性与实践理性交汇处进行的新闻传播教育的再思考显得尤为重要。正是因为新语境中的时代需求和新闻教育的力不从心，才让我们越发确认新闻事业的变迁和新闻传播教育的发展早已不是单纯的媒介问题和专业问题，而是一个巨大的社会课题。互联网技术发展越发增加了建立社会共识的难度，这与中国现代化进程中人自身文化转型的滞后直接相关。因此，今天的新闻传播教育具有职业化和大众化的双重诉求，而无论是职业化新闻传播教育还是大众化的传播素质教育，“以人为本”和“促进人的全面发展”是永恒不变的价值追求。

12. 刘义昆．走向多元新闻传播教育的变革与坚守[J]．中国地质大学学报(社会科学版)，2018，18(3)：126-132.

在新的传播生态下，新闻传播教育的培养目标应该是多元的：在国家层面，是要培养新闻舆论工作者；在行业层面，是要培养有职业精神的新闻传播从业者；在社会层面，是要培养能力多元且具有批判意识的公共传播者。改变“职业导向”的单一思维与模式，以“多元的人才培养”为目标，不仅能弥合新闻教育与传播教育之间的鸿沟，也将使新闻传播教育更加名正言顺。为了适应培养目标的改变，既要改变专业设置、课程体系，也要改善师资配备、教学方式。对新闻传播教育而言，“变革”应该是大前提、大方向，只有“变革”才能让“坚守”变得更有意义，而“培养核心价值观”和“强调实践技能”则是仍需坚守的内容。

13. 孙良斌，魏世平．传媒类实验课程的学期内整合设计与探索[J]．实验技术与管理，2018，35(7)：194-197，216.

近年来，媒介融合成为传媒业的发展主题，传媒类院校作为培育和输送传媒人才的主要阵地要不断探索融媒实践教学新途径，通过实验教学改革整合实验教学资源，提升学生融合传播技能。为加强传媒类实验课程之间的联系、培养学生的融合传播能力、适应媒介融合时代对新闻传播人才培养的新需求，在建构主义学习理论指导下，以学生为中心，通过目标式和随机式整合设计，将学期范围内相关实验课程、实验项目等实验教学资源按照媒介内容生产的情境要求进行整合，使学生在协作学习中完成媒介知识的主动建构。学期内的整合解决了传媒类实验教学中课程间的隔阂、脱节问题，学生的业务能力、团队协作、创新能力都得到了提高。

14. 孙瑞祥．我国新闻传播教育 40 年亲历与感悟[J]. 青年记者，2018(19)：62-63.

思路决定出路，格局决定结局。党十九大报告提出，加快一流大学和一流学科建设，实现高等教育内涵式发展。我们正处在传媒大变革的时代，进入了“融”媒体新时代。它挑战一切固有的、单向的、疏离的、机械的传媒思维模式与行为方式，给新闻传播教育带来新思考、新挑战。近年来，新闻传播教育变革之声不绝于耳，既振奋人心又令人揪心。新闻传播教育的变与不变，是值得探究的问题。我国新闻传播教育与新闻传播事业发展具有内在同一性，新闻传播教育既要适应新闻传播行业发展的当下需求，也要引领新闻传播事业发展的未来走向。新闻传播教育既要思变求新，又要强基固本，要在变革中有定力，在坚持中有创新。只有把持好变与不变的辩证关系，我国特色新闻传播教育事业才能行稳致远。

15. 陶建杰．新媒体时代新闻学子专业承诺及其与新闻教育关系的实证研究[J]. 新闻大学，2018(1)：137-146，154-155.

近年来，我国新闻传播教育规模不断扩大。本文通过对上海地区 8 所高校 1430 例新闻传播类专业本科生的问卷调查，试图呈现新媒体环境下新闻学子专业承诺现状，比较不同类型、特征新闻学子在专业承诺方面的差异，在揭示新闻教育与专业承诺关系的基础上，检验学习自我效能感的中介作用。研究发现：新闻学子的专业承诺水平较低，不同年级、生源地、录取志愿、家庭影响及学校类型的新闻学子在专业承诺方面有显著差异；新闻教育对专业承诺有正向促进作用；学习自我效能感在这种关系中产生中介效应。本文用实证材料精准把握目前新闻学子的学习现状，并对改进未来新闻教育提出切实有据的建议，兼具理论意义和实践价值。

16. 田维钢，张仕成．媒体融合背景下新闻通识教育的问题与对策分析[J]. 教育传媒研究，2018(2)：41-43.

媒体融合背景下，新闻业态和人才需求标准有所变化。传统的新闻教育过于强调专业化，忽视了对学生创新能力和综合素质的培养。因此，部分高校开始针对新闻专业本科通识教育进行改革。本文在分析目前我国高校新闻通识教育存在问题的基础上，探讨了媒体融合背景下新闻通识教育发展与变革的途径与方法，提出要建构合理的课程体系，改革教学内容与方法；摒弃功利主义思想，形成具有特色的高校新闻通识教育；加强课程管理和建设，提升师资水平。作为人才培养新思维和新模式的有益探索，高校新闻专业需要改革和完善新闻通识教育的教育理念、实施途径，以更好地契合时代的发展，培养适应行业新形态、具有多学科知识背景的复合型新闻人才。

17. 王一岚．自媒体时代高校新闻教育的模式创新[J]. 中国记者，2018(10)：50-52.

自媒体的发展为传媒业带来新的机遇和挑战，同时也给我国高校的新闻人才培养带来新的机遇和挑战，新闻记者的培养也面临着诸多难题，例如新闻教育理论和实践的脱节、大学生对自媒体还存在畏惧心理等问题。这些问题倒逼着新闻教育创新培养模式，本文围绕大学生的政治素养、新闻业务素养以及知识结构的建立等几个方面，探讨自媒体时代新闻记者培养模式创新方式。在新媒体环境下，国内高校的新闻教育迫切需要通过改变自身来应对外部的压力，从而适应新媒体的变化，既要重视提升大学生的正式素养、加强新闻业务素养的训练、重视学生知识结构的建立，也要注重新时代记者的培养，对师资队伍、教育模式、教育思想进行改革创新。

18. 夏凤军．"体验式教学"在新闻教育中的意义及运用[J]. 传媒，2018(22)：84-86.

从当前新闻教育的形势来看，在融媒环境的影响下，新闻教育的理论教学、业务课程、课堂教学等传统的内容与形式已无法满足融合媒体、技术变化、业界发展以及教学形势的需要。面对媒体融合时代下新闻教育的新挑战，国内知名新闻院校纷纷探索创新并投入改革。在诸多的新闻教育改革中，内容和形式是改革的两个重要维度。本文分析了融媒时代新闻教育存在的三大问题，提出要充分发掘"体验式教学"的作用，提高理论教学、业务教学和课堂教学的效果，并针对"体验式教学"提出了三个层面的运用模式，促使教师与学生、理论与实践、课堂与课外能够得到有机融合。

19. 严三九，王虎．切实加强卓越新闻传播人才培养的组织保障[J]. 当代传播，2018(6)：11-12+17.

媒体变革和全球传播竞争日益加剧，面临的社会和舆论环境日趋复杂，高校现有的教育机制与卓越人才培养之间的深层矛盾依然存在。为了破解当前的矛盾，将卓越新闻传播人才培养引向深入，避免前期计划实施中出现的"有议题无措施、用老办法解决新问题的不足"，需要在管理体制和运行机制上进行创新，健全科学、完善的组织保障。人才培养目标和专业定位和社会需求间采取适应原则，对卓越新闻传播人才培养的监督检查要遵循发展性原则，建立集动态监测、定期评估和专项督导为一体的新型评估体系，将人才质量作为高校师生的共同价值追求和自觉行为，以此引导高校新闻传播专业合理定位、办出水平和特色。

20. 朱秀凌．融媒体时代新闻传播人才跨界培养模式的创新研究[J]. 传媒，2018(20)：85-87.

媒介融合时代，传统媒介纷纷突破各自的边界向外延伸、拓展，新闻传播教育面临着传媒人才市场供不应求，而传媒人才培养却供过于求的悖论。当前国内新闻传播人才培养模式的存在一定的问题，而新闻传播教育与人才需求的供需矛盾是国内新闻传播人才培养模式的症结所在。不同媒体专业技能的边界日趋消弭，能够进行跨媒体报道的全媒型人才成为未来新闻传播人才的首选。对此，新闻传播教育应从“专业新闻人才”向“跨界新闻人才”转型，实现媒介融合时代新闻传播人才培养模式的变革。新闻传播人才的培养应改变传统的人才培养模式，冲破院系、校际间的壁垒，即跨院系合作；建立跨专业工作坊；与业界合作协同育人。

20.1.3　新闻传播教育论文目录(2018)

（按作者姓氏拼音排序）

1. 艾涓．以创新精神助推我国新闻教育事业跨步发展——访浙江大学传媒与国际文化学院院长韦路教授[J]．今传媒，2018，26(3)：1-3.
2. 白洁．媒介融合趋势下的新闻人才培养探析[J]．新闻论坛，2018(3)：113-114.
3. 白龙．人工智能推动下国外新闻教育创新改革思考[J]．教育现代化，2018，5(53)：73-76.
4. 蔡丹．马克思主义新闻观与传媒教学内容的价值判断[J]．今传媒，2018，26(9)：10-12.
5. 蔡建霞．媒体融合环境下广播电视新闻专业人才培养的思考[J]．科技传播，2018，10(21)：164-165.
6. 蔡杰．新闻职业化发展背景下的民国新闻人才培养——以成舍我新闻教育实践为例[J]．新闻传播，2018(5)：27-28，31.
7. 蔡兴国．新媒体时代广播电视人才流失问题探讨[J]．科技传播，2018，10(24)：53-54.
8. 曹爱民．自媒体时代新闻传播专业课堂教学的创新策略[J]．湖南大众传媒职业技术学院学报，2018，18(3)：46-49.
9. 曹磊，白贵．培养全球化的文明观与“共情”的沟通能力——“构建人类命运共同体”背景下对新闻传播教育未来的思考[J]．新闻记者，2018(2)：31-39.
10. 曾振华，胡沈明，康国卿．新闻传播实践教育的调研模式及效果考察[J]．老区建设，2018(12)：69-71.
11. 常春梅，孙娜蒙．广告学本科教学改革与实践——以安徽财经大学为例[J]．吉林省教育学院学报，2018，34(6)：152-155.
12. 陈浩．媒体语境下新闻传播教育面临的困境与革新[J]．传媒论坛，2018，1(4)：

95，97.

13. 陈洪友．新媒体语境下新闻学理论教学的转型[J]．青年记者，2018(8)：113-114.
14. 陈净卉，董晟．翻转课堂在新闻传播学理论课教学中的应用[J]．新闻研究导刊，2018，9(9)：8-10.
15. 陈珂．新媒体环境下媒介素养教育的探讨研究——兼论媒介素养教育对“工匠精神”传播的推动[J]．中国报业，2018(2)：32-33.
16. 陈丽娟．“真问题+真洞察+真策略”广告创意教学模式研究[J]．传播力研究，2018，2(10)：198，200.
17. 陈丽娟．品牌强国背景下如何在广告教育中导入品牌传播理念[J]．新闻研究导刊，2018，9(14)：24-25.
18. 陈璐．全媒体时代高校新闻专业实践教学模式的构建与创新[J]．西部广播电视，2018(24)：68-69.
19. 陈文华．台湾地区跨文化传播课程教学研究及其启示[J]．教育评论，2018(10)：45-47，69.
20. 陈文耀，刘芸．“融媒体”时代技工院校新闻采编人才培养探析——以江西省印刷高级技工学校为例[J]．传播与版权，2018(4)：137-139.
21. 陈文耀．微信公众平台在新闻学教学中的应用[J]．新闻知识，2018(5)：67-69.
22. 陈雨璇．社会历史语境下浅析《大公报》在中国新闻史教学中的价值[J]．新闻传播，2018(21)：16-17.
23. 陈媛媛．国内外数据新闻人才的培养途径与基本现状[J]．今传媒，2018，26(7)：9-10.
24. 陈悦．马克思主义新闻观的教学实践与反思[J]．传播力研究，2018，2(32)：195.
25. 程云杰．改革开放 40 年：中国对外传播人才培养的继承与创新[J]．对外传播，2018(12)：24-25.
26. 代雅赤．公共传播范式下的新闻传播学教育改革[J]．传媒，2018(12)：83-85.
27. 单晓红．网络背景下新闻传播教育的转型创新[J]．重庆行政(公共论坛)，2018，19(6)：88-89.
28. 淡小荣．“互联网+”时代的 VR 新闻人才培养路径[J]．传媒，2018(5)：84-86.
29. 邓备．新闻价值在新闻传播学教学案例选择中的运用[J]．青年记者，2018(15)：97-98.
30. 邓丹．设计思维视野下《广告学》教学改革研究[J]．产业与科技论坛，2018，17(1)：142-143.

31. 邓若蕾．翻转课堂在新闻传播教学中的应用[J]. 传媒论坛，2018，1(21)：172，175.
32. 邓若蕾．浅析移动阅读模式下新闻编辑的教学改革实践[J]. 新闻研究导刊，2018，9(22)：239.
33. 邓若伊，江铭宇．重构新闻传播学人才媒体融合能力培养体系[J]. 青年记者，2018(33)：100-101.
34. 邓绍根，李兴博．百年回眸：中国新闻传播教育史研究回顾与前瞻[J]. 兰州大学学报(社会科学版)，2018，46(4)：210-218.
35. 邓绍根．百年奠基：论徐宝璜新闻传播教育的历史贡献和遗产[J]. 出版发行研究，2018(10)：5-12.
36. 邓绍根．动态增长：2017 年中国新闻传播学研究生教育的新态势[J]. 教育传媒研究，2018(5)：50-53.
37. 丁楠娟．“互联网+”背景下《广告创意与策划》课程教学设计研究[J]. 传播力研究，2018，2(20)：201，203.
38. 丁云亮．新闻传播教育中批判性思维的培养[J]. 东南传播，2018(3)：92-94.
39. 窦锋昌．从专业化到社会化：新闻学人才培养目标在新媒体时代的转向[J]. 高教探索，2018(11)：41-45，70.
40. 杜鹃．“网络新闻传播”教学实践方法探析[J]. 传播与版权，2018(6)：159-160，163.
41. 杜松平，赵志明．“互联网+”时代背景下新闻教育功利主义的幻象与困境[J]. 科教导刊(中旬刊)，2018(5)：148-149.
42. 樊国庆．能力本位视阈下新闻与传播学专业大数据应用人才培养路径研究[J]. 传播力研究，2018，2(22)：237.
43. 樊林君．从伯克利到汕大：新闻教学方法的借鉴与创新[J]. 青年记者，2018(33)：97-98.
44. 樊亚平．教好马新观，“功夫在诗外”——“马克思主义新闻理论”教学的目标、原则与方法[J]. 新闻与写作，2018(8)：14-17.
45. 范娜娜．新媒体知识教育平台的传播模式研究[J]. 中国报业，2018(14)：27-29.
46. 范以锦，聂浩．社会化传播人才的发展现状及素养提升研究[J]. 传媒观察，2018(12)：5-11，2.
47. 范玉吉．泛就业时代的新闻教育[J]. 青年记者，2018(7)：76.
48. 方苏．《新闻评论》课程中有关演绎推理内容的教学模式探讨[J]. 东南传播，2018

(11)：150-152.
49. 方亭，单晓颖．RUC 新闻坊在教学实践中的应用及启示[J]．青年记者，2018(15)：99-100.
50. 冯帆．浅析朱九思的新闻实践与新闻教育[J]．今传媒，2018，26(6)：167-168.
51. 冯威，杨浠筝．新时代下民办高校广播电视学应用型人才培养方案制订路径探索[J]．新闻研究导刊，2018，9(5)：21-22.
52. 冯瑜姮．自媒体时代新闻传播学科的实践教学探讨[J]．西部素质教育，2018，4(24)：175.
53. 高卉欣．中国新闻传播教育的新变化与新应对[J]．传播力研究，2018，2(33)：181.
54. 高磊．广告策划与设计教学创新探究[J]．新闻研究导刊，2018，9(10)：19，21.
55. 高冉．地方高校引进数据新闻教学的探索与实践[J]．新闻研究导刊，2018，9(10)：15-16，91.
56. 高晓虹，赵希婧．改革开放 40 周年：中国新闻传播教育的坚守与创新[J]．新闻与写作，2018(12)：18-24.
57. 高雅丽．新世纪以来中国新闻教育研究的回顾与建议[J]．传媒，2018(4)：86-88.
58. 高玉洲．全媒体语境下体育新闻教育建设思考[J]．中国报业，2018(2)：57-58.
59. 谷鹏，陈羿霖．"马克思主义新闻观"与"传媒实务"课程的教学设计[J]．当代教研论丛，2018(10)：19-20.
60. 郭怀娟．媒介融合背景下数据新闻的教学[J]．青年记者，2018(35)：111-112.
61. 郭佳楠．融媒体时代新闻专业教育的"变"与"不变"[J]．教育现代化，2018，5(41)：74-75.
62. 郭静．方法移植与理念流失："密苏里帮"的新闻教育活动考察[J]．新闻界，2018(8)：68-77.
63. 郭明杰．新闻采写课程的教学如何践行马克思主义新闻观[J]．视听，2018(11)：213-214.
64. 郭萍．新时代马克思主义新闻观教育探索——以山西传媒学院为例[J]．青年记者，2018(36)：103-104.
65. 郭倩倩．师生并重内外并举——对新闻采访教学模式改革的两点思考[J]．传播与版权，2018(3)：6-8.
66. 郭双．全媒体时代体育新闻教育的困境与转型[J]．新闻战线，2018(8)：145-146.
67. 郭苏豫．浅析融媒时代"新闻共建"传媒教育的转型实践[J]．传媒，2018(6)：

82-83.
68. 郭素蓉．新媒体下广告设计人才培养创新与改革研究[J]．景德镇学院学报，2018，33(6)：112-115.
69. 郭小平．智能时代的视听传播人才培养[J]．青年记者，2018(25)：68-70.
70. 郭勋亚．从《新闻编辑学》教学实践看编辑知识结构的组成[J]．新闻知识，2018(8)：54-56.
71. 韩立新．预见性及其来源——马克思、恩格斯关于中国问题的评论对新闻教育的启示[J]．新闻与传播研究，2018，25(S1)：63-64.
72. 韩利红，孔庆华．对忻府区农业广播电视学校人才培养机制创新的经验探讨[J]．农业技术与装备，2018(10)：34-35，39.
73. 韩敏．新闻媒体与高校的融合教育——新闻与传播专业学位研究生培养机制研究[J]．教育传媒研究，2018(2)：44-48.
74. 郝建荣．新闻传播教育面临的困境与革新探讨[J]．传媒论坛，2018，1(13)：138.
75. 郝香．VR 新闻人才的培养模式[J]．记者摇篮，2018(5)：12-14.
76. 何蓉．用互联网思维做好新闻理论知识教学[J]．智库时代，2018(37)：249，251.
77. 何艳萍．"一带一路"下本土文化对外传播人才培养创新研究[J]．今传媒，2018，26(8)：134-136.
78. 贺云新．新疆少数民族地区新闻记者人才的培养策略[J]．传媒论坛，2018，1(4)：98.
79. 侯晓辉．"新新闻史"视域下新闻史教学改革与探索[J]．西部广播电视，2018(23)：76-78.
80. 侯琰婕．思辨力培养视域下新闻学教学研究[J]．中国报业，2018(24)：101-102.
81. 胡百精，王雪驹．专业自主性、回应社会与中西平衡：燕京大学新闻教育的面向——基于 160 篇燕大新闻系毕业论文的视角[J]．新闻与传播研究，2018，25(12)：102-120，128.
82. 胡东妮．融媒体环境下的新闻实务参与性实战式教学探析[J]．西部广播电视，2018(18)：1-3.
83. 胡凤．新闻团体与早期中国新闻教育的理论与实践[J]．传媒观察，2018(12)：98-104.
84. 胡凤．中国新闻学会与抗战后期的中国新闻教育[J]．青年记者，2018(34)：89-90.
85. 胡鸿影．浅析创新创业背景下广告学专业人才培养模式改革——以闽南师范大学广告学专业为例[J]．创新与创业教育，2018，9(2)：124-127.

86. 胡沈明，朱贝．大学生马克思主义新闻观教育的实践效果[J]．青年记者，2018(17)：115-116.
87. 胡新润，蒋红．论政工对新闻事件舆论引导与大众思想教育[J]．电视指南，2018(4)：191.
88. 胡亚婷．“三合一”任务驱动的广告文案写作教学[J]．青年记者，2018(27)：98-99.
89. 胡祎琳．信息化教学手段在平面广告设计课程中的应用[J]．科教导刊(下旬)，2018(10)：109-110.
90. 胡易容．新闻传播教育的技术焦虑及其超越[J]．青年记者，2018(13)：62-63.
91. 胡钰，陆洪磊．马克思主义新闻观教育的创新思路研究[J]．新闻与传播研究，2018，25(11)：5-17，126.
92. 胡钰，陆洪磊．中国特色新闻学教育与当代新闻观念形塑[J]．教育传媒研究，2018(1)：29-32.
93. 黄达安，王欣妮．对新闻教学中“技术决定论”的反思[J]．东南传播，2018(8)：147-148.
94. 黄帆．广告设计实践课程教学模式研究分析[J]．当代教育实践与教学研究，2018(10)：31-32.
95. 黄果．数字媒体时代广告实战教学改革的探索[J]．科教文汇(下旬刊)，2018(12)：46-47，55.
96. 黄辉，张锡臻．如何培养更多高素质的新闻工作者——从厦门大学“马新班”实践看高校青年学生马新观教育的探索[J]．中国记者，2018(8)：17-19.
97. 黄钦．参与式传播：新闻传播教育的范式转换及其实践价值[J]．传媒，2018(16)：77-79.
98. 黄琴，校宏．融合媒介时代全媒体新闻人才素养分析[J]．传媒论坛，2018，1(20)：19-20.
99. 黄星民，李辉．“作为公民身份的教育”：论詹姆斯·凯瑞的新闻教育原理[J]．传媒观察，2018(12)：63-70.
100. 黄玉波．融合与实战：数字营销背景下广告学专业人才培养模式的反思与改革[J]．广告大观(理论版)，2018(6)：11-17.
101. 纪楠．高校数据新闻教育现状及发展方向探析[J]．青年记者，2018(32)：106-107.
102. 贾芳芳．地方性本科院校新闻学教育实践项目化教学探析[J]．广西科技师范学院学报，2018，33(5)：93-96.

103. 贾静，焦子越．思维导图在体育新闻采访学教学中的应用[J]．新闻知识，2018(3)：71-75.
104. 贾婷婷．广告学专业综合实验模式教学改革探析[J]．美与时代(上)，2018(1)：105-107.
105. 姜文姬，张菊祥．民族高校民汉双语新闻人才培养的几点思考——以北方民族大学新闻系为例[J]．新闻研究导刊，2018，9(21)：21-22.
106. 姜笑君，袁媛，纪祥祥．“互联网+”环境下新闻传播史课程教学改革刍议[J]．教育现代化，2018，5(9)：95-97.
107. 姜学斌．教育新闻记者素养提升[J]．传播力研究，2018，2(17)：219.
108. 蒋潮．基于媒介融合趋势的新闻传播教学改革探讨[J]．课程教育研究，2018(29)：245.
109. 金雷磊．地方高校新闻教学改革的理论选择与路径设计——基于产教融合的背景[J]．滁州学院学报，2018，20(3)：125-127.
110. 靳舍．融媒体时代新闻教育的“供给侧”改革[J]．传媒，2018(14)：89-91.
111. 景义新，沈静．融合新闻教育：核心能力培养与实践教学改革[J]．河北经贸大学学报(综合版)，2018，18(4)：91-94.
112. 柯泽，赵哲超，何依尔·博荣，李荣．“新丝路”大型文化交流项目带来的新闻实践教学改革及人才培养新途径[J]．中国记者，2018(4)：65-68.
113. 孔孟剑．我国少数民族新闻教育现状分析及建议——以国家民委直属高校新闻教育为例[J]．新闻世界，2018(5)：69-71.
114. 赖黎捷，卫彦瑾，郭凯．“π型人才”视角下的广播电视专业硕士培养现状及对策[J]．视听，2018(3)：220-222.
115. 赖明明，杨佳佳．“四个加强”：寻找智能时代新闻传播教学改革方向[J]．中国记者，2018(2)：76-78.
116. 赖泽栋．广告专业的数字化“双创”教育革新[J]．东南传播，2018(10)：136-137.
117. 雷鸣．新媒体时代高校新闻传播实践教学常见问题及应对策略分析[J]．才智，2018(11)：160.
118. 雷晓艳，胡建秋．我国理工院校新闻传播教育的现状、问题与转型[J]．传媒观察，2018(9)：13-20.
119. 雷圆媛．马克思主义新闻观教育实践的新探索[J]．青年记者，2018(17)：113-114.
120. 雷跃捷，田承旭．挑战与变革：新闻学研究和教育的发展趋势[J]．新闻与写作，

2018(3)：30-33.
121. 雷跃捷．国际传播教育也要讲好中国故事[J]．青年记者，2018(1)：65-66.
122. 黎伦俊．融媒时代新闻人才培养途径的几点思考[J]．传播力研究，2018，2(13)：105.
123. 黎明洁，董宇璞．众媒时代应用新闻教育的新使命[J]．中国编辑，2018(1)：45-50.
124. 李德团．广告学专业教育面临的三重转型背景[J]．青年记者，2018(36)：99-100.
125. 李鸿雁．新闻媒介实践教学研究[J]．继续教育研究，2018(12)：151-152.
126. 李华．全媒体环境下传统媒体新闻人才的培养模式[J]．传媒论坛，2018，1(13)：136-137.
127. 李京举．新媒体语境下新闻传播教育的创新[J]．传播力研究，2018，2(1)：54-56.
128. 李婧．电视新闻系列课程实践教学优化设计[J]．西部广播电视，2018(10)：42-43，45.
129. 李婧．项目化实践教学考核方式与评价体系研究——以新闻学专业电视新闻系列课程为例[J]．西部广播电视，2018(20)：13-14.
130. 李婧．新闻学专业电视新闻系列课程项目化实践教学方式探析[J]．新闻研究导刊，2018，9(14)：16-17，19.
131. 李静，邱蔚．广播电视即兴口语教学的原则[J]．新闻传播，2018(11)：34-36.
132. 李峻岭．新闻传播教育中科学精神与人文情怀的再认知——基于平台型媒介的视域[J]．教育传媒研究，2018(5)：59-61.
133. 李骏．数字媒体时代新闻专业“基本功”教育的坚持与创新[J]．传媒评论，2018(8)：15-17.
134. 李列锋，吴梓雯，黄俊豪，蔡咏玫．广告教育“产教研融合”双轨制人才培养模式新探——以广州大学广告学为例[J]．传播力研究，2018，2(25)：172-174.
135. 李瑞．广告创意课程“以赛促学”实践教学模式探析[J]．新闻世界，2018(3)：80-82.
136. 李文冰．“政产学研用”：培养卓越新闻人才的新探索[J]．传媒评论，2018(1)：67-68.
137. 李文靖，丁柏铨：在新闻教育的沃土上“艰辛而快慰地跋涉”[J]．教育传媒研究，2018(2)：27-28.
138. 李文娟．改革开放 40 年的新闻出版人才队伍建设[J]．科技与出版，2018(12)：

68-75.
139. 李晓静，韩羽昕．欧美新媒体传播硕士课程教学分析与反思[J]．新闻记者，2018(5)：91-96.
140. 李晓英．认同、内化、应用——马克思主义新闻观融入新闻教学的探索[J]．新闻研究导刊，2018，9(23)：220-221，248.
141. 李岩．融媒体时代电视新闻人才培养[J]．传媒论坛，2018，1(23)：44，47.
142. 李彦冰．新闻传播教育实施“专业思政”的三个基本问题[J]．今传媒，2018，26(12)：139-142.
143. 李艳平，苏沨翔．新媒体时代广告专业翻转课堂教学模式改革的探索——以“市场调查与分析”课程为例[J]．传播与版权，2018(3)：164-165，170.
144. 李杨雪．本科院校广播电视新闻专业教学创新漫谈[J]．传播力研究，2018，2(33)：174.
145. 李熠．新媒体信息传播与教育创新[J]．新闻研究导刊，2018，9(9)：229-231.
146. 李永健，陈宗海．秉持新闻理想：新闻学教育的基石[J]．东南传播，2018(9)：7-9.
147. 李永健，荣文雅．融媒体时代广播电视学专业人才需求分析——基于对中央电视台、青岛电视台的调研采访[J]．东南传播，2018(2)：113-115.
148. 李媛媛．媒介融合及高校转型背景下的职业技能型广告传播人才培养[J]．湖北第二师范学院学报，2018，35(1)：86-89.
149. 李媛媛．数字时代应用型广告人才需求及培养策略[J]．青年记者，2018(2)：120-121.
150. 厉国刚．媒介融合时代新闻传播教育的变革[J]．今传媒，2018，26(9)：140-142.
151. 梁梁．广告创意与平面广告设计实验课程的教学研究[J]．黑龙江科学，2018，9(7)：66-67.
152. 梁小凤．“教育供给侧改革”视角下的《新闻编辑学》教改初探[J]．西部学刊，2018(2)：70-72.
153. 林莉娅．媒介融合背景下广播电视编导专业人才培养理念及路径[J]．淮海工学院学报(人文社会科学版)，2018，16(4)：76-78.
154. 林荧章，兰新瑜．新闻实践教学过程中师生的认知偏差与弥合——关于地方高校新闻传播类专业实践教学的反思[J]．新闻知识，2018(12)：64-67.
155. 林莹，陈培爱．从广告学教育的荒原到森林[J]．中国广告，2018(12)：25-27.
156. 林渊渊．融媒时代北卡罗来纳大学的新闻课程与教学[J]．国际新闻界，2018，40

(9)：149-165.
157. 蔺义桥．新闻传播学类专业实践教学改革之个性化培养周初探——以福建师范大学传播学院为例[J]. 传播与版权，2018(6)：169-170.
158. 刘冰．融媒时代新闻教育变革与实践[J]. 中国出版，2018(12)：14-19.
159. 刘波．融媒时代我国新闻学专业人才培养模式思考[J]. 传播力研究，2018(35)：203，205.
160. 刘昶，甘露．中国广电新闻学科建设及人才培养策略研究[J]. 大学(研究版)，2018(11)：44-51.
161. 刘芳．微传播生态下教学的变革与坚守[J]. 中国教育学刊，2018(2)：77-82.
162. 刘福利．试析新闻专业实践教学过程中数量与质量的关系[J]. 新西部，2018(14)：156，58.
163. 刘福利．新闻专业实践教学过程中提高学生积极性的激励机制探究[J]. 新闻研究导刊，2018，9(1)：28，30.
164. 刘欢．探析新媒体环境下高校新闻传播的实践教学[J]. 传媒论坛，2018，1(10)：160-161.
165. 刘继敏．广告基础教学中创造性思维培养探索[J]. 辽宁师专学报(社会科学版)，2018(1)：66-67.
166. 刘明洋，袁晓川．融通之道：解读新媒体环境下新闻传播教育的两大趋势[J]. 国际新闻界，2018，40(9)：128-148.
167. 刘娜．关于网络与新媒体专业新闻采写课程教学的思考[J]. 西部学刊，2018(5)：56-58.
168. 刘萍．社会变迁与新闻传播教育转型——基于"人自身文化转型"的视域[J]. 学术交流，2018(12)：182-187.
169. 刘仁，刘婷．媒介融合时代高校新闻摄影教学改革探索[J]. 产业与科技论坛，2018，17(17)：173-174.
170. 刘仁．视听新媒体环境广播电视学专业实践性教学改革探析[J]. 教育现代化，2018，5(26)：36-37，52.
171. 刘仁．新媒体视域下广播电视专业的教学改革与创新[J]. 西部广播电视，2018(9)：57-58.
172. 刘世忠．新媒体时代广告学专业实践教学体系探索[J]. 西部广播电视，2018(24)：38-39.
173. 刘淑扬．大数据时代如何培养新闻人才[J]. 传媒论坛，2018，1(3)：26.

174. 刘天明．媒体融合时代新闻教育的困境与革新[J]．长春教育学院学报，2018，34(9)：19-21.
175. 刘威，孙飞龙．陈独秀新闻教育思想探析[J]．党政干部学刊，2018(11)：18-22.
176. 刘文君．媒介融合环境下新闻传播专硕教育的实践探索[J]．传播力研究，2018，2(18)：79-80.
177. 刘祥，丁俊杰．从“而立”到“不惑”：中国广告教育发展的历史考察[J]．中国广告，2018(10)：108-111.
178. 刘小松．探究新媒体时代新闻传播教学的变与不变[J]．新闻研究导刊，2018，9(1)：242.
179. 刘砚明．新媒体时代高校新闻传播专业实践性教学探索[J]．记者摇篮，2018(10)：40-41.
180. 刘艳婧，李扬．2000年以来中国新闻教育研究综述[J]．内蒙古师范大学学报(教育科学版)，2018，31(7)：73-79.
181. 刘义昆．走向多元：新闻传播教育的变革与坚守[J]．中国地质大学学报(社会科学版)，2018，18(3)：126-132.
182. 刘艺琴．基于场景视角的广告设计教学的模式与路径[J]．湖北科技学院学报，2018，38(4)：112-114.
183. 刘莹，路红显．“互联网+”时代少数民族新闻教育发展之路[J]．青年记者，2018(8)：116-117.
184. 刘月婷．中国新闻传播教育的新变化与新应对[J]．视听，2018(1)：199-200.
185. 刘振．推拉式的实践教学与广告专业人才培养[J]．新闻前哨，2018(11)：88-89.
186. 刘志．关于广播电视工程技术人才培养的探究[J]．新闻研究导刊，2018，9(8)：101，103.
187. 柳青．如何做好财经类新闻采编专业人才培养[J]．采写编，2018(3)：86-87.
188. 龙芳．邵飘萍新闻教育思想研究[J]．今传媒，2018，26(8)：147-148.
189. 龙其林．中文专业新闻类选修课程教学现状及对策[J]．青年记者，2018(20)：115-116.
190. 卢娟．媒介融合背景下新闻专业全媒体人才培养路径研究[J]．中国成人教育，2018(2)：67-70.
191. 陆高峰．开展马克思主义新闻理论专业研究生教育的必要性与可行路径[J]．教育传媒研究，2018(4)：46-49.
192. 栾轶玫，张晓旭．人工智能驱动下的新闻传播教育变革[J]．新闻与写作，2018

(5)：43-49.
193. 罗艺．新时期新闻传播教育改革与创新思考——读《三思新闻教育》[J]．青年记者，2018(18)：102-103.
194. 吕品．广告学专业虚拟实践教学基地的搭建[J]．新闻传播，2018(23)：78-79.
195. 马海燕．浅析新时代新闻人才面临的隐忧与破解之道[J]．传媒，2018(20)：88-90.
196. 梅苏筠．谈以赛代课在新闻采编与制作专业教学中的实践——以广告设计与制作课为例[J]．新闻论坛，2018(6)：110-112.
197. 孟宪林．融媒体时代广播电视应用型人才培养实践教学探究[J]．记者摇篮，2018(8)：60-61.
198. 弥建立．我国新闻传播院校大数据教育的现状与对策——基于十一所在甘高校的调查[J]．教育传媒研究，2018(4)：58-61.
199. 弥建立．在甘高校新闻传播教育的现状、发展与启示——基于兰州文理学院发展转型的视角[J]．兰州文理学院学报(社会科学版)，2018，34(2)：86-93.
200. 苗瑞，牟朝霞．基于学生专业素质培养的地方高校新闻评论教学——以大理大学新闻学专业为例[J]．大理大学学报，2018，3(5)：35-38.
201. 聂伟，徐鑫鑫．基于 OBE 视角的广播电视学专业教学改革研究[J]．新闻知识，2018(8)：57-62.
202. 宁宁．全媒体新闻人才培养在路上[J]．新闻战线，2018(12)：139-140.
203. 牛鑫伟．新媒介环境下中国新闻教育的困境与出路——基于“供给侧改革”理论的探析[J]．新闻研究导刊，2018，9(19)：225，227.
204. 欧阳敏，范军．实用性、场域呈现与历史书写——评《中国新闻传播教育年鉴(2016)》价值的三个维度[J]．出版发行研究，2018(1)：94-97.
205. 潘君，冯娟．基于跨界合作的广告学专业人才培养创新模式研究——以武汉华夏理工学院广告学专业为例[J]．东南传播，2018(2)：116-118.
206. 潘倩．基于培养应用创新型人才的广播电视学专业毕业论文改革研究[J]．知识经济，2018(10)：124-125.
207. 潘娴，李超超．马克思主义新闻理论慕课教育实践研究[J]．文学教育(下)，2018(2)：14-15.
208. 潘源．全媒体环境下地方应用型高校新闻编辑学课程的教学改革——以贵州师范学院为例[J]．传播与版权，2018(12)：138-140.
209. 彭翠，赵金灿．智媒时代的新闻传播教育改革[J]．青年记者，2018(2)：111-112.

210. 彭涛．新闻教育既要顺时，也要守正[J]．青年记者，2018(4)：57-58.

211. 浦佳．基于高素质应用型营销人才培养的《广告与策划》教学改革研究[J]．教育现代化，2018，5(12)：11-12.

212. 齐辉，付红安．抗战时期“重庆新闻学院”与国际高级宣传人才培育[J]．现代传播(中国传媒大学学报)，2018，40(10)：165-168.

213. 乔婕．融媒时代新闻专业实践教学革新路径构建[J]．传媒论坛，2018，1(13)：118-119.

214. 乔一秀．落实国画教学传播民族文化[J]．中国报业，2018(2)：100-101.

215. 乔羽．高校播音主持教学中社会主义核心价值观培养探索——以《电视新闻现场报道》课程教学为例[J]．声屏世界，2018(4)：34-35.

216. 秦超．媒介融合前景下的新闻传播变革与新闻教育改革[J]．传播力研究，2018，2(4)：66-67.

217. 秦福贵，郑新涛．数字技术创新与广告专业人才培养模式重构的思考[J]．广告大观(理论版)，2018(5)：34-40.

218. 邱立楠，王妍．民国新闻教育的理念、实践设计与当代启示——基于民国大学新闻教育的考察[J]．视听，2018(10)：203-205.

219. 任洁琼．适应广播电视发展的播音主持人才素质与能力研究[J]．电视指南，2018(12)：82.

220. 任丽华．项目式教学在广告文案写作课程中的创新与实践[J]．辽宁科技学院学报，2018，20(2)：60-63.

221. 阮开宇．浅析广告设计中的实践教学[J]．传播力研究，2018，2(30)：228.

222. 佘世红，周智伟．移动互联网时代技术逻辑驱动中国广告学教育转型——基于广告学教师群体的调查[J]．广告大观(理论版)，2018(6)：4-10.

223. 申琦，赵鹿鸣．审慎前行：美国数据新闻人才培养现状研究——基于美国新闻和大众传播教育认证委员会(ACEJMC)100 所新闻院校的实证分析[J]．新闻记者，2018(2)：39-45.

224. 沈敏善．基于实践导向的广告学教育研究[J]．新余学院学报，2018，23(1)：149-151.

225. 沈月娥，马俊华．高校广告学专业教育现状及特色发展研究[J]．教育教学论坛，2018(9)：202-203.

226. 沈珠楹．以“工匠精神”引领新闻人才队伍建设[J]．传媒，2018(13)：25-27.

227. 盛芳，王志永．泛媒体就业时代地方院校新闻教育的坚守与转型[J]．牡丹江大学学报，2018，27(6)：141-143.
228. 石静．论西部少数民族地区新闻实践教学的坚守与革新——以西北民族大学新闻传播学院为例[J]．传播力研究，2018，2(11)：181-182.
229. 石静．新闻教育中的“信息沟”现象[J]．青年记者，2018(24)：98-99.
230. 史春艳．数字媒体时代广告设计课程教学改革与实践[J]．艺术教育，2018(1)：171-172.
231. 史惠斌，曹培培．马克思主义新闻观视域下播音主持教学改革思考[J]．中国报业，2018(24)：43-44.
232. 思涵．全媒体传播生态下的新闻教育——访武汉大学新闻与传播学院院长强月新教授[J]．今传媒，2018，26(2)：1-4.
233. 宋扬．大数据时代地方高校广播电视学专业教育反思[J]．新闻研究导刊，2018，9(20)：47-48.
234. 苏宏元．新闻传播教育的挑战与变革[J]．新闻与传播研究，2018，25(S1)：83-84.
235. 粟幸福．媒介融合背景下教学与科研互动效应的实证研究——以 3 所西部地方高校新闻传播类专业为例[J]．重庆高教研究，2018，6(2)：38-47.
236. 孙菲．厘清关系：新时代马克思主义新闻观教育研究的创新思考[J]．新闻传播，2018(14)：10-11.
237. 孙菲．马克思主义新闻观课程改革的创新思考——基于教学视角的转换[J]．新闻爱好者，2018(11)：85-87.
238. 孙江，王洋．新时代新闻传播人才培养目标设定与实现路径初探——西北政法大学新闻传播学院本科教育改革探索与实践[J]．中国记者，2018(6)：47-50.
239. 孙丽佳．活动型教学法在广播电视学专业教学改革中的研究与实践[J]．视听，2018(7)：225-226.
240. 孙朦朦，朱水成．新媒体传播环境下高校教学方式的转变[J]．新闻传播，2018(24)：60-61.
241. 孙瑞祥．我国新闻传播教育 40 年亲历与感悟[J]．青年记者，2018(19)：62-63.
242. 孙瑞祥．小视角大格局：见证中国新闻传播教育 40 年[J]．新闻与传播研究，2018，25(S1)：87-89.
243. 孙晓华．“教、学、做”一体化教学模式的研究与实践——以“广告设计”课程为例[J]．美与时代(上)，2018(4)：117-118.
244. 孙志伟．习近平新时代新闻教育论述研究[J]．辽宁工业大学学报(社会科学版)，

2018，20(6)：91-93.
245. 覃川．建立以“教育传播价值”为核心的教育电视评估体系[J]．教育传媒研究，2018(2)：55-58.
246. 覃文博．新媒体语境下新闻传播学教学传播法治观念的树立[J]．中国多媒体与网络教学学报(上旬刊)，2018(9)：48-49.
247. 谭典．媒体融合背景下广告应用型人才培养模式践行——以广西大学行健文理学院为例[J]．美术大观，2018(10)：150-151.
248. 谭志勇．“项目制”教学在广播电视专业的运用与研究[J]．新闻研究导刊，2018，9(2)：240-241.
249. 汤金蕾，李瑞新．基于 OBE 理念的网络广告策划与设计教学实践[J]．教育现代化，2018，5(47)：89-90.
250. 唐崇维．媒体融合背景下广播电视编导专业实践教学模式探析[J]．新闻研究导刊，2018，9(1)：23-24.
251. 唐莲．地方院校广播电视编导专业教学改革研究——以宝鸡文理学院为例[J]．西部素质教育，2018，4(19)：170-171.
252. 唐若寻．“一点创新，一点创意”——由学生作品连续受奖引发的关于广告设计教学的一些感想[J]．新闻研究导刊，2018，9(14)：241-243.
253. 唐夕．“新工科”背景下广告创意与策划课程教学改革初探[J]．新闻研究导刊，2018，9(18)：236，238.
254. 唐雨晴．任务驱动法在“广播电视专题节目”教学中的应用[J]．传播与版权，2018(2)：150-152.
255. 陶建杰，李晓彤．新媒体时代新闻学子对新闻教育的评价及影响因素——基于上海高校的实证研究[J]．贵州师范大学学报(社会科学版)，2018(1)：72-79.
256. 陶建杰．新媒体时代新闻学子专业承诺及其与新闻教育关系的实证研究[J]．新闻大学，2018(1)：137-146，154-155.
257. 田雷．马克思主义新闻观从教学课程到教育理念的实践路径[J]．黑龙江教育(高教研究与评估)，2018(8)：29-30.
258. 田雷．习近平新闻舆论工作系列论述的教育实践[J]．青年记者，2018(29)：105-106.
259. 田维钢，张仕成．媒体融合背景下新闻通识教育的问题与对策分析[J]．教育传媒研究，2018(2)：41-43.
260. 童兵．深刻认识实施卓越新闻传播人才教育培养计划的重大意义[J]．当代传播，

2018(6)：4-5，8.

261. 涂涓．广告文案与策划课程的教学模式管窥[J]．西部广播电视，2018(17)：81-82.

262. 涂名一，潘轶．新闻学教学与现代信息技术整合的途径探讨[J]．传播力研究，2018，2(2)：87-88.

263. 汪明香．全媒体时代新闻学专业完全学分制教学模式创新[J]．视听，2018(9)：217-218.

264. 王斌．媒体融合背景下新闻采访教学的创新与探索[J]．传播力研究，2018，2(25)：213.

265. 王聪慧．基于全国大学生广告艺术大赛平台的“广告设计”课程教学模式改革[J]．文化创新比较研究，2018，2(4)：116，122.

266. 王殿英．案例教学在法制新闻报道课程中的应用[J]．青年记者，2018(21)：93-94.

267. 王峰．体育新闻对高校体育教育的影响探究[J]．中国报业，2018(4)：111.

268. 王贵斌．互动式新闻与网络新媒体专业教育[J]．青年记者，2018(20)：112-113.

269. 王海迪．旅游类本科院校关于“新闻学概论”的教学改革与特色建设[J]．新闻传播，2018(15)：38-39.

270. 王海江．新闻人才培养的“破坏性”创新[J]．传媒论坛，2018，1(5)：12-13.

271. 王慧慧．案例教学法在本科广告专业教学中的应用研究[J]．华中师范大学研究生学报，2018，25(1)：130-133.

272. 王继先．民国时期的大学新闻教育办学模式比较研究——以 1930—1940 年代燕京、复旦、政校新闻系为例[J]．南京师大学报(社会科学版)，2018(1)：153-160.

273. 王佳华．新媒体语境下新闻专业实践教学模式初探——以新闻评论为例[J]．新闻研究导刊，2018，9(16)：239.

274. 王健．新媒体传播人才培养要强化“三化”思维[J]．文教资料，2018(21)：42-43.

275. 王健．新媒体时代高校广告设计教学改革的趋势[J]．艺海，2018(7)：135-137.

276. 王婧．新闻采访与写作课程信息化教学改革研究与实现——以新闻访问采访准备与实施为例[J]．新闻研究导刊，2018，9(10)：20-21.

277. 王靖．强化以人民为中心的工作导向提升新闻报道的传播力影响力——以中国教育电视台《两会进行时》为例[J]．传媒，2018(10)：35-38.

278. 王娟．网络传播力提升思政教育工作成效的路径[J]．传媒论坛，2018，1(15)：112-113.

279. 王君超．新闻实践教学之“学”——兼谈融合新闻传播教育背景下实践教学的“1+1”模式[J]．新闻与写作，2018(8)：26-30.
280. 王丽媛．教学质量监控体系在新闻学中的建构[J]．新闻研究导刊，2018，9(22)：36，92.
281. 王荔．基于学科竞赛的广告设计课程“协同创新”教学实践[J]．艺术与设计(理论)，2018，2(3)：142-143.
282. 王靓婷．海南省广告教学实践体系建构的策略研究[J]．北方传媒研究，2018(4)：105-107.
283. 王敏芝，李珍．新媒体环境下新闻教育的导向与路径[J]．青年记者，2018(12)：93-94.
284. 王娜．媒介融合环境下高校新闻传播教育改革路径[J]．东南传播，2018(5)：134-136.
285. 王琦．浅谈新媒体环境下我国新闻人才队伍的培养[J]．传播力研究，2018，2(34)：227.
286. 王琴．新闻采访与写作课程实践教学探析——以长治学院为例[J]．长治学院学报，2018，35(3)：98-100.
287. 王荣．对新闻传播研究方法教育的思考[J]．新闻世界，2018(5)：76-79.
288. 王蕊．基于开放式创新视角下广告学专业应用型人才的培养路径探析[J]．视听，2018(9)：220-221.
289. 王瑞．媒介融合背景下高校新闻写作教学策略探讨[J]．传播力研究，2018，2(2)：89-90.
290. 王漱蔚．新媒体环境下新闻传播教育模式改革[J]．教育教学论坛，2018(22)：110-111.
291. 王同明．项目式教学在广播电视专业实验课程中的应用[J]．西部广播电视，2018(18)：4，6.
292. 王文娟．媒体融合时代现代传媒教育的变革与突破——访华中科技大学新闻与信息传播学院院长张明新教授[J]．今传媒，2018，26(12)：1-4.
293. 王文娟．挑战与抉择：转型期新闻传播教育变革的思考与实践——访河北大学白贵教授[J]．今传媒，2018，26(10)：1-4.
294. 王翔．体育院校体育新闻专业课程教学改革路径探析[J]．教育现代化，2018，5(24)：92-93，96.
295. 王小梅．互联网时代大学生法治观念教育与传播研究——评《互联网+：时代的立法与公共政策》[J]. 新闻爱好者，2018(8)：109.
296. 王炎龙. 新闻传播教育论的典范之作——评《邱沛篁新闻传播教育论集》[J]. 新闻战线，2018(9)：124-125.
297. 王艳. 媒介融合背景下新闻与传播专硕教师教学能力提升研究[J]. 传媒，2018(18)：83-86.
298. 王野宁. 在新闻播音教学过程中的几点思考[J]. 传播力研究，2018，2(9)：104.
299. 王一岚. 自媒体时代高校新闻教育的模式创新[J]. 中国记者，2018(10)：50-52.
300. 王易可. 中国新闻传播学博士教育的历史、现状与展望[J]. 新闻传播，2018(5)：4-8.
301. 王玉洁. 从移动终端发展谈广告教育多重架构[J]. 哈尔滨学院学报，2018，39(7)：139-142.
302. 王圆方. 高校广播电视专业实践教学模式改革与创新研究——以《广播节目制作》为例[J]. 西部广播电视，2018(19)：54，58.
303. 王苑丞，唐翔宇. 体验与求知：平面广告创作教学中的眼动实验[J]. 艺术与设计(理论)，2018，2(5)：139-141.
304. 王增乐. 基于传播论原理的在职教育培训探索——以景宁党校为例[J]. 继续教育，2018，32(5)：22-24.
305. 王哲平. "三跨""四向"：移动互联时代新闻传播教育新向度[J]. 中国出版，2018(8)：51-54.
306. 王祚. "广告策划"课程双语教学的实践探索[J]. 青年记者，2018(6)：101-102.
307. 魏维. 英语新闻在听力教学中的有效性分析[J]. 黑河学院学报，2018，9(3)：109-110.
308. 魏先努. 新闻学校企合作基地实施体验式教学研究[J]. 教育现代化，2018，5(14)：240-242.
309. 吴丹. 基于合作性学习的"广告策划"课堂教学模式研究[J]. 教育观察，2018，7(3)：73-75.
310. 吴迪. 新媒体时代新闻与传播教育的改革趋势[J]. 新闻传播，2018(17)：99-100.
311. 吴君静，李筱佳. 探究国际传播专业人才的培养模式——以海南建设自贸区(港)为例[J]. 传媒论坛，2018，1(9)：1-2，4.
312. 吴媚. 平面广告设计课程一体化教学探析[J]. 视听，2018(6)：240-241.
313. 吴敏苏，郑锦强. "众媒""融媒"环境下新闻传播本科教育改革初探[J]. 教育传媒研究，2018(1)：39-44.

314. 吴廷俊．范长江新闻教育思想与实践初探[J]．新闻春秋，2018(2)：25-33.
315. 吴雯．新形势下国际化广告人才的培养路径——以浙江师范大学广告学专业为例[J]．视听，2018(2)：220-221.
316. 吴秀娟．大数据时代新闻传播学教育改革探析[J]．传播力研究，2018，2(8)：102.
317. 武典．多元化传播格局下传媒教育的创新与探索——访西北大学新闻传播学院院长王春泉教授[J]．今传媒，2018，26(11)：1-4.
318. 武典．建立媒介新环境下传媒教育的新理念——访华中科技大学新闻与信息传播学院欧阳明教授[J]．今传媒，2018，26(9)：1-5.
319. 席莉莉，范以锦．不只解决现实问题，还要培养前瞻眼光——新闻学教育如何处理好实践与理论提升的关系[J]．青年记者，2018(19)：19-21.
320. 席青．地方院校引进数据新闻教学的探索[J]．传播力研究，2018，2(29)：230.
321. 夏凤军．"体验式教学"在新闻教育中的意义及运用[J]．传媒，2018(22)：84-86.
322. 夏潇．网络时代新闻教育教学中存在的问题及对策[J]．西部广播电视，2018(4)：22.
323. 肖灿，郑丹．以广告竞赛为平台的实战教学[J]．青年记者，2018(11)：115-116.
324. 肖靓，吴攀．基于全媒体环境下教育电视新闻的可视性初探[J]．电视指南，2018(11)：245.
325. 肖珉．话语分析在新闻修辞教学中的转变与建构[J]．西部广播电视，2018(24)：24-25.
326. 肖琴，李维．新媒体环境下广告学课程教学改革与创新[J]．品牌研究，2018(6)：246-247.
327. 肖燕雄．大学校训与人才培养特色——兼析校训与新闻传播教育的关系[J]．青年记者，2018(34)：61-62.
328. 谢丹妮．新闻传播专业媒体公关实训教学的设计[J]．青年记者，2018(29)：110-111.
329. 谢洁琼．媒介融合背景下独立学院新闻编辑"2+3"教学模式探究[J]．知识经济，2018(12)：163-164.
330. 谢金文．新闻传播教育需面向移动时代[J]．今传媒，2018，26(12)：13-16.
331. 谢瑾．媒介融合视域下高校新闻传播教育与区域特色的融合发展[J]．视听，2018(12)：225-226.
332. 谢锡麟．基于数理知识体系自身与传播研究的微积分教学[J]．复旦学报(自然科学版)，2018，57(2)：250-270.

333. 谢栩栩，刘洋．广告表演课程内容中平面拍摄的教学方法研究[J]．艺术教育，2018(7)：100-101.

334. 谢政伟，阚绪良．过程监控与动态评价：提升广告人才培养质量之要义[J]．安徽广播电视大学学报，2018(4)：74-77.

335. 谢卓华．融合共享：云计算下财经新闻专业人才培养的路径思考[J]．高教论坛，2018(9)：60-65.

336. 邢彦辉．中国高校新闻人才培养历程[J]．视听，2018(11)：219-220.

337. 熊芳芳．基于行业需求和学科前沿的广告学专业创新创业实践教育体系构建[J]．江西理工大学学报，2018，39(4)：89-93.

338. 徐百灵．新媒体背景下地方高校新闻教育改革探索[J]．中国报业，2018(12)：101-102.

339. 徐超．广播电视节目制作课程教学改革探索[J]．产业与科技论坛，2018，17(20)：181-182.

340. 徐芳斌．信息化教学手段在平面广告设计课程中的应用[J]．课程教育研究，2018(3)：240-241.

341. 徐凯丽．抗战时期中国共产党的新闻教育——以中国新闻学院为例[J]．青年记者，2018(21)：97-98.

342. 徐磊，彭鹏．广告策划与管理方向人才培养模式的改革[J]．青年记者，2018(23)：117-118.

343. 徐楠云．论全媒体时代复合型新闻人才的培养途径[J]．记者摇篮，2018(7)：3-4.

344. 徐能．新媒体传播中广告版式设计的实验教学研究——以爱国主义教育广告为例[J]．今传媒，2018，26(4)：111-113.

345. 徐能．自媒体传播语境下新闻传播实验教学的探究——以“南林人文传播”微信公众平台为例[J]．新闻知识，2018(4)：84-87.

346. 徐萍．全媒体时代下新闻写作教学的困境及对策[J]．浙江树人大学学报(人文社会科学)，2018，18(3)：101-104.

347. 徐学梅．媒介融合前景下的新闻传播变革与新闻教育改革[J]．传播力研究，2018，2(26)：69.

348. 徐增展．新媒体时代广播电视学专业实践教学诌议[J]．文化与传播，2018，7(1)：94-96.

349. 许陈陈．浅析新时代下高校新闻人的培养与教育[J]．视听，2018(11)：217-218.

350. 许静．新媒体环境下新闻学实践课程教学创新研究[J]．新闻研究导刊，2018，9(18)：33-34.

351. 许丽君．广电新闻媒体转型期对播音员主持人培养教育方式的影响[J]．视听，2018(2)：221-223.

352. 许凌．传媒类专业“广播电视概论”课程翻转教学模式的实践探索[J]．扬州教育学院学报，2018，36(3)：91-94.

353. 许鹏．融媒环境下高校新闻摄影实践教学改革探讨[J]．西部广播电视，2018(24)：50-51.

354. 薛翔．融媒体时代下新闻实务教育的培养方向与启示[J]．汉江师范学院学报，2018，38(1)：77-80.

355. 严功军，蒋东旭．新闻传播学研究生“工作坊”式人才培养模式研究——以四川外国语大学为例[J]．新闻研究导刊，2018，9(1)：10-11，133.

356. 颜林翩．融媒背景下新闻学教学改革分析[J]．西部广播电视，2018(2)：28-29.

357. 杨超，揭其涛．校媒合作下地方高校“需研教一体化”新闻人才培养初探[J]．东南传播，2018(10)：132-133.

358. 杨琛．现代俄罗斯新闻教育发展状况[J]．传媒论坛，2018，1(5)：77-78，80.

359. 杨晨．新媒体背景下美国广告教育的趋势探讨[J]．传播力研究，2018，2(5)：84-86.

360. 杨广越．邹韬奋的新闻人才观研究[J]．科技与出版，2018(10)：31-35.

361. 杨浩婕．媒介融合趋势下跨媒体全能型新闻人才教育探索[J]．电视指南，2018(11)：192-193.

362. 杨惠涵．媒体产业化时代新闻传媒教育发展趋势分析[J]．视听，2018(7)：223-224.

363. 杨晶．媒介技术变动下新闻教育的价值坚守[J]．传媒，2018(6)：84-86.

364. 杨科．新闻传播学在科普教育活动中的应用研究[J]．科技风，2018(31)：52.

365. 杨魁．加强突发事件信息传播机制及灾难新闻的教学与研究[J]．传媒评论，2018(1)：69-71.

366. 杨丽娜，蒋世响．基于“双创”导向的新闻学专业课程教学方法改革与实践[J]．兰州教育学院学报，2018，34(4)：125-126，159.

367. 杨丽娜，李洋．新闻学专业“理实一体”课程体系建设与教学内容改革[J]．采写编，2018(1)：49-52.

368. 杨丽娜．“双创”导向下新闻学本科“立体开放式”实践教学体系研究与实践[J]．传播力研究，2018，2(8)：95-97.
369. 杨梅．互动式案例教学在“新闻案例评析”课程中的应用[J]．视听，2018(12)：230-231.
370. 杨萌芽．新时代新闻传播学人才培养的机遇与挑战[J]．新闻与传播研究，2018，25(S1)：126-127.
371. 杨维东，董小玉．整体转型与特色发展——媒介融合视域下高校新闻传播教育的多维度思考[J]．出版发行研究，2018(1)：87-90.
372. 杨希，田茫茫．吉林省新闻传播教育发展述略[J]．北方传媒研究，2018(4)：101-104.
373. 杨溪．“一带一路”背景下的对外传播与新闻教育[J]．青年记者，2018(2)：119.
374. 杨晓燕，李军．大数据时代电视新闻教学的变革[J]．兰州文理学院学报(社会科学版)，2018，34(6)：76-80.
375. 杨璇．媒介融合背景下新闻传播变革与新闻教育改革[J]．西部广播电视，2018(22)：25.
376. 杨宜静．新媒体背景下的新闻教育创新研究[J]．西部广播电视，2018(16)：20-21.
377. 杨正昱．“互联网+”背景下广告专业教学改革与实践[J]．美与时代(上)，2018(9)：101-104.
378. 杨逐原．新媒体时代新闻传播教学效果的提升路径研究[J]．传播与版权，2018(6)：154-155.
379. 杨宗晓．新闻传播学专业人才培养模式初探[J]．艺术教育，2018(22)：151-152.
380. 杨祖恩．试论媒体融合背景下新闻教育的坚守与创新[J]．大学教育，2018(3)：114-116.
381. 杨祖恩．以习近平新闻思想为指导深化新闻教育改革[J]．学理论，2018(10)：5-8.
382. 杨祖恩．以习近平新闻舆论工作重要论述为指导深化新闻教育改革[J]．西部学刊，2018(9)：15-19.
383. 姚爱华．媒介融合背景下新闻传播实践教学改革探究[J]．新闻研究导刊，2018，9(3)：242，254.
384. 姚静．数据新闻教育的发展、问题及其优化策略[J]．传媒，2018(21)：83-85.

385. 姚娟．基于核心素养理念的新闻教育改革与实践[J]．新闻研究导刊，2018，9(13)：22-23.
386. 姚琦．新媒体语境下新闻理论教学的问题与方法探索[J]．传媒，2018(14)：81-83.
387. 姚婷．广告学“三位一体”教学策略探究[J]．传媒，2018(3)：83-85.
388. 药丹华．高校新闻专业现场报道教学模式的改革探索[J]．传媒，2018(9)：86-88.
389. 叶俊，赵云泽．习近平对新闻人才培养的重要论述[J]．编辑之友，2018(11)：75-79.
390. 叶伟妍．浅谈广告设计课程的微课教学[J]．教育现代化，2018，5(8)：325-326.
391. 殷琦．走出“密苏里模式”：台湾地区新闻传播教育的专业化趋向[J]．现代传播(中国传媒大学学报)，2018，40(6)：159-162，168.
392. 尹培文．大数据时代新闻出版人才培养的创新[J]．传播力研究，2018，2(20)：161.
393. 游静．新闻学专业产学合作实训教学机制研究[J]．才智，2018(15)：165.
394. 于波．国家形象视角下的国际传播人才培养[J]．传播力研究，2018，2(23)：29.
395. 于良红．高校马克思主义新闻观教育教学途径探索[J]．新闻研究导刊，2018，9(19)：241.
396. 于晓娟．“互联网+”背景下广告专业教育的改革[J]．视听，2018(9)：219-220.
397. 虞文俊．新媒体时代新闻史教学的困境与对策[J]．新闻研究导刊，2018，9(20)：241-242.
398. 袁丽媛．新闻传播学研究中关于新闻人才培养的思考[J]．西部广播电视，2018(3)：1，15.
399. 云斐．融媒体时代新闻传播相关专业教学实践的思考[J]．新闻研究导刊，2018，9(18)：240-241.
400. 翟真．媒介融合背景下法治新闻教学“融法学”问题研究[J]．新闻研究导刊，2018，9(17)：224-226，236.
401. 占自华．新闻评论中的立论教学——以学生评论作业为例[J]．东南传播，2018(2)：121-122.
402. 张阿维．任务驱动教学法在课堂教学中的应用与启示——以“新闻报道策划与研究”课程为例[J]．传播力研究，2018，2(21)：197-198.
403. 张春辉．融合新闻的教育模式创新[J]．传播力研究，2018，2(33)：160-161.

404. 张芳婷．基于理实一体化的体育广告设计课程教学思路初探[J]．科教文汇(下旬刊)，2018(7)：72-73.

405. 张飞飞．"广告策划与文案"课程项目驱动教学模式市场化应用[J]．现代营销(创富信息版)，2018(12)：79-80.

406. 张涵．关于高等院校新闻传播院系新媒体教学的几点思考[J]．教育传媒研究，2018(2)：54.

407. 张洁．关于广告学本科专业跨专业实践教学模式的探讨[J]．湖北工程学院学报，2018，38(2)：75-77.

408. 张洁意．媒介融合背景下新闻学跨学科教育初探[J]．西部广播电视，2018(19)：55-56.

409. 张景武．应用型高校新闻学专业实践教学知识点和教学方式探析——以"海口经济学院"为例[J]．西部广播电视，2018(22)：26-27.

410. 张珂．关于高校新闻专业教学的几点思考[J]．视听，2018(1)：193-195.

411. 张昆．秉史家笔法，记录中国新闻传播教育的当代史[J]．出版发行研究，2018(10)：94-100.

412. 张昆．改革新闻教育，培养引领社会的评论员[J]．传媒评论，2018(1)：64-66.

413. 张昆．新闻评论教育的"华科大模式"[J]．新闻记者，2018(6)：64-68.

414. 张琨．全媒体时代《中外新闻史》课程教学的创新探索[J]．西部学刊，2018(1)：63-65.

415. 张蕾．混合式教学在《新闻评论》课程中的应用[J]．学理论，2018(12)：222-224.

416. 张玲．数字传播时代广告学专业人才培养与实践教学创新[J]．东南传播，2018(1)：124-126.

417. 张敏．媒介融合前景下的新闻传播变革与新闻教育改革[J]．电视指南，2018(7)：183.

418. 张明新．多学科交融的新闻传播教育：过去、现在和将来[J]．新闻与传播研究，2018，25(S1)：93-95.

419. 张倩．数字化背景下影视广告创作课程应用型实践教学探索[J]．新闻研究导刊，2018，9(5)：229，252.

420. 张秋鸣．就业导向下高校新闻传播学实践教学的思考[J]．传媒论坛，2018，1(4)：128.

421. 张秋鸣．浅析全媒体时代大学新闻教育核心问题与应对策略[J]．新闻研究导刊，

2018，9(4)：235-236.

422. 张蕊．融媒体时代地方高校广告专业教学创新研究[J]．新闻研究导刊，2018，9(18)：11-12，68.

423. 张锐．地方高校广告学专业实践教学的改革——以重庆理工大学为例[J]．青年记者，2018(2)：121-122.

424. 张瑞．创新人才培养视域下《平面广告设计》课程教学改革[J]．传播与版权，2018(7)：169-170.

425. 张涛甫．传媒新业态与当今新闻传播教育的新转型[J]．传媒评论，2018(1)：62-63.

426. 张田田．"互联网+"时代广告设计与制作专业创新型人才培养模式研究[J]．延边教育学院学报，2018，32(4)：33-35.

427. 张小琴，胥佳．美国高校新闻与传播专业研究生教育新动向[J]．贵州师范大学学报(社会科学版)，2018(1)：98-103.

428. 张小琴，胥佳．美国新闻与传播教育最新动向及其启示[J]．当代传播，2018(2)：33-36.

429. 张晓丹．习近平新闻舆论观培育路径的探析——以新闻传播学专业教学实践为例[J]．传播与版权，2018(9)：21-22，25.

430. 张萱．我国高校新闻传播学跨学科人才培养现状与认识误区[J]．贵州师范大学学报(社会科学版)，2018(1)：80-89.

431. 张雅寒．媒体融合发展背景下高校新闻传播教学改革研究——以"网络新闻编辑"课程为例[J]．课程教育研究，2018(45)：23-24.

432. 张燕．自媒体时代下应用型本科广告设计专业教学探索[J]．教育现代化，2018，5(8)：69-70.

433. 张媛，孙丽群．媒介融合时代新闻专业实践教学的现状与问题分析[J]．新闻研究导刊，2018，9(19)：14-15，95.

434. 张悦．密苏里新闻学院媒介融合教育探析[J]．视听，2018(9)：225-226.

435. 张允，赵倩．马克思主义新闻观指导下的新闻写作教学[J]．中国出版，2018(14)：15-18.

436. 张志安．新闻传播教育的理念更新与范式重构笔谈[J]．贵州师范大学学报(社会科学版)，2018(1)：70-71.

437. 张治中．融媒体时代新闻传播学教育的转型[J]．青年记者，2018(16)：61.

438. 张卓，吴占勇．绕轴翻转：媒介融合时代广播电视教育的理念革新与范式转型[J]．现代传播(中国传媒大学学报)，2018，40(3)：158-162.
439. 赵春桃．高职院校新闻专业教学模式改革问题思考[J]．新闻研究导刊，2018，9(11)：33-34.
440. 赵国庆．论互联网背景下新闻传播教育的应对之策[J]．中国报业，2018(8)：62-63.
441. 赵金红．新媒体时代新闻教育人才培养主题的变化[J]．青年记者，2018(15)：93-94.
442. 赵鹿鸣．填平鸿沟：数据新闻教育与业界对接[J]．中国报业，2018(6)：22-23.
443. 赵婷婷．慕课在民族新闻专业教育中的应用与创新研究[J]．西部广播电视，2018(17)：92，96.
444. 赵文胜．新媒体语境下的教育新闻传播创新路径[J]．传播力研究，2018，2(15)：103.
445. 赵新利．应用学科的国际合作与实践教学——以中国传媒大学广告学院的实践为例[J]．青年记者，2018(28)：75-76.
446. 赵玉铉．试析新媒体语境下"广播电视新闻学"课程的教学转型[J]．西部广播电视，2018(14)：56-57.
447. 甄东霞．马克思主义新闻观融入新闻教学的探索[J]．延安大学学报(社会科学版)，2018，40(5)：106-109.
448. 郑佳武．产业园区融合下的广告专业人才培养[J]．传媒论坛，2018，1(19)：15-16.
449. 郑珺．新媒体时代广告专业人才培养模式的构建——以池州学院为例[J]．普洱学院学报，2018，34(5)：128-129.
450. 郑莹莹．视听新媒体环境下广播电视学的教学改革目标与路径[J]．西部广播电视，2018(4)：26，30.
451. 中国话语建构：智媒时代国际传播教育反思[J]．青年记者，2018(34)：58-60.
452. 钟浩，刘昕玥，王童童，赵子恒．新媒体环境下新闻传播教育的困境与出路——以山西省为例[J]．传媒论坛，2018，1(21)：89，92.
453. 周海英．新闻学类专业"工学"结合教学模式探讨——以网络与新媒体实践课程群为例[J]．大学教育，2018(5)：19-21.
454. 周岚．新媒体下广播电视编导专业媒介素养教育研究[J]．传媒论坛，2018，1

(17)：122，124.
455. 周丽川．广告学实践教学模式构建——以淮南师范学院为例[J]. 课程教育研究，2018(4)：246.
456. 周庆安．规训与免于规训的叙事教育：新媒体时代国际新闻教育的抉择与思考[J]. 全球传媒学刊，2018，5(1)：30-38.
457. 周如南，冯敏仪．融媒体传播：传统媒体教育新闻传播的新机遇[J]. 教育传媒研究，2018(5)：21-22.
458. 周韶梅，刘菡．新媒体环境下新闻出版人才培养革新探析[J]. 出版发行研究，2018(12)：103-106.
459. 周文扬，武新慧．媒介融合背景独立学院新闻学专业教学改革探析[J]. 才智，2018(11)：102.
460. 周文扬．媒介融合背景下河北省新闻人才培养存在的问题及对策[J]. 传播力研究，2018，2(17)：85.
461. 周亚男，刘晓磊．"互联网+"背景下市场营销专业广告教学内容与方法的变革与思考[J]. 教育现代化，2018，5(42)：64-65，68.
462. 周阳，张帆．理论与实践相结合的高校广告专业教学模式探索——兼评《广告教学与实践模块建构研究》[J]. 中国高教研究，2018(2)：114.
463. 周晔梅．论高校新闻实践教学过程性评价体系的构建[J]. 记者摇篮，2018(12)：83-84.
464. 朱文婷．基于创新素养目标下的广告学课程项目式教学模式探析[J]. 视听，2018(10)：213-215.
465. 朱小阳，揭其涛．从马克思主义新闻观的培育探究传媒类大学生的思想政治教育[J]. 新闻研究导刊，2018，9(8)：18，24.
466. 朱艳茹．媒介融合背景下地方新闻院校全媒体人才培养模式分析[J]. 教育教学论坛，2018(47)：234-235.
467. 朱烨．虚拟现实新闻教育：美国经验及其启示[J]. 中国传媒科技，2018(3)：109-110.
468. 邹文兵．新媒体语境下广告教育转向研究[J]. 江西财经大学学报，2018(1)：106-113.

（陶喜红）

20.2　新闻传播教育专著介绍(2018)①

(1)强月新，周茂君．实践教学与新闻传播人才培养创新研究[C]．北京：科学出版社，2018.

本书分作“培养理念与整体构想”“教学体系与人才培养检讨”“基地建设与专业实习”“业界论人才需求”以及“他山之石”五个部分(见图 20-1)。

图 20-1 《实践教学与新闻传播人才培养创新研究》

在该书中强月新教授提出了“大实验观”，即“将专业主干课程实验教学、专业赛事、学生专业社团活动、学生暑期社会实践项目、大学生创新实验项目和专业实习等内容纳入实验教学的范畴，让新闻传播学科实验教学成为贯通‘课堂、校园、媒体与社会’的整体实验观”。在此基础上，周茂君教授提出了“多层级结构的专业实验教学体系”，即“以专业主干课程实验教学为基础，以专业赛事、学生专业社团活动、学生暑期社会实践项目等社会实践活动为扩充，以大学生创新实验项目为提高，以专业实习为创新”。

罗以澄教授认为“该书着眼于新媒体环境下实践教学与新闻传播人才培养创新，适应人才培养逐步由知识型向能力型转变的需要，将学校与业界、理论与实践、学生的课堂学习与课外实践结合起来，让学生尽快实现由学校到社会的跨越，实现由准新闻人、准传媒人到新闻人、传媒人的蜕变”。

(2)秦学智，秦倩，何娟．美国传媒素养教育(基础教育篇)[M]．北京：中央编译出版社，2018.

本书系统梳理了美国传媒素养教育理论与实践(见图 20-2)。全书分作四章：第一章阐述美国中小学传媒素养教育背景、美国社会制度和教育制度、美国传媒素养教育发展历史、阶段划分与特点以及美国传媒素养教育机构；第二章论述美国传媒素养教育基

① 以下引文均出自所推介之书本，恕不一一标出，特此说明。

本理论与思想、美国传媒素养教育理论与实践特征等；第三章介绍美国传媒素养学者洛佩斯的生态媒体素养与绿色文化公民素养思想等；第四章对美国传媒素养课程与实践案例进行探究。

图 20-2 《美国传媒素养教育》

作者认为，与英国、加拿大、澳大利亚、日本、荷兰、芬兰等西方国家相比，美国的传媒素养教育虽然起步较晚，但在托曼、海伦、李驰、贝克、詹金斯、斯尔夫布莱特、霍布斯、丹妮丝、亨利、拉里等一大批教育研究者和一线教师的共同努力下，不仅在所有州的教育标准中均有对于传媒素养教育的相关规定，而且涌现了一批传媒素养教育方面的理论和实践成果，并最终形成了深具美国特色的传媒素养教育框架、体系。

（张继木）

20.3　新闻传播教育会议综述(2018)

2018 年是马克思诞辰 200 周年，也是中国新闻传播教育事业稳健发展的新元年。两个世纪过去了，新闻人物、新闻技术、新闻环境产生的巨大发展与变化令人目不暇接。但马克思与恩格斯共同创立的马克思主义新闻观，依然是指导新闻传播教育界的理论基础，对我国的新闻传播学产生着至关重要的影响。伴随着纪念马克思诞辰 200 周年会议的召开，为积极响应习近平总书记在大会上的讲话精神，深入贯彻和学习马克思主义新闻观，推动中国新闻传播教育事业迈向新台阶，我国各大新闻传播教育组织和院校始终紧紧跟随中国特色社会主义道路的发展方向，积极探索着更加适合中国本土化和时代化的马克思主义新闻传播教育学科体系。新闻传播教育组织召开的相关会议，不仅对我国新闻传播教育界把握时代发展大势、高等教育发展大势、新闻传播教育大势起到了重要的引领作用，更使得各组织对马克思主义新闻观理论研究，以及教学实践中的一些重大理论与实践问题有了更加深入的了解和明确的认识。中国人民大学、厦门大学、郑州大学等重点院校则从新的角度对新闻传播教育事业进行了探索，为创新新闻传播教育界师资，培养新型人才，起到了积极的推动作用。

20.3.1　新闻传播教育组织召开的主要会议

国务院学位委员会学科评议组、教育部高等学校新闻传播学类专业教学指导委员会等新闻传播教育组织召开的会议情况，在前文中已有较为详细的介绍。这里我们将重点综述教育部新闻传播学部 2018 年召开的主要会议。

1. 马克思主义新闻观理论研究与教学实践研讨会

2018 年 5 月 5 日，“马克思主义新闻观理论研究与教学实践研讨会”在广西大学新闻传播学院举行，来自全国 50 多所新闻院校的 100 多位专家学者齐聚邕城参加此次学术盛会。

此次研讨会由教育部社会科学委员会语言文学、新闻传播学和艺术学学部和广西大学新闻传播学院，联合中国人民大学新闻学院、复旦大学新闻学院、中国传媒大学新闻传播学部、清华大学新闻与传播学院、北京大学新闻与传播学院、武汉大学新闻与传播学院、华中科技大学新闻与信息传播学院、浙江大学传媒与国际文化学院、暨南大学新闻与传播学院、南京大学新闻与传播学院 11 所新闻院校和中宣部教育部特别委托项目《马克思主义新闻观研究》课题组，以及广西马克思主义新闻观研究与实践基地、中国人民大学马克思主义新闻观研究中心等研究机构共同举办。

在会上，郑保卫教授代表主办单位致开幕词。他谈到，5 月 4 日习近平总书记在纪念马克思诞辰 200 周年大会上的讲话中高度评价了马克思及其所创立的科学理论。马克思和恩格斯共同创立的马克思主义新闻观，作为一种科学的新闻观，阐述了无产阶级党报工作的基本原理与客观规律，成为指导世界无产阶级和社会主义新闻事业的思想旗帜。我们新闻院校要按照习近平总书记的讲话精神，把马克思主义贯穿到新闻理论研究和新闻教学之中，使新闻学真正成为以马克思主义为指导的学科，使学习新闻学的学生真正成为牢固树立马克思主义新闻观的优秀新闻人才。

郑保卫教授希望与会专家学者能够认真学习习近平总书记在 5 月 4 日纪念大会上的讲话，始终高举马克思主义的思想旗帜，特别是要以作为马克思主义中国化最新成果的习近平新时代中国特色社会主义思想为指导，进一步深入学习和践行马克思主义新闻观，以加深对马克思主义新闻观的认识和理解。

各位与会者通过学术研讨、专家授课、代表讨论等环节，对马克思主义新闻观理论研究和教学实践中的一些重大理论与实践问题有了更加深入的了解和明确的认识。

2. 教育部新闻传播学咨询组第三次会议

2018 年 3 月 24 日，教育部社会科学委员会语言文学、新闻传播学和艺术学学部新闻传播学咨询组第三次会议在广西大学新闻与传播学院举行。咨询组成员郑保卫、罗以澄、张国良、陈昌凤、高晓虹、张昆、丁柏铨、胡百精、张涛甫、强月新、韦路出席会议。会议由教育部社会科学委员会语言文学、新闻传播学和艺术学学部副秘书长兼新闻传播学科召集人郑保卫教授主持。

在会上，各位专家学者就如何加强全国性学术共同体建设，筹备纪念中国新闻学诞生百年、新时期新闻改革 40 年和马克思诞辰 200 周年等系列新闻学术活动，以及做好咨询组工作等问题进行了讨论并做出了安排。并对广西大学新闻传播学院如何进一步加强学科建设，提升科研水平、做好人才引进、搞好部校共建等问题把诊号脉，提出了中肯的建议和意见。

20. 3. 2　新闻传播教育院校召开的主要会议

1. 中国人民大学新闻学院

(1)中外新闻传播学院院长会议(2018)暨 2018 中国传播学论坛。

2018 年 10 月 13 日，以“万物互联与泛媒介时代的新闻传播教育”为主题的“中外新闻传播学院院长会议暨中国传播学论坛”在中国人民大学国学馆举行。此次大会由中国高等教育学会新闻学与传播学专业委员会、中国人民大学新闻学院、中国新闻史学会传播学研究会共同主办。

来自华中科技大学、复旦大学、武汉大学、中国传媒大学、北京大学、清华大学、佐治亚大学、南卡罗来纳大学、加利福尼亚大学、新加坡科技设计大学等近 50 所中外高等学府的新闻传播学院院长、教授齐聚一堂，共同把脉万物互联与泛媒介时代的新闻传播教育。

与会嘉宾围绕主题联系实际，针对目前新闻传播学教育面临的机遇和挑战从不同层面进行了阐释与思考。在分论坛环节，各位嘉宾继续围绕“新闻教育的守望与重构”“传播学教学改革的经验探索”“中国近当代新闻传播史”等 14 个子主题展开进一步探讨。

(2)首届(2018)中国新闻学传播学论坛。

2018 年 11 月 25 日，由教育部社会科学委员会语言文学、新闻传播学和艺术学学部牵头，与中国新闻学传播学论坛组委会、中国高等教育学会新闻学与传播学专业委员会、中国人民大学新闻学院、中国传媒大学新闻传播学部、清华大学新闻与传播学院、北京大学新闻与传播学院联合主办的“首届(2018)中国新闻学传播学论坛·中国新闻学百年暨新闻业改革四十周年研讨会”在中国人民大学成功举办。研讨会得到国内知名新闻学传播学学者，以及亲历过新闻业改革四十年并作出过重要贡献的新闻业界人士，以及新闻教育、新闻实务机构资深人士的积极支持，参会代表近 200 人。

在会上，郑保卫教授致辞表示，在纪念中国新闻学诞生百年和新闻改革四十年之际，回顾历史，总结经验，展望未来，对于我们不忘初心，牢记使命，在十九大精神和习近平新时代中国特色社会主义思想指引下，继续创新发展中国新闻学，加快构建中国特色社会主义新闻学科学体系，推进中国特色社会主义新闻事业改革发展具有重要意义。

此次论坛共有三场主旨报告，五场大会演讲，四个平行分论坛。共同回望了中国新闻学百年来所走过的风雨历程，总结新闻业改革四十年所取得的成就经验，展望我国新闻学传播学，以及新闻与传播教育和传媒业的未来发展，谋划构建中国特色社会主义新闻学，探讨打造具有国际影响力的现代传媒集团的路径方法，为进一步推动中国新闻学传播学在新时代的建设发展，促进我国传媒业在转型期的深化改革，聚合构建中国特色社会主义新闻学传播学学科建设的学术团队作出了贡献。

此外，经会议研究决定，第二届中国新闻学传播学论坛明年在上海举行，由复旦大学、上海交通大学、上海大学、华东师范大学等上海高校共同承办。

2. 厦门大学新闻传播学院：2018 新闻传播学院院长论坛

2018 年 11 月 10 日，“2018 新闻传播学院院长论坛”在厦门大学举行。人民日报社、教育部、福建省委、厦门市委、厦门大学相关领导，全国知名高校新闻传播学院的领导和专家学者，互联网新闻信息传播平台、企业代表等百余位嘉宾出席，来自全国各高校的师生代表共计约 500 人参会。人民日报社副总编辑卢新宁，福建省委常委、宣传部长、秘书长梁建勇，厦门大学党委书记张彦，教育部高等教育司司长吴岩等与会并致辞。

教育司司长吴岩致辞表示，一个新闻传播行业和新闻传播教育事业健康繁荣发展的时代，就是一个国家文明发达的重要标志，就是社会安定和谐的重要条件。新闻传播教育担当了神圣、庄严、重大的使命，新闻传播院长和老师们需要从战略高度把握三大趋势：第一是要敏锐把握时代发展的大势，第二是要敏锐把握高等教育发展的大势，第三是要敏锐把握新闻传播教育发展的大势。

在论坛上，复旦大学新闻学院院长米博华、清华大学新闻与传播学院常务副院长陈昌凤、今日头条副总裁李涛等学界和业界专家，围绕“立德树人、入脑入心”主题对加强马克思主义新闻观教育、促进高校新闻传播教学研究与媒体融合发展实践更加紧密结合等进行了主旨发言。

在分论坛上，各位新闻传播学院负责人以及各专家学者和行业嘉宾，分别围绕马克思主义新闻观教学与新闻实践的融合创新、马克思主义新闻观课程设置与专业教学创新探索、媒体融合趋势下的互联网视听内容生产等话题进行了主旨发言和圆桌讨论。

3. 郑州大学新闻与传播学院：第四届新媒体公共传播国际学术研讨会暨推进新闻传播学一流学科建设发展论坛

2018 年 11 月 17—18 日，由郑州大学新闻与传播学院、新媒体研究中心、新华通讯社—郑州大学穆青研究中心共同举办的“新时代、新技术、新传播”第四届（2018）新媒体公共传播国际学术研讨会暨推进新闻传播学一流学科建设发展论坛在郑州大学主校区举行。中国教育电视台总编辑、国务院新闻传播学学科评议组召集人、中国传媒大学原校长胡正荣教授等 200 多位专家学者和师生代表齐聚一堂，共襄盛会。

在大会主题发言环节，共分四个模块，胡正荣、倪炎元、李喜根、朱春阳、柯粤川等 15 位专家发表了主题演讲。胡正荣教授在题为《中国新闻传播学学科与专业建设的问题与创新》的演讲中指出应通过学科融合、专业改革、课程更新、实践提升、教师优教等方式，打造创新型、复合型、应用型、专业型和国际化的人才，以适应社会经济及技术的快速发展和变革。针对一流学科建设，胡正荣建议，首先要抓好顶层设计，其次狠抓师资队伍、科研成果、国际化等方面的显示度指标，最后要抓好评价体系和保障体系建设。

在分论坛交流环节，来自中国传媒大学、重庆大学、浙江师范大学、南昌大学、北京师范大学、安徽大学、西北大学、北京工商大学、郑州大学等高校的近 20 位学者，针对自己提交会议的学术论文，与大家进行了分享和交流，为该学科方向的深入发展搭建了较好的学术平台，进一步提升了郑州大学在该研究领域的学术影响力。

4. 南昌大学新闻与传播学院：2018“新闻与传播学”一流学科建设高层论坛

2018 年 12 月 9 日，2018“新闻与传播学”一流学科建设高层论坛在江西南昌举行。此次论坛由中国新闻史学会党报党刊研究会、江西省高校新闻传播学科联盟主办，南昌大学新闻与传播学院承办。来自北京大学、清华大学等国内新闻传播学科代表性院系的 30 多位负责人及专家参加了此次论坛。

在会上，周创兵校长提出人才培养应当作为根本任务，一流学科建设一定要培养一流的学生。胡正荣教授则以《统筹推进世界一流大学一流学科建设总体方案》为切入点，表示学科建设最终要落到科学研究、要落到人才上去。他梳理了高校建设新闻传播学一流学科的三个重点，建议从建设一流师资、培养顶尖创新人才、提升科技研究水平、传承创新优秀文化以及推进成果转化等五个方面，提升整个新闻传播学一流学科建设。

开幕式结束后，两场主题为“学科创新”与“人才培养”的分论坛随即举行，与会的专家学者在两个分会场分别进行论文报告，学者们就自己的主题发表见解，进行了讨论与交流。

5. 武汉大学新闻与传播学院：新闻传播学国家级实验教学示范中心教学指导委员会第一次会议

2018 年 1 月 13 日上午，武汉大学新闻传播学国家级实验教学示范中心教学指导委员会第一次全体会议在新闻与传播学院 229 会议室召开。

会议由武汉大学新闻与传播学院副院长、实验中心主任程明教授主持。强月新院长首先致辞。强院长对出席会议的学界和业界各位专家对武汉大学新闻与传播学院实验教学示范中心教学指导委员会工作的支持表示感谢，同时简要介绍了学院和中心的基本情况。

吴玉兰教授和何志武教授都称赞了武汉大学新闻与传播学院实验实践教学的培养理念，同时也建议开设小班制实验教学，让学生更好地参与到实验、实践教学中来；要强化各专业、各年级的实验实践教学课程要相互贯穿和融合，让实验中心更好地发挥其平台优势；要强化创新实验教学，与业界专家进行项目合作，培养学生的实践创新能力。湖北电视台高级工程师王强表示自己很荣幸能够成为学界与业界沟通的桥梁，将业界对人才各方面能力的需求进行反馈，从而推动学校对人才培养方式的改革和转变。

此外，教指委各位委员表示此次会议是学界与业界一次很好的交流和碰撞，教指委会议很有必要定期开展下去，要多提意见、多参与、多交流，这样才能开阔眼界和活跃思维，促进实践教学的改革和发展。此次与会专家也表示，此后将会时时关注武汉大学新闻传播学院的实验教学工作，为学院和中心的发展建言献策。

6. 广西大学新闻传播学院：首届全国民族地区新闻与传播学院院长论坛

2018 年 12 月 2 日，由广西大学新闻传播学院、广西大学民族新闻与文化传播研究中心主办的“2018 民族新闻与文化传播创新研讨会暨民族地区新闻与传播学院院长会议”在广西大学举行。诸位名家学者围绕着民族新闻与文化传播创新、民族地区新闻传播的学科建设、民族新闻与社会发展等一系列主题作了主题演讲。

在研讨会期间，举行了首届全国民族地区新闻与传播学院院长论坛。广西大学新闻传播学院院长，中国少数民族地区信息传播与社会发展论坛理事长，教育部语言文学、新闻传播学和艺术学学部副秘书长兼新闻传播学科召集人郑保卫教授主持论坛。

部分院长围绕着民族地区新闻与文化传播创新这一主题进行了嘉宾演讲。分析了当前民族地区新闻与传播院系建设和发展中存在的问题，探讨了抓紧机遇加快发展的路径和方法。希望能借助这一学术共同体加强合作、聚合力量、抱团取暖，共谋民族地区新闻与传播教育的繁荣发展，努力做大做强民族地区新闻与传播教育。

7. 四川大学锦城学院：四川省新闻教育学会2018年年会暨互联网背景下川渝新闻教育发展研讨会

2018年11月30日上午，四川省新闻教育学会2018年年会暨互联网背景下川渝新闻教育发展研讨会在四川大学锦城学院隆重召开。会议由四川省新闻教育学会、四川省老教授协会、四川大学锦城学院共同主办，四川大学锦城学院文学与传媒学院承办。来自川渝两地20余所高校的60余名专家、教授出席会议。会议由四川大学锦城学院文学与传媒学院院长毛建华教授主持。

在研讨交流环节，与会专家学者围绕新闻传播人才培养的路径选择、目标确立、模式构建、教育理念、师资队伍建设、教材编写等内容展开了讨论发言。其中，四川大学文学与新闻学院吴建教授分析了目前新闻人才培养面临的双重压力，认为新闻人才培养应注重人文素养培育、专业素养培育、社会洞察力的培养和伦理道德的培养；四川大学锦城学院周平教授结合自己教学和教材编写的经验，认为新闻传播人才教育应该重视培养学生的实践能力以及创新意识。

会议认为，新闻教育和人才培养需要进一步加强马克思主义新闻观的教育并加强理论与实践的结合以培养和提高学生的实际动手能力；在综合素质的培养方面，则需重视和开拓文史哲经法以及自然科学等方面的课程，除此之外，新闻院系还需要加强与社会各方面的联系，以开阔学生的视野，让学生在读书时就形成较强的社会活动能力；而且更重要的是，要加大新闻教育走向世界的力度，积极开展国际新闻教育交流，增强师生国际视野，共同开创新闻教育的美好明天！

8. 湖北经济学院新闻传播学院：新时代新闻传播学科建设与人才培养论坛

2018年11月18日，“新时代新闻传播学科建设与人才培养”论坛在湖北经济学院举行。论坛由湖北经济学院新闻传播学院、中国商办工业杂志社、湖北省老新闻工作者协会联合主办。湖北经济学院副校长鲁晓成致欢迎词，新华社高级记者、新华社湖北分社原纪委书记、湖北省老新闻工作者协会主席方政军，《湖北日报》高级记者熊家余主持论坛。

在会上，华中科技大学新闻传播学院原院长张昆教授发表了题为“解读华中科大新闻教育模式”的主题演讲。他说华中科技大学新闻传播学科自创立起一直秉承文工交叉融合的思路，在传统的人文教育和“人文+社会科学”新闻教育模式之外，开创了一种全新的范式，形成了以“全能型”“高素质”“复合型”“创新型”为指向的人才培养目标，建构了跨越人文社科、科学技术和新闻传播学的课程体系和师资队伍，为理工院校开设新闻传播教育提供了宝贵的借鉴。

武汉大学新闻传播学院院长强月新教授则指出新闻传播学科建设要紧跟时代步伐调整课程内容、调整教学案例，新闻传播的实践教学要做到实验教学与实践教学并重、创新与规范并重、争取投入与自我发展并重。

9. 北京大学新闻与传播学院：“新闻教育的历史性与生命传播：媒介 · 权力 · 诚真”学术分论坛

2018 年 10 月 14 日，“新闻教育的历史性与生命传播：媒介 · 权力 · 诚真”学术分论坛在北京大学新闻与传播学院举行。此次论坛聚焦于中国新闻教育先驱李大钊先生，结合社会变迁和媒介发展的活的社会现实，以史为鉴、实事求是、见微识远，探析新闻教育与生命传播的过去、当下、前景与未来。期冀以“新闻教育的历史性与生命传播”为“石子”，激起新闻教育面向未来的新浪花。

北京大学新闻与传播学院副院长俞虹老师表示，面向未来的新闻教育，是要超越传授知识和能力培养本身，回归最根本的价值观问题。技术无论怎样颠覆、变迁，人的价值问题都不能交付到技术或外在其他，而更多的是师徒之间的传承以及每个人对自我生命的关照。面向未来的新闻教育，就应该是知行合一、有价值内涵的教育。

各位参会学生围绕着议题展开了多角度的论述，对于继续传承与发展，开启面向未来的新闻教育新旅程起到了积极的推动作用。

10. 陕西师范大学新闻与传播学院：第二届全国马克思主义新闻观中国化学术年会

2018 年 9 月 29 日，由陕西师范大学新闻与传播学院、马克思主义新闻观中国化研究中心、延安大学文学与新闻传播学院、陕西师范大学学报联合主办的“第二届全国马克思主义新闻观中国化学术年会”在陕西师范大学长安校区开幕，来自国内 30 多所高校与研究机构的 100 余位专家学者参加了此次会议。

此次会议以“延安时期新闻传统与新时代马克思主义新闻观中国化的新发展”为总议题，会议开幕式及前半程在陕西师范大学举行，会议后半程在延安大学举行，与会学者就新闻史、新闻理论、新闻业务与新媒体四个领域如何加强马克思主义新闻观研究与教学进行了集中研讨。

陕西师范大学党委书记程光旭致辞表示，此次会议以“延安时期新闻传统与新时代马克思主义新闻观中国化的新发展”为总议题，围绕马克思主义新闻观中国化理论体系建构、延安新闻文化与中国新闻传播学创新发展等议题展开学术探讨，具有鲜明的时代特征、价值取向和政治内涵，并对研究中国新闻传播学的本土议题具有重要的理论意义。

继往开来，教育优先。新闻传播学作为国家一级重点学科，新闻传播学教育作为我国教育事业的重要组成部分，在2018年进入了更加稳步发展的新时期，各大新闻传播学教育组织和学校，为新闻传播教育界创立了一个又一个亮点，并在稳步发展中谋取新的变革与突破。

教育部高等学校新闻传播学类专业教学指导委员会以新闻传播学科的教育与发展为核心，从时代需求出发追求创新与改革；中国新闻史学会从新闻传播教育人才培养目标、师资队伍建设、学科体系优化等重要方面出发，全面扎实新闻传播教育发展的学科定位；各大重点新闻传播院校持之以恒地贯彻十九大精神和习近平新时代中国特色社会主义思想，继续创新发展中国新闻传播学科。湖北经济学院新闻传播学院和四川锦城学院更是砥砺前行，结合新闻传播教育学科实际，推动院校人才培养、师资力量等重要工作，为全国新闻院校做出了优良的示范！

自党的十八大召开以来，习近平总书记便高度重视新闻舆论工作，曾在多个场合发表重要讲话，深刻阐述了做好新闻舆论工作的重大意义、职责使命、方针原则、创新发展等一系列问题。因此培养优秀的新闻人才，推动新闻教育界人才创造力迸发、活力涌流，坚持同党中央保持高度一致，坚持马克思主义新闻观，使新闻教育事业成为凝聚社会共识的重要力量，是我国新闻传播教育组织和院校所共同努力的目标。

在2019年，针对新闻传播教育事业的创新发展将会引向深入，各大新闻传播教育组织将会结合我国社会发展实际需求，围绕着新闻传播专业的学科建设、人才培养、研究方法、教育理念等方面，在保持主体性和自身特色的同时，积极汲取和借鉴国内外优秀经验，把握好新时代发展大势和新闻传播教育大势，使新闻传播教育事业更好地适应中国和全球新闻事业发展变局，展开新作为，创建新气象，构建好中国特色社会主义新闻理论体系！

（李　文　周　怡　李聿哲）

第21章　2018年中国新闻传播教育大事记(2018)

1月

1月3日，全国宣传部长会议在京召开。中共中央政治局常委、中央书记处书记王沪宁出席会议并讲话。他表示，要坚持以习近平新时代中国特色社会主义思想为指导，增强政治意识、大局意识、核心意识、看齐意识，紧紧围绕学习宣传贯彻党的十九大精神这条主线，扎实做好宣传思想文化工作，为在新的历史起点上进行伟大斗争、建设伟大工程、推进伟大事业、实现伟大梦想供坚强思想保证和强大精神力量。

1月3日，2018年全国新闻出版广播影视工作会议在京召开。会议深入学习宣传贯彻习近平新时代中国特色社会主义思想和党的十九大精神，落实全国宣传部长会议精神，总结2017年工作，部署2018年新闻出版广播影视工作任务。中宣部副部长，国家新闻出版广电总局局长、党组书记，国家版权局局长兼中央电视台台长聂辰席代表总局党组在会上作工作报告。

1月5日，国家级实验教学示范中心传媒学科组2017年会暨“媒体融合时代与实践实验教学”主题研讨会在中国传媒大学举行。

1月5日，教育部人事司通过教育部网站发布了《关于2017年度“长江学者奖励计划”建议人选公示的通知》，其中新闻学与传播学入选7人。长江学者特聘教授有：杨保军、隋岩。长江学者青年学者有：胡百精、朱春阳、韦路、张志安、刘涛。

1月6日，《中国新媒体社会责任研究报告(2017)》在武汉发布，华中科技大学新闻与信息传播学院钟瑛主持发布会。该报告对2017年新媒体行业社会责任的履行状况进行了全面总结，着重分析了新媒体落实社会责任的新场景，梳理了国家对新媒体治理的新举措。

1月6日，中国传媒大学全媒体运行中心正式启用，中国传媒大学全媒体运行中心总面积700平方米，由融合媒体指挥中心及多平台发布系统、全媒体交互式新闻演播室系统、融合媒体虚拟化生产平台三大部分组成；包含融媒体新闻采编制作、数据可视化和虚拟图文包装制播、多屏矩阵展示、云桌面资源管理、手机采访制作等16个子系统。

1月6日，首届中国新闻传播学国际发表专题论坛在西安交通大学举行。会议讨论了中国新闻传播学国际发表的现状及趋势。大会还发布了“中国传播学国际论文发表(西安)联合宣言”，颁发了首届中国新闻传播学国际发表优秀论文奖。

1月8日，国务院学位办公布新闻传播学硕博士学位授权审核结果。新增新闻传播学一级学科博士点8个，分别为天津师范大学、上海交通大学、安徽大学、南昌大学、郑州大学、湖南师范大学、深圳大学、西南政法大学。已有二级学科新增新闻传播学一级学科博士学位授权点2个，分别为南京师范大学的新闻学、中国社会科学院研究生院的新闻学和传播学。新增新闻传播学一级学科硕士学位授权点14个，已有二级学科新增新闻传播学一级学科硕士授权点10个。另外，新增新闻与传播专业硕士学位授权点56个。

1月8日，中国人民大学国家传播战略研究中心举办首届高峰论坛，各领域专家学者充分交流与探讨，积极为全球传播献计献策。

1月9日，《2017年中国新闻业年度发展报告》在中山大学发布，该报告从新闻传播者、新闻内容、传播渠道、受众、传播效果等方面，以相关案例、事件和数据为基础，描述了2017年中国新闻业的主要特点和发展图景。

1月10日，周葆华拟任复旦大学新闻学院副院长。

1月10日，第八届全国出版物供应链论坛在北京师范大学举办，主题为“人工智能与创新应用”。

1月12日，中国传媒大学领导班子换届调整。教育部党组任命刘延平、刘守训为中国传媒大学副校长；免去胡正荣中国传媒大学校长职务，另有任用；免去姜绪范、蔡翔中国传媒大学副校长职务等。同时，据中国经济网报道，胡正荣任中国教育电视台总编辑。另据教育部公示，廖祥忠为中国传媒大学校长考察对象。

1月12日，上海研究院世界传媒研究中心成立大会暨新时代：传媒·中国·世界——智库专家论坛在上海大学举行。

1月12日，大数据与人工智能新媒体应用高峰论坛暨浙江省新媒体专业委员会年会在浙江传媒学院举行。此次论坛就大数据和人工智能行业发展、人工智能和媒体传播优化深度融合、大数据和人工智能推动教育变革、大数据及人工智能教学新模式、创新型专业人才培养模式等话题进行了讨论。

1月12日，2017年贵州省传播学学会年会暨“新时代·新使命·新传播”习近平中国特色社会主义思想传播论坛在贵阳举行。

1月13日，首届中国软IP大会在中国传媒大学举行。此次大会的主题为“遇见更多想象”。

1 月 13 日，MCI 中国媒体融合传播效果指数平台新闻发布会在北京召开。平台通过每日采集的数据，用大数据挖掘的方法，形成监测对象覆盖 552 家报纸类媒体、68 家电视类媒体、207 家广播类媒体和 2 家通讯社，基于 19 项指标构成的综合性评价体系。

1 月 15 日，中宣部在延安召开“新时代、新气象、新作为”主题采访活动座谈会。中宣部副部长、国务院新闻办公室主任蒋建国在座谈会上表示，应继续深入开展此次主题报道，要保持强烈的学习意识、坚守强烈的为民情怀、贯彻强烈的融合意识、树立强烈的受众意识、确立强烈的统筹意识，推动学习宣传贯彻习近平新时代中国特色社会主义思想和党的十九大精神不断往深里走、往实里走、往心里走。

1 月 16 日，国家新闻出版广电总局日前下发通知，要求各新闻单位于 1 月 15 日至 3 月 15 日，对 2017 年 12 月 31 日前核发的第五版新闻记者证进行年度核验。

1 月 16 日，人民日报社与雄安新区管委会正式签约，共建雄安新区文化传媒平台，雄安媒体中心(中央厨房)同时揭牌运营，“雄安天下”客户端和“人民雄安网”也正式上线。河北省委书记王东峰和人民日报社社长杨振武出席签约仪式并致辞。

1 月 18 日，2018 中国教育政务新媒体年会在上海交通大学举行，来自 32 个省级教育行政部门、75 所教育部直属高校及部分教育政务新媒体联盟成员单位宣传部门负责人参加。

1 月 21 日，由河北大学新闻传播学院主办的“传媒变革与教育创新‘雄安论坛’”在河北保定召开。

1 月 23 日，由《人民日报》、微博、新浪网联合主办的“初心 · 使命 · 新征程——2018 政务 V 影响力峰会”在北京举行。

1 月 23 日，新华社英文客户端(Xinhua News)在北京发布。来自中宣部、中联部、中央网信办、外交部、国家新闻出版广电总局等中央和国家机关的有关负责人，媒体界人士，企业家代表，有关国家驻华使节，国际机构人士出席了发布会。

1 月 23 日，尹韵公任湖南师范大学新闻与传播学院院长。

1 月 23 日，中国新闻史学会京津冀常务理事工作会议(2018)在中央民族大学召开。邓绍根报告了 2017 年度学会的工作情况，以及 2018 年学会的相关工作计划。

1 月 24 日，教育部人文社科重点研究基地中国传媒大学国家传播创新研究中心“中国国际传播力研究团队”在北京发布《中国国际传播力》系列研究报告。

1 月 24 日，2018 年全国广播电视宣传管理工作会议在海口召开。国家新闻出版广电总局党组成员、副局长田进出席会议并讲话，他要求广电系统今年及未来一段时间要宣传新思想、记录新时代、营造新气象、展现新作为。

1 月 25 日，中国记协在京举办 2018 年中外新闻界新春联谊会。来自中央国家机关代表、中央和首都新闻媒体负责人、港澳台在京记者、外国驻京记者、外国驻华使节以及部分在京的中国记协副主席、常务理事等共250余人出席。

1月30日，国家互联网信息办公室公开中央互联网新闻信息服务单位相关许可信息，包括：互联网站94个，应用程序50个，论坛14个，博客6个，微博客2个，公众账号292个，即时通信工具1个，网络直播3个，共计462个服务选项。

1月30日，四川省新闻教育学会2018年年会暨互联网背景下川渝新闻教育发展研讨会在四川大学锦城学院召开。会议由四川省新闻教育学会、四川省老教授协会、四川大学锦城学院共同主办，四川大学锦城学院文学与传媒学院承办；来自川渝两地20余所高校的60余名专家出席会议。会议由四川大学锦城学院文学与传媒学院院长毛建华主持。

1月31日，中国互联网络信息中心（CNNIC）在京发布第41次《中国互联网络发展状况统计报告》。

2月

2月2日，国家互联网信息办公室公布《微博客信息服务管理规定》。该规定自3月20日起施行。

2月6日，中国记协在京举办2018年首都老新闻工作者迎春茶话会，来自中央新闻媒体和首都新闻界的百余位老新闻工作者汇聚一堂，中国记协主席张研农致新春贺词。

2月8日，国家新闻出版广电总局通报，总局日前联合地方新闻出版广电局等单位，严肃整治网上近期出现的歪曲演绎红色经典、恶意拼接经典卡通形象、散布血腥暴力、低俗炒作明星绯闻隐私和炫富享乐类视听节目。

2月8日，中华全国新闻工作者协会发布《关于第二十八届中国新闻奖、第十五届长江韬奋奖报送工作的通知》和《中国新闻奖、长江韬奋奖评选办法》，正式启动今年中国新闻奖和长江韬奋奖评选工作。

2月13日，国家互联网信息办公室发布消息称，针对当前网络直播存在的低俗媚俗、斗富炫富、调侃恶搞、价值导向偏差等突出问题，根据有关部署，国家网信办近日对网络直播平台和网络主播进行专项清理整治，依法关停一批严重违规、影响恶劣的平台和主播。

2月23日，宣传思想文化战线大调研电视电话会议在京召开。中共中央政治局委员、中宣部长黄坤明出席会议并讲话，强调要聚焦聚力贯彻落实习近平新时代中国特色社会主义思想和党的十九大精神，贯彻落实习近平总书记关于大兴调查研究之风的重要指示，用心用情、唯实求真，以大调研推动大落实、促进新发展。

2 月 27 日，设在北京西长安街北侧梅地亚中心的两会新闻中心正式开展工作。

3月

3 月 1 日，“一带一路”全球新闻传播英文硕士项目启动仪式在中国人民大学新闻学院举行。该项目由中国人民大学新闻学院与中国公共外交协会合作开办，首批 17 名学生来自埃及、南非、肯尼亚、菲律宾等 17 个国家和地区的媒体机构。

3 月 2 日，国家新闻出版广电总局对外发布了《关于公布第三届全国“百强报刊”推荐结果的通知》,《新闻与传播研究》入选。

3 月 4 日，中共中央政治局常委、中央书记处书记王沪宁参加了教育、新闻出版界委员联组会。王沪宁表示，要加快我国教育事业发展，推进新闻出版改革，加快构建中国特色哲学社会科学，加强互联网建设管理运用，提升传播力、引导力、影响力、公信力。王沪宁希望教育、新闻出版界委员坚定文化自信，模范践行社会主义核心价值观，以德修身、立学、施教，推出更多充满正能量的好报道、好节目、好图书，更好地发挥化人育人作用。

3 月 7 日，李本乾任上海交通大学媒体与传播学院院长。

3 月 9 日，陕西省社会科学界联合会 2018 年度工作会议召开，西安交通大学新闻与新媒体学院“网络舆情科普基地”获批“陕西省社会科学普及基地”。

3 月 9 日，2018 年第二届中国全球传播与公共外交学会年会在大理大学举行，该校副校长李小兵、中国全球传播与公共外交学会会长吴飞出席论坛并致辞。中国新闻史学会副会长、华中科技大学新闻与信息传播学院院长张昆，中国外文局对外传播研究中心副主任于运全，孔子学院总部、国家汉办政策研究处处长王甬作研究报告。该会常务副会长雷蔚真主持年会。

3 月 9 日，西安交通大学新闻与新媒体学院、陕西省网络舆情研究基地、西安交通大学政务新媒体研究中心联合主办的“政务新媒体创新发展研讨会”在西安举行，发布了《2017 年度陕西省政务新媒体影响力评估报告》。

3 月 13 日，2018 年“看中国外国青年影像计划(重庆行)”启动仪式在西南大学举行。

3 月 16 日，湖南师范大学湖南省社会舆情监测与网络舆情研究中心发布《2017 年度湖南精准扶贫舆情热点、问题及建议》和《2017 年度插柳村精准扶贫舆情热点、问题及建议》两项报告。

3 月 16 日，由四川大学文学与新闻学院、中国新闻史学会和《中国新闻传播教育年鉴》编委会共同主办的“改革开放 40 年与新闻教育发展论坛”在四川大学举行。

3 月 17 日，第六届南方传媒学术论坛暨首届视觉修辞论坛在暨南大学举行。陈昌凤、张昆、朱春阳、范以锦等做主旨演讲。

3 月 18 日，首届中国视觉修辞论坛在暨南大学召开。

3 月 19 日，汕头大学长江新闻与传播学院院长方兴东应邀参加瑞士日内瓦信息社会世界峰会论坛(WSIS Forum：World Summit on the Information Society)，同时在会上以汕头大学的名义举办“互联网口述历史(Oral History of the Internet)”专题研讨会。

3 月 21 日，中国记协对 2014 年 1 月 3 日发布的《中国新闻工作者援助项目实施办法》进行了修订。

3 月 21 日，新华社刊发了中共中央印发的《深化党和国家机构改革方案》全文，人民网传媒频道梳理了其中涉及传媒领域的机构改革内容：优化中央网信办职责；优化中央网络安全和信息化委员会办公室职责；中宣部统一管理新闻出版及电影工作；组建国家广播电视总局；撤销中央电视台、中央广播电台、中国国际电视台建制，组建中央广播电视总台。

3 月 22 日，由浙江大学传媒与国际文化学院、英国杜伦大学现代语言与文化学院、《浙江大学学报(人文社会科学版)》编辑部和浙江大学当代马克思主义美学研究中心联合举办的“跨语言与跨文化传播国际研讨会”在浙江大学召开。

3 月 23 日，教育部党组成员、副部长朱之文在中国传媒大学宣布了教育部党组的任命决定，任命廖祥忠为中国传媒大学校长、党委副书记。

3 月 23 日，首期“智媒 EE(Executive Education)”高级管理培训项目在清华大学新闻与传播学院举办。

3 月 23 日，中共中央政治局委员、中宣部长黄坤明同宣传思想文化系统学习贯彻习近平新时代中国特色社会主义思想和党的十九大精神第一期培训班学员座谈时强调，宣传思想文化工作的主线和首要任务，就是坚持不懈用科学理论武装全党、教育人民，坚持学思用相结合、知信行相统一，做实大学习、抓好大普及、推动大践行。要创新形式载体，融入日常生活，激发群众活力，讲好精彩故事，让科学理论入耳入脑入心，切实转化为人们的自觉行动和生动的社会实践。

3 月 23 日，第二十六届中国国际广播电视信息网络展览会在北京举办。

3 月 24 日，2018 年中国新闻学传播学学科发展论坛暨教育部社会科学委员会语言文学、新闻传播学和艺术学学部新闻传播学咨询组第三次会议在广西大学举行。

3 月 31 日，纪念毛泽东《对晋绥日报编辑人员的谈话》发表 70 周年暨中国特色新闻学学科建设研讨会，在北京召开。

3 月 31 日，纪念“中国青年新闻记者学会第一次全国代表大会”80 周年座谈会在武汉举行。中国记协党组书记、常务副主席胡孝汉，中共武汉市委常委、市委宣传部长李述永以及多位研究“中国青年新闻记者学会”的专家学者出席了座谈会。

4月

4 月 2 日，人民网研究院发布 2017 年中国媒体融合传播指数报告。

4 月 3 日，国家广播电视总局在宁波举办广播电视节目创新创优培训班。

4 月 8 日，“2018 年广东省新闻与传播研究生学术论坛”在暨南大学举行。

4 月 9 日，博鳌亚洲论坛 2018 年年会期间，以“亚洲媒体合作新时代——互联互通与创新发展”为主题的亚洲媒体高峰会议在海南三亚举行。中共中央政治局委员、中宣部长黄坤明出席开幕式，并发表题为“弘扬开放创新精神，共促亚洲繁荣发展”的主旨演讲。

4 月 10 日，中国记协新闻道德委员会召开评议会，对经济日报社、中央电视台、中国青年报社、人民网、新华网、中国新闻网 6 家中央媒体和重点新闻网站提交的 2017 年度履行社会责任情况进行评议。

4 月 12 日，厦门大学聘请人民网总编辑余清楚为厦门大学新闻传播学院院长。

4 月 12 日，华中科技大学公示了新闻与信息传播学院新的领导班子拟聘任人选，张明新拟出任院长职务，郭小平、唐海江、李华君拟出任副院长职务。

4 月 12 日，《新闻与传播研究》2017 年度优秀论文日前评出，该编辑部在全年刊发的 12 期共 88 篇论文中初选出 25 篇作为候选论文，经无记名投票评审，评选出 10 篇优秀论文。

4 月 14 日，“新时代新闻传播学科建设与人才培养高端座谈”在重庆大学虎溪校区举行。

4 月 16 日，国家教育部人文社科重点研究伙伴基地及联合实验室揭牌仪式在澳门科技大学举行。

4 月 16 日，中共中央政治局委员、中宣部长黄坤明出席国家广播电视总局、国家新闻出版署(国家版权局)和国家电影局揭牌仪式并召开座谈会。

4 月 17 日，由中国新闻文化促进会主办，中国新闻史学会、中国人民大学新闻学院、北京大学新闻与传播学院、清华大学新闻与传播学院、复旦大学新闻学院、中国传媒大学新闻学院、中山大学传播与设计学院联合主办的“创新传播方式，讲好新时代中国故事”专题研讨会，在全国人大会议中心举行。

4 月 19 日，中共中央政治局委员、中宣部长黄坤明出席中央广播电视总台揭牌仪式并召开座谈会。

4 月 19 日，第二十七届中国新闻奖在撤销参评资格的 158 件作品中，推出了文字参评作品的 45 个差错案例。

4 月 20 日，第三届中国数据新闻大赛在西安交通大学启动。

4 月 20 日，复旦大学新闻学院召开了全体教职工大会，宣布尹明华已不再担任复旦大学新闻学院分党委书记职务。

4 月 20 日，全国网络安全和信息化工作会议在北京召开。中共中央总书记、国家主席、中央军委主席、中央网络安全和信息化委员会主任习近平出席会议并发表讲话。

4 月 20 日，中国新闻史学会新闻传播教育史研究委员会第二届第七次常务理事会议暨《中国新闻传播教育年鉴》编委会第五次会议在西藏民族大学举行。

4 月 21 日，“第二届马克思主义与中国新闻传播学研讨会”在山东新闻大厦开幕，来自中国人民大学、复旦大学、北京师范大学、重庆大学、大众报业集团、清华大学、陕西师范大学、河北大学、中新社山东分社、山东省记者协会、山东社会科学杂志社等百余位学界业界专家参加此次研讨会。

4 月 21 日，由中国新闻史学会主办，西北大学媒体与传播中心、西北大学新闻传播学院承办的“中国新闻史学会常务理事会第五届第六次会议”在西安召开，52 位常务理事及代表出席了会议。

4 月 26 日，第四届“新闻传播学学会奖”评选结果公示。

5 月

5 月 4 日，四川省互联网信息办公室指导，中国报业协会、四川日报报业集团主办，封面新闻、《华西都市报》承办，上汽大众、雅居乐集团、成都联通支持的“2018 媒体深度融合论坛”在四川举行。

5 月 4 日，中国传媒大学与 CCTV《大国品牌》战略合作交流会和揭牌仪式在北京举行，“中国传媒大学新闻传播学部教学科研实习基地”与“中国传媒大学新闻传播学部大国品牌传播研究中心”正式成立。

5 月 4 日，中国新闻奖增设媒体融合奖项。该奖项设立 6 个评选项目，分别为短视频新闻、移动直播、新媒体创意互动、新媒体品牌栏目、新媒体报道界面和融合创新，共 50 个奖项。

5 月 5 日，“马克思主义新闻观理论研究与教学实践研讨会”在广西大学新闻传播学院举行。

5 月 9 日，由中国广播影视报刊协会期刊专委会主办、暨南大学新闻与传播学院承办、广东广播电视台《南方电视学刊》协办的中国广播影视报刊协会期刊专业委员会

2018 年会暨融合发展论坛在广州暨南大学举办。

5 月 10 日，由中国记协主办、中央广播电视总台协办的第六届中日韩新闻研讨会在北京举行。

5 月 10 日，由中国传媒大学新闻传播学部主办、中国网络视频研究中心承办的 2018 中国网络视频年度高峰论坛暨第三届中国网络视频学院奖——金蜘蛛奖颁奖典礼在中国传媒大学举行。

5 月 14 日，国家互联网信息办公室公布最新互联网新闻信息服务单位许可信息。

5 月 19 日，由中国社会科学网、中国社会科学院舆情调查实验室主办，微博智库承办的“微聚正能量 · 新媒体正能量传播”研讨会在北京召开。

5 月 19 日，由复旦大学新闻学院主办的“新时代媒体社会责任与评价体系高峰论坛”在复旦大学新闻学院培训中心举行。

5 月 19 日，2018 年第三届新闻学博士生学术年会在中国传媒大学举行。

5 月 19 日，第五届华南新闻传播学研究生学术论坛在中山大学举行。

5 月 20 日，新时代繁荣哲学社会科学传媒期刊主编论坛暨岭南传媒研究生论文工作坊在广州大学举行。

5 月 24 日，由中国新闻社与中国传媒大学新闻学院联合开展的世界华文传媒新媒体评测项目正式启动。

5 月 25 日，“安信杯”第五届中国网络视频满意度博雅榜发布会暨大河新媒体发展论坛在河南大学召开。

5 月 25 日，由重庆大学新闻学院作为合作单位参与研制，曾润喜研究员担任专家咨询委员会主任的“网络社会安全风险指数”在贵阳 2018 中国国际数字博览会召开期间发布。

5 月 26 日，由全球修辞学会—视听传播学会和山东大学新闻传播学院主办，中国传媒大学新闻传播学部新闻学院协办的第二届视听传播高峰论坛在山东大学召开。

5 月 26 日，改革开放四十年与新闻传播教育发展论坛在中国人民大学举行。

5 月 26 日，中国高等教育学会新闻学与传播学专业委员会第八届理事会换届会议在中国人民大学召开。会议选举产生第八届理事会，中国人民大学新闻学院当选为理事长单位，中国人民大学新闻学院党委书记兼副院长周勇教授当选为理事长。

5 月 29 日，第三届海外华文新媒体高峰论坛在浙江杭州举行。

5 月 31 日，2017 年度媒体社会责任报告正式对外发布。2017 年度媒体社会责任报告单位增至 40 家，包括 6 家中央媒体、1 家全国性行业类媒体，以及全国 29 个省区市的 33 家地方媒体。

6月

6 月 1 日，由国务院新闻办公室主办的上海合作组织首届媒体峰会在北京开幕。中共中央政治局委员、中宣部长黄坤明在开幕式上宣读习近平主席贺信并发表主旨演讲。此次峰会以“弘扬上海精神 开启媒体合作新时代”为主题，发布了《上海合作组织首届媒体峰会关于加强媒体交流合作的倡议》，签署了一系列媒体交流合作协议和备忘录。来自上合组织各国的新闻事务部门和主流媒体负责人及有关方面代表 260 余人出席开幕式。

6 月 2 日，“传播与历史”研究小组 2018“春季工作坊” 在南京大学举行。

6 月 2 日，由北京师范大学主办，北京师范大学文化创新与传播研究院、首都文化创新与文化传播工程研究院承办的第六届文化创新国际论坛北京师范大学召开。

6 月 5 日，全国哲学社会科学规划办公室公示了 2018 年国家社科基金年度项目、青年项目和西部项目的立项名单。公示时间为 2018 年 6 月 5—11 日，获立项公示的新闻学项目共有 165 项，其中重点项目 10 项，一般项目 123 项，青年项目 32 项。三项合一，新闻学(西部项目为“新闻学与传播学”)共立项 180 项。

6 月 5 日，第三届中国 VR/AR 创作大赛开幕式暨中国 VR/AR 全球战略发展论坛在人民日报社新媒体大厦一号演播厅举行。

6 月 8 日，第一届泛喜马拉雅地区传播学术论坛在成都电子科技大学举行。

6 月 8 日，第十三届亚洲传媒论坛在中国传媒大学举办。

6 月 9 日，大数据时代信息权利问题高峰论坛暨媒介法规与伦理研究委员会常务理事会在南京师范大学举行。

6 月 11 日，人民日报社举行仪式，宣布全国移动新媒体聚合平台“人民号”正式上线。人民日报英文客户端 2. 0 版和人民日报创作大脑、人民日报智慧党建平台同时对外发布。

6 月 12 日，中山大学首届“中国青年政治传播工作坊”在中山大学召开。

6 月 13 日，人民日报社召开习近平新闻思想理论研讨会。来自中国社会科学院、清华大学、北京大学、中国人民大学、复旦大学、北京师范大学、中国传媒大学、厦门大学等单位的专家学者深入学习研讨习近平新闻思想的科学内涵、理论品格、精神实质、重大意义。

6 月 14 日，由方汉奇先生主编的《中国新闻事业编年史(第二版)》新书发布暨座谈会在中国人民大学新闻学院举行。

6 月 14 日，中共中央宣传部组织编写的《习近平新闻思想讲义(2018 年版)》一书由人民出版社、学习出版社出版，即日起在全国各地新华书店发行。

6 月 15 日，《中国新闻传播学年鉴》第三届编辑出版研讨会在厦门大学举行。

6 月 15 日，第二届中国传播创新论坛在武汉大学召开。

6 月 17 日，新闻传播思想史研究会夏季工作坊在北京师范大学举行。

6 月 19 日，中华全国新闻工作者协会发布《中国新闻事业发展报告(2017 年)》。

6 月 20 日，“一带一路”记者组织论坛在中国传媒大学举行。

6 月 21 日，全国哲学社会科学规划办公室对外公布了 2018 年国家社科基金年度项目、青年项目和西部项目立项结果：新闻学与传播学(共 180 项)。

6 月 23 日，第二届中国形象与全球传播高端论坛在上海外国语大学举办。

6 月 23 日，智能化时代城市形象传播与传媒经济发展论坛在武汉大学举办。

6 月 26 日，以“智能互联 · 数字中国”为主题的新媒体蓝皮书《中国新媒体发展报告(2018)》在北京发布。

6 月 26 日，新闻传播学术话语体系创新第 7 期深研会在中国人民大学举行。

6 月 27 日，教育部社科司对外公布了《关于 2018 年度教育部人文社会科学研究一般项目评审结果的公示》，其中“新闻学与传播学”入选 83 项。同时，《西部和边疆地区项目评审结果公示》中，“新闻学与传播学”入选 2 项。

6 月 28 日，“新时代 · 新故事 · 新影像 · 新传播”第二届国际影视传播高峰论坛在广州举行。

6 月 30 日，“新广播 新传播 新责任 新作为”——融媒体产品“阿基米德”案例研讨会在中国传媒大学举行。

7 月

7 月 4 日，中共中央总书记、国家主席、中央军委主席习近平致信祝贺党中央机关刊《求是》暨《红旗》创刊 60 周年，代表党中央向杂志社全体工作人员表示热烈祝贺，提出殷切希望。习近平强调：不断提高理论宣传水平，更好服务党和国家工作大局。

7 月 8 日，由暨南大学主办、暨南大学新闻与传播学院和马克思主义新闻理论研究中心承办、中国人民大学出版社和中国社会科学报协办的“纪念马克思诞辰 200 周年学术研讨会暨《马克思主义新闻观百科全书》新书发布会”在暨南大学举行。

7 月 8 日，第四期“网络与新媒体讲习班”在重庆大学举行。

7 月 10 日，2018 年全国新闻学教学科研高级研讨班在青岛大学成举办。来自全国 60 多所新闻院校的 150 余位教学科研人员及业界代表参加了 2018 年全国新闻学教学科研高级研讨班。

7月11日，第四届“全国新闻学青年学者优秀学术成果”评选活动在青岛大学举行。

7月12日，2018区域品牌发展国际论坛在中国传媒大学举行。

7月12日，中国互联网协会正式发布了《中国互联网发展报告2018》。

7月13日，纪念《求是》暨《红旗》杂志创刊60周年大会在北京召开。中共中央政治局委员、中宣部部长黄坤明出席会议并讲话。

7月18日，第三届金砖国家媒体高端论坛在南非开普敦举行。此次论坛由新华通讯社和南非独立传媒集团共同举办，主题为“在构建包容、公正的全球秩序中加强媒体合作”。

7月22日，“海峡两岸记者特区行”联合采访活动在深圳启动。此次活动由国务院台湾事务办公室和中华全国新闻工作者协会主办。

7月24日，教育部社科司对外公布了《关于2018年度教育部人文社会科学研究一般项目立项的通知》，在规划基金、青年基金和自筹经费项目中，“新闻学与传播学”入选83项。同时，在西部和边疆地区项目立项名单中，“新闻学与传播学”入选2项。

7月25日，第四届中国跨文化传播圆桌论坛在京举行。来自北京大学、清华大学、中国传媒大学、北京外国语大学、华南理工大学、西安交通大学、四川外国语大学、山东大学等高校的40余位专家学者与会。

7月25日，中国记协在中国记协网上公示第二十八届中国新闻奖媒体融合奖项初评结果。共100件候选作品，其中，短视频新闻30件，移动直播10件，新媒体创意互动14件，新媒体品牌栏目10件，新媒体报道界面12件，融合创新24件。

7月27日，中国记协新媒体专业委员会在京成立。中国记协主席张研农主持会议，中宣部副部长蒋建国出席成立大会并讲话。中国记协党组书记、常务副主席胡孝汉当选为第一届主任委员。大会通过了《中国记协新媒体专业委员会规则》。

8月

8月3日，中国记协评奖办公室在新华网、中国记协网公示第二十八届中国新闻奖媒体融合奖项参评作品。

8月6日，中国新闻出版广电报报道，国家新闻出版署日前发布《2017年全国新闻出版业基本情况》。

8月20日，中国互联网络信息中心（CNNIC）在京发布第42次《中国互联网络发展状况统计报告》。

8月21日，全国宣传思想工作会议在北京召开。中共中央总书记、国家主席、中央军委主席习近平出席会议并发表重要讲话。习近平强调：举旗帜聚民心育新人兴文化展形象，更好完成新形势下宣传思想工作使命任务。

8 月 23 日，全国外宣工作推进会在京召开。中共中央政治局委员、中宣部长黄坤明出席会议并讲话，黄坤明强调：向世界展现真实立体全面的中国。

8 月 27 日，第二十五届全国省级党报总编辑年会暨“全国省级党报社长总编辑宁夏行”活动在银川举行。

8 月 27 日，北京广播电视台融媒体中心成立仪式在北京电视台举行。

8 月 29 日，由中央网信办违法和不良信息举报中心主办、新华网承办的中国互联网联合辟谣平台在京正式上线。

8 月 30 日，由人民日报社、内蒙古自治区党委宣传部合办的第三届党报评论融合发展论坛在内蒙古自治区锡林浩特市举办。

9 月

9 月 4 日，全国哲学社会科学工作办公室对外公布了《关于 2018 年国家社科基金后期资助项目立项名单的公示》，共 615 项，其中，“新闻学与传播学”16 项。公示时间为 2018 年 9 月 4—10 日。

9 月 6 日，以“智能互联时代的媒体变革与发展”为主题的 2018 中国网络媒体论坛在浙江宁波举行。

9 月 10 日，由人民日报社联合深圳市委、深圳市人民政府、招商局集团共同主办的“构建全媒体传播格局——2018 媒体融合发展论坛”在深圳举行。

9 月 13 日，中国记协在新华网、中国记协网和《中国新闻出版广电报》上公示第二十八届中国新闻奖、第十五届长江韬奋奖评选结果。此届中国新闻奖共评选出 352 件拟获奖作品，其中特别奖 5 件，一等奖 63 件，二等奖 98 件，三等奖 186 件；评选出长江韬奋奖拟获奖者 20 名，其中“长江系列”10 名，“韬奋系列”10 名。

9 月 19 日，全国哲学社会科学工作办公室对外公布了《2018 年国家社科基金后期资助项目立项名单》，共 613 项，其中，“新闻学与传播学”16 项。

9 月 22 日，由中国传媒大学传播研究院主办，欧洲传媒研究中心、金砖国家研究中心联合承办，并由《现代传播》、中国传媒大学出版社提供学术支持的“金砖国家与全球传播秩序重构”学术研讨会，在中国传媒大学开幕。

9 月 22 日，第六届国家传播战略高峰论坛在华中科技大学新闻与信息传播学院举行。

9 月 26 日，在中央电视台建台暨新中国电视事业诞生 60 周年之际，中共中央总书记、国家主席、中央军委主席习近平发来贺信，代表党中央表示热烈的祝贺，向中央广播电视总台全体干部职工、全国广大电视工作者致以诚挚的问候。

9月28日，国务院新闻办公室举行新闻发布会，介绍第五届世界互联网大会情况及筹备工作进展。

10月

10月8日，中央广播电视总台与上海市人民政府签订深化战略合作框架协议，中央广播电视总台在上海成立其第一家区域总部和地方总站，即长三角总部和上海总站。

10月10日，由济南市委宣传部、中国新闻出版研究院《传媒》杂志社等单位联合主办的首届中国新媒体发展年会在山东济南举行。

10月12日，中央宣传部、中央文明办在京召开建设新时代文明实践中心试点工作专题会议。中共中央政治局委员、中宣部长黄坤明出席会议并讲话。

10月13日，中国新闻摄影学会第八次会员代表大会在四川省兴文县召开。中国记协党组书记胡孝汉出席会议并致辞，中国新闻摄影学会会长徐祖根主持会议并作工作报告，会议选举产生了中国新闻摄影学会第八届理事会。

10月13日，中外新闻传播学院院长会议暨2018中国传播学论坛在中国人民大学举办。

10月13日，第四届韬奋学术研讨会在兰州大学新闻与传播学院召开，此次会议的主题为“大时代里的探索和求新，韬奋精神的传布与再生产”。

10月13日，第十四届中国传播学大会在重庆大学举行。此次大会由中国新闻文化促进会、中国社会科学院新闻与传播研究所、重庆大学新闻学院联合举办，重庆大学新闻传播与社会发展研究院承办，主题为“中国传播学40年：新时代、新使命、新担当”。

10月14日，“百年中国新闻教育：传承与发展”暨北京大学新闻学研究会成立100周年学术研讨会在北京召开。会议由北京大学新闻与传播学院、北京大学新闻学研究会联合举办。来自北京大学、中国人民大学、中国传媒大学、复旦大学、武汉大学、浙江大学、华中科技大学和中国社会科学院、安徽省社会科学院等高校和科研机构的近200位专家学者参会。

10月15日，智慧融媒体联合实验室和区域融媒体传播研究中心签约及揭牌仪式在中国传媒大学新闻传播学部电视学院举行。

10月18日，“智媒时代的传播伦理”专题研讨会在“智媒时代的传播伦理”专题研讨会在中国传媒大学举行。

10月18日，中国报纸副刊研究会在浙江省温州市永嘉县召开。

10月19日，“范式探索与创新：时代变革中的新闻传播人才培养”2018全球新闻传播院长论坛在复旦大学新闻学院举行。

10 月 19 日，由复旦大学新闻学院主办，复旦大学马克思主义新闻观教学与研究基地、“复旦—清华”中国特色社会主义新闻学教学基地和复旦大学传媒与舆情调查中心联合承办的改革开放 40 周年与新时代中国特色社会主义新闻学论坛暨第三届“民意中国”论坛在复旦大学新闻学院培训中心举行。

10 月 20 日，2018 中国应用新闻传播论坛暨“中国应用新闻传播十大创新案例”颁奖大会在上海体育学院举行。

10 月 22 日，由贵州日报报业集团主办的第二届全国省级党报记者工作会议在贵阳召开。

10 月 23 日，全国哲学社会科学工作办公室对外发布了《2018 年度国家社科基金重大项目立项名单公示》。2018 年度，共 342 项获得立项公示，其中新闻学与传播学类共 16 项。

10 月 25 日，亚太新闻传播学会联盟(Asian-Pacific Communication Alliance，APCA)在清华大学成立，中国新闻史学会当选为首届主席所在单位。

10 月 27 日，“中国高等教育学会广告教育专业委员会 2018 年学术年会暨第九届中国广告教育论坛”在乌镇举办。

10 月 27 日，中国新闻史学会 2018 年学术年会在杭州之江饭店举办。年会主题为“全球视野，中国特色：数字时代的新闻传播与美好生活”。

10 月 28 日，“改革开放四十年中国新闻传播教育专题研讨暨院长论坛”在上海交通大学媒体与传播学院召开。

10 月 29 日，世界中文报业协会第 51 届年会在北京人民大会堂开幕。中共中央政治局委员、中宣部部长黄坤明出席开幕式并致辞。

10 月 30 日，由人民日报社和海南省委、省政府共同主办的 2018“一带一路”媒体合作论坛在海南博鳌举行。主题为“共建共享合作共赢”。全国人大常委会副委员长吉炳轩、中宣部副部长蒋建国、人民日报社社长李宝善、海南省委书记刘赐贵等出席开幕式并致辞。

11月

11 月 1 日，2018—2022 年教育部高等学校教学指导委员会成立会议在京召开。新一届新闻传播学类专业教学指导委员会也随之成立，中国新闻史学会多位会员入选。

11 月 2 日，中华全国新闻工作者协会主办的第二十八届中国新闻奖、第十五届长江韬奋奖评选结果揭晓。来自全国各级各类媒体的 348 件作品获中国新闻奖，其中，特别奖5件，一等奖62件(含10件新闻名专栏)，二等奖98件，三等奖183件；20名新闻工作者获长江韬奋奖，其中“长江系列10名”，“韬奋系列10名”。

11月3日，第一届“人大马克思主义新闻观与中国特色社会主义新闻理论的发展与创新骨干师资高级研修班”在中国人民大学新闻学院举办，来自全国30余家高等新闻教育机构的学员参加了此届研修班。

11月6日，全国哲学社会科学工作办公室网站发布了《2018年度国家社科基金重大项目立项名单》，共339项获得立项，新闻与传播学类有16项。

11月7日，第五届世界互联网大会在浙江乌镇开幕。国家主席习近平致贺信。中共中央政治局委员、中宣部部长黄坤明出席开幕式，宣读习近平主席贺信并发表主旨演讲。

11月8日，第19个记者节，第二十八届中国新闻奖、第十五届长江韬奋奖颁奖报告会在北京人民大会堂召开。来自全国各级各类媒体的348件作品获中国新闻奖。其中，“新闻论文”类共有20篇。中共中央政治局委员、中宣部部长黄坤明出席会议并讲话。

11月8日，由中宣部、中央网信办、国家广播电视总局、中国记协主办，中央广播电视总台承办的第五届“好记者讲好故事”——2018年中国记者节特别节目在央视综合频道黄金时段播出。

11月8日，北京大学电视研究中心品牌活动——2018第十四届中国记者节大型公益论坛在北京大学创新创业中心开幕。

11月9日，湖北新闻与传播教育学会年会暨“新时代新闻与传播人才培养”论坛在武汉大学新闻与传播学院召开。

11月9日，由武汉大学新闻与传播学院、武汉大学媒体发展研究中心、武汉大学镝次元数据新闻研究中心主办，镝次元协办的2018数据与媒介发展论坛暨数据新闻蓝皮书发布会在北京举办，武汉大学镝次元数据新闻研究中心和社会科学文献出版社共同发布《数据新闻蓝皮书：中国数据新闻发展报告(2016—2017)》，与此同时，数据与媒介发展联盟也正式宣布成立。

11月10日，由厦门大学和人民网联合主办的“2018新闻传播学院院长论坛”在厦门大学举行。

11月10日，由中国新闻史学会新闻传播教育史研究委员会主办、山东大学新闻传播学院承办的“中国新闻史学会新闻传播教育史研究委员会2018年学术年会”于山东大学召开，此次年会的主题为“改革开放40年来的中国新闻传播教育”。

11月15日，国家互联网信息办公室和公安部发布《具有舆论属性或社会动员能力的互联网信息服务安全评估规定》，该评估规定自 2018 年 11 月 30 日起施行。

11 月 16 日，以“努力实现由融媒体向智媒体的飞跃”为主题的第十三届中国传媒年会在四川成都安仁古镇举办。会上发布了《中国传媒创新报告(2017—2018)》主题报告，发布了中国新闻出版研究院科研课题“报道改革开放新闻作品研究”主要成果，公布了“报道改革开放 40 年 40 文”推选结果。

11 月 16 日，著名新闻教育家、新闻理论家、中国人民大学新闻学院原院长何梓华教授在北京逝世，享年 87 岁。

11 月 16 日，第四届“中国电视研究年会”(CTRC)学术论坛在华北饭店召开，主题为探讨“智媒时代的电视发展”。

11 月 17 日，由郑州大学新闻与传播学院、新媒体研究中心、新华通讯社—郑州大学穆青研究中心共同举办的“新时代、新技术、新传播”第四届(2018)新媒体公共传播国际学术研讨会暨推进新闻传播学一流学科建设发展论坛在郑州大学主校区举行。

11 月 17 日，中国高等教育学会新闻学与传播学专业委员会第八届理事会第一次全体会议暨“智媒时代的新闻教育创新学术论坛”在暨南大学举行。会议议程紧密围绕学会工作、新闻传播学科建设等内容展开，并对 11 项“中国新闻学与传播学教学改革创新项目”进行表彰。

11 月 22 日，北京大学与慕尼黑大学共同主办的中德“新技术与新闻论坛”在北京大学新闻与传播学院举办。

11 月 24 日，中国新闻学百年暨中国社会科学院新闻与传播研究所成立 40 周年学术研讨会在北京举行。研讨会进行了“中国新闻学百年与马克思主义新闻观的发展”“改革开放与中国新闻传播学的发展”“新时代中国新闻传播学的新担当”等专题研讨。来自中国人民大学等数十所高校新闻传播学院的院长、教授及地方社科院的 40 余位专家学者分享了研究成果。

11 月 25 日，由中国记协、全国三教办组织的“改革开放河南行 新闻战线强‘四力’”主题教育采访活动在郑州启动。来自中央主要新闻媒体、全国性行业类媒体、地方新闻媒体的青年编辑记者和“好记者讲好故事”优秀演讲人代表共 40 余人参加。

11 月 27 日，国家广播电视总局在京召开全国广播电视与网络视听文艺节目管理工作电视电话会议，部署落实 11 月 9 日发布的《国家广播电视总局关于进一步加强广播电视和网络视听文艺节目管理的通知》。

11 月 28 日，第六届中国网络视听大会在成都举行。大会主题为“凝心聚力 创造美好新视界”。

12月

12月1日，“视觉议题研究：新理论·新方法·新趋势”学术论坛暨中国新闻史学会视听传播研究委员会2018学术年会在西南大学举行，年会颁发了首届视听传播优秀学术成果奖。

12月2日，由中国社会科学院大学主办的第五届“政治传播与社会发展”论坛和第二届“政治与传播”研究生论坛在北京举行。

12月5日，香港新闻博览馆开幕，香港特别征政区行政长官林郑月娥出席开幕礼并致辞。

12月7日，“武汉大学全国广告学博士生论坛”暨“第九届华中地区研究生新闻传播学术论坛”在武汉大学新闻与传播学院举办。

12月8日，以“媒介·思潮·实践：新时代的新闻传播与新闻传播的新时代”为主题的安徽省第十届新闻传播学科研究生论坛开幕式在安徽大学举行。

12月8日，中国青年新闻记者学会（简称“青记”）历史陈列馆揭牌仪式在武汉举行。中国记协党组书记胡孝汉、湖北省委宣传部常务副部长张海明、武汉市记协主席何伟出席开馆仪式并致辞，范长江之子范苏苏、陆诒之子陆良年、陈碧星之子陈涞加等十余位“青记”发起人后代和湖北省、武汉市新闻界代表百余人参加开馆仪式。

12月8日，2018—2022年新闻传播学类专业教学指导委员会第一次会议在中国传媒大学召开。教育部高等教育司司长吴岩、副司长徐青森，中宣部新闻局副局长黄强，国家广播电视总局发展研究中心主任祝燕南，中国记协书记处书记张百新等出席会议并讲话。

12月8日，媒体融合背景下卓越新闻传播人才培养暨实习实践基地建设和发展座谈会在河南大学举办。

12月10日，第九届“许川新闻奖”评审会在四川大学举行。

12月15日，由山东大学新闻传播学院、中国传媒大学国家传播创新研究中心主办，山东大学传播与媒介研究中心承办的“首届‘媒介科学’学术研讨会暨2018中国传播论坛”在山东大学召开。来自北京大学、中国传媒大学、中国人民大学、武汉大学、南京大学等全国各高校的40多位专家学者共同参与了此次研讨会。

12月15日，由重庆大学新闻学院主办、重庆大学新闻传播与社会发展研究院承办、华龙网协办的“第二届传播媒体与文化建设高端论坛”在重庆大学举行。

12月16日，以“改革开放四十年与党报”为主题的“人民共和国党报论坛”第十五届（2018）年会在中国传媒大学举行。

12 月 21 日，中国人民大学新闻学院与北大方正信息产业集团合作共建签约暨智慧媒体未来实验室启动仪式在人民大学明德新闻楼汉奇苑举行。中国人民大学新闻学院执行院长胡百精、北京北大方正电子有限公司副总裁郑伟、数字出版技术国家重点实验室研发总监张北宁代表三方签署合作共建协议，胡百精、郑伟共同为智慧媒体未来实验室揭牌。

12 月 22 日，由清华大学新闻与传播学院与范敬宜新闻教育基金共同主办的第六届范敬宜新闻教育奖颁奖仪式暨第四届新闻传播学科高峰论坛在人民日报社举行。

12 月 22 日，第四届新闻传播学科高峰论坛举行。

12 月 24 日，“2018 中国电视掌声 · 嘘声发布暨论坛”在北京大学英杰交流中心举行。

12 月 24 日，2018 中国新媒体大会在北京召开，100 多家新闻单位的新媒体负责人以及新闻院校、新闻研究机构专家学者，以“增强‘四力’、守正创新、多出群众喜爱的融合精品”为主题进行交流。

12 月 25 日，全国哲学社会科学工作办公室对外发布了《2019 年度国家社会科学基金项目申报公告》，“新闻学与传播学”课题指南(共 80 个)。

12 月 28 日上午，第九届“许川新闻奖”颁奖典礼在四川大学举行。颁奖典礼由四川大学文学与新闻学院党委副书记张莹主持。

(程丽红)

第 22 章　新闻传播教育重要文件

22.1　教育部、中共中央宣传部关于提高高校新闻传播人才培养能力实施卓越新闻传播人才教育培养计划 2.0 的意见

教育部　中共中央宣传部关于提高高校新闻传播
人才培养能力实施卓越新闻传播人才
教育培养计划 2.0 的意见

教高〔2018〕7 号

各省、自治区、直辖市教育厅(教委)、党委宣传部，新疆生产建设兵团教育局、党委宣传部，有关部门(单位)教育司(局)，中央各主要新闻单位，部属各高等学校、部省合建各高等学校：

为深入贯彻习近平新时代中国特色社会主义思想和党的十九大精神，根据《教育部关于加快建设高水平本科教育 全面提高人才培养能力的意见》，现就实施卓越新闻传播人才教育培养计划 2.0 提出以下意见。

一、总体思路

以习近平总书记关于新闻舆论工作的重要论述为指导，深入贯彻落实《中共中央关于加强和改进党的新闻舆论工作的意见》，加强和改进高等学校新闻传播专业建设，建设中国特色、世界水平的一流新闻传播专业。全面落实立德树人根本任务，坚持马克思主义新闻观，用中国特色社会主义新闻理论教书育人，培养造就一大批具有家国情怀、国际视野的高素质全媒化复合型专家型新闻传播后备人才。

二、目标要求

经过5年的努力，建设一批马克思主义新闻观研究宣传教育基地，打造一批中国特色、世界水平的一流新闻传播专业点，形成遵循新闻传播规律和人才成长规律的全媒化复合型专家型新闻传播人才培养体系，培养造就一大批适应媒体深度融合和行业创新发展，能够讲好中国故事、传播中国声音的优秀新闻传播后备人才。

三、改革任务和重点举措

1. 开创马克思主义新闻观教育新局面。习近平总书记关于新闻舆论工作的重要论述是马克思主义新闻观的新发展，是新时代高等学校新闻传播教育改革发展的根本遵循和行动指南。要把学习贯彻习近平总书记关于新闻舆论工作的重要论述作为马克思主义新闻观教育的首要任务，充分发挥高校学科和人才优势，重点建设一批马克思主义新闻观研究宣传教育基地，推出一批高质量、有深度、有分量的研究成果，加快构建中国特色、中国风格、中国气派的新闻传播学理论体系和学术话语体系。加强马克思主义新闻观课程建设，深入推进习近平总书记关于新闻舆论工作的重要论述进教材进课堂进头脑，做到新闻传播院系师生全覆盖、无死角。依托高等学校新闻传播类专业教学指导委员会，分批开展新闻传播专业骨干教师马克思主义新闻观主题培训，五年内覆盖所有专业点。选树一批马克思主义新闻观教育教学典型案例，建设一批马克思主义新闻观教育的国家级一流精品课程，推动教师以言传身教带动学生树立正确新闻观，为新时代新闻传播人才打牢思想基础。

2. 打造新闻传播人才德育新模式。强化思想引领和价值塑造，构建思想政治教育、职业道德教育、专业知识教育“三位一体”新闻传播育人体系。普遍开设新闻伦理、新闻职业精神、职业道德等专门课程，深挖新闻传播专业课程的育人元素、育人内涵和育人功能。加强国情教育，强化实践育人，建设一批“进基层、懂国情、长本领”新闻传播实践育人项目，推动师生深入基层、深入群众，培养学生为党为国为人民的深厚情怀和担当意识。

3. 迈向一流新闻传播专业新目标。主动适应信息社会深刻发展和媒体融合深度发展趋势，建设240个左右国家级一流新闻传播专业点，打造500门国家级一流线上线下新闻传播专业课程，增设20个国家级新闻传播融媒体实验教学示范中心，建设50个新闻传播国家虚拟仿真实验教学项目，加快培养会使善用“十八般兵器”的全媒化复合型新闻传播人才。要修订完善人才培养方案，健全课程体系，加强教研室(组)建设，促进跨学科、跨专业、跨院系横向交叉融合。更新教学内容，改进教学方法，创新教学组织形式，及时融入技术变革新趋势、媒体融合新动向和行业发展新动态，综合运用文图声光电多种形式，采取案例式、现场式、任务型等多样化教学手段，用好校内外电视台、广播台、报刊、网站、新兴媒体等实习实践平台，培养未来从事新闻舆论工作的行家里手。

4. 推动部校共建新闻学院新发展。进一步深化部校共建新闻学院工作，在教师队伍专业能力、理论体系构建能力、重点任务统筹能力和强化工作保障能力上下功夫，打造新闻传播协同育人“先锋队”和“示范区”。将部校共建新闻学院工作作为加强高校思想政治工作、落实意识形态工作责任制的重要内容，加强督导检查和经费保障，确保取得实效。建立共建新闻学院工作联络员制度，各省(区、市)党委宣传部门和教育部门定期会商、及时总结，并向主管部门报送最新工作进展。统筹建立全国优秀新闻传播学专家库，强化共建新闻学院师资保障，促进提升全国高校特别是偏远地区教学水平。选择一批优秀教师纳入新闻阅评员队伍，加强新闻宣传一线实践。支持实力较强的共建新闻学院率先推出一批高质量新闻理论研究成果，充分发挥示范性、引领性和创新性作用。

5. 开辟高校与新闻单位互聘新领域。总结推广互聘交流“千人计划”经验，构建学界业界优势互补、理论实践深度融合的长效机制，加大力度、拓宽广度、发掘深度，深入开展新一轮互聘。扩大互聘范围，由新闻学专业扩至传播学专业，有条件的可扩至新闻传播专业类所有本科专业。扩大互聘规模，将“千人计划”升级为“双千计划”。深化互聘内涵建设，充分发挥受聘人员优势，推动高校优化课程设置、加强教材编写、完善实践教学，促进新闻单位的重大实际问题研究、新闻实践案例库建设、编辑记者马克思主义新闻观教育。高校和新闻单位要完善工作量认定办法，将互聘人员工作业绩纳入绩效考核，使互聘单位和互聘人员各施所长各尽所长。

6. 构建国际新闻传播人才培养新范式。主动服务国家对外开放战略和“一带一路”倡议，培养新时代国际新闻传播“预备队”和“后备军”。深入实施国际新闻传播硕士人才培养项目，进一步完善人才培养机制，提升培养质量。启动国际新闻传播本科人才培养试点工作，建立完善“全媒体+国际+外语”课程体系，加强“国情教育+国际视野”的社会实践和国际交流。探索与境外高水平大学联合培养模式，深化国际传播相关新闻单位与高校合作，创新国际新闻传播合作办学、合作培养、合作就业、合作发展新机制。

7. 迈上高等新闻传播教育质量新台阶。紧贴新闻传播专业学生成长成才需要，紧扣全媒化复合型专家型新闻传播人才培养目标，紧跟信息技术新发展和业界格局新变化，开展全方位全过程新闻传播教育质量文化建设。结合国家级一流新闻传播专业点建设，按照总体规划、分步推进的原则，开展三级专业认证。研究制定认证标准和工作方案，适时启动认证试点工作，不断完善认证标准和工作机制，促进不同层次高校新闻传播专业办出特色、办出水平。

四、组织保障

1. 构建三级实施体系。教育部、中央宣传部统筹组织实施工作，协调解决实施过程中重大问题。各省(区、市)教育部门、宣传部门要结合实际情况，研究制定本地区实施方案。各高校要将计划实施纳入学校整体发展规划，明确路线图、时间表、责任人，确保达到预期成效。

2. 完善保障机制。各省(区、市)教育部门、宣传部门要加强省域内政策协调配套，提供有力的政策保障；各高校要加大国家、省、校政策的衔接、配套、完善、执行力度。中央高校要统筹利用中央高校教育教学改革专项等中央高校预算拨款和其他各类资源，支持本计划的实施；各省(区、市)教育部门、宣传部门要结合教育教学改革实际情况，统筹地方财政高等教育资金和中央支持地方高校改革发展资金，引导支持地方高校实施本计划。

3. 加强监督检查。各省(区、市)教育部门、宣传部门要加强实施过程跟踪，及时发现建设中存在的问题，提出改进的意见和建议。要加强实施过程管理，强化动态监测，形成激励约束机制，增强建设实效。各高校要在实施过程中及时进行自我总结评价，主动发布自评报告，推动各项改革举措落到实处、取得实效。

教育部　中共中央宣传部

2018 年 9 月 17 日

22.2　教育部办公厅关于实施一流本科专业建设“双万计划”的通知

教育部办公厅关于实施一流本科专业建设“双万计划”的通知

教高厅函〔2019〕18 号

各省、自治区、直辖市教育厅(教委)，新疆生产建设兵团教育局，有关部门(单位)教育司(局)，部属各高等学校、部省合建各高等学校：

为深入落实全国教育大会和《加快推进教育现代化实施方案(2018—2022 年)》精神，

贯彻落实新时代全国高校本科教育工作会议和《教育部关于加快建设高水平本科教育 全面提高人才培养能力的意见》、“六卓越一拔尖”计划 2.0 系列文件要求，推动新工科、新医科、新农科、新文科建设，做强一流本科、建设一流专业、培养一流人才，全面振兴本科教育，提高高校人才培养能力，实现高等教育内涵式发展，经研究，教育部决定全面实施“六卓越一拔尖”计划 2.0，启动一流本科专业建设“双万计划”，现将有关事项通知如下。

一、主要任务

2019—2021 年，建设 10000 个左右国家级一流本科专业点和 10000 个左右省级一流本科专业点。

二、建设原则

面向各类高校。在不同类型的普通本科高校建设一流本科专业，鼓励分类发展、特色发展。

面向全部专业。覆盖全部 92 个本科专业类，分年度开展一流本科专业点建设。

突出示范领跑。建设新工科、新医科、新农科、新文科示范性本科专业，引领带动高校优化专业结构、促进专业建设质量提升，推动形成高水平人才培养体系。

分“赛道”建设。中央部门所属高校、地方高校名额分列，向地方高校倾斜；鼓励支持高校在服务国家和区域经济社会发展中建设一流本科专业。

“两步走”实施。报送的专业第一步被确定为国家级一流本科专业建设点；教育部组织开展专业认证，通过后再确定为国家级一流本科专业。

三、建设方式

1. 国家级一流本科专业建设工作分三年完成。每年 3 月启动，经高校网上报送、教育主管部门或高校提交汇总材料、高等学校教学指导委员会提出推荐意见等，确定建设点名单，当年 10 月公布结果。

2. 省级一流本科专业建设方案由各省级教育行政部门制订，按照建设总量不超过本行政区域内本科专业布点总数的 20%，分三年统筹规划，报教育部备案后与国家级一流专业建设同步组织实施。每年 9 月底前，各省级教育行政部门将本年度省级一流本科专业建设点名单报教育部，当年 10 月与国家级一流本科专业建设点名单一并公布。

3. 入选省级一流本科专业建设点的专业，如同时入选国家级一流本科专业建设点，按照国家级一流本科专业建设点公布。空出的省级一流本科专业建设点名额可延至下一年度使用。

4. 根据 2019、2020 年一流本科专业点建设情况，2021 年将对各专业类国家级一流本科专业的建设数量和建设进度进行统筹。

四、报送条件

(一) 报送高校需具备的条件

1. 全面落实"以本为本、四个回归"。坚持立德树人，切实巩固人才培养中心地位和本科教学基础地位，把思想政治教育贯穿人才培养全过程，着力深化教育教学改革，全面提升人才培养质量。

2. 积极推进新工科、新医科、新农科、新文科建设。紧扣国家发展需求，主动适应新一轮科技革命和产业变革，着力深化专业综合改革，优化专业结构，积极发展新兴专业，改造提升传统专业，打造特色优势专业。

3. 不断完善协同育人和实践教学机制。积极集聚优质教育资源，优化人才培养机制，着力推进与政府部门、企事业单位合作办学、合作育人、合作就业、合作发展，强化实践教学，不断提升人才培养的目标达成度和社会满意度。

4. 努力培育以人才培养为中心的质量文化。坚持学生中心、产出导向、持续改进的基本理念，建立健全自查自纠的质量保障机制并持续有效实施，将对质量的追求内化为全校师生的共同价值追求和行为自觉。

(二) 报送专业需具备的条件

1. 专业定位明确。服务面向清晰，适应国家和区域经济社会发展需要，符合学校发展定位和办学方向。

2. 专业管理规范。切实落实本科专业国家标准要求，人才培养方案科学合理，教育教学管理规范有序。近三年未出现重大安全责任事故。

3. 改革成效突出。持续深化教育教学改革，教育理念先进，教学内容更新及时，方法手段不断创新，以新理念、新形态、新方法引领带动新工科、新医科、新农科、新文科建设。

4. 师资力量雄厚。不断加强师资队伍和基层教学组织建设，教育教学研究活动广泛开展，专业教学团队结构合理、整体素质水平高。

5. 培养质量一流。坚持以学生为中心，促进学生全面发展，有效激发学生学习兴趣和潜能，增强创新精神、实践能力和社会责任感，毕业生行业认可度高、社会整体评价好。

五、报送办法

国家级一流本科专业建设点以学校为单位组织报送。教育部直属高校直接报教育部，其他中央部门所属高校经主管部门同意后报教育部；地方高校由省级教育行政部门统一报教育部。各地各高校报送专业点数(比例)分年度下达。

六、组织保障

(一)构建三级实施体系。教育部等14个“六卓越一拔尖”计划2.0负责部委(单位)统筹一流本科专业建设“双万计划”组织实施工作，指导各地、各高校落实有关文件要求，加强一流本科专业建设，推动构建国家、地方、高校三级实施体系。

(二)完善经费保障。中央部门所属高校应当统筹利用中央高校教育教学改革专项等中央高校预算拨款和其他各类资源，各地应当统筹地方财政高等教育资金和中央支持地方高校改革发展资金，支持一流本科专业建设。

(三)建立动态调整机制。教育部和省级教育行政部门加强对计划实施过程跟踪，针对一流本科专业建设中存在的问题，提出改进意见建议，对于建设质量不达标、出现严重质量问题的专业建设点予以撤销。

七、关于2019年国家级一流本科专业建设点报送工作

1. 报送数量。中央部门所属高校、部省合建高校2019年度报送的专业点数不超过本校本科专业布点数25%；各省级教育行政部门2019年度报送专业点数量不超过本地所属地方高校本科专业布点总数的15%。

2. 在线登录账号和密码。高校使用“高等教育质量监测国家数据平台”的登录账号及密码。各省级教育行政部门、中央有关部门(单位)教育司(局)须明确工作联系人，于2019年4月15日前将姓名、单位、座机、手机、电子邮件、传真号码报至教育部高等教育司文科处，获取报送系统登录账号及密码。

3. 在线报送时间和网址。在线报送时间为2019年4月20日—6月30日，请登录“国家级一流本科专业建设报送系统”(网址：http：//udb. heec. edu. cn)，按照系统提示填报。

4. 在线审核和提交。各省级教育行政部门、中央有关部门(单位)教育司(局)须在2019年6月30日前，登录报送系统，严格按照限额，完成所属高校报送信息的在线审核和提交工作。

5. 纸质材料报送。高校在线报送完成后，请导出《国家级一流本科专业建设点信息汇总表》，加盖本校公章。教育部直属高校、部省合建高校材料直接报教育部；中央部门所属高校材料加盖主管部门公章后报教育部；地方高校材料由省级教育行政部门加盖公章后统一报送教育部。请于 2019 年 7 月 1 日前(以邮戳时间为准)，将材料寄北京市西城区西单大木仓胡同 35 号教育部高等教育司文科处，邮编：100816。

联系人及电话：教育部高等教育司，朱蓓蓓、徐健，010-66097823；教育部高等教育教学评估中心，郭栋、南方，010-82213390、82213395。

附件：1. 国家级一流本科专业分专业类建设规划(略)
2. 国家级一流本科专业建设点信息采集表(略)

教育部办公厅

2019 年 4 月 2 日